마르크스 엥겔스 전집
3권

마르크스 엥겔스 전집 독일어판[독일 통일사회당 부설 마르크스 레닌주의 연구소 편집]은 소련 공산당 중앙위원회 부설 마르크스 레닌주의 연구소가 주관한 두 번째 러시아판[GA1, 1932년 아도라츠키 편집]에 기초하여 작성되었다.

텍스트는 수고에 따라 즉 마르크와 엥겔스가 생존하고 있을 때 이루어진 출판 기획을 재생하였다.

Dietz 출판사, 베를린, 1958년

[역자: 본 역서는 1965년 소련 공산당 중앙위 부설 마르크스 레닌주의 연구소에서 바가투리아가 1924년 리야자노프가 최초로 편집한 판본을 재생한 바가투리아판을 통해 보완했다. 바가투리아판은 모스크바 Progress 출판사가 1969년 발간한 영어판 마르크스 엥겔스 총서[MECW] 5권을 통해 그 모습을 알 수 있다. 최근 2018년 국제 마르크스 엥겔스 재단이 발간한 마르크스 엥겔스 총서[GA2] 5권은 바가투리아판과 편집상의 차이와 약간의 교열을 제쳐놓으면 마르크스 엥겔스 수고의 원형을 살리려 한 점에서 근본적으로 같다.]

역서 일러두기

1) 본 역서에서 괄호 중 ( )는 원본에 나오는 것이다. 괄호 [ ]또는 { }는 번역자가 기입한 것이다.

2) 인용부호와 이탤릭은 MEW 3권에 기초했다.

3) 본 역서는 MECW에 기초하여 수고 쪽수를 기입했다.

4) 본 역서는 독자가 비교하여 읽을 수 있게 MEW, MECW, MEGA2의 판본의 쪽수를 함께 기입했다. 모든 쪽수는 본문에 나오는 숫자와 구별하기 위해 모두 〈 〉속에 집어넣었다. MEW는 〈W〉, MECW는 〈CW〉, MEGA2는 〈GA2〉로 축약해 표현했다.

5) 원본에 독일어가 아닌 외국어는 마르크스, 엥겔스 자신이 사용했던 외국어다. 본 역서는 외국어를 그대로 표기하고 괄호 〈 〉속에 번역했다.

6) 외국어 지명이나 인명은 가능하면 외국어 표기법을 따르려 했다. 예외적으로 발음 나오는 대로 표현한 것도 있다. 인명이나 지명의 원어는 괄호에 넣지 않고 바로 붙여 썼다.

7) MEW, MEGA2, MECW는 읽을 수 없게 된 밑과 구절은 각기 재구성했다. 가 판본은 그런 재구성된 구절을 꺾쇠 속에 넣었다. 본 역서에서는 번역의 형편 때문에 불가피하게 이런 표시를 하지 않았음을 양해해 달라. 다만 각 판본에서 중대한 차이가 있는 부분은 역주를 통해 그 차이를 밝혔다.

칼 마르크스

와

프리드리히 엥겔스

1845~1846

MEW 3권 편집자 서문

〈W, V〉『마르크스 엥겔스 전집Marx Engels Werke』3권에 포함된 저서는 1845년 봄에 집필된 마르크스의 「포이어바흐에 관한 테제Thesen über Feuerbach」와 과학적 사회주의의 창시자인 마르크스와 엥겔스가 공동으로 작업해 1845~46년에 작성한 『독일 이데올로기Die Deutsche Ideologie』이다.

3권에 수록된 이 저서는 과학적 공산주의의 발생기에 속하며, 마르크스주의 정당의 철학과 이론의 기초를 형성하는 중요한 단계를 이룬다. 이 저서는 마르크스와 엥겔스가 처음으로 완전히 성숙했을 때 작성한 가장 선구적인 저서이다.

엥겔스는 1886년 「공산주의자 동맹의 역사에 관해Zur Geschichte des Bundes der Kommunisten」라는 논문에서 마르크스와 엥겔스가 이 시기 당면한 과제의 특징을 서술하면서 다음과 같이 말했다: "우리 두 사람은 이미 정치 운동에 깊이 관여했으며 식자층 가운데서 특히 서부 독일의 식자층 가운데서 확실한 추종자를 얻었고, 조직된 프롤레타리아와 다방면으로 접촉했다. 우리는 우리의 견해에 과학적인 기초를 부여해야 한다는 의무를 느꼈다. 그러나 유럽의 프롤레타리아를, 우선은 독일의 프롤레타리아를 획득하여 우리의 확신을 지지하게 하는 것도 우리에게 마찬가지로 중요했다."

마르크스와 엥겔스의 새로운 혁명적 세계관이 완성됨으로써 부르주아적이고 소부르주아적인 이데올로기에 대항하는 투쟁 속에서 노동자 대중으로 가는 길이 펼쳐졌다. 마르크스와 엥겔스는 유물론적 세계관을 완성하는 데서 무엇보다도 헤겔의 객관적 관념론과 청년 헤겔 학파의 주관적 관념론에 비판의 칼날을 겨누었다.

관념론과의 투쟁 속에서 마르크스와 엥겔스는 포이어바흐가 내세운 유물론 철학의 본질적 핵심을 옹호하면서 동시에 포이어바흐의 유물론이 지닌 한계 즉 일관성 결여와 형이상학적 성격을 철저하게 폭로했다. 〈W, VI〉마르크스와 엥겔스는 그들의 새로운 세계관으로 변증법과 유물론을 단일하고 불가분의 전체로 결합했으며 이를 통해 질적으로 새로운 유물론 곧 변증법적 유물론의 초석을 마련했다.

이 책은 포이어바흐에 관한 마르크스의 테제에서 시작한다. 엥겔스는 그의 저서 『루트비히 포이어바흐와 독일 고전 철학의 종말Ludwig Feuerbach und der Ausgang der klassischen deutschen Philosophie』(1888)의 서문에서 이 테제의 의의를 드러내면서 다음과 같이 서술했다: "그것은 새로운 세계관의 천재적인 싹을 내린 최초의 기록으로서 그 가치를 헤아릴 수 없는 것이다."

「포이어바흐 테제」에서 마르크스는 포이어바흐의 유물론뿐만 아니라 그 이전 시기에 속하는 모든 유물론의 근본적인 결함을 해명하면서 그 결함은 그런 유물론이 수동적이고 직관적인 성격을 지닌 데 있으며 인간의 혁명적 실천적 비판적 활동을 이해하지 못한 데 있다고 한다. 마르크스는 혁명적 실천 활동이 세계를 인식하고 개조하는 데서 결정적인 역할을 갖는다고 강조한다. 이 점에서 특히 중요한 것은 "철학자들은 세계를 단지 여러 가지로 해석해 왔을 뿐이다. 그러나 중요한 것은 세계를 변혁하는 것이다"라는 11번 테제다. 이 테제는 마르크스주의 철학과 그 이전의 모든 철학-마르크스 이전의 유물론을 포함해-의 근본적인 차이를 간결하게 서술하며 더구나 마르크스와 엥겔스가 수립한 이론이 지닌 능동적이고 개조[改造]적인 성격과 그 이론이 혁명적 실천과 맺는 불가분의 결합을 명료하게 표현한다.

마르크스는 인간을 추상적이고 비역사적으로 고찰하는 포이어바흐에 대립해 인간의 본질은 진실로 '사회 관계의 총체[Ensemble der gesellschaftlichen Verhältnisse]'라는 주장을 제기한다. 이렇게 해서 마르크스는 유물론을 인간 사회를 이해하는 데까지 확장했다.

엥겔스의 말에 따르면 마르크스는 「포이어바흐 테제」를 작성할 즈음에는 자기의 유물론적 역사 이론을 전개하는 작업을 대략적으로는 이미 마무리했다. 마르크스가 나중에 상기했듯이 엥겔스가 브뤼셀에 도착했을 때 그들은 공동으로 그들의 견해를 완성하기로 결정했다. 그들은 그 일을 헤겔 이후 독일 철학을 비판하는 형식으로 수행했다. 마르크스와 엥겔스의 이런 공동 작업의 결과가 『독일 이데올로기』였다. 그러나 그들은 결국 이 위대한 작업을 출간하지는 못했다. 마르크스는 뒤에 자신의 저서 『정치경제학 비판을 위해Zur Kritik der Politischen Ökonomie』의 서문에 이렇게 썼다: "우리는 자기이해[Selbstverständigung]라는 중요한 목적을 달성했으므로 그 수고를 쥐새

끼들이 쏠아 먹는 비판[nagenden Kritik der Mäuse]에 내맡겨 버렸다."

〈W, VII〉『독일 이데올로기』는 비상하게 풍부한 사상이 담긴 저서이다. 이 포괄적인 저서는 마르크스와 엥겔스가 당시 자연과 사회의 발전 법칙에 관한 진정한 과학을 창조함으로써 이룩하고자 했던 위대한 혁명적 전환을 분명하게 표현한다.

『독일 이데올로기』에서 가장 중요한 자리를 차지하는 것은 역사적 유물론을 완성하는 일이다. 역사적 유물론의 기본적 명제는 이 저서의 1장에서 처음으로 상세하게 서술됐다.

마르크스와 엥겔스는 『독일 이데올로기』에서 인간의 사회적 존재가 그의 사회적 의식을 규정한다는 명제를 제시하고 그 근거를 해명한다. 그들은 인간의 전체 사회 생활에서 생산양식이 갖는 결정적 역할을 제시한다. 『독일 이데올로기』에서는 생산력과 생산 관계의 가장 보편적이고 가장 객관적인 발전법칙이 처음으로 규명됐다. 이 저서는 이미 경제적 사회구성체[Ökonomischen Gesellschaftsformation]라는 극히 중요한 개념을 담고 있으며 역사적으로 꼬리를 물고 등장하는 구성체가 지닌 가장 중요한 특성을 간결하게 분석한다. 그렇지만 마르크스와 엥겔스가 『독일 이데올로기』에서 완성한 이론의 몇 가지 기초 개념을 제시하는 용어는 그들에 의해 그런 새로운 기초 개념의 내용을 더 정확하게 제시하는 다른 용어로 대체되었다. 그래서 "생산 관계"라는 개념은 여기서[『독일 이데올로기』에서] "교류 수단", "교류 형식", "교류 관계"라는 용어로 제시된다. 여기서 사용된 "소유의 형식"이라는 용어는 [후일 사용되는] 경제적 사회구성체라는 개념을 실질적으로 포괄한다.

마르크스와 엥겔스는 사회 발전의 객관적 법칙을 분석하면서, 정치적인 그리고 이데올로기적 상부구조는 최종적으로 역사 발전의 각 단계에 존재하는 경제적 관계를 통해 규정된다는 사실을 해명한다.『독일 이데올로기』에서는 국가는 경제적 지배계급이 권력 유지를 위한 도구로 역할을 수행한다는 사실이 폭로된다. 마르크스와 엥겔스는 계급투쟁과 혁명을 역사 발전의 원동력으로 보았다.

마르크스주의의 가장 중요한 테제 중 하나인 프롤레타리아의 세계사적 역할에 관한 테제가『독일 이데올로기』에서 더 포괄적이고 과학적인 기초를 부여받았다. 이 저서에서 마르크스와 엥겔스는 처음으로 프롤레타리아의 정치 권력 쟁취라는 과제를 제시한다. "모든 지배를 추구하는 계급은 〈W, VIII〉설령 그 계급의 지배가 프롤레타리아 경우처럼 낡은 사회형태 전체와 지배 일반을 폐지하는 경우라 할지라도 먼저 정치 권력을 쟁취해야만 한다"라는 테제 안에는 이미 프롤레타리아 독재에 관한 이론의 싹이 존재한다. 이런 추론을 정당화하기 위해 마르크스와 엥겔스는 프롤레타리아 혁명의 주요한 경제적 정치적 이데올로기적 전제 그리고 이 혁명이 이전의 다른 모든 혁명과 근본적으로 구별되는 점을 대략 특징짓고 있다. 그 차이는 이전의 모든 혁명이 착취의 한 형태가 다른 형태로 대체됐던 것에 불과하지만, 그것에 반해 프롤레타리아 혁명은 일체의 착취를 폐지한다는 데 있다. 프롤레타리아 혁명은 궁극적으로 어떤 형태의 계급이건 모든 계급적 지배를 계급 그 자체와 함께 폐지한다. 마르크스와 엥겔스는 공산주의 혁명의 중대한 역사적 역할을 해명하면서 이렇게 말한다.

"지배하는 계급은 어떤 다른 방법으로 타도될 수 없으므로 혁명이 필요할 뿐만 아니라 타도하는 계급은 오직 혁명을 통해서만 모든 낡은 오물을 말끔히 씻어 내고 새로운 사회의 기초를 세울 수 있는 역량을 갖출 수 있으므로 혁명이 필요하기도 하다."

마르크스와 엥겔스는 『독일 이데올로기』에서 도시와 농촌 사이에, 정신적 노동과 육체적 노동 사이에 대립이 발생하고 발전하는 원인을 해명했다. 그들은 또한 이런 대립이 프롤레타리아가 사회를 변형하는 과정에서 제거될 것이라고 제시한다.

마르크스와 엥겔스는 『독일 이데올로기』에서 경제적 관계에 관한 연구에 특별하게 몰두하는 것은 아니다. 그런데도 이 저서는 마르크스주의 정치경제학에서 아주 중요한 일련의 시범 테제[Ausgangsthesen]를 정식화한다. 마르크스 자신이 말한 바에 따르면 이 저서는 "이제까지의 독일 학문과는 정면으로 대립하는 경제학의 입장에서 대중에게" 기초를 제공한다.

변증법적 역사적 유물론을 완성하면서 마르크스와 엥겔스는 단지 철학과 역사관에서 근본적인 변혁을 수행했을 뿐만 아니라. 또한 정치경제학에 참된 과학적 연구방법을 부여하기도 했다.

『독일 이데올로기』을 통해서 경제적 법칙과 범주가 지닌 객관적인 특징이 명확하고 정확하게 이해된다. 부르주아 경제학은 부르주아 사회의 경제적 법칙과 범주를 영원한 것이며 불변한 것으로 간주하지만, ⟨W, IX⟩마르크스와 엥겔스는 그런 법칙과 범주 속에 역사적으로 한정된 잠정적인 사회관계가 반영된다는 사실을 꿰뚫어 보고 있다. "지대, 이윤 등 사적 소유가 실제로 현존하는 방식은 일정한 생산단계에 상응해서 출현하는 사회적인 관계이다."

마르크스와 엥겔스는 마르크스주의적인 정치 경제학에 매우 중요한 개념인 경제적 사회구성체 개념을 처음으로 제시했다. 또한 그들은 『독일 이데올로기』에서 역사의 여러 발전 단계에 따라 "노동의 재료, 도구, 생산물에 대해 개인이 맺는 상호 관계"가 어떻게 변화하는가를 제시하며 또한 소유의 역사적 형태가-마르크스와 엥겔스가 이 당시에 사용했던 용어에 따르면 부족 소유Stammeigentum, 고대적, 봉건적 또한 부르주아적 소유-어떻게 차례로 교대하는가를 제시한다. 마르크스와 엥겔스는 이 소유 형태 사이에 존재하는 차이를 제시하지만, 그와 동시에 사회 발전의 연속성을 제시한다. 이런 연속성은 모든 새로운 세대는 이전 세대에서 물려받은 생산력을 떠맡는다는 말 속에 표현된다.

마르크스와 엥겔스는 역사의 각 단계에서 생산 관계("교류의 형식")의 전체는 이전 시기에 존재했던 생산력을 기초로 형성됐고 그 성격이 이전의 생산력에 상응하며 생산력의 발전을 위한 전제를 나타내지만, 결국 생산력이 더 발전하는 것을 가로막는 질곡으로 되며, 더 발전된 생산력에 대해 모순된다는 사실을 제시한다. 이런 모순이 해결되기 위해서는 "질곡으로 변화된 이전의 교류 형태 대신 더 발전한 생산력에 상응하는 새로운 교류의 형태가 등장해야 한다." 마르크스와 엥겔스는 "역사상 모든 충돌은 그 원인이 생산력과 교류 형태 사이의 모순에 있다"는 것, 그래서 이 모순은 "그때마다 혁명을 통해 폭발하지" 않을 수 없다는 사실을 지적한다. 이렇게 해서 마르크스와 엥겔스를 통해 발견된 경제적 법칙 즉 생산 관계가 생산력의 성격에 반드시 조응한다는 법칙을 완성하기 위한 시범 테제가 여기서 이미 공식화됐으며, 그 법칙은 마침내 마르크스의 지시『징치경제학 비판을 위해』에서 고전적인 정식화를 얻을 수 있었다.

마르크스와 엥겔스는 이러한 법칙을 자본주의 분석에 적용한다. 그들은 자본주의 사회의 특징을 그려내는 가운데 자본주의 사회를 객관적이고 필연적인 "교류 형태"인 동시에 역사적으로 당연히 소멸해야 할 "교류 형태"로 보고 있다. 마르크스와 엥겔스는 생산력이 발전하는 특정 단계에서 생산수단의 사적 소유가 생산력을 구속하는 질곡으로 작용하므로 〈W, X〉이 질곡은 반드시 공산주의 혁명을 통해 극복돼야 한다는 점을 입증한다. 이 혁명은 생산력과 생산 관계를 일치시킨다.

『독일 이데올로기』에서는 장차 도래할 공산주의 사회가 지니는 약간의 기본적 특징이 예시되고 있다. 이 사회의 본질적 특징은, 마르크스와 엥겔스의 견해에 따르면 다음과 같다. 즉 공산주의 사회에서는 인간이 객관적 경제법칙을 의식적으로 이용함으로써 생산과 교환 또한 그들 자신의 고유한 사회를 지배한다는 것이다. 인간 개개인은 공산주의 사회에서 비로소 자신의 능력과 소질을 완전하고도 충분하게 그리고 전면적으로 획득한다.

『독일 이데올로기』는 사회과학에 커다란 의미를 부여하는 심오한 사상을 포함하고 있다. 예를 들면 여기에는 마르크스주의 언어학의 기초 명제가 간결하게 서술되고 있다. 마르크스와 엥겔스는 『독일 이데올로기』에서 언어의 성립과 발전이 물질적 사회생활 그리고 인간의 노동 과정과 밀접하게 결부된다는 것을 분명히 해명한다. 그들은 언어와 인간 사유가 분리할 수 없는 일체를 이룬다는 것을 강조하고 "사유의 직접적 실현이 언어이며 언어는 실천적인 의식 …. 실제하는 의식이다"라는 매우 중요한 주장을 제기한다.

『독일 이데올로기』에서 마르크스와 엥겔스는 청년 헤겔 학파의 미학 견해를 비판하고, 마르크스주의 미학에 관한 일련의 기초 명제를 세운다. 그들은 예술과 예술가의 창조적 정신은 역사 발전의 각 구체적 단계에서 사회의 경제적 또한 정치적 생활에 의존하고 있다는 것을 명확히 했다.

마르크스와 엥겔스는 인간의 사유, 정신적 욕구, 관심, 기호, 감정 등의 본질과 역할을 명확히 하고 그런 것들이 변화하고 발전하는 결정적 원인이 사회의 물질적 생활에 있다는 사실을 보여 줌으로써 마르크스주의적인 변증법적 유물론적 심리학이 기초하는 토대를 구축한다.

『독일 이데올로기』에서 완성된 마르크스주의 이론은 그 이전의 철학적 사회정치적 또한 경제학적 사유에 대한 비판적 분석과 밀접하게 연관된다.

또한 철학사의 영역에서 마르크스와 엥겔스의 간결하고 내용이 매우 풍부한 언급은 커다란 의의가 있다. 그들의 언급에는 〈W, XI〉고대 그리스 유물론 철학자와 그 후 각 시대의 사상가가 제시했던 견해에 대한 중요한 평가가 포함된다. 『독일 이데올로기』는 부르주아 사회의 여러 대변자가 제시하는 철학적 견해들을 철저하게 비판한다.

변증법적 역사적 유물론의 입장에 서 있는 마르크스와 엥겔스는 프랑스와 영국의 공상적 사회주의와 공산주의를 비판적으로 분석한다.

『독일 이데올로기』는 영국 또한 프랑스의 부르주아 경제학의 역사에 관한 일련의 간결한 개괄을 포함한다.

마르크스와 엥겔스는 그들이 완성한 새로운 세계관의 기본 명제에서 출발해서 그들이 이미 『신성 가족』에서 시작했던 청년 헤겔 학파 브루노 바우어의 견해에 대한 비판을 『독일 이데올로기』에서 완성한다. 그들, 과학적 공산주의의 장시자들은 초기 무정부주의 이데올로그에 속하는, 청년 헤겔 학파 막스 슈티르너의 철학적 경제학적 사회학적 입장이 가진 부르주아적 반동적 본질을 폭로했다. 바우어와 슈티르너를 비판하면서 마르크스와 엥겔스는 청년 헤겔주의자의 철학 전체 또한

헤겔 철학과 관념론 철학 일반도 비판했다

『독일 이데올로기』는 독일의 '진정' 사회주의자의 소시민적 입장이 지닌 반동적 본질을 폭로한다. 진정 사회주의자는 '보편적 인간애'라는 소부르주아의 감상적인 선전으로 계급 화합의 관념을 선전했다. 이러한 선전은 혁명 전의 독일에서 특히 위험하고 해로운 것이었다, 왜냐하면 여기에서는 절대주의와 봉건적 관계에 대항하는 대중의 모든 민주주의 투쟁이 첨예화하면서 동시에 부르주아와 프롤레타리아의 대립이 항상 더욱 명백하게 등장했기 때문이다. 마르크스와 엥겔스는 진정한 사회주의자가 지닌 민족주의를 비판하고, 다른 민족에 대해 지닌 우월감을 비판한다.

마르크스와 엥겔스가 살아 있는 중에는 『독일 이데올로기』 가운데 다만 2권의 4장만이 공개됐다. 엥겔스 사후에 『독일 이데올로기』의 수고가 독일 사회민주당의 기회주의적 지도자들의 손에 들어가는 바람에 이는 오랫동안 빛을 보지 못했다. 이 저서 전체는 비로소 1932년에 마르크스–엥겔스–레닌 연구소를 통해 독일어로 그리고 1933년에는 러시아어로 간행됐다.

소비에트연방 공산당 중앙위원회 부설
마르크스–레닌주의 연구소

MEW일러두기

〈W, XII〉 독일어판 3권은 소련 공산당 중앙위원회 산하 마르크스 레닌주의 연구소에서 발간한 소련어판과 완전하게 상응하지 않는다. 독일어판 텍스트에서 포이어바흐 테제는 마르크스가 1844~1847 사이에 썼던 그의 노트북에 적어놓은 초안이고 1888년 엥겔스가 개정한 초안은 부록에서 실려 있다. 부록은 그밖에도 1845/46 마르크스 엥겔스의 노트를 포함한다. 우리는 엥겔스의 진정 사회주의자라는 논문을 4권으로 넘기는 것이 합목적적이라고 간주했다. 왜냐하면 그 논문은 이 4권에 있는 다른 글들과 유기적으로 서로 관련되어 있기 때문이다.

텍스트와 마르크스와 엥겔스가 인용한 인용문은 원전을 이용할 수 있는 한에서 원전에 따라 검증됐다. 모든 논문은 복사된 수고와 대조됐다.

마르크스와 엥겔스가 인용한 인용문은 쉽게 판별될 수 있도록 소문자로 인쇄했다. 외국어[비독일어] 인용문이나 텍스트 속에 끼어 있는 외국어는 하단 주석으로 번역했다[한국어 번역본에서는 외국어를 살리고 〈 .... 〉를 통해 번역했다].

맞춤법과 기호는 대체될 수 있는 한 최근의 방식으로 바꾸었다. 대체하는 것이 의심스러울 경우 원전에 상응하는 표기법이 보존됐다. 독일어 텍스트에서 띄어쓰기는 그대로 유지했다. 괄호 [....] 속에 들어있는 단어나 단어 부분은 이 판본의 편집에서 나온 것이다. 그러나 오늘날 사용되지 않는 약어는 지시 없이 본래 말로 고쳤다. 명백하게 틀린 오류는 언급 없이 개정했다.

마르크스와 엥겔스의 주석은 별표[*]로 표시했으며[본 번역본에서는 마르크스, 엥겔스 방주로 표시했다], 편집자의 노트는 텍스트와 분리하여 일련 번호로 표시했다.[본 번역본에서는 W 주로 표시해서 CW주와 GA주와 구분했다.]

  이 판본은 주석에서 설명을 덧붙였다. 이 주석은 텍스트에서 괄호 속의 윗점자 수자로 지시됐다. 그밖에 인명 목록, 문헌 목록, 외국어 설명이 첨가됐다.

독일 통일 사회당 중앙위원회 산하

마르크스 레닌주의 연구소

1권 목차

역서 일러두기	3
MEW 3권 편집자 서문	7
MEW일러두기	17
포이어어바흐 테제	25
독일 이데올로기 1권	33
서문	35
1장 포이어바흐	41
서론[Einleitung]	41
A절 이데올로기 일반 특히 독일의	45
1) 역사	62
2) 의식의 생산에 관해	80
B절 이데올로기의 실제적 기초	108
1) 교류와 생산력	108
2) 국가와 법과 소유의 관계	128
3) 자연 발생적 생산수단과 소유 또는 문명적 생산수단과 소유	134
C질 꽁산주의-교류 형식 자체의 생산	144
라이프치히 공의회	157

독일 이데올로기 1권 19

2장 성 브루노   163

1절 포이어바흐에 대항한 "전쟁"   163
2절 포이어바흐와 슈티르너 사이에 벌어진 전쟁에 관한 성 브루노의 고찰 185
3절 성 브루노 대 『신성 가족』의 저자들   190
4절 "모제스 헤스"에 대한 애도   208

3장 성 막스   215

3-1장 『유일자와 그의 소유』   219
3-1장 구약 편: 인간   223
구약 편 1절 창세기 즉 인간의 삶   223
구약 편 2절 구약 대의   241
구약 편 3절 고대인   253
구약 편 4절 근대인   272
구약 편 4절 A) 정신(순수한 영혼의 역사)   279
구약 편 4절 B) 신들린 자(불순한 영혼의 역사)   289
구약 편 4절 B)-a) 허깨비[Spuk]   298
구약 편 4절 B)-b) 망상[Sparren]   304
구약 편 4절 C) 불순한 정신의 불순한 역사   310
구약 편 4절 C)-a) 흑인과 몽골인   310
구약 편 4절 C)-b) 가톨릭과 프로테스탄티즘   325
구약 편 4절 D) 위계 체제   331
구약 편 5절 자기식으로 역사를 구성해 놓고 흐뭇해 하는 슈티르너   357
구약 편 6절 자유인   374
구약 편 6절 A) 정치적 자유주의   374
구약 편 6절 B) 공산주의   401
구약 편 6절 C) 인도적 자유주의   459

3-1장 신약 편: "자아[Ich]"	475
신약 편 1절 신약 대의	475
신약 편 2절 자족하는 이기주의자에 관한 현상학 또는 변호론	480
신약 편 3절 사도 요한의 계시 또는 "새로운 지혜의 논리"	538
신약 편 4절 고유성	592
신약 편 5절 소유자	622
신약 편 5절 A) 나의 권력	622
신약 편 5절 A)-(1) 권리	622
신약 편 5절 A)-(1)-a) 일반적 표준	622
신약 편 5절 A)-(1)-b)	632
단순한 반대 명제를 통해 세계를 쟁취하기	632
신약 편 5절 A)-(1)-c)	637
복합적인 반대 명제를 통해 세계를 쟁취하기	637
신약 편 5절 A)-(2) 법률	650
신약 편 5절 A)-(3) 범죄	668
신약 편 5절 A)-(3)-a) 범죄와 처벌의 단적인 말씀화	669
신약 편 5절 A)-(3)-a)-α) 범죄	669
신약 편 5절 A)-(3)-a)-β) 처벌	673
신약 편 5절 A)-(3)-b) 범죄와 처벌을 반대 명제를 통해 내면화하려는 시도	676
신약 편 5절 A)-(3)-c) 통상적인 의미에서의 범죄와 예외적인 의미에서의 범죄	683
[신약 편 5절 B) 나의 교류]	690
[신약 편 5절 B)-(1) 사회]	690
신약 편 5절 B)-(1)-e) 부르주아 사회로서 사회	696
신약 편 5절 B)-(2) 반항[Empörung]	752
신약 편 5설 B)-(3) 연합	778

신약 편 5절 B)-(3)-a) 토지 소유	778
신약 편 5절 B)-(3)-b) 노동의 조직화	782
신약 편 5절 B)-(3)-c) 화폐	791
신약 편 5절 B)-(3)-d) 국가	799
신약 편 5절 B)-(3)-e) 반항	806
신약 편 5절 B)-(3)-f) 연합의 종교와 철학	808
신약 편 5절 B)-(3)-f)-α) 소유	808
신약 편 5절 B)-(3)-f)-β) 능력	817
신약 편 5절 B)-(3)-f)-γ) 도덕, 교환, 착취 이론	818
신약 편 5절 B)-(3)-f)-δ) 종교	829
신약 편 5절 B)-(3)-f)-ε) 연합에 대한 보충 절	831
신약 편 5절 C) 나의 자기만족	836
신약 편 6절 솔로몬의 시편과 유일자	858
3-2장 『변호를 위한 주석』	889
라이프치히 공의회의 결말	905
옮긴이 후기	909

2권 목차

역서 일러두기	913
MEW일러두기	916
독일 이데올로기 2권	927
1장 진정 사회주의	929
1절 『라인 연보』 또는 진정 사회주의의 철학	935
1절 A) 「공산주의, 사회주의, 인도주의」,『라인 연보』, 1권, 167쪽 이하.	935

1절 B) 「사회주의의 초석」『라인 연보』, 155쪽 이하	961
1절 B) 첫 번째 초석	967
1절 B) 두 번째 초석	974
1절 B) 세 번째 초석	982

[2장, 3장 누락]

4장 칼 그륀:『프랑스와 벨기에에서의 사회 운동』 또는 진정 사회주의의 역사 서술	989
1절 생시몽주의	1008
1절 A)『제네바 시민이 그의 동시대인에게 주는 편지』	1018
1절 B)『산업에 관한 정치적 문답서』	1023
1절 c)『새로운 기독교』	1031
1절 D) 생시몽 학파	1033
2절 푸리에주의	1049
3절 "고루한 신부 카베Cabet"와 그륀 씨	1067
4절 프루동Proudhon	1095

5장 "홀스타인에서 온 조지 쿨만 박사" 또는 진정 사회주의의 예언자, 새로운 세계 또는 지상에 세워진 정신의 왕국 선포	1099

마르크스 비망록[MEW 부록]	1119
1) 헤겔과 포이어바흐에 대한 마르크스의 관계	1119
2) 부르주아 사회와 공산주의 혁명	1121
3) 포이어바흐에 관해[über]	1123
4) 1.포이어바흐에게서[aus]	1124

5) 포이어바흐[포이어바흐 노트Noizen]	1126

역서 부록 1133

부록1 브루노 바우어의 반비판에 대한 대답	1135
부록2 진정 사회주의자	1143
부록3 포이어바흐 장 비교 분석	1237
해제	1238
서문[Vorrede]	1241
1장 포이어바흐	1245
1절	1245
2절	1264
3절	1304
4절	1311

역서 후기 1363

후기1 참고 문헌	1364
1) 거명되거나 익명으로 된 저서와 논문	1364
2) 정기간행물	1385
후기2 인명 색인	1388
후기3 『독일 이데올로기』 성립의 역사에 관해	1411
옮긴이 후기	1431

포이어어바흐 테제[12]

1. 포이어바흐에 붙여[ad]

---

1 W주 1)「포이어바흐에 관한 테제」는 마르크스가 1845년 봄 브뤼셀에서 집필했고 이 테제는 마르크스의 1844~57년 메모록 속에 '1. 포이어바흐에 붙여'라는 제목으로 끼워 넣어져 있다. 이 글은 1888년 엥겔스가 처음 책으로 펴냈다. 더 정확히 말하면 엥겔스의 저서『루트비히 포이어바흐와 독일 고전철학의 종말』의 개정판 별책 부록으로 출판됐다.-이곳에서 이 테제가 만들어진 장소와 시기가 명시된다. 이 메모는 "급히 썼으며 결코 출판을 염두에 두지 않았다. 하지만 새로운 세계관의 천재적인 싹을 틔운 최초의 기록"이다. 이 메모를 엥겔스는 출판 당시 일반 독자가 쉽게 이해할 수 있게 편집상 약간 교정했다.
W에는 마르크스가 1845년에 쓴 텍스트를 우선 수록했고 엥겔스가 수정한 1888년 판 텍스트를 부록으로 덧붙였다. 이 판은 마르크스의 초고에 근거해 1888년 출판 당시 빠졌던 강조와 인용부호를 추가로 보충했다.「포이어바흐에 관한 테제」라는 제목은 마르크스 엥겔스 연구소가 엥겔스의 저서『루트비히 포이어바흐와 ....』의 일러두기에 따라 채택한 것이다.

2 역주) 반면 CW는 엥겔스 수정판을 마르크스 수고 바로 다음에 첨부했다. 유감스럽게도 GA2는 이 유명한「포이어바흐 테제」야 함께 있던 1845년 수고 단편들을 모두 편집에서 배제했다. 본 역서에서는 어구가 몇 자 정도만 차이가 나는 엥겔스의 수정 테제를 굳이 부록에 다시 실을 필요가 없을 것 같아, 엥겔스가 수정한 내용은 마르크스의 테제에 각주로 표시하기로 했다. 이렇게 하면 그 차이도 쉽게 알 수 있을 것으로 생각한다.

1

⟨W, 5⟩지금까지 모든 유물론-포이어바흐의 유물론을 포함해-의 주된 결함은 대상, 현실, 감각을 단지 *객체* 또는 *직관*이라는 형식으로 파악하고 *감각적인 인간 활동, 실천으로서*[als], *주체적*으로 파악하지 않는다는 점이다. 그 결과 활동적인 측면은 유물론과 대립하는 관념론에서 전개됐다.-그러나 관념론이 파악한 활동적 측면은 추상적이었을 뿐이니 관념론은 당연히 실제의 감각적인 활동 그 자체를 알지 못하기 때문이다. 포이어바흐는-사유를 통해 만들어진 객체[Gedankenobjekt]와는 실제로 구별되는-감각적인 객체를 원했다. 그러나 그는 인간 활동 자체를 *대상을 생산하는 활동*[gegenständliche Tätigkeit]으로 파악하지는 못했다. 따라서 그는 『기독교의 본질』에서 오직 이론적 태도만을 참된 인간적 태도로 보는 반면, 실천은 단지 유대인이 파악하는 것과 같이 오염된 현상적인 형태로 파악하고 그것에 한정했다. 따라서 그는 "혁명적"인 "실천을 통한 비판" 활동의 의미를 이해하지 못했다.

2

인간 사유가 대상의 진리를 포착할 수 있는지 없는지 하는 물음은 결코 이론이 판단하는 물음이 아니라 *실천으로 판단되는* 물음이다. 인간은 실천을 통해 자신의 사유가 진리인지, 실제성과 힘을 갖는지, 이 세상에 속한 것인지를 입증해야 한다. 사유가 실천에서 유리된다면 사유가 실제적인가 비실제적인가 하는 물음을 놓고 벌이는 논쟁은 순전히 *스콜라 철학적인* 물음에 불과하다.

3

환경과 교육의 변화에 관한³ 유물론적 학설[Lehre]은 환경이 인간을 통해 변화되고 교육자 자신이 길러지는 것이 불가피하다는 사실을 망각한다. ⟨W, 6⟩따라서 이 이론은 필연적으로 사회를 두 부문으로 나누며, 그중 한 부문은 다른 부문보다 더 우월하게 된다.

환경을 변화하는 것은 인간의 활동을 변화하는 것과 동시에 일어나야 비로소 *혁명적 실천*으로 파악될 수 있으며 또 그때야 비로소 합리적으로 이해될 것이다.

4

포이어바흐의 출발점은 종교가 자기소외라는 사실 즉 세계가 종교적 관념 세계와 실제 세계로 이중화됐다는 사실이다.⁴ 그는 종교적 세계를 그 세속적 기초 안에서 해소하려고 노력한다. 그러나 세속적 기초가 스스로 전도되어 구름 속에서 자립적 왕국으로 고착된다는 사실은 이 세속적 기초가 자기분열 또한 자기모순 속에 있다는 사실을 통해서만 설명될 수 있다. 따라서 이 세속적 기초는 그 자체로 그 모순 속에서 이해돼야 할 뿐만 아니라 실천적으로 변혁돼야 한다. 따라서 예컨대 세속 가족이 신성 가족의 비밀임이 폭로된 이상 이제 세속 가족 자체가 이론적으로 또 실천적으로 파괴돼야 한다.

---

3 역주) 엥겔스 수정판은 이 구절을 다음과 같이 구체적으로 서술한다: "유물론적인 학설[Lehre]은 인간이 환경과 교육의 산물이며 환경이 변화하고 교육이 변화하면 그 결과로 인간도 변화한다고 주장한다. 이런 유물론적 학설이 .... "

4 역주) 엥겔스 수정판은 이다음에 아래 구절이 보충됐다: "그는 이런 노력을 수행한 뒤에 해야 할 중요한 것이 남아 있다는 점을 간과한다."

5

포이어바흐는 *추상적 사유*에 만족하지 않고 *감각적 직관*에 호소한다. 하지만 그는 감각을 감각적인 인간의 *실천적인* 활동으로서 파악하지 못한다.

6

포이어바흐는 종교의 본질을 *인간의* 본질 안에서 해소한다. 그러나 인간적 본질은 어떤 개인에 내재하는 추상적 성질이 아니다. 인간의 본성은 실제로 사회관계의 ensemble〈집합, 조화〉다.

포이어바흐는 인간의 실제 본질에 대한 비판에 나서지 못하므로 불가피하게 아래와 같이 생각한다. 즉 그는 1) 역사의 진행을 무시하고 종교적 심성을 고립적으로 고정하며 추상적인-*고립된*-개인을 전제로 삼지 않을 수 없었다. 2) 따라서 그는 불가피하게 인간의 본질을 단지 "유"로서만, 여러 개인을 *자연적*으로 결합해주는 내적이고 비밀스러운 일반성으로서만 파악할 수 있다.

7

〈W, 7〉따라서 포이어바흐는 "종교적 심성" 그 자체가 사회적 산물이라는 것을, 그가 분석한 추상적 개인이 사실은 일정한 사회 형식에 속해 있다는 사실을 알지 못한다.

8

모든 사회적 삶의 본질은 *실천적*이다. 이론을 신비주의에 빠지게 만드는 신비를 모두 합리적으로 해결하는 것은 인간의 실천이며 또한 실천을 개념적으로 파악하는 것이다.

9

직관적 유물론 즉 감각을 실천적 활동으로 파악하지 않는 유물론이 도달한 정점은 개별 인간과 시민 사회[Bürgerlichen Gesellschaft]를 직관하는 것이다.

10

구 유물론이 서 있는 입각점은 부르주아 사회[bürgerlichen Gesellschaft]이다. 신 유물론의 입각 점은 인간 사회 또는 인류의 사회화[5]이다.

11

철학은 세계를 다만 여러 가지로 *해석*했다. 그러나 세계를 *변화*하는 것이 중요하다.

1845년 봄 서술
마르크스 엥겔스 레닌 연구소 발간
모스크바, 1932.

---

5 역주) 엥겔스 수정판에는 'gesellschaflich' 대신 'vergesellschaftet'를 사용한다.

Faksimile der 11. These über Feuerbach aus Marx' Notizbuch

마르크스 엥겔스

독일 이데올로기

최근 독일 철학의 대표자
포이어바흐, 바우어, 슈티르너에 대한 비판
그리고
독일 사회주의의 여러 예언자에 대한 비판

〈MEW, 11〉1845~1846년 작성됐다.
모스크바 마르크스 엥겔스 레닌 연구소의 원본 수고에 따라
독일어로 1932년 처음으로 발간됐다.

『독일 이데올로기』 수고의 여러 구절이 손상당했다. 마르크스가 남긴 몇 마디 말에 따르면 수고는 "쥐가 쏠아 먹는 비판"에 맡겨졌다. 이 상태는 3장 성 막스에 해당하는 수고의 복사본 몇 장을 통해 확인될 수 있다. 현재의 판본에서 손상된 구절은 남아 있는 문장 부분에 근거해 보충됐고 이는 꺾쇠로 표시했다. 교정 상 필요해서 약간 첨가한 구절도 마찬가지로 꺾쇠로 표시했다. 수고에서 빠진 부분이나 마르크스 엥겔스 총서의 첫 번째 판본(GA1[1932])에 나오는 텍스트와 다른 부분은 주에 밝혀놓았다. 수고에는 마르크스와 엥겔스가 남긴 방주가 있는데, 이것은 주석의 형태로 제시됐지만, 방주임을 표시해 두었다. 수고에서 마르크스와 엥겔스가 수직의 선으로 틀렸다고 표시했지만, 마지막까지 고심했던 문장으로 이루어진 텍스트[즉 삭제된 부분] 역시 주석에 제시됐다. 그렇게 하면 특정 사상의 발전을 눈으로 볼 수 있을 것이기 때문이다.

독일 이데올로기1권

최근 독일 철학의 대표자
포이어바흐, 바우어, 슈티르너에 대한 비판

Erste Seite des Manuskripts der „Deutschen Ideologie"
in Marx' Handschrift

서문

⟨GA2, 3⟩⟨서문, 1⟩⟨W, 13⟩[6]사람들은 지금까지 항상 자신에 관해, 자신의 본질이 무엇이며 또는 자신이 마땅히 무엇이어야 하는지에 관해 잘못된 관념을 가졌다. 사람들이 사회관계를 구축하는 기준은 신이나 인간의 정상 상태 등에 관해 그가 지닌 관념이었다. 두뇌의 산물이 그의 두뇌를 넘어 성장했다. 그런 관념을 창조한 사람들이 자신이 창조한 관념에 굴복했다. 인간을 짓누르는 멍에 즉 망상과 관념, 독단과 공

---

6 역주) 수고[정서본(Marx): H1]에 해당하는 부분은 1권 서문이며 제목이 '서문[Vorrede]'으로 표시된다. GA2의 주에 따르자면 이 서론은 마르크스가 정서했으며, 계간지 발긴 기획이 좌절된 이후 단행본으로 출판하기 위해 직성한 것으로 부인다. 이 수고는 마르그스의 필직으로는 유일하며, 쏘이어바흐를 바우어와 슈티르너와 나란히 비판한다는 점에서 특징적이다. 이 수고는 마르크스의 딸 엘레노어에 전해졌고, 그녀의 사후에는 그녀의 딸 로라 라파르그에게 전해졌다. 그런 다음 1924년 랴쟈노프가 이 수고를 그녀에게서 받아, 독일 사회민주당 당 문서고로 전달했다.

상에서 인간을 해방하자. 사상의 지배에 대해 저항하자. 공상을 인간의 본질에 상응하는 사상으로 바꾸게 인간을 가르치자. 누군가[7] 이렇게 말하자 또 누구는[8] 그런 망상 등에 대해 비판하자고 말하고 또 다른 누군가는[9] 그런 망상 등을 머리에서 제거하자고 말한다. 그러면 기존의 현실은 무너질 것이라 한다.

〈GA2, 3〉〈서문, 1〉〈W, 13〉이렇듯 순진하고 유치한 환상이 신진 청년 헤겔주의자가 주장하는 철학의 핵심을 이루고 있다. 독일에서 일반 대중은 청년 헤겔주의자의 철학에 경악하면서 이를 경외의 마음으로 받아들이고 있다. 그뿐만 아니라 *철학의 영웅* 자신은 자기의 철학이 위험하기로는 세계를 전복할 정도며 가차 없기로는 범죄적일 정도라고[10] 엄숙히 선언한다. 이 책 1권은[11] 자신을 늑대로 여기고 또 사람들 역시 그렇게 여기는 양 떼 가면을 벗겨내는 데 목적이 있다. 또한 이 책은 이 양 떼가 독일 부르주아 계급의 관념을 향해 그저 철학적으로 짖어대는 것에 지나지 않음을 드러내려는 것이 목적이며 또 철학 해석자들이 내세우는 허풍이 단지 독일의 비참한 실제 상태를 반영하는 것에 불과하

---

7   CW주) 포이어바흐

8   CW주) 브루노 바우어

9   CW주) 막스 슈티르너

10 GA2주 참조) 이 표현은『비간트 계간지』, 4권, 1845년에 실린 익명의 논문「무죄 선고된 자의 권리에 관해」에서 나오는 표현을 변형한 것이다.

11 역주) 마르크스 엥겔스는 계간지 발간 계획이 난파한 다음 처음에는 거의 완성된 계간지 1, 2호를 2권의 책으로 발간하려 계획했다. 그후 계간지 1, 2호에 실릴 글 중 다른 작가의 논문은 제외하고 자기들의 글만 통합해 1권으로 만들려 했다. 여기서 언급된 1권은 처음 계획된 2권 중 1권으로 보인다.

다는 사실을 보여주려는 것이 목적이다. 또한 이 책은 현실의 그림자와 투쟁하고 꿈속에서 헤매는 듯 몽롱한 독일 대중이 기대해 마지않는 철학의 투쟁을 조롱하고 불신하게 만드는 것이 목적이다.

⟨GA2, 3⟩⟨서문, 1⟩⟨W, 13⟩옛날에 어떤 용감한 사람이 이렇게 공상했다: 사람들이 물에 빠지는 이유는 그가 다만 *무게라는 사상*에 사로잡혀 있기 때문이다. 사람들이 무게 관념을 ⟨GA2, 3⟩⟨서문, 1⟩⟨W, 14⟩미신이나 종교적 관념에 불과하다 보고 이런 관념을 머리 밖으로 쫓아낸다면, 물에 대한 어떤 공포에서도 초연할 수 있다. 이 용감한 사람은 일생 동안 이 무게라는 환영과 투쟁했으며, 모든 통계는 그에게 무게의 환상이 초래하는 해로운 결과에 대해 수많은 새로운 증거를 제공해 주었다. 이 용감한 사람이 독일에 등장한 혁명적 신진 철학자의 전형이었다.[12]

{⟨W, 노트 1, 14-하단 주: 수고에서 삭제⟩⟨서문, 1-하단 주⟩독일 관념론은 다른 민족의 이데올로기와 특별한 차이점이 없다. 또한 독일 관념론은 이념이 세계를 지배한다고 여기며 이념과 개념이 세계의 결정 원리라고 생각하며, 특정한 사상이 물질 세계를 지배하는 비밀이며 철학자에게나 접근 가능한 비밀이라고 본다.

헤겔은 능동적[positive] 관념론을 완성했다. 그는 물질 세계 전체를

---

12 역주) W는 수고에서 삭제된 부분도 부록에 실린 노트를 통해 밝혀두었다. CW는 이 삭제된 노트를 본문 하단 주로 표시해 두었다. 그런데 GA2는 삭제된 노트나 삭제된 방주를 모두 본문에서 제거하고 부록에 이본으로 실었다. 이 책은 편집상의 이유로 삭제된 노트를 본문에 함께 밝혀둔다. 다만 삭제됐음을 표시해두었다. W 편집자는 삭제된 노트가 마르크스 사상이 발전하는 과정을 이해하는 데 도움이 된다고 한다.

사상의 세계로 전환했을 뿐만 아니라 또한 역사 전체도 사상의 역사로 전환했다. 헤겔은 사상이라는 사유의 산물을 기록하는 데 만족하지 않고 한 걸음 나아가 사상의 능동적인 작용을 서술하고자 시도했다.

독일 철학자들은 [물질 세계에] 환멸을 느끼자 사상 세계에 항의했다. 그들은 실제적이고 생동적인 세계에 관한 관념으로 이 사상 세계를 .... .

독일의 비판 철학자들은 모조리 지금까지 이념, 관념, 개념이 인간을 지배하고 결정해 왔고 실제 세계는 이념 세계의 산물이라고 주장한다. 이 순간까지도 그들은 이런 방식으로 주장하고 있으나 이런 주장은 이제 달라져야만 한다. 그들은 어떤 고정된 사상의 힘이 지배하므로 인간 세계가 탄식하고 있다고 생각하면서 이 사상이 무언지 각자가 나름대로 규정한다. 그들은 인간 세계를 구원하는 방식에 관해서 서로 다르다. 하지만 그들은 사상의 지배를 신봉한다는 점에서 서로 일치하며 사유의 비판 행위는 기존 사상을 파괴하는 결과를 끌어내야 한다고 믿는 데서 서로 일치한다. 그들이 자기만의 고립된 사유 행위를 그러기에 충분한 것으로 간주하거나 그들의 사유 행위가 일반적으로 인정받기를 원한다는 점에서 일치하리라는 것은 말할 것도 없다.

그들은 실재하는 세계가 이념 세계의 산물이라고, 이념 세계가 .... 라고 믿는다.

독일 철학자들은 헤겔 사상에 미혹되면서 실제 세계를 생산하고 결정하고 지배했던 지금까지의 사상, 이념, 관념에 대해서는 반대한다. 그들의 생각에 따르자면 지금까지의 이런 사상, 이념, 관념은 *헤겔의 환상*이다. 그들은 이의를 제기하면서 끝장내려 하니 ....

헤겔의 체계에 따르자면 이념, 사상, 개념이 인간의 실제 삶, 물질 세계, 실질적 관계를 생산하고 결정하고 지배했다. 헤겔에 반항을 꾀했던 제자들조차 이런 생각을 헤겔에서 받아들인다.}

Seite 15 des Manuskripts, Kapitel „I. Feuerbach"
(siehe Seite 31/32)

1장 포이어바흐

서론[Einleitung]

[13]〈GA2, 12〉〈정, 1〉〈W, 17〉독일의 이데올로그들이 전한 바에 따르면 최근 몇 년 동안 독일은 유례없던 혁명을 겪고 있다. 슈트라우스[Strauss][14]에서 시작됐던 헤겔 체계의 해체 과정이 이제 전 세계에 걸친 소동으로 발전했다. 이 소동에 휩쓸리지 않은 "구시대의 권력"은 없었다. 이런 전반적인 혼돈 속에서 강력한 제국이 건설됐지만, 이 제국은 곧 다시 몰락했다. 어느 순간 영웅이 떠올랐지만, 다시 더 과감하고 더

---

13   역주) 이 부분은 W는 '1장 포이어바흐 서론'으로 편집했다. 원래 제목은 없나. 제복은 MEW 편집자가 붙인 것이다. 이 부분은 CW에서는 '1장 시론'에 해당되며 GA2에서는 H4에 해당한다. 이하 각절의 제목도 마찬가지로 편집자가 붙였다.

14   역주) 스트라우스David Freidrich Strauss, 『예수의 생애』(Tübingen, 1835~1836)가 헤겔에 대한 청년 헤겔주의자의 비판이 시작한 출발점으로 간주된다.

강력한 경쟁자를 통해 망각됐다. 그것은 하나의 혁명이었다. 그것에 비해 본다면 프랑스 혁명은 차라리 아이들 장난에 가까운 것이다. 그것은 하나의 세계 전쟁이었다. 그것에 비추어 보면 알렉산더 후계자[15]들이 펼쳤던 전쟁조차도 하찮은 것으로 보인다. 철학 원리들은 각축했고 사상의 영웅들은 일찍이 들어본 적이 없을 정도로 성급하게 꼬리를 물고 나타났다. 독일에서는 1842년부터 1845년까지 불과 3년 만에 그 전 3백 년 동안보다 훨씬 더 많은 사상이 청산됐다.

〈GA2, 12〉〈정, 1〉〈W, 17〉이 모든 것은 순수한 사상 속에서 일어났다고 하는 일이다.

〈GA2, 12〉〈정, 1〉〈W, 17〉물론 이는 아주 흥미로운 사건 즉 절대정신의 부패 과정과 관련된 일이다. 생명의 마지막 불꽃이 꺼진 이후 이 caput mortuum〈시체〉[16]를 구성하는 각 요소는 분해 과정에 들어가, 새로운 결합을 발생해, 드디어 새로운 물질을 만들었다. 지금까지 절대정신을 갉아먹으며 살아왔던 철학 제조업자는 이제 새로운 결합물을 만드는 데 정신 없었다. 각각은 자기가 만든 것을 정말 부지런하게 판매했다. 이런 일이 경쟁 없이 지나갈 수 없었다. 그런 경쟁은 처음에는 상당히 부르주아적으로 평온하게 펼쳐졌다. 그러나 나중에 독일 시장이

---

15 W주 3) 디아도코이diadochen-알렉산드로스 대왕이 죽은 후 권력을 잡기 위해 격렬한 암투를 벌인 장군들을 말한다. 이 암투가 진행되는 동안(기원전 4세기 말부터 3세기 초까지) 아직 불안정한 군사 행정 연합체였던 알렉산드로스 왕국은 일련의 개별 국가들로 나누어지게 됐다. [역주) 의미로만 본다면 디아도코이는 후계자라는 의미이다]

16 W주, CW주) 말 그대로 번역하자면 화학에서 승류하고 남은 찌꺼기를 지칭하는 표현으로 시체를 뜻한다, 여기에서는 찌꺼기, 잔재라는 뜻

과잉공급에 부딪히고 상품이 각고의 노력에도 불구하고 세계 시장에서 호응을 받지 못하자 독일에서는 늘 그렇듯이 그 사업은 위조품 생산과 모조품 생산, 저질화, 재료 바꿔 치기, 상표 위조, 위장 매매, 어음 사기 ⟨정, 1⟩⟨W, 18⟩그리고 어떤 진정한 담보도 결여한 신용 제도를 통해서 변질했다. 경쟁은 격렬한 투쟁으로 전환했다. ⟨GA2, 15⟩⟨정, 1⟩⟨W, 18⟩우리는 지금 이런 투쟁을 세계사적인 격변으로, 엄청난 결과와 성과를 이룬 사건으로 찬양하고 꾸민다.

⟨GA2, 15⟩⟨정, 1⟩⟨W, 18⟩이런 철학의 호객 행위는 거들먹대기를 좋아하는 독일 시민의 가슴에 행복한 민족적 자부심을 자아낸다. 이런 철학의 호객 행위를 올바르게 평가하기 위해서 그리고 이 전체 청년 헤겔주의자의 운동이 지닌 좀스러움이나 촌티를 보여주기 위해서 또한 이 영웅들이 실제 행한 일과 자기들이 했다고 믿는 환상 사이에 존재하는 희비극적인 대비를 눈으로 볼 수 있게 만들기 위해서 우리는 이 구경거리 전체를 독일 바깥에 놓인 관점에서 한번 바라볼 필요가 있다.

{⟨W, 노트 2: 18-하단 주: 수고에서 삭제⟩⟨정, 1-하단 주⟩[17]그러므로 우리는 특별히 이 운동의 개별 대표자를 비판하기에 앞서 몇 가지 일반적 고찰을 해보기로 한다. 이러한 일반적 고찰은 뒤따르는 개별 비판을 이해하고 정당화하는 데 필요한 범위 내에서 우리의 비판이 취하는 입각점을 명확히 하는 것으로 충분할 것이다. 우리는 이러한 고찰을 포이어바흐와 직접 비교한다. 왜냐하면 그는 적어도 한 걸음 앞으로 나갔던 유일한 사람이며 또한 그 사람의 깃이라면 bonne foi⟨덮어놓고⟩ 동

17　역주) 이 부분은 W에서는 하단 주로 표시된다. CW에서는 W와 마찬가지로 하단 주로 표시했다. 이 부분은 GA2에서는 부록에 이본으로 실었다. [역자: 앞으로 { .... }으로 표시한 노트는 거의 같은 방식이므로 이런 설명을 생략한다.]

의해도 되는 사람이기 때문이다. 그런 일반적 고찰은 개별 대표자 모두에게 공통으로 전제된 것들을 상세하게 밝혀 줄 것이다.}

1절 이데올로기 일반, 특히 독일 철학

우리는 단지 하나의 유일한 과학만을 알고 있다. 그것은 역사과학이다. 우리는 역사를 두 가지 측면에서 관찰할 수 있다. 즉 역사는 자연의 역사와 인간의 역사로 나눌 수 있다. 그러나 우리는 이 두 측면을 분리할 수 없다. 인간이 현존하는 동안 자연의 역사와 인간의 역사는 서로를 전제한다. 우리는 여기서 자연의 역사, 이른바 자연과학을 다루지는 않을 것이다. 반면 우리는 인간의 역사를 다루어야 할 것이다. 왜냐하면 이데올로기 전체는 인간의 역사를 왜곡한 견해이거나 아니면 인간의 역사를 전적으로 추상적인 견해로 환원하기 때문이다. 즉 이데올로기 자체는 역사의 단지 한 측면일 뿐이다.}

A절 이데올로기 일반 특히 독일의

[18]⟨GA2, 4⟩⟨정, 2⟩⟨W, 18⟩독일에서 전개된 비판 운동은 가장 최근의 시도에 이르기까지 철학의 지반을 떠난 적이 없었다. 그런 비판 운동은 철학 일반이 놓인 전제를 탐구한 적은 한 번도 없었으며 심지어 그 전체 물음 자체가 특정한 철학 체계 즉 헤겔의 체계를 ⟨GA2, 4⟩⟨정, 2⟩⟨W, 19⟩지반으로 해 발생했다. 그 대답에서뿐만 아니라 이미 질문 자체에서도 신비화가 이루어졌다. 헤겔에 의존하고 있으므로 새로운 비판자가 아무리 자기는 이미 헤겔을 넘어섰다고 주장해도, 누구도 헤겔의 철학 체계에 대한 포괄적인 비판을 심지어 시도해 보기조차 하지 않았다. 이들 비판자가 헤겔에 대해 그리고 서로에 대해 벌인 논쟁은 비판자 각각이 헤겔 체계의 한 측면만을 끄집어내서는, 자신이 끄집어낸 측면을 다른 사람들이 끄집어낸 측면에 바로 대립시키거나 마찬가지로 헤겔의 전체 체계에 대립시키는 것에 국한됐다. 처음에 누군가가 실체나 자기의식[19]과 같은 순수하고 왜곡되지 않는 헤겔의 범주를 끄집어냈다. 나중에 다른 누군가가 이 범주에 유나, 유일자 또는 인간[20] 등과 같은 더 세속적인 이름을 붙임으로써 이 범주를 통속화했다.

---

18 역주) 이 부분은 W에서는 1장 서론 다음에 제목 'A.이데올로기 일반, 특히 독일의' 아래 시작 부분(18~20)에 들어 있다. CW에서는 이 부분이 1장 서론 다음에 '1-1, 이데올로기 일반, 특히 독일 이데올로기'에 들어 있다. 반면 GA2에서는 H2에 해당한다.

19 CW주) 스트라우스와 바우어의 근본 범주

20 CW주) 포이어바흐와 슈티르너의 근본 범주

〈GA2, 4〉〈정, 2〉〈W, 19〉슈트라우스 Strauß[21]에서 슈티르너에 이르기까지 독일에서 전개된 철학적인 비판 운동은 종교 관념을 비판하는 데 국한된다. {〈W, 노트 3: 19-하단 주: 수고에서 삭제〉〈정, 2-하단 주〉[철학자의 비판 운동은] 세계를 모든 악에서 절대적으로 구원하겠다는 요구에 따라 출현했다. …. 종교는 그런 철학자를 거역하는 최종 원인으로서, [철학자의] 철천지원수로서 계속 간주되었고 그렇게 다루어졌다.} 사람들은 실제 종교와 실제 신학에서 출발했다. 종교 의식, 종교 관념이 무엇인지는 시간이 흘러가면서 다양하게 규정됐다. 진전이 있었다면 그것은 형이상학과 정치, 법률, 도덕 또한 그 밖에 여러 영역을 지배하는 관념을 종교 관념이나 신학 관념의 범위 아래 포섭하는 데 있었다. 그런 진전은 또한 정치, 법, 도덕에서 말해지는 인간, 한마디로 말해서 "인간 *자체*"를 종교적인 존재로 설명하는 데 있었다. 종교의 지배가 전제되어 있었다. 〈GA2, 7〉〈정, 2〉〈W, 19〉모든 지배 관계는 차차 종교의 관계로 설명됐으며 동시에 예배로, 다시 말해 법률에 대한 예배이며 국가에 대한 예배로 치환됐다. 어디에서나 다만 교의와 교의에 대한 믿음이 문제였다. 세계의 점점 더 넓은 영역이 성화되더니 급기야 존경하는 성 막스는 일체의 세계를 신성한 존재로 축성하고 그것을 통해 단번에 성화를 완성할 수 있었다.

〈GA2, 7〉〈정, 2〉〈W, 19〉노장 헤겔주의자는 무엇이든 헤겔 논리학의 범주로 환원됐을 때 *개념적으로 완전히 이해했다*. 청년 헤겔주의자는 무엇이든 종교적인 관념 아래 집어넣거나 신학적인 것으로 설명했을 때 완전한 *비판*이 되었다. 청년 헤겔주의자는 종교, 개념 그리고 일

---

21 GA2주 참조) 스트라우스 David Friedrich Strauß가 지은 『예수의 생애』, 튀빙엔, 1835~1836은 흔히 청년 헤겔주의자의 철학이 시작되는 지점으로 간주됐다.

반적인 것이 현존하는 세계를 지배한다고 믿는다는 점에서 노장 헤겔주의자와 일치한다. 단지 다른 점이 있다면 청년 헤겔주의자는 이런 지배를 찬탈로 공격했다면 노장 헤겔주의자는 합법적인 것으로 찬양했다는 것이다.

〈GA2, 7〉〈정, 2〉〈W, 20〉노장 헤겔주의자는 관념이나 사상, 개념을, 일반화하자면 자기가 자립적인 존재로 만든 의식의 산물을 인간 사회의 진정한 연결끈으로 설명한다. 그것과 꼭 마찬가지로 청년 헤겔주의자는 이런 것들을 본래의 족쇄로 여긴다. 그러므로 자명하게도 청년 헤겔주의자는 의식이 만든 이런 환상에 대해 투쟁하지 않을 수 없었다. 청년 헤겔주의자는 인간관계와 인간의 모든 활동과 충동, 인간의 족쇄와 한계는 인간 의식이 생산한 산물이라는 환상을 갖고 있다. 그러므로 청년 헤겔주의자는 현재의 의식을 인간적이거나, 비판적이거나 이기주의적인 의식[22]으로 바꾸고 이를 통해서 인간의 한계를 제거하라고 도덕적으로 한결같이 요청한다. 의식을 바꾸라는 요구는 결국 현존하는 것을 다른 방식으로 해석하고, 다시 말해 다른 방식으로 해석함을 통해 현존하는 것을 인정하라는 요구이다. 〈GA2, 7〉〈정, 2〉〈W, 20〉청년 헤겔주의자에 속하는 사상가들은 소위 "세계를 뒤흔들겠다"[23]는 상투어에도 불구하고 가장 극단적인 보수주의자다. 그중 가장 어린 자들이 *싸워야 할* 대상은 단지 "*상투어*"일 뿐이라고 주장했을 때 그들은 자기들의

---

22 CW주) 치례로 포이어바흐, 마우어, 슈티르너를 암시한다, 그들의 근본 범주가 각각 "인간", "비판", "자아"이다.

23 CW주) 익명의 논문 「무죄 선고된 자가 자기에 반하는 정보를 공표하기를 요구하는 권리에 관해」, 『비간트의 계간지』, 1845년, 4권에서 나오는 표현을 변형한 것이다.

활동에 대한 가장 적절한 표현을 찾아냈다고 보겠다. 그런데 이 가장 어린 자들이 망각한 사실이 있다. 그것은 그들은 상투어 자체에 상투어로 응수하고 있을 뿐이며 만약 그들이 세계에 관한 상투어와 싸우고 있을 뿐인 한 실제로 현존하는 세계에 맞서 싸우는 것은 결코 아니라는 사실이다. 여기에서 철학적인 비판 운동이 성취할 수 있었던 유일한 결과는 기독교에 대한 몇 가지 해명, 고작해야 일면적인 종교사적인 해명일 뿐이었다. 그들이 주장하는 나머지 온갖 것은 이 보잘것없는 해명이 세계사적인 발견이나 되는 것처럼 주장하는 자화자찬[自畵自讚]일 뿐이다.

⟨GA2, 7⟩⟨정, 2⟩⟨W, 20⟩독일 철학이 독일의 현실과 맺는 연관을 그리고 독일의 비판 철학이 자신에게 고유한 물질적인 주변 환경과 맺는 연관을 묻는 일은 이 철학자들 가운데 누구의 머리에도 떠오르지 않았다.[24]

*****

⟨GA2, 8⟩⟨단, 3⟩⟨W, 20⟩[25]우리가 출발점으로 삼는 전제는 자의도 아니며 독단도 아니다. 그것은 실제의 전제다. 이런 실제의 전제를 제거하는 것은 단지 공상 속에서만 가능하다. 그것은 실제의 개인, 실제 개인의 행위와 그가 처한 물질적 삶의 조건 즉 그가 눈앞에서 이미 존재하

---

24 역주) CW에서는 여기에 이런 주가 붙어 있다. "수고의 이다음부터가 누락되었다. 수고의 그다음 쪽 이하의 텍스트는 이 책(CW)의 1~3(정서본3)에서 발견된다."

25 역주) 이하의 수고 단편 3, 4, 5 세 쪽은 W에서는 'A 이데올로기 일반' 다음에 제목 없이 이어진다(W, 20~21). CW에서는 1-2에 들어 있고, '1-2. 역사에 관해 유물론자가 지닌 개념의 전제'라는 제목이 들어 있다. 반면 GA2에서는 H3에 해당하고 제목은 '1. 이데올로기 일반, 특히 독일 철학/A'이다.

는 것으로 발견하는 삶의 조건이며 또한 그가 행위를 통해서 만들어 내는 삶의 조건이다. 그러므로 이런 전제는 〈GA2, 8〉〈단, 4〉〈W, 20〉순전히 경험적인 방법으로 확인될 수 있는 것이다.

〈GA2, 8〉〈단, 4〉〈W, 20〉모든 인간 역사의 첫 번째 전제는 당연히 살아있는 인간 개인의 현존이다. {〈W, 노트 4: 20-하단 주: 수고에서 삭제〉〈단, 4-하단 주〉개인을 동물에서 구별해 주는 첫 번째 역사적 행위는 인간이 사유한다는 사실이 아니라 인간이 자기의 생존수단을 스스로 생산하기 시작했다는 사실이다.} 그러므로 가장 먼저 확인돼야 하는 역사의 성립 요건은〈GA2, 8〉〈단, 4〉〈W, 21〉개인의 신체 조직이고 개인이 신체적인 조직을 통해 나머지 자연과 맺는 관계이다. 여기서 우리가 인간 자신의 물리적인 상태나 또 인간이 눈앞에 발견하는 자연적인 조건, 이를테면 지질학적, 지리학적, 지형학적 또는 기상학적인 상황 그리고 나머지 다른 상황까지 언급할 수 없다는 점은 양해해 달라. {〈W, 노트 5: 21-하단 주: 수고에서 삭제〉〈단, 4-하단 주〉그러나 [개인과 자연의] 이러한 관계가 원초적인 신체 조직 즉 자연적으로 성장한 인간의 신체 조직을 말하자면 종족의 차이를 제약할 뿐만 아니라 그 후에 계속되어 오늘날까지 이른 모든 인간의 더 나아간 발전 또는 미발전도 제약한다.} 모든 역사 서술은 이런 자연 토대에서 그리고 역사가 지나면서 인간 행위를 통해 자연 토대에서 일어난 변용에서 출발해야 한다.

〈GA2, 8〉〈단, 4〉〈W, 21〉인간은 의식을 통해서, 종교를 통해서, 그 밖에 인간이 무엇을 의욕하든 간에 그것을 통해 동물과 구별될 수 있다. 인간 자신이 동물과 구별되는 것은 인간이 그의 생존 수단을 *생산하자마자* 시작한다. 인간이 분화하는 발걸음은 인간의 신체 조직 때문에 가능한 것이다. 인간은 자신의 생존 수단을 생산함으로써 간접으로는 자

신의 물질적 삶 자체를 생산한다

⟨GA2, 11⟩⟨단, 4⟩⟨W, 21⟩인간이 자신의 생존 수단을 생산하는 방식은 일단 이미 현존하고 있으며 재생산되는 생존수단 자체의 특성에 달려있다. ⟨GA2, 11⟩⟨단, 5⟩⟨W, 21⟩생산 방식은 단지 이 생산을 통해 개인의 신체적인 현존이 재생산된다는 측면에서만 고찰되어서는 안 된다. 생산 방식은 그보다는 오히려 개인이 활동하는 특정한 방식이자, 개인이 자신의 삶을 표현하는 특정한 방식이고, 개인의 특정한 삶의 방식이다. 개인은 그가 자신의 *삶을 표현하는 방식*에 따라 존재한다. 그러므로 개인이 무엇인가는 그의 생산과 일치하며, 그가 무엇을 생산하는가와 일치하며 또한 그가 어떻게 생산하는가와 일치한다. 그러므로 개인이 무엇인가는 이런 생산의 물질적 조건에 달려있다.

⟨GA2, 11⟩⟨단, 5⟩⟨21⟩생산은 처음에 *인구의 증가와 함께* 등장한다. 생산 자체는 다시 개인의 상호 *교류*[26]를 전제한다. 교류의 형식은 다시금 생산을 조건으로 한다.

*****

⟨GA2, 129⟩⟨정, 3⟩⟨W, 21⟩[27] 서로 다른 국가들의 상호 연관은 각 국

---

26 W주 4, CW주 11) "교류[Verkehr]"라는 용어는 『독일 이데올로기』에서 매우 광범위한 뜻을 갖는다. 이 용어는 개별적 개인이나, 사회집단 그리고 국가 전체 사이의 물질적 정신적인 교류를 포괄한다. 마르크스와 엥겔스는 『독일이데올로기』에서 물질적인 교류 그리고 무엇보다도 생산과정에서 인간 사이의 교류가 여타의 다른 교류를 위한 토대를 이룬다는 주장을 제시한다.

27 역주) 이 단편 즉 정서본-3은 CW에서 '1-3, 생산과 교류, 노동 분업과 소유의 형태,-부족적 소유와 고대적 소유와 봉건적 소유'라는 제목으로 들어가 있다. W에서 1장 포이어바흐 'A 이데올로기 일반 특히 독일 이데올로기' 중 21-e부터 25-c까지 편입된다. GA2에서는 단편3으로 포이어바흐 장 뒷부분(GA 129~134)

가가 자기의 생산력과 노동 분업 그리고 내부 교류를 얼마나 발전시켰는가에 달려있다. 이는 일반적으로 시인된 명제다. 그러나 한 국가가 다른 국가와 맺는 관계뿐만 아니라 한 국가의 전반적인 내부 체제 자체도 그 국가의 생산과 내외적인 교류의 발전단계에 의존한다. 한 국가의 생산력이 얼마나 발전했는가는 노동 분업이 발전한 ⟨GA2, 129⟩⟨정, 3⟩⟨W, 22⟩정도에서 가장 명백하게 드러난다. 모든 새로운 생산력은 지금까지 이미 알려진 생산력이 단순히 양적으로 확장한 것이 아닌 한에서(예를 들어 토지 개간이 확대하는 때처럼) 결과적으로 노동 분업을 새로이 형성한다.

⟨GA2, 129⟩⟨정, 3⟩⟨W, 22⟩한 국가 안에서 노동 분업이 발전하면 우선 농업노동에서 산업노동과 상업노동이 분리하며 이와 함께 도시와 농촌이 분리하고 도시의 이해와 농촌의 이해가 대립한다. 노동 분업이 더 발전하게 되면 산업노동에서 상업노동이 분리한다. 이와 동시에 노동 분업을 통해서 다른 부문 각각의 내부에서 다시 일정한 노동을 위해 협력하는 개인들의 다른 편제[編制: Abteilung]가 발생한다. 개별 집단이 서로 어떻게 배치되는가는 농업노동과 산업노동 그리고 상업노동이 각각 어떻게 운영되는가(즉 가부장제인가, 노예제인가, 신분제인가, 계급제인가)에 따라서 규정된다. 교류가 발전하게 되면 다른 국가가 서로 맺는 관계에서 이와 같은 관계가 나타난다.

⟨GA2, 129⟩⟨정, 3⟩⟨W, 22⟩노동 분업이 발전하는 다른 단계에 소유의 다른 형식이 대응한다. 다시 말해 노동 분업의 각 단계는 개인이 노동의 원료, 노동 도구 그리고 노동의 산물과 관련해서 서로 간에 맺는 관계도 규정한다.

에 편입된다.

〈GA2, 129〉〈정, 3〉〈W, 22〉소유의 첫 번째 형식은 부족 소유[28]이다. 부족 소유는 생산이 아직 발전되지 못한 단계에 상응하는 소유 형식이며 이 단계에서 부족 대중[Volk]은 사냥과 어로, 목축 또는 기껏해야 농경으로 살아간다. 마지막의 경우 즉 농경을 통해 살아가는 때는 대규모 미개간지를 전제로 한다. 〈GA2, 130〉〈정, 3〉〈W, 22〉이 단계에서 노동 분업은 여전히 거의 발전되지 못한 상태이며 가족 내에 존재하는 자연 발생적인 노동 분업이 조금더 확장된 정도에 국한된다. 따라서 사회 체제는 가족이 확장된 것에 불과하다. 가부장적인 부족장이 있고 그 밑에 부족 구성원 그리고 마지막으로 노예가 존재한다. 인구가 증가하고 또한 욕구가 증가하며 가족 안에 잠재적으로 존재하던 노예제가 전쟁이나 교역과 같은 외부 교류가 확장되면서 다만 점진적으로 발전한다.

〈GA2, 130〉〈정, 3〉〈W, 22〉두 번째 형식은 고대 지역 공동체

---

28 W주 5) "부족"이라는 용어는 1840년대 역사학에서 지금보다는 훨씬 중요한 역할을 담당했다. 이 용어는 같은 선조에서 유래한 인간 공동체[Gemeinschaft]를 지칭하며 근대적 개념인 "씨족"이나 "혈연"을 포함한다. 이 개념은 모간Lewis Henry Morgan의 저서『고대사회 또는 미개에서 야만을 거쳐 문명에 이르는 인류 진보의 노정에 관한 연구Ancient Society or Researches in the lines of human progress from savagery through barbarism to civilization』(London, 1877)에서 처음으로 정확하게 정의됐고 명확하게 구분됐다. 뛰어난 인류학자이자 역사학자인 모간은 그의 이 주요 저서에서 처음으로 씨족의 의미를 원시공동체 질서의 근본 세포로 제시했는데 이로써 원시공동체의 전체 역사를 파악하기 위한 과학적인 기초가 놓이게 됐다. 모간의 연구 결과를 일반화해 엥겔스는 "씨족", "부족" 개념의 내용을 그의 저서『가족, 사적 소유, 국가의 기원Der Ursprung der Familie, des Privateigentums und des Staats』(1884)에서 전면적으로 연구했다.

[Gemeinde]²⁹ 소유 또는 도시국가 소유이다. 이런 소유는 특히 다수의 부족이 계약이나 정복을 통해서 도시로 통합되면서 생겨났다. 이 소유 형식에서 노예제는 여전히 존속한다. 지역 공동체 소유와 함께 먼저 동산의 사적 소유가 발전하며 후에는 부동산의 사적 소유도 발전한다. 하지만 이런 사적 소유는 어디까지나 비정상적인 소유 형식 이거나, 지역 공동체 소유[Gemeindeeigentum]의 하위 형식일 뿐이다. 〈GA2, 130〉〈정, 3〉〈W, 22〉공민[Staatbürger: 도시국가의 인민]은 단지 자신의 도시를 통해서만 노동 노예를 지배하는 권력을 행사하며 바로 이런 까닭에 공민은 도시 소유의 형식에 묶여 있다. 지역 공동체 소유는 권리를 지닌[aktive] 공민이 공동으로 소유하는 사적 소유이다. 〈GA2, 130〉〈정, 3〉〈W, 23〉공민은 노예에 대항하기 위해 이러한 자연 발생적인 협의회[Association] 방식에 머무를 수밖에 없었다. 따라서 이런 결합에 기초한 사회 체제 전체와 그런 사회와 함께 유지되던 도시 대중[Volk]의 권력은 특히 부동산의 사적 소유가 발전하는 정도에 따라 붕괴하게 된다. 노동 분업은 이미 더 발전한 상태이다. 이미 도시와 농촌의 대립이 발견되며, 이후에는 각각 도시 사이의 대립도 발견된다. 이런 대립은 도시적 이해를 대변하는 도시와 농촌적 이해를 대변하는 도시 사이의 대립이다. 그리고 각 도시 내부에서도 산업과 해양무역 사이의 대립이 발견된다. 공민과 노예 사이의 계급관계가 완성됐다.

---

29 역주) 마르크스는 '지역 공동체[Gemeinde]', '자치 단체[Gemeinwesen]', '공동체[Gemeinschaft]'를 대체로 공동체라는 의미로 사용하지만 늬앙스는 다르다. 'Gemeinde'는 시, 읍과 같은 지역 공동체를 의미하며, 'Gemeinwesen'은 공동의 이익을 위한 단체를 말하며, 'Gemeinschaft'는 공동성을 강조하는 의미에서 공동체이다. 번역은 이 세 가지를 구분했다.

*****

⟨GA2, 106⟩⟨수, 62⟩⟨W, 23⟩이상의 전체 역사관은 정복이라는 사실과 모순되는 것처럼 보인다. 사람들은 이제까지 폭력, 전쟁, 약탈, 살인강도 등을 역사를 추동하는 힘으로 간주해 왔다. 여기서 단지 핵심에 한정해 가장 두드러진 예만을 취해 보자. 즉 야만족이 오래된 문명을 파괴하고 이를 통해 사회 체제가 처음부터 새롭게 형성되는 예(로마와 야만족의 관계, 골[Gaul] 족과 봉건제의 관계, 동로마제국과 터키의 관계와 같은 예)를 보자. ⟨GA2, 106⟩⟨수, 63⟩⟨W, 23⟩정복하는 야만족에게 전쟁 자체는 이미 위에서[30] 암시했던 것처럼 규칙적인 교류의 형식이기도 하다. 야만족에게 유일하게 가능한 것은 전래한 원시적인 생산방식이므로, 여기에 머무르는 상태에서 인구가 증가할수록 새로운 생산수단[즉 토지]에 대한 욕구가 더 발생하며 그에 따라 전쟁을 통한 교류 형식은 더 열성적으로 이용된다. 반면 이탈리아에서는 토지 소유의 집중을 통해서(이 토지 소유의 집중은 매입과 부채 상환을 통해서 일어나며 그 밖에도 상속을 통해서 일어난다. 이런 상속을 통한 집중은 방탕이 증가하고 결혼이 드물어지자 고대 씨족의 씨가 점차 말라버리고 씨족의 재산이 소수의 수중에 떨어지는 것을 통해 일어난다) 그리고 토지 소유가 목축지로 전환되는 것을 통해서(이런 목축지로의 전환은 매우 익숙한 그리고 오늘날에도 여전히 유효한 경제적인 원인을 통해서뿐만 아니라 그 밖에도 약탈과 공납을 통해 곡식이 유입되고 또한 이 때문에 ⟨GA2, 107⟩⟨수, 63⟩⟨W, 23⟩이탈리아산 곡식에 대한 소비가 감소하면서 일어난다) 자유민이 거의 사라지게 됐다. 노예 자체는 항상 다시 굶

---

30 역주) 이 구절은 공산주의를 다루는 수고 63에서 취해온 것이다. 여기서 말한 '위에서'란 수고 63의 앞 부분을 말한다.

어 죽었으니 끊임없이 새로운 노예로 대체되어야만 했다. 노예제는 여전히 생산 전체의 토대로 남아 있었다. 자유민과 노예 사이에 위치하는 평민은 룸펜 프롤레타리아의 수준을 결코 벗어나지 못했다. 전체적으로 로마는 도시의 수준을 뛰어넘지 못했고 지방과는 거의 정치적인 연계만을 맺고 있었다. 이런 연계는 당연히 정치적인 사건을 통해서 언제든지 다시 중단될 수 있었다.

*****

⟨GA2, 130⟩ ⟨정, 4⟩ ⟨W, 24⟩ 사적 소유가 발전함에 따라서 근대의 사적 소유에서 발견하는 것과 똑같은 상황이 여기서 처음으로 등장한다. 근대의 사적 소유는 그런 상황이 규모만 더 확장된 것에 불과하다. 한편으로 사유 소유가 집중된다. 사유 재산의 집중은 로마에서는 일찍부터 시작했으며(리키니우스의 경지법[31]이 그 증거이다) 내전 이래 특히 황제 시대에 급속도로 진행됐다. 사유 소유의 집중과 더불어 다른 한편 평민인 소농이 프롤레타리아로 전락한다. 하지만 이런 프롤레타리아는 재산을 소유한 시민과 무산 노예 사이의 중간이라는 지위 때문에 자립적 존재로 발전하지 못했다.

---

31 W주 6) 리키니우스 경지법-로마의 호민관인 리키니우스와 섹스티우스가 제정한 농지법. 이 법은 기원전 367년 평민과 귀족의 투쟁에서 나온 산물로 받아들여졌다. 그 이후로 로마의 시민은 국유 토지 가운데 500유게르스(25헥타르) 이상을 소유해서는 안 됐다. 기원진 367년 이후 평민의 토시에 대한 요정은 줄정에서 획득된 정복을 통해 만족을 얻었다.
CW주 17 추가) 로마에서 내전이란 흔히 로마 지배계급의 여러 집단 가운데서 벌어진 투쟁을 의미한다. 그 내전은 기원전 2세기 말에 발생했으며 기원전 30년까지 계속했다. 이 전쟁은 점증하는 계급 모순과 노예 저항과 더불어 로마 공화정의 몰락을 가속했고 기원전 30년 로마 제국의 성립으로 이끌어져 갔다.

⟨GA2, 130⟩⟨정, 4⟩⟨W, 24⟩세 번째의 형태는 봉건적 또는 신분적 소유이다. 고대가 *도시*와 그 주변의 소규모 지역[Gebiet]에서 출발했다면 중세는 *지방*[Land]에서 출발했다. 광활한 대지 위에 사람들이 산재해 살고 있었고 또 정복자가 이주해 왔음에도 인구가 많이 증가하지 않았다. 이 사실이야말로 고대와는 달라진 중세의 전제 조건이다. 그러므로 ⟨GA2, 133⟩⟨정, 4⟩⟨W, 24⟩그리스나 로마와는 대조적으로 봉건제의 발전은 로마의 정복을 통해 그리고 그것에 수반된 농경의 확장을 통해서 마련된 더 광활한 영역[Terrain]에서 시작됐다. 지난 세기 로마가 몰락하고 야만족이 로마를 정복해 그 때문에 생산력의 상당 부분이 파괴됐다. 그에 따라 농업은 침체했고 산업은 판매의 부족으로 쇠퇴했으며 교역은 소멸하거나 치명적으로 붕괴함으로써 농촌과 도시 모두 인구가 감소했다. 이런 기존 상황과 이를 조건으로 하는 정복 조직의 [구성] 방식은 게르만 군대 체제의 영향 아래에서 봉건적 소유를 발전시켰다. 봉건적 소유도 부족 소유나 지역 공동체[Gemeinde] 소유와 마찬가지로 하나의 자치 단체[Gemeinwesen]를 기초로 하고 있지만, 이 자치 단체에 대립하는 것은 고대와는 달리 노예가 아니라 직접 생산하는 계급인 농노적[leibeigen]인 소농민이었다. 봉건제가 완전하게 형성되는 것과 동시에 도시에 대한 대립이 다시 등장하게 됐다. 토지 소유가 위계적으로 구분되고 그리고 그것과 관련해 종사[從士]체제[Gefolgsschaft]가 출현하면서 그 덕분에 귀족은 농노에 대한 권한을 얻었다. 이러한 봉건 조직은 고대의 도시 소유와 마찬가지로 피지배 생산계급에 맞서는 하나의 결합[Assoziation] 조직이었다. 여러 가지 생산조건 때문에 단지 결합 조직의 형태와 직접 생산자에 대한 관계만이 변화했을 뿐이다.

⟨GA2, 133⟩⟨정, 4⟩⟨W, 24⟩토지 재산에서 생겨난 봉건 체제에 상

응해 도시에서는 길드의 소유 곧 수공업에서 전개된 봉건 조직이 출현했다. 이 길드 소유에서 소유는 주로 각 개인의 노동을 통해 성립했다. 약탈적인 귀족의 협의회에 대항해 결합할 필요가 있었으며, 제조업자가 동시에 상인이었던 시기에 공동 시장에 대한 욕구가 발생했으며, 번영하는 도시로 쇄도하는 도주 농노 사이에 발생한 경쟁이 증가했고, 농촌 전체의 봉건적 구성이 완성됐기에 그 결과로 동업 길드가 출현했다. 개별 수공업자는 절약을 통해 작은 자본을 조금씩 모았을 뿐이고, 인구가 증가한 것에 비해 수공업자의 수는 정체됐으므로 직인과 도제의 관계가 발전했다. 직인과 도제의 관계는 계급적으로 위계화된 농촌 조직과 유사한 조직이 도시에서 성립하게 했다.

⟨GA2, 133⟩⟨정, 4⟩⟨W, 25⟩다시 말해서 봉건 시대 동안 주요한 소유는 한편으로는 토지에 속박된 농노 노동으로 지탱하는 토지 소유에 있었으며 다른 한편으로는 직인의 노동을 지배하는 소규모 자본을 축적하는 자기 노동에 있었다. 이 양대 소유의 체제는 국지화된 생산 관계를-즉 소규모의 조잡한 농경 또한 수공업적인 산업을-조건으로 했다. 노동 분업은 봉건제의 전성기에 거의 발생하지 않았다. 어느 지방에도 도시와 농촌 사이의 대립이 존재했다. 물론 신분의 구분은 아주 역력했다. 그러나 ⟨GA2, 134⟩⟨정, 4⟩⟨W, 25⟩지방에서 영주, 귀족, 성직자 그리고 농부가 구분되고, 도시에서 장인, 직인, 도제 그리고 곧이어 발생했던 날품팔이 천민이 구분된 것밖에는 어떤 의미 있는 노동 분업도 발생하지 않았다. 농업에서는 분할 경작을 통해 노동 분업이 발생하기 어려웠다. 분할 경작과 병행해 농민에 의한 가내수공업이 출현했다. 산업에서 개별 수공업 내부에서는 노동 분업이 전혀 없었고, 개별 수공업 상호 간에서는 노동 분업이 아주 미미하게 이루어졌다. 산업과 상업의

분업은 상당히 오래된 도시에서는 이미 현존했으나, 새로운 도시에서는 나중에 도시들이 상호 관계를 맺을 때 비로소 발전됐다.

⟨GA2, 134⟩⟨정, 4⟩⟨W, 25⟩규모가 큰 지방들이 모여 봉건 왕국으로 통합되는 것은 도시뿐만이 아니라 토지귀족도 바라는 것이었다. 어디에서나 지배계급인 귀족이 이루는 조직의 정점에는 군주가 있었다.[32]

*****

⟨GA2, 135⟩⟨정, 5⟩⟨W, 25⟩[33] 그러므로 사실 이렇게 말할 수 있다: 특정한 방식으로 생산하는 특정한 개인은[34] 특정한 사회 정치적인 관계를 맺는다. 경험적으로 관찰하면 사회 또한 정치 체제가 생산과 맺는 관련은 어떤 개별 경우에도 경험적인 사실로 입증되며 또한 어떤 신비한 것도 없고 그 사실을 이해하기 위해 사변이 필요 없는 사실임이 필연적으로 입증된다. 사회 체제와 국가는 특정한 개인들이 살아가는 과정에서 지속해서 발생한다. 그러나 특정한 개인은 자신이나 타인의 관념 속에 나타날지 모르는 개인이 아니라 실제로 존재하는 개인이며 즉 일하고 물질적으로 생산하는 개인이며 다시 말해 그 자신의 자의와 무

---

32   CW주) 이 쪽의 나머지는 수고에서 빈 채로 남아 있다. 다음 쪽은 역사에 대한 유물론적 개념을 요약하면서 시작한다. 네 번째, 부르주아 소유 형식의 발전이라는 핵심 단계는 이 장의 4절에서 다루어진다.

33   역주) 이 단편은 CW판에는 1권 1장 1-4에 들어 있다. 제목은 '1-4, 역사에 관한 유물론자의 개념의 본질. 사회적 존재와 사회적 의식'이다. W에서는 1권 1장 A절에서 25-d에서 27-c까지 들어 있다. GA2에서는 포이어바흐 장 뒷부분 단편3 다음에 단편5로 135~139쪽에 나온다.

34   CW주) 원래 수고에는 "생산의 특정한 조건 아래 특정한 개인"이라는 말만 남아 있다.

관한 특정한 물질적인 한계와 전제, 조건 아래에서 활동하는 개인이다.

{⟨W, 노트 6: 25/26-하단 주: 수고에서 삭제⟩⟨CW, 31-하단 주⟩개인이 지닌 관념은 자연에 대한 개인의 관계나 개인 사이의 관계나 개인의 개인적인 상태에 관한 관념이다. 이 모든 때에 관념은 개인의 실제 관계와 실천, 그의 생산, 그의 교류, 그의 사회 정치 조직을 의식적으로 표현한 것-실제의 표현이거나 환상의 표현이거나 간에-이라는 사실은 자명하다. 이와 대립하는 가정은 실제로 또한 물질적으로 제약받는 개인 정신 밖에 또 다른 별개의 정신이 존재한다는 것을 전제하는 때만 가능하다. 만약 실제 관계를 개인이 의식 속에서 환영으로 표현한다면 이 관념은 자기의 실제를 전도한 것이다. 그러므로 이 전도는 다시 개인의 물질적인 실천 방식이 한정적이며 이러한 실천 방식에서 유래하는 사회적인 관계가 한정적이므로 생긴 것이다.}

⟨GA2, 135⟩⟨정, 5⟩⟨W, 26⟩이념과 관념 또한 의식의 생산은 일차적으로 인간의 물질적 활동 또한 물질적 교류 그리고 실제 삶을 표현하는 언어에 묶여있다. 이 단계에서 인간의 관념과 사유 또한 정신의 교류는 여전히 인간의 물질적인 행동의 필요에서 직접 흘러나오는 것으로 보인다. 한 민족의 정치, 법, 도덕, 종교, 형이상학 등과 같이, 언어를 통해 제시되는 정신적인 생산물에 대해서도 이 점은 마찬가지다. 인간은 그의 관념, 이념 등을 생산하는 자다. 그러나 생산자로서의 인간은 실제적이며 활동하는 인간이다. 실제적이며 활동하는 인간을 제약하는 것은 그가 소유한 생산력과 이 생산력에 상응하는 교류 또 이를 통해 구성되는 가장 광범위한 사회가 어느 정도 발전했는가다.[35] 의식은 결코 의식

---

35   CW주) 수고에는 다음과 같이 남아 있다: "인간은 자기의 개념과 관념 등을 생산하는 자다. 정확하게 말하자면 인간은 자기의 물질적 생활, 물질적 교섭과 사

된 존재와 다른 것일 수 없고, 인간의 존재는 그의 실제 삶의 과정이다. 전체 이데올로기는 인간 그리고 인간 사이의 관계가 Camera Obscura〈어둠 상자: 사진기〉에서처럼 전도되어 나타난 것이라면. 이 전도 현상 자체도 마찬가지로 인간의 역사적인 삶의 과정에서 유래한다. 이는 눈의 망막에서 대상이 전도되는 것이 바로 망막이라는 신체적인 조직 때문인 것과 같다.

〈GA2, 135〉〈정, 5〉〈W, 26〉하늘에서 땅으로 내려온 독일철학과는 정반대로 여기서는 땅에서 하늘로 올라간다. 즉 우리는 여기에서 인간의 말, 공상, 관념에서 출발해 또는 말해진, 사유로 생겨난, 상상된, 관념 속의 인간에서 출발해, 육체적인 인간에 이르려는 하지 않는다. 〈GA2, 136〉〈정, 5〉〈W, 26〉우리는 실제로 활동하는 인간에서 출발하며, 이 인간이 실제로 살아가는 과정을 근거로 해서 이 삶의 과정을 이데올로기로 반영한다거나 그 반향이 발전한다는 사실을 서술하려 한다. 인간의 두뇌 속에서 형성된 몽환 역시 물질적이며, 경험적으로 확인되는 삶의 과정 또한 물질적인 전제와 결합한 삶의 과정에서 승화를 통해 필연적으로 생겨나는 것이다. 〈GA2, 136〉〈정, 5〉〈W, 27〉이와 함께 우리는 도덕, 종교, 형이상학, 여타의 이데올로기 또한 이에 상응하는 의식 형태가 자립적으로 존재한다는 가상을 더는 지니지 않는다. 이러한 이데올로기 또한 이에 상응하는 의식 형태는 역사를 갖지 않으며, 발전하지도 않는다. 오히려 자신의 물질적인 생산과 물질적인 교류를 발전하는 인간이 자신의 현실과 함께 자신의 사유 또한 그 사유의 생산물 또한 변화한다. 의식이 삶을 규정하는 것이 아니라 삶이 의식을 규정한다. 의식이 삶을 규정한다고 간주하는 첫 번째 고찰방식은 의식에서 출발하고

회적 정치 구조에서 이룩한 발전을 조건으로 한다."

여기서 의식이 곧 살아있는 개인과 동일시된다. 두 번째 고찰 방식에서 즉 실제 삶에 상응하고 삶이 의식을 규정한다고 간주할 때, 우리는 실제 살아 있는 개인 자신에서 출발하게 되며, 의식을 단지 이 개인이 소유한 의식으로서 고찰하게 된다.

⟨GA2, 136⟩⟨정, 5⟩⟨W, 27⟩이 고찰방식은 실제의 전제에서 출발하며 그 어떤 순간에도 이 실제의 전제를 떠나지 않는다. 이 고찰 방식의 전제는 환상에 파묻히고 고정불변하는 인간이 아니라, 특정한 조건 아래 존재하는 인간이다. 이 조건은 실제적이며 경험적으로 관찰되는 발전 과정에 있다. 이런 활동하는 삶의 과정이 서술되자마자 추상적인 경험론자[36]가 보듯이 역사를 죽은 사실의 더미로 보는 짓이 중지되며 또는 관념론자가 보듯이 역사를 공상적인 주체의 공상적인 행동으로 보는 짓도 중지된다.

⟨GA2, 136⟩⟨정, 5⟩⟨W, 27⟩사변이 중단하는 곳에서 즉 실제 삶에서 실제적이고 실증적인 과학이 시작하며 실천적인 활동과 실천적인 발전 과정에 관한 서술이 시작된다. 의식에 관한 상투어는 종식되고, 그 자리에 실제에 관한 지식이 들어서야 한다. 실제가 서술되면 이로써 자립적

---

36 W주 7) 경험론자-철학의 한 학파로서의 경험주의의 신봉자. 이 학파는 실험과 경험에 기초해서 감각 "경험"을 인식의 유일한 원천으로 간주한다. 유물론적인 경험주의(베이컨, 홉스, 로크, 18세기의 프랑스 유물론자들)와 반대로 관념론적인 경험주의(버클리, 흄, 마흐, 아베나리우스, 보그다노프 등등)는 경험이 (인식 가능한) 자연에 근거함을 부정한다. 변증법적인 유물론은 관념론적인 경험론을 거부하며 유물론적인 경험론이 출발하는 입장을 본질에서 올바른 것으로 간주한다. 유물론적인 경험주의는 주로 부상하는 부르주아 층(Bürgertum)의 진보적인 세력을 통해 대변됐다. "개념적으로 파악하기 위해서는 경험적으로 연구를 시작해야 하며 또한 경험에서 일반으로 올라가야 한다."(레닌)

인 철학은 자기를 실존할 수 있게 하는 매체를 상실한다. 이 자립적인 철학을 대신해 들어설 수 있는 것은 기껏해야 인간의 역사적 발전을 고찰해 얻은 추상일 뿐이다. 이 추상은 실제 역사에서 분리되면 그 자체로서는 어떤 가치도 갖지 않는다. 이 추상은 단지 사료를 쉽게 정리하고, 역사의 개별 단면이 지닌 계열을 시사하는 데만 기여할 수 있을 뿐이다.〈GA2, 139〉〈정, 5-f2〉〈W, 27〉그러나 이 추상은 철학처럼 역사 시대를 재단하는 처방이나 도식을 제공하는 것은 결코 아니다. 철학과 반대로 지나간 시대의 자료이든 현재의 자료이든, 이 자료를 고찰하고 정리하려 한다면 그리고 실제로 서술하려 한다면 비로소 어려움이 시작된다. 이러한 어려움을 제거할 수 있을지, 그 전제 조건은 여기에서 간단하게 제시될 수는 없다. 그 전제는 다만 각각의 시대에 속한 개인이 실제로 겪는 삶의 과정 또한 행동을 연구해야 비로소 생겨난다.〈GA2, 139〉〈정, 5-g1〉〈W, 27〉여기서 우리는 독일 이데올로기에 대립해 우리가 이용하는 역사적 추상 중의 몇 가지를 제시하고 이를 역사적인 실례에 비추어 해명하려고 한다.

1) 역사

〈GA2, 26〉〈수, 11〉〈W, 28〉[37]우리 시원적으로 사유하는 독일인에게 마땅한 출발점은 모든 인간 실존의 첫 번째 전제를, 아울러 전 역사의 첫 번째 전제를 확립하는 일이다. 이 전제는 인간이 "역사를 만들기"[38]

---

37 GA2 주 참조) 마르크스 방주: 역사

38 GA2주 재인용) 바우어, 『루트비히 포이어바흐의 특징』, 139쪽 참조 여기서 이런 말이 나온다: "비판과 비판가가 있다면 그것이 역사를 이끌고 만들 것이다."

위해서는 살아가는 방법을 알고 있어야 한다는 사실이다. {〈W, 노트 7: 28-하단 주〉〈GA2, 26-마르크스 방주〉〈수, 9-하단 주〉헤겔. 지질학적인, 수리 분포학적 등의 상황. 인간의 신체, 욕구, 노동}〈GA2, 26〉〈수, 11〉〈W, 28〉그런데 삶을 위해서는 무엇보다도 음식과 주거, 의복, 그 밖에 여러 가지가 필요하다. 그러므로 역사의 최초 행위는 욕구를 충족하기 위한 수단을 제조하는 것 곧 물질적인 삶 자체를 생산하는 것이다. 이것이 진정한 역사적 행위이자, 모든 역사의 근본 조건이다. 이 조건은 인간이 그저 자신의 생명을 유지하기 위해 수천 년 전에도 그랬던 것처럼 오늘날에도 매일 매시간 충족해야만 하는 조건이다. 성 브루노가 말하는 것처럼 감각이 그 최소치로, 이를테면 지팡이처럼 둔하더라도 감각은 이 지팡이 같은 감각[39]을 생산하는 행위를 전제한다. 따라서 모든 역사관에서 첫 번째로 파악해야 할 일은 이 근본 사실이 지닌 전체 의미와 이 사실이 영향을 미치는 전체 영역을 파악하고 그에 합당하게 평가하는 일이다. 알다시피 독일인은 이런 일을 결코 하지 않았다. 따라서 독일인은 역사의 세속적인 토대를 결코 단 한 번도 파악하지 못했으며, 그 결과 단 한 명의 역사가도 갖지 못했다.[40] 〈GA2, 27〉〈수, 11〉〈W, 28〉프랑스인과 영국인은 정치적인 이데올로기에 사로잡혀 이런 근본 사실과 이른바 역사 사이의 연관성을 고작 일면적인 방식

---

39 GA2주 재인용) 바우어, 『루트비히 포이어바흐의 특징』, 130쪽 참조. 여기서 이런 말이 나온다: "그러면 너는 바로 온전한 진리를 얻으며 즉 감성적인 존재가 되며, 지팡이가 되며 그리면 너는 진리일 것이다."

40 CW주 15) 헤겔의 『역사철학 강의』에서 「세계사의 지리학적인 토대」 절을 보라.

으로만 파악했다 할지라도 일단 부르주아 사회와 상업과 산업의 역사⁴¹를 서술함으로써 적어도 그 실마리에서는 역사 서술에 물질적 토대를 부여하려 시도했다.

⟨GA2, 27⟩⟨수, 12⟩⟨W, 28⟩두 번째 전제는 최초 욕구의 충족 자체, 충족하는 행위와 충족에 사용된 기존의 수단이 새로운 욕구를 낳는다는 사실이다.-이런 새로운 욕구를 산출하는 것이 최초의 역사적 행위이다. 이를 보면 역사학에 관한 독일인의 위대하다는 지혜가 과연 어떤 정신의 소산[所産]인지 즉각 드러난다. 독일인이 역사학의 지혜로 삼는 것이란 실증 자료가 바닥나는 곳이 있다면 즉 신학적이든 정치적이든 문학적이든 간에 어떤 난센스가 더는 통하지 않는 곳이 있다면 그곳을 역사가 아니라 "선사 시대"라고 규정한다는 사실이다. 독일인은 그런 선사 시대는 "원천적인 사실"의 공격에 ⟨GA2, 27⟩⟨수, 12⟩⟨W, 29⟩안전하다고 믿으며 동시에 독일인은 이런 선사 시대에서라면 자신의 사변적인 충동이 마구 날뛰게 놔두어 수천 가지의 가설을 만들어내고 또 이를 뒤집어도 괜찮다고 믿는다. 그런 이유로 그 위대하다는 지혜는 특히나 이 "선사 시대" 역사에 관한 사변에 골몰했다. 그런데도 정작, 이 "선사 시대"라는 난센스에서 어떻게 원래의 역사가 나오게 됐는지는 아무런 해명도 없다.

⟨GA2, 28⟩⟨수, 12⟩⟨W, 29⟩-세 번째 상황은 곧 매일 자신의 삶을 쇄신해야 하는 인간이 다른 인간을 만들고 즉 증식해서, 남자와 여자 사이의 그리고 부모와 자식 사이의 관계 곧 가족을 만들기 시작한다는 것

---

41 CW주 16) 예를 들어 퍼그슨Adam Ferguson의『시민 사회의 역사에 관한 논의』(Edinburgh, 1767)와 앤더슨Adam Anderson의『초기부터 현재까지 상업의 형식에 관한 역사적이고 연대기적인 추론』(London, 1764)을 보라.

이다. 이것은 역사의 발전에 처음부터 개입하는 상황이다. 가족은 역사의 초기에는 유일하게 존재한 사회관계이지만, 나중에 즉 증가한 욕구가 새로운 사회관계를 생산하고 또한 증가한 인구가 새로운 욕구를 생산하는 때가 되면 부차적인 사회관계로 된다.(단 독일은 이런 변화에서 제외된다.) 이렇게 종속적 사회관계가 되면 가족에 관한 고찰은 독일에서 늘 그렇듯이 "가족의 개념"에 따라서가 아니라, 현존하는 경험자료를 따라서 다루어지고 전개돼야 한다.{〈W, 노트 8-a1: 29-하단 주〉〈GA2, 91〉〈수, 53〉주거건축-원시인이 가족마다 동굴이나 움막집을 갖는다는 것은 유목민이 가족마다 자기만의 텐트를 갖는 것만큼이나 당연한 일이다. 이렇게 가정경제가 분할되는 것은 사유재산이 이전보다 발전함에 따라 더 필요해진다. 농민이 공동의 경제를 꾸리는 것은 공동 경작만큼이나 불가능한 일이다. 도시의 건설은 거대한 진보였다. 지금까지의 모든 시대를 살펴볼 때, 〈W, 노트 8-a2: 29-하단 주〉〈GA2, 92〉〈수, 53〉사유재산의 폐지와 분리될 수 없는 분할 경제의 폐지란 그 물질적 조건이 존재하지 않았으므로 불가능한 일이었다. 공동의 경제가 성립하기 위해서는 기계의 발전, 자연력의 이용, 〈W, 노트 8-b1: 29-하단 주〉〈GA2, 92〉〈수, 54〉그리고 수많은 다른 생산력 즉 하수로, 가스등, 증기 난방 등을 전제로 하며 또한 도시와 농촌의 대립을 폐지하는 것을 전제한다. 이러한 조건이 없다면 공동의 경제 그 자체가 새로운 생산력으로 되지 못하니 물질적 토대가 전혀 없이 단순한 이론적 기초에만 의존하게 될 것이다. 즉 공동의 경제는 단순한 변송에 그치고 말아 결과적으로 수도원 경제와 같은 것이 되어버리고 말 것이다.-[공동의 경제로] 무엇이 가능했던가는 도시의 밀집 주거에서나 개별적이고 특정한 목적(감옥, 병영 등)을 위해 건설된 공동 주택에서 밝혀진다. 분리된 경제를 폐지하는 일이 가족을 폐지하는 것과 분리될 수 없다는 사실은 자명하다.}[42] 게다가 사회적 활동의 이 세 가지 측면[Seite]은 세 가지의 다른 단계로서가 아니라, 그야말로 세 가지 차원으로서, 독일인을 위해 명확하게 표현하자면, 세 가지 "계기"로 파악돼야 한다. 역사의 시초에서 그리고 인간이 최초로 출현한 이래로 이 세 가지 차원은 동시에 존재해 왔다. 이 세 차원은 또 오늘날의 역사에서도 여전히 유효하다.

〈GA2, 28〉〈수, 13〉〈W, 29〉삶의 생산이란 곧 노동을 통해 자신의 생명을 생산하는 것이며 동시에 증식을 통해 다른 사람의 생명을 생산하는 것이다. 이런 삶의 생산은 본래 이중적인 관계이다. 그것은 다시 말해 한편으로는 자연에 대한 관계로서 다른 한편으로는 사회적인 관계로서 나타난다. 이때 사회적 관계란 그 조건과 방식 아울러 그 목적이 어떠하든지 간에 〈GA2, 28〉〈수, 13〉〈W, 30〉여러 개인의 공동 작업을 의미한다. 여기에서 다음과 같은 점이 도출된다. 즉 특정한 생산 방식 또는 산업화의 단계는 언제나 공동 작업의 특정한 방식이나 사회의 어떤 단계와 일치하며, 바로 그런 공동작업의 방식 자체가 하나의 "생산력"을 이룬다는 점이다. 아울러 다음과 같은 점도 도출된다: 인간이 이용할 수 있는 생산력의 양이 사회관계를 제약하며 따라서 "인류 역사"는 언제나 산업 또한 교환의 역사와 연관해 연구되고 검토돼야만 한다. 〈GA2, 29〉〈수, 13〉〈W, 30〉그런데 어째서 독일에서 이러한 역사를 기술하는 것이 불가능한지도 마찬가지로 명확하다. 그 이유는 독일인은 이해 능력과 [역사] 자료뿐만 아니라 "확실한 감각[die sinnliche Gewißheit]"도 결여하기 때문이다. 또한 라인강을 건너 저편[독일]에서는 역사적 사건이 더는 일어나지 않는 탓에, 독일인은 이와 관련된 그

---

42   역주) W에서 노트 8은 CW나GA2에서는 본문에 들어 있다.

어떤 경험도 할 수 없기 때문이다. 인간이 서로 맺는 물질적인 연계는 이미 처음부터 분명하다. 물질적인 연계는 인간 자체만큼이나 오래된 것으로서 욕구와 생산방식을 통해 제약된다. 그러므로 인간을 아주 특별한 방식으로 결속하는 어떤 난센스, 이를테면 정치적이거나 종교적인 난센스가 없어도 인간의 물질적 연계는 끊임없이 새로운 형태를 취해 하나의 "역사적 사건"을 이루다.

⟨GA2, 29⟩⟨수, 14⟩⟨W, 30⟩-역사의 근원적인 상황의 네 가지 계기 또는 네 가지 차원에 관한 고찰을 이미 완료한 이제야 비로소 우리는 ⟨GA2, 30⟩⟨수, 14⟩⟨W, 30⟩인간이 또한 "의식"을 가지고 있음을 발견한다. {⟨W, 노트 9: 30-하단 주⟩⟨GA2, 30-마르크스 방주⟩⟨수, 13-하단 주⟩인간은 역사를 갖는데, 이는 인간이 자신의 삶을 생산해야 하며, 게다가 특정한 방식으로 생산해야 하기 때문이다. 삶을 생산해야 한다는 사실은 인간의 의식과 마찬가지로 인간의 신체적인 조직 때문에 생겨나는 것이다.} 그러나 의식 또한 처음부터 "순수한" 의식으로 존재한 것은 아니다. ⟨GA2, 30⟩⟨수, 14⟩⟨W, 30⟩저주스럽겠지만, "정신" 자체는 처음부터 물질에 "매달려" 있다. 여기서 물질은 진동하는 공기층이나 음성, 간단히 말해 언어라는 형태로 등장한다. ⟨GA2, 30⟩⟨수, 14⟩⟨W, 30⟩언어는 의식만큼이나 오래된 것이다.-언어는 실천적 의식에 속하며, 타인에 대해 현존하는 때 비로소 나 자신에 대해 현존하는 실제적인 의식*이다*. 의식과 마찬가지로 언어는 욕구에서, 타인과 교류할 필요성에서 비로소 발생한다. {⟨W, 노트 10: 30-하단 주: 조고에서 삭제⟩⟨GA2, 30-방주⟩⟨수, 14⟩내 주변에 대한 나의 관계가 나의 의식이다. 어떤 관계가 현존한다면, 그 관계는 나에 대해 현존한다. 동물은 어떤 것에 대해서도 "관계하지" 않으며 전혀 관계하지 않는다. 동물이

다른 동물과 맺는 관계는 그 동물 자신에게는 관계로서 현존하지 않는다.} 〈GA2, 30〉〈수, 14〉〈W, 31〉그러므로 의식은 처음부터 이미 사회의 산물이다. 의식은 도대체 인간이 현존하는 한에서 그런 것으로 머무른다. 당연히 의식은 처음에는 감각에 *가장 가까운 주변*에 관한 의식이며, 자기의식의 능력을 지닌 개인 바깥에 존재하는 사물 그리고 타인과 국부적으로 맺는 연관에 관한 의식이다. 동시에 이 의식은 자연에 관한 의식이다. 처음에 자연은 인간에게 전적으로 낯설고 전능하며 또 감히 넘볼 수 없는 힘으로 마주한다. 인간은 이 힘에 그야말로 동물적으로 관계하며 또 이 힘 앞에 인간은 가축처럼 무기력하다. 그러므로 이런 의식은 자연에 대한 순전히 동물적인 의식이다(이때가 자연종교의 단계이다)[43]

〈GA2, 31-방주〉〈수, 14-하단 주〉〈W, 31〉우리는 여기서 즉각 아래의 사실을 알게 된다: 즉 자연종교나 자연에 대한 특정한 관계는 사회의 형태를 통해 제약되며 거꾸로도 마찬가지다. 다른 모든 곳에서와 마찬가지로 여기에서도 인간과 자연의 같음이 등장한다. 그 결과 인간이 자연과 맺는 한정된 관계는 인간이 서로에 대해 맺는 한정된 관계를 제약하며 또한 인간 사이의 한정된 관계는 자연에 대해 인간이 맺는 한정된 관계를 제약한다. 왜냐하면 자연이 아직 역사적으로 거의 개발되지 않았기 때문이다.[44] 〈GA2, 30〉〈수, 14〉〈W, 31〉다른 한편에서 그를 둘러

---

43 GA2주 참조) 마르크스 방주: 자연은 여전히 역사적으로 거의 개발되지 않았기 때문이다. 역주) 이 구절을 GA2는 방주로 처리했고 CW에서는 이 위치에 본문으로 삽입했다. W에서는 빠트렸다.

44 역주) 이 구절[W, 31-b1]은 마르크스 방주이며, GA2에서는 방주로, 수고에서는 하단 주로 포함했으나, W에서는 이와 같이 본문에 집어넣었다.

싼 개인과 결합해야 할 필요를 의식하는 것을 출발점으로 삼아서 개인은 일반적으로 사회에서 살아간다는 것을 의식한다. 이 출발점은 이 단계에서 등장하는 사회적 삶 자체만큼이나 동물적이다. 〈GA2, 31〉〈수, 14〉〈W, 31〉이 출발점은 집단의식에 불과하다. 여기서 인간을 양과 구별해 주는 것은 인간에게선 의식이 본능의 지위를 대신하고, 인간의 본능은 의식된 것이라는 점뿐이다. 이 미욱한[Hammel: 거세된 숫양] 인간이나 부족의 단계에 머무르는 의식은 생산성이 상승하고 욕구가 증가하며, 이 두 가지를 전제로 〈GA2, 31〉〈수, 15〉〈W, 31〉인구가 증가하면서 더 발전하고 완성한다. 이와 함께 노동 분업이 발전한다. 노동 분업은 다름 아닌 남성과 여성의 노동 분업에 원천을 두었다. 이후 자연적인 소질(예컨대 체력), 욕구, 우연 등등에 따라 자발적으로 또는 "자연 발생적으로" 노동이 분화했다.⁴⁵ {〈W, 노트 11: 31-하단 주〉〈GA2, 31-방주〉〈수, 15-하단 주〉성직자라는 이데올로그의 최초 형식은 모두 서로 일치한다.} 물질적 노동과 정신적 노동이 분화하는 바로 그 순간부터 비로소 노동 분업은 진정한 분업이 된다. 〈GA2, 31〉〈수, 15〉〈W, 31〉이 순간부터 의식은 당장의 실천에 필요한 의식과는 다른 것을 *실제적인 것으로 공상할 수 있으며, 실제적인 것에 관한 관념이 아닌 어떤 관념을 실제적인 것으로 떠올릴 수 있다.*—또 이 순간부터 의식은 세계에서 자신을 해방해 "순수한" 이론, 신학, 철학과 도덕 등을 형성하는 데로 이행할 수 있다. 〈GA2, 31〉〈수, 15〉〈W, 31〉그러나 이러한 이론과 신학, 철학, 도덕 등이 현존하는 상황과 모순에 빠진다고 하더라도, 그 이유

---

45 CW주) 〈마르크스 방주, 수고에서 삭제〉"인간의 의식은 실제 역사적 발전 과정 중에서 발전한다." 역주) 이 구절은 W에 없으며, GA2에서도 없다. 오직 CW에서만 하단 주로 들어 있다.

는 어디까지나 현존하는 〈GA2, 32〉〈수, 15〉〈W, 32〉사회관계가 현존하는 생산력과 모순되기 때문이다. 이런 이론과 현존의 모순은 특정한 국가 권역 내의 상황에서 일어나더라도 한 국가 범위 내에서 일어나는 모순이 아니라 한 국가에 출현한 의식과 다른 국가에서 일어나는 실천 사이에서 생겨난 모순일 수도 있다. {〈W,노트 12: 32-하단 주〉〈GA2, 32-방주〉〈수, 15-하단 주〉종교. 독일인 그리고 이데올로기 자체} 그뿐만 아니라 이 모순은 한 민족 내에 존재하는 민족적 의식과 일반적 의식 사이에서 모순(마치 현재 독일에서처럼)일 수도 있다.[46]

〈GA2, 32〉〈수, 16〉〈W, 32〉나아가서 의식이 자기 홀로 무엇을 시작할까 하는 논의는 이러나저러나 마찬가지다. 이러한 전적으로 쓰레기 같은 논의에서 우리가 얻게 되는 유일한 결론은 다음과 같다. 즉 생산력과 사회관계, 의식이라는[47] 이 세 가지 계기는 서로 모순에 빠질 수 있고 또 모순에 빠질 수밖에 없다는 것이다. 왜냐하면 노동 *분업*과 더불어 정신 활동과 물질 활동, 다시 말해 노동과 향락, 생산과 소비가 서로 다른 개인에게 귀속하거나 귀속될 가능성이 있기 때문이다.[48] 〈GA2, 32〉〈수, 16〉〈W, 32〉오직 노동 분업이 다시 제거될 때만 위의 세 계기

---

46   역주) 아래 구절(수고 15-a3, 16-a1)은 W에서는 빠졌다: 〈GA2, 32〉〈수, 15〉이곳[독일]에서는 모순이 겉보기에 단지 이 민족적인 의식 내부의 모순으로 나타나므로 이 민족에서는 투쟁도 민족적 똥 덩어리에 한정되어 일어나는 것처럼 보인다. 〈GA2, 32〉〈수, 16〉사실은 이 민족이 주, 객관적으로[an und für sich] 똥 덩어리이다.

47   GA2주 참조) 마르크스 방주: 11, 12, 13, 14, 15, 16

48   CW주) 마르크스 방주: 〈CW, 16-하단 주: 수고에서 삭제〉"활동과 사유 즉 사유없는 행위와 행위 없는 사유" 역주) W, GA2에서 관련 표현이 없다.

가 서로 모순에 빠지지 않을 수 있다. 나아가서 다음과 같은 사실도 자명하다: 〈GA2, 33L〉〈수, 16〉〈W, 32〉 "유령", "연대", "고차적 존재", "개념", "숙고[Bedenken]" 등의 표현들이 단순히 관념론적이고 종교적인 표현이고 또 얼핏 보면 고립된 개인에 속하는 관념처럼 보이지만, 이 표현들은 삶의 생산 방식과 그것과 연관된 교류 형식이 발생하는 운동을 실제로 제한하는 경험적인 속박과 한계를 반영하는 관념에 불과하다.[49]

〈GA2, 33L〉〈수, 16〉〈W, 32〉 이런 모든 모순은 노동 분업에서 생겨난다. 노동 분업을 나름대로 본다면 그것은 다시 자연 발생적으로 생기는 노동 분업에 기인한다. 즉 그것은 가족 안에서 그리고 사회가 서로 대립하는 개별가족들로 분열하는 것 속에서 생겨나는 노동 분업에서 나온다. 그런데 이 가족의 노동 분업과 동시에 분배가, 정확히 말하자면 노동과 노동생산물에 관해 양적으로뿐만 아니라 질적인 측면에서 불평등한 분배가 생겨나며 또한 소유도 발생한다. 이 소유는 여자와 아이가 남자의 노예였던 가족에서 이미 싹트고 있었다. 〈GA2, 33L〉〈수, 17〉〈W, 32〉 그것이 소유의 최초의 형식이었다. 가족 속에서 발생한, 물론 매우 원초적인 것이지만 잠재적인 노예제[아이와 여자의 노예화]가 최초의 소유 형태이다. 가족에서의 소유는 그래도 근대 경제학자가 내리는 소유의 정의 즉 타인의 노동력에 대한 처분(권)과도 완벽히 일치하는 소유이다.-덧붙여 말하자면 노동 분업과 사적 소유는 같은 표현

---

[49] CW주) 마르크스 방주: 〈CW, 16-하단 주:수고에서 삭제〉 "현재 존재하는 경제의 실제 한계를 관념으로 표현하는 일은 순전한 이론에서뿐만 아니라 실천 의식에서도 존재한다. 즉 이런 실천 의식은 자신을 해방해 현존하는 생산 방식과 모순에 부딪히면서 종교과 철학을 고안할 뿐만 아니라 국가도 고안한다." 역주) W, GA2에서 관련 표현이 없다.

이다. 사적 소유가 활동의 산물과 관련해서 진술하는 바로 그것을, 노동 분업은 활동과 관련해서 진술한다.

⟨GA2, 33L⟩⟨수, 17⟩⟨W, 32⟩나아가 가족 내에서의 노동 분업과 동시에 개별 개인이나 개별 가족의 이해와 서로 교류하는 개인 모두에 속하는 공동의 이해 사이에서 모순이 발생한다. ⟨GA2, 34L⟩⟨수, 17⟩⟨W, 33⟩그런데 이 공동의 이해란 그저 관념 속에서 "일반적인 것"으로만 현존하는 것이 아니며 오히려 실제로 현존하는 것이며 무엇보다도 노동의 분업을 통해서 개인이 서로 의존하는 관계로 현존하는 것이다. ⟨GA2, 34L⟩⟨수, 17x⟩⟨W, 33⟩결국 노동 분업은 우리에게 다음과 같은 사실을 보여주는 제일가는 예이다: 인간이 자연 발생적인 사회 속에 머무르는 한, 그래서 특수한 이해와 공동의 이해 사이에 균열이 존재하는 한 또한 활동이 자발적으로 분화하지 못하고 오히려 자연 발생적으로 분화하는 한, 인간이 스스로 행위를 한 결과가 인간에게 대립하는 낯선 힘이 되어, 인간이 이 낯선 힘을 지배하는 대신, 오히려 그 힘에 예속되어 버린다. ⟨GA2, 34L⟩⟨수, 17x⟩⟨W, 33⟩요컨대, 노동이 분화하기 시작하면서, 누구나 그에게 강제로 부여된 특정한 배타적인 활동 범위가 있게 되며, 그 누구도 이 범위에서 빠져나올 수 없게 된다. 그래서 각자는 사냥꾼이거나, 아니면 낚시꾼이거나 양치기 혹은 비판적인 비평가이며 그 누구든 자신의 생활수단을 잃고 싶지 않다면, 그렇게 살 수밖에 없다. 반면 공산주의 사회에서는 누구나 배타적인 활동 범위를 갖지 않고, 오히려 각자가 좋아하는 부문에서 자신을 육성할 수 있으니 여기서는 사회가 전반적인 생산을 조절하며, 그 결과 나는 오늘은 이것을 또 내일은 저것을 할 수 있다. 그래서 나는 늘 사냥꾼, 낚시꾼, 양치기 혹은 비평가로 살아야만 하는 것이 아니라, 그때그때 즐거움을 느끼는 대로

아침에는 사냥을, 〈GA2, 37L〉〈수, 17x〉〈W, 33〉오후에는 낚시를, 저녁에는 목축을 그리고 저녁을 먹고 난 이후에는 비평을 할 수도 있다.[50][51] 〈GA2, 37L〉〈수, 18〉〈W, 33〉사회활동이 응고해 자립화하면서 다시 말해 우리 자신이 생산한 것이 우리를 지배하는 사물 권력으로 굳어버리면서 이 권력이 우리의 통제를 벗어나 성장해서 우리의 기대를 목 졸라 죽이고, 우리의 예측을 수포로 만든다. 이런 소외가 지금까지 역사를 발전하게 만든 주요 계기 중의 하나다.

*****

〈GA2, 33R〉〈수, 17〉〈W, 33〉[52]특수한 이해와 공동의 이해 사이의

---

50 역주) CW, GA2에 이 위치에 삽입되어 있는 아래 구절은 W판에는 생략됐다: "우리에게 공산주의는 만들어져야 할 상태 곧 현실이 지향해야 하고 앞으로 하게 될 이상이 아니다. 우리는 현재의 상태를 제거하는 실제의 운동을 공산주의라고 부른다. 이러한 운동의 조건은 지금 현존하는 전제에서 나온다."

51 W주 8, CW주 17) 『독불 연보Deutsche-Französische Jahrbücher』는 마르크스와 아놀드 루게Arnold Ruge가 편집했으며 파리에서 독일어로 출간됐다. 이 잡지는 1844년 2월에 첫 합본 호만이 나왔다. 이 합본 호에는 마르크스의 「유대인 문제에 관해」와 「헤겔 법철학 비판 서론」 그리고 엥겔스의 「국민 경제학 비판 개요」와 「토머스 칼라일의 책 '영국의 상황, 과거와 현재'(런던, 1843)」가 실려있다. 이 논문들은 마르크스와 엥겔스가 유물론과 공산주의로 완전히 이행했음을 분명히 보여주고 있다. 이 잡지가 중단된 주된 이유는 바로 마르크스와 부르주아 급진주의자 루게 사이의 견해 차이 때문이었다.

52 역주) 수고의 상태에 충실한 GA2는 34, 37쪽을 좌단(L: 본문)과 우단(R:개정)으로 나누어서 표현했다. CW와 W는 단을 나누지 않고 좌단을 기본으로 우단을 그 속에 집어넣는다. 그런 가운데 우단을 좌단 어디 부분에 연결하는가 때문에 결과적으로 엄청난 차이를 보여준다. CW는 33R-a1부터 37R-a2에 걸친 우단 전부

바로 이런 모순 때문에 공동의 이해는 실제 개별 이해와 그 집합 이해에서 분리되어 국가라는 자립적인 형체를 얻게 된다. ⟨GA2, 34R⟩⟨수, 17⟩⟨W, 33⟩그러나 동시에 이런 공동의 이해는 환상 속에만 존재하는 공동성에 불과하더라도 언제나 각각의 가족 집단이나 부족 집단을 묶어주는 끈인 피와 살, 언어를 또한 상당히 대규모로 일어나는 노동 분업이나 여타 다른 이해관계와 같은 끈을 실제의 토대로 삼는다. 또한 나중에 더 자세히 설명하겠지만, 이 공동의 이해는 특히 노동 분업을 조건으로 해 생겨나는 계급을 실제의 토대로 삼는다. 계급은 특정한 방식으로 나누어진 인간 집단이니 그중의 한 집단은 다른 집단 모두를 지배한다. ⟨GA2, 34R⟩⟨수, 17⟩⟨W, 33⟩여기에서 다음과 같은 사실이 도출된다: 민주제, 귀족제, 군주제를 둘러싼 투쟁이든 선거권 등등을 위한 투쟁이든 간에 국가 내부에서 벌어지는 이런 투쟁은 다른 계급들 사이에 벌어지는 진짜 투쟁을 감추는 환상적 형태이다.(이에 관해서 우리가 『독불연보』와 『신성 가족』에서 독일의 이론가들에게 충분한 단서를 일러주었건만, 정작, 이들은 단 한마디도 알아채지 못했다.) ⟨GA2, 34R⟩⟨수, 17-c4⟩⟨W, 34⟩나아가 다음과 같은 사실도 도출된다: 지배하고자 하는 계급이라면 그 어느 계급이든, 그 지배가 프롤레타리아의 경우처럼 낡은 사회 형태 전체와 지배 자체의 제거를 조건으로 한다고 해도, 우선 정치 권력을 장악하고 그런 다음 자신의 이해를 일반적인 이해로 제시해야 한다. 이런 제시는 지배하고자 하는 모든 계급에 첫 순간부터 강제

를 17-b2에 연결했다. 반면 W는 이 부분을 33-a5다음에 연결했다. 또 37R-c1부터 39R-a1까지 우단 전체를 CW는 18-c2에 연결했고 W는 34-a5에 연결했다. 혼란스럽지만, 기본적으로 좌, 우 즉 본문과 개정을 동시에 편집하려 했던 것 때문에 발생한 것에 지나지 않는다.

되는 것이다. 〈GA2, 37R〉〈수, 17〉〈W, 34〉개인은 스스로는 공동의 이해와 합치하지 않는 단지 개인적인 이해만을 추구한다. 일반성이란 모름지기 공동성의 환상적인 형식이므로 이 후자 즉 공동 이해가 개인에게는 "낯설고", 〈GA2, 37R〉〈수, 18x〉〈W, 34〉또 개인에서 "독립해 있는" 이해 즉 그 자체로 특수한 것이면서도 동시에 본래 "일반적인" 이해로 간주된다. 아니면 민주주의에서처럼 개인은 상호 충돌 속에서 움직이지 않을 수 없다. 다른 한편으로 특수한 이해를 실현하기 위한 *실천적인* 투쟁은 공동의 이해, 다시 말해 환상적인 공동 이해와 계속해서 *실제로* 배치되므로 환상적인 "일반" 이해가 국가라는 자격으로 *실천적으로* 간섭하고 구속할 필요가 생겨난다.

*****

〈GA2, 37L〉〈수, 18〉〈W, 34〉사회적 권력[Macht], 다시 말해 노동 분업이라는 조건 아래서 다양한 개인의 협력을 통해 몇 배로 증가한 생산력은 개인에게 고유하며 개인과 합일을 이룬 힘으로 나타나지 않고, 오히려 자신의 외부에 있는 낯선 폭력으로 나타난다. 왜냐하면 그 협력 자체가 자발적인 것이 아니라 자연 발생적인 것이기 때문이다. 〈GA2, 37L〉〈수, 18〉〈W, 34〉개인은 이 낯선 폭력이 어디서 왔고 어디로 가는지를 알지 못하며, 더는 그 낯선 폭력을 지배할 수 없다. 오히려 이 낯선 폭력은 본래적인 힘이면서, 인간의 의욕과 노력에서 독립적인 힘이며, 개인의 의욕과 노력을[53] 조종하면서 일련의 국면과 발전단계를 관통하는 힘이 된다.

*****

---

53   CW주 18)『로마서』, 9장 16절: "그러므로 그것은 사람의 의지나 노력에 달린 것이 아니라, 하나님의 자비에 달려 있습니다."

〈GA2, 37R〉〈수, 18x〉〈W, 34〉철학자들의 이해를 돕기 위해 말하자면, 이러한 "*소외*"는 당연히 두 가지 실천적 전제 아래서만 제거[Aufheben]될 수 있다. 소외가 "견딜 수 없는" 힘으로 되자면 즉 그 힘에 대항해 사람들이 혁명을 일으킬 수밖에 없게 되자면, 이 힘이 인류 대부분을 철저히 "무산자"로서 만들었어야 하며 동시에 이런 무산자가 부와 교양이 도달한 기존의 세계와 모순에 이르렀어야 한다. 이 두 가지 원인은 〈GA2, 38R〉〈수, 18x〉〈W, 34〉모두 생산력이 엄청나게 증가하고 고도로 발전하는 것을 전제한다. 〈GA2, 38R〉〈수, 18〉〈W, 34〉다른 한편 생산력의 발전은 (이로써 이미 인간은 지역적 공간 속에서가 아니라 *세계사적* 공간 속에서 경험적으로 현존한다) 실천적으로 절대적으로 필수적인 전제다. 그 이유는 바로 생산력의 발전 없이는 단지 결핍[궁핍]만이 일반화되어 이 결핍과 함께 필수품을 둘러싼 투쟁도 다시 시작되고 따라서 〈GA2, 38R〉〈수, 18x〉〈W, 35〉갖가지 낡은 해악이 벌어질 수밖에 없기 때문이다. 또 생산력이 보편적으로 발전할 때만 인간의 *일반적* 교류가 확립되어 한편으로 (일반화된 경쟁을 통해) 모든 민족에서 "무산자" 대중이라는 현상이 생겨나는 것과 동시에 다른 한편으로 어느 민족이든 다른 민족의 변혁에 의존하며 마침내 지역적인 개인을 *세계사적*이면서도 경험적으로 보편적인 개인으로 대체하기 때문이다. 이러한 전제가 없이는 1) 공산주의는 국지적으로만 존재할 수 있을 뿐이며, 2) 교류의 힘조차도 보편적인 힘으로, 그래서 견딜 수 없는 힘으로 발전할 수 없을 것이다. 그러면 교류는 미신이 만연한 토속적 "환경"에 머물게 될 것이다. 또한 교류가 3) 확대될수록 국지적으로 성립했던 공산주의를 제거하게 될 것이다. 경험적으로 볼 때 공산주의는 열

강 민족에서 일어나는 사건으로 "일거에" 그리고 동시적으로만[54] 가능하고 〈GA2, 39R〉〈수, 18x〉〈W, 35〉이는 생산력의 보편적인 발전 그리고 이와 연관된 교류의 세계화를 전제한다.

*****

〈GA2, 37L〉〈수, 18〉〈W, 35〉그렇지 않다면[55] 예를 들어 소유가 대체 어떻게 역사를 가지며 또 다른 형태로 전환하겠는가? 또 어떻게 토지가 각기 달라진 전제에 따라서 프랑스에서는 분할 토지가 소수의 손으로 집중될 수 있었고, 거꾸로 영국에서는 소수의 손에 집중되어있던 토지가 분할될 수 있었겠는가? 이런 것은 오늘날 실제로 일어나는 그대로이다. 〈GA2, 38L〉〈수, 18〉〈W, 35〉또는 어떻게 다양한 개인과 나

---

54 W주 9, CW주 19) 프롤레타리아 혁명은 모든 자본주의 국가에서 동시적으로만 수행될 수 있으며, 따라서 일국에서 혁명의 승리는 불가능하다는 결론은 엥겔스의 1847년 『공산주의 원리』에서 더 상세하게 표현된다. 그러나 나중에 나온 이 책에서 마르크스와 엥겔스는 이런 생각을 그렇게 확정적이지 않은 방식으로 표현했으며 프롤레타리아 혁명은 비교적 오랜 복잡한 과정으로 간주해야 하며, 이 혁명 과정은 개별 자본주의 국가에서 처음 시작할 수도 있다는 것을 강조했다. 레닌은 새로운 역사적 조건 아래서 새로운 결론에 도달했다. 그는 제국주의 시대 경제적 정치적으로 불균등한 자본주의 발전 법칙이 작용하는 특수한 상황에 기초해 이런 결론을 내렸다. 이는 사회적 혁명은 처음에는 단일 국가에서 승리할 수 있다는 것에 기초한 것이다 이 테제는 레닌의 「유럽 연합국을 위한 강령에 관해」(레닌 총서 21권, 1915)에서 제시됐다.

55 역주) 여기서 "그렇지 않다면"이란 앞의 문장에서 공산주의가 생산력의 보편적 발전과 교류의 세계화를 전제한다는 말을 부정하는 것이 아니다. 이 문장은 원래 수고 18쪽에 나오는 말이다. 거기서 마르크스는 공동의 이해가 독자적인 힘으로 소외됐다는 주장을 전개했다. "그렇지 않다면"은 그 말을 부정하는 말이다.

라 사이에서 생산물을 교환하는 것에 불과한 상업이 수요와 공급의 관계를 통해 전 세계를 지배하게 됐는가?-이 수요 공급의 관계는 영국의 경제학자가 말한 대로 마치 고대의 운명처럼 지상 위를 배회하며 보이지 않는 손으로 사람들에게 행운과 불행을 나누어주고 부유한 자를 세웠다간 파멸하며 민족을 생겨나게 하고 소멸하게 만든다.〈GA2, 39L〉〈수, 19〉〈W, 35〉이에 반해 토대와 사적 소유를 폐지하고 생산을 공산주의적으로 조절함으로써 또 이 조절을 통해 인간은 자신의 생산물을 대할 때 느끼는 낯섦을 제거해 수요와 공급의 관계에 부여됐던 바로 그 힘을 탈취하며, 인간은 교환 또한 생산 그리고 인간의 상호관계 양식을 다시 지배하게 된다.

〈GA2, 37R〉〈수, 18x〉〈W, 35〉공산주의는 우리에게 창조될 수 있는 *상태*가 아니라, 실재를 규제하는 *이상*이 아니다. 우리는 공산주의를 현재의 상태를 제거하는 실질적인 운동이라 부른다. 이 운동의 조건은 현재 존재하는 전제에서 나온다.[56]

*****

〈GA2, 39R〉〈수, 19〉〈W, 36〉[57]덧붙이자면 *단순한* 노동자 대중-다시 말해 자본이 없고 혹은 그 어떤 제한된 욕구도 충족하지 못하는 대규모 노동력-은 *세계 시장*을 전제로 한다. 그러므로 경쟁의 결과 그는 삶을 보장하는 원천으로서 노동을 더는 일시적으로 상실한 존재가 아니며, 순전한 변덕에 맡겨진 처지가 된다. 따라서 공산주의와 그 활동이

---

56 CW주) 이 구절은 수고에서 마르크스가 '소외'로 시작되는 구절(수고, 18-d1) 옆의 빈 곳에 적어놓았다

57 역주) GA2에서 이곳에 "공산주의"라는 제목이 들어 있다. CW는 이곳에 주를 달아 "공산주의"라는 마르크스의 언급이 있음을 밝혔다.

본래 "세계사적" 존재로만 존재할 수 있는 것처럼 프롤레타리아도 *세계사적*으로 존재할 수 있을 뿐이다. 이때 개인이 세계사적으로 현존하는 것은 개인이 세계사와 직접 결합하기 때문이다.

*****

⟨GA2, 39L⟩⟨수, 19⟩⟨W, 36⟩ *시민 사회*는 하나의 교류 형태로, 이는 지금까지의 모든 역사적 단계에 현존했던 생산력을 통해 제약된 것이지만, 동시에 앞으로의 생산력의 발전을 제약한다. 시민 사회는 이미 앞의 서술에서 드러나듯이 핵가족과 대가족 그리고 이른바 부족을 전제와 토대로 삼고 있으며, 이에 대한 자세한 규정은 앞에서 서술한 바 있다. 시민 사회는 모든 역사의 진정한 아궁이이자 무대라는 사실이 여기서 드러난다.[58] 또한 지금까지 역사는 야단법석을 떠는 주요 행위와 국가 행위[59]에 한정된 채 실제 관계를 무시해왔으니 이미 이를 통해 이런 역사가 얼마나 불합리한지가 드러난다. 지금까지 우리는 {⟨GA2, 40⟩⟨수, 19⟩⟨W, 노트 13: 36-하단 주⟩주로 인간 활동의 한 측면 곧 인간을

---

58 GA2주 참조) 마르크스 방주: 교류 또한 생산력

59 CW주 20) 이 말은 독일어에서 여러 의미가 있다. 17세기와 18세기 전반부에 그 말은 독일 여행 회사가 수행하는 연극[Akt]을 지시했다. 이 연극은 상당히 무형식적인 것인데, 비극적인 역사적 사건을 과장하고 동시에 거칠고 웃기는 방식으로 보여준다.

이 용어는 두 번째로 주로 정치적 사건[Aktion]을 지시할 수 있다. 이 말은 이런 의미에서 객관적 역사 서술이라는 독일의 역사과학의 흐름을 통해 사용됐다. 레오폴드 랑케Leopold Ranke가 이 흐름의 대표자다. 그는 이 말을 역사가 연구하는 핵심 주제로 간주했다. 객관적 역사 서술은 국가의 정치적 외교적 사건에 주로 관심을 가지면서 국제적인 정치가 국내 정치에 대해 더 중요하다고 선언하고 인간의 사회적 관계와 역사 속에서의 인간 활동을 분석하기를 포기했다.

통한 자연의 가공만을 고찰했다. 다른 측면 곧 인간을 통한 인간의 가공은 ....

국가의 기원 그리고 국가가 시민 사회에 대해 맺는 관계.}

*****

⟨GA2, 114⟩⟨수, 68⟩⟨W, 36⟩시민 사회는 생산력이 일정하게 발전한 단계에 이르면 개인의 전체 물질적인 교류를 포괄한다. 시민 사회는 그런 단계에 일어나는 ⟨MEG A2, 115⟩⟨수, 68⟩⟨W, 36⟩상업적이며 산업적인 삶 전체를 포함한다. 그런 한에서만 시민 사회는 국가와 민족을 넘어 존재한다. 그러나 시민 사회는 외적으로는 자기를 민족으로서 인정받고 내적으로는 국가로서 자기를 구성하지 않을 수 없다. 시민 사회[60]라는 말은 소유 관계가 고대 또한 중세의 자치 단체[Gemeinwesen]를 벗어났던 18세기에 이미 나타났다. 진정한 의미의 시민 사회는 부르주아와 더불어 비로소 발전한다. 그렇지만 시민 사회는 생산과 교류에서 직접 저절로 발전하는 사회 조직이며 모든 시대의 국가 또한 그 밖의 관념적 상부구조의 토대를 구성하는 것이라면 어느 것이나 항상 같은 [시민 사회라는] 이름으로 불려왔다.

2) 의식의 생산에 관해

---

60   CW주 35) 시민 사회라는 말을 마르크스와 엥겔스는 두 가지 다른 의미로 사용한다. 1)발전의 역사적 단계와 무관하게 사회의 경제적 체제를 지칭하는 말이다. 즉 정치적 제도와 이데올로기적 형태를 결정하는 물질적 관계의 총체를 지칭한다. 2) 자본주의 즉 부르주아 사회 또는 그 전체의 물질적 관계를 지칭한다. 그러므로 이 용어는 구체적 내용이나 맥락에 따라서 시민 사회 또는 부르주아 사회로 번역돼야 한다.

⟨GA2, 41⟩⟨수, 21⟩⟨W, 37⟩지금까지 역사를 통해서 입증된 사실이 있다. 이 사실은, 경험적으로 확인할 수도 있다. 즉 개별적 개인은 활동을 세계사적인 활동으로까지 확장하면서 ⟨GA2, 42⟩⟨수, 21⟩⟨W, 37⟩ 점점 더 그에게 낯선 힘의 노예가 됐다는 사실이다.(그들[61]은 이런 낯선 힘의 압박을 이른바 세계정신 등의 전횡이라는 관념으로 파악하기도 했다.) 이 힘은 점점 더 대규모화되어 마침내 세계시장으로서 그 모습을 드러냈다. 그러나 이에 못지않게 경험적 근거가 있는 사실이 있다.[62] 즉 공산주의 혁명(그것에 대해서 상세한 것은 아래에 나온다)을 통해 현존하는 사회상태가 전복되고, 같은 의미이기는 하지만, 사적 소유가 폐지되면, 독일 이론가들에게 그토록 신비로웠던 그 힘은 해체된다는 사실이다. 나아가 역사가 완전히 세계사로 전환되는 정도만큼 모든 개별 개인의 해방도 관철된다는 사실이다. 이상의 논거에 따르면 개인이 지닌 진정한 정신적인 풍요는 전적으로 그 개인이 처한 실제 상황의 풍요에 의존한다는 점은 분명하다. 이 점을 직시할 때만 비로소 개별 개인은 다른 국가의 혹은 지역의 제한에서 벗어나, 전 세계에 걸친 생산활동(이는 정신적인 것들까지도 포괄하는 활동이다)에 실천적으로 관계하며, 전 지구의 차원에 걸쳐 이루어진 모든 종류의 생산물(즉 인간의 창조물)을 누리는 능력을 획득할 수 있게 된다. ⟨GA2, 42⟩⟨수, 21⟩⟨W, 37⟩이런 *전면적인* 상호 의존 관계 즉 개이의 *세계사적인* 상호작용은 자연 발생적 형태로 두면 낯선 힘으로 된다. 이 힘은 인간의 상호 작용을 동해서

---

61   역주) 수고의 순서에 따르면 이 말은 바로 앞의 문맥상 독일의 관념론적인 역사 이론가를 지시하는 말로 보인다.

62   GA2주 참조) 마르크스 방주: 의식의 생산에 관해

발생했음에도 철저하게 낯선 힘으로 되어 지금까지 인간을 압도하고, 지배해 온 힘이 됐다. 이런 상호 의존의 자연 발생적 형태는 공산주의 혁명을 통해, 〈GA2, 43〉〈수, 22〉〈W, 37〉이제 낯선 힘을 통제하고 의식적으로 지배하는 형태로 전환된다. 이러한 상호 의존에 관한 생각이 현재로서는 사변이나 관념 속에서, 다시 말해 환상 속에서 파악되면서 "유 전체[Gattung]의 자기생산"("사회라는 주체")이라는 생각이 가능하게 된다. 이로써 서로 연관을 맺는 일련의 개인이 관념 속에서 파악되면서 유일자가 자신을 생산한다는 신비한 생각이 가능하게 된다. 물론 개인이 육체에서나 정신에서 서로 영향을 준다[einander machen]는 것은 명백하다. 하지만 이 개인이 혼자 형성되는 것[sich machen]은 아니다. 하물며 성 브루노가 말한 난센스[63]로서나 "유일자", "스스로 생산된" 인간이라는 의미에서도 개인이 혼자 형성되는 것은 명백히 아니다.[64]

*****

〈GA2, 45〉〈수, 24〉〈W, 37〉이러한 역사관의 기초는 실제 생산과정을, 그것도 직접적인 삶의 물질적 생산에서 출발해서 전개하는 것이며 이 생산과정과 연관되어 있으며 여기에서 생겨나는 교류 형태 즉 시민 사회의 다양한 단계를 전체 역사의 기초로서 파악하는 것이다.[65] 또

---

63 GA2주 재인용) 바우어, 『루트비히 포이어바흐의 특징』, 87/88쪽에 다음과 같은 말이 나온다: "인격 일반의 개념은 자신을 한정하고 일반적 본질 위에 세워진 이 한정을 다시 제거하는 것이다. 이 한정은 다만 자기 스스로 구별한 것, 자기 활동의 결과일 뿐이기 때문이다." 역주) 여기서 자기 구별과 자기 지양이라는 의미에서 브루노는 자기를 만든다고 한다.

64 역주) W, CW에 존재하는 이 문장은 GA2에서는 빠졌다.

65 GA2주 참조) 마르크스 방주: 포이어바흐

한 그 기초는 시민 사회가 국가로서 어떤 행위를 하는가를 서술하는 것뿐만 아니라 아울러 의식을 통해 생산되는 다양한 이론적 산물과 그 산물의 형태 전체를, 이를테면 종교, 철학, 도덕 등등을 시민 사회에서 설명하고 이런 의식의 산물과 형태가 발생하는 과정을 시민 사회의 다른 단계에서 추적하는 것이다. 이렇게 되면 사태가 전체적으로 (그리해 이러한 다른 측면이 서로에게 미치는 상호작용까지도) 서술될 수 있다는 것은 당연하다. 〈GA2, 45〉〈수, 24〉〈W, 38〉이 역사관은 관념론적인 역사관[66]처럼 시대마다 그에 상응하는 논리 범주를 찾지 않는다. 오히려 이 역사관은 지속해서 실제 역사의 *지반*에 머무르며, 실천을 관념[Idee]에서 설명하지 않고 오히려 관념의 형태를 물질적 실천에서 설명한다. 이에 따라 다음과 같은 결론에도 이른다: 의식의 모든 형태와 생산물은 정신의 비판을 통해서, 〈GA2, 46〉〈수, 24〉〈W, 38〉또 "자기의식"으로 해소하거나 "귀신", "유령", "망령"[67] 등으로 전환해서 해소할 수 없으며, 오히려 허튼 관념이 유래하는 실질적 사회관계를 실천적으로 전복하는 것을 통해서만 해소할 수 있다. 다시 말해 비판이 아니라 혁명이 역사를 추동하는 힘이며 또한 종교, 철학 그리고 여타 이론을 추동하는 힘이다. 이런 역사관은 역사가 "정신에 관한 정신"[68]인 "자기의식"으로 해소된다고 스스로 종말에 이르지 않음을 보여준다. 오히려 이런 역사관은 각 단계의 역사에서 발견되는 것은 어떤 물질적 결과, 생산력의 집합, 자연에 대한 그리고 개인 사이에 역사적으로 산출된 관계라는

---

66 CW주) 브루노 바우어, 『루트비히 포이어바흐의 특징』을 참조할 것.

67 CW주) 이 용어는 슈티르너가 『유일자와 그의 소유』에서 사용했다.

68 CW주) 브루노 바우어가 『루트비히 포이어바흐의 특징』에서 이 용어를 사용했다.

사실을 보여준다. 따라서 각 세대는 선행 세대에서 이 모든 것들을 물려받는다. 이런 생산력과 자본 그리고 관계 전체는 한편에선 새로운 세대를 통해 수정되기도 하지만, 다른 한편에선 이 새로운 세대의 고유한 생활 조건을 규정하기도 하며 또 이 새로운 세대에게 특정한 발전과 특수한 성격을 부여한다. 말하자면 이런 역사관은 인간이 상황을 만드는 것과 마찬가지로 상황도 인간을 만든다는 점을 보여준다. 각 개인과 각 세대는 생산력, 자본 또한 사회적 교류 형태의 집합을 이미 주어진 것으로서 발견한다. 이 집합이야말로 철학자들이 "실체" 또는 "인간의 본질"이라는 관념으로 파악하면서, 신격화하면서도 또 비판했던 사실이 유래하는 객관적 근거이다. ⟨GA2, 47⟩⟨수, 24⟩⟨W, 38⟩철학자들은 소위 "자기의식" 또는 "유일자"가 되어 이런 객관적 근거에 대해 반항하지만, 그런 반항에도 그 객관적 근거가 인간의 발전에 대해 미치는 작용이나 영향력은 조금도 교란되지 않는다. 주기적으로 역사에서 반복되는 혁명의 충격이 현존하는 모든 것을 전복하기에 충분히 강한 것인지 아닌지를 결정하는 것은 다른 세대 앞에 이미 주어져 있는 이와 같은 삶의 조건이다. 변혁의 전체적인 토대를 이루는 이런 물질적 요소들이 출현해 즉 한편으로는 생산력이 이미 현존하고 ⟨GA2, 47⟩⟨수, 25⟩⟨W, 39⟩다른 한편으로 혁명 대중이 형성되지 않는다면, 그래서 이런 혁명적 대중이 기존 사회의 개별 조건뿐만 아니라, 지금까지의 "삶의 생산" 자체를 곧 기존사회가 기초하는 "전체적 활동"을 뒤엎지 않는다면, 변혁하자는 생각을 이미 수백 번 떠들었다고 하더라도 이는 혁명의 실천적인 발전과는 아무 상관없는 일이 되고 만다. 이는 공산주의 역사가 증명하는 것과 같다.

⟨GA2, 47⟩⟨수, 25⟩⟨W, 39⟩지금까지의 모든 역사관은 역사의 이러

한 실제 토대를 전혀 고려하지 않거나 아니면 부차적인 것으로 즉 역사의 진행과 어떤 연관도 갖지 않는 것으로 간주했다. 이렇게 되면 역사는 언제나 자신의 외부에 있는 척도에 따라 서술될 수밖에 없으며, 실제 삶의 생산은 비역사적인 것으로서 나타나게 되고, 반면 역사적인 것이 일상의 삶과 분리된, ⟨GA2, 48⟩⟨수, 25⟩⟨W, 39⟩별도의 초월 세계 [Extra-Überweltliche]로 나타난다. 이로써 자연에 대해 인간이 맺는 관계는 역사에서 배제되며, 그 결과 자연과 역사는 서로 대립하게 된다. 따라서 이런 역사관은 역사에서 정치 지도자의 행위와 국가의 행위만을 묘사하고 종교의 투쟁이나 일반적으로 말해 이론 투쟁만을 볼 수 있었을 뿐이며, 특히 *각각의 역사적인 시대에 그 시대를 구분[teilen]하게 하는 환영을 할당해야만* 했다. 예를 들어 위의 역사관에 따르는 역사가는 어떤 시대가 순전히 "정치적인" 또는 "종교적인" 것을 동기로 움직인다고 공상하면서 이런 종교나 정치가 다만 진정한 동기를 덮는 껍데기에 불과하더라도 이 억측을 그대로 수용한다. 특정한 인간이 자신의 실제 실천에 관해 갖게 되는 "공상", "관념"이 역사를 규정할 수 있는 유일한 능동적 힘으로 즉 이런 인간의 실천을 지배하고 규정하는 힘으로 전환된다. 인도인이나 이집트인에게서 나타나는 노동 분업의 조잡한 형식 때문에 이런 민족의 국가와 종교에서 카스트제도가 출현하지만, 정작 이 역사가들은 카스트제도야말로⟨GA2, 48⟩⟨수, 26⟩⟨W, 39⟩그 조잡한 사회적 형식을 산출한 힘이라고 믿는다. 영국인과 프랑스인이 그래도 실제에 가장 근접한 정치적인 환상에 매달린다면, 독일인은 "순수한 정신"의 영역을 맴돌면서 종교적인 환상을 역사의 추동력으로 삼는다.⟨GA2, 51⟩⟨수, 26⟩⟨W, 39⟩헤겔의 역사 철학은 이러한 독일의 역사 서술 전체가 "가장 순수하게 표현된" 마지막 종착점이다. 독일의 역사 서술은 실제 이해는 물론이고, 하다못해 정치적인 이해조차 전혀 문제 삼지 않으며 오직 순수한 사상만을 문제 삼을 뿐이다. {〈W, 노트 14: 40-하단 주〉〈수, 26-하단 주〉〈GA2 마르크스 방주〉소위 객관적 역사 서술은 역사적 상황을 활동에서 독립적으로 다루는 데서 성립한다. 반동적 성격을 갖는다. 앞의 주 참조(주요 행위 또한 국가 행위)} 이윽고 성 브루노에 이르러 이런 역사 서술은 하나의 사상이 다른 사상을 집어삼키고, 최종적으로는 "자기의식"이 승리하는 일련의 "사상들"로서 나타날 수밖에 없었다. 성 막스 슈티르너는 아예 한술 더 뜬다. 실제 역사 전체에 관해 아무것도 모르는 그는 역사의 진행을 그저 "기사의 역사, 〈GA2, 51〉〈수, 26〉〈W, 40〉강도의 역사 그리고 유령의 역사"[69]로 볼 수밖에 없었다. 그가 불치병에 걸린 것은 당연히 그것이 이런 몽환[Vision]에서 깨어날 유일한 방법이기 때문일 것이다. 〈GA2, 51〉〈수, 26〉〈W, 40〉이러한 역사관은 정말로 종교적이다. 이 역사관은 종교적인 인간을 전 역사가 출발하는 원초적 인간으로 상정하며, 생존수단, 아울러 삶 자체를 실제로 생산하는 것을 공상 속에서 종교적 환상을 생산하는 것으로 대체한다. 이 역사관은 그것의 해체나 이 역사관에서 발생하는 의혹이나 우려까지 포함해서 단지 독일 *민족의* 문제일 뿐만 아니라 독일 *지역에 국한된* 관심거리일 뿐이다. 〈GA2, 51〉〈수, 26〉〈W, 40〉최근 여러 번에 걸쳐 다루어졌던 다음과 같은 중요한 물음도 그런 종류의 관심거

---

[69] CW주 24) 18세기 말 그리고 19세기 초 널리 읽힌 통속 문학의 유형을 암시한다. 그 인물은 주로 기사, 강도, 유령 등이다. 쪼케Heinrich Daniel Zschokke가 1793년 쓴 『대도 아벨리노Abellino, der grosse Bandit』와 불푸스Christian August Vulpius가 1797년 발간한 『도둑 대장 리날도 리날디Rinaldo Rinaldini, der Rauberhauptmann』를 보라.

리였다. 〈GA2, 52〉〈수, 26〉〈W, 40〉그 물음이란 곧 사람이 어떻게 "신의 왕국에서 인간의 왕국으로"[70] 실제로 넘어올 수 있게 됐는가에 대한 질문이다. 독일인이 이 물음을 어떻게 묻는가를 보면, 마치 이 "신의 왕국"이 상상이 아닌 어떤 다른 곳에 정말로 존재하는 것 같으며 또한 존경받는 학자조차도 "인간의 왕국"에 산 적이 없어서 이 사실을 모른 채 이제 그 인간의 왕국에 이르는 길을 찾아야 하는 것 같다. 또한 마치 학문적인 즐거움이란 실제 지상의 상황에서 문제가 나온다는 점을 입증하는 데 있는 것은 결코 아니고, 이처럼 진기한 것을 설명하면서 이론적으로 뜬구름 잡는 놀이를 하는 것에 불과한 것 같다. 〈GA2, 52〉〈수, 27〉〈W, 40〉일반적으로 이런 독일인이 항상 관심을 가지는 것은 자기 앞에 놓인 난센스를 어떤 다른 꼭두각시를 통해 해소하는 것이며 다시 말해 이 전체 난센스는 어떤 특별한 의미가 있는데 그 의미는 앞으로 발견될 수 있다고 가정하는 것이다. 하지만 중요한 것은 다만 이러한 이론적인 상투어를 오직 현존하는 실제 상황을 통해서 해명하는 것이다. 이미 언급했듯이, 이 상투어를 실제로 실천적으로 해소하고 곧 인간의 의식에서 이러한 관념을 제거하는 일은 이론적인 연역을 통해서가 아니라 상황을 변화하는 것을 통해서 성취된다. 인류 대중 곧 프롤레타리아에게는 이러한 이론적인 관념은 현존하지 않으므로, 이 관념은 그 대중에게는 해소될 필요조차 없다. 만약 이들 대중이 이전에는 몇몇 이론적인 관념, 예를 들어 종교를 가졌다고 하더라도, 이런 이론직 관념은 이

---

[70] CW주) 루트비히 포이어바흐, 『기독교의 본질』, GA2주는 202/203쪽에서 다음과 같은 문장을 소개한다: "신의 왕국에서 인간의 왕국으로 이행하는 데 실천적이고 조직적이며 대상 자체를 통해 제시되는 이행 방법으로 사랑을 제외하고는 다른 길은 없으므로"

제는 상황을 통해 이미 오래전에 해소됐다.

⟨GA2, 52⟩⟨수, 27⟩⟨W, 40⟩이러한 문제를 던지고 해결하는 데서 나타나는 순전히 독일 민족적인 성격은 다음과 같은 데서도 드러난다. 즉 이런 이론가들은 정말 진지하게 "신인[神人: Gottmensch]", "인간 자체" 등과 같은 ⟨GA2, 53⟩⟨수, 27⟩⟨W, 40⟩머릿속의 허구가 역사의 개별 시대를 주재했다고 믿는다는 것이다. 심지어 성 브루노는 "비판과 비판가만이 역사를 만들어 왔다"라고 주장하기까지 한다. ⟨GA2, 53⟩⟨수, 27⟩⟨W, 40⟩막상 이들 이론가들이 역사를 구성하는 일에 착수하게 됐을 때, 이들은 과거의 모든 것을 일사천리로 ⟨GA2, 53⟩⟨수, 27⟩⟨W, 41⟩뛰어넘어, "몽골족"[71]에서 즉각 "충만한" 본래의 역사, 이른바 『할레 연보』나 『독일 연보』의[72] 역사로, 다시 말해 헤겔주의자가 해체되는 과정에서 발생하는 흔히 말하는 언쟁의 역사로 이행한다. ⟨GA2, 53⟩⟨수, 27⟩⟨W, 41⟩모든 다른 민족과 모든 실제 사건은 망각되고, 급기

71　CW주) 슈티르너, 『유일자와 그의 소유』

72　W주 10) 『할레 연보』와 『독일 연보』-청년 헤겔주의자의 문예-철학 잡지에 대한 약어이다. 이 잡지는 『독일의 과학과 예술을 위한 할레 연보』라는 제목으로 1838년 1월부터 1841년 6월까지 그리고 『과학과 예술을 위한 독일 연보』라는 제목으로 1841년 7월부터 1843년 1월까지 라이프치히에서 일간지의 형태로 발간됐다. 이 잡지는 1841년 6월까지 할레에서 아놀드 루게와 테오도르 에흐터마이어 Theodor Echtermeyer를 통해, 1841년 7월부터는 아놀드 루게를 통해 드레스덴에서 발행됐다. 프로이센 내부에서 『할레 연보』는 발행이 금지되는 위기에 처했으므로, 편집부가 프로이센의 도시 할레(잘레)에서 작센으로 옮겼고 신문의 이름도 [『독일 연보』로] 변경됐다. 그러나 새로운 이름 아래에서일지라도 잡지의 출판은 곧 중단될 수밖에 없었다. 1843년 1월에 『독일 연보』는 작센 정부에서 발행 금지됐고, 발행은 연방 의회의 법령을 통해 전 독일에 걸쳐서 금지됐다.

야 Theatrum mundi〈세계 극장〉[73]은 라이프치히의 서적 시장으로나 "비판", "인간", "유일자"[74] 사이의 싸움으로 좁혀진다. 아마도 이 이론이 어떤 주제를, 예를 들어 18세기라는 주제를 다루는 데 착수한다면, 이 이론가들은 관념의 역사만을 제시할 것이다. 그것은 그 밑바닥에 깔린 사실과 실천의 발전에서 분리된 역사일 뿐이다. 더군다나 이들의 의도는 18세기의 역사를 일종의 불완전한 예비단계로 서술하는 것이다. 즉 그 시대는 1840~44년 독일 철학자들의 투쟁 시대, 말하자면 진정한 역사 시대에 앞서서 아직 지엽적인 투쟁이 벌어진 시대이다. 이들의 목적은 역사성이 없는 어떤 인물의 명성과 그의 환상을 더 밝게 빛나게 하려는 것이다. 그런 목적에 상응해 이들은 실제의 모든 역사적 사건을 언급하지 않으니,〈GA2, 54〉〈수, 27〉〈W, 41〉하물며 정치가 역사에 실제 역사적으로 개입하는 것이야 말할 것도 없다. 또 이들은 이를 위해 연구에 토대를 두지 않고 허구와 풍문에 토대를 둔 이야기를 제공하기에 이른다. 바로 이런 일들이 지금은 아무도 기억하지 못하는 성 브루노의 『18세기의 역사』[75]에서 벌어졌다. 오만방자한 사상의 소매상들은 민족적 편견을 모조리 까마득히 넘어섰다고 믿지만, 실상을 보면 맥주에 코를 박고 살면서도 독일 통일을 꿈꾸는 속물보다도 훨씬 더 민족적이다. 〈GA2, 54〉〈수, 28〉〈W, 41〉이것과 같은 사상의 소매상들은 다른 민족

---

73 역주) 세계는 신의 섭리가 펼쳐지는 무대라는 의미이다.

74 CW주) 차례로 브루노 바우어, 루트비히 포이어바흐, 막스 슈티르너를 지시한다.

75 W주 11) 브루노 바우어의 저서 『18세기의 정치, 문화 또한 계몽의 역사 Geschichte der Politik, Cultur und Aufklärung des achtzehnten Jahrhunderts』를 말한다.

의 행위는 역사적인 행위로 전혀 인정하지 않는다. 그들은 독일 안에서, 독일을 지향하며 독일을 위해서 살고 있다. 또한 그들은 '라인강의 노래'[76]를 성가로 바꾸고, 프랑스라는 국가 대신 프랑스의 철학을 훔치고, 프랑스의 땅 대신 프랑스의 사상을 게르만화 함으로써 알사스[Elsaß]와 로트링겐[Lothringen]을 정복한다. 이론의 세계 지배 속에서 독일의 세계 지배를 선포하는 성 브루노나 성 막스에 비하면 베네데이Venedey 씨[77]는 차라리 세계주의자다.

*****

〈GA2, 54R〉〈수, 28〉〈W, 41〉이런 논쟁에서 명백하게 되는 사실 중의 하나는 포이어바흐가 자신을 얼마나 기만하는가다. 그의 기만은 다음과 같은 사실에서 드러난다: 포이어바흐는(『비간트의 계간지』, 1845, 2호에서)[78] 자신도 "평범한 인간[Gemeinmensch: 공동적 인간]"이라는

---

76 W주 12, CW주 25) 독일 소시민적인 시인 니콜라우스 베커Nikolaus Becker가 쓴 시로서 민족주의자가 많이 애용했다. 이 시 '독일의 라인강'은 1840년 작성됐고, 다음 해 여러 차례 가곡으로 만들어졌다.

77 GA2주 참조) Jacob Venedey를 가리킨다. 그는 마르크스와 동시대 인물로 낭만주의자였으며 부르셴샤프트(학생조합)에서 활동했다. 그는 열렬한 공화주의자, 독일 민족주의자였다.

78 W주 13, CW주 26) 『비간트 계간지』, 1845년 2호에 실린 루트비히 포이어바흐의 논문 『유일자와 그의 소유'와 관련한 기독교의 본질』을 보라.
『비간트 계간지』는 청년 헤겔주의자의 철학 잡지다. 1844~45년, 비간트Otto Wigand가 라이프치히에서 발간했다. 잡지의 공동 편집자는 브루노 바우어, 막스 슈티르너 그리고 루트비히 포이어바흐이다.
CW주 26 추가) 관련 구절은 다음과 같다: "그러니까 F[포이어바흐]는 유물론자도, 관념론자도 또 동일성의 철학자도 아니다. 그러면 F는 누구란 말인가? F는 그

자격을 가졌기에 공산주의자라고 선언한다. 그는 이렇게 공산주의자라는 말을 인간 "*자체*"의 술어로 전환하면서〈GA2, 57R〉〈수, 28〉〈W, 41〉요즈음의 세상에서 특정한 혁명 당파의 지지자를 지칭하는 공산주의자라는 말을 다시금 하나의 단순한 [논리적] 범주로 전락하게 할 수 있다고 믿는다. 〈GA2, 57R〉〈수, 28〉〈W, 42〉인간의 상호 관계를 포이어바흐가 어떻게 연역했든지 간에 그 전체 연역은 인간이 서로 필요로 하고 또 서로를 *항상 필요로 했*다는 사실만을 증명할 뿐이다. 포이어바흐는 이 사실을 확고하게 의식하고자 한다. 다시 말해 그는 나머지 이론가들과 마찬가지로 *기존의*[bestehend] 사실을 올바로 의식하는 것만을 원한다. 반면 진정한 공산주의자에게 중요한 것은 기존의 존재를 전복하는 것이다. 덧붙이자면 우리는 포이어바흐가 바로 *이러한* 사실을 의식하기 위해 노력함으로써, 어떤 이론가가 이론가이고 철학자이기를 그만두지 않는 한 나갈 수 있는 가장 멀리까지 나간다는 점을 충분히 인정한다. 그러나 성 브루노와 성 막스가 실제의 공산주의자를 공산주의자에 대한 포이어바흐의 관념으로 대체했다는 점은 특기할 만하다. 그렇게 대체한 이유라면 그렇게 함으로써 한편으로 "정신의 정신"이 되고, 철학의 범주가 된 공산주의와 그들이 대등한 적수로서 싸울 수 있게 되기 때문이다. 다른 한편으로 성 브루노의 처지에서 보면 이는 또한 실리가 있는 것이기도 하다. 〈GA2, 57R〉〈수, 28〉〈W, 42〉기존의 것을 승인하면서도 ㅇ인하는 것은 포이어바흐가 여전히 우리의 적들과 공유한

가 행위 속에서 존재하는 것과 같은 사상을 가지며, 육체 속에서 존재하는 것과 같은 정신을 갖고 감각 속에서 존재하는 것과 똑같은 방식으로 본질에서도 존재하는 인간이다. F는 한 인간이며, 아니 그보다는 인간의 본질을 공동체 속에 두므로 곧 공동적[평범한] 인간, 다시 말해 공산주의자다."

것이기도 하다. 이제 그 예를 들기 위해 우리는 『미래 철학』의 한 구절을 상기하고자 한다. 그 구절에서 포이어바흐는 이런 주장을 전개했다. 〈GA2, 58R〉〈수, 28〉〈W, 42〉즉 사물이나 인간이나 간에 그 현존이 바로 그 본질이며, 동물적 개체나 인간 개인이나 간에 그 "본질"은 특정한 생존 상황과 삶의 방식 그리고 활동 속에서 자기 충족의 느낌을 얻는다는 것이다. 이때 예외가 있다면 그것은 분명히 불행한 우연일 뿐이며 곧 어쩔 도리가 없는 부조리로 간주된다. 이에 따르면 수백만의 프롤레타리아가 자기의 생활 상황 속에서 조금도 만족을 느끼지 못한다면 또한 프롤레타리아의 "존재"가 {〈GA2, 58R:13-58R:17〉〈수, 29〉그 자신의 "본질"에 눈곱만큼도 부합되지 않는다면, 이는 결국 감내하는 것밖에는 별도리가 없는 불행인 일이다.

〈GA2, 59R:1-59R:31〉〈수, 29〉강물이 색소나 그 밖의 쓰레기로 더럽혀지거나 증기선이 다니자마자, 강물이 운하로 들어가 고기에게 그 현존 매체를 단순한 배수를 통해 빼앗을 수 있자마자, 강물은 그 본질에 더 이상 어울리지 않는 현존 매체다. 모든 그런 모순을 피할 수 없는 비정상 상태로 설명하는 것은 근본적으로 성스러운 막스 슈티르너가 제공하는 위안과 다를 바 없다. 그 위안이란 곧 막스 슈티르너가 불만을 가진 사람에게 이런 모순은 각 사물에 고유한 모순이며 그 나쁜 처지는 그 사물에 고유한 나쁜 처지라고 설명하면서 주려 했던 위안이다. 그런 위안을 듣고 불만을 가진 사람들은 마음이 편해질 수도 있고 또는 그가 사적으로 느끼는 혐오를 스스로 삼켜버릴 수도 있고 또는 환상적인 방식으로 그런 위안에 대해 분노할 수도 있을 것이다. − 마찬가지로 그런 식으로 비정상 상태에 호소하는 것은 성스러운 부르노의 비난과 다를 바 없다. 부르노의 비난이란 곧 이 불행한 상황의 원인은 그런 일을 당한자가 "실체"의 진창에 헤어나지 못하거나 "절대적인 자기의식"으로 전진하지 못하고 이 나쁜 상황을 그 정신의 정신으로서 인식하지 못했다는 비난이다.}[79]

*****

⟨GA2, 19⟩⟨수, 8⟩⟨W, 42⟩[80][....]진실한 유물론자 그리고 *실천적인 유물론자* 즉 *공산주의자*에게 중요한 것은 기존 세계를 변혁하는 것이고 기존의 것을 장악하고 변화하는 것이다.[81] 이것과 같은 견해가 이따금 포이어바흐에게서 나타날지라도, 이는 간헐적으로 출현하는 예감을 넘어서는 것이 결코 아니며, 그의 일반적인 사고방식에 별로 영향을 미치지 못하니 이를 발전 가능성이 있는 싹 정도로나 볼 수 있을 뿐이다. 포이어바흐가 감각 세계를 "파악하는 방식"은 한편으로는 감각 세계를 그저 직관하거나, 다른 한편으로는 단순한 느낌[Empfindung]에 제한한다. 그는 "실제 역사 속의 인간" 대신 "인간 *자체*"를 말한다.[82] "인간 자체"란 realiter⟨사실상⟩"독일인"을 말한다. 첫 번째 감각 세계를 *직관할* 때, 인간은 필연적으로 사물에 부딪히지만, 이 사물은 인간 자신의 의식과 감정[Gefühl]에 모순된다. ⟨GA2, 20⟩⟨수, 8⟩⟨W, 42⟩포이어바흐는 감각 세계를 이루는 모든 요소인 소위 자연과 인간이 조화롭다고 전제하는데, 앞서 말한 직관은 그의 전제와 충돌한다. {⟨W, 노트 15: 마르크

---

79 역주) 이상 {그 자신의 본질에 .... 못했다는 비난이다.}는 W에 [....,]로 표시되고, 내용이 누락돼서 CW, GA2를 통해 보충했다.

80 CW주) 이 글 앞에 있어야 할 수고의 2~7쪽 즉 5쪽이 빠졌다.

81 GA2주 참조) 마르크스 방주: 언어는 과학의 언어이다/포이어바흐

82 CW주 14) 이하에서 마르크스, 엥겔스는 주로 포이어바흐의 책『미래 철학의 근본 원리』를 참조하고 그 가운데서 여러 표현과 용어를 빌려 온다.

스 방주〉〈GA2, 20〉〈수, 8〉추가: 포이어바흐는 손에 쉽게 잡히는 감각적 가상을 감각적 실제 아래 종속하게 한다. 감각의 실제는 감각의 사실을 더 정확하게 조사해 확증된다. 이런 주장이 오류는 아니다. 그러나 포이어바흐는 최종적으로 감각을 철학자의 "안목"으로, 다시 말해 *철학자의 "안경"*을 통해서 고찰할 수밖에 없었다. 이것이 오류이다.} 감각이 부딪힌 사물을 제거하기 위해 그는 직관을 이중화하는 데로 도피할 수밖에 없다. 그는 이제 "쉽게 손에 잡히는 것[auf platter Hand Liegende]"만을 인식하는 세속적[profan] 직관과 사물의 "진정한 본질"을 꿰뚫어 보는 더 고차원적이고 철학적인 직관을 구분한다.[83] 그는 자신을 둘러싼 감각 세계가 영원에서 직접 주어진, 다시 말해 언제나 같은 것으로 존재하는 사물이 아니라, 산업과 사회 상태를 통해 생산되는 것이라는 사실을 보지 못한다. 더 정확히 말하면 감각 세계는 역사의 산물이며, 일련의 세대가 활동해온 결과이다. 이 일련의 세대에서 각 세대는 선행하는 세대에 의존해 왔고, 그 위에서 자신의 산업과 교류를 형성해 왔으며, 변화된 욕구에 따라 자신의 사회적 질서를 변경해 왔다. 포이어바흐는 가장 단순한 "감각적 확신"[84]의 대상조차 단지 사회적인 발전을 통

---

83 GA2주 재인용) 포이어바흐, 『미래 철학의 근본 원리』, 44§, 68/69쪽: "감각적인 것은 세속적인 것, 손에 쉽게 잡히는 것, 사상이 없는 것, 자명한 것이라는 의미에서 직접적인 것은 아니다. 오히려 직접적인 것, 감각적인 것은 관념과 환상보다 나중에 나오는 것이다. 인간의 최초 직관은 관념과 환상 속에서의 직관일 뿐이다. 그러므로 일반적으로 철학과 학문의 과제는 감각적이며 즉 실제적인 사물에서 떠나는 것이 아니라 그것을 향해 다가가는 것이다. 그 과제는 대상을 사상과 관념으로 전환하는 것이 아니라 보통의 눈으로 보이지 않는 것을 보게 만들고 즉 이해하게 만드는 것이다."

84 GA2주 재인용) 포이어바흐, 『미래 철학의 근본 원리』, 39§ 64쪽: "헤겔 철학

해서, 산업과 상업적 교류를 통해서만 얻을 수 있을 것이다. 잘 알려진 것처럼 벚나무[85]도 거의 모든 과수나무와 마찬가지로 불과 수백 년 전에 교역[Handel]을 통해 우리 지역으로 이식된 수종이다. 〈GA2, 20〉〈수, 9〉〈W, 43〉그것은 특정한 한 시대 특정한 사회 속에서 일어나는 행위를 통*해서*만 "감각적 확신"에 주어졌다.

더군다나 〈GA2, 21〉〈수, 9〉〈W, 43〉어떤 심오한 철학적 문제도 사물을 실제로 존재하는 대로 또 역사적 사건으로 파악한다면 경험적 사실을 통해 전적으로 간단하게 해소된다. 이는 앞으로 더 분명해질 것이다. 예를 들어 인간의 자연에 대한 관계를 다루는 중요한 문제는 (브루노의 표현인 "자연과 역사의 대립"(110쪽)[86]은 인간과 자연이 서로 분

은 모든 것은 매개된다고 주장한다. 그러나 어떤 것은 더는 매개되지 않은 것, 직접적인 것일 때만 어떤 것이다. 그러므로 역사 시대는 이전에는 단지 사유로 발견된 것, 매개된 것이었으나 이제 직접적이고 감각적인 확신의 대상이 되는 곳에서만 발생한다. 그러므로 이전에 단지 사상이었던 것이 진리로 된다."

85   GA2주 참조) 벚나무 구절은 1845년 8월 마르크스는 만체스터에 머무르면서 맥퍼슨David Macpherson의 『교역의 역사』를 연구하고 발췌했다. 거기서 벚나무가 북유럽에 이식한 사실과 그 경제적 의미에 관한 논의가 소개된다. 『만체스터 노트』, 8권에 "1540년 벚나무가 플랑드르와 영국으로 이식됐다"라고 기록된다. 마르크스는 이미 이전에 벚나무의 예에 주목할 수 있었다. 포이어바흐가 1843년 『기독교 본질』, 2판에서 한 구절을 삽입했다. 거기서 종교적 신앙은 "자연에 대한 어떤 고유한 직관도 소유하지 못하며 자연을 신의 섭리의 순수한 결과로 파악한다"라고 해서 비난됐다. 포이어바흐는 그 증거로 루터를 인용했다. 루터는 "벚나무가 작은 열매에서 성장하는 것은 신의 전능의 직접적인 결과로 이해된다"라고 말했다. 마르크스는 포이어바흐의 이 2판을 알고 있었다.

86   W주 14: 바우어, 『루트비히 포이어바흐의 특징』

리된 두 가지 "사물"이며, 인간은 역사적 자연과 자연의 역사와 언제까지나 직접 대면하지 못한다는 생각을 함축하고 있지만, 심지어 이런 표현조차도) "실체"와 "자기의식"에 관한 "헤아릴 수 없이 고매한 철학적 작업"[87]을 불러일으키지만, 다음과 같은 통찰을 통해 저절로 해소된다. 그 통찰이란 즉 그토록 잘 알려진 "자연과 인간의 통일"이란 일찍부터 존재했으며, 시대마다 산업이 조금 더 발전함에 따라서 이런 통일은 다르게 성립했으며 이는 인간과 자연 사이의 "투쟁"도 마찬가지였으니 이런 투쟁은 생산력이 그것에 상응하는 토대 위에서 발전하게 되기 전까지 일어났다는 통찰이다. 산업과 교역, 생필품의 생산과 교환은[88] 나름대로 분배를 규정하는 조건이며 사회 계급이 분화하는 조건이 되며, 〈GA2, 21〉〈수, 9〉〈W, 44〉이 생산과 교환이 이루어지는 방식은 거꾸로 이런 분배와 분화를 조건으로 삼는다. 그 결과 다음과 같은 일이 일어난다: 예를 들어 백여 년 전에는 물레와 베틀만이 있었을 뿐이던 맨체스터에서 포이어바흐는 공장과 기계만을 볼 수 있을 것이다. 또한 아우구스투스 시대라면 로마 자산가의 포도원과 별장밖에 다른 어떤 것도 발견하지 못했을 Campagna di Roma〈로마 평원〉에서 포이어바흐는 오직 가축 방목지와 습지만을 발견할 수 있을 것이다. 포이어바흐는 〈GA2, 21〉〈수, 9〉〈W, 44〉특히 자연과학에서 사용하는 직관에 대해 말한다. 그는 물리학자나 화학자의 눈에만 드러나게 되는 비밀을 언급한다. 그러나 산업과 교역이 없는 자연과학이 어디 있겠는가? 이 "순수한" 자연과학조차도 산업과 교역, 다시 말해 인간의 감각적 활동을 통해서만 자신의 재료와 자신의 목표를 얻을 것이다. 이런 활동, 끊임없이 지속하는

87　W주 15) 괴테의 『파우스트』, 「천상 서곡」에서 나오는 구절

88　GA2주 참조) 마르크스 방주: 포이어바흐

감각적인 노동과 창조[Schaffen] 그리고 생산이 진정으로 지금 현존하는 전체 감각 세계의 토대이다. 그러니만큼 이러한 활동이 단 1년 만이라도 중지된다면, 포이어바흐는 자연 세계 속에서 엄청난 변화를 발견하게 될 뿐만 아니라 전체 인간 세계와 자신의 고유한 직관 능력, 정말이지 그의 생존까지도 곧 잃어버린다는 것을 발견하게 될 것이다. 물론 이런 활동에 앞서 외적 자연이 존재한다. 이상의 모든 것은 당연히 자연적 인간, 다시 말해 〈MEG A2, 21〉〈수, 9〉〈W, 44〉generatio aequivoca〈자연 발생〉을 통해 처음 출현한 인간에게는 적용되지 않는다. 사람들이 인간을 자연에서 구별된 존재로 고찰하는 이래로 이런 구별이 중요하게 된다. 덧붙이면 인간의 역사 이전에 존재하는 자연은 포이어바흐가 살아가는 바로 그 자연이 아니다. 그런 자연이란 새롭게 생겨난 호주의 몇몇 산호섬을 제외하면 오늘날에 전혀 존재하지 않는 자연이며 따라서 포이어바흐에 대해서도 존재하지 않는 자연이다.

〈GA2, 21〉〈수, 10〉〈W, 44〉물론 포이어바흐는 인간도 "감각의 대상"[89]임을 간파한다는 점에서 〈GA2, 25〉〈수, 10〉〈W, 44〉"순수한" 유물론자보다 탁월하다. 하지만 포이어바흐는 인간을 "감각적 대상"으로서 파악할 뿐, "감각적 활동"으로 파악하지 않는다. 더구나 그가 매달리는 이론은 인간을 주어진 사회적 연관에서, 인간 앞에 놓여서 인간을 실제 존재하는 대로의 인간으로 만들었던 삶의 조건 아래서 파악하지 않는다. 그 때문에 그는 단 한 번도 실제로 현존하는, 활동하는 인간에 도달하지 못하고, "인간"이라고 하는 추상에 머무른다. 그는 "실제의,

---

89 GA2주 재인용) 포이어바흐, 『미래 철학의 원리』, §42, S 66: "인간은 자신에게 단지 감각을 통해 주어진다. 인간은 자신에게 감각의 객체로서 대상이다."

개별의, 생동하는 인간"을 느낌 속에서 인정하는 데만 이르렀으니[90] 다시 말해 사랑과 우정을 제외하고는 "인간이 인간과" 맺는 "인간관계"를 알지 못하며 즉 아주 이상화된 인간관계 밖에 다른 관계를 알지 못한다. 그에게 현재 살아가는 상황에 대한 비판이 전혀 없다. 〈GA2, 25〉〈수, 10〉〈W, 45〉그러므로 포이어바흐는 감각 세계를, 그 세계를 이루기 위해 활동하는 개인의 전적으로 생동적인 감각 활동으로 파악할 수 없었다. 이런 까닭에 가령 건강한 인간 대신[91] 혐오스러운, 지친, 폐결핵에 걸린, 굶주림에 고통받는 인간 군상을 본다면, 그 순간 그는 "더 고차원적인 직관"과 "유적 존재 속에 일어나는 관념적인 조정"으로 도피하고, 바로 거기서 관념론으로 도로 떨어질 수밖에 없었다. 반면 바로 이 지점에서 공산주의적 유물론자는 산업 또한 사회 구성을 변형하는 조건과 동시에 그 필연성도 본다.

〈GA2, 26〉〈수, 10〉〈W, 45〉포이어바흐가 유물론자인 한 그에게선 역사가 등장하지 않는다. 동시에 역사를 다루는 한, 그는 유물론자가 아니다. 그에게서 유물론과 역사는 완전히 분리된다. 이는 위에서 말한 것에서 이미 설명된다.{〈W, 노트 16: 45-하단 주: 수고에서 삭제〉〈수, 10-하단 주〉그런데도 우리가 역사를 여기서 상세하게 토론하는 이유는 '역사'라는 말과 '역사적'이라는 말은 독일인이 볼 때는 대체로 실재

---

90 GA2주 재인용) 포이어바흐, 『'유일자와 그의 소유'에 연관된 '기독교의 본질'에 관해』, 196쪽: [그는] "유적 존재, 인간 자체, 추상을 인간의 진정한 본질로 제시한다는 슈티르너의 비난을 비판하면서 자기는 『기독교의 본질』에서 결론으로 나온 대로 전체적 인간을 인정하라고 요청하며 그것도 감성이 개인의 적절한 의미라는 전제 아래서 그랬다고" 반박했다.

91 GA2주 참조) 마르크스 방주: 포이어바흐

하는 것을 제외하고는 무엇이나 지시할 수 있는 말이기 때문이다. 이 예는 특히 성 브루노의 유창한 강연[92] 속에서 발견된다.}

*****

⟨GA2, 40⟩⟨수, 20⟩⟨W, 45⟩역사는 개별 세대의 계열화에 불과하다. 각 세대는 그 앞의 모든 세대가 남긴 자원, 자본, 생산력을 이용한다. 각 세대는 한편으로 완전히 달라진 상황에서 물려받은 활동을 지속하기도 하고, 다른 한편으로는 완전히 달라진 활동으로 이전 상황을 변경한다. 그런데 이런 역사의 계열이 사변적인 사유를 통해 왜곡되자, 나중의 역사가 이전 역사의 목적이 된다. 예를 들어 아메리카 발견 아래 놓인 목적은 프랑스 대혁명이 관철하게 돕는 것이다. 이렇게 되면 역사는 독특한 목적을 지니게 되고, "다른 인격체 옆에 있는 마찬가지의 인격체(자기의식, 비판, 유일자 등이 그런 것이겠지만)"가 되어버린다. 하지만 사람들이 이전 역사의 "규정", "목적", "배아", "이념" 등으로 표현하는 것은 이후 역사에서 추상한 것[Abstraktion] 곧 이전 역사가 이후 역사에 미친 적극적인 영향을 추상한 것[Abstraktion] 일 뿐이다.

⟨GA2, 40⟩⟨수, 20⟩⟨W, 45⟩이러한 발전이 지속하면서 개별 권역[Kreise]의 상호작용이 확장한다. 또한 생산방식, 교류가 발달하고 이를 통해 노동 분업이 서로 다른 국가 사이에서 자연적으로 성장하면서 원래는 폐쇄되어 있던 ⟨GA2, 41⟩⟨수, 20⟩⟨W, 45⟩개별 국가가 자기의 폐쇄성을 무너뜨린다. 그러면 그럴수록 역사는 세계사가 되어간다. 예를 들면 영국에서 발명된 기계가 인도와 중국에선 무수한 노동자의 빵을

---

92 GA2주 재인용) 바우어, 『루트비히 포이어바흐의 특징』, 135/136쪽에서 다음과 같은 구절이 보인다: "그대의 열정적이고 유창한 강연 같은 상투어는 가지고 집에나 가라."

뺏고, 이들 나라의 전체 현존 형식[Existenzform]을 완전히 전복하니 이 기계의 발명은 세계사적 사실이 된다. 또한 19세기에 설탕과 커피가 세계사적 의의가 있었다는 사실은 나폴레옹의 대륙봉쇄[93]가 입증한다. 이 봉쇄 때문에 설탕과 커피가 부족하게 되자 독일인은 나폴레옹에 대항해 〈GA2, 41〉〈수, 21〉〈W, 46〉봉기를 일으켰고, 이는 1813년의 영광스러운 해방전쟁의 실질적인 기초가 됐다. 이상의 사실에서 다음과 같은 결론이 나온다: 역사가 세계사로 전환하는 것은 이를테면 "자기의식"이나, 세계정신 또는 그 밖에 어떤 형이상학적 유령이 수행하는 단순히 추상적인 행위가 아니다. 이 전환은 완전히 물질적이고 경험적으로 확인 가능한 행위, 다시 말해 각 개인이 자신의 삶에서 즉 가고, 서고, 먹고 마시며, 입는 것에서 증명하는 행위이다.

*****

---

93 W주 16, CW주 21) 대륙봉쇄-나폴레옹 1세를 통해 영국에 대해 경제 봉쇄로 포고된 대륙봉쇄. 영국의 함선을 통해 트라팔가르의 프랑스의 군함이 파괴된 이후에, 나폴레옹은 영국을 경제적으로 강제로 쓰러뜨려 승리하기 위해 시도했다. 그가 베를린에서 공포한 지령에 다음과 같이 쓰여 있다: "영국은 봉쇄상태에 처해있다. .... 영국과의 무역과 영국과의 모든 관계를 금지한다." 프랑스의 모든 위성 국가와 동맹 국가는 이 지령에 복종한다. 러시아에서 나폴레옹의 패전에 따라 대륙봉쇄가 무너졌다.
연보판 주 참조) 이 경제봉쇄로 유럽 국가들의 세수는 현저하게 줄어들었고 또 사탕무와 같은 대륙 상품의 가격은 천정부지로 올랐다. 이 대륙봉쇄 조치에 러시아는 강력하게 저항했다. 이는 곧 1812년 프랑스와 러시아 사이에 전쟁이 일어나는 계기가 됐다. 역주) 연보판은 국제 마르크스 엥겔스 재단에서 1장 포이어바흐 장을 시험적으로 편집한 것을 말한다. 편집자는 타우베르트I.Taubert, 펠젠H. Felsen 등이다. 2003년 『마르크스 엥겔스 연보』에 발표됐다.

⟨GA2, 60⟩⟨수, 30⟩⟨W, 46⟩어느 시대나 지배 계급의 사상이 지배 사상이다. 곧 사회를 지배하는 물질적 힘을 가진 계급은 동시에 사회를 지배하는 정신적인 힘이다. *물질적* 생산을 위한 수단을 장악한 계급은 이를 통해 *정신적* 생산의 도구 또한 통제하게 되며, 이로써 평균적으로 본다면 이 계급은 정신적 생산을 위한 도구를 갖지 못하는 계급의 사상 역시 지배한다. 지배 사상은 지배적인 물질적 관계를 관념으로 표현하는 것일 뿐이며, 지배적인 물질적 관계가 사상을 통해 파악된 것일 뿐이고, 하나의 계급을 지배 계급으로 만드는 상황을 관념으로 표현한 것이며, 그 계급의 지배를 표현하는 사상일 뿐이다. 지배 계급을 이루는 개인은 무엇보다 의식이 있으니 당연히 사유할 것이다. 그러므로 그가 지배하는 계급으로서 일정한 시대를 전반적으로 규정하는 한, 자명한 일이겠지만, 그는 이런 지배를 온갖 영역으로 확장한다. 그는 무엇보다 사고하는 자로서 곧 사상의 생산자로서 지배하려 들며, 그의 시대 사상의 생산과 분배를 통제하려 할 것이다. 또한 자명한 것은 그의 사상이 그 시대의 지배 사상이라는 사실이다. ⟨GA2, 61⟩⟨수, 30⟩⟨W, 46⟩예를 들어 어느 시대, 어느 나라에서 왕권과 귀족 그리고 부르주아가 지배를 위해 다투고, 그 결과 지배 권력이 분산되는 때 이제 권력 분립이라는 학설이 지배 사상으로 나타나서 "영원한 법칙"으로 천명된다.

⟨GA2, 61⟩⟨수, 30⟩⟨W, 46⟩노동 분업은 우리가 이미 위에서(W, 31~33쪽)[94] 지금까지 역사의 주요한 힘 중 하나로서 살핀 바 있지만, 이제 지배 계급에서도 정신노동과 물질노동의 ⟨GA2, 61⟩⟨수, 31⟩⟨W, 46⟩분리로 나타난다. 그래서 지배 계급의 내부에서 한 분파는 지배 계

---

94 역주) 이 쪽수는 W 편집자가 밝힌 것이다. W, 31~33에서 노동 분업에 관해 논한다.

급의 사상가로 나서고 곧 적극적으로 개념을 구상하는 이데올로그로 등장한다.(이런 이데올로그는 지배 계급이 자신에 관한 환상을 형성하는 일을 생계의 주된 분야로 삼는 자다.) ⟨GA2, 61⟩⟨수, 31⟩⟨W, 47⟩반면 지배 계급 내부의 다른 분파는 이러한 사상과 환상을 더 수동적으로 수용하는 태도를 보인다. 왜냐하면 이 다른 분파는 실상 지배 계급의 행동 성원이기에 그 자신에 관한 사상과 환상을 만들어 내기에 충분한 시간을 가지지 못하기 때문이다. 지배 계급 내부에서 이와 같은 분열은 심지어 두 분파 사이에 존재하는 일정 정도의 대립과 적대로까지 발전할 수 있지만, 계급 자체가 위태롭게 될 정도로 실천적인 충돌이 발생하게 될 때 대립과 적대는 저절로 사라진다. 바로 이때 지배 사상이 지배 계급의 사상이 아닌 것 같은 또 지배 사상이 지배 계급의 힘과 구별되는 힘을 가진 것 같은 가상은 사라진다. ⟨GA2, 62⟩⟨수, 31⟩⟨W, 47⟩어떤 특정한 시대에 혁명 사상이 현존하기 위해서는 이미 어떤 혁명 계급이 현존해야 한다. 이 전제에 관한 필요한 사항은 이미 위에서(W, 33~36쪽)[95] 언급한 바 있다.

⟨GA2, 62⟩⟨수, 31⟩⟨W, 47⟩그런데 역사의 경과를 파악할 때, 지배 계급에서 지배 계급의 사상을 떼어내고 지배 계급의 사상을 자립화한다면 즉 사상의 생산 조건과 생산자를 고려하지 않고 그냥 어떤 시대에 이런저런 사상이 지배했다는 사실을 확인하는 데 머문다면, 그래서 이런 사상의 근저에 놓여있는 개인과 세계 상태를 생략한다면, 이를 통해 우리는 예를 들어 귀족이 지배했던 시기에는 명예, 충성 등의 개념이, 부르주아가 지배했던 시기에는 자유, 평등 등의 개념이 지배했다고 말할 수 있을 것이다. {⟨W, 노트 17: 47-하단 주:초고에서 삭제됨⟩⟨

---

95 역주) 이 쪽수는 W 편집자가 밝힌 것이다.

수, 31-하단 주〉이러한 "지배 개념"은 지배 계급이 자신의 이해를 모든 사회구성원의 이해로 서술할 필요가 있으면 그럴수록 더 일반화되고 더 포괄적인 형식을 갖추게 된다. 지배 계급 자체는 일반적으로 다음과 같이 생각한다: 지배계급은 자기의 개념을 지배해 왔고 그것을 영원한 진리로 묘사함으로써 이를 이전 시대의 지배적인 관념과 구별한다.}〈GA2, 62〉〈수, 31〉〈W, 47〉지배 계급조차도 평균적으로 보면 그렇게 공상한다. 18세기 이래로 역사 서술가들이 공통으로 지닌 역사관이 필연적으로 부닥치는 현상은 곧 점점 더 추상적인 사상, 다시 말해 더욱더 일반성의 형태를 취하는 사상이 지배한다는 사실이다.〈GA2, 62〉〈수, 32〉〈W, 47〉자기에 앞선 지배 계급을 대신하는 모든 새로운 계급은 자신의 목적을 이루기 위해서라도 자신의 이해를 사회의 모든 구성원의 공동 이해로서 내세울 필요가 있다. 관념적으로 표현하자면 그의 사상에 일반적인 형식을 부여하고, 그의 사상이야말로 유일하게 이성적이며 또 보편타당한 사상으로 내세울 필요가 있다.〈GA2, 63〉〈수, 32〉〈W, 47〉혁명 계급은 어떤 *계급*과 대결하므로 처음부터 계급으로서가 아니라, 전체 사회의 대표자로서〈GA2, 63〉〈수, 32〉〈W, 48〉사회의 전체 대중으로서 나타난다. {〈W, 노트 18: 48-하단 주〉〈GA2, 63-마르크스 방주〉〈수, 32-하단 주〉이런 일반성은 다음에 상응한다. 1) 신분에 대비되는 계급, 2) 경쟁, 세계적 교류 등등, 3) 지배 계급의 수적인 다수화, 4) 공동 이해라는 환상(처음에는 이 환상은 진실이다), 5) 이데올로그의 기만과 노동 분업.} 이 계급이 이렇게 나타날 수 있는 이유는 처음에는 이 계급의 이해가 나머지 모든 피지배 계급의 공동 이해와 실제로 더 많이 합치하기 때문이며 또 기존의 상황이 압박하고 있어서 아직은 특수한 계급의 특수한 이해로 발전할 수 없었기 때문이다. 따라서 이 계급의 승리는 지배 계급으로 되지 못하는 나머지 계급에 속한 수많은 개인에게도 득이 된다. 다만 이런 일은 나머지 계급에 속하는 개인이 이를 통해 지배하는 계급의 일원으로 상승할 수 있는 한에서 일어난다. 프랑스 부르주아는 귀족의 지배를 타도함으로써 수많은 프롤레타리아도 프롤레타리아를 넘어서 상승할 수 있는 길을 열었다. 그러나 이는 어디까지나 프롤레타리아가 부르주아가 됐던 한에서만 그러했다. 따라서 모든 새로운 계급은 기존 지배계급보다 한층 더 광범위한 토대 위에서만 자신의 지배를 성취한다. 그러나 나중이 되면 이것과 달리 새로운 지배 계급에 대한 피지배 계급의 대립이 점점 심화하고 첨예화한다. 방금 말한 이러한 두 가지 사정에서 다음과 같은 사실이 도출된다. 곧 새로운 지배 계급에 대항해 전개될 투쟁은 이제까지 지배를 추구했던 모든 계급이 할 수 있었던 것보다 기존의 사회를 훨씬 단호하고 근본적으로 부정하는 것을 지향한다는 사실이다.

〈GA2, 64〉〈수, 33〉〈W, 48〉겉보기에 특정한 계급의 지배가 흡사 특정한 사상의 지배일 뿐인 것처럼 보이지만, 이 가상은 어떤 것이든 계급의 지배가 더는 사회 질서의 형식이기를 중단하자 또 더는 특수 이해를 일반이해로 또는 "일반적인 것"을 지배적인 것으로 서술할 필요가 없게 되자마자 당연히 저절로 사라진다.

〈GA2, 64〉〈수, 33〉〈W, 48〉일단 지배 사상이 지배하는 개인에서 무엇보다도 생산 방식의 기존 단계에서 생겨나는 상황에서 분리되면, 그래서 이를 통해 역사 속에서 지배하는 것은 항상 사상이라는 결론이 성립되면, 다양한 사상에서 "사상 *자체*", 이념 등을 추상해 역사를 지배하는 것으로 삼고 또 이로써 모든 개별 사상과 개념은 역사 속에서 스스로 발전하는 개념 자체가 "자기를 규정한 것"이라고 파악하는 일은 아주 손쉬운 일이다. 이렇게 되면 인간의 모든 관계를 인간의 개념에서, 인간에 대한 관념에서, 인간의 본질에서, 인간 자체에서 도출할 수 있다는 것은 당연하다고 할 수 있다.[96] 바로 이게 사변철학이 한 일이다. ⟨GA2, 64⟩ ⟨수, 33⟩ ⟨W, 49⟩ 헤겔 자신도 『역사 철학』[97]의 끝부분에서 "오직 개념 자체의 진행만을 고찰했고" 역사 속에서 "진정한 *변신론*"을 서술했다고(『역사철학』, 446쪽) 자인[自認]했다. 이제 변신론을 다시 "개념 자체의" 생산자 즉 이론가, 이데올로그와 철학자에게 적용하면, ⟨GA2, 65⟩ ⟨수, 33⟩ ⟨W, 49⟩ 예로부터 역사를 지배해온 것은 다름 아닌 철학자, 사상가 자신이었다는 결론에 도달하게 된다. 우리가 앞서 보았듯이, 이

---

96 역주) 이 구절은 GA2에서 마르크스 방주로 처리된다. 반면 CW, W에서는 이 위치에 본문에 편입된다.

97 CW주) 헤겔, 『역사철학 강의』

연보 주 참조) 헤겔, 『역사철학강의』, 간스Eduard Gans 편집, 베를린, 1837, 446쪽: "왜냐하면 세계의 역사는 자유 개념이 발전하는 것이 아니라면 아무것도 아니기 때문이다. 그러나 객관적인 자유는 우연적인 의지를 예속하기를 요구한다. 왜냐하면 우연적인 의지는 그야말로 겉모습이기 때문이다. 객관적인 것이 그 자체로 이성적이라면, 자각은 곧 이 이성에 상응해야만 한다. 또 바로 이럴 때라야 주관적인 자유가 지닌 본질적인 계기 역시 지속한다. 우리는 오직 개념의 진행만을 고찰했다. 그리고 우리는 여러 유혹을, 이를테면 행운, 민족의 부흥 주기, 개인이 지닌 성격의 아름다움, 이들 운명의 관심이 지니는 기쁨과 슬픔을 더 상세하게 묘사하는 유혹을 물리쳐야만 했다. 철학은 세계의 역사에서 반영되는 이념의 광휘만을 상대한다. .... 정신이 가진 원리가 발전하는 모습은 진정한 변신론이다. 왜냐하면 이 발전은 정신이 단지 정신의 기반에서만 자신을 해방하는 것이며, 이미 벌어진 일과 매일 벌어지는 일이 신에서 유래할 뿐만 아니라, 바로 신 자신의 작품임을 깨닫는 일이기 때문이다."

런 결론은 이미 헤겔도 말했다.⁹⁸ 따라서 역사를 주재하는 정신의 주권을 증명하는 모든 곡예는(슈티르너의 위계체제에서 나타나는 것과 같은 것은) 다음 세 가지 노력으로 요약할 수 있다.

〈GA2, 65〉〈수, 34〉〈W, 49〉첫째, 경험에 근거해, 경험을 조건으로 해서 물질적인 개인으로서 지배하는 지배자에서 그의 사상을 분리해 사상과 환상이 역사를 지배한다는 주장을 인정해야만 한다.

〈GA2, 65〉〈수, 34〉〈W, 49〉둘째, 사상의 지배에 하나의 질서를 부여해, 잇따르는 지배 사상 사이에 존재하는 신비적 연관을 증명해야만 한다. 이런 증명은 지배 사상을 "개념의 자기규정"으로 파악하는 것을 통해서 이루어진다.(이것이 가능한 원인은 두 가지다. 하나는 이 사상이 경험적 토대를 매개로 실제로 서로 연관되어 있기에 가능하며, 다른 하나는 이 사상이 *오직 사상일 뿐인* 자기를 구별한 것 곧 사유가 만들어 낸 구별로 되므로 가능하다.)

〈GA2, 65〉〈수, 34〉〈W, 49〉세째, 이러한 "자신을 규정하는 개념"이라는 신비로운 외관을 감추기 위해 이런 개념은 하나의 인격으로서 곧 "자기의식"으로 전환되거나 혹은 정말로 유물론인 체하기 위해 이런 개념은 "개념 자체"의 각 단계에 상응하는 일련의 인격, 〈GA2, 66L〉〈수, 34〉〈W, 49〉가령 "사유하는 자", "철학자", 이데올로그로 전환된다. 그런 다음 이런 인격은 이제 다시 역사의 제조자로서, "순찰자의 명령"⁹⁹

---

98 CW주 27) 이 문단은 원래 3장[슈티르너 장]의 한 부분에 속한다. 그다음에 바로 마르크스 엥겔스가 여기서 언급한 구절이 나온다.

99 역주)『다니엘』, 4장 13/17절 "내가 침상에서 머릿속으로 받은 환상 가운데에 또 본즉 한 순찰자, 한 거룩한 자가 하늘에서 내려왔는데 .... 또 그 마음은 변해 사람의 마음 같지 아니하고 짐승의 마음을 받아 일곱 때를 지내리라. 이는 순찰자

으로서 그리고 지배적인 존재로서 파악된다. {〈W, 노트 19: 49-하단 주〉〈GA2, 66-마르크스 방주〉〈수, 34-하단 주〉인간 자체="인간의 사유하는 정신" 자체} 이로써 역사에서 물질적 요소는 전적으로 제거되고, 이제 사변의 말[馬]이 고삐 풀리는 일이 가능해졌다.

〈GA2, 66L〉〈수, 35〉〈W, 49〉[100]일상적인 삶에서 모든 Shopkeeper〈소매상〉은 다른 사람을 속이는 모습과 그 사람의 실제의 모습을 아주 잘 구별할 줄 안다. 반면에 우리의 역사서술은 아직도 이런 사소한 인식에도 도달하지 못한다. 우리의 역사서술은 자신에 관해 자기가 말하고 자기가 상상하는 것을 그대로 믿는다.

〈GA2, 66R〉〈수, 34〉〈W, 49〉틀림없이 역사학의 이런 방법은 독일에서는 특히 독일이므로[warum vorzüglich] 지배적이었으며, 모든 영역의 이데올로그, 예를 들어 법률가, 정치가(또한 실무 행정가)가 가진 환상과 관련해 개발됐다. 〈GA2, 66R〉〈수, 34〉〈W, 50〉다시 말해 이런 역사학의 방법은 이 작자[Kerl]들의 독단적인 몽상과 왜곡에서 나오는 환상과 관련해 개발됐다. 이런 환상을 가진 이유는 이들이 실천적 삶에서 가진 지위, 하는 일 그리고 담당하는 분업으로 간단히 이해된다.

들의 명령대로요 거룩한 자들의 말대로이니 지극히 높으신 이가 사람의 나라를 다스리시며 자기의 뜻대로 그것을 누구에게든지 주시며 또 지극히 친한 자를 그 위에 세우시는 줄을 사람들이 알게 하려 함이라 했느니라."

100 역주) 이 구절과 다음 구절의 편집이 각 판본마다 특이하다. 수고 원본에 왼편과 오른편에 나뉘어 서술되어 있기에, GA2는 그대로 나누어 배치했으나, CW는 오른편을 먼저, 왼편을 나중에 배치하고 반면 W는 왼편을 먼저, 오른편을 나중에 배치했다.

B절 이데올로기의 실제적 기초
1) 교류와 생산력

〈GA2, 71〉〈수, 41〉〈W, 50〉물질노동과 정신노동의 분업 가운데 도시와 농촌의 분리가 가장 규모가 큰 것이다. 도시와 농촌의 대립은 야만에서 문명으로 이행하고, 부족제에서 국가로 이행하며, 지역에서 민족으로 이행할 때 시작됐고, 문명의 전 역사를 관통해서 오늘날(반곡물법 동맹[101]에서 보듯이)에 이르기까지 계속되고 있다. 〈GA2, 71〉〈수,

---

101 W주 17) 반곡물법 동맹-제조업자 콥덴Cobden과 브라이트Bright가 1838년 만체스터에서 세웠던 무역자유를 위한 연맹. 곡물법은 곡물 수입을 제한하는 것 즉 금지하는 것을 목표로 했으며 영국에서 영국 지역의 대토지 소유자, 지주의 이해를 위해 도입됐다. 동맹은 완전한 자유무역에 대한 요구를 고양했고, 곡물법의 폐지를 위해 투쟁했다. 그 목표는 노동자의 임금을 절하하고 지주 귀족의 경제적, 정치적 지위를 약화하는 것이었다. 대토지 소유자에 대한 투쟁에서 동맹은 노동자 대중을 이용하려 시도했다. 그러나 영국의 진보적 노동자들은 이런 목적에 대해 반대했으며 자립적이며, 정치적으로 두드러진 노동운동을 전개했다(참정권 운동, W주 94 참조).
CW주 29) 이 동맹은 1838년 만체스터의 제조업자인 콥덴과 브라이트가 세웠다. 영국 곡물법은 15세기에 처음 채택됐으며 수입된 곡물에 높은 관세를 부과해 수입 곡물이 국내 시장에서 높은 가격을 유지하게 만들었다. 19세기 초반 30년 즉 1815년, 1822년 그리고 그 후에 여러 가지 법들이 곡물 수입의 조건을 변화하기 위해 통과됐으며 1828년에는 곡물 가격이 국내 시장에서 감소하면 곡물의 수입 관세를 올리고 곡물 가격이 영국에서 상승하면 관세를 낮추는 방식으로 유동적인 잣대를 도입했다. 이 동맹은 곡물 가격이 상승하는 것에 대한 대중의 불만을 광범위하게 불러일으켰다. 곡물법을 폐지하고 완전한 자유무역을 확립하기 위한 노력은 지주 귀족의 경제적, 정치적 입장을 약화하는 것을 목적으로 했으며, 생

41)〈W, 50〉도시와 함께 행정, 경찰, 조세 등, 간단히 말해 지역 공동체[Gemeindewesen]가 필수로 되고 그것과 함께 일반적으로 정치도 필수로 된다. 우선 여기서 주민이 노동 분업 또한 생산수단에 기초해 두 개의 기본 계급으로 분할되는 일이 일어난다. 이미 도시는 인구, 생산수단, 자본, 향락, 욕구 등이 집중된다는 사실을 보여주지만, 농촌은 정반대의 사실 즉 고립화와 개별화를 눈앞에 보여준다. 도시와 농촌의 대립은 오직 사적 소유 아래서만 존재할 수 있는 대립이다. 이 대립은 개인이 노동 분업에 즉 그에게 강제되는 어떤 특정한 활동에 종속한다는 사실을 가장 현저하게 표현하며, 이런 종속은 어떤 개인은 도시의 동물로, 다른 개인은 농촌의 동물로 만들며, 이 양자의 이해를 나날이 새롭게 대립시킨다. 〈GA2, 72〉〈수, 41〉〈W, 50〉노동이 여기서도 주요 문제다. 노동은 개인을 *지배하*는 힘이며 이 힘이 존재하는 한 사적 소유가 존재해야 한다. 도시와 농촌 사이의 대립을 제거하는 것은 공동의 삶을 위한 첫 번째 조건〈GA2, 72〉〈수, 42〉〈W, 50〉중의 하나이다. 누구나 첫눈에 알 수 있듯이 이런 조건은 다시 다수의 물질적 전제에 의존하며 단순한 의지로 이 조건이 충족될 수 없다.(이 조건은 아직 더 마련돼야만 한다.) 도시와 농촌의 분리는 자본과 토지 소유의 분리로도 파악할 수 있으며 자본이 토지 소유에서 독립적 존재로 발전하는 단초로서 파악할 수 있다. 이런 자본은 오직 노동과 교환을 기초로 하는 소유이다.

〈GA2, 72〉〈수, 42〉〈W, 51〉도시는 이전 역사에서 완성되어 중세로 전승된 것이 아니며 중세에 토지의 속박에서 풀려난 농노가 새롭게 만

활비를 줄이는 것은 노동자의 임금을 낮추는 것을 가능하게 했다. 산업 부르주아와 지주 귀족 사이에서 곡물법을 둘러싼 투쟁은 이 법이 1846년 폐지되면서 종말에 이르렀다.

든 것이다. 이런 도시에서 농노가 가져왔던 보잘것없는 자본 즉 최소한 필수적인 수공업 도구로 이루어진 자본을 제외한다면 각자가 지닌 특수한 노동이 그 자신의 유일한 소유였다. 도주 농노가 계속 도시로 밀려들면서 서로 경쟁했고, 농촌은 도시를 계속 공격했으니 도시는 군사력을 조직할 필요가 있었으며, 공동 소유는 특수한 노동에 속박[Band]됐으며, 〈GA2, 73〉〈수, 42〉〈W, 51〉수공업자가 동시에 commerçants〈상인〉인 시대이니 자신의 상품을 판매할 공동 건물이 필요했고, 이 사실과 관련된 일이지만, 공동 건물에서 무면허자들을 배제해야 했으며, 개별 수공업자 사이에 이해가 대립했으며, 애써 습득한 노동을 보호할 필요가 있었으며 또 농촌 전체가 봉건 체제였다. 이런 일련의 사실들 때문에 모든 수공업 노동자가 길드를 통해 단결하게 됐다. 우리는 여기서 길드 제도가 이후 역사의 발전을 통해 다양하게 변용을 겪었다는 사실을 상술하지는 않을 것이다. 농노가 도시로 도주하는 일은 중세 내내 끊임없이 일어났다. 장원에서 영주에게서 박해당했던 농노가 개별적으로 도시로 오자 그곳에서 그는 이미 조직된 지역 공동체와 마주쳤다. 농노는 이 지역 공동체에 대항할 힘이 없었으며, 그의 노동에 대한 수요와 이미 도시에 존재하는 조직된 경쟁자의 이해가 할당해 주는 지위에 내던져지지 않을 수 없었다. 이렇게 개별적으로 들어온 노동자는 결코 어떤 힘을 발휘할 수 없었다. 왜냐하면 만약 농노가 길드가 지정한 노동을 하려면 이런 노동은 숙련이 필요로 하므로, 장인은 그 농노를 자기에게 종속시키고, 자신의 필요에 따라 조직했고 그렇지 않으면 즉 농노가 숙련될 필요가 없는 노동을 하려면 그 노동은 길드가 정하지 않은 노동이고 일용 노동이므로, 농노는 어떤 조직에 속할 수 없고 조직되지 않은 천민[Pöbel]에 머물렀기 때문이다. 〈GA2, 74〉〈수, 42〉〈W, 51〉도시에서 일용 노동의 필요성이 천민을 생성했다.

⟨GA2, 74⟩⟨수, 43⟩⟨W, 51⟩이러한 도시는 직접적 필요 때문에 즉 재산을 보호하려는 걱정 때문이나 개별 구성원의 생산수단 또한 방어 수단을 증식하기 위한 목적 때문에 생겨난 진짜 "연합[조합: Verein]"[102] 이었다. 도시의 천민은 서로 낯선 채로 고립적으로 들어온 개인으로 이루어져 있으므로, 조직되어 있고, 전투를 위한 무장을 갖추고 더구나 천민을 질시하면서 감시하려는 권력에 대해 비조직적인 방식으로 대립했지만, 결국 모든 힘을 박탈당하고 말았다. 모든 수공업에서 직인과 도제는 장인의 이해에 가장 부합하게 조직됐다. ⟨GA2, 74⟩⟨수, 43⟩⟨W, 52⟩이들이 장인과 맺는 가부장적 관계는 장인에게 이중의 권력을 부여했다. 그것은 한편으로는 장인이 직인의 생활 전체에 대해 직접적인 영향력을 미치고 있었기 때문이다. 다른 한편으로 그것은 그 가부장적 관계가 어떤 장인 밑에서 일하는 직인을 여타 다른 장인 밑에 있는 직인에 대항해 분리해서 결속하는 실제의 끈이었기 때문이다. 마지막으로 직인은 스스로 장인이 되고 싶어 하는 이해를 통해 이미 현존 질서에 매여 있었다. 따라서 적어도 천민은 도시 질서 전체에 대항하는 폭동을 일으키곤 했다. 물론 그것은 자신의 무력함 때문에 어떤 성과도 거두지 못했다. 반면 직인은 길드 제도 자체에 속하는 만큼 오직 개별 길드 내부에서 소소한 반항만 일으켰을 뿐이다. ⟨GA2, 75⟩⟨수, 43⟩⟨W, 52⟩중세의 대규모 봉기는 모두 농촌에서 발발했으니, 마찬가지로 아무런 성과를 거두지 못하는 것에 그치고 말았다. 그것은 농민은 분산되어 있었고

---

102 CW주 30) 이는 슈티르너의 연합 즉 이기주의자의 자발적인 연합이라는 개념에 대한 아이러니에 해당한다.

그 결과 조야했기[103] 때문이다.

⟨GA2, 75⟩⟨수, 44⟩⟨W, 52⟩노동 분업은 도시의 개별 길드 사이에서는 아주 적게 진행됐고, 길드 자체의 개별 노동자 사이에서는 전혀 진행되지 않았다. 각 노동자는 작업의 전체 범위에 걸쳐 능통해야 했으며, 자신의 도구가 만들 수 있는 것은 무엇이든지 만들 수 있어야 했다. 제한된 교류, 개별 도시 사이의 미약한 연계, 인구 부족, 수요의 제한 등 때문에 그 이상의 분업이 나타나지 못했고, 따라서 장인이 되고자 하는 사람은 누구나 자기의 수공업 전반에 걸쳐서 능통해야 했다. 따라서 중세의 수공업자에게서는 여전히 특수한 노동 방식 또한 노동의 숙련에 관한 관심이 발견되며, 그 관심은 제한적이기는 하지만, 어느 정도 예술적이라고 할 감각으로까지 고양될 수 있었다. ⟨GA2, 76⟩⟨수, 44⟩⟨W, 52⟩그러나 또한 그 때문에 모든 중세의 수공업자는 완전히 자신의 노동에 몰두했고 자신의 노동에 대해 심정적으로 종속 관계를 맺고 있었다. 그리고 중세 수공업자는 자신의 노동이 어떤 것인가에 대해서는 무관심한 현대의 노동자보다 훨씬 더 자신의 노동에 종속되어 있었다.

⟨GA2, 75⟩⟨수, 43⟩⟨W, 52⟩도시의 자본은 자연 발생적 자본이었다. 이 자본은 집, 작업 도구 그리고 자연적으로 발생해 전승되어온 정보로 이루어졌다. 도시의 자본은 교류가 발전하지 못하고 유통이 결여하므로 화폐화될 수 없는 자본으로서 아버지에서 아들에게 계속 세습

---

103 CW주 31) 이후 마르크스와 엥겔스는 중세 농민 봉기에 대한 평가를 바꾸었다. 왜냐하면 그들은 봉건제에 대한 농민의 투쟁을 그리고 1848년과 1849년 농민의 혁명적 행위에 관해 연구했기 때문이다. 특히 『독일 농민 전쟁(1850년 작성)』에서 엥겔스는 농민 봉기의 혁명적 본성과 농민이 봉건 체제의 토대를 붕괴하는 데 어떤 역할을 했는지를 보여주었다.

됐다. 어떤 물건의 형태를 취하든 상관없이 화폐로 평가할 수 있는 근대의 자본과는 달리 이 자연 발생적 자본은 소유주의 특정한 노동과 직접 결합하며 그 노동과 결코 분리될 수 없는 자본이며 그런 한에서 *신분적인* 자본이었다.

〈GA2, 76〉〈수, 44〉〈W, 52〉바로 이어서 분업이 확장되자 생산과 교류가 분리되면서 특수한 상인 계급이 형성됐다.[104] 이 분리는 역사가 오랜 도시에서(특히 유대인과 함께) 전승됐으며 새롭게 형성된 도시에서도 아주 재빠르게 등장했다. 〈GA2, 76〉〈수, 44〉〈W, 53〉이로써 바로 도시의 근교를 넘어서는 교역동맹 [Handelsverbindung]의 가능성이 생겨났다. 이 가능성의 실현은 여러 가지 요인에 좌우됐다. 그런 요인으로 우선 기존의 교통수단을 들 수 있으며 또한 농촌의 정치 상황에 따라 제약된 치안상태(주지하다시피 중세 내내 상인은 무장 대상[隊商]을 이루어 돌아다녔다)와 교류가 이루어지는 지역에서의 수요를 들 수 있다. 이런 수요가 소박한 것이냐 아니면 발전한 것인가는 각 지역의 문화 수준에 의존한다.

〈GA2, 76〉〈수, 44〉〈W, 53〉특수한 계급 내부에서 교류가 구성되고 교역이 상인을 통해 도시에 바로 이웃하는 근교를 넘어 확장되면서 〈GA2, 77〉〈수, 44〉〈W, 53〉생산과 교류 사이의 상호작용이 나타났다. 도시는 서로 연계를 맺게 되고, 새로운 생산수단이 한 도시에서 다른 도시로 이전된다. 또한 생산과 교류 사이의 분업은 이내 개별 도시 사이에 생산을 위한 새로운 분업을 불러일으킨다. 그 덕분에 각 도시는 이

---

104   GA2주 참조) 마르크스는 맥퍼슨David Macpherson의 『상업 연감』을 읽고 발췌해 두었다. 여기서 『독일 이데올로기』에 보이는 마르크스의 일련의 개념들 즉 단결, 세계 교류, 자본 집중, 계급과 같은 개념들이 발견된다.

내 유리한 산업부문을 개발한다. 초기에 남아 있던 지역적인 제한이 점차 해체되기 시작한다.

〈GA2, 92〉〈수, 54〉〈W, 53〉[105]각 도시의 시민은 중세에 농촌 귀족에 대항해 자신을 필사적으로 보호하기 위해 단결하지 않을 수 없었다. 〈GA2, 93〉〈54〉〈53〉교역의 확장, 통신의 발명을 통해 개별 도시는 공통의 대립물과 투쟁하는 가운데 공통의 이해를 수행하고 있었던 다른 도시를 알게 됐다. 개별 도시의 여러 지역 거주 시민에서 비록 아주 점진적이기는 했지만, 시민 *계급*이 발생했다. 개별 시민의 생활 조건은 기존의 관계와 대립하므로 동시에 기존의 관계를 통해 제약된 노동 방식 때문에, 시민 모두에게 공통적이면서도 각 개별자에서는 독립된 조건으로 됐다. 〈GA2, 93〉〈수, 54〉〈W, 53〉시민은 봉건적 속박에서 자신을 해방했던 정도만큼 이 공통 조건을 산출했다. 또 이 시민은 기존의 봉건제와의 대결 때문에 제약됐던 정도만큼, 그러한 공통 조건을 통해 산출됐다. 개별 도시 사이에서 연대가 등장함으로써 이 공통의 조건은 계급적 조건으로 발전했다. 공통의 조건, 공통의 대결, 공통의 이해는 대체로 어디서나 공통의 도덕을 형성했다. 부르주아 자체는 그런 조건과 더불어 다만 점진적으로만 발전하며, 노동 분업에 따라 다시 다양한 분

---

105 역주) GA2에서는 이 문장 앞에 다음과 같은 구절이 (....) 안에 들어 있다: (성 산초에게서 자주 등장하는 명제 즉 각자는 국가를 통해 그가 될 수 있는 모든 존재가 될 수 있다는 명제는 근본적으로 다음과 같은 명제와 같은 의미를 지닌다. 즉 부르주아는 부르주아 유[類]의 한 보기일 뿐이라는 명제다. 이 명제는 부르주아 계급은 부르주아를 구성하는 개인에 앞서 이미 현존할 것이라는 전제를 갖고 있다.) 이 구절 옆에 "철학자에게서 계급의 선재성"이라는 방주가 달려 있다.

파로 분열되고 마침내 기존의 모든 계급을 자체 내로 흡수한다.[106] (반면 노동 분업으로 〈GA2, 94〉〈수, 54〉〈W, 54〉기존의 무산자 대중과 지금까지 존재했던 유산자 계급 가운데 일부가 새로운 계급 즉 프롤레타리아 계급으로 발전한다.) 그런 흡수는 기존의 소유가 산업자본이나 상업자본으로 전환되는 정도에 따른다. 〈GA2, 94〉〈수, 55〉〈W, 54〉개별 개인은 다른 계급에 대항해서 공동의 투쟁을 수행해야 하는 한에서만, 하나의 계급을 형성한다. 그 나머지 때는 개인은 경쟁 속에서 다시 적대적으로 서로 대립한다. 다른 한편 계급은 다시 개인을 넘어서 자립적인 존재가 된다. 그 결과 개인은 자기의 생활 조건이 예정된다는 것을 발견하며, 계급이 그의 생활상의 지위 또한 이와 동시에 그의 개인적인 발전을 지정함을 깨닫게 되면서, 드디어 계급 아래 종속한다. 계급의 자립성은 개별적 개인이 노동 분업 아래로 종속하는 것과 같은 현상이다. 이 계급의 자립성은 사유재산의 폐지와 [강제] 노동 자체의 폐지[107]를 통해서만 제거될 수 있다. 개인이 계급 아래 종속하는 일이 동시에 온갖 관념 등등 아래 개인이 종속하는 일로 발전되는 방식은 이미 여러 번 시사했다.

〈GA2, 77〉〈수, 45〉〈W, 54〉어떤 지역에서 획득된 생산력, 특히 발명이 그 후의 생산력 발전에서 유실될 것인가 말 것인가는 오직 교류가 얼마나 확장하는가에 달려 있다. 교류가 바로 인접하는 지역을 넘어서

---

106 GA2주 참조) 마르크스 방주· 부르주아는 우선 국가에 직접 귀속되는 노동 부문을 흡수하고 그다음에는 ±〈디소긴에〉 이데올로기에 종사하는 모는 계층을 흡수한다.

107 역주) 마르크스는 자주 노동을 계급사회에서 강제로 강요된 노동이라는 의미에서 사용한다. 이런 의에서 노동은 일반적인 의미에서 노동과 구별해야 한다. 그래서 '[강제] 노동'으로 번역했다.

지 않는 한, 각 지역에서 일어나는 각각의 발명은 따로따로 이루어질 수밖에 없다. 이런 때 그 지역은 이미 발전한 생산력과 욕망을 가졌더라도 야만족의 침입이나 늘 일어나는 전쟁과 같은 단순한 우연 때문에 처음부터 다시 시작하지 않을 수 없게 된다.〈GA2, 77〉〈수, 45〉〈W, 54〉 그 결과 초기의 역사에서 일상적으로 모든 발명은 새롭게 이루어져야 했으며 모든 지역에서 독립적으로 이루어져야 했다. 교역이 상당히 확장했다 할지라도 형성된 생산력이 완전히 사라질 위험 앞에 완전히 안전하지 못하다는 사실은 페니키아인이 증명해 준다. 페니키아가 교역에서 밀려나고 알렉산더를 통해 정복되면서 이 때문에 오랫동안 퇴보했으므로〈GA2, 78〉〈수, 45〉〈W, 54〉페니키아의 발명은 대부분 유실되고 말았다. 또 예를 들어 중세의 스테인드글라스 기법도 마찬가지였다. 교류가 세계적인 교류로 발전할 때 또 대공업을 그 기초로 하게 될 때, 모든 국가가 경쟁의 전쟁에 휘말리게 될 때, 비로소 획득된 생산력은 확실하게 지속한다.

〈GA2, 78〉〈45〉〈W, 54〉여러 도시 사이에 분업이 나타난 바로 다음에 길드 제도가 감당할 수 없는 생산 부문 즉 매뉴팩처가 발생했다. 매뉴팩처는-가장 먼저 이탈리아에서 그리고 그 이후 플랑드르에서-개화했다. 이탈리아에서 매뉴팩처는 외국과의 교류를 역사적 전제로 삼았다.〈GA2, 78〉〈수, 45〉〈W, 55〉다른 나라-예를 들어 영국과 프랑스-의 경우 매뉴팩처는 처음에는 국내 시장에 한정되어 있었다. 매뉴팩처는 앞에서 언급한 전제 밖에 또 다른 전제를 가진다. 곧 인구가-특히 농촌에서-이미 매우 집중되어야 하며 아울러 자본이 부분적으로는 길드 규약에도 불구하고 또 부분적으로는 길드 내에서 개별 상인의 수중에 이미 상당히 집중되어야 한다.

⟨GA2, 78⟩⟨수, 46⟩⟨W, 55⟩비록 원시적인 형태일지라도 처음부터 기계를 전제로 하는 노동은 가장 발전 가능성이 큰 노동이었다는 사실이 곧 드러났다. 방직은 그때까지 농촌에서 농민 자신이 필요로 하는 옷을 조달하기 위해 부업으로 틈틈이 이루어져 왔으나, 교류의 확장에 자극을 받아 더 발전한 노동 가운데 최초의 것이 됐다. 방직은 최초의 매뉴팩처였으며, 가장 주요한 매뉴팩처로 존속했다. 인구가 늘어나면서 옷에 대한 수요도 증대했으며, 이 때문에 유통이 촉진됨으로써 자연 발생적이었던 자본이 축적되기 시작하고 자본의 유동화가 일어나기 시작했다. 교류가 점진적으로 증대하자, 이와 함께 사치품에 대한 수요가 일반적으로 촉진되고 이는 양적인 면에서뿐만 아니라 질적인 면에서도 방직에 자극을 주었고, 방직은 이런 자극 때문에 ⟨GA2, 79⟩⟨수, 46⟩⟨W, 55⟩기존의 생산방식을 벗어나게 됐다. 자기의 필요를 충족하기 위한 농민의 방직 활동은 계속 존속하고 앞으로도 여전히 지속할 것이지만, 이런 활동과 병행해 도시에서는 방직인이라는 새로운 계급이 출현했다. 이 방직인이 짠 천은 국내 시장 전체를 감당하기 위한 것이지만 또한 많은 경우 외국시장을 감당하기 위한 것이기도 했다.

⟨GA2, 79⟩⟨수, 46⟩⟨W, 55⟩방직은 대부분 숙련을 별로 요구하지 않고 무수히 많은 부문으로 쉽게 나누어지므로 그 전체 성격상 길드가 속박하기 어려운 것이었다. 이런 까닭에 또한 방직은 대개 길드 조직이 없는 촌이나 장터에서 이루어졌다. 그 결과 이런 촌이나 장터가 점차 도시로 성장했고 곧 각 지역에서 가장 번영하는 도시로 됐다.

⟨GA2, 79⟩⟨수, 46⟩⟨W, 55⟩길드에 속박되지 않는 매뉴팩처와 함께 곧이어 소유 관계도 변화했다. 상인의 출현을 통해 신분 덕에 자연적으로 발생한 자본을 넘어서는 최초의 진보가 등장했다. 상인의 자본은 처

음부터 유동적인 형태였으며, 당시의 상황으로 돌아가 하는 말에 지나지 않지만, 〈GA2, 80〉〈수, 46〉〈W, 55〉이미 근대적 의미의 자본이었다. 매뉴팩처와 함께 두 번째 진보가 나타났다. 매뉴팩처는 다시금 자연 발생적 자본을 유동자본의 형태로 바꾸었으며, 자연 발생적 자본의 총량에 비해 유동 자본의 총량을 증가하게 했다.

〈GA2, 80〉〈수, 46〉〈W, 56〉길드는 농민을 배제하거나 낮은 보수를 주었지만, 매뉴팩처는 또한 길드에 대립해 농민의 도피처가 됐다. 이는 일찍이 길드가 지배하는 도시가 농민을 억압하는 토지 소유자에 대항해 농민의 도피처가 됐던 것과 유사하다.

〈GA2, 80〉〈수, 47〉〈W, 56〉매뉴팩처가 시작하자 그것과 동시에 유랑민의 시대가 등장했다. 유랑민 시대의 원인은 봉건적 종사[從士]체제[Gefolgsschaft]가 폐지되면서 국왕이 봉신에 대항하기 위해 고용했던 용병이 해산된 사실과 또한 경작 방식이 개량되고 광활한 경작 지대가 목초지로 전환된 사실이다. 여기에서 유랑민의 발생이 봉건제의 해체와 밀접하게 연관되어 있음이 분명해진다. 이미 13세기에도 비슷한 유랑민의 한 시대가 나타나기는 했지만, 그것이 일반적이고 지속해서 나타난 것은 비로소 15세기 말과 16세기 초에 이르러서였다. 이런 유랑민이 얼마나 많았던지, 특히 영국의 헨리 8세는 그중 72,000명을 교살했을 정도였다.[108] 유랑민에게 노동을 시키는 일은 극도로 어려운 일이었으

---

108 CW주 32) 이 사실은 홀린쉐드Raphaill Holinshed, 해리슨William Harrison 등이 수집하고 출판한 『연대기』(런던, 1587) 1, 2권에서 해리슨이 영국에 관해 서술하는 가운데 제시됐다. 마르크스는 『자본론』에서도 이것을 언급했다. 『자본론』, 1권, Progress 사, 모스크바, 1974, 28장 2번째 주석 687쪽 참조.
GA2 주에서는 유랑민 시대와 관련된 사실 대부분을 에덴스Friederic Morton Edens

며 유랑민은 극심한 빈궁을 겪을 때만 그리고 완강하게 저항한 다음에야 비로소 노동했다. 〈GA2, 81〉〈수, 47〉〈W, 56〉영국에서만큼은 매뉴팩처가 급속하게 번창함으로써 유랑민을 점차 흡수했다.

〈GA2, 81-마르크스 방주〉〈수, 47〉〈W, 56〉이전 시기에는 여러 국가는 서로 연관을 맺고 서로 해치지 않으면서 교류했다. 이에 반해 매뉴팩처가 등장하면서 국가는 서로 경쟁 관계에, 무역 투쟁에 돌입하게 됐다. 이 투쟁은 전쟁과 보호관세, 수입금지의 양상을 띠며 전면적인 투쟁으로 됐다. 무역은 이제 정치적인 의미가 있게 됐다.

〈GA2, 81〉〈수, 47〉〈W, 56〉매뉴팩처가 등장하면서 동시에 고용주에 대한 노동자의 관계가 변화했다. 길드에서는 직인과 장인 사이에 가부장적 관계가 지속했다. 매뉴팩처에서는 노동자와 자본가 사이의 화폐 관계가 가부장적 관계를 대신했다. 이 관계는 농촌과 소도시에서는 여전히 가부장적 색채를 띠었지만, 본래 매뉴팩처 때문에 발전한 대도시에서는 이미 일찍부터 거의 모든 가부장적 색채를 상실했다.

〈GA2, 81〉〈수, 47〉〈W, 56〉매뉴팩처, 일반적으로 말해서 생산활동은 아메리카가 발견되고 동인도 항로가 발견되면서 이 때문에 교류가 확장하자 엄청나게 비약한다. 그곳에서 수입된 새로운 생산물, 특히 대량의 금과 은은 유통에 유입되어 계급 사이의 지위가 대대적으로 변화하게 했고, 봉건적 토지 소유와 노동자에게도 가혹한 타격을 입혔다. 또한 각종 탐험대와 식민, 무엇보다 시장의 확대를 통해 이제 세계 시장이 가능성을 드러내고 매일 더 가까이 다가오고 있었다. 이런 세계시장은 〈GA2, 81〉〈수, 48〉〈W, 57〉역사 발전의 새 국면을 열었다. 여기

의 『가난한 자의 상태』, 런던, 1795년, 111쪽과 웨이즈John Wades의 『중산 계급과 노동 계급의 역사』, 런던, 1835, 49쪽을 전거로 제시한다.

서는 그 전모를 더는 다루지는 않을 것이다. 새로이 발견된 나라를 식민지로 복속하게 되자 이제 국가 사이의 무역전쟁은 새로운 자양분을 얻게 됐으며, 〈GA2, 82〉〈수, 48〉〈W, 57〉그에 맞게 경쟁도 더 확대되고 격렬해졌다.

〈GA2, 82〉〈수, 48〉〈W, 57〉무역과 매뉴팩처가 확장하면서 유동자본의 축적이 촉진됐지만, 길드는 생산을 확장하는 자극을 받지 않았으므로 여기에서 자연 발생적 자본은 정체되거나, 축소했다. 무역과 매뉴팩처는 대부르주아를 창출했고, 길드는 소부르주아의 집결지였다. 이 소부르주아는 더는 이전과 같이 도시를 지배하지 못했으며, 대상인과 매뉴팩처 경영자의 지배에 굴복하지 않을 수 없었다. {〈W, 노트 21: 57-하단 주〉〈수, 48-하단 주〉〈GA2: 마르크스 방주〉소시민-중산층-대부르주아}그래서 길드는 매뉴팩처와 접촉하자마자 몰락했다.

〈GA2, 82〉〈수, 48〉〈W, 57〉우리가 다루는 이 시대에 국가 사이의 교류 관계는 서로 다른 두 개의 형태를 취했다. 처음에는 금과 은의 유통량이 미미해서 이들 금속의 수출이 금지됐다. 그리고 증가하는 도시 인구를 고용할 필요성 때문에 산업이 강요되지만, 대부분 외국에서 원료를 수입해야 하므로 불가결하게 특권이 생겨났다. 이런 특권은 국내에서의 경쟁에 대해서도 부여될 수 있었으나 주로 해외의 경쟁에 대해서 부여될 수 있었다. 길드의 국지적인 특권은 이제 이러한 원천적 금지라는 양상을 띠며 국가 전체로 확장됐다. 관세의 원천은 공납이었다. 이 공납은 봉건 영주가 〈GA2, 83〉〈수, 48〉〈W, 57〉자신의 지역을 통과하는 상인에게 약탈을 막아준다는 조건으로 부과했던 것이며 나중에는 마찬가지로 도시에도 부과됐고, 이후 근대국가가 등장하자 재정을 조달하는, 다시 말해 화폐를 얻기 위한 가장 손쉬운 수단이 됐다.

〈GA2, 83〉〈수, 48〉〈W, 57〉유럽의 시장에서 아메리카에서 생산된 금과 은이 출현하고, 산업이 점진적으로 발전하며, 무역이 급속하게 융성하고, 이를 통해 길드에 속하지 않은 부르주아가 번영하고 또한 화폐가 넘치자 이런 관세라는 조치는 다른 의미를 얻게 됐다. 국가는 나날이 화폐 없이는 지탱할 수 없게 됐으니, 이제 재정을 고려해 금과 은의 수출을 지속해서 금지했다. 새로이 시장에 투입된 다량의 화폐를 Akkaparements〈투기〉의 주요 대상으로 삼았던 부르주아는 그 조처에 흡족해 했다. 종래에는 특권으로 간주됐던 것이 이제는 정부의 수입원이 됐고 화폐를 받고 매매됐다. 또한 관세 입법에는 수출 관세가 등장했는데, 이는 순전히 재정적 목적 때문이었지만, 산업에는 장애가 됐을 뿐이었다.

〈GA2, 83〉〈수, 49〉〈W, 58〉이런 두 번째 시대는 17세기 중반에 시작되어 거의 18세기 말까지 지속했다. 무역과 해운이 더 급속하게 확장했다. 이에 비해 매뉴팩처는 부차적 역할을 수행하게 됐다. 식민지는 유력한 소비자가 되기 시작했으며, 개별 국가는 오랜 투쟁을 통해 열린 세계 시장에서 할거했다. 이 시대는 항해법과[109] 함께 또한 식민지 독점과

---

109   W주 18) 항해법은 크롬웰이 1651년 공포했고 후에 여러 번 새롭게 보완됐다. 이 법은 특히 네덜란드의 중개무역에 대항하기 위한 것이었으며 영국의 식민지 지배를 확고히 하는 목적을 수행했다. 이 법은 유럽에서 들여오는 가장 중요한 상품과 러시아와 터키에서 들여오는 모든 상품은 단지 영국 선박을 통해서만 또는 원산지 선박을 통해서만 수입될 수 있게 규정했으며 영국의 연안은 오직 영국 선박으로만 운항하게 규정했다. 이 법은 1793년과 1845년 사이에 폐기됐다. CW주 33) 외국과 경쟁하는 영국의 배를 보호하기 위해 영국에서 통과된 일련의 법. 그중 가장 잘 알려진 법이 1651년의 법이다. 이 법은 주로 네덜란드에 대항하기 위한 것이다. 왜냐하면 네덜란드는 대부분 화물 운송을 장악했기 때문이다. 이

함께 시작된다. ⟨GA2, 84⟩⟨수, 49⟩⟨W, 58⟩국가 사이의 경쟁은 관세, 금수, 조약 등을 통해 가능한 한 조정됐다. 그렇지만, 경쟁은 최종적으로는 전쟁(특히 해전)을 통해 수행됐고 판가름 났다. 바다에서 최강의 국가인 영국은 무역과 매뉴팩처에서 우위를 확보했다. 이미 여기서 한 국가로의 집중이 나타났다.

⟨GA2, 84⟩⟨수, 49⟩⟨W, 58⟩매뉴팩처는 계속해서 국내시장에서는 보호관세를 통해, 식민지 시장에서는 독점을 통해, 외국시장에서는 가능한 한 많은 차등 관세[110]를 통해 보호됐다. 국내에서 생산된 원료를 가공하는 것은 장려됐으며(영국에서는 양모와 아마포, 프랑스에서는 명주),[111] 수입된 원료(영국에서 면화)를 가공하는 것은 지원받지 못하거나 억제됐다. 매뉴팩처는 해상무역에서 그리고 식민 권력에서 우세한 국가의 보호를 받으며 양적으로 질적으로 최고로 성장했다. 매뉴팩처는 일반적으로 보호 없이는 존립할 수 없었다. 왜냐하면 매뉴팩처는 다른 나라에서 일어나는 아주 작은 변화에도 그 시장을 상실해 파멸할 수 있기 때문이다. 매뉴팩처는 조금이라도 유리한 조건을 지닌 나라에서 쉽게 도입되고, 같은 이유로 쉽게 파괴된다. 동시에 ⟨GA2, 85⟩⟨수,

---

법은 영국의 배가 싣지 않는 또는 상품이 제조된 나라의 배가 싣지 않은 어떤 화물도 수입하는 것을 금지했다. 그리고 영국의 해안 무역과 식민지 교류는 오직 영국 배만 이용하게 강제됐다. 해양법은 19세기 초 변경됐고 1849년 폐지됐다. 다만 해안 무역에 관해서만 유보됐으나, 이것은 1854년 폐지됐다.

110 W주 19) 차등 관세-같은 종류의 상품이라도 그 산지에 따라서 다르게 세금을 매기는 법이다. 이 법은 자기 나라의 항해, 산업, 무역을 보호하기 위한 수단이다.

111 GA2주 참조) 마르크스 방주: F 또한 국내에서 생산된 원료의 수출은 금지됐고(영국에서 양모)

49〉〈W, 58〉특히 18세기 나라에서 매뉴팩처의 경영방식은 대다수 개인의 생활 여건과 뒤얽혀 있었으므로, 어느 나라도 감히 자유경쟁을 허용함으로써 그 존립을 위태롭게 할 수 없었다. 매뉴팩처는 수출에 성공해 무역이 확장되는가 아니면 축소되는가에 전적으로 의존하며, 무역에 대해 미치는 반작용은 비교적 미미했을 뿐이다. 따라서 18세기에서 매뉴팩처는 이차적인 역할을 하며 오히려 상인이 영향력을 행사했다. 〈GA2, 85〉〈수, 50〉〈W, 58〉상인 그리고 선주는 누구보다도 앞장서서 국가가 보호하고 독점을 허용하기를 압박했다. 물론 매뉴팩처의 경영자 역시 보호를 요구하고 또 보호를 받았지만, 정치적인 의미에서 언제나 상인에 뒤처졌다. 무역도시, 그중에서도 특히 해안 도시는 꽤나 번화하고, 〈GA2, 85〉〈수, 50〉〈W, 59〉대부르주아화됐던 반면, 공장 도시에선 소부르주아 제도가 아주 강하게 남아 있었다. 이에 관해서는 에이킨[112] 등등을 참조하라. 18세기는 무역의 세기였다. 핀토[113]는 이를 명확하게 말했다. "Le commerce fait la marotte du siècle〈무역은 18세기의 편집증이다〉" 그리고 "Depuis quelque temps il n'est plus question que de commerce, de navigation et de marine.〈최근 사람들은 오직 무역, 항해, 해군의 문제만 생각한다.〉"{〈W, 노트 22〉〈GA2, 85〉〈수, 50〉자본의 운동은 현저히 빨라지기는 했지만, 그것은 여전히 비교적 느리게 움직였다. 세계시장을 개별 부분으로 나누어 그 각각을 특정한 민족이 착취하

---

[112] CW주) 에이킨 John Aikin,『맨체스터 30~40마일 근교 농촌에 관한 기술』(런던, 1795)를 참고하라.

[113] W주 20) 마르크스와 엥겔스가 인용하는 부분은 핀토의 책『유통과 신용의 특징Traite de la Circulation et du Credit』(Amsterdam, 1771) 속에 있는 「상업에의 애착에 관한 편지 Lettre sur la Jalousie du Commerce」부분이다.

면서 각 민족은 서로를 경쟁에서 배제했다. 생산 자체가 여전히 미숙했고, 화폐 제도는 걸음마 단계를 막 벗어나 힘겹게 나갔다. 이런 등등의 여러 사실 때문에 〈GA2, 86〉〈수, 50〉유통이 몹시 제약받았다. 그 결과 소매상인의 더럽고 좀스러운 정신이 아직 모든 상인과 전체 상술[商術]에 눌러붙어 있었다. 물론 상인은 수공업자와 비교하면 말할 것도 없고 매뉴팩처의 경영자와 비교하더라도 대부르주아였지만, 바로 다음 시기의 상인 또한 산업가와 비교할 때는 소부르주아에 지나지 않는다. 애덤 스미스[114]를 참조할 것}

〈GA2, 86〉〈수, 50〉〈W, 59〉이러한 시대의 특징은 또한 금과 은의 수출금지가 철회되고, 외환거래, 은행, 국가채무, 지폐, 주식 또한 공채 투기, 모든 품목에서의 Agiotage〈투기적 매매〉가 발생하고 화폐제도가 일반적으로 완성된다는 것이다. 자본에 여전히 남아 있던 자연 발생적 성격의 상당 부분은 한 번 더 사라지고 말았다.

〈GA2, 86〉〈수, 50〉〈W, 59〉무역과 매뉴팩처는 17세기에 부단히 발전했고 한 나라 곧 영국으로 집중되어 갔다. 이런 집중 때문에 이 나라를 위한 상당한 규모의 세계시장과 이와 동시에 이 나라의 매뉴팩처가 생산한 생산물을 위한 수요가 창출됐다. 그 수요는 기존의 산업적 생산력으로서는 더는 충족될 수 없는 종류의 것이었다. 생산력의 정점을 넘어서는 이런 수요는 〈GA2, 87〉〈수, 50〉〈W, 59〉대공업-공업적 목적을 위한 자연력의 적용, 기계, 최대한으로 확장된 노동 분업-을 발생하게 했으니, 이것이 중세 이래로 전개된 사적 소유의 제3시대를 일으킨 추

---

114 W주 21) 마르크스와 엥겔스는 애덤 스미스의 프랑스 판을 참조한다.『국부의 본성과 원인에 관한 연구Recherches sur la Nature et les Causes de la Richesse des Nations』

동력이었다.〈GA2, 87〉〈수, 51〉〈W, 59〉이 새로운 국면을 위한 그 나머지 조건은 영국에서 이미 존재하고 있었다. 이를테면 국내에서 경쟁이 자유롭게 된 것, 이론 역학이 완성된 것(뉴턴을 통해 완성된 역학은 대체로 18세기에 프랑스와 영국에서 가장 인기 있는 과학이었다) 등과 같은 조건이다.(국내 경쟁의 자유 자체는 어디서나 혁명을 통해 획득돼야만 했다. 영국에서의 1640년과 1688년의 혁명이, 프랑스에서의 1789년의 혁명이 바로 그 예이다.)〈GA2, 87〉〈수, 51〉〈W, 60〉이런 자유로워진 경쟁 때문에 모든 나라는 역사 속에서 자신의 역할을 계속 유지하기를 원하는 한, 때로는 새로운 관세 규제를 통해 매뉴팩처를 보호하면서도(낡은 관세는 대공업에 더는 장애가 되지 못했다), 때로는 이런 보호관세 아래서 자기 나라에 대공업을 도입하지 않을 수 없었다. 이런 보호수단에도 불구하고 대공업은 자유 경쟁을 일반화했다. 대공업(대공업은 무역의 자유를 실천했으며, 보호관세는 대공업이 취하는 임시방편일 뿐이며, 무역의 자유 내에 허용되는 방어수단일 뿐이다)은 통신수단과 근대 세계시장을 산출했으며, 무역을 자신에 굴복시켰다. 대공업은 모든 자본을 산업자본으로 전환했고, 이로써 자본의 신속한 유통(화폐제도의 형성)과 집중이 생겨났다. 대공업은 일반화된 경쟁을 통해 모든 개인이 에너지를 최대로 발휘할 것을 강요했다. 대공업은 가능한 한 이데올로기, 종교, 도덕 등을 파괴했고 또한 파괴할 수 없는 곳에서는 그런 거짓말을 쉽게 간파할 수 있게 만들었다.[115] 대공업 덕분에 모든 문명국과 그 속에 살아가는 모든 개인은 욕구를 충족하는 네서〈GA2, 88〉〈수, 51〉〈W, 60〉세계 전체에 의존하게 됐다. 대공업은 개별 국가

---

115 역주) 이 구절을 GA2에서는 87-방주로 처리한다. 그러나 W, CW에는 이 부분에 본문으로 편입됐다.

가 지금까지 지니고 있었던 자연 발생적 배타성을 타파하면서 최초로 세계사를 발전시켰다. 대공업은 자연과학을 자본 아래로 포섭했고 노동 분업에서 자연 발생성이라는 최후의 가상을 박탈했다. 〈GA2, 88〉〈수, 51〉〈W, 60〉대공업은 노동의 내부에서 존재할 가능성이 있는 자연 발생성을 일체 파괴했으며 모든 자연 발생적 관계를 화폐관계로 해소했다. 대공업은 자연 발생적으로 형성된 도시 대신 근대의 거대한 공업 도시를 하룻밤 사이에 세웠다. 대공업이 침입해 들어간 곳에서 수공업은 그리고 그 이전의 모든 산업단계는 예외 없이 파괴됐다. 대공업은 농촌에 대한 교역 도시[116]의 승리를 완결지었다. 대공업의 첫 번째 전제[117]는 자동화 체계이다. 대공업은 대규모의 생산력을 발생하게 했지만, 길드가 매뉴팩처에 대해서 질곡이었고 또 농촌의 소규모 경영이 형성 중인 수공업에 대해서 질곡이었듯이 사적 소유는 이런 생산력에 하나의 질곡이 됐다. 〈GA2, 88〉〈수, 52〉〈W, 60〉사적 소유 아래에서는 이러한 대공업의 생산력이 단지 일면적으로만 발전할 뿐이고, 대다수 사적 소유를 파괴하는 힘으로 작용한다. 사적 소유 속에서는 그런 생산력의 상당량은 전혀 사용되지 않는다. 대공업은 일반적으로 어디서나 사회계급┬ 사이에 똑같은 관계를 산출했고 또 그렇게 함으로써 개별 민족이 지닌 특수성을 파괴했다. 그리고 각 민족의 부르주아가 여전히 별도의 민족적 이해를 가지고 있었던 반면, 대공업은 결국 하나의 계급을 창출했다. 이 계급은 모든 민족에서 똑같은 이해가 있으며, 이 계급에서 민

---

116 역주) 수고나 GA2에서는 그냥 '도시'라고 했다.

117 역주) 수고에 Ihre [....]r에서 생략된 부분을 W는 [erste]r로 해석한 것 같다. 그러면서 '전제'란 말을 집어넣었다. GA2는 생략된 부분을 그대로 남기고 굳이 해석하지 않았다.

족성은 이미 부정된다. 〈GA2, 89〉〈수, 52〉〈W, 60〉이 계급은 구세계를 형성하는 전체 질서에서 진정으로 벗어나 있으면서, 그 질서에 대립한다. 대공업 때문에 노동자는 자본가에 대한 관계뿐만 아니라 [강제] 노동 자체도 견딜 수 없게 된다.

〈GA2, 89〉〈수, 52〉〈W, 61〉대공업이 한 나라의 모든 지역에서 같은 수준으로 완성되지 않는다는 사실은 자명하다. 그렇다고 이런 상황이 프롤레타리아의 계급 운동을 막지 못한다. 그 이유는 대공업이 만들어낸 프롤레타리아가 이 운동의 선두에 나서서 자기와 함께 전체 대중을 견인하기 때문이다. 또한 대공업은 대공업에서 배제된 노동자를 대공업에 속해있는 노동자보다 훨씬 더 열악한 생활처지에 몰아넣기 때문이다. 산업화하지 않은 나라들이 세계의 교류를 통해 보편적인 경쟁에 휩쓸려 들어가는 한 대공업이 발전한 나라는 이와 같은 방식으로 산업화하지 않은 나라들에 plus ou moins〈많든 적든〉영향을 미친다. 〈W, 노트 23: 61-하단 주〉〈GA2, 91〉〈수, 53〉경쟁은 개인을 고립시킨다. 경쟁은 부르주아를 고립하는 것에 그치지 않는다. 경쟁은 프롤레타리아를 결합하면서도 또한 부르주아보다 훨씬 더 고립시킨다. 따라서 개인이 서로 단결할 수 있기까지 오랜 시간이 필요하다. 이런 단결을 위해선 그런 단결이 단순히 지역적인 것이 아니어야 한다면 필요한 수단 즉 거대 산업도시와 값싸고 신속한 통신이 대규모 산업을 통해 먼저 산출돼야 한다는 것은 말할 것도 없다. 모든 조직된 힘은 이런 고립을 매일간이 생산하는 상황 속에서 살아가는 고립된 개인에 내항해 오랜 투쟁을 통해서만 비로소 승리할 수 있다. 그런 사실과 반대되는 것을 요구한다면 이는 이런 경쟁이 일정한 역사적 시대 속에서 존재해서는 안 된다는 것을 요구하거나 고립된 개인이 전혀 통제할 수 없는 상황을 개인이 망각해야 한다는 것을 요구하는 것과 마찬가지 의미이다.

⟨GA2, 89⟩⟨수, 52⟩⟨W, 61⟩[118]이러한 다양한 형태들은 마찬가지로 다양한 노동 조직 형태이자 소유의 형태가 된다. 어느 시대에나 현존하는 생산력이 단일화되는 것은 그런 단일화에의 욕망이 필수적으로 되는 한 일어났다.

2) 국가와 법과 소유의 관계

⟨GA2, 115⟩⟨수, 69⟩⟨W, 61⟩소유의 최초형태는 고대 세계에서뿐만 아니라 중세시대에도 존재했던 부족 소유이다. 이 최초의 소유형태가 출현하는 조건은 로마의 경우 주로 전쟁이며 그리고 게르만의 경우 목축이다. 고대 인민[Völker]의 경우, 한 도시 안에 여러 부족이 함께 거주했으므로, 부족 소유는 국가 소유로 나타나며 부족 소유에 대한 개인의 권리는 단지 Possessio⟨점유⟩로서만 나타난다. 그런데 이 점유는 부족 소유가 일반적으로 그렇듯이 토지 소유에만 제한된 것이다. ⟨GA2, 116⟩⟨수, 69⟩⟨W, 61⟩본래 사적 소유는 고대인의 경우(노예제와 자치 단체[Gemeinwesen]) 근대 인민의 경우와 마찬가지로 동산[Mobilareigentum]에서 시작한다.(dominium ex jure Quiritum⟨민법에 따른 소유⟩[119] ⟨GA2, 116⟩⟨수, 69⟩⟨W, 62⟩중세에 출현한 인민의 경우 부

---

118 역주) W에서 ⟨노트 23: 61-하단 주⟩가 이 앞에 삽입되어 있어 앞, 뒤 맥락이 맞지 않는다. 결과적으로 '이런 다양한 형태'라는 말은 무엇을 지시하는지 불분명하다. 수고의 연결을 보면 이 말은 아마도 노트 앞에서 설명한 분업의 여러 형태를 말하는 것으로 보인다.

119 CW주) 이는 완전한 로마 시민에게 적용되는 법적 소유권을 의미한다.

족 소유는 여러 단계를 거쳐-즉 봉건적인 토지 소유, 길드 [korporatives]의 동산, 매뉴팩처 자본 등을 거쳐-근대적인 자본 즉 순수한 사적 소유로 발전한다. 이 사적 소유의 조건은 대공업과 보편적인 경쟁이다. 근대 사적 소유는 공유제라는 외관을 완전히 벗어 던지고 소유의 발전에 가하는 국가의 간섭을 전적으로 배제한다. 〈GA2, 116〉〈수, 69〉〈W, 62〉 근대의 사적 소유에 상응하는 것이 근대 국가다. 점차 국가는 조세를 통해 사적 소유자를 통해 매수되며 국채 제도 때문에 사적 소유자의 수중에 전적으로 떨어진다. 국채의 가격이 증권거래소에서 높거나 낮게 결정되므로 국가의 존립은 사적 소유자, 다시 말해 부르주아가 국가에 부여하는 상업적인 신용에 전적으로 의존하게 된다. 부르주아는 더는 *신분*이 아니라 *계급*인 까닭에 더는 지역적으로 조직되지 않으며 전국적으로 조직되지 않을 수 없고 자기의 평균적인 이해에 일반적인 형식을 부여하지 않을 수 없었다. 자치 단체[Gemeinwesen]에서 사적 소유가 해방되면서 국가는 시민 사회와 나란히 있으면서 아울러 그 바깥에 있는 특수한 존재가 됐다. 그러나 국가는 부르주아가 대내적으로나 대외적으로 서로의 소유와 이해를 서로 보장하기 위해 필수적인 것으로 입증된 조직 형태일 뿐이다. 〈GA2, 117〉〈수, 69〉〈W, 62〉국가는 오늘날까지 단지 다음과 같은 나라에서는 여전히 자립적인 것으로 나타난다. 즉 신분이 계급으로 완전히 발전하지 않은 나라, 더 발전한 나라라면 사라져야 할 신분이 여전히 역힘을 수행해 혼합적 형태가 현존하는 나라이다. 이런 나라에서는 인구의 어느 부분도 그 밖의 다른 부분을 지배할 수 없기 때문이다. 특히 독일의 경우가 여기에 해당한다. 근대 국가가 가장 완성된 나라의 예는 북아메리카이다. 요즈음 프랑스, 영국, 아메리카의 작가는 누구나 국가란 단지 사적 소유를 위해 존재한다는 견해를 발표하며 그 결과 이러한 견해는 심지어 상식이 됐다.

⟨GA2, 117⟩⟨수, 70⟩⟨W, 62⟩국가란 지배계급에 속하는 개인이 공동의 이해를 실현하고 일정 시대 동안 시민 사회 전체를 총괄하는 형식이다. 그 때문에 모든 공동의[gemeinsame] 제도는 국가를 통해 매개되어 정치적인 형식을 획득한다는 결과가 나온다. 그리해 법률이 의지에, 더욱이 자기의 실질적인 토대가 되는 것에서 떨어져 나온 *자유* 의지에 근거한다는 환상이 생겨난다. 그와 마찬가지로 모든 권리는 다시 법률로 환원된다.

⟨GA2, 117⟩⟨수, 70⟩⟨W, 62⟩민법은 자연 발생적인 자치 단체[Gemeinwesen]가 해체되면서 사적 소유가 생기는 것과 동시에 발전한다. {⟨W, 노트 24: 62-하단 주⟩⟨수, 70-하단 주⟩⟨GA2, 118-방주⟩마르크스 방주: 고리대금업!)} 로마인의 경우 사적 소유와 민법의 발전은 산업이나 교역의 차원에 그 이상의 결과를 낳지 못한 채로 머물렀다. 왜냐하면 로마의 생산방식 전체가 이와 같은 수준에 머물러 있었기 때문이다. ⟨GA2, 118⟩⟨수, 70⟩⟨W, 63⟩근대 인민의 경우 여기서는 산업과 교역을 통해 봉건적인 자치 단체가 해체됐으므로, 사적 소유와 민법이 성립하는 것과 더불어 새로운 국면이 시작됐고, 이 국면은 그 이상으로 발전해 나갈 능력이 있었다. 중세에 광범위한 해양무역을 주도했던 최초의 도시 아말피[Amalfi][120]는 동시에 해양법을 발전시켰다. 산업과 교역이 처음에는 이탈리아에서 나중에는 다른 나라에서 사적 소

---

120   W주 22, CW주 36) 이태리 도시 아말피는 10세기에서 11세기에 번영하는 무역 중심지였다. 그 해양법[Tabula Amalphitana]은 이태리 전체에 유효했으며, 중세 다른 지중해 국가에서도 통용됐다. 역주) GA2에 따르면 이 전거는 리스트 Friedrich List, 『정치경제학의 민족적 체계』, Stuttgart, 1841, 38/39쪽이다.

유를 한층 더 발전하게 하자마자, 발전한 로마의 민법이 즉각 다시 채택됐고 권위 있는 것으로 받들어졌다. 나중에 부르주아가 상당한 힘을 얻게 되자 군주가 부르주아를 이용해 봉건귀족을 전복하려는 목적으로 부르주아의 이해를 돌봐주게 됐다. 이때 영국을 제외한 모든 나라에서, 예를 들면 16세기 프랑스에서는 원래의 로마 법전을 기반으로 법이 발전했다.〈GA2, 118〉〈수, 71〉〈W, 63〉또한 영국에서도 로마법의 원칙이 민법(특별히 동산의 경우)을 한층 더 발전하게 하기 위해 채택돼야만 했다.[121]–(법은 종교와 마찬가지로 고유의 역사를 갖지 못한다는 점을 잊어서는 안 된다.)

〈GA2, 119〉〈수, 71〉〈W, 63〉민법의 경우 현존하는 소유 관계는 일반 의지의 결과로 표현된다. jus utendi et abutendi〈자신의 것을 사용하고 처분할 수 있는(또는 오용할 수 있는) 권리〉라는 개념은 한편 사적 소유가 자치 단체에서 완전히 독립적으로 됐다는 사실을 나타낸다. 다른 한편 사적 소유 자체가 마치 물건을 자의적으로 지배할 수 있는 순전한 사적 의지에 근거한다는 환상이 이 개념에서 출현한다. 사적 소유자는 자신의 소유권, 이와 동시에 자신의 jus abutendi〈처분권〉이 타인의 수중으로 넘어가는 것을 보고 싶어 하지 않는다. 그렇더라도 실천적으로 보면 처분권[abuti]은 사적 소유자에게 경제적으로 매우 명확한 한계가 있다. 왜냐하면 일반적으로 물건이란 그 소유자의 의지와 관련되어 고찰될 때 물건이 되는 것은 결코 아니고, 물건에 대한 소유권과 무관하게 교류 속에 있을 때 비로소 실제로 소유하는 것(철학자가 이념이라고 명명하는 *관계*)이 되기 때문이다.{〈W, 노트 25: 63–하단 주〉〈GA2, 마

---

[121] GA2주 참조) 전거는 쥬프로이Carl George Jouffroy, 『프랑스, 영국의 작위 계승 원리와 유산』이다.

르크스 방주〉〈수, 71-하단 주〉 *철학자들에게서 관계는 곧 이념이다. 철학자는 오로지 "인간의" 자신에 대한 관계만을 안다. 그러므로 철학자는 모든 현실적인 관계를 이념으로 본다.*}

〈GA2, 119〉〈수, 71〉〈W, 63〉권리를 오로지 의지[122]로 환원하는 법학자의 환상은 소유 관계가 계속 발전하는 가운데 다음과 같은 결론에 이른다: 어떤 사람이 어떤 물건을 〈GA2, 119〉〈수, 71〉〈W, 64〉실제로 소유하지 않더라도 그 물건에 대한 법적인 자격을 가진 때가 필연적으로 출현한다. 예를 들면 경쟁을 통해 어떤 토지에 지대가 배제되더라도, 그 토지의 소유자는 해당 토지를 jus utendi et abutendi〈사용하고 처분할〉권리와 함께 그 토지에 대한 법적인 자격을 지닌다. 〈GA2, 119〉〈수, 71〉〈W, 64〉그렇지만, 그가 토지 밖에 또한 자신의 토지를 경작할 자본을 충분하게 가지고 있지 않을 때, 그는 그 권한으로 아무것도 시작할 수 없으니 토지 소유자로서 아무것도 소유하고 있지 않은 것이다. 그와 같은 법률가의 환상에서 다음과 같은 주장이 나온다. 즉 개인이 서로 관계를 맺는 것, 예를 들면 계약을 체결하는 것은 법률가에게나 모든 법전에서나 도대체 우연한 일이라는 주장이다. 또 법률가는 그런 관계는 마음대로 들어가고 나오는 관계이며, 그 내용도 완전히 계약 당사자의 개인적인 자의에 근거한다고 주장한다.

〈GA2, 120〉〈수, 72〉〈W, 64〉산업과 교역이 발전하면서 새로운 교류 형식, 예를 들면 보험회사나 그 밖의 여러 회사가 생겨났을 때 그때마다 매번 법은 이러한 새로운 교류 형식을 소유 취득의 한 방식으로 [Eigentumserwerbsarten] 포함하지 않을 수 없었다.

---

122 GA2주 참조) 마르크스 방주: 의지 자체[Der Willen] 그러나 실제 의지들[die Wille]

*****

⟨GA2, 107⟩⟨수, 63⟩⟨W, 64⟩오직 약탈만이 중요하다는 관념만큼 지금까지 역사에 있어 익숙한 것은 없다. 야만인은 로마 제국을 약탈했으며 사람들은 이 사실을 가지고 고대세계에서 봉건제로의 이행을 설명한다. 그러나 야만인에 의한 약탈에서 중요한 점은, 근대 인민의 경우에 일어나는 것처럼 침입한 민족이 산업생산력을 발전시켰는지 아니면 침입한 민족의 생산력이 주로 단순히 자신의 연합[Vereinigung]과 자치 단체[Gemeinwesen]에 근거하는지의 여부이다. 약탈은 더 나아가 약탈당한 대상을 통해 제약된다. 지폐로 이루어진 은행가의 재산은 약탈자가 약탈당한 나라의 생산 조건과 교류 조건에 복종하지 않는 한, 결코 약탈당할 수 없다. 근대 산업국가의 전체 산업자본 역시 마찬가지다. ⟨GA2, 108⟩⟨수, 64⟩⟨W, 64⟩최종 결론 삼아 말하자면 어디에서도 약탈은 곧 끝나며, 더는 약탈할 것이 없을 때, 사람들은 생산을 시작해야만 한다. 이처럼 생산이 아주 곧바로 등장해야 한다는 사실에서 다음과 같은 사실이 도출된다: 정착하는 정복자가 채택하는 자치 단체의 형태는 기존의 생산력의 발전단계에 상응해야만 하거나 만일 처음부터 그러한 경우가 아니라면 생산력에 따라 변해야만 한다. 또한 민족 이동 이후의 시대에 어디에서나 눈에 띄는 사실이지만, 노예가 한때 주인이었고 정복자는 피정복자에게서 언어, 교양 그리고 관습을 재빨리 수용했다는 사실이 여기에서 설명된다.

⟨GA2, 108⟩⟨수, 64⟩⟨W, 65⟩봉건제는 독일에서 완성된 재 전달된 것이 결코 아니다. 봉건제의 기원은 정복자의 측면에서 본다면 정복을 하는 동안 군대의 전투 조직에 있었다. 이 전투 조직이 정복 이후에 피정복 국가 안에서 이미 발견된 생산력의 영향을 받아 비로소 본래 봉건

제로 발전했다. 이러한 형식이 얼마만큼 생산력을 통해 조건 지어졌는지는, 고대 로마의 여운을 회생하려는 시도가(칼 대제 등등) 난파했다는 사실이 보여준다.

3) 자연 발생적 생산수단과 소유 또는 문명적 생산수단과 소유

〈GA2, 69〉〈수, 40〉〈W, 65〉[123] .... 발견된다. 첫 번째에서는 분업이 완성되고 교역이 확대될 수 있는 전제가 도출되고, 두 번째에서는 지역성이 발생한다. 첫 번째에서 개인의 결합이 필연적이다. 두 번째에서 개인은 주어진 생산수단과 병행하는 또 하나의 생산수단이 된다. 그러므로 여기에서 자연 발생적 생산수단과 문명을 통해 산출된 생산수단이 구별된다. 〈GA2, 69〉〈수, 40〉〈W, 65〉경작지(물 등)는 자연 발생적 생산수단으로서 간주할 수 있다. 첫 번째 경우 자연 발생적 생산수단이 사용되며 개인은 자연 아래 종속하고, 두 번째 경우 개인은 노동의 생산물 아래 종속한다. 그러므로 첫 번째 경우 소유(토지 소유)는 직접적, 자연 발생적 지배로서 나타나고, 두 번째 경우 소유는 노동에 의한, 특히 축적된 노동에 의한 즉 자본에 의한 지배로 나타난다. 첫 번째 경우는 개인이 가족, 부족 또는 토지 자체 등등과 같은 어떤 끈을 통해 결속되어 있음을 전제하며, 두 번째 경우는 개인이 서로 독립적이며 오직 교환을 통해서만 결합한 것을 전제한다. 첫 번째 경우 교환은 주로 인간과 자연 사이의 교환이며, 〈GA2, 70〉〈수, 40〉〈W, 65〉이런 교환에서 인간의 노동은 자연의 산물과 교환된다. 두 번째 경우 인간 사이의 교환이 지배적이다. 첫 번째 경우는 인간의 평균적인 지성으로 충분하다. 육체 활동과

---

123   역주) 여러 쪽[즉 수고, 36~39]이 수고 자체에서 빠졌다.

정신 활동은 아직 전혀 분리되지 않았다. 두 번째 경우 정신노동과 육체노동의 분화가 이미 실질적으로 완성되어야 한다. 첫 번째 경우 비-소유자에 대한 소유자의 지배가 인격적 관계에, 일종의 자치 단체에 근거한다. 하지만, 두 번째 경우는 이 지배가 제삼자인 화폐 속에서 사물적 형태를 취해야만 했다. 첫 번째 경우 소규모의 산업이 존재하나, 자연발생적 생산수단의 이용에 〈GA2, 70〉〈수, 40〉〈W, 66〉묶여 있어서 다양한 개인에게 노동이 분화하지 않았다. 두 번째 경우 산업은 오직 노동분업 속에서만 그리고 이 분업을 통해서만 존속한다.

〈GA2, 70〉〈수, 41〉〈W, 66〉우리는 지금까지 생산수단에서 출발했다. 이미 여기서 일정한 산업적 단계에 이르면 사적 소유가 필연적이라는 사실이 입증됐다. extractive〈채취산업〉[124]에서는 사적 소유가 노동과 전적으로 일치한다. 소규모 산업과 지금까지의 모든 농업에서 소유는 현존하는 생산수단의 필연적 결과이다. 대공업에서 비로소 생산수단과 사적 소유 사이의 모순이 생겨나며, 이 모순이 생겨나기 위해서는 〈GA2, 71〉〈수, 41〉〈W, 66〉대공업이 이미 상당한 수준으로 발전돼야 있어야 한다. 따라서 대공업이 존재할 때 비로소 사적 소유를 폐지하는 것도 가능하다.

*****

〈GA2, 109〉〈수, 64〉〈W, 66〉대공업, 경쟁 속에서 개인의 생존이 처한 조건 전체, 한계, 일면성은[125] 두 가지 가장 단순화된 형식 즉 사적 소

---

124 CW주 28) 채취산업-프랑스 경제학자 샤를 뒤노예Charles Dunoyer가 그의 책 『노동의 자유De la liberte dur travail』, Paris, 1845, 15쪽에서 수렵, 어업, 광업 등을 지시하는 용어로 사용했다. 마르크스, 『철학의 빈곤』, 1, 2장 참조.

125 역주) "피제약성, 일면성"이라는 두 말은 GA2, 수고에서는 마르크스 방주

유와 노동으로 대별된다. 화폐가 출현하면서, 교류의 모든 형식과 교류 자체는 개인에게는 우연적인 현상이라는 사실이 확정된다. 그러므로 이제까지의 모든 교류는 개인 사이에서 단지 특정한 조건 아래에서 전개된 교류였지 개인으로서의 개인의 교류가 아니었다는 사실 이미 화폐를 통해 입증된다. 이러한 조건은 두 가지로 즉 한편으로 축적된 노동이나 사적 소유, 다른 한편으로 실제 존재하는 노동으로 환원된다. 양자 모두 혹은 양자 중 하나가 중단되면, 교류도 장애에 부딪힌다. 근대 경제학자 자신이, 예를 들면 시스몽디 Sismondi, 쉐빌리에 Cherbuliez[126] 등은 association des capitaux〈자본의 협의회〉에 association des individus〈개인의 협의회〉를 대립시킨다. 달리 보자면 개인 자체는 노동 분업에 완전히 종속됐으며 이를 통해 가장 완벽하게 서로 의존했다. 사적 소유는 축적의 필요 때문에 발전하게 된다. 이 축적은 노동에서 나와서 노동에 대립하는 것으로 된다. 사적 소유는 처음에는 여전히 공적인 존재[Gemeinwesen]라는 형식을 갖지만, 더 발전하게 되면 사적 소유의 근대적 형식에 점차 다가가게 된다. 이미 처음부터 노동 분업을 통해 노동 조건, 작업 도구, 원료가 분화하며 이와 더불어 자본도 다른 소유권자에게 분산적으로 축적된다. 이를 통해 자본과 노동의 분열 그리고 소

로 처리됐다.

126 GA2주 재인용) 쉐빌리에Antoine Chevulier, 『부와 가난, 사회적 부가 실제 분배되는 원인과 효과에 관한 해명』, 파리, 1841, 88쪽 참조: "연합은 말할 것도 없이 위대한 결과에 도달하며 대중의 사회적 조건을 개선할 놀라운 수단을 제공할 것이다. 그러나 그런 연합은 개인의 연합이지, 자본의 연합은 아니다." 또한 마르크스는 시스몽디Jean Charles Leonard Sismondi의 『정치 경제학의 새로운 원리에 관한 연구』(파리, 1827)를 참조했다.

유 다양한 형식이 나타난다. ⟨GA2, 110⟩⟨수, 64⟩⟨W, 66⟩노동 분업이 더욱더 완성되고 축적이 점점 더 증가하면, 이러한 분열 또한 더 첨예화된다. 노동 자체는 오직 이러한 분열이라는 전제 아래서만 성립한다.

*****

⟨GA2, 110⟩⟨수, 65⟩⟨W, 67⟩그러므로 이제 두 가지 사실이 제시된다. {⟨W, 노트 26: 67-하단 주⟩⟨수, 65-하단 주⟩⟨GA2, 110-방주⟩엥겔스 방주: 시스몽디} 첫째, 생산력은 개인에게서 완전히 독립되고 분리된 것으로, 개인 바깥에 존재하는 고유한 세계로 나타난다. 그 까닭은 생산력이 개인을 지배하면서 개인의 현존은 분산되고 서로 대립하기 때문이다. 다른 한편 이러한 생산력은 오직 개인의 교류와 연관 속에서만 실제의 힘으로 될 수 있다. 그러므로 한편으로 생산력의 전체는 흡사 사물의 형태를 취하며, 개인 자신에게 더는 그의 힘이 아니라 사적 소유의 힘이며, 따라서 사적 소유자인 개인에게만 속하는 힘이 된다. 이전 어떤 시대에서도 생산력이 ⟨GA2, 111⟩⟨수, 65⟩⟨W, 67⟩개인으로서 개인이 맺는 [인격적] 교류와 이처럼 무관한 형태를 취한 때가 없었다. 그것은 개인 사이의 교류 자체가 여전히 국지적이었기 때문이다. 다른 한편으로 개인의 대다수는 이러한 생산력에 대립한다. 생산력은 개인에게서 분리된다. 따라서 개인은 실제 삶에서 생겨나는 모든 구체적 내용을 박탈당하고 추상화된 개인으로 전락했다. 그러나 이런 추상화를 통해 개인은 비로소 *개인*으로서 상호 결합할 능력을 얻었다.

⟨GA2, 111⟩⟨수, 66⟩⟨W, 67⟩개인이 생산력 또한 그 자신의 현존과 여전히 맺는 유일한 연관인 노동은 개인의 자주적 활동[Selbstbetätigung]이라는 외관을 일체 상실하고 개인의 삶을 위축된 형태로 유지해 주고 있을 뿐이다. 이전 시대에서는 자주적 활동과 물질적 생활의 산출은 각

기 다른 인격체에게 할당되는 방식으로 분리됐으나 개인 자신의 [자급에] 한정된 삶 때문에 물질적 생활의 산출은 여전히 자주적 활동의 일종으로 간주됐다. 반면 오늘날 자주적 활동과 물질적 생활의 산출은 상호 배제하면서 물질적인 생활은 일반적으로 목적으로, 이러한 물질적인 삶을 산출하는 노동은 수단으로 나타난다.(이러한 노동은 오늘날 유일하게 가능한 형태지만, 보다시피 자주적 활동과는 반대되는 형태이다.)

⟨GA2, 111⟩⟨수, 66⟩⟨W, 67⟩그러므로 이제 개인이 자신의 자주적 활동에 도달하기 위해서뿐만 아니라 도대체 그의 생존을 안전하게 지키기 위해서라도 기존 생산력의 총체를 쟁취[127]해야 하기에 이르렀다. ⟨GA2, 112⟩⟨수, 66⟩⟨W, 67⟩생산력을 쟁취할 수 있는가는 우선 쟁취의 대상이 쟁취될 수 있는 존재인가에 제약된다. 즉 쟁취될 수 있으려면 생산력이라는 대상이 오직 전체적으로 발전되고 오직 보편적으로 교류할 수 있는 존재가 돼야 한다. 따라서 이런 측면에서 생산력을 쟁취하기 위해서는 이런 쟁취의 행위가 이미 이런 생산력 또한 교류에 상응하는 보편적인 성격이어야만 한다. ⟨GA2, 112⟩⟨수, 66⟩⟨W, 68-a1⟩이러한 생산력을 쟁취하기 위해서는 말할 것도 없이 물질적인 생산수단에 상응하는 개인적인 능력 자체가 발전해야 한다. 그러므로 생산수단 전체를 쟁취하는 것은 개인 내부에 있는 전체 능력이 이미 발전한다는 것을 의미한다. 또한 이 쟁취는 쟁취하는 개인이 누구냐를 통해 제약된다. 현대의 프롤레타리아는 자주적 활동에서 완전히 배제되어 있으므로 오히려 더는 제한된 활동이 아니라 완전히 자주적인 활동을 관철할 수 있다. 완전한 자주적 활동이란 생산력을 총체적으로 쟁취하고 이와 연관해

---

127 역주) '쟁취'는 'aneignen'의 번역이다. 필요에 따라 '자기 것으로 만들기', '습득' '획득' 등으로도 번역한다.

개인적 능력을 총체적으로 발전하게 함으로써 가능하다. 〈GA2, 112〉〈수, 66〉〈W, 68〉이전에 존재했던 모든 혁명에서 생산력의 쟁취는 제한적으로 일어났다. 개인의 자주적 활동은 한정된 생산수단 또한 한정된 교류를 통해 제약받았으므로 개인은 이러한 한정된 생산수단을 쟁취했을 뿐이고 이런 쟁취를 통해 또 하나의 새로운 제약에 도달했을 뿐이다. 그런 생산수단은 개인 자신의 소유가 됐지만, 개인 자신은 노동 분업 또한 생산수단 아래 〈GA2, 113〉〈수, 67〉〈W, 68〉종속한 상태에 여전히 머물러 있었다. 지금까지의 모든 쟁취에서 대다수 개인은 그에게 고유한 생산수단 아래 줄곧 종속되어 있었다. 그러나 프롤레타리아의 쟁취에서는 대다수 생산수단은 각각의 개인 아래 종속돼야 하며, 소유는 만인에게 종속돼야만 한다. 근대의 보편적인 교류는 소유가 만인 아래 종속되지 않고서는 개인 아래 종속될 수 없다.

〈GA2, 113〉〈수, 67〉〈W, 68〉나아가서 생산력의 쟁취는 쟁취가 수행되는 불가피한 방식을 통해 제약된다. 쟁취를 완성할 수 있는 방식은 오직 연합[Vereinigung]이니, 이 연합은 프롤레타리아 자체의 성격으로 말미암아 보편적일 수밖에 없는 연합이다. 또한 그런 쟁취는 혁명이니, 이 혁명 속에서 한편으로는 지금까지의 생산양식 또한 교류 양식, 사회 구성이 전복되고, 다른 한편으로는 프롤레타리아의 보편적인 성격이 발전하며 또한 쟁취를 수행하는 데 필요한 프롤레타리아의 활력이 발전하며 나아가 프롤레타리아는 지금까지 그가 처해 있던 사회적인 지위로 말미암아 그에게 아직 남아 있는 모든 것을 벗어던진다.

〈GA2, 113〉〈수, 67〉〈W, 68〉이 단계에 이르러 비로소 자주적 활동은 물질적인 생활과 일치한다. 이 일치는 개인이 전체적인 인간으로 발전하고 모든 자연 발생인 것에서 벗어나는 것에 상응한다. 그렇게 되면 노동이 자주적 활동으로 변화되는 것과 상응해 이제까지 제한적으로 일어나던 교류가 개인의 일반적인 교류로 전환된다. ⟨GA2, 114⟩⟨수, 67⟩⟨W, 68⟩단결된 개인이 전체 생산력을 쟁취함으로써 사적 소유는 폐지된다. 지금까지의 역사에서는 늘 개인이 살아가는 특수한 조건이 우연적인 것으로 나타났던 반면, 이제 개인으로 분리되는 것 자체가 즉 각자가 특수한 몫을 사적으로 쟁취하는 것 자체가 우연적인 것으로 된다.

⟨GA2, 114⟩⟨수, 68⟩⟨W, 69⟩철학자는 노동 분업 아래 더는 종속되지 않는 개인을 관념적으로 이상화해 "인간 자체"라고 부르면서, 인류가 발전시킨 전체 과정을 "인간 자체"의 발전과정으로 파악했다.[128] 그 결과 이 "인간 자체"는 각각의 역사적인 단계에 출현한 개인을 대신해 역사의 추동력으로 주장됐다. 그리해 역사의 전체 과정은 "인간 자체"의 자기소외 과정으로 파악된다. 따라서 나중 단계의 평균적인 개인이 항상 이전 단계의 평균적인 개인을 대신하며 나중 단계의 의식이 이전의 개인을 대신하는 일이 본질적으로 일어나게 된다. 처음부터 실제의 역사적 조건을 무시한 이러한 전도를 통해서 전체 역사가 의식의 발전 과정으로 전환될 수 있었다.

*****

⟨GA2, 43⟩⟨수, 22⟩⟨W, 69⟩결국 우리는 이상에서 전개된 역사관에서 다음과 같은 결론을 얻는다: 1) 생산력이 발전하는 가운데 생산력과 교류 수단이 기존의 생산 관계 아래서 단지 재앙만을 불러일으키는 단계가 출현한다. 이 단계에서 생산력은 더는 생산력이 아니라 파괴력(기계 체제와 화폐)으로 작용한다. 아래 사실은 이런 단계와 관련되는 일

---

128 GA2주 참조) 마르크스 방주: 자기소외

이다. 즉 이제 하나의 계급이 출현한다. 이 계급은 기존 사회의 이익을 누리지 못한 채 그 사회의 모든 부담을 짊어져야 하는 계급이며, 그 사회에서 배척당하면서 모든 다른 계급과 대립할 수밖에 없는 계급이다. 〈GA2, 43〉〈수, 23〉〈W, 69〉이 계급이 사회 구성원 중에서 다수를 이루게 되면서 이 계급에서 근본적인 혁명이 필연적이라는 의식 곧 공산주의 의식이 나온다. 〈GA2, 44〉〈수, 23〉〈W, 69〉다른 계급 성원도 이 계급의 지위를 관찰하는 가운데 이 의식을 형성할 수 있다. 2) 특정한 생산력이 적용될 수 있으려면 특정 계급이 그 사회를 지배할 필요가 있다. 이 계급의 사회 권력은 그 계급의 소유에서 나오면서, 국가형태 속에서 실천적으로나 이상적으로 표현된다. 따라서 모든 혁명 투쟁은 그때까지 지배해 왔던 계급에 대항하는 투쟁이다. {〈W, 노트 27, 69-하단 주〉〈수, 23-하단 주〉〈GA2, 44-방주〉마르크스 방주: 지배계급의 사람들은 현재의 생산상태를 유지하는 데 관심이 있다.} 3) 기왕의 혁명은 언제나 활동의 방식을 건드리지 않았고 단지 이러한 활동을 다른 방식으로 분배하는 것 곧 노동을 다른 인격체에게 새롭게 분배하는 것만을 문제 삼았다. 이에 반해 공산주의적 혁명은 〈GA2, 44〉〈수, 23〉〈W, 70〉 지금까지의 활동 *방식*을 다루면서 [강제] 노동을 제거하며, {〈W, 노트 28: 수고에서 삭제〉〈수, 23-하단 주〉어떤 .... 지배 아래서 이루어지는 활동의 근대적 형식} 계급 자체와 더불어 모든 계급적 지배도 폐지한다. 왜냐하면 공산주의 혁명을 성취하는 계급은 사회적으로 더는 계급으로 간주되지도 또 계급으로 인정되지도 않으며 이미 현 사회 내부에 존재하는 모든 계급, 모든 민족성 등의 해체를 표현하는 계급이기 때문이다. 〈GA2, 44〉〈수, 23〉〈W, 70〉4) 이러한 공산주의 의식이 광범위하게 발생하기 위해서뿐만 아니라 그런 사태 자체가 관철되기 위해서라도 인간의 광범위한 변화가 필요하다. 이러한 변화는 오로지 실천 운동 즉 *혁명* 안에서만 일어날 수 있다. 그러므로 혁명이 불가피한 이유는 *지배하는* 계급이 〈GA2, 45〉〈수, 23〉〈W, 70〉다른 방식으로는 전복될 수 없기 때문만이 아니라 *전복하려는* 계급이 오직 혁명 안에서만 과거의 잔재를 일소하고 사회를 새롭게 건설할 능력을 얻기 때문이기도 하다. {〈W, 노트 29: 70-하단 주: 수고에서 삭제〉〈수, 23-하단 주〉}이러한 혁명의 불가피성에 대해 영국과 독일뿐만 아니라 프랑스에 있는 전 공산주의자는 오래전부터 합의하고 있었다. 반면 성 브루노는 꼼짝도 하지 않은 채 계속 꿈을 꾸면서 "진정한 휴머니즘"[129] 즉 공산주의는 (어디에도 설 자리가 없는) "유심론 위에 자리 잡아야" 한다고 생각한다. 그가 그렇게 생각하는 이유가 있다면 그것은 다만 그가 존경을 얻고 싶어 하는 것뿐이다. 계속해서 그는 다음과 같이 꿈을 꾸었다: "그때 구원이 다가와 지상은 하늘로, 하늘은 지상으로 될 것이 틀림없다."(이 신학자는 아직도 하늘을 잊지 않은 모양이다.) "그때 천상의 조화 속에서 기쁨과 환희가 영원에서 영원으로 울려 퍼질 것이다."(140쪽) 이 성스러운 교부는 최후의 심판의 날에 이 모든 것이 가득 그를 덮치면 얼마나 놀랄 것인가. 그날 아침노을이 비추어져 도시의 하늘을 붉게 물들이니, 마르세예즈와 카르마뇰 Carmagnole의 멜로디가 '천상의 조화' 아래서 예포[禮砲]처럼 그의 귀에 울리면 단두대가 여기에 박자를 맞출 것이다. 흉악

---

[129] GA2주 재인용) 바우어, 『루트비히 포이어바흐의 특징』, 140쪽: "사람들이 제거하는 것의 자리에, 사람들이 제거되는 자리에 어떤 것이 대체된다. …. 다만 정신주의가 사라지고 진정한 휴머니즘이 자리를 얻고 존중받게 될 때. 그러면 치유가 다가오고 천상이 지상으로 지상은 천상으로 된다. 그러면 천상의 조화 속에서 기쁨과 환희가 영원에서 영원으로 울려 퍼질 것이다."

무도한 군중이 ça ira, ça ira〈만세, 만세〉를 외칠 때[130] "자기의식"은 가로 등 사이에 매달리게 될 것이다. 성 브루노는 "영원에서 영원으로의 기쁨과 환희"라는 경건한 그림의 초안을 잡을 마음이 최소한으로도 들지 않을 것이다. 우리는 최후의 심판의 날에 성 브루노의 행위를 선천적으로 구성하면서 얻을 만족감을 기꺼이 삼가고자 한다. 프롤레타리아를 혁명의 "실체"로 간주하면서 비판을 전복하는 "집단"으로 보아야 하는지 아니면 바우어적인 사유를 소화하는 데 필요한 일관성을 유출하는 정신의 "유출"로 파악해야 하는지[131] 결정하기 어렵다.}

---

130   W주 23, CW주 22) 미르세예즈, 카르마뇰, 만세-프랑스 혁명 시기의 혁명 노래. 세 번째 노래의 후렴은 "만세, 만세, 만세, 귀족을 단두대에 매달자!"이다.

131   GA2주 재인용) 바우어, 『루트비히 포이어바흐의 특징』, 142/143쪽: "바우어 씨는 무엇 때문에 아브라함에게 나타난 천사가 신의 실제 유출인지를 증명해야 하는가? 사실 신의 유출은 음식을 소화하는 데 필요한 일관성조차도 유출하는 것이 아닌가!"

C절 공산주의-교류 형식 자체의 생산

⟨GA2, 101⟩⟨수, 59⟩⟨W, 70⟩공산주의를 이제까지의 모든 운동과 구분하는 점은 다음과 같은 사실이다. 즉 공산주의가 지금까지의 모든 생산 관계와 교류 관계의 토대를 전복하고, 모든 자연 발생적인 전제가 이제까지의 인간이 창조한 것이라는 사실을 처음으로 의식하며, 그 전제에서 자연 발생성을 벗겨내면서 단결된 개인의 힘에 복종시킨다는 사실이다. 공산주의를 수립한다는 것은 본질에서 경제적인 것 즉 단결의 조건을 물질적인 차원에서 형성하는 것이다. 공산주의를 수립하는 것은 이미 주어진 조건을 단결의 조건으로 변화하는 것이다. 공산주의가 산출하는 현존이 실제의 토대가 되면 개인에게서 독립적으로 존립하는 일체의 것이 가능성을 상실하게 된다. 이런 상실은 그런 독립적인 존립이 사실은 ⟨GA2, 101⟩⟨수, 59⟩⟨W, 71⟩개인이 이제까지 교류해 만든 산물이기에 가능한 것이다. 그러므로 공산주의자는 실천으로는 지금까지의 생산과 교류를 통해 산출된 조건을 자생적이지 못한 것[unorganisch]으로 다루지만, 그에게 물질적 가능성을 제공한 것이 기존 세대가 이미 계획하거나 혹은 사명으로 삼았던 것이라고 공상하지 않으며, 아울러 이 조건이 그것을 산출한 개인에게도 자생적이지 못한 것이었다라고 믿지도 않는다. ⟨GA2, 101⟩⟨수, 60⟩⟨W, 71⟩법적 인격[persönlichem Individuum]으로서 개인과 우연적인 개인 사이의 구분은 개념적인 구분이 아니라, 역사적 사실에 속한다. 이런 구분은 다른 시대에 다른 의미가 있다. 예를 들면, ⟨GA2, 102⟩⟨수, 60⟩⟨W, 71⟩18세기에 신분이란 개인에게 우연한 것으로서의 의미를 지녔으며, 가문도 역시 plus ou moins⟨다소간⟩ 그러한 의미를 지녔다. 그것은 우리가 어느 시대

에나 해야 하는 구분이 아니라, 각 시대가 눈앞에 있는 다른 지반 아래서 스스로 만들어 내는 구분이며, 개념에 따른다기보다는, 물질적 삶의 충돌[Kollision]을 통해 강제되는 것이다.〈GA2, 102〉〈수, 60〉〈W, 71〉생산력의 특정한 발전에 상응한 교류 형식은 이전 시대에서와 달리 이후 시대에는 우연한 것으로 나타나며 또한 이전 시대에서 이후 시대로 전승된 요소 가운데 하나이다. 생산력이 교류 형식에 대해 맺는 관계는 교류 형식이 개인의 활동 또는 실행에 대해 맺는 관계와 같다.(이런 실행의 근본형식은 당연히 모든 다른 행위 즉 정신적, 정치적, 종교적 등등의 행위가 의존하는 물질적인 행위이다. 물질적인 삶의 다른 형태는 당연히 매번 이미 발전한 욕구에 의존하며, 아울러 이러한 욕구의 산출과 만족은 그 자체로 하나의 역사적인 과정이다. 이러한 과정은 양이나 개에게서는 발견할 수 없는 것이다.-슈티르너[개인] *대* Hominem〈인간〉-이라는 주요 논제[132]처럼 왜곡된 논제는 없다. 그러나 양과 개의 현재 모습조차 당연히 malgré eux〈그것들의 의사와 무관한〉역사 과정의 산물이다.)〈GA2, 102〉〈수, 60〉〈W, 72〉모순이 아직 표면화지 않는 한, 개인의 상호 교류가 일어나는 조건은 각 개인에 속하는 조건이지 개인에게 외면적인 조건이 아니다.〈GA2, 103〉〈수, 60〉〈W, 72〉특정한 관계 속에 현존하는 특정한 개인은 단지 이런 조건 아래서 그의 물질적인 삶 또한 그 삶과 연관되는 것을 생산할 수 있다. 따라서 이런 조건은 개인의 자주적 활동[Selbstbetätigung]의 조건이며 이 자주적 활동을 통해서 생산된다. {〈W, 노트 30: 72- 하단 수〉〈수, 60-하단 주〉〈GA2, 102-방주〉교류 형식 자체의 생산}〈GA2, 103〉〈수, 61〉〈W, 72〉개인의 생산 활동이 일어나는 특정한 조건은 그 모순이 아직 표면화되지 않는

---

132   CW주) 슈티르너,『슈티르너에 대한 비평가들recensenten Stirners』

한, 실제의 한계나 현존의 일면성과 상응한다. 이 현존의 일면성은 모순이 등장하면서 비로소 폭로되니 그 일면성은 단지 뒷사람의 눈에만 현존하는 것으로 드러난다. 그 후 이 조건은 우연히 부착된 족쇄로 전락하며 그런 다음 이 조건이 족쇄에 불과하다는 의식이 앞선 시대에 있었던 것으로 전가된다.

〈GA2, 103〉〈수, 61〉〈W, 72〉생산의 다른 조건은 처음에는 자주적 활동의 조건으로 보이지만, 나중에는 자주적 활동의 족쇄로 드러난다. 이러한 다른 조건은 전체 역사의 발전 속에서 상호 연관되는 일련의 교류 형식을 형성한다. 이 교류 형식 사이의 연관성은 다음과 같다: 이전에 현존했으나 이제는 족쇄로 된 교류 형식을 대신하며 새로운 교류 형식이 출현한다. 이 새로운 교류 형식은 생산력이 새롭게 발전하는 것에 상응하고 동시에 개인의 자주적 활동 방식이 진보하는 것에 상응한다. 이 새로운 교류 형식은 à son tour〈자기 차례가 되자〉 다시금 족쇄로 되며, 이후 다른 교류 형식을 통해 대체된다. 생산의 다른 조건은 이와 동시적으로 발전하는 생산력의 각 단계에 부합하므로, 〈GA2, 104〉〈수, 61〉〈W, 72〉그 조건의 역사는 동시에 생산력이 스스로 발전하면서 각각 새로운 세대를 통해 수용되는 역사이며 아울러 개인 자신의 힘이 발전하는 역사이다.

〈GA2, 104〉〈수, 61〉〈W, 72〉이러한 발전은 자연 발생적으로 일어나며 자유롭게 단결하는 개인의 계획에 전혀 의존하지 않는다. 그러므로 그 발전은 다른 지역, 부족, 민족, 노동 부문 등등에서 생겨난다. 그 각각의 발전은 처음에 다른 발전과 무관하게 일어나며 비로소 점차 다른 발전과 결합한다. 더 나아가 이 발전은 매우 천천히 진행한다. 다른 단계와 다른 이해는 결코 완전히 극복되지 못하며, 단지 승자의 이해에 종속되고 수 세기에 걸쳐 이 승자의 이해에 질질 끌려다닌다.〈GA2, 104〉〈수, 61〉〈W, 73〉그 결과 한 국가 내부에서조차 개인은 그의 능력이 어떤 상황에 있는지와 무관하게 완전히 서로 다르게 발전하게 된다. 이전 시기의 이해에 고유한 교류 형식은 나중 시기에 속하는 교류 형식을 통해 이미 추방됐음에도 불구하고, 이전 시기의 이해는 사회 (국가, 법) 내부에서 전승된 권력을 소유한 채로 오랫동안 여전히 남게 된다. 그 결과 겉으로 보기에 사회는 개인에 대립해 자립적인 것으로 보인다. 이 전승된 권력은 궁극적으로 오직 혁명을 통해 분쇄돼야 한다.〈GA2, 104〉〈수, 62-a 1〉〈W, 73〉더 일반적으로 종합하는 것도 허용되지만, 몇 가지 점만 보더라도 왜 가끔 의식은〈GA2, 105〉〈수, 62-a 2〉〈W, 73〉동시대에 존재하는 경험적인 상황보다 훨씬 선구적인가 그리고 왜 사람들은 이후 시대의 투쟁 속에서 그 시대 권위자보다 오히려 이전 시기의 이론가에 의지하는가가 이상의 설명에서 이해된다.

 〈GA2, 105〉〈수, 62〉〈W, 73〉그에 반해 북아메리카와 같이 역사적으로 이미 발전한 시대에서 처음으로 시작하는 국가의 경우 발전은 아주 급속하게 일어난다. 그러한 국가는 그곳에 이주한 개인을 제외하고 어떤 다른 자연 발생적인 전제를 갖지 않는다. 그런 개인이 이주하게 된 동기는 구 세계의 국가가 지닌 교류 형식이 그 개인의 욕구에 부합하지 않기 때문이다. 그러므로 그 국가는 구 세계 국가에 살던 가장 진보적인 개인과 또한 이 개인에 상응하는 발전한 교류 형식과 더불어 시작한다. 이 시기는 구 세계의 국가에서 이런 교류 형식이 관철될 가능성이 아직도 나타나기 전이다.{〈W, 노트 31:73-하단 주〉〈GA2, 110〉〈수, 65〉[133]개별 국가의 개인이—독일인이든 미국인이든—지닌 인격적인

---

133   역주) W 노트가 GA2, 수고에서는 본문에 편입됐다.

에너지는 인종혼합에 의한 에너지다.-그러니 독일은 백치지 뭐냐.-이런 인종혼합은 프랑스와 영국 등에서는 낯선 민족이 이미 발전한 민족 위에 이식되며, 미국에서는 완전히 새로운 토대 위에 이식되며, 독일에서는 자연 발생적인 인구성장을 통해 서서히 자리 잡으면서 발생했다.} 이 점은 단순한 군사 거점이나 무역 거점이 아닌 한 모든 식민지에 해당하는 사항이다. 카르타고, 희랍의 식민지 11세기와 12세기의 아일랜드가 그런 예이다. 유사한 관계는 정복의 경우에 즉 다른 토양에서 발전한 교류 형식이 피정복국가에 이미 완성된 채로 이식될 때 일어난다. 이 교류 형식은 그 모국에서는 아직 이전 시기의 이해와 관계에 사로잡혀 있지만, 이곳에서는 오히려 여하한 방해도 받지 않고 완전하게 관철될 수 있고 또 그래야만 한다. 그 결과 정복자에게 지속적인 권력이 보장된다.(노르만인의 정복[134] 이후 영국과 나폴리는 봉건 체제의 가장 완전한 형태를 획득했다.)

*****

⟨GA2, 90⟩⟨수, 53⟩⟨W, 73⟩그러므로 우리의 견해에 따르면, 역사의 모든 충돌은 생산력과 교류 형식 사이의 모순에 기원을 가진다. 이러한 모순이 한 나라에서 충돌에 이르기 위해서는 그 나라 자체에서 정점에 오를 필요는 없다. 교류가 국제적으로 확장된 결과 산업적으로 더 발전한 국가와 경쟁이 유발되면서 이 경쟁은 덜 발전한 산업국가에서도 유사한 모순을 만들어 내기에 충분하다.(예를 들어, 독일의 잠재적 프롤

---

[134] CW주 34) 영국은 1066년 노르만을 통해 정복됐다. 시칠리아 왕국은 1130년 건국을 선포했으며 나폴리를 중심으로 하고 시칠리와 남부 이탈리아를 포함한다. 이 왕국의 건국은 11세기 귀스카르Robert Guiscard, 노르만 정복자의 추장을 통해 이루어졌다.

레타리아는 영국 산업과의 경쟁을 통해 출현했다.)

*****

⟨GA2, 89⟩⟨수, 52⟩⟨W, 74⟩우리가 살펴본 바와 같이 생산력과 교류형식 사이의 모순은 ⟨GA2, 90⟩⟨수, 52⟩⟨W, 74⟩지금까지의 역사에서 역사의 기초를 위태롭게 하지 않으면서도 이미 여러 번 나타났다. 그러나 지금까지의 모순은 매번 하나의 혁명으로 폭발하지[135] 않을 수 없었다. 그와 동시에 이 모순은 다양한 부차적인 형태를 취했다. 그래서 이 모순은 전체적인 충돌로, 다양한 계급의 충돌로 그리고 의식의 모순, 사상 투쟁 등으로 또한 정치적 투쟁 등으로 나타났다. 편협한 관점에서는 이러한 부차적 형태 중 하나를 끄집어내서, 이를 이러한 혁명의 토대로서 고찰할 수도 있다. 이런 편협한 고찰을 더 쉽게 만들어 주는 것은 혁명을 추진하는 개인이 각각의 교양 정도에 따라 그리고 역사 발전의 단계에 따라 자신의 고유한 활동 자체에 관해 환상을 품는다는 사실이다.

*****

⟨GA2, 95⟩⟨수, 55⟩⟨W, 74⟩노동 분업을 통해 인격의 힘(관계)이 사물적 힘으로 전환한다는 사실은 그 사실에 대한 일반 관념을 머리에서 제거함으로써 제거될 수는 없다. 오히려 이 사실은 개인이 이러한 사물적 힘을 다시 자신 아래로 종속하고 노동 분업을 제거함으로써만[136] 제거될 수 있다. {⟨W, 노트 32, 74-하단 주⟩⟨GA2, 95-엥겔스 방주⟩⟨수, 55-하단 주⟩포이어바흐: 존재와 본질} 이는 공동체 없이는 가능하지 않다. 공동체 속에서 비로소 모든 개인은 자신이 소질을 모든 측면에 따

---

135 역주) 여기 쓰인 단어 'ekaltieren'은 불어 'éklat'에서 나왔다.

136 연보주 재인용) Ludwig Feuerbach, 『미래 철학의 근본 원리들』, § 27, 47쪽: "나의 본질은 나의 존재이다."

라 완성할 수단을 얻는다. 그러므로 공동체 속에서야 비로소 인격의 자유가 가능해진다. 〈GA2, 95〉〈수, 56〉〈W, 74〉종래 공동체를 대신해왔던 것 곧 국가 등에서는 인격의 자유가 다만 지배 계급의 상황 속에서 성장한 개인에게만 그리고 이 개인이 지배 계급에 속한 자인 한에서만 현존했다. 이 겉보기 공동체는 원래는 개인의 결합으로 형성된 것이지만, 항상 개인에 대립해 자립적인 힘으로 됐다. 동시에 이 겉보기 공동체는 〈GA2, 96〉〈수, 56〉〈W, 74〉한 계급이 다른 한 계급에 대항해 단결한 결과이었으므로, 피지배 계급이 보기에는 완전히 환상적인 공동체였을 뿐만 아니라 새로운 족쇄이기도 했다. 진정한 공동체에서 개인은 연합[Vereinigung] 속에서 그리고 연합을 통해 또한 자유를 획득한다.

〈GA2, 99〉〈수, 58〉〈W, 74〉지금까지 설명된 것에서 다음과 같은 결론을 끌어낼 수 있다:[137] 한 계급 속에서 개인이 서로 맺는 공동의 관계는 제3의 계급에 대립하는 공동의 이해를 조건으로 이루어지는 것이며 따라서 이 공동체[Gemeinschaft]는 언제나 개인이 단순히 평균적 개인으로서 속하는 공동체이다. 평균적 개인은 다만 그의 계급이 현존하는 조건 속에서 살아간다. 개인은 이런 공동의 관계에 개인으로서가 아니라 계급 구성원으로서 참가한다. 〈GA2, 100〉〈수, 59〉〈W, 75〉혁명적 프롤레타리아의 공동체에서는 사정은 이와 반대다. 여기서는 개인의 현존 조건 또한 모든 사회 성원의 현존 조건이 개인 자신의 통제 아래 있다. 그러므로 개인은 그 공동체에 개인으로서 참가한다. 개인의 단결이 개인이 자유롭게 발전하고 운동하는 조건을(물론 이는 오늘날 발

---

137 역주) 〈CW, 80-하단 주:수고에서 삭제〉개인은 어떤 역사의 시대에서 자기를 해방하더라도 이미 현존하는 것으로 _1_가 발견한 현존 조건을 더 발전시킨다. 역주) 위의 주는 W, GA2에서는 빠트렸다.

전한 생산력을 전제로 한다) 통제한다. 이 조건은 지금까지 우연에 내맡겨져 있었으며 개인에 대립해 자립화됐다. 왜냐하면 개인이 서로 분리되어 있었기 때문이며 또한 개인이 필연적으로 결합한다고 하더라도 그 결합은 노동 분업과 더불어 주어져서 분리를 통해 개인에 낯선 연대로 됐기 때문이다. 〈GA2, 100〉〈수, 59〉〈W, 75〉지금까지 말한 단결은 예를 들어 "Contrat social〈사회계약론〉"[138]에 서술된 것처럼 결코 자의적인 것은 아니고 오히려 필연적인 것이며[139] 개인이 우연성에 놀아나게 했던 조건을 지배하는 것이다.(예를 들어 북아메리카 연방의 형성과 남아메리카 공화국들을 비교해 보라.) 일정한 조건 안에서 방해받지 않고 흔쾌히 우연성에 자기를 내맡기게 허용하는 권리가 지금까지 인격의 자유로 불리곤 했다.—이런 현존조건이란 곧 각 시기의 생산력과 교류 형태를 말한다.

〈GA2, 94〉〈수, 55〉〈W, 75〉역사적으로 잇달아 등장한 신분 또한 계급의 공통된 현존 조건 속에서 그리고 이 현존 조건 때문에 이 신분 또한 계급의 마음에 떠오른 일반적 관념 속에서 개인이 어떻게 발전했는가를 *철학적으로* 고찰한다면, 당연히 유[類] 또는 인간 일반이 이런 개인으로 발전했거나 아니면 그러한 개인이 인간 일반을 발전시켰다고 쉽게 공상할 수도 있을 것이다.[140] 〈GA2, 95〉〈수, 55〉〈W, 75〉이러

---

138 W주 24) 루소의 『사회계약론』

139 역주) CW에서는 이 구절 즉 "예를 들어 '사회계약론' …. 오히려 필연적인 것이지만," 구절의 앞, 뒤에 괄호가 있다.

140 GA2주 재인용) 슈티르너, 『유일자와 그의 소유』, 151쪽: "나는 모든 것을 국가에서 받아들인다. 나는 국가의 동의 없이 어떤 것을 갖는가? 국가의 동의 없이 내가 갖는 것을 국가는 나에게 법적 자격이 결여한 것을 발견한 순간 나에게

한 공상은 상당히 심하게 역사를 욕보이는 일일 것이다. {〈W, 노트 33: 75-하단 주〉〈GA2, 92〉〈수, 54〉[141]성 산초에게서 종종 나타나는 명제 곧 각 개인은 그의 본질이 무엇이든 철저히 국가를 통해서 그런 본질로 된다는 명제는, 근본적으로 부르주아는 단지 부르주아 유[類]의 한 가지 견본에 불과하다는 명제와 같다. 또한 부르주아 계급은 그 계급을 구성하는 개인에 앞서 이미 존재했다[142]는 것을 전제하는 명제와 같다.} 그러면 사람들은 이런 다양한 신분과 계급을 일반적 존재의 특수적 표현으로서, 유의 아종[亞種]으로서, 인간 자체의 발전국면으로서 파악할 수도 있을 것이다.

〈GA2, 95〉〈수, 55〉〈W, 75〉개인이 일정한 계급 아래 종속하는 것이 제거되기 위해서는 먼저 지배계급에 대항해 더는 어떤 특수한 계급이해를 관철할 필요가 없는 계급이 형성돼야 한다.

〈GA2, 96〉〈수, 56〉〈W, 75〉개인은 항상 자신에게서 출발했다. 물론 이 개인은 독일 이데올로그들이 말하는 순수한 개인이 아니라, 주어진 역사적 조건과 상황 속에 존재하는 개인이다. 〈GA2, 96〉〈수, 56〉〈W, 76〉역사가 발전하는 도정에서 또 노동 분업 안에서 불가피하게 일어나

서 박탈한다. 그러므로 나는 모든 것을 국가의 은총과 동의를 통해 갖지 않는가?" 146쪽: "유일하게 진정한 인간인 개인이-이 개인만이 인간이다-자유롭게 된 것이 아니다. 오히려 시민[Bürger], 공민[citoyen], 정치적 인간이 자유롭게 됐다. 바로 그래서 진정한 인간이 아니라 인간의 한 표본, 특히 부르주아 유[Bürgergattung]의 견본인 하나의 존재가 자유롭게 됐다."

141 역주) W 노트 33은 GA2, 수고에서는 본문에 편입됐다.
142 역주) 이 자리에 W, CW, GA2주 모두 다음과 같은 마르크스 방주가 있다: 계급의 선재성이 철학자들에게 나타나는 방식이다.

는 사회관계의 자립화 때문에 한편으로 인격적 존재로서 각 개인의 삶과 다른 한편으로 어떤 노동 부문과 그것에 속하는 조건 아래 종속하는 존재로서 각 개인의 삶 사이에 차이가 생겨난다. 그렇다고 예를 들면 금리생활자, 자본가 등등이 인격체이기를 그친 것처럼 이해해서는 안 된다. 오히려 그들의 인격성은 철저히 특정한 계급 상황을 통해 제약되고 결정된다. 그리고 그 차이는 그들이 다른 계급에 대항할 때 또 그들이 파산할 때 비로소 그들 자신에게 나타난다.[143] 신분 사회에서는, (부족 사회에서는 더욱더) 이러한 사실이 아직 은폐된다. 예를 들어 그 밖의 상황이 무엇이든 상관없이 귀족은 항상 귀족이며, Roturier〈평민〉은 항상 평민이고, 이는 그들의 개성과 분리될 수 없는 성질이었다. 계급이란 것 자체가 부르주아의 산물이니〈GA2, 97〉〈수, 56〉〈W, 76〉계급적 개인에 대해 인격적 개인이 구별되고, 개인에게서 우연적인 생활 조건이 나타나는 것은 계급의 출현과 더불어서이다. 개인의 상호 경쟁과 투쟁이 이런 우연성 자체를 처음으로 생산하고 발전한다.〈GA2, 97〉〈수, 57〉〈W, 76〉따라서 부르주아의 지배 아래 있는 개인은 관념으로 본다면 옛날보다 자유롭다. 왜냐하면 그의 생활 조건이 우연적이기 때문이다. 반면 실제를 본다면 개인은 물론 더 속박된다. 왜냐하면 개인은 사물의 지배에 훨씬 더 종속하기 때문이다. 신분[Stand]의 차이는 특히 부르주아와 프롤레타리아의 대립에서 드러난다. 도시 시민이라는 신분이 출현하고 또한 농촌 귀족에 대항하는 길드가 출현했을 때, 시민의 현존 조건 곧 동산과 수공업 노동은 잠재적으로는 봉건적 속박에서 분리되기 전부터 이미 존재했으나, 이제 봉건적 토지 소유에 대항하는 힘을 지

---

143 역주) W에서는 "그리고 그 차이는 .... 나타난다." 구절 앞, 뒤에 괄호가 쳐 있다.

1장 포이어바흐 153

닌 어떤 적극적인[Positive] 것으로 출현했다. 따라서 처음에는 그런 현존 조건이 출현하는 방식은 또다시 봉건적 형태를 취했다. 물론 도주 농노는 지금까지 그가 속해있던 농노 상태를 자신의 인격에 우연적인 것으로 취급했다. 그러나 이 점에서 도주 농노는, 족쇄에서 자신을 해방하는 계급이라면 어느 계급이나 하는 것을 정확히 똑같이 했을 뿐이다. 이때 도주 농노는 자신을 계급으로서가 아니라 개별적으로 해방했다. 나아가 도주 농노는 신분제의 영역에서 벗어난 것이 아니라, 오히려 새로운 신분을 형성했을 뿐이다. 그리고 도주 농노는 새로운 지위에 올라서도 〈GA2, 98〉〈수, 57〉〈W, 76〉지금까지의 노동방식을 유지했으며, 지금까지의 족쇄가 노동방식이 이미 달성한 발전에 더는 상응하지 않으므로 이 족쇄에서 이 노동방식을 해방함으로써 이 노동방식을 더욱더 육성했다. {〈W, 노트 34: 77-하단 주〉〈GA2, 98〉〈수, 58〉덧붙이는 말. 농노가 존재할 불가피성, 다시 말해서 대규모 경작이 불가능하므로 농노에게 allotments〈분할지〉를 분배할 수밖에 없었다는 사실은, 곧바로 봉건영주에 대한 농노의 의무를 평균적으로 현물지대와 부역의 방식보다 축소했다. 이 때문에 농노가 동산을 축적하는 것이 가능해졌으며 영주의 영지에서 도주하는 것이 손쉬워졌고〈GA2, 99〉〈수, 58〉시민으로 출세할 전망을 갖게 됐다. 그뿐만 아니라 이 때문에 농노 사이에 위계도 만들어졌다. 그래서 도주한 농노는 이미 반쯤 시민이라는 사실 등을 잊어서는 안 된다. 이를 통해서 볼 때 수공업에 정통한 예속 농민이 동산을 획득하는 최대의 기회를 가졌다는 점도 마찬가지로 분명하다.}

　〈GA2, 98〉〈수, 57〉〈W, 77〉이에 반해 프롤레타리아에게 그 자신의 생활 조건과 노동, 그와 더불어 오늘날 사회의 현존 조건 전체가 우연적인 것이 됐다. 개별 프롤레타리아는 이런 것들을 통제하지 못하며, 프롤레타리아의 어떤 *사회적* 조직도 프롤레타리아에게 이것을 통제하는 능력을 제공할 수 없다. 그리고 프롤레타리아는 자기의 인격성과 그에게 강요된 생활 조건인 노동 사이의 모순을 스스로 깨닫는다. 그것은 특히 그가 이미 어릴 때부터 희생됐으며 또 그가 그의 계급에 머무른다면 그가 다른 계급으로 상승할 조건에 다가갈 기회가 없기 때문이다.

*****

〈GA2, 99〉〈수, 58〉〈W, 77〉따라서 도주한 농노는 기존의 현존조건을 자유롭게 발전하고 정당화하려 했으나 결국 자유[임금] 노동에 다만 도달할 수 있을 뿐이었다. 반면에 프롤레타리아는 인격으로 인정받기 위해, 지금까지의 그의 현존 조건이자, 동시에 지금까지의 전체 사회의 현존 조건이기도 한 노동을 폐지해야 한다. 따라서 프롤레타리아는 국가라는 형식에 직접 대립하고 있다는 것을 발견한다. 왜냐하면 국가는 사회 속의 개인이 전체적인 표현을 얻는 형식이기 때문이다. 그러므로 프롤레타리아는 자기의 인격성을 관철하기 위해서는 국가를 전복해야 한다.

라이프치히 공의회[144]

⟨GA2, 140⟩⟨W, 78⟩계간지 『비간트Wigand』(1845년) 3권에서는, 훈족의 전투가 실제로 벌어지고 있다. 카울바흐Kaulbach의 그림[145]은 이

---

144   W주 25, CW주 37) 라이프치히 공의회는 이 절에서 비판받는 브루노 바우어와 막스 슈티르너의 책이 라이프치히에서 출판됐다는 사실을 암시한다. GA2주 참조) 1845년 3월 23~26일까지 라이프치히에서 개최된 독일 가톨릭교회의 일반 회의를 지시한다.

145   GA2주 참조) 이 그림은 카울바하Willhelm Kaulbach가 그린 그림 '훈족의 전투'를 지시한다. 이 그림은 451년 훈족과 로마 사이에 카탈루냐 평야 지역에서 벌어진 전투를 묘사한다. 기울비하는 인구에 희자되는 전투를 로마 성문 앞으로 옮겨서 이를 징신적 선두로 묘사했다. 카울바하는 이 그림을 프로이센의 외교관 아타나시우스 백작 라친스키의 의뢰를 받아 그렸고 그는 이 그림을 1837년 베를린에 있는 자기 집의 갤러리에 걸어 공개했으며 그가 수집한 그림 가운데 주요 인기 품목으로 삼았다. 마르크스는 1836년부터 1841년까지 베를린에서 살면서 이 전시의 관람자가 될 수 있었다.

전투를 예견했다. 죽은 자의 분노는 죽어서도 진정되지 않으니, 유령의 울부짖음과 비명은 마치 전쟁과 전쟁의 함성, 칼과 방패와 철마차에서 나오는 것처럼 들려온다. 그러나 이 전투는 세속적인 것 때문은 아니다. 그 신성한 전쟁은 보호관세나 헌법, 감자병, 은행 기관 또한 철도를 둘러싸고 수행되는 전쟁이 아니다. 그 전쟁은 오히려 정신의 신성한 관심, "실체", "자기의식", "비판", "유일자" 또한 "진정한 인간"을 둘러싸고 수행된다. 우리는 교부들의 공의회와 같은 것을 본다. 그들은 교부라는 류 가운데서는 최종적으로 출현한 견본이며 여기서 지고의 존재나 절대자와 방불한 존재라는 문제에 관해서라면 바라마지 않건대 그들은 최종적으로 지지받는 존재이니 이런 procès-verbal〈논제〉를 다루는 것도 가치 있는 일이 될 것이다.

우선 저기 *신성한* 브루노가 앉아 있다. 그는 든 *지팡이* 때문에 쉽게 눈에 뜨인다("감각적 존재가 되고, *막대기[지팡이]*가 되자", 『비간트』, 130쪽)[146] 그는 머리에 "순수한 비판"이라는 영예의 관을 쓰고 세계를 경멸하면서 자신의 "자기의식" 속으로 숨는다. 그는 지고의 자기의식이라는 이름으로 "실체"라는 개념을 강간함으로써 "종교를 총체적으로 *파괴하며* 또 국가의 온갖 현상을 *파괴했다*."(138쪽) 그가 힐끗 쳐다보기만 해도 "보통 사람[Masse]"이라면 "박살 나" 먼지가 되고 만다. 다른 한편으로 교회의 잔해와 국가의 "깨진" 조각이 그의 발밑에 구르고

---

146 CW주) 브루노 바우어, 『루트비히 포이어바흐의 특징』
GA2주 참조) 이 부분은 브루노 바우어의 책을 비판하면서 처음 쓴 수고(H5a) 즉 현재 포이어바흐 장에서 이쪽으로 옮긴 것이다. 남아 있던 비판 수고는 3장 성 막스(H11)에서 발췌한 두 텍스트와 합쳐 계획된 서론 즉 1장 포이어바흐 장의 수고 뭉치(H5)가 됐다.

있으니, 그는 신과도 같다. 그에게는 아버지도 어머니도 없으며, 그는 "자신의 피조물이자 자신의 걸작[Machwerk]"(136쪽)이다. 한마디로 말해 그는 정신의 "나폴레옹"이며, 정신 속에 존재하는 "나폴레옹"이다. 그의 정신 수양은, 그가 항상 "자기에게 귀 기울이고 이러한 자기에게 귀 기울임 속에서 자기규정의 원동력을 발견하는"(136쪽) 데 있다. 그렇게 자기의 말을 기록하느라고 긴장한 나머지 그는 눈에 띄게 "쇠약해지고 있다." 나중에 보게 되겠지만, 〈W, 79〉그는 자신의 말에 "귀를 기울일" 뿐만 아니라, 때때로 『베스트팔렌의 증기선』[147]이라는 잡지에도 귀를 기울인다.

브루노의 맞은편에 성 막스가 앉아 있다. 신의 왕국을 위한 성 막스의 공적은, 그가 이제 대략 600쪽에 달하는 책[148]으로 자신의 정체성을 확인하고 입증했다고 주장하는 데 있다. 그 정체성이란 곧 그가 이 사람 또는 저 사람이 아니며, "한스나 쿤츠[어중이 떠중이]"도 아니며 바로 그 성 막스이며 다른 그 누구도 아니라는 사실이다. 〈GA2, 143〉그의 영예와 기타 징표[그의 책]에 대해서 말할 만한 것은, 그것들이 그의 대상이며 따라서 그의 소유이고 "유일"하며 "비교할 수 없고" "이름

---

147   W주 27)『베스트팔렌 증기선』-진정 사회주의자인 오토 뤼닝Otto Lüning이 발간한 월간지. 이 월간지는 1845년 1월부터 1846년 12월까지 빌레펠트Bielefeld에서 발간됐고, 1847년 1월부터 1848년 3월까지는 파데보른Padeborn에서 발간됐다. 첫 해(1845) 잡지에는『신성 가족 또는 비판가의 비판에 대한 비판-브루노 바우어 박사에 대한 비판』(엥겔스와 마르크스의 공저, 프랑크 푸르트, 1845년)가 익명으로 실려 있다.

148   CW주) 슈티르너,『유일자와 그의 소유』
GA2 주) 슈티르너의 두 저서(『유일자』,『비평가』)는 합해서 539쪽에 달한다.

붙여질 수 없다."(148쪽)라는 점뿐이다.[149] 그는 "허튼소리꾼[Phrase]"이자 "공론가[Phraseigner]"요, 산초 판사이자 돈키호테[Don Quijote]이다. 그의 고행은 멍청한 것[Gedankenlogkeit]에 관해 신물 나게 사고하고, 고려할 필요도 없는 것[Unbedenklichkeit]에 관해 여러 쪽에 걸쳐 고려하며, 신성하지 않은 것을 성스럽다고 말하는 데 있다. 그렇다고 그를 대대적으로 찬양할 필요는 없다. 왜냐하면 그가 줄곧 말해 온 것은 모두 그 자신에게 속하는 속성이기 때문이다. 그 속성은 얼마나 많은지 회교도가 부르는 신의 이름보다 더 많다: 나는 모든 것이며 그 이상의 무엇이고, 나는 무엇이 아닌 것을 모두 합한 것이자 이런 모든 것의 무[Nichts]이다. 그가 음울한 그의 경쟁자들보다 더 우월한 점이 있다면 그것은 그가 잔칫집의 "흥청거리는 분위기"를 갖고 있고, 때때로 자신의 비판적 명상을 중단하고 "*비판의 고함[kritische Juchhe]*"을 지르기도 한다는 점이다.

신성한 종교재판소의 이 두 우두머리 앞으로 이단자 포이어바흐가 그노시스파[150]라는 무서운 고발에 답하라고 소환된다. 신성한 브루노는 이렇게 "호통친다." 즉 이단자 포이어바흐가 질료[Hyle]와 실체[Substanz]를 무단으로 점유하면서, 그 질료와 실체를 브루노에게 양도할 것을 거부함으로써 브루노 자신의 무한한 자기의식이 그 속에서 비추어지지 못하게 한다는 것이다. 자기의식은 자신에서 유래하고 자신에게 귀속하는 모든 것을 자신 속으로 되돌려 받을 때까지는, 마치 유령처럼 떠돌아다녀야만 한다. 자기의식은, 그노시스[영지주의:靈知主義]

---

149 W주 28) 슈티르너, 『슈티르너에 대한 논평가들』, 『비간트』 계간지, 1845, 3호, 79쪽 참조

150 역주) 신의 인식이 가능하다는 파

파인 포이어바흐가 자물쇠와 빗장으로 걸어 잠그고 양도하지 않으려고 하는 그 질료와 실체를 빼고는 이미 전체 세계를 집어삼켰다.

성 막스는 자신의 입으로 계시한 교의를 의심한다는 이유로 그노시스파 교도인 포이어바흐를 기소한다. 그 교의는, "모든 거위, 모든 개, 모든 말"이 "완전한 인간이며 굳이 최상급의 표현을 듣고 싶어 한다면, 가장 완전한 인간"이라는 주장이다.(『비간트』, 187쪽: "그것에는 인간을 인간으로 만드는 성질이 조금도 부족하지 않다. 물론 모든 거위, 모든 개, 모든 말에 대해서도 사정은 똑같다.")

이 중대한 고발 밖에도 모제스 헤스Moses Heß에 대한 두 성자의 소송과 『신성 가족』의 저자들에 대한 브루노의 소송이 결정됐다.〈W, 80〉 그런데 이들 피고인들은 "세속의 일"로 바빠서 산타 카사Santa Casa[151] 법정에 출두하지 않았다. 그래서 그들은 궐석한 채로, 자연 수명이 유지되는 동안 정신의 왕국에서 영원히 추방당하는 형을 선고받았다.

마침내 두 우두머리는, 서로 어울려서 그리고 서로를 헐뜯기 위해서 다시금 괴이한 음모를 꾸며 낸다. {〈W, 노트 35: 80-하단 주: 수고에서 삭제〉〈수, 96-하단 주〉Dottore Graziano〈그라치아노 박사〉,[152] 일명 아놀드 루게는 아주 교활하고 능수능란한 사람이기에(『비간트』, 192쪽)

---

151 W주 29, CW주 40) 산타 카사-마드리드에 있는 종교재판소의 이름

152 W주 30) 도토레 그라치아노-이탈리아 사면희극의 인물로 가짜 박사와 소인의 전형이다. 마르크스와 엥겔스는 아놀드 루게를 항상 그라치아노 박사 또는 독일 철학의 그라치아노 박사라고 부른다. GA2주 참조) 희극상 이 인물은 볼로냐의 학자인데 그는 검은 코와 이마를 가진 마스크를 쓰고 학자연하는 지루한 불평가다.

항상 구실을 만들어 뒷전에나 나타난다.[153]

---

153 CW주) 원래 루게에 대한 한 장이 계획됐던 것으로 보인다.

2장 성 브루노

1절 포이어바흐에 대항한 "전쟁"

〈GA2, 144〉〈수, 1〉〈W, 81〉바우어의 자기의식이 자기와 세계에 대해 펼치는 엄숙한 비판을 살펴보기 전에 먼저 하나의 비밀을 폭로할까 한다. 즉 성 브루노가 이제 전쟁이라고 외치면서 전쟁을 개시한 까닭은 오직 하나뿐이라는 사실이다. 그 까닭은 브루노가 그 자신과 이미 김이 빠져 신맛이 나는 자신의 비판을 염치없이 잊어버린 청중 앞에서 다시 "확인해야" 했기 때문이며 또한 1845년에 이르러 상황이 변했더라도 비판은 예전과 다름없이 변함없이 유지되고 있음[154]을 보여주어야 했기 때

---

154 GA2주 재인용)『현재 비판의 대상은 무엇인가?』(『일반 문예 신문』, 1844년 7월 8일), 21쪽: "비판이 자기를 해명하며 자신을 비판하며 이를 통해 그 이전의 작업을 확실시하기 시작한 이제 비판이 2년 전에 아직 부분적으로 취했던 입장 때문에 그 비판을 비난하고자 한다면 이것은 너무 늦은 일일 것이다."

문이다. 브루노는 『대의(大義)와 그 자신의 주장guten Sache und seiner eignen Sache』의 제2권에서[155] 이렇게 썼다. 즉 그는 자신의 고유한 영토를 주장하며 pro aris et focis〈신과 조국을 위해〉[156] 싸운다는 것이다. 그러나 신학이 진짜 그렇게 하듯이 그는 자기의 이런 목적을 마치 포이어바흐가 지닌 "특징을 서술하기를" 원한다는 듯한 가상 아래 감춘다. 포이어바흐와 슈티르너의 논쟁에서[157] 바우어가 전혀 고려되지 않았다는 사실이 가장 잘 증명하듯이, 사람들은 이 가련한 인간을 까맣게 잊어버리고 말았다. 실상이 그러하니, 오직 자신을 서로 대립하는 두 사람 모두에 대립하는 자로서 그리고 두 사람의 더 고차적 통일인 신성한 정신으로 공표하는 것이 브루노가 이 논쟁에 집착하는 이유이다.

성 브루노는 자신의 "전쟁"을 포이어바흐에 대한 포격으로 시작했다. c'est-à-dire〈그것이〉『북독일 잡지[Norddeutschen Blättern]』[158]에 이미

---

155   W주 31) 여기서는 바우어가 『비간트 계간지』(1845), 3호에 게재한 『루트비히 포이어바흐의 특징』이라는 논문이 그의 저서 『자유의 대의와 나 자신의 주장Die gute Sache der Freiheit und meine eigene Angelegenheit』의 2권이라고 조롱 삼아 지칭되고 있다. GA2주 참조) 이 논문은 그가 본Bonn 대학 신학부에서 강사 자격을 박탈당한 것을 항의하는 논문이며, 이 논문으로 그는 프로이센의 상태에 관한 청년 헤겔주의자의 비판의 탁월한 목소리 중의 하나로 인정됐다.

156   CW주) 말 그대로 하자면 "제단과 가정을 위해서"를 의미하며, "집과 고향을 위해서"라는 의미로 사용된다. 즉 그 자신의 대의를 변명한다는 뜻이다.

157   CW주) 슈티르너의 『유일자와 그의 소유』와 관련된 포이어바흐의 저서 『기독교의 본질』을 지칭한다.

158   W주 32) 『북독일 잡지』, 1844, 4호에 실린 바우어의 논문 『루트비히 포이어바흐의 특징』 참조. 『북독일 잡지』는 두 권이 나왔는데, 첫째 권은 1844년에, 둘째 권은 1845년에 나왔으며, 표제는 『전투적 비판을 위한 논문』이었다.

실렸던 논문을 그가 확대 개정해 출판한 목적이다. 바우어가 포이어바흐를 "실체"의 기사[騎士]로 전락시킨 것은 그 자신의 "자기의식"을 더 돋보이게 하기 위한 것이다. 우리의 성자는 포이어바흐의 이런 변신을 포이어바흐의 모든 저서에서 증명할 수 있다고 보므로 라이프니츠와 베일Pierre Bayle에 대한 포이어바흐의 글[159]에서 시작해 곧바로 『기독교의 본질』로 건너뛰면서 『할레 연보 Hallischen Jahrbüchern』에 실린 『적극 철학자[positiven Philosophen]』[160]를 비판하는 논문을 생략해 버린다. 이는 참으로 "적절한" "착오"가 아닐 수 없으니, 이 논문에서 포이어바흐는 〈W, 82〉이미 "실체"의 적극적 대변자에 맞서 "자기의식"의 지혜를 온전히 밝혀낸 바 있기 때문이다. 이때는 성 브루노가 여전히 처녀 수태에 대한 사변에 빠져 있을 때이다.

〈GA2, 147〉성 브루노가 헤겔의 낡은 군마를 타고 지금도 날뛰고 있다는 것은 두말할 필요가 없다. 그가 신의 왕국에서 받은 최신의 계시 가운데 첫 번째 구절을 들어보자.

---

159 W주 33) 이것은 포이어바흐의 다음 책을 지칭한다: 『근대철학의 역사, 라이프니츠의 철학과 피에르 베일에 관한 서술과 설명』

160 W주 34) 1838년 『할레 연보』에 익명으로 실린 루트비히 포이어바흐의 『적극 철학자 비판』을 참조하라.

CW주 41) 적극 철학이란 신비적인 종교적 경향을 말한다. (적극 철학자는 비세Christian Hermann Wisse, 피히테Immanuel Hermann Fichte Junior, 귄터Anton Günther, 바더Franz Xaver von Baader, 셸링Friefried Schelling 후기 등을 지칭한다.) 이 철학은 헤겔의 철학을 우파 관점에서 비판한다. 적극 철학자는 철학을 종교에 종속하려고 시도하면서 합리적 인식을 부정하고 신성한 계시가 긍정적 인식의 유일한 근원이라고 주장했다. '적극 철학자'는 합리적 인식을 유일한 근원으로 인정하는 모든 철학을 부정적 철학으로 불렀다.

"헤겔은 스피노자의 실체와 피히테의 자아[Ich]를 종합했다. 양자의 통일, 대립하는 영역의 결합 등은 헤겔 철학이 제공하는 고유한 흥밋거리이면서도 동시에 그의 철학에 존재하는 약점이기도 하다. …. 헤겔의 체계는 이런 모순 속에서 부유하므로, 이런 모순은 반드시 해소돼야 했고 근절돼야 했다. 그러나 그런 모순이 해소되거나 근절될 수 있는 길은 유일했다. 즉 그 길은 *자기의식이 절대정신*에 대해 어떤 관계에 있는가? …. 라는 물음을 영원히 제기할 수 없게 만드는 길이었다. 그런 물음이 불가능하게 되는 것은 두 가지 경우에 가능했다. 한 가지는 자기의식이 필연적으로 실체의 불길 속에서 소실되는 것 즉 순수 실체성의 관계가 확립되어 존속하는 것이다. 다른 한 가지는 인격성[Persönlichkeit]이 필연적으로 실체의 속성을 창시[創始]하는 것이자 실체의 본질이라는 점이 밝혀지는 것이다. 이때 인격성 일반의 *개념* 속에 어떤 가능성 즉 자신("개념" 또는 "인격성"?)을 스스로 제한하고 자신의 *일반적 본질*을 통해 정립된 이 제한을 다시 제거할 가능성이 있어야 한다. 왜냐하면 이 본질이라는 것도 바로 인격성의 *내적 자기구별*, 인격성의 활동 *결과*에 불과하기 때문이다."(『비간트』, 86, 87, 88쪽)[161]

『신성 가족』 220쪽에서도[162] 헤겔 철학은 스피노자와 피히테의 통일로 서술됐으며, 그의 철학 속에 포함된 모순도 강조됐다. 그러나 『신

---

161 CW주) 바우어, 『루트비히 포이어바하의 특징』
162 CW주) W 4권[『신성 가족』], 139쪽을 보라

성 가족』의 저자 [즉 마르크스, 엥겔스]와 달리, 성 브루노에게 특징적인 점은 그가 자기의식과 실체의 관계에 대한 물음을 "헤겔처럼 사변 내부에 속하는 쟁점"으로 보는 것이 아니라 세계사적인 물음으로, 정말 절대적인 물음으로 간주하고 있다는 점이다. 자기의식과 실체의 관계는 브루노에게서 현재 시대의 모든 갈등을 표현할 수 있는 유일한 형식이다. 그는 실체에 대해 자기의식이 승리하는 것이 유럽의 균형뿐 아니라 오리건주[州] 문제[163]가 앞으로 밟아나갈 전 과정에 결정적인 영향을 줄 것이라고 정말 믿고 있다. 그러나 영국에서 곡물법의 폐지가 실체와 자기의식의 이런 관계를 통해 어느 정도로 좌우되는지는 지금까지 별로 알려진 것이 없다.

헤겔이 실제에서 일어나는 충돌을 추상적이고 신격화된 표현 속에 집어넣으려 했다면, 브루노의 "비판적" 머리에 떠오른 것은 오히려 그런 표현을 실제 충돌로 간주하는 것이다. 브루노는 *사변적* 모순을 인수해 그 한 부분을 다른 부분에 대립시킨다. 실제의 문제를 표현하는 철학적 *상투어가* 그에게는 실제 문제 그 자체다. 브루노는 한편으로는 실제 인간과 그런 인간 앞에 외견상 자립적으로 마주 서 있는 사회 관계에 관한 실제적인 의식 대신, 〈GA2, 148〉〈W, 83〉오로지 *자기의식*이라는 추상적 상투어를 늘어놓으며 그리고 실제를 산출하는 것 대신, *자기의식의 자립적 활동*이라는 추상적 상투어를 늘어놓을 뿐이다. 다른 한편으로는 그는 실제의 자연과 실제로 존재하는 사회관계 대신 이 관계를 지시하는 철학 범주나 이름을 모두 철학적으로 총괄하면서 이를 실

---

163 W주 34, CW주 42) 오리건 주 문제-태평양 연안에 위치한 오리건 주에 대해 미국과 영국은 동시에 소유권을 주장했다. 오리건 주를 차지하기 위한 전쟁은 1846년 양국의 분할 지배로 마무리됐고, 북위 49도가 국경선으로 확정됐다.

체*라는 상투어로 표현한다. 왜냐하면 그는 모든 철학자나 이데올로그와 마찬가지로 사상과 관념 즉 현존 세계를 표현하지만, 고유하게 존재하는 사상을 이 현존 세계의 토대로 오인하기 때문이다. 그가 인간과 인간 사이의 실제 관계를 조금도 알지도 못한 채 이러한 무의미하고 공허한 두 가지 추상을 갖고 온갖 종류의 잔재주를 부리고 있다는 점은 불을 보듯 빤한 사실이다.(그 밖에 포이어바흐가 실체에 대해 그리고 성 막스가 "인도적 자유주의"와 "신성한 것"에 대해 말한 것을 보라.)[164] 그러므로 브루노는 사변 속의 모순을 해결하기 위해 사변이라는 지반을 떠나지 않는다. 그는 그 사변이라는 지반에서 움직이고 특히 헤겔의 지반에 여전히 머물러 있으므로 "자기의식"과 "절대정신"의 관계라는 문제로 잠을 전혀 이루지 못한다. 한마디로, 우리가 여기서 대면하는 것은 *자기의식의 철학*이다. 그 철학은 『공관 복음서 저자에 대한 비판Kritik der Synoptiker』에서 이미 예고됐고 『기독교의 해명Entdeckten Christenthum』[165]에서 상세히 설명됐다. 그에게는 유감스러운 일이겠지만, 그 철학은 헤겔의 『정신현상학』에서 이미 오래전에 예견된 것이었다. 이 새로운 바우어 철학도 『신성 가족』 220쪽 이하와 304~307쪽[166]에

---

164 역주) GA2주 참조. 이 구절을 통해 볼 때, 1장 포이어바흐 장은 완성되지 않았다. 수고 뭉치 가운데 '실체', '인도주의', '신성한 것'에 관한 명제들이 발견된다.

165 W주 35) 바우어, 『공관 복음서 저자들의 복음주의 역사 비판Kritik der evangelischen Geschichte der Synoptiker』−종교사 문헌에서 공관 복음서 저자란 신약성서의 세 복음서인 『마태복음』, 『마가복음』, 『누가복음』의 저자를 가리킨다. 『기독교의 해명Das entdeckte Christenthum』도 마찬가지로 브루노 바우어가 저술했다.

166 CW주) W 4권, 139쪽 이하 그리고 191~93쪽

서 이미 충분히 비판됐다. 그런데도 여기서 성 브루노는 심지어 자신을 희화화하지 못해 안달하는 모양이다. 그래서 그는 "인격성"을 밀반입하고 *슈티르너*가 그랬듯이 개별자를 "그 자신이 걸작[eignes Machwerk]"으로 그리고 *슈티르너*를 *브루노의 산물*로 서술한다. 어떻게 이런 지경에 이르렀는지를 간단하게 살펴볼 필요가 있다.

우선 독자는 브루노의 자기 희화화를 그 원본에 해당하는 『기독교의 해명』 113쪽의 〈수, 2〉 자기의식에 관한 설명과 비교해 보고, 이 설명을 다시 그것의 원래 원본에 해당하는 것 즉 헤겔의 『정신현상학』 575, 583쪽 등과 비교해 보라.(양 구절은 『신성 가족』, 221, 223, 224쪽에도 [167] 인용된다.) 그렇다면 이제 이 희화화된 것부터 보자! "인격성 일반"! "개념"! "일반적 본질"! "자신을 제한하고 이 제한을 다시 제거하다."! "내적 자기구별"! 이라니. 이 얼마나 어마어마한 "결과"인가! "인격성 일반"이란 "도대체" 무의미한 말이거나, 아니면 인격성의 추상적 개념일 뿐이다. 그러므로 "자신을 제한해 확정한다는 것"은 인격성 개념의 "개념"에 속하는 것이다. 그러므로 인격성 개념의 "개념에 속하는[im Begriff]" 이런 자기 제한은 인격성이 "자신의 일반적 본질을 통해"〈W, 84〉자기 위에 정립한 것이다. 그런데 인격성이 이런 자기 제한을 다시 제거한 다음에는 오히려 "본질 자체[추상적인 본질]"가 "인격성의 내적 자기구별의 *결과*"이었음이 밝혀진다. 이렇게 착잡한 동어반복의 엄청난 결과는 〈GA2, 149〉 익히 잘 알려진 헤겔식의 곡예 즉 인간 사유의 자기 구별 활동이라는 곡예로 귀결된다. 불쌍한 브루노는 이것을 고집스럽게도 "인격성 일반"의 유일자적 활동이라고 설교하고 있다. 이처럼 논리적 도약이라는 활동에 그치는 "인격성"은 이제는 낡아빠진 것이지

---

167 CW주) W 4권, 139~141쪽

만, 여기에서 아무것도 시작할 수 없다는 사실을 사람들은 이미 오래전에 성 브루노에게 알려주었다. 그뿐만 아니라 바우어가 말하는 인격성의 본질이 개념의 개념, 추상의 추상에 지나지 않는다는 사실은 이미 인용된 구절에서 솔직하게 시인되고 있다.

포이어바흐에 대한 브루노의 비판에 새로운 점이 있다면, 그것은 슈티르너가 포이어바흐*와 동시에* 바우어를 비난한 구절을 위선적으로 마치 자기가 포이어바흐에 대해 비판한 구절로 서술한다는 것이다. 예를 들자면 이런 언급들이다: [포이어바흐에게서] "인간의 본질은 본질 일반(즉 모든 본질의 본질), 신성한 어떤 것"이며, "인간은 인간에게 나타난 신"이고, 인간의 유[Menschengattung]가 "절대자"이다.[168] 포이어바흐는 인간을 "본질적 주체와 비본질적 주체로" 분열시킨다.(그러나 브루노는 항상 추상적인 것을 본질적인 것으로 보고 또 그 자신이 비판을 대중과 대립시키는 점에 비추어 본다면 이러한 분열을 포이어바흐가 생각한 것보다 더 어마어마한 것으로 생각하고 있다.) [포이어바흐는] "신에 속하는 술어[die Prädikate Gottes]"에 대항한 전쟁[169]을 치룰 수밖에 없다. 등등. 이어서 브루노는 슈티르너가 포이어바흐의 입장에 반대하면서 이기적 사랑과 비-이기적 사랑에 대해 했던 말을 무려 세 쪽에 걸

---

168 GA2주 재인용) 바우어, 『루트비히 포이어바흐의 특징』, 104쪽: "그러나 인간의 본성, 본성 자체 그리고 일반은 어떤 도달할 수 없는 것이며, 파악할 수 없는 것, 접촉할 수 없는 것, 신성한 것, 초월적인 것, 가정된 것이 아닌가?" 127/128쪽: "인간, 인간에게 신으로 여겨지는 것은 인간이다."

169 GA2주 재인용) 바우어, 『루트비히 포이어바흐의 특징』, 116쪽: "포이어바흐는 인간과 자연이 삶에 속하는 모든 영역을 신의 술어와 연계하는 가운데 축성하고 신성화하는 것과 다른 일을 성취했는가?"

쳐 (133~135쪽) 거의 토씨 하나 바꾸지 않고 베껴 쓴다. 마찬가지로 브루노는 "각 인간은 자신의 피조물이다."[170], "진리는 유령이다."[171] 등과 같은 슈티르너의 상투어를, 그것도 아주 어설프게 흉내 낸다. 그뿐만 아니라 브루노는 슈티르너의 "피조물"이라는 말을 "걸작"이라는 말로 바꾼다. 우리는 나중에 성 브루노가 슈티르너를 어떻게 이용해 먹는지를 살펴보는 데로 되돌아올 것이다.

그러므로 성 브루노에게서 발견되는 첫 번째 특징은 그가 처음부터 끝까지 헤겔에 의존하고 있다는 사실이다. 그가 헤겔에게서 베껴온 서술에 대해 더는 주목할 필요가 없을 것이다. 여기서는 다만 그가 얼마나 그 철학자들의 힘을 철석같이 믿는지를 보여주고 또한 그가 얼마나 그 철학자들의 환상을 공유하는지를 보여주는 몇몇 구절에 주목하면 될 것이다. 이런 철학자들은 의식이 변화한다면 그리고 현존하는 관계에 대한 해석이 새롭게 전환한다면, 지금까지 세계 전체가 전복될 수 있다고 믿는다. 이러한 믿음 때문에 성 브루노는 계간지 『비간트』, 4호, 327쪽에서 그의 한 제자의 인정을 받는다. 그 제자는 여기서 브루노가 위에서 즉 『비간트』, 3호에서 인격성에 관해 공언한 구절이 "세계를 전복하

---

170 GA2주 재인용) 바우어, 『루트비히 포이어바흐의 특징』, 136쪽: "모든 순간에 그대가 존재하듯이 그대는 그대의 산물이다 .... 그러나 그대는 그대보다 더 높은 자니 즉 그대는 단순히 피조물이 아니라 마찬가지로 창조자다."

171 GA2주 재인용) 바우어, 『루트비히 포이어바흐의 특징』, 120쪽: "나의 친애하는 필라투스여, 진리는 주인이라네. 진리를 추구하는 모든 사람은 이 주인을 찾으며 찬양하는 것이네. 이 주인이 정신이지. 그대가 그를 실제로 목격했다고 믿는 곳에서 그는 하나의 유령이라네."

는 사상"[172]이라고 증언한다.

⟨W, 85⟩성 브루노는 『비간트』, 95쪽에서 이렇게 말한다[173]:

"철학은 가장 일반적인 형식으로 환원된, 가장 이성적으로 표현된 신학이 아닌 적은 없었다."

포이어바흐를 *반박하는* 이 구절은 포이어바흐의 『미래의 철학』 2쪽에 있는 말을 거의 그대로 베낀 것이다:

"사변철학은 진정한, 수미일관된, *이성적* 신학이다."

⟨GA2, 150⟩브루노는 계속해 이렇게 말한다:

"철학은 항상 종교와 연대해 개인을 절대적으로 비자립적 존재가 되게 했으며 [종교와] *같은 결과*를 실제로 성취했다. 그 방법은 개별적 삶을 일반적 삶 안으로, 우연성을 실체 안으로, 인간을 절대정신 안으로 지양하게 요청[hieß]하고 추동[ließ]하는 것이었다."

브루노의 "철학"은 헤겔적인 철학과 연대하면서 신학과 금지된 교

172　W주 36) 계간지 『비간트』, 1845, 4호에 실린 익명의 논문 『무죄 선고를 받은 자가 자기에게 반대되는 정보를 공표하기를 요구할 권리에 대해(Über das Recht des Freigesprochenen ....)』참조.

173　CW주) 브루노 바우어, 『루트비히 포이어바하의 특성』

제를 여전히 계속한다. 그러면서도 브루노 자신은 인간의 "우연성" 중의 하나인 자기의식을 실체로 간주하면서도 말로는 "인간"을 자기의식이 지닌 관념 속으로 "연기가 되어 사라지게 추동[ließ]하지 않은 것을 말할 것도 없고, 요청[hieß]조차도" 하지 않는 것처럼 말한다. 그런데 이 구절 전체를 읽어보면 충분히 간파할 수 있듯이 우리의 교부는 신성한 신학자와 철학자가 신비스러운 힘을 지니고 있다는 사실을 여전히 믿으면서 "말 많은 훈장답게" 얼마나 즐거운 마음으로 이런 "세계를 전복할 만한" 신앙을 고백하는지 모른다. 물론 우리의 교부는 『자유의 대의와 그 자신의 주장』[174]에 관심을 가지고 그런 신앙을 고백할 것이다.

105쪽에서 신을 경외하는 이 사람이 뻔뻔하게도 포이어바흐를 다음과 같이 비난하고 있다:

"포이어바흐가 개인에서 즉 기독교의 탈인간화된[entmenschten] 인간에서 *만들어낸* 것은 인간, 진정한 인간,"(!) "실제 인간,"(!!) "인격적인 인간이"(!!!) (『신성 가족』과 슈티르너을 통해 도입된 술어들) "아니라" "오히려 무기력한[entmannten] 인간, 노예다."

그때 *inter alia*〈그 와중에〉 그 자신 즉 성 브루노는 *머리로[mit dem Kopfe]* *인간*[175]을 만들어낼 수 있다는 터무니없는 주장을 떠들어 댄다.

나아가서 같은 대목에서 그는 이렇게 말한다:

---

174 CW주) 바우어의 책 『자유의 대의와 나 자신의 주장』에 대한 아이러니
175 역주) 마르크스는 이때 '*der Mensch*'를 쓰는 데 이때 정관사를 이탤릭체로 변경했다. 번역에서 보통의 때와 구별해서 정관사를 이탤릭체로 바꾼 때는 '*인간*'으로 이탤릭체화했다.

"포이어바흐에 따르면, 개인은 유[Gatttung]에 종속되고 유에 봉사할 수밖에 없다. 포이어바흐의 유는 헤겔의 절대자이며, 그 유 역시 어디에도 실존하는 것은 아니다."[176]

성 브루노는 여기서 다른 구절에서와 마찬가지로 그의 명성 그대로 개인의 실제 관계를 그 관계에 대한 철학적 해석에 의존하게 만든다. 하지만 그는 헤겔의 "절대정신"과 포이어바흐의 "유"가 실제 세계와 어떤 연관을 맺는지는 어림짐작도 하지 못한다.

⟨W, 86⟩ 104쪽에서 우리의 성스러운 교부는 포이어바흐가 이성, 사랑, 의지의 신성한 삼위일체를 "개인 속에 있으며 동시에 개인 *너머에 존재하는*" 어떤 것으로 만드는 주장에 경악하면서 이단이니 뭐니 "떠들어댄다." 그는 마치 오늘날 어떤 소질이나, 어떤 충동 그리고 어떤 욕구라도 주어진 상황을 통해 충족되는 것이 방해받는 즉시 "개인 속에 *있으면서 개인 너머에 있는*" 어떤 힘으로 나타난다는 사실이 사실이 아닌 것처럼 생각하는 모양이다. 예를 들어 성 교부 브루노가 배고픔을 충족할 수단이 없는 상황에서 배고픔을 느끼게 되면 그의 위[胃]는 "그 자신 속에 *있으면서 그 자신 너머에 있는*" 하나의 힘으로 바뀌게 마련이다.

---

176 GA2주 재인용) 바우어, 『루트비히 포이어바흐의 특징』, 105쪽: "개인은 유에 복종하고 봉사해야 한다. 봉사란 노예적인 것이다.—포이어바흐의 유는 헤겔의 절대자이며 셸링의 무차별자, 피히테의 자아, 칸트의 물자체, 라이프니츠의 원시 모나드, 스피노자의 실체, 기독교의 신이다. 종교, 철학 또한 포이어바흐의 유는 어디에도 없으며, 단지 심정의 하늘에서 그리고 환상의 머릿속에서 생겨난 구름의 지반 위에서가 아니라면 어디에도 존재하지 않는다."

포이어바흐의 오류는 이러한 사실을 공언한 데 있는 것이 아니라, 그 사실을 하나의 구체적이고 극복 가능한 〈수, 3〉역사 발전단계의 산물로 파악하지 못하고 관념론적으로 자립화한 데 있다.

〈GA2, 151〉111쪽을 보자:

"포이어바흐는 노예다. 그는 자신의 노예근성으로 말미암아 *인간*이라는 작품을 완성하지 못하고 종교의 본질을 인식하지 못한다."("인간이라는 작품"이라니 아름다운 말이다!) …. "그가 종교의 본질을 인식하지 못하는 이유는 그를 종교의 *원천*으로 인도하는 *다리*를 인식하지 못하기 때문이다."[177]

성 브루노는 종교가 자기만의 "본질"을 지니고 있다고 매우 진지하게 믿고 있다. 우리를 "종교의 *원천*"으로 *인도한다*는 이 "다리"로 말할 것 같으면, 이 당나귀 다리[178]는 반드시 *Aquadukt*〈송수교〉여야 한다. 성 브루노는 다리가 생긴 덕분에 놀고먹는 기묘하게 근대화된 카론

177　GA2주 재인용) 바우어, 『루트비히 포이어바흐의 특징』, 110/111쪽: "포이어바흐는 헤겔과 마찬가지로 종교의 진정한 본질을 발견하거나 파악할 수 없었다. 왜냐하면 그는 진리를 고정된 완결된 대상으로 파악하고 그런 관념을 가지기 때문이다. 그러나 진리는 결코 그 자체로 완성된 대상으로 발견되지 않으며 다민인격의 견제 속에서 스스로 선개되고 통일되는 것으로 파악되는 것이다. 결국 포이어바흐는 유동적인 것을 고정된 것으로, 생성하는 것을 바위 같은 것이나 암석으로 만들려 한다. 인격성은 그런 암석에 부딪혀 머리를 깨고 말 것이다."

178　CW주) '당나귀 다리'는 말장난이다. 게으르고 둔한 사람이 어려운 문제를 이해하는데 사용하는 만병통치의 수단을 의미한다.

Charon[179]으로 탈바꿈한다. 이제 카론은 종교라는 저승세계로 안내하는 다리 위에 앉아서 toll keeper〈통행세 징수인〉으로서 다리를 건너는 모든 사람에게 반 페니 동전을 강요한다.

120쪽에서 성자는 이렇게 언급한다:

"이 세상에 어떤 *진리*도 없다면 그리고 진리라는 것이 인간이 지금까지 두려워하던 하나의 *유령*(슈티르너여, 도와다오![180])에 지나지 않는다고 한다면, 포이어바흐가 존재할 수나 있었을까."

"진리"라는 "유령"을 두려워하는 "인간"이 있다면 고결한 브루노 자신 말고는 아무도 없다. 그는 그 말이 나오는 데서 10쪽이나 앞선 110쪽에서 진리라는 "유령" 앞에서 아래와 같은 비명을 지른 바 있으니 이 비명은 세계를 뒤흔들 만큼 엄청난 비명이었다:

"진리는 어디서도 완성된 객체로 독자적으로 발견할 수 없으며, 오직 인격성의 전개 속에서 스스로 발전하고 결합하면서 통일에 이를 뿐이다."

---

179   W주 37) 카론charon은 그리스 신화에 나오는 인물이다. 그는 죽은 자의 망령을 아케론강을 건너 지하 세계로 건너가는 길을 인도하면서 그 대가로 자선을 바라는 늙은 나룻배 지기이다.

180   CW주) "사뮤엘, 도와다오"라는 표현이 칼 마리아 폰 웨버Karl Maria von Weber의 오페라 『자유를 지키기』, 2막, 6장에 나온다. 그 표현을 이용해 풍자한 것.

여기서 진리라는 유령은 스스로 발전하고 통일하는 하나의 인격체로 전환됐을 뿐 아니라, 나아가 이런 곡예는 마치 촌충[寸蟲]처럼 인격체 외부에 있는 제3의 인격체에 기생하는 가운데 수행됐다. 〈W, 87〉성자께서는 일찍이 아직 젊고 육신의 욕망이 강하게 들끓고 있었던 시절에 진리에 대해 사랑의 관계를 맺은 적이 있으셨다. 이 점에 대해서는 『신성 가족』 115쪽 이하를 보라.

포이어바흐의 *감성*[Sinnlichkeit]에 대한 브루노의 격렬한 논박을 보면 성자께서 지금 육신의 욕망과 세속의 욕구에서 어느 정도까지 정화됐는지가 잘 드러난다. 브루노는 포이어바흐가 *감성*을 지극히 편협한 방식으로 긍정하는 것에 대해서는 결코 공격하지 않는다. 브루노가 보기에 미수에 그친 포이어바흐의 시도는 이데올로기에서 벗어나려는 시도이니 그건 이미 하나의 *죄*에 다름없다. 옳다! 감성, 그것은 눈의 욕망이고 육신의 욕망이며 오만이니,[181] 신의 눈으로 보면 싫고 역겨운 것이다![182] 당신들은 모르는가, 육신으로 의욕하는 것은 죽음이지만, 영혼으로 의욕하는 것은 삶이요 평화라는 것을. 왜냐하면 육신으로 의욕하는 것은 비판을 적대하는 것이며, 육신으로 이루어진 것은 모두 이 세상에 속하는 것이기 때문이다. 당신들은 성서에 이렇게 적혀 있는 것을 모르는가:[183] 육신의 산물은 눈으로 명백히 볼 수 있는 것이니 곧 간통, 간음,

---

181 CW주) 『요한 1서』, 2장 16절 참조· 세상에 있는 모든 것 곧 육신의 욕망과 눈의 욕망과 살림살이이 자랑거리는, 아버지에게서 나온 것이 아니라, 세상에서 나온 것이기 때문입니다.

182 CW주) 『에스겔』, 11장 18절: 그들이 그곳으로 가서, 그 땅의 보기 싫고 역겨운 우상들을 그 땅에서 다 없애 버릴 것이다.

183 역주) 이하에서 성서 인용은 본문을 마르크스가 브루노를 비판하기 위해 약

더러운 것, 매음, 우상숭배, 술수, 적대, 반목, 질투, 분노, 싸움, 불화, 폭력, 증오, 살인, 과음, 폭식 등이다. 이에 대해서는 전에도 말했지만, 다시 한번 이르니, 그러한 짓을 일삼는 자들은 비판의 왕국을 결코 물려받을 수 없고 도리어 저주를 받을 것이다. [184]그들은 향락을 좇아 카인Kain의 길을 따르는 자들이고, 〈GA2, 152〉발람Balaam의 과오에 빠지는 자들이며, 고라Korah의 폭동에서 죽음을 맞이할 자들이기 때문이다. 그런 야비한 자는 부끄러운 줄도 모르고 당신들에게 동냥을 얻어먹고 살아갈 것이다. 그들은 바람에 이리저리 떠밀려 다니는 물기 없는 구름이자, 두 번 죽어 뿌리뽑힐 앙상한 불모의 나무이며, 오욕의 물거품을 뿜어내는 사나운 파도이며, 영원토록 암흑 같은 어두움에 휩싸여 있을 길 잃은 별이다. [185] 왜냐하면 성경에 적힌 대로 최후의 날에는 사리사욕만 챙기는 사람들에게 또 비판보다 육욕을 더 좋아하고 무리 지어 악을 저지르

간 변형한 것이다.

184 CW주)『갈라디아서』, 5장 19~21절: 육체의 행실은 분명합니다. 곧 음행과 더러움과 방탕과 우상 숭배와 마술과 원수 맺음과 다툼과 시기와 분노와 이기심과 분열과 분파와 질투와 술 취함과 흥청거리는 연회와 또 이와 비슷한 것들입니다. 내가 전에도 여러분에게 경고했지만, 이제 또다시 경고합니다. 이런 일을 하는 사람들은 하나님의 나라를 유업으로 받지 못할 것입니다.

185 CW주)『유다서』, 1장 11절-13절: 그들에게 화가 있습니다. 그들은 가인의 길을 걸었으며, 삯을 바라서 발람의 그릇된 길에 빠져들었으며, 고라의 반항을 따르다가 망했습니다. 이 사람들은 자기들만을 생각하면서, 염치없이 먹어 대므로, 여러분의 사랑의 식탁을 망치는 암초입니다. 그들은 바람에 밀려다니는 구름 곧 비를 내리지 않는 구름이요, 가을이 되어도 열매 하나도 맺음이 없이 죽고 또 죽어서 뿌리째 뽑힌 나무요, 자기들의 수치를 거품처럼 뿜어 올리는 거친 바다 물결이요, 길을 잃은 별들입니다. 짙은 어둠이 영원히 그들에게 마련되어 있습니다.

는 불경한 신성모독자들에게, 한마디로 육신의 노예들에게 고통의 시간이 도래할 것이기 때문이다.[186] 성 브루노는 이런 것들을 끔찍이 싫어하는데, 왜냐하면 그는 언제나 영적인 것에만 뜻을 품고 육신의 더러운 옷은 멀리하기 때문이다.[187] 이런 방식으로 브루노는 포이어바흐를 저주하면서 그를 그런 패거리 가운데 고라Korah로 간주해 개와 마법사와 방탕자와 살인자로 가득한 성 밖으로 추방해야 한다고 판결 내린다.[188]

"감성", 그것은 저주받을 악마이니, 신성한 교부님을 극심한 발작과 황홀경에 빠지게 만든다. 그리해 그는 심지어 찬송하니, 121쪽에 이르면 "최후의 노래와 노래의 최후"라는 찬송가를 부른다. 불행한 자여, 감성이 무엇인지 아느뇨? 그것은 하나의 장애물[ein Stock: 막대기]이다.(130쪽) 성 브루노는 발작을 일으키며 다시 한번 자신이 내건 명제 중 하나와 씨름하니, 이는 마치 먼 옛날 야곱이 하느님과 싸운 것과 흡사하다. 차이가 있다면, 야곱은 하느님이 그의 넓적다리를 꺾어버렸지만,[189] 이 신성한 간질병 환자는 자신이 싸우는 명제에 속하는 모든 관절

---

186   CW주)『데모데 후서』, 3장 1절-4절: 네가 이것을 알라. 말세에 고통하는 때가 이르리니 사람들은 자기를 사랑하며 돈을 사랑하며 자긍하며 교만하며 훼방하며 부모를 거역하며 감사치 아니하며 거룩하지 아니하며 무정하며 원통함을 풀지 아니하며 참소하며 절제하지 못하며 사나우며 선한 것을 좋아 아니하며 배반해 팔며 조급하며 자고하며 쾌락을 사랑하기를 하나님 사랑하는 것보다 더하며

187   CW주)『유다서』, 1장 23절: 또 어떤 자를 불에서 끌어내어 구원하라 또 어떤 자를 육체로 더럽힌 옷이라도 싫어하며 두려움으로 긍휼히 여기라.

188   CW주)『요한계시록』, 22장 15절: 개들과 마술쟁이들과 음행하는 자들과 살인자들과 우상 숭배 하는 자들과 거짓을 사랑하고 행하는 자들은 다 바깥에 남아 있게 될 것이다.

189   역주)『창세기』, 32장 25~26절: 자기가 야곱을 이기지 못함을 보고 그가 야

과 인대를 꺾어버리며 이런 방식으로 여러 가지 포복 절도할 사례를 통해 주어와 술어의 똑같음이라는 주장을 해명하고 있다는 점이다:

"그러므로 포이어바흐가 뭐라 말하더라도 …. 그는 인간을 파괴하는 자다."(!) "왜냐하면 그는 인간이라는 *단어*를 단순한 *빈말* [Phrase]로 만들고 있으며 …. 인간을 *온전한[ganz] 존재로 만들거나*(!) *그렇게 창조하는 것이 아니라*"(!) "오직 인간성에 불과한 것[die ganze Menschheit]을 절대자로 고양하기 때문이다. *심지어* 그는 이런 오직 인간성에 불과한 것이 아니라 감각[den Sinn]을 절대자의 기관으로 선언하면서 감각의 객체, 지각의 객체 곧 감각적인 것을 절대자로, 의심할 수 없는 것으로, 직접 확실한 것으로 단정 짓는다. 이로써 포이어바흐의 말은—이것이 성 브루노의 소견인데—비록 세평[Luftschicht]을 울릴지[erschüttern] 몰라도 *인간 본질의 현상적 형태를 분쇄할*[zerschmettern] 능력은 없다. 왜냐하면 인간의 가장 내밀한"(!) "본질과 인간에게 생명을 불어넣는 영혼은 이미 *외적인*"(!) "평판을 파괴하고 이 평판을 공허한 뎅그렁 소리로 만들 것이기 때문이다."(121쪽)[190]

곱의 허벅지 관절을 치매 야곱의 허벅지 관절이 그 사람과 씨름할 때 어긋났더라. 그가 이르되 날이 새려 하니 나로 가게 하라 야곱이 이르되 당신이 내게 축복하지 아니하면 가게 하지 아니하겠나이다. 그 사람이 그에게 이르되 네 이름이 무엇이냐 그가 이르되 야곱이나이다. 그가 이르되 네 이름을 다시는 야곱이라 부를 것이 아니요 이스라엘이라 부를 것이니 이는 네가 하나님 또한 사람들과 겨루어 이겼음이니라.

190 GA2주 재인용) 바우어의 앞의 책에서: "새로운 철학은 신학을 인류학으로

성 브루노의 이런 난센스가 생겨난 원인에 관해 신비롭지만, 결정적인 실마리를 그 자신이 우리에게 제공하고 있다:

"마치 나의 자아[mein Ich]가 모든 타자와 비교해 *나만의* 특별한 성별[Geschlecht]과 동시에 나만의 특별한 생식기를 갖고 있지 않은 것처럼!"

(이 고상한 사람은 자기만의 "생식기" 밖에도 독자적인 "자기만의 성별[性別]"을 갖고 있다고 한다!) 이 자기만의 성별은 121쪽에서 이렇게 설명되고 있다:

"감성은 마치 흡혈귀처럼 인간의 삶에서 모든 골수와 피를 빨아들이니, 〈GA2, 153〉인간에게 치명적인 *타격*을 주지 않을 수 없지만, 극복할 수 없는 한계이다."

그러나 가장 신성한 사람도 순수하지만 않다! 인간은 모두 죄인이며, "자기의식" 앞에 서면 마땅히 지니고 있어야 할 명예를 상실한다. 그러니 성 브루노는 한밤중에 홀로 외딴 방에서 "실체"와 싸우던 중 이단자 포이어바흐의 불손한 글에서 눈길을 거두어 여성과 여성적 아름다움으로 〈수, 4〉눈길을 돌린다. 그의 시선은 갑자기 둔해진다. 순수한 자기의식은 더럽혀지고, 부도덕한 감각적 환상이 선정적인 그림을 펼치며 겁먹은 비판가의 주위를 날아다닌다. 정신은 그걸 원하지만, 몸이

완전하고 절대적이며 모순 없이 해결하는 것이다."

따라주지 못한다.[191] 브루노는 발을 헛디디고 넘어지면서 그 자신이 "세계를 자신의 힘으로 맺고 풀면서[192] 지배하는" 힘이라는 사실을, 자신의 환상의 산물이 "정신의 정신"이라는 점을 잊어버린다. 그는 "자기의식"을 잃어버리고 도취에 빠져 "상냥함과 부드러움과 여성다움에 깃들어 있는" 여성적 아름다움에 관해, 여성의 "풍만하고 둥근 팔다리"에 관해 그리고 여성의 "물결치고 넘실대며 끓어오르는, 출렁이며 쌕쌕거리고 파도치는 몸"[193]을 더듬으며 비가[悲歌]를 부른다. 그러나 순진무구함은 ⟨W, 89⟩ 어디서나 자신을 드러내는데, 심지어 자신이 죄를 저지를 때조차 그러하다. "물결치고 넘실대고 파도치는 몸"이란 것은 지금까지 어떤 눈도 보지 못했고 어떤 귀도 들어 본 적이 없다는 사실을 모르는 사람이 어디 있으랴? 그러므로 고요하고 사랑스러운 영혼 곧 정신은 조만간 반항적인 육신에 대해 주도권을 쥘 것이며, 난공불락의 "장애물"을 세울 것이다. 그러면 들끓는 욕정은 그것에 "걸려" 곧바로 "치명적 타격"을 입을 것이다.

---

191 CW주)『마태복음』, 26장 41절: 시험에 빠지지 않게, 깨어서 기도해라. 마음은 원하지만, 육신이 약하구나!

192 CW주)『마태복음』, 16장 19절: 내가 너에게 하늘나라의 열쇠를 주겠다. 네가 무엇이든지 땅에서 매면 하늘에서도 매일 것이요, 땅에서 풀면 하늘에서도 풀릴 것이다.

193 W주 38) 여기서 마르크스와 엥겔스는 브루노 바우어의 논문「루트비히 포이어바흐의 특징」에서 인용한 구절 속에 쉴러의 시『잠수부[Der Taucher]』에 나오는 "끓어오르는, 출렁이며 쌕쌕거리는"이라는 표현을 삽입한다.

"포이어바흐[194]는-마침내 성자께서는 『신성 가족』의 비판적 견해 덕분에 여기까지 이르렀다-인도주의[Humanismus]에 물들어 신조를 잃은 유물론자다. 즉, 대지와 대지의 존재를 참을 수 없어서"(성 브루노는 대지와 구별되는 대지의 존재를 알고 있으며, 그러한 대지의 존재를 참아내기 위해 어떻게 해야 하는지 아는 모양이다!) "자신을 정신화해 하늘로 올라가고자 하는 유물론자다. 동시에 그는 사유하지도 못하고 어떤 정신 세계도 건설하지 못한 채 단지 유물론만을 임신한 인도주의자다." 등등. (123쪽)

여기서 보듯이 성 브루노는 인도주의의 본령이 "사유"와 "정신 세계의 건설"에 있다고 주장하며, 반면 유물론을 다음과 같이 규정한다:

"유물론자는 오직 현재하는 실제 존재[das gegenwärtige, wirkliche Wesen] 곧 물질만을 인정하며"(마치 인간이 그 모든 속성과 사유 면에서 "현재하는 실제 존재"가 아니기라도 한 듯하다) "나아가 스스로 활동을 통해 자기를 허다한 존재자들로 펼쳐 실현하는 존재인 물질 곧 자연만을 인정한다."(123쪽)

물질은 우선 눈앞에 현재하는 실제 존재이지만, 어디까지나 잠재적

---

194 GA2주 재인용) 바우어 앞의 책: "포이어바흐는 더는 또는 다시는 프랑스 유물론자가 아니다. 프랑스 유물론자는 다만 현재적인, 실재하는 본질만을 인정하고 물질과 자연 즉 물질을 활동적으로 스스로 다수 속으로 전개하고 실현하는 활동적인 존재만을 인정하기 때문이다. 포이어바흐는 그의 지지자가 올바르게 언급하듯이".... [신조를 잃은 유물론자다]

이고 감추어진 상태로 그러하다고 한다. [한편으로] 그것은 "스스로 활동을 통해 자기를 허다한 존재자들로 펼쳐 실현할 때"("현재하는 *실제존재*"가 "자신을 *실현*한다니!!") 〈GA2, 154〉비로소 그것은 *자연*이 된다는 말이다. [다른 한편으로] 먼저 존재하는 것은 물질의 *개념*, 추상태, 관념이며, 이것이 실현된 것이 실제 자연이라는 말이다. 이런 주장은 말 그대로 창조 능력을 지닌 범주가 앞서 존재한다는 헤겔의 이론과 같다. 이런 시각에서 보면, 성 브루노가 물질에 대한 유물론 철학에서 말해지는 상투어를 유물론적 세계관의 진정한 핵심과 내용으로 오해하는 것도 무리가 아니다.

2절 포이어바흐와 슈티르너 사이에 벌어진 전쟁에 관한 성 브루노의 고찰

[195]성 브루노는 포이어바흐에게 몇 가지를 따끔하게 훈계한 다음 이제 포이어바흐와 유일자 사이에 일어난 전쟁을 살펴본다. 그가 이 전쟁에 관심을 두는 첫 번째 이유는 웃기 위한 것이다. 그 웃음은 방법적인 차원에서 세 차례 걸쳐 일어난다.

〈W, 90〉"비판가는 부단히 승리를 확신하고 의기양양하게 자신의 갈 길을 간다. 사람들이 비방해도 그는 *웃는다*. 사람들이 이단으로 취급해도 그는 *웃는다*. 낡은 세상이 그에 맞서서 십자군 전쟁에 나서도 그는 *웃는다*."

여기서 확인되듯이, 성 브루노는 자신의 길을 가더라도 다른 사람들처럼 가는 것이 아니라 비판의 길을 간다. 그는 이런 중요한 행위를 *웃음*[Lächeln]으로 성취한다.

"서인도와 동인도가 등장하면서 세계 지도에 등장한 선보다 더 많은 주름을 얼굴에 지으며 그는 웃는다. 소녀가 그의 따귀를 때릴 것이다.[196] 만일 그녀가 그렇게 한다면, 그는 웃으며 그것을 위

---

195 GA2주 참조) 이 부분도 브루노 바우어를 비판하는 초기 수고(H5a)에서 옮겨진 것이다.

196 역주) CW, W에서 이 문장은 "나는 나의 소녀가 그의 따귀를 때릴 것을 안다"라고 된다.

대한 예술[197]로 받아들일 것이다." 셰익스피어의 말보글리오[198]처럼 말이다.

성 브루노는 두 적대자를 비판하기 위해 손가락 하나 대지 않는다. 그는 그 둘을 제거하기 위한 더 좋은 방법을 알고 있다. 그것은 바로 그들이 서로 싸우게 내버려 두는-divide et impera〈각개격파하는〉-방법이다. 그는 슈티르너에 대해서는 포이어바흐의 인간 개념으로 상대해 주고(124쪽), 포이어바흐에 대해서는 슈티르너의 유일자 개념을 갖고 상대한다.(126쪽 이하) 그는 슈티르너와 포이어바흐가 마치 사생결단의 싸움 끝에 꼬리만 남기고 서로 집어삼킨 아일랜드 킬케니의 두 고양이[199]만큼이나 격분해 있다는 것을 잘 알고 있다. 그리해 성 브루노는 그

197　W주 38) 셰익스피어의 희극「당신 좋을 대로」의 3막 2장에 원래 등장하는 말은 "예술[Kunst]"이 아니라 "총애[Gunst]"이다. 마르크스 엥겔스는 아우구스트 빌헬름 슐레겔의 독일어 번역판에서 이 말을 인용했다.
GA2 주 참조) 거기 다음과 같은 구절이 있다: "당신들은 그렇게 생각해서는 안 될 것이다. 나는 그의 머리에 무엇인가를 던지지 않고서는 견딜 수 없다. 나는 그것을 안다."

198　역주) 말보그리오Malvoglio는 셰익스피어의 희극『십이야』에 나오는 인물이다. 그는 엄숙한 청교도여서 모든 즐거움을 멀리하지만, 그의 애인인 올리비아가 그를 사랑할 때만은 예외다.

199　CW주 43) '킬케니 고양이처럼 싸운다'라는 표현은 18세기 말 유래했다. 1798년 아일랜드의 봉기 동안 킬케니 읍은 영국군에 봉사하는 헤스 출신 용병들이 점령했다. 그들은 서로의 꼬리를 묶어놓은 고양이의 싸움을 즐기곤 했다. 어느 날, 한 군인이 장교가 다가오는 것을 보고서, 고양이 꼬리를 칼로 끊어버리자, 고양이는 도망갔다. 장교는 고양이가 서로를 먹어버리고 다만 꼬리만 남았다는

남은 꼬리에 대해 그것이야말로 "*실체*"이니, 그것을 영원히 저주한다는 판결을 내린다.

그는 포이어바흐와 슈티르너를 대결시키는 과정에서 헤겔이 스피노자와 피히테에 대해 말한 것과 같은 말을 되풀이한다. 거기서 헤겔은 한 개의 점으로서 존재하는 자아[das punktuelle Ich][200]야말로 실체의 한 측면일 뿐 아니라 가장 견고한 측면이라고 서술한다. ⟨GA2, 155⟩브루노가 아무리 예전에 이기주의를 물질에 속하는 odor specificus⟨*체취*[體臭]⟩로 간주하며 비난했다고 하더라도, 129쪽에서는 슈티르너의 이기주의를 수용하기에 이른다. 다만 브루노의 이기주의는 "막스 슈티르너의 이기주의가 아니라"[201] 바우어 자신의 이기주의일 뿐이다. 브루노는 "슈티르너는 이기주의를 지지하므로 그[슈티르너]가 주장하는 자아는 위선, 기만, 외적 폭력이 필요로 한다"라고 하는 도덕적 결함을 들어 슈티르너의 이기주의를 맹렬히 비난한다. 이밖에도 브루노는 (124쪽을 보라) 성 막스 슈티르너가 행한 비판의 기적을 굳게 믿으며 이 슈티르너의 전쟁이 (126쪽) "실체를 뿌리 뽑으려는 진정한 노력"이라고 본다.[202] 바말을 들었다.

200 GA2주 재인용) 바우어, 『루트비히 포이어바흐의 특징』, 128쪽: "슈티르너가 한 개 점으로 존재하는 자아 즉 가장 외적인 존재로 전환된 사유, 실체의 한 가지 속성을 방어한다면, 포이어바흐는 다른 속성 즉 연장을 방어하며 이를 감성 속에서 재건한다."

201 GA2주 재인용) 바우어, 『루트비히 포이어바흐의 특징』, 129쪽: "개인이 오직 이기주의자일 뿐, 공산주의는 아니라면, 막스 슈티르너적인 이기주의자가 아니더라도 순전한 이기주의일 수 있을까?"

202 GA2주 재인용) 바우어, 『루트비히 포이어바흐의 특징』, 124쪽: "『유일자와 그의 소유』 앞에 정치적 자유주의자는 무너진다. 왜냐하면 그는 자의를 중지하고

우어의 "순수 비판"에 대한 슈티르너의 반박에 대응하지 않은 채 124쪽에서 "자신은 *비판가 그 자체*이므로" 슈티르너의 비판도 다른 비판과 마찬가지로 자신에게 아무 영향을 주지 않는다고 주장한다.

마지막으로, 성 브루노는 앞서 슈티르너가 비판가 브루노 바우어와 독단주의자[즉 포이어바흐] 사이에 설정한 대립 구도를 고스란히 포이어바흐와 슈티르너 사이에 적용함으로써 포이어바흐와 성 막스 슈티르너를 모두 반박한다.

⟨W, 91⟩『비간트』, 138쪽: "포이어바흐는 유일자를 반대하기 위해"(!) "반대한다. 포이어바흐는 *공산주의자*이며 그렇게 되기를 원한다. 반면 유일자는 *이기주의자*이며 그렇게 돼야 한다. 포이어바흐는 *신성한 존재*이며, 반면 유일자는 *세속적인 존재*이다. 포이어바흐는 *선한 존재*이며 유일자는 *악한 존재*이다. 포이어바흐는 신이며 유일자는 인간이다. 두 사람 모두–*독단주의자*다."

그러므로 요점은 브루노는 두 사람을 모두 독단주의자라고 비난한다는 점이다.

『유일자와 그의 소유』, 194쪽: "비판가는 독단적으로 되거나 독단을 제시할까 ⟨수, 5⟩두려워한다. 물론, 그러는 가운데 비판가는 오히려 비판가에 반대되는 존재 즉 독단주의자가 될지 모른다. 비판가로서 그는 *선한 자*라면, [독단주의자로서] 그는 이제

자 하기 때문이다. 또한 사회적 자유주의자도 무너진다. 왜냐하면 그는 소유를 파괴하고자 하기 때문이다. 그들은 유일자의 비판적 칼 앞에서 무너진다."

악한 자가 될 것이며 또는 비-이기주의자에서"(공산주의자) "이기주의자로 될 것이다. 등등. 어떤 독단이라도 안 된다는 것, 그것이 그의 독단이다."

3절 성 브루노 대 『신성 가족』의 저자들

[203]성 브루노는 앞에 제시된 방식으로 포이어바흐와 슈티르너를 척결하고 "유일자의 모든 전진을 가로막은" 다음, 이제 소위 "포이어바흐의 추종자들" 즉 독일의 공산주의자들 그리고 특히 『신성 가족』의 저자들에 대항한다. 브루노는 이 논쟁적인 저술의 서문에서 "진정한 인도주의"라는 표현을 발견하고서는 이 표현을 그의 가설의 주요 거점으로 삼는다. 그는 성경의 한 구절을 불러온다:

"형제 여러분, 나는 영에 속한 사람에게 말하듯이 여러분에게 할 수 없어서, 육에 속한 사람,"(우리하고는 사정이 반대이다) "곧 그리스도 안에서 어린아이와 같은 사람에게 말하듯이 했습니다. 나는 여러분에게 젖을 먹였을 뿐, 단단한 음식을 먹이지 않았습니다. 그때는 여러분이 단단한 음식을 감당할 수 없었습니다. 사실 지금도 여러분은 그것을 감당할 수 없습니다."(『고린도 전서』, 3장 1절-2절)

〈GA2, 156〉이 존경할 만한 교부가 『신성 가족』에서 받았던 첫 번째 인상은 심각한 불만과 동시에 우직한 사람이 느끼는 진지한 슬픔이었다. 포이어바흐의 책의 유일한 장점이라면, 그 책이

"포이어바흐가 무엇이 돼야 했으며, 그의 철학이 [브루노의] 비판에 대해 싸우고자 한다면, 어떤 입장을 취할 수 있는가를 보여

---

203   GA2주 참조) 이 부분 역시 H5a에 속한 부분이었다.

주었다."(138쪽)

는 점이다. 또 그 장점은 그 책이 "소망"을 "가능성"이나 "당위"와 자연스럽게 결부한다는 점이다. 이런 장점조차도 브루노의 여러 가지 불만을 상쇄할 만한 것은 아닌 모양이다. 포이어바흐의 철학은 브루노에게서 기이한 방식으로 전제되고 있다. 포이어바흐의 철학은 말하자면 이렇다는 것이다.

"[포이어바흐의 철학은] 비판가를 감히 이해하려고 하지 않았으며 이해할 수도 없고, 비판의 발전을 감히 알거나 인정하려 하지 않았으며 인정할 수도 없다. 또한 그의 철학은 비판이 초월적인 모든 것과 관련해 지속해서 싸워 승리해 왔으며 초월적인 것을 지속해서 파괴하고 창조해 온 유일한 존재라는 사실을"(!) "즉 창조적이고 생산적인 원리라는 사실을 감히 알려고 하지 않거나 알 수도 없다. 비판가는 인류를 지금까지 억압했고 〈W, 92〉인류가 숨 쉬거나 살아가게 허용하지 않았던 초월적인 힘을 그 진정한 본질"로 즉 "정신 중의 정신, 가장 내적인 것의 내적인 것, 고향의 흙에서 자라나고 태어난 토속적인 것으로"(!) "다시 말해 자기의식의 산물과 창조물로 가정하고 확정했다. 그런데도"(!) "포이어바흐의 철학은 비판가가 이런 초월적인 힘에 대항해 이떻게 일했으며, 이떻게 지금 일하는지를 *감히 알려 하지 않거나 알 수도 없다.* 오직 비판가만이 종교를 전면적으로 타파하고 국가의 모든 다양한 현상을 타파해왔다는 사실을 포이어바흐의 철학은 *알려 하지 않거나 알 수도 없다.*"(138쪽에서 139쪽까지)

이 말은 구약의 여호와의 말을 그대로 베낀 것이 아닌가? 여호와는 방황 중이던 그의 백성을 쫓아가, 그들이 이단의 육욕적인 신을 무척이나 즐거워하는 것을 발견하고 이렇게 외친다.

"이스라엘아, 내 말을 들어라. 유다여, 너의 귀를 막지 말아라. 내가 너희의 주가 아니냐? 나는 너희들을 이집트의 땅에서 끌고 나와 젖과 꿀이 흐르는 땅으로 데려왔다. 보라. 너희는 아주 옛날부터 내가 그렇게 끊임없이 가르쳤음에도 불구하고, 내가 보는 앞에서 악을 저질렀고, 내 손으로 만든 것을 가지고 나를 노하게 했으며, 너희의 등을 내게 돌렸고, 얼굴을 들어 나를 보지 않았다. 너희는 내가 명하지도 않았는데 바알의 높은 궁전을 히몬의 아들 계곡 속에 지었다. 너희가 그런 혐오스러운 일을 저지를 것이라고 나는 생각해 본 적이 없다. 나는 아몬의 아들 여호수아 왕이 통치한 13년부터 나의 종 예레미야를 보내서 나의 말을 전달하게 했다. 예레미야는 23년 동안이나 너희에게 열심히 기도했으나 너희는 들으려고도 하지 않았다. 그러므로 우리의 주이신 하나님께서는 말씀하신다. 처녀와도 같은 이스라엘이 그런 혐오스러운 일을 한다는 것을 일찍이 누가 들었겠는가? 비가 올 때도 내 백성이 나를 잊는 것만큼이나 빨리 빗물이 사라지지는 않는다. 오, 세상이여, 세상이여, 세상이여, 주의 말씀을 들어라."[204]

---

204 CW주) 『예레미야』, 2장 6절, 32장 22, 30, 33~35절, 25장 3절, 19장 3절, 18장 13, 14절, 22장 29절 참조. 역주) 아래 성경 구절과 본문의 내용에 의미가 약간 다른 부분은 본문에 따라 번역했다.

성 브루노는 "허용[감히 하다]"과 "가능[할 수 있다]"에 대한 긴 연설에서 공산주의자인 그의 적[포이어바흐]이 그를 오해하고 있다고 주장한다. 〈GA2, 157〉그가 이 최근의 연설에서 비판을 기술하는 방식을 볼 때, "인류의 삶"을 억압한 예전의 힘을 "초월적인" 힘으로 변형하고, 이 초월적인 힘을 다시 "정신 중의 정신"으로 변형하는 방식을 볼 때, "비판" 그 *자체*가 유일하게 생산적인 부문이라고 속이는 방식을 볼 때,

---

2장 6절: 그들은 '이집트 땅에서 우리를 이끌고 올라오신 분, 광야에서 우리를 인도하신 분, 그 황량하고 구덩이가 많은 땅에서, 죽음의 그림자가 짙은 그 메마른 땅에서, 누구도 지나다니지 않고 누구도 살지 않는 그 땅에서, 우리를 인도하신 주님은 어디에 계십니까?' 하고 묻지도 않는다. 32장 22절: 주께서는, 그들에게 주겠다고 그들의 조상에게 맹세하신 이 땅 곧 젖과 꿀이 흐르는 이 땅을 그들에게 주셨습니다. 30절: 이스라엘 백성과 유다 백성은 젊은 시절부터 내가 보기에 악한 일만을 했다. 참으로 이스라엘 백성은 자기들의 손으로 만든 우상으로 나를 화나게만 했다. 나 주의 말이다. 33절: 그들은 나에게 등을 돌려 나를 외면했다. 내가 그들을 쉬지 않고 가르쳐 주고 또 가르쳐 주었으나, 그들은 나의 교훈을 받아들이지 않았다. 35절: 또 그들은 자기들의 아들딸들을 불태워 몰렉에게 제물로 바치려고 '힌놈의 아들 골짜기'에 바알의 산당을 쌓아 놓았는데, 나는 결코 유다 백성을 죄악에 빠뜨리는 이 역겨운 일은 명하지도 않았고, 상상조차도 해본 적이 없다. 25장3절: 아몬의 아들 요시야가 유다 왕이 되어, 십삼 년이 되던 해부터 오늘에 이르기까지, 이십삼 년 동안, 주께서 나에게 계속해 말씀하셨고, 나는 그것을 여러분에게 열심히 선했으나, 여러분은 그 말을 전혀 듣지 않았습니다. 18장 13절: 그러므로 나 주가 말한다. 누가 이와 같은 말을 들어 보았는지, 세상 만민에게 물어보아라. 처녀 이스라엘은 너무 역겨운 일을 저질렀다, 14절: 레바논 산의 험준한 바위 봉우리에 눈이 없는 때가 있더냐? 거기에서 흘러내리는 시원한 물줄기가 마르는 일이 있더냐? 22장 29절: 땅이여, 땅이여, 땅이여, 주의 말씀을 들어라.

소위 [포이어바흐의] 바우어 대한 오해는 바우어의 기분을 상하게 하는 인식일 뿐이라는 점은 명백하다. 모든 비판 가운데서도 바우어의 비판 앞에 서면 우리는 무조건 독단주의자가 될 수밖에 없다는 점은 분명하다. 그의 오래된 상투어를 우리가 노골적으로 믿지 않는다는 사실을 그는 진지하게 비난한다. 개념이 스스로 존립한다는 신화는 제우스, 천둥 치는 자-곧 자기의식-와 같은 표현과 더불어 정점에 이르렀으나 여기서 다시 등장하면서〈수, 6〉요새 유행하는 터키의 야니차리 군대 행진곡Janitscharenmusik에서 들리는 징글벨 가락에 맞추어 행진한다.(『문예-신문』과 『신성 가족』, 234쪽[205] 참조) 먼저 세계 창조라는 신화가 등장한다. 즉 그 창조란 비판가의 고된 〈W, 93〉"노동"[즉 비판][206]을 말한다. 그런 고된 노동이 "유일하게 창조적이며 생산적인 원리이며, 지속해서 투쟁하고 승리하며, 지속해서 파괴하고 창조하면서", "지금도 노동하고" 또한 "여태껏 노동해 왔다." 정말로 이 존경하는 교부께서는 모조품에 불과한 그의 비판에서 그가 비판을 이해하는 방식과 똑같이 『신성 가족』이 그의 "비판"을 이해하는데도 『신성 가족』에서의 비판을 비난하기도 한다. "실체"를 "그 탄생의 땅인 자기의식으로 다시 말해 비판하는 존재이면서도 동시에"(『신성 가족』 이래로) "비판받는 존재인 인간 속으로 지양하고 폐기하는 가운데,"(자기의식은 여기서 이

---

205 W주 40)『일반 문예 신문』에 발표된『지방에서의 통신』에서 인용된 구절은『신성 가족』에 다시 인용된다. W 2권, 148쪽 참조.『문예 신문』은『일반 문예 신문』의 약어이며, 청년 헤겔파 브루노 바우어가 샤로텐부르크에서 발간한 월간지이며, 1843년 12월부터 1844년 10월까지 발간됐다.

206 GA2주 참조) 헤겔의『철학 강요』에 나오는 '정신의 고된 노동'이란 표현을 변형한 것이다.

데올로기의 헛간이라는 지위를 차지하는 것처럼 보인다) 그는 계속해서 이렇게 말한다:

"그것(소위 포이어바흐의 철학)은 비판과 비판가가 존재하는 한에서" "역사를 인도해 왔고 만들어 왔다는 사실을 알리고 하지 않는다. 심지어 포이어바흐의 철학은 비판과 비판가가 자기의 적과 현재의 모든 소요를 스스로 창조해 왔으며, 오직 비판과 비판가만이 권력을 장악하고 있다는 사실도 알리고 하지 않는다. 그런 *권력 장악의 원인은 의식 속에 힘이 있기* 때문이며 또한 비판과 비판가는 *그 자신을 통해*, 자기의 행위를 통해, *비판을 통해* 자기의 적에서 그리고 피창조물에서 권력을 탈취하기 때문이다. 비판의 행위를 통해서만 인간은 해방되며 따라서 인류도 해방되고 마찬가지로 비판을 통해서만 인간이 창조되고"(!) "그러므로 인류도 창조된다."

그러므로 우선 말하자면 비판*과* 비판가는 두 개의 서로 다른 주체이며, 서로 독립적으로 존재하고 행동한다. 비판가는 비판에서 구분되는 주체이고 비판은 비판가에서 구분되는 주체이다. 이런 인격화 되고 주체가 된 비판이 『신성 가족』이 부딪힌 바로 그 "비판가의 비판"이다. "비판과 비판가는 존재하는 한에서 역사를 인도하고 만들어왔다." "비판과 비판가"가 "존재하시 않는다면" 그렇게 할 수 없다는 사실은 분명하다. 비판과 비판가가 존재하는 한에서 나름의 방식으로 역사를 만들어 왔다는 사실도 마찬가지로 명백하다. 성 브루노는 마침내 국가를 파괴하는 비판의 권력[Macht]에 관해 매우 심원한 설명을 우리에게 제공하려고 하며 또 할 수 있기에 이른다. 즉 〈GA2, 158〉그는 "의식은 힘[Kraft]이 있는 것이므로"(정말 멋진 "이유"이네!), 비판과 비판가가 "물리력[Gewalt]을 손에 쥐고 있다고" 설명한다. 또한 그는 두 번째로 역사의 이 위대한 제조자[비판가 비판가]는 "그들 자신을 통해 그리고 비판을 통해(즉 다시 말하자면 자신을 통해) 권력[Macht]을 창조하므로", "물리력을 손에 쥐고 있다고"고 한다.—그런데 어떤 것을 도대체 내부에서 즉 "자신을 통해", "비판을 통해" 창조하는 것이 가능한가에 관해서는 유감스럽게도 이때 여전히 입증되지 않는다. 비판 자신의 말대로 이미 저 멀리 "내던져진" "실체"의 범주와 다른 어떤 것을 비판을 통해 "창조한다"는 일이 쉬운 일일 수 없음을 우리는 적어도 믿어야 했다. 최종적으로 비판은 "비판에서" 어마어마한 신탁의 힘을 끌어낸다. 비판은 우리의 아버지 대에 감추어지고 우리의 할아버지 대에 알려지지 않은 비밀을 우리에게 폭로한다.[207] 그 비밀은 "비판의 행위에 따라서만 〈W, 94〉인간이 창조되고, 그러므로 마찬가지로 인류도 창조된다"라는 것이며. 그런데도 지금까지 비판은 인간이 수행하는 하나의 행위이고 인간은 비판과는 전혀 다른 행위 때문에 이미 출현했다고 오해된다는 것이다. 따라서 성 브루노에게 인간은 "비판"을 통해서 즉 generation aequivoca〈자발적 발생〉을 통해서 세계 속으로 들어오고 세계에서 나가며 세계로 다시 돌아오는 것처럼 보인다. 이 모든 것은 아마도 『창세기』에 나오는 구절에 대한 또 다른 해석일 뿐이다: 즉 아담이 그의 부인인 이브를 *알자*, 바꾸어 말하자면 이브를 비판하자, 이브가 잉태했다

---

[207] CW주) 『골로새서』, 1장 26절: 이 비밀은 영원 전부터 모든 세대에게 감추어져 있었는데, 지금은 그의 성도들에게 드러났습니다.

는²⁰⁸ 것이다. 등.

이런 비판가의 비판의 특징은 이미 『신성 가족』에서 충분히 소개됐기에 우리는 이미 비판가의 비판에 친숙하게 됐다. 그런데 우리는 이런 비판가의 비판 전체가 다시 한번 마치 지금까지 한 번도 소개된 적이 없었던 것처럼 온갖 소동을 벌이는 것을 본다. 이런 것에 놀랄 필요는 없다. 왜냐하면 성자 자신이 140쪽에서 『신성 가족』이 "비판의 전진을 가로막고 있다"고 불평하기 때문이다. 성 브루노는 『신성 가족』의 저자들을 지극한 분노로써 비난한다. 그 이유는 『신성 가족』의 저자들이 바우어의 비판을 화학적인 과정을 통해 "*유동적*" 집적 상태에서 "*결정체*"로 증류했기 때문이다.²⁰⁹

따라서 "동냥[Bettlerthum]²¹⁰의 제도화", "성년 세례증명서", "열정의 종교와 천둥 성좌의 종교", "모슬렘의 개념 애착"(비판적인 『문예 신문』에 따르자면 『신성 가족』, 2, 3, 4쪽),²¹¹ 이 모든 말들은 다만 "결정"

---

208 CW주) 『창세기』, 4장 1절: 아담이 자기 아내 하와와 동침하니, 하와가 임신해, 가인을 낳았다. 하와가 말했다. 주의 도우심으로, 내가 남자아이를 얻었다.

209 GA2주 재인용) 바우어, 『루트비히 포이어바흐의 특징』, 139쪽: "포이어바흐 부류의 독단가는 비판을 혐오해서 이를 결정체로 변형하고, 유동적인 형식에서 석화해 비판가를 인간성의 길에서 떼어내 실체의 천상으로 올려놓았음이 틀림없다."

210 CW주) 동냥[Bettlerhum]-말 그대로 '동냥'이미지만, 예수의 탄생지 베들레헴과 발음이 유사하다.

211 CW주) 위에 인용된 표현들은 『일반 문예 신문』에 발표된 논평 즉 브뤼거만Karl Heinlich Brüggerman의 『독일 국가의 발전에서 프로이센이 맡은 소명 Preussens Beruf in der deutchen Staats Entwicklung』과 벤다Daniel Benda의 『프로이센에서 선거권을 지닌 시민을 위한 교리 문답서』라는 책에 대한 라이하르트Carl

상태의 방식으로 이해됐으므로 난센스에 불과하다는 것인가? 『영국의 일상 문제』[212]라는 논문을 훑어보던 중 비판가가 분명하게 저질렀던 역사에 관한 28개의 큰 실수들, 그것들도 *유동적* 상태의 관점에서 보게 되면 잘못이 아니라는 것인가? 비판은 유동적 상태의 관점에서 나우베르크Nauwerck의 갈등[213]을 — 그의 눈앞에 실제의 갈등이 일어난 오래 뒤에서이지만 — 선천적으로 예측했으며 post festum⟨사후적⟩으로 구성한 것은 아니라고 주장하는가? 또한 비판의 기초가 되는 주장은 이런 것이란 말인가? 즉 'maréchal[편자공]'이란 말은 "결정" 상태의 관점에서 본다면 *편자공*[Hufschmied]을 의미할 수 있는데, "유동적" 상태의 관점에서는 항상 *보안관* [marshal]을 의미해야 한다는 주장인가 ⟨GA2, 159⟩ 아니면 "결정" 상태의 개념으로 '*un fait physique*'는 "물리적 사실"을 의미한다고 하더라도, 진정한 "유동적" 상태에서 번역한다면 "물리학의 사실"이어야 한다는 말인가?[214] 또는 "la malveillance de nos bourgeois juste-milieu⟨우리의 부르주아 중산층의 악의⟩"는 "유동적" 상태에서는 "선량한 시민의 부주의함"을 의미한다는 말인가? "유동적" 상태의 관점에

Reichart의 논평에서 따온 것이다. 『신성 가족』에도 인용된다.

212 W주 41)「영국의 일상문제」-『일반 문예 신문』에서 파우허(Faucher)의 기사 제목. 마르크스 엥겔스의 Faucher에 대한 비판이 『신성 가족』, 2장을 이룬다. (W, 2권 참조)

213 W주 42, CW주 44) 청년 헤겔주의자 나우베르크Karl Nauwerk와 베를린 대학 철학부 교수들 사이의 갈등을 가리킨다. 이에 대해 융니츠Ernste Jungnitz가 『일반 문예 신문』, 4권에 실은 기사, 『나우베르크 씨와 철학부』에서 공표했다. (『신성 가족(W. 2권)』, 3장 17~18쪽 참조)

214 역주) 마르크스는 바우어가 범한 번역상의 오류를 유동 상태에서 번역한 거냐고 조롱하는 것으로 보인다.

서 본다면 아이가 아버지나 어머니로 되지 못한다면 그 *본성이 딸*이기 때문이라는 말인가? 유동적 상태로 보면 누군가는 "지난 일 때문에 흘린 슬픔의 눈물 가운데 마지막 한 방울을 흡사하게 묘사하는" 것을 과제로 삼을 것이라는 말인가? 다양한 말 즉 문지기, 사자, 여직공, 후작, 불량배, 파리의 나무문은 유동적 상태에서는 〈W, 95〉단지 비밀이 드러난 국면들일 뿐이란 말인가? 〈수, 7〉그렇다면 "그런 비밀의 개념은 자기를 제한하며 그러나 그 자신의 일반적인 본질을 통해 정립된 이런 제한을 다시 제거하는 운동의 능력에 있다는 말일 것이다. 그 까닭은 본질이란 내적인 자기 구분이라는 활동의 결과에 불과하기 때문"이다.[215] 유동적 상태에서 본다면 비판가의 비판은 "부단히, 성공적으로, 승리를 확신하면서" 자기의 길을 간다는 말인가? 그러면 당연히 비판가의 비판은 어떤 문제를 다루면서 처음에는 그 문제의 "진정한 일반적인 의미"를 해명해야 한다고 주장했다가 이어서는 비판가의 비판은 [단순한] 비판을 넘어설 의지도 없고 감히 넘어서려 하지도 않는다는 점을 인정하고 드디어 최종적으로 다음과 같은 점을 고백하는 것이 된다. 즉 비판가의 비판은 한 걸음 더 나가야 했지만, 그 걸음은 불가능했으므로 나갈 수 없었다는 것이다.(『신성 가족』, 184쪽) 또한 "운명이 자기 마음대로 *결정*한다 할지라도" *유동적* 상태의 관점에서 본다면 "미래는 여전히 비판의 산물"이라는 말인가?[216] 비판이 자기의 *진정한 지반*과 *모순*에 부딪힐 때 이것과 같은 지반 속에서 이 모순이 이미 저절로 *해소됐*나고 하더라도, 유동적 상태의 관점에서 본다면 비판은 조인간적인 일을

---

215 CW주) 브루노 바우어, 『루트비히 포이어바흐의 특징』

216 W주 43) 브루노 바우어의 기사 「유대인 문제에 관한 최신 저서들」에서 나오는 말, 이 기사는 『일반 문예 신문』, 4권에서 익명으로 실려있다.

저지른 것은 아니라는 말인가?[217]

물론 『신성 가족』의 저자들은 "결정 상태"에서 보면서 브루노의 앞에서 말한 모든 진술과 수백 가지의 다른 진술을 두말할 것도 없는 *난센스*로 파악했으니 경솔한 짓이었다.–그리고 공관복음은 "유동적 상태"의 관점에서 즉 그 복음서 저자의 관점에서 읽히지 않으면 안 될 것이다. 즉 공관복음은 결코 "결정 상태"의 방식으로 즉 진짜 난센스에 불과하다는 관점에 따라서 읽혀서는 안 된다. 그래야만 비로소 진정한 신앙에 도달할 것이며, 비판의 족보가 얼마나 조화로운지 감탄하게 될 것이라 한다.

"따라서 엥겔스와 마르크스는 다만 『문예 신문』의 비판만 알고 있을 뿐이다."[218] 이 말은 고의적인 기만이며, 우리의 성자가 『신성 가족』이라는 책을 어떤 "유동적 상태"로 읽었는지를 입증한다. 그 책을 보면 성자의 최근 작업이 "그가 해왔던 모든 작업"의 정점에 불과하다고 서술되어 있을 뿐인데도, 교부께서는 이를 결정 상태의 방식으로 읽을 정도로 평정심을 잃어버렸다. 왜냐하면 그는 자기의 적들이 그의 시성[諡聖]에 도전하면서 "그의 성스러움을 박탈해, 자신을 시성[諡聖]"하지나 않을까 하면서 그의 적들을 경쟁자로 두려워하기 때문이다.

이왕 말하는 김에 잠깐 다음과 같은 사실에 주목해 보자: 성 브루노의 해당 진술에 따르면 그의 『문예 신문』은 결코 "이익 사회[gesellschaftliche Gesellschaft]"를 세우거나, 독일의 이데올로그가 흘리는 ⟨GA2, 160⟩"슬픔의 눈물 가운데 마지막 한 방울을 흡사하게 묘사하는"

---

217 W주 44) 『일반 문예 신문』에서 브루노 바우어가 익명으로 발표한 기사 「지금 비판의 대상은 무엇인가?」에서 나온다.

218 CW주) 브루노 바우어, 『루트비히 포이어바흐의 특징』

데 목표를 두지 않는다. 또한 그의 『문예 신문』은 정신을 물질[Masse]에 대해 가장 첨예하게 대립시키면서, 비판가의 비판을 가장 순수하게 발전하는 것을 목표로 하는 것도 아니라 한다. 오히려 그의 『문예 신문』은 1842년의 자유주의와 급진주의 사상을 묘사하되, 그저 그런 사상들의 어중간함과 겉치레 속에 남아있는 급진 자유주의의 잔상만을 묘사하는 데 목표를 둔다고 한다. 결국 그의 『문예 신문』은 이미 오래전에 사라졌던 것의 잔상과 싸우는 데 목표를 둔 것이다. 그것은 'Tant de bruit pour une omelette!〈달걀 부침하나 먹는 데 엄청난 소란이군!〉'[219] 이라는 속담과 같다. 게다가 바로 이 지점에서 독일적 이론에 특유한 역사관이 〈W, 96〉가장 "순수한" 빛을 띠고 다시 나타난다. 1842년은 독일 자유주의가 가장 찬란했던 시기였다고 간주된다. 왜냐하면 그 시기에 철학이 정치에 참여했기 때문이다. 자유주의적이며 급진적인 이론의 기관지인 『독일 연보』와 『라인 신문』[220]이 중단되면서 이와 더불어 자유주

---

219   CW주) 'Tante de bruit pour une omelette'-자크 발레Jacques Vallé, 바로 씨 Sieur des Barreaux가 어느 단식일 축제일에 달걀 부침을 하나 먹을 때 소동이 일어나자 했다는 말.

220   W주 45)『정치, 상업 그리고 기업을 위한 라인 지방신문』-1842년 1월 1일부터 1843년 3월 31일까지 쾰른에서 발간된 일간 신문. 이 신문은 라인 지방의 부르주아 대변자들을 통해서 창건됐는데, 이 부르주아들은 프로이센의 절대주의에 대항하는 태도를 보였다. 몇몇 청년 헤겔수의자가 기고자로 초대됐다. 마르크스가 184년 봄부터 『라인 신문』의 기고가였으며, 같은 해 10월부터 그 신문의 편집 책임자가 됐다. 이 신문은 프리드리히 엥겔스의 일련의 기사를 공표했다. 마르크스의 편집 아래서 이 신문의 민주적 성격은 더 예리하고 혁명적으로 됐다.『라인 신문』의 이런 방향은 그 독자가 점차 증가하면서 통치 집단의 우려와 불만을 일으켰으며 『라인 신문』에 대한 반동적인 언론의 광적인 박해를 일으켰다. 1843년

의는 비판가 눈앞에서 사라졌다는 것이다. 그다음에 거기에는 다만 "잔상"만이 표면에 남아 있다고 한다. 반면 실제 사실을 본다면 바로 지금 즉 독일 부르주아가 정치적 권력을 실제로 필요하다고 느끼는 이때, 경제적 관계를 통해 이런 요구가 생산되고 부르주아가 그것을 충족하기 위해 노력하고 있을 때, 독일에서 자유주의는 실제로 현존하며 따라서 약간의 성공 기회가 있다 하겠다.

『신성 가족』에 대해 성 브루노가 심각한 불만을 느끼더라도 그 때문에 그가 이 저서를 "자신의 힘으로, 자신을 통해서 그리고 자신에 의존해서" 비판할 능력을 얻게 되는 것은 아니다. 브루노는 자기의 고통을 극복할 수 있기 위해 우선 그 책을 "유동적" 형식으로 즉 자기 것으로 만들어야[변조해야] 했다. 그는 이 유동적 형식을 『*베스트팔렌의 증기선*』(5월호, 206~214)이라는 데 들어 있는 어떤 논평에서 발견했다. 『신성 가족』에 대한 그 논평은 오해로 가득한 혼란스러운 것임에도 브루노가 인용한 모든 것은 여기서 인용된 구절에서 인용한 것이며, 그는 거기 인용되지 않은 것은 어떤 것도 인용하지 않는다.

마찬가지로 우리의 성스러운 비판가가 사용하는 언어도 『베스트팔렌』에 실린 논평을 지은 저자[221]의 언어를 통해서 결정된다. 무엇보다도 이 『베스트팔렌』 논평의 저자가 『신성 가족』 서문에서 인용한 모든 문

1월 19일 프로이센 정부는 명령해서 1843년 4월 1일을 기해서 『라인 신문』을 금지했으며, 그때까지 『라인 신문』에 특별하게 엄격한 검열을 행사했다. 『라인 신문』의 주주 총회는 신문이 타협적인 목소리를 내서 정부 명령을 제거하기를 원했으며, 1843년 3월 17일 마르크스가 편집진에서 물러나라고 선언했다.

221 GA2주 재인용) 그의 이름은 크리게 Hermann Kriege이다. 논평의 제목은 『신성 가족 또는 비판가의 비판에 대한 비판』이다.

장은(『증기선』, 206쪽) 계간지 『비간트』(140쪽, 141쪽)로 옮겨진다. 헤겔이 추천한 오래된 원리에 따라서 이런 방식으로 옮겨 적는 방식이 브루노 바우어의 비판에서 주요 핵심이 된다.

"상식을 믿고 더욱이 시대나 철학과 더불어 나아가기 위해 철학 저서의 논평이나 심지어 그 *서문*이나 그 서문의 첫째 구절을 읽는 것이 중요하다. 왜냐하면 이것 즉 서문이나 그 첫째 구절은 모든 것이 관련되는 일반적 원리를 제시하며, 반면 전자 즉 논평은 역사적인 정보와 함께 평가를 제공하기 때문이다. 평가란 평가이므로 평가되는 것을 넘어서기도 한다. 이런 평범한 길은 허드레옷을 입고도 걸어갈 수 있다. 그러나 영원한 것, 성스러운 것, 무한한 것을 향해 고양된 느낌은 성직자의 예복을 입고서 따라가야 한다."(헤겔, 『정신현상학』, 54쪽)

성 브루노는 이미 보았듯이 만나는 어떤 것이든 "닥치는 대로 베면서" 이 길을 갈 능력을 갖추고 있다.
⟨GA2, 161⟩ 『베스트팔렌』 논평의 저자는 『신성 가족』의 서문에서 약간 이 구절을 인용한 다음 이렇게 덧붙여 말한다.

"이처럼 이 서문은 이 책 전체의 전투장으로 우리를 초대한다." 등(206쪽)

우리의 *성스러운* 비판가는 계간지 『*비간트*』에 인용된 [신성가족의] 서문을 다시 인용한 다음 더 세심한 구별을 덧붙여 이렇게 말한다.

〈W, 97〉"그런 것이 엥겔스와 마르크스가 전투를 위해 창조했던 전쟁터이며 적이다."

『베스트팔렌』논평의 저자는 비판가가 말한 "노동자는 아무것도 창조하지 않는다"라는 문장에 관한 [마르크스의] 논의에서 다만 종합적인 *결론만을*[222] 제시할 뿐이다.

우리의 성스러운 비판가는 이 결론이 그 문장에서 말해진 모든 것이라고 정말 믿으면서, 『베스트팔렌』논평 저자가 인용한 문장을 141쪽에 베껴놓고서 [비판가의] 비판에 대립하는 것이 단지 "어떤 주장"일 뿐이라는 사실을 발견하고서 즐거워한다.

사랑에 관해 비판가의 심정 토로를 검토한 구절에서 『베스트팔렌』논평 저자는 209쪽에 corpus delicti 〈범죄의 증거〉라고 밑도 끝도 없이 쓰면서, 그런 검토를 논박하기 위해 몇몇 〈수, 8〉서로 연관되지 않는 문장을 서술했다. 논평의 저자는 이 분야 전문가로서 몽롱하고 미치게 달콤한, 자신의 감상주의를 위해 이런 문장을 제시하고 싶었다.

141~142쪽에서 *성스러운* 비판가는 『베스트팔렌』논평 저자의 말을 단어 째로 또는 문장째로 그의 선구자가 인용했던 순서와 똑같이 베낀다.

『베스트팔렌』논평 저자는 줄리어스 포셔 Julius Faucher 씨의 죽음에 관해 탄식한다: "그런 것이 아름다운 자가 겪는 지상에서의 운명이

---

[222] GA2주 재인용) 크리게, 『신성 가족 또는 비판가의 비판에 대한 비판』, 208쪽

다."[223]

142쪽을 보면 *성스러운* 비판가는 이런 탄식을 무관한 때 사용하는 법이 없이 그의 "고된 작업"을 마칠 수는 없는 모양이다.

『*베스트팔렌*』 논평 저자는 212쪽에서 『신성 가족』에서 성 브루노 자신을 겨냥해 제시된 논증을 적당하게 요약[224]한다.

우리의 성스러운 비판가는 흥분해서 이런 일회용품처럼 요약한 비난을 『*베스트팔렌*』 논평 저자의 탄식과 함께 문자 그대로 베낀다. 『신성 가족』이라는 논쟁적인 저서 가운데 *어디에서도* 브루노는 자기가 "정치적인 해방의 문제를 인간 해방의 문제로 변형"한다든가, "유대인을 제거하려고 욕망한다든가", "유대인을 신학자로 변형하려고 욕망"한다든가 또는 "헤겔을 힌리히Hinrich 씨로 변형"[225]한다는 등으로 비난

223　W주 46) 쉴러의 드라마 『발렌슈타인의 죽음』에서 나오는 말들(4장 12절)

224　GA2주 재인용) 크리게의 글은 아래와 같다: "샤로텐부르크의 가장께서 일단 대중을 정신의 적이라 선언한 이상 그는 당연히 대중의 모든 기동에 대항하는 전투를 개시할 수밖에 없다. 인민이 정신의 현상에 앞서서 삶의 표현을 얻고자 감행하는 것은 그를 짜증나게 함이 틀림없다. 그는 참을 수 없어 물질과 대중, 역사를 상기하는 모든 것을 추방한다. 유대인을 살해하기 위해 그는 유대인을 신학자로 변형하며, 정치적 해방의 문제를 인간 해방의 문제로 변형하고, 헤겔을 부정하기 위해 헤겔을 힌리히 씨로 변형하며, 프랑스 혁명과 공산주의와 포이어하흐를 벗어나기 위해 그는 '물질, 물질, 물질'이라고 외치며, 다시 '물질, 물질, 물질!'이라 외친다. 정신을 구하는 대가로 물질을 십자가에 처형한다. 거기에 존재하는 정신은 비판이니 곧 절대적 이념이 샤로텐부르크의 브루노에게서 진정으로 현현한 것이다."

225　W주 47) 『일반 문예 신문』에 실린 브루노 바우어의 기사, 『노트 1』, 제목은 『힌리히의 정치적 강의』이다.

되지 않는다는 사실을 꿈에도 생각하지 못한다. 『*베스트팔렌*』 논평 저자가 『신성 가족』에서 *마르크스*가 "바우어의 *어리석은 자기 찬미*를 반박하면서," 스콜라풍의 소논문을 제공하겠다고 나섰다고 진술하자, 이 속기 쉬운 *성스러운* 비판가는 그런 진술을 되풀이 떠든다. 그러나 성스러운 브루노가 *인용*하는 "*어리석은 자기 찬미*"라는 말은 『신성 가족』 어디에서도 발견되지 않는다. 그 말은 『*베스트팔렌*』 논평 저자가 썼던 말[226]이다. 그뿐만 아니라 브루노의 비판이 담는 "*자기 찬미*"에 대한 반박으로 제공된다는 소논문은 『신성 가족』, 150~163쪽에 있는 것이 아니라, 그다음 장 165쪽에 있으며 세계사적인 문제로 된 "왜 바우어씨는 정치에 관심을 가져야 했는가"하는 물음을 다룰 때[227] 제시될 뿐이다.

⟨GA2, 162⟩ 마지막으로 성 브루노는 143쪽에서 마르크스를 "*웃기는 코미디언*"으로 제시했다. ⟨W, 98⟩ 왜냐하면 그의 모델인 『베스트팔렌』 논평 저자가 213쪽에서 "비판가의 비판이 보여주는 세계사적인 드라마"를 "웃기는 *코미디*"로 전락시켰기 때문이다.

이런 것들을 본다면, 비판가의 비판의 적대자들은 "*비판이 어떤 식이었는지 지금도 여전히 어떤 식인지*"를 "감히 알기 시도하고 또 알 수

---

226 GA2주 재인용) 크리게의 말은 아래와 같다: "브루노는 어리석은 자기 찬미 속에서 다음과 같은 것을 입증하려 시도한다: 그가 이전에 물질이란 편견에 사로잡히기는 했지만, 그곳에서 이 편견은 비판의 필연적인 가상에 불과했다. 브루노의 이런 자기 찬미를 마르크스는 나중에 쓰게 될 스콜라적인 소논문으로 반박할 것이다."

227 GA2주 재인용) 마르크스의 말은 다음과 같다: "바우어 씨는 정치적 문제에 관심을 가져야 했다는 설명은 다만 일정한 조건 아래서 일반적인 관심을 충족해 준다. .... 그러나 절대적 비판이 자기의 요구에 집착한다면, 누군가는 스콜라적인 소논문을 제시해서 다음과 같은 시대적 문제를 다루어야 할 것이다."

있을 것이다."

4절 "모제스 헤스"에 대한 애도

"엥겔스와 마르크스가 미처 할 수 없었던 것을 모제스 헤스가 완성했다."

마르크스에서 헤스로, 이는 정말 위대하고 숭고한 도약이다. 이 도약은 복음 전도자[Evangelist]의 상대적인 "가능성"과 "불가능성"을 통해 성인 바우어의 손끝에 매달려 있다. 이런 선택은 어울리든 어울리지 않든 교부의 모든 논문에 자리 잡고 있을 수밖에 없다.

"엥겔스와 마르크스가 미처 할 수 없었던 것을 모제스 헤스가 완성했다." 그러나 여기서 "엥겔스와 마르크스가 미처 하지 못했던 것"은 무엇을 말하는 걸까? 사실 슈티르너를 비판하는 것, 그 이상도 이하도 아니다. 엥겔스와 마르크스가 슈티르너를 *미처* 비판할 수 없었던 이유는 무엇인가? 그들이 『신성 가족』을 쓸 때 슈티르너의 책이 아직 나오지 않았다는 사실이 충분한 이유가 될 것이다.

모든 것을 뭉뚱그려 가장 거리 먼 것들조차 소위 인과적인 관련 속에 집어넣는 이 사변의 요술은 우리의 성자의 머리뿐만 아니라 그의 손가락도 실제로 장악하고 있었다. 이 성자에게서 그런 요술은 심지어 전적으로 무실[無實]한 것이 됐고, 동어반복에 불과한 것을 짐짓 진지한 채 발언하는 일종의 익살극으로 전락했다. 예를 들어 『일반 문예 신문』(1, 5)에서 이미 나온 아래와 같은 말을 보자:

"예를 들어 필립손[228] 가[家]의 한 사람이 가득 메우는 노트*와*"(즉

---

228   역주) 19세기 초 활동했던 유대인 랍비 Mose Phillipson과 그의 아들 Ludwig

"예를 들어 필립손" 가의 한 사람이 글을 쓰는 텅 빈 종이) "*나의 노작의 차이는 실제 상태와 같은 실제 상태여야만 한다.*"!!!!²²⁹

"모제스 헤스"의 저서에 관해서 엥겔스와 마르크스가 책임질 일은 결코 없음에도 불구하고, 성스러운 비판가에게는 헤스 씨가 놀랄만한 현상으로 보이는 모양이다. 그래서 그는 단지 『최근 철학자들』이라는 모제스 헤스의 책에서 긴 인용문을 발췌하거나 다음과 같은 방식으로 판단하는 것에 그친다: "개별 점에서 헤스 씨의 비판은 포이어바흐를 이해하지 못했다. 달리 말하자면"(오, 굉장한 신학이로군!) "그릇이 옹기쟁이에게 반항하고자 원한다는 것과 같다."(『로마서』, 9장 20절~21절 참조)²³⁰ 우리의 성스러운 비판가는 인용이라는 "고된 노동"을 한 번 더 수행한 이후 마침내 모제스 헤스가 *헤겔*을 베꼈다는 결론을 내렸다. 왜냐하면 헤스 씨가 두 단어 즉 "합일"과 "발전"이라는 단어를 사용하기 때문이다.²³¹ 물론 성스러운 브루노는 그 자신이 〈W, 99〉헤겔에게 전

Phillipson 중 한 사람.

229   CW주) 바우어, 『유대인 문제에 관한 최근 저서들』.

230   역주) 『로마서』, 9장 20절~21절: 그러나 사람이 무엇이기에 하나님께 감히 말대답을 합니까? 만들어진 것이 만드신 분에게 어찌해 나를 이렇게 만들었습니까 하고 말할 수 있습니까? 토기장이에게는, 흙덩이 하나를 둘로 나누어서, 하나는 귀한 데 쓸 그릇을 만들고 하나는 천한 데 쓸 그릇을 만들 권리가 있지 않습니까?"

231   GA2주 재인용) 바우어, 『포이어바흐의 특징』, 145쪽: "헤스 씨는 '합일'이라고 외쳤다. 대립은 고차적인 통일 속에 제거돼야 하다. 헤겔이 그렇게 말했다. 헤스씨는 '발전'이라고 외쳤다. 헤겔은 그에 선행해 그렇게 말했다. 포이어바흐는 그의 제자에게 외쳤다. '헤겔이여 영원해라!'"

적으로 의존하고 있다고 『신성 가족』이 제시한 증거를 우회적으로 포이어바흐를 비판하기 위해 사용하려 시도해야만 했다.

"보라. 그런 방식으로 바우어[232]는 끝을 맺을 수밖에 없다! 그는" 자기의식을 예외로 한다면 "헤겔의 범주들에 대항해" 특히 힌리히 씨에 대항하는 『문예 신문』의 영광스러운 투쟁에서 "그가 할 수 있었던 투쟁을 했고 그가 하는 방식대로 투쟁했다." 우리는 바우어가 그런 범주를 어떻게 싸워 물리쳤는지를 이미 보았다. 불필요하겠지만, 『비간트』의 110쪽을 인용해 보자. 거기서 그는 이렇게 주장한다.

"'자연과 역사 속에'(4) 존재하는 '*대립*'(3)의 '진정한'(1) '*해결*'(2)과 '분리된 관계'(6)의 '진정한 통일'(5) 그리고 '종교', 이 모든 것들의 '진정한' '기초'(8)이자 '심연'(9)이고, '진정한 무한자'(10)이며, '저항할 수 없는 자기 창조'(11)인 '인격성'(12)은 '아직 발견되지 않았다.'"[233]

위의 세 줄은 헤스가 말하듯이 헤겔의 범주로 의심되는 두 가지 범주만 포함되어있는 것은 아니다. 오히려 이 세 줄 속에는 "분리된 관계의 진정한 통일"이라는 말을 통해서 자명하게 입증되는 헤겔의 범주 즉 "진정하며 무한하고 저항할 수 없는" 헤겔 범주를 한 다스나 포함한다.—"보라, 그런 방식으로 바우어는 끝을 맺을 수밖에 없다!!" 이 신성

---

232 GA2주 재인용) 바우어의 책에는 '바우어' 대신 '포이어바흐'가 들어 있다. 마르크스가 바우어로 대체해 말장난을 하는 것 같다. GA2주, 163. 5~7 참조.

233 역주) 번호는 원문 그대로, 우리 말 순서가 달라서 번역문으로 보면 차례로 나오지 않는다.

한 자가 헤스 속에서 경건한 기독교인을 발견했다고 생각하는 이유는-브루노가 말하듯이-헤스가 "소망"하기 때문이 아니라, 오히려 헤스가 소망하지 *않기* 때문이며 또는 헤스가 "*부활*"*이라*고 언급하기 때문이다. 이것이 사실이라면 브루노 자신 덕분에 우리는 바로 같은 곳인 110쪽에 기초해 이 위대한 교부가 공인된 *유대교도*임을 입증할 수 있다. 그는 그곳에서 이렇게 말한다:

"*진정으로 살아있는 육체적인 인간은 아직 태어나지 않았다.*"(!!! 유일자의 종족을 결정하는 방식에 대한 새로운 해명이다.) "그리고 이미 출현한 자웅동체적인 종족은"(브루노 바우어가 그런가, 하하?!?) "아직은 모든 *독단적 교의*를 지배하는 주인이 될 수 없다." 등등.

말하자면 *메시아*가 아직 태어나지 않았다는 것이다. *사람의 아들*은 우선 세상으로 와야 한다. 이 세상은 구약의 세계인데, 여전히 율법 즉 "독단적 교의"의 채찍 아래 있다.

위에서 보듯이 성 브루노가 엥겔스와 마르크스를 이용해 그 위에 있는 헤스에게로 다가가듯이, 그는 헤스를 이용해 최종적으로 슈티르너와 "신성 가족" 그리고 "최근의 철학자들"로 가는 자신의 원정에 포이어바흐를 ⟨수, 9⟩인과적으로 연루시킨다.

"보라, 그런 방식으로 포이어바흐는 끝을 맺을 수밖에 없다!" "철학은 *경건하게* 끝나야 한다."(『비간트』, 145쪽 이하)[234]

---

234 GA2주 재인용) 바우어, 『포이어바흐의 특징』, 145쪽: "그러나 철학이 또한

그러나 진정한 인과적 연관은 바로 이런 탄식이 무엇보다도 바우어에 대항하는 것을 목표로 하는 헤스의 『최근 철학자들』에서(서문, 4쪽의) 한 구절을 모방했다는 데 있다:

⟨W, 100⟩ "기독교적인 금욕주의자의 최후 세대는 다름 아닌 바로 그런 방식으로 세계와 결별해야 했다."

⟨GA2, 164⟩ 성 브루노는 포이어바흐와 소위 그의 공모자들을 기소하기 위한 기소문을 포이어바흐에게 건네는 말로 끝낸다. 그 건네는 말 속에서 브루노는 포이어바흐가 할 수 있는 모든 것은 "호산나를 외치고" "트럼펫을 울리는 것"일 뿐이라고 비난한다.[235] 반면 브루노 바우어 Monsieur⟨양반⟩나 Madame la critique⟨비판 부인⟩ 즉 이미 출현한 자웅동체 종족은 부단한 파괴는 말할 것도 없고, "*승리의 전차를 타고 앞으로 몰면서 새로운 승리를 구가하며*"(125쪽)[236] "왕위를 박탈하며"(119쪽) "도살하고"(111쪽) "천둥처럼 내려치며"(115쪽) "단호하게 파괴하고"(120쪽) "산산조각내며"(121쪽) 오직 자연에 따라 "식물"처럼 근근

경건하게 끝나고 영원히 축복 받기 위해서 철학은 그 죽음 앞에서 철학에 대한 신앙고백을 떼어내며 종교의 범주에 대한 신앙을 고백해야 한다."

235 GA2주 재인용) 바우어, 『포이어바흐의 특징』, 121쪽: "그가 항상 호산나를 외치게 두자. …그런 것은 단지 트럼펫 소리에 불과하다."

236 GA2주 재인용) 바우어, 『포이어바흐의 특징』, 125쪽:. "포이어바흐는 비판가를 조금도 해치지 못한다. 포이어바흐는 비판가를 그의 승리의 마치에 태워 앞으로 달렸으며 새로운 승리를 구가하게 했다."

이 살아가게 하며(120쪽) "빠져나오기 어려운" "감옥"에 넣는다(104쪽)고 말한다. 그는 또한 최종적으로 "유창한 설교"를 통해 "신선하고 경건하며 상쾌하고 자유로운" 방식으로[237] "안정되고 강하고 단단하며 존속하는 것"을 발전하고(105쪽),[238] "바위 같은 것이나 바위를 포이어바흐의 머리에 내던지며"(110쪽)[239] 결론적으로 옆구리로 돌진해 성 막스를 타고넘어 동시에 "비판가의 비판"과 "이익 사회" 그리고 "바위 같은 것이나 바위"를 "최고의 추상적 추상성"이나 "가장 단단한 단단함"으로 보완한다(124쪽)고 말한다.

이 모든 것을 성 브루노는 "자신을 통해서 자신 속에서 자신에 의존해서" 실행했다. 왜냐하면 그는 "그 자신'"이기 때문이다. 그는 정말로 "자신을 통해서 자신 속에서 자신에 의존해서"(136쪽) "스스로 항상 가장 위대한 자이거나 그렇게 될 수 있다."(그것*이거나* 또 그것일 수 있다!) Sela〈끝〉.

물론 성 브루노는 "감히 저항할 수 없는 인격"을 지니고 있으니 여성 성별에게 위험한 인물일지 모른다. "다른 한편" 심지어 인간이라면

---

237 CW주) "신선하고 경건하며 상쾌하고 자유로운"—학생들이 즐겨 사용하는 말에 나오는 최초의 단어들, 이 단어들은 루트비히 얀Ludwig Jahn이 창립한 스포츠 운동의 구호가 됐다.

238 GA2주 재인용) 바우어, 『루트비히 포이어바흐의 특징』, 105쪽: "유가 진리의 척도여야 한다면, 진리는 어떤 고정된 것, 확고한 것으로 되는 것이 아닌가? 진리가 고정적인 것, 존속하는 것이 아니라면 그 때문에 서슷, 비진리가 아닐까?"

239 GA2주 재인용) 바우어, 『포이어바흐의 특징』, 110/111쪽: "포이어바흐는 헤겔과 마찬가지로 종교의 진리를 발견하고 파악할 수 없었다. 왜냐하면 그는 진리를 고정된 완결된 대상으로 파악하고 표상하면서, 유동적인 것을 고정적인 것으로, 생성하는 것을 바위 같은 것이나 바위로 만들려고 하기 때문이다."

치명적인 타격을 받을 수 있는 한계임이 틀림없는 감각조차도 그는 두려워하지 않았을 것이다. 따라서 그는 "자신을 통해 자신 내에서 자신에 의존해서" "어떤 꽃도" 꺾지 않을 것이며 오히려 그 꽃들이 "그의 저항할 수 없는 인격"을 향한 무한한 동경 속에서 그리고 애타는 히스테리 속에 시들게 내버려 둘 것이다. 왜냐하면 그의 인격은 "남녀라는 성별과 다른 고유한 성별을 그리고 고유하고 특정한 성기"를 소유하고 있기 때문이다.

{⟨W, 노트 36: 100-하단 주: 수고에 삭제⟩⟨수, 9-하단 주⟩

5. 승리의 마차를 탄 성 브루노

의기양양하며 승리를 확신하는 우리의 교부를 떠나기 전에, 잠시 하품하는 군중 틈에 섞여 보자. 교부께서 승리의 전차를 앞으로 몰고 새로운 승리를 쟁취할 때, 마치 톰 덤프 장군이 그의 네 마리 말들과 함께 여흥을 돋울 때와 마찬가지로 열심히 전차를 몰고 나온다. 거리에서 합창이 울리는 것은 놀랍지 않다. 왜냐하면 거리의 합창으로 환영받는 것은 승리 "일반"의 "개념에 결정적으로 속하는 것"이기 때문이다.}

3장 성 막스[240]

---

[240] CW주 45) 이 장(『3장 성 막스』)의 구조를 보면, 마르크스와 엥겔스는 슈티르너의 글쓰기 방식을 패러디하고 있다. 슈티르너는 『유일자와 그의 소유』에서 이야기 중간마다 주제와 무관한 "삽화[挿話, episode]"를 끼워 넣는다. 마르크스, 엥겔스 역시 이 방식을 조롱하면서 따라 한다. 마르크스, 엥겔스는 이 장을 슈티르너의 글 『슈티르너에 대한 논평가들』(『비간트 계간지』, 3호 게재)을 다루는 것으로 시작한다. 슈티르너의 "변호를 위한 주석"이라 비꼰 글이다. 『슈티르너에 대한 논평가들』은 첼리가Szeliga, 포이어바흐, 헤스가 슈티르너의 『유일자와 그의 소유』에 대해 비판한 글에 대해 슈티르너가 답한 글이다. 그런데 마르크스, 엥겔스는 『슈티르너에 대한 논평가들』을 다루다가, 슈티르너가 그러듯이 돌연 긴 "삽화"를 끼워 넣는데, 이 삽화가 이 장의 거의 전부를 차지한다. 이 삽화는 슈티르너의 『유일자와 그의 소유』에 대한 비판적 분석이다. 마르크스, 엥겔스가 장을 시작하며 잠시 언급한 글(『슈티르너에 대한 논평가들』)로 다시 돌아오는 것은 장의 끝부분인 2절에 가서다. 이 장의 구조 역시 비판 대상인 슈티르너 책의 구조를 패러디해 "구약: 인간"과 "신약: 자아"로 나뉜다. 본래 슈티르너의 책이 "인간"과 "자아"로 되어 있기 때문이다. 이 장의 소제목도 슈티르너 책의 제목을 비꼬아 흉내 낸 것이다

"나무가 푸른들 내게 무슨 소용이 있단 말이냐?"[241]

〈GA2, 165〉〈수, 1〉〈W, 101〉성 막스는 소위『경전』을 변호하는 긴 주석을 달기 위해 종교 회의를 이용하니 그는 종교회의를 "걸핏하면 열거나[남용: verbraucht]", "마구잡이로 연다[오용: benutzt]" 여기서 소위『경전』은 다름 아닌『책』이요, 책 그 자체, 바로 그 책, 완전한 책, 성서, 신성한 것으로서의 책, 신성 그 자체인 책, 천상의 책 즉『유일자와 그의 소유』이다. 주지하듯이『경전』은 1844년 말 하늘에서 지상으로 "강림" 해 라이프치히의 비간트의 집에서[242] 노예의 모습으로 출현했다. 출간 후 이『경전』은 세상사의 영고성쇠[榮枯盛衰]에 내맡겨져, 세 사람의 "유일자" 즉 불가사의의 인물인 첼리가Szeliga, 영지주의자[Gnostiker, 靈知主義者] 포이어바흐 그리고 헤스에게서 공격받는다.[243] 창조주 성 막

---

241   W주 48) 하이네의 작품,『여행 이미지』, 3장「루카의 온천」, 4절에 나오는 구절(베를린 사투리)

242   W주 49) 슈티르너의 책『유일자와 그의 소유』는 1844년 말, 라이프치히의 비간트 출판사Otto Wigand Verlag에서 인쇄되어, 이듬해인 1845년 출간됐다. 슈티르너Max Stirner란 이름은 가명이고 본명은 요한 카스파 슈미트Johann Caspar Schmidt이다.
CW주 46) 엥겔스가 이 책을 읽은 최초의 사람 중의 하나이다. 왜냐하면 비간트가 엥겔스에게 교정쇄를 보냈기 때문이다. 이는 1844년 11월 19일 엥겔스가 마르크스에게 보낸 편지에 적혀있다.

243   W주 50) 슈티르너의 책을 비판한 다음 글들을 의미한다:『북독일 신문』에 실린 첼리가의 글,『유일자와 그의 소유』,『비간트 계간지』에 실린 포이어바흐의 글,『'유일자와 그의 소유'와 비교해 본 '기독교의 본질'』그리고 헤스의 소책자,『최근 철학자들Die letzten Philosophen』. 슈티르너는『비간트 계간지』, 3호에『슈

스는 다른 피조물에 대해 그런 것처럼 피조물인 자신에 대해서도 항시 초연했지만, 그런데도 다른 한편으론 자기의 애처로운 자식을 가엾게 여겨 이를 지켜주고 안전하게 보호하기 위해 큰 목소리로 "비판의 고함"을 지른다. 그런데 여기서 이 "비판의 고함"이 갖는 의미와 불가사의한 인물인 첼리가에 대해 제대로 이해하기 위해서는, 먼저 교회사를 조금이나마 살펴보고 또 『경전』에 대해 상세히 살펴볼 필요가 있다. 성 막스 방식으로 말하면, 우리는 "이 지점에서" 『유일자와 그의 소유』에 대한 교회사적 "성찰"을 "삽화적으로 끼워 넣는다." "그 이유는 다름 아니라" "그 작업이 나머지 것들의 해명에 도움이 되기 때문이다."

> "문들아, 활짝 열릴지어다. 지상의 문들아, 열릴지어다. 영광의 왕이 들어가시리로다. 영광의 왕이 뉘시뇨. 강하고 능한 "용사", 전쟁에 능한 "용사"이시로다. 문들아, 활짝 열릴지어다. 지상의 문들아, 열릴지어다. 영광의 왕이 들어가시리로다. 영광의 왕이 뉘시뇨. 유일자[der Herr Einzige] 주님이시오 곧 영광의 왕이시로다."(『시편』, 24장 7~10절)[244]

티르너에 대한 논평가들Recensenten Stirners』이란 글을 써서 이들의 비판에 답하고 자기 책을 옹호한다. 『독일 이데올로기』에서 마르크스, 엥겔스가 슈티르너의 "변명을 위한 주석"이라 비꼰 글이 바로 이것이다.

244 W주 51) 본래 싱경 시편에는 "유일자 주님"이 아니라 "여호와 하나님"이다. 또한 "지상의 문"이 아니라 "영원의 문"이다. "문이 .... 열린다"라는 방식으로 표현된 것이 아니라 "문이 머리를 든다"라는 방식으로 표현된다.
역주) 성경 원본: 문들아, 너희 머리를 들어라. 영원한 문들아, 활짝 열려라. 영광의 왕께서 들어가신다. 영광의 왕이 뉘시냐? 힘이 세고 용맹하신 주님이시다. 전쟁의 용사이신 주님이시다. 문들아, 너희 머리를 들어라. 영원한 문들아, 활짝 열

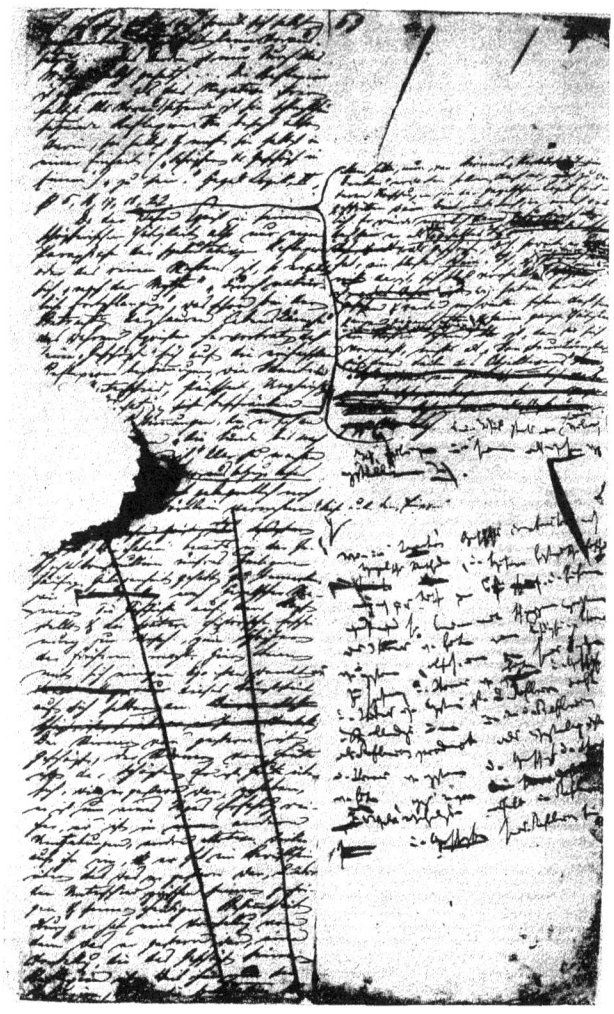

Seite 53 des Manuskripts, Kapitel „III. Sankt Max"
(siehe Seite 249/250)

3-1장 『유일자와 그의 소유』

〈GA2, 166〉〈수, 1a[245]〉〈W, 102〉 "모든 것이 헛되다"[246]라고 말하는 사람이 끊임없이 "비판의 고함"을 지를 때는 선량한 독일인답게 "다 내 일이 아니고 무엇이더냐?"(『경전』, 5쪽)라는 탄식으로 시작한다. "모든 것이 그의 일"이라는 그는 가슴이 미어지는 듯 말한다. "신의 일, 인류의 일, 진리와 자유의 일, 그뿐인가, **그의**[Seines] 민족의 일, **그의**[Seines][247] 영주의 일", 그 밖의 산더미 같은 큰일들 모두 다 그가 짊어지게 됐다는 것이다. 불쌍한 인간 같으니라고! 지금 프랑스와 영국의

---

245 역주) 여기서부터는 수고가 1, 1a, 1b, 1c로 매겨진다. 1, 2, 3..은 전지 한 면을 표시하고, 1,1a,1 b, 1c..는 전지를 접은 쪽의 수를 표시하는 것으로 짐작된다.

246 CW주) 원래 이 문구는 괴테의 시, "Vanitas! Vanitatum Vanitas!〈헛되다! 헛되고 헛되다!〉"의 첫 구절이다. 슈티르너는 『유일자와 그의 소유』, 서문에 "모든 것이 헛되다[Ich habe "Mein Sach" auf Nichts gestellt]"라는 제목을 단다.

247 역주) 본문에 대문자로 되다. '그' 즉 슈티르너의 자만심을 비꼬는 것 같다.

부르주아는 Mangel an Débouchés〈수요 부족〉, 무역 위기, 증시 공황, 당면 정치 정세 등에 대해 탄식하는데, 반면 독일 소부르주아는 부르주아 운동에 관념으로만 가담하고 게다가 그저 한탕 벌이는 일에 골몰하면서 그런 자기 일을 곧 "대의", "자유의 일, 진리의 일, 인류의 일" 등으로 생각한다.

우리의 독일 교사[248]는 독일 소부르주아의 이런 착각을 tout bonnement〈정말로〉 믿는 가운데, 우선 세 쪽에 걸쳐 이 모든 대의와 씨름한다.

그는 6, 7쪽에서 소위 "신의 일", "인류의 일"을 조사한 후, 이 일이 결국은 "순전히 이기적인 일"임을 발견하며, 다시 말해서 "신"이건 "인류"건 모두 오직 *그 자신 일* [das Ihrige]만을 염려함을 발견하며 그리고 "진리, 자유, 박애, 정의"라 하지만, 이것도 "우리를 위한 것이 아니라 오직 그 자신만을 위한" 것임을 발견하며, "우리의 번영이 아니라 그 자신만의 번영에" 초점이 있음을 발견한다. 여기에서 그는 모든 인격은 "그 자신을 각별히 굳게 지킨다"라고 추론한다. 그는 심지어 관념적 상투어인 신, 진리란 말을 유복한 시민을 가리키는 말로 변형시킨다. 이 유복한 시민은 "자기를 특히 굳게 지키면서도", "*조화로운 이기주의*"를 찬양하는 시민이다. 하지만 이런 조화로운 이기주의는 이기주의를 신성시하는 자를 짜증 나게 만든다. 그래서 그는 이렇게 소리친다:

---

248 GA2주 참조) 마르크스가 그를 교사로 지칭한 이유는 두 가지다. 하나는 슈티르너는 1939년부터 1844년까지 베를린에서 소녀 학교의 교사로 강의했기 때문이다. 또 하나는 슈티르너가 동시대의 지배 관계를 비판하기 위해 이 교사라는 개념을 자주 사용했기 때문이다.

"그럼 나는?"〈W, 103〉"나 나름대로 한 가지 교훈을 얻은 게 있다면 나는 더는 거창한 이기주의자를 위해 봉사하느니 차라리 기꺼이 혼자만의 이기주의자이기를 원한다!"(7쪽)

〈GA2, 169〉이를 통해 우리는 성 막스를 이기주의로 몰고 간 소위 신성한 동기가 무엇인지 알게 된다. 그가 평정을 유지하지 못하게 한 것은 이 지상의 재화도 아니요, 나방과 녹이 좀 먹는 보물도 아니요, 그의 공동-유일자들[Mit-Einzigen]의 자본도 아니다. 그것은 다름 아닌 천상의 보물 즉 신, 〈수, 3[1b]〉진리, 자유, 인류와 같은 자본이다.[249] 사람들이 그가 여러 대의에 봉사하기를 기대하지 않았던들 그 또한 그 "자신의" 일이 있다는 발견은 하지 않았을 것이고 또 이 그 자신의 일을 "무[Nichts]"(즉 『경전』) 위에 정립하지도 않았을 것이다.[250]

성 막스가 이 다양한 "일[Sachen]"과 그 일의 "소유자"[Eigner], 예를 들어 신, 인류, 진리 등에 대해서 조금만 주의 깊게 관찰했다면 정반대의 결론을 얻었으리라. 그러니까 그는 이런 인격의 이기적 행동 양식에 근거한 이기주의란 것이 이 인격 자체와 마찬가지로 망상임이 틀림없다는 결론을 얻었으리라.

---

249 역주)『마태복음』, 6장 19~20절: "너희를 위해 보물을 땅에 쌓아 두지 말라. 거기는 좀과 동록이 해하며 도둑이 구멍을 뚫고 도둑질하느니라. 오직 너희를 위해 보물을 하늘에 쌓아 두라. 거기는 좀이나 동록이 해하지 못하며 도둑이 구멍을 뚫지도 못하고 도둑질도 못하느니라."

250 GA2주 참조)『유일자와 그의 소유』, 서문 제목 '나는 나의 대의를 절대화한다[Ich habe Mein Sach auf Nichts gestellt]'을 비꼰 표현이다. 역주) 그의 경전이 무에 지나지 않는다는 뜻이다. 슈티르너에게서 '무 위에 세운다'라는 표현은 더는 근거를 따지지 않고, 절대화한다는 의미이다.

그런데도 우리의 성자는 "신"이나 "진리"와 경쟁하기로 그리고 그 자신의 일을 스스로 찾기로 결정한다.

"자기 일을 결정하는 나 자신, 이 나[Ich]는 신과 마찬가지로 모든 다른 것을 배제한다. 나는 나의 모든 것이다. 나는 유일자다. .... 나는 공허하다는 의미에서 무라기보다 *오히려* 창조적 무다. 그 무에서 나는 창조자로서 모든 것을 창조한다."

이 신성한 교부께서는 이 마지막 문장을 다음과 같이 표현할 수도 있었을 텐데: 나는 공허한 난센스라면 무엇이든 된다. "*차라리*" 나는 무엇이든 무화[無化]하는 창조자 즉 창조자로서 나는 모든 것에서 무를 창조한다.

이 두 가지 독법 중 어느 것이 옳은지는 나중에 밝혀질 것이다. 서문은 이 정도로 다루자.

"『경전』"은 "낡은" 성경처럼 구약과 신약으로 나뉜다. 그러니까 인간 자신의 역사(율법과 예언자들)와 유일자라는 비인간의 역사(하느님 나라에 대한 복음)로 나뉜다. 전자는 로고스[말씀]의 틀 내에서의 역사, 그러니까 과거에 갇힌 로고스이고, 후자는 역사 속의 로고스, 그러니까 현재와 싸워서 결국 이를 성공적으로 극복하는 해방된 로고스다.[251]

---

251 역주)『요한복음』, 1장 1-2절 참조: 태초에 말씀이 계시니라 이 말씀이 하나님과 함께 계셨으니 이 말씀은 곧 하나님이시니라. 그가 태초에 하나님과 함께 계셨고 ....

3-1장 구약 편: 인간[252]

구약 편 1절 창세기 즉 인간의 삶

⟨GA2, 170⟩⟨W, 104⟩성 막스는 여기서 "*유일자*" 또는 "실제적인 개인"의 전기가 아니라 막스 자신의 철천지원수인 "*인간*"의 *전기*를 쓰는 체한다. 이 작업은 그를 황당하기 짝이 없는 모순에 빠지게 한다.

⟨수, 1c⟩창세기가 늘 그런 거라고 추측되듯이 "인간의 삶"도 ovo ⟨알에서: 처음에⟩ "어린아이"에서 시작한다. 그런데 13쪽에 드러나듯이, 그 아이는 "곧바로 세상 전체와 싸운다. 아이는 모든 것에 저항하고 또

---

[252] CW주 47) 슈티르너의 책의 1부. 「인간」이라는 제목을 단 1부의 목차의 구조는 아래와 같다. 1장: 인간의 삶, 2장: 고대와 근대의 인간, 2장 1절: 고대인, 2장 2절: 근대인, 2절1항: 정신 2항: 사로잡힌 자, 2절 3항: 위계 체제, 2장 3절: 자유인, 3절 1항: 정치적인 것(정치적 자유주의), 3절2항: 사회적 자유주의, 3절 3항: 인도적 자유주의

모든 것이 그를 거부한다." "아이와 세상 양자는 적"이지만, 서로 "두려운 마음과 존경심을 갖고" "항상 숨어서 서로의 *약점*을 애타게 찾는다." 14쪽에는 좀 더 상세한 설명이 있다. 즉 아이들로서 "우리는" "사물의 배후에 있는 *사물의 근거*를 확인하고자 한다." "우리가 모든 것의 약점을 *염탐*하는 것"(비밀의 소매상 *첼리가*가 손가락으로 쑤셔보는 짓[253])은 *바로 그런 맥락에서다.*(그러므로 더는 적개심 때문이 아니다.) *아이가 곧바로 형이상학자* 즉 "사물의 근거"에 이르기를 갈구하는 자로 된다.

이 *사변적* 아이의 가슴은 장난감보다 "사물의 본성"을 더 기꺼워한다. 이 아이는 "때가 되면" 드디어 "사물 세계"와의 오랜 투쟁을 마치고 그것을 정복한 다음에는 새로운 단계, *청년기*에 도달한다. 이제부터 그는 삶의 고단한 새로운 투쟁 즉 이성에 대항하여 투쟁해야 한다. 왜냐하면 "정신이란 곧 최초의 자기 발견을 뜻하기" 때문이다. "우리는 세계를 극복한다. 우리는 정신이다."(15쪽) 아이 때는 그저 "배우기만" 했다. "아이 때는 결코 논리적 문제나 신학 문제를 두고 고민하지 않았다." 하지만 청년의 관점은 "천상의 관점"이다. 청년의 관점은 마치 (아이 수준인) "빌라도"가 갑자기 "진리가 무엇이냐?"[254]라고 묻게 되는 것과 같다.(17쪽) 청년은 "사상을 장악하고자 하고," "이념과 *정신*을 이해하며," "이념을 추구한다." 청년은 "그의 사상에 몰두하며"(16쪽), "절대적 사상 즉 ⟨GA2, 171⟩ *순전한 사상, 논리적 사상*"을 갖게 된다. 이런 청년이라면 즉 젊은 여자의 규방이나 다른 세속의 것을 추구하지 않는

---

253 CW주) 첼리가의 논문 「유겐 수: 파리의 비밀, 비판」, W 2권[『신성 가족』], 55쪽 참조.

254 CW주) 『요한복음』, 18장 38절: 빌라도가 예수께 진리가 무엇이냐 하고 물었다.

"체하는" 청년이라면 그는 바로 〈W, 105〉베를린에서 공부하는 청년 "슈티르너"와 같은 자다. 그는 헤겔 논리학을 공부하느라 바쁘고 위대한 미슐레Michelet[255]를 경이의 눈으로 응시한다. 17쪽을 보면 바로 *이런* 청년에 관한 멋진 묘사가 있다: "순수 사상을 발굴해 내는 것, 그것에 헌신하는 것, 바로 그 속에 *청년의 기쁨*이 있다. 진리, 자유, 인류, 인간 등, 모든 사유 세계를 빛내는 형상들이 그 청년의 정신을 계몽하고 또 그 청년의 정신에 영감을 불러일으킨다."

〈수, 2〉또한 이제 청년은 "대상"을 "제쳐놓고", "단지 자신의 사상에만" 몰두한다. "그는 정신적이지 않은 모든 것을 피상적인 것[Äußerlichkeiten]이라는 경멸적 이름 아래 포함한다. 그런데도 그가 가령 대학생의 자유분방함 같은 피상적인 것에 매달린다면 그것은 그가 그 속에서 정신을 *발견*하기 때문이다. 즉 그것이 그에게 어떤 상징일 때만 매달리는 것이다."(누구나 여기서 "첼리가"의 영향을 "발견"할 것이다.) 훌륭한 베를린 청년들이여! 대학생들의 술버릇은 그에게 하나의 "상징"일 뿐이었다. 대학생들은 그 "상징" 때문에 술 마시기 시합 후엔 테이블 밑에 취해서 뻗어 있은 적이 한 두 번이 아니었으니, 아마 대학생들은 이때 "정신을 발견하고자" 했던 모양이다! "훌륭한 청년"에 관해 두 권의 책[256]을 쓴 늙은 *에발트*Ewald는 바로 이런 대학생을 모델

---

255 역주) 미슐레Jules Michelet(1798~1874)-프랑스 역사가, 그는 30년에 걸쳐『프랑스 사』를 시술했다. 그는 프랑스 대학에서 강의하면서 보수적인 교단을 비판했다. 그는『인민』이라는 저서를 통해 역사의 주체가 인민이라고 주장했다.

256 CW주) 에발트Johanne Ludwig Ewalt,『훌륭한 청년, 훌륭한 남편과 아버지 또는 그렇게 되는 방법, 좋은 소녀가 되는 기술에 상응하는 것』, 푸랑크푸르트, 1804

로 했을 것이다. 그런데 이 훌륭한 청년이 과연 얼마나 훌륭한지는 그에 대해서 에발트가 이렇게 말한 데서도(15쪽) 잘 드러난다. 즉 [청년은] "부모도 내버릴 수 있다, 모든 자연의 강제도 파산한 것으로 간주할 수 있다." 이 훌륭한 청년이 보기에 즉 "이성적인 자가 보기에, 자연의 강제로서 가족은 더는 존재하지 않는다. 그래서 부모, 형제, 자매 등은 포기된다."-그런데 이 자연의 강제로서 가족이 모두 "*정신의, 이성의 강제로 다시 태어난다면*" 훌륭한 청년의 부모에 대한 복종과 두려움은 그 자신의 사변적 양심과 화해하게 된다. 결국 모든 것이 전과 같다. 마찬가지로 "우리는 인간보다 신에 더 복종해야"[257] 한다고 "말해진다."(15쪽) 이어서 이 훌륭한 청년은 16쪽의 다음 구절에서 도덕성의 정점에 도달한다. 거기서 "신보다는 각자의 양심에 더 복종해야" 한다고 "말해진다."[258] 이런 청년은 도덕적으로 오만해진 결과 "복수의 여신들[Eumeniden]"[259]을 넘어서고 심지어 "포세이돈의 분노"도 넘어선다.-그가 두려워하는 것은 오직 "양심"뿐이다.

"정신이 본질적인 것임을" 발견한 이상, 그는 더는 다음과 같은 목이 날아갈 결론도 서슴지 않는다:

---

257 CW주) 사도행전 5장 29절: 베드로와 사도들이 대답했다. 사람에게 복종하는 것보다, 하나님께 복종하는 것이 마땅합니다.

258 GA2주 재인용) 슈티르너, 『유일자와 그의 소유』, 15쪽: "청년은 부모뿐만 아니라 인간 일반도 정복한다. 그들은 그에게 장애가 되지 못한다. 왜냐하면 이렇다. 즉 사람은 인간보다 신에 더 복종해야 하기 때문이다."

259 W주 52) 에우메니데스Eumeniden-희랍 신화의 인물들로서, 복수의 여신이다. 법의 수호자이고 남성의 모욕 행위를 응징한다.

"그런데 정신이 본질로 인식된 다음 이제 그것은 정신이 빈곤한지 아니면 풍요로운지를 구별한다. 우리[man]는 그러므로"(!) "풍요로운 정신이 되고자 노력해야 한다. 정신은 자기를 확장해 자기 나라를 세우고자 한다. 그 나라는 〈수, 2a〉이미 극복된 현세의 나라가 아니다.– 이처럼 정신은 만유[萬有]의 주인[Alles in Allem][260]이 되기를 동경한다."(어떻게 하면 그렇게 되는가?) "즉, 비록 내가 정신이라 하더라도 완전한 정신이 아니라면" "무엇보다도 먼저 완전한 정신을 추구해야"(?) "한다."(17쪽)

〈GA2, 172〉앞에서 "그런데 .... 그것이 구별한다"라는 문장에서 주어인 "그것"은 무엇을 지칭하는 걸까? 어떤 "그것"이 구별한다는 말인가? 〈W, 106〉우리의 성인께서는 이 비밀스러운 "그것"이란 말을 자주 사용하는데, 결국 밝혀지듯이 그것은 실체의 자리에 있는 유일자다. 즉 그것은 "유일자적" 논리학의 출발점이며, 그 자체로 본다면 곧 헤겔이 말하는 "존재"와 "무"의 진정한 같음이다. 따라서 이 "그것"이 하는 모든 것, "그것"이 말하고 수행하는 모든 것에 대해서는 우리의 성인에게 책임을 물어야 한다. 왜냐하면 우리의 성인이 그 창조자이기 때문이다. 이제까지 본 대로, 무엇보다도 "그것"이 정신의 풍요와 빈곤을 구별한다. 그런데 왜 그런가? 왜냐하면 "정신이 본질로 인식되기 때문이다." 불쌍한 "그것" 같으니라고. "그것"은 이런 인식이 없었더라면 풍요와 빈곤의 구별에 결코 도달하지 않았을 텐데 말이다! "그리고 우리

---

260 CW주)『고린도 전서』, 15장 28절: 그러나 모든 것이 하나님께 굴복당할 그때는, 아들까지도 모든 것을 자기에게 굴복시키신 분에게 굴복할 것입니다. 그래서 하나님은 만유의 주님으로 군림하실 것입니다.

[Man]는 .... 노력한다"라는 문장을 보자. "*우리*"(!)라니! 여기에 또 하나의 비인칭적 인격이 있다. 이 "우리" 역시 "그것"과 함께 슈티르너에게 봉사하면서 그를 위해 힘겹고 고된 노동을 수행함이 틀림없다. 이 둘이 서로 얼마나 손발이 잘 맞는지는 다음 글귀에서 찾아볼 수 있다. 요컨대 "그것"이 빈곤한 정신과 풍요로운 정신을 구별하고, "*그것 때문에 우리는 풍요로운 정신이 되고자*" 노력한다.(슈티르너의 충실한 종[261]이 아니고서야 누가 이런 생각을 하겠는가!) "그것"이 신호를 보내고 즉각 "우리"가 있는 목청을 다 해 화답한다. 노동의 분화가 고전적으로 관철된 예이다.

"*그런데 .... 우리*[man]*는 .... 풍요로운 정신이 되고자 노력해야 한다.*" 그러므로 "*정신은 자기를 확장해 자기 나라를 세우고자 한다.*" 등. "그런데" 이 문장의 두 부분 사이에 어떤 연관이 존재하려면, 우선 "우리가 풍요로운 정신이 되길" 원하는 것과 "*정신이 자기 나라를 세우길*" 원하는 것이 "*구별돼야 한다.*" 이제까지 "**정신**"이 의욕한 것은 *없었다*. "**정신**"은 아직 하나의 *인격체*로 등장하지 않았기 때문이다. 그동안 문제 된 것은 "청년"의 정신이었고, "*바로 그 정신*" 즉 *주체로서의* 정신이 아니었다. 그런데 우리의 신성한 작가는 여기서 청년의 정신과는 다른 어떤 정신이 필요했다. 〈수, 2b〉이는 낯선 것으로서의 정신 그리고 결국은 청년의 정신에 대해 신성한 정신으로서의 정신을 대립시키기 위함이다. 이게 *Eskamotage*〈속임수〉1번이다.

"이리해 정신은 만유의 주인이 되고자 한다." 뜻이 다소 불분명한 이 문장은 다음과 같이 설명된다: "비록 내가 정신이지만, 그런데도 나는 완전한 정신이 아니어서, *무엇보다도 먼저 완전한 정신을 추구해야*"

---

261   CW주) 첼리가를 풍자한다

한다고. 그런데 성 막스가 "불완전한 정신"이라면 그가 *그의 정신*을 "완전하게 만든다"는 것인가 아니면 "완전한 정신"을 찾아다닌다는 것인가. 하여튼 그것은 이 두 가지를 구별한다. 그는 몇 줄 앞에만 해도 "빈곤한" 정신과 "풍요로운" 정신과 같은 양적이고 세속적인 구별에만 관심을 가졌다. 그러다 이제 갑자기 **"불완전한"** 정신과 **"완전한"** 정신이라는 질적이고 신비한 구별이 등장한다. 자기 정신을 육성하는 노력이 이제는 "불완전한 정신"이 "완전한 정신 **자체**"를 사냥하는 것으로 변형됐다. 신성한 정신이 유령처럼 배회한다. 이게 *Eskamotage*〈속임수〉2번이다.

〈GA2, 173〉〈W, 107〉신성한 저자는 이어서 이렇게 말한다.

> "하지만 그럼으로써"(즉, 나의 정신을 완성하려는 노력이 "완전한 정신 *그 자체*"를 찾아다니는 것으로 변형됨으로써) "나는 나 자신이 정신이라는 것을 발견하자마자 곧 다시 나 자신을 상실하고 완전한 정신 즉 나에게 고유한 것이 아니라 나의 저편에 있는 정신 앞에 엎드려 나 자신이 공허함을 맛보게 된다."(18쪽)

이것은 *Eskamotage*〈속임수〉2번을 좀 더 상술한 것에 다름 아니다. "완전한 정신"이 *현존하는* 존재로 일단 *가정*되어 "불완전한 정신"에 대립하게 되면, "불완전한 정신"인 청년이 마음속 저 깊은 곳까지 고통스러운 *공허*를 느끼는 것은 당연한 일이다. 그것으로 그치는 것이 아니다!

> "모든 것은 정신에 달려 있다. 그렇다고 모든 정신이 곧 옳은 정신인가? 정신의 이상 즉 '신성한 정신'이 옳은 진정한 정신

이다. 그것은 나의 정신, 그대의 정신이 아니고 바로"(!) "이상적 정신, 피안의 정신이다. 그 정신은 '신'이다. '신은 정신적 존재다'."[262](18쪽)

여기서 "완전한 정신"은 갑자기 "옳은" 정신이 됐다가 곧바로 다시 "옳은 진정한 정신"으로 변형된다.〈수, 2c〉그리고 후자는 "정신의 이상 즉 신성한 정신"으로 좀 더 상세하게 정의된다. 이 정의는 그것이 "나의 정신, 그대의 정신이 아니라 바로 피안의 정신, 이상적 정신인 신"이라는 설명으로 뒷받침된다. 진정한 정신이 정신의 *이상*인 까닭은 *바로 진정한 정신이 이상적*이기 때문이다! 진정한 정신이 신성한 정신인 까닭은 *바로 그게 신이기* 때문이다! 이 무슨 "사유의 묘술"인가! 덧붙여 말하자면, 여기 언급된 "그대의" 정신에 대해서는 이제껏 아무런 언급이 없었다는 사실이 눈에 띄인다. *Eskamotage*〈속임수〉3번

같은 논리로 가령 내가 나 자신을 수학자로 단련한다고 해 보자. 슈티르너 방식으로 말하면, 나는 나 자신을 수학자로 "완성"하고자 하는 셈인데, 그것은 곧 내가 "완전한" 수학자 즉 "옳고 진정한" 수학자, 수학자의 "이상", 나나 너와는 다른 "신성한" 수학자를 찾고 있음을 의미한다.(저 베를린 청년의 눈에는 그의 철학 교수가 완전한 정신으로 보이듯이, 내 눈에는 그대가 완전한 수학자로 보일 수도 있는데 말이다.) 그런 수학자는 "이상적인" 수학자, "피안의" 수학자, 천상의 수학자 곧 "신"이다. 신이 수학자인 것이다.

262　CW주) 『요한복음』, 4장 24절: 하나님은 영이시다. 그러므로 하나님께 예배를 드리는 사람은 영과 진리로 예배를 드려야 한다. 역주) '영[靈]'은 정신과 같은 말이다.

성 막스가 이런 거창한 결론에 도달한 것은 "풍요로운 정신과 가난한 정신을 구별하기" 때문이고, 독일인의 언어로 번역하자면 어떤 사람이 그 정신의 측면에서 풍요로운지 가난한지를 구별하기 때문이고, 그가 말하는 "청년"이 이런 주목할 만한 사실을 발견해냈기 때문이다.

성 막스는 18쪽에서 이어서 말한다:

"어른[Mann]은 세계를 있는 그대로 받아들인다. 바로 이 사실이 어른과 청년의 차이다. …… " 등

⟨GA2, 174⟩⟨W, 108⟩결국 우리는 그 청년이 어떻게 해 갑자기 세상을 "있는 그대로" 받아들이게 됐는지 알지 못한다. 또 우리는 이 신성한 변증법 주의자가 청년에서 어른으로의 이행을 어떻게 이루어냈는지 모른다. 우리가 아는 것은 단지 "*그것*"이 이를 위해 봉사했으며 청년과 어른을 "구별"했음이 틀림없다는 것이다. 하지만 "그것"자체만으로는 이 유일자적 사상의 무거운 짐수레를 끌기에 충분하지 못하다. 왜냐하면 "그것"이 어른을 청년에서 분리했지만, 어른은 ⟨수, 3⟩다시 청년으로 전락해, 새롭게 "정신적인 것에만" 몰두하고, "누군가"가 앞에 나서서 끌어당기면서 서둘러 도와주기까지는 결코 움직이지 않을 것이기 때문이다. "사람이란 육체적으로 자부심을 느낄 때"(18쪽), "오직 그때만" 다시 능숙하게 일하게 된다. 그때가 돼야 어른은 자신의 개인적 관심을 일게 되고, "두 번째 사기발견을" 이루게 된다. 왜냐하면 이제 어른은 청년처럼 자신을 "순전히 정신적 존재로 간주"하지 않으며 또 "정신이라면 무엇이든지 간에 곧바로 반하지도" 않고 오히려 자신을 "*육체적 정신*"으로 간주한다.(19쪽) 결국 이런 "육체적 정신"은 (청년처럼) "

오로지 자신에만 관심"을 갖는 것이 아니라, "총체적 만족 즉 전체로 한 사내[Kerl]의 만족에 관심"을 갖기에 이른다.(전체로서 한 사내의 만족에 관심을 두는 것이 중요하다!)-그는 "그 자체로서 즉 육체가 살아가는 존재로서" 쾌락을 갖기에 이르는 것이다. 슈티르너의 "어른"은 독일인답게 매사에 성장이 아주 늦다. 그 역시 Pariser Boulevards〈파리 불르바르[대로]〉와 Londoner Regent Street〈런던 리젠트가〉에서 수백의 청년, Muscadins〈들쥐〉와 Dandies〈신사〉가 나돌아다니는 것을 볼 수 있을 것이다. 이들은 아직 자신을 "육체적 정신"으로 생각하진 못하지만, 그런데도 "그 자체로서 즉 육체가 살아가는 존재로서 쾌락을 즐기는" 사람들이고 주된 관심이 "전체로서 한 사내의 만족"에 있는 사람들이다.

 이 두 번째 "자기 발견"에 우리의 신성한 변증법 주의자는 너무나 열광한 나머지, 돌연 본분을 망각하고 어른 대신 자신에 관해서 이야기한다. 그러는 가운데 그 자신 즉 유일자인 그가 곧 "어른"이며, "어른"이 곧 "유일자" 임을 드러낸다. 새로운 Eskamotage〈속임수〉이다.

  "내가 나를"(이는 "청년이 자기를"이라는 뜻이다) "*사물*의 배후에서, 그것도 *정신*으로 발견하듯이, 이제 나는 나를"(이는 "어른이 자기를"이라는 뜻이다) "*사상*의 배후에서, 사상을 창조한 자요 소유한 자로서 발견해야 한다. 사상은 내 머리의 산물이지만, 정신의 시대에 사상은 자기의 터전이었던 내 머리를 뚫고 자라났다."(이 당시 나는 청년이었다) "사상은 〈수, 3a〉마치 고열로 생긴 환각처럼 내 주위를 부유하며 나를 경련하게 했다. 그 사상은 소름 끼치는 힘이었다. 사상은 그 혼자의 힘으로 육화*[Leibhaftig]*되어 예를 들면 신, 황제, 교황, 조국과 같은 유령이 됐다. 나는 이제 사상 자신의 육화를 파괴한다. 그런 후 사상을 내 육체 속으로 환수하고 나만이 육체가 있다고 말한다. 그리고 이제 나는 내게 보이는 그대로의 세계를 *나의 세계*로 즉 나의 소유로 간주한다. 나는 모든 것을 나에게 관계시킨다."

⟨W, 109⟩여기서 어른은 "유일자"와 동일시되면서 처음에는 사상에 육체[Leibhaftigkeit]를 부여해 즉 그것을 유령으로 만들었다가 ⟨GA2, 175⟩이제 다시 그 육체를 파괴한다. 왜냐하면 어른은 사상의 육체[즉 유령]를 자신의 고유한 육체 속으로 환수함으로써 자신의 육체가 곧 유령의 육체가 되게 하기 때문이다. 유령을 부정함으로써만 비로소 자기의 고유한 육체에 이른다는 것은 이런 방식으로 구성되는 어른의 육체가 어떤 성질을 갖는지 잘 보여준다. 어른이 먼저 그런 육화를 "고지[告知])받은" 적이 있어야 그걸 믿을 수 있을 것이다. 그런데 그가 "고지받은" 것을 그는 한 번도 제대로 듣고 이해한 적이 없다. 그의 머릿속에는 자신의 "고유한" 육체 이외에 그 어떤 독립적인 육체나, 정자도 더는 서식하지 않지만, 그는 이 사실을 다음과 같은 "*전설*"[263]로 뒤바꾸어 놓는다: 즉 나*만이* 육체적으로 존재한다.[264] 또 한 번의 Eskamotage⟨속임수⟩

그뿐만 아니라. 어른은 청년이었을 때 황제, 조국, 국가와 같은 현존 권력과 여러 가지 상황에 관해 각종 망상[dummes Zeug]을 머릿속에 집어넣었다. 그는 그런 현존 권력과 여러 가지 상황을 그 자신의 "고열" 때문에 생겨나서 관념의 형태로 존재하는 "환각"을 통해서만 접해왔다.

---

263   CW주) 독일어 말장난이다: '나는 말한다'='Ich sage', '전설'='Sage'
264   역주) '나의 육체*만이* 존재한다'→'나만이 육체적으로 존재한다'로 변형됐다.

이제 그는 이것들에 관한 잘못된 생각을 머리에서 제거함으로써 *이 모든 권력을 실제로 붕괴시킨다고 하니. 이런 게 성 막스의 방식이다.* 하지만 반대로, 이제 그가 더는 환각의 안경을 통해 세계를 보지 않는다면 세계의 실제 연관에 관심을 두고 그것을 인식하며 그것에 맞게 행동해야 한다. 다시 말해서 그가 그에게 나타났던 세계의 *환각적 육체를* 파괴한다면 이제 그는 〈수, 3b〉그의 환각 바깥에 있는 세계의 실제 육체를 발견해야 한다. 황제의 *환각적 육체가* 사라진다면 그에게 사라진 것은 황제의 육체가 아니라 오히려 황제의 유령이다. 그러면 그는 황제의 실제 권력을 이제 비로소 그 온전한 모습에서 평가할 수 있어야 한다. *Eskamotage*〈속임수〉3[a]번.

청년은 어른이 되어도 다른 사람에게도 타당하고 범주화되어 통용되는 사상을 비판한 적은 단 한 번도 없다. 그가 비판하는 것은 오직 "그의 머리가 만들어낸 산물" 다시 말해서 기존 권력에 관해 그의 머리가 재생한 일반 관념일 뿐이다. 예를 들어 그는 "조국"이라는 *범주를* 해체하는 것이 아니라 단지 그 범주에 관한 그의 개인적인 견해만을 해체한다. 그 결과 *일반적으로 타당한* 범주는 그대로 존속한다. 그리고 "철학적 사유"의 영역에서조차 이런 해체의 작업은 겨우 초보적인 것일 뿐이다. 그런데도 그는 자신이 이 범주 자체를 해체했다고 우리가 믿기를 원한다. 그는 이 범주에 대해 그의 심정이 취한 사적인 관계를 해체하고 이것을 통해 결국 범주가 해체된 것이라고 우리를 속여 믿게 하려는 것이다. 이는 그가 황제에 관한 환각적 관념을 포기하면서 마치 그가 황제의 권력을 파괴한 것으로 우리가 믿게 하려 했던 것과 똑같다. *Eskamotage*〈속임수〉4번.

성 막스는 이어서 말한다. "*이제* 나는 나에게 나타나는 대로의 세계를 나의 세계로 즉 나의 소유로 간주한다."

〈W, 110〉그는 세계를 그 앞에 나타나는 대로 받아들인다. 즉 *그가 받아들일 수밖에 없는 모습 그대로의 세계*를 받아들인다. 그럼으로써 그는 세계를 *자기 것*으로 만들어 자기 소유로 만든다. 사실, 이런 방식으로 자기 것으로 만드는 양식은 그 어떤 경제학자도 언급한 적이 없다. 이런 방식으로 자기 것으로 만드는 방법과 성과에 대해서는 다름 아닌 『경전』이 더 다채롭게 계시할 것이다.〈GA2, 176〉그러나 기본적으로 그가 "받아들이는 것"은 "세계"가 아니다. 그가 자기 것이라고 받아들여 *자기 것으로 만드는* 것은 세계에 관한 "고열이 낳은 환각"일 뿐이다. 그는 세계를 세계에 관한 그의 관념으로 받아들인다. 그의 관념으로서의 세계는 그가 관념으로 소유한다고 믿는 것이요, 그의 관념이 소유하는 것이고 소유물로서의 관념이요, 관념적인 소유, 그에게 고유한 관념 즉 소유에 대한 그의 관념이다. 이런 모든 내용을 그는 유례없는 다음과 같은 문장으로 표현한다: "나는 모든 것을 내게 관계시킨다."

우리의 성자에 따르면, 세계가 유령으로 가득 찼던 것은 〈수, 3c〉청년의 눈에 유령만 보였기 때문이다. 하지만 이제 어른의 눈으로 보면 청년기의 *가상 세계*는 이미 사라져 없다. 어른이 이런 것을 알게 된 이상, 이제 그 앞에 펼쳐지는 것은 청년기의 환상과는 무관한 세계 즉 *실제의 세계*어야 한다.

이제 이렇게 말해져야 한다. 즉 나는 세계를 *나에게서 독립된 어떤 것*으로 즉 *그 자체의 세계*[die Ihrige]로 받아들인다.(18쪽에도 보면 "어른은 세계를 있는 그대로 받아들인다"라고 주장된다. 그러니까 자기 맘대로 보지 않는다는 뜻이다.) 그리고 무엇보다도 내가 소유하지 못한 것[Mein Nichteigentum]으로 받아들인다.(지금까지는 세계는 곧 유령일 뿐이고 나의 소유였다.): 나는 스스로 모든 것에 관여한다. 그것은 모든 것이 나에게 관계하는 한에서만 그렇다.

> "내가 정신이었을 때 나는 세계를 몹시 경멸했다. 하지만 이제 나는 소유자다. 소유자로서 나는 모든 정신과 이념을 덧없는 것으로 간주한다. 그런 것들은 나를 더는 지배하지 못한다. 이는 '지상의 권력'이 정신을 지배하지 못하는 것과 같다."(20쪽)

여기서 우리는 소유자 즉 슈티르너에 나오는 어른이 청년의 유산을 어떤 방식으로 상속받는지를 알 수 있다. 그가 스스로 말하듯이 다만 "고열이 낳은 환각"과 "유령"으로 이루어진 청년의 유산은 sine beneficio deliberandi atque inventarii〈사전 숙고와 유물 조사의 특권조차 없이, 무턱대고〉[265] 상속된다. 그는 어린아이에서 청년으로 성장하는 과정에서 사물의 세계를 완전히 정복했고, 청년에서 어른으로 성장해 가면서 정신의 세계를 완전히 정복했다고 믿는다. 그리고 그는 이제 어른으로서 전 세계를 호주머니에 넣고 더는 걱정할 것이 없다고 믿는다. 그가 그저 청년의 헛소리를 답습하면서, 그의 바깥에 있는 어떤 지상 권력도

---

[265] W주 52) "sine beneficio deliberandi atque inventarii": '사전 숙고나 명목 파악의 특전 없이'라는 뜻. 이 특전은 상속의 오랜 원칙이다. 이 원칙에 따르면, 법원은 유산을 받을 것인지 거부할 것인지 숙고할 시간을 상속인에게 주어야 한다. 상속인은 상속하는 사람의 채무에 대한 대리 책임을 상속받은 재산 한도 내에서만 지고자 하면, 상속의 명목을 법원에 제출해야 한다.

정신을 제압할 수 없고 따라서 정신이야말로 최고의 지상 권력인데-그가 어른으로서 이 전능의 정신을 이미 정복했으니-그만큼 완전히 전능한 존재가 있는가? 그런데 그가 망각하는 사실이 있다. 그 사실이란 곧 그가 "청년"의 두개골 아래에 들어 있는 사상 즉 조국 등과 같은 사상이 취하는 환상과 같고 유령과 같은 형상을 파괴했다고는 하지만, 〈W, 111〉일정한 *실제* 상황을 반영하는 사상에 관한 한 그는 아직 한 번도 접한 적도 없다는 사실이다. 세계에서 소원해지면서 그 덕에 사상의 주인이 되기는 했지만, 이제 비로소 그는 "사상"에 이를 수 있게 된 것이다.

"이제 이로써 결론을 내리자면 명백하게 알 수 있는 사실은"(199쪽), 이 성자께서는 그가 소망하는 인생계획을 이미 예정된 목표를 향하게 짜놓았다는 사실이다. 그가 얻어낸 결과를 그는 우리에게 아래와 같은 한 문장으로 전해준다. 〈GA2, 177〉즉 우리는 그 유령 같은 그림자가 자기의 이미 잃어버린 육체와 다시 만나게 되기를 원한다.

유일자의 문장, 20쪽	실체에서 해방된 채 따라다니는 그림자의 소유자
"아이는 점차 바로 이 *사물의 배후*에 이를 때까지는, 〈수, 4〉이 *사물의 세계*에 물질적으로 사로잡혀 있었다. 청년은 어른으로 즉 사물과 사상을 제멋대로 다루고 그의 개인적 관심을 모든 것 위에 놓는 이기적인 어른으로 성장할 때까지는, 사상에 *관념적*으로 도취해 있었다.	아이는 점차 (진보하는 듯 속이는 빌려온 Eskamotage〈속임수〉) 〈수, 4〉바로 자신의 *배후에 있는 이러한 사물*에 이를 때까지는, 그의 사물로 이루어진 세계에 실질적으로 사로잡혀 있었다. 어른은 즉 사물과 사상을 제멋대로 다루는 이기적 *시민*은 청년을 무시한다.

마지막으로, 백발노인은? 만약 내가 어떤 노인이 되기까지 그에 관해 얘기할 시간은 아직도 충분하다." 왜냐하면 어른의 개인적 관심사는 모든 것을 청년보다 위에서 놓기 때문이다. 그럴 때까지는 청년은 감격에 겨워 넋을 잃고서, 유령에 빠져 있었다. 마지막으로 백발노인은?-"여자여, 그것이 나에게 무슨 상관이 있습니까?"*

*266

그러므로 "이로써 결론을 내리자면" "사람의 생애"는 다음과 같다:

1) 슈티르너는 생애의 다른 단계를 단지 "개인이 자기를 발견하는 단계"로 이해하며, 게다가 이러한 "자기 발견"은 언제나 "의식이 어떻게 관계하는가"로 환원된다. 따라서 여기에서 *의식*이 달라지면 개인의 삶도 변화한다. 개인에게 영향을 미쳐 의식의 변화를 산출하는 자연과 사회의 변화는 그에게는 무관한 일이다. 그 때문에 슈티르너에게서는 아이나, 청년 그리고 어른은 "자신"을 다만 "발견하는" 것과 마찬가지로 세계도 언제나 기성의 존재로 발견한다. 도대체 발견될 만한 어떤 것이 있을까 걱정해서 안절부절못할 필요는 없다. 그러나 *의식*의 관계는 그 자체로서는 한 번도 올바른 적은 없으며, 단지 사변을 통해 왜곡되어 파악된 것일 뿐이다. 그 때문에 모든 이러한 형체들 즉 어린아이, 청년, 어른이 세계와 관계하는 방식은 철학적이다.-세계에 대해 "아이는 *물질적으로*" 관계하며, "청년은 *관념적으로*" 관계하고, 어른은 양자의 부정적 통일로, 앞에서 서술한 결론 문장에서 〈W, 112〉표현된 것과 같

266　CW주) 『요한복음』, 2장 4절: 예수께서 어머니에게 말씀하셨다. 여자여, 그것이 나에게 무슨 상관이 있습니까? 아직도 나의 때가 오지 않았습니다.

이 절대적 부정성으로 관계한다. 여기에서 생애의 비밀이 밝혀지니, 여기에서 "아이"는 단지 "유물론"인 것처럼 가정됐고, "청년"은 "관념론"인 것처럼 가정됐으며, "어른"은 이러한 철학적 대립의 해소를 시도하는 것처럼 가정됐음이 분명해진다. 이제는 이미 분명해진 것처럼, 이러한 해소, ⟨GA2, 178⟩이러한 "절대적 부정성"은, 어른과 아이 또한 청년의 망상을 성실과 신의를 갖고 수용하고, 그와 동시에 사물 세계와 정신 세계를 극복했다고 *믿는* 것을 통해서만 성취된다.

2) 성 막스는 개인의 자연적이고 사회적인 "삶"을 고려하지 않으며 "삶"에 관해 도무지 언급하지 않는다. 그러니 전적으로 당연하게도 그는 ⟨수, 5[4a]⟩역사적 시기 구분이나 민족성, 계급 등을 도외시한다. 또는 같은 말이지만, 그는 자기의 주변에 그와 가장 가까운 계급[독일 소시민층]에서 나타나는 *의식*을 "생애" 가운데 출현하는 의식의 규준으로 부풀린다. 그는 "그의" 청년을 굳이 키르기스 카자흐족 청년까지 갈 것도 없이 단지 그가 처음 만난 은행원 청년이나 영국 공장노동자 청년, 양키 청년과 비교했더라면 꼰대 같은 편협한 고루함을 충분히 극복했을 것이다.

3) 우리의 성자께서 남을 너무 쉽게 믿기에—그것이 본래 그의 책의 정신이지만—그의 청년이 그의 아이를 믿게 만들고, 그의 어른이 그의 청년을 믿게 만드는 것으로 만족하지 않는다. 그 자신은 어떤 "청년"이나 "어른" 등이 자기에 관해서 스스로 만들거니 만든다고 주장하는 환상을 알지 못한 채 내우 막연한 존재에 지나지 않는 청년이나 어른들이 살아가는 *실제* 즉 "삶"과 혼동한다.

4) 생애의 전체적인 구성은 헤겔의 『백과사전』 3부[267]와 그 밖의 헤

---

267 W주 53) 헤겔 G. W. F. Hegel, 『철학적 학문에 관한 기본적 백과사전[철

겔의 다른 구절에서 이미 "여러 가지로 변형된 표현을 통해" 원형적으로 묘사됐다. "개인적인" 목표를 추구하는 성 막스는 여기에서 당연히 또 하나의 "변형"을 시도해야 했다. 예를 들자면, 헤겔은 어느 정도는 여전히 경험 세계를 통해 영향받아서 독일 시민은 자기를 에워싼 세계의 노예라고 설명한다. 반면 슈티르너는 헤겔을 이 세계의 주인으로 만들어야 했다. 헤겔은 차마 공상 속에서조차 자기를 그렇게 생각하지 않았다. 이와 마찬가지로 성 막스는 경험적 이유로 백발노인에 대해서는 말하지 않는 척한다. 말하자면 그는 그런 백발노인이 될 때까지(따라서 여기에서 "생애"=그 자신의 생애이다) 기다리고자 한다. 헤겔은 신선하게도 생애를 네 단계로 구성한다. 왜냐하면 실재계에서는 부정이 이중적으로 즉 달과 혜성처럼 (헤겔의『자연철학 강의』참조) 설정되므로 삼원성 대신 사원성이 나타나기 때문이다. 〈W, 113〉달과 혜성을 합치하는 데서 슈티르너의 독특성이 존재한다. 그래서 그는 불행한 백발노인의 단계를 "생애"에서 제거한다. 만약 인간이 지나는 특유의 역사를 그가 어떻게 구성한 것인지를 파헤치는 일에 우리가 개입하자마자 즉시 이러한 마법적 Eskamotage〈속임수〉의 근거가 드러날 것이다.

학 강요』은 3부로 구성된다. 1부가 '논리학'이고 2부가 '자연철학'이며, 3부가 '정신철학'이다.

구약 편 2절 구약 대의

〈GA2, 179〉〈수, 6[4b]〉우리는 여기에서 순식간에 율법 편에서 선지자 편으로 비약하지 않을 수 없다. 여기에서 우리는 천상과 지상에 있는 유일자 가계의 비밀을 드러내려 하기 때문이다. 구약 성경에서는 율법과 인간이 여전히 유일자를 훈육하는 교사로 군림하고 있으니(『갈라디아서』, 3장 24절)[268] 이런 구약 성경에서 나타나는 유일자 왕국의 역사는 영원에서 결정된 현명한 계획을 지닌다. 신성한 인간을 그 성스러움에서 구원하기 위한 때가 되면 유일자가 세상으로 올 수 있게,[269] 모든 것이 미리 예견되고 예정된다.

1권, 『인류의 삶』 편은 "창세기"라고도 불린다. 그것은 유일자의 가계 전체를 배아로 포함하고 있기 때문이며, 그 이후 때가 되어 세상의 종말이 이를 때까지 전개되는 전체 과정을 우리에게 원형적으로 보여주기 때문이다. 유일자의 역사 전체는 아이, 청년, 어른이라는 세 단계를 중심으로 회전한다. 이 세 단계는 "다양한 변형된 형태들" 아래서, 언제나 확대되는 순환 속에서 회귀하며 마침내 사물 세계와 정신 세계의 전 역사가 "아이, 청년, 어른"이라는 단계 속에 집어넣어진다. 우리는 곳곳에서 변장한 형태로 "아이, 청년, 어른"이라는 단계를 재발견하게 될 것이다. 마찬가지로 우리는 이 세 단계가 세 가지 범주의 변장이

---

268 역주)『갈라디아』, 3장 24설: 그래서 율법은, 그리스도께서 오실 때까지, 우리에게 개인 교사 역할을 했습니다. 그것은, 우리로 하여금 믿음으로 의롭게 해 주심을 받게 하시려고 한 것입니다.

269 CW주)『갈라디아』, 4장 4절: 그러나 기한이 찼을 때, 하나님께서는 그대의 아들을 보내셔서, 여인에게서 나게 하시고 또한 율법 아래 놓이게 하셨습니다.

라는 것을 발견한다.

우리는 앞에서[270] 독일 철학의 역사관에 대해 말했었다. 여기 성 막스에게서 우리는 그 역사관의 탁월한 한 사례를 발견한다. 사변적 이념, 추상적 관념이 역사의 추동력이 되고, 그 때문에 역사는 한갓 철학의 역사가 된다. 역사는 실존하는 원천을 통해서 생겨난다고 결코 파악되지 않았으며, 하물며 진정한 역사적 상황의 작용을 통해 전개된다고 파악되지 않았던 것은 말할 것도 없다. 역사는 오히려 최근의 독일 철학자들, 특히 헤겔과 포이어바흐를 통해 파악되고 서술된 것과 같이 파악됐다. 더구나 그들의 서술 자체에서 앞에 제시된 목적에 적합하게 될 수 있는 것만이 선택되며, 그 가운데 우리의 성자에게 전승된 것만이 선택된다. 역사는 명목상 이념의 단순한 역사로, 정신의 역사와 유령의 역사로 된다. 그리고 이러한 유령의 역사가 토대로 삼는 실제의, 경험적인 역사는 〈W, 114〉이러한 유령에게 육체를 부여하기 위해서만 이용된다. 유령에 물질적인 가상을 입히는데 필요한 이름은 실제 역사에서 차용된다. 이런 실험을 할 때, 우리의 성자는 종종 소임을 망각하고, 노골적인 유령의 역사를 기술한다.

〈GA2, 180〉슈티르너에게서 우리는 역사를 만들어내는 가장 유치한, 가장 전형적인 서술을 발견한다. 유물론, 관념론, 양자의 종합으로서 〈수 5[4c]〉절대적 부정성(여기에서는 "이기주의"라고 불리는 것)이라는 세 가지 단순한 범주는 우리가 이미 아이, 청년과 어른의 형태로 만났던 범주다. 바로 세 가지 단순한 범주가 역사 전체의 근저를 이루며 다양한 역사적 간판을 내걸고 있다. 그런 세 가지 범주는 자기의 충복

---

270 GA2주 참조) '앞에서'라는 표현은 1장 포이어바흐 장(H5a)을 지시하는 것으로 보인다.

인 보조 범주와 함께 이미 지나간 단계, 소위 역사 단계를 규정하는 내용을 이룬다. 성 막스는 독일 철학자들이 마련한 역사의 사변적 내용에 대한 믿음을 그의 어떤 선구자보다도 더 멀리까지 밀고 나감으로써, 그의 어마어마한 믿음을 여기에서 다시 한번 입증한다. 따라서 이러한 장엄하지만, 지루한 역사의 행진에서, 세 가지 범주에게 중요한 것은 멀리서도 들릴 만큼 화려한 이름을 발견하는 것일 뿐이다. 왜냐하면 이 세 가지 범주는 매우 진부해서, 자기를 그 자신의 이름으로는 더는 공개적으로 결코 드러낼 수 없기 때문이다. 우리의 저자는 기름 부음을 받아서 그런지 "어른"에서(20쪽) 곧바로 "자아"로(201쪽) 뛰어넘어도 정말 괜찮았던 모양이며 혹은 "유일자"로(485쪽) 뛰어넘는 것은 더 괜찮았던 모양이다. 그러나 이런 비약은 너무 간단한 일이었는지 모른다. 게다가 독일 투기업자들이 벌이는 엄청난 경쟁 때문에, 새로 경쟁에 뛰어든 사업자는 자기의 상품을 위해서 귀청을 찢는, 역사에 남을 광고를 하는 것이 의무이니 말이다.

    Dottore Graziano〈명예 박사〉[271]의 말을 빌려 말하자면 "역사를 진행하는 진정한 힘"은 "정점만 보자면" 다음과 같이 "변천한다":

---

271 역주) 도토레 그라찌아노는 아놀드 루게Arnold Ruge를 지칭한다.

	토대
I.	유물론
II.	관념론
III.	양자의 부정적 통일. "*사람*"(485쪽)

	일차 분류 명칭
I.	*아이*, 사물에 의존(유물론)
II.	*청년*, 사상에 의존(관념론)
III.	*어른*-(부정적 통일로서)

    긍정적 표현:

    사상과 사물의 소유자

             (이기주의)

    부정적 표현:

    사상과 사물에서 벗어남

	〈W, 115〉이차 분류, 역사적 명칭:
I.	*흑인*(유물론, 아이)
II.	*몽골인*(관념론, 청년)
III.	*코카서스인*(유물론과 관념론의 부정적 통일, 어른)

	삼차 분류, 가장 통상적 명칭
I.	유물론적 이기주의자(일상적 의미에서 이기주의자)-아이, 흑인
II.	관념론적 이기주의자(희생자)-청년, 몽골인
III.	〈GA2, 183〉진정한 이기주의자(유일자)-어른, 코카서스인

	4차 분류, 역사적 명칭, 코카서스인 단계 내부에서 이전 단계들의 반복
I.	*고대인*. 흑인 단계의 코카서스인-유치한 어른-이교도(다신교도)-사물에 의존하는-유물론자-세계 *이행*("물질 세계에 존재하는 사물"의 배후를 파악하는 아이): 소피스트, 회의주의자, 등
II	*근대인*. 몽골인 단계의 코카서스인-젊은 어른(남자들-기독교인-사상에 의존하는-관념론자-정신

1. 순수한 정신의 역사, 정신으로서 기독교. "정신"

2. 불순한 정신의 역사. 타자와 관계하는 정신. "신들린 자"

"정신의 역사" 혹은 "영의 이야기"로서의 역사*-'Geist'는 영 또는 정신을 의미한다. 역사는 이야기 또는 설화를 의미한다. 여기서 정신의 역사로 해석된다.

⟨수, 6⟩A) 불순한 정신의 순수한 역사

a) *허깨비*, 유령, 흑인 상태의 정신, 사물적 정신과 영적 사물로서-기독교인에게 나타나는 대상 존재, 아이로서 정신

b) 망상[Sparren], 고정된 이념, 몽골인 상태의 정신, 정신 안에서 정신적인 것으로서, 의식 안에서의 규정, 기독교인 안에서 사유로 발견된 존재-청년으로서 정신

B) 불순한 (역사적) 정신의 불순한 역사

a) 가톨릭교-중세(흑인, 아이, 유물론 등)

b) 프로테스탄티즘-근대 안에서 근대-(몽골인, 청년, 관념론 등) 프로테스탄티즘 내부에서 다시 세분할 수 있다. 예를 들면

    α) 영국 철학-유물론, 아이, 흑인
    β) 독일 철학-관념론, 청년, 몽골인

⟨W, 116⟩3. 위계 체제-몽골적-코카서스적 관점 내부에서 양자의 부정적 통일. 말하자면 이러한 통일은 역사적 관계가 현재적 관계로 변화된다거나 대립이 공존한다는 관념이 나타나는 곳에서 등장한다. 여기에서 두 개의 공존 단계가 존재한다.

A) *미개인*-(악인, 부르주아, 일상적 의미의 이기주의자) = ⟨GA2, 184⟩ 흑인, 아이, 가톨릭교도, 유물론이자 등등.

B) *문명인*(선인, 공민, 희생자, 성직자 등등) = 몽골인, 청년, 프로테스탄티즘도, 관념론자.

이러한 두 단계는 공존하며 그리고 그 때문에 문명인은 미개인을 지배한다는 일이 "쉽게" 일어난다-이것이 위계 체제다. 그때 이어지는 역사 전개 속에서

> 미개인**에서 비헤겔학파가 나오며
> 교양인에서 헤겔파가 나온다.
>
> {〈W, 노트 37〉****"샤먼과 사변 철학자는 내면적 인간인 몽골인의 좌표에서 각각 최하 지점과 최상 지점을 지시한다."}

거기에서 헤겔학파가 비 헤겔학파를 지배하는 결과가 뒤따라 나온다. 그래서 슈티르너는 역사를 사변적[speculative] 이념이 지배한다는 사변적 관념을 변형해서 역사를 사변 철학자 자신이 지배한다는 관념으로 만든다.

그가 지금까지 고수했던 역사관 즉, 이념의 지배는 위계 체제라는 단계에서는 현재 실제 존재하는 관계로 즉 이데올로그의 세계 지배로 된다. 이것은 슈티르너가 빠져든 사변의 깊이가 어느 정도인지를 보여준다. 투기업자[Spekulant]와 이데올로그의 이러한 지배는 최후에는 즉 "때가 다가왔을 때는", 다음과 같은 최종적 분류 명칭으로 전개된다

> *정치적 자유주의*, 사물에 의존하고, 인간에서 독립적인 것-
>
> a) 유물론, 아이, 흑인, 고대, 허깨비, 가톨릭교, 야만인, 주인 없는 것
>
> *사회적 자유주의*, 사물에서 독립적인, 정신에 의존하는, 대
>
> b) 상이 없는 것-관념론, 청년, 몽골인, 근대, 망상, 프로테스탄티즘, 문명인, 무산자

〈수, 7[6a]〉 *인도적 자유주의*, 주인 없고 동시에 소유도 없는 즉 신이 없는 것. 왜냐하면 신은 최고 지배자이며 동시에 최고 소유자, 위계 체제이기 때문이다. 〈GA2, 185〉〈W, 117〉-또한 사물 세계와 사상 세계에 대한 동시적인 지배로서, 자유주의 영역 내부에서의 부정적 통일이며, 동시에 이기주의를 지양하는 완성된 이기주의자다-또한 완성된 위계 체제이기 때문이다. 동시에 이것은 "자아"로 *이행*(사상 세계의 배후에 이르는 청년)한다.

c)

"*자아*"-즉, 완성된 기독교인, 완성된 어른, 코카서스인과 진정한 이기주의자. 마치 기독교인이 고대 세계를 지양함으로써 정신이 되듯이 그는 정신의 영역을 해체함으로써 육체적인 존재****가 되는 자다.

III. 이때 그는 관념론, 청년, 몽골인, 근대, 기독교인, 신들린 자, 망상, 프로테스탄티즘도, 문명인, 헤겔학파와 인도적 자유주의자라는 유산을 beneficio deliberandi et inventarii〈사전 숙고와 유물조사의 특전 없이〉 받는다.

*272 **273 ***274 ****275

---

272 CW주) "정신의 역사" 혹은 "영의 이야기"로서의 역사-Geist는 영 또는 정신을 의미한다. 역사는 이야기 또는 설화를 의미한다. 여기서 정신의 역사로 해석된다

273 CW주) 저자는 가끔 베를린 사투리를 사용한다. 예를 들자면 'unjebildet', 'jebildet'가 그것이다. 표준어는 'unbildet[미개인]', 'bildet[문명인]'이다.

274 역주) 노트 37은 CW, GA2에서는 하단 주로 처리된다.

275 CW주) 독일어로 'Leibhaftigkeit[육체적인 것]'은 그런 의미 밖에 악마적인 것이라는 의미도 있다. 이를 이용한 저자의 말장난

NB⟨노트⟩[276]1) 이러한 전체 그림에 색깔을 선명하게 하고 새로운 효과를 산출하기 위해, 지성, 심정 등과 같은 포이어바흐 또한 다른 사람의 범주가 "때때로" 적절한 기회에 "삽입"될 수 있다. 말할 것도 없이, 이 범주조차 단지 어디서나 출몰하는 관념론과 유물론을 감추는 새로운 변장일 뿐이다.

2) 참으로 경건한 성 막스 즉 *Jacques le bonhomme*⟨촌티 나는 바보⟩[277]이 실제의 세속적 역사에 관해 말할 줄 아는 실제의 것이나 세속의 것이란 다름 아니라 이런 것이다. 즉 그는 이 역사를 "자연"이나 "사물 세계", "아이 세계" 등등으로 부르면서 이를 언제나 의식이 사변을 농하는 대상으로 다시 말해 세계로 간주하며 의식에 대립시킨다. 그 결과 이 세계는 끊임없이 소멸함에도 신비한 어둠 속에서 지속하다가, 기회가 있을 때마다 다시 드러나게 된다. 그가 그렇게 말할 줄 알게 된 이유는 아마도 아이와 흑인이 지속하기 때문이며, 따라서 그 아이나 흑인의 세계, 소위 사물 세계 또한 지속하기 쉽기 때문이다. 그런 방식으로 역사나 역사 바깥의 것을 구성하는 것에 관해서라면 현명한 노인 헤겔이 모든 구성의 모범인 셸링과 관련해 이미 언급했으니, 그 언급이란 아래와 같다:

"이러한 단조로운 형식주의의 도구는 단지 두 가지 색깔, 가령 흑색과"(유물론적으로, 아이처럼, 흑색 인종처럼 등등) "황색

---

276 역주) NB-Nota Bene(라틴어로 '유의'라는 뜻)의 약어

277 W주 54) *Jacques le bonhomme*⟨촌티 나는 바보⟩는 프랑스 귀족이 농민을 경멸하는 말이다.

만"(관념론적으로, 청년처럼, 몽골인처럼 등등) "있는[278] 화가의 팔레트보다도 다루기가 어렵지 않다." "만약 역사물이"("사물 세계") "요구되면, 표면을 전자로 칠하고, 만약 풍경이"("하늘", 정신, 신성한 것 등등) "요구되면, 표면을 후자로 칠하기만 하면 되니까 말이다."(『정신현상학』, 39쪽)

"민심[gemeine Bewußtsein]"은 이러한 구성 방식을 다음의 노래[279] 속에서 〈수, 6b〉한층 더 적절하게 풍자했다:

〈GA2, 186〉〈W, 118〉
주께서 요한을 보내,
귀리를 자르라 했네.
요한은 귀리를 자르지 않고
집으로 돌아오지도 않네.

그래서 주는 삽살개를 보내,
요한을 물어뜯으라고 했네.
삽살개는 요한을 물어뜯지 않고
그들 모두 집으로 돌아오지 않네.

그래시 주는 몽둥이를 보내,

---

278   CW주) 실제 헤겔은 붉은색과 녹색이라고 말했다

279   W주 55) 이 동요는 흔히 '바보 노래'로 지칭된다. 저자는 알려지지 않는다. CW주) 독일 아이 기르는 노래

삽살개를 몽둥이로 때리라고 했네.
몽둥이는 삽살개를 때리지 않네,
삽살개는 요한을 물어뜯지 않네,
요한은 귀리를 자르지 않고
그들은 모두 집으로 돌아오지 않네.

그래서 주는 불을 보내,
몽둥이를 태우라고 했네.
불은 몽둥이를 불태우지 않네,
몽둥이는 삽살개를 때리지 않네,
삽살개는 요한을 물어뜯지 않네,
요한은 귀리를 자르지 않고
그들은 모두 집으로 돌아오지 않네.

그래서 주는 물을 보내,
불을 꺼버리라고 했네.
물은 불을 꺼버리지 않네,
불은 몽둥이를 불태우지 않네,
몽둥이는 삽살개를 때리지 않네,
삽살개는 요한을 물어뜯지 않네,
요한은 귀리를 자르지 않고
그들은 모두 집으로 돌아오지 않네.

그래서 주는 황소를 보내,

물을 들이마시라고 했네.
황소는 물을 들이마시지 않네,
물은 불은 꺼버리지 않네,
불은 몽둥이를 불태우지 않네,
몽둥이는 삽살개를 때리지 않네,
삽살개는 요한을 물어뜯지 않네,
요한은 귀리를 자르지 않고
그들은 모두 집으로 돌아오지도 않네.

〈W, 119〉그래서 주는 도축자를 보내,
황소를 도살하라고 했네.
〈GA2, 187〉도축자는 황소를 도축하지 않네,
황소는 물을 들이마시지 않네,
물은 불을 꺼버리지 않네,
불은 몽둥이를 불태우지 않네,
몽둥이는 삽살개를 때리지 않네,
삽살개는 요한을 물어뜯지 않네,
요한은 귀리를 자르지 않고
그들은 모두 집으로 돌아오지 않네.

그래서 주는 사형집행인을 보냈네,
도축자를 교수형에 처하라고 했네.
사형집행인은 도축자를 목매다네,
도축자는 황소를 도살하네,

황소는 물을 마셔버리네,

물은 불을 꺼버리네,

불은 몽둥이를 태워버리네

몽둥이는 삽삽개를 때려버리네,

삽살개는 요한을 물어뜯네,

요한은 귀리를 자르고,

그들 모두는 집으로 돌아오네.

〈수, 6c〉 Jacques le bonhomme〈촌티 나는 바보〉[280]가 "사유의 어떤 기교"로 그리고 어떤 "애들 장난"으로 이러한 계획을 만족하는지를 우리는 즉시 볼 기회가 있게 된다.

---

[280] 역주) Jacque는 농민이 걸친 동의를 말한다. 1358년 동의를 걸친 농민이 반란을 일으켰다. 이른바 자크리의 난이다. 이때 지도자 기욤은 귀족 군대와 협상하기 위해 적진으로 갔으나 체포되어 사형당했다. 귀족은 농민에게는 기사도가 적용되지 않는다고 했다. 이때부터 프랑스에서 '자크는 촌티 나는 바보'라는 말이 나돌았다.

구약 편 3절 고대인

원래는 흑인에서 시작해야 옳다. 하지만 성 막스는 의심할 여지 없이 "감독직"도 함께 맡아 그의 가늠할 수 없는 지혜를 발휘해 흑인을 나중에야 비로소 소개한다. 이때 우리는 "철저함이나 증명을 요구하지도 않겠다." 만약 여기서 우리가 그리스 철학을 흑인 시대보다 즉 세소스트리스Sesostris[281] 행군과 나폴레옹의 이집트 원정 행군[282]에 앞서 다루더라도, 그것은 신성한 저자가 모든 것을 현명하게 배열했다는 것을 우리가 신뢰하기 때문이다.

"그러면" 슈티르너의 고대인이 "우리를 어디로 미혹할지 그 시도를 주시해 보자."

> "'고대인에게 세계는 하나의 진리였다'고 포이어바흐는 말한다. 그러나 포이어바흐는 중요한 각주를 보충하는 것을 망각했다. 그 각주란 곧 이 진리가 감추는 [세계의] 비진리성을 고대인들은 터득하려고 애썼고 마침내 실제로 터득했다는 것이다."(22쪽)

---

281 W주 56, CW주 48) 세소스트리스 행군―이집트 파라오의 전설적인 전쟁 행군, 이는 아시아와 유럽의 나라에 이르기까지 전개됐다고 한다.

282 W주 57, CW주 48) 나폴레옹의 이집트 원정은 나폴레옹 보나파르트 장군이 1798년 이집트를 향해 기도했던 원정이다. 이 원정에서 그는 4,000명 전쟁포로를 학살했다. 이 기도는 영국에 대항해 이루어졌다. 그 목표는 인도에서 영토를 얻고자 하는 것이었다. 영국 군대와 그 동맹의 저항에 부딪혔으므로 프랑스 군대는 쓰라린 패배를 당했다. 나폴레옹은 군대를 스티슈Stich에게 맡겨두고 1799년 파리를 향해 돌아왔다.

⟨GA2, 188⟩⟨W, 120⟩ "고대인에게" *자신의* "세계가(세계 *자체가* 아니라) 하나의 진리였다."—이 말에는 당연히 고대 세계의 진리가 무엇인지가 진술되지 않고, 단지 고대인이 자신의 세계에 대해 기독교적 태도를 보이지 않았다는 사실만이 진술됐다. 고대인의 세계가 감추는 *비진리*가 출현하자마자(즉, 이러한 세계가 그 자체 실천 상의 충돌을 통해 붕괴했다면 그렇게 되자마자—이러한 물질적인 역사를 경험으로 실증하는 것이 당연히 유일한 관심사여야 하지 않았을까), 고대 철학자는 고대인이 진리로 간주한 세계의 배후를 즉 진리의 세계를 파악하려고 애썼고, 당연하게도 고대인의 세계가 비진리가 됐다는 사실을 발견했다. 고대 철학자가 진리를 탐구한다는 사실 자체가 이미 이러한 고대인의 세계가 내적으로 붕괴하고 있다는 사실의 징후였다. Jacques le bonhomme⟨촌티 나는 바보⟩는 이런 관념상의 징후를 고대 세계가 물질적으로 붕괴한 원인으로 삼고 독일의 교부답게, 고대 자체가 그 자신의 부정에 해당하는 기독교를 모색하는 것으로 만들었다. 성 막스는 고대에 관한 한 이렇게 볼 수밖에 없다. 왜냐하면 고대인은 "사물 세계"의 배후를 파악하려고 노력하는 "아이"이기 때문이다. "어쩌면 그런 모색이 그리 어려운 것은 아니기도 하다": Jacques le bonhomme⟨촌티 나는 바보⟩는 고대 세계를 고대 세계에 관해 나중에 등장하는 의식으로 변형하니, 그가 물질적인 고대 세계를 넘어서서 단번에 종교 세계 즉 ⟨수, 7⟩ 기독교로 도약할 수 있는 것은 당연하다. 이제 곧바로 "신의 말씀"은 고대의 실제 세계와 대립하고, 근대적 회의주의자로 이해되는 기독교인은 철학자로 이해되는 고대인과 대립한다. 성 막스가 말하는 기독교인은 "신의 말씀이 공허하다는 것에 대해 절대 확신을 가질 수 없고" 그 공

허함을 확신하지 못하므로 오히려 "신의 말씀이 영원하고 확고한 진리라고 믿는다."(22쪽) 그가 말하는 고대인은 비기독교인이고, 아직도 기독교인이나 은폐된 기독교인이 못 되어서 겨우 고대인이듯이, 그가 말하는 근본 기독교인은 무신론자의 반대자이고, 아직 무신론자도 못 되고 은폐된 무신론자도 못 되므로, 겨우 기독교인이다. 따라서 그에게서는 근본 기독교인은 근대 무신론을 부정하여 나오며 고대인은 기독교를 부정하여 나온다. 그는 말을 거꾸로 해야 했을 텐데 말이다. Jacques le bonhomme〈촌티 나는 바보〉는 다른 모든 투기꾼처럼 모든 것에서 철학의 꼬리를 잡는다. 이렇게 어린아이의 경솔함을 보여주는 두서너 가지 사례가 즉시 상기된다:

"기독교인은 자신을 '땅 위에 나그네로 사는 이방인'으로 간주해야 한다."(『히브리서』, 11장 13절)[283](23쪽)

반대로 (예를 들면, 전체 로마 세계에서 부가 대대적으로 집중됐다는 사실 등등과 같은 가장 자연적인 근거 때문에 생겨난 결과인) 땅위에 나그네로 사는 이방인은 자신을 기독교인으로 간주해야 했다. 그 이방인이 믿는 기독교가 이방인을 나그네로 만드는 것이 아니라, 그 이방인이 나그네가 되면서 기독교인으로 됐다는 게 사실이다.-성스러운 교부께서는 바로 이 쪽[23쪽]에서 소포클레스의 안티고네에서 그리고 그녀와 연관된 명령 즉 죽은 자를 매장하는 신성한 명령에서 즉시 『마태

---

283   CW주)『히브리서』, 11장 13절: 이들은 모두 믿음으로 살다가 죽었습니다. 그들은 약속된 것을 받지는 못했지만, 그것을 멀리 바라보고 즐거워했으며, 땅 위에서는 손과 나그네로 있다는 것을 인정했습니다.

복음』 8장 22절(죽은 자가 죽은 자를 묻게 두라)[284]로 비약한다. 반면 헤겔은 『정신현상학』에서 안티고네 등등에서 〈W, 121〉적어도 점진적으로 로마 시대로 이행한다. 〈GA2, 189〉〈수, 8[7a]〉그런 식이라면 당연히 성 막스는 즉각 중세로 넘어가서, 십자군에게 헤겔과 똑같이 이런 성경의 말씀을 들려주었어야 했다. 또는 심지어 정말 독창적인 짓이 되겠지만, 안티고네가 폴리니세스Polynices를 매장한 일을 세인트 헬레나 섬에서 파리로 나폴레옹의 뼛가루를 가지고 가는 일과 비교할 수도 있을 텐데. 성 막스는 또한 이렇게 말한다:

"가족의 유대라는 불가침의 진리는"(이것은 22쪽에서 말하는 고대인의 "진리" 중의 하나이다) "기독교에서는 한시바삐 그리고 통틀어 결별하지 않으면 안 될"(『마가복음』, 10장 29절)[285] "비진리로 설명되고 있다."(23쪽)

이런 문장을 보면 또다시 실제가 전도되어 있으니, 이러한 문장은 다음과 같이 정정되지 않으면 안 된다: 가족적 유대가 사실상 비진리로 되자, 이것은 (이에 대해서는 무엇보다 기독교가 출현하기 이전의 로마

---

284 CW주)『마태복음』, 8장 22절: 예수께서 그에게 말씀하셨다. 그대는 나를 따라오너라. 죽은 사람들의 장례는 죽은 사람들이 치르게 두어라.

285 CW주)『마가복음』, 10장 29절: 예수께서 말씀하셨다. 내가 진정으로 너희에게 말한다. 나를 위해 또 복음을 위해, 집이나 형제나 자매나 어머니나 아버지나 자녀나 논밭을 버린 사람은, 지금 이 세상에서는 박해도 받겠지만, 집과 형제와 자매와 어머니와 자녀와 논밭을 백 배나 받을 것이고, 오는 세상에서는 영생을 받을 것이다.

법률에 관해 지금까지 남아 있는 문서를 검토해 보라) 기독교에서 "통틀어서" 불가침의 진리로 설명되고 있다.

그러므로 우리는 이런 사례들에서 Jacques le bonhomme〈촌티 나는 바보〉가 경험적 역사와 "한시바삐 결별하고자 하면서" 어떻게 사실을 전도해, 물질의 역사 전체를 관념의 역사에서 생산해 내는지 지겹게 볼 수 있다. 처음부터 우리가 들을 수 있는 것은 다만 고대인이 자신의 세계에 대해 가졌다고 하는 태도뿐이다. 고대인은 자신의 고대 세계를 생산한 자로 나타나는 것이 아니라 독단론자로서 그 세계와 대립해 있다. 문제가 되는 것은 오로지 대상에 대한 그리고 진리에 대한 의식의 관계이다. 문제가 되는 것은 오로지 자신의 세계에 대한 고대인의 철학적 관계이다－고대 역사의 자리에 고대 철학의 역사가 들어서며 게다가 그 고대 철학의 역사조차 성 막스가 헤겔과 포이어바흐에 따라 이해한 내용일 뿐이다.

그리해 페리클레스 시대의 그리스 역사는 오성, 정신, 심정, 세속성 등과 같은 추상체들 사이의 투쟁으로 환원된다. 이 추상체가 그리스의 시대의 당파이다. 〈수, 7b〉그리스 세계로 자처하는 이 유령 세계에서는 순정[純正] 부인[Frau Herzensreinheit]과 같은 우화적 인물[286]이 "행진하며", 빌라도 같은 신화적 인물(아이들이 있는 곳에서는 없어서는 안 될 인물이지만)이 사뭇 진지한 모습으로 플리우스의 티몬Timon dem

---

286 GA2주 재인용) 슈티르너, 『유일자와 그의 소유』, 25쪽: "그러므로 소크라테스는 이렇게 말했다. 즉 사람들이 당신들의 현명함을 존경한다고 말히더라도 당신들은 오히려 순수한 심정이 돼야 한다. 여기서부터 그리스 시대의 정신 해방의 두 번째 시기가 시작된다. 즉 순수한 심정의 시대가 시작된다."

Phlius[287]과 나란히 자리하고 있다.

성 막스는 우리에게 소피스트와 소크라테스에 관해 몇 가지 놀라운 계시를 던져주고 나서는 곧장 회의론자로 건너뛴다. 그는 회의론자를 소크라테스가 시작한 철학적 작업의 완성자로 본다. 그러므로 소피스트와 소크라테스를 직접 계승한 그리스 실증 철학, 특히 아리스토텔레스의 백과사전적 학문은 Jacques le bonhomme⟨촌티 나는 바보⟩에게는 아예 존재하지 않는 셈이다. 그는 과거의 것과 "한시바삐 결별하려는 모양이다."⟨W, 122⟩-그는 "근대인"으로 이행하려고 서두르니, 회의론자, 스토아주의자, 에피쿠로스주의자에게서 이런 근대인을 발견한다. 신성한 교부가 이들에 대해 무엇을 계시하는지 들어보자.

⟨GA2, 190⟩"스토아주의자는 현자[賢者]에 즉 어떻게 살아야 하는지 아는 자에 도달하고자 한다. 스토아주의자에게 현자의 길은 세상에 대한 멸시, 생활의 발전이 없는 삶, ... 세상과 친밀한 교류가 없는 삶 즉 세상과 절연된 삶에 있을 뿐 .... 타인과 어울리는 삶에는 없다. 스토아주의자만 살아 있으며, 다른 모든 사람은 그가 보기에 죽은 것이다. 반면 에피쿠로스주의자는 생동하는 삶을 요구한다."(30쪽)

우리는 Jacques le bonhomme⟨촌티 나는 바보⟩-자기를 실현하기 바라고, 그래서 어떻게 살아야 하는지 아는 사람-에게 누구보다 디오게네스 라에르티오스Diogenes Laertius의 책을 참조하라고 권하고 싶다. 그

---

287 역주) 플리우스의 티몬Timon of phlius(약 320 BC~약 230 BC)-그리스 회의주의 철학자, 피론의 제자이며, 풍자시 『실로이』의 저자로 찬탄을 받는다.

러면 그는 현자 즉 Sophos〈현자〉가 바로 스토아주의자가 이상으로 삼는 자이지, 스토아주의자가 현자의 완성이 아니라는 점을 깨닫게 될 것이다. 또한 소포스 Sophos〈현자〉를 단지 스토아주의자뿐 아니라 에피쿠로스주의자, 신아카데미아 학파[288] 그리고 회의론자 속에서도 똑같이 발견할 수 있음을 알게 될 것이다. 그뿐만 아니라, Sophos〈현자〉는 우리가 마주치는 그리스 철학자 중 첫 번째 사람들이다. Sophos〈소포스〉는 신화적으로는 일곱 현자[289]로 나타나고, 실천적으로는 소크라테스에게서 나타나며 또 스토아주의, 에피쿠로스주의, 신 아카데미아학파 속에서 하나의 이상[理想]으로 나타난다. 〈수, 7c〉이 학파들 각각은 성 브루노가 자신만의 "유일한 성기"를 갖고 있듯이 [290]저마다 자신의 고유한 Sophos〈현자〉를 갖고 있다. 아니 그뿐 아니라, 성 막스는 18세기 계몽철학에서 다시 "le sage〈현자〉"를 발견할 수도 있으며, 심지어 장 파울Jean Paul의 에마뉴엘[291] 등과 같은 "현자" 속에서도 다시 발견할 수 있다. 더구나 스토아적 현자가 생각하는 삶은 "생활의 발전이 없는 삶"이 아니라, 오히려 *절대적으로 운동하는 삶*이다. 이는 스토아적 현자의 자

---

288   CW주) 신 아카데미아 학파-아테네 학파에 속하는 신플라톤주의적인 철학자들.

289   CW주 49) 7현자는 기원전 6세기경에 살았던 저명한 그리스 철학자와 정치가 7명을 지칭하는 사용되는 용어이다. 그들은 비아스Bias, 칠로Chilo, 클레오불루스Cleobulus, 페리안더Periander, 피타쿠스Pittacus, 솔론Solon, 탈레스Thales이다.

290   GA2주 새인용) 바우어, 『루트비히 포이어바흐의 특징』, 132쪽: "나의 자아, 자아, 이 유일자가 이런 특정한 다른 성별과 구별되는 고유한 성별을 갖는 것처럼"

291   W주 58) 장 파울Emmanuel Jean Paul의 소설 『헤스페루스Hesperus』에 나오는 인물.

연관 즉 헤라클레이토스적인, 역동하고 발전하며 생동하는 자연관에서 분명해진다. 반면에 에피쿠로스주의자에게는 루크레티우스Lucretius가 말한 이른바 mors immortalis〈영원한 죽음〉[292]이나 원자(原子)가 자연의 원리이며, 아리스토텔레스의 신적 능동성과 대립하는 신적 평온이 "생동적인 삶" 대신 삶의 이상으로 여겨진다.

"스토아주의자의 윤리학은"(이는 스토아주의자에게 유일한 학문이다. 왜냐하면 정신에 대해서 말하자면 스토아주의자는 정신이 세상에 대해 어떤 태도를 지녀야 하는지밖에 말할 줄 모르고, 자연에-자연학[Physik]-대해서 말하자면 현자는 그것을 멀리해야 한다는 말밖에 할 줄 모르기 때문이다) "정신에 대한 학설이 아니라, 단지 세상을 거부하는 학설, 세상에 맞서 자기를 고수하는 학설에 지나지 않는다."(31쪽)

스토아주의자는 "자연에 대해" 자연학이 철학자에게 가장 중요한 학문 가운데 하나라는 것을 "말할 줄" 알았다. 그래서 스토아주의자는 심지어 헤라클레이토스의 자연학을 더 발전하려고 노력하기조차 했다. 스토아주의자는 "더 나아가" ὥρα〈ora: 남성적 아름다움〉이 한 개인에 대해 묘사할 수 있는 것 가운데 최고라고 "말할 줄 알았으며", 〈W, 123〉 비록 자기모순에 빠지는 일이긴 했지만, 어디까지나 자연과 조화

---

292   CW주) "영원한 죽음"이란 루크레티우스Lucretius의 『De rerum natura libri scx』, 3권, 시편 882에 나오는 말이다. GA2주 추가: "가사적인 삶이 영원한 죽음을 제거한다." 이 말은 마르크스의 박사 논문 『데모크리투스와 에피크로스의 자연 철학의 차이』에도 나온다.

되는 삶을 찬미했다. 스토아주의자에 따르면 철학은 "자연학, 윤리학, 논리학"이라는 세 학문으로 나뉜다.

"그들은 철학을 동물과 달걀에 비유하는데, 논리학은 동물의 뼈와 힘줄 그리고 달걀의 껍데기에 그리고 윤리학은 동물의 살과 달걀의 흰자에 그리고 자연학은 동물의 정신과 달걀의 노른자에 비유한다."(디오게네스 라에르티오스, 『제논』)[293]

⟨GA2, 191⟩우리는 위의 말을 통해 "윤리학은 스토아주의자의 유일한 학문"이 어느 정도로 아니었는지를 알 수 있다. 게다가 ⟨수, 8⟩스토아주의자는 아리스토텔레스 이후 형식 논리학과 체계학의 주요 창시자이기도 하다는 점을 덧붙여야 한다.

"스토아주의자는 정신에 대해 아무것도 말하지 못했다"라는 말은 사실과 다르며, 오히려 그들은 *정신투시법*[Geisterscherei]의 창시자였다. 바로 그것 때문에 에피쿠로스는 계몽가를 자처하며 스토아주의자를 반박하고 "노파들"이라고 조롱하는가 하면, 반대로 신플라톤주의자는 자신의 정신론의 일부를 스토아주의자에게서 빌려오기도 했다. 이 정신투시법은 스토아주의자에게 불가피한 것이다. 왜냐하면 한편으로는 경험적 자연학에서 얻을 수 있는 자료가 없으니, 정신투시법 없이는 역동적 자연관을 관철한다는 것이 불가능했기 때문이며, 다른 한편으로는 스토아주의자는 고대 그리스 세계와 심지어 종교까지도 사변적으

---

293   W주 59) 디오게네스 라에르티우스Diogenis Laertius, 『유명한 철학자들의 생애, 견해와 명제de clarorum philosophorum vitis, dogmatibus et apohthegmatibus libri decem』, 10권을 참조하라

로 해석하고 이를 사유하는 정신에서 유추하려고 노력했기 때문이다.

"스토아 윤리학"이 "세상을 거부하는 학설, 세상에 맞서 자기를 고수하는 학설"이라니! 그러면 심지어 예를 들면 "강력한 조국과 성실한 친구를 갖는 것"이 스토아적 미덕으로 간주되고, "오직 아름다움만"이 "선 자체[das Gute]"로 설명된다는 것은 무슨 까닭이란 말인가? 또한 그렇다면 스토아적 현자는 예컨대 근친상간을 범한다든지 하는 등등 어떤 방식으로 세상에 뒹굴어도 괜찮다는 말인가? 스토아적 현자의 길은 "세상과 절연된 삶에 있을 뿐이며, 타인과 어울리는 삶에는 없다"라고 하다니! 그러면 심지어 어째서 제논은 스토아 윤리학에 대해 다음과 같이 말한다는 말인가?

> "현자는 기적처럼 보이는 그 어떤 것에도 놀라지 않거니와 또한 덕 있는 자는 절대 고독 속에서 살지 않을 것이다. 그는 본성상 **사회적**이고 **실천적**이고 **활동적**이기 때문이다."(디오게네스 라에르티오스,『총서Liberstromatum』, 7권 1장)

Jacques le bonhomme〈촌티 나는 바보〉의 고등학생 수준의 지식을 반박하기 위해 스토아주의자의 복잡하면서도 모순에 가득 찬 윤리학을 여기서 더 개진하는 일은 불필요한 일일 것이다.

Jacques le bonhomme〈촌티 나는 바보〉는 스토아주의자를 다루는 기회에 *로마인*의 존재에 눈을 돌릴 법도 한데(31쪽), 그는 아무 언급도 하지 않는다. 왜냐하면 로마인에게는 철학이 없기 때문이다.〈수, 8a〉우리가 유일하게 들을 수 있는 말은 *호라티우스*Horatius(!)가 "성취한 것은 스토아주의자의 삶의 지혜에 도달하는 것과 다른 것은 아니다."(32

쪽)라는 말뿐이다. 호라티우스가 lnteger vitae, scelerisque purus!〈흠 없이 살아온 삶이고, 죄로 물들지 않은 삶이로다〉[294]라고 말했기 때문이다.

〈W, 124〉스토아주의자를 다룰 때 그는 *데모크리토스*Democritus도 언급하고 있기는 하지만, 어느 소개서에 잘못 인용된 디오게네스 라에르티오스 (『데모크리토스』 9권 7장 45쪽)의 구절을 베껴오면서 더구나 이를 오역하면서, 이를 근거로 데모크리토스에 대한 혹평을 장황하게 늘어놓는다. 이 혹평이 이상한 것은 그런 혹평의 근거가 된 구절 즉 앞서 말한 잘못 인용되고 오역된 구절과 그 혹평이 정면으로 대치된다는 것이다. 즉 이 혹평은 평정심[Gemütruhe]이라는 말에서 그가 "세상에 대한 거부"를 끌어냈던 것에 근거한다. 하지만 이 평정심이란 말은 원래 "ευδυμια〈유뒤미아: 원래 쾌활, 명랑을 의미하며 저지[低地] 독일어로는 기분 좋음[Wellmuth]을 의미하는 말〉"를 슈티르너식으로 번역한 말이다. 말하자면 슈티르너는 데모크리토스가 스토아주의자였다고, 더욱이 유일자나 평범한 고등학생 수준의 이해력으로 생각할 수 있는 스토아주의자였다고 상상하고 있다. 〈GA2, 192〉그는 "데모크리토스의 모든 활동은 세계에서 절연되려는 노력으로 귀결되고" "따라서 세계를 거부하는 것으로 귀결된다"고 생각하며, 그리해 데모크리토스 속에 들어 있는 스토아주의자를 반박할 수 있다고 생각한다. 그러나 여러 차례 세상을 주유[周游]했던 데모크리토스의 활발한 생애는 성 막스의 이러한 생각과 정면으로 어긋난다. 우리가 데모크리토스의 철학을 제대로 접할 수 있는 진정한 원천은 아리스토텔레스이지, 디오게네스 라에르티오스가 소개하는 약간의 일화가 아니다. 데모크리토스는 세상을

---

294 W주 60) "흠 없이 살아온 삶이고, 죄로 물들지 않은 삶이로다."-호라티우스, 『송가The Odes』, 1권, 송가 22. 시구1.

거부하지 않았으며, 오히려 경험적 자연 탐구자로서 그리스인 가운데 처음으로 백과사전적인 지식을 소유한 인물이었다. 거의 알려지지 않은 데모크리토스의 윤리학은 그가 노년이 되어 풍부한 여행경험을 바탕으로 썼다고 보이는 몇 개의 방주[傍註] 속에 담겨 있다. 그가 자연과학에 관해 쓴 글을 철학이라 말한다면 이는 오직 "per abusum〈과한〉" 표현이다. 왜냐하면 에피쿠로스와 달리 그에게서 원자는 단지 물리적 가설일 뿐이며, 마치 근대 화학에서 혼합비율[Mischungsverhältnisse]이라는 개념처럼(달턴Dalton 등이 그랬듯이), 설명을 위한 궁여지책이었기 때문이다. 이 모든 것은 Jacques le bonhomme〈촌티 나는 바보〉의 잡동사니 같은 설명에 비할 것은 아니다. 그의 설명에 따르자면 데모크리토스는 "유일자적으로" 이해해야 한다. 즉 데모크리토스가 유쾌함에 대해 말하면 그것은 평정심에 대해 말하는 것이며, 그러니까 자신 속으로의 침잠하는 것에 대해 말하는 것이며. 그러니까 세상에 대한 거부를 말한다는 것이다. 그는 데모크리토스를 스토아주의자라고 하면서, "브라마"를 ("옴"이라고 써야 했다)[295] 읊조리는 수도자와 다르지만, 그 차이는 다만 비교급이 최상급과 다른 만큼만, 〈수, 8b〉즉 "*오직 정도의 차이에*" 있을 뿐이라 한다.

우리의 친구가 에피쿠로스주의자에 관해 아는 것은 스토아주의자에 관해 아는 정도 곧 최소한의 고등학생 수준밖에 되지 않는다. 그는 에피쿠로스적인 Hedone〈쾌락〉을 스토아주의자와 회의주의자가 말하는 부동심[Ataraxie]과 대비할 뿐, 이 부동심이 에피쿠로스에게도, 더구

---

[295]　CW주 50) 브라만-고대 힌두 관념론 철학의 핵심 범주이며, 우주의 본질 즉 비인칭적이며 비물질적이고 창조된 것이 아니며, 제한할 수 없고 영원한 존재이다. 옴-브라만을 불러오는 주문.

나 쾌락보다 상위의 원리로 똑같이 나오고 있다는 점을 모른다. 결국 우리의 친구가 쾌락과 부동심을 대비하는 시도는 모두 실패하고 만다. 그가 우리에게 설명하는 바에 따르면, 에피쿠로스는 스토아주의자와 비교해 "세계에 대해 *단지 다른 태도를 가르치는*" 것뿐이라 하지만, 바라건대 그러한 "단지 다른 태도를 가르치지" 않는 (스토아주의자에 속하지 않은) 철학자가 "고대이든 근대이든 간에" 있다면 우리에게 가르쳐 주면 좋겠다.〈W, 125〉마지막으로, 성 막스는 "세상은 속이지 않으면 안 된다. 세상은 바로 나의 적이기 때문이다"라고 하는 에피쿠로스주의자가 했다는 듣도 보도 못한 발언으로 우리의 지식을 더 풍요롭게 해준다. 지금까지 유일하게 알려진 것은 에피쿠로스주의자가 다음과 같이 말했다는 것뿐이다: 세상은 *미혹에서 깨어나지* 않으면 안 된다. 특히 신의 공포에서 해방되지 않으면 안 된다. 세상은 바로 나의 *친구*이기 때문이다.

우리의 성자에게 에피쿠로스 철학이 물질적인 것에 토대하고 있다는 사실에 대해 한 가지 힌트를 주자면, 국가가 인간의 상호계약, 일종의 συνδηχη〈syntheke: 사회계약〉에 기초해 있다는 생각이 에피쿠로스에게서 처음 발견된다는 사실을 언급하는 것으로 충분할 것이다.

회의주의자에 관해서도 성 막스의 설명이 얼마나 다람쥐 쳇바퀴를 맴도는가는 그가 회의주의 철학을 에피쿠로스 철학보다 더 급진적으로 보고 있다는 점에서 이미 분명해진다. 회의주의자는 이론적으로는 사물에 대한 인간의 관계를 *가상*[Schein]으로 환원했다.〈GA2, 193〉그러나 실천적 삶에서는 다른 사람들이 현실을 따르는 것과 꼭 마찬가지로 이 가상을 따름으로써 고대인이 하는 대로 모든 것을 따라 했다. 말하자면, 그는 사물에다 그저 또 다른 이름을 하나 부여했을 뿐이다. 반면에 에피쿠로스는 〈수, 8[8c]〉고대의 진정으로 급진적인 계몽가였다. 그는 고대 종교를 공공연하게 비판했다. 로마인에게 무신론이 있었다 친다면, 그 기원은 다름 아닌 에피쿠로스로 거슬러 올라간다. 그러므로 루크레티우스Lukrez는 그를 가리켜 처음으로 신을 무너뜨리고 종교를 짓밟은 영웅으로 칭송했던 것이며 또 그러므로 에피쿠로스는 플루타르크Plutarch에서 루터Luther에 이르는 모든 교부에게서 타락한 철학자의 par excellence〈전형〉 또는 돼지라는 명성을 얻었다. 그 때문에 클레멘스 알렉산드리누스Clemens Alexandrinus가 말한 대로(『모음집[Stromatum]』, 1권 11장 295쪽, 콜로뉴판, 1688)[296] 바울이 철학을 반박할 때 그가 염두에 둔 것은 다만 에피쿠로스 철학이었다. 우리는 바울의 말을 통해 이 솔직한 무신론자가 세상의 종교를 거침없이 비판함으로써 얼마나 "교활하고, 기만적으로[297]" 그리고 "영리하게" 세계를 대했는가를 알 수 있다. 반면에 스토아주의자는 고대 종교를 사변적으로 정당화했으며, 회의론자는 이른바 "가상[Schein]"을 핑계 삼아 모든 판단을 reservatio mentalis〈심리적으로 유보했다〉.

그런데 슈티르너에 따르자면 스토아주의자는 결국 세계를 "멸시하기에" 이르며(30쪽) 에피쿠로스학파는 "스토아주의자와 같은 삶의 지혜"에 이르고(32쪽), 회의주의자는 "세계를 그대로 내버려 두어서 스스로 이 세계에서 아무것도 만들어내지 않는" 데 이른다고 한다. 슈티르너에 따르자면 이 세 주의자의 결론은 모두 세계에 대해서 무관심한 상

---

296 W주 61) 클레멘스 알렉산드리아누스Clementis Alexandrini의 그리스 라틴어 『전집』 참조

297 역주) 바울이 철학을 비판하는 말. 마르크스는 이 말을 가지고 거꾸로 에피쿠로스가 실제적이었다는 점을 밝히려 한다.

태 즉 세계 멸시다.(485쪽) 헤겔은 슈티르너보다 훨씬 전에 이렇게 말했다: 스토아주의, 회의주의, 에피쿠로스주의의 결론은 현실이 드러내는 모든 것에 정신이 무관심하게 만드는 것이었다."(헤겔, 『철학사 강의』, 327쪽)

〈W, 126〉성 막스는 고대의 사상계에 대한 자신의 비판을 요약하기를 "고대인은 비록 여러 가지 사상을 갖고는 있었지만, *사상 자체*[den Gedanken]는 알지 못했다."(30쪽)라고 말한다. 이 점에서 "앞서 우리가 어린아이의 사상에 대해 말한 것을 독자들이 기억해 주면 좋겠다."(같은 곳) 고대철학의 역사는 슈티르너가 설정한 구도에 일치하지 않으면 안 된다. 그 때문에 그리스인이 어린아이의 역할에서 벗어나지 않게 하기 위해서 아리스토텔레스가 생존하지 않았던 것으로 해야 하고, 아리스토텔레스에게서 나타나는 사상 즉 그 자체로 현상하는[즉자 대자적으로 존재하는] 사유(η νοησις η χαδ αυτην), 자신을 사유하는 지성(Αυτον δε νοειο νους), 자신을 사유하는 사유(η νοησις της νοησεως)도 나타나지 말아야 한다. 대체 아리스토텔레스의 『형이상학』과 『심리학』 3권[298]조차도 존재해서는 안 되는 것이다.

여기서 성 막스는 "인류의 아이 시절[그리스 시대]에 대해 앞에서 했던 말"을 기억하는 만큼이라도 "인류의 아이 시절"을 다룰 때 다음과 같이 말해야 했다: 고대인과 흑인에 관해 앞으로 *말할 것*과 아리스토텔레스에 관해 말하지 *않을 것*을 독자는 점검해 보기 바란다.

〈GA2, 194〉Jacques le bonhomme〈손비 나는 바보〉는 고대가 해체되는 동안 등장한 최후의 고대 철학이 지닌 진정한 의미를 평가하고 싶었다면 그저 〈수, 9〉로마가 세계를 지배하는 동안 그 후계지가 실제 어

---

298 CW주) 아리스토텔레스, 『영혼에 관해 de anima』

떻게 살았는지, 그 처지를 보기만 해도 됐을 것이다. 그가 특히 루키아노스Lukianos를 읽어보면 당시 인민이 그 후계자를 얼마나 공공연한 조롱거리로 보았고 또 로마의 재산가나 지방 총독 등이 그들을 어떻게 여흥을 위한 궁정 어릿광대로 고용했기에 그들이 몇 조각의 뼈와 빵 부스러기를 차지하기 위해 식탁 너머로 노예와 다투든가, 독한 신맛 나는 포도주를 얻어 마시고 나서는 "부동심", "묵언[Aphasia]", "쾌락" 등과 같은 웃기는 말로 집주인과 손님을 즐겁게 해 주었는지 등이 자세하게 기록되어 있음을 발견할 수 있었을 것이다. {〈W, 노트 38: 126-하단 주: 수고에서 삭제〉〈수, 9-하단 주〉그것은 프랑스 귀족이 혁명 이후에 전체 유럽의 댄스 교사가 됐던 것과 같고 영국의 귀족이 곧 문명세계의 마구간지기나 개 사육자로서 자기에게 맞는 자리를 발견했던 것과 같다.}

그 밖에도 우리의 바보[unser gutter Mann]가 고대 철학의 역사를 고대의 역사로 만들고자 했다면, 그는 당연하게도 스토아주의자, 에피쿠로스주의자, 회의주의자를 모두 신플라톤주의자로 귀결해야 했다. 신플라톤주의 철학은 스토아주의, 에피쿠로스주의, 회의주의와 플라톤 또한 아리스토텔레스 철학의 환상적 결합에 지나지 않기 때문이다. 그러는 대신 그는 이 학파들을 곧바로 기독교로 귀결한다. {〈W, 노트 39: 126-하단 주:수고에서 삭제〉〈수, 9-하단 주〉그에 반해서 슈티르너는 그리스가 해체된 이후에도 어떻게 여전히 오랫동안 지속했는지를 설명해야 했다.-그리고 어떻게 그리스와 나란히 발전하면서 로마가 세계 곳곳에서 세계 제패에 이르게 됐는지를 그리고 로마가 어떻게 발전하고 몰락했으며 마침내 그리스와 로마가 관념적으로는 기독교 속에서 그리고 물질적으로는 민족 이동 속에 몰락하게 됐는지를 설명해야 했다.}

〈W, 127〉"슈티르너"가 그리스 철학을 "넘어선" 것이 아니라 그리스 철학이 "슈티르너"를 넘어서 있다(『비간트』, 186쪽 참조).²⁹⁹ 이 무식한 교사는 "고대"가 어떤 실재계[einer Welt der Dinge]에 이르러 이를 *어떻게* "극복하는지"를 우리에게 말해 주는 대신, 티몬에서 인용한 말 한마디로 고대를 사라지게 만드니, 그는 얼마나 복 받은 존재인가. 그의 말에 따르자면 고대인이 성 막스가 말한 대로 자기의 "*본성[자연]*"을 통해 고대 자치 체제[Gemeinwesen]를 세웠다는 사실을 알게 되면 될수록, 고대는 〈수, 9a〉더 자연스럽게 "자신의 최종 목표에 도달하게 된다."³⁰⁰ "결론적으로 말해" 위의 사실은 공공 체제, 가족 등등을 "이른바 본성[자연]에 따른 연대"라고 부르면 부를수록(33쪽)³⁰¹ 한층 더 쉽게 "해명된다." 고대의 "실재계"는 본성[자연]을 통해 형성됐으니 티몬과 빌라도를 통해 (32쪽) 소멸한다. 기독교의 물질적 토대를 이루는 "실재계"를 묘사하는 대신, 그는 이 "실재계"가 기독교 정신의 세계 속에서 소멸하게 만든다.

독일 철학자는 고대를 유물론 시대로 보고 기독교 또한 근대를 관

---

299 CW주) 슈티르너, 『슈티르너에 대한 논평자들』

300 GA2주 재인용) 슈티르너, 『유일자와 그의 소유』, 91쪽: "모든 인간의 규율을 무너뜨리고 그 무너진 기초 위에 새롭고 더 나은 규칙을 창조하며, 모든 도덕을 모독해 더 새롭고 더 나은 도덕을 그 자리에 대체하며 …. 하는 등에 그들의 행위는 제한된다. 그러나 그들의 행위는 그렇게 되기를 시도하는 것으로 순수하게 실제로 되는가? 그 행위는 최종적 목표에 도달하는가?"

301 GA2주 재인용) 슈티르너, 『유일자와 그의 소유』, 32/33쪽: "고대는 사물의 세계, 세계의 질서, 세계 전체를 완성할 것이다. 그러나 사물의 질서나 이 세계의 사물에 자연만 속하는 것이 아니라, 인간이 자연을 통해 성립한 것을 보게 되는 모든 상황도 속한다. 예를 들어, 가족, 자치 단체, 간단히 말해 소위 자연적 연대이다."

념론 시대로 보면서, 양자를 대립시키곤 했다. 반면에 프랑스와 영국의 경제학자, 역사학자, 자연학자는 고대를 관념론 시대로 보고 근대를 유물론 또한 경험론 시대로 보면서 양자를 대립적으로 이해하곤 했다. 마찬가지로 역사적으로 볼 때 고대인이 "citoyen〈공민〉" 즉 폴리스인[Politiker]에 관한 관념적 표현을 대변하는 한, 고대는 관념론적으로 파악될 수 있으며 반면 〈GA2, 195〉근대인은 결국 "부르주아"로 즉 실재론적으로 말해 ami du commerce〈상업의 친구〉[302]로 귀결된다. 그렇지만 또한 고대인에게 공공 체제가 "진리"였으나 근대인에게는 공공 체제는 관념으로만 존재하는 "거짓말"이라는 점에서, 고대를 실재론적으로 볼 수도 있다. 그러니 이런 방식으로 제시된 추상적 대립이나 역사 구성이 무엇이든 간에 그런 대립에서는 얻을 수 있는 것은 아무것도 없다.

우리가 고대에 관한 이 모든 서술에서 배울 수 있는 "유일한 것"은, 슈티르너가 고대 세계에 관해 "실재[Dinge]"를 거의 "알지"도 못하면서도 그런 무지 때문에 오히려 "더 잘 요약했다"[303]는 점이다.(『비간트』, 191쪽 참조)

슈티르너는 확실히 『요한계시록』 12장 5절[304]에서 "만국을 쇠지팡

---

302 CW주) 푸리에의 표현-푸리에 『외면적인 세 가지 통일des trios u nite externes』 참조. 푸리에는 파산한 자의 다양한 종류를 설명하는 가운데 이 표현을 사용했다.

303 GA2주 재인용) 슈티르너, 『슈티르너에 대한 논평자들』: "슈티르너가 사회주의를 더 잘 요약[통찰]한다고 하더라도 헤스는 그보다 수천 배는 더 잘 안다." 역주) '통찰'은 아이러니한 표현이다.

304 CW주) 『요한계시록』, 12장 5절: 마침내 그 여자는 아들을 낳았습니다. 그 아기는 장차 쇠지팡이로 만국을 다스리실 분이었습니다.

이로 다스릴 것"이라고 예언된 그 "아들"이다. 우리는 지금까지 슈티르너가 어떻게 불쌍한 여러 [고대] 민족에게 무지[無知]의 쇠지팡이를 휘두르는지를 봤다. "근대인"이라고 해서 더 나은 일이 일어날 리는 만무하다.

구약 편 4절 근대인

"누구든지 그리스도 안에 있으면, 그는 새로운 피조물입니다. 옛것은 지나갔습니다. 보십시오, 새것이 됐습니다."(『고린도후서』, 5장 17절) (33쪽)

⟨W, 128⟩성경의 이 말씀을 통해 고대 세계는 이제 정말로 "지나갔다." 혹은 성 막스가 본래 말하고 싶어 한 대로, "모두 끝났다."[305] 우리는 이런 단 한 문장으로[306] 새로운, 기독교적인, 청년다운, 몽골인의 "정신 세계"로 건너뛰었다. 하지만 우리는 정신 세계도 눈 깜짝할 사이에 "모두 끝날" 것을 보게 될 것이다.

"앞서 '고대인에게 세계가 하나의 진리였다'고 말했다면, 우리는 이제 '근대인에게는 정신이 하나의 진리였다'고 말하지 않으면 안 된다. 그러나 앞의 경우와 마찬가지로 여기서도 '근대인은 정신의 진리가 비진리임을 밝혀내려고 노력한 끝에 결국 실제로 밝혀내게 됐다'라고 하는 중요한 단서 조항을 잊으면 안 된다."(33쪽)

⟨수, 9b⟩슈티르너식으로 역사를 구성하고 싶은 것이 전혀 아니라면, "우리는 이렇게 말하지 않으면 안 된다": 근대인에게 진리는 어떤

---

305 CW주) jeworden은 worden의 베를린 사투리이다.
306 CW주) 독일어 'satz'는 문장, 진술을 의미하며 동시에 도약, 건너뜀을 의미한다. 이것을 이용한 말 장난.

정신 즉 신성한 정신이었다. Jacques le bonhomme〈촌티 나는 바보〉는 또다시 근대인을 (그 "끝났음"에도 불구하고 늘 지속해서 존재하는) "사물 세계"와 맺는 실제 역사적인 연관 속에서 파악하지 않고, 이론적인 동시에 종교적인 태도 속에서 파악한다. 그에게 중세와 근대의 역사는 종교와 철학의 역사로만 존재한다. 이 시대의 모든 환상과 이 환상에 관한 철학적 환상이 철석같은 믿음의 대상이 된다.〈GA2, 196〉성 막스는 근대인의 역사에 대해 고대인의 역사에 대해서와 같은 태도를 보이고 나자, 어렵지 않게 그 속에서 "고대가 밟은 것과 비슷한 길을 논증"할 수 있으며, 그리해 고대철학에서 기독교로 넘어간 것 못지않게 빠른 속도로 기독교에서 독일철학으로 넘어간다. 역사를 지배하는 환상에 그가 어떤 특징을 부여했는가는 그가 37쪽에서 "고대인이 제시할 수 있는 것은 오직 *세속적 지혜*[Weltweisheit]뿐이다"라는 사실을 천명한다는 데서 드러나며 "근대인은 지금까지 *신에 관한 지식*[Gottesgelehrtheit]을 넘어선 적이 없었고 지금도 마찬가지다"라는 사실을 천명한 데서도 드러나며, "*근대인*은 과연 무엇의 배후를 밝혀내려고 노력했는가?"라고 자못 경건한 물음을 던진 데서도 드러난다. 고대인과 근대인은 모두 "어떤 것의 배후를 밝혀내려고 노력했다"라는 사실밖에 역사에서 한 일이 없으며, 고대인은 사물 세계의 배후를, 근대인은 정신 세계의 배후를 밝혀내려고 했을 뿐이다. 끝에 가면 고대인은 "비세속적으로 되고" 근대인은 "정신을 상실하게 된다." 고대인은 관념론자가 되기를 원했고, 근내인은 유불론자가 되기를 원했지만(485쪽), 양자 모두 진정 문제 삼고 있었던 것은 다만 신성한 것[das Göttliche]이었다.(488쪽)-"지금까지의 역사는" 오직 "정신적 인간의 역사"일 뿐이다.(얼마나 대단한 신념인가!)(442쪽)

요컨대, 여기서 또다시 아이와 청년, 흑인과 몽골인 그리고 그 밖의 "다양한 변형태"를 지시하는 용어가 모두 등장하고 있음을 보게 된다. 동시에 우리는 아이가 아버지를 낳고, 뒤에 오는 것이 앞선 것을 생겨나게 만드는 사변적 방법이 충실하게 모방되고 있음을 본다. 처음부터 기독교인은 〈수 9c〉"자기가 지닌 진리가 진리가 아님을 밝혀내려고 노력해야 하며", 고대인에 관해 이미 지적됐듯이, 기독교인 역시 이미 은폐된 무신론자이자나〈W, 129〉비판가여야만 한다. 그러나 성 막스는 이에 만족하지 않고 그가 "(사변적) 사유의 대가"임을 보여주는 눈부신 예를 하나 더 보여준다.(230쪽)

"자유주의가 *인간을* 선언하고 난 *인제 와서* 사람들은 이렇게 말할 수 있다. 즉 그 선언과 함께 도달한 것은 *다만* 기독교의 *최종 결과*였으며, 기독교의 본래 *과제*는 …. 오직 인간을 실현하는 *것이라*는 점이다."

기독교의 소위 최종 결과가 완성된 이후에야, 최종 결과가 완성됐다고 "*일반적으로*" 말할 수 있다. 앞선 것이 나중의 것을 통해 소급해 변형되자마자, 앞선 것은 "본래" 즉 "*진실로*", 본질에서, 천부적으로, 잠재적 유대인으로서, 뒤에 오는 것을 통해 소급해 변형되는 것밖에 "아무 다른 과제도 갖고 있지 않다"라고 "*일반적으로*" 말할 수 있다. Jacques le bonhomme〈촌티 나는 바보〉에게 *기독교*는 자신을 정립하는 주체 즉 자신의 결론을 "본래" 자신의 시초로 정립하는 절대정신이다. 헤겔의 『철학 강요』 등 참조.

"따라서"(뭐, 누구나 제멋대로 자기가 공상한 과제를 기독교에 부여할 수 있으니까) "예를 들어 불멸론이나 영혼 구제론에서 볼 수 있는 것과 같이 기독교가 자아에 무한한 가치를 부여한다고 하는 주장은 거짓이다.(포이어바흐 이전에는 기독교가 본래 자신에게 어떤 과제를 부여했는지를 아는 것이 불가능했으니 당연히 거짓이겠지만.)⟨GA2, 197⟩그게 아니라 기독교는 무한한 가치를 오직 인간에게만 부여하며, 인간만이 불멸이다. 자아는 단지 인간이므로 또한 불멸이다."

⟨수, 10⟩기독교가 오직 포이어바흐가 말한 "*인간*"에게만 불멸성을 부여할 수 있다는 주장은 슈티르너식 역사 구성이 설정한 과제에서 이미 충분히 밝혀진 사실이다. 이렇게 해서 우리는 추가로 기독교가 이 불멸성을 동물에 부여한 것은 아니므로 바로 그 때문에 그가 불멸성을 인간에게 부여했다는 주장을 마다하지 않았다는 사실까지 알게 된다.

이제 à la Sankt Max⟨성 막스 방식으로⟩[역사를] 한번 구성해 보자.

토지 분할에서 생겨난 근대적 대토지 소유가 장자 상속권을 실질적으로 "*선포하고 난 이제 와서는*" "사람들은 이렇게 말할 수 있다. 그런 *선포와 함께 진정으로*" 토지 분할의 "*최종 결과가 도달된 것이고*", 토지분할은 *진실로*, 본래 장자 상속권, 진정한 장자 상속권을 "*실현하려는 과제 그 밖이 다른 과제를 갖고 있지 않았다.*" "따라서" 토지분할이 나폴레옹 법전의 상속권에서 "볼 수 있는 것과 같이" 가족 구성원의 동등한 권리에 "*무한한 가치를 부여한다는 주장은 거짓이다.*" "그게 아니라" 토지분할은 "무한한 가치를 *오직*" 장남에게민 부여하며, 이를 통해 "*오직*" 장남, 미래의 상속권자만이 대토지 소유자가 될 것이다. 오직 "

나는" 장남이기 "때문에 나 역시 대토지 소유자가 될 것이다."

⟨W, 130⟩이런 방식으로, 역사의 최종 결과를 "역사가 본래 진실로 설정하고 있었던 과제"라고 묘사함으로써 역사에 "특유의[einzig]" 태도를 보이는 일은 더없이 쉬운 일이다. 그런 방식을 통해 앞선 시대는 지금껏 한 번도 보지 못한 기이한 모습으로 나타난다. 이는 별 비용도 들이지 않고 사람을 깜짝 놀라게 하는 방식이다. 예를 들어 토지 소유제가 "본래 갖고 있던" 고유한 과제는 스코틀랜드 등에서 최근 나타난 결과처럼 양(羊)이 인간을 쫓아내는 일이었다거나, ⟨수, 10a⟩카페Capet 왕가[307]의 선언이 루이 16세를 기요틴으로 보내고 귀조 씨를 내각으로 보내는 "과제를 본래 진실로 갖고 있었다"라고 말한다면, 이는 그야말로 깜짝 놀라게 하는 일이다. 중요한 것은 아래와 같은 말을 경건하고 신성하게 성직자처럼 깊은 숨을 참았다가 갑자기 탁하고 내질러야 한다는 점이다: "이제야 마침내 *우리*가 이런 말을 할 수 있다."

성 막스가 위의 절에서(33~37쪽) 근대인에 대해 말하는 것은 우리 앞에 놓여 있는 정신사의 서막일 뿐이다. 우리는 여기서도 그가 얼마나 경험적 사실과 "한시바삐 결별하지 못해 안달하는지" 그리고 고대인에게서 보았던 것과 같은 당파[黨派] 즉 *지성*, *심정*, 정신 등과 같은 당파를 단지 이름만 바꾼 채 다시 등장시키는지를 보게 된다. 소피스트에서 소피스트적 스콜라주의자, ⟨GA2, 198⟩"인문주의자, 마키아벨리즘

---

[307] CW주 51) 987년 위그 카페Hugh Capet가 프랑스 왕위를 요구했을 때 프랑스 혁명에 이르기까지 프랑스 왕은 사실상 카페 가의 성원이었다. 왜냐하면 1328년부터 통치한 발루와Valois 가와 1589부터 이를 계승한 부르봉Boubon 가는 모두 카페 가의 지파였기 때문이다. 루이 16세는 부르봉 가의 성원이었으나 1793년 1월 국민 공회의 명령으로 처형됐다.

(인쇄술, 신세계)"(헤겔, 『철학사』, 3권, 128쪽 참조) 등이 나와서 지성을 대변하며, 소크라테스가 루터(헤겔, 같은 책, 227쪽)로 바뀌어 심정을 찬양한다. 우리는 그가 종교개혁 이후의 시대를 다루는 곳에서 "공허한 심정[leere Herzlichkeit]"(고대인에게는 "심정의 순수함[Herzensreinheit]"으로 불리던 것, 헤겔, 같은 책, 241쪽)이 문제 됐다는 것을 보게 된다. 이 모든 것이 34쪽에 나와 있다. 이런 방식으로 성 막스는 "기독교가 고대와 유사한 길을 걸었음을 논증한다." 루터를 다룬 다음 그는 더는 자신의 범주들에 명칭을 붙이는 수고를 들이지 않는다. 그는 황새걸음으로 서둘러 근대 독일철학으로 넘어간다. 네 개의 동격[Apposition: 同格]("결국 남은 것은 공허한 심정, 일반적 인간애, 인간 *자체에 대한* 사랑[die Liebe *des* Menschen], 자유의 의식, 자기의식뿐이다."(34쪽: 헤겔, 같은 책, 228, 229쪽)과, 네 가지 단어가 루터와 헤겔의 사이를 메우고, "오직 그럼으로써만 기독교는 처음으로 완성된다." 여기서 전개된 모든 것은 "마침내", 〈수, 10b〉 "*그때 이후로*", "하면서" "또한" "날마다" "마지막까지" 등과 같은 지렛대의 도움을 받아 최종적으로 하나의 문장에 이른다. 독자는 인구에 회자해 고전의 반열에 오른 그 문장을 34쪽에서 찾아볼 수 있을 것이다.

최후로 성 막스는 다시 한번 자신의 믿음을 드러내는 한 쌍의 징표를 준다. 그 징표란 곧 그가 "우리는 정말로 〈W, 131〉 정신일 뿐"이라고 주장하면서 복음을 믿는다는 것을 부끄러워하지 않는다는 사실이며 또한 그가 정신이 고대 세계의 끝에서 "오랜 수고 뒤에" 세속에서 진정으로 "벗어났다"라고 주장한다는 사실이다.[308] 이런 주장 바로 다음에 그

---

308 GA2주 재인용) 슈티르너, 『유일자와 그의 소유』, 36쪽: "세계는 경멸을 받으면서 우리의 발아래 놓이며, 우리와 우리의 하늘 저 밑에 놓인다. …… 정신이 일

는 다시 한번 그가 늘 하는 식의 역사 구성이 지닌 비밀을 폭로한다. 그것은 그가 기독교 정신에 대해 기독교 정신은 "*마치 청년처럼* 세계를 개선하거나 세계를 구원하는 온갖 계획에 골몰한다"라고 말한 데서 드러난다. 이 모든 얘기는 36쪽 참조.

"그리고 그 천사는 성령으로 나를 휩싸서 빈 들로 데리고 갔습니다. 거기에서 나는 한 여자가 빨간 짐승을 타고 앉아 있는 것을 보았는데, 그 짐승은 하나님을 모독하는 이름들로 가득했고, ... 그리고 이마에는 이름, 비밀, 대 바빌론이라는 철자가 적혀 있었습니다. .... 그리고 나는 그 여자가 성도들의 피에 취해 있는 것을 보았습니다."(『요한계시록』, 17장 3, 5, 6절)[309]

계시록의 이번 예언은 틀렸다. 이제 마침내 슈티르너[stirner]가 어른의 시대를 포고한 이상 그는 다음과 같이 말해야 했을 것이다: 그리고 그는 나를 정신의 빈 들[Wüste]로 데리고 갔습니다. 나는 한 어른이

단 사물의 배후에 이른 이상 사물을 능가하며, 사물의 구속에서 자유롭게 됐다. 노예를 탈피한, 피안에 머무르는 자유로운 자가 됐다. 정신의 자유는 그렇게 말한다."

309　CW주) 『요한계시록』, 17장 3~6절: 그리고 그 천사는 성령으로 나를 휩싸서, 빈 들로 데리고 갔습니다. 나는 한 여자가 빨간 짐승을 타고 앉아 있는 것을 보았는데, 그 짐승은 하나님을 모독하는 이름들로 가득했고, 머리 일곱과 뿔 열 개가 달려 있었습니다. 그리고 이마에는 '땅의 음녀들과 가증한 물건들의 어머니, 큰 바빌론'이라는 비밀의 이름이 적혀 있었습니다. 그리고 나는 그 여자가 성도들의 피와 예수의 증인들의 피에 취해 있는 것을 보았습니다. 내가 그 여자를 보고 크게 놀라니

빨간 짐승을 타는 것을 보았습니다. 그 짐승은 이름을 모독하는 것들로 가득했습니다. .... 그 짐승의 이마[Stirn]에는 이름, 비밀, 유일자가 철자로 적혀 있었습니다. .... 어른의 이마에는 유일자라는 이름이 상징적으로 기록되어 있었습니다. .... 나는 그 어른이 성자들의 피에 취해 있는 것을 보았습니다. 등

이런 방식으로 우리는 이제 정신의 황폐함[Wüste]에 빠지게 된다.

구약 편 4절 A) 정신(순수한 영혼의 역사)

〈GA2, 199〉"정신"에 관해 우리가 슈티르너에게서 배운 것 중 첫째는 정신[Geist]이 아니라 영혼[Geister]의 왕국은 엄청나게 넓다는 사실이다. 성 막스가 정신에 대해서 말할 줄 아는 것은 "엄청나게 넓은 영혼의 왕국"이 현존한다는 사실이다. 그것은 그가 중세에 대해 아는 것이 단지 그 시대가 "무척 길었다"는 것뿐이라는 사실[310]과 닮았다. 그는 이런 "영혼의 왕국"을 현존하는 것으로 미리 전제하고 나서, 사후적으로 그 현존을 다음 열 가지 명제를 통해 입증한다.

1) 정신은 오직 *자신에게만* 몰두하기 전에는 다시 말해 *그 자신이 살아가*는 세계에 관여하지 않고 "정신적인 것에만 관여하기" 전에는 〈수, 10c〉자유로운 정신이 되지 못한다.(자유로운 정신은 우선 자신에게만 관여하고 그러고 나서 그의 세계에 관여해야 한다는 것이다.)

2) "정신은 그 자신에 고유한 세계*에서* 비로소 자유로운 정신이

---

310 GA2주 재인용) 슈티르너, 『유일자와 그의 소유』, 108/109: "오랜 시간이 흐르는 동안 사람들은 진리를 소유하기 위해 자기가 진정으로 존재해야 하는지에 대해 진지하게 생각하지도 않은 채 진리를 소유한다는 정신 착란에 만족했다."

된다."

3) "정신은 정신적인 세계를 통해서만 진정한 정신이 된다."
4) "정신이 그 자신의 영혼 세계를 창조하기 전에는 정신은 정신이라 할 수 없다."
5) "그가 창조한 것이 정신을 정신으로 만든다."
6) "그가 창조한 것이 그의 세계이다."
7) "정신은 정신적인 세계의 창조자다."
8) "정신은 정신적인 것을 창조하는 때만 존재한다."
9) "정신은 다만 정신적인 것 즉 그의 피 창조물과 더불어 진정한 정신이 된다."
10) "*그러나* 정신의 산물이나 소생[所生]은 영혼일 뿐이다."(38~39쪽)

〈W, 132〉명제 1)에서 "정신 세계는" 논증되기보다는 오히려 곧바로 다시 현존하는 것으로 전제된다. 그리고 나서 그는 명제 1)을 명제 2)에서 명제 9)까지 8번이나 새롭게 바꾸어서 다시 우리에게 설교한다. 우리는 명제 9)의 끝에서 명제 1)의 끝에서와 같은 자리에 있을 뿐이며, 명제 10)에서는 갑자기 "*그러나*"라는 말을 통해 지금까지 한 번도 언급되지 않았던 "영혼"이라는 말이 우리에게 소개된다.

〈수, 11〉"정신은 정신적인 것을 창조하는 가운데서만 존재하므로 *우리는 고개를 이리저리 돌려 정신이 최초로 창조한 것을 찾는다*."(41쪽)

그러나 명제 3), 4), 5), 8)과 9)에 따르자면 정신은 자신의 산물이

다. 이런 사실이 이제 이렇게 표현된다. 정신이 최초로 창조한 산물인 정신은

> "무에서 출현해야 한다."…."정신은 최초에 자신을 창조해야만 한다."…."정신의 최초의 창조물은 그 자신이며 곧 정신이다."(같은 곳, 41쪽) "정신이 이런 창조를 최초로 수행한 다음에는 자연적으로 창조물이 증식한다. 그것은 마치 *창조 신화에서 보듯이* 다만 최초의 인간이 창조될 필요가 있었고 나머지 종족은 저절로 증식됐던 것과 같다."(같은 곳, 41쪽)

> "비록 이런 사실이 신비하게 들릴지라도, 우리는 일상적인 경험 속에서 그런 사실을 체험한다.〈GA2, 200〉그대는 사유하기 전에 이미 사유하는 자라는 말인가? 그대가 최초의 사상을 창조한 다음에야 그대는 *그대*를 즉 *사유하는 자*를 창조한다. 왜냐하면 그대는 하나의 사상을 사유하기−즉−사상을 *얻기* 전에는 사유하는 존재가 아니기 때문이다." "그대가 가수가 되려면 먼저 그대 자신의 노래를 불러야 하지 않는가? 그리고 연설가가 되려면 그대 자신의 연설을 말해야 하지 않는가? 마찬가지로 이제 그대는 정신이 되기 위해서 우선 정신적인 것을 산출해야 한다."

이 신성한 요술쟁이는 정신이 정신적인 것을 산출한다는 사실을 전제로 해 정신이 자신을 *정신*으로 산출한다는 사실을 도출한다. 다른 한편 그는 정신이 자신의 정신적인 창조 활동에 도달하게 (즉 "창조 신화에서 보듯이 자신을 스스로 증식하고" 정신이 되게) 하기 위해서 자신

이 *정신이라는 것*을 전제한다. 여기까지는 오래전부터 알려져 왔던, 전형적인 헤겔주의자의 상투어이다. 성 막스가 말하고자 하는 것 가운데 본래 "고유하게" 개발된 것이 있다면 그 출발점은 바로 그가 제시하는 예에 있다. 즉 Jacques le bonhomme〈촌티 나는 바보〉가 이제는 한 걸음도 더 나갈 수 없을 때, 심지어 "일반적으로 말해[Man]"와 "흔히[Es]"조차 이미 좌초된 배를 다시 물에 뜨게 할 수 없을 때, 슈티르너는 그의 세 번째 노예를 불러내어 도움받는다. 즉 그대[Du][311]다. 이 그대는 그를 결코 내버리지 않으니 그는 가장 궁핍할 때 이 그대에게 의존할 수 있을 것이다.〈수, 11a〉이 '그대'는 이제 처음으로 나타난 것은 아니며, 경건하고 충실한 노예라서 우리는 이 '그대'가 물불을 가리지 않는 것을 보아왔으며 이 그대는 주인의 포도밭에 있는 일꾼으로[312] 아무것도 무서울 것이 없는 사람이다. 한마디로 이 그대는 *첼리가*Szeliger 이다. "슈티르너"는 자기 사상을 전개하는 중에 극단적 곤경에 빠졌을 때, 그는 이렇게 외쳤다: 첼리가여, 도와다오. {〈W, 노트 40: 132-하단 주〉〈수, 11a-하단 주〉『신성 가족 또는 비판가의 비판에 대한 비판』참조하라.} 여기서 신의 남자였던 그가 이전에 했던 영웅적 행위가 찬양된다.〈W, 133〉충직한 에카르트인[313] 첼리가는 곧바로 어깨를 갖다 대면서 마차를 진창에서 들어 올린다. 우리는 성 막스와 첼리가 사이의 관계에 관해 나

---

311 역주) 대문자로 표시된 'Du'는 독일어 고어로서 'Sie'와 같이 높임말이다.

312 CW주)『마태복음』, 25장 21절: 그의 주인이 그에게 말했다. 착하고 신실한 종아, 잘했다! 그대가 적은 일에 신실했으니, 이제 내가 많은 일을 네게 맡기겠다. 와서, 주인과 함께 기쁨을 누려라.

313 W주 62) 충직한 에카르트는 중세 독일 전설상의 영웅이다. 순종적인 인간과 믿을 만한 파수꾼의 전형이다.

중에 더 많은 이야기를 해야 할 것이다.

 *자신을 무에서 창조하는 정신*이 문제다. 그러므로 또한 *무에서 자신을 정신으로 창조하는 무*가 문제다. 성 막스는 이런 입장에 기초해 첼리가에게서 첼리가의 정신을 창조한다. 위에서 일어난 것과 같은 방식으로 자기를 무에 근거해 생겨나게 하는 일을 하리라고 "슈티르너"가 기대할 만한 사람이 첼리가가 아니라면 누가 또 있겠는가? 도대체 극 중 인물로 등장하게 허락받음으로써 한껏 우쭐거리는 첼리가가 아니라면 누가 그런 요술에 감탄할 것인가? 성 막스가 입증해야 하는 것은 이미 앞서 존재[선재:先在]하는 그대 그러므로 이미 앞서 존재하는 첼리가가 사유하거나 연설하거나 노래 부르기 시작하자마자 비로소 사상가나 연설가나 가수가 된다는 사실이 아니다. 오히려 그가 입증해야 하는 것은 사상가가 사유하기 시작하자마자 자신을 *무에서 창조한다*는 것, 가수가 노래 부르기 시작하자마자 자신을 *무에서 창조한다*는 것 등이다. 사상가나 가수가 아니라 오히려 사상 *그 자체와* 노래 *그 자체가* 주체가 되어 사유하고 노래 부르기 시작하자마자 절대적으로 자신을 창조한다. 그 밖에 "슈티르너가 행한 것은 다만 가장 천박한 반성이며" 그가 발표한 것은 〈GA2, 201〉단지 "가장 통속적인" 명제일 뿐이다.(『비간트』, 156쪽) 다시 말하자면 첼리가는 자기의 속성을 전개하는 것과 동시에 그 속성 중의 한 속성도 전개한다는 것이다. 성 막스가 "그와 같은 천박한 반성조차" 한 번도 제대로 "행하지" 못하고 그런 반성조차 잘못 발표함으로써 세계에 관해 훨씬 더 잘못된 명제를 가장 잘못된 논증을 통해 입증한다는 것은 물론 전혀 놀랄만한 일이 아니다.

 내가 "무에서" 나를 예를 들어 "연설가"로서 창조한다는 주장과는 정말로 거리가 먼 사실이지만, 창조의 근저에 놓여 있다는 무는 알고 보면 매우 다양한 것이다. 즉 실제의 개인이거나, 그의 언어기관이거나, 신체 발달의 특정한 단계이거나, 현재의 언어와 방언이거나, ⟨수, 11b⟩ 들을 수 있는 귀이거나 들을 거리를 제공하는 인간의 환경 등등이다. 그러므로 어떤 성질이 생겨난다는 것은 어떤 것이 어떤 것에서 어떤 것을 통해 창조된다는 것이다. 이는 결코 헤겔의 논리에서처럼 무에서 무를 거쳐 무에 이르는 것은 아니다.[314]

이제 성 막스가 일단 그의 충직한 첼리가의 도움을 받자 모든 일은 다시 미끄러지듯 나간다. 우리는 성 막스가 이전에 청년을 정신으로 변화시켰던 것과 똑같이 어떻게 그의 그대[Du]를 통해 정신을 다시 청년으로 변화시켰는지를 알게 된다. 우리는 여기서 다만 몇몇 군데에서 은밀하게 말을 바꾸기는 했지만, 청년의 전 역사를 거의 말 그대로 다시 발견하게 된다. 이미 든 예를 들자면 37쪽에 나오는 "엄청나게 넓은 영혼[Geister]의 왕국"은 17쪽에서 나오는 청년의 정신이 "야심"을 가지고 건립하고 확장하려는 "정신의 왕국"과 다를 바 없다.

⟨W, 134⟩ "그러나 그대가 사상가, 가수, 연설가에서 구분되는 것*처럼* 그에 못지않게 그대는 정신에서 구분되며 그대는 자신이 정신과 다른 어떤 존재임을 정말 잘 알고 있다. 그러나 사유하는 내가 사유에 열광하는 가운데 듣고 보는 것조차도 쉽게 잊어버리듯 *이* 그대 *또한* 정신에 열광적으로 사로잡혔기에 *바로 그렇기에 이제* 사력을 다해 전적으로 정신이 되고 정신에 열중하기를 동경해 마지않는다. 정신은 그대의 이상이며, 도달할 수 없는 곳, 피안이

---

314 CW주) 헤겔, 『논리학』, 1부, 2장 참조

다. 정신은 그대의 신이라 불리며, '신은 정신이다.'³¹⁵ – 그대가 그대 자신을 극구 반대한다면, 그것은 그러한 그대라는 존재가 비정신적인 것의 잔재를 벗어나지 못하기 때문이다. 이때 그대는 후회하면서 '나는 정신 이상의 존재'라고 말하는 대신 '나는 정신보다 못한 존재'라고 말한다. 또 이렇게 말한다: 정신, 순수한 정신, 정신 자체, 모름지기 정신[der Nichts als Geist], 이런 것을 나는 다만 생각할 수 있을 뿐이지 실제로 그런 정신이 된 것은 아니다. *나는 그런 정신이 아니기에 그 정신은 내게 어떤 타자이며*, 타자로서 현존한다. 그래서 나는 이 정신을 '신'이라고 부른다."

우리는 이미 앞에서 본 것과 같이 어떤 것을 무에서 만들어내는 요술을 실컷 구경했으니 이제 더는 질질 끌지 않고 개인이라는 것에 다가가더라도 전적으로 "무리 없는 일"일 것이다. 이 개인이란 것은 정신과는 다른 것이며 그러므로 어떤 것이다. 이 개인이 장차 정신, 순수한 정신 즉 무가 될 것이다. 우리는 앞으로 "완성된 정신에 도달해야 하는" 청년의 전 역사를 얻게 된다. 이는 〈수, 11c〉〈GA2, 202〉 훨씬 쉬운 문제(어떤 것을 무로 전환하는 것)이며 이때 다시 17쪽에서 18쪽까지의 낡은 상투어를 반복하기만 한다면 우리는 모든 곤란을 넘어설 수 있을 것이다. 누구든 슈티르너처럼 짐을 떠넘길 수 있는, 첼리가와 같은 공손하고 믿을 만한 종을 갖는 사람이라면 특히 그럴 것이다. "슈티르너"가 "사유에 열광하는 가운데 *쉽게*(!) "듣고 보는 것조차 잊어버리는" 것과 마찬가지로, "정신에 대한 열광"이 그를 즉 첼리가까지 "사로잡을

---

315 CW주)『요한복음』, 4장 24절: 하나님은 영이시다. 그러므로 하나님께 예배를 드리는 사람은 영과 진리로 예배를 드려야 한다.

것이며", 그 결과 이제 그는 즉 첼리가는 정신을 차리기보다는 "정신이 *되기*를 사력을 다해 동경할" 것이다. 즉 그는 이제 18쪽에 나오는 청년이 했던 역할을 수행할 것이다. 첼리가는 그런 역할을 믿고 공포에 떨면서 이에 복종한다. 성 막스가 첼리가에게 천둥 치듯 다음과 같이 말할 때 첼리가는 복종한다: 즉 정신이 그대의 이상이며―그대의 신이고, 그대는 나에게 이것을 하며, 그대는 나에게 이제 그것을 하라, 그리고 이제 "서둘러라", 이제 "말해라", 이제 "그대는 스스로 생각할 수 있다." 등. 슈티르너가 "순수한 정신은 타자인데, 그 이유는 그가"(즉 첼리가가) "그런 순수한 정신이 *아니기* 때문"이라는 생각을 첼리가에게 주입하더라도, 첼리가만은 그의 이런 말을 믿고 전적으로 말도 안 되는 이런 난센스를 한마디도 빼놓지 않고 복창할 능력이 있다. 게다가 Jacques le bonhomme〈촌티 나는 바보〉가 이 난센스를 뭉뚱그려내는 방식은 이미 청년을 다룰 때 상세하게 분석됐다. 그대는 그대가 수학자와 다른 어떤 존재라는 사실을 매우 잘 알고 있으므로, 그대는 수학자가 되고 수학 속에 침잠하며 수학이 그대의 이상이 되고, 수학이 그대 즉 신으로 불리기를 동경한다. 그대는 후회하면서 말한다: 나는 수학자가 되기에 모자라며 그런 수학자*라는 것*을 나는 다만 마음속에 그릴 수 있을 뿐이며 내가 그런 수학자가 아니므로, 수학자는 어떤 다른 존재이고, 내가 "신"이라고 부르는 어떤 타자로서 현존한다. 첼리가와 다른 사람은 [그런 수학자는] 아라고Arago[316]라고 말할 수도 있지 않을까?

〈W, 135〉"이제 마침내" 슈티르너의 명제가 "청년"에서 했던 말의 반복에 불과하다는 것을 입증한 "이상", "슈티르너가 진실로 본래" 갖

---

316 역주) 아라고François Arago(1786~1853): 프랑스 수학자이며 프리메이슨 단원이다.

고 있다고 "사람들이 말할 수 있을 과제"가 있다면, 그것은 다만 다음과 같은 과제다. 즉 기독교 금욕주의자의 정신을 정신 일반과 동일시하며, 예를 들어 18세기의 경박한 재치[Geistreichheit]를 기독교의 덕성인 멍청함[Geistlos]과 동일시하는 "과제"이다.

⟨수, 12⟩그러므로 슈티르너가 주장하듯이 "나와 정신은 서로 다른 것에 대한 서로 다른 이름이며, 내가 정신이 아니며 정신이 내가 아니라는"(42쪽) 이유에서 필연적으로 정신이 피안에 거주하며 즉 신이라는 주장이 설명되지 않는다. 그 주장은 오히려 전적으로 근거 없이 첼리가에게 요구되는 "열광적 정신주의"에서 설명된다. 열광적 정신주의는 첼리가를 금욕주의자로 만들며 즉 신(순수 정신)이 되고자 하는 사람으로 만든다. 그러나 첼리가가 이런 금욕주의자가 될 수 없으므로 열광적 정신주의는 자기 바깥에 신을 정립한다. 그러나 중요한 것은 정신이 처음에 *자신*을 무에서 창조하고 그러고 나서 자신 바깥에 영혼을 창조해야 한다는 생각이다. 그런 영혼을 생산하는 대신 이제 첼리가는 신을(여기서 출현하는 유일한 정신을) 생산한다. 왜냐하면 그가 즉 첼리가가 정신 *자체*가 아니고, 완성되지 못한 정신이며 비정신적인 정신이며 그러니 동시에 정신이 아닌 존재이기 때문이다. 그러나 정신을 신으로 보는 ⟨GA2, 203⟩기독교적 관념이 어떻게 발생하는지에 관해서 성스러운 막스는 아무 말도 없다. 비록 이것이 커다란 요술은 더는 아니라 할지라도 말이다. 그는 이런 기독교적 관념이 이미 현존한다는 것을 전제로 해서 그런 관념을 설명하려 한다.

정신이 창조되어온 역사가 "실제로, 본래 제시하는 과제"는 단지 슈티르너의 위[胃]를 신거화하는 과제일 뿐이다.

"정신은 우리 내부에 있는 것이므로 우리가 정신이 아니다. 바로 그 이유로 우리는 정신을 우리 바깥으로 옮길 수밖에 없었다.

입장을 바꾸어, 정신이 우리가 아니라고 생각하면, 그 때문에 우리는 정신을 우리 바깥이 아닌 다른 곳에 우리의 피안에 즉 *저 너머*에 현존하는 것으로밖에는 생각할 수 없다."(43쪽)

위는 우리 내부에 있는 것이므로 우리가 위 아니다. 바로 그 때문에 우리는 위를 우리 바깥으로 옮길 수밖에 없었다.

입장을 바꾸어, 위가 우리가 아니라고 생각하면, 그 때문에 우리는 위를 우리 바깥이 아닌 다른 곳에 우리의 피안에 즉 *저 너머*에 현존하는 것으로밖에는 생각할 수 없다

정신이 처음에 자신을 그러고 나서 자기에서 자기와 다른 어떤 타자를 창조해야 한다는 주장이 중요하다. 문제는 이 타자가 무엇인가 하는 것이었다. 이 물음에 대한 답은 없다. 오히려 이 물음은 위에서 본 "여러 가지 변형"과 여러 전환을 거쳐 다음에 나타나는 새로운 물음으로 왜곡된다:

"정신은 나와 *다른 어떤* 것이다. 그러나 이 타자, 그것은 무엇인가?"(45쪽)

그러므로 이제 물음은 이런 것이다: 나와 다른 것인 이 정신은 어떤 것인가? 원래 물음은 이런 것이었다: 무에서 창조를 통해서 발생한 것인 정신이란 무엇인가? 이 물음과 더불어 성 막스는 바로 다음에 변형된 물음으로 도약한다.

구약 편 4절 B) 신들린 자(불순한 영혼의 역사)

⟨W, 136⟩성 막스는 고대 세계와 근대 세계를 "정신이 가상으로 출현한 육체"로서만 파악하고 그런 세계 속에서 ⟨수, 12a⟩영혼의 투쟁만을 보았으니, 그가 지금까지 한 일이라고는 알지 못한 채 정신투시법을 위한 안내서를 제공하는 것뿐이었다. 이제 그는 의식적으로, ex professo⟨말 그대로: 직업상, 여기서: 숙고해서⟩ 정신투시법을 안내한다.

정신투시법을 위한 안내서. 우리는 처음에 천치 바보가 되어서 즉 자신을 첼리가로 설정하면서 스스로 이렇게 즉 성 막스가 첼리가에게 말한 대로 말해야 한다. "세계를 둘러보라! 그리고 곳곳에서 어떤 정신이 그대를 보는 것은 아닌지 자문해 보라!" 우리가 이런 공상에 이른다면, 정신은 "쉽게" 스스로 나타날 것이다. 그래서 우리는 "꽃" 속에서 다만 "창조자"를 볼 뿐이며, 산속에서 "경건의 정신"을 보며, 물속에서 "동경의 정신"을 보며 또는 정신에 대한 동경을 보며 마침내 "인간에서는 수백만 정신이 하는 말"을 듣는다. 우리가 이런 단계에 도달해 슈티르너처럼 "정말, 전 세계가 모두 허깨비구나"라고 외칠 수 있다면, "그다음 단계에 도달하는 것은 어렵지 않다."(93쪽) 이 단계에서 우리는 더 크게 이렇게 외칠 것이다: "단지 세계 속*에서*만 그러랴? *아니다*, 세계 자체가 허깨비가 되어 버린다."(너희는 그지 "예" 할 때는 "네" 하고 "아니오" 할 때는 "아니오"라고 말해라, ⟨GA2, 204⟩이보다 지나친 말은 악에서 나오는 것이다.[317] 한마디로 자명한 논증이라는 말이다.) "세계는

---

317 CW주)『마태복음』, 5장 37절:너희는 예 할 때는 예라는 말만 하고, 아니오 할 때는 아니오라는 말만 해라. 이보다 지나친 것은 악에서 나오는 것이다.

어떤 정신이 배회하는 가상의 육체이며 즉 세계는 허깨비이다." 이어서 서슴지 말고 "가까이 또는 멀리 관찰해 보라, 유령의 세계가 그대를 둘러싸고 있다. .... 그대는 정신을 볼 것이다." 그대가 보통의 인간이라면 그대는 이것으로 만족할 수 있을 것이다. 그러나 그대가 첼리가에 필적할 수 있다고 생각한다면 또한 그대는 그대 자신을 들여다볼 수도 있을 것이다. 그러면 그대는 놀랄 것도 없이 이때 첼리가가 지닌 정신의 수준에서 다음의 사실을 발견할 수 있을 것이다. 즉 "그대의 정신조차 그대의 육체 속에 배회하는 허깨비이며" 또는 그대 자신이 "구원을 고대하는 유령"이며 즉 어떤 정신이라는 사실이다. 따라서 그대는 마침내 그대가 "모든" 인간 속에 "정신"이나 "유령을" 볼 수 있는 경지에 이를 것인데 이로써 "정신투시법은 그 최종 목표에 도달하게 된다."(46, 47쪽)

이런 안내서의 토대는 헤겔에서 그중에서도 『철학사』 3권 124, 125쪽에서 발견될 수 있다. 차이가 있다면 다만 거기에서 훨씬 잘 표현된다는 것뿐이다.

⟨수, 12b⟩ 성 막스는 자기의 안내서를 너무 믿는 나머지 그런 것에 관해 스스로 첼리가가 되어서 이렇게 주장한다:

"말씀이 육체로 변한 이래로 세계는 정신이 *되고*, 마법이 되고 허깨비가 됐다."(47쪽) ⟨W, 137⟩

"슈티르너"는 "영혼을 투시한다."

성 막스의 의도는 기독교 정신의 현상학을 제공하려는 것이다. 그는 늘 하던 대로 다만 한쪽 면만 *끄*집어낸다. 기독교인은 세계에 정신을 *부여*할 뿐만 아니라 동시에 세계에서 정신을 *박탈*한다. 예를 들어 헤겔은 바로 위에서 언급된 구절에서 이처럼 양면성을 제시한다. 헤겔은 양면성을 전적으로 올바르게 인정하고 양 측면을 서로 관계시킨다. 그렇다면 성 막스도 전통을 따르기를 원했던 자이니 헤겔처럼 해야 했다. "기독교적인 의식이 세계에서 영혼을 박탈하는 것과 반대로" 고대인은 "곳곳에서 신을 보았으니" 고대인은 세계를 정신화하는 자로서 파악될 수 있었을 텐데도 우리의 성스러운 궤변론자는 다음과 같은 친절한 경고를 통해 이런 견해를 물리친다: "존경하는 근대인이여, 우상은 영혼이 아니랍니다."(47쪽) 믿음이 깊은 막스는 단지 *성스러운* 정신만을 정신으로 인정한다.

그러나 성 막스가 기독교 정신의 현상학을 제시했다 할지라도(이는 헤겔에 따르면 전혀 불필요한 것인데) 별것은 없었을 것이다. 그와 같은 영혼의 역사에 만족하는 입장이라면 그 자체가 종교의 입장이다. 왜냐하면 그런 입장에 있는 사람은 종교에서 마음의 평안을 얻으며 종교를 causa sui⟨자기 원인⟩으로 간주하기 때문이다.(그렇다면 "자기의식"과 "인간"도 여전히 종교적인 존재이다.) 또한 그런 사람은 종교를 경험적인 조건에서 설명하지 않으며 따라서 특정한 산업과 교환의 관계가 어떻게 특정한 사회 형식이나 특정한 국가 형식 나아가서 종교 의식의 특정한 형식과 관계하는지를 입증하지 않기 때문이다. 슈티르너가 중세의 실제 역사를 관찰했더라면, 왜 중세 기독교인의 세계관이 ⟨GA2, 205⟩ 그런 형태를 취했는지를 발견할 수 있었을 것이며, 기독교인의 세계관이 나중에 다른 세계관으로 이행하는 일이 어떻게 일어났는지를 발견할 수 있었을 것이다. 그는 "*기독교가*" 고유한 역사를 가진 것이 *전혀 아니라는 사실을* 그리고 ⟨수, 12c⟩ 각각의 시내에 기독교가 취하는 다른 형식은 모두 "종교적인 정신 *자체가*" "자기 스스로 규정한 것이거나" 또는 "종교 정신 자체가 지속해서 발전한 것"이 아니라는 사실을 발견할 수 있었을 것이며 오히려 기독교의 서로 다른 형식이 전적으로 경험적인 원인을 통해 즉 종교적 정신의 영향과는 일체 무관한 원인을 통해 발생했다는 사실을 발견할 수 있었을 것이다.

슈티르너가 "자기 멋대로 왔다 갔다 하니"(45쪽),[318] 정신투시법을 좀 더 해명하기 전에 여기서 미리 이렇게 말해 두자. 즉 슈티르너에게서 인간과 그의 세계가 여러 차례 "전환을" 겪는다는 주장은 오직 헤겔에서 철학이 육화되면서 전체 세계사가 전환한다는 주장을 통해서만 성립한다. 이런 육화란 이 베를린 대학 교수[즉 헤겔]의 사상에서 다만 겉보기에만 "타자태[AnderseIn. 객체]"로 인정되는 유령을 말한다. 헤겔의 성경, 경전인 『정신현상학』을 보면 우선 개인은 "의식"으로 그리고 세계는 "대상"으로 전환된다. 〈W, 138〉위와 같은 전환을 통해서 삶과 역사의 다양성은 "의식"의 "대상"에 대한 서로 다른 태도로 환원된다. 이 서로 다른 태도는 다시 세 가지 핵심적인 관계로 환원된다: 1) 곧 진리로 간주되는 대상에 대해 또는 단순한 대상으로 존재하는 진리에 대해 의식이 지니는 관계(예를 들어. 감각적 의식, 자연종교, 이오니아의 철학,[319] 가톨릭, 독재국가 등) 2) *진리*로 간주되는 의식이 대상에 대해 갖는 관계(지성, 정신적인 종교, 소크라테스, 프로테스탄티즘, 프랑스

---

318   GA2주 재인용) 슈티르너, 『유일자와 그의 소유』, 45쪽.
319   W주 63) 이오니아 철학-그리스 자연철학 가운데 가장 오래된 입장. 그 대변자(탈레스, 아낙시만드로스, 아낙시메네스, 헤라클레이토스)는 자연에 대한 과학적인 연구와 밀접하게 연관해 물활론적인 유물론의 입장을 전개했으며, 부분적으로는 소박한 변증법적인 세계관을 가지고 무엇보다도 다신교적인 믿음에 반대했다.

혁명) 3) 대상으로서 진리에 대해 또는 진리로서 대상에 대해 의식이 갖는 진정한 관계(논리적 사유, 사변 철학, 정신에 나타나는 것으로서의 정신). 헤겔은 첫 번째 관계는 성부[聖父]로서도 파악하며, 두 번째 관계는 그리스도로서도 파악하며, 세 번째는 성령 등으로도 파악한다. 슈티르너는 이런 전환을 이미 어린아이와 청년, 고대인과 근대인을 다룰 때도 언급했다. 그는 이런 전환을 나중에는 가톨릭과 프로테스탄티즘, 흑인과 몽골인 등에서도 반복했으며, 이제 신의와 성실을 다해 사상에 차례차례 입힌 옷을 세계로 간주한다. 왜냐하면 슈티르너는 자신을 이런 세계에 대립하는 "살아있는 개인"으로서 정당화하고 주장할 필요가 있기 때문이다.

정신투시법을 위한 두 번째 안내서. 세계를 진리의 유령으로 환원하고, 자신을 성화된 존재나 유령 존재로 전환하는 방법. 〈수, 13〉성 막스와 그의 노예, 첼리가 사이의 대화(47, 48쪽):

성 막스 : "그대는 정신을 갖고 있어. 왜냐하면 그대는 사상을 가지니까. 그러면 그대의 사상은 무엇인가?"

첼리가 : "정신적인 실재입니다."

〈GA2, 206〉성 막스 : "그러면 그것은 사물은 아니겠지?"

첼리가 : "그럼요, 사물의 정신, 모든 사물에서 핵심적인 것, 사물 가운데 가장 내적인 것, 사물의 이념이지요."

성 막스 : "따라서 그대가 사유하는 것이 그저 그대의 사상에 그치는 것만은 아니겠지?"

첼리가 : "정반대이죠. 그건 가장 실제적인 것, 세계에서 본래 진실한 것이죠. 그것은 진리 자체이죠. 제가 진실로 사유한다

면 저는 이 진리 자체를 사유합니다. 저는 사실 진리에 관해 속임당할 수 있고 진리를 *오인*할 수도 있어요. 그러나 제가 진실하게 인식한다면, 제가 인식하는 대상은 진리이죠."

성 막스 : "그러면 그대는 항상 진리를 인식하는 데만 뜻을 두고 있겠지?"

첼리가 : "진리는 저에게 성스럽죠.[320] .... 저는 *진리*를 폐기할 수 없어요. 저는 진리를 믿어요. 그러므로 저는 진리를 찾아가지 진리를 넘어가지는 절대로 않죠. 진리는 영원해요. 진리는 성스럽고, 영원하죠. 진리는 성스러운 것이고 영원한 것이죠."

성 막스 (뚱해서) : "그러나 그대 즉 이 성스러운 것으로 그대를 가득 채우려는 그대라는 존재 자체가 성스러운 것이지!"

그러므로 첼리가가 어떤 대상을 진정으로 인식한다면, 대상은 대상이기를 중지하며, "진리"로 된다. 이것은 역사상 최초의 대규모 유령 제조공장이다.–여기서 문제는 더는 대상의 인식이 아니라, 진리의 인식이다. 비로소 첼리가는 〈W, 139〉대상을 진정으로 인식하며, 그는 그렇게 진정한 인식을 얻는 일을 인식하는 행위의 진리[목표]로 확정하며 그는 이런 인식하는 행위의 진리[목표]를 진리를 인식하는 것으로 전환한다. 성자는 위와 같이 협박으로 첼리가에게 유령으로서의 진리를 강요한다. 그런 다음 첼리가의 엄격한 주인은 양심을 찌르는 물음으로 첼리가의 급소를 찌른다. 그 물음이란 첼리가가 "항상" 진리에 대한 동경을

---

320 CW주) 여기 그리고 이어지는 구절에서 독일어 'heilig'라는 단어와 그 파생어가 사용된다. 이 말의 뜻은 "신성한, 경건한, 성스러운, 신성, 성자적인, 성자, 봉헌하다" 등을 의미한다.

간직하는가 하는 물음이다. 이런 물음에 대해 당혹한 첼리가는 다소 성급하게 아래와 같은 대답을 불쑥 내뱉는다.-진리는 저에게 성스러운 것이죠. 그러나 첼리가는 곧 자신의 오해를 눈치채고 그런 오해를 갚으려 한다. 그래서 첼리가는 부끄러워하면서 ⟨수, 13a⟩여러 대상을 더는 진리 자체로 전환하는 것이 아니라 여러 진리로 전환하면서 스스로 이런 여러 진리의 진리에서 "진리 *자체를*" 추상해 낸다. 그는 이제 더는 이 진리 자체를 폐지할 수 없다. 왜냐하면 그는 이 진리 자체를 폐지 가능한 여러 진리에서 *구별했기* 때문이다. 이를 통해 진리 자체는 "영원한 것"으로 된다. 첼리가는 "성스럽다, 영원하다"라는 술어가 부가되는 것으로 만족하지 못하므로 진리 자체를 주어의 기능을 지닌 것으로 즉 성스러운 것 *자체*, 영원한 것 자체로 전환한다. 그러자 성 막스는 첼리가에게 자연스럽게 이렇게 설명할 수 있게 된다. 즉 첼리가가 성스러운 것으로 자신을 "충족하고" 나면 "자신이 성화되며", "놀랄 것도 없이" 그는 이제부터 자기 속에서 "오직 허깨비만"을 발견하게 된다는 것이다. 성자는 곧이어서 설법을 시작한다: "더욱이 성스러운 것은 그대의 감각에 나타나는 것은 아니다." 그리고 성자는 "*그리고*"라는 말을 통해 전적으로 논리정연하게 이렇게 추론한다: "그대는 감각적인 존재로 머무른다면 성스러운 것의 흔적을 결코 발견하지 못한다." 즉 감각적인 대상이 "모두 사라진" 다음, 그 대신 "진리", "성스러운 진리", "성스러운 것"이 들어선 다음, 그대는 성스러운 것의 흔적을 발견할 수 있다. "오히려"-무슨 말인지 알겠지!-"그대의 믿음에 대해 또는 특히 그대의 정신에 대해"(그러니까 그대의 멍청함에 대해) "성스러운 것이 나타난다. ⟨GA2, 207⟩왜냐하면 그것은 스스로 *하나의 정신적인 존재이고*"(per appositionem⟨같은 말이지만⟩) "*하나의 정신이며*"(다시 per appos⟨나란히 적자면〉)"*정신에 나타나는 정신이기 때문이다.*" 이것이 세속의 세계나 대상이 일련의 수학적인 등치[Apposition]를 통해 "정신에 나타나는 정신으로 "전환되는 기술이다. 우리는 여기서 동격[Apposition]의 궤변적인 방법에 대해 아직은 다만 경탄하는 것으로 그친다. 나중에 우리는 이 방법의 근거를 밝히고 그것이 지닌 전적으로 고전적인 우아함을 해명할 기회가 있게 될 것이다.

동격의 방법은 뒤집어 사용될 수도 있다.—그래서 여기서, 우리가 "성스러운 것"을 이미 산출한 이상 성스러운 것은 또 다른 동격을 받아들이지 않고, 그 자신이 새로운 규정에 부가되는 동격으로 된다: 이것은 점진적인 계열을 등식과 결합하는 방법이다. 따라서 여기서 어떤 궤변적 과정을 통해 "어떤 타자에 관한 사상이 남는다." 그 타자에게 "나는 나에게보다 더 봉사했어야 하며"(per appos〈나란히 적자면〉) 이 타자는 〈수, 13b〉"나에게 그 어떤 것보다 더 중요함이 틀림없으며"(per appos〈나란히 적자면〉) "간단히 말해 그것은 *내가 나의 진정한 온전함을 찾아야 하는 곳이다.*"(그리고 최종적인 per appos〈나란히 적자면〉 제1 계열로의 〈W, 140〉복귀) —즉 "성스러운 것"(48쪽)이다. 우리는 여기서 두 가지 점진적으로 전환하는 계열을 갖게 된다. 이 점진적인 계열에서 각각이 서로 동격인 것으로 설정되면서 이 기회에 엄청나게 다양한 등식이 출현할 수 있었다. 지금까지 순수한 이론적인 관계에 나타나는 순수한 이론적인 규정으로서만 알려지던 "성스러운 것"은 이런 방법을 통해 이제는 심지어 새로운 실천적인 의미를 획득하면서, "내가 나의 진정한 온전함을 찾았던 그곳"이 됐다. 성스러운 것을 이기주의자에 대한 대립물로 만든다는 것은 바로 이런 방식으로 기능하게 된다. 이런 전체 대화는 뒤따르는 설교와 더불어 이미 서너 번 만나보았던 청년의 역사를 새롭게 반복하는 것에 지나지 않는다는 것은 굳이 더 언급할 필요도 없다.

여기서 "이기주의자"에 이르러 우리는 "슈티르너를 인도하던 멱줄"을 끊는다. 왜냐하면 첫 번째로 우리는 슈티르너식 구성을 중간에 끼어든 모든 intermezzos〈막간극〉을 제거하고 순수한 그대로 해명해야 하기 때문이다. 둘째로 이 "막간극[intermezzi]"은 이 책의 다른 곳에서도 다시 출현하기 때문이다.(『비간트』, 159쪽을 보면 "Lazzarone[거지]"라는 말을 써야 하는데, 이를 "Lazaroni"로 쓰는 것을 보니 그래서 산초는 여기서도 'intermezzi'로 표현했을 것이다.) 왜냐하면 슈티르너는 자신이 기대한 대로 "항상 자기 내로 복귀하지"[321] 않고 항상 새로이 자기에게서 벗어나기 때문이다. 45쪽에 던져진 물음 즉 "나와 구별되는 것이 정신이라면 그것은 무엇일까?"라는 물음에 대한 지금까지의 대답을 보면, 그것은 성스러운 것, id est〈즉〉 나에게 낯선 것이다. 이에 따라서 나에게 낯선 것은 모두-언표된 동격이 아니라 잠재적인 동격에 따라서 말한다면-곧바로 정신으로서 파악된다는 점만은 적어도 언급돼야 할 것이다. 정신, 성스러운 것, 낯선 것은 같은 관념이며, 슈티르너는 이런 관념에 전쟁을 선포한다. 그런 전쟁 선포는 이미 즉 청년과 어른을 다루던 곳에서 전적으로 처음 나타났고 지금과 비교해 똑같은 말로 선포되었다. 우리는 그러므로 20쪽에서 머물렀던 장소에서 한 걸음도 더 나가지 못했다.

321　GA2주 재인용) 슈티르너, 『유일자와 그의 소유』, 454쪽. "나는 자아로서 나의 것을 다시 구성하며 나의 것의 주인이다. 나의 것은 나의 생각일 뿐이며, 나는 그것을 매 순간 변화시킬 수 있으니 부정하거나 나 자신 속으로 복귀하거나 소모할 수 있다."

구약 편 4절 B)-a) 허깨비[Spuk]

〈GA2, 208〉〈수, 13c〉성 막스는 이제 진지하게 "정신이 낳은 아이인"(39쪽) "영혼"을 다루고, 온갖 것에 내재하는 유령을 다룬다. 적어도 그는 그렇다고 공상한다. 그러나 실제로 본다면 그는 지금까지의 역사관에 다른 이름을 붙이는 것에 지나지 않는다. 그 역사관이란 다름 아니라 다양한 인간은 처음부터 일반적인 개념을 대변하는 존재라는 견해다. 이 역사관에 따르면 일반적인 개념은 흑인의 상태에서 처음으로 객관적인 정신으로 즉 인간에게 대상적으로 존재하는 정신으로 등장했으며 이 단계에서 유령 또는 *허깨비*로 불린다. 주된 유령은 물론 "인간"이다. 왜냐하면 지금까지 설명한 것에 따라 본다면 다양한 인간은 단지 일반적인 것, 본질, 개념, 성스러운 것, 낯선 것, 정신을 대변하는 존재로서만 나타나고 다시 말해서 오직 유령 같은 것, 서로 마주 보는 유령으로서만 눈앞에 나타나기 때문이며 또한 이미 헤겔의『정신현상학』255쪽과 〈W, 141〉그리고 다른 쪽에서 나타나는 대로 정신은 인간에 대해 "물성[物性]의 형식"을 갖는 한 또 다른 인간이기 때문이다.(더 아래 나오는 「*인간*」을 참조하라)

하늘의 문이 열리고 다양한 유령이 줄을 지어 우리 앞에 행진한다. 그런데 이 Jacques le bonhomme〈촌티 나는 바보〉가 한 가지 잊은 게 있다. 즉 그는 이미 고대와 근대를 괴물 유령[Riesengespenster]으로 우리 앞을 지나갔던 것으로 설명했다는 사실이다. 그런 괴물 유령에 비하면 신[神]이나 그와 같은 것에 대한 소박한 생각은 참으로 시시한 것일 뿐이다.

유령 1: *최고의 본질 즉 신*(53쪽). 이제까지의 이야기에서 쉽게 추측할 수 있듯이, 이 Jacques le bonhomme〈촌티 나는 바보〉는 세계사에서 솟아있는 모든 산을 믿음의 힘으로 옮기는 사람이니[322] "인간이 수천 년 동안 신의 존재를 증명하려는 *과제*를 설정하고" 그 증명이 "끔찍하게도 불가능한 헛수고(Danaidenarbeit)[323]에 지나지 않았기 때문에 애가 탔다"라는 사실도 믿는다. 이 황당무계한 믿음 앞에서는 더는 할 말이 없다.

유령 2: *본질*. 이에 대해 우리의 바보가 이야기한 것은 그 가운데 헤겔에게서 베껴온 것을 빼고 나면 "과장된 말이나 옹색한 사상을 덧붙인 것"(53쪽)에 그친다. 본질의 "차원에서" 세계의 본질"을" "추론하는 것"은 "어려울 게 없다." 그리고 이 세계의 본질은 물론 세계의 공허함이다.

유령 3: *세계의 공허함*. 이에 관해서는 그는 그것에서 선한 본질과 악한 본질을 "쉽게" 도출한다는 것밖에는 할 말이 없다.

〈수, 14〉유령 4: *선한 본질과 악한 본질*. 이에 대해서는 무언가 해야 할 말이 있을 텐데 그는 아무 말 없이 곧장 그다음 즉 "본질과 그 왕국"으로 넘어간다.

유령 5: *본질과 그 왕국*. 이 말 가운데 본질이 두 번 말해졌다는 건 우리의 작가의 성실성을 생각해 볼 때 놀라운 일이 아니다. 이 작가는

---

322 CW주)『고린도 전서』, 13장 2절: 내가 예언하는 능력을 갖추고 있을지라도 또 내가 모든 비밀과 모든 지식을 가지고 있을지라도 또 산을 옮길 만한 모든 믿음을 가지고 있을지라도, 내게 사랑이 없으면, 아무것도 아닙니다.

323 W주 64) 헛수고[Danaidenarbeit: 다나이오스의 노동]–끝이 없고 헛된 노동이라는 의미. 그리스 전설에서 비롯된 단어. 억지로 결혼한 다나이오스의 딸들[Danaiden]은 결혼식 날 밤 남편들을 살해한다. 그 죄로 저승에서 구멍투성이의 통에 쉬지 않고 물을 퍼 담는 형벌을 받는다.

자신이 "서투르다"는 걸(『비간트』, 166쪽) 잘 알고 있으므로 오해를 피하기 위해서라도 모든 걸 여러 번 말한다. 〈GA2, 209〉여기서 본질은 우선 어떤 "왕국"의 소유자로 규정된다. 그러고 나서 그는 본질에 대해 이렇게 진술한다: 본질은 "본질"에 근거해서 즉각 "다수의 본질"로 전환한다.

유령 6: "*다수의 본질.*" 오직 다수의 본질만 인식하고 그것을 인정하는 것, 그것이 종교다. "종교의"(즉 다수의 본질이 존재하는) "왕국은 다수의 본질이 거주하는 왕국이다."(54쪽) 여기서 갑자기 신의 아들이 등장한다.

유령 7: *신의 아들.* 즉 그리스도는 눈에 띄는 동기가 없이 등장한다. 그리스도에 대해 슈티르너가 말할 수 있는 것은 그가 "*육화*"된 존재라는 사실이다. 성 막스는 그리스도를 믿지 않지만, 적어도 그리스도의 "실제 육체"만큼은 믿는다. 슈티르너에 따르면 그리스도는 커다란 Misère〈불행〉을 역사 속으로 끌어들였다. 감상적으로 된 성자는 눈에 가득 눈물을 머금고 "가장 총명하다는 기독교인[Christenmenschen]조차 그리스도를 〈W, 142〉이해하기 위해 얼마나 머리를 쥐어짜야만 했는지"를 이야기한다. 실로, "그토록 고통을 안겨준 유령은 없었다. 기독교인이 저 이해할 수 없는 유령 때문에 겪은 고통은 제아무리 흥분으로 경련하는 무당이라도 견디지 못할 것이다." 성 막스는 희생당한 기독교인의 무덤 앞에서 감상적인 눈물을 흘린다. 그리고는 "오싹한 존재" 즉 인간으로 넘어간다.[324]

유령 8: *인간.* 우리의 용감한 작가도 여기서는 줄곧 "두려워한다." "

---

324 역주) GA2판은 유령 8을 앞의 문단과 구분하지 않았다. 하지만 CW, W는 구분했다.

그는 자신이 두렵다." 또 모든 사람이 "소름 끼치는 허깨비", "섬뜩한 허깨비"로 보인다. 이 허깨비 속에는 무엇인가가 배회한다.(55, 56쪽) 그는 극도로 불안해 한다. 눈앞의 현상과 실제의 본질이 서로 분열하므로 그는 안절부절못한다. 그는 마치 아비가일Abigail의 남편 나발Nabal 같다. 성경에 보면 나발 역시 눈앞의 현상과 실제 본질이 〈수, 14a〉분리된 인물이다. "마온(Maon)에 어떤 사람이 있는데 *그 본질이 갈멜*Carmel에 있더라."[325](『사무엘상』, 25장 2절) 바로 이때, 그러니까 절망에 빠진 성 막스가 "고뇌에 못 이겨" 자기 머리에 총을 쏘기 직전에 그에게 갑자기 어떤 생각이 떠오른다. 즉 "자기 노예들한테 어떤 심상치 않은 일이 일어나고 있다는 것을 알아차리지 못했던" 고대인이[326] 떠오른 것이다. 그래서 이제 민족 정신으로 넘어간다.

　유령 9: *민족정신*(56쪽) 성 막스는 "무서운" 공상에 빠져서 민족정신에 더는 지체하지 않고 모든 것을 하나의 허깨비로 전환한다.

　유령 10: "*모든 것.*" 마침내 모든 셈이 마무리되면 "성령", 진리, 법, 법률, 대의[大義](그가 아직도 잊지 못하는 것), 생면 부지의 사물 반 다스, 그 모두를 그는 유령이라는 범주에 속한다고 보면서 하나로 합쳐 버린다.

325　W주 65) 마르크스의 말장난이다. 본래 루터 성경에는 집 등이 딸린 넓은 땅이라는 뜻의 "대지[Anwesen]"이라 쓰여 있는데, 이를 마르크스가 "본질[Wesen]"로 바꿔치기한 것이다. 역주) 여기서 마온은 현상이고 그 본질은 재산이라고 말한다. 『사무엘 상』, 25장 2~3절: 그 무렵에 마온에 어떤 사람이 살았는데, 갈멜에 목장을 가지고 있었고, 아주 잘 사는 사람이었다.

326　역주) 노예 반란을 알아차리지 못했던 로마인을 지적하는 것으로 보인다. 로마인 역시 현상과 본질의 차이를 알지 못한 것으로 규정된다.

그 밖에 이 장[章] 전체에서 주목할 만한 것은 성 막스가 믿음의 힘으로 역사의 산을 옮긴다는 사실뿐이다. 그는 이렇게 말한다.(56쪽) "예로부터 누구나 다름 아닌 그 본질이 고귀하므로 존중받았다. 또 누구나 일종의 유령일 때만 성화[聖化]된 인격, 다시 말해서"('*다시 말해서*'*라니!*) 〈GA2, 210〉"존중되고 인정된 인격으로 간주됐다." 그런데 슈티르너가 옮긴 산 즉 오직 믿음의 힘으로 옮긴 산을 우리가 다시 제 자리에 갖다 놓으면 "방금 그가 한 말은 이런 뜻이 된다": 존중된다는 말은 다시 말해서 자신을 존중한다는 말이며, 특권을 부여받는다는 말은 즉 자신에게 특권을 부여한다는 말이다. 그런 인격 때문에 본질이 고귀한 것으로 숭배됐고 유령이 성화[聖化]됐다. 예를 들어 성 막스의 공상에 따라가 보자. 고대에는 사실 한 민족은 물질적 상황 또는 이해 때문에 예컨대 여러 부족의 적대 때문에 하나의 민족으로 결집했고, 생산력이 미력하기에 노예가 되거나 노예주가 될 수밖에 없었다. 또 그때는 민족의 일원이 되는 것은 "가장 자연적으로 생겨나는 관심사"였다.(『비간트』, 162쪽) 그런데 성 막스는 〈수, 14b〉바로 민족의 개념 또는 "민족의 본질[das Volkswesen][327]"〈W, 143〉부터 이런 일련의 이해가 발생했다고 공상한다. 한편 근대에는 사실 자유 경쟁과 국제 무역이 부르주아의 위선적인 사해동포주의와 인간 개념을 만들어 냈다. 그런데 성 막스는 거꾸로 후기에 철학적인 구상을 통해 등장한 인간이 "드러남[Offenbarungen]"을 통해(51쪽) 지금까지 그런 관계를 산출해 냈다고 공상한다. 성 막스는 종교 즉 본질의 왕국에 대해서도 같은 태도를 보인다. 그는 이 왕국

---

[327] GA2주 재인용) 슈티르너, 『유일자와 그의 소유』, 56쪽: "민족은 개인보다 더 높은 존재[wesen]이다. 인간에게 또는 인간 정신에게 개체적인 허깨비로 드러나는 정신이 있듯이 마찬가지로 민족 정신이 있다.

이 유일무이[唯一無二]한 나라라고 생각하지만, 이 나라의 본질에 관해서는 아무것도 모른다. 만일 그가 종교의 본질을 알았다면 종교 *그 자체*는 본질도 아니요 왕국도 아니라는 것을 알았을 테니 말이다. 종교를 믿는 사람들은 그들이 겪은 경험 세계를 머릿속에서 사유된 관념적인 존재로 만들어 놓는다. 이 관념적 존재는 그런 경험 세계에 대해 낯선 것으로서 맞서게 된다. 그러므로 이 관념적 존재를 다시 다른 개념들에 근거해서, 예컨대 "자기의식 *자체*"와 같은 허튼 개념에 근거해서 해명하려 해서는 결코 안 된다. 관념적 존재는 기존의 제반 생산 방식 또는 교류 방식[Verkehrsweise]에서 해명돼야 한다. 이 관계는 순수 개념과는 무관하다. self-acting mule〈자동 물레〉의 발명과 철도의 사용이 헤겔 철학과 아무 관계가 없듯이 말이다. 만일 그가 종교의 "본질"에 관해서, 그러니까 그 비실재적인 관념의 물질적 토대에 관해서 뭐라도 말하고자 한다면 "인간의 본질"이나 신의 술어에서 그 답을 찾아서는 안 된다. 오히려 종교 발전의 각 단계가 처해 있는 물질 세계에서 찾아야 한다.(앞의 『포이어바흐』장 참조)

우리 머릿속을 연이어 스쳐 가는 모든 "유령"은 관념이다. 그런데 이 관념은 그 실질적 토대가 무시된다면(슈티르너는 바로 이를 도외시했다) 의식 속에 들어 있는 관념으로 파악되고 또 인간의 두뇌 속에 들어 있는 사상으로 파악되면서 대상성에서 벗어나 주관 속에 되돌아가고, 실체에서 벗어나 자기의식으로 고양되면서 즉 망상 또는 고정 관념이 된다.

포이어바흐는 성 막스의 유령의 역사가 어떤 기원을 가졌는지에 대해 이렇게 말한다.(『일화집Anekdotis』, 2권, 66쪽)[328]

---

328   W주 66) 이 인용문은 포이어바흐 『철학의 변혁을 위한 잠정 테제』에서 가

"신학은 *유령에 대한 믿음*이다. 그런데 통상적 신학이 믿는 유령은 감각적 상상에서 나온 것이며 사변적 신학이 믿는 유령은 비감각적인 추상물에서 나온 것이다."

〈GA2, 211〉성 막스는 근대의 모든 사변적 비판가에게 공통된 믿음을 갖고 있다. 즉 그는 육화되고 자립화된 사상—곧 유령—이 세계를 지배해 왔고 앞으로도 계속 그럴 것이라는 믿으며, 이제까지의 전 역사는 신학의 역사라는 믿기에, 너무도 쉽게 역사를 유령의 역사로 바꿀 수 있었다. 결국 산초가 제시하는 유령의 역사는 사변가가 전통적으로 지녔던 유령 신앙에 그 기원을 두고 있다.

구약 편 4절 B)-b) 망상*[Sparren]*

〈W, 144〉〈수, 14c〉"이놈아! 네 머리에 허깨비가 들어 있어! 너는 고정 관념에 사로잡혀 있군." 성 막스가 그의 종 첼리가에게 큰 소리로 호통친다. "내가 농담하는 줄 아느냐?" 성 막스는 첼리가를 위협한다. 감히 이 엄숙한 "막스 슈티르너"가 농담하리라고 생각해서는 안 돼.

져온 것이다. 이 글은 아놀드 루게가 1843년 스위스에서(취리히와 빈터투어) 펴낸 선집 『최근 독일 철학과 언론에 관한 일화집』, 2권에 실려 있다.
GA2주 추가) 이 부분에 원래 엥겔스는 "위를 보라"라고만 표시했으니 마르크스가 나중에 "포이어바흐 장을 보라"라고 고쳤다. (이를 통해 이 부분이 원래 H5a에 속했다는 것을 알 수 있다.) 관련된 주제는 포이어바흐 장, 수고 24~27에서 발견될 수 있다.

그런데 이 신의 종[從]은 객체에서 주체로, 허깨비에서 망상으로 넘어가기 위해 다시 그의 충직한 첼리가를 필요로 한다.

망상은 개별 인간 내에 존재하는 위계 체제를 말한다. 즉 그것은 사상이 "개인 속에서 개인 위에 군림해" 지배하는 것을 말한다. 20쪽에서 보았듯이 세계는 공상에 빠진 청년 앞에 그의 "고열이 낳은 환각"의 세계 즉 유령의 세계로 마주 선다. 그 후 청년의 머릿속에서 "그 두뇌의 독자적 산물"은 그의 머리를 뚫고 자라난다. 그의 고열이 낳은 환각의 세계는-청년에게는 한 걸음 앞으로 나간 발전이겠다-이제 이미 뒤죽박죽이 된 그의 머리가 보기에 현존하는 세계이다. 성 막스는 지금은 어른이 되어 "근대인의 세계[die Welt der Neuen]"를 환상에 빠진 청년 단계로 간주하면서 그 앞에 마주 서니 불가피하게 다음과 같이 선언할 수밖에 없다: "세상의 거의 모든 인간은 진짜 광인, 정신 병원에 가야 할 광인이다."[329](57쪽)

성 막스가 인간의 머릿속에서 발견한 망상은 다름 아닌 그 자신의 망상이요, 세계를 sub specie aeterni〈영원의 상[相, 관점] 아래서〉[330] 조망하며 그리고 사람들의 위선적 상투어와 그들의 환상을 자기 행위의 진정한 동기로 오인하는 "성자"의 망상이다. 그러므로 순진하고 쉽게 믿음에 빠지는 이 남자는 태연하게 다음과 같은 대전제를 선언한다: "거의 모든 인류는 더 높은 것에 의존하고 있다."(57쪽)

---

329 GA2주 재인용) 슈티르너, 『유일자와 그의 소유』, 66쪽: "내가 더 높은 것에 매달리는 사람들과 여기에 속하는 엄청난 수의 사람들, 세상의 거의 모든 인간을 진짜 광인, 정신병원의 광인으로 간주한다면, 이를 농담한다거나 비유적으로 말한다고 생각하지 말라."

330 CW주) 스피노자, 『윤리학』 참조.

"망상"은 "고정 관념" 즉 "인간을 지배하는 〈수, 15〉관념"이다.[331] 또 뒤에 좀 더 통속적으로 표현된 바에 따르면 망상은 사람들의 "*머릿속에 자리 잡은*" 온갖 멍청한 생각이다. 이제 성 막스는 아주 손쉽게 다음과 같은 결론에 이른다: 인간을 지배하는 모든 것, 예를 들어 생존을 위한 생산의 필요성 또는 그것에 의존하는 여러 관계도 바로 그런 〈GA2, 214〉"멍청한 생각", "고정 관념"의 결과다. "인생"이라는 신화를 다룰 때 이미 보았듯이, 아이의 세계는 유일하게도 "사물 세계"이므로 "아이가 보기에" 존재하지 않는 것은(때론 동물에게 존재하지 않는 것도 마찬가지지만) 모두 "일종의 관념"이요, "응당" 일종의 "고정 관념"이다. 우리가 청년과 아이를 벗어나려면 아직 멀었다.

망상을 다룬 절의 유일한 목적은 "인간"*의* 역사에서 망상의 범주를 확인하는 데 있다. 망상과의 〈W, 145〉본격적 투쟁은 『경전』 전체를 통해서, 특히 『경전』의 2부에서 진행된다. 따라서 여기서는 몇몇 망상의 예를 살피는 것으로 만족해야 할 것이다.

59쪽을 보면 이 Jacques le bonhomme〈촌티 나는 바보〉는 다음과 같이 믿고 있다: "신문마다 정치 기사로 가득한 것은 인간이 Zoon politikon〈정치적 동물〉이 되기 위해 태어났다는 광신이 그런 신문을 사로잡고 있기 때문이다." 따라서 이 Jacques le bonhomme〈촌티 나는 바보〉에 따르면 정치가 이루어지는 까닭은 신문마다 정치 기사가 가득하기 때문이다! 어떤 교부가 신문의 주식 기사를 본다면 그 역시 성 막스와 마찬가지로 판단해 이렇게 말할 것이다: 이 신문이 주식 기사로 가득 찬

331　GA2주 재인용) 슈티르너, 『유일자와 그의 소유』, 98쪽: "사랑이 지배해야 한다. 정신적인 인간이 머릿속에 세우는 것을 고정 관념이라는 말이 아니라면 어떤 말로 불러야 하나?"

까닭은 인간은 자산 투기를 위해 태어났다는 광신에 그런 신문이 사로잡혀 있기 때문이다. 이렇게 본다면 신문이 망상에 사로잡힌 게 아니라 망상이 "슈티르너"를 사로잡고 있다.

근친상간 금지와 일부일처제는 "신성한 것"에서 설명된다.[332] 즉 "그런 것들은 신성하다." 한편 페르시아인에게 근친상간이 허용되고 터키인 사이에 일부다처제가 존재한다면 그곳에서는 근친상간과 일부다처제가 〈수, 15a〉"신성한 것"이다. 이 두 가지는 "신성"의 측면에서는 별 차이가 없다. 다만 한 가지, 페르시아인과 터키인의 "머릿속에 자리 잡은" 멍청한 생각과 기독교 게르만 민족의 "머릿속에 자리 잡은" 멍청한 생각이 그 내용에서만 다를 뿐이다.-이는 "정말 적절한 순간에" 역사에서 "빠져나가는" 교부의 수법과 똑같다. 이 Jacques le bonhomme〈촌티 나는 바보〉는 일부다처와 근친상간을 금지하게 된 실제 물질적 원인에 대해서는 아는 것이 거의 없다. 그 결과 그는 일부다처와 근친상간의 금지는 다름 아닌 믿음의 신조라고만 설명하면서 온갖 속물과 연대한다고 공상한다. 누가 그와 같은 금지를 위반해 감금된다면 다름 아닌 "도덕의 순수성[Sittenreinheit]"이 그를 "도덕 교화소"에 감금한 것이다.(61쪽) 그가 보기에 감옥은 "도덕 교화소"다.[333] 이 점에서 보면 슈티

---

[332] GA2주 재인용) 슈티르너, 『유일자와 그의 소유』, 60쪽: "사람들이 자매간의 교합이 근친상간이며, 일부일처제가 결혼의 진리이며, 동정이 성스러운 의무라는 등의 것을 그가 의심하는 것은 아닌지를 그에게 물어보면 .... 일부일처제는 어떤 신성한 것이어야 하며 중혼 속에 살아가는 사는 범죄자로 처벌되며 근친상간을 범하는 자도 범죄자로 고통당해야 한다."

[333] GA2주 재인용) 슈티르너, 『유일자와 그의 소유』, 60쪽: "범죄라는 낙인이 그에게 찍히면 그는 도덕 교화소에서, 감옥에서 고생할 수도 있다. .... 물론 다른 사람들은 이런 생각을 착상할 수도 있었을 것이다. 즉 국가가 그들의 관계에 개

르너는 교양 있는 부르주아보다 한 수 아래다. 감옥에 관한 문헌을 보면 그래도 이들 교양 있는 부르주아는 이 감옥에 대해서 슈티르너보다 잘 알고 있다. "슈티르너"가 기대하는 "감옥"은 베를린 시민으로서 그가 지닌 고질적으로 낡아빠진 환상이다. 그런데 이 감옥은 베를린 시민에게는 "도덕 교화소"라 불리기 어렵다.

슈티르너가 "삽화로 집어넣은 어떤 역사적 반성을 보자." 그는 이런 역사적 반성 속에서 다음과 같은 주장을 해명했다. 그 주장이란 "모든 능력을 갖춘 온전한 인간은 종교적일 수밖에 없다는 인식을 인정할 수밖에 없다"라는 주장이다.(64쪽) 〈GA2, 215〉 그렇다면 "우리가 모두 이제 철저히 종교적으로 됐으니" "배심원 '선서'의 힘이 우리에게 사형을 언도하고, 선한 그리스도로서 경찰관의 '직무 서약'이 지닌 힘이 우리를 감옥에 넣는다"[334]라고 주장해도 사실상 놀랄 필요도 없다. 동물원에서 흡연했다고 순경이 그를 검문할 때,[335] 그의 입에 문 담배를 쳐서 떨어트리는 것은 "직무 선서" 때문이다. 그것은 그런 일을 하라고 보수를 받고 또 벌금 일부를 갖게끔 된 〈W, 146〉 프로이센 왕국의 순경이 한 짓이 아니다. 꼭 마찬가지로 그가 보기에 배심 법정을 지배하는 힘은 부르주아의 힘이 아니라, 이 amis du commerce〈상업의 친구〉의 성자[聖

입해서는 안 된다는 생각이다. 국가의 개입 때문에 도덕의 순수성이 무너졌다."

334 GA2주 재인용) 슈티르너,『유일자와 그의 소유』, 66쪽: "이제 우리는 철저하게 종교적으로 됐으니, 배심원이 우리에게 사형을 선고하고, 선량한 그리스도로서 경찰관의 직무 서약이 우리를 감옥에 넣는다."

335 W주 67, CW주 52) 1848혁명 전에는 베를린 시내나 동물원에서 흡연이 금지됐다. 이를 위반하면 벌금 또는 구류를 살아야 한다. 고발자는 위반자가 내는 벌금을 일부를 배당받았다.

者]연하는 외양에서 풍겨 나오는 서약의 힘, 선서의 힘 즉 "*신성한 것*"의 힘으로 바뀐다. 진실로, 진실로, 내가 너희에게 말한다. 나는 지금까지 이스라엘에서 이런 믿음을 본 일이 없다.(『마태복음』, 8장 10절).[336]

"많은 이들이 어떤 사상을 행위의 준칙으로 삼는다. 그러면 이때 그가 준칙의 소유자가 아니라 준칙이 그를 소유하는 존재가 된다. 그리고 그 행위의 준칙을 통해 그는 다시 하나의 확고한 입장을 갖는다." 그러면 "중요한 것은 〈수, 16〉누구의 의욕도 아니요, 누구의 의무나 소행도 아니다. 중요한 것은 신의 긍휼[자비]이다."(『로마서』, 9장 16절)[337] 같은 쪽에서 결국 성 막스는 곧 자기 살에 여러 개의 말뚝이 박히면서도[338] 우리에게 다음과 같은 몇 가지 행위 준칙을 제시하지 않을 수 없었다: 첫째는 어떤 준칙도 갖지 말라는 준칙이다. 둘째는 어떤 고정된 입장도 갖지 말라는 준칙이다. 셋째는 "우리가 정신을 가져야지 정신이 우리를 가져서는 안 된다"라는 준칙이다. 넷째는 우리의 육체를 이해해야 한다는 준칙이다. 왜냐하면 "인간은 그의 육체를 이해할 때만 자기를 온전히 이해하고, 자기의 말을 온전히 이해할 때만 자기를 이해하는

---

336 CW주)『마태복음』, 8장 10절: 예수께서 이 말을 들으시고, 놀랍게 여기셔서, 따라오는 사람들에게 말씀하셨다. 내가 진정으로 너희에게 말한다. 나는 지금까지 이스라엘 사람 가운데서는 아무에게서도 이런 믿음을 본 일이 없다.

337 CW주『로마서』, 9장 16절: 그러므로 하나님께서는 긍휼히 여기시고자 하는 사람을 긍휼히 여기시고, 완악하게 하시고자 하는 사람을 완악하게 하십니다.

338 CW주)『고린도 후서』, 12장 7절: 내가 받은 여러 가지 엄청난 계시 때문에, 사람들이 나를 과대평가할지도 모릅니다. 그러므로 주께서는 내가 교만하지 않게 하시려고, 내 몸에 가시를 주셨습니다. 그것은 사탄의 하수인이라고 할 수 있는데, 그것으로 나를 치셔서, 나로 하여금 교만하지 않게 하려 하신 것입니다.

[vernehmend] 자 즉 이성적인[vernünftig] 자이기 때문이다."

구약 편 4절 C) 불순한 정신의 불순한 역사
구약 편 4절 C)-a) 흑인과 몽골인

"유일자적인" 역사 구성과 명명법의 시작 지점으로 돌아가 보자. 어린아이는 흑인이 되고 청년은 몽골인이 된다.『구약 대의』장을 보라.

"나는 우리의 몽골인 시대에 대한 역사적 반성을 이 자리에 *하나의 삽화로서 끼워 넣고자* 한다. 나는 이 역사적 반성을 제시할 때 철저하려고 노력하지 않으며 또는 *굳이 증거 제시를 위해* 노력하지 않겠다. 내가 이 반성을 제시하는 유일한 이유는 *나머지 문제를 밝히는 데 그것이 도움이 될 것으로 생각하기 때문이* 다."(87쪽)

〈GA2, 216〉성 막스는 어린아이와 청년에 관한 그의 상투적인 얘기를 스스로 "해명"한답시고 그것에다가 전 세계에 통용될 이름을 부여한다. 그리고 전 세계에 통용될 이 이름을 "해명"할 때는 다시 〈수, 16a〉어린아이와 청년에 대한 그의 상투적 얘기에 슬쩍 기댄다. "*흑인의 특성은 사물에 의존하는* 고대의 특성이다."(어린아이) "*몽골인의 특성은 사상에 의존하는* 시대 즉 기독교 시대의 특성이다."(청년)(『구약 대의』참조) "미래의 특성을 보여주는 말이라면 이런 말이다: 나는 사물 세계의 주인이고, 동시에 사상 세계의 주인이다."(87, 88쪽)〈W, 147〉이런 "미래"는 20쪽에서 *어른*을 다룰 때 이미 등장했다. 나중에 226쪽에서 다시 등장할 것이다.

첫 번째 "역사적 반성: 즉 철저하려 노력하지 않거나 증거 제시를 위해 노력함이 없이 보여준 반성." 실제로는 일어난 일이 없었던 "세소스트리스Sesostris의 원정[遠征]",[339] "이집트와 관련된 사건들"(프톨레마이오스 치하의 일들, 나폴레옹의 이집트 원정,[340] 무하마드 알리 Mehemet Ali, 동방 문제, 뒤베르지에 도랑Duvergier de Haurannes[341]의 팸플릿 등), "북아프리카 전체와 관련된 사건들"(카르타고와 관련된 사건들, 한니발의 로마 원정, "당연히 포함되는" 시라쿠사Syrakus와 스페인에 관한 일, 반달족, 테르툴리아누스Tertullian,[342] 무어인, 알 후세인 아부 알리 벤 압달라 이븐시나Al Hussein Abu Ali Ben Abdallah Ebn Sina,[343] 여러 야만족의 나라, 알제리의 프랑스인, 압델카데르Abd el Kâder,[344] 앙

---

339 역주) 세소스트리스 출정(Züge des Sesostris)—이집트의 파라오가 멀리 아시아와 유럽의 국가에까지 정벌에 나섰었다는 전설 속의 이야기. 세소스트리스는 현대의 연구에 의하면 세누스레트 3세를 말한다. 그는 이집트 왕이다. 원정 이야기는 헤로도토스에 나오는 이야기이지만, 인정받지 못한다.

340 역주) 1798년 나폴레옹 보나파르트 장군의 이집트 원정. 프랑스군 4,000명이 전쟁으로 사살됐다. 이 원정은 영국과의 전쟁이었고, 기본 목적은 인도의 땅을 획득하는 데 있었다. 영국군을 중심으로 한 연합군의 저항에 부딪혀 프랑스군은 대패한다. 나폴레옹은 그의 군대를 버리고 1799년 파리로 복귀한다.

341 마르크스와 동시대에 활동했던 프랑스 저널리스트 가문, 저널리스트의 이름은 프로스퍼 뒤베르지에 도랑Prosper Duvergier de Haurannes이다.

342 역주) 테르툴리아누스: 2~3세기 경 가톨릭 교부

343 역주) 이븐 세나: 11세기 초 활동했던 이슬람 사상가, 서구에 철학적으로 많은 영향을 미쳤다.

344 역주) 압델카데르: "전능한 자(신)의 종"이라는 뜻, 아랍에서 흔히 사용되

팡탕Enfantin 신부,[345] 『샤리바리Charivari』[346] 지에서 일하는 4명의 신출내기 두꺼비[Kröten: 심술쟁이]). 이집트는 흑인이 사는 아프리카에 속하므로, 이 모두 다 "흑인 시대(흑인 세계의 시대)"에 속한다. 결국 여기서 슈티르너는 세소스트리스 원정 등을 해명한답시고 그것을 흑인 시대 속으로 옮겨 놓는다. 그리고 흑인 시대를 해명한답시고, 그 시대를 "우리의 아이 시대" 관한 그의 고유한 사상을 보여주는 역사적 예증으로 간주하면서 "하나의 삽화로 끼워 넣는다."(88쪽)

두 *번째* "*역사적 반성*": "훈족과 몽골인의 원정은 몽골 시대에 속한다. 러시아인도 마찬가지다."(폴란드 뗏목꾼도[347] 마찬가지다.) 여기서 그는 러시아인을 포함한 훈족과 몽골인의 원정을 "해명"한답시고 그들을 "몽골인 시대"에 포함한다. 그리고 "몽골인 시대"를 "해명"한답시고

는 남자 아이의 이름

345 역주) 원래 이름은 Barthélemy Prosper Enfantin, 신부로서 생시몽주의자 CW주 53) 앙팡탕 신부는 1832년 파리 교외인 메니몽탕이라는 곳에서 노동 공동체를 건설하려 했던 시도했다. 이 시도는 생시몽주의자에 대해 법적으로 억압하는 조처를 낳았다. 왜냐하면 생시몽주의자는 비도덕적이며 위험한 사상을 퍼뜨린다고 고발됐기 때문이다. 1832년 8월 28일, 앙팡탕 신부는 1년간 감옥형을 선고받았으나, 만기 전에 석방됐다. 그 후 앙팡탕 신부와 그의 지지자들은 이집트로 건너갔다. 앙팡탕은 거기서 간부로 일했다.

346 역주) "샤리바리"는 프랑스 등에서 통용됐던 마을 축제, 이때 사람들은 시끄럽게 욕하고 떠들면서 독이나 양푼을 두들기면서 행진한다. 그런 축제를 연상하는 마르크스 당시 잡지.

347 W주 68) 폴란드 뗏목꾼[Wasserpolacken]-독일 슐레지엔 지방의 폴란드인들에 대한 별명. "폴란드 뗏목꾼"이라는 뜻의 'Wasserpolacken'은 본래 대부분 폴란드인이었던 오데르강의 뗏목꾼을 일컫는 말이었다.

그 시대는 우리가 *청년*과 관련해 이미 상투적으로 말해왔던 대로 "사상에 의존하는" 시대라고 한다.

세 번째 "역사적 반성": 몽골 시대에는 "자아의 가치[der Werte Meiner]를 높게 매기기 불가능하다. 왜냐하면 *비-아*[非我]라는 *견고한* 금강석이 너무 값비싸고 또 자아가 흡수해서 먹어 치우기엔 너무나 거칠고 단단한 것이기 때문이다. 〈수, 16b〉반대로 인간은 이 부동의 것 위에서 즉 이 실체 위에서 이리저리 기어 다니기에 바쁠 뿐이다. 마치 몸에 기생하는 작은 동물이 체액을 빨아 영양을 섭취하지만, 그 몸을 다 먹어 치우지는 못하는 것과 같다. 그것은 해충의 꼼지락거림이며 몽골인의 부산함이다. 중국인의 경우 정말이지 모든 것이 구태의연하다 등. *그 결과*"(즉 중국인의 경우 모든 것이 구태의연하므로) "우리의 몽골인 시대에는 모든 변화는 개조나 개선에 불과하며 결코 파괴나 폐기, 무화[無化]는 아니다. 실체 즉 객체가 그대로 존속한다. 우리가 아무리 노력해보았자 개미가 기어 다니는 것이거나 벼룩이 뛰는 것에 불과하고 …. 객체적인 것의 밧줄 위에서 하는 곡예에 불과하다." 등등.(88쪽 참조) (헤겔,『역사철학』, 113, 118, 119쪽 '정복할 수 없는 실체' 참조 또 140쪽 등 참조, 여기선 중국이 '실체성'으로 파악된다.)[348]

이제 다음과 같은 이야기가 등장한다: *진정한* 코카서스인의 시대가 되면 인간이 갖는 행위의 준칙은 곧 "실체"든, 〈W, 148〉"객체"든, "부동의 존재자"든 모두 먹어 치우고, "폐기하고", "무화하고", "흡수하

---

348 GA2주 재인용) 헤겔,『역사철학 강의』, 중국과 관련해서 119쪽 참조: "그런데도 신념을 결여한 것은 자의는 아니다. 자의 자체는 이미 다시 신념으로 가득하고 즉 주관적이고 운동적일 수 있기 때문이다. 오히려 신념을 결여한 것은 일반적인 것, 실체, 침투할 수 없는 것, 자신을 같은 것을 말한다."

며", "파괴해야" 하며 그 결과 지구뿐만 아니라 지구와 분리될 수 없는 태양계까지도 그렇게 해야 한다는 준칙이다. 세계를 먹어 치우는 "슈티르너"는 이미 36쪽에서 몽골인의 "개조하고 개선하는 활동"을 눈앞에 보여주었다. 그것이 바로 청년과 기독교인이 세계를 구제하고 *세계를 개선하는 계획*이다. 우리는 한 걸음도 앞으로 나가지 못한 것이다. "유일자적인" 역사관 전반에서 특징적인 것은 몽골인 활동이 도달하는 최고단계가 "학문적"이라는 명칭을 얻는다는 것이다. 성 막스가 뒤에서 이야기하듯이, 여기에서 몽골인의 하늘을 완성한 것은 헤겔의 정신 세계라는 추론이 가능해진다.

네 번째 "역사적 반성": 세계는 그 위에서 몽골인이 이리저리 기어 다니게 되자, 이제 "벼룩이 뛰듯" "실정적인 것[實定: Positive]"으로 전환한다. 이런 실정적인 것은 다시 "규약"으로 전환되고 그리고 이 규약은 89쪽의 단락을 지나는 동안 "도덕[Sittlichkeit]³⁴⁹"으로 변한다. "도덕의 최초 모습은 습관이다." 도덕은 *인격*으로 등장한다. 그러나 순식간에 도덕은 공간으로 전환한다: "이제 *여기서는*"(즉 도덕에서는) "자기 나라의 풍속과 습관에 따라 행동하는 것이 도덕적이다." "그러므로"(즉 이런 행동이 도덕의 영역에서는 습관으로 간주되므로) "*명백히* 도덕적인 행동은 중국에서 가장 단순한 방식으로 실행된다!"

성 막스는 〈수, 16c〉예를 고르는데 운이 없다. 그는 116쪽에서 "정직함의 종교"를 북미인에게 귀속시킨다. 성 막스는 지구 위에서 가장 협잡꾼 같은 두 민족 즉 가부장적 사기꾼인 중국인과 문명화된 사기꾼인

---

349   역주) 독일어 'Sittlichkeit'는 'Sitte[습속]'에서 나온 말이다. 일상적으로 도덕으로 번역하지만, 자각적인 윤리보다는 관습적인 노력이라는 의미가 더 강하다. 일본에서는 인륜[人倫]으로 번역하기도 한다. 여기서는 도덕으로 옮긴다.

양키를, 전자는 "소박하고", "도덕적이지만,", 후자는 "정직하다"고 간주한다. 그가 자기의 커닝 종이를 보았더라면 이미 헤겔 『역사철학』 81쪽에서 북미인이 사기꾼으로 분류되고 같은 책 130쪽에서 중국인이 사기꾼으로 분류되어 있음을 알았을 텐데 말이다.[350]

여기서 "*사람들*"이라는 친구가 등장해 이 우직한 성자를 도와 그가 *혁신*을 이루게 한다. 그러다가 "*그리고*"가 다시 등장하면서 이 성자는 혁신에서 *습관*으로 되돌아간다. 이로써 재료 준비는 마치고,

⟨GA2, 218⟩ *다섯 번째 역사적 반성*에서 핵심이 되는 공격을 수행할 수 있게 됐다. "실로 의심할 바 없이, 인간은 습관적으로 사물과 세계의 완강함에 맞선다."-예를 들어 배고픔과 같은 것에 대항해-

"*그리고*"-늘 이런 방식으로 다음 얘기가 이어지지만,-

"*자신의 세계를 확립한다*."-"슈티르너"가 지금 필요한 것이 이것이리라.-

"이런 *자신의 세계* 속에서 인간은 유일하게 고향에 온 듯, 집에 온 듯 느낀다."-그는 기존 "세계"에서 이미 "습관적으로" "고향에 온 듯한" 느낌을 받았는데도 여기서 "유일하게"라 한다.

"*즉 인간은 하늘나라를 스스로 세운다*."-왜냐하면 중국은 천자의 나라라 일컬어지기 때문이다.

⟨W, 149⟩ "실로 하늘이 갖는 *유일한 의미*는 그것이 인간에게 본래

---

350 GA2주 재인용) 헤겔, 『역사철학 상의』, 81쪽: "물론 법적인 상태가 발생한다. 이는 형식적인 법률이지만, 이 법의 성격은 정직성이 없다. 그러기에 미국의 상인은 법을 통해 보호된다고 기만당하는 나쁜 외피 아래 서 있다. 130쪽: "중국인의 엄청난 부도덕성은 이런 황폐화와 연관된다. 중국인은 어디든 가능한 곳에서는 기만할 줄 안다."

속하는 *고향이라는 사실이다.*"-그러나 반대로 여기서 하늘의 의미는 본래 고향이 관념적으로 낯선 존재로 표현된 것이다.

"*그 하늘 속에는 어떤 낯선 것도 인간을 규정하지 않는다.*"-즉 그 하늘 속에서는 고유한 것이 낯선 것이 되어 인간을 규정한다. 나머지는 다 똑같은 이야기, 늘 하는 이야기다. 이 문장[아래 표의 왼쪽 문장]은 슈티르너식의 표현을 쓰자면 "차라리", "응당"〈수, 17〉다음 [아래 표의 오른쪽 문장]과 같이 읽혀야 할 것이다:

철저함과 단순한 증거를 요구함이 없는 슈티르너의 문장	옆의 문장을 해명한 문장
"실로 의심할 바 없이 인간은 습관적으로 사물과 세계의 완강함에 맞서서 자신을 지키고 자기 고유의 세계를 확립한다. 이 세계 속에서 그는 오직 고향에 온 듯, 집에 온 듯 느낀다. 즉 자기의 하늘을 짓는다.	"실로 의심할 바 없이" 그는 천자의 나라인 중국에서 유추해 하나의 하늘을 스스로 지어냈다. 왜냐하면 중국이 천자의 나라라 불리기 때문이며, "슈티르너"가 하필이면 중국에 관해 이야기하고 있었기 때문이며 또한 그가 부지 부식[不知 不識] 간에 "사물과 세계의 침투에 맞서서 자신을 지키고, 나아가 자기 고유의 세계를 짓고" 이 세계 속에서 오직 고향에 온 듯, 집에 온 듯 느끼는 습관이 있었기 때문이다.

실로 '하늘'이 갖는 유일한 의미는 그것이 인간의 본래 고향이라는 사실이다. 거기에는 인간을 규정하고 지배하는 낯선 것이 더는 없다.

"하기야" 세계와 사물의 침투성이 지닌 "유일한 의미는" 그것이 유일자에 "정말" 지옥이라는 점이다. "여기서는" 모든 것이 낯설고 "이 낯선 것이 그를 규정하고 지배한다." 그런데 그는 이 지옥을 일종의 "하늘"로 전환하는 방법을 안다.

그에게 낯선 어떤 세속의 것도 존재하지 않는다. 간단히 말해서, 그곳은 세속의 잔재가 일소된 곳, 세계와의 투쟁이 이미 끝난 곳이요, 여기서 인간에게 어떤 것도 더는 거부되지 않는다."(89쪽)

⟨GA2, 219⟩ "세속에서의 영향"을 일체 멀리하고, 역사적 사실과 연관에서 나오는 영향을 일체 "멀리하고", 그럼으로써 더는 그것들을 통해서 소외당할 필요가 없게 만드는 것이다. "간단히 말해서, 그곳은 세속의 잔재" 즉 역사가(역사의 잔재가) "일소된 곳이다." 그래서 "세계"가 "종말"에 이른 마당에 슈티르너는 더는 "투쟁"할 필요가 없다. 여기서는 어떤 말도 더는 말해지지 않는다.

여섯 번째 *"역사적 반성"*: 90쪽에서 슈티르너는 다음과 같이 말한다:

"*중국에서는 모든 게 이미 다 예견된다*. 어떤 일이 일어나든 항상 중국인은 어떻게 처신해야 하는지 *알고 있다*. 먼저 상황이 벌어진 이후 자기 행동을 정할 필요가 없다. 중국이 고요한 하늘에서는 *예견되지 않은 사건*이 일어나는 법이 없다."

⟨W, 150⟩ 영국의 포격에 대해서도 마찬가지다. 처음 보는 증기선과

유산탄[351] 앞에서도 중국인은 "어떻게 처신해야 하는지" 아주 잘 알고 있었다. 성 막스의 이런 얘기는 헤겔 『역사철학』 118 그리고 127쪽에서 가져온 것이다. 물론 그는 불가피하게 여기에 몇몇 자기만의 것을 덧붙여서 위와 같은 역사적 반성을 제시했다.

성 막스를 계속 따라가 보자. "*따라서*" "*인류가 문화*[Bildung] *사다리의 첫 계단에 오르는 것은 습관을 통한 것이다. 그리고* 인류는 문화를 등정하는 가운데 동시에 하늘에 오를 수 있다고 즉 문화의 나라, 두 번째 자연의 나라에 오를 수 있다고 *공상한다*. 인류는 바로 그 생각 때문에 *진짜로* 하늘에 이르는 사다리의 첫 계단에 올라선다."(90쪽)

〈수, 17a〉"따라서", 다시 말해 헤겔은 역사를 중국에서 시작하고 중국인은 틀을 벗어나지 않는 존재이므로, "슈티르너"는 인류를 문화 사다리의 첫 계단에 그저 "습관적으로" 오르는 인물로 전환한다. 슈티르너가 보기에 중국은 곧 "습관"의 나라다. 이제 신성한 것에 맞서 싸우는 우리의 열심당원에게 남은 문제는 이 "사다리"를 "하늘에 이르는 사

---

351 W주 69) 제1차 "아편전쟁"(1838~1842)에서 영국이 공격에 사용한 근대 무기들로, 당시 중국인에게 낯선 것이었다. 아편전쟁은 영국이 중국을 정복하기 위해 벌인 전쟁이다. 이 전쟁을 계기로 중국은 반식민지 상태로 전락한다. CW주 55) 양자 강이나 다른 강에 있는 중국의 항구 도시와 항구를 영국 해군과 육군이 일차 아편전쟁 중에 포격했던 사건을 지시한다. 영국이 중국에 대해 벌인 정복 전쟁은 1839년부터 1842년 동안 전개됐다. 이 전쟁으로 중국은 반식민지로 전락한다.

다리"³⁵²로 바꾸는 일뿐이다. 왜냐하면 중국의 다른 이름이 *천자[天子] 의 나라*이기 때문이다. 슈티르너가 증명할 필요가 있었던 것은 즉 "인류"가 마음속에 어떤 생각을 떠올린다는 것이다. 그 생각은 첫째로 "문화"를 "문화의 하늘"로 바꾸는 것이고, 둘째로 "문화의 하늘"을 "하늘[천자]의 문화"로 바꾸는 것이다.(오직 인류가 생각한다는 사실만으로 슈티르너는 인류가 생각하는 "내용 즉 생각하는 모든 것을 알아낸다."(『비간트』, 189쪽)³⁵³ 명목상 인류의 생각이라고 할 뿐이지, 91쪽을 보면 실제는 슈티르너의 생각이고 슈티르너를 통해 올바른 표현을 얻은 생각일 뿐이다.) 그러면 "바로 그런 생각만으로도 "인류는 *하늘 사다리*의 첫 계단에 *진짜로* 올라선다." 인류가 하늘에 이르는 사다리의 첫 계단에 오른다고 *생각하므로* (그래서) 인류가 *진짜로* 사다리에 오른다니! "청년"이 순수 정신이 되리라고 "생각"하기 "때문에" 그가 진짜로 순수 정신이 된다니! 사물계에서 정신계로 넘어가는 「청년」과 「그리스도」의 절을 보라. ⟨GA2, 220⟩ 이 "유일자적인" 사상의 하늘 사다리에 대한 논의가 얼마나 맹랑한 방식으로 이루어진 것인지 이를 통해 알 수 있다.

일곱 번째 역사적 반성: 90쪽에서, "만약 몽골 정신이"(이 말은 "슈티르너"가 소위 인류의 관념을 통해 정신적 본질[Wesen]을 확인하는 수단으로 삼았던 하늘 사다리 바로 다음에 나오는 말이다)-"몽골 정신이 정신적 본질이 현존함을 확인하는 것이었다면"(오히려 "슈티르너"는 몽골인Mongole의 정신적 본질에 관한 자신이 공상을 확립했다.) "그

---

352 역주) 『창세기』, 28장 12절: 꿈에 본즉 사닥다리가 땅 위에 서 있는데 그 꼭대기가 하늘에 닿았고 또 본즉 하나님의 사자들이 그 위에서 오르락내리락하고
353 GA2주 재인용) 슈티르너, 『슈티르너에 대한 논평가들』, 189쪽: "단지 그것에서 헤스는 유가 무엇이어야 하는지에 관한 모든 것을 안다."

카서스인은 이 정신적 본질의 진상을 규명하려고 정신적 본질과 천 년 동안 씨름했다."(청년은 어른이 되어 "항상 사상을 꿰뚫어 보려고 노력했고", 그리스도교인은 "항상 신성의 깊이를 해명하려고 노력했다."[354]) 그 현존이 어떤 정신적 본질인지는 오직 신만이 알더라도 중국인이 적어도 그 현존을 〈수, 17b〉확인했으므로("슈티르너"는 〈W, 151〉하늘 사다리밖에는 어떤 유일한 본질도 확인하지 않는다), 코카서스인은 "이러한" 중국인이 제시한 "정신적 본질"과 수천 년 동안 이리저리 싸워야 한다. 게다가, 슈티르너는 이어서 다음의 두 줄에 걸쳐서 이렇게 단언한다: 코가서스인은 "몽골인의 하늘, Thiän〈天〉을" 실제로 "전복했다." 그리고 슈티르너는 이렇게 계속 말한다: "코카서스인은 언제 가서야 그 하늘을 부정하게 될까? 그들은 언제 가서야 마침내 진짜 코카서스인이 되어 *자신을 발견하게 될까*?" 여기에서 우리는 부정적 통일을 얻는다. 이 부정적 통일은 앞에서 이미 어른으로, "*진짜 코카서스인*"으로 출현했다. 진짜 코카서스인이란 즉 흑인적 코카서스인도 아니고, 몽골인적 코카서스인도 아닌 *코카서스인적 코카서스인*이다. 따라서 코카서스인적 코카서스인이 여기에서는 코카서스인의 개념인 동시에 본질로 되고, 현실의 코카서스인과 분리되면서 현실의 코카서스인에 대립하는 "코카서스인의 이상"이 되고, "현실의 코카서스인이" "자기에게 부여해야" 하는 "소명"이 된다. 또 그것은 "사명"이고, "임무"이고, "신성한 것"이고, "신성한 코카서스인"이고 "완전한" 코카서스인이며, "바로" "천상에" 존재하는 코카서스인이니 곧 "신"이다.

　몽골 종족이 면면히 투쟁한 덕분에 인간은 하늘[나라를] 구축했

354　역주)『고린도 전서』, 2장 10절: 오직 하나님이 성령으로 이것을 우리에게 보이셨으니 성령은 모든 것 곧 하나님의 깊은 것까지도 통달하시느니라.

다.-91쪽에는 이런 말이 나온다. "코카서스인의 혈통에서 나온 종족은-하늘과 *다투어야* 하는 가운데-하늘을 전복하는 활동을 *떠맡았다*." 91쪽을 보면 "슈티르너"는 몽골인이 하늘을 구축했다고 믿는데, 그가 망각한 사실이 있다. 즉 실제 몽골인은 하늘[Himmel]이 아니라 오히려 양[Hämmel]에 훨씬 더 관심이 있다[355]는 사실이다. *다투어야 하는 가운데*[미래] .... *떠맡았을*[단순 과거] 때 .... *하늘을 구축했었다*[과거완료]. 겸허한 "역사적 반성"은 바로 이런 문장에서 나타나는 consecutio temporum〈연이어 나타나는 문법적 시제〉속에서 표현된다. 이 문법 시제는 전형적인 형식을 "요구하지도" "혹은" 문법적 정확성을 "요구하지도" 않는다. 슈티르너가 문장을 구성하는 방식은 그가 역사를 구성하는 방식과 상응한다. "슈티르너의 요구"가 "그런 정도에 한정된다면" "그것은 이로써 최종 목표에 도달한 것이다."

여덟 번째 역사적 반성: 이 반성은 반성 중의 반성이며, 슈티르너의 역사 전체에서는 알파요 오메가다. 〈GA2, 221〉우리가 처음부터 지적했듯이, Jacques le bonhomme〈촌티 나는 바보〉는 지금까지 여러 민족의 활동 전체는 단지 하늘이 하늘로 연이어진 것에 불과하다고 파악한다.(91쪽) 그 활동 전체는 다음처럼 표현될 수 있다. 즉 코카서스 종족 속에서 지금까지 연속적으로 등장한 세대는 도덕성 개념을 붙들고 씨름한 것밖에 다른 것을 행한 것이 아니며(92쪽), 〈수, 17c〉"각 세대의 행위는 그런 씨름에 한정된다."(91쪽) 이 고가시스 세대가 이 지겨운 도덕성을, 이러한 허깨비를 머리에서-떨쳐버리는 것은 불가능하지만-만약 떨쳐버린다면, 그들은 무언가 중요한 것을 성취하게 될 것이다. 그

---

355 CW주) "양[Hämmel]"과 "하늘[Himmel]"이란 단어를 가지고 이루어진 말장난

러나 이 코카서스 세대는 아무것도, 정말 아무것도 성취하지 못했기에 성 막스에게서 마치 학생처럼 하나의 숙제를 받을 수밖에 없었다. 그 숙제란 곧 사변 철학을 최종적으로 발생하게 하는 것이니, 이는 그의 역사관에 전적으로 부합하는 일이다. "그 사변 철학 속에서 이 하늘나라가, 정신과 유령의 나라가 〈W, 152〉적절한 질서를 발견할" 수 있게 되고 또한 이 사변 철학이 나중에 나오는 구절에서는 "완성된 정신의 나라" 자체로 파악된다.

역사를 헤겔식으로 파악해서, 마침내 정신의 나라를 완성하고 이 정신의 나라에 질서를 부여하는 사변 철학에 이르는 것을 지금까지 역사의 결론으로 삼아야 했던 이유는 무엇인가? "슈티르너"는 이런 비밀이 헤겔 자신에게서 아주 간단하게 해명된다는 사실을 알 수 있었을 것이다. 이러한 결과를 얻기 위해서라면, "정신 개념이 근간이 돼야 하며, *이제* 역사가 정신의 과정 자체라는 것이 드러나야 한다."(『철학사 강의』, 3권, 71쪽) 일단 "정신 개념"이 역사의 토대라는 역할을 떠맡은 이상, 당연히 곳곳에서 정신 개념이 재발견된다는 사실과, 이런 정신의 재발견이 하나의 과정을 형성하면서 "정신 사이에 적절한 질서가 발견"된다는 사실은 당연히 아주 쉽게 "입증될" 것이다.

이제 성 막스는 모든 것이 "각자에게 적절한 질서를 발견"하게 만든 다음, 감격에 겨워서 이렇게 외칠지 모르겠다: "정신의 자유를 획득하기를 바라는 것, 그것이 몽골 정신이다." 등등.(17쪽과 비교해 보라: "순수 사상을 백일하에 드러내는 것 등등, 그것이 청년의 즐거움이다." 등등.) 그리고 성 막스는 기만적으로 다음처럼 말할지도 모른다: "*따라서 몽골 정신은 ....비감각성과 비자연성을 의미한다는 사실은 자명한 사실이다.*" 등등. 거기에서 그는 다음처럼 말해야 했다: 몽골인은 단지 청년의 육화일 뿐이니, 왜냐하면 청년이란 사물 세계를 부정하는 것이고 "비자연성", "비감각성" 등으로도 불릴 수 있기 때문이다. 이런 사실은 자명한 사실이다.

⟨수, 18⟩우리 이야기는 다시 전개된 끝에 이제 마침내 "청년"이 "어른"으로 이행할 수 있는 단계에까지 이르렀다: "그러나 누가 정신을 해체해 무화할까? 바로 그다. 즉 정신을 매개로 해 자연을 무실[無實]한 것, 유한한 것, 무상한 것으로 서술한 그를 말한다."(여기서 서술한다는 말은 곧 관념화한다는 말이다.-그리고 이 관념화는 16쪽 이하에 따르면, 청년이 수행하며, 나중에는 기독교인이, 그다음에는 몽골인이, 그다음에는 몽골인적 코카서스인이 수행한다. 그러나 본래 말하자면 이는 단지 관념론만이 수행하는 것이다.) "오로지 그만이 정신까지도 자연과 마찬가지로 무실한 것으로"(말하자면 그의 공상으로) "전락시킨다."⟨GA2, 222⟩(그러면 기독교인 등등도 무실한 것으로 전락하는가? "슈티르너"는 아니라고 외친다, 하지만 이 외침은 19/20쪽에서처럼 어른의 경우와 유사한 속임수에 불과하다.) "나는 그것을 할 수 있다. 그대 중" "무제약적 주체로서 주재하고 창조하는 자라면 누구나 할 수 있다."(자기의 공상 안에서겠지) "그것을 할 수 있는 자를 한 단어로 말하면-*이기주의자다*."(93쪽)-즉, 어른, 코카서스인적 코카서스인이다. 이 코카서스인적 코카서스인이 완성된 기독교인, 올바른 기독교인, 신성한 자, 신성한 *것 자체*다.

나머지 명명법을 더 다루기 전에, "이 시섬에서" 또 하나의 "역사적 반성을" 다루어 보고자 한다. 이 반성은 즉 "우리의 몽골 정신에 대해" 슈티르너가 수행한 "역사적 반성"이 유래하는 기원에 관한 "역사적 반성"이다. 그러나 이 또 하나의 반성은 철저함과 증명을 필연적으로 요구한다는 점에서 슈티르너의 반성과 구별된다. 슈티르너의 역사적 반성 전체는 고대인에 대한 반성과 마찬가지로 헤겔이 마련한 것이다.

〈W, 153〉 "흑인 정신"은 "어린아이"로 파악된다. 왜냐하면 헤겔이 『역사철학 강의』 89쪽에서 다음처럼 말했기 때문이다:

> "아프리카는 역사에서 *아이의 나라*이다." "아프리카의"(흑인적) "정신을 규정할 때, 우리는 *일반성이라는 범주*를 완전히 무시해야 한다."(90쪽)-즉, 아이 또는 흑인은 사상을 갖기는 하지만, 그 사상은 아직 사상 자체는 아니다. "흑인의 경우, 의식은 아직은 확고한 객관성에, 예를 들자면 *신, 법칙* 같은 것에 도달하지 못했다. 이런 *신, 법칙* 같은 객관성 속에서 인간은 비로소 *자기 본질을 직관*할 수 있을 것이다." .... "이 때문에 절대적 존재에 관한 인식은 완전히 결여된다. 흑인은 아무런 구속도 당하지 않는 자연적 인간을 나타낸다."(90쪽) "비록 그런 인간이 자연적인 것에" ("슈티르너"가 말했던 것처럼, 사물에) "의존하고 있다는 사실을 의식하고 있음은 틀림없다고 하더라도, 〈수, 18a〉 이것이 더 높은 존재를 의식하는 데 이른 것은 아니다."(91쪽)

우리는 여기에서 슈티르너가 아이와 흑인에게 적용했던 규정을 모조리 다시 발견한다.-사물에 의존한다는 규정 그리고 사상이나, 특히 "사상 자체", "본질 자체", "절대자 자체"(신성한) 또는 "본질"에서 벗어나 있다는 규정이 그렇다. 등등. 그가 헤겔에게서 발견한 것은, 몽골인 특히 중국인은 역사의 시초에서 출현한다는 점이다.

헤겔에게서 역사는 마찬가지로 정신의 역사이므로(슈티르너에게서처럼 그렇게 유치한 것에 그치는 것은 아니기는 하지만), 몽골인이 역사에 정신을 도입했고 모든 "신성한 것"을 최초로 대변한 자라는 점은 말할 필요도 없이 자명하다. 특히 주목할 것은 헤겔은 110쪽을 보면 그래도 (달라이 라마의) "*몽골 왕국*"을 "*성직자의*" 왕국으로, "*신정 왕국*"으로, "*정신적이고, 종교적 왕국*"으로 서술하면서[356] 이를 중국의 세속 왕국과 대조적으로 파악한다는 것이다. 당연한 일이지만, "슈티르너"는 중국을 몽골과 동일시할 수밖에 없다. 게다가 헤겔 140쪽에서 서술한 "*몽골의 원리*"를 묘사하는데, "슈티르너"는 이를 이용해 "몽골 정신"을 만들어낸다. 만약 슈티르너가 몽골인을 정말로 "관념론" 범주로 환원하고자 했다면, 〈GA2, 223〉 그가 달라이 라마의 대의와 불교 속에서 "확인해야 하는" 것은 어이없는 "하늘 사다리"와는 전혀 다른 방식의 "정신적 존재"여야 했다. 그러나 그는 헤겔의 역사 철학을 제대로 고찰할 시간조차도 없었다. 역사에 대한 태도에서 드러나는 슈티르너의 고유성과 유일성이 있다면, 그것은 이기주의자가 "조잡한" 헤겔 표절자로 전락했다는 사실이다.

구약 편 4절 C)-b) 가톨릭과 프로테스탄티즘
(「구약 대의」를 참조하라)

---

[356] GA2주 재인용) 헤겔, 『역사철학 강의』, 110쪽: "중국과 몽골에서 즉 신정적 지배에서 역사가 시작한다. 두 나라는 가부장주의를 그 대전제로 삼으며 방식은 다음과 같다: 가부장주의는 중국에서 광범위한 국가적 삶의 유기적인 체계로 발전됐다. 반면 몽골에서 가부장주의는 정신적이고 종교적인 왕국이 지닌 단순성으로 수렴됐다."

우리는 여기에서 가톨릭이라고 부르지만, "슈티르너"는 이를 중세라고 부른다. 그는 (늘 그렇듯이) 중세의 신성한, 종교적 본성 또는 중세 종교를 실제의, 세속적인, 생동하는 중세와 혼동하므로, ⟨W, 154⟩우리는 기꺼이 곧바로 이런 대의에 올바른 이름을 붙여주려 한다.

"중세"는 "*오랜 시기*"였다. "이 시기 동안 사람들은 진리를 얻으려는 광기를 충족하면서도"(그 이상의 어떤 것은 원하지도 행하지도 않았다.) "진리를 소유하려면 사람 자체가 진실해야 하는지에 관해서는 진지하게 생각해 보려고 하지 않았다."…."중세에"(이른바 중세 전 시기 동안) "*사람들은 자기 몸에 고통을 주는 고행을 했는데, 그것은 신성한 것을 체득할 수 있게 하기 위해서였다.*"(108쪽)

⟨수, 18b⟩헤겔은 가톨릭교회에서 신적인 것과 어떻게 관계를 맺는지에 대해서 다음처럼 규정한다:

"사람들을 절대자를 단지 외적 사물로 간주하면서 관계한다."(외면적 존재라는 형식으로 나타나는 기독교.『철학사 강의』3권 148쪽[357]과 그 밖의 다른 곳) 물론 개인은 진리를 파악하기 위해

---

357 GA2주 참조) 이 구절은 148쪽이 아니라 138쪽에 나오는 말이다: "중세 교회에서 그리고 일반적으로 가톨릭교회에서 성체[聖體]는 존중받았지만, 외적인 사물이기도 했다. 왜냐하면 그때 신적인 것은 완전히 외면성의 형태를 보이기 때문이다. 이것이 엄청난 대립의 핵심적인 문제다. 이 문제는 한편으로 해결되면서도 다른 한편으로 완전한 모순 속에 머물렀다. 따라서 성체는 여전히 단순한 외적인

순화돼야 하지만, "이 순화는 구원받기, 금식, 채찍질하기, 참회 행진[Abmarschieren], 순례 같은 외면적 방식으로 발생했다."(같은 곳, 140쪽)

"슈티르너"는 아래와 같은 말로 이런 이행을 완성한다:

"멀리 있는 것을 보려면, 그의 눈을 긴장하는 것이 *당연하듯*—그런 방식으로 사람들은 고행을 행했다. 등등."

실로 "슈티르너"는 중세를 가톨릭교와 동일시했기에, 중세는 당연하게도 *루터*에서 끝났다.(108쪽) 루터 자신은 이미 청년을 다룰 때, 첼리가와의 대화 또한 그 밖의 다른 곳에서 출현했던 다음과 같은 개념 규정으로 환원된다:

"인간은 만약 *진리*를 파악하고자 한다면, 진리 자체*만큼이나 진실하게 돼야* 한다. 이미 *믿음* 속에 진실을 간직하는 자만이 진리에 참여할 수 있다."

헤겔은 루터교에 대해 다음처럼 말했다:

"복음의 *진리는*[....] 복음에 대해 *올바른 태도*[Verhalten]를 보이는 때만 현존한다.—정신이 취하는 〈GA2, 224〉본질적 태도는 정신을 지향해야만 한다. .... 따라서 복음의 내용에 대해 정신 사물로서 간주되면서도 동시에 고귀한 절대자여야 한다."

이 취해야 하는 태도는 다음과 같다: 내용을 본질로 삼되, 그러나 이 내용과 관계하는 정신이 신성하면서 성화[聖化]하는 것이어야 한다는 점도 본질적이다."(『철학사 강의』, 3권, 234쪽) "이것이 루터의 믿음이다.-루터와 같은"(말하자면 인간의) "*믿음이 요구되며, 이 믿음만이 진실한 것으로 고려될 수 있다.*"(같은 곳, 230쪽) "루터는 .... 이렇게 주장한다: 신적인 것은 *믿음*이라는 주관적 정신 속에서 음미 되는 한에서만 신적인 것이다."(같은 곳, 138쪽) "[가톨릭]교회의 교의는 진리지만, 다만 눈앞에 있는 것으로서의 진리다."(『종교 철학 강의』,[358] 2권, 331쪽)

"슈티르너"는 계속해서 이렇게 말한다:

"따라서 루터에게 인식은 다음과 같은 것처럼 드러난다: 진리는 사상이므로, 인간이 사유하는 한에서만 존재한다. 즉 인간은 ⟨W, 155⟩바로 다른 관점을, 믿음의 관점을" per appositionem⟨같은 말이지만⟩ "사상을 그의 대상으로 삼는 학문 또는 사유라는 관점을 채택해야 한다."(110쪽)

⟨수, 18c⟩"슈티르너"가 여기에서 다시 "끼워 넣는" 반복 구절을 제외하면, 믿음이라는 말에서 사유라는 말로 이행하는 것만은 주목할 만하다. 헤겔은 이런 이행을 다음같이 본다:

---

358   CW주) 헤겔, 『종교 철학 강의』,331쪽: "교회의 일반적 원리는 여기서 진리가 전제되지만, 생성에서처럼 성스러운 정신이 처음 분출한 것, 최초로 생성한 것이 아니라 눈앞에 있는 진리로서 존재한다는 사실이다."

"그러나 둘째로, 이러한 정신은"(말하자면 신성하고 성화하는 정신은) "본질에서 사유하는 정신이기도 하다. 또한 사유 자체는 정신 속에서 전개돼야 한다. 등등."(234쪽)

슈티르너는 이어서 이렇게 말한다:

"이러한 사상은"("나는 *정신*이며, 오로지 정신이라는 사상"은) "종교 개혁의 역사를 거쳐 지금까지 이어져 온다."(111쪽)

"슈티르너"에게는 16세기 이후부터는 종교 개혁의 역사 그 밖의 다른 역사는 존재하지 않는다.―그리고 이런 견해 역시 헤겔이 서술한 견해에 지나지 않는다.

성 막스는 다시금 그의 믿음이 대단하다는 것을 입증했다. 그는 다시금 독일 사변 철학의 모든 기만을 말 그대로 진리로 간주했다. 정말이지 그는 그 기만을 한층 더 사변적으로, 한층 더 추상적으로 만들었다. 그에게는 종교와 철학의 역사만이 존재한다.―그리고 그에게 이 종교와 철학의 역사는 헤겔을 통해 얻어들은 것에 불과하다. 헤겔은 날이 갈수록 더 최근 독일에서 출현한 모든 원리 투기꾼과 체계 제작가의 일반적인 베낌 종이, 참조 사전이 됐다.

가톨리 ― 사물이니 아이, 흑인, "고대인"이 진리를 보는 태도.
프로테스탄티즘 = 정신, 청년, 몽골, "근대인"이 진리를 보는 태도.
그의 책의 전체 흐름을 따라갈 필요는 없다. 왜냐하면 "정신" 부분에서 이미 이 모든 것이 나타나기 때문이다.

이미 「구약 대의」에서 시사됐듯이, 이제 프로테스탄티즘 내부에서 새로운 차원의 〈GA2, 225〉 "변천" 속에서 아이와 청년이 다시 출현한다. 마치 "슈티르너"가 112쪽에서 그렇게 했듯이 말이다. 그곳을 보면 슈티르너는 영국 경험 철학은 아이로서 독일 사변 철학 즉 청년과 대립한다고 진술한다. 여기 프로테스탄티즘을 다루면서 슈티르너는 다시 *헤겔*을 베끼지만, 예나 지금이나 그의 "『경전』 속에서" 헤겔의 말은 아주 빈번하게 "*사람들*"의 말로 대체된다.

"사람들은"—즉, 〈수, 19〉헤겔을 지칭한다—"베이컨을 철학 영역에서 추방했다." "그리고 말할 것도 없이 사람들이 영국 철학이라고 일컫는 것은 베이컨과 흄처럼 소위 명민한 두뇌가 발견한 것 이상을 성취하지 못한 것처럼 보인다."(112쪽)

이 말을 헤겔은 아래와 같이 표현했다.

〈W, 156〉"베이컨은 사실상 영국 철학이라 일컫는 것의 우두머리이고 대변자이며, 게다가 영국 사람들은 베이컨의 철학을 여전히 전혀 벗어나려고 하지 않았다."(『철학사 강의』, 3권, 254쪽)

"슈티르너"가 "명민한 두뇌"라고 부르는 사람을 헤겔은 같은 책 255쪽에서 "세상 물정에 밝은 교양인[gebildete Weltmänner]"[359]이라고 부른다.—성 막스는 이런 사람을 "*아이의 심정을 지닌 천진난만한 자*"로 바

---

359 GA2주 참조) 헤겔의 정확한 표현은 아래와 같다: "베이컨은 세상 물정에 밝은 교양인ein Weltmann der Bildung이다."

꾸어놓는다. 왜냐하면 영국 철학자는 아이를 대변해야 하기 때문이다. 그와 같은 유치한 근거 때문에 "베이컨은 신학적 물음과 요점에 대해 신경을 쓸 필요가 없는" 사람이 된다. 베이컨의 저서(특히, 『과학적 논증(De Augmentis Scientiarum)』[360] 『새로운 논리학(Novum Organum)』과 여타 논문들[361])가 이런 문제를 언급한다는 사실은 모르는 모양이다. 영국 철학 반해 "독일적 사유는 비로소 인식하는 것 자체를 삶의 시초로 생각한다."(112쪽) 왜냐하면 그런 인식이 *청년*이기 때문이다. Ecce itertum Crispinus〈보라, 이 사람도 수다쟁이 크리스피누스[362]구나!〉〈말을 바꾸자면: "또 그 사람이네"〉

슈티르너는 그러다 보니 데카르트를 독일 철학자로 만들어놓았다. 이를 112쪽에서 몸소 확인할 수 있을 것이다.

구약 편 4절 D) 위계 체제

---

360 CW주) 프란시스 베이컨, 『권위와 과학적 논증De Dignitate et Augmentis Scientiarum』

361 CW주) 프란시스 베이컨, 『산문 또는 상담, 시민과 도덕The Essays or Councels. Civil and Moral』

362 역주) 성 크리스피누스-로마세국의 전설적 순교자.
W주 70) Ecce itertum Crispinus〈보라, 이 사람도 수다쟁이 크리스피누스이구나〉-크리스피누스는 그의 풍자시 『유느발Juneval』의 풍자시 4를 이 말로 시작한다. 그는 이 시의 1부에서 로마 황제 도미티아누스의 아첨꾼 중의 하나를 이렇게 부른다. 이 말은 여기서 전이된 의미가 있다. 그 의미는 "똑같은 인물" "똑같은 것"이라는 뜻이다.

지금까지 서술한 것에 따르면, Jacques le bonhomme〈촌티 나는 바보〉는 역사를 단지 추상적 사상의 산물로만—혹은 오히려 추상적 사상에 관한 그의 관념의 산물로—파악한다. 즉 어느 것이든 최후에는 "신성한 것"으로 귀착하고 마는 관념이 역사를 지배하는 것으로 파악된다. 그런 Jacques le bonhomme〈촌티 나는 바보〉는 이제 "신성한 것", 사상, 헤겔식의 절대이념이 경험 세계를 지배하는 관계를 현존하는 역사의 관계로 서술하며, 신성한 이데올로그 *자신이* 세속 세계를 지배하는 것으로 서술한다.—이 관계가 곧 위계 체제*다*. 이전에는 *순차적*으로 현상한 것이 이러한 위계 체제에서는 *병렬적*으로 존재하며, 〈수, 19a〉그래서 두 개의 공존하는 발전 형식 중에서 한 쪽 형식이 다른 쪽 형식을 지배한다. 따라서 이런 방식으로 청년이 아이를 지배하며, 몽골인은 흑인을 지배하며, 〈GA2, 226〉근대인은 고대인을 지배하며, 헌신적 이기주의자(citoyen〈공민〉)는 흔히 말하는 이기주의자(bourgeois: 부르주아)를 지배한다.—「구약 대의」를 보라. "사물 세계"를 무화[無化]한 다음 "정신 세계"가 등장하던 것이 여기에서는 "사상 세계"가 "사물 세계"를 "지배하는 것"으로 등장한다. 그리고 이런 지배 관계는 이렇게 서술된다: 즉 "사상 세계"는 역사의 처음부터 도입됐다. 하지만 역사의 종말에 이르러 비로소 사유하는 자가 사물 세계를 실제로 사실적으로 지배한다. 곧 목격하게 되겠지만, 최종적으로 사변 철학자가 사물 세계를 지배하게 된다. 그렇게 되니까 성 막스는 다만 이데올로그들의 사상 또한 관념과 싸움을 벌여 그들을 이기기만 한다면. "사물 세계와 사상 세계의 소유자"가 되기에 충분하다.

〈W, 157〉"위계 체제는 *사상의 지배*, 정신의 지배를 말한다. 우리는 오늘날까지 위계 체제적으로 살아왔으며, 사상에 의존하는 자를 통해 억압받아왔다. 그리고 사상은 *신성한 것*이며"―옛날에 누가 이것이 그런 것임을 알았으리오.(97쪽)(슈티르너는 그의 책 전체에 걸쳐 단지 "사상"만을 즉 "신성한 것"만을 제조했다는 비난에 봉착하자, 실제로는 그의 책 어느 곳에서도 "사상"을 제조한 적이 전혀 없다고 주장해 자신을 방어하려고 애썼다. 그러면서도 그는 『비간트』에 나오는 말로는 "사유의 기교"363가 즉 그의 말에 따르면 "신성한 것을" 제조하는 기교가 그 자신에게서 나온 것이라고 주장한다.―우리는 그 점에 관해서는 그의 말을 인정하자.)―"위계 체제는 *정신의 주권*[Oberherrlichkeit]이다."(467쪽)―"저 *중세의* 위계 체제는 무력한 위계 체제에 불과했다. 왜냐하면 그 위계 체제는 모든 발생 가능한 세속의 야만성이 덩달아서 아무 구속 없이 발생하는 것을 내버려 두어야 했기 때문이다."("이런 주장을 보면" 즉각 밝혀지는 사실이지만, "오로지 슈티르너만이 위계 체제가 무엇이어야 하는지를 잘 알고 있다"라고 하겠다.) "비로소 종교 개혁을 통해 위계 체제의 힘이 널리 펼쳐진다."(110쪽) "슈티르너"는 말하자면, "정신의 지배가 예전에는" 종교 개혁 이후처럼 "그렇게 광범위하지도 강력하지도 않았

---

363 GA2주 재인용) 슈티르너, 『슈티르너에 대한 논평/사들』, 162쪽: "이제 어떤 사람들은 의혹을 내던지며 둔한 멍청이라 이킨다. 왜냐하면 그들이 아무리 사려 깊고 종교적이더라도, 본능은 그들에게 이렇게 말하기 때문이다. 즉 정신은 자연의 충동에 대항해 불평불만을 품은 전제자이라고. 반면 다른 사람들은 의혹 자체를 그 이상의 사유를 통해 극복하며 스스로 이론적으로 확신하게 된다. 전자는 의혹을 내던지며 후자는 사유의 기교를 통해 의혹을 해소한다."

다"라고 주장한다. 그가 주장하는 것은 이러한 정신의 지배가 "종교적 원리를 예술, 국가와 학문에서 분리해내기보다는, 오히려 이 예술과 국가와 학문을 전반적으로 실제에서 벗어나게 해 정신의 나라로 고양해 종교화했다"라는 주장이다.

근대의 역사에 관한 이러한 견해는 다만 정신이 역사를 지배한다는 사변 철학의 오래된 환상을 광범위하게 확산할 뿐이다. 정말이지, 이상의 문장들에서 우리는 다음 사실을 본다. 즉 우선 쉽게 믿음에 빠지는 Jacques le bonhomme〈촌티 나는 바보〉는 〈수, 19b〉헤겔에게서 전수받은 것이지만, 그가 보기에는 전통이 된 세계관이 *실제 세계*라고 계속해서 신의와 성실을 다해[auf Treu und Glauben] 믿는다. 또한 그는 이제 이런 신의와 성실을 다한 믿음의 지반에서 "작전을 펼친다[machinieren]." 이러한 문장들에서 "그 자신만의 것이고" "특유의 것"으로 보일 수 있는 게 있다면 그것은 그가 이러한 정신의 지배를 위계 체제로 파악한다는 사실이다.—그러면 이 지점에서 슈티르너가 말하는 "위계 체제"의 근원을 보여주는 간단한 "역사적 반성"을 "거론해" 보자.

〈GA2, 227〉헤겔은 위계 체제가 함축하는 철학에 관해 아래와 같이 "변신[성체 전환]"을 통해 말한다:

"우리는 플라톤『공화국』을 다루면서 철학자가 지배해야 한다는 이념을 살펴보았다. 이제"(가톨릭 중세를 다루면서)"정신적인 존재가 지배해야 한다는 주장을 살펴볼 때다. 그러나 정신적인 존재라 할 때 그 의미는 교회나 성직자가 지배해야 한다는 의미이다. 정신적인 존재 대신 특수한 형체[즉 교회] 또는 개인[즉 성직자]이 들어선다."(『철학사강의』, 3권, 132쪽)-"따라서 실제나 지상적 존재는 신에게서 버림받은 존재이며 .... 소수의 개인은 신성한 존재이며, 나머지는 불경한 존재이다."(같은 책, 136쪽) "신에게서 버림받음"이라는 말은 더 상세하게 규정하자면 다음과 같다: "모든 이러한 형식은"(즉 가족, 노동, 정치적 삶, 등) "무실한[내용이 없는] 존재로, 불경한 존재로 간주된다."(『종교철학 강의』, 2권, 343쪽)-"그것은 정신과 화해하지 못한 세속에 합치하는 존재 즉 날 것 그대로[roh in sich]의 세계[364]이다."(이런 날 것 그대로의 세계에 대해서 헤겔은 그 밖에도 야만[Barbarei]이라는 단어를 사용한다. 『철학사 강의』, 3권, 136쪽과 비교하라) "그리고 날 것 그대로의 이 세계는 단지 지배받는 존재일 뿐이다."(『종교철학 강의』, 2권, 342/343쪽)-〈W, 158쪽〉"따라서 이러한 지배는"(가톨릭교회의 위계 체제) "그 지배가 정신적인 것의 지배라고 말은 하지만, 사실은 정열이 지배하는 것이다."(『철학사 강의』, 3권, 134쪽)-"그러나 정신의 지배가 진정한 것이라면, 그런 정신의 지배는 이미 자기에 대립하는 것이 종속적인 존재라는 의미일 수는 없다."(상동, 131쪽) "진정한 의미에서 정신의 지배는 다음과 같은 것이다: 정신적인 것 자체는"(슈티르너에 의하면 "신성한 것") "규정하는 것이어야 한다. 이런 정신의 규정 작용은 우리 시대에 이르러 비로소 일어난 일이다. 그래서 우리는"("슈티르너"가 헤겔을 모방해서 한 말이지만) "프랑스 혁명에서 추상

---

364 GA2주 재인용) 헤겔, 『철학사 강의』, 136쪽: "개인은 하나의 극단에서 다른 극단으로 즉 가장 조야한 방임과 야만성, 자기애에서 모든 것의 거부로, 모든 경향성의 극복으로 전환한다."

적 사상이 지배해야 한다는 주장을 보게 된다. 그런 주장에 따르면 헌법과 법률은 추상적 사상을 통해 규정돼야 한다. 추상적 사상은 인간 사이에서 끈을 형성해야 한다. 〈수, 19c〉그리고 인간은 자기에게 가치가 있는 것은 추상적 사상이라는 것 즉 자유와 평등 등이라는 사실을 의식해야 한다."(『철학사 강의』, 3권, 132쪽) 프로테스탄티즘에서 비롯된 정신의 진정한 지배는 가톨릭적 위계 체제에서 나타나는 불완전한 형식과는 대립하며, 이런 진정한 지배가 더 명확하게 되면 그것은 "세속적인 것 자체가 정신화되기에" 이른다(『철학사 강의』, 3권, 185쪽) 다시 말하자면 "신적인 것이 실제 영역에서 실현되기에" 이르고 (따라서 가톨릭에서 말하듯이 실제가 신의 버림을 받았다는 주장은 중지된다.-『종교철학 강의』, 2권, 343) 또한 신성과 세속 사이의 "모순이 해소되어 도덕성이 출현하기에"(『종교철학 강의』, 2권, 343쪽) 이르며, "도덕적[인륜적] 제도는"(결혼, 가족, 국가, 자영업 등) "신적이고, 신성한 존재에"(『종교철학 강의』, 2권, 344) 이른다. 헤겔은 이러한 정신의 진정한 지배를 두 가지 형식으로 표현한다: 〈GA2, 228〉"국가, 정부, 권리, 소유, 부르주아 질서,"(그리고 우리가 헤겔의 다른 책에서 알고 있듯이, 예술, 학문, 등) "이런 모든 것은 종교적인 것이 유한성의 형식으로 출현한 것이다."(『철학사 강의』, 3권, 185) 종교적인 것, 정신적인 것 등의 지배는 종국에는 철학의 지배로 표현된다: "이제"(*18세기*에는) "정신적인 것이 본질에서 토대가 되며, 지배는 그 때문에 철학의 지배가 된다."(『역사철학 강의』, 440쪽)

따라서 헤겔은 중세의 가톨릭적 위계 체제를 그 의도로 본다면 "정신이 지배하기를" 바라는 것으로 간주한다. 바로 이어서 헤겔은 가톨릭적 위계 체제를 이러한 정신이 지배하는 형식 가운데 한정된, 불완전한 형식으로 간주하며, 그런 정신의 지배가 도달한 정점을 프로테스탄티즘과 소위 프로테스탄티즘 문화 속에서 발견한다. 비록 이런 주장이 비역사적이기는 하지만, 헤겔은 적어도 위계 체제라는 명칭[Namen]을 중세를 넘어서까지 사용하지 않을 정도로 충분히 역사적이다. 그러나 성 막스가 아는 것은 헤겔이 말한 다음과 같은 것이다: 다음 시대는 이전 시대의 "진리"이고, 따라서 정신이 완전히 지배하는 시대는 정신이 여전히 불완전하게 지배했던 시대의 진리이다. 이런 방식으로 성 막스는 프로테스탄티즘은 ⟨수, 20⟩[365]위계 체제의 진리이고, 따라서 *진정한* 위계 체제라는 것을 알게 됐다. 그러나 *진정한* 위계 체제만이 위계 체제라는 명칭을 얻을 만한 가치가 있으므로, 자명하게도 중세의 위계 체제는 "미약한" 위계 체제로 되지 않을 수 없다. 그는 이런 사실은 쉽게 입증될 수 있는 것으로 본다. 왜냐하면 위에서 제시한 것과 같은 헤겔에게서 차용한 수백 개의 구절을 통해서 정신의 지배는 중세에서 불완전하다는 사실이 서술됐기 때문이다. 성 막스는 헤겔의 이런 구절을 단지 베껴 쓰기만 하면 됐고, 이때 그가 "스스로" 했던 일이 있다면 통틀어 보아도 그것은 ⟨W, 159⟩"정신의 지배"라는 헤겔의 말을 "위계 체제"라는 말로 교체한 것뿐이다. 그는 정신의 지배를 위계 체제로 바꾸는 간단한 추론조차도 전혀 할 필요가 없었다. 왜냐하면 독일 이론가 사이에는 결과를 원인이라는 이름으로 부르고 모든 것을 예를 들면 신학의 범주

---

[365] GA2주 참조) 수고 20, 20a, 20b, 20c는 전지 20~21의 내용이었다. 그 뒤 분리되어 1장 포이어바흐장(H5)를 구성했다. 나중에 정서하면서 되돌아갔다.

속에서 퇴치하는 짓이 유행했기 때문이다. 신학의 범주 속에서 퇴치되는 것에는 신학에서 발생했던 것도 있지만,-예를 들어 헤겔의 사변, 슈트라우스의 범신론 등등-이런 독일 이론가가 주장하는 원리의 경지에까지 이르지는 못한 것도 즉 예를 들면 특히 1842년에는 흔한 일이었던 기술도 있었다. 앞의 구절에서 다음과 같은 다섯 가지가 유추된다: 헤겔은 1) 프랑스 혁명을 정신의 지배가 도달한 새로운 완성 단계로 간주한다. 그는 2) 철학자 중에 19세기 세계의 지배자가 될 사람을 찾는다. 그는 3) 이제 추상적 사상만이 사람들에게 가치가 있다고 주장한다. 4) 헤겔의 경우 이미 결혼, 가족, 국가, 생존, 부르주아 질서, 소유 등등이 "신적이고 신성한 것"으로, "*종교적인 것*"으로 간주된다. 그리고 5) *도덕성*은 신성이 세속화된 것이거나 세속이 신성화된 것으로, 세계를 지배하는 정신의 최고 형식이면서 최후 형식으로 서술된다.-이 모든 것을 우리는 "슈티르너"에게서 *문자 그대로* 재발견하게 된다.

⟨GA2, 229⟩따라서 슈티르너가 말하는 위계 체제와 관련해서 말하거나 증명할 필요가 있는 것은 ⟨수, 20a⟩다만 어째서 성 막스가 헤겔을 베껴 썼는가에 관한 것뿐이다.-즉, 이 사실을 설명하기 위해 다시금 실제 상황에 관한 자료가 필요하며, 그 때문에 이 사실은 베를린 분위기를 아는 사람들만 이해할 수 있는 사실이다. 또 하나의 다른 물음은 정신의 지배에 관한 헤겔의 관념이 어떻게 성립하는가다. 그것에 관해서는 이전에 얘기한 내용을 보라.

철학자가 세계를 지배한다는 헤겔의 착상을 슈티르너가 채택해 이를 위계 체제로 변형할 수 있었던 이유는 우리의 성자가 완전히 무비판적으로, 무엇이든 믿어버리기 때문이며 "신성한" 무지 또는 구제할 길 없는 무지 때문이다. 이런 무지함은 역사에 관해 별로 "아는 것도 없이"

역사를 "훑어보는" 것으로 (즉, 헤겔이 서술한 역사적 사건을 죽 훑어보는 것으로) 만족한다. 도대체 그는 그가 더는 자기의 무지를 "없애고 해소하려"(96쪽) 행동하지 않고 해충과 같은 좀스러운 활약에 머무르는 것을 깨달았으면[366] 그 순간 창피하다고 생각해야 마땅했다. 그런데도 그는 이를 자신의 무지를 없애고 해소하러 나갈 필요 없다는 것을 증명하는 충분한 이유로 간주한다.

만약 사람들이 헤겔처럼 처음으로 역사 전체와 역사의 전 범위에 걸쳐서 이런 방식으로 역사를 구성하려 했다면 이것은 포괄적인 실증적 지식 없이는, 적어도 여기저기에서 경험적 역사와 관계하지 않고는, 엄청난 활력과 ⟨W, 160⟩통찰력이 없이는 불가능하다. 반면-신성한 것이면 사족을 못 쓰는 우리의 성자가 그렇게 하듯-만약 사람들이 예로부터 전해 내려오는 역사적 구성을 자신의 목적을 위해 이용하고 변형하거나 이러한 "자기만의" 견해를 개별적 사례들(예를 들자면 흑인과 몽골인, 가톨릭교도와 프로테스탄티즘도, 프랑스 혁명 등등)에서 실증하는 것에 만족한다면, 그때는 그것을 위해 역사를 인식할 필요는 전혀 없다. 이러한 방식으로 개인적으로 이용하는 것은 어떤 것이든 결국 불가피하게 희극적으로 된다. 이런 이용이 과거의 사건에서 갑자기 가장 최근의 사건으로 비약할 때, 가장 희극적이다. 우리는 그런 예를 ⟨수, 20b⟩"망상"을 다룰 때 이미 발견했다.

중세의 실제 위계 체제에 관해 말한다면, 우리는 여기시 그 위계 체

---

[366] GA2주 재인용) 슈티르너, 『유일자와 그의 소유』, 95/96쪽: "인간은 이제 더는 창조하지 않으며 오히려 배우려 든다.(알고자 하며 연구하려 한다.) 즉 인간은 확고한 대상에 몰두해 그 속을 파고 들어가며, 자기로 되돌아오지 않는다. 이 대상에 대한 관계가 곧 앎과 해명과 정초가 취하는 관계이다."

제가 인민 또는 대중에 대해서는 적용되지 않았다는 사실을 유의하기만 하면 된다. 대중에게는 봉건제도만 적용됐다. 그리고 위계 체제는 그 자체가 봉건적이거나 아니면 봉건제 내부에 머무르면서 봉건제에 반하는 것인 한에서만 존재했다. 봉건제 자체는 전적으로 경험적 조건을 기반으로 삼는다. 위계 체제 그리고 봉건제와 위계 체제 사이의 투쟁은(한 계급의 이데올로그가 그 계급 자체에 대항하는 투쟁에 해당한다) 단지 봉건제를 이데올로기적으로 표현하는 것일 뿐이며 봉건제 내부에서 자기들 사이에서 전개되는 투쟁일 뿐이다. 〈GA2, 230〉이런 봉건제 내부에서의 투쟁은 봉건적으로 조직된 국가 사이의 투쟁에서도 찾을 수 있다. 위계 체제는 봉건제의 이상적인 형식이다. 봉건제는-중세의 생산 관계와 교환관계의 정치적 형식이다. 따라서 위계 체제에 대항하는 봉건제의 투쟁은 단지 이러한 실제 물질적 관계를 서술할 때만 설명할 수 있다. 중세의 환상, 특히 상호 투쟁하는 교황과 황제를 정당한 존재로 만드는 환상을 수용했던 종래의 역사관은 이러한 서술과 더불어 스스로 폐기된다.

성 막스가 하는 유일한 짓은 중세와 위계 체제에 대한 헤겔의 추상적 생각을 "현란한 말과 빈곤한 사상"으로 환원하는 것이니까, 그는 실제 역사적인 위계 체제에 관해 더는 관심이 없었다.

위에서 언급한 사실에서 이미 드러난 것이지만, 슈티르너의 요술을 뒤집는다면 가톨릭교는 진정한 위계 체제에 도달하기 전 단계로서 파악될 수 있을 뿐만 아니라, 이 진정한 위계 체제를 부정하는 것으로도 파악될 수 있겠다. 그렇게 본다면 가톨릭교는 곧 정신의 부정이며, 비정신이며, 감각적인 것이다. 바로 이 지점에서 우리의 Jacques le bonhomme〈촌티 나는 바보〉의 엄청난 주장(118쪽)이 출현한다. 곧 *제*

수이트 교도가 "감각적인 것의 *쇠퇴*와 *몰락* 앞에서 우리를 구원했다"라는 주장이다. 〈수, 20c〉감각적인 것이 "몰락"했다면 "우리"가 어떻게 됐을지를 아무도 알지 못한다. 16세기 이래 물질적 운동 전체가 감각적인 〈W, 161〉것의 "쇠퇴" 앞에서 "우리"를 구하기는커녕 반대로 "감각적인 것"을 더욱더 완성했다는 사실을 "슈티르너"는 알지 못하는 모양이다.―제수이트 교도는 다름 아닌 그런 모든 것을 이루어냈던 자들이다. 필요하다면 헤겔의 『역사 철학』 425쪽과 대조해 보라.[367]

성 막스는 낡은 성직자 지배 체제를 근대에까지 적용하면서 근대를 "*성직자 체제*"로 파악했다. 그리고 그는 이렇게 근대에까지 적용된 성직자 지배 체제를 다시 중세의 낡은 성직자 지배 체제와 구별해 파악하면서, 이런 근대의 성직자 체제를 이데올로그의 지배 체제로 즉 "*교사 체제*"로 서술했다. 따라서 성직자 체제가 정신이 지배하는 위계 체제라면, 반면 교사 체제는 위계 체제의 정신이 지배하는 체제가 된다.

성직자 체제로의 이런 단순한 이행은 이행이라 할 것도 없지만, "슈티르너"는 이것이 세 가지 힘준한 관문을 거쳐 이루어졌다고 한다.

첫 번째로 그는 "위대한 이념을 위해, 대의를 위해"(입만 벌리면 대의란다!) "가르침 등등을 위해 살아가는" 모든 사람에게서 "성직자 체제의 개념을 발견한다."

두 번째로 광기의 세계 속에 사로잡혀 있는 슈티르너는 "성직자 체

---

[367] GA2주 재인용) 헤겔, 『역사철학 강의』, 425쪽: "이런 불안, 이런 몽상적인 본질이 우리가 오랫동안 보아왔던 프로테스탄티즘적 종교성의 근본특징이다. 그러나 가톨릭교회에서 행위에 관한 세련된 반성이 등장했다. 제수이드는 욕망의 최초의 출발점을 몽상적으로 숙고했다. 그러나 그들은 모든 것에는 충분한 원인이 존재한다는 원리를 발견하며 따라서 악을 멀리하는 결의론에 사로잡혔다."

제가 없어서 이념을 위해 살거나 이념을 창조하는 것을 아직 배우지 못한 세계가 지닌 근본 광기"에 부딪힌다.

세 번째로 이것은 "이념의 지배이거나 성직자 체제인데" 즉 ⟨GA2, 231⟩ "한 명의 로베스 피에르[Robespierre z.B]" (하나의 예로서 말이다!) 이거나 "생쥐스트 부류[部類][St. Just usw]" (이하 등등은 말할 것도 없이!)는 "철두철미 성직자"이다. 등. 이 세 가지 난관이 성직자 체제가 "발견"되고, 위기에 "봉착"하고, "청산"되는 단계이다. 하지만 이 속에서 성 막스는 이미 앞에서 되풀이 말했던 것과 다른 것을 표현하지 않는다. 다시 말해 정신과 이념 그리고 성스러운 것이 "삶"을 지배한다는 것을 표현할 뿐이다(같은 곳).

역사를 ⟨수, 21⟩ 이념의 지배와 성직자 체제에 따라 재단하고 나자 당연히 별 어려움 없이 성 막스는 지금까지의 역사 속에서 "성직자 체제"를 재발견하고, "한 명의 로베스피에르나 생쥐스트 부류"를 성직자로 묘사하면서 이들을 인노센트 3세나 그레고리 7세와 동일시할 수 있게 된다. 그 결과 각자의 고유성은 유일자 자체 앞에서 사라지고 만다. 그런 사람들은 모두 하나의 *인격체* 즉 성직자 "*체제*"의 다른 이름일 뿐이며, 다른 의상일 뿐이다. 왜냐하면 성직자 체제야말로 기독교의 시초부터 전체 역사를 만들어 왔기 때문이다. 이런 식의 역사관에서 "모든 소는 회색으로 되어 버린다." 왜냐하면 모든 역사적 차이는 "제거"되며 "성직자 체제의 개념" 속으로 "해소"되어 버리기 때문이다. 성 막스는 이에 대한 결정적인 예를 바로 "한 명의 로베스피에르나 생 쥐스트 부류"에서 보여준다. 여기서 처음에는 로베스피에르가 "한 명의" 생쥐스트로서 그리고 생쥐스트는 로베스피에르 "부류"로 ⟨W, 162⟩ 소개된다. 그런 다음에 이런 말이 이어진다: "수많은 개인과 세속이 관심을 두는 세계가 성스러운 관심을 대변하는 자에 대립한다." 누가 그런 세속적 관심에 대립했는가? 지롱드 당원이며 테르미도르의 반동가[368]이다. 바로 이들은 혁명적인 힘의 실제 대변자-즉 오직 진정으로 혁명적인 계급의 대변자이며, "무수한" 대중의 대변자-에 대립하면서, ("예를 들어" 라바쇠르 R. Lavasseur[369]의 『회상 Mémoires』을 보라 그리고 "이하 등등"도 보라, "즉" 누가레Nougaret[370]의 『감옥의 역사 Histoire des prisons』, 바레르Baréré[371] 『자유의(또한 상업의) 두 친구 Deux amis de la liberté (et du commerce)』,[372] 몽제이야르Montgaillard의 『프랑스의 역사 Histoire de France』,[373] 마담 로랑Mme Roland의 『후세에 대한 호소

---

368 W주 71) 지롱드파(지롱드 당원)-산업 부르주아와 상업 부르주아의 당파이며, 군주제와 타협으로 기울었다. 지롱드 현 출신 대의원들이 그들을 지도했기에 그렇게 불렸다.
 테르미도르 반동가-반혁명적인 대부르주아 당파의 구성원이며, 혁명 년 테르미도르 9일(1794년 6월 27일)에 로베스피에르를 전복했다.

369 역주) 라바쇠르Lavasseur(de la Sarthe) Rene(1747~1834)-의사, 프랑스 혁명 참가자, 자코뱅파

370 역주) 누가레Nougaret, Pierre-Jean-Baptiste(1742~1823)-프랑스 역사가

371 역주) 바레르Baréré de Vieuzae(1755~1841)-프랑스 법률가이며 프랑스 혁명의 정치가, 국민공회Konvents 의원, 자코뱅파, 후일 테르미도르 9일 이후 반혁명적인 쿠데타의 적극적인 참여자

372 W주 72, CW주 56) 커바소Marie Kerverseau 부인과 『프랑스 혁명의 역사』를 지은 크레블린G. Clavelin은 익명으로 『자유의 두 친구』를 파리에서 18세기 말과 19세기 초에 20권으로 발간했다.

373 W주 73) 여기서 다루어지는 책은 몽제이야르Montgaillard의 『프랑스 역사에 대한 연대기적인 회고』와 롤랑Roland de Platière의 『비당파적인 후세를 향한 여

Appel à la postérité』,³⁷⁴ 루베J. B. Louvet의 『회상 Mémoires』³⁷⁵과 보리외 Beaulieu가 쓴 욕지기 나는 『역사 수필Essais historiques』³⁷⁶ 등등등을 보며, 마찬가지로 혁명 법정 이전의 전체 공판들 "등등"을 보라) "성스러운 관심"을, 다시 말해 헌법, 자유, 평등, 인간의 권리, 공화주의, 법, sainte propriété〈성스러운 재산〉, "일종의" 권력의 분할, 인간성, 도덕성, 절제 "등"을 손상하는 것을 계속 비난했다. 그런 혁명적 힘의 실제 대변자들에 대해 반대하면서 모든 성직자가 궐기했다. 이런 성직자는 혁명의 대변자들이 종교의 교리문답과 도덕의 교리문답의 주요 부분이나 부속 부분 모두를 손상했다고 비난했다.("예를 들어"〈수, 21a〉레니에 씨M.R³⁷⁷가 쓴 『혁명 기간 동안 프랑스 성직자의 역사 Histoire de clergé de France pendant la révolution』(Paris, Libraire catholique 출판사, 1828 "등"을 보라.) des règne de la terreur〈공포 체제〉 기간에 "한 명의 로베스피에르 범례나, 생쥐스트 부류"가 honnêtes gens〈정직한 사람〉의 머리를 절단했다는("예를 들어" 단순하기 짝이 없는 한 명의 펠티에Peltier 씨의 무수한 저술들, 몽주아예Montjoie 씨 부류가 쓴 『로베스피에르의

성 시민인 롤랑의 호소』이다.

역주) 몽제이야르Guillaume Montgaillard(1772~1825)-프랑스 신부이며 역사가

374   역주) 롤랑 부인Jeanne-Manon Roland de la Platière(1754~1793)-프랑스 여성 작가, 프랑스 혁명 참여자이며, 지롱드 당원.

375   역주) 루베Jean-Baptiste Louvet de Couvray(1760~1797)-프랑스 작가, 프랑스 혁명 참여자, 지롱드 당원

376   역주) 보리외Claude-François Beaulieu(1754~1827)-프랑스 역사가이며 작가, 왕당파

377   역주) 레니에 씨[M.R]-레니에 데스투베르Regnier d'Estoubert의 익명

음모 Conspiration de Robespierre』378를 보라) 부르주아의 역사평을 슈티르너는 아래와 같이 바꾸어서 표현한다: "혁명적인 성직자나 학교 교사는 인간 자체에 봉사했으므로, 사람들의 목을 잘랐다." 이렇게 하면서 성 막스는 ⟨GA2, 232⟩공포 체제가 머리를 절단한 사실을 설명하는 실제 경험적인 이유와 관련해서, 다시 말해서 그 사실이 가장 세속적인 관심의 대상이 된 그것도 주식 중매인의 관심이 아니라 무수한 대중이 관심을 가진 이유와 관련해 도대체 한마디의 말을 던지는 수고조차 하지 않은 채 지나쳐 버린다. 스피노자가 "무지하다고 해서 변명이 되는 것은 아니다"379라고 말한 것을 보니, 그보다 앞서 있었던 "성직자"인 스피노자가 이미 17세기에 성 막스을 위한 "훈계를 남기려고" 했던 것으로 보인다. 스피노자의 비판은 거리낌없는 것이다. 그 때문에 성스러운 슈티르너는 성직자인 스피노자조차도 얼마나 증오하는지, 그는 그가 보기에는 반[反]성직자이지만, 실제로는 성직자인 라이프니츠를 받아들여서 공포정치 "범례[z.B]"나 머리를 자르는 것 "등등[usw]"과 같은 모든 놀라운 현상에 관해 충분한 이유를 찾아낸다. 그 이유란 곧 "성직자는 뭐든지 머릿속에 집어넣었기" 때문이라 한다.(98쪽)

축복받은 막스는 모든 것에 대해 충분한 이유를 발견해 왔으니만큼 (그는 "나는 이번에 내가 영원히 닻을 내린380 근거를 발견했다"라고 말한다. 그곳이 ⟨W, 163⟩이념의 "한가지 예"거나, "한 명의 로베스피에

---

378 W주 74) 몽주와에Montjoie, 『막스밀리앙 로베스피어르의 음모의 역사』
여주) 몽주와에Félix Christophe Louis Montjoie(1746~1816)-프랑스 왕당파 작가, 저서『Ventre de La Touloubre』

379 W주 75) 스피노자 전집을 보라.

380 W주 76) 찬송가 중의 하나에서 이 말이 나왔다.

르나 생쥐스트 부류"가 지배하는 "위계 체제"의 "부류"거나 조르주 상드George Sand, 프루동, 베를린의 정숙한 재봉사[381] 등이 아니라면 어디겠는가?) 그는 부르주아 계급이 혁명적 이념 *자체*에 얼마만큼의 여지를 허용할 수 있을지를 자기의 이기주의에 비추어 계산한다고 부르주아 계급을 비난하지 않는다. 성 막스에게 1789년의 habits bleus〈푸른색 군복〉[382]이나 honnêtes gens〈정직한 사람〉이 지닌 "혁명적 이념"은 그가 허용[383]해야 할지 숙고하는 1793년의 상 킬로트가 지닌 이념과 같은 "이념"이다.-그는 *상 킬로트를 넘어서*는 어떤 "이념"은 "허용할" 수 없다.

마침내 우리는 현대의 위계 체제 즉 이념이〈수, 21b〉일상적 삶을 지배하는 체제에 이른다. 그의『경전』2부 전체는 "위계 체제"에 반대하는 투쟁으로 채워져 있다. 그러므로 우리는 2부에 들어가서 비로소 위계 체제를 다루려 한다. 그러나 성 막스가 "망상"을 다룬 곳에서 그랬던 것처럼 이미 여기[즉 위계 체제]에서도 그는 자기의 이념을 잠정적으로 만끽하면서 나중에 처음을 반복했듯이 처음에 나중을 다시 반복한다. 그러므로, 우리는 하는 수 없이 이제 그의 위계 체제를 보여주는 그저 몇 가지 예를 확인해 보는 것에 그치려 한다.『경전』을 쓰는 그의 방법

---

381 CW주) 댄하르트Marie Wilhelmine Dähnardt를 지칭, 슈티르너의 애인

382 W주 77, CW주 57) 푸른색 군복(아비 블뢰)-혁명군대 군인들, 그들의 군복의 색깔 때문에 그렇게 불린다. 넓은 의미에서는 공화파를 의미하며, 흰옷(블랑크)이라고 불리는 왕당파와 대립한다. 상킬로트란 부르주아 민주주의자를 말한다. 왜냐하면 그들은 귀족과 같이 킬로트(반바지)를 입지 않고, 판탈롱(긴 바지)을 입었기 때문이다. 나중에 그 징표는 인민 가운데 혁명적 분파에로 전이됐다.

383 CW주) 독일어 말장난: 허용하다Raum geben-이는 '항복하다', '복종하다', ' 여지를 남겨두다'를 뜻하기도 한다.

은 『경전』 전체에서 발견되는 특유의 "이기주의"이다. 그의 자기만족과 독자의 만족은 반비례한다.

부르주아가 *자기의* 왕국에 대한, 자기의 체제에 대한 사랑을 요구한다고 해서 Jacques le bonhomme〈촌티 나는 바보〉는 부르주아가 "사랑의 왕국을 지상에 건설하기"를 원한다고 말한다.(98쪽) 부르주아가 자기의 지배와 그 지배를 위한 여러 조건에 권위를 인정해 주기를 요구하고, 이런 권위를 지배하는 힘을 찬탈하기를 원한다고 해서, 똑같이 속물인 이 사람은 권위 *자체*가 지배하기를 직접 요구하며, 부르주아가 권위를 마치 부르주아 속에 살아 있는 신성한 정신을 대하는 것처럼 대한다고 말한다.(95쪽)〈GA2, 233〉부르주아는 사이비로 성스러운, 위선적인 이데올로기 덕분에 자기의 특수한 이해를 일반적인 이해로 표현한다. 우리의 Jacques le bonhomme〈촌티 나는 바보〉는 산을 움직일 만한 믿음 덕분에 이런 표현이 지닌 왜곡된 형식을 그대로 받아들여서 부르주아 세계의 실제 세속적인 토대로 삼는다. 우리의 성자에게서 이런 이데올로기적인 기만이 이런 형식을 취하는 이유는 "정치적 자유주의"를 다룰 때 보게 될 것이다.

성 막스는 115쪽에서 가족을 다루면서 새로운 예를 제시한다. 그는 이렇게 설명한다. 인간은 자기 가족의 지배에서 아주 쉽게 해방될 수도 있지만, "가족에 대한 복종을 철회하면 양심의 가책이 발생한다." 그 때문에 오히려 가족애, 가족의 개념이 확고하게 된다. 우리는 이로써 "성스러운 가족 개념"을, "성스러운 것 *자체를*" 얻게 된다. 여기서 다시 이 바보 청년은 전적으로 경험적인 관계가 지배하는 곳에서 성스러운 것의 지배를 엿본다. 부르주아는 자기 체제에 속하는 제도에 대해 마치 유대인이 율법에 대해 취하는 태도를 보인다. 유대인 자신은 어떤 때라도 가능하기만 하면 율법을 회피하지만, 다른 모든 사람은 율법을 마땅히 ⟨W, 164⟩지키기를 원한다. ⟨수, 21c⟩전체 부르주아가 대중적으로 단호하게 부르주아의 제도를 회피하려 한다면, 부르주아는 부르주아이기를 중지하게 될 것이다.−[그러나] 부르주아는 그런 회피의 태도를 생각한 적도 없으며, 그런 태도는 그가 의지하거나 노력한다고[384] 되는 것은 아니다. 방종한 부르주아는 결혼을 회피하고 은밀하게 불륜을 저지른다. 상인은 투기나 파산 등을 통해 다른 사람의 소유를 빼앗는 가운데 소유제도를 회피한다.−젊은 부르주아는 가족이 실제 삶에서 저절로 해체된 이상 그의 능력이 닿는 대로 그의 가족에서 독립한다. 그러나 결혼, 소유, 가족은 이론적으로는 전혀 건드려지지 않은 채 남아 있다. 왜냐하면 그런 것들이 실제 삶에서 부르주아의 지배를 뒷받침해 주는 토대이기 때문이며, 그런 것들이 부르주아적인 형태를 취하는 한 부르주아를 부르주아로 만드는 조건이기 때문이다. 이런 사정은 율법이 항상 회피되면서도 종교적인 유대인을 종교적인 유대인으로 만드는 것과 꼭 마찬가지다. 부르주아가 자기의 실존을 위한 조건에 대해 갖는 이런 관계가 시민 윤리라는 형태로 일반화된다. 여기서 우리는 도대체 가족 "*자체*"에 대해 말하려는 것은 아니다. 부르주아는 역사적으로 가족에 부르주아적인 가족이라는 특징을 부여한다. 이런 부르주아적인 가족에서는 지루함과 돈이 가족을 묶는 것이며, 이런 가족의 본질에 가족의 부르주아적인 해체도 이미 속하며, 그런 해체에도 불구하고 가족 자체는 항상 지속한다. 가족의 실존은 더럽지만, 이에 반해 공식적인 미사여구나 만연한 위선 속에서 말해지는 가족의 개념은 성스럽다. 가족이 프롤

---

384 CW주)『로마서』, 9장 16절: 그러므로 그것은 사람의 의지나 노력에 달린 것이 아니라, 하나님의 자비에 달려 있습니다.

레타리아에서처럼 다 함께 *실제*로 해체된 곳에서는 "슈티르너"가 생각하는 것과 정반대의 것이 일어난다. 거기에 가족 개념은 전혀 남아있지 않지만, 가장 실질적인 관계에 기초해 가족에 대한 헌신이 여기저기서 확실하게 발견된다. 〈GA2, 234〉18세기에 가족 개념은 철학자를 통해 해체됐다. 왜냐하면 실제 가족이 문명의 최고 정점에서 이미 해체되는 중이었기 때문이다. 가족의 내적 연대, 가족 개념을 구성하는 개별 요소 예를 들어 복종, 효성, 〈수, 22〉정절 등은 해체됐다. 그러나 가족의 실제 몸통, 재산 관계, 다른 가족에 대한 배타적인 관계, 강요된 공동 생활, 육아 때문에 또 현재의 도시 구조나 자본 구성 등 때문에 가족 관계가 주어지며, 가족은 비록 여러 측면에서 손상당하기는 했지만, 여전히 남아 있다. 왜냐하면 가족은 시민 사회의 의지와는 무관하게 돌아가는 생산방식과 연관해 현존하는 것이 불가피하기 때문이다. 이런 가족의 불가결성은 프랑스 혁명 가운데 가장 현저하게 나타난다. 왜냐하면 프랑스 혁명 중에서 한동안 가족은 법적으로 폐지된 것이나 마찬가지였기 때문이다. 〈W, 165〉가족은 심지어 19세기에도 여전히 계속된다. 다만 차이가 있다면 가족을 해체하는 활동이 가족의 개념 때문이 아니라 더 발전한 산업과 경쟁 때문에 더 일반화됐다는 것이다. 가족은 여전히 계속된다. 그런데도 그 해체는 이미 오래전에 프랑스와 영국의 사회주의자를 통해 선포됐으며 마침내 프랑스 소설을 통해 독일의 교회 장로[Kirchenvater]에게까지 침투했다.

일상적인 삶에서 이념이 지배하는 예를 하나 더 들어보자. 학교 교사는 자기가 봉사하는 대의가 성스러우므로 비록 봉급이 하찮더라도 위안을 받을 수도 있다.(그런 위안은 오직 독일에서나 일어날 수 있을 것이다), Jacques le bonhomme〈촌티 나는 바보〉는 이런 상투적인 위안이 교사가 낮은 봉급을 받는 원인이라고 진정으로 믿는다.(100쪽) 그는 요즈음 부르주아 세계에서 성스러운 것을 유기하기 위해서는 실제의 돈이 든다고 믿는다. 그러므로 그는 프로이센 국가의 재정이 궁핍하지만,—그 궁핍함이야 특히 브라우닝[385]을 참조하면 알겠지만,—"성스러운 것"을 폐지함으로써 국가의 재정이 증대될 수만 있다면, 모든 마을 교사들이 갑자기 장관과 같은 봉급을 받을 수도 있을 것이라고 믿는다.

난센스에도 위계 체제가 있는 모양이다.

위대한 미슐레가 말했듯이 위계 체제라는 〈수, 22a〉장엄한 돔 [Dom]의 초석이 되는 것은 "때로" "사람"의 행위이다.[386]

"때로 사람은 두 부류로 즉 교양을 가진 사람과 교양이 없는 사람으로 나누어진다."(때로 원숭이는 두 부류로 즉 꼬리가 있는 놈과 꼬리가 없는 놈으로 나뉜다는 주장이군.) "첫 번째 부류는 자기 이름에 걸맞게 행동하는 한 사상과 정신에 몰두한다." 이들은 "그리스도 탄생 이후에 지배하는 자였으며, 그들의 사상에 대한 …. 권위를 요구했다." "교양이 없는 사람(동물, 아이, 흑인)은 사상보다 "힘이 약하며, 사상을 통해 지배받는다. 이것이 위계 체

---

385 W주 78) 브라우닝, 『대영제국의 내적이며 재정적인 조건』, London, 1834- 이 책은 먼저 대영제국의 외교 정책에 대한 간략한 개요를 제시하고 그다음에 프랑스, 오스트리아, 프로이센의 통계와 정책을 소개한다.

386 W주 79) 미슐레Carl Michelet, 『칸트에서 헤겔에 이르는 독일철학 체계의 최근 역사Geschichte der letzten Systéme der Philosophie in Deutschland von Kant bis Hegel』

GA2주 참조) 미슐레의 정확한 표현은 이렇다. "헤겔의 『정신현상학』이라는 압도적인 돔의 장엄한 결론"

제의 의미이다."

⟨GA2, 235⟩그러므로 다시 말하자면 교양을 가진 사람[Die Jebildeten](청년, 몽골인, 신시대인)은 오직 "정신 *자체*"에, 순수한 사상 등에 몰두하므로, 직업적인 형이상학자, 궁극적으로는 헤겔주의자다. "따라서" 교양이 없는 사람[die Unjebildeten]은 비-헤겔주의자다.[387] 헤겔은 의심할 바 없이 헤겔주의자들 가운데서는 가장 교양을 갖춘 자였다. 그런 헤겔을 보면 필연적으로 "가장 교양을 갖춘 사람조차도 얼마나 사물을 동경하는가 하는" 사실이 드러난다. 즉 교양을 갖춘 사람과 교양이 없는 사람은 서로 부딪히며 서로 침투하며[ineinander und aneinander] 따라서 모든 인간의 내부에는 교양이 없는 사람은 교양이 있는 사람과 마주친다는 것이다. 이제 헤겔에서 사물에 대한 동경 즉 교양이 없는 사람을 향한 가장 강한 동경이 드러난다. 그러므로 이를 통해 가장 교양을 갖춘 사람[der Allerjebildetste]이 동시에 가장 교양이 없는 사람[Unjebildetste]이라는 사실도 드러난다. "거기(즉 헤겔)에서 사상은 실재에 전적으로 상응해야 하며 어떤 개념도 실재성 없이 존재해서는 안 된다"라는 말이 있다. 이 말은 이렇게 해석돼야 마땅하다: 즉 실제에 관한 일상적인 관념이 전적으로 철학적인 표현을 획득해야 한다. 그런데 헤겔 자신은 이제 거꾸로 철학적인 표현은 그것에 상응하는 실제를 창조한다고 생각된다. Jacques le bonhomme⟨촌티 나는 바보⟩는 ⟨W, 166⟩헤겔이 그의 철학에 대해 가진 환상을 헤겔 철학의 본래 액면가인 것처럼 받아들였다.

---

387 CW주) 여기서 저자는 "교양을 갖춘"이나 "교양이 없는", "가장 교양이 갖춘"이라는 말에 대해 베를린 방언을 사용해 아이러니를 자아내고 있다.

헤겔주의자가 비 헤겔주의자를 지배하는 가운데 위계 체제의 왕좌에 올랐던 헤겔 철학이 이제 최후로 남은 세속의 왕국을 정복한다.

"헤겔의 체계는 〈수, 22b〉사유의 최고 전제군주이자 사유의 유일무이한 독재였으며, 정신의 *전능*이며 *전권*[全權]이다."(97쪽)

여기서 우리는 헤겔 철학이 세운 정신의 왕국으로 들어가게 된다. 그 왕국은 베를린에서 할레Halle와 튀빙엔Tübingen까지 펼쳐져 있으며, 바이어호퍼388 씨가 그 왕국의 역사를 서술했고, 위대한 미슐레는 그 왕국의 표준 대강[大綱]을 만들었다.

이런 정신적인 왕국을 마련한 것은 프랑스 혁명이었다. 프랑스 혁명은 "*사물*이 *사물*에 *대한 관념*으로 변화되게 한 것밖에는 아무것도 한 적이 없다."(115쪽, 위에서 혁명에 관해 헤겔이 말한 것을 참조하라. W, 158쪽)389 "이런 방식으로 사람들은 여전히 국민[Staatbürger]으로 머물렀으나"(사실 "슈티르너"에게서는 이런 국민화가 그 이전에 일어났다. 그러나 "슈티르너가 말한 것은 그가 생각한 것이 아니며 그가 생각한 것

---

388   W주 80) 바이어호퍼Karl Theodor Bayrhoffer, 『철학의 이념과 역사Die Idee und Geschichte der Philosophie』

389   역주) GA2 텍스트에서는 쪽 수 표시 자리가 비어있다. 그러나 W주에서는 이를 『독일 이데올로기』(W) 158쪽이라고 밝힌다. 이는 GA2의 227쪽에 해당한다. 이 자리에서 다음과 같은 헤겔의 말이 발견된다: "그래서 우리는 프랑스 혁명에서 추상적 사상이 지배해야 한다는 주장을 보게 된다. 그런 주장에 따르면 헌법과 법률은 추상적 사상을 통해 규정돼야 한다. 추상적 사상은 인간 사이에서 끈을 형성해야 한다. 인간은 자기에게 가치가 있는 것은 추상적 사상이라는 것 즉 자유와 평등 등이라는 사실을 의식해야 한다."(헤겔, 『철학사 강의』, 3권, 132쪽)

을 그는 말할 수 없다."(『비간트』, 149쪽) 이윽고 "사람들은 반성에 들어갔다. 즉 사람들은 자기가 반성한 대상을 소유했으며 또(per appos〈같은 말이지만〉) 그 대상을 경외하고 두려워했다." 슈티르너는 98쪽에서 한번 이렇게 말한 적이 있다: "지옥으로 가는 길은 선의[Vorsätzen]로 포장된다." 그에 반해서 우리는 이렇게 말한다: 유일자로 가는 길은 나쁜 중언부언[Nachsätzen][390]으로 포장된다. mit Appositionen〈같은 말이지만〉그 중언부언이란 그가 중국인에게서 빌려온 "하늘 사다리"이며, "객관적인 것으로 향하는 밧줄"(88쪽)이어서, 그 위에 슈티르너는 "벼룩처럼 뛰어오르곤" 한다. 이에 따르면 "근대 철학 또는 근대"에서-정신적인 왕국이 하늘에서 굴러떨어져 내려온 온 이래로 근대가 근대의 철학과 다를 리가 있겠나 마는-"쉽게 할 수 있었던 일이란〈GA2, 236〉곧 현존하는 객체를 관념으로 즉 개념으로 변화하는 일"이다.(114쪽), 성 막스가 계속해온 일이란 이런 것이다.

우리가 이미 보았지만, 슈티르너가 나중에 그의 믿음을 통해 옮겨 놓았던 "산들이 생기기 전에"[391] 이미 그의 책의 첫머리에서 그가 세워 놓은 "장엄한 돔"이라는 위대한 결과를 향해 가련한 얼굴을 지닌 우리의 기사[392]는 채찍을 가하며 질주했다. 그의 "회색빛 말" 곧 그와 Apposition〈한 몸인[동격인]〉존재는 그가 기대하는 만큼 충분히 빨리

---

390   CW주) 독일어 말장난: 'Vorsatz'-주견문, 의도를 동시에 의미하며 'Nachsatz'-결론 또한 부언을 동시에 의미한다.

391   CW주) 『시편』, 90장 2절: 산들이 생기기 전에, 땅과 세계가 생기기 전에, 영원부터 영원까지, 주님은 하나님이십니다.

392   역주) 돈키호테를 지칭한다. 슈티르너를 풍차를 향해 돌진하는 돈키호테에 비유했다.

뛰어오를 수 없었다. 마침내 이제 114쪽에서 그는 자기의 목표에 도달했으며, "또는[Oder]"이란 전능한 말을 통해 *근대*를 *근대철학*으로 변신시켰다.

이로써 고대(즉 고대이면서 새로운, 흑인적이며 몽골인적인 시대, 그러나 본래 슈티르너 이전일 뿐인 시대)는 "그 최종 목표에 도달했다." 우리는 이제 성 막스가 그의 책 1부 전체에 "*인간*"이라는 제목을 부여하고, 그의 전체 마법의 역사, 유령의 역사, [가련한] 기사의 역사를 "인간"*의* 역사로 사칭했던 이유를 해명할 수 있게 된다. 〈W, 167〉인간의 이념과 사상은 말할 것도 없이 그 자신에 관한 또한 그의 상황에 관한[über] 이념과 사상이었으며 *자기에서* 나오는[von sich] 의식이며 다시 말해 인간 *일반*에서 나오는 의식이었다. 왜냐하면 의식이란 개인 속에 있는 의식일 뿐만 아니라, 인간이 사는 전체 사회와 연관해 그리고 전체 사회에 관해 개인이 가지는 의식이었기 때문이다. 인간에서 독립적이면서 인간이 그 속에서 자신의 삶을 생산하는 조건, 이 조건과 연관된 필수불가결한 교류 형식, 이것을 통해 주어지는 개인적이며 사회적인 관계는 사상 속에서 표현되는 한에서 형식상 관념이라는 제약과 관념에 적절한 논리를 따를 수밖에 없으며 다시 말해서 인간의 개념에서, 인간의 본질에서, 인간의 본성에서, 인간 자체*에서* 도출되는 규정을 통해 의식 속에서 표현된다. 인간이 무엇이었는지, 그 관계는 어떤 것이었지는 의식 속에서 인간 *일반에서 나오*는, 인간의 현존 방식에서 나오는, 인간의 세부적인 개념 규정에서 나오는 관념을 통해 나타났다. 이데올로그들이 이념이나 사상이 지금까지 역사를 지배했다거나, 그런 이념과 사상의 역사가 지금까지 역사의 모든 것이라고 일단 전제한 이상 또 실제 관계가 인간과 그의 관념적 관계 즉 개념 규정을 지향한다고 공상한 이상, 의식의 역사, 이념의 역사, 성스러운 것의 역사, 고정 관념의 역사를 "인간"의 역사라고 부르거나 이런 역사를 실제에 뒤집어씌우는 것보다 쉬운 것은 없었다. 성 막스를 그의 선구자 모두에서 구별해주는 특징은 관념을 생산했던 실제 삶에서 그가 자의적으로 자기를 고립하는 가운데 〈GA2, 237〉이런 관념이 무엇을 의미하는지에 관해 *아무것도* 그는 모른다는 점이다. 또한 헤겔의 이데올로기를 베끼는 가운데서도 그가 이룬 허망한 창조는 그가 베낀 것이 무엇인지도 모른다는 것 다시 말해 그 자신의 무지를 확인해주는 것만 골라서 그것에 한정해 그가 베낀다는 것이다. 이 정도만 보더라도, 그가 인간의 역사에 관한 그의 환상과 개인이 실제로 겪는 역사를 *유일자*라는 형식을 통해 어떤 방식으로 대면하게 할 수 있을지가 드러난다.

유일자의 역사는 처음에는 〈수, 23〉아테네의 스토아[393]에서 시작되고, 나중에는 거의 전적으로 독일에서 생겨나며, 최종적으로는 베를린의 쿠퍼그라벤Kupfergraben 거리[394]에서 일어난다. 거기가 바로 "근대 철학 또는 근대"의 독재자가 자신의 궁성[宮城]을 세운 장소이다. 이런 사실을 본다면 민족적으로나 지역적으로 얼마나 배타적인 사건이 여기서 취급되는가를 분명히 알 수 있다. 성스러운 막스는 세계사 대신 *독일의* 신학과 철학의 역사에 관한 몇몇 언급, 게다가 정말 형편없고 잘못된 언급만을 우리에게 전달한다. 한 번쯤 겉보기에 독일 바깥에서의 사건을 언급할 때가 있다면, 그것은 예를 들어 프랑스 혁명과 같이 〈W, 168〉다른 민족의 행위와 사상이지만, 독일에서, 그것도 쿠퍼그라벤 가

---

393 W주 81) 철학자 키티온의 제논(336~264 BC)이 강의를 한 장소

394 W주 82, CW주 59) 쿠퍼그라벤Kupfergraben 거리-베를린의 [슈프레 강, 왕궁 옆] 운하를 따라 난 거리의 이름, 헤겔이 이 운하의 제방 위에 살았다.

에서 "그 최종적인 목표에 도달하는" 것이기 때문이다. 오직 독일 민족이 행한 사실만이 인용되며, 독일 민족의 방식에 따라서 그런 사실이 취급되며 파악된다. 그 결과는 민족적-독일적인 것으로 남는다. 그러나 그런 것조차 충분하지 못하다. 우리의 성스러운 자가 전하는 견해나 교양은 독일적일 뿐만 아니라, 철저히 베를린적이다. 헤겔의 철학에 부여된 역할은 헤겔 철학이 베를린에서 수행한 역할과 동일하며, 슈티르너는 심지어 베를린을 세계 또한 그 역사와 혼동한다. "청년"이란 베를린인이고 선량한 시민이며, 이런 시민이 그의 책의 곳곳에서 만나게 되는 자이며 즉 베를린의 술집에서 사구려 맥주를 들이켜는 속물이다. 전제가 그러하니 당연히 민족적으로나 지역적으로 편견에 사로잡힌 결과만이 나올 뿐이다. 슈티르너의 철학 형제단 전체 가운데 슈티르너가 가장 약한 자이며 가장 무지한 자인데, 슈티르너와 그 형제단은 팔러스레벤 Fallersleben 출신인 비장한 호프만이 쓴 아래와 같은 비장한 시구에 관해 살아있는 주석을 전달해준다.

"오직 독일에서만, 오직 독일에서만
나는 영원히 살고 싶도다."[395]

우리의 비장한 성자는 베를린 지역주의에 부합하는 결론 즉 전체 세계는 헤겔의 철학에서 완성됐다는 결론 덕분에 큰 비용을 들이지 않고서 고유한 세계 왕국에 이를 수 있다. 헤겔의 철학은 모든 것을 사상으로, 성스러운 것으로, 허깨비로, 정신으로, 영혼으로, 유령으로 변화

---

[395] W주 83) 호프만Hoffmann von Fallersleben의 시, 「오직 독일에서만」『방랑 편』

시켰다. 슈티르너는 이런 것들을 그의 공상 속에서 극복하려고 투쟁할 것이며, 이런 것들의 시체 위에 자신의 "고유한", "특유한", "생동적인" 세계왕국 즉 "진짜 건달"의 세계 왕국을 건립할 것이다.

〈GA2, 238〉"왜냐하면 우리의 *싸움*은 *피와 살을 가진 사람들을 상대로 하는 것이 아니라, 통치자와 권세가들과 이 어두운 세계의 지배자와 하늘에 있는 악의 영을 상대로 하는 것이기* 때문입니다."(『에베소서』, 6장 12절)

이제 "슈티르너"는 사상과의 싸움을 완료하기 위해 무릎을 펴고 일어선다. 그는 "신앙의 방패"를 굳이 부여잡을 필요조차 없다. 왜냐하면 그는 신앙의 방패를 한 번도 내려놓은 적이 없기 때문이다. 〈수, 23a〉재앙의 "투구"와 멍청함의 "검"으로 무장하고서 그는 투쟁에 나선다. "성스러운 자에 대항해 싸우는 것은 그가 결정할 것이지만, 그것을 이기는 것"은 그가 결정할 일이 아니다.(『요한계시록』, 13장 7절)[396]

구약 편 5절 자기식으로 역사를 구성해 놓고 흐뭇해 하는 슈티르너

우리는 19쪽에서 청년이 어른으로 이행한 단계를 지나, 90쪽에서 몽골인적 코카서스이이 코카서스인적 코카서스이으로 변화되이 "자기를 발견한" 단계도 지나 어기까지 왔다. 〈W, 169〉우리는 비밀에 싸인

---

396   역주)『요한계시록』, 13장 7절: 그 짐승은 성도들과 싸워서 이길 것을 허락 받고 또 모든 종족과 백성과 언어와 민족을 다스리는 권세를 받았습니다.
역주) 마르크스 엥겔스는 이 구절을 약간 변형해 슈티르너를 비꼬고 있다.

개인이 자기를 발견하는 세 번째 단계에 있다. 성스러운 막스는 그런 개인의 "고된 생존 투쟁"을 우리 눈앞에 펼쳐 보인다. 이제 우리는 역사를 모두 지나왔다. 그동안 대량의 자료를 섭렵[涉獵]했으니, 몰락한 인간의 어마어마한 시체 더미를 한번 되돌아보아야 하겠다.

성스러운 막스는 그가 역사를 구성했다는 사실을 벌써 오래전에 망각하고서는 이다음에 나오는 쪽에서 "이미 오래전부터 천재가 세계 역사를 새로이 생산하는 창조의 여신으로 여겨진다"라고(214쪽) 주장한다. 우리가 알기로 그가 그렇게 주장[자화자찬]하더라도 그의 가장 악의에 찬 적조차 적어도 *그가 구성한* 역사를 흠볼 수 없을 것이다. 왜냐하면 이때 역사를 구성하는 자는 천재는 말할 것도 없이 어떤 인격조차도 아니며 다만 일그러진 채 화석화된 사상이나 헤겔이 말한 뒤바뀐 아이[397]일 뿐이기 때문이다.

Repetitio est mater studiorum〈반복이 배움의 어머니이다〉. 성 막스는 전체 역사를 "철학이나 시대"에 바쳤으니 이 기회에 다만 헤겔이 남긴 잠정적인 연구 중 몇 가지 정도는 살펴볼 수 있었을 것이다. 그러나 결국 그는 자기의, 전적으로 유일자적인 역사를 다시 한번 반복하고 만다. 그런데 그가 자연의 역사로 관심을 전환하자, 마찬가지의 일이 일어난다. 그가 관심을 자연의 역사로 전환하자 "유일자적인" 자연과학이

---

397 GA2주 재인용) 헤겔은 『정신현상학』에서 계몽과 신앙의 투쟁을 설명하면서 바뀐 아이라는 말을 사용한다. 즉 신앙이 나무 조각을 신이라고 믿을 때, 계몽은 그게 나무 조각에 불과하다고 비판한다. 그러나 신앙 역시 그게 나무 조각에 불과하다는 것을 이미 알며, 다만 그 나무 조각은 자신의 마음속의 어떤 것을 상징하는 것으로 생각하면서 그 마음속의 것을 경배할 뿐이다. 그런 점에서 헤겔은 계몽의 비판 대상을 뒤바뀐 아이라고 말한다.

열릴 중요한 열쇠가 제공된다. 이런 사실에서 슈티르너에게서 "세계"가 주요한 역할을 해야 할 때마다 그가 세계를 곧바로 〈GA2, 239〉자연으로 바꾸어놓은 이유가 설명된다. "유일자적인" 자연과학이란 곧바로 자연과학이 무기력하다는 것을 인정하는 데서부터 시작한다. 유일자적인 자연과학은 현존하는 관계나 산업과 자연과학을 통해서 주어지는 관계를 고찰하지 않으며, 자연에 대한 인간의 환상적인 관계를 공인한다. "인간이 정복할 수 있는 것이 몇 가지나 있으랴! 그는 태양이 자기의 궤도를 돌고 바다의 파도가 밀려오고, 산이 하늘에까지 솟아나는 것을 그저 보고 있을 수밖에 없다."(122쪽) 성 막스는 모든 성자와 마찬가지로 기적을 사랑하되 그런데도 다만 논리상의 기적을 성취하는 데 그치니, 그는 태양이 캉캉 춤을 추게 하지 못하는 것에 짜증 내며 바다를 정지하게 하지 못한다고 비탄하며, 산이 하늘까지 치솟게 할 수밖에 없다는 것에 대해 격분한다. 124쪽에서 보듯이 세계는 〈수, 25〉이미 고대가 끝난 시기에 "산문화"됐지만, 우리의 성자에게 세계는 여전히 최고로 시적인 존재인 모양이다. 그에게서는 지구가 도는 것이 아니라 여전히 태양이 돌고 있다. 그는 à la Josua〈여호수아 모양으로〉"태양아, 머물러라"[398] 하고 태양에게 명령할 수 없다는 것을 한탄한다. 123쪽에서 슈티르너는 다음과 같은 사실을 발견한다. 즉 고대 세계 끝에 "정신은 끊임없이 다시 끓어오른다"는 사실이다. "왜냐하면 정신의 내면에는 가스(영혼)가 발생하고 있으며, 외부에서 다가오는 기계적인 충격이 자동하지 않게 되지, 내부에서 야기되는 *화학*[chemisch]적인 〈W, 170〉긴장

---

398 CW주)『여호수아』, 10장 12절: 주께서 아모리 사람들을 이스라엘 지손에게 넘겨주신 날에, 여호수아가 주께 아뢰었다. 이스라엘 백성이 보는 앞에서 그가 외쳤다. 태양아, 기브온 위에 머물러라! 달아, 아얄론 골짜기에 머물러라!

으로 놀랄만한 유희가 발생하기 시작했기 때문이다."

이 문장은 유일자적인 자연철학을 폭로하는 최고로 중요한 사실 자료를 포함하고 있다. 유일자적 자연철학은 이미 앞의 쪽에서 다음과 같은 결론에 도달했다. 즉 자연은 인간이 "정복할 수 없는 것"이라는 결론이다. 세속적인 물리학은 결과를 발생하지 않는 물리적인 충격이 무엇인지 전혀 알지 못한다.-*유일자적인* 물리학만이 그런 충격을 발견하는 업적을 이루었다. 세속적인 화학은 "화학적 긴장"을, 그것도 "내면에서" 발생하는 어떤 가스도 알지 못한다. 그러나 이 가스가 새로운 혼합물이자 새로운 화학적 비례를 갖춘 것이라면 어떤 긴장을 일으키지는 않으며, 기껏해야 이완[Abspannung]할 뿐이다. 왜냐하면 그 가스는 액체 상태의 집적상태 속으로 이행하면서 부피가 이전보다 수천분의 일 이하로 줄어들기 때문이다. 성 막스가 자기 "내면에서" "가스" 때문에 긴장을 감지한다면, 이런 긴장은 최고로 "기계적인 충격"이지, 결코 "화학적인 긴장"은 아니다. 그런 긴장은 일정한 혼합물이 다른 혼합물로 화학적인 원인에 기인해 변화하는 것이거나 생리적인 원인에 기인해 변화하는 것이다. 이런 변화를 통해서 이전의 혼합물을 구성하는 성분 중의 한 성분이 기체화되면서, 이를 통해 부피가 팽창하고 이를 위한 공간이 부족하면 외부를 향한 "기계적인 충돌"이나 압박을 〈수, 25a〉일으킨다. 이렇게 "화학적인 긴장"이란 것은 실제로 존재하지 않는 것이지만, 그런데도 "내부에서"는 즉 성스러운 막스의 *머리속*에서는 〈GA2, 240〉최고로 "놀랄만한 유희를 수행한다. 우리에게 그런 사실을 알려준 것은 유일자적인 자연과학에서 그런 긴장이 수행한다고 하는 역할이다." 게다가 "화학적인 긴장"이라는 터무니없는 말이나 그리고 게다가 "내면에서 일으키는 화학적인 긴장"이란(마치 위[胃]에 대한 기계적인 충격이 그를 내면에서 자극하지 않는 것처럼) 말을 본다면 성 막스가 어떤 난센스를 생각했는지는 세속적인 자연 연구가라면 빤히 알 수 있는 사실이다.

"유일자적인" 자연과학이 작성됐던 이유가 있다면 그것은 단순히 성 막스가 "사물의 세계"에 곧 자연에 관해 이번에 몇 마디 내던지지 않고서는 고대인과 원만하게 접촉할 수 없었기 때문일 뿐이다

이미 여기서 우리가 확신을 얻는 대로 고대인은 고대세계의 끝에서 명백한 스토아주의자로 변화된다. 고대인은 "세계가 아무리 *추락*하더라도"(그러면 얼마나 자주 세계가 추락해야 한다는 말인가?) "자기의 *사슬*에서 벗어날 수 없다."(12쪽) 그러므로 고대인은 "그 고요의 하늘에서 어떤 예견되지 못한 사건[Fall]"(또는 착상[Einfall])³⁹⁹이 일어나도 "마음이 흔들리지 않는 중국인이 된다." Jacques le bonhomme〈촌티 나는 바보〉는 최후의 고대인에 대해 "외부에서 가해진 기계적인 충격이 아무 효과가 없었다"라고 실제로 믿는다. 이것이 고대 세계의 말에 로마인과 그리스인의 실제 처지에 얼마나 부합하는지에 관해서라면 즉 로마인과 그리스인의 처지가 〈W, 171〉전적으로 정처 없고 불안하게 되어서, "기계적인 충격"에 부딪혔을 때 vis inertia〈관성의 힘〉을 통해 조금 저항하기는 했지만, 그것조차 결국에는 아무 도움이 될 수 없었다는 사실은 특히 루키아⁴⁰⁰를 참조하면 알 수 있을 것이다. 로마 세계 제국이 여러 황제로 분할되고 황제들 사이의 전쟁을 통해 그리고 로마에서 소유 즉 토지 소유를 둘러싼 엄청난 경쟁이 벌어지고 그 결과 이탈리아에

---

399   CW주) 말장난: 독일어 'Fall'은 사건, 'Einfall'은 착상, 두뇌 회전, 침입 또는 붕괴를 의미한다.

400   W주 84) 루키아누스Lucianus von Samosata의 저서를 참조하라.

서 일어난 인구 감소를 통해서 또한 ⟨수, 25b⟩훈족과 게르만인을 통해서 받은 강력한 기계적 충격은 우리의 신성한 역사가에게는 "아무 의미가 없는 것으로 된다." 기독교를 "내면에서 일으켜 세웠던" "화학적 긴장", "가스"만이 로마 제국을 전복했다는 것이다. 동양과 서양 등등에서 "기계적 충격"을 통해 일어난 대지진은 수십만 명을 폐허가 된 도시 아래 묻어 버렸다. 그런 대지진에서 인간의 정신이 결코 불변적으로 머물러 있었던 것은 아니지만, "슈티르너"에 따르면 그런 대지진조차 마찬가지로 "효과가 없는 것이거나 아니면 일종의 화학적인 긴장일" 뿐이다. 그리고 "*실제로*"(!) "고대 역사는 내가 세계와 싸워서 나의 소유를 획득하게 되면서 종결된다고 한다." 이것은 성경의 잠언에 의해 증명됐다: "나의"(즉 그리스도) "모든 것은 아버지에서 받은 것이다."[401] 따라서 여기서 "나"는 곧 그리스도이다. 이때 Jacques le bonhomme⟨촌티 나는 바보⟩는 기독교인은 "그렇게 하기로 마음만 먹는다면" 산을 옮겨 놓는 일 등도 할 수 있다고 믿어 의심하지 않는다. 그는 기독교인으로서 자신을 세계의 주인으로 선언한다. 그렇다면 그런 선언은 오직 그가 기독교인이기 때문이다. 그는 자신을 "세계의 소유자"로 선언한다. "자아가 자기를 세계의 소유자로 고양하는 것을 통해서 ⟨GA2, 241⟩이기주의는 최초로 완전한 승리를 획득했다."(124쪽) 자신을 완전한 기독교인으로 고양하기 위해, 슈티르너의 자아는 투쟁을 관철할 수밖에 없었고 또한 명청함에 이를 수밖에 없었다.(오히려 산들이 생겨나기도 전에 그는 그런 일에 성공했다) "마음이 가난한 자에게 복이 있나니, 하늘

---

401 CW주)『마태복음』, 11장 27절: 내 아버지께서 모든 것을 내게 맡겨 주셨습니다. 아버지밖에는 아들을 아는 이가 없으며, 아들과 또 아들이 계시해 주고자 하는 사람밖에는 아버지를 아는 이가 없습니다.

나라가 그의 것이기 때문이니라."[402] 성 막스는 정신의 가난을 완성했고 그 때문에 심지어 그의 주인 앞에서 큰 기쁨을 느낀 것으로 유명하다.

멍청한 성 막스는 고대 세계가 해체된 후 기독교인이 환상적으로 만들어 낸 가스의 존재를 믿는다. 고대 기독교인은 세계에서 어떤 소유도 가지지 않았다. 그는 천상에 자신이 소유하는 것을 공상하면서 신에서 받은 소유 증서[Besitztitel]로 만족한다. 그는 이 세계에서 자기를 만족해줄 소유를 갖지 않고, 자신이나 동료 룸펜에게 "하나님의 소유가 된 민족"[403]이라는 인장을 찍었다(『베드로서 전서』, 2장 9절) 슈티르너에 따르면, 세계에 대한 기독교적 관념은 ⟨수, 25c⟩고대 세계가 실제로 해소되는 세계이다. 그러나 이 세계는 기껏해야 공상의 세계일 뿐이다. 공상을 통해 세계에 대한 고대적 관념이 해소되면서 도달하는 세계는 ⟨W, 172⟩그리스도가 산조차 믿음으로 옮겨놓고, 자신의 힘을 느끼면서 급기야는 "기계적인 충격[의 작용]까지도 무효가 되는" 세계이다. "슈티르너"에 의하면, 거기에서 인간은 더는 외부 세계를 통해 규정되지 않고 또한 욕구라는 기계적 충격에 밀려 생산에 나서지도 않는다. 기계적 충격 일반과 함께 성교 행위조차 그 효과를 상실했으니 그 효과는 오직 기적을 통해서만 존속할 수 있다. 물론 "슈티르너"와 같이 먹물 든, 독일적인 아름다운 정신과 학교 교사에게는 낡은 세계의 실제 소유 관

---

402 CW주)『마태복음』, 5장 3절: 미음이 가난한 사람은 복이 있다. 하늘 나라가 그들이 것이다.

403 CW주)『베드로 전서』, 2장 9절: 그러나 여러분은 택함을 받은 민족이요, 왕의 제사장들이요, 거룩한 국민이요, 하나님의 소유가 뒤 백성입니다. 그것은 여러분을 어둠에서 불러내어, 그의 놀라운 빛 가운데로 인도하신 분의 업적을, 여러분이 선포하게 하려는 것입니다.

계와 생산 관계의 변화를 서술하는 대신 소유에 관한 기독교적 환상으로 만족하는 것이 훨씬 쉬운 일이다. 소유에 관한 기독교적 환상은 실제로 기독교적인 환상을 소유하는 것과 같은 것이다.

이 Jacques le bonhomme〈촌티 나는 바보〉의 공상 속에서 원시 기독교인은 고대 세계의 소유자였지만, 실제로 원시 기독교인은 대부분 소유자의 세계에 속한 물건이었다. 원시 기독교인은 노예였고 할인되어 팔리기도 한 물건이었다. 그런데도 "슈티르너"는 자신의 역사 구성 속에서 흐뭇해하면서 부단히 앞으로 나아가 이렇게 환호한다.

"최초의 소유, 최초의 영광을 얻었노라!"(124쪽)

슈티르너가 말하는 이기주의는 같은 방식으로 소유와 영광을 얻으면서 "완전한 승리"를 쟁취하기 위해서 노력을 계속한다. 그가 생각하는 모든 소유와 영광은 원시 기독교인의 고대 세계에 대한 이론적인 태도 속에서 모범적으로 완성된다.

기독교인이 [세계를] 소유하게 되는 동기는 다음과 같다:

"세계는 신성을 박탈당했고 .... 무미건조하게 됐다. 세계는 내가 (즉 정신이) 좋아하는 대로 처리하는 나의 소유이다."(124쪽)

사실은 이럴 것이다: 세계는 신성을 박탈당한다. 그러므로 세계는 나 자신의 의식으로 본다면 나의 환상에서 벗어나 있다. 세계는 무미건조하게 됐다. 그러므로 세계는 나에게 무미건조한 것이고〈GA2, 242〉그 세계가 소중히 여기는 산문적 방식에 따라 나를 마음대로 처리하고

지배하니 세계는 결코 나를 위해 존재하는 것이 아니다. "슈티르너"는 여기서 고대에 그 어떤 무미건조한 세계도 존재하지 않았고 신적인 것이 그 세계를 지배하고 있었다고 실제로 믿는다. 이런 믿음은 제쳐놓자. 〈수, 26〉그는 [위에서 보듯] 심지어 기독교인의 관념도 날조한다. [실제] 기독교인은 자기가 세계에 대해 무기력하다는 사실을 지속해서 한탄하고 세계에 대해 승리하는 것 자체를 자기의 *환상 속에서* 그저 이상에 속하는 것으로 서술하며 이 승리를 종말의 날로 연기한다. 실제로 존재하는 세계 권력이 기독교에 편자를 박아 이용하려고 들었다. 당연한 일이지만, 그 때문에 기독교는 연고 없는 존재[weltlos]이기를 그쳤다. 비로소 이때 기독교는 자기가 세계를 소유한 자로 공상할 수 있었다. 성 막스는 마치 청년이 "아이의 세계"에 대해 잘못된 관계를 갖게 하듯 기독교인이 고대 세계에 대해 잘못된 관계를 갖게 한다. 그는 어른이 〈W, 173〉청년에 대해 잘못된 관계를 갖게 하듯 이기주의자가 기독교의 세계에 대해 잘못된 관계를 갖게 한다.

기독교인은 이제 가능한 한 빨리 멍청해지고 사물 세계의 공허함을 인식했던 것과 똑같이 정신 세계의 공허함을 인식하는 것밖에 달리 할 일이 없다. 그렇기만 하다면 기독교인은 정신의 세계를 "마음대로 처리" 할 수 있게 된다. 기독교인은 비로소 이를 통해 완전한 기독교인 즉 이기주의자가 된다. 따라서 고대 세계에 대한 기독교인의 태도는 근대 세계에 대한 이기주의자의 태도를 위한 규범을 제시한다. 이러한 멍청함을 준비하는 것이 "거의 2천 년"에 걸쳐 삶이 이룬 내용이었다. 물론 이러한 삶에서 중요한 획기적인 사건은 오직 독일의 몫이 된다.

"신성한 정신에서 *갖가지 전환*을 거쳐 이윽고 절대적 이념이 생성됐다. 절대적 이념은 다시 *여러 가지 곡절을 겪은 후 인간애, 시민적 도덕, 이성적인 것* 등이라는 다양한 이념들로 갈라졌다."(125, 126쪽)

방안에만 죽치고 앉아 있던 이 독일인은 여기서 다시 논점을 반대 방향으로 돌린다. 인간애 등과 같은 이념은 특히 18세기에 대대적으로 유행된 결과 이미 각인이 완전히 문드러진 동전과 같은 것이 됐다. 헤겔은 〈수, 26a〉이런 이념을 모두 녹여서 절대이념으로 승화했으니, 이 절대이념은 거기에 무엇을 새겼든 간에 외국에서는 프로이센의 지폐와 마찬가지로 유통되지 못했다.

슈티르너의 역사관이 일관되게 도달한 결론은 이미 여러 번 제시된 것이지만, 다음과 같다: "개념이 어디에서나 결정하는 존재이고. 삶을 통제하며 지배하는 존재여야 한다. 종교 세계는 이러한 개념이 지배하는 세계이다. 헤겔이 이를 체계적으로 표현했다."(126쪽) 다음 쪽 127쪽에서 우리의 선량한 속물은 이런 세계를 심지어 실제 세계로 오인한 나머지, 그다음 쪽에 가면 이렇게 말할 정도이다: "이제 세계를 지배하는 것은 정신 이외에 다른 것이 아니다." 이러한 광기의 세계에 고착되어서, 그는 이제 128쪽에서 우선 "제단"을 건설하고 그다음에 "이러한 제단 주변에"〈GA2, 243〉"교회의 궁륭을 세울 지경에 이른다." 이 교회의 "벽"을 받치는 기둥은 앞으로 전진하며 "항상 더 앞으로 달려나간다." "그러면 교회가 지구 끝까지 펼쳐질 것이니," 그 즉 유일자와 그의 노예 첼리가는 그 벽 바깥에 있으면서 "벽 주변을 배회하다가 결국 지구 끝으로 쫓겨나게 된다." 성 막스는 "배고픔 때문에 비명을 지르면서" 자신의 노예에게 큰 소리로 명령한다: "신성한 세계가 승리하기까지 단한 걸음만 남았다." 갑자기 첼리가는 "지구 끝에 있는 심연으로" "*떨어진다.*"[404] – 이는 작가의 뻥이다. 즉 지구는 둥그니, 교회가 온 지구에 펼쳐지더라도 심연은 단지 첼리가를 덮칠 가능성을 가질 뿐이다. 그래서 성 막스는 중력의 법칙을 전도해, 엉덩이를 하늘로 향한 채 기어오르고 〈W, 174〉 그렇게 해 "유일자적인" 자연과학을 명예롭게 만든다. 126쪽에 따르면 그에게 이처럼 쉬운 일은 없다. 왜냐하면 "사태의 본성과 관계라는 개념은" "슈티르너"에게는 있으나 마나 한 것이며, 슈티르너는 그런 관계를 "취급하거나 체결하는 데" 구애되지 않기 때문이다. 또한 첼리가 자신이 "특유한 존재이니" 첼리가가 중력과 맺었던 "관계" 역시 "특유한 것이어서" 중력의 본성에 조금도 "의존하지" 않으며 또는 "다른 사람들" 예를 들어 자연과학자들이 〈수, 26c[26b]〉 그 관계를 무엇으로 분류하든 간에 그런 것에 의존하지 않기 때문이다. 게다가 최종적으로 "슈티르너"는 사람들이 첼리가의 "행동"을 "실제의" 첼리가에게서 "분리해 그 행동을 인간적 가치에 따라 평가하는" 것을 금지한다.

성 막스는 이런 방식으로 천상에 그의 충직한 하인에게 알맞은 거처를 마련해준 후에, 그에게 특유한 수난을 향해 다가간다. 그는 95쪽에서 "교수대" 그 자체는 "신성한 색채"를 띠고 있다고 천명한다.[405] "인

---

404 GA2주 재인용) 슈티르너, 『유일자와 그의 소유』, 128쪽: "곧 교회는 지구 끝까지 펼쳐져 있다. 그리고 그대는 그 가장 먼 가장자리로 떠날 것을 강요받는다. 신성한 세계가 승리하기까지 단 한 걸음만 남았다. 그대는 심연[Abgrund]으로 떨어진다. 아직 시간이 있으니 거기에서 기운을 내라, 더는 현세주의자 근처에서 헤매지 마라, 주저하지 않고 뛰어서 문을 열고 신성한 것으로 몸을 내던지라. 만약 그대가 신성한 것을 먹어치운다면, 그대는 고유한 것을 만든 것이리라! 성체[Hostie: 聖體]를 먹어 치우면 그대는 성체에서 해방될 것이리라!"

405 GA2주 재인용) 슈티르너, 『유일자와 그의 소유』, 95쪽: "그대가 존경과 경

간은 그와 같은 것[교수대]을 접촉하는 것이 두렵다. 그 속에는 어떤 섬뜩함 즉 친숙하지 않은 것, 낯선 것이 들어 있다." 교수대가 가진 이런 낯섦을 제거하기 위해, 그는 그 교수대를 자신의 교수대로 만든다. 이는 그가 그 교수대에 자기 목을 매닮을 통해서만 완수할 수 있는 일이다. 또한 이 유다의 사자[406]는 이기주의에 이 최종적인 희생물[곧 자기의 목]을 바친다. 거룩한 그리스도가 십자가에 매달린 이유는 십자가를 재앙에서 구원하기 위해서가 아니라, 인간을 재앙에서 구원하기 위한 것이지만, 이 무도한 기독교인은 스스로 십자가에 매달리는데 그 이유는 교수대를 거룩함에서 구원하기 위해서 또는 자신을 교수대의 낯섦에서 구원하기 위한 것이다.

*****

"최초의 영광[Herrlichkeit: 榮光 또는 주권], 최초의 소유를 획득했다, 최초의 완전한 승리가 쟁취됐다!"[407] 신성한 투사는 이제 역사를 극

외감을 품는 모든 것은 신성한 것이라는 이름을 받을 만하다. 또한 그대 자신이 말하기를, 그대는 그것을 신성시해 만지기를 삼간다. 그대는 신성하지 못한 것(교수대, 범죄 등)에도 같은 색채를 부여한다. 그대는 그와 같은 것을 언급하는 것조차 끔찍하다. 그런 것들 속에는 어떤 섬뜩한 것 즉 친숙하지 못한 것, 고유하지 못한 것이 있다."

406　CW주) 『요한계시록』, 5장 5절: 그런데 장로들 가운데서 하나가 나에게 울지 마십시오. 유다 지파에서 난 사자 곧 다윗의 뿌리가 승리했으니, 그가 이 일곱 봉인을 떼고, 이 두루마리를 펼 수 있다고 하고 말했습니다.

407　GA2주 재인용) 슈티르너, 『유일자와 그의 소유』, 124쪽: "내가 세계의 소유자로 고양됐을 때, 이기주의는 최초의 완전한 승리를 획득했다. 이기주의는 세계를 극복했고, 연고 없이[weltlos] 됐으며, 우주 창조 이래 획득한 것을 자물쇠와 빗장 아래에 집어넣었다. 최초의 소유, 최초의 영광이 쟁취됐다."

복했다. 그는 역사를 사상, 순수한 사상 즉 사상에 불과한 사상으로 해소했다. 그리고 종말의 날에는 오직 사상의 군대들이 서로 대립한다. 이렇게 그, 성 막스는 당나귀가 십자가를 걸머지듯이 그의 "교수대"를 등에 걸머진 채로, 반면 쳴리가 그의 노예는 성 막스의 발길에 차여 하늘로 내동댕이쳐졌는데 떨어진 머리를 다시 그의 곁에 내민 채로 함께 사상의 군대 또는 차라리 단순한 사상의 후광과 투쟁을 벌인다. 이번에는 교훈과 금언 그리고 격언으로 가득 채운 산초 판사Sancho Pansa[408]가 주역이 되어 신성한 것에 대항한 투쟁을 떠맡는다. 반면 돈키호테Don Quixote는 그의 경건하고 충실한 노예의 역할로 등장한다. 성실한 산초는 일찍이 der caballero Manchego⟨만체고의 기사⟩[즉 Don Quixote]가 그랬던 것과 마찬가지로 용감하게 싸운다. 그러나 산초는 이 기사가 여러 번 어떤 몽골인 양치기들을 유령의 무리로 오인한 것과 같은 잘못을 범하지는 않는다.[409] ⟨수, 26c⟩⟨W, 175⟩뚱뚱한 마리토르네Maritornes [돈키호테의 애인]는 "이윽고 다양한 곡절을 거쳐서 갖가지 전환을 겪은 다음" 순결한 베를린의 여자 재봉사[410]로 변신한다. 이 재봉사는 빈혈증으로 죽어가니, 성 산초는 그녀의 죽음에 관해 애가를 부르기 시작한

---

408 역주) 세르반테스의 소설 『돈키호테 Don Quixote』에 나오는 돈키호테의 시종. 주인공 돈키호테를 그림자같이 따라다니는 시골뜨기로 매우 물질적이고 현실적이며 빈틈없는 인물이다. 여기서 쳴리가는 산초 판사로 비유되고, 슈티르너는 돈키호테로 비유되지만, 그 관계는 역전된다. 돈키호테가 산초 판사를 따라다닌다. GA2주 참조) 산초 판사는 표현능력이 부족해서 자주 격언에 호소한다.

409 GA2주 참조) 돈키호테는 두 명의 양 떼 지기가 일으키는 먼지구름 그 자체를 적군으로 오인한다.

410 CW주) 댄하르트Marie Wilhelmine Dähnhardt-슈티르너의 재혼녀.

다.-이 애가 덕분에 모든 사법 시보와 경비 부관이 다음과 같은 라벨레Rabelais의 문장을 기억하게 됐다. 곧 세계를 자유롭게 하려는 "용병이 지닌 제일의 무기란 바지 앞구멍이라는"[411] 문장이다.

산초 판사 자신이 수행한 영웅적 행위란 그가 대결하는 사상의 군대가 어떤 군대이든 간에 아무것도 아니고 공허한 존재라고 인식하는 것이다. 그 전적으로 위대하다는 행위란 겨우 단순한 인식에 그치고 만다. 그 인식이란 곧 종말의 날에 모든 것은 있었던 그대로 존속하게 허락받으며 다만 그의 관념이, 더구나 결코 실재[Ding]에 관한 관념이 아니라, 실재에 대한 철학적 상투어인 관념이 변화한다는 인식이다.

그러므로 고대인은 아이, 흑인, 흑인적 코카서스인, 야만인, 가톨릭 신자, 영국 철학, 교양이 없는 사람, 비 헤겔주의자, 사물의 세계, 실제 존재로 살았다. 그리고 근대인은 청년, 몽골인, 몽골인적 코카서스인, 인간, 신교도, 독일 철학, 교양인, 헤겔주의자, 사상의 세계, 이념적 존재로 살았다. 이렇게 예언자의 충고 속에 영원히 약속되어 있었던 모든 것이 일어났다. 그런 다음 이제 마침내 때가 됐다. 즉 고대인과 근대인, 양자의 부정적 통일은 이미 어른, 코카서스인, 코카서스인적 코카서스인, 완전한 기독교인, 노예의 형상 속에서 "거울을 통해서 본 것처럼 어렴풋한 말로"(『고린도 전서』, 13장 12절)[412] 등장했으나, 이제 우리는

---

411 W주 85) "바지 앞구멍이 용병의 유일한 무기인 것처럼"이라는 말은 고트롭 레기스Gottlob Regis가 번역한 라벨레Rabelais의 『가르강튀아와 팡타그뤼엘의 Gargantua and Pantagmel』, 3권, 8장 제목에 나오는 말을 약간 바꾼 것이다.

412 CW주) 『고린도 전서』, 13장 12절: 지금은 우리가 거울 속에서 영상을 보듯이 희미하게 보지마는, 그때는 우리가 얼굴과 얼굴을 마주 볼 것입니다. 지금은 내가 부분밖에 알지 못하지마는, 그때는 하나님께서 나를 아신 것과 같이, 내가

슈티르너의 열정과 교수대 위에서의 죽음과 첼리가의 승천 이후 영광 속에서, 가장 단순한 [이름인] 세례명으로 되돌아가서, 큰 권능과 영화[Herrlichkeit] 속에서 하늘의 구름을 타고 온다.[413] "즉 이런 말이다": 이전에 "사람"(『구약 대의』를 참조하라)은 이제 "나[Ich: 자아]"이다.-그것이 현실주의와 이상주의, 사물 세계와 정신 세계의 부정적 통일이다. 〈수, 27a[27]〉이러한 현실주의와 이상주의의 통일은 셸링의 말로 하자면 "무구별성[indifferenz]"이라고 불리거나 베를린 방언으로 말하자면 하나 마나 한 것[JleichjÜltigkeit][414]이다. 헤겔의 말로 하자면 그런 통일은 두 계기가 모두 지양되는 부정적 통일이다. 성 막스는 사람좋은 독일의 사변가답게 어느 때나 "대립의 통일"이 잠들지 않게 하지만, 그런 대립의 통일로 만족하지 않는다. 그는 "생동적인 개인"에게서 존재하는 이런 통일이 〈GA2, 247〉"온전한 사내"의 모습으로 눈앞에 나타나기를 원한다. 왜냐하면 포이어바흐는 『일화집』[415]과 『미래 철학』에서 슈티르너가 그렇게 해석하게 조장했기 때문이다. 이러한 슈티르너의 "자아"는 지금까지의 세계가 종말에 이른 다음에 나오는 존재이니, 결코 "생동적인 개인"이 될 수 없으며, Apposition〈동격〉에 기초한 헤겔적 방

온전히 알게 될 것입니다.

413   CW주)『마태복음』, 24장 30절: 그때 인자가 올 징조가 하늘에서 나타날 터인데, 그때는 땅에 있는 모든 민족이 가슴을 치며, 인자가 큰 권능과 영광으로 하늘 구름을 타고 오는 것을 볼 것이다.

414   역주) 'Jegleichjilügkeit'-'Gleichgültikeit' 즉 무차별성의 방언이다. 굳이 방언을 쓴 이유는 비꼬기 위한 것으로 보인다.

415   CW주) 포이어바흐,『철학의 개혁을 위한 예비 명제Vorläufige Thesen zur Reformation der Philosophie』

법의 도움을 받아 구성된 범주일 뿐이다. 우리는 신약을 다룰 때 이 범주가 "벼룩 뜀뛰기" 하듯 나가는 것을 추적해 보고자 한다. 다만 여기서는 이러한 자아가 결국 다음과 같은 사실을 통해 성립하게 됐다는 사실만 주목하고자 한다. 즉 〈W, 176〉기독교인이 사물의 세계에 대해 공상하는 것과 같은 방식으로 그런 자아는 기독교인의 세계에 대해서 공상한다는 사실이다. 기독교인이 세계에 대해 "공상이 짜놓은 것을" 머리속에 욱여넣음으로써 사물의 세계를 정복하듯이, 자아는 사상의 세계에 대한 일련의 환상적인 공상을 통해서 기독교인의 세계 즉 사상의 세계를 정복한다. "슈티르너"는 다음과 같이 믿는다: 슈티르너는 기독교인이 세계에 대한 자신의 관계가 그렇다고 공상하는 대로 기독교인을 믿으면서 그런 공상이 적절한 것으로 보고 마음씨 좋게도 기독교인의 그런 공상을 모방한다.

"사람이 율법의 행위와는 상관없이 믿음으로 의롭다고 인정받는다고 우리는 생각합니다."(『로마서』, 3장 28절)

헤겔은 근대 세계를 추상적 사상의 세계로 해소하지만, 그렇더라도 고대 철학자와의 대립 속에서 근대 철학자의 과제를 확정한다. 즉 고대 철학자가 "자연적인 의식"에서 해방되고 "직접 감각적인 방식에서 개인을 정화하고 개인을 사유를 통해 생겨난 대로 존재하게 하고 사유하는 실체로"(정신) "만드는" 것을 과제로 했던 것과 달리 근대 철학자의 과제는 "고정된, 규정된, 확고한 사상을 제거하는" 것을 과제로 삼는다. 이 방식이 "변증법"을 완성할 것이라고 헤겔은 『정신현상학』 26, 27쪽에서 덧붙여 말한다.[416] "슈티르너"는 〈수, 27b[27a]〉그와 같은 변증법 없이 근대 세계를 사상의 세계 속에 해소하려는 일을 수행하려 한다는 점에서 헤겔과 구별된다.

416　GA2주 재인용) 헤겔, 『정신현상학』, 26/27쪽: "그러므로 이제 노동은 개인을 직접적인 감각적 방식에서 순화해 사유된 것이면서 동시에 사유하는 실제로 빈드는 것에 머무르지 않으며, 오히려 대립물 속에서 고정되고 규정된 사상을 제거해 일반자를 실현하고 활성화한다."

구약 편 6절 자유인

여기서 "자유인"이 무엇을 해야 하는가가 『구약 대의』에서 언급된다. 이미 우리가 그렇게 가까이 다가섰던 자아가 이제 다시 언제 이를지 모르는 먼 나라로 물러났다고 해서 이게 우리의 책임일 수는 없다. 우리가 『경전』의 20쪽에서 즉각 자아로 이행하지 않는다고 해서 그게 우리의 잘못은 아니다.

구약 편 6절 A) 정치적 자유주의

⟨GA2, 248⟩성 막스주의자와 그의 선구자가 자유주의를 어떻게 비판하는가 하는 논제에 접근하는 열쇠는 독일 부르주아 계급의 역사이다. 우리는 프랑스 혁명 이래로 이러한 역사의 몇 가지 계기를 부각하고자 한다.

지난 세기 말에 독일의 상황은 칸트의 『실천이성 비판』에 완벽하게 반영된다. 역사를 통해 알고 있듯이 프랑스 부르주아가 가장 거대한 혁명을 통해 주권을 쟁취하고 유럽 대륙을 정복하는 동안에 그리고 이미 정치적으로 해방된 영국 부르주아가 산업혁명을 일으키고 인도를 정치적으로 정복하고 모든 나머지 ⟨W, 177⟩세계가 영국에 상업적으로 굴복하는 동안에, 무기력한 독일 시민은 "선 의지[der gute Wille: 善意志]"만을 성취했다. 그 밖에 아무런 성과도 남지 않더라도 칸트는 단순한 "선 의지"로 만족한다. 칸트는 이러한 선 의지의 실현, 선 의지와 욕망 충동 사이의 조화를 피안의 세계로 옮겨 놓는다. 편협한 이해를 갖고 있으므로 계급적인 공동 이해, 국가적 이해로 발전할 능력이 전혀 없었던 독일 시민의 무기력, 의기소침 그리고 비참함에 칸트의 선 의지는 전적으로 상응한다. 그러므로 독일 시민은 모든 다른 국가의 부르주아를 통해서 끊임없이 착취당했다. 이러한 편협한 지역적 이해에 상응해 한편으로 〈수, 27c[27b]〉독일 시민이 정말로 지역적이고 지방적인 편협함을 지니게 됐다면 다른 한편으로는 독일 시민은 허황한 세계시민이 됐다. 대체로 독일의 발전은 종교개혁 이래로 완전히 소시민적인 성격을 유지했다. 낡은 봉건 귀족은 대부분 농민전쟁 와중에 제거됐다. 종교전쟁 이후 남아 있는 것은, 두 부류였다. 하나는 점차로 상당한 자율성을 획득한 아주 작은 나라의 군주[Duodezfürsten]였다. 이들 군주는 절대 군주제를 가장 작고 가장 소도시적인 기준으로 모방했다. 또한 이 군주들은 매우 작은 토지의 소유자였다. 이들의 일부는 작은 궁정에 달린 약간의 재산을 탕진하고서는 소규모 군대나 정부 관청에서 얻은 작은 지위로 살아갔다.—또 다른 부류는 시골 지주[Krautjünker: 채소 키우는 지주]였다. 그들은 검소한 영국의 Squire〈기사〉 혹은 프랑스의 gentilhomme de province〈신사〉라면 부끄러워했던 삶을 영위했다. 경작은 토지 분할도 아니고 대규모 개간도 아닌 방식으로 운영됐다. 그런 경작 방식은 예속과 강제노역을 지속시켰고, 농민을 해방으로 결코 나아가게 하지 못했다. 왜냐하면 이런 경영 방식 자체는 그 어떤 활발한 혁명 계급의 출현도 허용하지 않았을 뿐만 아니라, 그런 농민 계급에 상응하는 혁명적 부르주아가 농민을 지원하지도 않기 때문이다.

〈GA2, 248〉독일 시민에 관해 여기서는 두서너 개의 특기할 만한 계기를 부각할 여지밖에 없다. 우선 특기할 만한 사실은 물레나 손 베틀에 의존하는 아마포 매뉴팩처라는 산업은 독일에서는 상당한 의미가 있었으나 이미 그 시대에 영국에서는 이 조잡한 도구는 기계 때문에 축출

됐다는 사실이다. 가장 특기할 만한 사실은 독일 시민의 네덜란드에 대한 관계이다. 네덜란드는 한자 동맹[417] 가운데 〈수, 27d[27c]〉상업적으로 중요한 유일한 부분인데 독립하자 독일을 두 항구(함부르크와 브레멘)만 제외하고는 세계무역에서 고립시켰고 그때부터 독일의 무역 전체를 지배했다. 독일 시민은 너무 무기력해서 네덜란드의 착취를 막을 능력이 없었다. 〈W, 178〉네덜란드는 비록 작은 나라였더라도 계급 이해가 발전했으므로 부르주아는 공평무사함을 지니고 또한 수는 훨씬 많지만, 분열되고 편협한 이해를 지닌 독일 시민보다 더 강한 힘을 가졌다. 이해의 분열은 정치 조직의 분열 즉 소 제후국들과 자유로운 독일 제국 도시들[Reichsstädte][418]로의 분열과 상응한다. 정치적 집중을 위한 모든 경제적 조건이 결여된 이런 소 제후국들에 정치적 집중이 어떻게 생길 수 있었겠는가? 모든 개별적 삶의 영역에서 나타나는 무기력 덕분에 어떤 유일한 신분(신분도 계급도 있다고 말하기는 어렵다. 기껏해야 구시대 신분과 아직 태어나지도 않은 계급만 말할 수 있을 뿐이다)이 배타적 지배를 획득할 수 없었다. 그 결과 모든 것을 불구로 됐으며 반[半] 가부장적인 형태로 출현했던 절대 군주제의 시기 동안에 특수한 영역이 비정상적인 독립성을 얻었으니, 이 영역은 노동 분업을 통해서 공적인 이해를 담당하게 됐다. 이 영역의 독립성이 더 발전하면서 근대적

---

417   CW주 60) 한자 동맹-독일과 다른 북유럽 상업 도시들의 동맹이다. 이 도시들은 발트해와 북해 그리고 이로 흘러 들어가는 강가에 위치했다. 한때 한자 동맹은 여러 네덜란드 도시를 아울렀다. 한자 동맹이 싹트던 시기는 14세기 후반기였다. 15세기 말로 다가가면서 한자 동맹은 쇠퇴하고 해체되기 시작했으나 1669년까지 공식적으로 지속했다.

418   역주) 1806년까지 독일에서 황제에게서 자치권을 받은 도시

관료정치[Bürokratie]가 됐다. 따라서 국가는 외관상 자립적인 권력으로 구성되고 다른 나라에는 일시적으로 존재했던 지위가-즉 이행의 단계가-독일에서 오늘날까지 유지되고 있다. 그렇지 않았더라면 결코 발생하지 않았을 정직한 관료의식이 이와 같은 국가의 처지에서 설명된다. 또한 독일에서 국가에 관해 통용되는 모든 환상뿐만 아니라, 이론가가 이 나라에서 부르주아에 대립해 갖는 외관상의 독립성, 나아가서 이론가가 부르주아의 이해를 진술하는 형식과 부르주아의 이해 자체 사이에서 나타나는 외관상의 모순도 모두 이런 국가의 처지에서 설명된다.

실제 계급 이해에 근거하는 프랑스의 자유주의가 독일에서 수용됐던 형식이 지닌 특징을 우리는 칸트에게서 〈수, 28a[28¹]〉다시 발견한다. 독일의 부르주아도 그리고 이 부르주아를 변호하는 대변자였던 칸트도 부르주아의 이론적 사상의 기반이 되는 *의지*가 물질적 이해와 물질적 생산 관계를 조건으로 하고 그것을 통해 규정된다는 사실을 인식하지 못했다. 따라서 칸트는 그러한 이론적 표현을 그것이 표현하는 이해에서 분리했고, 〈GA2, 250〉프랑스 부르주아가 물질적인 동기에서 규정한 의지를 "*자유 의지*"의 순수한 자기규정, 즉자 대자[對自]적인 의지[본래 그대로 자기를 실현하는 의지], 인간적 의지로 간주했다. 그는 그렇게 해 부르주아의 의지를 순수한 이데올로기적 개념 규정과 도덕적 요구로 변화시켰다. 그러므로 또한 독일의 소시민은 부르주아 자유주의가 공포의 지배로 나타날 뿐만 아니라 부르주아의 뻔뻔스러운 착취로 나타나자마자 이것이 부르주아 자유주의의 정력적인 실천임에도 그 앞에서 움찔하며 몸서리쳤다.

〈W, 179〉나폴레옹의 지배 아래에서, 독일 부르주아는 사재기를 소규모로 벌이면서 커다란 환상에 빠지는 짓을 이어나갔다. 그 당시 독일에서 지배적이었던 상품투기가 어떤 마음으로 실행됐는지에 관해서 지금으로서는 유일하게 접근할 수 있는 문헌적 전거를 인용하고 싶다면 성 산초는 특히 장 파울Jean Paul을 참조하면 될 것이다. 독일 부르주아는 나폴레옹을 증오했다. 왜냐하면 나폴레옹이 독일 부르주아에게 치커리[419]를 강제로 마시게 했고 주둔과 징병을 통해서 나라의 평화를 방해했기 때문이다. 독일 부르주아는 나폴레옹에 대해서는 온갖 도덕적 증오를 그리고 영국에 대해서는 온갖 경탄을 남발했다. 나폴레옹은 독일의 부정부패를 척결하고 문명화된 통신을 설립해 독일 부르주아에게 최고로 헌신적으로 봉사했던 것에 비해, 영국인은 à tort et à travers 〈wild drauflos: 닥치는 대로〉 독일 부르주아를 착취하기 위한 기회만을 기다리고 있었다. 독일 제후 역시 같은 소시민적 방식으로 독일 부르주아가 혁명에 반대하고 정통성 원리를 옹호하기 위해 투쟁한다고 공상했다. 하지만 독일 부르주아는 영국 부르주아의 용병일 뿐이었다. 이러한 일반적인 환상 속에서 〈수, 28b[28a]〉 전적으로 당연한 일이지만, 환상을 만드는 특권을 지닌 계층이나 이데올로그 즉 학교 교사, 학생, 도덕 동맹[Tugendbündle][420]은 과장된 말을 일삼았고 전반적으로 보면 환상적인 것과 초연[超然]한 것을[Interesselosigkeit]을 유사하게 부풀려서 표현했다.

---

419 CW주 61) 치커리-나폴레옹의 대륙봉쇄 정책을 암시한다.

420 W주 86) CW주 62) 도덕 동맹-1808년 프로이센에 발생한 정치적 비밀 조직체, 그 원칙적인 목표는 주민에게 애국심을 고취하고 나폴레옹 점령에서 독일을 해방하는 투쟁을 조직하며 독일에 헌정 체제를 수립하려는 투쟁을 조직하는 일이었다. 1809년 나폴레옹의 요구에 따라 프로이센 왕은 도덕 동맹을 공식적으로 해체했다. 그러나 도덕 동맹은 실제로 나폴레옹 전쟁 말기까지 지속했다.

교육받은 부르주아에 상응하는 정치적 형태는 7월 혁명[421]-중요하다고 시사할 만한 사건이 거의 없으니 그 중간 기간을 생략하자-을 통해서 외부에서 독일인에게 강요됐다. 독일의 경제적 관계가 이러한 정치적 형태에 상응하는 발전단계에 훨씬 못 미쳤으므로, 부르주아는 이러한 정치적 형태를 다만 추상적 이념으로서, 본래 대로 실현된[an und für sich] 타당한 원리로서, 경건한 소망이며 동시 상투어로서, 칸트적 방식에 따라 인간과 의지가 스스로 규정하는 것으로서, 정치적 형태가 취해야 마땅한 당위로서 받아들였다. 따라서 독일의 교육받은 부르주아는 그런 정치 형태를 다른 나라들보다 훨씬 더 도덕적이고 공평무사한 것[uninterssiert]으로 대했다. 즉 독일 부르주아는 자기에게 정말 고유한 고루함을 드러냈으니 온갖 노력을 기울였지만, 아무런 성과가 없었다.

⟨GA2, 251⟩마침내 외국과의 경쟁이 더 격렬하게 되어가고 독일이 세계와의 교류를 더는 피할 수 없게 되자, 독일의 분열된 지역적 이해가 압축되어 일정한 정도의 공통성이 출현했다. 독일 부르주아는 특히 1840년 이래로 이러한 공동의 이해를 확고하게 만들어야 하겠다고 생각하기 시작했다. 독일 부르주아는 자유주의적 국가를, 보호관세와 헌법을 요구했다. 이제 독일 부르주아는 1789년의 프랑스의 부르주아와 거의 같은 수준으로까지 발전했다.

⟨W, 180⟩만약 베를린의 이데올로그들처럼 독일 지역의 인쇄물을 읽으며 자유주의와 국가를 평가하고, 심지어 자유주의에 관한 독일 부르주아의 환상을 통한 비판에만 관심을 한정한다면, ⟨수, 28c[28¹b]⟩이런 사람들은 자유주의를 실제 이해에서 생기고 실제 이해 때문에 비로소 실제로 존재할 수 있는 것으로 파악하는 대신, 세상에 대한 가장 몰

---

421 W주 87) 프랑스의 1830년 7월 혁명을 가리킨다.

취미한 결론에 도달할 것은 당연하다. 우리가 앞에서 보았던 것처럼, 가장 최근의 시대에 이르기까지 여전히 표현되는 것과 같은 독일의 자유주의는 *진정한* 자유주의에 관해 가장 통속적인 형식으로 등장한 광신이나, 이데올로기이다. 어떻게 진정한 자유주의의 내용을 완전히 철학, 순수 개념 규정, "이성 인식"으로 전환할 수 있는지! 사람들은 부르주아적으로 된 자유주의를 헤겔과 헤겔에 의존하는 교사들이 자유주의에 부여한 숭고한 형태로만 인정하려 하니, 그토록 심히 유감인 일은 없다. 그렇기에 사람들이 결론적으로 도달한 결론은 오로지 신성한 것의 왕국에 속하는 결론이다. 우리에게 성 산초는 이 결론에 관한 한 가지 가련한 예를 제시할 것이다.

"최근" 실천계[aktive Welt]에서 부르주아의 지배에 관해서 "이런저런 말들이 너무 많았다." 그러다 보니 이미 베를린의 불Buhl이 번역한 루이 블랑[422] 등등을 통해서 부르주아의 지배에 관한 소문이 "베를린까지 들려왔고" 급기야는 성격이 느긋한 이 베를린 교사의 시선을 끌었다고 하더라도 "놀랄 일은 아니다."(『비간트』, 190쪽)[423] 그런데도 사람들

---

422 W주 88) 루이 블랑Louis Blanc의 『1830~1840년 사이의 10년의 역사 Histoire de dix ans 1830~1840』를 말한다. 루트비히 불 Ludwig Buhl이 번역한 이 책은 1844~45에 베를린에서 출판됐다.

423 GA2주 재인용) 슈티르너, 『슈티르너에 대한 논평가들』, 190쪽: "공평무사한 헤스가 여러 번 언급했다. 즉 불쌍한 베를린의 이론가들의 지혜는 『라인 신문』에서 즉 각자의 입장에 따라 헤스나 그곳의 사회주의자에서 나온다고 또한 심지어 프랑스에서 나온다고 말이다. 그는 이 사실을 특별히 성과가 풍부하고 일관적인 것으로 표현하는 습관이 있다. 그러나 유감스럽게도 그는 멍청함 때문에 아름다운 것을 더럽힌다. 그래서 예를 들어 그는 이렇게 말한다. '사람들은 최근 우리에게 생동적 개인, 실제 인간, 이념의 실현에 대해 많은 것을 말했다. 그런 것들에

은 "슈티르너"가 유행 관념을 습득하는 방법 속에 "특별히 유익하고 성공적인 표현이 끼어 있다고 말하지 않는다."(『비간트』, 같은 쪽) 이것은 이미 그가 헤겔을 표절한 데서 증명됐고 이제는 더 분명해질 것이다.

최근 자유주의자가 부르주아와 동일시된다는 주장은 우리의 학교 교사도 반대하지 않는 주장이다. 성 막스는 부르주아를 훌륭한 시민, 독일 소시민과 동일시하므로 그가 들은 것을 실제대로 그리고 유능한 작가라면 누구나 표현하는 대로 파악하지 못한다. 사실 전해진 것은 자유주의의 상투어가 부르주아의 실제 이해를 ⟨GA2, 252⟩관념적으로 표현한다는 주장이다. 그런데 오히려 그는 거꾸로, 부르주아의 최종 목적은 어떤 완벽한 자유주의자, 국민[Staatbürger]이 되는 것에 있다고 파악한다. 그에게 부르주아가 ⟨수, 28d[28c1]⟩citoyen⟨공민⟩의 진실이 아니라, 공민이 부르주아의 진실이다. 이런 독일적이고 동시에 신성한 이해는 마침내 다음과 같은 생각으로 발전했다: 130쪽에서 보듯이 "부르주아 체제"(이것은 부르주아의 지배라고 불려야만 한다)는 "사상, 다름 아닌 사상"으로 전환되고 "국가"가 "진정한 인간"으로 등장한다. 그리고 진정한 인간은 "인권"을 통해 부르주아 개인에게 인간 "의" 권리, 진정한 숭고함을 수여한다.[424]—국가와 인권에 관한 이런 환상은 ⟨W, 181⟩

대한 소식이 심지어 베를린까지 들어왔고 베를린에서 철학적인 두뇌들을 뒤흔들어 그들의 축복받은 상태에서 벗어나게 했다고 해도 사람들은 놀라지 않았다.'"

424 GA2주, 슈티르너, 『유일자와 그의 소유』, 130쪽: "그러면 그대는 인간으로 간주되며 인간에 속하는 모든 것을 가질 것이다. 국가는 진정한 인간으로 그대에게 자신의 것에 대한 자격을 부여하며 그대에게 자신의 권리를 부여할 것이다. 인간이 그대에게 자신[인간]의 권리를 부여하다니! 이것이 부르주아 주의의 말이다. 부르주아 주의는 국가가 만유의 만유이며, 진정한 인간이고, 개별자는 그 속에서 국민이라는 인간의 가치를 누린다는 사상에 불과하다."

『독불연보』에서 이미 충분히 밝혀져 있다. {〈W, 노트 41: 181-하단 주〉〈GA2, 252-하단 주〉〈수, 28d[28c1]-하단 주〉『독불 연보』에서 프랑스 혁명을 통해 선언된 인간의 권리에 관련해 이런 맥락에 따라 비판이 이루어졌다.-마르크스, 『유대인 문제에 관해』를 참조하라-덧붙여 말하자면, 경쟁을 전면적으로 "인간의 권리"로 보는 모든 생각은 한 세기 전 부르주아의 대변자 사이에 이미 발견될 수 있다.(햄프덴John Hampden, 프티Petty, 브와질베르Boisguillebert, 차일드Child 등) 부르주아를 이론적 자유주의자가 어떻게 보는가에 관해서는 계급 자체를 계급의 이데올로그가 어떻게 보는가에 관해 위에서 이미 언급했던 것과 비교해 보라.} 이 사실은 성 막스가 1845년 그의 『변호를 위한 주석』에서 마침내 주목하게 된 사실이다. 따라서 그는 이제 자유주의자로서 부르주아를 경험상의 부르주아에서 분리함으로써 부르주아를 성스러운 자유주의자로 변형할 수 있게 된다. 이것은 국가가 "신성한 것"으로 변형되고 근대 국가에 대한 부르주아의 관계가 신성한 관계, *예배*[Kultus]로 변형될 수 있었던 것과 마찬가지다(131쪽). 엄밀하게 말하자면 이것[즉 자유주의의 신성화]이 정치적 자유주의에 관한 그 자신의 비판이 최종적으로 도달한 결과였다. 즉 그는 정치적 자유주의를 "신성한 것"으로 변형한 것이었다. {〈W, 노트 42: 181-하단 주: 수고에서 삭제〉〈수, 28d[28c1]-하단 주〉[425]성 막스에게서 모든 비판은 이를 통해 그 최종 목적에 도달하며 모든 소는 회색으로 된다. 그리고 그는 동시에 이를 통해 부르주아 지배의 실제 토대와 실제 내용에 관한 무지를 고백한다.}

    성 막스가 이런 그의 소유물을 역사적 아라베스크[Arabesk]로 어떻게 치장하는지에 관해 몇 가지 예를 들어 보자. 그는 이런 치장을 위해

---

425   역주) 이 노트는 GA2에서는 빠트렸다.

프랑스 혁명을 이용하는데, 그에게 역사를 중개해 준 성 브루노는 몇 가지 안 되는 자료에 근거해 프랑스 혁명에 있었던 어떤 간단한 양도 계약을 그에게 소개했다.

바이유Bailly의 몇 마디 말에 근거해, 그것조차도 성 브루노의 『회상록』[426]에 소개된 말에 근거해 성 막스는 삼부회[Generalstaaten]의 소집을 통해 "이제까지 신민이었던 사람들이" "이제 우리는 소유자"라는 자각에 "이르렀다"라고 말한다.(132쪽) mon brave⟨이 사람아⟩. 오히려 정반대다! 진실은 이제까지의 소유자가 삼부회의 소집을 통해서 자기가 더는 신민이 아니라는 것을 표현한 것이다. 그리고 이런 자각은 일찍부터 획득됐다. 예컨대 중농주의자들[427] 속에 또 부르주아에 반대하는 측

---

426 CW주) 에드가 바우어Edgar Bauer의 논문 「바이유와 프랑스 혁명의 첫 번째 날 Bailly und die ersten Tage der Französischen Revolution」-이 논문은 브루노 바우어, 에드가 바우어 공저 『혁명 이래로 최근 역사에 대한 회상록 Denkwürdigkeiten zur Geschichte der neueren Zeit seit der Revolution』에 들어 있다.

427 W주 89) 중농주의자[Physiokraten]-이 말이 지칭하는 자들은 18세기 프랑스 정치경제학의 한 학파이다(케네Quesnay, 메르시에Mercier de la Riviére, 트로즈네 Le Trosne, 튀르고 TÜrgot 등). 그들은 중상주의에 반대해서 "잉여가치의 기원을 유통의 영역에서가 아니라 직접적인 생산의 영역에서 찾으려고 시도했으며 이를 통해 자본주의적 생산의 분석을 위한 토대를 마련했다."(마르크스) 중농주의자는 지대를 잉여가치의 유일한 형식으로 간주했으며 따라서 농업노동이 유일한 가치 생산적인 노동으로 간주했다. 그러나 이렇게 피상적으로 보기에 토지 소유를 찬양한 것으로 보이지만, 그 이면은 오히려 토지 소유를 경제학적으로 부정하고 자본주의적 생산을 인가하는 것이다(미르크스). 왜냐하면 중농주의자는 모든 세금을 지대에 부과하고자 했고 산업을 국가적인 감독에서 해방했으며, 자유로운 경쟁을 촉진했기 때문이다.

을 보자면 랭게Linguet의 『시민법 이론 Théorie des lois civiles』(1767), 메르시에Mercier, 마블리Mably에서 또한 일반적으로는 중농주의자에 반대했던 글에서 이런 자각이 표현된다. 프랑스 혁명 초기에도 브리소 Brissot, 포셰Fauchet, 마라Marat 등 Cercle social〈사회문제 연구회〉[428] 회원들이 이런 의미를 즉각 깨달았다. 라파이예트Lafayette에 반대한 민주주의자도 모두 마찬가지다. 성 막스가 사태를 정확히 파악해서 그의 역사 중개인의 얘기가 얼마나 실상과 동떨어진 것인지 알았더라면, 바이유가 하는 다음과 같은 말을 들었더라도 크게 놀라지 않았을 것이다. 바이유가 한 말은 이렇다: 〈GA2, 253〉〈수, 28[282]〉이제 누구나 소유자다. 〈이어지는 몇 줄은 쥐들이 갉아먹었다〉

실제 바이유는 이렇게 말했다: 부르주아란 소유자의 지배를 표현

---

428 W주 90, CW주 63) 사회문제 연구회—이 연구회는 민주주의를 지향하는 지식인의 대변자들이 세운 조직이다. 이 지식인은 파리에서 18세기 말 프랑스 시민 혁명의 첫해 동안 등장했다. 공산주의의 이념의 역사에서 이 연구회의 지위를 결정하는 것으로서는 그 이데올로그인 클로드 포셰Claude Fochet가 토지를 균등하게 분할하며 대규모 소유를 제한하며 노동 능력을 지닌 시민 모두에게 노동을 부여하자는 요구를 제기했다는 사실을 들 수 있다. 포셰는 프랑스 혁명을 거치면서 선포한 형식적인 평등에 대해 비판했으며 이런 비판이 미리 준비됐기에 분노한 군중의 지도자였던 자크 루Jacque Roux가 이러한 문제를 상당히 대담하게 제기할 수 있게 됐다.
GA2주 참조) 이 클럽은 '진리의 친구들'이라는 이름으로 알려졌다. 이 클럽은 형제애, 민족국가의 폐지, 보통 민주주의를 지지했다. 지롱드 당파가 만나는 장소였던 이 클럽은 지롱느의 권력이 진복된 이후 그 활동을 중단해야 했다. 나중에 테르미도르 반동 이후 클럽은 다시 활동을 시작했으며, 1799년 최종적으로 해산하기까지 프랑스 이데올로기 학파들이 많이 참석했다.

한다. 즉 소유자가 본래 의미에서 부르주아가 됐다는 것을 표현한다.

[429]{ …. 슈티르너의 발언: 1789년 7월 8일, 그렇게나 일찍부터 오툉 Autun 주교[430]와 바레르Barère가 선언한 것 때문에 입법[Gesetzgebung]에서 각각의 사람, 개인이 중요하다는 환상이 파괴됐다. 그런 선언은 입법에서 주민[commitent]은 무기력하다는 사실을 보여주었다. 대다수 의원은 [스스로] 주인이 됐다.[431] …. } "오툉 주교와 바레르의 선언"은 7월 4일에(8일이 아니다) 전자 즉 오툉 주교가 의안으로 상정한 어떤 발의[Motion]이다. 그것과 관련해서 바레르가 한 일이 있다면 다만 그가 여러 다른 사람들과 더불어 7월 8일에 그 발의를 지지했다는 것뿐이다. 그 발의는 7월 9일 확정됐다. 따라서 성 막스가 왜 "7월 8일"이라고 말하는지 그 이유는 전혀 분명하지 않다. 이 발의는 "각각의 사람, 개인이 중요하다는 등의 환상을 깨뜨리는 것"을 결코 의미하지 않는다. 오히려 그 발의는 의원에 부과된 청원 각서[Cahier]가 가진 구속력을 파괴했다. 즉 그 발의는 "각각의 사람, 개인"의 영향력과 "중요성"을 파괴한 것이 아니라 봉건적인 177개의 재판 관할구[bailliages]와 431개의 업

---

429 역주) W에서는 〈이어지는 몇 줄은 쥐들이 갉아 먹었다〉고 처리된다. GA2는 이하 { …. }에서 보듯 복원해 놓았다. 본 역서는 GA 2에 따라 이 부분을 복원해 집어넣었다.
CW주 64)에 따르면 "이 부분은 1960년대 초에 발견된 수고에서 발견됐고 독일어로 된 『사회 역사에 관한 국제 논평집』, 7권, 1962년 1호에 실려 있다. 이 텍스트는 두 쪽에 걸치며 첫 쪽 시작은 잃어버렸다"라고 한다.
GA2주에 따르면 이 부분은 원래 H11에 속했으나 H5로 옮겨졌다.

430 CW주) 탈레랑Talleyrand-1788년부터 1791년까지 오툉의 주교.

431 역주) 이 구절은 CW에 따르면 슈티르너의 『유일자와 그의 소유』, 132쪽 이하에서 나온다.

종 구획[divisions des orders]의 영향력과 중요성을 파괴한 것이다. 그 발의를 실행하면서 의회는 구시대의, 봉건적 삼부회[États généraux] 의 특징이 된 어떤 양상을 내버리게 됐다.[432] 한편 당시 문제 된 것은 인민을 대표하는 방법에 관한 올바른 이론이 무엇인가가 결코 아니었으며, 오히려 가장 실천적이고 회피할 수 없는 문제였다. 브로글리Brogli의 군대는 파리를 함정에 몰아넣으며 매일 다가왔다. 수도의 봉기는 최고조에 달했다. 테니스 코트[jeu de paume]와 어전 회의[lit de justice] 이후 2주일 동안 궁정은 한 무더기 귀족 그리고 성직자가 함께 국민의회에 대항해 음모를 꾸미고 있었다.[433] 마지막으로 여전히 존재했던 봉건적인

---

[432] CW주 65) 오툉 주교[탈레랑]의 운동-오툉 주교는 제3신분 의원단이 삼부회(사회 신분에 기초한 상의 기관)를 국민의회(나중에 제헌의회)로 전환하기로 결정한 것을 지지한 성직자 대변자 중의 한 사람이다. 그의 운동은 의회의 권력을 확대하기 위해 계획된 것이다. 그 운동이 제안한 것은 의회가 심의하는 대상이 더는 '명세서Cahiers de doléances'에서 언급된 문제에 한정되어서는 안 된다는 것이다. 이 명세서란 곧 각 신분의 구성원이 삼부회의 소집과 관련해 의원단에 준 충고와 지침의 목록이다. 그러므로 그 운동은 의원이 각각의 문제를 자신의 판단에 따라서 결정할 권리를 가져야 한다는 것을 제안했다.

[433] CW주 66) 테니스코트[jeu de paume]-베르사유 궁전에 있는 테니스코트. 제3 신분의 의원들은 1789년 6월 17일 자신을 국민의회라고 선포한 이후 6월 20일, 이 건물에서 만났다. (그 이유는 그들의 공식 회합 장소가 왕의 명령을 통해 봉쇄됐기 때문이다.) 의원단은 프랑스에 헌법을 부여하기 전까지는 해산하지 않겠다고 엄숙하게 맹세했다.
어전회의[lit de justice]-왕이 임석해 진행되는 프랑스 의회(프랑스 혁명 전 시대에서 최고 법률 기관)의 회기. 왕의 명령은 이 회기에서 발표될 때 법의 힘을 갖는다. 여기서 언급된 것은 1789년 6월 23일 삼부회의 회의다. 이 회의에서 왕은 제3 신분이 6월 17일 채택한 결정은 무효라고 선언했으며, 국민의회의 즉각적인 해산을

지역 관세 장벽 그리고 봉건적인 농업 체제 전체에서 나온 결과로 〈수, 28a[282]〉대부분 지방은 기아가 휩쓸고 있었으며, 화폐의 부족이 몸으로 느껴질 수 있었다. 당시 탈레랑 자신이 언급했듯이 본질에서 자주적인 의회[assemblée essentiellement active]가 필요했다. 그런데 귀족이나 다른 반동 집단의 청원 각서는 주민의 소망을 지적함으로써 의회의 결정이 무효라고 선언하는 기회를 궁정에 제공했다. 의회는 탈레랑의 발의를 실행함으로써 자신의 독립성을 선언했으며 의회가 필요로 하는 권력을 획득했다. 그 권력은 정치 영역에서는 정치적 형태의 틀이라는 한계 내에서만 수행될 수 있었으며 루소 등의 기존 이론을 이용하는 것을 통해서 수행될 수 있었다.(바레르Barère de Vieuzac의 『일일 보고Le point du jour』, 1789, 15, 17호 참조) 국민의회가 이렇게 걸어갔던 이유는 수많은 대중이 국민의회를 뒷받침하면서 국민의회에 촉구했기 때문이다. 그러므로 국민의회는 그렇게 함으로써 자신의 "탯줄에서 단절된, 무모하고 명백히 이기적인 의회"로 전락하는 것을 단연코 거부했다.(147쪽) 〈GA2, 254〉국민의회는 그렇게 함으로써 자신을 프랑스 대중의 진정한 기관으로 변형했다. 프랑스 대중은 그렇지 않았더라면 국민의회를 분쇄하고 말았을 것이다. 사실 프랑스 대중은 나중에 보듯이 "탯줄에서 자신을 완전하게 단절해서" 명백히 이기적으로 된 의원들을 분쇄했다. 그러나 성 막스는 중개인을 통해 역사를 전해 받았기에 여기 탈레랑의 발의에서 단지 이론적인 물음에 대한 해답을 발견할 뿐이다. 그는 바스티유 감옥을 습격하기 6일 전에 세워진 제헌의회를 교회 신부들이 교리의 핵심에 관해 논의하는 평의회로 간주한다. 다른 한편 "각각의 사람, 개인의 중요성"에 관한 물음은 민주적으로 선출된 대의 체제에서만 발

요구했으나 제3 신분의 의원들은 복종하기를 거부하고 자신의 심의를 계속했다.

생하며, 혁명 기간에는 단지 국민공회[公會]에서의 토론에서나 출현했으며, 이에 앞선 시기에 각서에 관한 물음이 그랬던 것처럼 경험적인 이유로 출현한다. 그러므로 제헌의회가 결정했던 문제는 계급이 지배하는 대의 체제와 신분이 지배하는 대의 체제[삼부회]를 구분하는 문제였다. 부르주아 계급의 정치적 지배는 각 개인의 입장에 따라 결정됐다. 왜냐하면 그런 정치적 지배는 당시에 일반화된 생산 관계에 따라서 결정됐기 때문이다. 대의 체제는 근대 부르주아 사회의 매우 특수한 산물이다. 이 체제는 근대의 고립된 개인이 부르주아 사회에서 분리될 수 없는 것과 마찬가지로 부르주아 사회에서 분리될 수 없다.

여기서 성 막스는 177개의 재판 관할구와 431개의 업종 구획을 개인으로 간주한다. 이와 마찬가지로 그는 나중에 가면 절대 군주 속에서 그리고 입헌 군주, "유령의 지배"에 대립하는 절대 군주의 "*car tel est notre plaisir*〈이것이 우리의 의지다〉(왕의 칙령의 마무리 말)"라는 말 속에서 "개인"의 지배를 본다. 또한 그는 귀족과 길드 구성원 속에서 다시 국민[Staatbürger]과 대조되는 "개인"을 본다.(137쪽)[434]

"혁명은 *기존의 것 자체[das Bestehende]*에 대항한 것이 아니었으며 오히려 바로 이런[dieses] 기존의 것 즉 *특정한 상태[Stand]*에

---

434 GA2주 재인용) 슈티르너, 『유일자의 그의 소유』, 137쪽: "개인에서 무엇이 나왔는가? 정치적 항의자가 나왔다. 왜냐하면 개인은 자기의 신, 국가와 직접적인 연결에 들어갔기 때문이다. 그는 더는 귀족 군주제에서 귀족이 아니며 길드군주제에서 수공업자가 아니며, 다른 모든 사람과 마찬가지로 그는 하나의 주인만을 즉 국가를 인식하고 인정한다. 모든 사람은 전적으로 이런 국가에 봉사하는 자이며 시민이라는 마찬가지로 영예로운 칭호를 획득할 것이다."

대항한 것이었다."(145쪽)

따라서 혁명은 지주 소유제, 세금 그리고 시시때때로 상업을 가로막는 관세 의무라는 기존 체제에 대항한 것은 아니었다는 것이다. 〈 .... 〉"[435]

*****

〈수, 29〉"슈티르너"는 이렇게 믿는다."[436]: "선량한 부르주아는 그를 보호하고 그의 원리를" 지켜주기만 한다면 "그게 절대군주든, 〈W, 182〉입헌군주든, 공화국이든 아무도 상관없다[jegleichjültig]."-물론 "선량한 부르주아", 그러니까 술통에서 김빠진 바이센[막거른 맥주]이나 즐겨 마시는 베를린의 "선량한 부르주아"에게는 그것은 "아무래도 상관없는" 일이기는 하다. 하지만 역사 속에 등장하는 부르주아의 입장은 사정이 다르다. 그런데도 "선량한 부르주아", "슈티르너"는 이 문장에서는 물론이고 이 장과 절 전체에서 프랑스, 미국, 영국 부르주아가 베를린에서 바이센을 마시는 선량한 속물과 같다고 공상한다. 위 문장에서 정치적 환상을 제거하고 쉬운 말로 하자면 다음과 같이 된다: 부르주아로서는 그 자신이 무제약적으로 지배하든 아니면 다른 계급이 그의 정치적, 경제적 힘에 필적하든 "아무래도 상관없다." 성 막스는 절대 군주든 그 누구든 부르주아를 보호 "하리라"고, 그것도 부르주아가 자신을 보호하는 것 이상으로 잘 보호 "하리라"고 믿는다. 그리고 절대

---

435 GA2주 참조) 전지 28의 두 번째 쪽은 전해지지 않는다. 아마도 슈티르너는 이 면에는 프랑스 혁명과 국가에 대한 부르주아의 관계를 서술했을 것이다.

436 역주) GA2는 본문에 "슈티르너는 .... 믿는다"라는 말이 없다. W, CW는 이 말을 복원해 넣었다.

군주가 부르주아의 "원리"까지도 보호해주리라 믿는다. 부르주아 원리의 핵심은 ⟨GA2, 255⟩chacun pour soi, chacun chez soi⟨각자 자기를 위해 살고 각자 자기를 지키게⟩ 국가 권력을 구속하는 데 있다. 다시 말해 국가권력을 부르주아를 위해 이용하는 데 있다.—"절대 군주"가 그런 일을 할 수 있어야 한다는 말인가! 그런데 성 막스여, 상업과 공업이 발전하고 경쟁이 치열한 나라면서 부르주아가 "절대 군주"에서 보호받는 나라가 있으면 우리에게 그 이름을 알려 달라.

역사 속의 부르주아를 이처럼 비역사적인 독일 속물로 바꾸고 나자, "슈티르너"로서는 "안락하게 사는 시민과 충직하게 일하는 관리"[437]밖에 다른 부르주아에게 눈 돌릴 이유가 없었다(!!) 이 둘은 "신성한" 독일 땅에서나 볼 수 있는 유령이다. 또 그런 "슈티르너"로서는 부르주아 전 계급이 한마디로 요약하자면 "순종하는 종"일 것이다.(138쪽) 이런 순종하는 종이 런던, 맨체스터, 뉴욕, 파리의 주식시장에서 어떻게 행동하는지 슈티르너가 언젠가 한 번 보면 좋을 텐데. 슈티르너는 지금 신이 난 김에 whole hog⟨분수를 넘어⟩『21개의 화살Einundzwanzig Bogen』이라는 책에 실린 어떤 고루한 이론가의 다음과 같은 말을[438] 믿는다: "자유주의는 ⟨수, 29a⟩현존 제 관계를 이성적으로 인식하는 주장이다."

---

437 GA2주 재인용) 슈티르너,『유일자와 그의 소유』, 138쪽: "그러나 안락하게 사는 시민과 충직하게 일하는 관리에게 심정이 요구하는 자유에 결여된 것이 있을 것 같지 않으므로, 충실하게 봉사하는 자는 자유인으로 간주된다. 그렇다면 봉사자는 자유인이다. 복종적인 봉사자가 자유로운 인간이다."

438 W주 91) 출전은 익명 저자 논문『아른트 임명에서 바우어 파면까지의 프로이센Preußen seit der Einsetzung Arndt's bis zur Absetzung Bauer's』이다. 이 글은 시인 허베그Georg Herwegh가 1843년 스위스 퀴리히와 빈터투어에서 펴낸 선집『스위스에서 온 21개의 화살Einundzwanzig Bogen aus der Schweiz』에 실려 있다.

나아가 그는 "자유주의자는 이성에 열중하는 자"라고 천명하기에 이른다. 이런 상투어들에서 우리는 독일인이 자유주의에 관해 품었던 처음의 환상에서 그가 여전히 벗어나지 못하고 있음을 알 수 있다. "아브라함은 희망이 사라진 때도 바라면서 믿었으므로 …. 그의 믿음을 의로움으로 인정하셨습니다."(『로마서』, 4장 18절, 22절)[439]

"국가가 많이 지급하는 이유는 그러면 선량한 부르주아가 위험부담 없이 덜 지급할 수 있기 때문이다. 국가가 후한 녹봉으로 관료를 보호하니, 그런 관료는 선량한 부르주아를 보호하는 힘, 경찰이 된다. 한편 선량한 부르주아는 기꺼이 많은 세금을 국가에 내는데 이것은 노동자에게 세금을 그만큼 적게 내기 위한 것이다."(152쪽)

이 말의 뜻은 마땅히 이러하다: 부르주아는 국가[Staat]에 세금을 잘 내고 국가[Nation]가 부르주아 대신 지급하게 한다. 그래야 부르주아 자신은 위험부담 없이 적게 낼 수 있다. 부르주아는 국가 관료[Staatsdiener]에게 많이 지급함으로써 〈W, 183〉보호해 줄 권력 즉 경찰을 확보한다. 부르주아는 기꺼이 지급하고 국가[Nation][440]가 많은 교부금을 지급

---

439 CW주)『로마서』, 4장 18절: 아브라함은 희망이 사라진 때도 바라면서 믿었으므로 너의 자손이 이와 같이 많아질 것이다 하신 말씀대로, 많은 민족의 조상이 됐습니다. 22절: 하나님께서는 이것을 그의 의로움으로 인정하셨습니다.

440 역주) 국가[Staat]는 지역적 의미가 강하다. 민족[Nation]은 혈연적 의미가 강하다. 민족은 [민족] 국가를 의미하기도 한다. 'Nation'은 문맥에 따라 민족 또는 국가 즉 [민족]국가로 번역한다.

하게 한다. 그럼으로써 부르주아는 자기가 낸 돈을 위험부담 없이 다시 자기 노동자에게(임금에서의 공제를 통해) 부과할 수 있다. 여기서 "슈티르너"는 임금은 부르주아가 프롤레타리아에게 지급하는 조세요 세금이라는 새로운 경제학을 발견한다. 한편 다른 세속 경제학자는 조세란 프롤레타리아가 부르주아에게 내는 세금이라고 간주하는 데 말이다.

이제 우리의 신성한 교부는 신성한 부르주아 체제[Bürgertum]를 다루는 데서부터 슈티르너식 "유일자적인" 프롤레타리아를 다루는 데로 넘어간다.(148쪽)[441] 이 유일자적 프롤레타리아는 "사기꾼, 매춘부, 도둑, 살인강도, 노름꾼, 주거 부정 무산자, 경솔한 자로 이루어진다."(

---

441 GA2주 재인용) 슈티르너, 『유일자와 그의 소유』, 148/149쪽: "부르주아 체제는 하나의 규범을 인정한다. 그 규범은 그것의 본질과 밀접하게 연관된다. 그 규범의 최초 요구는 다음과 같다: 인간은 안정된 직업을, 성실한 영업을 영위해야 하며, 도덕적인 변화를 이끌어야 한다. 그런 규범에서 본다면 사기꾼, 매춘부, 도둑, 살인강도, 노름꾼, 주거 부정 무산자, 경솔한 자는 비도덕적이다. 각성한 부르주아는 이런 비도덕적인 자에 대해 반대하는 신조를 그 자신의 가장 깊은 분노로 표시한다. .... 그들의 생존이 확실한 기초 위에 있지 않으므로 그들은 위험한 개인 또는 고립된 자에 속한다. 그들은 개별 항의자이며, 어떤 보장도 제공하지 못하고, 잃을 것이 아무것도 없고, 무릎쓸 아무것도 없는 자다. .... 사람들은 이 모든 사람을 방랑자라는 이름 아래 분류한다. 부르주아에게 그들은 의심스럽고 적대적이며 위험스럽게 보인다. 부르주아의 마음에 이 방랑자적인 생활방식은 마음에 들지 않는다. 그리고 정신적인 방랑자도 있어서, 그들에게 그들이 태어난 부모의 집은 너무 좁고 답답한 것으로 보여서 제한된 공간으로 만족하기 어렵기 때문이다. 그들은 절제된 사유방식의 한계 내에 머무르는 대신, 수천의 사람들에게 위안과 안정을 보장해주는 것을 건드릴 수 진리로 간주하는 대신 예로부터 내려오는 것의 모든 한계를 뛰어넘어 저돌적인 비판과 고삐 없는 회의의 욕망을 극대화한다. 이들은 극단적인 방랑자다."

같은 곳) 이들이 "위험한 프롤레타리아"인데, 이들은 어떤 순간 "고립 분산된 항의자[einzelne Schreier]"였다가 결국엔 "부랑자[Vagabonden]"가 된다. 이 부랑자라는 말을 완벽하게 표현하자면 〈GA2, 256〉"절제된 사유방식 바깥에 있는" "정신적 부랑자"이다. "소위 프롤레타리아란 *그렇게나 넓은 의미가* 있는 말이며" 또는 (같은 말이지만) "빈민이다!"(149쪽)

〈수, 29b〉151쪽을 보면 프롤레타리아의 "고혈을 국가가 빤다"고 말한다. 그렇다면 프롤레타리아 전체 속에는 몰락 부르주아와 몰락 롤레타리아 즉 *룸펜* 집단도 속한다는 말이다. 룸펜은 어느 시대나 있었다. Profane〈세속화 된〉 프롤레타리아가 대량으로 발생하기 이전에 이미 중세가 몰락하면서 룸펜이 *대규모*로 존재했다. 슈티르너가 영국과 프랑스의 입법 과정과 그 문헌을 통해 확신했던 게 바로 이런 사실이다. 우리의 성자는 "안락하게 사는 선량한 부르주아", 특히 "충직한 관리"에 대해서 그랬던 것처럼 프롤레타리아에 대해서도 똑같이 생각한다. 그런 생각에 따르자면 빈민이란 몰락한 프롤레타리아의 처지를 말하며 다시 말하자면 부르주아의 억압에 맞설 힘이 없어진 프롤레타리아가 굴러떨어진 최종 단계이며 즉 모든 에너지를 박탈당한 프롤레타리아이다. 이 점에 관해서는 시스몽디Sismonde de Sismondi[442]와 웨이드 John Wade[443]의 글을 참조해 보라. 예컨대, 그런 프롤레타리아의 입장에서 보자면 "슈티르너"와 그 동료들은 상황에 따라 충분히 빈민은 될 수

---

442 CW주) 시스몽디Simonde de Sismondi, 『정치경제학의 새로운 원리 Nouveaux principes d'économie politique』

443 CW주) 웨이드John Wade, 『중산 계급 또한 노동 계급의 역사History of the Middle and Working Classes』

있어도 결코 프롤레타리아로 간주될 수는 없다.

이상이 부르주아와 프롤레타리아에 대한 성 막스 "특유의" 생각이다. 그런데 자유주의, 선량한 부르주아, 부랑자 등에 대해 이런 식의 공상을 가지곤 아무 결실을 얻지 못한다. 따라서 슈티르너는 들어 본 적이 있는 한에서 실제 세속화된 부르주아와 프롤레타리아를 끌어들여야겠다는 필요성을 느낀다. 그래야 공산주의로의 이행을 완수할 수 있기 때문이다. 151쪽과 152쪽에 그런 내용이 있다. 거기 적힌 내용을 보면, 룸펜 프롤레타리아는 "노동자" 즉 세속화된 프롤레타리아로 변하고, 부르주아는 "시대에 따라" "간헐적으로" 〈W, 184〉일련의 변형과 굴절을 즉 "다양한 변형"과 "다중적 굴절"을 겪는다. 〈수, 29c〉어떤 줄에는 "*유산자*가 지배한다"라고 되어 있고(보통의 부르주아), 그 여섯 줄 뒤에는 "부르주아는 국가의 은총을 통해 부르주아가 된다"라고 된다(신성한 부르주아).[444] 다시 여섯 줄을 내려가면 "국가는 부르주아 체제의 상태"라고 되어 있는데(보통의 부르주아), 이어서 설명하기를, "국가는 유산자에게" "자기의 재산에 대한 세습 차용권[Lehen]을 주며", "자본가"의 "돈과 재산"도 국가가 "국가 재산"을 그들에게 차용한[Lehen] 것이다(신성한 부르주아). 그러다 마지막에 가서는 이런 전능한 국가가 다시 "유산자의 국가" 즉 보통 부르주아의 국가로 변한다. 뒤에 가면 이에 어울리는 다음과 같은 문장도 나온다: "*부르주아*가 혁명을 통해 *전능하게* 됐다."(156쪽) 슈티르너는 독일어 단어 "시민[Bürger]"을 어떤 때는 "공

---

444 GA2주 재인용) 슈티르너, 『유일자와 그의 소유』, 152쪽: "부르주아 체제의 질서 아래서 노동하는 사람은 항상 소유자, 돈과 재산 그러므로 자본가의 수중에 떨어진다. 소유자는 국가 재산을(모든 소유할 수 있는 것은 국가의 재산이며, 국가에 속하고 다만 차용권만이 개인에게 속한다) 마음대로 처분하기 때문이다."

민[citoyen]"으로 또 어떤 때는 "부르주아[bourgeois]"로, 혹은 독일의 "선량한 시민[guter Bürger]"으로 맘대로 해석한다. 만일 그가 이 독일어 단어[즉 'Bürger']의 도움이 없었다면 이처럼 "창피한" "추악한" 모순을 일으키지는 않았을 것이고, 적어도 그런 모순된 주장을 감히 공표하지는 못했을 것이다.

⟨GA2, 257⟩앞으로 더 나아가기 전에, 덧붙여 말한다면 우리의 속물이 "평정한 마음" 속에서 이루었다는 두 개의 위대한 정치-경제학적 발견에 주목해 보자. 이 두 발견은 17쪽의 "청년의 쾌락[Jünglingslust]"과 마찬가지로 "순수한 사상"이란 점에서 공통점을 가지고 있다.

우선 150쪽을 보면, 기존 사회관계에서 나타나는 모든 해악은 "부르주아와 노동자가 돈이 '진리'라고 믿는"데로 환원된다. 이 Jacques le bonhomme⟨촌티 나는 바보⟩는 전 세계 문명국에 흩어져 있는 "부르주아"와 "노동자"가 자신에 전적으로 의존해 어느 날 아침에 갑자기 "돈이 진리라는" 생각에 대한 불신을 근본 명제로 삼는 것이 가능하다는 공상에 빠져 있다. 그는 심지어 이 난센스가 가능하다면 그런 난센스로 어떤 일이나 한 것으로 ⟨수, 30⟩믿는다. 그는 모든 베를린 식자가 머리 속에서 신의 "진리" 또는 헤겔 철학의 "진리"를 폐기한 것과 마찬가지로 그는 "돈이 진리"라는 관념을 폐기할 수 있으리라고 믿는다. 화폐는 일정한 생산 관계, 교류 관계의 필연적 산물이요, 그 관계가 존속하는 한 "진리"로 남는다. 그런데 이런 사실에 대해 성 막스와 같은 성자는 아무 관심이 없다. 그는 하늘만 쳐다보며 세속의 세계에 대해서는 세속적인 그 자신의 등을 돌려버린다.

두 번째 발견은 152쪽에서 언급되는데, 그 발견의 결론은 다음과 같다: 노동자는 "일정한 국가재산"의 "세습 차용권"을 받은 "자의 소유이다.""그러므로 노동자는 자기 노동을 통해 돈을 벌 수 없다." 이 주장은 이미 인용된 151쪽의 문장 즉 국가는 노동자의 고혈을 빤다는 문장을 상술한 것에 불과하다. 여기서 보통 사람이라면 응당 다음과 같은 간단한 반성에 이를 것이다: 국가는 그럼 "노동자"에게는 왜 ⟨W, 185⟩일정한 "국가 재산"의 "세습 차용권"을 주지 않았을까? 슈티르너는 이런 반성을 하지 않는다. 놀랄 일이 아니다. 만일 성 막스가 이런 의문을 품었더라면 아마 "신성한" 부르주아 체제 운운의 이야기는 삼갔을 것이다. 왜냐하면 그는 유산자와 근대 국가 관계를 분명히 보았을 테니 말이다.

부르주아와 프롤레타리아의 대립을 통해 공산주의에 이르게 된다. "슈티르너"조차도 이 사실을 알고 있다. 그런데 과연 *어떻게* 거기에 이르는 건지, *오직* "슈티르너"만 아는 비법이 있다.

> "노동자는 엄청난 힘을 손에 쥐고 있다. …. 노동자는 그저 노동을 중지하고 노동 산물을 자기 것으로 간주하고 그것을 누리기만 하면 된다. 바로 이것이 여기저기서 타오르는 노동자 소요의 의미이다."(53쪽)

노동자의 소요는 일찍이 비잔틴 황제 제논Zeno 치하에서도 있었다. 그 소요 덕분에 ⟨수, 30a⟩하나의 법(즉 de novis operibus constituti⟨새로운 노동 법⟩)이 제정됐다. 노동자 봉기는 14세기에도 "타올랐는데", 자케리Jacquerie[445]의 난과 왓 타일러Wat Tyler의 봉기가 그것이다. 1518년

445　CW주 67) 자케리의 난-1358년 5월과 6월에 일어났던 프랑스 농민 봉기이며, 많은 도시에서 빈민이 이를 지지했다.
왓 타일러의 농민 반란-1381년 여름 영국에서 불타올랐다. 이는 런던 하층민의

에는 런던에서 evil may day〈악마의 5월 날〉[446] 봉기가, 1549년에는 제혁공 케트Ket[447]의 봉기가 있었는데 이를 계기로 에드워드 6세 치하에서 제2 조례, 제3 조례를 포함한 〈GA2. 258〉15개 조례 그리고 일련의 유사한 의회 조례가 제정됐다. 그 직후인 1640년과 1659년(이해 한 해 동안 8번의 봉기가 있었다)에는 파리에서 봉기가 있었다. 과거의 입법 기록을 살펴보면 프랑스와 영국의 경우 14세기 이래로 노동자 봉기가 자주 발생했음이 분명하다. 영국에서는 1770년 이래로, 프랑스에서는 혁명 발생 이래로 노동자가 부르주아를 상대로 폭력과 지략을 동원해 끊임없이 전쟁을 벌였다. 그런데 "슈티르너"가 보기에는 이 모든 노동자 폭동은 그저 "여기저기에[hie und da]" 그러니까 "신문을 보면 알 수 있듯이" 슐레지엔Schlesien, 포젠Posen, 막데부르크Magdeburg, 베를린 정

지지를 받았다. 하층민은 수도의 문을 봉기자에게 열어주었다. 봉기자 가운데 어떤 사람들은 예를 들어 노동자 신분의 폐지를 요구하며, 도시 평민의 이해를 수용한다.

446 W주 92) 악마의 5월 날(Evil May Day or Ill May Day)-1518년 5월 1일의 런던 시민의 봉기가 이런 이름으로 역사에 기록됐다. 이 봉기는 외국인을 고용하는 것에 반대해 투쟁했다. 봉기에서 도시 주민의 하층이 주요 역할을 담당했다. 역주) 1518년 일어난 런던 도제들의 봉기, 이들은 주로 네덜란드 플레밍 지역에서 온 값싼 외국인 이주 노동자들을 공격했다.

447 W주 93) 로버트 케드Robert kct는 1549년 영국 동부에서 농민 봉기부대 중 가장 큰 부대를 지휘했다. 이 농민봉기는 약탈된 공동 경작지를 반환하라는 피비린내 나는 탄압 입법을 반대해 투쟁했다. 봉기는 규모가 커지면서 영국 정부는 진압을 위해 외인 용병과 포병 부대로 이루어진 부대를 파견했다. 3,000 명의 농부가 이 투쟁에서 학살됐고 그보다 더 큰 숫자가 체포됐고 사형집행 됐다. 케트는 노르비치 Norwich 시의 어느 곳에서 스스로 목을 매어 자살했다.

도에 있었을 뿐이다.

　이 Jacques le bonhomme〈촌티 나는 바보〉는 이런 공상에 빠져 있다. 즉 생산자[노동자]가 "노동을 중지하더라도" 노동의 산물은 "눈요기"와 "향락의" 대상으로 계속 존재하고 재생산될 거라는 공상이다.

　앞에서 화폐를 다룰 때도 그랬듯이, 여기서도 우리의 선량한 시민은 전 세계에 흩어져 있는 "노동자"를 자기가 결단만 내리면 모든 난관에서 벗어날 수 있는 자기 완결적인 집단으로 바꾸어 놓는다. 당연한 일이겠지만, 성 막스는 1830년 이후만 보더라도 영국에서 적어도 15번의 봉기 시도가 있었고, 현재 영국에서 전체 노동자를 하나의 협의회[Assocation]로 묶으려는 또 하나의 시도가 있으며, 지극히 경험적인 이유로 이 모든 계획이 성취되지 못했다는 사실을 모른다. 또한 성 막스는 소수의 노동자가 단합해서 파업에 나서면 곧바로 혁명의 길을 밟는 것이 불가피하다는 사실을 모른다. 혁명이 불가피하다는 사실은 그가 1842년 영국 봉기나 그보다 앞선 1839년 웨일즈 봉기를 잘 살펴보았더라면 알 수 있었을 것이다.[448]〈W, 186〉〈수, 30b〉그해 즉 1839년 노동자

---

[448] W주 94) 1842년 영국 봉기와 1839년 웨일즈 봉기-19세기 40년대 초에 영국 노동자 운동(참정권 운동)에 가담했던 세력 중 한 부분은 급진적인 소부르주아이다. 이 소부르주아는 대규모 공장주가 그의 발전을 방해하자 정부에 반대하게 됐다. 소시민적 분자가 노동운동에 가담한 덕분에 이 시대 참정권 운동가는 정치적 목표를 명백하게 설정할 수 없었고, 노동운동은 분열됐다. 이 때문에 노동자의 투쟁은 심각한 후퇴를 겪었다.
1939년 웨일즈 봉기는 노동자에 대해 적대적인 분자[목사]의 성급한 권고를 받아들였나. 이런 권고 때문에 불가피하게 노동자는 초기에 진압됐으며 봉기는 노동자가 피투성이가 되어 굴복한 것으로 끝나게 됐다.
1842년 경제적 위기가 심각하게 됐다. 이는 혁명적 노동운동이 성장하는 계기가

들의 궐기는 "성스러운 달[유월절, 안식월]"에 이르러 비로소 일반적인 인민 무장이 선포되면서 포괄적으로 표현됐다. 여기서도 다시 알 수 있는 사실이지만, 성 막스는 도대체 말이 안 되는 난센스를 마치 역사적 사실에 내재하는 바로 그 "의미"인 양 사람들에게 주입하려 시도한다. 그의 이런 시도는 기껏해야 그가 즐겨 쓰는 말인 "사람들"에게나 성공할 수 있는 것이다. 역사적 사실은 그가 "개인적인 의미를 슬쩍 끼워 넣음으로써 결국 무의미한 결과가 되고 만 것이다."(『Wigand』, 194쪽)[449]

됐다. 공장주는 위선적으로 노동자의 요구를 수용했다.(노동자를 위한 한 달 휴가) 이를 이용해서 공장주는 노동자를 곡물법에 반대하는 투쟁에 동원하는 데 일시적으로 성공했다. 왜냐하면 이 곡물법을 폐지하는 것이 부르주아에게는 무역의 자유를 보장해줄 것이라는 소문이 돌았기 때문이다. 그러나 노동자가 사회적 요구를 제기하자, 부르주아는 정부군의 편으로 넘어가면서 참정권 운동의 지도자들은 체포당했다. 이런 굴복의 결과로 참정권 운동은 분열됐다. 참정권 운동은 이제부터 순수한 노동 운동이 됐다. 1848년 해체된 참정권 운동의 의미에 관해서 레닌은 "세계 속에서 영국에서 처음으로 실제적이며 광범위한 정치적으로 분명하게 각인된 요구를 들고 프롤레타리아의 혁명운동이 일어났다"라고 말했다.(레닌, 『선집』, 2권, 551쪽)

CW주 68 추가) 의회가 1839년 7월 참정권 운동가 첫 번째 청원을 거부하자, 참정권 운동은 총파업("신성한 달[유월절, 안식월]")을 호소하려 시도했다. 1839년 초 광부의 봉기가 남부 웨일즈에서 일어났으며, 이는 경찰과 정부군을 통해 분쇄됐다. 1840년 7월, 참정권 운동가 전국 회의가 세워져서 상당수의 농촌 지역 참정권 운동 조직을 통일했다. 1842년 8월 두 번에 걸친 청원을 의회가 거부하자, 노동자의 자발적인 행동이 많은 농촌의 산업 지역에서 발생했다. 랭커셔와 체셔와 요크셔의 많은 곳에서 파업이 매우 광범위하게 전개됐으며, 상당한 곳에서 자발적으로 봉기했다.

449 GA2주 재인용) 슈티르너, 『슈티르너에 대한 논평가들』, 194쪽: "사람들은

그 어떤 프롤레타리아도 그런 성 막스에게 프롤레타리아 운동의 "의미"에 대해서나 부르주아에 맞서 무엇을 해야 하는지에 대해서 자문을 구할 생각은 하지 않는다.

이상과 같은 대단한 원정을 마치자 우리의 성 산초는 다음과 같이 팡파르를 울리며 그의 마리또르네Maritornes에게 돌아간다:

"국가는 *노예적 노동*에 기초한다. *노동이 자유로워지면 국가는 폐지된다*."(153쪽)

근대 국가 즉 부르주아의 지배는 노동의 자유에 기초한다. 성 막스는『독불여보』에서 다음과 같은 생각을 종종, 그것도 아주 희화화해 빌려온다: 〈GA2, 259〉즉 종교의 자유, 국가의 자유, 사상의 자유 등등과 함께 그리고 "때에 따라" "또한" "어쩌면" 노동의 자유와 함께, 자유로워지는 것은 내[Ich]가 아니라 다만 나를 강제하는 주인 중의 한 명이다. 노동의 자유란 노동자 사이의 자유 경쟁이다. 성 막스는 다른 모든 영역에서와같이 국민 경제학에서도 매우 서툴다. 노동은 모든 문명국에서 실제로 자유로운 것이다. 문제는 노동을 자유롭게 하는 데 있는 게 아니라 노동을 폐기하는 데 있다.

묻고자 할 것이다. 즉 헤스는 도대체 그런 놀랄만한 괴상한 생각을 제공할 필요는 어디에 있었는가? 그는 그런 괴상한 생각 속에 다른 의미를 발견하기 어려울 것이다. 즉 그 의미란 그가 광고에서 했던 것처럼 그 괴상한 생각에 끼워 넣은 그 자신의 의미일 뿐이다. 그런 그 괴상한 생각은 그가 서문에서 말한 것처럼 난센스로 귀결할 것이다."

구약 편 6절 B) 공산주의

⟨수, 30c⟩성 막스는 공산주의를 "사회적 자유주의"라 부른다. 그 까닭은 1842년의 급진주의자와 베를린의 가장 선진적 자유 사상가 사이에 자유주의란 말에 대한 평판이 얼마나 나쁜지 슈티르너가 잘 알고 있었기 때문이다.(450쪽) 이렇게 말을 바꾸어 놓은 덕분에 성 막스는 용감하게도 "사회적 자유주의자"에 관해 온갖 비판을 떠들어댈 기회와 용기를 얻는다. 성 막스에 앞서서 공산주의자 누구도 사회적 자유주의를 주장하지 않았는데도 성 막스는 그것을 반박하는 것이 곧 *공산주의*를 반박하는 것이라고 가정한다.

슈티르너가 공산주의를 극복하는 방식 중 일부는 논리적인 구성이고, 일부는 역사적인 구성이다.

⟨W, 187⟩*첫 번째 논리적 구성.*

"우리는 우리가 이미 이기주의자의 종이 된 것을 알고 있으니" 스스로 이기주의자가 되려고 "노력해서는 안 된다." 오히려 우리

---

450 W주 95) 자유 사상가('Freijeister'는 'Freigeister'의 베를린 사투리. 마르크스와 엥겔스는 일부러 이들을 칭할 때 베를린 사투리로 한다)는 "자유인"을 빗댄 말. "자유인"은 1840년대 초반 베를린 청년헤겔파 서클 문인들에 대한 별칭이다. 브루노 바우어Bruno Bauer, 에드가 바우어Edgar Bauer, 에두아르트 마이엔Eduard Meyen, 루트비히 불Ludwich Buhl, 막스 슈티르너 등이 그 핵심이다. 일찍이 1842년 마르크스는 서한을 통해 "자유인"을 비판했으며, 자신이 편집하는 『라인 신문』에 그들의 내용 없는 밋밋한 글이 실리는 것을 거부했다.
CW주 69) "자유인"은 기존 체제를 추상적으로 비판했다. 그늘 주장에는 혁명적 내용이 없었으며, 극단적 형태의 주장을 하면서도 종종 민주주의 운동과 타협했다. 거기에서 몇 년 후 이 중 다수가 급진주의를 포기한다.

는 이기주의자가 불가능하게 해야 한다. 우리는 이기주의자 모두를 룸펜으로 만들고자 한다. 우리는 만인이 빈털터리가 되기를 원한다. 그런 연후에야 비로소 "만인"이 자산가가 될 수 있다.-이렇게 사회주의자는 말한다. 그러면 당신들이 "만인"이라 부르는 사람이 누구냐? 그것은 다름 아닌 "사회"다."(153쪽)

여기서 산초는 몇 개의 인용부호를 사용해서 "만인"을 하나의 인격으로 즉 인격이자 주체인 사회, 다시 말해 신성한 사회, 신성한 존재로 변형한다. 이제 우리의 성자는 스스로 뭘 해야 하는지를 안다. "신성한 것"에 대해 불같은 분노를 표출할 수 있게 된 것이다. 물론 이 분노의 표출은 공산주의를 근절하기 위한 것이다.-성 막스가 여기서 다시 *자신의* 난센스를 "사회주의자"의 입으로 사회주의자의 뜻인 양 떠들게 하고 있으니, 이 사실은 "놀랄 일"이 아니다. 성 막스는 우선 "사적 소유자로서 가지고 있음[das "Haben" als Privateigentümer]"을 "가지고 있음 자체[das Haben]"와 동일시한다.[451] 그는 사적 소유와 생산 사이의 일정한 관계를 고찰하는 대신 또한 지주, 이자 생활자, Commercant〈상인〉, 공장주, 노동자의 소유함을 각각 고찰하는 대신-이런 각자에게서 "가지고 있음"이란 〈GA2, 260〉 전적으로 특정한 형태의 가지고 있으므로, 타인

451　GA2주 재인용) 슈티르너, 『유일자와 그의 소유』, 154쪽: "그러나 인격이 똑같게 됐다고 하더라도, 그 소유는 그렇지 않다. 그러나 가난한 자는 부자를, 부자는 가난한 자를, 전자는 부자의 돈을, 후자는 가난한 자의 노동이 필요하다. 그러므로 인격으로 본다면 아무도 다른 사람이 필요하지 않지만, 누구나 제공하는 자로서, 따라서 어떤 깃을 제공해야 하는 지로서, 소유하는 자[Inhaber] 또는 점유자{Besitzer]로서 타인이 필요하다. 그러므로 누구나 그가 가진 것으로 어른[Mann]이 된다. 소유함이나 소유물에서 사람들은 다같지 않다."

의 노동에 대한 명령권으로 입증된다-성 막스는 이 모든 관계를 "가진 것들[die Habe]"⁴⁵²로 변형한다.

[….] ⁴⁵³

〈수, 32〉정치적 자유주의를 이미 실행해서 "국가"를 최고의 소유자로 만들었다. 따라서 공산주의는 그 어떤 "개인의 소유"도 "폐지"할 필요가 없다. 공산주의는 "세습 차용권[Lehen]"의 분배를 균등하게 하고 "égalité〈평등〉"을 도입하기만 하면 되는 것이다. "최고의 소유자"인 사회에 관해서 그리고 "룸펜"에 관해서라면 성 막스는 특히 1840년의 『평등주의자L'Égalitaire』⁴⁵⁴를 참고해 보라. 거기 보면 다음과 같이 구절이 있다:

"사회적 소유는 모순이지만, 사회의 부가 공산주의의 귀결이다. 푸리에Fourier는 온건한 부르주아 도덕가를 반박하며 사회악의 핵심은 소수가 너무 많이 소유하는 데 있는 게 아니라 만인이 너무 적게 소유한다는 데 있다고 수도 없이 말했다." 그러면서 푸

---

452 역주) '소유[Eigentum]'와 '가진 것[Habe]'은 구분된다. 전자는 타인의 노동에 대한 명령권이지만, 후자는 욕망을 충족하는 모든 것이다. 후자는 재산[Gut: Vermögen]라는 말에 가깝다. 마르크스는 또 '점유Besitz'라는 말을 쓰는데, 이는 힘으로 장악하다라는 뜻에 가깝다. '점유'는 때로 문맥상 '소유'라는 말과 동의어로 사용될 때도 있다. 구분이 필요한 때만 '점유'로 번역했다.

453 역주) W, GA2는 모두 주에서 이어지는 부분의 수고 4쪽 즉 전지 31쪽이 분실됐다고 설명한다. 분실된 부분은 "첫 번째 논리적 구성"의 결론과 "두 번째 논리적 구성"의 시작 부분이다.

454 역주) 『평등주의자』-사회주의 서클의 신문, 파리, 1840.

리에는 『산업의 왜곡La fausse industrie』(Paris, 1835)에서 "부자의 가난"에 대해서도 암시했다.

마찬가지로 이미 1839년에, 그러니까 바이틀링Weitling의 『조화와 자유를 위한 담보』[455]가 출판되기도 전에, 파리에서 발간된 독일 공산주의 신문인 『인민의 함성Die Stimme des Volkes』, 2권, 14쪽에 보면 다음과 같은 글이 있다:

"사적 소유는, 많은 사람이 바라는 기업인 부지런하고 인정 많고 무구한 '*사기업가*'의 삶의 풍요조차 명백히 파괴한다."[456]

⟨W, 188⟩여기서 성 산초는 공산주의로 넘어가는 과도기에 있는 몇몇 인물의 관념을 공산주의로 간주하거나 매우 약삭빠른 이유에서 정치적으로 발언하는 일부 공산주의자의 표현 방식을 공산주의로 간주한다.

소유가 "사회 자체"에 귀속하게 되면, 슈티르너는 사회의 전 구성원이 다름 아닌 무산자와 룸펜이 된다고 생각한다. 하지만 공산주의적인 사물의 질서가 무엇인가에 대한 공산주의 사회의 *구성원 자신의 생각*에 따르면 이때 그 구성원은 "최상의 소유자"를 "얻은" 것이다. 슈티르너는 선의의 마음으로 [프랑스] 혁명이 시민이란 단어를 존칭으로

---

455 CW주) 바이틀링Wilhelm Weitling, 『조화와 자유를 위한 담보』

456 CW주) 이 문장은 『미래의 신문Blätter der Zukunft』(1846, 4호)에 실린 글 「정치 사회적 격변Politischer und Socialer Umschwung」에서 인용한 것으로 보인다. 『인민의 함성』을 언급한 것은 오류일 가능성이 있다.

만들었듯이 "룸펜[Lump]"이란 말도 존칭으로 만들자고 공산주의자에게 제안한다. 그런데 이 선의야말로 그가 공산주의를 이미 한물간 물건[sache]과 혼동한다는 사실을 바로 보여주는 예다. [프랑스] 혁명이 실제로 "존칭으로 만든" 말은 슈티르너가 궁여지책으로 선량한 부르주아라고 번역하는 말 즉 혁명 당시의 "honnêtes gens〈행실이 바른 사람〉"이란 말이 아니라 sans-culotte〈상퀼로트〉[457]란 말이다. 성 산초가 이런 짓을 하는 이유는 앞으로 온다고 가정된 사람이 자신의 뺨을 3천3백 번 때려야 한다는 예언자 멀린Merlin의 말이 실현되게 하기 위함이다:

> Es menester, que Sancho tu escudero
> se dé tres mil azotes, y tre cientos
> En ambas sus valientes posaderas
> Al aire descubiertas, y de modo
> Que le escuezan, le amarguen y le enfaden.
> "그대의 종 산초는 삼천 번 하고도
> 삼백 번 채찍을 맞아야 싸다.
> 펑퍼짐한 그의 두 엉덩이를 발가벗기고
> 가해지는 그 매질은
> 정말로 그에게 아프고 불붙는 듯하고 찌르는 듯해야 한다."(『돈키호테』, 2권, 35장)

---

457 역주) 프랑스 혁명 당시의 과격한 공화주의자. "상퀼로트[sans-culotte]"는 귀족들의 반바지[culotte]를 입지 않았다는 의미다. 이들 과격 공화주의자들은 긴 바지[pantalon]를 입었다.

〈GA2, 261〉성 산초는 "사회를 최상의 소유자로 높이는 것"은 "인류의 이익을 위해 〈수, 32a〉개인의 것[Persönlich]에 가해지는 *이차적인 약탈*"로 인정하지만, 공산주의란 개인의 약탈에 대한 완벽한 약탈 그 밖의 것은 아니다. "성 산초는 의문의 여지 없이 약탈이란 것 자체를 가증스러운 것으로 간주한다. 그러므로 예를 들자면" "이미 위의 명제로 공산주의가 끝장났다"라고 그는 믿는다.(『경전』, 102쪽)[458] "슈티르너"로서는 공산주의에서 "약탈을" "냄새 맡았으니" 어찌 그런 약탈에 대해 "깊은 혐오감"과 상응하는 "격분"을 느끼지 않을 수 있겠는가!(『Wigand』, 156쪽)[459] 이것을 보면 "슈티르너"는 〈W, 189〉우리가 부르주아라고 불러주기를 요구한다. 왜냐하면 우리는 공산주의(또는 참정권 운동[Chartismus])에 대해 지지하는 글을 쓰면서 약탈과 같은 어리석은 말을 특별히 강조해 제시하지 않을 것이기 때문이다. 부르주아가 "개인의 것"이라고 간주하는 것에 대해 공산주의가 "약탈"을 단행하는 것은 당연한 일이다.

첫 번째 정리:

349쪽: "자유주의는 인간의 본질은 소유가 아니라 *소유자*라는

---

[458] GA2주 재인용) 슈티르너,『유일자와 그의 소유』, 102쪽의 본 문장은 다음과 같다: "그에게 도둑질은 의문의 여지 없이 가증스러운 것으로 간주된다. 그러므로 예를 들어 프루동은 '소유는 약탈이다'라는 명제로 소유를 낙인찍었다고 믿었다."

[459] GA2주 재인용) 슈티르너,『슈티르너에 대한 논평가들』, 156쪽: "슈티르너가 헤스처럼 이기주의 속에서 동물적 인간을 제대로 인식했거나 이기주의자에서 살인강도[약탈]를 냄새 맡았다면 어찌 그가 그런 이기주의자에 대해 깊은 혐오감과 상응하는 격분을 느끼지 않았을까!"

*존재에 있다*고 주장하면서 등장했다. 여기서 중요한 것은 개인이 아니라 인간이었으므로 개인의 특수한 이해가 어느 정도인가[das Wieviel]는 개인에게 맡겨진 문제다. *따라서* 어느 정도라는 한계 내에서 개인의 이기주의는 최고로 자유롭게 활동할 여지가 주어지며, 지칠 줄 모르는 경쟁이 허용된다."

위의 정리는 이런 의미이다: 자유주의 즉 자유주의적인 사적 소유자는 프랑스 혁명 초기에 사적 소유를 인간의 권리로 선언함으로써 사적 소유에 자유주의라는 외관을 주었다. 사적 소유자는 혁명을 일으킨 당파라는 자기 입장 때문에 인권을 선언하지 않을 수 없었다. 사적 소유자는 심지어 프랑스 지방 인민에게까지 소유의 권리를 주어야 했고 또 농촌 인민이 실제로 소유를 획득하게 허용하지 않을 수 없었다. 사적 소유자가 〈수, 32b〉이 모든 일을 할 수 있었던 이유는 그래야만 사적 소유자의 주요 관심사인 "얼마간의 자기 소유를" 온전히 보전하고 또 확보하기 때문이었다.—여기서 우리가 확인할 수 있는 것은 성 막스는 경쟁을 오히려 자유주의의 산물로 본다는 사실이다. 경쟁은 앞에서 자신에게 가해야 했던 엉덩이 타작에 대한 분풀이로 그가 역사에 가하는 엉덩이 타작이다. 자유주의와 "*동시에* 등장"한다는 선언과 "똑같은 주장"을 우리는 헤겔에게서 찾아볼 수 있다. 헤겔은 1820년 다음과 같이 말한다:

"외적 사물과의 관계에서 이성적인 것은"(즉, 이성이요 인간인 나에게 어울리는 것은), "내가 재산을 소유한다는 것이다. ..... 따라서 내가 무엇을 소유하고 얼마나 많이 소유하는가는 법적 우연이다."(『법철학』, § 49)

헤겔에게서 두드러진 것은 그가 부르주아의 상투어를 진정한 개념으로, 소유의 본질로 만들고 있다는 점인데, 바로 이것을 슈티르너가 충실히 모방하고 있다. 슈티르너는 이런 논리에 기초해서 한 걸음 더 나아가 다음과 같이 주장한다: 공산주의는⟨GA2, 262⟩

"얼마나 많이 소유하느냐는 문제를 제기했고 이에 대해 인간은 필요한 만큼 소유해야 한다고 답했다. 그런데 나의 이기주의는 이에 만족할 수 있을까? …. 아니다. 나는 내가 능력껏 장악[점유] 할 수 있는 만큼 가져야 한다."(349쪽)

여기서 명심해야 할 것은 첫째로, 공산주의는 결코 헤겔『법철학』§49나 헤겔이 말하는 "무엇을 얼마나 많이[Was und Wieviel]"⟨W, 190⟩에 관한 논의에서 비롯된 것이 아니라는 사실이다. 둘째로, 공산주의는 인간에게 무엇을 주려는 사상이 아니다. 왜냐하면 공산주의는 "인간"에 관한 한 간단한 비평적 해명과 다른 어떤 "필요"가 있다고 결코 생각하지 않기 때문이다. 셋째로, 슈티르너는 공산주의에 오늘날 부르주아가 "필요로 하는 것"을 억지로 전가한다. 그는 이런 필요를 끌어들여 ⟨수, 32c⟩남과 다른 차별성을 보여주려 하지만, 이런 차별성은 누더기 같은 것이기에 기껏해야 오늘날의 사회 속에서나, 이 사회에 대한 관념적 모사 속에서나 "개인적인 불평가"와 자유로운 여성 재봉사로 이루어진 슈티르너의 연합[Verein]에서나 감동을 주는 것이다. 이로써 "슈티르너"는 공산주의에 관한 "통찰"을 또 한 번 성취했다. 마지막으로, 성 산초는 자기 능력껏 장악[점유]할 수 있는 만큼 가질 수 있어야 한다고 요구한다.(이 요구가 만인은 능력껏 가져야 하고 자유로운 영리 활동의 권리를 가져야 한다는 부르주아의 통상적 언사가 아니라면 무엇일까?) 그러면서 그는 개인의 "능력"[460]을 자유로이 전개하고 또 관철할 수 있으려면 공산주의가 실현되어야 한다고 강조한다. 그런데 공산주의란 개인에게만 달린 문제, 개인의 "능력"에만 달린 문제가 아니다. 오히려 공산주의는 개인이 살아가는 배경인 생산 관계, 교류 관계에 달린 문제다.(「연합」장 참조) 내친김에 말하자면, 성 막스는 그 자신조차 한 번도 그의 교리에 따라 행동하지 않는다. 왜냐하면 그의 『경전』전체를 보면 그가 "필요"로 하고 사용하는 것은 모두 다 그의 "능력"으로는 "이해"할 수 없는 것들이기 때문이다.

두 번째 정리.

"그런데 사회 개혁가는 우리에게 사회의 권리에 대해 설교한다. 그런 가운데 개인은 사회의 노예가 된다."(246쪽) "공산주의자의 의견에 따르면 모든 사람은 영원한 인권을 누려야 한다."(238쪽)[461]

---

460 CW주) 슈티르너는 이 맥락에서 'Vermögen'이란 단어를 자주 쓴다. 여기서 능력으로 번역된 독일어 'Vermögen'은 능력[ability], 역량[capability]의 의미뿐 아니라 부[wealth], 재산[fortune], 수단[means], 소유[property] 등의 의미도 갖는다. 저자들은 이 점을 알고 슈티르너 비판에 이를 이용한다.

461 GA2주 재인용) 관련된 원문은 다음과 같다: "이제 모든 사람은 영원한 인권을 가져야 하며, 공산주의자의 의견에 따르면 민주주의 체재나 제대로 표현하자면 인도주의 체제에서 그것을 누려야 한다."

권리[Recht],[462] 노동 등의 표현에 대해서 즉 프롤레타리아 작가가 이 말들을 어떻게 사용하는지 또 슈티르너의 비판이 그런 작가에 대해 어떤 태도를 보이는지에 대해서는 "진정 사회주의"를 다루면서 살펴볼 것이다.(이 책의 2권)[463] 다만 권리라는 표현에 관해서는 정치적 권리든 사적 권리든, 가장 일반적 형태의 인권이든 간에, 그런 권리에 대해 우리[마르크스, 엥겔스]는 〈수, 33〉다른 공산주의 작가들과 마찬가지로 공산주의는 이런 권리를 반대한다고 주장했다. 『독불연보』를 참조하라. 거기서 우리는 206쪽을 비롯한 여러 곳에서, 특권, 우선권은 신분제 시대의 사적 소유에 상응하는 것이며, 권리는 경쟁 상태 즉 자유로운 사적 소유의 상태에 상응하는 것이라고 파악했다. 마찬가지로 인권도 특권이요, 사적 소유는 독점이라고 파악했다. 또 72쪽에서는 우리는 독일 철학과 관련된 〈GA2, 265〉권리[Recht] 개념을 비판했고, 권리에 대한 비판을 종교 비판의 결과로 서술했다. 더 나아가 98, 99쪽에서는, 공산주의로 귀결된다고 하는 권리의 공리들이 실은 사적 소유의 공리들이며, 〈W, 191〉공동 소유[점유]권도 사적 소유권의 전제로 가정된 것

---

462 역주) 'das Recht'는 권리, 법을 동시에 의미한다. 문맥에 따라 권리 또는 법으로 번역하려 한다.

463 역주) 『독일 이데올로기』, 2권은 진정 사회주의를 다루는 부분이다. GA2주는 이 부분에 관해서 진정 사회주의를 비판하는 2권 가운데 전해지지 않는 두 개의 장[2, 3장]에서 이 주제가 다루어졌을 것으로 추론한다.

에 불과하다는 사실이 명백히 파악됐다.[464](98, 99쪽) {〈GA2 추가〉[465]게다가 슈티르너가 권리를 비판하면서 이용하고 왜곡할 수 있었던 구절은 심지어 독일 공산주의자의 저서에서—모제스 헤스의 저서, 『스위스에서 온 21개의 화살』[466](1843), 326쪽과 그 밖에 다른 쪽에서—매우 일찍부터 등장했다.}

게다가 위에서 우리가 한 말을 바뵈프Babeuf의 말과 대조해, 바뵈프를 대표적인 공산주의 이론가로 파악하는 것은 베를린 교사 같은 사람에게나 떠오를 수 있었던 착상이다. 그런데도 "슈티르너"는 247쪽에서 얼굴도 붉히지 않고 다음과 같이 주장한다: 공산주의는

"'인간은 태어나면서 동등한 권리를 가진다'라고 가정하면서도 '인간은 태어나면서 어떤 권리도 지니지 않는다'는 주장으로 자기를 반박한다. 왜냐하면 공산주의는 예를 들면 부모가 아이에 대해 [가부장적인] 권리를 지닌다는 것을 인정하지 않고자 하기 때문이다. 공산주의는 가족을 폐지한다. 이러한 전적으로 혁명적인 또는 바뵈프주의의 원칙은"(『스위스 공산주의자 위원회 보고』, 3쪽을 참조하라) "대체로 종교적 직관 즉 잘못된 직관에 의존하고 있다."

---

464 W주 96) W, 1권에 실린 마르크스의 『유대인 문제에 관해Zur Judenfrage』, 『헤겔 법철학 비판Zur Kritik der Hegelschen Rechtsphilosophie』 그리고 엥겔스의 『국민 경제학 비판 개요Umrisse zu einer Kritil der Nationalökonomie』를 참고하라.

465 역주) 이 구절은 CW, W에서는 빠졌다.

466 CW주) 이 책은 헤스의 논문, 「그것의 철학」 『스위스에서 온 21개의 화살』을 지시한다.

〈수, 33a〉어떤 양키가 영국에서 와서 그의 노예에게 채찍질하는 것을 치안판사가 저지하자, 격분해 소리를 지른다: "Do you call this a land of liberty, where a man can't larrup his nigger?"〈"그의 노예에게 매질도 할 수 없는 곳을 그대는 자유의 땅이라고 부르는가?"〉

성 산초의 이런 말은 이중으로 자기를 희화화한다. 첫째로, 아이가 부모와 "태어나면서 동등한 권리를" 행사하거나 아이에게 부모와 동등한 인권을 주면 산초는 이것을 인간의 동등한 권리[즉 만인에게 동등한 가부장권]를 폐지하는 것으로 간주한다. 둘째로, Jacques le bonhomme〈촌티 나는 바보〉는 2쪽 전에는 아들이 아버지에게 매질을 당해도 국가는 간섭할 수 없다고 말한다. 왜냐하면 국가가 가부장권[Familienrecht]을 인정하기 때문이다.467 따라서 그는 한편으로는 특권(가부장권)이라고 공표한 것을, 다른 한편으로는 "인간이 태어나면서 갖는 동등한 권리" 아래 포함한다. 마침내 그는 바뵈프를 단지 『부룬츨리Bluntschli 보고서』를 통해서 알 뿐이라고 실토하는데, 반면에 『브룬츨리 보고서』468

---

467 GA2주 재인용) 슈티르너, 『유일자와 그의 소유』, 245쪽: "국가는 사람들이 남자 대 남자로서 충고하거나 결투로 대결하는 것을 허용하지 않는다. 당사자 누구도 경찰을 부르지 않는 채찍질도 처벌된다. 하물며 내가 너에게, 가부장이 아이에게 채찍질하는 것은 말할 것도 없다: 가족은 자격이 있고 그 이름으로 아버지도 자격이 있다. 그러나 유일자로서 나는 그렇지 못하다."

468 W주 97) 부룬츨리 보고서란 아래 책을 가리킨다. 『스위스에서의 바이틀링의 선언문을 따르는 공산주의자. 취리히 신분 정부 최고위원회에 보고하는 위원 보고서의 문자 그대로의 복사본』(취리히, 1843) 익명으로 발간된 이 저서의 작가는 스위스의 법률가이며 반동적 정치가인 요한 카스파르 브룬츨리였다.

는 3쪽에서 자기의 지혜가 법학 박사인 성실한 슈타인L. Stein[469]에서 길어온 것이라고 실토한다. 공산주의에 관해서 성 산초가 가진 기초 지식은 이런 슈타인을 인용한 것에서 생겨난 것이다. 성 브루노가 성 막스에게 혁명이라는 말을 중개한 자이듯이, 성 브룬츨리는 그에게 공산주의자라는 말을 중개한 자다. 사정이 이러하니, 다음과 같은 일에 대해서도 놀랄 필요는 없다. 몇 쪽 더 내려가면, 우리의 시골 신[Gottes]의 말[470]이 혁명의 fraternité〈형제애〉를 (기독교 교리에서는 égalité〈평등〉이라고 하므로) "신 앞에서의 평등"으로 축소하더라도 말이다.

〈수, 33b〉*세 번째 정리*:

414쪽. 공동체의 원리가 공산주의에서 정점에 도달하므로, 공산주의는 곧 "영광스러운 사랑의 왕국"[471]이다.

〈W, 192〉그는 여기서 성 막스가 주조한 사랑의 왕국에서 공산주의를 도출한다. 물론 이런 공산주의는 전적으로 슈티르너적 공산주의다. 성 산초는 한편으로는 오로지 이기주의만 알며 다른 한편으로는 〈GA2, 266〉사람들이 친절과 연민 그리고 자선을 요청한다는 사실을 안다. 이러한 딜레마 이외에는 그는 아무것도 알지 못하며 이런 딜레마에 대해

---

469 CW주) 슈타인Lorenz von Stein, 『오늘날 프랑스의 사회주의와 공산주의 Der Socialismus und Communismus des heutigen Frankreichs』

470 CW주) 랑하임August Friedrich Ernst Langheim의 시 「시골 설교자」

471 GA2주 새인용) 슈티르너, 『유일자와 그의 소유』, 414쪽: "그러나 바로 공산주의에서 이 원리는 정점에 도달하기를 추구한다. 왜냐하면 공산주의 속에서 평등의 창조를 위해서 모든 것은 공동의 것으로 돼야 하기 때문이다. 이 평등이 획득된다고 자유가 결여되지 않는다. 그러나 누구의 자유인가? 사회의 자유이다. 평등이 핵심이고 인간은 다만 상호적이다. 그것이 영광스러운 사랑의 왕국이다."

서도 아무것도 알지 못한다.

세 번째 논리적 구성.

"가장 궁핍한 곤경은 사회의 이목을 끌게 되므로, 특히"(!) "억압당한 자들은"(!) "사회에 잘못이 있다는 사실을 발견했다고 생각하면서 올바른 사회를 찾는 과제를 스스로 떠맡는다."(155쪽)

이와 반대로, "슈티르너"는 그에게 "올바른 사회"를, 신성한 사회를, 신성한 것 자체로서 사회를 찾아내는 과제를 "스스로 떠맡는다." 오늘날 "사회에서" "억압당한 자들은" 그들에게 올바른 사회를 어떻게 관철할까만 "생각"한다. 이런 그들에게 올바른 사회는 일단 현존하는 생산력에 기초하는 현재의 사회를 폐지해야 출현한다. exempli gratia〈예를 들어〉기계의 경우 "당장의고장" 즉, 일례로 기계가 작동하지 않는 것이 "이목을 끌기" 때문에 그리고 돈을 벌기 위해 기계가 필요한 바로 그 사람들이 기계의 고장을 발견해 그것을 고치려고 하는 경우를 보자. 성 산초에 따르면 이때 사람들은 기계를 제대로 고치는 것을 과제로 떠맡는 것이 아니라 올바른 기계를, 신성한 기계를, 신성한 것으로서 기계를, 기계로서 신성한 것을, 천상의 기계를 찾아내는 것을 과제로 떠맡는다. 〈수, 33c〉"슈티르너"는 그들에게 "자기 안에서" 잘못을 찾아내라고 충고한다. 그들이 예를 들면 곡괭이와 쟁기를 요구하는 것은 잘못이 아닌가? 그들이 감자를 맨손으로 땅에 심고 캐낼 수는 없단 말인가? 성자는 156쪽에서 그들에게 다음처럼 훈계한다.

"첫째로 말하자면 잘못은 단도직입적으로는 우리의 잘못인데도 잘못을 자신이 아닌 다른 것들에서 찾아내는 것,-예컨대 국가에서, 부자의 이기심에서 찾아내는 것은 단지 낡은 현상일 뿐이다."

"억압당하는 자"로서 "국가에서" 빈곤의 "잘못"을 찾는 자는, 앞에서 이미 살펴보았듯이, 다른 누구도 아닌 Jacques le bonhomme〈촌티 나는 바보〉자신이다. 두 번째로 말하자면, "억압당한 자"로서 "부자의 이기심"에서 "잘못"을 발견하게 하는 데서 위안을 얻는 자는 거듭 말하면 다른 누구도 아닌 Jacques le bonhomme〈촌티 나는 바보〉다. 그는 억압당한 자와 관련해서라면 재단사 출신 철학박사인 와트John Watt의 『정치경제학의 실상과 허구Facts and Fictions』를 통해서, 홉슨Hobson의 『빈자가 알아야 할 것Poor Man's Companion』을 통해서 더 나은 것을〈W, 193〉배울 수 있었을 것이다. 그리고 세 번째로 말하자면, "우리의 잘못"이란 것을 짊어질 인물이 누구인가? 혹시라도 연주창에 걸려 태어나서 아편에 절어 성장하다가 17살에 공장으로 보내지는 프롤레타리아의 아이인가?-아니면 이곳에서 부당한 요구를 받아서, 그의 주먹을 휘둘러 세계시장에 저항하는 개개 노동자인가?-아니면 굶어 죽거나 그렇지 않으려면 몸을 팔아야 하는 소녀인가? 아니다. "모든 잘못"을, 말하자면 오늘날의 세계 상태 전체에 대한 "잘못"을 "자신 안에서" 찾는 바로 그가 잘못한 자겠다. 요컨대, 다시 말하면 다른 누구도 아닌 Jacques le bonhomme〈촌티 나는 바보〉겠다: "이것[위의 주장]은 단지 낡은 현상에 지나지 않는" 기독교적 침잠과 참회를〈GA2, 267〉독일의 사변적 형식으로 즉 관념론적 미사여구로 표현한 것이다. 독일의 사변적 형식에서 자아 즉 실제 인간은 현실을 변화시킬 필요가 없다. 그런 현실의 변화는 단지 타인과 함께해야만 이루어질 수 있는 것이다. 오히려 독일의 사변적 자아는 자아 안에서 자아를 변화하려 한다. "그것은 저자[즉 슈티르너]가 〈수, 34〉자신과 벌이는 내면적 싸움이다."(『신성 가족』, 122. 또한 73쪽, 121쪽과 136쪽 참조).[472]

성 산초의 관점에서 보면, 사회를 통해 억압당한 자들은 올바른 사회를 찾는다. 그가 일관적이라면 그는 "국가에서 잘못을 찾아내는" 사람을 올바른 국가를 찾는 자로 보아야 했다. 산초에게 두 사람은 같은 인물이기 때문이다. 그러나 그는 그렇게 하고 싶어 하지 않는다. 왜냐하면 그가 주워들은 것에 따르면, 공산주의자는 국가를 폐지하기를 원하기 때문이다. 이제 그 역시 이런 국가 폐지를 모색할 수밖에 없는데 성 산초는 다시금 그가 부려먹는 "요술" 즉 Apposition〈동격〉을 이용해, 이런 일을 "아주 간단한 것으로 보이는" 방법을 통해 성취한다:

"노동자들은 *곤경*[Notstand, a state of distress]에 처해있으므로, *당면한 사태*[Stand der Dinge, state of affairs], 달리 말하면 *국가*[Staat](상황[status]=상태[Stand])는 폐지돼야 한다."(상동)

그러므로

곤경= 당면 사태
당면 사태= 상태
상태= 상황
상황= 국가
결론: 곤경= 국가

---

[472] GA2주 재인용)『신성 가족』의 관련 구절은 다음과 같다: "저자가 검열과 싸우는 것은 다만 겉보기에만 그렇고, 저자가 자신과 벌이는 내면적인 싸움임에도 감수성이 부족한 자에게는 다르게 보인다."

무엇이 이보다 "더 단순해 보일" 수 있겠는가? "단지 놀라운 것은" 1688년 영국 부르주아와 1789년 프랑스 부르주아가 위와 같은 "단순한 반성"과 동격을 "시도"하지 않았다는 것이다. 사실 당시에는 상태와 상황, 국가가 더욱더 동격이 될 수밖에 없었다.[473] 국가는 프로이센에서든 북아메리카에서든 당연하게도 같은 국가이니, 어디에서든 "곤경[Notstand]"이 존재하는 곳에서는 "국가 *자체*[der Staat]"가 폐지돼야 한다.

⟨W, 194⟩성 산초는 이제는 그의 습관대로 솔로몬의 잠언 몇 개를 제시한다.

솔로몬의 잠언 1번:

163쪽: "사회는 걸어가거나 등등을 할 수 있는 주체인 자아가 결코 아니며 우리가 이용해도 되는 도구이다. 우리는 어떤 사회적 의무를 지니는 것이 아니고, ⟨수, 34a⟩단지 이익만을 얻는다. 우리는 사회를 위해 희생할 의무가 있는 것이 아니고, 만약 우리가 어떤 것을 희생한다면, 우리를 위해서 그것을 희생하는 것이다. 이런 사실을 사회주의자는 생각하지 못한다. 왜냐하면 사회주의자는 종교적 원리에 사로잡혀 있으며, 신성한 사회를 획득하려고 애타게 노력하기 때문이나."

이 잠언에서 보건대, 공산주의에 대한 성 산초의 "통찰"이란 다음

---

[473] 역주) 당시 국가의 절대왕이 착취자여서 부르주아의 곤경상태의 원인이라는 뜻으로 보인다.

과 같은 것이다:

1) 성 산초가 완전히 망각한 사실이 있다. 그것은 "사회"를 하나의 "주체"로 변형했던 것은 그 자신이었고, 따라서 그가 개인적으로 주장하는 "사회" 안에서 발견되는 것은 단지 그 자신이라는 사실이다.

〈GA2, 268〉2) 그는 이렇게 믿었다. 즉 공산주의자가 기대한 것은 "사회"가 그에게 무엇인가를 "주는 것"이다. 그러나 공산주의자가 의욕한 것은 기꺼해야 사회를 얻은 것이다.

3) 그와 그 밖의 사람들이 사회적 상호 관계를 통해서 하나의 사회를 즉 이 "도구"를 산출하지 않고서도 그는 이미 사회가 존재하기 전부터 사회를 그가 이익을 보는 도구로 변형했다.

4) 그는 다음을 믿는다. 즉 공산주의 사회에서 "의무와 이익"이, 그것도 상호 보완적인 두 대립물이 논란의 대상이 될 수 있다는 것이다. 하지만 다만 부르주아 사회에만 이 두 가지가 서로 대립한다.(반성적인 부르주아는 언제나 자신과 삶의 표현인 행위 사이에 제3의 것으로 이익을 집어넣는다. 이 방식은 벤담에게서 정말 고전적인 형식으로 나타난다. 그에 의하면 그의 코는, 코가 냄새를 맡으려고 결심하기 전에 이미 어떤 관심[interesse: 이익]을 지녀야 한다.(그의 코에 대한 권리는 『경전』, 247쪽을 참조하라.)[474]

5) 성 막스는 다음을 믿는다. 즉 공산주의자는 기껏해야 기존 사회를 희생하려 한다고 말하지만, 공산주의자는 "사회"를 위해 "희생하려"

---

[474] GA2주 재인용) 슈티르너, 『유일자와 그의 소유』, 247쪽: "권리에 관한 모든 물음 그리고 각각의 물음은 쉴러의 말로 하자면 채찍질 당해야 한다: 이미 오랫동안 나는 나의 코로 냄새를 맡는다. 나는 그 코에 대해서 실제로 증명할 만한 권리가 있는가?"

했다.—그렇다면 공산주의자의 투쟁은 부르주아 체제에서 성장한 모든 인간이 공통으로 수행해야 하는 대의라고 보는 공산주의자의 의식을 성 막스는 마땅히 공산주의자의 자기희생으로 표현해야 했다.

6) 그는 사회주의자가 종교적 원리에 사로잡혀 있다고 믿는다.

7) 또 사회주의자가 신성한 사회를 갈망했던 사실은 이미 앞에서 제거한 사실이다. 성 산초가 신성한 사회를 통해서 공산주의를 반박할 가능성을 찾으려고 얼마나 "애타게 신성한 사회"를 갈망하는지 이미 살펴보았다.

〈수, 34b〉〈W, 195〉솔로몬의 잠언 2번:

277쪽: "사회 문제에 대한 관심[Interesse]이 덜 격렬하고 덜 현혹적인 때라면, *사람들은* …. 다음을 인식할 것이다. 즉 사회를 만들고 구성하는 자가 구시대적 인간에 머무르는 한, 그 사회는 새로워질 수 없다는 것이다."

"슈티르너"는 여기에서 다음을 믿는다: 즉 바야흐로 공산주의적인 프롤레타리아가 혁명을 일으키고, 새로운 기초 위에 다시 말해서 새 시대 인간인 자신에 기초해서 그리고 새로운 생활방식을 기초해서 새로운 생산 관계와 교류의 형식을 세우려는 판에 그는 여전히 프롤레타리아가 구시대적 인간으로 머물러 있다고 믿는다. 프롤레타리아가 행하는 지칠 줄 모르는 선전, 매일같이 서로 나누는 대화는 프롤레타리아 자신이 결코 "구시대적 인간"으로 남아있지 않으려고 한다는 사실을 충분히 증명한다. 그러므로 이 선전과 대화는 "구시대적 인간"으로 남아있어야 하는 것을 프롤레타리아가 일반적으로 결코 원하지 않는 것임을 충분히 증명한다. 그들이 "구시대적 인간"으로 남아있으려 할 때는, 성 산초가 말하는 것같이 프롤레타리아가 "잘못"을 자기의 것으로 인수하는 때뿐일 것이다. 그러나 프롤레타리아가 아주 잘 아는 사실은 프롤레타리아는 일단 다수가 되기만 하면 이런 상황을 변화하겠다고 결심했다는 것이다. 혁명 활동 중에 자기 변화는 상황의 변화와 동시에 발생한다.-〈GA2, 269〉성 막스는 앞에서 말한 위대한 주장을 그와 똑같이 위대한 예증을 통해서 설명한다. 그 예증은 당연히 "종교"의 역사에서 취해진 아래와 같은 것이다.

"만약 지상에 새로운 믿음[신약]을 전파하는 *교회가* 우선 유대 민족에서 발생할 수밖에 없었다고 하더라도, *이러한 믿음의 사도*는 누구라도 바리새인으로 남아있어서는 안 된다."

최초의 기독교인=	믿음을 전파하기 위한 교회
	(기원후 1년 창립)
=	Congregatio de propaganda fide〈믿음을 전파하기 위한 회중〉(기원후 1640년 창립)*
기원후 1년=	기원후 1640년
생성해야 하는 이 교회=	이 사도
사도=	비-유대인
유대민족=	바리새인
기독교인=	비-바리새인
=	비-유대 민족

*475

---

475 W 주 98) '믿음의 전파하기 위한 회중Congregatio de propaganda fide'은 교

이보다 더 단순하게 보이는 것이 있을 수 있겠는가? 〈수, 34c〉이러한 등식을 통해서 확고하게 된 성 산초는 역사에 남을 위대한 말로 태연하게 이렇게 발표한다:

〈W, 196〉 "자신을 개발하라는 요구를 받아들이기 싫어하는 *인간* 은 언제나 *사회 형성*을 원했다."[476]

사회 형성을 소망하는 것과는 아주 거리가 먼 인간이 그런데도 언제나 사회를 발전하게 했다. 왜냐하면 그런 인간이 단지 고립된 개별자로서만 발전하기를 지속해서 원했더라도 오직 사회에서만 그리고 사회를 통해서만 개별자로서 자신의 발전을 달성했기 때문이다. 덧붙여 말하면 우리의 산초 같은 특징을 지닌 성자만 "인간"의 발전을 인간이 사는 "사회"의 발전과 분리하고 이런 공상적 토대 위에서 공상의 나래를 한층 펼쳐나가는 착상을 할 수 있다. 덧붙여 말하면 그는 성 브루노가 찬양했던 명제를 망각했다. 그 명제에서 성 브루노는 옛날과 마찬가지로 인간에 대한 도덕적 요구를 설정했다. 그 도덕적 요구란 곧 자신을 변화하는 가운데 그의 사회를 변화시킨다는 요구이다. ─그 명제 속에서 성 브루노는 인간의 발전과 인간 사회의 발전을 동일시했다.

항이 세운 가톨릭 조직이다. 그 목적은 가톨릭을 외국에 전파하고 이단과 싸우는 데 있다. 이 회의는 가톨릭 권력과 교황 체제의 반동 정치를 위한 도구 중의 하나였다.

476 CW주) 이 말은 괴테의 『타우리스의 이피게니 Iphigenie auf Tauris』의 말을 바꾼 것이다.

네 번째 논리적 구성.

그는 공산주의가 국민[Staatsbürger]과 대립해 156쪽에서 다음과 같이 말한다고 본다:

"우리의 본질은"(!) "우리가 모두 국가의 똑같은 아이라는 데"(!) "있는 것이 아니라, 우리가 모두 국가 속에서 서로를 위해 존재한다는 데 있다." 국가 속에서 우리는 모두 똑같다. 왜냐하면 우리는 모두 서로를 위해 존재하며 각자는 타인을 위해 노동하고 우리 중의 모두는 노동자이기 때문이다. 그는 "노동자로 존재한다는 것"과 "우리들 각자가 타인에 의존해서*만* 존재한다는 것"은 같은 말이라고 규정한다.[477] 따라서 그때 타자는 "예를 들면 나의 의복을 위해서 노동하고, 나는 그를 만족하는 필수품을 위해서 노동하고, 그는 나의 먹을 것을 위해서 노동하고, 나는 그의 교육을 위해서 노동한다. 그러므로 원래 노동의 체제는 우리의 존엄이고 ⟨GA2, 270⟩우리의 평등이다.—그러나 부르주아 체제는 우리에게 어떤 장점이 있는가? 그것은 짐에 불과하다. 사람들은 우리의 노동을 얼마나 높게 평가하는가? 될 수 있는 대로 매우 낮게 평가한다. …. 그대는 우리에게 무어라고 항의할 수 있는가?

---

[477] GA2주) 슈티르너, 『유일자와 그의 소유』, 156쪽: "공산주의는 이제 이렇게 반론한다: 우리의 존엄과 본질은 우리가 모두 국가나 우리 부모의 똑같은 아이들이고, 모두가 그들의 사랑과 보호를 똑같이 요구하면서 태어난다는 데 있는 것이 아니라, 오히려 우리가 서로를 위해 현존한다는 데 있다. 내가 너와 당신들 모두와 마찬가지로 선하며 모두가 다른 사람을 위해 활동하고, 노동하며, 모두가 노동자라는 사실, 이 사실이 우리의 동등성이며 그 사실에서 우리는 동등하다."

그래도 단지 노동할 뿐이다!" "우리는 당신들에게 노동에 대해서만 Recompense〈보수, 사례〉를 지급하면 된다. 오직 당신들이 우리를 위해 수행한 유익한 일 때문에, 〈수, 35〉당신들은 우리에 대한 권리를 지닌다. 우리는 우리가 당신들을 위해 수행한 그 만큼만, 우리가 당신들에게 가치 있기를 바랄 뿐이다. 그러나 마땅히 당신들은 똑같은 인정을 우리에서 받을 것이다. 우리 모두에게 어떤 가치가 있는 행위, 예컨대 공익 노동이 사람의 가치를 결정한다. …… 유익한 일을 하는 사람보다 더 탁월한 사람은 없다.-모든 공익 노동자는 똑같다. 그러나 노동자란 그의 임금만큼 가치가 있으므로 임금을 똑같게 되게 하자."(157, 158쪽)

"슈티르너"가 보기에 "공산주의"는 "본질"을 찾아 나가는 데서 시작한다. 착한 "청년"인 그는 다시금 단지 "사물을 터득하고자" 할 뿐이다. 공산주의는 가장 실천적 운동이며, 이 실천 운동이란 실천적 수단을 사용해 실천적 목적을 추구하는 운동이다. 이런 운동은 독일에서만 〈W, 197〉독일철학자와 겨루는 순간 단숨에 기껏해서 "본질"을 통찰하는 운동으로 전락한다. 말할 것도 없이 우리의 성자는 이런 사실에 관해 관심이 없다. 이러한 슈티르너적 "공산주의"는 너무나도 "본질"을 갈망한 나머지 어떤 철학적 범주 즉 "서로를 위한 관계"라는 범주에 이를 뿐이다. 이런 서로를 위한 관계라는 범주는 몇 개에 걸친 억지 등식을 통해서 즉 다음과 같은 등식을 통해서,

    서로를 위한 관계   =타인을 통해서만 현존한다.
              -노동자가 현존할 때
              =일반적 노동자 체제[Arbeitertum]

경험적 세계와 더 근사하게 된다. 더욱이 "본질"이나, 일반적 노동자 체제에 관해 앞에서 제기한 명제가 발견되는 구절이 예를 들어 오언Owen의 글 속에 어디에 있는지 입증해 보라고 성 산초에게 요구해 보자.(어쨌거나 오언은 영국 공산주의의 대표자이니 적어도 오언은 비공산주의자인 프루동Proudhon에 못지않게 "공산주의"에 대해 기여했을 것이니 말이다. 그런데 성 산초가 앞의 명제 대부분을 인용하고 첨삭한 것은 정작, 푸르동에서이다.) {〈W, 노트 43: 197-하단 주:수고에서 삭제〉〈수, 35-하단 주〉푸르동은 벌써 1841년에 공산주의 노동자 저널『형제애La Fraternité』을 통해서 비판받았다. 왜냐하면 그가 균등임금, 일반화된 노동자 체제 그리고 다른 경제적 편견을 지지했기 때문이다. 이렇게 탁월한 작가의 작품 속에서도 이런 경제적 편견을 발견할 수 있다. 프르동에서 공산주의자가 받아들였던 것은 오직 소유에 대한 그의 비판뿐이다. 〈이 노트는 완성되지 않고 여기서 끝났다.〉} 굳이 우리가 그렇게 멀리까지 되돌아갈 필요도 전혀 없다. 이미 앞에서 인용했던 독일 공산주의자의 정기 간행물인『인민의 소리』[478] 셋째 권에는 다음처럼 쓰여 있다:

"오늘날 노동이라고 불리는 것은 강력하고 위대한 힘을 지닌 생산활동의 비참한 편린일 뿐이다. *종교*와 *도덕*은 말하자면 역겹고 위험한 그런 편린만 존중하면서 *노동*이라는 이름으로 세례를 주

---

[478] CW주) 이것은『미래 신문』, 1846, 5호에 실린「정치적 사회적 소동」이라는 기사에서 인용된 것이다.『인민의 소리』는 아마도 실수로 잘못 언급된 것 같다.

며, 이에 덧붙여서 감히 그것에 관한 갖가지 격언, 말하자면 축복의 말(또는 마녀의 주문)을 유포하려 한다: 신이 내려주는 시련으로 간주하면서 '얼굴이 땀 범벅이 되게 노동하라.' '노동은 삶을 유쾌하게 만들어 활기를 북돋운다.' 우리가 사는 세상의 도덕은 아주 현명하게도 〈GA2, 271〉인간 성교의 즐겁고 자유로운 측면을 노동이라 부르는 것을 기피한다. 비록 인간의 성교가 생산활동이라 해도, 도덕은 그것을 비방한다. 도덕은 그것을 공허한 것, 공허한 쾌락, 관능이라고 부르면서 거리낌 없이 욕을 한다. 공산주의는 이러한 위선적 설교 즉 빈궁한 도덕의 정체를 폭로한다."

성 막스는 공산주의 전체를 일반적인 노동자 체제로 보면서 동일 임금제로 환원시킨다. 이런 발견은 다음의 세 가지 "세분된" 명제 속에서 반복된다. 357쪽: "룸펜 사회의 원리 즉 분배는 경쟁에 반대한다."〈수, 35a〉"내가 만약 다재다능한 사람이더라도 능력 없는 사람보다 조금도 많이 가지면 안 되는가?"[479] 더 나아가 363쪽에서 그는 "〈W, 198〉 공산주의 사회는 인간 활동에 대해 일반세를 부과한다"라고 말한다. 마지막으로, 350쪽에서 그는, 공산주의는 "노동"을 인간의 "유일한 자산[Vermögen]"으로 간주한다는 말을 공산주의자가 한 말로 전가했다. 따라서 성 산초는 사유 재산을 분배와 임금 노동이라는 이중 형태로 다

---

479   CW주) 여기서 그는 '능력Vermögen', '다재다능한 사람Vielvermögende', '능력 없는 사람Unvermögenden'이라는 말을 가지고 말장난을 하고 있다. 다재다능한 사람이란 유능하며 능력 있고 부유하고 힘 있으며 재능이 많은 자산가를 말한다. 능력 없는 사람이란 무능하고 능력 없고 무기력하며 힘없으며 땡전 한 푼 없고 재능 없는 사람을 말한다.

시 공산주의 속으로 끌어들인다. 이전에 이미 "약탈"을 다룰 때 명백하게 했듯이, 성 산초는 여기에서도 가장 상투적이고 가장 고루한 부르주아 관념을 또다시 공산주의에 대한 그 "자신의" "통찰"이라고 주장한다. 그는 브룬츨리Bluntschil의 강의를 들었다는 영예를 충분히 얻을 만하다. 전형적 소시민이기에 그는 "다재다능한 자"가 "능력 없는 자보다 조금도 더 많이 가져서는 안 된다는 주장"을 두려워한다.ㅡ하지만 성 산초 자신의 "능력"에 맡겨놓는 것보다 더 두려워할 것은 어떤 것도 없었을 것이다.

이와 더불어 이 "다재다능한 자"는, 국민 체제[Staatbürgertum]가 프롤레타리아에게 문제 될 것 없다고 공상한다. 왜냐하면 그는 프롤레타리아도 처음에는 그런 국민 체제를 유지했을 수도 있다고 전제했기 때문이다. 이는 위에서 그가 앞에서 이 정부 형식은 부르주아에게 문제 될 것 없다고 공상한 것과 똑같다. 국민 체제에서 즉 능동 공민에게서 나타나는 많은 특징이 노동자에게도 존재한다. 따라서 노동자는 아메리카에서처럼 국민 체제가 유지되는 곳에서는 그 국민 체제의 가치를 인정하고 노동자가 국민 체제를 소유하지 못하는 곳에서는 그것을 획득하고자 한다. 북아메리카 노동자들이 무수한 모임에서 수행한 토의를 참조하고 영국 참정권 운동의 역사 전체와 프랑스 공산주의 또한 사회 개량주의의 역사 전체[480]를 참조하라.

---

480   CW주 71) 이것은 민주적 선거 개혁 운동을 지칭한다. 이 운동의 구성원은 공화파 민주주의자와 소부르주아 사회주의자다. 이들은 『개혁La Réforme』지를 중심으로 모였다. 이 정부 반대파 신문은 1843년 파리에서 발간됐다. 개혁 지의 지지자가 사회민주당으로 알려져 왔다. 역주) 1849년, 이들이 역사상 최초의 사회민주당을 건설한다.

첫 번째 정리:

"노동자에게 본질적인 것은 그가 노동자라는 점을 노동자가 의식함으로써, 이기주의와 거리를 두며 노동조합의 주권을 따른다는 것이다. 이는 마치 부르주아가 국가 간 경쟁에 헌신적으로"(!) "매달리는 것과 같다."(162쪽)

노동자가 가장 고수[固守]하는 의식은 〈수, 35b〉그에게 본질적인 것은 부르주아에 맞선 노동자라는 의식이고, 그 때문에 노동자는 부르주아 자체에 맞서서 자기주장을 관철할 수 있다는 의식이다. 성 산초가 발견한 두 가지 즉 "부르주아의 헌신"과 "국가 간 경쟁"이라는 말은 단지 그가 "다재다능한 자"임을 입증하는 새로운 "능력"으로서 사전에 등록할 수도 있다

두 번째 정리:

"공산주의는 '만인의 복지'를 목표로 *삼아야 한다*. 그러나 *만인의 복지란 말의 실제 의미는* 여기서는 누구도 손해 볼 필요가 없다는 말일 것이다. 〈GA2, 272〉그런데 도대체 어떤 것이 이런 복지가 될까? 만인은 똑같은 복지를 갖는가? 모든 사람은 똑같은 것에서 똑같이 행복하게 되는가? .... 만약 그렇다면, '진정한 복지'가 중요하다. 이 말 때문에 우리가 도착하게 되는 곳은 정확하게 종교가 강압적인 지배를 시작하는 지점이 아닌가? .... 사회가 어떤 복지를 '진정한 복지'라고 판정했으며 이런 복지를 예를 들

면 *성실하게 노력해 성취한 향락*이라고 부를지 모르지만, 그대가 게으름의 향락을 더 선호한다면, 〈W, 199〉사회는 그대의 행복을 위한 걱정을 삼가는 것이 지혜로운 일일 것이다. 공산주의가 만인의 복지를 선언하면 곧바로 지금까지 연금으로 생활했던 자들의 행복함을 부정한 게 된다. 등"(411, 412쪽)

"그것이 그러하다면", 여기에서 다음의 등식이 생겨난다:

만인의 복지	=공산주의
	=공산주의는 그러하다면
	=만인의 똑같은 복지
	=똑같은 것에서 만인이 똑같게 행복하다
	=진정한 복지
	=신성한 복지, 신성한 것, 신성한 것의 지배, 위계 체제
	=종교의 강압적 지배
공산주의	=종교의 강압적 지배

"여하튼 그 말의 실제 의미를 보면", "슈티르너"가 여기에서 공산주의에 대해 말한 것은 그가 지금까지 모든 다른 문제에 대해 말했던 것과 마찬가지로 보인다.

우리의 성자가 공산주의에 대해 얼마나 깊이 있게 "통찰"했는지를 도출할 수 있는 단서가 있다. 즉 그는 공산주의가 "성실하게 노력해 성취한 향락"을 "진정한 복지"로 관철하고자 한다고 추측한다는 사실이다. "슈티르너" 그리고 베를린의 몇몇 제화공과 재단사를 제외하면, 〈수, 35c〉누가 "성실하게 노력해 성취한 향락"이라는 말에 대해 고민하겠는가? {〈W, 노트 44: 199-하단 주:수고에서 삭제〉〈수, 35c-하단 주

〉그런 도덕적 부조리를 비도덕적[unmoralisch]인 혁명 프롤레타리아의 말로 인정할 수 있는 자는 슈티르너밖에 누가 있는가? 프롤레타리아는 전체 문명 세계에서 보아서 알듯이(물론 잘난 채하는[jebildet] 베를린인은 그런 세계에 속하지 않는다) 자기의 향락을 성실하게 노력해서 성취하지 않고 약탈하려는 흉악무도한 의도를 갖는다고 주장된다.} 그리고 그는 지금 심지어 공산주의자의 입으로 이것을 말하게 하고 있다. 공산주의는 노동과 향락이 전반적으로 대립하게 되는 토대 자체를 제거하고자 하니, 도덕적인 성자께서는 그런 향락에 관해서라면 안심해도 좋다. "성실하게 노력해 성취하는 향락"이란 말이 누구에게 귀속돼야 한다면 그것은 성 막스와 또 그가 알지 못한 채 대변하는 사람들−즉, 영업의 자유 때문에 망해버려서 도덕적으로 "격앙된" 소규모 수공업자들이다. "게으름의 향락"도 전적으로 가장 낡아빠진 부르주아적 견해에 속한다. 그러나 전체 진술의 핵심은 부르주아적인 교활한 배려에 있다. 성 막스는 공산주의자에 대해 교활하게 배려하면서 이렇게 판단한다: 공산주의자는 "만인의 행복함"에 관해서 이야기하면서 연금생활자의 "행복함"은 부정하고 싶어 했다. 성 막스는 공산주의 사회에서도 여전히 연금생활자가 존재하지만, 연금생활자의 "행복함"은 부정될 것이라고 믿는다. 성 막스는 *연금생활자로서* "행복함"은 현재 연금생활자에 해당하는 자에게 본래 속하며 〈GA2, 273〉연금생활자의 개체성과 분리되지 않는 것이라고 주장한다. 성 막스는 〈W, 200〉이런 연금생활자에게는 연금생활자라는 자신의 처지 때문에 발생하는 "행복함"만이 존재할 수 있다고 공상한다. 더 나아가서 그는 어떤 사회는 연금생활자와 계속 대립하거나 연금생활자와 투쟁하는 한에서 〈수, 36〉공산주의적으로 재조직된 것이라고 믿는다. {〈W, 노트 45: 200−하단 주: 수고에서

삭제〉〈수, 36-하단 주〉결론적으로 성 막스는 공산주의자에게 도덕적으로 기대한다. 즉 공산주의자는 연금생활자, 상인, 산업가 등에서 영원히 편안한 마음으로 착취당해야 한다는 것이다. 왜냐하면 공산주의자가 이런 착취를 제거하고자 한다면 이런 주인들의 "행복"을 필연적으로 부정하게 되기 때문이다. Jacques le bonhomme〈촌티 나는 바보〉는 여기서 대부르주아의 우두머리 자리에 오르니, 굳이 몸소 공산주의자에게 도덕적 설교를 하는 수고를 할 필요는 없다. 왜냐하면 공산주의자는 그런 도덕적 설교를 매일 그를 지배하는 "선량한 부르주아"에서 훨씬 더 잘 들을 수 있기 때문이다.} 분명하게 말하자면 공산주의자는 부르주아 지배를 넘어뜨리고 부르주아로서의 "행복"을 짓밟을 만한 권력을 가지게 되자마자, 그렇게 하는 것에 대해 어떤 양심의 가책도 느끼지 않는다. {〈W, 노트 46: 200-하단 주:수고에서 삭제〉〈수, 36-하단 주〉바로 그러므로 공산주의자는 어떤 양심에서 처신하지 않는다. 왜냐하면 공산주의자에게 "살아가는 개인"으로서 "만인의 행복"은 지금까지의 사회 계급이 누리는 "행복"을 넘어서 가는 것이기 때문이다. 연금생활자로서 향락하는 연금생활자의 "행복"은 개인 그 자체로서 누리는 "행복"이 아니다. 오히려 연금생활자의 행복은 어떤 개인적인 행복이 아니라 계급 [체제] 내에서 일반화된 행복이다.} 고루한 방식으로 전제된 감상성에 기대어 자신의 적에게 공통으로 속하는 행복 그리고 계급 관계에 의존하는 "행복"이 마치 개인의 행복인 것처럼 호소하는 것에 관해서라면 공산주의자는 별로 관심이 없다.

세 번째 정리:

190쪽: 공산주의 사회에서 "걱정이 다시 하나의 일거리[노동]가

된다."⁴⁸¹

　선량한 시민 "슈티르너"는 그를 매혹한 "걱정"을 공산주의에서 다시 발견하니 미리부터 기뻐하지만, 이번에 그의 기대가 어긋났다. "걱정"은 억눌린 그리고 두려운 기분[Gemütsverfassung]에 지나지 않는다. 그 기분은 부르주아 체제에서는 노동에 다시 말해, 빈약한 소득을 얻기 위한 룸펜의 활동에 필연적으로 따라오는 기분이다. "걱정"은 독일의 선량한 부르주아에게서 가장 순수한 형태로 꽃을 피운다. 그런 부르주아에게 걱정은 만성적이며 "언제나 변함없이 닥쳐오며", 비참하고 경멸할 만한 기분이다. 그 반면 프롤레타리아의 궁핍은 급성의, ⟨수, 36a⟩ 격렬한 형태를 취하며, 생사를 건 투쟁으로 프롤레타리아를 몰고 가 혁명적으로 만들고, 그 때문에 프롤레타리아에게 "걱정" 정도가 아니라 정열을 산출한다. 만약 공산주의가 이제 부르주아의 "걱정"을 프롤레타리아의 궁핍처럼 폐지하려고 한다면, 그런 일은 여하튼 양자[즉 걱정과 궁핍]의 원인인 "노동"을 폐지하지 않고서는 불가능하다는 것은 말할 필요도 없이 자명하다.

　이제 공산주의의 *역사 구성*으로 가보자.

　첫 번째 역사 구성:

481　GA2수 재인용) 슈티르너, 『유일자와 그의 소유』, 190쪽: "이제 주인이 없나는 것은 곧 봉사할 일이 없다는 것이며, 소유한 게 없다는 것은 곧 걱정이 없다는 것이고, 신이 없다는 것은 편견이 없다는 것이다. …. 그러나 주인이 국가로서 다시 등장할 때 봉사자도 신하가 되어 다시 출현한다. 소유가 사회의 소유로 되면, 걱정도 새로이 일거리[노동]로 출현한다. 인간인 신이 편견이 되면, 새로운 신앙 즉 인류 또는 자유에 대한 신앙이 발생한다."

〈W, 201〉"믿음만으로 충분히 영예와 존엄을 얻는 한, 인간은 노동이 아무리 힘들더라도 이의를 제기하지 않는다." "억압된 계급이 기독교인인 한에서 어떤 비참함도 견딜 수 있었다."(오직 그들이 자신의 비참함을 견디는 한에서 그들은 기독교인에 머무를 뿐이었다.) "왜냐하면 기독교가 (사실은 등 뒤에 몽둥이를 감추고 있기 때문인데) 불평과 불만을 달래는 것이기 때문이다."(158쪽)

억압된 계급이 할 수 있었던 "이 모두를 '슈티르너'가 알아낸" 전거는 『일반 문예 신문』 1권이다. 거기를 보면 "제본 장인[匠人]의 비판"[482]에서 어떤 그저 그런 책에서 다음과 같은 구절이 인용되고 있음을 볼 수 있다:

"근대의 빈곤은 정치적인 성격을 띠었다. 옛날의 거지는 운명에 순종하고 운명을 순종으로 받아들였던 반면 근대의 룸펜은 평생에 걸쳐 가련하게 떠돌아다닐 수밖에 없는가 하고 의문을 품는다. 그 이유는 그는 우연히 룸펜으로 태어났다고 생각하기 때문이다."

---

482 W주 99) 제본 장인[匠人]의 비판-마르크스와 엥겔스가 『신성 가족』에서 칼 라이하르트Karl Ernst Reichhart를 아이러니칼하게 지칭하는 말이다. 『일반 문예 신문』, 1, 2권은 라이하르트의 논문 『빈곤에 관한 저술』을 발간했다. 그 속에서 뵈니거A.T.Wöniger의 책 『언론인의 논문』에 실린 빈곤의 근거가 비판되고 있다.

⟨GA2, 274⟩기독교가 가진 이런 힘 때문에 농노 해방의 시기에 성직자인 봉건 영주에 대항해 가장 피비린내 나는, 가장 험난한 투쟁이 일어났으며, 교황 몸에 육화된 기독교가 아무리 불평하고 아무리 분노하더라도 농노는 자기를 관철했다.(에덴Eden의 『가난한 자의 역사History of the Poor』 1권[483]과 기조Guizot의 『프랑스에서 문명의 역사Histoire de la civilisation en France』, 몽떼유 Monteil의 『다양한 신분의 프랑스사 Histoire des Français des divers états』 등등을 참조하라.) 반면 다른 한편에서는 소 교황 격인 사제는 특히 중세 초기에 농노를 사주해 세속의 봉건 영주에게 "불평"하고 "화를 내게" 만들었다.(이미 잘 알려진 칼 대제의 칙령[484]을 참조하라) 또한 위에서 "여기저기 일어난 노동자의 소요"를 묘사할 때 14세기에 있었던 "억압된 계급"들에 관해 그리고 그들의 봉기에 관해 말했던 것을 참조하라.

노동자의 봉기가 취했던 예전의 형식은 노동이 그때마다 얼마나 발전하고 여기에서 발생한 소유의 형태가 어떻게 변화하는가에 달려있었다. 직접으로나 ⟨수, 36b⟩간접으로 일어난 공산주의적 반란은 대규모 산업과 관련된다. 성 막스는 이와 같은 상세한 역사를 찾아보기보다는

---

483 W주 100) 에덴Eden, 『가난한 자의 국가The State of the Poor, or an history of the laboring classes in England』

484 CW주 72) 프랑크 왕의 입법 또한 행정 칙령 - 이 칙령의 많은 부분은 농노제를 법제화하며 농민이 그에게 강요된 수많은 강제를 엄격하게 지키는 것을 보장하게 고안됐다. (이 글에서 언급되는 샤르마뉴 대제 - 독일식으로는 칼 대제 - 의 칙령은 아마도 잘 알려진 대로 AD 8세기 반포된 왕령에 관한 칙령이다.) 이 칙령 가운데 어떤 조항은 농민이 불복종하거나 반항에 참여하는 등의 경우에는 심한 처벌로 위협한다. (예를 들자면 작센의 자유 농민이 정복자 프랑크 왕에 반항해 투쟁했을 때 이를 처리하기 위해 샤르마뉴 대제가 782년 반포한 작센 칙령이다.)

인내하는 억압된 계급에서 *인내심이 없는* 억압된 계급으로 성스러운 이행에서 원인을 찾았다.

> "모든 사람은 인간으로 형성돼야 하는 지금 시기에 (모든 사람이 인간으로 형성돼야 한다는 사실을 예를 들어 카탈루냐 지역의 노동자[485]는 정말 어떻게 알게 된 것일까?) 인간을 기계 노동에 결박하는 것은 노예제에서의 결박과 마찬가지다."(158쪽)

⟨W, 202⟩따라서 스팔타쿠스와 노예 전쟁 이전 시기에는 기독교 때문에 "인간이 기계적인 노동에 결박되어" 있었더라도 "이것이 노예제와 일치하는 것"은 아니었고 스팔타쿠스의 시대에 이르러 인간 개념의 덕분에 이런 결박 관계가 제거되고 비로소 노예제가 발생했다는 것이다. 슈티르너가 근대의 노동자 봉기가 기계제와 연관된다는 사실에 대해 "또는" "아마도" "심지어" 뭐 조금 들은 게 있기는 있어서, 여기서 그는 그 사실을 암시하기를 바란 것이었다는 말인가? 앞의 논리를 따르면 기계 노동을 도입하는 것이 노동자를 반항하게 변화시킨 것이 아니라 인간이라는 개념을 도입하는 것이 기계 노동을 노예제로 변화시킨 것이다.―"그렇게 주장한다면" 이런 것이야말로 정말 노동운동의 "유일자적인" 역사일 것이다.

두 번째 역사 구성:

---

485   CW주 73) 1845년 6월 초 카탈루냐 지역에서 발생한 소동을 암시한다. 이 소동은 정부가 5인 중 1인이 군에 봉사해야 한다는 법을 도입하려 시도하자 일어났다. 이 소동은 잔인하게 진압됐다.

"부르주아 계급은 물질적인 향락이라는 복음을 전파해 왔으며 이런 가르침이 우리 프롤레타리아 사이에서 지지자를 발견한다는 것은 놀라운 일이다."(159쪽)

바로 앞에서 노동자는 "인간"이라는 개념을 즉 성스러운 것을 실현하고 싶어 했다. 그런데 지금은 노동자가 "물질적인 향락" 즉 세속적인 것을 실현하고 싶어 한다. 앞에서는 노동이 주는 노고를 원했지만, 지금은 다만 향락의 노동을 원한다. 성 막스는 ambas sus valientes posaderas〈그의 두툼한 엉덩이 두 짝〉[486] 사이에 즉 우선 물질적인 역사에 그리고 나서는 스티르너적인 역사 즉 성스러운 역사 사이에 자신을 던진다. 물질적인 역사에 따르면〈GA2, 275〉〈수, 36c〉복음을 향락하는 것의 자리에 세속적인 향락에 관한 복음을 처음으로 대치한 자는 귀족이었다. 계산이 밝은 부르주아는 처음에는 귀족을 위해 노동 활동에 주력하고 매우 약삭빠르게도 귀족에게 향락을 양도했다. 하지만 그런 향락은 귀족에게는 고유한 법칙에 따라서 금지되어 왔다.(이때 귀족의 권력은 돈의 형태로 바뀌어 부르주아의 주머니 속으로 들어간다.) 슈티르너의 역사에 따르면 부르주아 계급은 성스러운 것을 찾고 국가를 예배하며, "모든 현존하는 객체를 관념으로 바꾸는 데" 만족했다. 제수이트 덕분에 감각을 전적으로 황폐하지 않게 구원할 수 있었다. 그런데 같은 슈티르너의 역사에 따르면 부르주아는 혁명을 통해 권력을 찬탈하며 동시에 그들의 복음인 물질적 향락의 복음을 세웠다고 한다. 그러나 같은 슈티르너의 역사에 따르면 우리의 역사는 이제 엄청나게 발전해 "세계 속에 사상만이 지배할" 징도가 됐다. 이제 슈티르너의 위계 체제는 "entre

---

486 세르반테스의 『돈키호테』의 한 구절

ambas posaderas〈엉덩이 두 짝〉" 사이에 존재한다.

세 번째 역사구성:

159쪽: "부르주아 체제가 한 개인의 명령과 자의에서 해방된 이후에도 자의는 여전히 남아있었다. 이 자의는 상황의 우연한 만남에서 발생한 것, 그래서 〈W, 203〉우연한 상황이라고 불릴 수 있는 것이다. 행운과 행운에서 은총을 받은 자는 여전히 남아 있었다."

이어서 성 산초는 공산주의자가 "이런 우연의 동요를"(아, 거시기!) "끝장내는 하나의 법칙과 하나의 새로운 질서를 발견한" 것으로 설명한다. 공산주의자라면 "이 질서는 성스러운 질서다!"라고 외쳐야 한다니, 공산주의자에 대해 그가 아는 것은 그저 이런 사실 정도다.[487] (차라리 그는 이렇게 외쳤어야 할 텐데: 나의 공상엔 무질서한 것이라도 공산주의자에게는 성스러운[필연적인] 질서이다!)-"여기에 지혜가 필요합니다."(『요한계시록』, 13장 18절)[488] "지각 있는 사람은 그 수자를 세어보십시오." 슈티르너는 그 이전에는 장황하게 항상 반복해 말하더

---

487 GA2주 재인용) 슈티르너, 『유일자와 그의 소유』, 118쪽: "그러면 우리가 이 상황을 변화하자, 우리는 이 상황을 철저하게 변화해, 그 우연성이 무기력하게 되게 하자. 하나의 법칙이 있다. 더는 우리가 우연의 노예가 되게 하지 말라! 우리는 이런 동요를 끝장낼 새로운 질서를 창조하자. 이 질서는 그때 성스러운 것이 될 것이다."

488 CW주)『요한계시록』, 13장 18절: 여기에 지혜가 필요합니다. 지각이 있는 사람은 그 짐승을 상징하는 숫자를 세어 보십시오. 그 수는 어떤 사람을 가리키는데, 그 수는 육백육십육입니다.

니 〈수, 37〉 여기 몇 줄 안에 얼마나 많은 무의미한 말들을 압축했는지!

첫 번째 문장은 가장 일반적으로 알려진 견해이다: 부르주아 체제가 봉건제를 폐지한 뒤에 부르주아 체제가 남았다. 달리 말해 "슈티르너"의 공상을 따른다면 인격적 존재의 지배가 끝장난 이후, 이런 지배와 정반대되는 지배가 여전히 실행됐다. "그 말이 실제로 의미하는 것은" 서로 가장 멀리 떨어진 두 개의 역사 시대가 서로 관련될 수도 있다는 말이다. 즉 그 관련은 성스러운 관련이며, 성스러운 것으로서의 관련이며, 하늘을 통한 관련이다.

게다가 성 산초의 이 문장은 위에 언급한 것처럼 mode simple〈단순히〉무의미한 말을 하는 것으로 만족하지 않는다. 그는 mode composé und bicomposé〈복합적이고 양의[兩意]적인〉[489] 무의미조차 성취해야 한다. 즉 첫 번째로 성 막스는 자기를 해방하고자 하는 부르주아가 개인의 명령과 자의에서 자기를 해방하는 가운데 사회 대중을 일반적으로 개인의 명령과 자의에서 해방했다고 믿는다. 두 번째로 그런데 실제로 본다면 부르주아 체제는 "개인의 명령과 자의"에서 해방된 것이 아니라 〈GA2, 276〉오히려 조합이나 길드, 신분에서 해방된 것이며 따라서 이제 비로소 부르주아가 실제로 힘을 지닌 개별자가 되면서 부르주아 체제는 노동자에 대립해 명령과 자의를 행사할 수 있었다. 세 번째로 부르주아 체제는 지금까지 개인의 명령과 자의 가운데 plus ou moins〈다소〉 이상화된 모습만을 제거하면서 이 명령과 자의를 대신해 물실적으로 조야한 형태로 나타나는 명령과 자의를 세웠을 뿐이다. 그 곧 부르주아가 보기를 원했던 것은 자신의 명령과 자의가 군주나 귀족 그리고 조합의 손에 집중되어 있던 정치적인 권력이 지금까지 행사하던 "명령

---

[489] 푸리에Fourier의 용어, 푸리에,『일반적 통일의 이론』참조

과 자의"를 통해서 더는 한정되지 않는 것이다. 부르주아가 보기를 허용했던 것은 기껏 부르주아의 법들 속에 언표된 전체 부르주아의 총 이해를 통해 한정되는 것이다. 부르주아가 폐지한 것은 개인적 부르주아의 명령과 자의를 지배하는[über] 명령과 자의에 불과하다.(『정치적인 자유주의』장을 보라)

〈수, 37a〉〈W, 204〉상황의 우연한 만남은 부르주아의 지배와 더불어 완전히 다른 상황의 완전히 다른 우연한 만남으로 되어 버렸다. 그러나, 성 산초는 이런 상황의 우연한 만남을 실제로 분석하기는커녕 "우연한 만남에서 발생한 것"이라고 하면서 일반적인 범주로서 취급했다. 그러면서도 그는 여전히 모호한 "우연한 상황"이라는 의미를 이 말에 부여했다.-그러니 마치 "개인의 명령과 자의"가 그 자체 "상황의 우연한 만남"에 속하지 않는 것처럼 보인다-그리고 그는 공산주의의 실제 토대가 되는 것 즉 부르주아 체제 아래서 상황이 특정한 방식으로 만나는 것에 관해서는 무관심하다. 그는 이렇게 해 허공에 뜬 공산주의를 성스러운 공산주의로 전환할 수 있다. "그 말이 실제로 의미하는 것은" "슈티르너"가 다만 "관념적인," 공상적인 역사의 "풍요[부]"를 지닌 "인간"-즉 "완전한 룸펜"이라는 것이다. 『경전』362쪽을 보라.[490]

이 무지막지한 역사 구성은 또는 차라리 그런 역사 구성을 위한 논리적인 대전제는 189쪽에서 다시 한번 더 강조되어서 아래와 같은 형

---

490 GA2주 재인용) 슈티르너, 『유일자와 그의 소유』, 362쪽: "사람들은 걱정하지 않는, 보장을 받은 소유자가 된다. 사람들을 이렇게 되게 만드는 것은 사람들이 그의 재산을 더는 저울에서가 아니라 자기의 노동에서 즉 노동 능력에서 추구한다는 사실이다. 다시 말하자면 사람들이 룸펜 즉 단지 관념적인 부를 지닌 인간이 된다는 사실이다."

태로 반복된다.

"정치적인 자유주의는 주인과 하인의 차이를 제거했다. 정치적 자유주의에서는 주인도 없어지고 정부도 없어진다."(!) "이제 주인은 개인이나 이기주의자에서 멀리 떨어져 나가서 유령이 됐으며, 법률과 국가도 이렇게 유령이 됐다."

'유령의 지배 = (위계 체제) = 주인 없음'이며, 이는 "전능한" 부르주아의 지배이다. 앞으로 보듯이 이 유령의 지배는 오히려 다수의 실제 주인[부르주아]이 행사하는 지배이다. 그러므로 같은 권리로 공산주의는 다수의 지배에서의 해방으로서 파악될 수 있었는데도, 성 산초는 이를 허용할 수 없었다. 그 까닭은 만일 그렇게 했더라면 공산주의에 대한 그의 논리적인 구성이나 "자유인"에 관한 그의 구성 전체도 내동댕이쳐질 위험이 있었기 때문이다. 『경전』 전체가 그런 식이다. 우리의 성자가 자기만의 전제에서 내리는 유일자적 결론은 즉 유일자적 역사적 사실은 일련의 통찰과 결론 전체를 내동댕이친다.

⟨GA2, 277⟩ *네 번째 역사 구성*: 350쪽에서 성 산초는 공산주의를 농노제의 폐지에서 직접 도출한다.

1) *대전제*:

"소유자로서 *대우받는[간주되는]*"(!) "일이 관철되자 유례없이 많은 것들이 얻어졌다. 농노제가 이로써 폐지됐으며 그때까지 소유물이었던 모든 사람이 이제 *주인*이 됐다."

(이 무의미한 말을 mode simple〈단순한 표현〉으로 바꾸자면 이런 뜻이다: 농노제는 폐지되자마자 폐지됐다.) 이 무의미한 말을 mode composé〈복잡하게 표현해 보자〉: 성 산초가 믿기에 〈W, 205〉성스러운 명상을 한다거나, "대우[간주]한다"거나 "대우[간주]받는" 것을 통해서 누구나 소유자가 될 수 있다. 하지만 소유자가 되는 것이 어려워지자 나중에 이런 자격을 스스로 부여했다. 이제 이런 무의미한 말을 mode bicomposé〈모호하게 표현해 보자〉: 처음에는 농노제가 다만 산발적으로 폐지됐음에도 일단 그 결과가 발전하기 시작하고 이를 통해 농노제가 일반적으로 폐지되자, 그 이후 사람들은 소유 활동[Innehaben]을 할 가치가 있는 존재라는 대우를 〈수, 37b〉관철할 가능성을 포기했다.(소유자에게 소유물이 너무 값비싼 것으로 됐다.) 그래서 "지금까지 소유물[innegehabt]"이었던 즉 강제 노동자"였던" 거대한 대중은 이를 통해 "주인"이 되지 못하고 자유로운 노동자가 됐다.

2) 역사의 소전제: 이 소전제는 대략 8세기를 포괄한다. "이 소전제가 얼마나 의미심장한지는 물론 이 소전제에서는 관찰되지 않는다."(『비간트』, 194쪽 참조)

"그러나 앞으로 그대가 하는 활동과 그대가 소유한 것은 *더는* 충분하지 않으며 더는 인정되지 않는다. *그에 반해서* 그대의 노동 활동과 그대의 노동은 가치가 상승한다. 우리는 이전에 그대가 사물을 소유하는 활동을 존중했던 것과 마찬가지로 *이제* 사물에 대한 그대의 *지배*를 존중한다."(?) "그대의 노동은 그대의 재산이다. 그대는 일해서 얻은 것을 소유하는 자이지, 유산을 통해 얻은 것을 소유하는 자는 아니다."(같은 곳)

"앞으로"...."더는"...."그에 반해서"...."이제"...."이전과 마찬가지로"...."이제"...."또는"...."아니다."–이 문장에서 볼 것은 이런 말밖에 없다. 그대가(즉 첼리가) 일해서 얻은 것의 주인이며, 유산으로 얻은 것의 주인이 아니라는 생각에 "슈티르너가" "이제" 마침내 도달했다고 하더라도, 당시와는 정반대의 것이 일어날 것이라는 생각도 "이제" 그에게 떠올랐다.–그러자 그에게 공산주의는 대전제에서 시작해 잘못 태어난 이 두 생각에서 악마가 바꿔놓은 아이로 출현한다.

3) 공산주의적인 결론:

"*그러나 당시* 모든 것은 유산이고 그대 주머니 안에 있는 그로셴 [Groschen: 오스트리아 1원짜리 동전]은 노동의 흔적이 아니라, 오히려 유산의 흔적이므로"(도무지 무슨 말인지) "주머니에 있는 모든 동전은 〈수, 37c〉녹여 없애야 한다."

이제 첼리가가 중세의 코뮌이 발생하고 소멸하는 것을 다루거나 그리고 19세기 공산주의를 다룰 때가 됐다고 공상할 수 있게 된 이유는 무엇인가? 그리고 성 막스가 모든 "유산"과 "노동 생산물"에도 불구하고 "사물을 지배하는" 데 도달하지 못하고 오히려 기껏해야 무의미한 생각이나 주머니에 "넣고 다니기"에 이른 것은 무엇 때문인가?

〈GA2. 278〉성 막스가 공산주의를 농노제에서 벗어난 것으로 구성한 다음 이제는 공산주의를 사회가 한 명의 영주가 되어 지배하는 농노제로 구성했으니 어떻게 된 영문인지, 역사 구성을 애호하는 자라면 이제 그런 영문을 21쪽에서도 또한 찾아볼 수 있을 것이다. 이미 앞에서 보았듯이 그는 어떤 것을 획득하는 수단을 "성스러운 것"으로 만들고 〈W, 206〉 그런 성스러운 것의 "은총"을 통해 우리에게 그 어떤 것을 선사하려 했다. 공산주의에 관련한 역사 구성도 그런 모범을 따른 것이다. 이제 결론적으로 위와 같은 전제에서 발생하는 공산주의에 대한 몇몇 "통찰"을 보게 하자.

우선 슈티르너는 *착취에 대한 새로운 이론*을 제시한다. 그 이론에 따르면 착취란

"바늘 공장 노동자는 바늘 한 개를 만들면 이는 다만 다른 사람의 손을 거들어주기 위한 것일 뿐이며 그 결과 그는 다른 사람을 통해 이용되고 착취된다"라는 데 있다.(158쪽)

그러므로 여기서 슈티르너가 발견한 것은 공장의 노동자는 서로 손을 거들어 주므로 서로를 착취하지만, 기업가는 손으로 전혀 노동하지 않으니 노동자를 착취할 수도 없다는 것이다. 여기서 "슈티르너"는 독일 이론가가 공산주의 때문에 빠져들었던 가련한 처지를 보여주는 한 놀라운 예이다. 독일 이론가는 이제 바늘 공장 등과 같은 세속적인 사물을 다룰 수밖에 없었으나 독일 이론가가 이런 사물에 대해 이해하는 것은 오지브웨이Ojibbeway[491] 인디언이나 뉴질랜드 원주민과 같은 진짜 야만인이 이해하는 것과 다를 바 없다.

슈티르너식의 공산주의는 "그것에 반해 이렇게 말한다."

(같은 곳): "모든 노동은 '인간' *자체*를 만족시킨다는 목적을 가

---

491 역주) 우지브웨 언어를 사용하는 북미 인디언

져야 한다. 그러므로 그가(인간이) 해야 하는 것은" "노동의 장인이 되는 것이며 즉 전체성으로서 노동을 창조할 능력을 얻는 것이다."

〈수, 38〉 "인간"이 장인이 돼야 한다니!-"인간"은 여전히 바늘귀 제조공에 머무르더라도, 바늘귀는 바늘에 속한다는 사실 그리고 그가 온전한 바늘을 만들 능력이 *있다*는 사실을 의식하면 위안받는다. 바늘귀를 제조하는 일을 영원히 반복한다는 것이 피곤함과 구역질을 일으키더라도, 이런 의식을 가진다면 "인간은 만족을 얻는다니", 오, 프루동이여.

또 다른 통찰을 보자.

"공산주의자야말로 자유로운 활동이 인간의 본질이라고"(iterum Crispinus〈또 크리스피누스냐〉) "처음 주장한 사람이다. 그러므로 모든 *일하는 자의 성향*이 그러하듯이 공산주의자는 싫증 나는 노동에 덧붙여 휴일과 오락과 경건함이 필요하다."

자유로운 활동이라는 말은 공산주의자에게서는 삶의 표현 다시 말해 "온전한 사내"("슈티르너"가 이해할 수 있게 하기 위해서 이 말을 쓰겠다)의 모든 능력이 자유롭게 발전해 출현하는 창조적인 삶의 표현이다. 그런데 가련한 산초는 위의 인용구에 씌어 있는 "인간의 본질"이라는 말은 제쳐놓고서 "자유로운 활동"이란 말을 "싫증 나는 노동"이라는 말로 바꿀 수밖에 없었다. 왜냐하면 이 베를린 사람은 그가 아는 "사상의 수고로운 노동"이란 것이 여기서 문제 되는 것이 아니라는 것을 눈치챘기 때문이다. 이렇게 대뜸 말을 〈W, 207〉바꾸어놓음에 따라서 공산주의자는 "일하는 자의 성향"과 같은 성향이 될 수 있었다. 이렇게 해 공산주의에서 시민이 일하는 날에 병행해 〈GA2, 281〉시민의 휴일도 출현하게 된다.

161쪽. "공산주의에 휴일의 측면이 존재하는 것은 공산주의자가 그대에게서 인간과 형제를 보기 때문이다."

공산주의자는 여기서 "인간"으로서 나타나기도 하고 "노동자"로서도 나타나기도 한다. 성 산초는 위의 인용문에서 이런 것을 "공산주의자가 인간에게 주어져야 한다고 요구하는 *이중적 일자리*[Anstellung]" 곧 물질적인 일자리와 정신적인 일자리라고 부른다.

그는 여기서 심지어 공산주의 속으로 "돈벌이[Erwerb]"라든가 관료제를 도입한다. 그러면 공산주의는 "자기의 최종적인 목표를 달성하고"[492] 드디어 공산주의이기를 중지한다는 것이다. 게다가 공산주의가 이렇게 해야 하는 이유는 그래야 나중에 그가 제시하려는 "연합" 속에서 각자는 인간으로서 그리고 유일자로서 "이중적인 일자리"를 얻기 때문이다. 그는 이중주의를 공산주의의 책임으로 뒤집어씌움으로써 잠정적으로 이런 이중주의를 정당화했다. 이런 방식으로 전가하는 방법은

---

[492] GA2주 재인용) 슈티르너, 『유일자와 그의 소유』, 91쪽: "모든 인간의 규율을 무너뜨리고 그 무너진 기초 위에 새롭고 더 나은 규칙을 창조하며, 모든 도덕을 모독해 더 새롭고 더 나은 도덕을 그 자리에 대체하며 .... 하는 등에 그들의 행위는 제한된다. 그러나 그들의 행위는 그렇게 되기를 시도하는 것으로 순수하게 실제로 되는가? 그 행위는 최종적 목표에 도달하는가?"

그의 봉건제 개념이나 그의 효용[Verwertung: 效用] 개념에서 다시 발견하게 될 것이다.

344쪽을 보면 슈티르너는 공산주의자가 소유의 문제를 화해의 방식으로 해결하기를 원한다고 믿으며, 413쪽을 보면 심지어 공산주의자가 인간의 헌신에 〈수, 38a〉호소하거나 자본가의 자기 부정적 성향에 호소한다고 말한다! {〈W, 노트 47: 207-하단 주:수고에서 삭제〉〈수, 38a-하단 주〉여기서 성 막스는 움켜쥐고 두들겨 패는 지혜를 터득한다. 그 결과 반항적인 프롤레타리아에 관한 그의 전체 장광설은 바이틀링Weitling이나 그의 의적[義賊: stehelnd] 프롤레타리아에 대한 실패한 졸렬한 모방에 불과한 것처럼 보인다. 바이틀링은 브룬츨리 덕분에 그가 아는 소수의 공산주의자 가운데 한 사람이다.} 바뵈프 시대 이래 등장했던 소수의 공산주의적인 *부르주아*는 비혁명적이었으며 그 씨앗을 아주 드물게 뿌렸다. 반면 모든 나라에서 출현한 공산주의자 대중은 혁명적이다. "부자의 자기 부정적인 성향"이나 "인간의 헌신"에 관해 공산주의자에게 어떤 견해가 있는가라면 성 막스는 카베Cabet 즉 두말할 것 없는 공산주의자인 카베의 몇 줄에 걸친 말에서 찾을 수 있을 것이다. 카베는 대체로 본다면 여전히 dévoûment〈희생〉에 호소하는 것과 같은 인상을 줄 수 있다. {〈W, 노트 48: 207-하단 주:수고에서 삭제〉〈수, 38a-하단 주〉프랑스에서 모든 공산주의자는 생시몽주의자와 푸리에주의자를 평화주의자라고 비난히면서 주로 "모든 재산의 칭신"을 그들이 포기한다고 해서 그들과 자기를 구분했다. 그것은 영국에서 참정권주의자가 주로 같은 기준으로 사회주의자에서 자기를 구분한 것과 같다.} 이 구절은 공학주의자에 대항하고 부세Buchez 씨가 공산주의를 공격하자 이 공격에 대항하는 것이다. 그 덕분에 카베는 파리에서 아직도 소수 노동자의 추앙을 받는다.

⟨W, 208⟩ "dévoûment⟨헌신⟩이란 것에 관해서도 사정은 마찬가지다. 이것은 부세 씨의 교의이다. 그런데 이번에 그의 교의는 가톨릭의 형식을 벗어던진다. 왜냐하면 부세 씨는 의심할 바 없이 그의 가톨릭이 노동자 대중에게 혐오감을 주고 노동자 대중이 돌아서게 할까 두려워하기 때문이다. '그의 devoir⟨의무⟩를 합당하게 충족하자면 (이렇게 부세는 말했는데) dévoûment⟨헌신⟩이 필요하다.'-의무와 헌신 사이의 어떤 구분이 있는지, 구분할 수 있는 자는 파악해 보라.-'국가 차원의 거대한 통일이나 노동자 결사를 위해서도 모든 사람의 헌신이 필요하다. 우리가 단결하는 것, 항상 누구나 타인을 위해 dévoués⟨헌신하는⟩ 것이 필수적이다.'-물론 이것은 필요하고 정말 필요한 일이다.-하지만 그런 말을 하는 것은 쉬운 일이며 매우 오랫동안 그런 말을 해왔으며, 앞으로도 오랫동안 그럴 것이지만, 다른 수단을 고안하지 않는다면, 아무런 성과는 없을 것이다! 부세는 부자의 자기애에 대해 비난한다. 그러나 그런 비난이 무슨 도움이 되겠냐? 부세는 자기를 devourren⟨희생⟩하고자 하지 않는 모든 자를 적으로 선언한다."

⟨GA2, 282⟩ "그[부세]가 말하기에 '이기주의에 쫓겨 타인을 위해 자기를 희생하기를 꺼린다면, 다른 대책이 있느냐? …. 우리는 ⟨수, 38b⟩한순간도 기다리지 않고 대답하게 될 것이다: 즉 사회는 우리가 고유한 의무에 따리 헌신해아 하는 바로 그것을 우리에서 가져갈 권리를 어느 때나 가진다. …. 헌신이란 의무를 충족하

는 유일한 수단이다. 우리는 모두 스스로 희생해야 하며 항상 어디서나 그렇다. 이기주의 때문에 헌신의 의무를 충족하기를 꺼리는 사람은 그렇게 하게 강제될 수밖에 없다.'-이렇게 부세는 모든 사람에게 외친다: 당신들은 희생하라, 당신들은 희생하라! 당신들을 희생하는 것만 생각하라! 그런 것은 인간의 본성을 오인하고 발로 밟는 것을 뜻하지 않는가? 그런 것은 잘못된 견해가 아닌가? 우리는 곧바로 그것은 유치한 멍청한 견해라고 말하고 싶다."(카베, 『작업장의 교의에 대한 반박Réfutation des doctrines de l'Atelier』, 19~20쪽)-카베는 이제 22쪽에서 공화주의자 부세에게 부세가 여러 단계로 이루어진 "헌신의 귀족주의"에 도달할 수밖에 없다는 점을 지적하면서 부세의 아이러니를 드러내려고 이렇게 묻는다: "그러면 dévoûment〈헌신〉에서 무엇이 나올 것인가? 오직 헌신의 서열에서 최고 정점에 이르기 위해 자기를 희생한다면, 그런 dévoûment〈헌신〉에서 남는 것이 어디 있는가? …. 그런 체제는 교황이나 추기경에 이르고자 하는 사람의 머리에서나 출현할 것이다.-그런데 노동자의 머릿속에서 그런 생각이 나오다니!!!"-"부세 씨는 노동이 휴식[Zerstreuung]이 되기를 원하지 않으며, 인간이 자기의 건강을 위해서 노동하거나 새로운 향락을 마련하기를 원하지 않는다. 그는 '인간이 지상에 온 것은 다만 une function, un devoir〈소명이나 의무〉를 충족하기 위한 것'이라고 …. 주장한다. 그는 공산주의자에게 설교하면서, 말한다. '아니다', 'n'a point été fait pour lui-même〈인간, 이 위대한 힘은 자기를 위해 창조된 것이 아니다〉' …. 그런 생각[자기를 위해 창조됐다는 생각]은 조야한 생각이다. 인간은 세계 속에서 oeuvrier〈일하는〉 존재이다. 인간은 œuvre〈작품〉을 산출해야 하며, 이 작품이 인간의 활동 규범[Moral] 곧 그의 의무를 부과한다. …. 우리가 une haute function〈고매한 소명〉을 충족해야 한다는 것, 그 소명은 인간이 창조된 최초의 날부터 시작됐으며, 오직 인간이 끝나야 사라질 소명이라는 사실을 보지 못해서는 안 된다.'−Mais qui a révelé toutes ces belles choses à M. Buchez lui-même?〈그러나 누가 부세에게 〈수, 38c〉이런 모든 아름다운 것을 깨우쳤는가?〉"−(슈티르너는 이 말을 이렇게 번역해야 옳다: 부세는 인간이 해야 하는 이 모든 것을 대체 어디서 알았는가?)−〈W, 209〉"Du reste, comprenne qui pourra."〈"나머지는 할 수 있는 자가 하겠지."〉−부세는 계속 이렇게 말한다:'어떻게! 수천 세기가 지나가면, 인간은 자신을 위해 만들어졌으며 가능한 한 모든 향락을 누리면서 사는 것과 다른 목적을 가지지 않는다는 것을 당신들 공산주의자에게서 배우게 될지 모른다. …. 그러나 그런 잘못을 범해서는 안 된다. *fait pour travailler*〈우리는 노동을 위해서〉 *항상 노동하기 위해서 창조됐다는 것을 그리고* 〈GA2, 283〉우리가 요구할 수 있는 유일한 것은 *la suffisante vie*〈생존을 위해 필수적인 것〉 즉 건강인데, 이 건강은 우리가 우리의 소명을 적절하게 충족하기에 충분한 정도에 그친다는 것을 잊어서는 안 된다. 이런 범위 바깥에 있는 것은 모두 *부조리*하고 *위험한 것이다*!'−뭐라고, 그럼 부세, 당신이 증명해 보라, 증명하라니까! 당신은 어떤 예언자의 신탁 같은 것에 만족해서는 안 된다. 애초부터 당신은 *수천 세기나 걸린다*고 말한다. 그러면 사람들이 그 *모든 세기 동안* 우리를 기다리고 있었다고 주장하는 자는 누구인가? 하지만 사람들이 당신과 그리고 dévoûment, devoir, nationalité française, association ouvrière〈희생, 의무, 프랑스 민족성, 노동자 협의회〉에 관한 당신의 모든 이론을 정말 기다려 왔을까? 부세는 최종적으로 이렇게 말한다. '우리가 말했던 것 때문에 당신들이 상처받았다고 느끼지 않기를 당신들에게 청한다.'—우리 역시 공손한 프랑스인이니, 우리도 마찬가지로 당신들에게 상처받지 않기를 청한다."(31쪽)—"부세는 말한다. '*우리를 믿어라*, 오래전부터 구축된 communauté〈공동체〉가 있다. 당신들도 그 성원이 될 수 있다.'"—카베는 이렇게 쓴다. "부세여, 믿어라, 우리가 공산주의자가 된다는 것을!"

"헌신", "의무", "사회적인 의무", "사회의 권리", "사명", "인간의 소명", "인간의 사명인 노동자", "도덕적인 작품", "노동자 결사", "생존에 불가결한 것의 창조", 이 모든 것은 성 산초가 공산주의자에 속하는 것으로 비난하던 것과 같은 것이 아닌가? 그런 것들이 결핍됐다고 해서 부세 씨가 공산주의자를 비난했고, 카베는 이런 부세의 경건한 비난을 다시 비웃었다. 여기 부세의 비난을 보면 이미 슈티르너의 위계 체제가 등장하는 것이 아닌가?

〈수, 39〉최종적으로 성 산초는 169쪽에서 아래와 같은 문장을 내뱉으면서 공산주의에 최후의 일격을 가한다:

"사회주의자는 소유를 폐지하면서"(!) "소유가 자신의 지속을 보장한다는 사실을 주목하지 않는다. 단순한 돈이나 물건만 재산인가, 오히려 모든 생각도 나의 것, 자기의 것이 아닌가? 그러므로 모든 생각도 제거돼야 하며 또는 비 개인적인 것으로 돼야 할 것이다."

아니면 성 산초의 견해는 그 견해가 다른 사람의 견해로 되지 않는 한에서 어떤 것을 즉 다른 사람의 견해를 지배하는 힘을 가지는가? 성 막스가 여기서 공산주의에 반대하는 그의 견해를 다룬 장을 정당화하는 가운데, 그는 공산주의에 대해 부르주아가 제기하는 가장 오래된 하지만 가장 낡아빠진 이의를 제기하는 것에 지나지 않는다. 그런데도 그는 어떤 새로운 것을 말했다고 믿는다. 왜냐하면 잘난 채하는 베를린 사람에게는 이런 낡아빠진 말조차도 새롭게 느껴지기 때문이다. 수많은 다른 사람들 가운데서도 트라시Destutt de Tracy가 〈W, 210〉대략 30년 전에 그리고 그 뒤에도 여기 인용된 책에서 같은 것을 훨씬 잘 말했다. 예를 들어보자:

"사람들은 소유의 과정을 공식적으로 제정했으며 소유를 인정하거나 반대하는 근거를 제시했다. 그런 것을 보면 마치 이 세계 속에 소유가 유지되거나 폐지되는 것을 결정하는 일이 마치 우리에게 달린 것처럼 보인다. 그러나 이는 우리의 본성에 대한 완전한 오해라 하겠다."(『의지의 협약Traité de la volonté』, 파리, 1826, 18쪽)

트라시 씨는 〈GA2, 284〉propriété, individualité, personalité〈소유, 개성, 인격〉은 동일하며, moi〈자아〉 속에는 mien〈나의 것〉이 있다는 것을 입증하려 했다. 그는 사적 소유를 위한 자연적인 토대를 다음과 같은 데서 발견한다:

"자연은 인간에게 불가결하며 양도할 수 없는 소유를 부여했으며, 따라서 그 소유는 그의 개체성에 속하는 것이다."(17쪽)-"개인이 명백하게 아는 사실은 자아가 영적으로 지배하는 신체 그리고 자아가 움직이는 신체 기관, 자아가 지닌 모든 능력과 모든 힘 그리고 자아가 생산하는 모든 효과와 모든 열정과 행위를 자아가 배타적으로 소유하고 있다는 사실이다. 왜냐하면 이 모든 것은 이 자아와 더불어 끝나고 시작하며, 자아를 통해서만 현존하고, 자아의 행위를 통해서만 움직이기 때문이다. 어떤 다른 인격도 이 자아 자신의 도구를 사용할 수 없으며, 자아와 〈수, 39a〉마찬가지의 방식으로 그런 도구를 통해 감각할 수 없다."(16쪽)-"비록 감각하는 개인이 현존하는 곳이라면 어디에서라도 라고는 말하지 못하지만, 적어도 의욕하는 개인이 현존하는 곳이라면 어디서라도 소유는 현존한다."(19쪽)

트라시는 이렇게 사적 소유와 인격을 동일시한 다음 propriété〈소유〉와 proper〈고유한〉이라는 두 단어의 말장난을 통해 다음과 같은 결론을 끌어었다. 그것은 슈티르너에게서 나의 것[Mein]과 생각[Meinung], 소유[Eigentum]와 고유성[Eigenheit] 사이에 말장난을 통해 그런 결론이 출현한 것과 마찬가지다:

"우리 모두에게 그 자신의 것이 없다면 더 좋지 않을까(de discuter s'il ne vaudrait pas mieux que rien ne fût propre à chacun de nous) 하는 주장에 관해 논쟁하는 것은 전적으로 무용하다. .... 어느 때

라도 그런 말이 뜻하는 바는 우리가 우리 자신과 전적으로 다른 사람이 된다면 더 바람직하지 않을까 하고 묻는다거나, 우리가 전혀 존재하지 않는다면 더 좋지 않을까 하고 검토하는 것과 같다."(22쪽)

"그런 주장은" 공산주의에 반대하는 "가장 널리 알려진" 반대여서, 이미 인구에 회자해 온 반대이다. 그러니 "슈티르너"가 그런 반대를 반복하는 것은 "놀랄 만한 것"이 아니다.

고루한 부르주아는 공산주의자에 대해 이렇게 말한다: 당신들이 소유를 즉 자본가나 토지 소유자나, 기업가로서는 나의 현존을 그리고 노동자로서는 당신들의 현존을 제거한다면, 당신들은 나의 개성과 당신들의 개성을 제거하는 것이다. 또 당신들 때문에 내가 당신들 노동자를 착취하고, 나의 이윤과 이자 그리고 지대를 획득하지 못하게 된다면, 당신들 때문에 내가 개인으로서 현존하지 못하게 되는 것이다. 그리고 부르주아는 〈W, 211〉공산주의자에게 이렇게 선언한다: 당신들이 *부르주아로서* 나의 현존을 제거한다면 당신들은 *개인으로서* 나의 현존을 제거하는 것이다. 부르주아가 부르주아로서의 자신과 개인으로서 자신을 동일시한다면 적어도 솔직함과 뻔뻔스러움은 인정할 만하다. 부르주아에게 다음은 실제 사실이다: 부르주아는 그가 부르주아인 한에서만 개인이라고 믿는다.

그러나 부르주아의 이론가가 등장해서 이러한 주장을 일반적으로 표현하고 또한 부르주아의 소유를 〈수, 39b〉개성과 이론적으로 동일시하고 이러한 동일시를 논리적으로 정당화하기를 소망하자마자, 이러한 터무니없는 주장은 엄숙하고 신성한 것으로 되기 시작한다.

앞에서 "슈티르너"는 〈GA2, 285〉사적 소유를 폐지하자고 하는 공산주의자의 주장을 다음과 같이 논박했다. 즉 슈티르너는 사적 소유를 "가지고 있음[Haben]"이라는 말로 바꾼 다음에 "가진다[haben]"는 동사를 어느 사회에서나 불가결한 말, 영원한 진실로 선언했다. 왜냐하면 공산주의 사회에서도 공산주의자가 복통을 "가지는" 일이 발생할 수 있기 때문이다. 바로 그와 같은 방식으로 슈티르너가 여기서 사적 소유의 폐지가 불가능하다는 사실에 대한 근거로 제시하는 것은 다음과 같은 방식이다: 그는 사적 소유를 소유라는 개념으로 변화하고, "소유[Eigentum]"와 "자기의 것[eigen]"이라는 단어 사이에 존재하는 어원상의 관계를 이용해 "자기의 것[eigen]"이라는 말을 영원한 진리로 선언한다. 왜냐하면 슈티르너가 보기에 복통이 "자기의 것"이라는 사실은 공산주의 사회에서도 또한 발생할 수 있기 때문이다. 만약 공산주의자가 폐지하고자 했던 실제의 사적 소유를 "소유[das Eigentum]"라는 추상적 개념으로 변화하지 않았다면, 슈티르너의 이러한 모든 이론적으로 터무니없는 주장은 불가능했을 것이다. 슈티르너의 피난처는 오직 어원학이기 때문이다. 슈티르너가 이런 방식으로 말을 바꾼 덕분에 한편으로는 실제 사적 소유에 관해 어떤 것을 말하거나 심지어 어떤 것을 알려고 하는 수고조차 필요 없게 된다. 다른 한편으로는 그 덕분에 공산주의 속에서 모순을 찾는 일도 쉽게 이루어질 수 있게 된다. 왜냐하면, (*실제의*) 소유를 무시하고 *나니 ㄱ가* "소유" 개념 아래 포함한 온갖 종류의 것들이 당연히 공산주의 속에서도 존재한다는 사실이 아주 쉽게 밝혀질 수 있기 때문이다. 물론 실제에서 사정은 완전히 정반대이다. {〈W, 노트 49: 211-하단 주: 수고에서 삭제〉〈수, 39b-하단 주〉실제 사적 소유는 가장 일반적으로 존재하는 것이다. 사적 소유는 결코 개성과 관계가 없다. 사적 소유는 정말로 개성을 파괴하는 것이다. 사적 소유자로 간주되는 한, 자아는 개인으로 간주되지 않는다―이 진술은 금전 결혼이 매일매일 증명한다.} 실제에서 나는 팔 수 있는 것을 소유하는 한에만 사적 소유를 가진다. 반면에 나 자신의 것이라는 특성은 절대로 판매할 수 없는 것이다. 나의 상의는 내가 그것을 적어도 판매할 수 있고 저당 잡힐 수 있거나 팔 수 있을 때, 그것이 팔릴 때, 오직 그때만 사적 소유이다.〈수, 39c〉만약 나의 상의가 이러한 속성을 상실하더라도, 그 상의가 너덜너덜한 옷이 됐더라도 그 상의는 여전히 그 상의를 나에게 가치 있는 것을 만드는 모든 속성을 가지고 있을 수 있다. 심지어 그런 상의가 나의〈W, 212〉속성으로 될 수 있고 나를 초라한 사람으로 만든다. 그러나 어떤 경제학자도 그 옷을 나의 사적 소유로 분류하려고 생각하지 않는다. 왜냐하면 그 옷을 통해 나는 다른 사람이 하는 노동의 아주 하찮은 몫조차도 지배하지 못하기 때문이다. 사적 소유를 옹호하는 법률가나 이데올로그라면 정말 그런 방식으로 허튼소리를 늘어놓을 수 있을지 모른다. 사적 소유는 사람의 개성을 소원한 것으로 만들 뿐만 아니라 사물의 개성조차도 소원한 것으로 만든다. 토지와 땅은 지대와 아무런 관계가 없다. 기계는 이익과 아무런 관계가 없다. 땅과 토지는 토지 소유자에 대해서만 지대의 의미가 있다. 토지 소유자는 자기 땅의 일부를 임대하고 지대를 받는다. 이 지대라는 성질은 그 어떤 내재적 성질을 잃어버리지 않고서도 예를 들어 비옥함을 일부 잃어버리지 않고서도 잃어버릴 수 있는 성질이다. 이 성질이 어느 정도 현존하는가는 개별 토지 소유자의 관여 없이 만들어지고 파괴되는 사회적 관계에 의존한다. 기계에서도 사정은 마찬가지다. 소유의 가장 일반적인 형태인 화폐가〈GA2, 286〉개인의 고유성[Eigentümlichkeit]과 얼마나 무관한지, 화

폐가 개인의 고유성과 얼마나 대립하는지는 이미 셰익스피어가 우리의 이론가 소시민 씨보다 잘 알고 있었다:

> 이런 만큼만 있으면 검은 것이 희게, 추한 것이 아름답게,
> 나쁜 것이 좋게, 늙은 것이 젊게, 비겁한 것이 용감하게, 비천한 것이 고귀하게 된다네,
> 그렇다네, 이 황색의 노예는 ....
> 문둥병을 사랑스럽게 보이게 하고
> .... 이것은
> 늙어 빠진 과부에게 청혼자를 데리고 온다네.
> 과부는 구빈원에서 상처로 곪고 있다가
> 매스꺼운 모습으로 보내졌어도 향기로운 냄새가 나는 오월의 청춘으로 되니,
> 이것은 .... 눈에 보이는 신,
> 그대는 불가능한 일들이 서로 형제가 되게 만들며,
> 강제로 서로 입 맞추게 하지![493]

한마디로 말해서 지대, 이윤 등 사적 소유가 실제로 현존하는 방식은 특정한 생산의 각 단계에 상응하는 *사회적 관계*이다. 그리고 사적 소유의 현존 방식은 아직 현존하는 생산력이 족쇄로 되지 않았을 때, 그런 한에서만 "*개성적인*" 것이다.

트라시에 따르면, 겉보기에는 오늘날에 프롤레타리아 가운데 정말

---

493 W주 101) 셰익스피어, 『아테네의 타이몬』, 4막 3장

최고의 개성이 여전히 발전하는 것으로 보일지라도, 그들 대부분은 오래전부터 개성 전체를 잃어버렸다. 부르주아는 한편으로 〈수, 40〉거래[merkantilsch] 관계와 다른 한편으로 개인 관계 혹은 일반적인 인간 관계 사이의 같음을 아주 쉽게 자신의 언어를 통해서 증명해 왔다. 왜냐하면 이러한 언어 자체가 부르주아의 산물이기 때문이다. 따라서 실제에서도 그리고 언어에서도 매매[Schacher] 관계는 〈W, 213〉모든 다른 관계를 만드는 토대가 됐다. 예를 들어, propriété〈소유[Eigentum]〉와 특성[Eigenschaft], property〈소유[Eigentum]〉와 고유성[Eigentümlichkeit], 상업적 의미에서 "자기의 것인[eigen]"과 개인적 의미에서 "자신의[eigen]" 그리고 가치[valeur, value, Wert]⁴⁹⁴−교류[commerce, Verkehr]⁴⁹⁵와 교환[échange, exchange, Austausch]⁴⁹⁶등등. 이 언어들은 상업[kommerzielle] 관계뿐만 아니라 개인의 고유한 특성과 관계를 위해 동시에 사용됐다. 다른 나라의 근대 언어에서도 이런 말들은 모두 마찬가지로 사용된다. 만약 성 막스가 진지하게 이 모호성을 이용하기 위해 노력했다면, 그는 경제학에서 사용되는 단어를 한마디도 배우지 않고서도 쉽게 일련의 빛나는 새로운 경제학적 발견을 얻는 데 도달할 수 있었을 것이다. 하기야 나중에 역사에 기록할 만한 그의 새로운 경제학적 사실 역시 전적으로 이런 동의어의 순환을 통해서 이루어진 것도 마찬가지이기는 하다.

---

494 역주) 각각 가치를 의미하는 불어, 영어, 독일어이다. 가치라는 말은 상품의 가치와 윤리적 가치라는 이중적 의미로 사용된다.

495 역주) 교류를 의미하는 영어, 독일어이다. 교류라는 말은 상업적 교류와 사회적 교류를 동시에 의미한다.

496 역주) 교환을 의미하는 불어, 영어, 독일어이다. 교환은 상업적 교환과 개인적인 교환을 동시에 의미한다.

상냥하고 잘 속는 자크가 부르주아적 소유[Eigentum]와 특성[Eigenschaft]이라는 말을 가지고 얼마나 정확하게 심지어 성스러울 정도로 진지하게 말장난을 하는지, 〈GA2, 287〉우리가 나중에 보게 되는 것처럼, 그는 자신의 고유한 특성을 사적 소유자처럼 소유하기 위해서 노력한다.

마침내 421쪽에 이르면 "슈티르너"는 공산주의에 다음과 같이 훈계한다:

"사람들은"(다시 말해서 공산주의는) "실상 소유를 공격하는 게 아니라 소유를 소원한 것으로 만드는 것을 공격한다."

성 막스의 이 새로운 계시는 과거 생시몽주의자가 즐겨 사용하던 낡은 말장난을 반복하는 것에 불과하다. 『산업과 재정에 관한 강의Leçons sur l'industrie et les fiances』(Paris, 1832)[497]를 참조하라. 그 글에 보면 무엇보다도 다음과 같은 구절이 있다:

"소유는 폐지되지 않는다. 다만 그 형식이 바뀐다. .... 소유가 이제 비로소 진정한 인격적 존재에 이르게 된다. .... 소유가 이제 비로소 진실로 개인적인 성격을 얻게 된다."(42, 43쪽)[498]

---

497   W주 102) 생시몽주의자 프레트Isaac Pereire의 저서『산업과 재정에 관한 강의Leçongs sur l'industrie et les Finanace』에 나오는 글.

498   GA2주 재인용) 프레르,『산업과 재정에 관한 강의』, 42/43쪽: " .... 그는 자기의 아리엘을 얼마나 상냥하게 사랑하는지 즉 그의 늙은 감독을, 그것은 그에게 재산 이상의 것이다. 그것은 그의 생명이다. 그렇다. 그의 생명이니, 왜냐하면 그

프랑스인이 이런 사고방식을 유포했고 특히 르루Pierre Leroux는 이를 더 과장해 표현했다. 그런데 바로 그것을 독일의 사변적 사회주의자가 흔쾌히 받아들여 자기의 사변을 통해 더 확장하고 마침내 각종 반동적 책동[策動]과 실천적 기략[機略]의 빌미로 활용하기에 이른다. 따라서 이 문제는 여기서 다루는 것보다 나중에 진정 사회주의를 고찰할 때 다루는 것이 좋을 것이다.

성 산초는 라이하르트Reichardt가 즐겨 사용한 뵈니거Wöniger의 선례에 따라, 거리낌 없이 프롤레타리아와 공산주의자를 "룸펜"으로 간주한다. 성 산초는 362쪽에서 "룸펜"을 "오직 관념상의 부자인 인간[ein Mensch von nur idealem Reichtum]"으로 정의한다. 슈티르너의 〈수, 40a〉"룸펜"이, 15세기 파리의 거지가 그랬듯이, 언젠가 룸펜 왕국을 세운다면 다름 아닌 성 산초가 룸펜의 왕이 될 것이다. 왜냐하면 성 산초야말로 오직 관념상 부자인 인간에 그치지 않고 자기 생각이라는 자본의 이자를 먹고 사는 사람, 〈W, 214〉즉 "완성된" 룸펜이기 때문이다.

는 그것을 전적으로 완전하게 통용되게 하기 때문이다. 그의 아리엘과 분리되기보다는 차라리 그 아리엘과 함께 파도 속에 삼켜지는 것을 당신은 조용히 그리고 체념하면서 보지 않는가? 그것은 선원이 자기의 배에, 포수가 자기의 대포에, 노동자가 자신의 대지에 애착하는 것의 진실로 가득 찬 인격화이다."
43쪽: "소유는 이제 전적으로 현저하게 사회적 성격을 갖는다. 왜냐하면 모든 인간이 소유를 이용하는 특혜에 참여하기 때문이다. 그러나 소유는 개별 성격도 어느 정도 또는 현저하게 갖는다. 왜냐하면 각각의 노동자는 도구의 소유에서 그가 가장 좋은 것을 애호하기 때문이다."

구약 편 6절 C) 인도적 자유주의

성 막스는 자유주의와 공산주의를 철학적 "인간"이 완전함에 이르지 못한 방식이요, 최근 독일 철학 일반이 완전함에 이르지 못한 방식으로 간주한다.(그의 이런 해석은 독일에서는 자유주의는 물론이고 공산주의도 소부르주아적 형태를 띠고 있고 게다가 과장된 이데올로기의 형태를 띠는 한에서 정당한 것이다.) 그런 이상 그가 "인도적 자유주의"라 명명하는 최근 독일 철학의 여러 형태를 완전한 자유주의, 완전한 공산주의로 묘사하고 이것을 양자에 대한 비판으로 간주하는 것은 당연한 일이다.

〈GA2, 288〉이런 신성한 역사 구성을 통해서 우리는 다음과 같은 삼 단계의 경쾌한 전환을 목격하게 된다(이에 관해서는 『구약 대의』 부분도 참고하라):

1) 개인은 인간이 *아니다*. 따라서 개인[개인적인 인격성]은 아무 가치가 없다.-인격적 의지도 없고, 기율[Ordonanz]도 없다-"그 이름은" 이렇게 불릴 것이다: "주인 없는 자[Herrenlos]"라고-우리가 앞에서 다룬 정치적 자유주의가 이런 것이다.

2) 개인은 인간적인 것을 전혀 *갖고 있지 않다*. 따라서 나의 것, 너의 것 또는 소유란 게 무의미하다: 그 이름은 "무산자[Besitzlos]"이며.-우리가 마찬가지로 앞에서 다룬 공산주의가 이런 것이다.

3) 미반을 통해 개인이 이제 비로소 발견된 *인간*에게 자리를 내주어야 한다.[499] 그 인간의 이름은 "신이 없는 자[Gottlos]"이며 이는 "주

---

499 GA2주 재인용) 슈티르너, 『유일자와 그의 소유』, 180/181쪽: "세 번째: 개인은 인간도 아니고, 인간적인 것을 갖지도 않는다. 그러므로 그는 도대체 존재해서

인 없는 자"와 "무산자"와 같다. 이것이 인도적 자유주의다.(180, 181쪽)-이 마지막 부정적 통일을 상세히 설명하는 가운데 Jaque〈촌티 나는 바보〉의 확고한 신념은 다음과 같은 정점에 이른다(189쪽):

"'나의 신'마저 무의미해진다면 소유의 이기주의는 그 마지막 기둥까지 잃는다. *왜냐하면*"("왜냐하면"이라 하니 엄청 웃기는구면!) "각 개인이 신에게서 구원을 찾는 것과 똑같은 진심으로 신이 개인의 구원을 원할 때만 신은 존재하기 때문이다."

이에 따라 프랑스 부르주아는 adieu〈아듀[á-dieu: 신에게]:안녕]〉라는 단어가 그 언어에서 추방될 때만 그의 "최후의" "소유"를 잃을 것이다. 이상과 같은 역사 구성에 따라 이제, 〈수, 40b〉신을 소유하는 것, 하늘에 있는 신성한 소유, 환상이 소유하는 것, 소유한다는 환상이 최고의 소유로, 소유의 마지막 닻으로 선포된다.

자유주의와 공산주의 그리고 독일 철학에 관한 이 세 가지 환상에서 그는 "자아"로의 새로운 최종적인 이행을-이번에는 〈W, 215〉"성스러운 존재" 덕분에-끌어낸다. 이 논의를 더 따라가기에 앞서 "인도적 자유주의"와 함께 그가 벌이는 "고된 생존투쟁"에 대해 좀 더 살펴보자.

우리의 성실한 산초는 caballero andante〈방랑 기사〉라는 새로운 역을 하면서 그리고 실제로는 caballero de la tristisma figura〈가련한 얼굴의 기사〉로서 역사 전체를 편력했다. 그는 곳곳에서 영과 유령, "용과 타조, 들판의 악마와 집 도깨비, 담비와 독수리, 펠리컨과 고슴도치"(

는 안 되며, 자신의 이기성을 비판을 통해서 제거한 이기주의자로 되며, 인간 즉 이제 비로소 발견된 인간에게 자리를 내준다."

『이사야서』 34장 11~14절)[500]에 맞서 싸워 그것들을 "쓰러뜨렸다." 온갖 다양한 나라를 모두 편력한 후에 결국 그의 바라타리아Barataria 섬[501]에, 다시 말해서 "인간"이 puria naturalibus⟨순수한 자연 상태⟩에서 배회하는 "섬"에 당도했으니 그는 얼마나 행복하겠는가! 여기서 다시 한 번 그의 전체 역사 구성이 기초하는 대전제인 다음과 같은 그의 신조를 상기해 보자:

"인간 개념에서 도출되는 진리는 이 개념이 계시한 것으로 숭상되고 신성한 것으로 간주된다." "이 신성한 개념이 계시한 것은" 심지어 "그 개념이 드러난 많은 진리가 폐기된다고 하더라도 그 신성함을 잃지 않는다."(51쪽)

⟨GA2, 289⟩굳이 반복할 필요도 없는 얘기지만, 우리는 이 성스러운 작가가 거론한 모든 예와 관련해 다음과 같은 사실을 입증했다. 즉 경험적 상황이 사후에 "인간" 개념이 계시한 것으로서 해석되고 서술되고 생각되고 공고화되고 정당화된다는 사실이다. 그러나 이 경험적 상황은 인간이라는 신성한 개념이 결코 아니며 서로 실제로 교류하는 실제 사람들이 창조한 것이다. 위계 체제에 관한 그의 언급을 또한 돌이켜 보라. 이제 인도적 자유주의를 다룰 때가 됐다.

---

500 역주)『이사야서』, 34장 11절. 펠리컨과 고슴도치가 그 땅을 차지하겠고, 부엉이와 까마귀가 거기에서 자리를 잡을 것이다. 주께서 에돔을 혼돈의 줄과 황무의 추로 재실 터이니, 에돔을 창조 전처럼 황무하게 하실 것이다.

501 W주 103, CW주 74) 바라타리아 Barataria-세르반테스『돈키호테』의 산초 판사가 총독으로 취임한 상상의 섬.

44쪽을 보면 성 막스는 "포이어바흐의 신학적 견해와 우리[막스 자신]의 견해를" "간단히" "비교하는데", 여기서 그가 〈수, 40c〉포이어바흐에 반대하면서 하는 말은 다 공허한 문구에 지나지 않는다. 이미 보았듯이 "슈티르너"가 영혼 제조에 골몰할 때 보았듯이 그는 자기의 위[胃]를 별로 옮겼다.(뱃멀미가 나지 않게 지켜주는 수호자인 제3의 디오스쿠로스 Dioskur 별[502]) 왜냐하면 그와 그의 위는 "완전히 다른 것에 대한 다른 이름"이기 때문이다.(42쪽) 꼭 마찬가지로 여기서도 본질은 일단 실존하는 사물로 나타난다. "그래서 다음과 같다"(44쪽):

"최고의 존재가 있다면 그것은 당연히 인간의 본질이다. 하지만 정확히 말해서 살아 있는 인간 그 자체가 아니라 그의 본질이 최고의 존재이므로, 우리가 그 본질을 인간 바깥에서 찾아 그것을 '신'으로 지각하든 아니면 그 본질을 '인간의 본질' 즉 '인간 그 자체'라 부르든 아무런 차이가 없다. 살아 있는 자아라는 존재는 신도 아니고 인간도 아니다. 최고의 존재도 아니고 나의 본질도 아니다. 그러므로 핵심에서는 내가 이 본질을 자아 속에 있는 것으로 생각하든 아니면 자아 바깥에 있는 것으로 생각하든 마찬가지다."

〈W, 216〉그러므로 "인간의 본질"은 여기서 사물처럼 현존하는 것으로 전제된다. 그것은 "최고의 존재"이지, "자아"가 아니다. 성 막스

---

502 W주 104. CW주 76) 디오스쿠로스Dioskur-그리스 신화에 나오는 쌍둥이 형제 카스토르Kastor와 폴룩스Pollux를 일컫는다. 이들은 뱃사람을 보호해주는 별자리(쌍둥이좌)가 된다.

는 "본질"이 어떤 것인지에 대해 이야기하지 않는다. 그는 "내가 이 본질을 자아 속에 있는 것으로 생각하든 아니면 자아 바깥에 있는 것으로 생각하든", 이곳에 있는 것으로 생각하든 저곳에 있는 것으로 생각하든 "마찬가지"라고 단순히 주장할 뿐이다. 이처럼 본질이 어떤 것인지 대해 무관심하다고 해서 그 양식에 관해 주의를 게을리하는 것은 아니다. 이 점을 알려 주는 사실은 곧 다음과 같다. 즉 그 스스로는 본질적인 것과 비본질적인 것을 구분하고 있다는 사실이며 그는 심지어 "이기주의의 고귀한 본질"(72쪽)이 그 자신 속에서 형상화한다는 사실이다. 덧붙여 말하자면, 독일 이론가들이 본질과 비본질에 대해 이런저런 주장을 했지만, 헤겔의 『논리학』에 나오는 이야기보다 더 나은 것은 어디에도 없다.

"슈티르너"가 독일 철학의 갖가지 환상을 올바른 것으로 터무니없이 믿고 있다는 사실은 그가 끊임없이 "인간"을 역사에서 행위를 하는 유일한 주인공으로 삼고 바로 그 "인간"이 역사를 만든다고 믿는 데서 집약적으로 드러난다. 이제 우리는 똑같은 일을 포이어바흐에게서도 발견한다. 슈티르너는 포이어바흐의 환상을 충실하게 수용해 자기주장을 그 환상 위에 구축한다.

77쪽: "도대체 포이어바흐가 성취한 일은 단지 주어와 술어의 위치를 바꾸어 후자 즉 술어를 강조하는 일이다. 그러나 포이에르바흐는 '사랑은 〈수, 41〉신의 술어이기에 신성한 것이 아니고(과거의 그 누구도 그 이유로 사랑을 신성시하지는 않았다) 사랑은 〈GA2, 290〉그 자체 때문에 그리고 그 자체만으로[durch & für sich] 신적인 것이므로 신의 속성이 된다'라고 말한다. 여기에서 포이에르바흐는 술어 자체에 대해, 사랑과 신성한 모든 것에 대해 투쟁해야 한다는 결론을 끌어낼 수 있었다. 인간에게 신적인 것을 남겨놓았으니 인간이 신에게 등을 돌리기를 포이어바흐가 어찌 감히 기대하는가? 포이어바흐 자신이 말하듯, 인간에게 중요한 것은 신 자체가 아니라 신의 속성이다. 그러므로 포이어바흐는 인간에게 겉치레[즉 신]를 더 오래 허용할 수 있었다. 왜냐하면 본래 핵심인 인형[즉 신성]은 여전히 존재하기 때문이다."

포이어바흐 "자신"이 이런 얘기를 한 것이다. 그러니 Jacques le bonhomme〈촌티 나는 바보〉로서는 사랑은 "그 자체 때문에 그 자체만으로 신적인 것"이므로 사람들이 사랑의 가치를 인정해 왔다는 포이어바흐의 얘기를 믿을 만한 이유가 있는 셈이다. 그런데 만일 포이어바흐가 말하는 것과는 정반대의 일이 벌어진다면―우리가 "감히 얘기하건대"(『비간트』, 157쪽)[503]―다시 말해서 인간에게 신이건 그 술어건 중요한 일이 아니고 이런 것들은 단지 독일 이론의 환상에 불과한 것이라면, 우리의 산초는 세르반테스의 산초가 겪었던 것과 똑같은 일을 당하게 될 것이다. 즉 산초가 자는 중에 사람들이 그의 안장을 네 기둥으로 받치고 당나귀를 빼버렸을 때 겪었던 일 말이다.

포이어바흐의 명제에 기대어 산초가 벌이는 싸움은 세르반테스의 책 19장에 이미 그려져 있는 싸움과 아주 유사하다. 거기에 보면 〈W, 217〉ingenioso hidalgo〈약삭빠른 기사〉가 술어와 싸운다. 술어들이란 곧 세계의 시체를 무덤으로 옮기는 복면 쓴 자들인데, 그들은 긴 제복과 수

---

503 역주) 관련 구절은 다음과 같다: "슈티르너가 감히 이야기하건대, 포이어바흐, 헤스, 첼리가는 이기주의자다."

의에 휘감겨 잘 움직일 수 없으니 우리의 Hidalgo〈기사〉로서는 이들을 창으로 넘어뜨리고 두드려 패기는 손쉬운 일이다. 우리 기사의 시도는 종교라는 하나의 독립된 영역을 지치게 채찍질하며 비판하면서 독일 이론의 전제 내에 머물면서도 그것을 넘어서는 인상을 주려는 마지막 시도이며, 다시 말해 『경전』을 위해 모든 살은 다 삭은 뼈다귀로 거지나 먹는 멀건 럼포드Rumford 수프[504]를 끓이려는 마지막 시도이다. 그런데 이 마지막 시도가 맞서 싸우는 〈수, 41a〉물질적 상황은 실제적 형체가 이루는 상황이 아니고, 세상사에 실제로 관여하는 요즈음 사람들이 지닌 세속적 환상 속의 상황도 아니고 오히려 세속적 형체에서 천상으로 길어 올린 추출물 즉 술어와 신의 유출[流出: Emanation], 천사가 벌이는 상황이다. 결국 천국에 다시 주민이 생기고, 천국을 이용하던 옛 수법을 되살리는 새 재료가 대량으로 마련된다. 실제와의 싸움이 들어서야 할 자리에 또다시 신과 싸움, 종교적 환상과 싸움이 들어선다. 신학으로 밥벌이를 하는 성 브루노는 실체와 벌이는 "고된 생존 투쟁" 속에서 pro aris et focis〈말 그대로 하자면: 사직과 민족을 위해, 여기서는: 사적인 사유방식과 개인적인 입장을 위해〉 신학자로 신학을 넘어서려는 것과 같은 시도를 한다. 그가 말하는 "실체"는 신에 속하는 술어 가운데 신이 자기에게 유보하는 인격성만을 빼놓고 나머지 술어들을 하나의 이름을 가진 개체로 요약한 것에 불과하다. 신에 속한다는 이 술어란 〈GA2, 291〉인간이 특정한 경험적 상황에 대해 갖는 관념 또는 인산이 실제적인 고려 때문에 위선적으로 유지하는 관념을 신격화해 이름을 부여한

---

504 CW주 76) 럼포드 수프-뼈나 값싼 재료로 만든 가난한 자를 위한 묽은 수프. 그 요리법은 18세기 말 럼포드Rumford 백작(벤자민 톰슨Benjamin Thompson 이라는 가명으로)을 통해 만들어졌다.

것에 불과하다. 헤겔에서 전승된 이론적 장치를 아무리 동원해도 인간의 경험적이고 물질적인 상황은 결코 이해할 수 없다는 것은 당연하다. 포이어바흐는 종교 세계를 지상 세계에 대한 환상으로 보았다. 포이어바흐에게서 지상 세계란 여전히 상투어에 불과하다. 아무튼 이런 사실 때문에 독일 이론가들은 포이어바흐가 답하지 않고 남긴 다음과 같은 문제에 부딪혔다. 그 문제란 즉 사람들이 "머릿속에서" 이런 환상을 어떻게 "마주치게" 되는가 하는 문제다. 독일의 이론가들은 바로 이 물음 때문에 유물론적인 세계관에 이르는 길에 들어서게 된다. 유물론적 세계관은 아무런 전제 없는 세계관이 아니며 현실의 물질적 전제 그 자체를 경험적으로 관찰해서 나온 세계관이며 또 그런 점에서 진실로 비판적인 최초의 세계관이다. 이 길은 이미 『독불 연보』에 실린 『헤겔 법철학 비판』 서론과 『유대인 문제에 관해』에서 언급되고 있다. 그러나 당시 이런 언급은 여전히 철학적 용어로 이루어졌으므로 독일 이론가들은 여기서 〈W, 218〉〈수, 41b〉 전통적으로 통용되던 철학적 표현인 "인간 본질", "유[Gattung]"와 같은 표현을 보고는 옳다구나 하고서는 사상의 진정한 발전을 곡해하고 또 낡은 이론적 옷에 스타일만 조금 바꾸어 주면 된다고 생각했다. 독일 철학의 Dottore Graziano〈그라치아노 박사〉인 아놀드 루게Arnold Ruge 박사가 여전히 계속해서 그의 우스꽝스러운 팔다리를 휘저으며 스스로 현학적이고 익살스러운 외양을 과시해도 된다고 믿는 것과 똑같은 식이다. "철학은 제쳐 두자."(『비간트』, 187쪽, 헤스의 『최근 철학자들』, 8쪽 참조)[505] 이제 철학에서 뛰쳐나와 보통

---

[505] GA2주 재인용) 헤스, 『최근의 철학자들』, 8쪽: "이 모순은 사회주의를 통해 해결된다. .... 사회주의는 국가를 제쳐놓듯이 철학도 제쳐놓는다." 슈티르너, 『슈티르너에 대한 논평가들』, 187쪽: "헤스가 포이어바흐와 바우어를 그려낸 특징은

사람처럼 실제 세계에 대한 연구에 몰두해야 한다. 이와 관련해서 철학자라면 응당 모르는 엄청난 문헌 자료가 있다. 누구나 이런 연구를 마치고 나면 크루마허Krummacher나 "슈티르너" 같은 사람들을 다시 만나면 스스로 그들보다 훨씬 "앞서 있고" 훨씬 위에 있음을 알게 된다. 실제 세계에 대한 연구와 철학 사이의 관계는 육체적 사랑과 자위행위의 관계와 같다. 우리가 인내심을 가지고 지적했고 자신도 힘주어 확인했듯이, 성 산초는 멍청하다[Gedankenlosigkeit]. 그런데도 성 산초는 순수 사상의 세계 내에 머물러 있다. 따라서 그가 그 곤경을 벗어나는 길은 도덕적 요청에 호소하는 방법 즉 "*멍청함*[Gedankenlosigkeit]"에 대한 요청에 호소하는 방법뿐이다.(『경전』, 196쪽)[506] 성 막스는 banqueroute cochonne〈기만적인 파산〉[507]을 통해 소송을 피한 자본가다. 따라서 슈티

누구라도 철학자를 제쳐놓은 사람이라면 필연적으로 전달하는 것 그대로이다."

506   GA2주 재인용) 슈티르너, 『유일자와 그의 소유』, 196쪽: "그[포이어바흐]는 사유를 통해 사태를 해소하려 한다. 그러나 나는 말하겠다. 멍청하게 있는 것[사유하지 않음]만이 그런 사태 앞에서 실제로 나를 구할 것이다."

507   CW주 77) 푸리에가 잡지 『팔랑헤phalange』, 1845년 1호에 발표한 그의 책 『외적인 세 가지 통일에 관해des trios unité externes』에서 구분한 36가지 유형의 파산 가운데 32번째 파산을 말한다. 엥겔스의 「무역에 관한 푸리에의 단편」 속에서 이 책의 발췌가 들어 있다.
W주 105 추가) 그 내용은 다음과 같다: "기만적인 파산은 일반적인 규칙에 따라 행동하지 않고 자기 부인과 자기 아이 그리고 자신을 파산하는 단순한 인간의 파산을 말한다. 이때 그는 법의 처벌이나 상업 동료의 경멸을 감수한다. 상업의 동료는 자기의 양을 메마른 땅으로 몰아내고 기본 원칙을 고수하는 파산만을 정당한 것으로 인정한다. 상업의 동료는 그의 부인과 자기를 파산하는 기만적인 파산에 대해 이렇게 말한다: 그런 것은 노력이라 말하지 않으며 기만이라 말한다."

르너는 프롤레타리아가 아니며 무일푼의 파산한 자본가일 뿐이다. 슈티르너는 세계인이 아니다. 사상이 없는 파산한 철학자다.

포이어바흐에게서 전수된 신의 술어가 인간을 지배하는 실제의 힘이며 위계 체제가 됐지만, 이 술어는 경험 세계를 대신하는 〈GA2, 292〉바꿔친 아이이다. "슈티르너"가 찾아낸 게 바로 그것이다. 따라서 슈티르너가 "고유한 것[Eigenheit]"이라고 주장하는 전체가 "[포이어바흐가] 집어넣어 준 것[Eingegebnes]"에 근거한다. "슈티르너"는(63쪽에서도 볼 수 있듯이) 포이어바흐가 술어를 주어 자리에 이전하거나 반대로 주어를 술어로 이전함으로써 아무런 결론에도 이르지 못했다고 비난한다. 그런데 슈티르너는 주어의 자리에 옮겨진 포이어바흐의 술어를 마치 세계를 지배하는 실제 인격체인 양 〈수, 41c〉충실하게 받아들이고, 상황에 대한 미사여구를 마치 실재하는 상황인 양 충실히 받아들여 그 상황에 "신성하다"는 술어를 갖다 붙이고, 결국 이 술어를 하나의 주어로 즉 "신성한 것"으로 변환하고 있으니 한마디로 말해 슈티르너는 그가 흉본 포이어바흐의 잘못을 그대로 반복하고 있다. 이제 슈티르너는 문제 거리였던 특정 내용을 이따위로 완전히 제거한 다음, 당연한 일이지만, "신성한 것"이 언제나 변치 않고 존재하자, 이에 대한 투쟁 즉 그의 "항의"를 털어놓는다. 포이어바흐는 환상을 파괴하는 일이 중요하다는 의식을 명백히 가지고 있다. 물론 그가 이 작업의 성과를 과대평가한 부분은 있다. 성 막스는 (『경전』, 77쪽에서) 포이어바흐의 그런 의식[환상을 제거하려는 의식]을 비난한다. "슈티르너"에게는 〈W, 219〉포이어바흐와 같은 의식조차도 "사라져 없다." 슈티르너는 오늘날 세계에 유행하는 이데올로기의 추상적 사상이 지닌 지배력을 실제로 믿는다. 그래서 그는 "술어"나 개념에 맞서 싸울 때 자신은 환상과 싸우는 게 아니라 세계를 지배하는 실제 세력과 싸운다고 믿는다. 모든 것을 뒤집어 놓는 그의 방식, 다시 말하자면 부르주아의 신성해 보이는 환상과 부르주아의 위선적인 선언을 액면 그대로 받아들이고 쉽게 믿는 그의 태도가 여기서 드러난다. 그의 "꼭두각시"가 "번지르르한 겉치레의" "실제 핵심"과 얼마나 거리가 있는지 또 이 멋진 동일화가 얼마나 엉터리인지는 "슈티르너" 자신의 "꼭두각시"가 되는 『경전』이 가장 잘 보여준다. 그 책에는 그 어떤 핵심도 없다. "진정한" 핵심이든 "진정하지 못한" 핵심이든 그 어떤 핵심도 없다. 49쪽에 뭔가 조금 언급된 것이 있지만, 그것에 "번지르르한 겉치레"의 이름을 붙이는 것조차 가당치 않다. 만일 우리가 그 속에서 어떤 "핵심"을 찾아낸다면 그 핵심은 다름 아닌 독일 소시민일 것이다.

게다가 성 막스 같은 자가 "술어"를 왜 그토록 증오하게 됐는지에 대해서는 성 막스는 『변호를 위한 주석』에서 정말 순진한 방식으로 해명한다. 그는 『기독교의 본질』(31쪽)에서 다음의 구절을 인용한다: "진정한 무신론자는 신적 존재에 속하는 술어 즉 사랑, 지혜, 정의 등을 무시하는 사람이지만, 그런 술어의 *주어*를 무시하는 사람은 아니다."-이 말 다음에 "[진정한 무신론자라는] 말은 슈티르너에게 *해당하는* 것이 아닌가?"라는 의기양양한 말이 내 귀에 들린다-"여기에 지혜가 있다."(『기독교 본질』, 31쪽) 앞의 구절에서 성 막스는 어떻게 시작해야 비판이 "가장 철저하게" 되는지에 대해 단서를 얻는다. 그는 포이어바흐가 앞의 구절을 통해서 "진정한 무신론자"의 "본질"을 드러냈다고 믿고는 포이어바흐에 기대어 "진정한 무신론자"가 되는 걸 자신의 "과업"으로 삼는다. "유일자"는 "진정한 무신론자."

⟨GA2, 293⟩슈티르너는 성 브루노 즉 "비판"을 반대할 때는 포이어

바흐를 반대할 때보다 훨씬 잘 속는다. 우리는 "비판"이 그에게 부과한 모든 것을 그가 기꺼이 떠맡았다는 사실에 관해서 또 그가 어떤 방식으로 비판의 감독 밑으로 스스로 들어가는지에 관해서 그리고 결국 "비판"이 그의 삶의 방식을 어떻게 조종해 그에게 "사명"을 부여하는지 관해서 앞으로 하나씩 보게 될 것이다. 일단 지금은 그가 비판을 믿고 있다는 증거로서 그가 186쪽에서 "비판"과 "대중"을 서로 싸우는 두 인격체요 이기주의에서 벗어나려 애쓰는 두 인격체로 다루고 있으며 187쪽에서는 이 둘을 "그들이 속이는 것"으로 "받아들이고" 있다는 점만을 언급하는 것으로 만족하자.

〈수, 42〉인도적 자유주의에 대한 투쟁에 이르러 구약의 기나긴 투쟁은 끝난다. 구약에서는 인간이 유일자를 훈육한 교사였다. 이제 때가 됐다. 죄를 지은 인류에 은총과 기쁨을 주는 복음이 등장할 때다.

*****

〈W, 220〉"인간"에 이르기 위한 투쟁은 세르반테스 21장의 말씀을 성취하는 것이다. 그 21장은 "맘브리노Mambrino 투구를 얻기 위한 고귀한 모험과 풍성한 성과를 다루고 있다." 우리의 산초는 이전에 주인이었으나 지금은 종이 된 자를 그대로 흉내 내면서 "맘브리노 투구"를–즉 인간을–"쟁취하겠노라고 맹세한다." 그는 수많은 "원정"[508]을 통해 고대인과 현대인, 자유주의자와 공산주의자 속에서 꿈에 그리던 투구를 헛되이 찾아 헤맨 후에, 어느 날 "금으로 이루어진 것처럼 반짝이는 것을 머리에 쓴 사람이 말을 향해 접근하는 것을 목격한다." 그러자 산초는 돈키호테이자 첼리가인 자에게 말한다: "내가 잘 못 본 것이 아

---

508   CW주) 독일어 'Auszügen'은 출발, 원정을 의미하지만 또는 추출물, 추상물을 의미할 수 있다.

니라면, 너도 알다시피 내가 얻겠다고 서약한 맘브리노 투구를 쓴 어떤 사람이 분명 우리에게 다가오고 있구나." 그러자 시간이 흐르면서 훨씬 현명해진 돈키호테가 그 말에 이렇게 대답한다: "진정하시고. 말하는 데 특히 행동하는 데 조심해서 하십시오." "아니, 보아라. 금으로 된 투구를 머리에 쓴 채 회색 얼룩말을 타고 우리에게 오는 저 기사가 안 보인단 말이냐?" 이제 돈키호테가 답한다: "제가 눈으로 보고 아는 건" "어떤 놈이 당신의 말처럼 회색 당나귀를 탄 채 머리에 반짝이는 뭔가를 쓰고 있다는 사실뿐입니다."-산초가 대답한다: "아니다, 저게 맘브리노 투구이다." 그러는 사이에 성스러운 이발사 브루노가 비판이라는 당나귀를 타고 머리에는 이발사용 대야를 쓴 채 조용히 다가왔다. 성 산초가 창을 쥐고 달려들었다. 성 브루노는 황급히 당나귀에서 뛰어내렸고 머리에 쓴 대야는 땅으로 떨어졌다.(그 모습은 그가 여기[라이프치히] 공의회에서 대야를 쓰지 않고 등장할 때 우리가 보았던 것과 같았다.) 그러고 그는 달아났는데 "그가 비판가[der Kritiker]이니만큼" 들을 가로질러 달아났다. 성 산초는 매우 기뻐하며 〈수, 42a〉맘브리노의 투구를 집어 들었다. 이발사가 쓰는 대야 아니냐고 돈키호테가 말하자 성 산초가 답한다: "이 유명한 마법의 투구, '유령 같은' 이 투구가 그 가치를 알지 못하는 사람의 수중에 있었음이 분명하다. 그래서 그는 그 반을 녹이고 나머지 반을 망치로 두들겨 그대가 말하듯 이발사가 쓰는 대야 같은 모습으로 만들었다. 나는 그것의 가치를 안다. 그러므로 보통 사람의 눈에 그게 무엇으로 보이든 그건 내가 상관할 바 아니다."

"두 번째의 영광, 두 번째의 소유를 얻었노라!"

성 산초는 이제 그의 투구 즉 "인간"을 획득하자 그 투구에 맞서서 마치 "불구대천의 원수" 대하듯 그 투구를 대하면서 이렇게 노골적으로 선언한다.(그 이유는 나중에 알게 될 것이다.) 즉 그(성 산초)는 "인간"이 아니라 "비인간[der Unmensch], 비인간적인 존재[das Unmenschliche]"라는 것이다. 그는 이런 "비인간적인 존재"의 모습으로 시에라 모레나Sierra Morena 산맥으로 가, 신약의 영광을 위한 속죄를 준비한다. 〈W, 221〉그는 거기서 옷을 "홀딱 벗고"(184쪽) 고유성[Eigenheit]을 찾고자 한다.[509] 그의 선구자가 세르반테스 25장에서 다음과 같이 한 것을 능가하려는 것이다: "그런 후 그는 최대한 서둘러 바지를 벗고 상의만 걸치고 반나체가 됐다. 그리고 그는 주저하지 않고 공중돌기를 두 번 하더니 땅에 머리를 찧고 두 다리가 하늘로 솟았다. 그의 물건이 드러났다. 충직한 종(방패를 들고 다니는 종)이 로시난테의 머리를 획 돌려 그걸 보지 못하게 했다." "비인간적인 존재"[성 산초]는 자기가 원형으로 삼는 속화[俗化]된 인물[소설 속의 산초]을 능가한다. 인간적 존재는 "결연한 의지로 자신에 등을 돌리고 이를 통해 염려하는 비판가를 외면하고" 그 비판가를 "내버려 둔다." "비인간적인 존재"는 그러고 나서 그가 "내버려 둔" 비판과 논쟁에 들어간다. 비인간적인 존재는 "자신을 경멸하고", "자신을 다른 사람과 비교하며", "신에게 내맡기고", "자신

---

509 GA2주 재인용) 슈티르너, 『유일자와 그의 소유』, 184쪽: "인도적 자유주의에서 룸펜화가 완성된다. 우리는 고유성에 이르고자 한다면 가장 룸펜적인 것, 가장 빈곤한 것 위에 도달해야 한다. 왜냐하면 우리는 모든 낯선 것을 벗어던져야 하기 때문이다." "룸펜적인 존재는 다만 가장 벌거벗은 인간처럼 보인다. 내가 느끼기에 인간성은 나에게 낯선 것이므로 인간성조차 내버리는 것이 룸펜학의 이상이다. .... 룸펜은 룸펜화까지도 벗어던지며 이를 통해 과거에 그의 본질이었던 룸펜이기도 중지한다."

바깥에서 더 나은 자기를 찾는다." 비인간적인 존재는 자신이 아직도 유일한 자가 못된 것을 두고두고 후회한다. 그리고 비인간적인 존재는 스스로 유일자임을 즉 "이기주의자인 동시에 *유일자*임"을 선언한다.[510] 하지만, 자신에서 결연한 의지로 등을 돌린 이상 이런 선언은 굳이 더 필요하지 않았다. "비인간적인 존재"는 이 모든 것을 스스로 이루어냈다.(피스터Pfister, 『튜턴족의 역사Geschichte der Teutschen』 참조) 이제 깨끗이 정화된 비인간적인 존재는 의기양양하게 당나귀를 타고 유일자의 나라로 들어간다.

「구약」의 끝

---

510 GA2주 재인용) 슈티르너, 『유일자와 그의 소유』, 193/194쪽: "그러나 비인간적 존재가 결연한 의지로 자신에 등을 돌리고 그를 염려하는 비판가를 외면하고 비판가의 이의를 건드리거나 다루지 않고 내버려 둔다면, 어떻게 되는가? '그대는 나를 비인간적 존재로 부른다. 그대는 그에게 비인간적 존재라고 말할 수 있었을까? 그대가 보기에 나는 실제 비인간적 존재이다. 그러나 내가 비인간적 존재인 이유는 다만 그대가 나를 인간적인 것과 대립시키기 때문이다. 나는 자신을 경멸할 수 있었다. 왜냐하면 나는 이런 대립에 사로잡혔기 때문이다. 나는 경멸받는 존재였다. 왜냐하면 나는 더 나은 자기를 나의 바깥에서 찾았기 때문이다. .... 나는 나를 다른 사람과 비교해서만 사유했으며, 나는 그저 만유 중이 만유였을 뿐 유일자가 못 됐다. 그러나 이제 나는 나를 비인간직 존재로 보이기를 중단하니, 나를 인간에 비교해 측정하거나 측정 당하게 하는 것을 중단한다. 나는 나를 넘어선 어떤 것도 인정하기를 중단한다. 따라서 나는 신에게 내맡긴, 인간적 비판가다! 나는 오직 과거에만 비인간적 존재였다. 이제 나는 더는 비인간적 존재가 아니며 유일자다. 그대에게는 혐오스럽겠지만, 이기주의자다. 그러나 나는 인간적인 것, 공평무사한 것과 비교해서 측정된 이기주의자가 아니라 유일자인 이기주의자다."

3-1장 신약 편: "자아[Ich]"

신약 편 1절 신약 대의

[511]〈GA2, 295〉〈수, 43〉〈W, 222〉구약에서는 *과거*의 시간 안에 전개된 "유일자"의 논리가 우리가 구축해야 하는 대상이었다. 하지만 이제 신약에서 우리는 "유일자의" 논리를 통해서 *현재*를 맞이한다. 우리는 노아의 대홍수 이전[antidiluian]의 "유일자"가 어떤 곡절을 겪었는지는 이미 충분히 살펴보았다. 그것은 어른[Mann], 코카서스적 코카서스인, 완전한 기독교인, 인도적 *자유주의의 진리*, 실재론과 관념론의 부정적 통일 등이었다. "*자아*"를 역사적으로 구성하면서 "*자아*" 그 자체가 몰락한다. 역사 구성의 끝에 등장한 "자아"는 신체를 가진 존재가 아니다.

---

511 CW주 78) 슈티르너의 『유일자와 그의 소유』, 2부("자아")의 목차는 다음과 같다: I 고유성[Die Eigenheit], II 소유인[Der Eigner]: 1) 나의 권력[Meine Macht] 2) 나의 교류[Mein Verkehr] 3) 나의 향락[Mein Selbstgenuss], III 유일자[Der Einzige].

다시 말해 남자와 여자가 육체적으로 낳은 자아가 아니며 굳이 그 어떤 구성이 필요 없는 존재이다. 그것은 "관념론"과 "실재론" 두 범주가 낳은 정신적 "자아" 즉 바로 사유 속에 존재하는 자아이다.

신약 역시 그 전제인 구약과 함께 이미 지나간[해소된: aufgelöst] 것이다. 신약은 구약과 마찬가지로 말 그대로 현명한 살림살이를 보여준다. 다시 말하자면 신약은 "다양한 변형을 통해" 그런 살림살이를 보여준다. 그 살림살이는 다음 표에 나타나는 것과 같다.

I[3절] *고유성*[Die Eigenheit]—고대인, 어린아이, 흑인 등등의 *참모습* 즉 "사물의 세계"에서 나와 현세를 "고유하게" 보고 현세를 점유하는 데로 이른다. 결국 고대인에서는 세상에서의 해방이 목표가 되고, 근대인에서는 정신에서의 해방이 목표가 된다. 즉 자유주의자의 목표는 인격에서 해방이며, 공산주의자의 목표는 소유에서의 해방이고 인도주의의 목표는 신에서의 해방이다. 일반적으로 말하자면 해방 즉 자유의 범주가 목표이다. *해방*이란 범주의 이면이 *고유성*이다. 그러므로 당연히 *고유성*은 해방과 다른 내용을 갖지 않는다. 고유성은 〈수, 43a〉슈티르너적인 개인이 갖는 성질을 철학적으로 구성하는 일반적 범주다.

II[4절] *소유자*[Der Eigner]—슈티르너는 소유자를 통해 사물계와 정신계의 비진리성을 간파했다. 근대인은 논리적 전개 과정으로 본다면 〈GA2, 296〉〈W, 223〉기독교의 단계 즉 청년, 몽골인이다.—근대인이 삼중으로 규정된 자유인으로 나뉘듯이, 소유자 역시 다음과 같은 세 부적인 세 가지 규정으로 나뉜다:

A) *나의 권력*[Meine Macht]—이는 *정치적 자유주의*에 상응하는 것이다. 여기서 *법의 진리*가 드러나는데, "인간의" *권력*으로서의 법은 "*자아*"의 권리로서의 *권력*으로 이행한다. 이것이 *국가 자체*에 대한 투

쟁이다.

B) *나의 교류*[Meine Verkehr]-이는 공산주의에 상응한다. 여기서 *사회의 진리*가 드러나는데, 사회는 "인간"을 매개로 하는 교류(그 다양한 형태를 보면 감옥 사회, 가족, 국가, 시민 사회 등이다)에서 "자아"의 교류로 이행한다.

C) *나의 향락*[Mein Selbstgenuß]-이는 비판적이고 *인도적인 자유주의*에 상응한다. 여기서 *비판의 진리* 즉 절대적 자기의식의 소진과 해소 그리고 진리가 자기 소진으로서 드러난다. 비판은 인간의 이해를 해소하는 것에서 "자아"의 이해를 해소하는 것으로 전환된다.

앞에서 본 것처럼, 각각의 개인이 지닌 독특성은 고유성이라는 일반 범주로 파악된다. 일반 범주로서의 고유성은 모든 해방의 이면이고 모든 자유의 이면이다. 따라서 개인의 특수성은 다시 "세부적으로" 다만 세 가지 형태로 나타난 "자유"의 이면으로 묘사될 수 있다. 이 자유의 이면 각각은 이제 해방의 이면이니만큼 적극적인 속성으로 변환된다. 여기서 분명한 것은 구약에서 사물의 세계나 사상의 세계에서 해방되는 것이 곧 이 두 세계를 나의 것으로 만드는 것으로 파악됐던 것처럼 〈수, 43b〉여기서도 이 고유성 즉 사물과 사상의 획득이 곧 해방의 완성으로 서술되고 있다.

자기 소유를 가진 "자아" 즉 이미 "기호화된" 성질로 구성된 세계를 지배하는 "자아"가 *소유자*[Eigner]이다. 스스로 향락하고 자기를 누리는 존재로서 소유자는 자기를 이중화하는 능력을 가진 "자아" 즉 소유자이 소유자다. 소유자는 자아에 속하지만, 동시에 자아는 그 소유자에서 벗어난다. 따라서 그 자아는 한편으로 무차별, 무관심[512]이면서 동

---

512 CW주) 수고에서 'Gleichgültigkeit'의 베를린 사투리 'Jleichjültigkeit'가 사용

시에 다른 한편으로 자신 즉 소유자에 대한 부정적 관계라는 이중의 규정을 가진 존재 즉 "절대적 부정성"이라는 존재이다. 자아는 세계를 소유하면서 동시에 그리고 세계에서 해방되어 있으므로, 자아는 이제 자신에 대해 부정적으로 관계하는 소유자로 변화되며 즉 한편으로 자기를 해소하면서 다른 한편으로 자기에게 속하는 소유로 변화된다. 그렇게 규정된 자아가 곧 *유일자*다.

III [5절]유일자[Der Einziger]-결국 유일자는 소유자라는 점에 "부정적 자기 관계"라는 〈W, 224〉철학적 규정을 더한 것밖에 다른 내용을 갖지 않는다. 이 심원한 Jaques〈촌티 나는 바보〉는 유일자에 관해 할 말이 없는 체한다. 왜냐하면 유일자는 생동하는 개인이지 구성 가능한 〈GA2, 297〉개인은 아니기 때문이라 한다. 사정은 헤겔『논리학』끝에 나오는 절대이념이나,『철학 강요』끝에 나오는 절대적 인격에서도 마찬가지다. 헤겔의 절대적 인격에 관해서도 아무것도 말할 수 없다. 왜냐하면 그렇게 구성된 인격에 관해 말할 수 있는 모든 것은 이미 구성하는 가운데 말해졌기 때문이다. 헤겔은 이 점을 알고 있었고 이를 인정하기를 주저하지 않았다. 반면 슈티르너는 위선적으로 그의 "유일자"는 구성된 유일자와는 다른 것이고 묘사될 수 없는 것 즉 생동적인 개인이라고 주장한다. 사실은 그게 아니고 유일자가 소유자[Eigner]로 규정되고 그 소유자의 일반적 규정은 고유성이라는 일반적 범주라는 사실이 밝혀지면 이러한 위선적 가식도 사라진다. 이 사실이 유일자에 대해 "말해질 수 있는" 모든 것일 뿐만 아니라 심지어 유일자의 본질이다. 물론 유일자를 생동적으로 보는 Jaques le bonhommes〈촌티 나는 바보〉의 환상은 여기서 제거된다.

된다.

"하나님의 부유하심은 어찌 그리 크십니까? 하나님의 〈수, 43c〉 지혜와 지식은 어찌 그리 깊고 깊으십니까? 그 어느 누가 하나님의 판단을 헤아려 알 수 있으며, 그 어느 누가 하나님의 길을 더듬어 찾아낼 수 있겠습니까?"(『로마서』, 11장 33절)

"그러나 이런 것들은, 그분이 하시는 일의 일부에 지나지 않고, 우리가 그분에게서 듣는 것도 가냘픈 속삭임에 지나지 않는다."(『욥기』, 26장 14절)

신약 편 2절 자족하는 이기주의자에 관한 현상학 또는 변호론

우리가 이미 『구약 대의』에서 그리고 그 이후의 고찰에서 보았듯이, 성 산초가 말하는 진정한 이기주의자 즉 자족하는 이기주의자는 흔한 일상의 이기주의자 즉 "통상적 의미의 이기주의자"와 혼동될 수 있다. 사실 그가 전제로 삼는 것은 이 통상적 이기주의자(사물의 세계에 사로잡힌 자, 어린아이, 흑인, 고대인 등)와 헌신적 이기주의자 (사상의 세계에 사로잡힌 자, 청년, 몽골인, 근대인 등)이다. 그런데 유일자가 지닌 비밀의 본성상, 이 양자의 대립과 거기에서 귀결되는 부정적 통일 즉 "자족하는 이기주의자"는 이제야, 신약에서야 제대로 검토될 수 있다.

〈GA2, 298〉성 막스는 "진정한 이기주의자"를 뭔가 아주 새로운 것으로, 그 이전의 역사가 도달하는 목표로 제시하고자 한다. 따라서 그는 한편으로는 헌신적인 자, dévoument〈헌신〉을 설교하는 자에게 그가 자신의 의지와는 달리 이기주의자임을 입증해 보여야 한다. 그리고 통상적 의미의 이기주의자에게는 그는 헌신적 이기주의자이지만, 결코 진정한 이기주의자, 신성한 이기주의자가 아님을 입증해 보여야 한다. 우선 첫 번째 것, 헌신적인 이기주의자부터 살펴보자

〈W, 225〉그 동안 우리가 셀 수 없이 여러 번 살펴보았듯이, 이 Jacques le bonhommes〈촌티 나는 바보〉의 세계에서는 모든 사람이 신성한 것에 사로잡혀 있다. "교양이 있는 자건 교양이 없는 자건" "마찬가지다." 교양이 있는 자, 순수 사상에 몰두하는 교양 있는 자도 여기서는 *신성한 것 그 자체*에 "사로잡혀" 있을 뿐이다. 교양 있는 자는 실제 형태를 보면 "헌신적인 자"다.

"그러면 완전하게"(!) "결단코"(!!) "정말"(!!!) 헌신적인 자라면, 그는 "*한 가지 일*에만, 하나의 목표, 하나의 목적, 하나의 의지, 하나의 정열에만 목매다는 사람이다. .... 그는 정열의 지배를 받는다.〈수, 44〉그는 그 정열을 위해 다른 모든 것을 희생한다. 그러니 헌신적인 자가 이기적인 자가 아닌가? 헌신적인 자가 *가진* 것이라곤 그를 지배하는 정열뿐이므로 그는 단 하나의 만족에만 몰두하며 그것도 아주 열렬하게 몰두한다. 헌신적인 자가 하는 모든 활동과 추구하는 모든 것은 이기적이다. 그러나 그 이기주의는 *일면적이고 비개방적이고 편협하다는* 의미에서 *이기주의다*. 즉 그 이기주의는 광적인 상태를 말한다."(99쪽)

결국 성 산초에 따르면 헌신적인 자는 *단 하나의* 지배적 정열을 *가지고 있다*. 헌신주의자는 *자기*가 아닌 *다른 사람이 가진* 정열에도 관여해야 하는가? 그래야 원만하고 개방적이고 무제약적인 이기주의로 고양될 수 있으며 "신성한" 이기주의의 *까마득한 기준*[der fremden Maßstab]에 맞출 수 있지 않을까?

그런데 이 구절에서 "수전노"와 "쾌락주의자"(아마도 슈티르너는 쾌락주의자가 여느 현실의 쾌락이 아닌 "쾌락" 그 자체, 신성한 쾌락을 추구한다고 보는 듯하다) 그리고 "한 명의 로베스피에르, 생쥐스트 부류"가(100쪽) "헌신적이고 광적인 이기주의자"의 사례로 소개된다. "도덕의 일정한 관점에서 우리는 다음과 같이 추론할 수 있다"(다시 말하면 우리의 신성한 "이기주의자, 자족적인 이기주의자"는 결국 자신에 결코 만족하지 않는 관점에서 *그렇게* 추론한다.):

"대략 다음과 같이" "내가 단 하나의 정열을 위해 다른 모든 정열을 희생한다고 하지만, 나는 *나 자신*까지 바치는 건 아니다. 내가 *진정*으로 나 자신이 되게 하는 바로 그것은 바치지 않는 것이다."(386쪽)

성 막스는 "서로 상치되는" 이 두 명제 때문에 다음과 같은 "누더기 같은" 구별을 하지 않을 수 없게 된다: 우리는 아마도 "예를 들어" 여섯 개 또는 일곱 개 "등등"의 정열을 다른 유일한 정열을 위해 희생하더라도 "진정한 자아 자신이기"를 중지하는 법은 없다. 하지만 진정한 자아 자신이 되기 위해서는 열 개나 그 이상의 정열을 희생해서는 결코 안 된다. 물론 로베스피에르나 생쥐스트는 진정한 "인간"이 아니었듯이 "*진정한* 자아 자신"도 아니었다. 하지만 그들은 *실제* 로베스피에르요 생쥐스트였다. 즉 유일한 비교 불가능한 개인이었다.

⟨GA2, 299⟩⟨W, 226⟩이런 방식으로 "헌신적인 자"가 이기주의자라고 증명하는 기교는 낡은 속임수이며, 이미 엘베시우스Helvétius와 벤담Bentham이 충분히 이용했던 속임수다. 성 산초의 "고유한" 기교는 "통상적 의미의 이기주의자" 즉 부르주아를 비-이기주의자로 전환한 데 있다. 어쨌든 엘베시우스와 벤담은 부르주아가 자신의 편협함 때문에 *실제로* 자기를 해치게 된다는 것을 입증한다. 하지만 성 막스의 "고유한" 기교는 부르주아가 이기주의자의 "이상", "개념", "본질", "소명"에 걸맞지 않음을 보여주고 부르주아의 자기 관계가 절대적 부정의 관계가 아님을 보여주는 데 있다. 여기서 다시 그가 부르주아로 간주하는 존재는 다름 아닌 독일 소시민이다. 덧붙여 우리는 여기서 우리의 성자가 99쪽에서는 "수전노"를 "헌신적 이기주의자"로 간주하지만, 78쪽에서

는 "탐욕스러운 자"를 "통상적 의미의 이기주의자" 즉 "불순하고 신성치 못한 자"에 포함한다는 점에 주목해야 한다.

한편 기존 이기주의자 중 두 번째 부류는 99쪽에서 다음과 같이 정의된다:

"이런 사람은"(부르주아) "따라서 헌신적이지도 열광적이지도 이상적이지도 일관적이지도 열렬하지도 않다. 다시 말해 이 사람은 통상적 *의미의 이기주의자*, 이기적인 사람, 자신의 이익만 고려하는 사람, 냉정하고 계산적인 사람 등이다."

『경전』은 뒤죽박죽이니 우리는 일찍이 "망상"과 "정치적 자유주의"를 다루는 자리에서 슈티르너가 부르주아를 비 이기주의자로 변형하기 위해 어떤 기교를 쓰는지 보았다. 그 기교는 주로 그가 실제 인간과 실제 상황에 관해 도무지 무지하므로 생기는 것이었다. 그런데 여기서도 그런 무지가 지렛대 역할을 한다.

"그런 것에"(즉 헌신성에 대한 슈티르너의 환상) "세속적 인간의 굳어버린 두뇌는 저항했다. 그러나 그런 굳어버린 두뇌는 지난 수천 년 동안 굴복을 겪었다. 그 정도는 적어도 그가 뻣뻣했던 목을 숙여 더 높은 힘을 숭상하지 않을 수 없게 됐을 정노였다."(104쪽) 통상적 의미의 이기주의자는 "반은 성직자처럼 반은 세속적으로 행동한다. 그는 신도 모시고 마몬[Mammon]의 신도 받든다."(105쪽)

그런데 그는 78쪽에서 이렇게 말한다: "천국의 마몬과 지상의 신 모두 [개인의] *자기부정*을 요구하지만, 그 부정의 정도는 똑같아서"〈수, 44b〉마몬을 섬기는 자기부정과 신을 섬기는 자기부정이 "세속적인 것"이고 동시에 "성직자적인 것"도 된다. 그러니 어떻게 양자가 서로 대립할 수 있는 건지 이해할 수 없다.

106쪽에서 이 Jacques le bonhomme〈촌티 나는 바보〉는 자기에게 묻는다:

"그런데 이기주의자는 개인적 이익[Interesse]을 주장하는 자인데도 항상 다시 성직자나 학교 교사의 이상적 관심[Interesse]에 굴복하니, 이런 일이 어떻게 일어나는가?"

(여기서 잠정적으로 부르주아가 *개인적* 이해의 대변자로 묘사되고 있다는 점이 "시사적" 이다.) 결국 다음과 같은 일이 벌어진다:

〈W, 227〉"부르주아의 인격은 자기가 보기에도 너무 작고 하찮아서(실제로도 그렇지만)〈GA2, 300〉전부 아니면 안 된다고 요구하지 못하고 자신을 온전히 관철할 수 없다. 이런 사실에 대한 확실한 징표는 부르주아가 두 종류의 개인으로 나뉜다는 점에 있다. 즉 영원한 개인과 일시적 개인이다. 일요일에 부르주아는 영원한 것을 돌보고 주중에는 일시적인 것을 돌본다. 부르주아는 자기 내부에 성직자를 모시고 있으므로 그에게서 벗어나지 못한다."

여기서 산초는 양심의 가책을 느낀다. 그래서 걱정이 되어 그의 고유성 즉 예외적인 의미의 이기주의에도 같은 일이 벌어지지 않을지 묻는다.

이런 걱정스러운 물음이 근거 없는 것이 아님을 보게 될 것이다. 수탉이 울기 전에 Jacques le bonhomme〈촌티 나는 바보〉는 세 번 "*부인*"할 것이다.[513]

그는 역사에서 두드러지는 두 측면 즉 개인의 사적 이해와 소위 일반 이해가 늘 함께한다는 사실을 발견한다. 그것이 그가 역사에 느끼는 가장 큰 불만이다. 늘 그렇듯이 그는 이런 사실도 잘못된 형식으로 발견한다. 이 잘못된 형식이 그가 보기에는 신성한 형식이고, 이상적 이해 또는 신성한 것 또는 환상의 측면에 따라서 파악한 형식이다. 그는 묻는다: 사적 이해의 대변자인 통상적 이기주의자가 어떻게 동시에 일반 이해와 학교 교사의 지배를 받고, 위계 체제의 지배를 받는단 말인가? 그의 답은 결과적으로 이렇다: 부르주아는 "너무 소심하기" 때문이다. 그는 이런 소심함을 보여주는 확실한 징표를 부르주아가 종교적으로 행동한다는 데서, 다시 말하면 부르주아의 인격이 일시적 인격과 영원한 인격으로 나누어진다는 데서 찾는다. 그가 이런 종교적 행동을 설명하는 근거는 종교적 태도이다. 그 종교적 태도에 따라 그는 우선 일반적 이해와 개인적 이해의 투쟁을 〈수, 44c〉투쟁의 거울 이미지로, 간단히 말해[simpler] 종교적 환상에 비친 영상으로 전환한다.

이상[Ideal]의 자기 지배가 어딘가는 앞에서 다룬 위계 체제 부분

---

[513] CW주)『마가복음』, 14장 30절: 예수께서 그에게 말씀하셨다. 내가 진정으로 너에게 말한다. 오늘 밤에 닭이 두 번 울기 전에, 네가 세 번 나를 모른다고 할 것이다.

을 보라.

산초의 물음에서 그 과장된 형태를 벗기고 그 물음을 일상적인 말로 표현하면 "다음과 같이 된다":

개인의 이해는 개인의 의지에 반해서 언제나 계급 이해로 즉 공동의 이해로 발전한다. 이런 공동의 이해는 개별 개인에 대립해 자립화하며 이렇게 자립화하는 가운데 *일반* 이해의 형태를 띠게 된다. 나아가서 공동의 이해는 실제 개인과 대립하며, 이 모순 때문에 *일반* 이해로 규정되면서, 의식을 통해 *이상적이고 종교적이고 신성한* 이해라는 관념으로 된다. 이런 일들이 어떻게 가능한가? 개인의 이해가 계급 이해로 자립화하는 과정에서 개인의 사적 행동이 사물화되고 소외될 수밖에 없다. 또 이렇게 개인의 행동이 사물화되자, 계급 이해는 개인에서 독립된 권력으로 존립한다. 이 권력은 사회적 교류[Verkehr]를 통해 산출됐지만, 이제는 이런 교류 없이 존재한다. 또한 이런 권력은 〈W, 228〉이런 사물화를 통해 사회관계로 전환하니, 이 사회관계는 개인을 규정하고 복종시키며 〈GA2, 301〉심지어 "성스러운 권력"이라는 관념으로 나타나는 일련의 권력이 된다. 실행 중의 권력은 개인의 의욕에 당연히 의존하지 않고, 특정한 *생산 방식*에 항상 소외되면서, 개별화된 개인은 물론이고 심지어 개인 전체에서도 독립하고, 항상 개인 위에 군림한다. 이런 일들이 어떻게 가능한가? 이런 사실을 성 산초가 한 번이라도 이해했더라면, 그는 이런 사실이 종교적 형태로 표현되든 아니면 이기주의자의 공상 속에서 왜곡되든 개의치 않았을 것이다. 이기주의자는 관념 속에서는 모든 것을 그 자신 위에 올려두지만, 공상 속의 왜곡에서는 그는 아무것도 사기 위에 올려두지 않는다. 그런 사실을 알고 있었더라면 성 산초는 사변의 나라에서 실제의 나라로 내려올 수 있었을 것이다. 그랬다면 공상하는 것에서 실제로 어떻게 존재하는지로, 관념으로 생각하는 것에서 〈수, 45〉실제로 어떻게 행동하는지로 그리고 구체적 상황 속에서 어떻게 행동해야 하는지로 내려왔을 것이다. 또 그가 *사유*의 산물로 간주했던 것도 삶의 산물로 파악했을 것이다. 그뿐만 아니라 그랬더라면 그는 그에게 응당한 일이었지만, 그렇게 몰지각한 인간으로까지 전락하지 않았을 것이다. 그러나 그렇게 전락한 결과 그는 사적 이해와 일반적 이해 사이의 분열을 설명할 때 그 근거를 사람들의 관념에 두고 있다. 즉 사람들은 그런 분열조차도 *종교적 관념 속에서 표현하면서 그가 보이게 즉 여차여차하게 보인다는 것이다*. 그러나 그 설명이란 게 사실 "관념"을 지칭하는 또 다른 말에 불과하다.

산초가 개인적 이해와 일반적 이해 사이의 모순을 독일적 형식 즉 몰지각한 소부르주아의 형식으로 파악한다고 하더라도 다음과 같은 사실 정도는 통찰했어야 한다: 즉 개인은 말 그대로 자신을 입각점으로 하는 존재이고 그것과 다른 방식으로는 존재할 수 없는 존재이므로 그가 말하는 두 측면은 개인이 개인적으로 전개하는 두 측면일 뿐이라는 사실 말이다. 다시 말해서 그 두 측면은 개인이 처한 전적으로 경험적인 생활 조건에서 산출된 것이며 인간이 개인적으로 전개하는 *같은* 과정의 표현이니, 양자의 대립은 *외관상의* 대립에 불과하다는 사실 말이다. 개인의 처지는 발전의 특수 상황을 통해서 그리고 노동의 분화를 통해서 개인에게 부여되는 것이나. 이와 관련해서 개인이 양자의 대립 가운데 어느 편에 서는가 하는 문제 즉 개인이 이기주의자로 나타날지 아니면 헌신적 존재[Devouriert]로 나타날지의 문제는 극히 부수적인 문제였다. 이 문제는 특정 역사 시대에 특정 개인과 관련해서 제기되지 않는 한 관심거리가 못됐다. 그런 방식으로 제기되지 않는다면 그런 문제는 돌팔이 의사나 떠벌릴 만한 도덕적인 상투어가 될 수 있었다. 그런데 독단론자 산초는 여기서 속아서 달리 방법을 찾지 못하고 산초 판사와 돈키호테를 등장시켜서는 돈키호테가 모든 부조리한 것을 산초의 머리에 쑤셔 박게 한다. 독단론자로서 산초는 꼭 학교 선생이 하듯이 둘 중의 한 측면을 추출해서 그것만이 〈수, 45a〉개인에게 속하는 것이라고 천명하고 다른 측면에 대해서는 적의를 드러낸다. 독단론자인 산초는 이 다른 측면을 그저 *심정적으로 애호하는 것*[Gemütsaffektion] 즉 헌신이거나 아니면 〈W, 229〉단순한 "*원리*"로 간주하고 〈GA2, 302〉지금까지 자연적인 현존 방식에서 필연적으로 파생되는 관계로 파악하지 못한다. 따라서 마땅히 우리는 그 원리를 "머리에서 지워야[단념해야]"[514] 한다. 그러나 산초의 이데올로기에 의하면 "원리"가 모든 종류의 경험

---

514 GA2주 참조) H11을 보면, 관념과 사상 등의 힘을 머리에서 지우는 것을 통해서 이런 힘에서 벗어나야 한다는 요구는 슈티르너가 거듭 제기하는 요구이다. 마르크스는 이 요구를 슈티르너의 기본 성향으로 간주했다. 그 때문에 '머리에서 지우다[aus dem kopfe zu schlagen]'이라는 표현은 『독일 이데올로기』 서문(H1)에서도 나온다. 그러나 이 표현은 슈티르너의 『유일자와 그의 소유』에서 발견되지 않는다. 이 표현은 포이어바흐가 자기에 대한 슈티르너의 비판에 대해 반박하면서 소개한 표현이다. 즉 "하늘에 있는 유일자를 단념하거나 아니면 지상에 있는 유일자를 단념하라."(포이어바흐, 『기독교의 본질』, 198쪽) 슈티르너는 포이어바흐의 이 표현을 『슈티르너에 대한 논평가들』(148쪽)에서 인용해 다음과 같이 반박한다. 즉 "그러나 하늘에 있는 유일자는 누구도 가정하지 않는 유일자다. 포이어바흐는 싫든 좋든 그것[하늘에 있는 유일자]에 대항해 슈티르너적인 유일자를 가정한다. 왜냐하면 그[포이어바흐]가 유일자를 머리에서 제거하려 한다면 그런 것을 세워야 하기 때문이다. 하늘에 있는 유일자가 포이어바흐의 머릿속에서가 아니라 슈티르너[즉 자기]의 고유한 머릿속에 있는 것이라면, 슈티르너가 유일자를 머리에서 지우는 것은 어려울 것이다."

적 사물을 산출한다는 것이다. 결국 그래서 예를 들어, 180쪽을 보면 "삶의 원리,[515] 사회의 원리가", "사회 생활을" "만들어냈다." "사교건 친교건 모든 사회생활을" …. "만들어 냈다"고 한다.[516] 사실은 거꾸로 삶이 그런 원리를 만들어왔는데도 말이다.

우리의 성자는 이런 이유로 *공산주의*를 전혀 이해할 수 없었다. 왜냐하면 공산주의자는 헌신에 반하는 이기주의나 이기주의에 반하는 헌신을 대변하지 않고 또 이런 대립을 감정적 형태건 과장된 이데올로기 형태건 이론화하지 않기 때문이다. 공산주의자는 오히려 그런 대립의 물질적 근원을 추적해 이 대립과 그 근원 자체가 소멸하게 하는 데 관심이 있기 때문이다. 공산주의자는 슈티르너와는 정반대로 그 어떤 도덕도 설교하지 않는다. 공산주의자는 사람들에게 서로 사랑하라, 이기주의자가 되지 말라 등의 도덕적 요구를 하지 않는다. 반대로 공산주의자는 이기주의와 헌신 모두 개인이 특정 상황에서 자기를 관철하는 형식이라는 사실을 잘 안다. 따라서 공산주의자가 하려는 것은, 성 막스가 믿듯이 그리고 충실한 그라치아노 박사(아놀드 루게)가 성 막스를 따라 말하듯이(성 막스는『비간트지』, 192쪽에서 그를 "보기 드물게 노련하고 정치적인 두뇌"라고 일컫는다), "일반적" 인간 즉 이타적 인간을 위해 "사적 인간"을 제거하는 것이 아니다. 그들의 말은 공상에 불과하다. 그들이『독불 연보』를 보았더라면 〈수, 45b〉사태의 진상을 해명하기에 필요한 것을 제대로 끌어낼 수 있었을 텐데 말이다. 이론적 공

---

515   CW주) 슈티르너는 사랑의 원리를 제시한다.

516   GA2주 재인용) 슈티르너,『유일자와 그의 소유』, 180쪽: "그러나 무엇이 이루어져야 하는가? 사회적 삶이 끝나야 하는가? 모든 사교와 모든 친교가, 사랑과 사회라는 원리를 통해 창조되는 모든 것이 사라져야 하는가?"

산주의자, 다시 말해서 역사에 몰두할 시간이 있었던 몇몇 공산주의자가 다른 사람들과 구별되는 이유는, 바로 그런 공산주의자가 전 역사에 걸쳐서 "일반적 이해"란 "사적 인간"으로 규정되는 개인을 통해 창조되어 왔다는 사실을 발견해냈기 때문이다.[517] 공산주의자는 두 가지의 대립이 단지 겉보기만의 대립이라는 것을 안다. 왜냐하면 대립의 한 측면, 소위 "일반적 이해"는 언제나 다른 측면인 사적 이해를 통해 산출되는 것이기 때문이다. "일반적 이해"란 것이 사적 이해관계에 대립해서 독자적 힘과 독자적 역사를 갖는 것이 아니다. 이 대립은 계속해서 실천적 삶 속에서 제거되고 또 산출된다. 결국 대립하는 두 측면을 헤겔의 방식에 따라 "부정적으로 통일하는" 것이 아니라, 지금까지 물질적 조건에 따라 제약된 개인의 현존방식을 그 물질적 조건을 통해 근절하는 것이 중요하다. 이 근절이 일어나는 것과 동시에 양자의 통일은 물론 그 대립도 소멸한다.

여기서 우리는 "통상적 의미의 이기주의자" 또는 ⟨W, 230⟩ "헌신하는 이기주의자"에 대립하는 "자족하는 이기주의자[der mit sich einige Egoist]"가 처음부터 양자에 대한 환상 그리고 ⟨GA2, 303⟩ 실제 인간이 처한 실제 관계에 대한 환상에 근거하고 있음을 알 수 있다. 개인적 이해의 대변자가 "통상적 의미의 이기주의자"가 된 것은 오직 그가 공동의 이해에 반대하기 때문이다. 왜냐하면 공동의 이해가 지금까지의 생

---

[517] GA2주 재인용) 슈티르너, 『슈티르너에 대한 논평가들』, 161쪽: "일반 이해는 그대보다 고귀한 것이다. 그것은 그대가 없더라도 더 고귀한 것이며, 절대적인 것이다. 그것은 그 자체 존재하는 이해이며, 그대에게 낯선 이해이다. 그것은 자기에게 봉사하라고 그대에게 요구하며, 그대가 매혹당한다면 그대가 기꺼이 하려한다는 사실을 알고 있다."

산양식과 교류 양식 내에서 일반적 이해로 자립화되고 이상적인 이해라는 형식으로 관념화되고 타당한 것으로 간주되기 때문이다. 한편 공동의 이해를 대변하는 자가 "헌신하는 자"인 것은 다만 그가 사적 이해로 고정된 개인적 이해에 반대하기 때문이며 또 공동의 이해는 일반적이며 이상적인 것으로 규정되기 때문이다.

양자 즉 "헌신하는 이기주의자"와 "통상적 의미의 이기주의"는 마지막에 *자기부정*[Selbstverleugnung]의 단계에서 서로 만난다. 78쪽:

"따라서 자기부정은 신성한 자만이 아니라 신성하지 않은 자에게도, ⟨수, 45c⟩순수한 자만이 아니라 순수하지 않은 자에게도 나타난다. 순수하지 않은 자는 모든 고귀한 감정, 모든 부끄러움, 모든 두려움을 *부정한다*. 그리고 그를 지배하는 욕망만 따른다. 순수한 자는 세계에 대한 자연적 관계를 부정한다. …. 소유욕에 사로잡힌 자는 돈 욕심에 눈이 멀어 모든 양심의 경고를 거부하고 명예감도 온화함과 동정심도 모두 거부한다. 그는 그 어떤 고려도 하지 않는다. 욕망만이 그를 움직인다. 신성한 자도 마찬가지다. 그는 스스로 세상의 놀림감이 된다. 그는 '냉혹하고' '엄정하다'. 왜냐하면 갈망이 그의 마음을 찢어놓기 때문이다."

여기서 순수하지 않은 이기주의자, 신성하지 않은 이기주의자 즉 통상적 의미의 이기주의사로 등장하는 "탐욕스러운 자"는 어린이용 교훈집이나 소설에 널리 등장하는 인물이거나 실제에서는 비정상으로 간주되는 인물이지, 결코 탐욕스러운 부르주아를 대표하는 자가 아니다. 탐욕스러운 부르주아는 오히려 "양심의 경고"나 "명예심" 등을 부정할 필요가 없고 물욕에 대한 열정만으로 자기를 제한할 필요도 없는 자다. 부르주아의 탐욕은 정치적 열정을 포함한 온갖 종류의 다른 열정을 초래한다. 부르주아는 이 열정의 충족을 포기하거나 희생하려 하지 않는다. 이 문제는 이쯤 해 두고 이제 슈티르너의 "자기부정"에 대해 살펴보자.

여기서 성 막스는 자기를 부정하는 자아를 그의 머릿속의 공상에나 존재하는 자아로 대체한다. 그는 "불순한 자"를 "고상한 감정", "수치심", "두려움", "명예심" 같은 일반적 속성을 내버린 자로 만들면서 순수하지 않은 자가 그런 속성을 실제로 가진지는 묻지도 않는다. "불순한 자"는 이런 속성을 반드시 획득해야 하는 것처럼 말이다! 그런데 "불순한 자"가 그 모든 속성이 있다고 하더라도 이 속성을 포기하는 것이 곧 *자기* 부정은 아닐 것이다. 그것은 어떤 하나의 열정을 위해 다른 열정이 포기된다는 〈W, 231〉사실만을 확인해 줄 뿐이다. 이 사실은 "자족하는" 도덕에서 스스로 정당화되는 사실로 확인된다.[518] 결국 이런 이론에 따르면 산초가 하는 일이나 하지 않는 일이나 〈GA2, 304〉모두 "자기부정"이다. 그는 행동해도 되고 안 해도 된다. 〈수, 46a〉[....]

*****

{〈W, 노트 50: 231-하단 주〉〈수, 46a-하단 주〉〈이 대목에 이어지는 수고가 상실되었다. 남아있는 한쪽은 줄이 그어져 삭제되어 있고 그나마 쥐가 온통 갉아 먹었었는데 그곳에 다음의 내용이 들어 있다.〉

그는 이기주의요 자기를 부정하는 자다. 그가 어떤 이해를 추구할 때, 이 이해에 대한 무관심을 포기하는 것이고, 그가 무언가를 행할 때 행하지 않음을 포기하는 것이다. 산초로서는 .... "통상적 의미의 이기주

---

518 역주) 이 문장["이 사실은 .... 사실로 확인된다."]은 CW에서는 빠졌다.

의자"이므로, 이게 걸려 넘어지는 돌멩이기는 하지만, 다음과 같은 사실을 입증해 보이는 일처럼 쉬운 일이 없다: 이기주의자는 자기가 하는 일과 반대되는 것은 포기하니 언제나 스스로 포기하는 자이지만, 그래도 결코 실제 이해를 포기하지는 않는다.

산초는 그의 자기부정 이론에 따라서 80쪽에서 이렇게 외친다:

"어쩌면 헌신성[Uneigennützigkeit]은 비실제적인 것이니 그런 것은 그 어디에도 존재하지 않는다고? 정 반대다. 그것처럼 분명한 사실은 없다!"

우리는 독일 소부르주아 의식의 "헌신성"이 실로 기쁠 뿐이다.

그는 이런 헌신성에 대한 예를 곧바로 제시한다. 프랑케 고아원,[519] 오코넬O'Connell, 성 보니파시우스der heiliger Bonifazius, 로베스피에르, 테오도르 쾨르너Theodor Körner …. 가 그런 예이다.

오코넬[….], 이 사람이 누군지는 영국의 어린아이라면 누구나 안다. 오직 독일에서만 그리고 특히 베를린에서 그는 "사심 없는 사람"으로 알려져 있지만, 오코넬, 그 자는 사생아를 입양하고 재산을 늘리기 위해 "지칠 줄 모르고 일하는" 사람이다. 그는 (년 소득 1만 파운드) 변호사 일을 접고 훨씬 벌이가 좋은 (년 소득 2만~3만의) 정치선동가의 일을 했으며, middleman〈중개인〉[520]으로서 아일랜드 농민을 "가혹하

---

519 CW주 79) 프랑케August Hermann Francke는 17세기 말 독일 할레 시에 고아원 한 곳과 어린아이를 위한 여러 인도주의 시설을 세웠다. 마르크스 엥겔스가 프랑케 고아원이라 칭한 것은 이런 연유에서다.

520 W주 106) 미들맨[middleman]은 중개인[Mittelsmann, Makler, Zwischen

게" 착취하는 자다. 그는 농민을 돼지우리에 살게 내몰고 정작, 자신은 단 왕[König Dan]⁵²¹으로서 머리온스퀘어[Merrion-Square]의 궁전에 호화로운 저택을 갖고 있다. 그러면서도 농민의 비참한 삶을 늘 개탄한다. "왜냐하면 갈망이 그의 마음을 찢어놓기 때문이다." 그가 운동을 추진하는 것은 그것이 그의 National Tribute〈국록〉을 보장해주고 우두머리로서의 그의 지위를 보장해주기 때문이다. 그는 매년 공물을 다 받고 나면 정치 선동을 접었다. 그것은 데리네인Derrynane에 있는 영지에서 일신을 돌보기 위해서다. 그의 법률 활동은 야바위꾼의 활동이었으며 운동에 관여할 때마다 그 운동을 아주 파렴치하게 악용했다. 그 결과 오코넬, 그는 몇몇 좋은 일을 했음에도 영국 부르주아에게서도 경멸받는 사람이다.

진정한 이기주의의 발견자인 성 막스는 한 걸음 더 나아가 사욕 없는 행동이 이제까지 세계를 지배해왔음을 입증하는 데 큰 관심이 있음이 분명하다. 그래서 다음과 같은 대명제(『비간트』, 165쪽)를 내놓는다: 세계는 "지난 수천 년 전부터 이기적이 아니었다." 기껏해야 이기주의자가 간혹 슈티르너의 avant coureur〈선구자〉로 등장해서 인민을 몰락하게 했던 사실 정도는 인정된다.}

---

händler]을 의미한다. 당시 아일랜드에는 마름[Zwischenprächter]이 있었다. 엥겔스의 표현을 빌자면 그는 우두머리 소작인[Oberprächter]이다. 이들은 지주에서 땅을 임차한 후 이를 여러 필지로 쪼개 높은 임차료를 받고 다시 소작을 주었다. "우두머리 소작인은 지주에게 임차료를 지급할 의무가 있고 그런 한에서 지주에게 저당 잡혀 있었다."(엥겔스) 당시 아일랜드에 지주와 그의 땅을 경작하는 사람들 사이에는 심지어 12명의 마름이 있었다.

521 역주) 오코넬O'Connell의 이름 Daniel을 빗댄 말

*****

⟨W, 232⟩하지만, 성 막스는 420쪽에서 다음과 같이 말한다: {⟨W, 노트 51: 232- 하단 주⟩⟨ 수고, 46a-하단 주⟩⟨GA2, 304-방주⟩마르크스는 이 쪽 위에 "III. 의식"이란 메모를 해 놓았다.}

"우리 시대의 문 위에는 …. 그대 자신을 알라고[522] 쓰여 있는 것이 아니라 그대를 이용하라고 쓰여 있다."

(여기서 학교 선생께서는 또다시 그가 목격한 실제의 이용을 이용이라는 도덕률로 변형하고 있다.)-그러므로 그는 지금까지 존재했던 "헌신적 이기주의자"가 아니라 "통상적 의미의 이기주의자"이니 그에게라면 "아폴론 신전"의 말은 다음과 같은 뜻임이 틀림없다:

"*당신들을 {다시 알라*. {오직 당신들이 실제로 무엇인지 알아라. 그리고 자신과 다른 무엇이 되려는 헛된 시도는 포기해라!} 왜냐하면 그럴 때 나 자신을 만족하는 게 아니라 내 욕망 중의 하나, 예컨대 행복에의 갈망 같은 것을 만족하는 {거짓 이기주의가 초래되기 때문이다.} 당신들의 모든 행동과 충동은 은밀하고 은폐된 …. {이기주의}, *무의식적 이기주의*이고 한편 *그러므로 이기주의가* 아닌 노예 상태, 봉사, 자기 부정이다. *당신들은 이기주의자가 돼라* 그러면 당신들이 이기주의를 부정하면서 오히려 이기주

---

[522] W주 107) '너 자신을 알라'라는 격언은 파르나소스의 산비탈에 서 있는 고대 그리스 도시 델피의 아폴로 사원 입구에 쓰여 있다.

의자가 아니게 된다."(217쪽)[523]

"그 어떤 양도, 그 어떤 개도" "제대로 된" 이기주의자가 "되려고 애쓰지 않는다."(443쪽) "그 어떤 동물도" 다른 동물에게 이렇게 호소하지 않는다: 오직 당신들 자신을 제대로 알라, 당신들이 실제로 무엇인지 알라, "당신들의 본성은 어느 때건" 이기적이다, "당신들은 분명" 이기적 자연물 즉 이기주의자다. "하지만, 당신들은 이미 이기주의자이므로 이기주의자가 되려고 애쓸 필요가 없다."(같은 곳)[524] 당신들의 존재에 당신들의 의식 또한 속한다. 당신들은 이기주의자다. 그러므로 당신들은 그 이기주의에 상응하는 의식도 가지고 있다. 따라서 당신들 내면으로 들어가 참회하라는 슈티르너의 도덕 설교를 따를 필요는 전혀 없다.

여기서 슈티르너는 철학의 오래된 재치를 재차 사용한다. 이 재치에 대해서는 뒤에서 다시 다루겠지만, 철학자는 당신들이 인간이 아니라고〈수, 46b〉대놓고 말하지 않는다. 대신 다음과 같이 말한다: 당신들은 항상 인간이었다. 하지만 당신들이 진정 무엇인지에 대한 의식이 없었다. 바로 그 이유로 당신들은 실제로 진정한 인간이 아니었다. 결국 당신들의 현상은 당신들의 본질과 일치하지 못했다. 당신들은 인간이면

---

523   역주) 이 구절에서 W, CW는 GA2와 달리 잃어버린 부분 즉 { .... }의 구절을 추가로 보완했다.

524   GA2주 재인용) 슈티르너, 『유일자와 그의 소유』, 443쪽: "어떤 양도, 어떤 개도 올바른 양이나 올바른 개가 되려고 노력하지 않으며, 어떤 동물도 자기 본질을 자기가 실현해야 하는 과제나 개념으로 보지 않는다. .... 우리의 본성은 이제 비로소 인간적인 것이 된다. 당신들은 인간적인 자연물 즉 인간이다. 그러나 당신들이 이미 그러하니 비로소 될 필요는 없다."

서 인간이 아니었다. 여기서 철학자는 특정한 인간과 특정한 상황이 특정한 의식에 상응한다는 사실을 간접으로 인정한다. 하지만 동시에 철학자는 사람들의 의식 변화를 촉구하는 자기의 도덕적 요구가 바로 그 사람들의 의식을 변화한다고 공상한다. 경험적 상황이 변하면 인간이 변하고 의식도 변하는데, 철학자는 그런 인간에게서 다름 아닌 변화된 의식만을 본다.-마찬가지로 당신들이 은밀히 주시하는 당신들의 의식, 그 속에서 당신들은 은밀한 무의식적인 이기주의자다.-다시 말해서 당신들은 의식하지 못하는 한에서 진짜 이기주의자다. 하지만 당신들이 의식하는 한에서는 〈W, 233〉비[非] 이기주의자다. 다른 말로 하면 당신들의 현재 의식의 토대에는 특정한 존재가 놓여 있다. 그런데 그 존재는 내가 갈망했던 존재가 아니다. 당신들의 의식은 이기주의자로서는 그렇게 되어서는 안 되는 이기주의자의 의식이다.〈GA2, 307〉따라서 당신들의 의식이 보여주는 것은 당신들은 이기주의자로서는 그렇게 되어서는 안 되는 이기주의자라거나 아니면 당신들은 당신들의 실제 모습과는 다른 어떤 것이 돼야 한다는 것이다. 이런 방식으로 의식을 그 토대인 개인과 분리하고 실제의 조건과 분리하는 것 그리고 현대 부르주아 사회의 이기주의자는 본래 이기주의에 걸맞은 의식이 없다는 생각이야말로 철학자의 오랜 괴벽이다. 이 Jacques le bonhomme〈촌티 나는 바보〉는 여기서 이 괴벽을 쉽게 믿으면서 수용해 모방한다. {〈W, 노트 52: W, 233-하단 주〉〈수, 46b-하단 주〉〈수고에서 삭제〉철학사에시 이 괴벽이 가상 우스꽝스럽게 나타나는 것은 나중 세대의 사람들이 앞세대에 대해 앞세대 사람들 스스로 가졌던 의식과 다른 의식을 가질 때다. 이런 일은 자연스럽게 이루어졌다. 가령 그리스인은 그리스인으로서 자기에 대한 의식이 있었다. 그리스인은 우리가 그리스인에 대해 생각하는 것처럼 자기를 의식하지는 않았다. 그런데 그리스인이 오늘날 우리가 그리스인에 대해 갖는 의식을 스스로 갖고 있지 못하다고 즉 그리스인이 진실로 무엇인지에 대한 의식이 그리스인에게 없었다는 방식으로 비난한다면 또 그러다가 결국은 그리스인이 어째서 그리스인이란 말이냐는 식의 비난을 제기한다면 이것이야말로 아주 우스꽝스러운 철학적 괴벽이 아닐 수 없다.}[525] "감동적으로 보이는 예"로서 슈티르너가 들었던 탐욕스러운 인간의 예를 좀 더 살펴보자. 여기서 탐욕스러운 인간이란 "탐욕가" 일반이 아니라 〈수, 46c〉"김가 아니면 박가"와 같은 보통의 탐욕가, 개인적 특성을 갖는 "유일자적" 탐욕가다. 그의 탐욕은 "탐욕"의 범주가(성 막스가 탐욕가의 포괄적이고 복잡하며 "특이한" 삶의 표현 가운데 추상화한 것이) 아니다. 그의 탐욕은 다른 사람들이(예컨대 성 막스가) "탐욕의 범주로 삼은" 탐욕과도 무관하다. 성 막스는 이런 탐욕가에게 다음과 같이 설교하려 한다: 즉 탐욕가란 "자기를 만족하는 존재가 아니라 자기가 갖는 욕망 중의 하나를 만족하는 자다."[526] 그런데 "그대가 그대인 것은 오직 이 순간뿐이다. 순간의 존재로서만 그대는 실제다."[527] "순간적인 존재인 그대와 분리된 것은 절대적

---

525 역주) 노트 52는 W, CW에서는 주로, GA2에서는 생략됐다.

526 GA2주 재인용) 슈티르너, 『유일자와 그의 소유』, 217쪽: "그러면 이 사실은 기만된 이기주의의 현상을 제시한다. 이 기만된 이기주의에서 자아는 자기를 만족하지 않으며 오히려 자기의 욕망 중의 하나 즉 행복욕을 만족시킨다."

527 GA2주 재인용) 슈티르너, 『슈티르너에 대한 논평가들』, 170/171쪽: "어떤 것이 그대에게 타당하다면 그것도 순간적으로 타당하다면, 그대는 단지 순간적으로만 그대이고 실제로는 단지 그 순간에만 존재한다. 일반적으로 존재하는 그대조차도 오히려 매번 어떤 다른 존재이다. 어떤 것이 이 순간 어떤 다른 것보다 더 고귀하다면 그대는 그것을 후자[어떤 다른 것]를 위해 양보하지 않을 것이다. 오

으로 더 높은 것 .... 돈이다. 그러나 그대에게는" 돈이 차라리 "일종의 향락이든 간에 또 그것이 그대에게 절대적으로 높은 것인지 아닌지 간에" .... "아마도 나를 부정하는 것인가?" "아마도 나에게 설교하며 .... 그[Er]는 탐욕이 밤낮으로 나를 사로잡는 것을 발견한다. 하지만 다만 그의 반성 속에서만 이 탐욕은 나를 사로잡는다."[528] 자아는 항상 순간적으로 존재한다. 그는 자아가 존재하는 여러 순간을 통해 항상 자아 자신을 만드는 자, 항상 실제로 또한 "밤낮으로" 만드는 자다. 또 오직 그만이 자아의 삶이 표현되는 다른 순간들을 하나의 도덕 판단으로 요약해서 그 순간들이 탐욕을 충족하는 순간이라고 말한다. 성 막스가 자아는 자기의 욕망 중 하나를 충족하는 것이지 자기를 충족하는 것이 아니라고 판단할 때 온전하고 충만한 존재로서의 자기를 자아 자신에 대립시킨다. "온전하고 충만한 존재의 본질은 무엇인가? 그것은 ⟨W, 234⟩ 그대의 순간적 본질에 있는 게 아니다. 순간적인 그대의 모습 속에 있

히려 매번 그대는 그 순간 그대에게 더 저열한 것이나 덜 중요한 것으로 간주되는 것을 양보할 것이다. 따라서 포이어바흐의 관점에서 더 고귀한 것이 의미를 가진다고 한다면, 그것은 그대에게서 이 순간 분리되어 있고 그대와 무관하게 존재하는 것으로서 더 고귀한 것이어야 하며, 절대적으로 더 고귀한 것이어야 한다. 이 절대적으로 고귀한 것에서 그대는 비로소 그대와 무관하게 존재하는 더 높은 것이 그대에게 더 높은 것이 되는지를 묻지 않게 된다."

[528] 역주) 손상이 심한 이 †절은 W, CW는 위와 같이 복원했지만, GA2에서는 아래와 같이 복원했다: "순간적인 존재인 그대와 분리된 것 .... 절대적으로 더 높은 것, ... 돈이 그대에게는" 차라리 "일종의 향락이라는 점, 그것이 그대에게 절대적으로 높은 것" .... "아마도 나에게 설교하며 .... 그는 .... 밤낮으로 .... 사로잡는 것을 발견한다. .... 하지만 탐욕이 .... 다만 그의 반성 속에서 .... "

는 것이 아니다."[529]-결국 성 막스에 따르면, 그것은-신성한 "존재"에서 찾아야 한다.(『비간트』, 171쪽) "슈티르너"가 자아는 자기의 의식을 변화시켜야 한다고 말할 때 자아로서는 자아의 순간적 의식이 자아의 순간적 존재에 속한다는 것을 안다. 슈티르너가 자아의 이런 순간적 의식을 의심스러운 것으로 생각할 때 그는 은밀한 도덕가로서 ⟨수, 47⟩ 자아의 생활 방식 전체를 공격한다. {⟨W, 노트 53: 232-하단 주⟩⟨수, 47-하단 주⟩⟨GA2, 307-방주⟩이 곳에도 'III. 의식'이라는 마르크스의 방주가 있다.} 그렇다면 "그대는 그대가 그대 자신에 대해서 생각할 때만 존재하겠지? 그대는 오로지 자기의식 때문에 존재하겠지?"(『비간트』, 157~158쪽) 자아는 이기주의자가 아니라면 무엇이 될 수 있겠는가? 예컨대, 슈티르너는 스스로 이기주의를 부정하든 그렇지 않든 이기주의가 아니라면 그 무엇이 될 수 있는가? "당신들은 이기주의자이지만, 동시에 이기주의를 부인하는 한에서 이기주의자가 아니다." 그대는 그렇게 설교한다.

순진하고 "기만에 넘어간" "자격이 의심스러운" 교사여! 실상은 정반대다. 우리 통상적 의미의 이기주의자, 우리 부르주아는 ⟨GA2, 308⟩ 다음과 같은 사실을 너무도 잘 안다: Charité bien ordonnée commence par soi-mêm.⟨자선은 나 자신에서 시작된다.⟩ 이웃을 그대 몸과 같이 사랑하라는 오래된 격언도 해석하자면 각자에게 자기가 그런 이웃이라는 의미다. 하지만 우리를 두고 매정한 이기주의자요, 착취자라고 주장한

---

[529] GA2주 재인용) 슈티르너의 원문(『슈티르너에 대한 논평가들』, 171쪽)에는 이렇게 된다: " …. 그것은 그대의 순간적인 본질에 있는 것이 아니며, 그대가 순간적으로 본질로 간주하는 것에 있는 것도 아니며, 그대가 일반적으로 본질로 간주하는 것에도 있지 않으며 오히려 인간적 본질 속에 있다."

다면, 동료 인간의 이해를 자신의 이해로 간주하는 고귀한 감정이라곤 애당초 찾아볼 수 없는 통상의 이기주의자라고 주장한다면 우리는 부인하겠다.-우리끼리 하는 말이지만, 우리가 부인한다는 것은 우리는 우리의 이해가 곧 동료 인간의 이해임을 선언하는 셈이다. 그대가 유일자적인 이기주의자는 "통상적" 이기주의가 아니라고 부인한다면 그 이유는 다름이 아니라 그대가 "세계와의 자연적 관계를 거부"하기 때문이다. 따라서 그대는 우리가 왜 실질적인 이기주의를 완성하기 위해 이기주의에 관한 상투어를 거부하는지 모른다.-우리에게 중요한 건 실제 이기적 이해를 관철하는 것이지 이기주의에 관한 성스러운 이해가 아니다. 게다가 당신들 독일 교사여, 당신들 보고 한 번이라도 이기주의를 방어하는 데 나서라 한다면 당신들이 선포하는 것은 실제의 이기주의, "세속적이고 손바닥 보듯 뻔한"[530](『경전』, 455쪽) 이기주의가 아니며 다시 말해서 사람들이 "이기주의"라 부르는 것이 아니라[531] 특별한 이기주의, 교사의 머릿속에나 있는 이기주의, 철학적 이기주의 또는 룸펜 이기주의[Lumpenegoismus]라는 사실은 당연히 예상 가능한 일이다. 그 때문에 부르주아는 성 막스에게 냉정하게 등을 돌린다.

특별한 의미의 이기주의가 "이제 막 발견됐다."[532] "이 새롭게 발견

---

530 GA2주 재인용) 슈티르너,『유일자와 그의 소유』, 455쪽: "[포이어바흐의『미래 철학의 근본 원리』] 69쪽을 보면 이렇게 된다: 감각적인 것은 세속적인 것, 손바닥 보듯 뻔한 명청한 것, 저절로 이해되는 것이 아니다."

531 GA2주 재인용) 슈티르너,『유일자와 그의 소유』, 455쪽: "그것은 성스러운 것, 사상으로 충만한 것, 감추어져 있는 것, 매개를 통해서만 이해되는 것이며 따라서 그것은 사람들이 감각적이라 부르는 것이 아니다."

532 GA2주 재인용) 슈티르너,『유일자와 그의 소유』, 455쪽: "인간은 인간에게

한 것을 좀 더 상세히 살펴보자."(11쪽)

〈W, 235〉바로 앞의 언급에서 다음과 같은 것이 이미 분명해졌다. 즉 이제까지의 이기주의자가 특별한 의미의 이기주의자가 되려면 그 의식만 변화하면 된다는 것이다. 따라서 자족적인 이기주의자는 〈수, 47a〉다름 아닌 의식을 통해서 기존의 이기주의자와 구별된다. 자족적 이기주의자는 학자이고 철학자이기 때문이다. 성 막스의 전체 역사관에서 다음과 같은 점도 도출된다. 즉 기존의 이기주의자는 다름 아닌 "신성한 것"의 지배를 벗어나지 못했다는 것이다. 따라서 진정한 이기주의자는 이 "신성한 것"과 싸우기만 하면 된다. "유일자적인" 역사에서 이미 드러났듯이, 성 막스는 역사의 여러 관계를 관념으로 바꿔치기하고 이기주의자를 이 관념을 위반하는 죄인으로 바꿔치기한다. 이기주의의 모든 구현은 이 관념을 위반하는 죄로 바꿔치기한다. 특권을 유지해온 자의 권력은 평등의 관념을 위반하는 죄로, 전제주의의 권력은 자유의 관념을 위반하는 죄로 바꿔치기한다. 그러므로 『경전』은 경쟁에 대해 다음과 같이 말할 수 있었다: 경쟁은 사유재산을 "개인적인 것"으로 간주하며(155쪽) .... 수많은 .... 자기희생적인 이기주의자와 .... 결단코 그리고 불가피하게 .... 싸워야 하는데, 그 방법은 그가 그런 이기주의자를 신성한 것으로 바꿔치기해서 그런 자에게서 나타나는 "신성성"을, 다시 말해 그런 자를 신성하게 보는 그의 관념을 폐기하고, 만일 그런 자가 그 속에서 신성한 것으로서 현존한다면 다만 그때는 그런 자를 폐기한다고 선언하는 것이다. 〈이 종속절 가운데 쥐가 심하게 파먹은 구절들이 발견된다〉{〈W, 노트 54: 235-하단 주〉〈수, 47a-하단 주

최고의 존재라고 포이어바흐는 말한다. 인간은 이제 막 발견됐다고 바우어는 말한다. 이제 이 최고의 존재와 새로운 발견물을 정확하게 살펴보자."

⟩⟨GA2, 308-방주⟩이 쪽의 시작 부분에 마르크스는 "II (창조자와 피조물)"이란 메모를 달아놓았다:}

⟨수, 47b⟩(50쪽) "매 순간 그렇듯이 그대는 그대의 피조물이다. ⟨GA2, 309⟩하지만, 이런 피조물임에도 불구하고, 그대는 그대 자신을 즉 창조자임을 상실하길 원치 않는다. 그대 자신은 그대보다 고귀한 존재다. 다시 말해서 그대는 단순한 피조물이 아니고 피조물이면서 동시에 창조자다. 그런데 비자발적인 이기주의자인 그대는 그런 사실을 오인하니 그 때문에 그대보다 더 고귀한 존재는 그대에게 낯설 수밖에 없다."

이러한 지혜가 『경전』의 239쪽에서는 조금 다른 방식으로 표현된다:

"유[Gattung]는 무[Nichts]다."(뒤에 가면 유는 온갖 것이 다 된다. 자기 향락 개념을 참조하라.) 개별자는 자기 개별성의 한계를 넘어설 때 바로 그럴 때만 진정한 개별자로 등장한다. 다시 말해서 개별자는 자신의 고양을 통해서만 존재한다. 개별자는 그가 현재의 모습으로 남아 있길 거부함으로써만 존재한다. 그렇지 않으면 그는 끝장이고 죽은 것이나 다름없다."

이런 명제가 슈티르너 자신의 "창조물"이니 슈티르너는 이 명제에 대해서 곧 "창조자"로 행세한다. 그래서 슈티르너는 "그 명제에도 불구하고 자신을 잃지 않는다":

"순간적으로만 그대는 존재한다. 그대는 단지 순간적인 존재로만 실재할 수 있다. .... 나는 매 순간 전적으로 존재하는 나이며 .... 마찬가지로 순간적인 존재인 그대와 구별된 존재이며" "절대적으로 자기를 더 높이는 존재"이다. .... "(『비간트』, 170쪽) 또 같은 책 171쪽을 보면, "그대의 존재"는 "그대의 순간적 존재"로 규정된다.

⟨W, 236⟩성 막스는 『경전』에서 순간적 존재보다 고귀한 다른 존재가 있다고 말한다. 『변호를 위한 주석』에서는 그가 말하는 개인의 "순간적 존재"를 개인의 "완전하고 온전한 존재"와 동일시하고 "순간적 존재"인 모든 존재를 일종의 절대적으로 자기를 더 높이는 존재로 변형시킨다. 따라서 『경전』 속에서 개인은 매 순간, 그 순간의 자기 모습보다 더 높아가는 존재이다. 반면 『주석』에서는 매 순간 개인의 직접적 존재가 아닌 모든 것이 "절대적으로 자기를 더 높이는 존재" 즉 신성한 존재이다.—그런데 개인의 이런 분열과는 달리 『경전』 200쪽에서는 다음과 같이 말한다:

"나는 '불완전한' 자아와 '완전한' 자아의 분열에 관해 그 어떤 것도 아는 것이 없다."

"자족적인 자아"는 더는 더 높은 어떤 것을 위해 자신을 희생할 필요가 없다. 왜냐하면 그 자신의 눈에는 그기 곧 그 높은 존재이고, "높은" 존재와 "낮은" 존재의 이러한 ⟨수, 47c⟩분열은 자기 내면으로 전이되기 때문이다. 이처럼 실상(성 산초 대 포이어바흐에 대해서는 『경전』, 243쪽 참조), "사실상 최고의 존재에서는 변신[Metamorphose]밖에 다른 것이 일어나지 않는다."[533] 성 막스가 말하는 진정한 이기주의의 본질은 실제 이기주의 즉 "매 순간 존재하는" 자신에 대해 대립하는 이기적 태도를 보이는 데 있다. 이기주의에 대한 이런 이기적 태도는 곧 희생을 말한다. 이런 측면에서 피조물로서의 성 막스는 통상적 의미의 이기주의자며 창조자로서의 성 막스는 헌신적 이기주의자다. 그런데 우리는 또한 정반대의 측면도 보게 될 것인데, 양 측면은 각자가 자신의 대립물이 되는 절대적 변증법을 겪는 가운데 진정한 반성 규정으로 정당화된다.

〈GA2, 310〉비밀스러운 형태로 나타나는 이 미스터리를 깊이 분석하기에 앞서서 여기서는 그의 힘든 생존 투쟁에 관해 살펴보자.

82, 83쪽에서 슈티르너는 정신 세계의 관점에서, 이기주의라는 가장 일반화된 성질을 창조자로서 자신과 조화하는 일을 완성한다.

> "기독교는 다음과 같이 주장했다: 우리의 목표는 자연의 규정(자연을 통한 규정)에서 우리를 해방하는 데, 충동적인 욕망에서 우리를 해방하는 데 있다. 따라서 기독교가 바라는 건 인간이 그의 욕망을 통해 규정 받지 않게 하는 것이었다. 물론 *인간*이 그 어떤 욕망도 소유하지 말아야 하는 건 아니었다. 욕망이 인간을

---

[533] GA2주 재인용) 슈티르너, 『유일자와 그의 소유』, 243쪽: "그러나 인간이 단지 다른 최고 존재를 머리에 떠올리므로 이때 사실상 최고 존재에서는 변신밖에 다른 것이 일어나지 않는다. 인간에 대한 경외는 신에 대한 경외가 변화된 형태일 뿐이다."

소유해서는 안 된다는 것이다. 즉 욕망이 고착되거나 정복 불가능한 어떤 것, 근절 불가능한 어떤 것이 되어서는 안 된다는 것이다. 그런데 기독교가 욕망에 대립해 꾸민 일을 *이제* 기독교 자체의 계율 즉 정신이 우리를 규정해야 한다는 계율에 적용할 수는 *없을까*? .... 그러면 *그것은* 정신의 해체, 모든 사상의 해체를 노리게 될 것이다. 그때는 말을 못했더라도 .... 이제는 말해야 한다: 우리가 정신을 소유해야지 정신이 우리를 소유해서는 안 된다."

〈W, 237〉"그리스도 예수께 속한 사람들은 정욕과 욕망과 함께 자기의 육체를 십자가에 못 박았습니다."(『갈라디아서』, 5장 24절)-이것이 슈티르너에 따르면, 그리스도에 속한 자가 진정한 소유자로서 정욕과 욕망을 십자가에 못 박음으로써 수행한 것이다. 슈티르너는 기독교를 입도선매로 수용한다. 그리고 육체를 십자가에 못 박는 걸로 그치지 않고 그의 정신도 십자가에 못 박으려 한다. 그게 "진짜 사내"이니 말이다.

기독교가 우리를 육체의 지배에서, "충동적인 〈수, 48〉욕망"에서 해방하려 했던 유일한 까닭은 기독교가 우리의 육체, 우리의 욕망을 우리에게 낯선 어떤 것으로 간주했기 때문이다. 기독교가 우리를 자연의 규정에서 해방하려 했던 이유도 다름이 아니라 기독교가 우리 자신의 자연을 우리에게 속한 것으로 보지 않았기 때문이다. 그도 그럴 것이, 만일 나 자신이 자연이 아니고 나의 자연적 욕망, 나의 자연적 특성 전체가 나에게 속한 것이 아니라면-이것이 기독교의 가르침이다-자연에 의한 모든 규정은-그것이 나 자신의 자연적 속성이 한 것이든 소위 외적 자연이 한 것이든 간에-낯선 어떤 것이 규정한 것으로, 질곡으로, 나에 대한 강제로 즉 *정신의 자율성에 반하는 타율성*으로 나타날 것이기 때문이다. 슈티르너는 이러한 기독교의 변론을 주저 없이 받아들여 그것을 우리의 정신에까지 적용한다. 내친김에 말하자면, 기독교는 실상 욕망의 지배에서 인간을 해방하는 데 결코 성공하지 못했다. 기독교를 단지 성 막스가 기독교에 은근슬쩍 끼워 넣은 Juste-Milieu-Sinn〈어정쩡한 의미〉에서 보더라도 성공한 것은 아니다. 기독교는 늘 순전한 도덕률[Moralgebot]로, 그러니까 실제로는 효과가 없는 도덕률로만 머물러 있었다. 그런데 슈티르너는 도덕률을 실제의 사실로 간주하고 그것에 더해 다음과 같은 정언명법을 보탠다: "우리가 정신을 소유해야지 정신이 우리를 소유해서는 안 된다."-결국 자족적인 이기주의 전체는, 헤겔식으로 말하자면, 경건하고 명상적인 것 못지않게 기쁨에 넘친 도덕철학에 더 가깝게 되어 버린다.

〈GA2, 313〉하나의 욕망이 고착되는지 아닌지 즉 그 욕망이 독점적으로 우리를 지배하는 위력을 갖는지 아닌지는-설령 그렇다고 해도 욕망이 더 발전하는 것이 불가능한 건 아닌데-물질적 상황 즉 "나쁜 의미에서[schlecht]" 세속의 상황이 이 욕망을 정상적으로 충족할 수 있게 하는지 그리고 다른 한편으로 욕망이 전체적으로 발전할 수 있게 하는지 여부에 달려 있다. 그리고 이 후자는 다시 우리의 상황이 인간의 전면적 차원에 걸쳐 행위를 하게 해주는지 그리고 그와 더불어 우리 모든 잠재력이 발현하게 해주는지 여부에 달려 있나. 사상이 고착되는지 아닌지도 실제 상황이 형성됐는지 여부에 그리고 이 상황이 각 개인에게 발전 가능성을 얼마나 부여하는지 여부에 달려 있다. 예를 들면 독일 철학자 즉 qui nous font pitié〈우리가 동정해 마지않는〉 "사회에 의한 희생자"는〈W, 238〉독일의 상황과 분리될 수 없다. 내친김에 말하자면, 슈티르너는 욕망의 지배 운운하며 자신을 절대적 성자로 부각하는데, 실상 이 말은 속이 텅 빈 빈말이다. 탐욕가라는 "감동적 예"를 다시 보자:

"탐욕적인 사람은 소유자가 아니라 종이다. 그가 하는 일은 다 그의 주인을 위한 것이 아니면 자기를 위한 것이 될 수 없다."(400쪽)

누가 무엇을 한다는 건 다 자기의 욕구와 그 욕구 기관[器官]을 위한 것이다. 따라서 슈티르너 생각에 욕구와 그 기관이 그의 주인이 된다. 이는 앞에서 그가 욕구 충족의 수단을 자기의 주인으로 삼았던 것과 꼭 마찬가지다.(정치적 자유주의 개념과 공산주의 개념에 관한 부분 참조) 슈티르너가 무엇을 먹는다면 그것은 그의 위를 위한 것이다. 세계 상황 때문에 그가 그의 위를 만족하지 못하면 이제는 위가 그의 주인이 되고, 식욕이 고착된 욕망이 되며, 음식 생각이 고착된 관념이 된다. 이것은 세계 상황이 그의 욕망과 관념에 영향을 준다는 사실의 본보기이기도 하다. 결국 욕망과 생각이 고착하는 것에 대한 〈수, 48a〉산초의 "분노" 때문에 자기통제라는 무기력한 도덕률이 출현한다. 그러니 이 분노를 새로운 전거로 해서 그가 그저 소부르주아의 극히 하찮은 감정을 이데올로기적으로 거창하게 표현하고 있을 뿐이라는 사실이 입증된다.

{〈W, 노트 55: 238-하단 주〉〈수, 48a-하단 주〉〈수고에서 삭제〉공산주의자는 지금까지 욕망과 생각을 필연적으로 고착하는 원인인 물질적 토대를 공격한다. 공산주의자의 역사적 행위만이 고착된 욕망과 생각을 유동[流動]화할 수 있는 유일한 행위이다. 공산주의자의 행위 덕에 심지어 슈티르너까지 포함한 기존 도덕가에서처럼 유동화를 위해

무기력한 도덕률이 요청되는 일은 없어진다. 현재 상황이 개인에게 불러일으킨 욕망에 대해서 공산주의 사회 조직은 이중의 방식으로 영향을 미친다. 욕망 중에는 모든 조건에서 존재하는 욕망, 사회 상황에 따라 그 형식과 방향만 달라지는 욕망이 있다. 이런 욕망에서는, 지금의 사회 형식 아래서도 그 욕망을 정상적으로 구현하는 수단이 제공되는 한 [그 형식이] 변화된다. 반면 욕망 중에는 특정의 사회형태, 특정의 생산 조건과 교류 조건에서 비롯된 욕망이 있다. 이런 욕망이 있을 때 공산주의 사회 조직은 그 욕망이 발생하는 조건 자체를 완전히 빼앗아버린다. 그런데 공산주의 사회 조직 아래에서 어떤 욕망이 단순히 변화되고 어떤 욕망이 사라질지는 오로지 실천의 방식을 통해서만 결정된다. 다시 말해서 그것은 과거 역사 상황과의 비교를 통해서가 아니라 실제로 존재하는 실제 욕망을 변화하는 일에 달린 것이다.

우리가 바로 앞에서 사용한 두 가지 표현 즉 우리가 "유일자적인" 사실에 머무르는 슈티르너를 물리치기 위해 사용한 "고착[fix]"과 "욕망[Begierden]"이란 두 표현은 두말할 것 없이 아주 부적절한 말이다. 현 사회에서는 어떤 개인이 하나의 욕구를 충족하려면 다른 모든 욕구를 희생해야 한다. "그래서는 안 되는데도" 오늘날 이런 일이 모든 개인에게서 plus au moins〈다소간〉 벌어지고 있다. 그 결과 온전한 개인의 자유로운 발전은 불가능하다. 그런데 슈티르너는, 이런 사태가 현존 사회질서와 어떤 경험적 연관을 맺는지 아는 것이 없으므로, 그 사태를 다음과 같이 묘사한다. 즉 자족적이지 못하는 이기주의자가 그런 방식으로 "욕망이 고착된다"는 것이다. 하나의 욕망은 그것이 있다는 사실만으로도 "고착된" 것이다. 그런데 유독 성 막스와 그의 일당은 가령 성욕을 "고착"되지 않게 할 수 있다고 생각한다. 하지만 성욕은 이미 고착되어 있고 성욕의 고착은 거세를 통해서나 성불구가 됨으로써만 극복될 수 있다. "욕망" 밑에 자리 잡은 모든 욕구도 꼭 마찬가지로 "고착된" 것이다. 성 막스는 무던히 애를 쓰지만, 이 "고착"을 제거하지 못한다. 그는 밥을 꼭 "고착된" 시간 내에 먹을 필요가 없다는 생각에는 이르지 못한다. 공산주의자라면 자기의 망상에 사로잡힌 슈티르너가 무리하게 공산주의자와 다른 사람들에게 요구하듯이 자기 욕망과 욕구를 말소하려는 생각 따위는 하지 않는다. 공산주의자가 얻으려 애쓰는 것은 새로운 생산 조직, 새로운 교류 조직이다. 이 새로운 조직은 모든 욕구의 정상적 충족을 가능케 한다. 그 욕구 충족을 제한하는 것이 있다면 그 한계는 욕구 자체에서 비롯된 것이다.}

〈수, 48b〉결국 이 첫 번째 예를 보면 슈티르너는 한편으로 그의 육체적 욕망과 싸우고 다른 한편으로 그의 정신적 사상과 싸운다. 한편으로 그의 육체와 싸우고 다른 한편으로 그의 정신과 싸운다. 그런데 이 싸움은 그의 피조물인 이 육체의 욕망과 정신의 사상이 창조자인 그에서 독립하려 할 때 이루어진다. 우리의 성자가 이 싸움을 어떻게 전개하는지, 그가 창조자로서 그의 피조물을 어떻게 다루는지 좀 더 살펴보자.

〈W, 239〉"통상적 의미의" 기독교인, 푸리에의 표현으로 하자면, chrétien "simple"〈"단순한" 기독교인〉을 보자. 이 기독교인은 "정신이 모든 권력을 갖는다고 생각하고, '육체'의 항의 따위에는 아랑곳하지 않는다. 그렇지만 정신의 폭정을 깨트리려면 다름 아닌 '육체'가 필요하다.〈GA2, 314〉왜냐하면 인간은 그의 육체까지도 이해할 때만 자신을 온전하게 이해하고 또 자신을 온전하게 이해할 때만, 통찰력 있는 존재, 이성적인 존재가 되기 때문이다. …. 그런데 육체가 일단 말을 시작하고 또 육체가 본래 그렇듯이 그 어조가 격정적으로 되면, …."(단순한 신자인) "그는 그 소리가 악마의 음성, 정신에 반하는 음성이라고 믿고, 응당 그것을 격렬하게 거부한다. 그가 그것을 용인하면 그는 더는 기독교인이 아니다." 83쪽

따라서 성 막스는 정신이 자기에서 독립하려 하면 자신의 육체에 도움을 청하고, 그의 육체가 반항하면 자신이 정신이기도 하다는 사실을 〈W, 240〉상기한다. 기독교인이 한 측면으로 몰고 가는 것을 성 막스는 두 측면에서 행한다. 그는 chrétien "composé"〈"복잡한" 기독교인〉으로서 다시 한번 자신이 완전한 기독교인임을 드러낸다.

이 예에서 보면 정신인 성 막스는 육체를 창조한 자로 등장하지 않으며, 그 역도 마찬가지다. 다시 말해서 그의 육체와 정신은 이미 눈앞에 존재하는 것이다. 그는 한 측면이 반항할 때만 그가 다른 측면도 가지고 있음을 생각해 내고 반항하는 측면에 반대해서 이 다른 측면을 그의 진정한 자아로 간주한다. 따라서 성 막스가 창조자라면 그가 "다른 방식으로도 규정되는 존재 [Auch Anders Bestimmter]"라는 의미이고, 그 자신이 생산한 산물의 범주에 포함하고자 하는 성질과 다른 성질도 그가 가지고 있음을 의미한다. 여기서 그의 창조 행위 전체는 본질에서 본다면 좋은 결의에 토대를 둔다. 즉 이 결의는 자신을 이해하려는 결의, 그것도 자신을 온전히 이해하고 스스로 이성적으로 되려는 결의이다. {〈W, 노트 56: 240-하단 주〉〈수, 48b-하단 주〉〈GA2, 314-하단 주〉결국 성 막스는 이 대목에서 포이어바흐가 "감동적"으로 제시한 바 있는 매춘부와 애인 사이의 차이에 관한 "예"를 완벽하게 입증한다. 한 인간

이 매춘부에게서 이해하는 것은 그의 육체 혹은 그녀의 육체뿐이지만, 애인에게서는 자기 자신의 전체 혹은 그녀의 전체를 이해한다.(『비간트』, 170, 171쪽)} 또한 그 결의는 자신을 "충만하고 온전한 존재"로 이해하려는 결의, 그러니까 "순간적인 존재"와는 다른 존재, 아니 그의 "순간적" 모습과는 정반대되는 존대로 이해하려는 결의이다.

이제 우리 성인이 말하는 "힘든 생존투쟁"에 관한 얘기로 넘어가자.

80, 81쪽: "나의 열정이 극도의 열광으로 되지 말란 법은 없다. 하지만 나는 그런 열정에 대해 냉담하고 회의적이며, 그 열정을 불구대천의 적으로 본다. 나는 열정의 심판자다. 왜냐하면 내가 그의 소유자이기 때문이다."

성 산초가 자신에 관해서 하는 말의 의미를 따져보면, 여기서 그의 창조 활동은 결국 다음과 같은 사실로 귀결된다: 그는 열정에 사로잡혀 있으면서도 그의 열정에 대한 의식을 보존한다. 그는 그 열정에 대해 반성하고, 진정한 자아에 대해 반성하는 자아의 태도를 보인다. 그가 임의로 "창조자"란 이름을 붙이는 대상은 다름 아닌 의식이다. 그는 *의식적인* 한에서 "창조자"다.

⟨GA2, 315⟩ "그러는 사이에 그대는 달콤한 자기 망각 속에서 그대 자신을 잊는다. .... 하지만, 그대는 그대 자신에 대해 생각할 때만 존재하고 그대 자신을 잊을 때는 소멸한다는 것인가? 매 순간 자신을 잊지 않는 자가 어디 있고 한 시간에도 수천 번 자신을 시야에서 놓치지 않는 이가 어디 있는가?"(『비간트』, 157,

158쪽)

산초는 이러한 "자기 망각"에 이런 일이 일어난다는 사실을 응당 망각할 수 없다. 그래서 그는 "동시에 자기 망각에 대해 불구대천의 원수"가 된다.

피조물로서의 성 막스는 엄청난 열정을 품는다.〈수, 49〉동시에 창조자로서의 성 막스는 자기를 반성하면서 그의 열정을〈W, 241〉넘어선다. 다시 말해서 실제의 성 막스는 열정을 품고, 반성하는 성 막스는 자기가 이 열정을 극복했다고 생각한다. 이제 반성을 통해 실제의 자기를 넘어서는 과정은 흥미롭고 진기하게 소설 투로 묘사되어 그 덕택에 그의 열정은 계속 이어진다. 즉 그는 진지하게 열정에 대한 적의를 품는 것이 아니라 그것을 불구대천의 적이라 하면서도 사실은 그런 자신에 대해 "냉담하고", "회의적"으로 대한다.–성 막스가 열정에 사로잡혀 있다면 즉 열정이 그의 실제 특성이라면, 그 열정 앞에서 그는 창조자가 아니다. 그가 창조자인 한 그는 열정에 빠지지 않고, 열정도 그에게 낯선 것, 그의 속성이 아닌 것[Nicht Eigenschaft]이다. 그가 열정에 빠져 있다면 그는 열정의 소유자가 아니고, 그가 열정의 소유자라면 그는 더는 열정에 빠지지 않는다. 전체적 존재인 그는 매 순간 그의 속성 전체의 창조자요 소유자이지만, 그가 소유하지 못하는 한 가지 속성이 있다. 그 속성은 그가 피조물이자 소유물인 모든 속성이 전체인 그 자신에 대해 대립하는 속성[창조자요 소유자로서의 속성]이다. 결국 그가 자신의 것이라고 강조하는 속성 자체만큼은 그에게 항상 낯선 것이다.

그런데 성 막스가 자신의 영웅적 위업에 관한 진짜 역사라고 주장하는 것이 그의 의식 속에서 스스로 생각하기에는 제아무리 화려해 보일지라도 분명한 사실은 다음과 같다. 즉 그저 반성하면서 반성 속에서나 반성을 통해서 모든 것을 넘어섰다고 믿는 개인이 있다면 그 이유는 그가 실제로는 한 번도 머릿속의 반성을 벗어나지 않기 때문이라는 사실이다.

{〈W, 노트 57: 241-하단 주〉〈수, 49-하단 주〉〈수고에서 삭제된 내용〉사실상 이것은 부르주아가 보기에 다 과장된 말이다. 부르주아는 손해를 입지 않기 위해 그 어떤 흥분도 자제하고 또 다른 한편으론 예컨대 박애주의의 열정과 같은 일단의 속성을 가지고 허풍을 떤다. 하지만 부르주아는 이런 열정에 대해 "냉담하고 회의적이며" 또 그것을 "불구대천의 원수로" 대한다. 그래서 부르주아는 소유자로서 그런 박애주의에 자기를 잃지 않고 계속해서 박애주의의 소유자로 남는다. 부르주아가 그 자신의 경향성이나 욕망을 포기하는 것은 언제나 특정한 실제 이해 때문인데 반해, 성 막스는 그런 속성을 자신의 "불구대천의 원수"로 간주하면서 그가 그 속성에 맞서서 그 속성을 희생하는 이유는 그가 반성적 자아 즉 그의 반성을 소중하게 여기는 존재이기 때문이다.}

〈수, 49a〉일정한 속성에 반대하며 자신을 그와 다른 방식으로 규정된 자[Auch Anders Bstimmter]로 간주하는 이러한 책략 즉 앞의 예에서 보자면 자신을 대립물에 대한 반성의 소유자로 간주하는 이러한 책략은 필요한 약간의 수정만 가하면 임의의 모든 특성에 적용할 수 있다. 예를 들어 보자. 나의 무관심은 가장 권태로운 자의 무관심이지만, 동시에 나는 그 무관심에 대해 가장 격렬하게 반대하는 자요 회의하는 자이며 또 그것의 불구대천의 원수다.

다음과 같은 점을 잊어서는 안 된다: 성 산초는 이 모든 그의 속성 전체 복합체, 소유자이며 그는 이런 소유자로서 이 전체 복합체 중의 모든 개별 속성에 반성적으로 대립한다. 이때 전체 복합체는 이 개별 속성에 관한 자신의 〈W, 242〉단순한 반성 행위로서 하나의 성질일 뿐이다. 그는 그런 반성 행위라는 개별 속성을 그의 자아로 전환한다. 왜냐하면 산초는 복합체 대신 개별 성질 즉 단순히 반성하는 성질을 정당화하며 또 그의 속성 모두에 대립할 뿐만 아니라 그의 속성 계열 자체에 대립하는 가운데 오직 반성이라는 단일한 성질을 정당화하며 즉 자아를 그리고 관념화된 자아로서 자신을 정당화하기 때문이다.[534]

〈GA2, 316〉성 막스가 자신에 대해 적대적 태도를 보이는 것은 즉 벤담Bentham 방식으로 자신의 이해와 속성을 계산해 대차대조표를 작성하는 것[535]을 경건한 체 풍자하는 것이라 하겠으니, 성 막스 자신은 이에 대해 다음과 같이 말한다:

---

534 역주) 번역에서는 W에서 보충된 것을 기초로 했다.이 구절은 GA2에서는 쥐들이 파먹은 대로 실어놓았다. 보충하기에 따라 전혀 다른 뜻이 될 수도 있다. GA2의 원문은 다음과 같다: [....]en nicht vergessen, daβ [....]mplex aller seiner Ei[....]ner, als welcher [....] Sancho [....]en Eigenschaft [....] in diesem [....] die einfache [....]ine Eigenschaft [....] verwandelt [....]tt des Gesammt[....] bloβ reflektieren [....] jeder seiner Eigenschaften[....]einer Reihe gegenüber [....] Qualität der Reflexion, [....]ein Ich u. sich als vorgestelltes Ich geltend macht.

535 W주 108, CW주 81) "벤납(식)으로 대차내소표를 작성하는 것"-벤담의 관념론직 윤리학에 따르면 인간의 행위는 그 행위의 결과, 쾌락의 합이 고통의 합보다 클 때 도덕적 행위로 간주된다. 행위의 도덕성을 정하기 위해 쾌락과 고통의 긴 목록을 열거한 후, 마치 대차대조표 만들 듯 비교하는 것을 두고 마르크스는 "벤담의 대차대조표"라 명명한다. 벤담에 대한 마르크스의 평가는 『자본론』, Berlin, 1957, I권, 640쪽을 참고.

188쪽: "어떤 이해는 그것이 무엇을 위한 것이든, 만일 내가 그런 이해에서 벗어나지 못하면, 나를 노예처럼 약탈한다. 그러면 그 이해는 나의 소유물이 더는 아니고 내가 그것의 소유물이 된다. 그러니 우리는 오로지 이해를 제거하는 것[Auflösen]만이 우리를 행복하게 하는 것이라는 비판의 지시를 수용하자."

"우리"라니. [그가 말하는] "우리"가 과연 누구인가? [정작] "우리"에겐 〈수, 49b〉"비판의 지시"를 "수용"한다는 생각조차 떠오르지 않는다.−결국 여기서 성 막스는 잠시 "비판"이라는 경찰의 감시 하에 놓여, "모두에게 똑같은 안녕"을 요구하고, "모두가 하나의 똑같은 것에서 평안해지는 것"을 요구하며 즉 "종교의 직접적인 강제정치"를 요구한다.

성 막스가 특별한 의미에서 사용하는 이해가 있음[Interssiertheit]이라는 말은 여기서 천국의 세계에 서서 세상에 관해 무관심하게 되기를 바라는 것임이 드러난다. 애써 상세히 다루지 않아도 분명한 사실은 다음과 같다: 현존 사회에서 "하나의 이해"가 성 막스를 "노예로 약탈할지" 여부, "그가 그 이해에서 벗어날 수 있을지" 여부는 성 막스에게 달린 것이 아니다. 이해는 분업과 계급 관계를 통해 고정된다는 것이 "욕망"과 "사상"이 마찬가지로 고정된다는 것보다 훨씬 더 손쉽게 이해된다.

우리의 성자가 비판가의 비판을 능가하려면 최소한 욕망을 제거하는 것 자체를 다시 제거하는 데로까지 나아갔어야 한다. 왜냐하면 그렇지 않을 때, 제거하려는 노력이 하나의 이해가 되어서, 그가 여기에서 벗어날 수 없고, 그를 노예로 약탈할 것이기 때문이다. 욕망의 제거가 그가 소유하는 것이 아니고 그가 욕망을 제거하라는 요구의 소유물이다. 앞의 예에서도 그가 좀 더 일관적이려면, 자기의 "열정"을 억압하려는 그의 열정을 하나의 "이해"로 다루었어야 했으며 그리고 그런 열정을 억압하는 열정을 일종의 "불구대천의 원수"로 대해야 했다. 그리고 동시에 그의 "냉담한" 열정을 억압하려는 그의 "냉담한" 무관심성을 주시하면서 마찬가지로 이 무관심성에 전적으로 "냉담"해야 했다.–그랬더라면 분명 그는 그에게 근원적으로 존재하는 이해를 피해 사변의 발뒤꿈치로 서서 춤추는 시련을 모면할 수 있었을 것이다.–그런데 그는 태연히 정반대의 길을 간다(같은 곳).

⟨W, 243⟩ "나는 내 소유가 나를 벗어나지 않게 걱정[Sorge]할 뿐이다."(즉 나의 소유를 확보하는 것을 걱정할 뿐이다) "그것을 확보하기 위해 나는 언제나 그것을 내 속으로 환수하며, 그것이 고정되거나 고정적 관념 또는 성벽[性癖]이 되기 전에 그것이 독립하려는 기미를 파괴하고[vernichten] 그것을 집어삼킨다[verschlingen]."

마치 슈티르너가 그의 소유인 인격을 "집어삼키는" 것과 같이!
방금 슈티르너가 "비판"에서 하나의 "사명"을 부여받았다 치자. 그러면 그는 그 즉시 그 "사명"을 집어삼킨다고 주장한다. 그래서 189쪽에서 다음과 같이 말한다:

"내가 그것을 하는 이유는 그것이 인간으로서 나에게 주어진 사명이기 때문이 아니라 나 스스로 나에게 그런 사명을 부여하기 때문이다."

내가 스스로 그런 사명을 부여하지 않는다면 나는 방금 들은 대로 노예이며 따라서 소유자가 아니고 진정한 이기주의자가 아니게 된다. ⟨GA2, 317⟩ 또 내가 진정한 이기주의자라면 나 스스로 창조자의 입장에서 나를 대해야 하는데, 만일 내가 그 사명을 자신에게 부여하지 않는다면 나는 그러지 못한다. 따라서 진정한 이기주의자라면 그는 이 사명 즉 "비판"이 지시한 사명을 자신에게 부여해야 한다. 결국 이것은 일반적 사명, 모두를 위한 사명이다. 이 사명이 *그의* 것일 뿐만 아니라 동시에 이것은 그가 맡은 *사명*이다. — 한편 여기서 등장하는 진정한 이기주의자는 대다수 사람이 도달할 수 없는 이상이다. 왜냐하면 ⟨수, 49c⟩(434쪽) "태생적으로 두뇌가 나쁜 사람들은 의심할 바 없이 가장 다수의 인간 계급을 형성하기 때문이다." — 자신과 세계를 무한정[unbeschränkt] 집어삼키는 이 신비한 일을 이런 "머리가 나쁜[beschränkte Köpfe]" 사람들이 어떻게 터득할 수 있단 말이냐. — 내친김에 말하지만, 여기 사용된 '파괴한다', '삼킨다' 등의 끔찍한 표현은 앞에서 사용된 표현 "냉담한 불구대천의 원수[frostig kalter unversöhnlichster Feind]"라는 표현을 새롭게 바꾼 것에 불과하다.

 결국 우리는 이제 슈티르너가 공산주의를 어떻게 반박하는지를 통찰할 수 있게 됐다. 그의 반박은 사실 그의 이기주의 즉 자족적인 이기주의에 대한 잠정적이고 은밀한 정당화에 불과했다. 이 이기주의 속에서 그 반박이 육신을 얻어 부활한 것이다. "만인이 똑같은 것 속에서 똑같이 행복해지는 것[Gleichwohlsein Aller in Einem und Demselben]"은 "우리는 욕망의 제거[Auflösen] 속에서만 행복을 느껴야 한다"라는 요구로 부활한다. "걱정"은 유일자적인 방식으로 부활해 자신에게 그 자신이 소유자가 되게 보장하는 것을 걱정한다. 하지만, "점차", 어떻게 통일에 도달할 수 있을지 즉 어떻게 창조자와 피조물의 통일에 도달할 수 있을지에 대한 "걱정[Sorge]"이 다시 등장한다. 결국 인도주의가 다시 등장하는데, 이 인도주의는 진정한 이기주의자이므로 경험적 개인은 도달 불가능한 이상이다. 따라서 『경전』 117쪽에 서술된 내용의 의미는 다음과 같다: 자족적인 이기주의는 정말로 모든 인간을 일종의 "비밀경찰 국가"로 전환하고자 한다.[536] 여기서 밀정과 감시인인 "반성"은 정신과 육체의 모든 기미를 감시한다. 그가 보기에는 모든 행동과 생각, 모든 삶의 표현이 반성의 대상 즉 경찰의 일이다. 이렇게 "자연적 ⟨W, 244⟩충동"과 "반성"으로 분열되는 것(피조물인 내부의 천민과 창조자인 내부의 경찰로 분열되는 것)이야말로 자족적 이기주의자의 본질이다. {⟨W, 노트 58: 244-하단 주⟩⟨수, 49c-하단 주⟩⟨수고에서 삭제⟩만일 "프로이센의 고위 장교"가 "모든 프로이센인은 가슴속에 자기의 헌병을 품고 있다"라고 말한다면 그것은 분명 왕의 헌병을 뜻한다. 그러나 성 막스가 프로이센 장교의 말을 빌려 말한다면 그것은 "자족적인 이기주의자"만이 그 자신의 헌병을 가슴에 품고 있다는 뜻이 틀림없다.}

헤스는 (『최근 철학자들』, 26쪽에서) 우리의 성자를 다음과 같이 비난했다:

---

536 GA2주 재인용) 슈티르너, 『유일자와 그의 소유』, 117쪽: "프로테스탄티즘은 정말로 인간을 본래 비밀경찰 국가로 만들었다. 간첩과 감시인인 양심이 정신의 정부를 감시하며 모든 행위와 사상은 프로테스탄티즘에서는 양심의 일 즉 경찰의 일이다. 프로테스탄티스트에서 인간은 자연 충동과 양심으로(즉 내적인 천민과 내적인 경찰로) 분열하는 상태에 처해 있다."

"그는 항상 비판적 양심이라는 비밀경찰의 손아귀에 있다. ....
그는 '욕망의 제거 속에서만 행복을 느끼라는 .... 비판의 지시'
를 잊지 않았다. .... 그의 비판적 양심이 끊임없이 그에게 환기하
는 것은, 이기주의자는 어떤 것에 전적으로 몰두해서는 안 된다
는 것이다. ...."

성 막스는 이에 대해 "감히" 다음과 같이 대답한다:

"헤스가 슈티르너에 대해 그[자기 즉 슈티르너]는 항상 .... 아래에 있
다고 하는데, 이것이 뜻하는 바는 결국 그[슈티르너]가 비판할 때 아무
렇게나 하지 않고"(굳이 말하자면 유일자적으로 하고) "허튼소리를 지
껄이지 않으며, 항상 제대로"(다시 말해, 인간적으로) "비판하려 한다
는 것을 뜻하지 않을까?"

헤스가 비밀경찰 운운한 대목이 "뜻하는 것"은 헤스가 〈수, 50〉한 말
의 앞 구절을 보면 너무도 분명하다. 따라서 그에 대한 〈GA2, 318〉성
막스의 "유일자적" 이해는 고의적인 오해에 불과하다. 그의 "사유의 묘
기"는 여기서 "사기의 묘기"로 바뀐다. 하기야 그 사기가 그에게 가능
한 유일한 궁여지책이니 그것을 비난할 생각은 없다. 하지만 이것은 그
가 『경전』의 다른 곳에서 거짓말할 권리에 대해 그 자신이 세세하게 구
별해놓은 내용과 전혀 어울리지 않는다. "어떤 비판을 할 때" 산초는 결
코 "제대로 비판"하지 않고 "아무렇게나 하며" 또 "허튼소리만 지껄인
다"는 사실을 우리는 그의 분에 넘치게 입증해 왔다.

처음에는 진정한 이기주의자는 피조물로서의 자신에 대해 창조자로

서 규정된다. 이때 진정한 이기주의자는 자신을 피조물로 고정하는 어떤 규정에 반대해서, 그러니까 사유하는 자 또는 정신이라는 자기규정에 반해 또한-그와-다르게-규정되는-자[Auch anders Bestimmter]로 다시 말해서 육체로 행세했다. 하지만 뒤에 가서는 실제로 또한-그와-다르게-규정되는-자[Auch anders Bestimmter]로 행세하지 않고 또한-그렇게-규정된 자[Auch anders Bestimmter]에 대한 관념 일반으로서, 그러니까 위의 예에서 보자면 사유하는 자인 동시에 사유하지 않는 자 또한-사유하지-않는-자[Auch Nichtdenkenden] 즉 천박한 자이거나 사유에 무관심한 자로 행세한다. 그는 다시 이런 관념조차 무의미하다는 것이 드러나자 포기해 버린다. 위에서 제시된 것과 같이 사변의 발뒤꿈치로 서서 춤추는 그의 꼴을 보라. 결국 여기서 창조자로서 그의 행위의 본질은 그에게 이런 규정 즉 여기서 사유[Denken]하는 자라는 규정이 그에게는 아무래도 좋다는 반성에 있다. 〈W, 245〉다시 말해서 그 본질은 반성 행위 일반에 있는 것이다. 그 결과는 응당 다음과 같다: 그가 무언가를 창조한다면 그것은 다름 아닌 반성 규정일 뿐이다.(예를 들어 그가 창조하는 것은 주어진 것과 대립하는 것을 관념으로 떠올리는 일 뿐이다. 그런 방식으로 반성하는 짓의 얄팍한 본질은 온갖 화려한 아라베스크 장식 뒤에 감추어져 있다.)

그가 피조물로서 가진 내용에 대해서 우리가 살펴본 바는 다음과 같다. 즉 그는 그런 내용, 특정한 성질, 예를 들어 그의 사유, 그의 열정 등을 그 어디에서도 창조하시 않는다는 것이다. 그가 창조하는 것은 피조물인 그 내용에 대해 반성한 결과 얻는 규정 즉 그 특수한 성질이 그의 피조물이라는 관념뿐이다. 그에게 그런 성질은 이미 존재하는 것이고, 그것이 어디서 왔는지 따위는 그의 관심 대상이 아니다. 따라서 그로서는 그 성질을 연마할 필요가 없다. 예를 들면, 능란한 발놀림을 터득하기 위해서는 춤을 배워야 하듯이 말이다. 또〈수, 50a〉사유의 소유주가 되기 위해서는 자료를 사유하는 연습을 해야 한다. 왜냐하면 그런 사유는 누구에게나 주어지는 것이 아니고 또 누구나 할 수 있는 것이 아니기 때문이다. 그런데도 그의 입장에서는 그런 성질을 연마할 필요가 없다. 그뿐이 아니다. 실제로 개인이 얼마나 발전할 수 있는가는 세계의 상황에 달렸지만, 그는 이런 세계의 상황에 대해서도 고민할 필요가 없다.

슈티르너는 실로 하나의 성질을 수단 삼아 다른 성질을 버린다.(같은 이야기지만, 이 "다른 성질"을 수단 삼아 그 밖의 성질들을 억압한다.) 하지만, 실제에서 그가 하나를 버리거나 그 밖의 성질을 억압하려면 일단 그 성질이 단순한 잠재상태에 머물지 않고 자유로운 발전 상태에 도달해야 한다. 그리고 필요한 또 하나의 조건은 세계의 상황 덕분에 그가 전체 성질을 똑같이 전개할 수 있어야 하며 그리고 노동 분업을 통해 저술의 정열과 같은 고유한 정열이〈GA2, 319〉먼저 수행되는 것이 가능해야 한다. 이는 앞에서 이미 살펴보았다. 슈티르너처럼 다른 모든 정열에서 분리해 어떤 하나의 정열을 충족할 수 있다고 생각하거나, 살아있는 온전한 개체로서의 자신을 충족하지 않고서도 어떤 하나의 정열을 충족하는 것이 가능하다고 생각한다면 그것은 말도 안 되는 이야기다. 만일 그 하나의 정열이 추상적이고 분리된 성격을 갖고 나에게 낯선 힘으로 맞서며 그 결과 개인이 정열을 충족한다는 것이 자기의 고유한 정열을 일면적으로 충족하는 것으로 나타난다면 그것은 의식이나 "선 의지" 때문은 아니다. 또 성 막스가 생각하듯 성질 개념에 대한 반성이 없는 것 때문도 더욱 아니다.

문제는 *의식*이 아니라 *존재*이고, 사유가 아니라 삶이다. 개인의 경험적 발전과 삶의 표현이 중요하고 이것은 다시 세계의 상황에 의존한다. 개인의 환경이 개인이 다른 모든 성질을 포기하게 하고 한 성질을 일면적으로 전개하는 것만을 허용한다면, 다시 말해서 개인의 환경이 그 하나의 성질을 전개하는 데 필요한 재료와 시간만을 〈수, 50b〉허용한다면 개인이 결국 도달하는 것은 일면적이고 〈W, 246〉기형적인 발전뿐이다. 그 어떤 도덕 설교도 이를 막을 수 없다. 특별히 애호되는 한 성질이 전개되는 방식은 다시 한편으로는 그 성질을 형성하기 위해 제공된 물질적 조건에, 다른 한편으로는 나머지 성질이 억압된 정도와 방식에 의존한다. 예를 들어 사유에 관해 살펴보자. 사유는 반드시 특정한 개인의 사유이므로 그의 개성을 통해 그리고 그를 둘러싼 여러 상황을 통해 규정되는 한에서만 존재한다. 따라서 사유하는 개인은 그의 사유가 그 자신의 사유이며 곧 그의 소유물이라는 점을 천명하기 위해 지루하게도 사유 그 자체를 반성할 필요가 없다. 처음부터 그것은 그 자신의 사유이고, 그에게 고유한 사유이다. 그런데 성 산초에게서는 그 고유성은 고유성과 "반대되는 것"이며, 그러니까 고유성 "자체"인 고유성이라는 사실이 입증됐다. 한 개인을 예로 들어 보자. 그는 살면서 다양한 활동을 하고 세계와 실천적으로 여러 가지 관계를 맺는다. 그리고 그 범위는 매우 크다. 한마디로 말해 개인은 다면적 삶을 산다. 따라서 개인의 사유는 그 삶의 다른 표현과 마찬가지로 일반성의 성격을 갖는다. 그러므로 사유는 추상적 사유로 결코 고정되지 않는다. 또 개인이 사유하다가 사유가 아닌 삶의 다른 표현으로 넘어갈 때, 그것을 위해 흔해 빠진 것에 불과한 반성의 기술이 굳이 필요한 것은 아니다. 사유는 처음부터 개인의 총체적 삶의 한 계기요, 필요에 따라 사라지고 또 재생산되는 하나의 계기이다.

그러나 고루한 베를린의 교사요 작가인 이 사람은 어떤가 보자. 그의 활동은 한편으론 고된 노동에 다른 한편으로 사유의 향락에 한정된다. 그의 세계는 모아비트Moabit에서 쾨페닉Köpenick까지이고 못질 된 판자로 이루어진 함부르크 문[Hamburger Tor] 뒤에서 끝난다.[537] 그는 이 세계와 관계를 맺고 있지만, 〈GA2, 320〉비참한 생활 형편 때문에 최소한의 관계를 맺을 뿐이다. 그가 그런 사람이니 사유의 필요를 느껴봐야 그 사유는, 그 사람이 그렇고 또 그의 삶이 그렇듯이 〈수, 50c〉추상적으로 될 수밖에 없다. 또 아무런 저항 능력이 없는 그에게 사유는 하나의 고정된 힘이 될 수밖에 없다. 이 힘의 행사를 통해서 그가 얻는 것은 "악한 세상"에서 순간적으로 해방되는 것, 순간적인 향락의 가능성뿐이다. 그 사람의 몇 가지 안 되는 욕망은 세계와의 교류를 통해서 나온 것이라기보다는 인간의 신체 구조를 통해서 야기된 욕망이니 그는 이 욕망을 단지 그것에 대해 반발하는 것[Reperkussion]을 통해 표현한다. 다시 말해서 그의 발전이 고루하니 그 욕망도 그의 사유와 마찬가지로 그런 발전 내부에서 같은, 일면적이고 조야한 성격을 취한다. 그 욕망은 아주 간혹 등장하면서 그를 지배하는 욕망(예를 들면 하복부 압박과 같은 직접적인 육체적인 여러 원인에 힘입어 등장한 욕망)이 증식함에 따라 자극을 받아 뛰쳐나오니 아주 격렬하고 폭력적으로 표현되

---

[537] W주 109, CW주 82) 모아비트Moabit와 쾨페닉Köpenick은 과거 베를린 변두리의 지명이다. 1861년과 1920년에 각각 베를린에 편입됐다. 함부르크 문 Hamburger Tor은 당시 베를린시 북쪽 경계에 있던 문이다. 이 문은 1860년에서 1880년 시이에 시의 성벽과 함께 철거됐다. 오늘날 함부르크 소로Kleine Hamburger Straße와 빌헬름 피에크 가로Wilhelm Pieck Straße가 만나는 지점이 그 자리다.

면서 일상적인 자연적 〈W, 247〉욕망을 아주 잔인하게 억압한다. 왜냐하면 이 자연적 욕망이 사유를 지배하는 힘을 더 확장하는 데로 이끌기 때문이다. 그는 학교 교사이니, 그의 사유가 이런 경험적 사실에 대해 생각할 때도 그가 학교 교사 방식으로 심사숙고하고 꼼꼼히 따지는 것은 당연하다. 하지만 자기의 여러 성질을 스스로 "창조"했다는 슈티르너의 자기 광고만 가지고는 그 성질이 어떻게 발전했는지를 전혀 설명할 수가 없다. 그 성질이 일반적으로건 지역적으로건 얼마나 발전할지 또 그 성질이 지역적 편협성을 넘어서거나 아니면 지역적 편협성에 갇히거나 간에 어느 정도 그럴지는 그에게 달린 것이 아니라 세계의 교류[Weltverkehr]에 달려있고 그와 그의 지역이 세계의 교류에 관여하는 몫에 달려있다. 개인은 상황이 허락하면 그가 속한 지역적 편협성을 벗어날 수 있다. 하지만 반성을 통해 편협성을 해소한다고 개인이 상상하거나 기도[企圖]함으로써 이런 일이 이루는 게 아니다. 지역적 편협성을 극복하는 일은 개인이 그가 처한 경험적 실제 속에서 경험적인 필요성을 통해 세계와의 교류를 성공적으로 이루어 낼 때 비로소 가능하다. 단지 이런 사실을 통해서만 개인은 상황이 유리하게 되면 그의 지역적 편협성을 벗어날 수 있다. {〈W, 노트 59: 247-하단 주〉〈수, 50C-하단 주〉〈수고에서 삭제〉성 막스는 나중에 어떤 낡아빠진 구절에서 자아는 세계에서 "충격[Anstoß]"(피히테의 반대 명제)을 받는다는 점을 인정한다. 단순한 말장난이 이니라면 그 충격은 지극히 엉클어진 "충격", 다중성을 지닌 "충격"이므로, 공산주의자가 그 "충격"을 자기의 통제 아래에 두려는 것을 보고, 성 막스가 공산주의자의 시도를 아주 무모하다고 생각한 것은 어쩌면 당연한 일이다.}

〈수, 51〉우리의 성자가 그의 속성과 정열에 대해 힘들게 반성해 성취한 유일한 성과가 있다면 그것은 결국 그가 그런 속성과 정열에 대해 지속해서 딴지를 걸고 시비를 거는 것을 통해 그간의 향락과 만족에 초를 치는 것이다.

앞에서 언급했듯이 성 막스는 자신을 피조물로 창조한다. 이때 그가 한 것은 고작 자신을 피조물의 범주에 포함한 것이다. 그런데 그는 한편으로 창조자이고 그리고 다른 한편으론 자신을 피조물로 간주하면서도, 자기가 만든 이 분열 즉 창조자로서의 자신과 피조물로서의 자신 사이의 분열을 직시하고 이를 해소하는 데로까지 나아가지 못한다. "본질적인 것"과 "비본질적인 것"으로 분열하는 것이 그에게는 일종의 항구적 삶의 과정이다. 즉 그 구별이 그에게는 거짓 그 자체가 된다. 다시 말하면 그의 본래 삶은 오직 "순수한" 반성 속에만 있어서 그의 삶은 실제 존재가 결코 되지 못한다. 실제 존재는 언제나 그의 바깥에, 반성의 바깥에 있으므로 그가 반성을 본질적인 존재로 〈GA2, 321〉애써 서술하지만, 이는 헛된 일이다.

"그런데 그의 패배 속에서 그의 적이"(즉 피조물로서의 진정한 이기주의자가) "태어난다. 의식은 그 적에게 고착되어 있어서 그에서 자유롭게 되기보다는 오히려 항상 이것을 통해 지체되고 더럽혀진 자신의 모습을 볼 뿐이다. 그가 노력해 얻은 내용은 아주 저급한 것이므로 우리가 보기에 그것은 〈W, 248〉자신과 자신의 사소한 행동에만"(무위[無爲, Tatlosigkeit]) "국한된 *자가 발전적 인격*, 불행하고 가련한 인격일 뿐이다."(헤겔)[538]

---

538 CW주) 『정신현상학』, 자기의식 장 3절 불행한 의식.

⟨수, 52⟩창조자와 피조물로 산초가 분열하는 것에 대해서 우리가 지금까지 살펴본 사실을 산초 자신은 결국 다음과 같은 논리적인 형식으로 표현한다: 창조자와 피조물은 전제하는 자아와 전제되는 자아로, 다시 말하면 (자아의 전제[Voraussetzung]가 곧 정립[Setzung]인 한에서) 정립하는 자아와 정립되는 자아로 전환된다. 이런 그의 논리를 좀 더 자세히 살펴보자:

"자아의 편으로 본다면 자아는 하나의 전제 위에서 출발한다. 왜냐하면 자아는 자기를 *전제*하기 때문이다. 하지만 자아가 전제하는 그 전제는 자기를 완성하기 위해 애쓰지 않는다."(오히려 성 막스는 그 전제를 깎아내리려 노력했다.) "자아는 그 전제를 향락[genießen]하고 소비[verzehren]할 자격이 있다."(향락할 자격이 있다니, 부러워할 만하네!) "자아는 다름 아닌 자아의 전제를 소모한다. 자아는 그것을 소모함으로써 존재한다. *그러므로*"(참으로 거창한 '이유'다) "그 전제는 전혀 전제가 아니다." "왜냐하면 자아는 유일자이므로"("왜냐하면 .... 유일자이므로"라니!)(여기서 유일자란 진정한 이기주의자, 자족적인 이기주의자를 뜻한다.) "전제하는 자아와 전제되는 자아 ('완전한' 자아 또는 인간과 '불완전한' 자아 또는 인간)라는 이원성을 모르기 때문이다."-여기서 자아의 불완전성이란 말은 자아가 매 순간 자아 자신을 불완전한 자아로 즉 피조물로 인식한다는 뜻이다.-"오히려"("오히려"라니, 거창하군!) "자아가 자아를 소모한다는 사실은 곧 자아가 존재한다는 사실을 뜻한다."(여기서 자아가 존재한다는 것은 전제된 것이라는 범주를 자아가 공상 속에서 소모함을 의미한다.)"자아는 자아를 전제하지 않는다. 왜냐하면 자아는 매 순간 다시 자아를 통해 정립되고 창조되기 때문이다."(즉 자아를 전제된 것, 정립된 것, 창조된 것으로 정립하고 창조한다.) "그리고 자아가 전제됨으로써가 아니라 자아가 정립됨으로써만 자아는 존재한다."(이 말은 내가 나를 정립함을 전제함으로써만 자아가 존재한다는 뜻이다.) "또한 〈수, 52a〉자아가 자아를 정립하는 바로 그 순간 자아는 정립된다. 다시 말해서 나는 창조자와 피조물을 하나로 결합한 존재다."

슈티르너는 "정립된[침착한] 사람[gesetzter Mann]"이다. 왜냐하면 그는 항상 자아로 정립된 존재이고 그의 자아는 "동시에 사람"이기 때문이다.(『비간트』, 183쪽)[539] "그러므로" "그는 건실한 사람이다."[540] "왜냐하면" 그는 정열에 사로잡혀 과다한 행동을 하는 사람이 아니기에 "그래서" 보통의 시민이 건실한 사람이라 부르는 사람이기 "때문이다." 그가 건실한 사람이라는 사실이 "뜻하는 바는" "오히려" 그가 개인적인 편력과 곡절을 꼼꼼하게 기록한다는 뜻이다.

슈티르너가 하듯이 한번 헤겔의 용어로 말해 보자. 그가 창조 행위

---

[539] GA2주 재인용) 슈티르너, 『슈티르너에 대한 논평가들』, 183쪽: "그대는 인간 이상이며 따라서 또한 인간이다. 그대는 남자 이상이며 그러나 또한 남자다. 인간성과 남성다움은 그대를 다만 불충분하게 표현할 뿐이다. 따라서 그대를 비난하면서 진정한 인간성 또는 진정한 남성다움으로 제시되는 모든 것이 그대에게는 하찮은 것이 될 것이다."

[540] CW주) 독일어 "정립된[침착한] 사람[gesetzter Mann]"은 '건실한 사람'이란 뜻도 있다

를 통해 이룬 내용이 있다면 그것은 오직 일반적인 반성 규정일 뿐이었다. 이 사실은 다만 우리만 알고 있었던[für uns] 사실이었다. 그런데 그 사실이 이제는 〈GA2, 322〉슈티르너 자신을 통해 "정립된다." 요컨대 "본질[Wesen]"[541]을 극복하려는 성 막스의 투쟁은 이제 그 "궁극 목표"에 도달한다. 그 결과 그는 자신을 본질과 동일시하고 그것도 순수한 사변적 본질과 동일시하게 된다. 여기서 창조자와 피조물의 관계는 자기-자신을-전제하는-행위[Sich-selbst-Voraussetzen]라는 개념을 통한 설명으로 즉 아주 "서툴고" 뒤얽힌 관념으로 전환된다. 이런 전환은 헤겔이 『(대)논리학』〈W, 249〉「본질론」에서 반성 개념을 논할 때 이야기한 것과 같다. 다만 차이가 있다면 성 막스는 헤겔의 반성 개념의 한 계기인 정립하는 반성이라는 개념을 취하므로 그의 공상은 "부정적"으로 된다. 왜냐하면 그는 자신을 "자기를 전제하는 존재"로, 정립하는 자기와 정립된 자기의 모순 속으로 전환하며 따라서 반성을 창조자와 창조의 신비한 대립으로 전환한다."[542] 여기서 주목할 만한 것은 헤겔은 『논리학』의 이 절에서 "창조적 무"라는 "만능 해결사"를 분석했는데, 성 막스가 8쪽에서 자신을 "창조적 무"로 "정립"해야만 했던 것도 같은 이

---

541 역주) 독일어 'Wesen'은 본질이란 말로 사용되지만, 때로 이미 존재한 것, 또는 존재[Gewesen]의 의미로 사용되기도 한다. 문맥에 따라 가려서 읽을 필요가 있다.

542 역주) 이 손상이 심한 구절을 CW는 똑같이 해석했지만, GA2에서는 아래와 같이 해석했다: 성 막스는 헤겔의 반성 개념의 한 계기인 정립하는[setzende] 반성이라는 개념을 취해, 이를 헤겔의 범주인 "자기에 대한 부정적인 관계" 등으로 즉 "자기 파괴[Selbstverzehren]" 등으로 전환하고 또한 반성 속에서 정립하는 자기와 정립된 자기라는 구별을 창조자와 피조물 사이의 신비로운 대립으로 전환한다는 것이다.

유로 설명된다.

"삽화 삼아 이야기하자면" 이제 헤겔이 자기를-자기에게-전제하는-행위[Sich-selbst-Voraussetzen]라는 개념을 설명하는 몇 문장을 "끌어와서" 그 개념에 대한 성 막스의 설명과 비교해 보자. 헤겔은 우리의 Jacques le bonhomme〈촌티 나는 바보〉처럼 앞뒤 안 맞게 "아무렇게나[ins Gelag hinein]" 써대는 사람이 아니다. 따라서 산초의 대명제에 상응토록 하려면 『논리학』의 여기저기에서 다음과 같은 여러 문장을 끌어모아야만 한다:

"본질은 자신을 전제한다. 그리고 이 전제를 부정해서 나오는 것이 본질 자체다. 본질은 자신에서 자기를 분리해 자기 앞에 대상화한다. 또는 본질은 자신에 대한 무관심해지나, 자신에 대해〈수, 53〉부정적으로 관계한다. 그럼으로써 본질은 결국 자신을 자기에 대립해 정립한다. …. 정립은 전제를 갖지 않는다. …. 타자는 오직 본질 자체를 통해서만 정립된다. …. 따라서 반성은 자신을 부정하는 것으로서만 존재한다. 전제하는 자로서 반성은 곧 정립하는 반성이다. 결국 반성의 본질은 하나의 통일체 속에서 반성 자신이면서 동시에 반성이 아니라는 데"("일자 속에서 창조자이면서 피조물이라는 데"[이 부분은 마르크스가 슈티르너에게서 인용]) "있다."(헤겔의 『논리학』, 2권, 5, 16, 17, 18, 22쪽)

슈티르너의 "사유가 벌이는 묘기"를 보면서 사람들은 응당 슈티르너가 헤겔의 『논리학』에 관해 더 심도 있는 연구를 하지 않았을까 기대했을 것이다. 하지만 그는 현명하게도 그 이상의 연구를 하지 않는다.

왜냐하면 그가 연구를 계속할 때는 다음과 같은 사실을 발견했을 것이기 때문이다. 즉 그는 단순히 "정립된" 자아일 때 또는 피조물일 때 즉 그가 현존하는 한, 단순한 가상의-자아[Schein-Ich]일 뿐이고 다만 그가 현존하지 않고 관념적으로 존재하는 때만 그는 본질이고 창조자라는 사실이다. 앞에서 이미 살펴보았듯이 또 앞으로도 계속 보게 되겠지만, 그의 모든 속성과 활동 그리고 세계에 대한 그의 태도는 다 그 스스로 만들어 낸 가상이요, "객체라는 밧줄 위에서 벌이는 요술"에 불과하다. 그의 자아는 항상 말 없는 은폐된 "자아"이다. 그 자아는 본질이라는 관념으로 나타나는 자아 속에 숨어있다.

⟨GA2, 325⟩결국, 창조하는 진정한 이기주의자라는 존재는 사변적 반성 또는 순수 본질을 다른 말로 바꾼 것에 불과하다. 그러므로 그의 "피조물"도 같음, 차이, 동등[同等], 부등[不等], 대립과 같은 극히 단순한 반성 규정에 국한된다. 이런 귀결은 우리가 진정한 이기주의자의 "고된 생존 투쟁"을 다룰 때 보았듯이 "신화적으로" 그리고 마치 "자연적으로 번식"하듯 도출된다. ⟨W, 250⟩그 반성 규정은 그가 스스로[an sich]{모든 사람에게[an allem]} 분명하게 만들고자 노력했던 규정이다. 그 자신에 대한[von dem] 소식은{그런 소식은 모든 사람에게[dem]} 쾰른{베를린}에 이르기까지 전파됐다.[543] 그가 말하는 무전제의 자아에 대해서는 기회가 날 때 "조금 더 들어 볼 것이다." 특히 『유일자』를 참조하라.

산초의 역사구성을 보면 헤겔의 방법에 따라 나중의 역사적 사건이 앞선 사건의 원인 즉 앞선 사건의 창조자가 된다. 자족적인 이기주의자

---

543 역주) 이 구절 누락된 부분을 보충해 해석하는 방식은 W, CW와 GA2가 다르다. { .... }는 GA2의 해석이다.

의 경우도 마찬가지다. 그의 표현을 빌리자면 오늘의 슈티르너는 어제의 슈티르너가 창조한 피조물인데도 자족적인 이기주의자의 경우 오늘의 슈티르너가 어제의 슈티르너를 창조한 자가 된다. 반성이 이를 뒤집어 놓은 것이다. 이런 반성에 따르면 어제의 슈티르너는 반성의 산물이요 관념이니 오늘의 슈티르너가 창조한 피조물이다. 꼭 마찬가지로 반성 내부에서는 세계의 상황도 역시 그의 반성에서 나온 피조물이다.

〈수, 53b〉216쪽: "'자기부정'을 통해서 당신들에게서 바로 당신들 자신을 빼앗는 자유를 *추구*하지 말고 당신들 자신을 *추구*해라."(즉, 자기 부인 속에서 당신들 자신을 추구해라.) "이기주의자가 돼라. 당신들 각각이 *전능한* 자기가 돼라!"

그런데 성 막스는 여기서는 이렇게 말하고 뒤에 가서는 방금 한 이 명제에 대항해 창조자이며 불구대천의 원수라는 태도를 보인다. 또 "전능한 자아가 되라"던 그 숭고한 도덕적 요청을 그는 다음과 같이 "해소"한다. 즉 각자는 할 수 있는 일을 하는 거고 또 그가 하는 일이 곧 그가 할 수 있는 일이므로 그런 자가 그가 보기에 당연히 "전능"하다는 것이다. 아무튼 이런 식의 태도 변화에 대해 우리가 놀랄 필요는 없다.—실은 위 인용문에도 자족적 이기주의자에 대한 자가당착적인 무의미한 말이 담겨 있다. 우선 추구하라는 도덕률이 있다. 즉 자신을 추구하라는 도덕률이다. 그런데 여기서 이 계율은 아직 이르지 못한 어떤 존재 즉 이기주의자가 되라는 의미의 계율이다. 또 이 이기주의자는 "전능한" 자아라고 규정된다. 이 자아가 지닌 본래 능력이란 실제 능력이 아니라 주관 속으로 즉 전능한 존재 속으로, 능력에 관한 환상 속으로 해소됐다. 결국 자신을 추구하라는 것은 현재와는 다른 존재가 되라는 것이고 게다가 전능해지라는 것인데 이는 다른 말로 하면 무[Nichts], 비실재[Unding], 환영[幻影]이 되라는 것에 불과하다.

*****

이제 이쯤 되면 유일자의 가장 깊은 미스터리 중의 하나요 또 오래전부터 문명 세계를 불안한 긴장으로 몰아넣었던 문제 하나가 정체를 드러내면서 해결될 수 있을 것이다.

〈GA2, 326〉첼리가란 어떤 인물인가? 비판적『문예 신문』의 등장 이래로 (『신성 가족』등을 보라) 독일철학의 발전을 추적해온 모든 사람이 그것을 물어왔다. 첼리가란 어떤 인물인가? 모든 사람이 묻는다. 또 야만인의 이름처럼 들리는 이 이름에 모든 사람이 궁금해 귀를 기울이지만, 아무도 답하지 않는다.

〈W, 251〉첼리가가 어떤 인물인가? 이 "비밀 중의 비밀"을 푸는 열쇠를 성 막스가 우리에게 준다.

첼리가는 슈티르너의 피조물이고 슈티르너는 첼리가의 창조자다. 슈티르너는 "나"이고 첼리가는 『경전』속의 "그대"이다. 따라서 창조자 슈티르너는 피조물 첼리가를 대할 때 "불구대천의 원수" 대하듯 한다. 첼리가가 슈티르너에게 맞서 독립하려 하면-첼리가는 이런 헛된 시도를 『북독일 신문』[544]에서 했다-성 막스는 이내 곧 그를 다시 "그 자신에게로 되돌린다." 성 막스는 『미간트』에 실린『번호를 위한 주석』 176~79쪽에서 이런 시도를 했다. 그런데 피조물에 맞선 창조자의 투쟁 즉 첼리가에 맞선 슈티르너의 투쟁은 〈수, 53c〉한낱 가상에 불과하다. 첼리가는 슈티르너에 맞설 때 슈티르너(창조자)의 말을 사용한다.

---

544 CW주) 첼리가Szelliga,『막스 슈티르너의 '유일자와 그의 소유'에 관해』

예컨대 "단순한 발가벗은 육체는 멍청함[Gedankenlosigkeit]이다."(『비간트』, 148쪽)라는 말을 보라. 앞에서 살펴보았듯이 성 막스가 사유한 대상은 다름 아닌 벌거벗은 몸[Fleisch] 즉 도야하기 이전의 육체[Leib]였다. 그는 이 기회에 이 몸에 "사상의 타자" 즉 사상이 결여되고 사유하지 않는 자라는 규정을 부여했다. 그러다 뒤에 가서는 그를 사상에서 구해주는 것이 다름 아닌 멍청함이라고 대놓고 말한다.(전에는 다름 아닌 몸이 멍청함이라고 했다.)(196쪽)-이 신비한 관계에 대한 또 하나의 증거, 훨씬 명백한 증거를 『비간트』에서 찾아볼 수 있다. 『경전』의 7쪽에서 이미 보았듯이 "나" 즉 슈티르너는 "유일자"이다. 『변호를 위한 주석』의 153쪽에서 슈티르너는 "그대[즉 첼리가]"에게 말을 건다. 그런데 여기서 "*그대*"는 "*상투적 내용[Phraseinhalt]*" 즉 "유일자"가 소유하는 내용이다. 또 같은 쪽에 다음과 같이 말이 나온다: "첼리가는 그 자신이 상투어가 지시하는 내용이라는 사실을 간과한다." 성 막스의 말을 그대로 따르면 "유일자"는 상투어다. "나" 즉 창조자라는 점에서 보면 유일자는 상투어를 소유하는 자요, 그게 바로 성 막스다. 반면 "그대" 즉 피조물이라는 점에서 보면 유일자는 상투어가 지시하는 내용이고 그게 다름 아닌 첼리가다. 이 점은 앞에서 이미 드러났다. 피조물 첼리가는 헌신적 이기주의자 즉 영락한 돈키호테로 등장하고, 창조자 슈티르너는 통상적 의미의 〈수, 54〉이기주의자로, 신성한 산초 판사로 등장한다.

여기서 결국 창조자와 피조물 간 대립의 다른 측면이 나타난다. 이들 각각은 자신의 대립물을 각자 속에 가지고 있다. 산초 판사 슈티르너 즉 통상적 의미의 이기주의자는 이제 바로 돈키호테가 되어 성자가 세계를 지배한다는 신앙에서는 돈키호테 첼리가 즉 헌신적이고 망상에 빠진 이기주의자를 능가한다. 슈티르너가 말하는 통상적 의미의 이기주의자가 〈GA2, 327〉산초 판사가 아니라면 무엇이며, 그가 말하는 헌신적 이기주의자가 돈키호테가 아니라면 무엇이며, 그들의 이제까지의 관계가 산초 판사 슈티르너와 돈키호테 첼리가의 관계와 다르다면 무엇이란 말인가? 슈티르너는 이제 산초 판사가 되어, 〈W, 252〉산초처럼 행동하니 그 결과 돈키호테로서 첼리가는 자기가 돈키호테 짓거리[Donquijoterie]에서 이미 돈키호테를 능가한다고 믿게 된다. 첼리가는 돈키호테 짓거리를 일반화하는 것으로 전제된 자신의 역할에 걸맞게 그의 전 주인이 벌였던 돈키호테 짓거리에 전혀 거역하지 않으면서(오히려 그것에 대해 종으로서 굳은 신념을 가지고 서약했으며) 이때 세르반테스의 책에서 이미 묘사된 대로 책략을 실행한다. 결국 그 실제 내용에서 보면 슈티르너는 실제 발견되는 소부르주아의 옹호자이지만, 소부르주아에 상응하는 의식에 맞서 투쟁한다. 그가 맞서 싸우는 소부르주아의 의식은 따지고 보면 소부르주아로서는 도달 불가능한 부르주아 상태를 이상화하는 관념이다.

따라서 돈키호테는 여기서 첼리가가 되어 과거에 자기 방패를 들고 따라다니던 종을 위해 하인 역할을 한다.

산초는 새로운 "변신"에도 불구하고 구태를 반복한다. 이런 모습은 『경전』 곳곳에서 드러난다. "게걸스레 먹고" "마시는 게" 여전히 그의 주요 특징이고, 그를 짓누르는 "태생적 소심함" 때문에 프로이센 왕과 하인리히 공작 72세가 그의 눈에 "중국 황제"나 "술탄"처럼[545] 보인다.

---

545 GA2주 재인용) 슈티르너, 『유일자와 그의 소유』, 50쪽: "나에게 싱스러운 것은 나에게 고유한 것이 아니다. 나에게 타인의 소유는 성스럽지 않으며 따라서 나는 그것을 나의 것으로 간주한다. 나는 그것을 여건이 되면 사들인다. 또는 나

그가 감히 용기를 내어 언급하는 것은 "도,도,독 …. 장관"〈독일의 장관〉[546] 정도뿐이다. 그는 여전히 그의 배낭에서 격언집과 교훈집을 꺼내 자기 주변에 뿌린다. 그리고 여전히 "유령"을 무서워한다. 심지어는 유일하게 두려운 것은 유령이라고 선언하기까지 한다. 한 가지 다른 점이 있다면 신성하지 않은 산초는 선술집의 농부한테 속았지만, 신성한 상태의 그는 이제 끊임없이 자신을 속인다는 것이다.

그러나저러나 첼리가가 무얼 하는지 돌아보자. 성 산초가 말하는 "그대"의 입에 올린 모든 "상투어" 속에 첼리가의 손자국을 발견하지 못한 자가 누가 있으랴? 소위 성 산초가 "그대"라는 자의 입으로 말하는 상투어에서뿐 아니라 첼리가가 창조자로서 즉 슈티르너로서 등장하는 상투어에서도 언제나 첼리가의 흔적을 찾을 수 있다. 하지만 첼리가는 피조물이므로 『신성 가족』에서 그는 다만 "비밀"로서 나타날 뿐이었다. 이 비밀을 밝히는 게 창조자 슈티르너의 몫이었다. 물론 그 근저에는 하나의 커다란 모험, 신성한 모험이 놓여 있다는 것을 우리는 기대하고 있었다. 우리의 기대는 속지 않았다. 그 유일자적 모험은 실제로는 찾아볼 수도 없고 듣지도 못할 모험이며 세르반테스 『돈키호테』 20장

에게 중국 황제의 얼굴은 성스럽게 여겨진다. 그러면 그 얼굴은 나의 눈에는 낯선 것이며 나는 그것을 그의 현상 속에 넣는다." 7쪽: "그러나 저 술탄을 보라. 그가 자기의 소유를 염려하는 모습은 그렇게나 자비롭다. 그는 정말 공평무사하게 염려하는 것이 아닌가? 그는 매 시각 자기의 소유를 위해 자기를 희생하는 것이 아닌가? 정말 그 자신의 소유를 위해서 말이다. …. 술탄이 관심을 가지는 모든 일을 오직 자기에 관한 것일 뿐이다. 그는 스스로 만유의 만유이며, 스스로 유일자이며, 그의 소유가 아닌 존재가 되려고 감히 시도하는 자를 견디지 못한다."

546　GA2주 재인용) 슈티르너가 무서워서 말을 더듬는 것을 풍자하는 표현으로 보인다.

에 나오는 풍차의 모험도 능가하는 것이다.

신약 편 3절 사도 요한의 계시 또는 "새로운 지혜의 논리"

⟨GA2, 328⟩⟨수, 54a⟩⟨W, 253⟩태초에 말씀 즉 로고스가 있었다. 그 속에 생명이 있었고 생명이 인간의 빛이었다. 그러다가 빛이 어둠 속을 비췄는데 어둠은 *그것*[빛]*을 알지 못했다*. 그것은 진정한 빛이었고 세상 속에 있었지만, 세상은 그것을 알 수 없었다. 그[547]가 그의 소유 속으로 들어왔지만, 그의 백성은 그를 맞아들이지 않았다. 그를 맞아들인 사람들 곧 유일자의 이름을 믿는 사람들에게는 그는 소유자가 될 권능을 주었다. 하지만 일찍이 유일자를 본 사람은 아무도 없다.[548]

성 산초는 이전에 여러 가지를 파괴한 것으로 만족하지 않는다. 그러므로 "새로운 지혜의 로고스" 속에 있는 "세상의 빛"에 대해서 살펴보자.

우리의 "유일자적" 작가가 지닌 독창성의 토대에는 일련의 빛나는,

---

547 역주) 성경 구절을 가지고 유일자를 풍자한다. 성경에서 '그'는 예수를 지칭한다. 그러나 여기서 '그'는 유일자인 성 산초를 지칭한다.

548 CW주) 『요한복음』, 1장 1절, 4~5절, 9~12절, 18절
1절: 태초에 '말씀'이 계셨다. 그 '말씀'은 하나님과 함께 계셨다. 그 '말씀'이 하나님이셨다. 4절: 그에게서 생명을 얻었으니, 그 생명은 사람의 빛이었다. 5절 그 빛이 어둠 속에서 비치니, 어둠이 그 빛을 이기지 못했다. 9절: 참 빛이 있었다. 그 빛이 세상에 와서 모든 사람을 비추고 있다. 10절: 그는 세상에 계셨다. 세상이 그로 말미암아 생겨났는데도, 세상은 그를 알아보지 못했다. 11절: 그가 자기 땅에 오셨으나, 그의 백성은 그를 맞아들이지 않았다. 12절: 그러나 그를 맞아들인 사람들 곧 그 이름을 믿는 사람들에게는, 하나님의 자녀가 되는 특권을 주셨다. 18절: 일찍이, 하나님을 본 사람은 아무도 없다. 아버지의 품속에 계신 외아들이신 하나님께서 하나님을 알려주셨다.

그 나름의 개인적 장점이 놓여 있고 바로 장점 덕에 사유 속에서 그에게 특유한 묘기가 발휘된다는 사실은 자명하다. 그 장점에 대해서는 앞에서 이미 광범위하게 살펴보았다. 따라서 여기서는 그중 중요한 것만을 간추려 보자. 그것은 다음과 같은 것들이다: 경박한 사유, 혼란, 비일관성, 만천하에 드러난 서투름, 무한정한 반복, 지속적인 자기모순, 유례없는 비유, 독자에 대한 강박, "그대", "일반적으로[Es]", "사람들[Man]"을 매개로 체계적으로 타인의 사상적 유산을 횡령하는 짓, 조잡할 정도로 접속사(그도 그럴 것이[Denn], 그 덕에[Deshalb], 그 때문에[Darum], 왜냐하면[Weil])를 남용하는 것, 무식함, 난데없는 단언, 축제에 들떠 까불기, 혁명적 말투로 감춰놓은 타협적 사상, 호통치기, 부품한 비천한 언행에 싸구려 외설로 보이는 교태, 게으름뱅이 난테[549]를 절대 개념으로 모시기, 헤겔 전통과 베를린 유행어 따르기 등. 한마디로 말해서, 럼포드식 거지 잡탕밥(491쪽)의 완성판이다.

이 동냥 깡통 속을 일련의 *이행*[Übergänge]이 마치 뼈다귀처럼 떠다닌다. 그 본보기 사례 몇 개를 이 자리에 소개하겠다. 이는 그렇지 않아도 상심한 독일 〈수, 54b〉대중에게 웃음거리를 줄 것이다.

"우리는 가능하지 않을까-이제 그렇지만-사람들은 때때로 구

---

549 W주 110, CW주 93) 게으름뱅이 난테Eckensteher Nante-폰 홀디이Karl von Holtei의 희곡 『베를린 비극Das Trauerspiel in Berlin』의 등장인물. 이 원조 인물에 기초해서 독일의 희극작가 베크만F. Beckmann이 대중적 익살극 『심문받는 게으름뱅이 난테Der Eckenstaeher Nante im Verhör』를 썼다. 그 결과 난테란 이름은 수다스러운 철학적 익살꾼, 베를린 은어를 쓰며 천박한 농담을 일삼는 익살꾼의 대명사가 됐다.

분한다-사람들은 이제 그럴 수 있다-사람들이 종종 …. 일컫는 것이 유효한 …. 이다-그런데 이 말의 의미는-그가 이제 해명하면 그로써 끝날 수 있다-그러는 사이에-그러므로 〈W, 254〉-여기서 잠시 생각해 볼 수 있을 것이다-만일 해서 안 된다면-혹 그런 것이 아니라면 …. 에서 시작하는 것은 …. 이 어렵지 않은 상황까지-어떤 관점에서 보면 대략 그렇게 말할 수도-예를 들면, *이하 동일*" 등과 같은 표현. 또한 "모든 가능한 변장[Wandlung]"에서 나타나는 "그중에서도[ist an dem]"라는 표현.

〈GA2, 329〉여기서 논리적 농간을 하나 곧바로 발견할 수 있다. 그런데 그 농간이 앞서 찬양한 산초의 유능함 덕인지 아니면 그 사유의 무능함 때문인지는 알 수 없다. 그 농간의 핵심은 어떤 생각이나 관념이 가진 많은 측면 가운데 *한 가지* 측면을 빼내서 마치 그것을 그 개념의 *유일무이한* 속성으로 간주하고 이에 대립하는 다른 측면들은 새로운 이름 아래 원초적으로 존재하는 어떤 것으로 간주하는 데 있다. 우리가 앞으로 살펴보겠지만, 자유와 고유성 관념은 항상 이런 방식으로 다루어지고 있다.

산초가 사용하는 범주는 산초 개인에서 비롯하는 것이라기보다는 오늘날 독일 이론가가 처해 있는 일반적 곤궁에서 비롯하는 것이다. 그런 범주 가운데 바로 위에 언급한 누더기 같은 구별[lumpige Distinktion] 즉 누더기의 완성판도 속한다. 우리의 성인은 개별자와 일반자, 사적 이해와 일반적 이해, 일상적 이기주의와 헌신적 이기주의 등과 같이 "머리에 쥐가 나는" 대립물 속에서 헤맨다. 그러다 결국 이 양 측면이 상호 간에 쓰레기 같은 양보와 타협을 하게 한다. 이때 이 양 측면은 다음과 같은 미묘한 구별에 근거한다: 양 측면의 병존은 "또한[auch]"이라는 부사를 통해서 표현되고, 이어지는 양 측면의 구별은 옹색한 접속사 "그런 한에서[insofern]"를 통해서 유지된다. 그런 누더기 같은 구별의 예를 보자: 인간은 서로 착취하지만, 다른 사람을 희생하면서 착취하지 않는다. 그 착취의 정도[inwiefern]는 어떤 것이 각자의 자아에 고유한 것이냐 아니면 자아에 주어지는 것이냐에 따라서 구분된다. 두 가지가 상호 공존하게 구성되어 있으니 즉 인간으로서의 노동과 유일자적 노동이 그러하며, 인간적 삶에 불가결한 것과 유일자적 삶에 불가결한 것이 그러하며, 성 막스 입장에서 본다면 구별할 기준도 없는 구분에 속하는 순수 인격에 속하는 것과 실로 우연한 것이 그러하며, 개인의 누더기[Lump]에 속하는 것과 개인의 피부에 속하는 것이 그러하며, 부정을 통해 완전히 벗어 던지는 것과 부정을 통해서 자기 것으로 만드는 것이 그러하다. 〈수, 54c〉그 희생의 정도는 그가 자신의 자유를 희생하는가 아니면 단순히 그의 고유성을 희생하는가에 따라 구분된다. 후자의 경우 희생의 대상은 자아를 타자에 연대[Band]로 관계시키는 것이거나 아니면 자아를 타자에 인격적 관계[persönliche Beziehung]로 관계시키는 것이다. 이때 그는 이 희생의 대상을 또한[auch] 희생하지만, 본래 희생하지 않는 한에서만[insofern] 희생한다. 이런 구분의 한 부분은 절대적으로 누더기 같으며, 다른 부분은 적어도 산초에게서는 모든 의미와 발판을 상실한다. 누더기 같은 구별의 압권은 개인을 통한 세계 창조와 개인이 세계에서 받는 충격[Anstoß]의 구별이다. 만일 그가 이 충격에 대해 좀 더 깊이 고찰하는 가운데 그에게 가해지는 충격의 범위와 〈W, 255〉다양한 측면을 잘 헤아렸다면, 결국은 그 자신도 다음과 같은 모순을 명백히 깨달았을 것이다. 즉 그가 이기적이고-이데올로기적으로 세계를 창조함과 동시에 그 자신 세계에 맹목적으로 의존하고 있다는 모순이 그것이다.(자아의 자기 향략 개념 참조) 만일 그랬더라면 그는 "또한[Auchs]"과 "그런 한에서[Insoferns]"를 그토록 연발[連發]하지 않았을 것이고 "인간적" 노동을 "유일자적" 노동과 대비하면서 하나가 다른 하나와 싸우게 또는 하나가 다른 하나를 배후에서 공격하게 하지 않았을 것이고 결국 자신을 "자족적 이기주의자"의 ⟨GA2, 330⟩전적인 지배 아래 두지도 않았을 것이다. 그러나 우리가 이미 알고 있듯이 자족적 이기주의자는 굳이 가정할 필요가 없다. 왜냐하면 애초부터 그것이 출발점이었기 때문이다.

이런 누더기 같은 구별은 『경전』 전체에 널려 있다. 게다가 그 구별은 여타 논리적 술책의 주요 지렛대 역할을 하고 있으며, 아주 자만에 차고 조롱기가 섞은 값싼 도덕론의 형태를 취하고 있다. 이 점은 그런 구별의 예를 살펴보면 분명해진다. 진정한 이기주의자가 어디까지 거짓말을 해도 되며 어디까지 그래서는 안 되는가의 구별, "신뢰"를 저버리는 것이 어떤 조건에서 "비루한" 것이며 어떤 조건에서 그렇지 않은 것인지의 구별, 지기스문트Sigismund 황제와 프랑스의 프랑수아 1세가 어떤 조건에서 그들 사이의 서약[550]을 깨도 되는지의 구별, 그들은 어떤 조건에서는 "누더기같이" 행동했는지에 대한 구별, 그 밖에 세세한 역사적 예에서 보여주는 그와 같은 구별을 보라. 그런데 우리의 산초는 한

---

550 CW주 84) 지기스문트Sigismund 황제는 얀 후스Jan Huss[종교 개혁자]에게 행동의 안전을 보장했음에도 그를 콘스탄스 종교회의에 넘겼다. 프란시스Francis 1세는 파비아에서 패배해 찰스 5세의 포로가 됐으나 밀라노와 부르군디에 대한 그의 주장을 포기한 다음 석방됐다(마드리드 조약 1526년). 그러나 그는 석방 이후 이 조약을 취소했다.

편으로 이처럼 번거로운 구별과 Quästiunculis⟨사소한[현학적인] 문제⟩를 제기하면서도 다른 한편으로는 이와는 반대로 일체에 대해 무관심한 모습이 두드러진다. 다시 말해서 그에게는 모든 것은 같은 것이고, 모든 실제적 구별과 실천적 구별, 사상적 구별[Gedanken-Unterschied]은 그의 관심 밖이다. 이를 종합하면 다음과 같이 말할 수 있다: 그는 구별하지 않는 기술, 모든 소를 성자[聖者: der Heilige]의 밤 속에서 회색으로 만드는 기술, 모든 것을 모든 것으로 환원하는 기술, 다름 아닌 Apposition⟨동격⟩의 기술을 가지고 있다. 그런데 구별하는 그의 기술은 구별하지 않는 그의 기술에도 훨씬 못 미치는 기술이다.

그대의 "나귀"를 껴안아라, 산초여, 그대 지금 그 나귀를 다시 찾지 않았느냐! 나귀는 발길질 당한 것도 상관없다는 듯 즐겁게 그대에게 달려오고 있지 않으냐? 나귀 앞에 무릎 꿇고 목을 껴안아라. 그리고 세르반테스가 30장에서 그대에게 내린 사명을 수행해라.

Apposition⟨동격⟩은 성 산초의 나귀요, 그의 논리와 역사의 기관차요, 가장 짧고 간단하게 표현한 『경전』의 추진력을 가장 짧고 간단하게 표현한 말이다. 그는 한 생각을 다른 생각으로 전환하기 위해서 그리고 전혀 다른 두 사물이 같다는 것을 보여주기 위해서 때로는 그것의 의미를, 때로는 그것의 어원을, 때로는 그것의 발음을 사용해 그 연결고리인 중간 항을 만든다. 그런 후 이 중간 항이 동격의 형태로 첫 번째 생각에 덧붙여진다. 그러는 가운데 줄발점에서는 점점 멀어지고 목표 지점에 점점 가까워진다. 동격의 연쇄를 이어가다가 이제 별 탈 없이 결론을 내려도 되겠다 싶으면, 줄표(-)를 사용해 결론적인 생각을 역시 동격의 형태로 넛붙인다. ⟨W, 256⟩그러면 요술은 완성된다. 사상을 밀매매하고자 할 때 가장 추천할 만한 방법이다. 특히 그 방법이 논리 전개의 지렛대 역할을 하는 때 그 진가는 더 커진다. 그리고 이 요술을 여러 번 성공적으로 사용하고 나면, 〈수, 55a〉성 막스가 하듯이, 중간 항을 점점 줄이고 〈GA2, 331〉동격의 연쇄를 꼭 필요한 몇 개의 고리로 단순화할 수 있다.

그런데 이미 앞에서 보았듯이 동격은 반대 방향으로 진행할 수도 있다. 그러면 동격은 새롭고 복잡한 요술로 이어져 놀라운 뜻밖의 결과를 만들어 낸다. 이미 드러났듯이 그때 동격은 수학에서 사용하는 무한 계열의 논리 형식이다.

성 산초는 동격을 이중으로 사용한다. 한편으로는 세계를 말씀화할 때 순수하게 논리적으로 사용한다. 동격을 통해 임의의 세속적 사물을 "성스러운 것"으로 바꾸는 것이다. 그리고 다른 한편으로는 역사에서 여러 시대의 연관을 서술하거나 그것을 요약할 때 사용한다. 이때 각 역사 단계는 유일한 한 단어로 환원되고, 그 결과 궁극적으로는 역사 계열의 마지막 항이 첫 항에서 조금도 바뀐 것이 없이, 계열을 이루는 전 시기가 특유의 추상적 범주, 예컨대 관념론이나, 사상에의 의존과 같은 범주 등으로 정리된다. 그리고 연속되는 역사의 동격 계열에 진보의 외양을 씌우고자 할 때는 그 계열의 마지막 구절이 마치 계열의 최초 시대를 완성하는 것인 양 그리고 중간 항은 최후의 완전한 구절로 상승해 가는 중간 발전단계인 양 서술된다.

동격과 병행해 *동의어 대체*[synonymik]가 사용되기도 한다. 성 산초는 이 동의어 대체를 온갖 군데에서 활용한다. 가령 두 단어가 어원적으로 관계가 있거나 발음만이라도 비슷하면 그 두 단어는 서로 연대 책임을 진다. 또 어떤 단어가 여러 의미가 있는 때는 그 단어가 어떤 때는 이 뜻으로 또 다른 때는 저 뜻으로 사용되니, 이것은 겉으로 보면 성 막스가 하나의 똑같은 사태를 다양하게 "세분해" 말하는 것과 같다. 게다가 그 동의어 대체 가운데 번역이란 것도 있는데, 그 번역은 그에게만 속하는 전문 영역이다. 이 번역이란 불어나 라틴어 문구를 독일어 문구로 보충한답시고, 반만 뜻이 같고 실은 다른 의미를 지닌 독일어 문구를 갖다 붙이는 번역이다. 〈W, 257〉앞에서 보았듯이, 라틴어 계열의 "존경하다[respektieren]"를 "경외와 공포를 느끼다[Ehrfurcht und Furcht empfinden]"로 번역하는 게 그때다. 기억하겠지만, "국가, 지위, 신분, 곤경[Staat, Status, Stand, Notstand]"의 경우도 마찬가지다. 공산주의를 다룰 때 이중적인 표현을 사용하는 〈수, 55b〉의미심장한 예를 볼 기회가 있었다. 어원상의 동의어를 활용하는 예를 하나 간단히 살펴보자.

"'사회[Gesellschaft]라는 말은 '방[Sal]'이란 말에서 유래했다. 한 '강당[Saal]'에 많은 사람이 있으면 그 '강당' 덕에 사람들이 사회를 이루게 된다. 그런데 이때 사람들이 사회[Gesellschaft] 속에 있다곤 하지만, 그것은 기껏해야 *사교계*[Salon-Gesellschaft]일 뿐이다. 서로 말을 한다지만, 고작해야 관행적인 *살롱의 화법*으로 말한다. 실제 *교류*에 대해 말하자면 그것은 이런 사교계와는 무관한 것으로 간주해야 한다."(286쪽)

〈GA2, 332〉"'사회[Gesellschaft]'란 말이 '방[Sal]'이란 단어에서 유래하기" 때문에(인용문 첫 문장에 해당하는 이 주장은 틀렸다. 모든 단어의 *최초* 근원은 동사다) "방[Sal]"은 "강당[Saal]"과 같아야 한다니. 그러나 방[Sal]은 고대 고지 독일어로서 *건물*[Gebäude], 동아리[Kisello], 동료[Geselle], *집안*[Hausgenosse]이다. '동아리, 동료[Kisello/Geselle]'에서 '사회[Gesellschaft]'란 말이 유래한다. 따라서 '사회[Gesellschaft]'에다 '강당[Saal]'을 연계하는 건 전적으로 자의적인 짓이다. 문제는 여기서 끝나지 않는다. 그는 이제 "강당[Saal]"을 곧바로 "살롱[Salon]"으로 바꿔버린다. 고대 고지 독일어 "방[Sal]"과 현대 불어 "살롱[Salon]" 사이에 놓인 약 천 년에 걸친 중간 단계 또 그만큼 멀리 떨어진 두 말의 중간 단계는 무시해 버린다. 결국 '사회[Gesellschaft]'가 '사교계[Salon-Gesellschaft]'로 바뀌고, 독일의 편협한 속물이 생각하기에, 그 사교계의 사람들은 그 어떤 실질적 교류도 하지 않고 실속 없는 빈말만 나눈다.−어리석은 성 막스. 그의 유일한 목표는 사회를 "신성한 것"으로 바꾸는 것이다. 만일 그가 어원을 조금만 더 정확히 공부하고 어떤 것이든 어원사전을 제대로만 들여다봤다면 그 목표에 아주 간단히 도달할 수 있었는데 말이다. 만일 그가 "사회[Gesellschaft]"라는 말과 "축복받은[selig]"이라는 말 사이의 어원적 연관을 찾았더라면 그 결과는 어땠을까? '사회[Gesellschaft]'-'축복받은[selig]'-'신성한[heilig]'-'성스러운 것[das Heilige]'의 연결, 이보다 더 쉬운 것이 어디 있겠는가?

"슈티르너"의 어원학적 동의어 대체가 옳다면 공산주의자는 진정한 백작[Grafschaft, 백작의 신분이나 영지]을, 다시 말해서 신성한 것으로서의 백작을 구하는 사람이다. '사회[Gesellschaf])'가 건물을 뜻하는 'Sal'에서 유래했듯이, '백작[Graf]'(고트어로는 garâvjo)는 집을 뜻하는 〈수, 55c〉 고트어 'râvo'에서 유래했다. 건물을 뜻하는 'Sal'과 집을 뜻하는 'râvo'는 같다. 따라서 '사회'와 '백작'은 같은 말이다. 두 단어의 전철[Gesell, Graf]도 같고 후철[-schaft]도 같다. 어간이 되는 음절[sal, râvo]도 같은 뜻이다. 그러면 공산주의자의 신성한 사회는 신성한 백작 즉 신성한 것으로서의 백작이다. 이보다 쉬운 게 어디 있을까? 성 막스는 공산주의를 봉건제의 완성 즉 백작 제도의 완성으로 보는데 그렇다면 그도 이 기술을 눈치챈 거 아닐까?

우리의 성자는 이런 동의어 대체에 힘입어 한편으로는 경험적 관계를 사변적 관계로 바꾼다. 그 방법은 다음과 같다: 현실에서도 사용되고 〈W, 258〉사변에서도 사용되는 한 단어를 사변적 의미로만 사용한다. 그리고 그 단어의 사변적 의미를 몇 마디 말로 비판하고는 마치 그런 비판이 그 단어가 지시하는 현실의 제 관계에 대한 비판인 체한다. 406쪽에서 *사변*[Spekulation]을 어떻게 다루는지 보자. 여기서 "Spekulation"은 *하나의* 본질이 "이중으로 현상"하듯, 두 측면에서 "현상"한다. 오 첼리가여! 그는 *철학적* 사변[philosophische Spekulation]에 대해 호통친다. 그리고는 그는 스스로 아무것도 알지 못하는 *상업적* 투기[kommerzielle Spekulation]에 대해서도 비판한 것이라고 믿는다. 다른 한편, 우리의 숨은 소시민은 동의어 대체를 사용해서 부르주아 사이의 관계를 〈GA2, 333〉사적이고 개인적인 관계로 바꾼다.(앞에서 "공산주의"를 다루면서 언어가 부르주아 사이의 관계에 대해 맺는 연관에 대해 그가 한 말들을 참고하라.) 그러나 사적이고 개인적인 관계는 개인의 개성[Indivudualität], "고유성[Eigenheit]", "유일성[Einzigkeit]"을 건드리지 않고는 건드릴 수 없는 관계이다. 마찬가지로 산초는 화폐[Geld]와 자격[Geltung], 부나 재산[Vermögen]과 능력[Vermögen] 사이의 어원적 연관도 이용한다.

동의어 대체는 동격과 결합해 우리가 앞에서 수없이 폭로한 Eskamotage〈사기〉의 핵심축을 이룬다. 그 사기는 참으로 쉽다. 그것이 얼마나 쉬운지, 한 예로 우리도 신초에게 한 번 사기를 쳐보자.

*변화*로서의 *변화*[Wechsel als Wechsel]가 현상의 법칙이라고 헤겔은

말했다.[551] "슈티르너"는 *여기에서* 가짜 어음[Wechsel]을 금하는 법의 엄격성이라는 현상으로 넘어갈 것이다. 그 법은 현상보다 위에 있는 법, 법 그 자체, 신성한 법, 신성한 것으로서의 법이다. 즉 그것을 어기면 죄가 되고 형벌로서 처벌받는 신성한 것이다. 〈수, 56〉아니면 이런 식이다: 즉 lettre de change〈어음〉과 changement〈변화〉라는 두 가지 의미가 있는 'Wechsel'은 결국 몰락을 의미하는 'Verfal'(échéance〈어음 만기〉, decadence〈파멸〉)에 이른다. 변화[Wechsel]의 결과가 몰락[Verfall]인 것은 역사가 보여준다. 대표적인 사례가 로마 제국의 몰락, 봉건제의 몰락, 독일 제국의 몰락, 나폴레옹 지배의 몰락이다. 그런데 이런 커다란 *역사적 위기가* 오늘날 *교역의 공황* "으로" "진행되는 것"은 "어렵지 않다." 또 교역의 공황이 항상 *어음의 만기 도래* [Verfall von Wechseln] 때문에 촉발되는 이유도 같은 맥락에서 설명된다.

또는 슈티르너라면, 자산[Vermögen]과 화폐[Geld]의 경우처럼, 어음[Wechsel]에 대해서도 어원학적으로 정당화해 "일정한 관점에서 대략 다음과 같이 추론"할 수도 있었을 것이다: 공산주의자는 무엇보다도 lettre de change〈어음[Wechsel]〉을 폐지하고자 한다. 그런데 세상 사람이 주로 즐기는 게 바로 이 changement〈변화[Wechsel]〉가 아닌가? 따라서 공산주의자는 죽은 것, 정체된 것 즉 China〈중국〉을 원한다. 다시 말하면 완벽한 중국인이 곧 공산주의자다. "그러므로" 공산주의자

---

551 GA2주 재인용) 헤겔의 『논리학』, 4권, 146쪽: "법칙의 영역은 현상의 안정된 내용이다. 그러나 현상은 불안정한 변화 속에서 존재하며 타자로 반성하는 가운데 드러나는 내용이다. 현상은 법칙이 비로 자기를 부정적으로 변화하는 현존이다. 현상은 대립물로 이행하는 운동이며, 자기를 지양하는 운동이고, 통일로 돌아가는 운동이다."

는 늘 어음[Wechsel/briefe]과 환전업자[Wechsler]에 반대하는 장광설을 늘어놓는다. 공산주의자는 모든 편지[Brief]가 어음/편지[Wechsel/brief] 즉 교환[Wechsel]을 확인하는 편지[Brief]이며 또 모든 인간이 〈W, 259〉 중개업자[Wechselnder], 환전업자[Wechsler]라는 것을 마치 모르는 것처럼 말한다.

성 막스는 단순하기 짝이 없는 역사 구성이나 논리적 술수에 아주 다양한 외양을 입히기 위해 삽화를 긴요하게 사용한다. 그래서 가끔가다 『경전』의 다른 부분에 속한 구절, 없어도 될 구절을 끌어다가 "삽화적으로" 끼워 넣는다. 결과적으로 그렇지 않아도 단절되곤 하던 논의의 맥락이 또다시 끊긴다. 그는 그럴 때마다 "우리는" "쉽게 가지 않는다"라는 유치한 해명을 덧붙이곤 하는데, 그런 해명을 여러 차례 접하다 보면 독자는 아무리 부정합적이더라도, 심지어 최고로 부정합적이더라도 무감각해진다. 『경전』을 읽다 보면 〈GA2, 334〉 모든 것에 익숙해지고 결국은 〈수, 56a〉 최악의 것도 기꺼이 받아들이게 된다. 성 산초에게서 다른 것을 기대하기도 어렵지만, 이 삽화 역시 겉보기만 그럴듯하고, 수도 없이 써먹은 문구를 다른 상표[商標] 아래 반복하는 것에 불과하다.

우리는 그의 인격적 특질을 통해 성 막스의 모습을 드러내고 이어서 구별, 동의어 대체, 삽화를 통해 그의 "가상"과 그의 "본질"을 해명한 이상 이제 논리의 정점이자 완성인 "개념"을 다룰 때가 됐다. 개념은 "자아"다.(헤겔 『논리학』, 3부[주관 논리학]를 참고)[552] 개념은 논리[die Logik]다. 개념은 …, 개념에 대립해 현존하고 실질적인 모든 상황

---

552 GA2주 재인용) 헤겔, 『논리학』, 5권, 13쪽: "개념은 그러한 자유로운 현존에 도달하는 한에서 자아 또는 순수한 자기의식에 불과하다."

이 박탈된 관계이다.[553] 그리고 개념은 모든 성자가 세속적인 것을 집어넣는 모든 등식을 위한 공식이다. 그런데 이미 앞에서 드러났듯이, 이 공식을 통해 같음, 대립 등과 같은 여러 반성 규정이 세상의 모든 가능한 사물에서 어떻게 나타나는지를 분명히 하려는 그의 "시도"는 헛되이 끝난다.

한 가지 특정한 예, "자아"와 대중[Volk]의 관계를 보자.

나는 대중이 아니다
대중= 비-아[我]
자아= 비-대중

따라서 나는 대중의 부정이고, 대중은 내 속에 없다.
두 번째 등식은 다음과 같은 보조등식으로도 표현될 수 있다:

대중-자아가 없다
또는 대중의 자아는 나의 자아를 부정하는 존재다

여기서 술수의 핵심은 다음과 같다: 1) 처음엔 계사[繫辭]에 속했던 부정[nicht]이 한 번은 주어에 그다음엔 술어에 사용됐다. ⟨W, 260⟩2) "아님[Nicht]"이라는 부정사가 편의에 따라 차이, 구별, 대립, 직접적 해소를 뜻하는 것으로 간주되고 있다. 이 예에서 그것은 완전한 해소, 완

---

[553] 역주) 이 문장은 GA2에서는 다음과 같이 해석된다: "개념은 자아가 세계와 맺는 순수한 관계요, 개념에 대립해 현존하고 실재하는 모든 상황의 .... 관계이다."

전한 부정으로 간주된다. 앞으로도 보겠지만, 성 막스는 이런 술수를 다른 의미에도 적용한다. 결국, 〈수, 56b〉 *나는 대중이 아니라*는 동어반복 명제가 *나는 대중의 해소*라는 엄청난 새 발견으로 바뀐 것이다.

성 산초는 상기 등식을 전개하는 데서 대중이 과연 무엇인지는 전혀 알 필요가 없었다. 자아와 대중이 "완전히 다른 두 대상에 대한 완전히 다른 두 이름이라는 것을" 아는 것으로 충분했다. 다시 말해서 두 단어가 한 철자도 같지 않다는 것으로 충분했다. 여기서 이기주의자의 논리라는 입장에서 대중에 대한 사변을 더 전개해야 한다면, 어떤 임의의 사소한 규정을 〈GA2, 335〉 외부에서 즉 일상의 경험에서 가지고 와서 대중에도 연결하고 자아에도 연결하면 된다. 그것은 새로운 등식의 기초가 된다. 동시에 다른 규정이 다른 방식으로 비판되는 듯 보인다. 같은 방식으로 자유와 행복 그리고 부[富]에 대해서 사변을 구성해 보자.

기본 등식: 대중 =비-아[非我].
등식 1) 대중-자유= 나의 자유가 아니다
         대중-자유= 나의 비-자유이다
         대중-자유= 나의 부자유

(이것을 뒤집어도 되는데, 그러면 다음 대명제가 만들어진다: 나의 부자유 = 노예 상태는 대중의 자유다.)

등식 2) 대중-행복= 나의 행복이 아니다
         대중-행복= 나의 비-행복
         대중-행복= 나의 불행

(뒤집으면: 나의 불행, 나의 비침은 대중의 행복이다.)

등식 3) 대중의 부= 나의 부가 아니다
         대중의 부= 나의 부가 아님
         대중의 부= 나의 가난

(뒤집으면: 나의 가난은 대중의 부다.) 이런 논거는 ad libitum 〈임의로〉 더 전개할 수 있고, 다른 규정으로까지 확장할 수 있다.

이러한 등식을 만들려면 그가 "대중"이라는 한 단어가 ⟨W, 261⟩ 포괄하는 관념에 관해 누구나 아는 일반적인 것 지식 밖에는 오직 어떤 것을 부정한 결과에 대한 긍정적 표현이 무엇인지를 알면 된다. 예컨대, 비-부[非富, Nichtreichtum]에 상응하는 긍정적 표현인 가난[Armut]이란 말을 알면 되는 것이다. 결국 이런 방식으로 엄청난 발견을 하는 데는 우리가 일상적 교제에서 터득하는 정도의 언어 지식이면 충분하다.

이 모든 술수의 핵심은, 나의 부가 아니고[Nicht Mein Reichtum] 나의 행복이 아니고[Nicht Mein Glück] 나의 자유가 아니라는 것[Nicht Meine Freiheit]을 곧바로 나의 비-부[非富: Mein Nichtreichtum], 나의 비-행복[非幸福: Mein Nichtglück], 나의 비-자유[非自由: Meine Nichtfreiheit]로 ⟨수, 56c⟩ 바꾸는 데 있다. 첫 번째 등식에 등장하는 부정사[Nicht]는 모든 형태의 차이를 표현하는 일반적인 부정[Negation]이다. 그래서 그 뜻도 예컨대 그것이 우리의 공동의 부이지 나만의 배타적인 부가 아니라는 정도이다. 그런데 이 부정사[Nicht]가 두 번째 등식에 가면 예컨대 나의 부를 부정하는[Verneinung] 것, 나의 행복을 부정하는 것이 되어서 이제는 비-행복, 불행, 노예 상태 등이 나에게 귀속된다. 나한테는 특정의 부 즉 대중의 부가 부인[absprechen]된 것이고 부 일반이 부인된 것이 아닌데, 산초는 가난 자체가 나에게 귀속돼야 하는 것으로 생각한다. 그래서 그는 나의 비-자유를 긍정적 방식으로 번역한다. 즉 나의 비-자유[Nichtfreiheit]를 나의 "부자유[Unfreiheit]"로 바꾸는 것이다. 그러나 나의 비-자유는 이와는 ⟨GA2, 336⟩ 다른 무수히 많은 경우도 가리킨다. 예를 들면 나의 신체에서의 나의 "자유롭지 못함", 신체에서 나의 비-자유와 같은 것이다.

우리는 방금 대중 = 비-아라는 두 번째 등식에서 시작했다. 하지만 자아 = 비[非] 대중이라는 세 번째 등식에서 시작할 수 있다. 그러면 예컨대 부의 경우 같은 방식으로 해서 "나의 부는 대중의 가난"이라는 결론이 도출될 것이다. 하지만 슈티르너는 이런 방식으로 하지 않을 것이다. 오히려 그는 대중의 재산 상황 일반 그리고 대중 자체를 무화[제거: Vernichtung]하고 그다음엔 다음과 같은 결론을 내릴 것이다: 나의 부는 대중의 부를 무화[제거]하는 것일 뿐 아니라 대중 자체를 무화[제거]하는 것이다. 그가 비-부[非富: Nichtreichtum]를 가난으로 바꾼 것이 얼마나 자의적이었는지 여기서 잘 드러난다. 우리의 성자는 이런 여러 방법을 뒤죽박죽 사용하고, 부정을 때로는 이런 뜻으로 때로는 저런 뜻으로 십분 활용한다. 그것이 어떤 혼란을 초래하는지는 "슈티르너의 『경전』을 읽지 않은 독자"라도 "바로 안다."(『비간트』, 191쪽)[554]

같은 방식으로 "나"는 국가에 반하는 "음모를 꾸민다."

> 나는 국가가 아니다
> 국가= 비-아
> 나=국가가 아님
> 국가의 무[Nichts]= 나

---

[554] GA2주 새인용) 슈디르너, 『슈티르너에 대한 논평가들』, 191쪽: "나아가서 헤스가 얼마나 올바르게 판단하고, 얼마나 적게 필요로 한 것인가는 그의 아래 판단이 보여준다: '국가에 대한 슈티르너의 반대는 자유주의적인 부르주아가 통상 제시하는 반대 그대로이다. 이런 반대는 대중이 가난하게 되고 굶게 되면 국가의 구두 아래 밀어 넣어진다.'-이런 비판에 대해 변명하자면, 슈티르너의 책을 읽어보지 않은 사람이라도 누구나 순간적으로 이의 없이 통찰한다."

〈W, 262〉또는 다르게 말하자면 이렇다: 나는 "창조적 무"이니, 이 가운데 국가는 이미 붕괴됐다.

〈수, 57〉이 단순한 멜로디는 이제 그 어떤 임의의 주제로도 편곡될 수 있다.

이상에서 살펴본 등식의 기초는 *나는 비-아가 아니다*[Ich bin nicht Nicht-Ich]라는 대명제다. 이 비-아는 여러 다른 이름으로 불리는데, 한편으로는 그 자체 존재[Ansichsein], 타자화된 존재[Anderssein]와 같이 순수 논리적인 범주의 이름일 수도 있고, 다른 한편으론 대중, 국가와 같이 구체적 관념에 대한 이름일 수도 있다. 그러면 뭔가 인식이 발전하는 듯한 가상이 도입될 수 있다. 즉 시작은 이 이름이지만, 등식과 일련의 동격을 거쳐 결국은 그 기초에 처음부터 있었던 비-아로 환원하는 것이다. 이런 관계 자체가 실질적으로 어떤 것인지에 관해선 아무 이야기도 할 필요가 없다. 왜냐하면 그렇게 끌어들인 실제 관계는 비-아의 여러 양태, 그것도 이름만 다를 뿐인 여러 양태이기 때문이다. 관계가 실질적으로 개인의 관계라 하자. 위의 방식대로 하면 그 관계는 비-아의 관계이므로 여기에서 그 관계는 전혀 알 수 없는 것이라는 사실이 입증된다. 그러니 얼마나 웃기는 얘기인가? "천성적으로 두뇌가 박약한 사람"도 〈GA2, 337〉단 10분이면 배우는 이 기술, 얼마나 단순한가. 바로 이것이 성 산초가 말하는 "유일자성[Einzigkeit]"의 기준이다.

이제 성 산초는 나에 대립하는 비-아에 대해서 다음과 같이 규정한다: 그것은 *나에게 소원한 것*[das dem Ich Fremde]이며 *소원한 것* [das Fremde] 자체이다. "따라서" 비-아와 나의 관계는 소외의 관계다. 성 산초가 임의의 모든 대상이나 관계를 자아에 소원한 것 즉 자아의 소외로 서술하는 방식은 조금 전에 제시했던 공식에 따라서 이미 제시했다. 다른 한편 성 산초는 이미 본 것과 같은 모든 대상과 관계를 자아의 창조물, 그러므로 *자아에 속한 것*[ihm angehöriges]으로 서술할 수도 있을 것이다. 이에 대해서는 뒤에 살펴보겠다. 그는 모든 관계가 소외의 관계인가 아닌가를 제멋대로 판단한다.(왜냐하면 그는 위의 등식에 모든 것을 맞출 수 있기 때문이다.)〈수, 57a〉그런 자의적 판단은 제쳐두더라도, 그의 유일한 관심이 다음과 같은 사실이라는 점은 여기서 알게 된다. 즉 그의 관심은 모든 실제 상황과 실제 인간을 (소외라는 철학적 표현을 잠시 유보하자면) 소외된 것으로 나타나게 만들어서, 이 모두를 소외라는 아주 추상적 상투어로 전환한다는 것이다. 따라서 여기서 실제 소외에 시달리는 실제 개인과 이런 소외라는 경험적 관계를 서술하는 과제는 내던지고 모든 순수하게 경험적인 관계가 어떻게 발전하는지가 아니라 소외,〈W, 263〉낯선 것 *자체*, 신성한 것 *자체*만을 언급한다. 그는 이 경험적 관계를 소외 범주(대립, 차이, 다름 등으로 이해되는 반성 규정)로 바꿔치기한다. 이런 바꿔치기는 "낯선 것"이 "*신성한 것*"이 되고 소외란 자아가 신성한 것으로서의 임의의 사물과 맺는 관계로 변하는 데서 그 최종적이며 최고의 표현을 얻는다. 우리는 성 산초가 신성한 것을 대하는 방식에서 나타나는 논리적 과정을 해명하고자 한다. 왜냐하면 이 방식이 지배적인 공식이기 때문이다. 부수적으로 우리는 성 산추가 "낯선 것"을 곧 "기존이 것"으로, per appos〈여기서 농격을 사용하사년〉 그러니까 자아 없이도 존재하는 것, 자아와 무관하게 존재하는 것으로 파악하며, per appos〈여기서 동격을 사용하자면〉 나의 비자립성 덕분에 자립하는 것[das durch Meine Unselbständigkeit Selbständige]으로 파악한다는 사실도 알았다. 결국 성 산초는 그에게 독립해서 존재하는 모든 것, 예컨대 블록스베르크 산Blocksberg[555]조차도 신성한 것으로 묘사할 수 있었다.

신성한 것은 낯선 것이므로 모든 낯선 것은 신성한 것으로 변한다. 모든 신성한 것은 구속이고 질곡이므로 모든 구속과 질곡은 신성한 것으로 변한다. 이를 통해 성 산초는 다음 결론을 얻는다: 모든 낯선 것은 단순한 *가상*, 단순한 *관념*이다. 그 가상 또는 관념에서 해방되려면 그 관념을 반대하고 자기는 그런 관념을 가지고 있지 않다고 선언하기만 하면 된다. 앞에서 자족적이지 못한 이기주의자를 다룰 때도 보았듯이, 세상만사의 질서를 all right〈제대로〉 바로 잡는 데는 의식의 변화만으로 충분하다.

〈GA2, 338〉지금까지 전체 서술을 통해 성 산초가 실제의 모든 상황을 어떻게 비판하는가가 드러났다. 그 방식이란 즉 실제 상황을 "신성한 것"으로 천명하고 이어서 그 상황을 표현하는 신성한 관념과 투쟁하는 것을 통해 실제의 모든 상황과 투쟁하는 방식이다. 앞에서도 상세히 살펴보았듯이, Jacques le bonhomme〈촌티 나는 바보〉가 모든 것을 신성한 것으로 바꿔버리는 이 간편한 술수를 정당화하는 방식은 다음과 같다: 그는 철학의 환상을 액면 그대로 받아들여 실제에 대한 이데올로기적 사변적 표현을 그 경험적 토대에서 분리해 실제 자체로 간주한다. 마

---

555   W주 111) 블록스베르크 산Blocksberg—독일 중부의 하르츠Harz 연산의 최고봉, 대중 전설에 따르면 이 산은 발푸르기스 밤의 장소이다. 여기서 마녀가 휴가에 모인다. 독일 중부에 있는 메클렌부르크Meckelenbug의 여러 고지가 모두 그런 이름으로 불린다. 이 산의 이름은 사악한 영혼이라는 미신적인 관념과 결합한다. CW주 85) 녹일의 산을 부르는 일반적 명칭, 특히 블록켄Blocken에 있는 하르츠Harz 산의 최고봉을 지칭한다. 독일 민요에 따르면 마녀가 이 산에서 서로 만나서 휴가를 보낸다고 한다.

찬가지로 그는 부르주아에 대한 소부르주아의 환상을 부르주아의 "신성한 본질"로 오인하니 그 결과 생각과 관념만이 중요한 것이라고 공상할 수 있게 된다. 같은 방식으로 인간[die Menschen]도 쉽게 "신성한 것"으로 바뀐다. 왜냐하면 인간의 생각이 인간에서 그리고 인간의 경험적 상황에서 분리되자 인간은 사상을 담는 단순한 용기로 파악될 수 있었고 그 결과 예를 들면 부르주아는 신성한 자유주의자로 됐기 때문이다.

따지고 보면 쉽게 믿음에 빠지는 산초가 신성한 것과 맺는 관계는 (그는 이 관계를 존경이라 부른다) 긍정적인 측면에서 보자면 "사랑"으로도 묘사된다. "사랑"은 "*인간*", 〈W, 264〉신성한 존재, 이상, 지고[至高]의 존재를 승인하는 관계다. 다시 말하면 사랑은 그러한 인간적이고 신성하며 이상적이고 본질적인 관계다. 다른 곳에서 신성한 것의 구현체로 묘사됐던 국가, 감옥, 고문, 경찰, 상거래 등도 산초에 따르면 "사랑"의 "다른 예"가 될 수 있다. 이 새로운 명명법에 힘입어 산초는 그가 전에 신성한 것과 존경이라는 상호[商號] 아래 단호히 물리쳤던 것들에 관해 새로이 한 장에 걸친 글을 쓴다. 그것은 처녀 목자 토랄바Torralva의 염소[556]에 대한 옛이야기가 신성한 형태로 재현된 것이다. 산초는 그때는 이 얘기를 통해 그의 주인을 우롱했지만, 이제 여기서 산초는 『경전』 전체를 통해 자신과 독자를 우롱한다. 물론 방패를 들고 다니는 속물적인 시종이었을 때와 같이 재치 있게 이야기를 굴절하지도 못하니 한마디로 말해 산초는 성인이 되고부터 다고난 모든 재

---

556 역주) 세르반테스의 소설 『돈키호테』에 나오는 인물. 산초가 돈키호테에게 자기가 염소 키우는 누구를 만났는데 그는 염소 키우는 여지 토랄바를 사랑했고, 토랄바는 또 누구의 딸이며 등으로 계속 끝도 없이 이야기를 이어나가자, 돈키호테가 그런 방식으로 이야기하다가 날 새겠다고 하면서 야단치는 장면을 말한다.

치를 잃어버린다.

첫 번째 난점은 다음과 같은 사실을 통해 드러난다: 신성한 것 그 자체는 매우 다양하니 신성한 어떤 것을 비판할 때도 그 신성성은 일단 접어두고 그 구체적 내용을 비판해야 마땅했다. 성 산초는 모든 규정된 것을 단지 신성한 것의 한 "예"로 거론함을 통해 이 벽을 우회한다. 모든 것이 예에 불과하다면, 이는 헤겔의 『논리학』에서 "대자[對自: für sich] 존재"를 설명하기 위해 원자를 거론하든 인격을 거론하든 마찬가지이며, 인력[引力]의 예로서 태양 체계를 거론하나 자기[磁氣]를 거론하나 성애[性愛]를 거론하나 마찬가지인 것과 똑같다. 『경전』이 예로 우글거린다면, 그 이유는 결코 우연적인 것이 아니며, 오히려 그 『경전』이 전개되는 방식의 가장 내적인 본질이 그런 것이기 때문이다. 내용이 있는 것처럼 꾸미는 것이 성 〈GA2, 339〉산초에게 "유일하게" 가능한 일이니, 이런 점에서는 이미 세르반테스가 원조이다. 거기 보면 산초는 마찬가지로 항상 예를 들어 말한다. 그러므로 산초는 이렇게 말할 수도 있는 것이다: "성스러운 것 자체의 또 다른 예를 들라면"(우린 관심도 없지만) "노동을 들겠다." 그는 이렇게 덧붙일 수도 있었을 텐데: 또 다른 예를 들라면 국가를 들겠고 또 다른 예를 들라면 가족을 들겠고 또 다른 예를 들라면 지대를 들겠고 또 다른 예를 들라면 성 야곱(Saint-Jacque, le bonhomme〈촌티 나는 바보 성자〉)를 들겠고 또 다른 예를 들라면 성스러운 우르술라Ursula와 그녀의 만 천 명의 처녀[557]를 들겠다. 이 모든

---

557 CW주 86) 전설에 따르면 초기 기독교인인 성 우르술라Ursula와 그녀를 따르는 만천 명의 처녀는 콜로뉴에서 학살됐다. 학살된 처녀의 숫자는 우르슬라의 동료인 운데시밀라Undecimilla의 이름에 기인하는 것으로 보인다. 그 이름은 라틴어로 만천 명이라는 뜻이다.

것은 그의 관념 속에서는 〈수, 57c〉 "성스러운 것"이라는 점을 공통으로 갖고 있다. 그렇다 할지라도 그 모든 것은 동시에 전적으로 서로 다른 사물이며 그렇게 서로 다르므로 각자는 규정된 것이다. 그런 규정성에 관해 말할 때라면 그것이 성스럽지 않은 측면인 한에서 그것에 관해 말하는 것이다.

노동은 지대가 아니며, 지대는 국가가 아니다. 그것이 관념 속에 지닌 성스러움과 무관하게 국가나 지대나 노동이 무엇인지를 규정하는 것이 중요하다. 이제 성 막스는 이런 방식으로 말한다: 즉 그는 마치 국가나 노동에 대해 말하는 것처럼 보이지만, 〈W, 265〉 결국 국가{국가 .... 등}[558]를 어떤 이념이 실현된 것으로 말한다. 그는 국가를 사랑, 대자 존재, 지속적 존재, 개별자를 지배하는 존재가 실현된 것이라고 말하다가 생각을 더 발전시켜 끝내 국가를 "성스러운 것"이 실현된 것으로 말한다. 차라리 처음부터 성스러운 것이라고 말해도 됐을 것인데 말이다. 또는 노동에 관해 그건 인생의 목표이며, 소명이고, 사명이며—결국 "성스러운 것"으로 간주될 거라고 말한다. 즉 이미 앞에서 준비했던 방식과 마찬가지 방식으로 국가나 노동은 우선 성스러운 것 가운데 특수한 유 아래 포섭하다가는 다시 이 특수한 유를 일반적인 "성스러운 것" 아래 포섭한다. 이 모든 것은 굳이 노동과 국가에 관해 어떤 것을 말하지 않고서도 일어날 수 있다. 이런 방식으로 씹은 껌은 필요한 때는 항상 다시 씹을 수 있다. 왜냐하면 겉보기에 비판의 대상이 되는 모든 것은 우리의 산초가 다만 추상적 이념, 다시 말해 주어의 자리로 자리를 이동한 술어를 성스러운 것으로 단정하기 위한 구실로 이용하는 것일 뿐

---

[558] 역주) 이 부분은 수고에서 갉아 먹힌 상태이며, W는 이 부분을 '국가'로 복원했지만, GA2는 이 부분을 '국가 .... 등'으로 복원했다.

이다.(이 이념이나 술어는 성스러운 것을 종류별로 구색을 갖추기 위해 갖춘 것에 불과하며 이런 것을 위해 써먹을 재고는 충분하게 항상 마련된다.) 그러니 비판의 대상이란 이미 처음부터 성스러운 것으로 선언하게 예정된다. 그는 모든 것은 "성스러운 것의 또 다른 예"라고 말하면서, 실상 이 모든 것을 더할 나위 없이 우아한 표현으로 축약했다. 규정을 탐문하고 내용을 고민해야 할 필요는 전혀 없다. 조금만 더 상세하게 고찰해 본다면, 그런 규정은 하나의 규정이 있는 것도 아니고 내용이 있는 것도 아니며 무지막지한 몰상식에 불과하다는 점이 드러난다. 이런 싸구려 "사유의 기교"를 이용한다면 대상을 알기 전에 미리 완성하지 못하는 대상이란 없지만, ⟨수, 58⟩누구나 그런 것쯤이야 예전처럼 10분이 아니라 5분 만에라도 파악할 수 있다. 성 산초가 『주석』에서 ⟨GA2, 340⟩포이어바흐와 사회주의 그리고 부르주아 사회를 다루는 "논의들"을 보면 겁이 날 정도이지만, 하늘만이 알리라, 그가 아직도 알지 못하는 무엇이 더 남아 있는가를. 이 논의들은 여기에서 미리 잠정적으로 아래와 같은 가장 단순한 표현으로 축약할 수 있을 것이다.

최초의 논문: 성스러운 것의 예 중의 하나는 포이어바흐다.

두 번째 논문: 성스러운 것의 또 다른 예는 사회주의다.

세 번째 논문: 성스러운 것의 또 다른 예는 *시민 사회*다.

네 번째 논문: 성스러운 것의 다른 예는 슈티르너의 방식으로 쓰인 "논문"이다.

 등등. 이런 방식으로 in infinitum⟨무한히⟩반복된다.

두 번째 벽이 있다면 그것은 모든 개인은 ⟨W, 266⟩다른 개인과 전적으로 다른, 유일한 존재라는 그의 개인적인 주상이나. 약간만 숙고해 본다면 성 산초는 이 벽에 부딪혀 필연적으로 난파하게 되어 있음이 틀림없다. 모든 개인은 전적으로 다른 존재이며 따라서 타자이므로, 한 개인에 대해서 낯선, 성스러운 존재는 다른 개인에 대해서 그런 존재일 필요는 전혀 없으며, 심지어 다른 개인에게는 그런 존재는 존재하지 않을 수 있다. 그리고 국가나 종교, 도덕성 등과 같은 이름이 공통적인 것이라 할지라도, 그 때문에 우리가 속아서는 안 된다. 왜냐하면 이런 이름들은 개인 사이에 존재하는 실제 관계에 대한 추상에 불과하며, 유일한 존재인 개인이 이런 대상들에 대해 각기 전적으로 다르게 관계를 맺는다면 각각의 개인에게 특유한 대상이 되며, 따라서 다만 이름만 서로 공통적일 뿐이지 전적으로 차이 있는 대상이 되기 때문이다. 그러므로 성 산초가 해도 됐던 말이라면 기껏 이런 말이다: 국가, 종교 등은 나에게 즉 성 산초에게 낯선 것이며 성스러운 것이다. 그런데 그는 그렇게 말하는 대신 국가나 종교 등은 그가 보기에 절대적으로 성스러운 것이니 따라서 모든 개인에게 성스러운 것이어야 한다고 말한다.―도대체 이런 방식으로 그는 구성된 자아 즉 자족적인 이기주의자 등을 주조해 냈다. 또 이런 방식으로 그는 자기의 전체 『경전』을 서술할 수 있었다. 각각의 "유일자"를 그 각각에 고유한 "유일성"의 척도로 삼으려는 생각은 어찌해 그에게 떠오르지 않았던 것일까? 또한 그가 얼마나 자주 그 자신의 "유일성"을 다른 모든 개인에게 척도이자 도덕적 규범으로 강요하고 진정한 도덕가처럼 다른 개인을 그의 프로크라테스의 침대[559]에 〈수, 58a〉내던졌던가? 이런 것은 무엇보다도 자고해 땅에 묻힌 클롭스

---

[559] W주 112) 프로크라테스―그리스 전설에 나오는 도둑, 그는 자기의 수중에 떨어진 모든 사람을 침대에 누였다는 인물이다. 사람이 키가 너무 짧으면, 그는 망치로 두들겨 늘렸으며 너무 길면 강제로 잘랐다. 프로크라테스의 침대는 모든 것을 강제로 재단하는 강압적 처지나 도식에 사용되는 격언이다.

톡Klopstock[560]에 관한 그의 판단이 이미 보여 주고 있다. 그는 클롭스톡을 비판하는 도덕의 준칙을 제시한다: "클롭스톡은 종교에 대해 전적으로 자기만의 태도를 보여야 했다." 만일 그렇게 했다면 클롭스톡은 올바른[richtig] 결론("슈티르너"가 예를 들어 화폐에 관해서 셀 수 없을 정도로 여러 번 스스로 내렸던 결론)이 그래야 하는 것처럼 자기만의 종교를 세우는 것이 아니라 "종교를 해소하거나 해체하는"(85쪽) 결론을 얻었을 것이며 또 자기만의, 유일한 결론 대신 일반적인 결론을 얻었을 것이라 한다. 이런 슈티르너의 요청에 따르면 클롭스톡은 "종교를 해소하고 해체한다"는 주장에 도달하지 못했던 것처럼 가정된다. 〈GA2, 341〉그래서 그런 식의 해결이 유일한 존재인 클롭스톡에게 오직 나타날 수 있었던 해결로 가정된다. "슈티르너"는 클롭스톡을 여러 번 실패 끝에 간신히 모방하기에 성공했으니 그는 그런 식의 해결이 클롭스톡에게 이미 나타나는 유일한 해결이라는 사실을 눈치챌 수 있었다. 클롭스톡이 종교에 대해 취한 태도는 비록 전적으로 독특한 것이며 종교에 관해서 클롭스톡을 모름지기 클롭스톡으로 만드는 태도였다. 그런데도 슈티르너는 클롭스톡의 태도가 "자기만의 것"은 아니었다고 가정한다. 클롭스톡이 개인 클롭스톡으로서가 아니라 근대 독일 철학자로서 종교에 관해 관계했어야 비로소 클롭스톡은 종교에 대해 "자기만의"[561] 태도를 보였다고 인정할 것인가 보다.

"통상적인 의미에서 이기주의자"는 첼리가처럼 유순한 사람은 아니며 이미 위에서 보았듯이 온갖 종류의 악다구니를 퍼붓는 자이므로

---

560 W주 113) 클롭스톡Klopstock의 『메시아Messias』를 참고하라.

561 CW주) 'eigen'이란 말의 말장난, 이는 '자기만의', '자기에게 속하는', '특유한', '이상한' 등의 뜻을 가지고 있다.

여기서 우리의 성자에게 다음과 같이 시비를 건다: 여기 현실 속에서는 나의 이익이 문제이지, 다른 것은 아무것도 문제 되지 않는다. ⟨W, 267⟩이게 세상의 이치이니 rien pour la gloire⟨대가 없으면 아무것도 없다.⟩ 게다가 설혹 천국에서 영원히 산다는 보상을 더 주더라도 나는 취미가 없다. 내가 이런 이기주의라는 관념을 희생하고 나에게는 한 푼도 벌어주지 않는 자족적인 이기주의라는 의식으로 대신해야 한다는 말이냐? 철학자들은 내게 그건 사람이 할 짓이 아니라고 말한다. 나를 놀리는 거냐? 나는 인간이 아니냐? 내가 하는 것은 내가 하는 것이니 그 모두 인간적인 일이 아니냐? 도대체 타인이 나의 행위를 어떻게 "씹는"지를 걱정하라는 말이냐? 그대, 산초, 그대도 철학자이지만, 파산 선고를 받은 철학자이고, 이미 그대의 철학 때문에 돈 번 것도 없고 그대가 이미 파산했으니 그대의 사상을 대가로 은행 빚을 낼 수도 없음에도 그대는 나에게 내가 종교에 대해 나만의 태도를 보이지 않는다고 말한다는 말이냐. 그대는 내게 ⟨수, 58b⟩다른 철학자들이 말하는 것과 똑같은 것을 말한다. 하지만 차이가 있으니 그대의 말에는 항상 그랬지만, 어떤 의미도 없다. 왜냐하면 다른 사람이 "인간적인 것"이라고 말하는 것을 그대는 "고유한 것"이라고 말하기 때문이다. 그대는 어찌 그대의 고유성 말고 타인의 고유성에 대해서는 말하지 않고 자기만의 태도를 다시 모든 사람의 일반적 태도로 전환할 수 있다는 말이냐? 그대가 원한다면 나 역시 나만의 방식으로 종교에 대해 비판적인 태도를 보인다. 우선 나는 종교가 나의 commerce⟨거래⟩ 속에 들어와 거래를 어지럽히면 그러자마자 종교를 포기하는 데 조금도 망설이지 않는다. 또 말하자면 내가 종교적인 인물로 여겨진다면 그것이 나의 사업에 기여하기 때문이다.(내가 여기 지상에서 먹는 과자를 프롤레타리아가 적어도 천국에서는 먹을 수 있다면 그것이 나의 프롤레타리아에게 기여하는 것과 마찬가지다.) 마지막으로 말하자면 나는 천국을 내 재산으로 만든다. 나에게 천국은 une propriété ajoutée à la propriété〈재산 위에 쌓인 재산〉이다. 하긴 그대와는 전혀 다른 사람이었던 몽테스키외가 천국은 une terreur ajoutée à la terreur〈테러 위에 쌓인 테러〉라고 나에게 알려주려 했던 것은 사실이다. 누구도 내가 천국에 관계하는 방식대로 천국에 관계하지 않는다. 또한 내가 천국과 맺는 이 유일한 계약 관계를 통해 천국은 유일한 대상이 되며, 유일한 천국이 된다. 그러므로 그대는 나의 천국이 아니라 기껏해야 나의 천국에 대한 그대의 관념을 비판하고 있다. 이제 뭐라고? 불멸이라니! 웃기지 말라. 그대가 철학자의 마음에 들려고 주장하는 것과 같이 나도 개인적인 이기주의[mein Egoismus]를 부인한다. 왜냐하면 나는 나의 이기주의를 영원한 것으로 만들기 때문이며 또한 자연법칙이나 사유법칙조차도 어떤 순간에 이르면 〈GA2, 342〉무의미한 것이 된다고 생각하기 때문이다. 그 순간이란 곧 내가 생산한 것이 아니면서 나를 최고로 불쾌하게 만드는 규정 즉 죽음이 나의 현존에 다가오는 순간이다. 너는 불멸성을 "권태스러운 안정"이라 부른다.─그렇게 말하니 그 말은 꼭 계속해서 "활기찬" 삶을 살 수가 없다는 말로 들린다. 즉 차안[此岸]에서와 마찬가지로 피안[彼岸]에서도 그럭저럭 장사를 벌이고, 그대의 『경전』과 다른 사물들에 기웃거리면서 살아가는 삶 말이다. 무엇이 죽음보다 더 안정적일 수 있겠는가? 죽음은 나의 운동을 나의 의지에 반해서 끝내고 나를 일반성, 자연, 유 그리고 성스러운 것 속에 침전하기 때문이다. 그리고 이제 심지어 〈W, 268〉국가, 법률, 경찰이라니! 그런 것들은 많은 "자아"에 낯선 힘으로 나타날지도 모른다. 나는 그것들이 나의 고유한 힘이라는 것을 안다. 게다가─이점에 대해 부르주아는 이번에는 감사한 마음으로 고개를 끄덕이면서 우리의 성자에게 다시 등을 돌린다-나로 말하자면 계속해서 종교와 천국, 신 등을 비난하는 호통을 칠 뿐이다. 나는 역시 내가 관심을 가지는 모든 것 속에서 즉 사적 소유와 가치, 가격, 화폐, 구매와 판매 속에서 네가 항상 "개인적인 것"을 본다는 것을 안다.

우리는 이미 알듯이 개인은 서로 차이가 있다. 그러나 각 개인은 다시 자기 내에서 차이를 지닌다. 그러므로 성 산초는 이런 성질 가운데 하나 속에 자기를 반영하면서 즉 자신을 이런 규정 가운데 하나 속에 있는 "자아"로 파악하면서, 반면 다른 성질이 관계하는 대상과 다른 성질들은 낯선 것으로, 성스러운 것으로 〈수, 58c〉규정한다. 그는 자기의 모든 성질을 차례차례 이런 방식으로 규정할 수 있을 것이다. 그래서 예를 들어 그의 육체에 대해 대상이 되는 것은 그의 정신에 대해서는 성스러운 것이며 또는 그의 휴식의 필요에 대해서 대상인 것은 그의 운동의 필요에 대해서는 성스러운 것이 된다. 이런 기교에 기초해 그는 앞서 서술한 것과 같이 행위든 무위[無爲]든 모두 자기를 부인하는 것으로 전환한다. 게다가 그의 자아는 어떤 *실제* 자아가 아니며 오히려 위에서 말한 등식 속에 있는 자아에 불과하며, 형식논리학에서 판단론 학설에서 *임의의 철수*Cajus[562]로 표현되는 것과 같은 자아다.

"또 다른 예" 즉 세계를 표준화하는 더 일반적인 예를 들자면 실천상의 충돌 즉 개인이 실천적 삶에서의 그의 생존 조건과 충돌하는 것이 관념적인 충돌로 즉 개인이 스스로 만들거나 머릿속에 들어 있는 관념과 개인이 충돌하는 것으로 전환되는 것을 들 수 있다. 이 기교도 또

---

562 CW주 87) 카유스Cajus는 형식논리학에 관한 많은 교과서와 다른 저서가 특히 삼단논법에서 인간 존재[판단의 주어]를 지칭하기 위해 사용하는 이름이다.

한 매우 단순한 것이다. 성 산초는 앞서 이미 개인의 사상을 자립적인 것으로 만들었듯이 여기서 그는 실제 충돌을 관념적으로 반영하는 거울상을 실제 충돌에서 분리해 자립적인 것으로 만든다. 개인이 처한 실제 모순은 개인이 그의 관념과 부딪히는 모순으로 또는 성 산초 역시 더 단순하게 표현하듯이 관념 *자체*, 성스러운 *자체*와 부딪히는 모순으로 전환된다. 그는 이런 방식으로 실제 충돌 즉 관념적인 모사의 원형을 이데올로기 상의 〈GA2, 343〉가상이 낳은 결과로 전환하는 일을 수행한다. 그래서 그는 실천 상의 충돌을 실천적으로 제거하는 것이 아니라 *이런 충돌에 관한 관념을 포기하는 것*이 중요하다는 결론에 이른다. 이런 *포기*야말로 탁월한 도덕가가 되고자 하는 사람들에게 그가 긴박하게 요구하는 것이다.

 성 산초는 개인이 처한 모순이나 충돌 전체를 한편으로 이런 개인이 다른 한편으로 그가 만들었으나 오히려 그가 종속했던 자신의 관념과 모순에 부딪히고 〈W, 269〉충돌하는 것으로 전환한다. 따라서 성스러운 것 *자체*를 관념 *자체*로 또는 성스러운 관념으로 "간단하게" 전환한 이상, 이제 개인에게 아직도 남아 있는 다만 한 가지 할 일이 있다면 그것은 곧 개인이 성스러운 정신을 침입하고 이런 성스러운 관념을 제거하고 성스러운 것을 유령으로 선언하는 일이다. 개인이 스스로 기도하는 이와 같은 논리적인 기만은 우리의 성자가 보기에는 이기주의자의 최고의 노력으로 여겨진다. 그러나 다른 한편 역사적으로 출현한 모든 갈등과 운동에 관해 아무것도 모르면서 이기주의자의 관점에서 이런 갈등과 운동을 이런 방식으로 저차원적인 것으로 선언하는 것이 얼마나 쉬운 일인가를 누구나 알아차릴 수 있을 것이다. 그는 이런 때 나타나는 상투어 가운데 몇몇을 떼어내어서 이미 가리킨 대로 "성스러운 것"으로 전환하며 개인을 이런 성스러운 것에 얽매인 존재로 서술하며 이어서 자신을 "성스러운 것 자체"를 경멸하는 자로서 심지어 성스러운 것에 대립하는 존재로 인정하기만 하면 되기 때문이다.

이런 논리적인 기교에서 가지 쳐서 나온 또 하나의 기교가 사명[Bestimmung], 소명[Beruf], 임무[Aufgabe] 등과 같은 말을 이용하는 방식이며 이는 우리 성자의 애완물이다. 이런 방식을 통해 모든 임의적인 것을 성스러운 것으로 전환하는 것은 그에게 무한히 쉬운 일이 된다. 사명, 소명, 임무 등과 같은 말을 통해 결국 개인의 개인적인 관념이 어떤 다른 것으로서, 실제로서, 낯선 것으로서 따라서 성스러운 것으로서 나타나며 또한 그가 어떤 존재가 돼야 하는가에 관한 그 자신의 관념이 그의 자격[Berechtigt]이며, 이상이며, 성스러운 것으로 간주되며, 그의 실제 존재에 대립해 인정된다. 따라서 성 산초는 그가 필요로 한다면 어디서나 다음과 같은 동격의 계열을 통해 모든 것을 성스러운 것으로 전환할 수 있다: 자기를 규정한다 즉 자기에게 하나의 규정을(여기에 하나의 임의적인 내용을 집어넣는다) 정립한다, 이 규정을 자기에게 성스러운 것으로서 즉 성스러운 것을 이런 규정으로 정립한다, 달리 말하자면, 규정된다 즉 어떤 규정이 있다, 규정 자체가 있다, 성스러운 규정이 있다, 규정을 성스러운 것으로 삼는다, 성스러운 것을 규정으로 갖는다, 성스러운 것을 규정으로 삼는다, 성스러운 것의 규정을 갖는다고 한다.

이제 그가 필요로 하는 것은 소명 없음이라는 소명을, 사명 없음이라는 사명을, 임무 없음이라는 임무를 〈GA2, 344〉스스로 정립하라고 인간을 강력하게 훈계하는 것밖에 없다. 그러나 그는 『경전』 전체에서 『주석』에 "이르기까지" 인간에게 명백한 사명을 정립하고, 임무를 정하며, 인간에게 사막에서 진정한 이기주의의 복음을 간구하는 자라는 소명을 부여하는 것밖에 하지 않는다. 물론 그 복음에는 이런 말이 쓰여있다: 모든 사람이 소명을 받았지만, 다만 한 사람-오코넬-만 선택받았다.[563]

⟨W, 270⟩우리는 이미 위에서 성 산초가 개인이 지닌 관념을 그의 생활 조건이나, 실천에서의 충돌과 모순에서 어떻게 분리하고 이어 그 관념을 성스러운 것으로 전환하는지 보았다. 이제 여기서 이 관념은 사명이나 소명, ⟨수, 59a⟩임무의 형식으로 나타난다. 성 산초에게서 소명은 이중적인 형태가 있다. 첫째 형태는 타인이 나에게 정해준 소명이다. 그것의 예라면 우리는 이미 위에서 정치 기사가 넘치는 신문에서 그리고 우리의 성자가 도덕 개선의 집으로 오인한 감옥에서 발견했다. {⟨W, 노트 60: 270-하단 주: 수고에서 삭제⟩⟨수, 59a-하단 주⟩소명의 유형에 관해서라면 우리는 이미 위에서 상세하게 언급했다. 그것에 따르자면 한 계급의 생활을 위한 조건 중의 하나가 이 계급을 구성하는 개인에서 분리되어서 모든 인간에 대한 일반적인 요구로 제시되며 또 부르주아는 그에게 현존하지 않으면 안 되는 정치와 윤리를 모든 인간의 소명으로 삼는다.} 두 번째 형태의 소명은 개인이 스스로 믿는 소명으로 나타난다. 자아가 자아의 경험적인 생활 조건에서, 자아의 활동과 자아의 현존조건에서 분리된다면 그리고 자아의 밑바닥에 있는 세계와 자아의 개인적인 육체에서 분리된다면, 이 자아는 오직 논리적 판단에서 주어 사용되는 Cajus⟨철수⟩를 표현할 뿐이다. 그러므로 이 자아는 결국 위에서 소개한 등식을 입증하면서 성 산초를 돕는 것밖에 다른 소명이나 다

---

563 CW주)『마태복음』, 22장 14절: 부름 받은 사람은 많으나, 뽑힌 사람은 적다. GA2주 참조) 다니엘 오코넬은 슈티르너가 널리 알려진 자선가의 예로 인용했다.

른 사명을 가지지 않는다. 그런 자아에 반해서 실제의 개인은 욕구를 지니므로, 이미 이것을 통해 그는 *직업*을 가지고 *임무*를 맡는다. 이런 때 개인이 이런 직업이나 임무를 동시에 관념 속에서 자신의 소명으로 삼는가 아닌가는 처음에는 여전히 무차별하다. 그러나 자명한 것은 개인이 의식을 가지고 있으므로, 그의 경험적인 생존을 통해 그에게 주어지는 직업에 관해 어떤 관념을 가지게 된다. 그 덕분에 성 산초는 "소명"이라는 말에 집착하고 즉 개인의 실제 생활 조건을 관념으로 표현하는 것에 집착하고 이런 생활 조건 자체는 무시해버릴 여지가 생겨난다. 예를 들어 프롤레타리아는 모든 사람이 그러하듯이 자기의 욕구를 충족하기 위해서 직업을 가지나, 그가 다른 사람과 공통으로 지닌 욕구를 한 번도 충족할 수 없고, 14시간 동안 필수적으로 노동하는 것 때문에 짐을 나르는 동물과 같은 수준으로 격하되며, 경쟁 때문에 물건이나 거래 품목으로 격하되고 그에게 남아 있는 유일한 지위인 단순한 생산력이라는 지위에서 다른 강력한 생산력을 통해 추방되고 있다.-이런 프롤레타리아는 이미 이런 이유로 ⟨수, 59b⟩그의 상황을 변혁하는 실제 임무를 갖는다. 물론 그는 이런 것을 그의 "소명"이라고 생각할 수 있으며 또한 선전문을 쓰는 때 이런 그 자신의 "소명"을 표현하면서 이런저런 일을 하는 것이 프롤레타리아의 인간적인 소명이라고 말할 수도 있다. 그의 처지가 그에게 직접 ⟨W, 271⟩⟨GA2, 345⟩주어진 인간의 본성에서 출현하는 욕구를 충족하는 것을 한 번도 허용하지 않았으니 더욱 더 그렇게 표현할 수 있을 것이다. 성 산초는 이런 관념의 밑바닥에 놓인 실질적인 것에 무관심하며, 이런 프롤레타리아의 실천적 목표에 무관심하다. 그는 "소명"이라는 말에 집착하며 이 소명을 성스러운 것으로 선언하며 프롤레타리아를 성스러운 것의 노예라고 선언한다.-이는 잘난 체하며 뽐내는 가장 쉬운 방식이다.

특히 지금의 생활 상황에서는 항상 어떤 한 계급이 지배했고, 개인의 생활 상황은 항상 계급의 생활 상황과 합치했으며, 따라서 모든 새로이 출현하는 계급의 실천적 임무가 그 계급에 속하는 모든 개인에게는 *일반적인* 임무로 나타나야 했으며 또한 어느 계급이라도 자기에 선행하는 지배 계급을 전복할 수 있으려면 *어느 계급이든* 계급에 속하는 개인을 그때까지 각자에게 존재하는 사슬에서 해방해야만 한다. 특히 이런 상황에서는 지배를 추구하는 계급에 속하는 개인의 임무는 인간의 일반적인 임무로 서술될 수밖에 없었다.—게다가 예를 들어 부르주아가 프롤레타리아를 꾸짖으며 프롤레타리아가 인간으로서 갖는 임무는 매일 14시간 노동하는 것이라 훈계할 때, 프롤레타리아는 같은 언어로 그의 임무는 오히려 전체 부르주아 체제를 전복하는 것이라고 대답할 전적인 권리를 지닌다.

우리가 이미 여러 번 성 산초가 임무를 어떻게 차례로 끝까지 나열했는지를 보았다. 그 끝에 인간이면 누구에게나 현존하는 임무 즉 진정한 이기주의라는 임무가 제기된다. 그러나 굳이 반성하지 않더라도 즉 자신을 창조자이면서 동시에 피조물로서 인식하지 않더라도 그는 다음과 같은 누더기 같은 구별 방법을 이용해서 그런 이기주의라는 임무에 이를 것이다:

466쪽: "그대가 애를 써서 그 이상의 것을 사유하기를 바랄지는 그대에게 달려 있다. 그대가 스스로 사유하면서 어떤 중요한 것을 성취하고자 원한다면, 따라서"(그런 사유의 조건이나 규정의 시작은 그대에게 달려 있다) "따라서 .... 사유하기를 원하는 자가 지닌 임무는 물론 그가 *의식하거나 의식하지 못하든 간에*, 그가 앞에서와 같은 의지로 정립한 임무이다. 그러나 아무도 사유를 임무로 갖지 않는다."

우선 이 문장의 그 밖의 내용은 제쳐놓더라도 이 문장은 〈수, 59c〉성 산초의 자신의 입장에서 볼 때 이미 부당하다. 왜냐하면 자족적인 이기주의는 그가 원하든 원치 않든 간에 사유를 "임무"로 하는 것은 당연하기 때문이다. 자족적 이기주의는 한편으로 육체는 다만 정신과 사유를 통해서만 묶어둘 수 있으니 육체의 고삐를 잡기 위해서 사유해야 하며 다른 한편으로 창조자이며 동시에 피조물이라는 그의 반성 규정을 충족할 수 있기 위해서 사유해야 한다. 따라서 그 역시 기만당한 이기주의자의 전체 세계에서 자기를 인식하는 "임무"를 제기한다.—이 "임무"는 사유 없이는 수행될 수 없을 것이다.

〈GA2, 346〉이 문장을 누더기 같은 구별 방법에서 끄집어내어서 〈W, 272〉논리적인 형식으로 옮기려 한다면, 우선 "중요한 것"이라는 말을 소거할 필요가 있다. 모든 인간이 사유 속에서 성취하려고 하는 중요한 것은 그의 교양 수준과 그의 생활 상황 그리고 그 순간에서의 그의 목적에 따라서 다르다. 그러므로 여기서 성 막스는 인간이 사유를 통해 제기하는 자기의 임무가 *언제* 시작되는지, 자기에게 어떤 임무를 제기히지 않고시 일마나 밀리까시 사유할 수 있는지에 관해 어떤 고성된 기준을 우리에게 전혀 제시하지 않는다.—그는 "중요한 것"이라는 상대적인 의미를 지닌 표현으로 만족한다. 그러나 "중요한 것"이라는 말은 나에게 너의 사유를 자극하는 모든 것이며, 내가 사유하는 대상은 모두 "중요한 것"이다. 따라서 "그대가 스스로 사유하면서 어떤 중요한 것에 이르고자 원한다면"이라는 말 대신 "그대가 도대체 *사유*하고자 한다면"이라고 말해야 한다. 그러나 이것은 그대가 원하는가, 원하지 않는가에 전혀 의존하지 않는다. 왜냐하면 그대는 의식을 가지고 있으며 그대의 욕구를 오직 활동을 통해서만 충족할 수 있기 때문이다. 그대는 그대의 의식조차도 이런 활동에 이용해야 한다. 나아가서 위의 문장에서 "그대가 사유하기를 원한다면"이라는 가언[假言] 형식은 제거돼야만 한다. - 이런 방식으로 그대는 처음부터 사유하는 "임무"를 그대에게 제기한다. 성 산초는 이런 동어반복적인 문장을 가지고 그렇게 잘난 채 떠들 필요는 없다. 그 전체 문장은 일반적으로 누더기 같은 구별 방법과 잘난 체하는 동어반복이라는 형식으로 뒤덮여 있어서 다음과 같은 내용을 감추고 있었다: 그대는 *특정한* 존재이며 실제적인 존재이므로 규정이든 임무든 가지고 있으며 이는 그것에 관해 그대가 의식하든 의식하지 않든 상관없다. {〈W, 노트 61: 272-하단 주: 수고에서 삭제〉〈수, 59c-하단 주〉그대는 동시에 규정과 임무를 정립하지 않고서는 살 수도, 먹을 수도, 잠잘 수도, 움직일 수도, 어떤 것이든 마음대로 할 수도 없다.-그러므로 우리는 비로소 이런 이론을 통해 속이는 것과 같은 임무 설정이나 소명 등을 탈피하는 대신 적절하게도 모든 생활의 표현을 곧 삶 자체를 임무로 전환한다.} 〈수, 60〉임무란 그대의 욕구와 그대가 그대의 앞에 존재하는 세계에 대해 갖는 연관에서 나온다. 산초가 본래 깨달은 지혜란 그대가 사유하고 살고 하는 등, 일반적으로 말해서 어떤 규정을 갖는지는 그대의 의지에 의존한다는 사실에서 유래한다. 그대의 의지에 의존하지 않는다면 그 규정은 성 산초가 두려워하는 대로 그대의 자기규정이기를 중단할 것이다. 그대기 그대의 자신을 그대가 반성한 것과 동일시하고 또는 필요하다면 그대가 의지한 것과 동일시한다면, 이런 추상 속에서 그대의 반성이나 그대의 의지를 통해 확정되지 않은 모든 것은 자기규정이 아니라는 사실은 자명하다. 그러므로 예를 들어 그대의 숨결과 그대의 피의 순환, 사유, 삶 등은 자기규정이 아닐 것이다. 그러나 성 산초에게서 자기의 규정은 한 번도 의지 속에 있지 않으며 우리가 진정한 이기주의자에게서 이미 보았듯이 모든 규정에 대해 무차별한 reservatio mentalis〈판단 (은밀한) 유보〉속에 있다. 이런 무차별성은 무규정성으로 되돌아온다. 그것은 그에게 "고유한"〈W, 273〉동격 계열을 따라 다음과 같이 확장된다:〈GA2, 347〉그는 무규정성을 모든 실제 규정에 대립하는 하나의 규정으로 확정하고, 매 순간 존재하는 자기에서 분리해서 그런 무규정성이 되니 또한 그는 매 순간 그와 다른 사람이 된다. 그는 제3의 인격이며 그것도 바로 그 타자이며, 성스러운 타자이고, 어떤 유일성에도 대립하는 타자이며, 무규정자이며, 일반자이고, 상식적인 존재이고, 룸펜이다.

성 산초는 규정당하는 위기 앞에서 무규정성으로의 도약을 통해(무규정성은 그 자체 하나의 규정이며, 그것도 가장 나쁜 규정이다) 자기를 구하지만, 이런 식의 [사유의] 기교가 가진 실천적이고 도덕적 내용은 지금까지의 세계에서 모든 개인에게 강요된 소명을 변호하는 것에 불과하다. 이 내용과 관련해 우리는 이미 위에서 진정한 이기주의자를 다룰 때 전개한 사실은 제쳐놓으려 한다. 예를 들어 노동자가 선전하는 공산주의가 타당하다면, 자기를 다양한 측면에서 즉 자기의 모든 소질을 발전하는 것이 인간으로시의 소명이며 사명이고 임무일 것이며,〈수, 60a〉이 가운데에는 예를 들어 사유의 소질도 포함될 것이다. 그런데 성 산초는 오직 낯선 것을 향한 소명 즉 "성스러운 것"을 정당화하는 것만을 공산주의적 인간의 소명과 사명, 임무에 속하는 것으로 파악한다. 그래서 그는 이런 성스러운 것에서 해방되기를 추구하면서 개인을 보호한다. 그런 개인이란 노동 분업을 통해서 자신을 희생한 대가로 훼손된 개인이며 일면적인 직업에 종속된 개인이며 그 결과 그 개인은 그에게 고유한 욕구이기도 하며 다른 사람을 통해 그의 소명으로 *주장된* 욕구 다시 말해서 다르게 되고 싶은 욕구에 대립하게 된 개인이다. 공산주의에서 소명이라거나 사명이라거나 하는 형식 아래 정당화된 것은 다름 아니라 노동 분업을 통해서 지금까지 실천을 통해 생겨난 직업 즉 유일하게 실제로 존재하는 직업을 부인하는 것이다.-그러므로 이는 직업 일반을 부인하는 것이다. 개인의 소질을 실제로 발전하게 촉진하는 세계의 원동력이 개인의 통제 아래 들어올 때 비로소 개인을 전면적으로 실현하는 것이 더는 이상이나 소명 등과 같이 관념적으로 파악되기를 그칠 것이다. 이것이 공산주의가 원하는 것이다.

결론적으로 이기주의자의 논리 속에서 등장하는 소명에 관한 온갖 허튼소리의 소명은 사물 속에 들어있는 성스러운 것을 들여다볼 가능성을 마련하고 사물을 손도 대지 않은 채로 무화[無化]할 수 있는 능력을 갖추는 것이다. 그러므로 예를 들어 노동이나 영업 등과 같은 것조차도 이런 사람 또는 저런 사람의 소명[Beruf]으로 간주된다. 이를 통해 그런 일들은 성스러운 노동이 되고, 성스러운 영업이 되고, 성스러운 것 자체가 된다. 노동이나 영업과 같은 일은 진정한 이기주의자에게는 직업[Beruf]으로 간주되지 않는다. 그렇게 한 후 진정한 이기주의자는 성스러운 노동과 성스러운 영업을 제거했다. 그렇게 함으로써 노동과 영업은 현재 그대로[was sie sind] 유지하며, 이기주의자는 과거 그대로[was er war] 지속한다. 이기주의자는 노동이나 영업 등 즉 개인의 생존방식이 지닌 실제 내용이나 과정을 이데올로기적인 관념으로 귀결시키고, 그런 이데올로기적 관념을 자립적인 존재로 만들어 즉 그의 표현을 빌리자면 말씀화[kanonieren]하면서 그것과 투쟁한다. 직업을 그렇게 관념화할 필요는 없지 않은가를 탐구할 생각은 이기주의자에게는 떠오르지 않는다.

〈W, 274〉성 산초는 공산주의를 말씀화했다. 그 목적은 나중에 연합을 다룰 때, 공산주의를 성스러운 것으로 보는 그의 관념을 자신의 발명품으로 사람들에게 더 잘 전달하기 위한 것이었다. 그가 이렇게 하자 그에 따라 그는 더욱더 공산주의가 주장하는 "소명, 사명, 임무 등"을 야단치지만, 그 목적은 다만 이런 것들을 *정언명령*으로 그의 전체『경전』속에 재생하기 위한 것일 뿐이다. 어려움이 발생하면 어디서나 산초는 이런 어려움을 아래와 같은 정언명령으로 타개한다: "당신들을 가치 있게 만들라.", "당신들을 다시 인식하라.", "모든 사람은 전능한 〈GA2, 348〉자아가 돼라." 등. 정언명령에 관해「연합」절을 보고, "소명" 등에 관해서는「자기 향락」절을 보라.

〈수, 60b〉우리는 지금 성 산초가 현존하는 세계를 말씀화하고 이를 통해 이 세계를 비판하고 해체하는 수단 중에 가장 중요한 논리적인 기교를 제시했다. 그는 다만 세계에 나타나는 성스러운 것을 해체할 뿐 세계 자체에 손대지 않는다. 따라서 그가 실천적으로 보수적인 태도를 보일 수밖에 없다는 사실은 자명하다. 그가 비판을 원했더라면 현세에서의 비판은 어떤 [성스러운 것의] 후광이 사라진 바로 그곳에서 시작해야 할 것이다. 진보하는 생산력과 한 사회의 통상적인 교류 형식 사이의 대립이 더 심화하고 그것을 통해 이런 생산력과 지배 계급의 조건 사이의 대립이 더 심화할수록, 따라서 지배 계급 자체 내부에서 분열이 더 커지고 지배 계급과 피지배 계급과의 분열이 더 커지면, 이 통상적인 교류 형식에 근본적으로 상응하는 의식은 진리에서 더 멀어진다는 점은 당연하다. 즉 의식은 교류 형식에 상응하는 의식이 되기를 중지한다. 또한 이런 교류의 관계에 관해 이전에서 전승된 관념 속에서는 개인의 실제 이해 등등이 일반적인 이해로 표현되어 있었으나 이제 그런 관념은 더욱더 무너지고 말고 단순한 관념화된 상투어로, 의식적인 환상으로, 의도적인 위선으로 격하된다. 그러나 그런 관념이 삶을 통해서 거짓으로 단죄될수록 그리고 의식 자체에 더 의미 없는 것으로 간주될수록 그런 관념은 더 단호하게 타당한 것으로 강요되며, 그 결과 일상적인 사회에서 사용되는 언어가 더 위선적이고 더 도덕적이고 더 성스럽게 된다. 이 사회가 위선적으로 될수록 산초와 같이 순진한 사람은 더 쉽게 곳곳에서 성스러운 것이나 이상적인 것에 관한 관념을 발견한다. 사회가 일반적으로 위선에 빠져 있기에 뭐든지 쉽게 믿어버리는 그런 사람은 성스러운 것에 관한 일반적인 믿음이나 성스러운 것의 지배를 제거할 수 있으며, 이런 성스러운 것을 심지어 그의 발판으로 오인할 수 있다. 그는 이 위선을 통해 Düpe〈기만당한 자〉니 그가 위선에서 오히려 정반대의 것을 추론하는 것도 이해가 된다.

성스러운 것의 세계는 최종적으로는 "*인간*"[564]으로 요약된다. 우리는 이미 그의 「구약」 전체에서 그가 "*인간*"을 지금까지의 역사 전체를 지배하는 활동 주체로 삼는다는 것을 보았다. 그와 마찬가지로 〈W, 275〉「신약」에서는 그는 "*인간*"의 이와 같은 지배를 현재 존재하는 육체적 정신적 세계로 확장한다. 이는 곧 그 지배를 현재 존재하는 개인

---

[564] 역주) 원전에 'der Mensch'은. 의미상 인간 자체, 인간 일반을 의미하는 것으로 보인다. 번역에서는 이탤릭 체로 '*인간*'으로 번역한다. 반면 'der Mensch'는 '인간'으로 번역한다.

의 성질로 확장하는 것이다. 모든 것은 "*인간*"의 것이며 따라서 세계는 "*인간의 세계*"로 전환된다. 성스러운 것이 인격을 지니면 "*인간*"이 된다. *인간*은 그가 보기에 개념 자체, 이념 자체에 대한 다른 이름일 뿐이다. 인간에 관한 관념과 이념은 실제 사물과 분리되어 있으면 당연히 실제 개인이 아니며 철학적 관념 속에 나타나는 개인이며, 그 자신의 실제에서 분리되어서 단순히 사유 속에서 등장하는 개인이며, "*인간*", 인간의 개념을 그 토대로 삼는 것이다. 그의 철학에 대한 믿음이 여기서 정점에 이른다.

⟨GA2, 349⟩이제 모든 것이 "성스러운 것"이나 "*인간*"으로 전환됐으니, 우리의 성자는 이런 전환을 통해 모든 것을 *장악하기*에 이르니 그 방법은 "성스러운 것"에 대한 또는 "*인간*"에 대한 관념을 모든 것을 지배하는 힘으로 선포하는 것이다. 낯선 것이 성스러운 것으로, 단순한 관념으로 전환됐으니, 그가 실제로 낯선 것이라고 오인하는 이 낯선 것에 관한 관념이 그에 속하는 재산이라는 사실은 당연하겠다. 인간이 세계를 자기 재산으로 만드는 근본 형식은(즉 나의 존재가 성스러운 것에 대해 더는 존경하지 않게 된 이후 이제 세계를 점유하는 방식은) 이미 위에서 말한 ⟨수, 60c⟩등식에서 발견된다.

성 산초는 자기의 성질을 지배하는 주인이니, 앞에서 보았듯이 그는 이미 자족적인 이기주의자다. 세계의 주인이 되려면 그는 이 세계를 자기의 성질이 표현된 것으로 만드는 것밖에 다른 것을 할 필요가 없다. 세계를 소유하는 가장 단순한 방식은 그가 "*인간*"의 성질을 그 속에 들어 있는 온갖 무의미한 것과 함께 *자기의* 성질이라고 직접 공표하는 것이다. 그러므로 그는 예를 들어 일반적인 인류애라는 무의미한 말을 자아의 성질로 보고 자기에게 귀속하는 것으로 보인다. 왜냐하면 그는 "

모든 *인간*"을 사랑해야 한다고(387쪽)⁵⁶⁵ 주장하며, 그것도 이기주의자의 의식을 가지고 그렇게 주장하기 때문이다. "인류애는 그 자신을 행복하게 만들" 테니까 말이다.⁵⁶⁶ 이런 복된 천성을 가진 사람은 물론 이런 말을 들어 마땅하다: 화 있을 지어라, 그대. 그대가 이런 *작은 사람* 중의 하나를 화나게 하는구나!⁵⁶⁷.

두 번째 방법은 이런 것이다. 즉 성 산초는 어떤 것을 *자신의 성질*로 보존하려 한다. 이때 그 어떤 것이 관계에서 나오는 것으로 볼 수밖에 없다면 그는 이것을 "*인간*"의 관계와 그 현존 방식으로, *성스러운 관계* 로 전환하며 이를 통해 자기 밖으로 밀쳐 놓는다. 성 산초가 이런 짓을 한 곳을 보자. 거기서 성질은 관계에서 분리되면서 순수한 무의미한 말이 되어 버린다. 왜냐하면 이 관계가 성질을 실현하는 수단이기 때문이다. 그래서 그는 예를 들어 322쪽에서 "민족성을 *산초 자신의 성질*로 그러나 민족은 그 자신을 *소유*하는 *자*이며 주인이라 선언함"으로써 민족적 자부심을 보존하고자 한다.⁵⁶⁸ 이런 방식으로 하자면 그는 이렇게도

---

565   GA2주 재인용) 슈티르너, 『유일자와 그의 소유』, 387쪽: "나는 인간들을 사랑한다. 개별 인간이 아니라 모든 인간을 사랑한다."

566   GA2주 재인용) 슈티르너, 『유일자와 그의 소유』, 387쪽: "그러나 나는 인간을 이기주의의 의식을 가지고 사랑한다. 나는 인간을 사랑한다. 왜냐하면 그 사랑은 나를 행복하게 만들기 때문이다. 나는 사랑한다. 왜냐하면 나에게 사랑이 자연스러운 것이기 때문이며 사랑이 내 마음에 들기 때문이다."

567   CW주)『누가복음』, 17장 1~2절: 예수께서 제자들에게 말씀하셨다. 죄짓게 하는 일이 없을 수는 없다. 그러나 죄짓게 하는 사람에게는, 화가 있다. 이 작은 사람들 가운데 하나를 죄짓게 하는 것보다, 차라리 자기 목에 연자 맷돌을 매달고 바다에 빠지는 것이 나을 것이다.

568   GA2주 재인용) 슈티르너, 『유일자와 그의 소유』, 322/323쪽: "자만은 과잉

말할 수 있었을 것이다: 종교성은 자아의 성질이며, 자아의 〈W, 276〉성질로서 종교성을 포기하는 것은 자아의 의도와는 거리가 멀다.-종교는 자아의 주인이며, 성스러운 것이다. 가족애는 자아의 성질이지만, 가족은 자아의 주인이다. 정의는 자아의 성질이지만, 법은 자아의 주인이고 정치는 자아의 성질이지만, 국가는 자아의 주인이다.

세계를 소유하는 세 번째 방식은 낯선 권력에서 그가 실천적으로 압박을 느끼게 되면 그는 이 낯선 권력을 장악하려 하지 않고 오히려 전적으로 성스러운 것으로 배제하는 방식이다. 그는 이때 낯선 권력 속에서 그 자신의 무기력감을 발견하면서 이 무기력감을 그의 성질로, 그가 창조한 것으로 인정한다. 그러면 창조자인 그는 매 순간 그가 창조한 무기력감을 넘어서게 된다. 예를 들어 국가의 경우가 그렇다. 다행스럽게도 그는 여기에서조차 낯선 것이 아니라 오직 자신의 성질만을 중요한 것으로 〈GA2, 350〉다룬다. 그는 자기를 그런 자기의 성질에 대립해 창조자로서 〈수, 61〉설정하기만 하면 그런 성질을 넘어설 수 있다. 그러므로 궁여지책으로 어떤 성질의 결핍이 그에게 자기의 성질로도 간주된다. 성 산초가 굶주리면 그 원인은 음식이 결핍된 때문이 아니라, 그 자신에게 개인적으로 존재하는 배고픔을 가짐이라는 성질, 배고픔이라는 그 자신의 성질 때문이다. 그가 창밖으로 떨어져 목을 부러뜨리면 이것은 중력이 그를 밑으로 내던진 것 때문이 아니라 날개가 결핍되거나 날아갈 능력이 없다는 것이 그의 개인적인 성질이기 때문이다.

을 표현할지도 모른다는 사실은 무시하자. 우리는 자만을 오직 의식으로 간주하자. 그러면 하나의 민족에 속해 있어서 자기가 그 민족의 소유라는 자만과 민족성이 그 자신의 소유라 부르는 자만 사이에는 엄청난 간격이 있다. 민족성은 나의 성질이지만, 민족은 나의 소유자이며 주인이다."

그가 사용해 가장 찬란한 성과를 얻었던 네 번째 방법은 그가 가진 성질 중의 하나에 귀속하는 대상은 무엇이든 그의 대상으로 따라서 그의 재산으로 선언하는 것이다. 왜냐하면 그는 자기의 성질 중의 하나인 이 성질을 통해 그 대상에 관련되기 때문이다. 이때 그런 관련이 어떤 관계에 있는가는 전혀 무관하다. 그러므로 천진난만한 Accapareur〈말대로 한다면: 매점 상, 폭리를 취하는 매점자, 의미로 본다면: 모든 것을 자기에게로 끌어당기는 사람〉인 산초는 지금까지 본다거나 듣는다거나 느낀다거나 등등으로 불리는 것을 재산 획득이라 부른다. 내가 눈앞에 주시하는 가게는 관찰된 것이니 나의 눈의 대상이며, 그것이 나의 망막에 반사되고 있으니 나의 눈이 소유하는 재산이다. 이제 눈과 관계없이 독립적으로 존재하는 가게가 그의 눈의 재산인 것만은 아니고 그의 재산이 된다-가게의 상[像]이 그의 망막에 맺히듯 그의 재산은 바로 그의 머리 위에 놓인다. 가게주인이 가게 문을(또는 첼리가에 따라서 "커튼과 장막"을[569]) 내리면 그의 재산은 중지하며 그는 파산한 부르주아처럼 지나간 영광에 관한 가물거리는 기억만을 여전히 간직한다. "슈티르너"가 왕궁의 부엌을 지나가면 그는 거기서 구워지는 꿩의 냄새에 대한 소유권을 획득한다는 것은 당연하다. 그러나 꿩 자체를 그는 한 번도 본 적이 없다. 이때 그에게 귀속되는 유일하게 지속하는 재산은 그의 위장 속에서 다소간 시끄럽게 들리는 꾸르륵거리는 소리이다. 더욱이 그가 무엇을 보고 어느 만큼 보는가는 그가 만든 적이 결코 없는 현재 〈W, 277〉존재하는 세계 상태에 의존할 뿐만 아니라 또한 그의 주머니와 노동 분업을 통해 그의 것이 된 생활 처지에 의존한다. 그런 생활

---

569 W주 114) 이 말은 첼리가의 논문 「유겐 수: 파리의 비밀」(『일반 문예 신문』, 7권)에 나오는 말이다.

처지는 그가 아무리 독점적인 눈과 귀를 가졌다고 하더라도 아마도 그에게 꼭 닫혀있을 것이다.

성 산초가 그의 관념의 대상이 되는 모든 것은 그가 관념으로 떠올린 대상이므로 즉 어떤 대상에 대한 그 자신의 관념이므로 그 자신이 소유한 관념이며, 그 자신의 재산이라고(이런 일은 직관 등에서도 마찬가지로 일어나는 일이지만) 바로 그리고 솔직하게 말했다면, 사람들은 다만 그런 자의 유치한 순진함에 놀랄 뿐일 것이다. 얼마나 순진하기에 그런 사소한 것에 무언가를 발견하고 재산을 얻었다고 믿는 것인가. 그러나 그가 사변을 통해 얻은 이런 재산을 재산으로 바꿔치기하니, 이것은 당연히 재산이 없는 독일 이데올로그에 엄청난 마법을 발휘할 수밖에 없었다.

모든 다른 사람도 또한 산초의 시각 영역에 있으면 그의 대상이고 "그런 대상으로서〈GA2, 351〉그의 소유", 그의 피조물이다. 모든 자아는 다른 사람에게 이렇게 말한다(184쪽 보라): "그대는 나에게 오직 나에게 나타나는 대로의 그대일", 예를 들어 나의 착취자일 "뿐이다." "그런 착취자는 나의 대상이며, 나의 *대상*이므로 나의 재산이다." 따라서 그것은 내가 창조자로서 매 순간 집어삼키며 내 속으로 도로 가지고 올 수 있는 나의 피조물이다. 각 자아는 타자를 하나의 재산으로서가 아니라 그의 재산으로서 간주한다. 각 자아는 타자를 "자아"로서 간주하는 것이 아니라(184쪽을 보라)〈수, 61a〉그에게 나타나는 존재 즉 대상으로 간주한다. 동시에 각 자아는 이 타자를 그 자신에게 속하는 것으로서가 아니라 *그에게* 즉 타인에게 속하는 것으로, 자신에게 소외된 것으로서 간주한다. "우리는 두 사람을 각자가 스스로 자칭하는 대로 본다면"(187쪽) 소유자로서, 자신에게 속한 자로서 간주하며 "그리고 각자가 서로를 간주하는 대로 본다면" 소유물로서 낯선 것에 속하는 것으로 간주한다. 각자는 소유자이면서 동시에 소유자가 아니다(187쪽과 비교해 보라) 그러나 성 산초에게 중요한 것은 다른 사람과 이 모든 관계에서 존재하는 실제 관계가 아니라 각자가 스스로 *상상할* 수 있는 관계, 자신의 반성 자체 속에 있는 관계이다.

"자아"의 *대상*이 되는 모든 것은 자아가 지닌 어떤 성질을 통해서 자아의 대상이 되며 다시 말해 *자아의 재산*이 된다. 예를 들어 그가 잡은 막대기는 *그의* 사지에 속하는 대상이고 그가 가진 감정의 대상이고 그가 가진 관념의 대상이며, *그의* 대상이고 따라서 그의 소유가 된다. 그러므로 그는 그에게 나타나는 대상의 소유자로 자기를 선포하고 따라서 그를 둘러싼 세계를 그의 재산으로 선포하고 자신을 그 소유자로 선포한다. 이는 그 세계가 그를 그렇게 학대하더라도 또는 "관념은 부자이지만, 실제는 룸펜에 불과한 인간"으로 그를 격하할 수 있다고 하더라도 상관없다. 다른 한편 모든 대상은 "자아"에서 *자아에 속하는* 대상일 뿐만 아니라 자아의 *대상*이기도 하므로 이때 모든 대상은 내용과 상관없이 개인적인 것이 아니며, 낯선 것이며, 성스러운 것으로 선언될 수 있다. 따라서 똑같은 대상, 똑같은 관계가 〈W, 278〉성스러운 것이며 동시에 자아의 재산으로 선언될 수 있으니, 여기에 쉽고 어려움의 차이도 없고, 성공과 실패의 차별도 없다. 모든 것은 강조점이 *자아의 것이*라는 데 주어지는가 아니면 *대상이라는 것*에 주어지는가에 달려 있다. 자아의 것으로 만드는가 아니면 말씀화하는가 하는 방식은 하나의 "분기점"에서 갈라지는 두 가지 다른 "가지"일 뿐이다.

이 모든 방법은 위에서 제시된 등식을 통해 자아에 낯선 것으로 정립된 것을 부정하는 대신 이를 단순히 긍정적인 방식으로 표현하는 것일 뿐이다. 유일한 차이가 있다면 부정은 위에서 제시됐듯이 다시 여러 가지 규정으로 세분해 파악된다는 것이다. 우선 부정은 순수하게 형식적으로 규정될 수 있으니, 이 경우 부정은 내용과 전적으로 무관하다. 이는 위에서 보았듯이 인류애의 경우에 그러하며 또한 조금 변화한 게 있더라도 이는 무차별하다는 의식을 덧붙이는 것으로 그치고 마는 모든 경우 그렇다. 또는 대상이나 술어가 지닌 모든 영역 그리고 전체 내용이 부정될 수 있으니, 이는 종교나 국가의 경우에 보는 것과 같다. 또는 세 번째로 다만 계사 즉 주어가 술어에 대해 지금까지처럼 가졌던 낯선 관계만이 부정될 수 있어서 강조점이 *자아의 것이라는 말*에 주어질 수 있으니, ⟨GA2, 352⟩이 경우 자아는 자아의 것에 대한 소유자로서 관계한다. 예를 들자면 화폐의 경우이다. 화폐는 자아 자신이 개인적으로 주조한 동전으로 된다. 이 마지막 경우 *인간*의 성질 또한 관계는 전적으로 의미를 상실할 것이다. *인간*이 지닌 각 성질은 자아가 그런 성질을 자아 속으로 회수함을 통해서 자아의 개성으로 해소된다. 그런 성질이 무엇인지를 말할 필요는 더는 없다. 그 성질이 과거 무엇이었는지는 다만 그저 명목적인 것에 불과하다. 그 성질은 "자아의 것"으로서 자아 속에 해소된 것으로서 규정되며, 다른 것에 대립하는 규정이나 자아에 대립하는 규정을 전혀 갖지 않으며, 그 성질은 다만 자아를 통해 규정된 것이니, *겉보기에 그치는* 성질이다. 예를 들자면 자아의 사유가 그런 것이다. 자아는 자아의 성질에 내해 사유하는 것처럼 자아와 관계되는 사물에 대해서도 사유한다. 자아가 사유하는 이 사물은 위에서 본 것처럼 근본적으로 다만 자아의 성질일 뿐이다.-예를 들어 자아가 관찰하는 가게를 보자. 그러므로 자아 속에 있는 사유가 모든 다른 성질과 구분되고 또 예를 들어 금 가게는 순대 가게 등에서 전적으로 구분되더라도, 그런 구분은 자아 속으로 들어오면 다시 사이비 구분으로 되며, 그 구분은 다시 〈수, 61b〉외면적으로 보기에 성립하는 것이거나 아니면 다른 사람에 대한 자아의 표현 속에서 성립한다. 이런 방식으로 규정은 해소 됐지만, 다행히 다시 출현하고 또 출현해야 한다. 규정이 도대체 언어로 표현될 수 있는 한 항상 옛날 표현으로 회복된다.(성 산초는 언어에 대해 비-어원학적인[nicht-etymologischen] 환상을 지니고 있으니 어쨌든 그런 환상에 대해 한두 마디 정도는 들어주기로 하자.)

앞에서 제시된 단순한 등식 대신 여기서는 반대 명제가 등장한다. 그 명제는 가장 단순한 형식으로 본다면 예를 들어 다음과 같이 표현된다:

$$\text{인간의 사유} \neq \begin{matrix}\text{자아의 사유,}\\ \text{이기주의자의 사유}\end{matrix}$$

여기서 *자아의 사유*라는 말이 의미하는 것이라면 인간은 사유하지 않을 수 있다[멍청할 수 있다]는 것이며, 〈W, 279〉*자아의 사유가 사유 자체*를 지양한다는 사실이다. 이 반대 명제는 다음의 예를 보면 이미 더 착잡하게 나타난다:

$$\begin{matrix}\text{인간의 교환 수단으로서}\\ \text{화폐}\end{matrix} \neq \begin{matrix}\text{이기주의자의 교환수단으로}\\ \text{내가 사적으로 주조한 화폐}\end{matrix}$$

여기서는 무의미한 말이 고삐 풀린 듯 날뛴다.—이런 반대 명제는 성 막스가 어떤 규정을 여기에 집어넣어서 대단한 발전이나 이룬 것처럼 제시되는 경우라면, 더 착잡하게 될 것이다. 여기서 개별 반대 명제에서 일련의 반대 명제가 나온다. 우선 예를 들어 다음과 같이 말한다:

인간의 권리로서   나에게 권리인

권리 일반   권리.

여기에서 권리 대신 다른 어떤 말을 대체해도 마찬가지로 좋을 것이다. 왜냐하면 누구나 인정하듯이 여기에 어떤 의미도 더는 없기 때문이다. 이런 무의미한 말이 시시때때로 반복되기는 하지만, 이런 반대 명제를 좀 더 내용 있게 만들려면 권리에 관한 다른 악명 높은 규정을 끌어들여야만 한다. 이런 규정이 순수하게 개인적인 의미에서 사용되거나 이데올로기적인 의미에서 사용되어도 무방하다. 그런 규정 중의 하나로 아마 권리의 기초에 있는 *권력*을 들 수 있을 것이다. ⟨GA2, 353⟩ 최초의 명제에서 사용된 권리라는 말이 다른 규정을 획득해서 반대 명제로 전개되면 이제 비로소 반대 명제는 어떤 내용을 지닌 것으로 될 수 있다. 이제 이렇게 된다:

법-*인간의 권력*   ≠권력-나의 법

이것은 이윽고 다수하게 다음과 같은 것으로 환원된다:

나의 법으로서 권력   = 나의 권력

이런 반대 명제는 앞에서 제시된 등식의 부정명제를 긍정 명제로 돌려놓은 것에 불과하다. 그런 등식을 부정한 결론에서는 항상 반대 명제가 산출된다. 이런 반대 명제는 얼마나 짧은가, 얼마나 소박한가 하는 점에서 처음의 등식을 능가한다.

성 산초가 이전에 모든 것을 낯선 것으로, 그가 없어도 존재하는 것으로, 성스러운 것으로 간주할 수 있었듯이 이제 마찬가지로 그는 간단하게 모든 것을 그가 만든 것으로, 단지 그를 통해서만 존재하는 것으로, 그의 재산으로 간주할 수 있다. 즉 그는 모든 것을 그의 성질로 전환하므로 이제 그는 다만 자족적인 이기주의자가 그의 근원적인 성질에 관계하는 것과 같은 방식으로 〈수, 61c〉그 성질에 관계하기만 하면 된다. 이 과정은 여기서 우리가 반복할 필요조차 없을 것이다. 우리의 베를린 교사는 이런 방식으로 세계의 절대적인 주인이 된다.-"물론 이것은 모든 오리, 모든 개, 모든 말에 대해서도 성립한다."(『비간트』, 187쪽)

〈W, 280〉세계를 소유하는 이런 형식의 밑바닥에는 있는 것은 본래 논리적인 실험 즉 언표[Sprechen]라는 단순한 형식이다. 다시 말해서 그것은 하나의 관계를 다른 관계의 표현으로 즉 다른 관계가 현존하는 방식으로 바꿔쓰기로 하는 것[Paraphrase]일 뿐이다. 이미 위에서 보았듯이 모든 관계는 소유 관계가 드러나는 예로 서술될 수 있다. 그와 똑같이 모든 관계는 사랑의 관계, 권력의 관계, 착취의 관계 등등으로 서술될 수 있다. 성 산초는 이렇게 바꿔쓰기로 하는 완전한 방식을 그가 주역 배우를 맡은 사변 속에서 발견했다. 아래 "착취 이론"을 참조하라.

쟁취[aneigung]의 여러 범주는 실천하는 듯한 가상이 개입해 짐짓 진지한 것처럼 말하는 순간 *심정적인*[gemÜtlich] 범주로 된다. 낯선 것, 성스러운 것, 세계, "*인간*"에 대항해 자아를 주장하는 이런 심정의 형식은 Renommage〈허풍〉일 뿐이다. 그는 성스러운 것에 대한 존경을 철회한다고 선언한다.(존경, 조심 등, 그는 이런 심정을 표현하는 범주를 성스러운 존재에 대한 관계나 성스러운 존재인 제삼자에 대한 관계로 간주한다.) 그렇게 철회를 선언하는 것이 실천 행위라는 자격을 지닌 것으로 간주되니, 익살스러운 짓이다. 산초가 여기서 그의 성스러운 관념에 등장하는 유령에 대항해 계속해서 투쟁하면 할수록 그런 짓은 더욱 익살스럽게 보인다. 다른 한편 세계는 그가 성스러운 것에 대항해 존경을 바치기를 철회했음에도 무도하게도 그를 학대하니 이에 대항해 그는 세계를 장악하는 권력을 얻기만 하면〈GA2, 354〉가차없이 세계를 학대하겠다고 세계에 선언하면서 내적인 만족을 얻는다. reservatio mentalis〈판단의 (은밀한) 유보〉를 통해 세계를 부정하겠다고 위협하니, 이보다 희극적인 것은 없다. 허풍의 첫 번째 형식에 속하는 것을 열거해 보자. 성 산초는 16쪽에서 말하듯이 "포세이돈의 분노도 에우메니데스의 복수도 두려워하지 않는다." 또한 58쪽에서 말하듯이 그는 "저주를 두려워하지 않는다." 또 242쪽에서 말하듯이 그는 "용서를 원하지 않는다." 최종적으로 그는 성스러운 것을 "가장 무도하게 모독하는 것을"[570] 서슴지 않겠다고 맹세한다. 두 번째 형식에 속하는 것은 세계에 대한 그의 위협이다. 218쪽을 보라:

"내가 그대를 안을 수 있었다면 나는 그대를 진정으로 안았을 것

---

570 GA2(주 재인용) 슈디르니, 『유일자와 그의 소유』, 242쪽: "이기주의자는 추억이나 현재의 개념에 반대하므로, 가장 무도한 신성모독을 무자비하게 수행한다."

이다. 내가 그대에게 다가갈 수단을 발견하면 그대는 나를 겁나게 하지 말아 달라. …. 나는 그대에 대항해 나를 포기하지 않을 것이며, 오히려 나의 때가 오기를 다만 기다릴 뿐이다. 나는 지금으로써는 감히 그대에게 손을 뻗지 못하지만, 그래도 생각은 그대에게 그러고 싶다."

이것은 일종의 축약법이다. 이를 통해 우리의 성자는 무덤 속에 있는 페펠Pfeffel[571]의 개보다 못한 존재로 전락한다―마찬가지로 425쪽을 보라, 거기서 그는 "삶과 죽음을 지배하는 권력"을 단념하지 않는다.

최종적으로 이런 허풍으로 가득 찬 실천은 다시 이론 내에서 일어나는 단순한 실천으로도 될 수 있다. 왜냐하면 성자는 뽐내면서 그가 한 번도 실행하지 않았던 것들을 실행했다고 사칭하기 때문이다. 이때 그는 거창한 상투어를 늘어놓으며 전통적으로는 사소한 것으로 간주해 온 것을 〈W, 281〉독창적인 창조물이나 되는 것처럼 밀반입하려 시도한다. 〈수, 62〉원래 그의 『경전』 전체가 그런 목적을 위한 것이지만, 특히 그가 발전된 것이라고 우리에게 우기지만, 사실은 더 조악하게 베낀 것에 불과한 역사 구성물이 그러하다. "[『경전』은] 인간에 대항하기 위해 작성된 것처럼 보인다."(『비간트』, 168쪽)라는 단언이나 아래와 같은 무수하게 많은 맹세도 역시 이런 목적을 위한 것이다. 예를 들어 보자. "살아있는 나의 숨결을 통해 나는 대중에게 숨을 불어넣는다."(『경전』, 219쪽) 라든가, "나는 선명하게 가차 없이 공격한다."(254쪽)라든

---

571 역주) 페펠Gottlieb Konrad Pfeffel(1736~1809)―그는 프랑스어 또한 독일어 작가이며 번역자, 그의 텍스트를 베토벤, 하이든, 슈베르트가 작곡했다. CW주 88) 이는 명백히 페펠의 책 『어떤 개의 자서전』을 가리킨다.

가 또 285쪽에서 "대중은 죽었다."라든가 또한 275쪽에서 "법을 속속들이 파헤치겠다."와 같은 맹세를 보라. 그리고 280쪽에서 인용과 잠언으로 완곡하게 말해지긴 하지만, "피와 살을 지닌 적"이라는 도발적인 발언도 그러하다.

허풍은 이미 원래도 그렇고 나타나기에도 그렇지만, 감상적[Sentimentaltät]인 것이다. 그러나 그 밖에도 『경전』 속에서 감상성은 단순히 낯선 것에 대립하는 주장에 그치지 않고 특히 적극적으로 세계를 자아의 것으로 만드는 데 분명하게 기여하는 범주로서 출현한다. 세계를 쟁취하기 위해 지금까지 제시된 방법은 비록 단순하다 할지라도, 좀 더 구체적으로 발전하는 경우라면, 자아는 이런 방법을 통해 "통상적인 의미에서" 재산조차도 획득할 수 있다는 가상조차 수반할 것이 틀림없다. 이것은 이런 자아의 씨앗을 강제적으로 뿌림으로써 달성될 수 있으니 그 방법은 오직 그가 자신과 타자를 감상성이란 마술로 둘러싸는 것이다. 그가 "*인간*"에 속하는 술어를 무턱대고 자기에게 속하는 술어라고 변론하는 순간, 감상성은 피할 도리가 없다. 예를 들어 그는 이기주의적 정신에서 "모든" 사람을 사랑한다면서 그의 성질을 과도하게 부풀리는 순간 감상적으로 될 수밖에 없다. 그러므로 351쪽에서 그는 아이의 미소를 〈GA2, 355〉그의 재산으로 선언하며,[572] 또한 바로 거기에서 노인

---

572   GA2주 재인용) 슈티르너, 『유일사와 그의 소유』, 351/352쪽: "어린아이가 그의 미소, 그의 놀이, 그의 고함, 간단히 말해서 단순한 현존 속에서 얼마나 많은 능력을 소유하는지. 그대는 어린아이의 요구에 저항할 줄 수 있을까 오히려 그대는 어린아이를 어머니로서 가슴에 품고 아버지로시 그대가 가진 것 가운데 많은 것을 그가 필요로 하는 만큼 주지 않겠는가? 당신들은 그럴 수밖에 없을 것이다. 그러므로 당신들이 당신들의 것이라 부르는 것을 아이들이 소유하고 있다."

을 더는 살해하지 않는 문명의 단계는 이 노인 자신이 행위를 통해 얻은 결과라고 가장 감동적인 표현을 덧붙여 서술한다.[573] 등등. 마리토르네에 대한 그의 관계도 이런 감상성에 속하기는 전적으로 마찬가지다.

감상과 허풍이 합쳐지면, *반항*[Emporung]이 나온다. 반항이 밖을 향하고, 타인에 대립하면 그것이 허풍이다. 반항이 안을 향하고, 자기 내에서 으르렁거린다면, 그것이 감상성이다. 감상성이란 속물이 지닌 무능력한 혐오를 표현하는 특별한 말이다. 속물은 무신론이나 테러주의, 공산주의, 왕의 시해라는 생각 앞에서 반항한다. *성스러운 것*이 성 산초가 반항하는 대상이다. 그러므로 반항은 사실 *범죄*라는 특징을 갖기도 하지만, 궁극적으로는 〈수, 62a〉*죄*에 속한다. 그러므로 반항은 결코 *행위*로 등장해서는 안 된다. 왜냐하면 반항은 "성스러운 것"에 대항하는 "죄"이기 때문이다. 따라서 성 산초는 "성스러움"이나 "낯섦의 정신"을 머리에서 지우고 관념을 통해 쟁취하는 그의 방법을 완성하는데 만족한다. 그러나 그의 머릿속에서 현재와 미래가 마구 혼동되는 것과 똑같이 〈W, 282〉그는 한때는 모든 것을 자기의 것으로 만들었다고 주장하면서 한때는 아직도 여전히 그것을 얻어야 한다고 주장한다. 이와 마찬가지로 그는 낯선 것이 성스럽게 보이는 가상이 끝난 다음에도 가끔 전적으로 우연히 실제로 낯선 것이 여전히 그의 앞에 나타나는 것이

---

573 GA2주 재인용) 슈티르너, 『유일자와 그의 소유』, 350/351쪽: "그러면 노동자 사회는 병든 자, 아이들, 노인, 간단히 모든 노동력이 없는 자를 부양하므로 스스로 이런 것을 인정해야 하지 않을까? 이런 노동력 없는 자도 여전히 더 많은 것을 할 능력이 있다. 예를 들어 자신의 생명을 박탈하지 않고 유지할 능력 말이다. 노동력이 없는 자는 당신들이 지속해서 존립하기를 욕망하게 당신들에게 촉구하는 능력이 있으니, 당신들을 지배하는 폭력을 가지고 있다."

아닌가 하는 생각이 그에게 떠오르자 반항하게 된다. 이런 때 또는 차라리 이런 생각이 떠오를 때 반항은 상상적인 행위로 전환되면서, 그 반항의 주어는 "우리"라는 말로 전환된다. 여기에 관해 우리는 나중에 더 상세하게 살펴보겠다.('반항' 개념을 보라)

진정한 이기주의자는 지금까지의 서술에 따라 본다면 가장 위대한 보수주의자라는 것이 입증됐으므로 최종적으로 인간 세계의 파편을 열두 광주리를 가득 채울 정도로 끌어모은다. 왜냐하면 "하나라도 놓치는 일이 없기를 기대하기"[574] 때문이다. 이런 행위라고 해 보았자 기껏 철학적 전통에서 그에게 전승된 사상 세계에서 몇몇 이미 망가진 궤변적인 기교를 시험하는데 한정되므로, 실제 세계는 그에게 전혀 존재하지 않는 것이나 마찬가지이며 바로 그러므로 오히려 실제 세계는 과거처럼 여전히 지속한다는 사실은 자명하다. 「신약」에서 다루는 내용은 그런 사실에 대한 상세한 증명을 제공해줄 것이다.

그러므로 "우리는 *성년*이 되는 경계 앞에서 성년으로 언급된다."(86쪽)

---

[574] GA2주 재인용) 슈티르너, 『유일자와 그의 소유』, 189쪽: "자유주의자가 그의 다양한 노력을 통해 획득했던 것을 내가 거부하는가? 이미 획득된 것이 상실되는 일이 없을 것이다."

신약 편 4절 고유성

〈GA2, 356〉〈수, 62b〉〈W, 282〉"자기만의 세계를 창조한다는 것은 스스로 하나의 천국을 짓는 것이다."(『경전』, 89쪽) {〈W, 노트 62: 282-하단 주: 수고에서 삭제〉〈수, 62a-하단 주〉철학자는 자유를 지금까지 이중적인 방식으로 규정해 왔다. 한편으로는 자유는 개인이 살아가는 환경과 조건을 지배하고 장악하는 힘으로서 파악된다. 모든 유물론자는 그렇게 파악한다. 다른 한편으로는 자유는 자기를 규정하는 것으로서, 실제 세계에서 해방된 존재[Lossein]로 그리고 다만 상상에서나 가능한 정신의 자유로서 파악된다. 대부분 관념론자는 특히 독일 관념론자는 그렇게 파악한다. 우리는 앞에서 「현상학」 절을 다룰 때 성 막스가 말하는 진정한 이기주의자는 현실을 관념으로 해소하는 속에서, 해방된 존재를 산출하는 속에서, 관념의 자유 속에서 그의 이기주의를 발견하려는 것을 보았다. 그래 놓고는 "고유성" 개념을 다룰 때 그는 앞에서 말한 것과 반대되는 규정을 정당한 것으로 간주한다. 즉 그를 규정하는 환경을 지배하는 권력, 다시 말해 유물론적인 자유를 그런 "해방된 존재"에 대립해 정당한 것으로 간주한다. 이런 짓을 보면 그의 정신이 이상한 것처럼 보인다.}

우리는 이미 이 천국이 지닌 가장 내적인 성스러움을 "통찰했다." 우리는 이제 그런 천국에 관해 "몇 가지" 더 배우려고 노력해 보자. 그러나 우리는 슈티르너가 「구약」을 다룰 때 보았던 같은 위선을 「신약」을 다룰 때도 다시 발견하게 될 것이다. 「구약」을 다룰 때 역사적 사실 자료가 어느 정도 단순한 범주를 지칭하는 이름으로만 사용됐듯이 여기 「신약」을 다룰 때도 세계의 모든 조건은 헤겔의 『현상학』과 『논리학』

에서 요약된 빈약한 내용을 가리는 겉옷이나 또 다른 〈W, 283〉이름에 불과하다. 성 산초는 마치 현실의 세계에 관해 말하는 것과 같이 꾸미면서 항상 이런 빈약한 범주에 관해 말할 뿐이다.

"너는 이 모든 아름다운 것을 소유할 수 있는 *자유*를 원하는 게 아니다. 너는 그 모든 아름다운 것을 실제로 소유하기를 원한다. .... *너의 재산*으로 소유하기를 원한다. .... 너는 *자유*인이 돼야 할 뿐만 아니라 소유자이기도 해야 한다."(205쪽)

초기 사회 운동에서 등장했던 가장 낡은 정식 즉 자유주의에 대항하는 가장 조잡한 형태의 사회주의가 여기서 "자족적 이기주의자"라는 고상한 이름으로 표현된다. 이런 대립이 베를린에서는 얼마나 낡은 것인가는 우리의 성자께서 이미 1831년 베를린에서 나온 랑케Lanke의『역사 정치 연보』[575] 속에 이미 출현해, 〈수, 62c〉경악을 불러일으켰던 것을 엿본다면 알 수 있을 것이다.

"내가 그것[자유]을 어떻게 이용하는가는 나의 고유성에 의존한다."(205쪽)

위대한 변증기리면 그것을 뒤집어서 이렇게 말할 수 있을 것이다: 내가 나의 고유성을 어떻게 이용하는가는 나의 자유에 의존한다. 그는 이제 다음과 같이 더 발전시킬 수도 있을 것이다:

---

[575] CW주) 원전은 랑케Leopold Ranke의『역사 정치 연보』, 서문, 1권(Hamburg, 1832) 본문의 출판 장소와 년도가 부정확하게 인용됐다.

"자유라니-어디에서?"

자유는 여기서 '-' 표를 통해서 이미 어떤 것에서 자유로, 이와 동격이 되겠지만, "모든 것"에서의 자유로 전환된다. 이어서 동격은 형식을 볼 때 더 상세하게 규정된 것과 같이 보이는 명제로 제시된다. 즉 성 산초는 이 위대한 결과에 도달한 이후 감상적으로 된다.

"오, 뿌리치지 못하는 것이 어디 있다는 말인가!" 우선 "노예제[Leibeigenschaft]라는 멍에를" 이어서, 일련의 멍에를 뿌리치자. 이처럼 일련의 멍에를 뿌리치면 최종적으로 알지 못한 채 다음과 같은 결론에 이른다: "가장 완전한 자기부정이 다름 아닌 자유 즉 고유한 자기에서의 자유이다. 어떤 절대적인 존재인 자유를 향한 충동이 .... 우리에게서 *고유성*을 빼앗았다."[576]

노예제에서의 해방[Befreiung]은 노예의 개성을 인정하고 동시에 일정한 경험적 한계를 허물어뜨리는 것이었음에도 그는 일련의 멍에를 지극히 조잡하게 제시하고 나서는 노예제에서의 해방을 훨씬 이전에 『로마서』나 『고린도서』에서 나타나는 많은 〈GA2, 357〉기독교 이상주

---

576 GA2주 재인용) 슈티르너, 『유일자와 그의 소유』, 205쪽: "노예제, 영주, 귀족, 공작이라는 멍에 그리고 욕망과 격정의 지배, 자기의 의지, 자의의 지배, 가장 완전한 자기를 부인하는 것이 자유이며 즉 자기 규정과 자신에서의 자유이다. 어떤 절대적인 존재, 어떤 대가도 바칠 만한 존재로서 자유를 향한 충동이 우리에게서 고유성을 빼앗았다. 그런 충동이 자기 부인[의 행위]을 창조한다."

의자의 자유와 동일시 한다. 이렇게 해서 자유는 일반적으로 자기 부정으로 전환된다. 이런 식이라면 자유는 이미 완성한 것이나 마찬가지다. 왜냐하면 자유는 이제 논할 것도 없이 "성스러운 것"이기 때문이다. 성 막스는 자기를 해방하는 특정한 역사적 행위를 "자유 *자체*"라는 추상적인 범주로 대신한다. 이어서 그는 다시 "자유 *자체*" 아래 포섭할 수 있지만, 이와는 전적으로 다른 역사적 현상을 통해 이 범주를 더 상세하게 규정한다. 이게 노예제를 폐지하는 대신 오히려 자기를 부정하는 〈W, 284〉기술의 전모이다.

산초는 이제 독일 시민이 그의 자유론을 명백하게 이해하게 시민의 고유한 언어로 특히 베를린 시민의 언어로 선포하기 시작한다.

"그러나 내가 자유롭게 되면 될수록 더 많은 강제가 내 눈앞에서 솟아나며 나는 더욱더 무기력한 느낌이 든다. 황야에서 부자유하게 사는 아이는 교양을 갖춘 사람을 구속하는 한계를 전혀 느끼지 않는다. 아이는 자신을 이 교양인보다 더 자유롭게 생각한다. 내가 〈수, 63〉자유를 얻는 정도만큼 나는 스스로 새로운 한계와 새로운 과제를 얻는다. 나는 기차를 발명했지만, 나는 다시 스스로 부족하다고 느낀다. 왜냐하면 나는 아직도 새처럼 공기 중에 날아다닐 수 없기 때문이다. 내 정신을 불안하게 만들던 모호한 문제를 해결해도 내 앞에 곧 부수힌 다른 문제가 기다린다."(205, 206쪽) 오, 어중이떠중이를 위한 "서투른" 통속 소설가여!

"황야의 부자유한 아이"가 아니라 "교양을 갖춘 인간"은 야만인을 교양인보다 더 자유로운 존재로 생각할지 모른다. "야만인"(할름[577]이 무대에 올렸던)은 교양을 경험할 수 없으므로 교양인의 한계를 알지 못한다는 사실은 "황야의 아이"를 다만 무대에서나 본 적이 있는 베를린 시민과 같은 "교양인"이 "황야의 아이"가 지닌 한계를 알지 못하는 것보다 더 명백하다. 아래와 같은 것은 간단한 사실이다: 야만인의 한계는 문명인의 한계가 아니다. 성자가 두 인간 사이에서 세워놓은 비교는 베를린 교양인이 간직한 환상이다. 베를린 교양인은 이 두 인간에 관해서는 아무것도 모르게 교육받는다. 근래에는 여러 여행기가 나와서 야만인에 관해 무언가 아는 것이 기술이라고 할 것도 없다고 하더라도 야만인의 한계에 관해서는 베를린의 교양인이 아무것도 모른다고 해서 이해 못 할 것은 없다. 베를린의 교양인이 교양인의 한계조차도 알지 못하니까 말이다. 이 사실은 그가 철도와 비행기에 관해 들었던 예가 입증해 준다. 철도가 천국에서 떨어졌다고 믿는 백면서생 소시민은 바로 그러므로 철도를 일단 발명한 다음 곧이어서 비행에 대해 환상을 품는다고 믿는다. 실제로 비행선이 먼저 나왔고 그다음에 철도가 나왔다. 성 산초가 실제로 일어난 이런 사실을 뒤집어야 했다. 그렇지 않았다면 사람들은 누구나 비행선이 발명됐을 때 ⟨GA2, 358⟩ 철도에 대한 요구는 그때까지도 존재하지 않았던 사실을 알았을 것이고 산초의 주장에 반대되는 것을 생각하기가 쉬웠을 것이기 때문이다. 성 산초는 경험적인 관계를 일반적으로 전도시킨다. 전세 마차 마부[Hauderer][578]와 짐 마차가 교통에 대한 발전된 욕구를 더는 충족하지 못하자 그리고 무엇보다도 거대 산업을 통해 생산이 집중되면서 대량의 생산물을 ⟨W, 285⟩ 더

---

577 CW주) 할름 Friedrich Halm, 『황야의 아이 Der Sohn der Wildniss』

578 역주) 전세 마차의 마부에 대한 북, 서부 독일 사투리

빨리 그리고 더 대규모로 운반하는 새로운 수단이 필요하게 되자, 기관차가 고안됐고 이를 통해서 철도가 대규모 교통에 이용됐다. 그것을 발명한 자나 주주에게는 이윤이 중요하며, Commerce〈무역〉에는 일반적으로 생산비의 절감이 중요하다. 철도를 발명하는 가능성, 아니 절대적인 필연성은 〈수, 63a〉이런 경험적 조건에 놓여 있다. 여러 나라에서 이런 새로운 발명을 이용하는 것은 다른 경험적 조건에 의존한다. 즉 미국에서 그것은 광대한 영역에 걸쳐 존재하는 개별 주를 통합할 필요와 내륙의 미개발 구역을 바다와 생산물 집산지와 연결할 필요에 의존한다.(무엇보다도 쉐발리에M. Chevalier,『북아메리카에 관한 편지Lettres sur l'Amérique du Nord』를 참조하라』.) 새로운 발명을 대하면 발명의 왕국이 여전히 발명을 계속한다는 점을 그저 한탄하고만 있는 다른 나라, 예를 들어 독일과 같은 나라를 보자.-그런 나라에서는 날개가 없어 혐오스럽게 보이는 철도에 대해 여러 가지 반대가 제기된 후에야 경쟁을 통해 어쩔 수 없이 철도를 채택하고, 전세 마차 마부와 짐 마차를 오랫동안 소중히 여겨진 물레와 함께 포기하게 된다. 자본이 투자할 만한 경쟁력 있는 다른 것이 없으므로 철도가 독일에서는 지배적 산업 분야가 됐다. 세계 시장에서 독일이 패배하는 것과 보조를 맞추어서 철도의 건설이 전개됐다. 그러나 어디에서도 철도가 "에서의 자유"라는 범주를 위해서 건설되지 않는다. 아무도 자신의 돈주머니에서 자유롭게 되기 위해 철도를 건설하지 않는다는 사실에서 성 산초도 위의 사실쯤이야 즉각 통찰할 수 있었을 것이다. 시민들이 새처럼 날아다니는 것을 동경해서 철도에 대해 이데올로기적으로 경멸할 때 그 속에 진짜 핵심은 전세마차 마부와 짐미차, 시골길에 대한 편애이다. 산초가 동경하는 "고유한 세계"는 위에서 보았듯이 천국이다. 그러므로 그는 기관차 대신 선지자 엘리야의 불타는 마차를 끌고 와서 천국을 향해 달리려 한다.

한계가 실제로 무너지면, 이것은 생산력 즉 물질적 에너지가 매우 적극적으로 발전하는 것이며 피할 수 없는 욕구가 충족되는 것이고, 개인의 힘이 확장하는 것을 의미한다. 그런데도 한계가 무너지는 것은 백면서생이고 무식한 이 구경꾼에게는 한계*에서* 단순히 자유롭게 되는 것으로 전환됐다.―그는 다시 이것을 논리적으로 한계 *자체*에서 자유라는 공리[公理]로 간단하게 정리할 수 있었다.―이제 전개된 것 전체의 결론에 이르면 ⟨GA2, 359⟩이미 처음에 전제됐던 것이 드러난다.

> "어떤 것에서 자유롭게 존재한다는 것은 *비어 있거나*[ledig] 또는 결여한다[Los]는 뜻이다."(206쪽)

그는 곧 이에 대해 정말 엉터리 같은 ⟨수, 63b⟩본보기를 제시한다: "'그는 두통에서 자유롭다는 말'은 '그는 두통이 없다'는 말과 같다." 그런 말을 들으면 마치 ⟨W, 286⟩두통에서 "벗어난다는 것[Lossein]"은 내가 나의 머리를 마음대로 처분하는 전적으로 적극적인 능력을 얻은 것과 같은 것은 아니며 또 내 머리를 내가 소유하는 것과 같은 것이 아니고 반면 만일 내가 두통을 가졌다면 거꾸로 내가 나의 병든 머리[즉 두통]가 소유한 재산으로 된다고 주장하는 것처럼 보인다.

> "'결여[Los]' 속에서 기독교가 추천하는 자유 즉 죄의 결여, 신의 결여, 도덕의 결여 등등이 정점에 이른다."(206쪽)

따라서 또한 우리의 "완벽한 기독교인"은 그의 고유성을 비로소 "

생각의 결여[멍청함]", "규정의 결여", "직업의 결여", "법률의 결여", "헌법의 결여" 등과 같은 것 속에서 발견하며 그리고 그리스도 속에 하나가 된 그의 형제에게 단지 "해소[Auflösen] 속에서" 즉 "결여"와 "완벽한", "기독교적인 자유"의 산출 속에서 "행복을 느끼기를" 요구한다.

그는 이어서 이렇게 말한다:

"자유가 기독교의 이상이라는 사실이 판명된다고 해서 우리가 자유를 포기해야 하는가? 아니다. *어떤 것도 상실되어서는 안 된다.*"(voilà notre conservateur tout trouvé〈여기서 우리는 자신이 보수주의자임을 완벽하게 깨달았다.〉) "마찬가지로 자유도 상실되어서는 안 된다. 그러나 자유는 우리 각자에게 *고유한* 것으로 돼야 하며, 자유는 자유라는 형식으로는 그런 고유한 것이 될 수 없다."(207쪽)

여기서 우리의 "toujours et partout〈항상 그리고 어디에서나〉 자족적인 이기주의자"는 이미 「구약 편」에서 자유라는 기독교의 이상을 통해 즉 자유에 대한 공상을 통해, 우리가 "사물 세계"의 "소유자"가 됐다는 것을 망각했다. 마찬가지로 그는 우리가 사상의 세계를 벗어나기만 한다면 세계의 "소유자"가 될 수 있다는 것을 망각한다. 또한 그는 여기서 "고유성"이란 자유 또는 결여의 *결과로* 그에게 생겨났다는 점을 망각한다

우리의 성자는 자유를 어떤 것*에서의* 자유라고 정리하고, 이것을 다시 "결여"로 정리하며, 이것은 자유에 관한 기독교적 이상으로 또 이와 더불어 인간*의* 자유라는 기독교적인 이상으로 정리한다. 그 후 성

산초는 이렇게 준비된 자료를 가지고 그의 논리학이 수행하는 실습 과정을 통과할 수 있었다. 최초의 가장 단순한 반대 명제는 다음과 같다:

인간의 자유 ≠ 나의 자유

여기 반대 명제 속에서 자유는 "자유라는 형식으로" 현존하기를 중지한다. 또는

인간의 이해 속에서의 ≠ 나의 이해 속에서의
결여 결여

이 두 반대 명제는 수많은 미사여구를 시종처럼 거느린 채 「고유성」장 전체를 관통하지만, 우리의 세계 정복자 산초는 아무리 그렇게 많은 미사여구를 늘어놓더라도 바라타리아Barataria [579]섬에는 아주 조금 더 다가간 것이거나 조금도 더 다가간 것은 아니다. 그가 위에서 인간의 충동이 자신의 "고유한 세계", 〈수, 63c〉자신의 "천국"에서 나온다는 것을 고찰했을 때, 그는 자유를 추상적인 것으로 만드는 〈W, 287〉가운데 실제 해방[Befreiung]을 위한 두 가지 계기를 배제했다. 첫 번째 계기는 〈GA2, 360〉개인의 자기 해방은 실제로 느껴지는 특정한 욕구를 충족하는 계기였다. 이 계기를 배제[Beseitigen]하는 가운데 실제 개인을 대신해서 "*인간*"이 들어섰으며, 실제 욕구를 충족하는 것 대신 환상적인 이상, 자유 자체, "*인간*"의 자유를 향한 추구가 들어섰다.

---

[579] 역주) 세르반테스 『돈키호테』에 나오는 산초 판사가 총독으로 다스리는 섬 나라.

두 번째 배제된 계기는 개인의 자기 해방이란 그에게 지금까지 다만 소질로서 있었던 능력이 비로소 실제 힘으로 입증되거나 이미 현존하는 힘이 제한을 벗어나 확장되는 계기였다. 물론 한계를 벗어난다는 것은 새로운 힘을 창조해야 얻을 수 있는 결과일 뿐이지만, 사람들은 한계를 벗어나는 것을 오히려 주요 과제라고 생각할 수도 있다. 사람들이 이런 환상에 이르는 때는 정치를 경험적인 역사의 기초로 간주할 때거나 헤겔처럼 부정의 부정을 곳곳에서 입증할 수 있을 때거나 무지한 베를린 시민처럼 새로운 힘이 창조된 다음에 이 새로운 창조에 관해 반성[회고]할 때이다.―이제 두 번째 배제된 계기를 자기 개인적으로 사용하기 위해 제쳐놓은 다음 성 산초는 남아 있는 추상적인 caput mortum〈말 그대로 하면 시체: 여기서는 나머지 구성요소〉인 "자유"에 대립할만한 어떤 규정을 얻는다. 그는 이렇게 함으로써 다음과 같은 새로운 반대 명제에 이른다:

자유, 낯선 권력의 공허한 소원화	≠고유성, 고유한 권력의 실제적인 내재화

또는 또한:

자유, 낯선 권력에 대한 거부	≠고유성, 고유한 권력 장악

성 산초는 여기서 사기에게 *고유한* "권력"을 자유에 대립하면서 그와 같은 권력을 그와 같은 자유[즉 자기를 벗어남]에서 끄집어내서 자기 속으로 옮겨놓는다. 그가 이런 방식으로 얼마나 심하게 기만했는지에 관해 그가 깨닫게 하려면 우리는 유물론자나 공산주의자를 참조

할 것이 아니라 "Dictionnaire de l'académie〈아카데미 사전〉"을 그에게 〈수, 64〉보여주기만 하면 된다. 그 사전에서 그는 자유는 가장 흔하게 puissance〈능력〉이라는 의미로 사용된다는 것을 발견할 수 있을 것이다. 그러나 성 산초의 주장이 "liberté〈해방〉"이 아니라 "자유"에 대항하는 것이라 한다면 그는 헤겔에서 부정적인 자유와 긍정적인 자유에 관한 충고를 얻을 수 있었을 것이다. 그는 독일의 소시민으로서 이 장에서 언급된 다음과 같은 결론에서 즐거움을 얻을 수도 있었을 것이다.

〈W, 288〉이런 반대 명제는 아래와 같이 표현될 수도 있다:

자유, 결여를 향한 관념론자의
　　　　　　의지,　　≠고유성, *진정한* 결여와
대타 존재[Sein für Andres]　　고유한 현존의 향락
　에 대항하는 투쟁

그는 이런 방식으로 싸구려 *추상*을 통해 고유성을 자유에서 구분한 다음 이제 처음으로 이런 구별을 전개하기 시작한 것 같은 흉내를 내면서 이렇게 외친다:

"자유와 고유성이 무슨 차이가 있는가!"(207쪽)

그가 누구나 아는 〈GA2, 361〉반대 명제밖에는 어떤 것도 얻지 않았다는 사실 그리고 또한 정말 놀라운 일이지만, 고유성에 대한 이런 규정과 함께 "통상적으로" 말해지는 고유성이 여전히 계속해서 함께 사용되고 있다는 사실은 아래에서 명백하게 된다.

"사람들은 노예라는 처지에도 내적으로는 자유로울 수 있다. 이런 내적 자유는 다시 말하자면 *모든 것*에서의 자유는 아니지만, 적어도 *여러 가지의 것*에서 자유일 뿐이다. 그러나 노예는 채찍, 강압적 분위기 등 즉 주인에서 자유로울 수 있는 것은 아니다."
"그에 반해서 고유성은 나의 핵심적인 본질과 현존이며 그것이 나 자신이다. 나는 나에게 *결여한* 것에서 자유로우며 내가 나의 *권력* 속에 갖고 있거나 내가 장악한 것의 소유자다. 나는 항상 *나 자신의 것*이며 무엇보다도 내가 나를 간직할 줄 알고 나를 타인에게 내던지지 않는다면, 그렇다. 나는 자유로운 존재가 되기를 진정으로 *의욕*[wollen]할 수는 없다. 왜냐하면 나는 자유로운 존재를 만들어낼 수 없기 때문이다. 나는 그것을 다만 소망할 수 있을 뿐이며 그것을 향해 노력할 수 있을 뿐이다. *왜냐하면* 그것은 여전히 이상이고 허깨비 같은 것이기 때문이다. 현실의 속박은 시시각각 나의 육체에 가장 선명한 생채기를 남긴다. 그러나 나는 여전히 *나 자신의 것*이다. 어떤 주인에게 노예로 양도되더라도, 나는 나 자신만을 생각하며 나의 장점만을 생각할 수 있다. 그의 구타에 내가 얻어맞는다는 것은 사실이다. 나는 그것에서 자유롭지 못한다. 그러나 나는 오직 나의 이익을 위해 그를 인내힐 수 있다. 예를 들어 *솔*으로 인내하는 것처럼 속이서나 *그*가 안심하게 하거나 또한 반항을 통해 분노를 돋우지 않게 할 수 있다. 그러나 나는 나를 그리고 나의 개인적인 이익을 마음에 품고 있으므로(*구*타가 그 노예와 노에의 등을 차지하는 동안) 나는 노예 소유주를 응징할 차선의 기회를 단단히 노린다".(그는 차선의 기회를 "소망하고" "추구하지만," 그 차선조차 여전히 이상이고 허깨비 같은 것일 뿐이다.) "그런 방식으로 나는 주인과 주인의 채찍에서 〈수, 64a〉*자유롭게* 되는데 이것은 내가 앞에서 말한 이기주의를 실천한 성과일 뿐이다. 사람들은 여기서 아마 이렇게 말할 것이다: 나는 노예 상태 속에서도 자유롭게 있을 수 있을 것이다. 즉 '본래' 또는 '내적으로' 나는 자유롭다. 그러나 '본래 자유롭다'는 것은 '실제로 자유로운' 것은 아니다. 그리고 '내적으로' 자유롭다는 것은 '외적으로' 자유로운 것이 아니다. 그에 반해서 나는 *전적으로* 나 자신의 것이며 내적으로나 *외적으로나* 나의 것이다. 잔인한 주인의 지배 아래 나의 육체는 고문의 고통과 채찍질에서 '자유롭지' 못하다. *나의 뼈는 고문 아래 신음하며, 나의 피부는 구타 아래 경련한다. 나는 나의 육체가 신음하므로 신음한다.* 그러나 내가 한숨 쉬며 몸을 떤다는 것은 내가 여전히 나에게 머물러 있으며 나는 나 자신의 것이라는 증거이다."(207, 208쪽)

〈W, 289〉우리의 산초는 여기서 다시 어중이떠중이를 위한 통속 소설가 역할을 수행하면서 그가 이미 세르반테스에게서 여러 번 몽둥이찜질을 당했음에도 불구하고, 항상 그 자신의 소유자로 남아 있으며, 이런 몽둥이찜질을 당함이 오히려 그의 "고유성"에 속하는 것임을 여기서 입증해 준다. 항상 그리고 어떤 상황에서도 그가 자신을 자제할 줄을 *안다면* 그는 그 "자신의 것"이다. 그러므로 여기서 고유성이란 위선적이며, 그가 노예의 교의학을 어떻게 이해하는가에 달려 있다. 나중에 이런 식의 이해가 〈GA2, 362〉*사유*로 발전하니, 이곳이 그가 본래 사유하는 장소이며 그의 "장점"을 사유하는 장소이다.—그런 사유와 그런 식의 사유로 발견된 "장점"이 그가 사유를 통해 얻은 "소유"이다. 나아가서 그는 다음과 같이 선언한다. 즉 그는 이 구타를 자기 이익을 위해 인내하라고 선언한다. 이때 그의 선언에 고유한 점은 그 이익이 *관념*상의 "이익"이라는 것이다. 또한 이때 그는 "더 나쁜 화"를 "소유하는[얻는] 자"가 되지 않기 위해 [자기의] 화를 참는다. 나중에 이런 "이해 능력"은 "차선의 기회"를 보유한 "소유자"로 따라서 단순한 reservatio mentalis〈판단 유보〉의 소유자로, 마지막으로 "노예 소유자"를 "짓밟는 것"을 관념상으로 기대하는 것으로 나타난다. 그는 이런 관념상의 기대를 "소유한 자"이지만, 그런 사이에도 노예 소유자는 현재 그를 실제로 짓밟고 있다. 그러므로 〈수, 64b〉여기서 그가 자신을 그의 *의식*과 동일시한다. 이때 그의 의식은 영리함의 여러 가지 준칙을 통해 마음의 평안을 얻으려 노력한다. 그것에 반해 결론에 이르면 그는 자기를 그의 *육체*와 동일시한다. 그 결과 그가 아직 의식이 없는 생명에 불과하다고 하더라도 여전히 한 줄기 생명의 불꽃을 간직하는 한, 전적으로 내적인 동시에 외적으로 "자기를 소유한다." 여기서 그는 뼈에서 나오는 신음, 피부의 경련 등과 같은 현상을 자신이 "전적으로", "내적인 동시에 외적으로" 여전히 "자기를 소유하고", 자기를 지배하고 있다는 사실에 대한 증거로 간주한다. 그러나 이런 피부 경련은 *유일자적인* 자연과학의 언어에서 병리학의 언어로 비꾸어 밀하사년 낙 매달린 교수내에서 죽자마자 끌어내린 그의 시체에서 생산될 수 있고, 심지어 죽은 개구리에서도 생산될 수 있는 갈바니즘[동전기, 動電機] 현상에 불과하다. 다른 사람이 아닌 바로 *그가* 몽둥이찜질을 당했으며 바로 *그의* 뼈가 "신음하고" *그의* 피부가 경련하지만, 그는 그것을 변화시킬 수 없다는 사실은 노예 소유주의 힘과 그의 고유성이 무엇인지를 드러내 주지만, 여기 우리의 성자는 그것을 오히려 그 자신의 고유성과 힘에 대한 증거로 간주한다. 그러므로 그가 수리남surinam의 스판소 보코[580]에서 매달려 있어서 거기서 팔도 발도 그 밖에 사지 한 마디도 움직일 수 없으며 그에게 가해지는 모든 것을 감내할 수밖에 없을 때, 그의 힘과 그의 고유성은 그가 자신의 사지를 마음대로 처분할 수 있다는 데서가 아니라, 오히려 그런 사지가 *그의* 사지라는 데 있다. 여기서 그가 다시 그의 고유성을 구출하는 방식은 항상 자신을 다르게-규정된[anders bestimmt] 존재로서 파악해 한때는 단순한 의식으로서 파악하고 한때는 의식이 없는 육체로서 파악한다는 사실(「현상학」절을 보라)이다.

〈W, 290〉물론 성 산초는 그가 받은 몽둥이찜질 세례를 실제 노예보다 더 위엄을 가지고 "인내한다." 여전히 그런 방식으로 자주 선교사는 노예 소유주의 이해를 위해 노예에게 이런 구타를 "자기 이익을 위해 인내하라"고 타이르지만, 노예는 그와 같은 헛소리를 설교하게 내버

---

[580] CW주 89, W주 116) 스판소 보코Spanso Bocho-남아메리카 수리남 식민지에서 시행되는 가장 잔혹한 육체적 고문 중의 하나이다. 콩트Charles Comte는 그의 저서 『입법론Traité de Legislation』, 392쪽에서 이 고문을 다음과 같이 서술한다: "사람들은 선고받은 자의 손을 묶고 그의 무릎을 팔로 끌어안게 강제한다. 이어 그를 옆으로 누여서 통닭구이처럼 끈으로 묶어서 땅에 박아놓은 말뚝에 묶어 그 사이에 고정시킨다. 그리고 흑인을 시켜 그를 때린다. 이 흑인은 한 웅큼으로 매듭지워놓은 타마 나무 껍질 조각을 들고서 피부가 벗겨질 때까지 때린다. 그런 다음 죄수를 돌려 누여서 새로 때리며 피가 처형 장소의 땅을 적신다. 처형이 끝나면 사람들은 이 불행한 자를 화약을 섞은 레몬즙으로 씻기고 살에 낙인이 찍히는 것을 막는다. 이 과정이 끝나면 사람들은 그를 감옥으로 돌려보낸다. 그래서 그는 거기서 살아남는 한 치유된다."

려 두지 않을 것이다. 노예는 그렇지 않으면 "더 큰 화를 끌어모을지" 모른다고 냉정하게 또한 두려워하면서 반성하지 않는다. 노예는 "그의 인내를 통해 노예 소유주를 속이려는" 공상조차 하지 않는다.―노예는 반대로 그를 괴롭히는 자를 비웃으며, 자신의 무기력을 경멸한다. 그런 무기력이 노예를 굴욕적으로 되게 강제할 수 있는 것은 결코 아니다. 노예는 물리적 고통을 여전히 견딜 수 있는 한 모든 "신음"과 모든 한탄을 〈GA2, 363〉억누르고 있다.(샤를 콩트 Charles Comte 의, 『입법론Traité de legislation』을 보라) 그러므로 노예는 "내적으로"도 그리고 "외적으로"도 자기의 "소유자"가 아니며 오히려 그의 반항심의 "소유자"이다. 이는 달리 표현하자면, 노예는 "내적으로"도 "외적으로"도 "자유롭지" 않으며 오히려 오직 〈수, 64c〉한 가지 점에서 자유롭다. 즉 노예는 "내적으로" 자기 경멸에서 자유로우며 또한 "외적으로"도 그렇게 보인다. 슈티르너는 몽둥이찜질을 당하는 한, 몽둥이찜질 당함의 소유자이며 이를 통해 몽둥이찜질 당하기의 결여에서 자유로우며, 이런 자유 그리고 이런 결여는 그의 고유성에 속한다.

성 산초는 특별히 "차선의 기회"로 도주할 가능성을 간직하는 데서 자신의 고유성을 찾으며, 이런 도주를 통해 성취될 "자유롭게 됨"을 "그가 그 이전에 수행한 이기주의(그의 이기주의 즉 자족적 이기주의)의 결과일 뿐"이라고 본다. 그 결과 그는 아이티Haiti의 혁명적인 흑인[581]과 모든 식민지에 존재하는 도주 흑인이 자기가 아니라 "인간"을 해방하

581　CW주 90, W주 117) 1791년 아이티 섬에서 흑인 노예의 봉기가 일어났다. 이 봉기는 1793년까지 지속했다. 투상-루베르티Toussaint-Lovertur를 지도자로 삼은 봉기자들은 집단농장(플랜테이션) 소유주와 식민지배자에 대항해 자유와 독립을 위해 투쟁했다. 이 투쟁을 통해 봉기자들은 노예제를 제거하게 강제했다.

는 소망을 품을 것이라고 공상한다. 자기를 해방하려는 결단을 내린 노예는 먼저 노예성이 자기의 "고유성"이라는 주장을 넘어서야 한다. 그는 이런 "고유성"에서 "해방"돼야 한다. 그러나 물론 개인의 "고유성"은 개인의 자포자기에 있을 수 있다. "누가" 자포자기를 반대하고자 했다면 그것은 그에게 "이질적인 척도"를 적용하는 것을 의미하게 된다.

결론적으로 성 산초는 그가 받은 몽둥이찜질에 대해 그의 "고유성"을 "소유한 자"인 노예 소유주에게 다음과 같은 인사말을 통해 복수한다:

"내 *발*은 주인의 몽둥이찜질에서 '자유롭지' 않지만, 그것은 *나의 발이고 떼어낼 수 없다*. 주인이 나의 발을 떼어내면 여전히 그가 나의 발을 가진지 주목하자! 죽은 개가 더는 개가 아니듯이 더는 나의 발이 아닌, 시체가 된 나의 발밖에 그는 어떤 것도 손에 쥐지 못할 것이다."(208쪽)

그 즉 산초는 노예 소유주가 그의 살아있는 발을 갖기를, 아마도 소유주 자신이 사용하기 위해 갖기를 바란다고 믿는 모양인데-그의 발을 "떼어낼 수 없다"는 사실에서 그가 본래[an sich] 얻는 것이 무엇인지를 "주목해 보자." 그는 자기의 발을 상실하는 것밖에 얻는 것은 없다. 그는 한 발만 남은 채로 떼어낸 〈W, 291〉발의 소유자로 된다. 그가 매일 8시간 발물레를 밟아야 할 때 시간이 지나면 바보 같은 놈이 되는 것은 그이며, 그때 바보 같음이 *그의* "고유성"이다. 그를 그리되게 선고했던 재판관이 산초가 말한 이해능력[Verstand]을 그가 아직도 "쥐고 있는지 주시할 것이다." 그런 능력이 있다고 하더라도 불쌍한 산초에게 도움이 될 것은 별로 없다.

"최초의 소유, 최초의 영광이 획득됐도다!"

우리의 성자는 자유와 고유성 사이의 구별을 금욕주의자로 여겨질 만한 예를 통해 문예적으로 상당한 생산비용을 들여 해명한 다음, 209쪽에서 〈수, 65〉전적으로 예기치 않게 이렇게 설명한다.

즉 "고유성과 자유 사이에 단순한 말의 차이보다 더 심원한 간격이 〈GA2, 364〉놓여 있다."

이 심원한 "간격"은 자유에 관해 위에서 제시한 규정이 "많은 변형"과 "굴절"을 겪고 여러 가지 "삽화가 개입하는" 가운데서도 여전히 반복된다는 데 있다. "자유 자체"를 "결여"로 규정하는 데서부터 다음과 같은 물음이 제기된다: 인간은 어디에서 자유로워야 하는가(209쪽) 등등. 이런 "어디에서"에 관한 논쟁(209쪽)이 우선 제기되고, (그는 여기서 다시 독일의 소시민답게 실제 이해에 관한 투쟁 속에서 다만 "어디에서" 자유인지, 그 규정을 둘러싼 다툼만을 본다. 당연히 그는 이런 다툼에서 "부르주아"가 "부르주아 체제"에서 자유롭게 되기를 원하지 않는다는 사실에 매우 놀란다.(210쪽) 그다음에는 하나의 한계를 제거하며 새로운 한계가 나타난다는 문장이 반복된다. 이런 반복은 특정한 자유를 향한 충동이 있으면 거기에는 항상 새로운 지배를 위한 의도가 포함된다는 형식을 취한다.[582](이때 우리는 부르주아 혁명은 개인의 지배

---

582 GA2주 재인용) 슈티르너, 『유일자와 그의 소유』, 210쪽: "특정한 자유를 향

가 아니라 법의 지배를 목표로 한다는 것을 보게 된다.-위에서 제시된 자유주의 개념을 참조하라.) 또 그다음에 나오는 결론은 이렇다. 즉 어떤 사람에게 "전적으로 권리가 있는 것, 예를 들어 연인의 저항할 수 없는 시선"을 그 사람은 빼앗기지 않기를 바란다는 것이다.(211쪽)[583] 나아가서 자유는 "환영"이며(211쪽), "꿈"이라는(212쪽) 주장이 나온다. 이어서 우리는 이 주장에 병행해 다음과 같이 주장하는 것을 본다: "자연의 목소리"도 언젠가는 "고유성"으로(213쪽) 되지만, 그에 반해서 "신의 목소리나 양심의 목소리"는 "악마의 산물"로 간주될 수 있다. 이어서 그는 이렇게 허풍을 떤다: "그와 같이 불경스러운 인간이"(그것을 악마의 산물로 여기는 사람이) "존재한다니, 그런 인간을 어떻게 결판낼 것인가?"(213, 214쪽)[584] 그러나 자족적인 이기주의자는 자연이 자아를 규

한 충동은 항상 새로운 지배를 위한 의도를 포함하고 있다. 그것은 마치 혁명이 사실 그 옹호자들에게 자유를 위해 투쟁한다는 고상한 감정을 줄 수 있는 것과 같다. 그러나 사실 그것은 다만 사람들이 특정한 자유 위에 그러므로 새로운 지배 위에 법의 지배를 찾기 때문일 뿐이다."

[583] GA2주 재인용) 슈티르너, 『유일자와 그의 소유』, 211쪽: "예를 들어 부드럽다고 하더라도 저항할 수 없는 연인의 시선이 당신들에게 불편한 것이 아니라 오히려 그 반대로 전적으로 적절하다면, 그때 당신들은 그 시선을 벗어나 그 시선에서 자유롭게 되기를 원하지 않을 것이다." "자유는 오직 전적인 자유일 수 있으며 한 조각의 자유는 자유가 아니다. 당신들은 전적인 자유, 모든 것에서 자유가 획득될 수 있다는 것을 회의한다. 당신들은 심지어 그런 자유를 다만 소망하는 것조차 광기로 여긴다. 이제 환영을 좇아가는 것을 그만두라. 당신은 도달할 수 없는 것보다는 나은 것을 위해 노력하라." 212쪽: "무엇 때문에 자유 즉 하나의 꿈을 향해 덤벼드는가?"

[584] GA2주 재인용) 슈티르너, 『유일자와 그의 소유』, 213/214쪽: "누가 당신들

정해야 하는 것이 아니며 오히려 자아가 자기의 자연을 규정해야 한다고 말한다. 그리고 자기의 양심도 또한 "자연의 목소리"이다.

이어서 이 기회에 동물은 "매우 적절하게 제 갈 길을 간다"라고 주장한다.(213쪽)[585] 나아가서 〈수, 65a〉"내가 자유롭게 된 다음 앞으로 일어나야 하는 것에 대해서는 자유는 침묵한다"라는 말도 들린다.(215쪽)(『솔로몬의 아가』를 보라) 〈W, 292〉 위에서 언급한 "심원한 간격"으로 시작된 진술은 성 산초가 몽둥이찜질 장면을 반복하고 이번에는 고유성에 관해 더 명백하게 언급하는 진술로 끝난다.

"내가 비록 부자유스럽다 할지라도, 수천의 사슬에 묶여 있다고 할지라도, 나는 존재하며 아마도 자유가 그러하듯이 나는 비로소 미래에 가야 존재하거나 희망상으로 존재하는 것은 아니며, 오히려 노예라는 가장 비참한 존재이더라도 나는 존재한다―즉

에게 사람들은 신, 양심, 의무, 법에 귀를 기울여야 한다고 대답한다면 당신들은 어떻게 생각할까? 이때 당신들이 생각하는 것은 사람들이 당신들의 머리와 심장에 강제로 집어넣고 당신들을 미치게 했던 핑계이지 않을까? 당신들이 자연의 목소리가 하나의 유혹자라는 것을 그렇게 확실하게 아는 원천이 무엇인지 그가 당신들에게 묻는다면? 그가 당신들이 사태를 뒤집어 신의 목소리와 양심의 목소리를 악마의 산물로 간주하기를 기대한다면? 그런 불경한 인간이 있다. 당신들은 그런 인간을 어떻게 결판낸 것인가?"

585 GA2주 재인용) 슈티르너, 『유일자와 그의 소유』, 213쪽: "누구나 자기를 악마로 간주할 것이다. 왜냐하면 그는 종교 등에 대해 무관심한 한에서 자기를 단지 동물로 간주할 것이기 때문이다. 동물은 자기의 본능만을 따를 뿐이니 터무니없는 것을 추구하지 않고 매우 적절하게 제 갈 길을 간다는 사실을 그는 쉽게 발견할 것이다."

현재에 존재한다."(215쪽)

그러므로 여기서 그는 *자신*과 "*자유*"를 두 인격체로 대립하며, 고유성은 단순히 눈앞에 존재하는 것, 현재, 그것도 "가장 비참한" 현재에 속하게 된다. 여기서 고유성은 인격적인 정체성을 단순히 확인해주는 것이 된다. 슈티르너는 이미 위에서 자기가 "내각-경찰-국가"라는 것을 확인해 주었지만, 여기서도 자신을 여권국의 직원처럼 말한다. "인간의 세상에서" "어떤 것이 망각되는 법은 결코 없다."(『솔로몬의 아가』를 보라)

218쪽에 따르면 사람은 ⟨GA2, 365⟩자신의 고유성을 "종속"과 "굴복"을 통해 "포기"할 수 있다.[586] 그러나 일반적으로 말하자면 사람은 현존하는 한, 그 현존이 아무리 "비참한 것"이거나 "굴욕적인 것"이라 하더라도, 방금 말한 대로 자신의 고유성을 중단할 수 없다. 혹 "가장 비참한 노예"는 "가장 굴욕적인" 노예이지 않을까? 고유성에 관해 이전에 묘사한 것을 따라 본다면, 사람은 자신의 생명을 포기하는 한에서만

---

[586] GA2주 재인용) 슈티르너, 『유일자와 그의 소유』, 218쪽: "내가 다른 것에(이 다른 것은 암석과 같이 의지가 없는 것이거나 정부나, 개인 등과 같은 의욕하는 자일 수 있는데) 나의 의지를 관철할 수 없다는 것을 통해 나는 나의 자유가 축소된 것을 알게 된다. 내가 종속과 굴복을 통해 나 자신을-타자에 직면해서-포기한다면 즉 항복하고, 양도하고, 굴복한다면, 나는 나의 고유성을 부정할 것이다." "내가 세계에 대립하는 나의 자유를 확신하는 정도는 내가 세계를 나의 것으로 만드는 만큼 즉 세계를 나를 위해 획득하고 수용하는 만큼이다. 이런 획득이 내가 원하는 폭력을 통하거나 권유나 간청, 단정적 요구와 같은 폭력을 통하거나, 위선과 기만 등을 통하더라도 상관없다. 왜냐하면 내가 그것을 위해 사용하는 수단은 나의 본질에 따른 것이기 때문이다."

자신의 고유성을 "포기할" 수 있다.

218쪽에서 고유성은 결여 존재인 자유에 대립해 다시 한번 자유의 한 측면으로, 권력으로 인정됐다. 산초가 자기의 고유성을 확보하는 수단으로 속이는 것은 "위선"이나 "기만" 등이다.(자아의 고유성이 이런 수단을 이용한다. 왜냐하면 자아의 고유성은 세계의 조건에 "굴복"해야 하기 때문일 것이다.) "왜냐하면 자아가 사용하는 수단은 자아의 본질을 통해 결정되기 때문이다." 우리는 이미 그가 달과 대결하는 과정에서도 나타났듯이 이런 수단 가운데 수단 결여가 중요한 역할을 수행하고 있다는 사실을 살펴보았다.(위의 「논리학」 절을 보라.) 이때 자유는 "자기 해방"으로 대체되어 파악된다. 즉 "자아는 자아의 고유성이 자아에 주선해 주는 만큼만 자아가 자유로울 수 있다는 사실을" 살펴보았다. 이때 소위 독일의 모든 이데올로그에서 나타나는 ⟨수, 65b⟩자유의 규정은 자기규정이나 고유성으로 등장한다. "바보[Schaf: 양]에게 말할 자유가 주어진다고 하더라도 아무 도움이 되지" 않는다는 사실에서 이런 것이 분명해진다.(220쪽) 그가 고유성을 자기해방으로 파악하는 것은 시시한 것이다. 그것이 얼마나 시시한가는 이미 강요된 자유, 석방, 자유롭게 됨 등등(220, 221쪽)과 같이 그가 가장 유명한 상투어를 반복하는 가운데서 알려진다. 결여로서 자유⟨W, 293⟩와 이런 결여를 부정하는 것으로서 고유성 사이에 존재하는 대립은 이제 다음과 같이 시적으로도 묘사된다:

"자유 때문에 당신들은 당신들의 것이 아닌 모든 것을 질투한다."(그러면 자유는 질투가 그 고유성이든가, 아니면 성 산초가 주장하듯 심술궂은[타인의 것을 질투하는] 존재이다, 예를 들어

기조Guizo는 "고유성"이 없는가? 자아는 타인 것에 대한 질투를 즐기지 않는가?) "이기주의는 당신들에게 당신들 자신을 기뻐하고 또 자기를 향락하라고 요청한다."(그러면 자기만족이란 자기를 즐기는 자유가 된다.)(더욱이 우리는 자족적인 이기주의자가 느끼는 기쁨과 자기만족을 알고 있다.) "자유는 동경이며 동경으로 머무를 것이다."(마치 동경이 특히 교육받은 개인 즉 기독교적이고 게르만적인 개인이 지닌 하나의 고유성, 하나의 자기 향락이 아닐 수도 있는 것처럼 말한다.-동경이 '"상실돼야" 하는가?) "고유성은 하나의 실제이어서, 당신들의 고유한 길을 방해하고 가로막는 부자유가 있으면 나타나는 대로 그것을 스스로 제거한다."

(이때 그렇다면 부자유가 제거되기 전에는 나의 고유성은 가로막힌 고유성이 된다. 모든 한계와 방해는 "스스로" 제거된다는 것이 독일 소시민을 특징짓는 특징이다. 왜냐하면 독일 소시민은 한 번도 그런 일에 직접 손대 본 적은 없으며, "스스로" 제거되지 않는 한계는 자기의 고유성으로 삼는 것이 습관이기 때문이다. 게다가 〈GA2, 366〉여기서 고유성이 행위를 할 수 있는 인격으로 등장한다. 그러나 나중에 가면 그 고유성은 그 소유자를 단순히 묘사하는 것으로 격하된다.)(215쪽)

이런 반대 명제는 우리에게 다시 다음과 같은 형식으로 나타난다:

"*고유한 존재로서 당신들은 실제로 본다면 모든 것을 결여한 존재*이다. 당신들에게 남아 있는 것은 당신들이 받아들인 것이다. 그것은 당신들의 선택과 당신들의 자의에 달려 있다. 고유한 존재는 *타고난 자유인*이며, 반대로 자유인은 다만 자유를 갈망하는 자에 불과하다."

그런데 성 산초는 252쪽에서 모든 사람은 인간으로서 태어났다는 것을 그래서 새로 태어난 사람은 그 점에서 평등하다는 것을 "인정한다."

위에서 말한 대로 노예에게 몽둥이찜질을 없애지 못하듯이 고유한 존재인 당신들에게서 "없애지" 못하는 것은 "당신들의 선택 능력과 〈수, 65c〉자의에 따를 능력"이다.-말도 안 되는 말 바꾸기라니!-그렇다면 여기서 고유성이란 공상으로 환원될 뿐이다. 성 산초는 그가 빼앗기지 않은 모든 것을 예를 들어 그가 돈이 없을 때 생기는 배고픔과 같은 것을 자유로운 의지에서 받아들이고 보유하는 것처럼 공상한다. 사투리나, 이하선염[耳下線染], 치질, 가난, 외다리, 노동 분업 상 그에게 강요된 철학 강박 등등과 같은 많은 것들은 제쳐놓자. 그리고 그가 이런 것들을 "받아들일지" 아닐지는 그에게 전혀 의존하지 않는다는 사실도 무시하자. 우리가 잠정적으로 그의 전제를 받아들이더라도 그가 할 수 있는 것은 항상 일정하게 규정된 것들 사이에서 선택하는 정도일 뿐이다. 그런 것들은 그의 영역에 놓여있기는 하지만, 그 자신의 고유성이 선택할 수 있게 설정된 것은 결코 아니다. 예를 들어 그가 아일랜드의 농부리면 그는 감자를 먹을지 굶어 죽을지를 선택할 수 있을 뿐이며 이런 선택조차도 그에게 항상 〈W, 294〉자유로운 것은 아니다. 그래도 위에서 언급된 명제 가운데서 아름다운 동격이 있다는 사실이 주목돼야 한다. 법을 다룰 때 그랬던 것과 똑같이 "받아들임"은 "선택의 능력" 그리고 "자의에 따를 능력"과 즉각 동일시된다. 더욱이 성 산초가 이해하는 "타고난 자유인"이라는 말의 의미는 지금의 맥락이든 아니든 간에 무슨 말인지 모르겠다.

또한 그가 받은 감정은 그가 받아들인 감정이 아닌가? 84, 85쪽을 보면 "받은" 감정이라면 고유한 감정이 아니라는 걸 알게 되지 않는가? 게다가 우리는 클롭스톡(여기서 예로 드는 것이지만)에게서 이미 보았듯이 "고유한" 태도는 개인적인 태도와 결코 합치하지 않는다는 사실은 명백하다. 물론 클롭스톡에게서 기독교는 "전적으로 정당한 것"이었던 것으로 보이며, 결코 "그의 길을 방해하며 가로막는" 것처럼 보이지 않는다.

"소유자는 처음부터 자기 밖에 있는 모든 것을 배제해 왔는데 이제야 비로소 자기를 〈수, 66〉 *해방할 필요는* 없다. 소유자는 어린아이 같은 외경심에 구속되어 있지만, 그래도 이런 구속에서 자기를 *해방하기* 위해 이미 *노력해* 왔다."

고유한 존재는 이제 비로소 자기를 해방할 필요가 없으므로, 이미 아이 때부터 자기를 해방하기 위해 노력한다니! 이미 보았듯이 이 모든 것은 그가 "타고난 자유인"이므로 수행한 것이다! "어린아이 같은 외경심에 구속되어 있지만," 이미 그는 제한 없이 즉 고유한 방식으로 이런 자신에게 고유한 것인 구속에 관해서 반성한다니! 그러나 그런 말이 우리를 놀라게 하지 않을 것이다-우리는 이미 「구약」을 다루는 처음 부분에서 〈GA2, 367〉자족적인 이기주의자가 어느 정도로 신동[神童]인지를 보았다.

"고유성은 이 어린아이 같은 이기주의자 속에서 노력하고 있으며 어린아이 같은 이기주의자에게 그가 열망하는 '자유'를 마련해 준다."

"슈티르너"가 살아가는 것이 아니라 "고유성"이 살아가며, 슈티르너 속에서 "노력하고" "마련하는" 것이 고유성이니, 우리는 여기서 고유성이 소유자에 대한 묘사가 아니며, 소유자는 고유성을 다른 말로 바꿔 부르는 것에 지나지 않는다는 사실을 알게 된다.

"결여"의 정점에 있는 것은 이미 보았듯이 고유한 자기의 결여, 자기 부인이었다. 마찬가지로 우리는 여기에서와는 달리 그가 고유성이란 자신을 주장하는 존재로, 개인적 이익을 위한 존재로 주장한다는 것도 보았다. 그런데 우리는 또 이런 개인적 이익을 위한 존재가 다시 자기를 부인하는 존재라고 주장하는 것을 보았다.

언젠가부터 우리는 "성스러운 것"을 그리워하며 고통을 느꼈다. 우리는 이 성스러운 것을 갑자기 정말 어리둥절하게도 224쪽 「고유성」의 결론 부분에서 다시 발견한다. 거기서 성스러운 것은 다음과 같이 새로운 표현으로 정당화된다:

"내가 이기적으로 추구하는"(또는 심지어 전혀 추구하지 않는) "것에 대해 맺는 관계는 헌신적으로 봉사하는"(또는 내가 추구하는) "것에 대한 관계와 *다르다*."

⟨W, 295⟩성 막스가 "마음내로 선택해서" "받아들였던" 이런 미치고 팔짝 뛸 동어반복에 그는 만족하지 않는다. 그리고 오랫동안 언급되

지 않았던 "사람들"이 갑자기 다시 성스러운 것의 정체를 확인하는 야경꾼이 되어 등장하더니, 이렇게 생각한다.

> 사람들은 "다음과 같은 식별 징표를 도입할 수 있지 않을까: 나는 전자에 대해서는 *위반하거나 죄를 범할 수 있다*."(미치고 팔짝 뛸 동어반복!) 〈수, 66a〉 "다른 것에 대해서는 *부주의하게 잃어버리거나 포기할 수 있거나 빼앗기거나 할 수 있으며 즉 어리석음을 범할 수 있다*."[587](여기서 그는 부주의하게 자기를 잃어버리거나 자살할 수 있으며, 자기를 빼앗길 수 있고-살해될 수 있다.) "*자유무역은 두 가지 종류의 방식에 따라 고찰된다. 왜냐하면*" 부분적으로 성스러운 것으로 간주되며 부분적으로 그렇지 않기 때문이다. 또는 산초 자신이 이것을 지나치게 상세하게 표현하듯이 "부분적으로는 *상황에 따라* 인정되기도 하고 철회되기도 하는 자유로 여겨지며, 부분적으로는 *어떤 상황에서도 성스러운* 자유로 여겨진다."(224, 225쪽)

산초는 여기서 다시 자유무역과 보호관세에 관련된 문제를 "자기 방식으로" 꿰뚫어 본다. 따라서 그에게 주어진 소명은 자유무역이 1) "*자유*"이므로 성스럽게 여겨지며 동시에 2) "*어떤 상황에서도*" 성스럽게 여겨졌던 유일한 경우를 제시하는 것이다.-성스러운 것은 어떤 일에도 유용한 것이니 말이다.

---

[587] 역주) 여기서 전자, 후자는 문맥상 앞의 인용문과 이어진다. 그래서 전자는 '내가 이기적으로 추구하는 것'을 지칭하고 후자는 '내가 헌신적으로 봉사하는 것'을 지칭하는 것으로 보인다.

이미 보았듯이 고유성은 논리적으로 이전에 잘 다듬어둔 "자유" 개념에서 반대 명제를 통해서 입증되거나 현상학적인 차원에서 "또한-달리-규정됨[Auch-anders-Bestimmtseins]"을 통해서 입증된다. 이때 성 산초는 그에게 정말 마땅한 것(예를 들어 몽둥이찜질)은 고유성에 "쓸어 넣고", 그에게 마땅하지 않은 것은 자유에 "쓸어 넣었다."[588] 그러니 우리는 결론적으로 이 모든 것은 아직도 진정한 고유성이 아니었다는 것을 알게 된다. 〈GA2, 368〉225쪽에서 이런 말이 있다:

"고유성"은 "자유 등과 마찬가지로 어떤 *관념*이 아니다. .... 고유성은-*소유자*에 대한 하나의 묘사일 뿐이다."

성 산초는 자유를 세 가지로 세분했으니 곧 [정치적] 자유주의, 공산주의, 인도주의다. 그는 이런 것들 속으로 세분된 자유를 부정하고 자유의 *진실*을 파악하며, 응용 논리학에 따라 최고로 단순하게 된 사유과정을 실제 자아에 대한 묘사로 본다.

*****

고유성에 관한 절 전체는 이런 가장 낡아빠진 자기 미화에 불과하다. 독일 소시민은 이런 자기 미화를 통해 자신의 무기력을 위로한다. 산초와 같은 독일 소시민이 다른 나라 부르주아가 봉건제나 절대군주

---

[588] GA2주 재인용) 슈티르너, 『슈티르너에 대한 논평가들』, 168/169쪽: "사람들은 개념을 위해서는 남다른 것 즉 유일자를 내던졌고, 인간을 위해서는 비인간적인 것을 내던졌다. 사람들은 비인간적인 것이 올바른 것이고 인간에게 유일하게 가능한 실재라는 사실을 인식하지 못한다. 사람들은 전적으로 인간에게 진정으로 인간적인 실재를 소망했다."

제의 잔재에 대항해 자기의 이해를 지키려 투쟁할 때 중요한 것이라고 믿는 것은 이런 문제다. 즉 다만 "인간"이 ⟨W, 296⟩ "어디에서" 자유로워야 하는가에 관한 원칙적 문제다.(위에서 언급한 「정치적 자유주의」 부분도 참고하라) 따라서 독일 소시민은 자유무역은 다만 자유 가운데 하나라고 보며, 책상머리에 앉아서 엄청 중요한 척하면서 그리고 산초와 똑같이, "인간"이 어떤 사정에서도 자유무역을 해야 하는지 또는 말아야 하는지에 관해서 이론을 만들어낸다. 독일 소시민의 자유를 향한 노력이 비참한 결말에 이를 것은 이런 조건 아래서 예정된 일이다. 하지만 이때 재차 산초와 같은 독일 소시민을 위안해 주는 것이 있다. 그 위안거리란 "인간" 또는 그 자신이 "모든 것에서 자유로울" 수는 없다는 사실이며[589] 또한 자유는 매우 모호한 개념이어서 메테르니히Metternich와 칼 10세조차도 자기가 "진정한 자유"를 바란다고 주장할 수 있다는 사실이다.(『경전』의 201쪽에서 관심의 대상이 되는 유일한 것은 반동주의자조차도 또한 소위 역사학파[590]나 낭만파도 산초와 똑같이 진정한

---

589 GA2주 재인용) 슈티르너, 『유일자와 그의 소유』, 210쪽: "메테르니히 공작은 한번 이렇게 말했다: 모든 미래를 위해 진정한 자유의 좁은 길로 가는 데 적절한 길을 발견했다. 프로방스의 백작은 바로 자유의 왕국을 세우는 조짐이 있을 때 프랑스에서 탈출하면서 이렇게 말했다: 내가 감옥에 갇히는 것을 나는 참을 수 없다. 나는 다만 하나의 열정만을 지녔으니 즉 자유에 대한 갈구이다. 나는 다만 자유만을 생각했다."

590 W주 118) 역사학파(역사 법학파)-18세기 독일에서 등장한 반동적인 역사 또한 법의 학파. 낭만주의(반동적 낭만주의) 학파. CW주 추가) 이 학파의 대표자는 휴고Gustave Hugo, 시비니Friedrich Karl Savigny 또한 다른 사람들이다. 이들은 귀족의 특권과 봉건제를 역사적 전통을 범할 수 없다는 이유로 정당화하려고 시도한다.

자유를 고유성 속에 예를 들자면 티롤Tirol 농민의 고유성 같은 것 속에 두고 있다는 사실이다. 그래서 진정한 자유는 개인의 독특한 발전 속에 나아가서 지역이나 지방과 신분의 독특한 발전 속에 있게 된다.) 또한 그의 위안거리는 독일 소시민은 독일인이므로, 자유롭지 못하더라도 자신이 고유성을 지니고 있다는 점은 논박할 수 없으니 어떤 고난도 스스로 감내할 것이라는 점이다. 산초 같은 독일 소시민은 다시 한번 그가 자기에 부여한 권력이 자유에 있다고 보지 않으며, 따라서 자신의 무기력을 오히려 하나의 권력으로 선언한다.

보통의 독일 소시민이 전적으로 침잠한 기분 속에서 자기에게 나지막하게 위안으로 속삭이는 것을 베를린의 소시민은 마치 기지에 넘치는 발상의 전환인 것처럼 큰 소리로 나발 분다. 그는 자신의 쓰레기 같은 고유성과 고유한 거지 근성을 자랑으로 삼는다.

낭만주의자-19세기 초 역사 법학파와 관련된 이데올로기적인 방향 CW주 91 추가) 사회과학에서 반동적인 낭만주의의 지지자, 이들은 중세아 봉건제를 정낭화하려고 노력했으며 부르주아 계몽주의, 민주주의, 자유주의에 그것을 대립하려 했다. 낭만주의의 저명한 이데올로그는 보날드Louis Gabriel Bonald, 드메트르 Joseph de Maistre, 할러Karl Ludwig Haller와 뮐러Adam Müller이다.
이 입장이 지닌 특징은 마르크스의 다음 논문에서 나타난다. 『역사 법학파의 철학적 선언』, 『헤겔 법철학의 비판을 위해』「서문」

신약 편 5절 소유자

⟨GA2, 369⟩⟨수, 67⟩ "소유자"는 세 가지로 "세분되니" 즉 "A) 나의 권력", "B) 나의 교류", "C) 나의 향락"이다. 「신약 대의」는 이것들이 어떻게 구분되는가에 관해서는 살펴본다. 곧바로 최초의 세분 항으로 넘어가 보자.

신약 편 5절 A) 나의 권력

이 권력의 항은 다시 세 갈래로 세분된다. 거기서 (1) 권리, (2) 법률, (3) 범죄가 다루어진다. 이런 삼분법을 감추기 위해 산초는 지나치게 자주 "삽화"를 이용한다. 우리는 전체를 표로 만들어 적절한 때 삽화를 끌어들여 다루려 한다.

신약 편 5절 A)-(1) 권리
신약 편 5절 A)-(1)-a) 일반적 표준

⟨W, 297⟩ *성스러운 것의 또 다른 예를* 들자면 권리를 들 수 있다.

권리는	내가 아니다	성
	=나의 권리가 아니다.	
	=타인의 권리	스
	=현존하는 권리	
모든 현존하는 권리	=타인의 권리*	러
	=타인에 대한 권리(나에 대한 것이 아니다)	

                =타인에서 얻은 권리   운
                =(권리, 나에게 주어진 것, 나에 대   것
          항하는 것) (244, 245쪽)

* GA2주 재인용) 슈티르너, 『유일자와 그의 소유』, 244쪽: "모든 현존하는 권리는 타인의 권리이다. 그것은 사람들이 나에게 준 권리이며, 나를 거역하게 한 권리이다. 그러나 모든 사람이 나에게 권리를 준다면 그 때문에 권리를 갖는 것인가? 내가 국가 속에서, 사회 속에서 타인의 권리 밖에 요구하는 권리는 무엇인가?"

노트 1:

3번 등식의 후건 명제가 5번 등식에서 후건 명제로 될 때 4번 등식에서 후건 명제가 5번 등식에서 전건 명제로 갑자기 〈GA2, 370〉출현한다. 이때 독자는 "권리" 대신 "모든 현존하는 권리"가 단번에 5번 등식의 전건 명제로 등장하는 이유가 무엇인지 놀랄 것이다. 이런 것이 일어나는 이유는 성 산초가 *실제* 현존하는 권리에 대해서 말하는 것처럼 겉으로 보이기 위한 것이다. 그의 머리에는 결코 그런 실제 현존하는 권리라는 것이 떠오르지 않는다. 그는 권리에 대해 말하는 때는 오직 권리를 성스러운 "술어"로 생각할 때다.

노트 2:

권리가 타인의 권리로 규정된 이후 이제 예를 들어 "술타의 권리", "인민의 권리" 등등과 같이 어떤 이름이라도 원하는 대로 권리에 덧붙여질 수 있을 것이다. 이 이름은 성 산초가 그가 받은 권리의 원천인 타인의 권리를 어떻게 규정하려 하는가에 따라 달라진다. 그렇다면 타인의 권리는 "나에게서 나온 것이 아니라" "자연이나 신, 인민의 결정 등

에서 나온다"라는 말도 가능하다.(250쪽)⁵⁹¹ 우리의 성자가 동의어를 이용해 위에서 본 것과 같은 바보 같은 〈수, 67a〉등식에 무언가 발전한다는 겉모습을 부여하려 애쓰는 방식은 참으로 가련한 짓이다.

"어떤 바보가 나에게 권리를 준다면"(그에게 권리를 준 바보가 그 자신이라 할 때도?) "나는 나의 권리를 불신할 것이다."(정말 이런 일이 일어났으면 하는 바람이 슈티르너의 관심일 것이다.) "그러나 현자가 나에게 권리를 줄 때도 여전히 나는 그 때문에 그 권리를 택하지는 않을 것이다. 내가 권리를 택하는가는 바보가 권리를 준 것인지 현자가 권리를 준 것인지 하는 것과 전적으로 무관하다. 그런데도 우리는 지금까지 *이런* [누가 주는] 권리를 추구해 왔다. 우리는 권리를 찾고 이런 목적을 위해 *법정*으로 향한다. .... 그렇다면 이 법정에서 내가 찾는 것은 무엇인가? 내가 찾는 것은 술탄의 권리이지 나의 권리가 아니다. 내가 찾는 것은 타인의 권리이다. .... 그러므로 고등 검열 법정 앞에서 찾는 것은 검열권이다."(244, 245쪽)

〈W, 298〉이런 대가다운 명제 속에 동의어를 얼마나 교활하게 사용한 것인지 놀랄 뿐이다. 일상적인 대화에서 사용되는 의미에서 시인한다[Recht geben]라는 말과 법학에서 사용되는 의미에서 권리 확립[Recht geben]이 동일시 되고 있다. 더 놀라운 것은 법정으로 가는 것이 권리를

---

591 GA2주 재인용) 슈티르너, 『유일자와 그의 소유』, 250쪽: "자연이 나에게 권리를 주는지, 아니면 신이나 인민의 결정이 주느냐 하는 것은 모두 같은 타인의 권리를 의미한다. 즉 내가 나에게 주거나 박탈하지 않는 권리이다."

간직하는 만족을 위한 것이라는 태산 같은 믿음이다.-이런 믿음은 법정에 가는 것을 소송의 권리를 실현하는 것에서 설명하려는 믿음이다.

{⟨W, 노트 63:298-하단 주: 수고에서 삭제⟩⟨수, 67a-하단 주⟩성스러운 Jacques le bonhomme⟨촌티 나는 바보⟩가 도대체 법정을 어떻게 생각하는가는 그가 모범적으로 고등 검열 법정을 이끌고 있다는 사실에서 이미 밝혀져 있다. 이 법정은 오직 프로이센의 관념으로 보면 법정으로 여겨지지만, 단순히 행정 처분만을 결정하고 형벌을 내릴 수도 없고 어떤 민사소송도 조정할 수 없는 법정이다. 두 가지의 전적으로 다른 것의 곱하기 상태가 개인의 밑바닥에 놓여 있다. 즉 하나의 상태에서는 법정과 행정이 분리되어 있고 다른 상태에서는 양자가 가부장적으로 합치된다. 그런데 이런 사실을 성자는 신경 쓰지 않는다. 왜냐하면 성자는 항상 실제 개인을 문제 삼기 때문이다. 위의 등식은 여기서 "소명", "사명", "임무"라는 도덕적 요청으로 변화된다. 성 막스는 여기서 프로이센의 부사관으로서 "삼인칭"으로 첼리가에게 말을 건네면서(그에게 고유한 "순경"이 그의 입을 통해 말한다) 그에게 충직한 노예 첼리가의 두근거리는 양심에 천둥 같은 목소리로 명령한다. 즉 그는 먹을 권리를 아무 제한 없이 갖고 있다는 것이다. 사람들은 먹을 권리를 프롤레타리아에게 결코 제한적으로 부여하지 않는다. 그런데도 프롤레타리아가 그 먹을 권리를 매우 자주 행사할 수 없다는 것은 "자명"하다.}

최종적으로 산초기 얼마나 간교한지 놀랄 만하디. 신초는 그런 방식으로 산교하게 위에서 5번 등식에 보듯이 구체적인 이름 즉 여기서는 "술탄의 권리"라는 이름을 먼저 몰래 끌어들여 그의 일반적인 범주인 "타인의 권리"를 ⟨수, 67b⟩더 확실하게 끄집어낼 수 있게 한다.

타인의 권리	= 나의 권리가 아닌 것
나의 타인이 갖는 권리	= 권리 없음.
	= *어떤 권리도 없다*
	= *무권리를 소유*(247쪽)*
나의 권리	= 너의 권리가 아니다
	= *너의 무권리*
너의 권리	= 나의 무권리

*592

〈GA2, 371〉노트:

"당신들은 타인에 대항하는 권리를 갖기를 원한다."(이것은 당신들이 권리를 가진다는 말이어야 한다.) "당신들은 그럴 수 없을 것이다. 당신들은 타인에 대항해 영원히 '무권리 상태일' 것이다. 왜냐하면 타인이 '자기 나름의 권리'를 갖지 않는다면 당신들의 적이 아닐 수 있기 때문이다. 타인은 당신들의 '권리를 부정'할 것이다. …. 당신들이 계속 권리를 지반으로 한다면 당신들은 소송의 권리에 머무른다."(248, 253쪽)

"우리는 잠시 이 문제를 또 다른 방식으로 파악해 보자." 성 산초는 그와 같이 권리에 관한 자신의 지식을 장황하게 기록한 다음부터 〈W, 299〉권리를 다시 한번 성스러운 것으로 규정하고 이 기회에 성스러운

---

592 GA2주 재인용) 슈티르너, 『유일자와 그의 소유』, 247쪽: "내가 전제주의에서 충성을 다하나, 마이틀링 식의 사회에서 충성을 다하나, 그것은 마찬가지로 권리가 없음이다. 왜냐하면 나는 어느 때도 나의 권리를 갖는 것이 아니라 타인의 권리를 갖기 때문이다."

것과 관련해 조금 전에 미리 제시한 것과 같은 수식어 가운데 몇몇을 골라서 여기에 "권리"라는 말을 덧붙여 반복하는데 몰두한다.

〈수, 67c〉"권리는 *종교적* 개념이 아닌가? 즉 어떤 *성스러운 것이* 아닌가?"(247쪽)

"*종교적인 관점에* 서지 않는다면, 누가 '권리'에 대해 무언가를 물어볼 수 있을까?"(같은 곳)

"'*본래 그리고 실현된*[an und für sich]' 권리. 그러므로 그것은 나와 관련이 없는 것이겠지? '절대적인 권리!' 그러므로 그것은 나에게서 분리된 것이다.-'*본래 그리고 실현된 존재자*'-일종의 절대자! 영원한 권리는 영원한 진리와 같다."-즉 성스러운 것이다.(270쪽)

"당신들은 다른 사람 앞에서 경악하면서 물러선다. 왜냐하면 당신들은 다른 사람들에게서 권리라는 *유령을* 본다고 믿기 때문이다."(253쪽)

"당신들은 기어 돌아다니면서 그 *허깨비를* 당신들의 편으로 삼기 위해 노력한다."(같은 곳)

"권리는 *망상*이며, *허깨비*에서 받은 것이다."(위의 두 명제의 종합을 통해)(276쪽)

"권리는 .... *고정 관념*이다."(270쪽)[593]

"권리는 .... *정신*이다."(244쪽)

"왜냐하면 권리는 다만 *정신*에서만 받을 수 있기 때문이다."(275

---

[593] GA2주 재인용) 슈티르너, 『유일자와 그의 소유』, 270쪽: "권리의 사상은 근원적으로 나의 사상이거나 내 속에 기원을 갖는다. 그러나 그 사상은 나에게서 나온 것이지만, 말은 외부에서 온 것이니 그것은 육화된 것 즉 고정 관념이다."

쪽)⁵⁹⁴

성 산초는 이제 다시 한번 그가 이미 「구약」을 다룰 때 전개했던 것 즉 "고정 관념"이라는 것을 전개한다. 차이가 있다면 다만 여기는 어디서나 권리가 "고정 관념"의 "다른 예"로 튀어나온다는 것뿐이다.

"권리는 근본적으로 내가 지닌 사상이며 또는 그것은⁵⁹⁵"(!) "그 근원을 내 속에 두고 있다. 그러나 권리는 나에게서 도주한 것이다."(속된 말로 하자면, 탈주한 것이다) "'말씀'이 밖으로 나와, 육신이 됐다."⁵⁹⁶(성 산초가 그것으로 배를 채울 것이다.) "권리는 고정 관념이다."—그러므로 슈티르너가 쓴 책 전체는 슈티르너"에서" "도주한" 고정 관념으로 이루어진다. 그러나 우리는 권리를 다시 체포해 많은 사람이 애호하는 "도덕 교화소"에 가두어 놓을 것이다. "나는 *이제* 더는 사상이 없지 않다."(사상은 이미 그를 *떠나* 버렸는데도?): "내가 몸을 돌리면 사상은 내 앞에 있다."(변발처럼 그의 등 뒤에 드리워져 있군.)⁵⁹⁷ "그러므로 인간은 권리라는 사상을 창조했지만, 다시 이것의 ⟨GA2, 372⟩주인이

---

594 GA2주 재인용) 슈티르너, 『유일자와 그의 소유』, 275쪽: "내가 나의 권리라 부르는 것은 더는 권리가 아니다. 왜냐하면 권리는 정신에서만 받을 수 있는 것이기 때문이다. 그 정신이 자연, 인류, 신의 정신 또는 성스러운 성령 또는 성스러운 전하 등 그 어느 것의 정신인가는 무관하다."

595 CW주) 여기서 '그것'은 '나의 사상'을 가리킨다.

596 CW주) 『요한복음』, 1장 14절: 말씀이 육신이 되어 우리 가운데 사셨다.

597 이 말은 카미소Chamisso의 시 『비극적 역사』에 나오는 구절이다.

되지 못한다. 피조물은 내내 그런 사상을 지닌 채 살아간다. 그것이 나에게서 *풀려나온*[absolviert], 나에게서 떨어져 나온 *절대적인*[absolute] 권리이다."(어, '절대'라는 말이 '풀려나온'이라는 말과 동의어라니) "우리는 그것을 절대적인 것으로 숭배하므로, 그것을 〈수, 68〉소진할 수도 없다. 그 권리는 우리의 창조력을 빼앗는다. 피조물이 창조자를 넘어선 것이 되며, 본래 그리고 실현된 것[an und für sich]이 된다. 권리가 다시는 자유롭게 떠돌아다니지 않게 해야 한다. .... "

(우리는 이런 명제를 따라 이 충고를 이행할 것이다. 여기서 재량껏 그 권리란 것을 속박하려 한다.)(270쪽)

성 산초는 권리를 이런 방식으로 성스러운 것이 내리는 온갖 가능한 물과 불을 통한 〈W, 300〉심판을 거치게 해 말씀화한 다음 동시에 이를 다음과 같이 부정한다:

"권리는 절대화되면서 스스로 소멸하고, 동시에 권리 개념의 지배도"(「위계 체제」 절을 보라) "끝난다. 왜냐하면 그 이래로 개념, 이념 그리고 원칙이 우리를 지배했고, 이런 지배자들 가운데 권리 개념 또는 정의의 개념이 가장 중요한 역할 중의 하나를 수행했다는 사실은 잊을 수 없는 것이기 때문이다."(2/6쪽)

법적[rechtlich] 관계는 여기서 다시 권리[Recht] 개념이 지배하는 것으로서 출현하며, 그는 이 권리의 개념을 하나의 개념으로 따라서 성스러운 존재[즉 법]로 선언함을 통해 곧바로 제거한다. 이런 사실은 우리가 익히 아는 것이며 이에 관해서는 「위계 체제」 절을 참조하기 바란다. 권리는 인간의 물질적인 상황이나 여기에서 발생하는 상호 갈등에서 발생하지 않으며, 오히려 인간이 자신의 관념과 갈등하는 데서 발생한다. 그 관념이란 인간이 "머리에서 지워야 하는" 것이다. 「논리학」 절을 보라.

권리를 말씀화하는 이 최후의 공식에 관해 우리는 다음 세 가지 점을 유의해야 한다.

노트 1:
"*타인의* 권리가 *나의 권리*와 같은 것인 한 물론 나는 나의 권리를 그에게서도 발견할 것이다."(245쪽)

성 산초는 이 명제에 관해 자주 숙고한다.

노트 2:
"일단 *이기주의적인 이해가* 개입하면, 사회는 오염된다. …. 예를 들어 *민법*[사법: Privatrecht]의 완성은 로마 사회가 오염됐음을 입증한다."(278쪽)

이런 민법을 통해 본다면 로마 사회는 처음부터 오염된 로마 사회였음이 틀림없다. 왜냐하면 이기주의적인 이해는 시저 시대의 "완성된 민법"에서보다 십동판법에서[598] 훨씬 조야하게 출현하기 때문이다. 유감

---

598 CW주 92, W주 120) 십동판법-12동판법의 원본, 로마 노예제 국가의 가장 오래된 입법 기념물. 이 법은 기원전 5세기 공화국 중반 시기에 평민이 귀족과

스럽겠지만, 그런 까닭에 헤겔은 이를 상기하면서 민법을 성스러운 것의 징표가 아니라 이기주의의 징표로 파악한다. 여기서 성 산초도 헤겔과 마찬가지로 민법이 사적 소유와 〈수, 68a〉얼마나 부합하는지 그리고 다른 권리 관계 전체가 이런 민법을 통해 어느 정도로 제시되는지에 관해서 숙고하면 좋을 텐데 말이다.(『사적 소유, 국가와 법』을 참조하라) 그런 권리 관계에 대해 성 막스는 그저 그것이 성스러운 것이라는 말밖에는 하지 못한다.

〈GA2, 373〉노트 3:
"권리가 *개념*에서 나온 것이라 *하더라도* 권리는 오직 욕구를 위해 *유용*하므로 현존하게 된다."

그렇게 헤겔은 (『법철학』, 209§, 보유에서) 말한다.―우리의 성자는 헤겔이 근대 세계에 적용한 개념의 위계 체계를 계승한다. 〈W, 301〉그러므로 헤겔은 권리는 개인의 경험적인 *욕구* 때문에 현존하게 된다고 설명하며 오직 단순한 단정[Versicherung]을 통해 생겨난 권리 개념을 구출한다. 헤겔이 우리의 "생동적인 자아"인 성 산초보다 얼마나 무한히 더 유물론적으로 처리하는가를 보라.

투쟁해 얻은 성과였다. 이 법은 더 발전한 로마 민법의 출발점이었다. 역주) 10인 입법 위원회는 기원전 450년에 10개의 조항으로 구성된 법전을 만들었다. 기원전 449년에 두 번째로 선임된 10인 입법 위원들은 성산 사건에서 원로원과 평민 계급이 합의한 대로 2개의 조항을 더 추가했다. 이로써 12표법이 완성됐고, 법은 상아로 된 판에(리비우스는 동판에 새겨졌다고 했다) 새겨져 광장에 놓아두었다

신약 편 5절 A)-(1)-b)
단순한 반대 명제를 통해 세계를 쟁취하기

a) 인간의 권리 ≠나의 권리
b) 인간적인 권리 ≠이기주의적인 권리
c) 타인의 권리= 타인 준 자격[berechtigt] ≠나의 권리=내가 준 권리
d) 권리는 타인에게 옳은 것 ≠권리는 나에게 옳은 것

"이것은 이기주의적인 권리이다 즉 그것이 내가 보기에 올바른 것이므로 그것은 권리이다."(passim〈곳곳에〉에서 발견된다. 최종명제는 251쪽에서 발견된다.)

노트 1:
"나는 자살을 금하지 않는다면 또한 내가 자살을 불법이라고 생각해 두려워하지 않는다면, 나는 자살의 권리를 얻는다."(249쪽)

이 말의 뜻은 이렇다: 내가 자살을 금하지 않는다면, 내가 자살에 대해 *두려워하지* 않는다면 나는 자살해도 좋다. 이 전체 명제는 c)의 반대 명제에 나오는 두 번째 등식을 가지고 허풍을 떤 것이다. 그 등식에서 "자격[berechtigt]이 있다" 말은 의미를 상실했다.

노트 2:
"나는 그것이 권리인가를 *내 안에서* 결정한다. *나의 바깥에서는* 어떤 권리도 없다."(249쪽)-"우리는 *우리 안에* 있는 것인가? 우

리는 차라리 우리 바깥에 있는 것이다. 우리의 정신은 *우리 안에* 거주하는 것이 아니므로 바로 그런 이유로 우리는 정신을 우리 밖으로 옮겨 놓아야 한다. …. *우리 바깥에* 현존한다고, …. *피안에* 존재한다고 생각하라."(43쪽)

그러므로 43쪽에 있는 〈수, 68b〉그의 고유한 명제에 따르면 성 산초는 "그의 안에" 있는 권리를 다시 "그의 밖으로" 그것도 "피안으로" 옮겨놓아야 한다. 그가 어느 때나 이런 방식으로 쟁취하고자 원하면, 그는 도덕과 종교, 전체 "성스러운 것"을 "자기 안"에 옮겨 놓을 수 있고 그러면 그것이 도덕적인 것, 종교적인 것, 성스러운 것인지를 "그의 안에서" 결정할 수 있다. "그의 바깥에는 어떤 도덕이나, 종교, 성스러움이 없다."-그리고 나서 그는 43쪽에서 보듯이 그런 것들을 자기 밖으로 또는 피안으로 옮긴다. 이를 통해서 기독교의 모범을 따라서 "만물의 부활"[599] 이 이루어지게 된다.

〈W, 302〉노트 3:
"나의 바깥에는 어떤 권리[Recht]도 없다. 그것이 나에게 정당하다[recht]면 그것은 정당한[recht] 것이다. 그러므로 그것은 타인에게는 아직 정당한 것이 아닐 수도 있다."(249쪽)

이 말은 뜻은 〈GA2, 374〉이렇다: 그것이 나에게 올바르다면[recht]

---

[599] CW주)『마가복음』, 9장 12절: 예수께서 *그*들에게 말씀하셨다. 확실히 엘리야가 먼저 와서, 모든 것을 회복한다. 그런데, 인자가 많은 고난을 받고 멸시를 당할 것이라고 기록한 것은, 어찌 된 일이냐?

나에게 정당하며[recht], 타인에게는 아직 정당하지[recht] 않다. 우리는 이제 산초가 "권리"라는 말을 가지고 동의어 놀이를 통해 어떤 식의 "날치기"를 시도하는지에 대해 충분한 예를 얻게 됐다. 권리와 정당함, 법률가의 "법", 도덕적 "올바름", 그에게 정당한 것 등은 편리한 대로 뒤섞여 사용된다. 성 막스가 권리에 관한 그의 명제를 다른 나라 말로 표현하려 시도하면 좋을 텐데. 그러면 그 다른 나라 말에서는 그의 난센스가 완전하게 드러날 것이다. 「논리학」절에서 이 동의어가 상세하게 다루어졌으므로 여기서는 다만 다음과 같은 것을 지시하는 것으로 그치려 한다.

위에 제시한 같은 명제가 다음 세 가지로 "세분"되어 표현된다.

1) "내가 권리가 있는지 아닌지는 나 자신을 제외하고는 어떤 심판관도 없다. 타인은 그가 나의 권리에 동의하는지 아닌지 그리고 그것이 그에게도 권리로 성립하는지 또는 성립하지 않는지만 판단할 수 있고 심판할 수 있다."(246쪽)

2) "사회는 모든 사람이 자기의 권리에 도달해야 한다는 것을 주장하기를 원한다. 그렇더라도 이때의 권리는 오직 사회를 통해서 재가된 개인의 권리 즉 사회권이며 따라서 실제로 *그의* [그가 부여한] 권리는 아니다."('그에게 속하는 권리'라고 불러야 한다. 위의 말에서 권리라는 말은 전적으로 무의미한 말이 된다. 이제 그는 다음과 같이 과장해서 말한다.) "그러나 나는 나 자신의 권력을 완성하는 가운데서 너에게 권리를 부여하거나 나에게서 권리를 박탈한다. 나는 나의 권리의 소유자이며 동시에 창조자

다."(그는 오직 권리를 그 자신이 생각해낸 사상으로 주장할 때만 창조자가 된다. 그리고 그는 그때 이 사상을 자기 것으로 인수했음을 확신한다.)-"나는 나 자신밖에는 권리의 원천을 알지 못한다. 신도, 국가도, 자연도, 인간도, 신적인 권리도, 인간의 권리도 내가 가진 권리의 원천이 아니다."(269쪽)

〈수, 68c〉3) "*인간의* 권리는 항상 주어지는 것이므로, 인간이 서로 무엇을 주고 *허용하는* 것인가는 실제로 항상 권리의 문제와 연결된다."(251쪽) 이기주의자의 권리는 내가 나에게 *주거나* 나에게서 *빼앗는* 권리이다. 그러나 "결론적으로 분명한 것"은 산초가 사는 밀레니엄 시대에서 이기주의자의 권리는 사람들이 서로가 "*타협해서*" 갖는 권리이며, 사람들이 서로 "*주거나 허용하는*" 바로 그것이라는 사실이다.

노트 4:
"결론을 내리자면 나는 이제라도 어중간한 표현방식을 철회해야 한다. 내가 권리의 핵심을 찾아 들어가는 과정에서만 〈W, 303〉 나는 그런 표현방식을 사용하기를 원했고 적어도 그 말을 유지해 왔다. 그러나 사실상 그런 권리 개념과 함께 그 권리라는 말 역시 그 의미를 상실한다. 내가 *나의* 권리라고 불렀던 것은 더는 권리는 아니다."(275쪽)

누구나 성 산초가 위에 언급된 반대 명제에서 권리라는 "말"을 남겨둔 이유를 한눈에 알게 된다. 즉 그는 권리의 *내용*에 〈GA2, 375〉관해서는 전혀 언급하지 않고 권리의 내용을 비판하는 일이란 더더구나 하지 않기에 그는 권리라는 *말*을 보존함으로써 마치 그가 권리에 대해 말하는 체할 가능성을 얻는다. 반대 명제 속에 *권리*라는 말을 제거한다면 단지 "나"나 "나의" 그리고 그 밖의 일인칭을 표시하는 문법적인 대명사 형식밖에는 다른 말은 없다. 내용은 항상 오직 예를 통해서 들어올 수 있으나 이 예는 이미 보았듯이 동어반복에 지나지 않았다. 그 예는 곧 아래와 같다: 내가 살해한다면 나는 살해한다는 등. …. 그리고 그런 동어반복 속에서 "권리"라든가 "자격을 지닌" 등과 같은 말이 보존되는 이유는 단순한 동어반복이라는 사실을 은폐하기 위한 것 때문이고 대립 명제와 어떤 방식으로 연관시키기 위한 것 때문이다. 또한 이런 *동의어 모음*의 사명은 마치 어떤 내용이 다루어지는 체하기 위한 것이다. 게다가 이런 아무 내용도 없는 잡담에 불과한 *허풍*이 권리에 대해 얼마나 풍부한 보고인지는 곧 알게 될 것이다.

"권리의 핵심을 파헤치는" 이 모든 짓은 성 산초가 "어중간한 표현 방식을 사용해", "그저 *말*만 보존하는" 데 있다. 왜냐하면 그는 *사태*에 관해서는 전혀 말할 줄 모르기 때문이다. 이런 반대 명제가 조금이라도 의미 있어야 한다면 즉 그런 반대 명제가 "슈티르너가" 권리에 대한 〈수, 69〉자신의 반감을 단순히 드러내고자 했던 하나의 방식이라면, 차라리 이렇게 말하는 것이 낫겠다: 그는 "권리를 속속들이 파헤치는" 것이 아니라 *그 자신*을 속속들이 "파헤쳐야" 했으며, 권리는 그 자신에게 정당한[recht] 것이라는 주장만을 공준[protokoll]으로 삼아야 했다. Jacques le bonhomme〈촌티 나는 바보〉여, "제발 이 권리를 방해받지 않고 지키기를!"[600]

---

600 GA2주 재인용) 슈티르너, 『유일자와 그의 소유』, 246쪽: "모든 사람이 권

이 텅 빈 말 속에 어떤 내용을 집어넣기 위해 성 산초는 또 다른 논리적인 조작을 시도하지 않을 수 없다. 그는 그 조작을 더 "그럴듯하게 보이게" 하기 위해서 하나의 신조와 그 단순한 반대 명제를 통해 충분할 정도로 뒤죽박죽으로 만들었으며 더 많은 삽화를 끌어들여 완전하게 은폐하니 독일 청중과 독일 철학자가 그런 짓을 꿰뚫어 볼 수 없는 것도 당연하다.

신약 편 5절 A)-(1)-c)
복합적인 반대 명제를 통해 세계를 쟁취하기

이제 "슈티르너"는 권리에 관한 경험적인 규정 즉 그가 개인에게 인정할 수 있는 권리 규정을 끌어들이지 않을 수 없었다. 그는 권리 속에서 성스러움과 다른 어떤 것을 인정할 수밖에 없다. 이때 그는 이미 불필요했을 계교[計巧]를 〈W, 304〉거창하게 꾸미고 있다. 왜냐하면 그 이전의 시대는 제쳐놓고 근대만 말하더라도 마키아벨리, 홉스, 스피노자, 보디누스Bodinus 등 이래로 권력이 권리의 토대라고 서술됐기 때문이다. 이런 서술을 통해 정치학에 관한 이론적 견해가 윤리학에서 해방됐으며 나아가서 정치학을 독립적으로 취급할 필요성이 인정됐다. 후일, 〈GA2, 376〉18세기 프랑스와 19세기 영국에서 모든 권리는 민법[사법]으로 환원됐으나, 성 막스는 이런 민법에 대해서는 말하지 않는다. 또한 이 민법은 전적으로 특정한 권력 즉 사적 소유자의 권력으로 환

리를 아무 방해받지 않고 지킨다면 모든 사람은 그 권리를 스스로 행사할 것이다. 그러나 그는 모든 사람을 걱정하지 않으며, 모든 사람의 권리가 아니라 오히려 그 권리에 열중한다."

원됐다. 그런 환원은 단순한 상투어로 설명하기에 족한 것은 결코 아니었다.

성 산초는 거꾸로 권력이라는 규정을 권리에서 도출하는데 다음과 같은 구절을 보면 권력은 그런 방식으로 제시되는 것이 분명하다:

"우리는 '최고 폭력'이 분배되는 여러 가지 방식에 따라서 국가를 여러 가지로 분류하곤 한다[pflegen]. .... 그러므로 최고 폭력이 문제다! 이 폭력은 누구에 대립하는 폭력인가? 개인에 대립하는 폭력이다. 국가는 폭력을 행사하며 국가의 행동은 *폭력적*이지만, 국가는 그의 폭력을 〈수, 69a〉 *권리*라고 한다. .... 집단 전체가 .... 폭력을 행사하는데, 그런 폭력은 자격이 있는 것이라 불리며 이것이 곧 권리이다."(259, 260쪽)

"우리의" 또는 "하곤 한다[pflegen]"라는 말을 통해 우리의 성자는 그가 동경해온 폭력에 이르며, 이제 자신을 "돌볼[pflegen]" 수 있다.[601]

권리, 인간이 지닌 권력	≠실력[Macht]*, 나에 대한 권리 [Recht Meiner]
이행 정리:	
자격[berechtigt]을 부여받은 자격을 얻다	=권능[ermächtigt]을 부여받은 =권능을 얻다
반대 명제	
사람들에서 자격을 부여받은	≠나에게서 권능을 부여받은
제1 반대 명제	
권리, 인간이 지닌 권력	≠실력, 나에 대한 권리

---

601 CW주) 독일어 pflegen은 '습관적'이라는 의미와 '돌보다'라는 의미를 동시에 갖고 있어서 생겨난 말장난이다.

이제 다음과 같이 변환된다.
　　　　　　인간이 지닌 권리　　　≠나에 대한 실력[Macht Meiner],
　　　　　　　　　　　　　　　　　나의 실력[Meiner Macht]

긍정 명제 속에 권리와 권력은 같은 것이며 이미 보았듯이 "권리가 모든 의미를 상실한" 이상 반대 명제 속에서 "어중간한 표현방식"은 "철회"돼야 하기 때문이다.

노트 1: 위에서 보듯 반대 명제 또한 등식으로 말을 바꾸는데 담긴 호언장담[豪言壯談]을 음미하라.

〈W, 305〉"무엇이든, 그대가 그런 것으로 될 실력[Macht]을 가진 것에 대해 그대는 권리를 갖고 있다."-"나는 모든 권리와 모든 자격을 나에게서 도출하며, 나는 모든 것에 자격을 부여받고 나는 그것을 지배한다."-"나는 어떤 권리도 [타인에게] 요구하지 않을 것이며 그러므로 나는 또한 어떤 것도 인정할 필요가 없다. 나는 나에게 강제할 수 있는 것을 나에게 강제하며 내가 강제하지 않는 것에 대해서 나는 어떤 권리도 없다. 등-자격을 부여받든 자격을 부여받지 않든-나에게 그것이 중요한 것이 아니다. 나는 다만 지배하며, 그러므로 나는 이미 스스로 권능을 부여하며 어떤 다른 방식으로 권능을 부여받거나 자격을 부여받는 것이 필요하지 않다." 등.(248, 275쪽)

노트 2: 성 산초가 권력[실력]을 권리의 실질적인 기초로 발전시키

는 방식을 음미하라:

〈GA2, 377〉"공산주의자 '자신은' 이렇게 말한다."(공산주의자가 말하는 모든 것을 "슈티르너"는 도대체 어디서 아는 것일까? 왜냐하면 그는 브룬츨리Bluntschli의 보고서[602]와 베커Becke의 『인민 철학』과 약간의 다른 것들을 제외하고는 그가 아는 것들 가운데 그가 직접 읽은 적은 없기 때문이다.)

"똑같은 노동은 사람들에게 똑같은 향락을 누릴 자격을 부여하는가? …. 아니다. 똑같은 노동이 그대에게 그런 자격을 주는 것이 아니라 〈수, 69b〉똑같은 향락만이 그대에게 똑같이 향락할 자격을 준다. 향락하라, 그러면 그대는 향락의 자격을 부여받는다. …. 그대가 향락을 취한다면, 향락은 그대에게 권리이다. 그에 반해 그대가 향락을 움켜쥐지 못하고 다만 애타게 바라기만 한다면 향락은 그 전과 마찬가지로 그 이후에도 향락의 특권을 지닌 자가 지닌 "*기득권*"에 머무를 것이다. 향락은 그의 권리이며 그 점은 그대가 향락을 움켜쥐면 향락이 그대의 권리가 되는 것과 같다."(250쪽)

여기서 공산주의자가 말하는 것이라고 주장하는 것과 위에서 언급된 "공산주의"를 비교해 보자. 성 산초는 여기서 다시 프롤레타리아를

---

602 CW주) 브룬츨리Bluntschli, Johann Kasper의 『바이틀링Weitling에게서 발견된 문서를 통해서 본 스위스에서 공산주의자들』, 그는 스위스 법학자(1808~1881)이다.

"비밀결사"로 간주하면서 프롤레타리아는 지금까지 세계질서 전체를 단연코 끝낼 능력을 다만 "움켜쥔다"는 결정만 하면 다음 날에는 얻게 되는 것으로 본다. 그러나 프롤레타리아는 실제로 본다면 오랜 발전 끝에 비로소 이런 단결에 이른다. 이런 발전 속에서 자신의 권리에 대한 호소도 또한 나름대로 역할을 수행한다. 그 자신의 권리에 대한 호소를 수단으로 해서 프롤레타리아는 "그들"로 즉 혁명적이고 단결된 집단으로 된다.-더욱이 위의 명제를 보자면, 이 명제는 철두철미[徹頭徹尾] 동어를 반복한 탁월한 예이다. 이 사실은 내용을 건드리지 않고 권력과 권리라는 말을 모두 배제하면 즉각 분명해질 것이다. 둘째로 성 산초 자신이 향락과 향락할 권력을 구분하게 해 주는 구분 즉 개인적인 능력과 실질적인 능력[603]을 스스로 구분하지 않는가. 나는 향락을 즐기는 *개인적인 기운(가능성)*[Macht]을 아주 많이 가질 수 있으나, 바로 그러므로 향락에 필요한 *실질적인*[sachlich] 실력(돈 등)[Macht]을 반드시 가지는 것은 아니다. 그러므로 나의 실제 "향락"은 여전히 가정에 불과하다.

이어서 우리의 교사는 유치찬란한 사람에게나 어울릴 만한 예를 들면서 이렇게 말한다. "왕자는 다른 아이들보다 탁월하다, 이미 그의 행위가 〈W, 306〉그의 탁월성을 보장해 준다. 다른 아이들은 이 행위를 시인하고 인정한다. *그들의* 행위는 종복[從僕]이라는 그들의 처지에 걸맞은 것이다."(250쪽)

〈수, 69c〉이런 예에서 앉지기 다른 아이에 대해 갖는 사회적 관계

---

603 CW주) 'Vermögen'이란 능력, 기능, 권력을 의미하기도 하며 재산, 행운을 의미하기도 한다. 역주) 'Macht'는 '활력', '기운'이라는 의미와 '실력', '권력'이라는 의미로 쓰인다. 전자는 잠재적인 것이고 후자는 실제적인 것이다. 후자의 경우 개인적일 경우는 '실력'을, 사회적일 경우는 '권력'으로 번역했다.

가 권력으로서 그리고 왕자의 *개인적인 실력*[Macht]으로서 파악되며, 다른 아이들에게는 실력[Macht]의 결여로서 파악된다. 사람들은 일단 다른 아이들이 "능동적으로" 왕자에서 명령받는다고 파악하고 싶어 한다. 그러면 그런 명령을 받아들이는 행위는 기껏해야 그 아이들이 이기주의자라고 증명하는 것에 불과하다. "아이들이 지닌 이기주의 속에는 사심[私心]이 작동하며", 그런 사심에 강박되어서 아이들은 오히려 왕자를 이용하려 하며 왕자에서 약간의 이득을 재빨리 취하려 한다.

⟨GA2, 378⟩ "'사람들은'(즉 헤겔은) 처벌받는 것을 범죄자의 권리라고 말한다.[604] 그러나 처벌받지 않음도 마찬가지로 그의 권리이다. 그의 기도가 성공한다면 그에게 권리가 생겨나며, 성공하지 못한다면 마찬가지로 그에게 권리가 생겨난다. 누가 무모하게 위험한 짓을 행하고 그런 가운데 죽는다면, 우리는 사실 이렇게 말한다: 잘 됐다. 그는 그 짓을 원하지 않았어야 좋았다. 그러나 그가 그 위험을 이겨내서 즉 그의 *실력*[Macht]을 획득했더라면 그는 마찬가지로 그것을 할 권리를 얻었을 것이다. 아이가 가위를 가지고 놀다가 자기를 베게 된다면 그럴 만한 일이다. 그러나 베는 일이 일어나지 않는다면 그것도 마찬가지로 그럴 만한 일이다. 따라서 범죄자가 그가 무릎 쓴 처벌을 당하게 된다면 그는 처벌당할 권리를 경험하는 것이다. 그가 결과적으로 일어날 일을 알고 있었으면서도 그가 그런 모험을 한 이유가 무엇이

---

604 CW주) 헤겔, 『법철학』, 1부, 3장 139쪽: "범죄자에게 가해지는 손해는 그 자체로 정당할 뿐만 아니라, 이런 손해는 정당한 것으로서 범죄자에게 본래 존재하는 의지 즉 현존하는 그의 자유이며, 그의 권리이다."

겠는가?"(255쪽)

이 명제의 결론에 이르러 범죄자에게 이렇게 묻는다: 그가 그렇게 모험을 한 이유가 무엇이겠는가? 그런 물음에 전체에 걸쳐 등장하는 교사다운 난센스가 집약된다. 범죄자가 집을 털러 몰래 들어가다가 떨어져서 다리가 부러지면 그에게 [다리 부러질] 권리가 발생하는가 아닌가? 어린아이가 칼에 베이면 어린아이에게도 [칼에 베일] 권리가 발생하는가 아닌가?-성 산초 같은 사람만이 몰두할 수 있을 이런 중요한 물음에서 밝혀지는 것이라곤 오직 여기서 우연이 실[권]력[Meine Macht]으로 선언된다는 사실뿐이다. 그러므로 첫 번째 예에서 나의 행위가, 두 번째 예에서는 나에게서 독립된 사회관계가. 세 번째 예에서는 우연이 "실[권]력[Meine Macht]"이었다. 그러나 「고유성」 절에서 우리는 이런 모순적인 규정을 이미 만나보았다.

성 산초는 위에서 제시된 유치한 〈수, 70〉예들 가운데에 다음과 같은 우스꽝스러운 간주곡도 끼워 넣는다:

> "그 밖에 심지어 권리는 [피노키오의] 자라나는 코이다. 나를 경련하게 만드는 호랑이는 권리가 있으며, 호랑이를 쏘아 쓰러뜨린 나도 권리가 있다. 내가 호랑이에 대항할 때는 나는 나의 권리를 보존하기보나 나 자신을 보존한다."(251쪽)

성 산초는 명제의 전건에서 호랑이에 대해 권리를 주장하며 그러나 후건에 이르자 근본적으로 보면 주장할 어떤 권리도 없다는 생각이 떠오른다. 바로 *그러므로* 권리는 자라나는 코이다. "인간"의 권리는 "호랑이"의 권리 속에서 소멸한다.

⟨W, 307⟩권리에 대한 비판은 이로써 끝난다. 우리가 이미 오래전에 예전 작가 수백 명을 통해서 권리는 폭력에서 출현했다는 사실을 아는데, 그 이후 또 우리는 성 산초에게서 "권리"는 "인간의 폭력"이라는 것을 알게 된다. 그는 이런 주장을 가지고 권리가 *실제* 인간과 인간의 조건에 대해 어떤 관련을 지니는지에 관한 모든 물음은 제쳐놓고 의기양양하게 그의 반대 명제를 확립했다. 그는 권리의 본질을 성스러운 것이라고 주장했다. 그런데 그는 자신을 제약해 이런 주장을 부정하고 다시 말해 성스러운 것을 부정하고 권리를 되는 대로 내버려 둔다.

권리에 대한 이런 비판은 약간의 삽화를 통해 장식된다. 스테리 Stehely의 카페[605]에서 오후 2시에서 4시 사이에 언급 "되곤 하는" 온갖 종류의 하찮은 것들이 그 장식이 된다.

⟨GA2, 379⟩ *삽화 1*: "인권"과 "기득권"

"혁명은 '평등'을 '권리'로 승인한 다음 종교적 영역으로, *성스러운 것* 또는 *이상*의 영역으로 도피해갔다. 따라서 그 이후 투쟁은 성스럽고 양도할 수 없는 인권을 위한 투쟁이 된다. 영원한 인권에 대립해서 '현존하는 자의 기득권'이 전적으로 자연스럽게 그리고 동등한 자격을 가지고 성립한다. 권리에 대립하는 권리, 여기서 서로서로 불법이라고 비난한다는 것은 당연하다. 이것이 혁명 이래로 전개된 권리의 투쟁이다."(248쪽)

---

[605]　역주) 19세기 초 베를린 경찰서앞 시장Gendarmenmarkt에 있던 카페의 이름. W주 121) 베를린의 제과점 소유주, 여기에 1840년대 급진적인 시민들이 만나곤 했다. 특히 작가들이 모였다.

우선 인권이 "성스러운 것"이며 따라서 그 이래로 인권을 위한 투쟁이 일어났다고 〈수, 70a〉반복적으로 주장된다. 이런 반복을 통해 성 산초가 입증하려는 것은 단지 이 투쟁의 물질적 기초가 그에게는 성스럽다는 것 즉 낯선 것으로 머무른다는 사실이다.

"인권"과 "기득권", 이 두 가지가 모두 "권리"이므로, 이 두 가지 권리는 "동등한 자격을 부여받은 것"이며, 사실 여기서 두 가지는 역사적인 의미에서 "자격을 부여받는다." 이 두 가지가 모두 법학적인 의미에서는 "권리"이다. 그 때문에 이 두 가지는 역사적 의미에서 "동등한 자격을 부여받는다." 이런 방식으로 하자면 가장 짧은 기간 안에 문제가 뭔지 알 필요도 없이 모든 문제를 척결할 수 있다. 그러므로 예를 들어 영국에서 일어난 곡물법[606] 투쟁에 대해서는 이렇게 말할 수 있다: 그러면 "이윤[Profit](이득[Vorteil])에 대립해서" 자신이 또한 이윤(이득)인 지대가 "전적으로 자연스럽게 동등한 자격을 부여받은 것으로 성립한다." 이득에 대립하는 이득, "여기서 서로서로 비난한다는 것은 당연하다. 그것이" 영국에서 1815년 이래로 일어난 "곡물법 투쟁이다."-슈티르너는 차라리 처음부터 이렇게 말하면 좋았을 것이다: 현존하는 권리는 *인간*의 권리이며 인권이다. 또한 사람들은 어떤 측면에서 "기득권"이라고 부르"곤 한다." "인권"과 〈수, 70c〉"기득권" 사이의 구별이 여전히 있다니, 대체 어디 있다는 말인가?

우리는 이미 낯선 성스리운 권리가 타인[낯선 것]이 나에게 준 권리라는 것을 알고 있다. 이제 또한 인권은 자연적으로 탄생한 권리라는 이름을 가진다. 성 산초에게서 이름이란 것이 〈W, 308〉핵심이므로 인권

---

606   CW주 93, CW주 29 참조

은 자아가 자연에서 즉 태어나면서부터 받은 권리이다. 그러나

"기득권은 *그와 같은 것* 즉 나에게 권리를 준 자연에 즉 탄생 그리고 *더 나가면* 상속 등등에 귀결된다." 등등. "나는 인간으로서 태어났다는 말과 내가 왕의 아들로 태어났다는 말은 같은 말이다."(249, 250쪽)

여기서 심지어 바뵈프Babeuf가 비난받는다. 즉 바뵈프는 두 권리의 구별을 해소할 만한 변증법적인 재능을 소유하지 않았다는 것이다. [607]–성 산초가 나중에 인정하듯이 개별 "자아" "또한" "어떤 때라도" 인간이므로 "또한" 자아가 인간으로서 가진 것은 개별 자아에도 유용하다.[608] 이는 예를 들어 베를린의 동물원이 베를린 사람인 성 산초에게 유용한 것과 같다. 그러므로 "또한" 인권은 어떤 때도 성 산초에게 유용하다. 그러나 성 산초가 결코 "어떤 때라도" "왕의 아들"로 태어난 것은 아니므로 "기득권"은 〈GA2, 380〉 결코 "어떤 때라도" 그에게 도움이 되지 않는다. 따라서 "인권"과 "기득권"은 권리라는 지반 위에 본질에서 구별된다. 성 산초가 그의 논리를 은폐할 필요가 없었다면 〈수,

---

[607] GA2주 재인용) 슈티르너,『유일자와 그의 소유』, 249쪽: "내가 본래 인간이므로, 나는 모든 재화를 향락할 동등한 권리를 갖고 있다고 바뵈프는 말했다. 그렇다면 그는 또한 이렇게 말해야 했다. 즉 내가 본래 첫 번째로 태어난 왕자이므로, 왕위에 대한 권리를 갖고 있다."

[608] GA2주 재인용) 슈티르너,『유일자와 그의 소유』, 462쪽: "이해하고 전달하는 것이 중요하다면, 나는 물론 다만 인간적 수단만을 사용할 수 있다. 그 수단은 내가 동시에 인간이므로, 나의 명령 아래 있다."

70b〉그는 "여기서 다음과 같이 말했어야 한다": 내가 평소에 제거"하곤 하는" 방식 그대로 권리 개념을 해소했다고 생각하는 이상 이 두 가지 특별한 권리를 둘러싼 투쟁은 내가 내 생각 속에서 이미 해소된 개념 내부에서 일어나는 투쟁이 되며, "따라서" 나는 그런 투쟁을 더는 다룰 필요가 없다.

좀 더 철저하게 하기 위해서 성 산초는 아래와 같은 새로운 표현을 덧붙이면 좋았을 것이다: *인권* 역시 획득된 것이며, 그러므로 *기득권*이고 *기득권*이란 게 본래 인간이 소유한 인간적인 *인권*이다.

게다가 사람은 개념을 그 밑에 놓여 있는 현실에서 분리한다면 마치 장갑처럼 끼었다 벗었다 할 수 있다[609]는 사실은 이미 헤겔이 충분히 상세하게 입증했던 사실이다. 헤겔은 추상적인 이데올로그에 대항해서 이런 방법을 정당하게 사용했다. 그러므로 성 산초는 "서투른" "기계적" 적용을 통해 이 방법을 조롱거리로 만들 필요는 없을 것이다.

지금까지 기득권과 인권은 같은 것으로 귀결된다. 그래서 성 산초는 그의 머리 바깥에 역사 속에 현존하는 투쟁을 아무것도 아닌 것으로 흘려보낼 수 있었다. 이제 우리의 성자는 예리하게 구분하는 동시에 전능한 힘으로 모든 것을 뒤섞는다. 그 결과 그는 자기의 머리를 "창조의 원천인 무"와 같이 만들어, 현존하는 끔찍한 투쟁을 이런 머릿속에서 산출할 수 있게 된다.

"나 역시 인정할 것이다."(대단한 용기를 보이는군, 산초 씨) "모든 사람은 인간으로 태어난다."(따라서 위에서 바뵈프를 꾸짖던 훈계에서 언급된 것과 같이 〈W, 309〉"왕의 아들로서" 태어

---

609 CW주) 셰익스피어Shakespeare, 『십이야 Twelfth Night』, 3막 1장.

났다는 건가) "따라서 그런 점에서 *새로 태어난 사람*은 서로 *같다*. …. 다만 그 이유는 모든 사람은 아이와 꼭 마찬가지로 오직 벌거벗은 인간 족속에 불과하다는 것만을 보여주고 행동하기 때문이다." 그에 반해서 성인은 스스로 창조한 아이다.610 성인은 "단순히 타고난 권리 이상을 소유하며, 그 권리는 *획득한* 것이다."

(슈티르너는 아이는 자기의 행위 없이 어머니의 신체에서 나왔다고 믿는가? 그런 행위를 통해서 비로소 아이는 어머니 신체 바깥에 존재할 "권리"를 획득하게 됐을 것이다. 모든 아이는 처음부터 곧바로 자기가 "비할 나위 없는" 아이로서 자기를 드러내고 행동하지 않는가?)

"무슨 대립이고 무슨 전쟁터란 말인가! 타고난 권리와 〈수, 70c〉 기득권 사이의 투쟁이란 낡은 것이다."(252쪽)

점잖은 남자가 젖먹이에 대항해 무슨 투쟁을 한다는 말인가!
게다가 산초는 인권에 바로 반대한다. 왜냐하면 "최근 사람들이" "습관적으로" 다시 인권에 반대하기 때문이다. 사실 산초에게 이런 타고난 인권조차 "획득한 것이다." 〈GA2, 381〉 우리는 고유성을 다루면서 이미 "타고난 자유인"이라는 개념을 얻었다. 거기서 자유인은 고유성을 타고난 인권으로 삼았다. 왜냐하면 그는 단순히 태어난 그 순간에 이미 자유인으로서 자신을 드러내고 행동했기 때문이다. 더욱이 "모든 자아는 태어나면서 이미 국가에 대립하는 범죄자다." 그렇다면 태어나는 순

---

610 GA2주 재인용) 슈티르너, 『유일자와 그의 소유』, 252쪽: "이를 통해 성인은 동시에 자기에서 성장하여 더는 단순한 아이가 아닌 사람과 이미 구분된다."

간 국가에 대립해 범죄를 저지르는 것이 아이의 타고난 인권으로 된다. 아이는 어떤 것에 대립해 범죄를 저지른다. 왜냐하면 그 어떤 것은 아이를 위해 존재하지 않고 그것을 위해 아이가 현존하기 때문이다. 나중에 가서 마침내 슈티르너는 "*태어나면서*부터 일정하게 한정된 두뇌"에 대해 즉 "*타고난* 시인", "*타고난* 음악가" 등에 대해 말한다. 여기서 기운[Macht](음악적이거나, 시적이거나, 각각 전문화된 능력[Vermögen])은 타고 난 것이다. 그런데 [슈티르너에게서] 기운이 곧 권리이므로, 이를 통해 사람들이 알 수 있듯이 슈티르너는 이런 방식으로 자아에 타고난 인권을 부여한다. 이때 타고난 권리들의 모습이 같은 것은 아니다.

  삽화 2: 특권과 평등권

  우리의 산초는 특권과 평등권 사이의 투쟁을 우선 특권과 평등권이라는 단순한 *개념*들을 둘러싼 투쟁으로 전환한다. 중세적인 생산방식을 정치적으로 표현하는 것이 특권이며 근대적인 생산방식을 표현하는 바로 그 *권리*가 평등권인데도 그런 전환을 통해 이 두 생산 방식에 대해서 어떤 것을 알고자 하거나 그 두 가지 방식의 관계에서 그것에 상응하는 법적 관계를 추론하려고 애써 노력하지 않아도 됐다. 심지어 그는 위에서 제시한 두 가지 개념을 더 단순한 표현인 같음과 다름으로 환원할 수 있을 것이다. 또한 그는 같은 것이(예를 들어 타인이나 어떤 개 등) 어떤 사람에게 때에 따라 무차별하고 즉 같을 수 있으며 아니면 무차별하지 않아서 같지 않거나 다르거나 특권적일 수 있다는 등을 입증할 수 있을 것이다.

"그러나 나이 어린 동생이 니이 많은 형보다 더 찬양받으리라."(Saint-Jacques le bonhomme〈촌티 나는 바보 성자〉, 1장 9절

⁶¹¹⁾

신약 편 5절 A)-(2) 법률

〈W, 310〉우리는 여기서 우리의 성자의 커다란 비밀을 〈수, 71〉폭로하지 않을 수 없다. 그 비밀이란 그가 권리에 관한 전체 논문을 권리에 대한 일반적인 해명에서 시작할 때 권리에 대해 말하는 동안에는 이런 일반적 해명이 그의 머리에 "떠오르지만," 그가 전적으로 다른 것 즉 법률[Gesetz]에 관해서 말하기에 이르자마자 이 일반적 해명은 다시 철회되고 만다는 사실이다. 이즈음 복음은 성자에게 이렇게 외쳤다: 너희가 심판을 받지 않으려거든, 남을 심판하지 말라.⁶¹² 그는 자기의 입을 열어 이렇게 가르치고 말했다:

"*법*Recht]⁶¹³은 *사회의 정신*이다."(그러나 사회는 성스러운 것이라면서?) "사회가 의지를 *갖는다면* 이 의지가 *바로* 법이다. 사회

---

611   CW주) 『야고보 서』, 1장 9절:비천한 신도는 자기의 처지가 높아짐을 자랑스럽게 여기십시오.

612   CW주) 『마태복음』, 7장 1절: 너희가 심판을 받지 않으려거든, 남을 심판하지 말라.

613   역주) 독일어에서 'Recht'는 '권리'로도 '법'으로도 번역 가능하다. 전자는 개인적인 것이고, 후자는 사회적인 것이다. 후자에 관해서 법과 '법률[Gesetz]'이 구분된다. 법은 자연적인 것, 권리에서 나오며, 법률은 실정적인 것, 폭력에서 나온다. 앞의 절은 주로 자연적, 개인적인 것 즉 권리를 다룬다. 이번 절은 주로 사회적인, 실정적인 것, 즉 법과 법률을 다룬다.

는 법을 통해서*만 성립한다*. 그러나 사회는 개인에 대해 *지배력*을 행사함을 통해서만 *성립하므로*"(즉 사회가 법을 통해서가 아니라 단지 지배력을 행사함을 통해서만 성립한다는 말이군!) "법은 사회가 지닌 *지배 의지다*."(244쪽)

〈GA2, 382〉즉 "법은 …. 이다. …. 갖는다면 …. 바로 …. 그러나 …. 통해서만 성립하므로 …. *지배 의지*다." 이 문장이 산초의 진가를 보여준다.

이 문장은 그즈음 우리의 성자의 마음에 "떠올랐다." 왜냐하면 이 문장은 그의 주장 속에서는 어울리지 않기 때문이다. 이제 이 문장은 부분적으로 다시 철회된다. 왜냐하면 그런 문장이 그에게 이제 부분적으로 다시 어울리기 때문이다.

"국가는 *지배하는 의지*가 성립하는 한에서만 그리고 이 *지배하는 의지*가 개인의 의지와 같은 의미를 지닌 것으로 간주되는 한에서만 지속한다. 주인의 의지가 법률[Gesetz]이다."(256쪽)

사회의 지배 의지	=법
지매 의시	=법률
법	=법률

권리와 법률 사이의 구별은 "때로" 즉 법률에 관한 그의 논문의 광

고판으로서 여전히 게시되고 있지만, 그 구별은 법률에 관한 그의 "논문"과 거의 관련 없으며 그것은 법에 관해 "그의 머리에 떠오른" 정의[定義]가 "권리"에 관한 그의 "논문"과 관련 없다는 사실과 마찬가지다.

"그러나 무엇이 법이며, 사회 속에서 무엇이 합법적인 것[Rechtens]인지도 역시 말로 표현된다—즉 *법률* 속에서"(255쪽)

이 문장은 헤겔의 다음과 같은 문장을 "서투르게" 베낀 것이다:

"법칙적인 것[gesetzmäsig]이 법의 본질 또는 합법적인 것[Rechtens]의 본질을 인식하는 원천이다."

성 산초가 "말로 표현한다"고 한 것을 헤겔은 "정립[gesezt]된", "의식된" 등으로 말한다.(『법철학』, 211 § 이하)

⟨W, 311⟩ 성 산초가 사회의 "의지"나 "지배⟨수, 71a⟩의지"로 규정한 법을 법에 관한 그의 "논문"에서 배제해야 했던 이유는 아주 쉽게 이해된다. *법이* 인간의 *권력으로서* 규정됐던 한에서만 그는 법을 *그[타인]의 권력*으로 내면화할 수 있었다. 그러므로 그는 앞의 명제에 대한 반대 명제를 위해 "*권력*"이라는 유물론적인 규정을 견지하고 "*의지*"라는 관념론적인 규정은 내던질 수밖에 없었다. 이제 그가 "법률"에 관해 말할 때 "의지"라는 표현을 다시 되살리는 이유를 우리는 법률에 관한 반대 명제에서 보게 될 것이다.

현실의 역사를 보면 권력을 법의 토대로 고찰하는 이론가들은 *의지*를 법의 기초로 보는 사람들에 대해 정면으로 대립했다.—성 산초는 이런 대립을 실재론(아이, 고대인, 흑인 등)과 관념론(청년, 근대인, 몽골인 등)의 대립으로서도 파악할 수 있었을 것이다. 홉스 등이 그렇게 하듯이 권력을 법의 기초로 간주한다면, 법과 법률 등은 국가권력이 근거하는 *다른* 여러 관계를 지시하는 증상이나 이를 표현하는 것일 뿐이다. 물질적 삶은 국가 권력의 단순한 의지에 결코 의존하지 않는다. 국가의 실질적인 기초는 이런 물질적 삶과 또한 서로 제약하는 관계에 놓인〈GA2, 383〉생산방식과 교류의 형식이다. 모든 단계에서 이런 물질적 삶은 여전히 개인의 *의지*와 전적으로 무관하다. 그런 단계는 노동 분업과 사적 소유가 필요조건을 이루고 있다. 이런 실제 관계는 국가 권력을 통해 창조되는 것은 결코 아니다. 오히려 이런 관계가 국가를 창조하는 권력이다. 지배하는 개인의 권력이 국가로 구성된다는 사실과 무관하게 지배하는 개인조차 이런 실제 관계 아래 지배당하고 있다. 그러므로 이런 실제 관계 아래 지배하는 개인은 특정한 물질적 관계를 통해〈수, 71b〉제약되는 의지에 국가 의지라는 또는 법률이라는 일반적인 표현을 부여해야 한다.-이렇게 표현된 법률의 내용은 민법이나 형법이 가장 명백하게 증명하듯이 항상 계급 관계를 통해 제공된다. 개인의 몸무게가 개인의 관념적인 의지나 자의에 의존하지 않듯이 개인이 자기의 고유한 의지를 법률의 형식으로 관철하고 동시에 자기의 고유한 의지를 모든 공동 구성원 개인의 사적인 자의에서 독립적으로 정립하는가 역시 관념적인 의지에 의존하지 않는다. 개인의 사적인 지배가 가능하게 되려면 그와 동시에 평균적 지배가 형성돼야 한다. 개인의 개인적인 권력은 여러 사람에게 공통적인 것으로 발전되는 생활의 조건에 의존한다. 이 다수의 사람은 지배자가 되기 위해시라면 이런 생활 조건이 지속해서 유지되는 것을 요구해야 한다. 이 생활 조건은 타인을 지배하고 모든 사람에게 유효한 것으로 주장돼야 한다. 법률이란 이런 공통적인 이해를 통해 제약된 의지를 표현한다. 독립적으로 존재하는 개인이나 개인적인 의지가 관철되면 개인은 이런 공통된 기초 위에서 서로 대립하는 태도를 보이면서 필연적으로 이기적으로 된다. 그러므로 법률과 법이 성립하려면 개인의 〈W, 312〉자기 부정이 필요하다. 예외적일 때는 자기 부정이 필요하며 평균적일 때는 그 이해를 스스로 지키는 자기 주장이 필요하다.(따라서 이런 자기 주장은 그런 *개인*에게서가 아니라 "자족적인 이기주의자"에게만 자기 부정으로 간주될 것이다.) 이런 자기 부정은 지배당하는 계급에 성립한다. 그러니 법률과 국가가 성립하는가는 그런 지배당하는 계급의 의지에 거의 의존하지 않는다. 예를 들어 생산력이 아직 많이 발전하지 않아서, 경쟁이 과잉상태에 이르지 않는 한에서 따라서 경쟁이 항상 다시 요청될 때라면 지배당하는 계급이 경쟁을 폐지하고 그와 함께 국가와 법률을 폐지하는 "의지"를 가지려 하더라도 그것은 불가능한 것을 원하는 것이 될 것이다. 더욱이 이런 경쟁 관계가 광범위하게 발전해서 이 관계가 그런 경쟁을 폐지하려는 의지를 생산할 수 있기 전에는 그런 "의지"는 다만 이데올로그의 공상 속에서만 발생한다. 이 경쟁 관계가 충분히 많이 발전해서 그런 의지를 생산할 수 있게 됐을 때 이데올로그는 이런 의지를 오직 마음먹은 대로 할 수 있는 것이며 따라서 모든 시대 어떤 상황에서도 파악할 수 있는 것으로 마음에 떠올릴 수 있다.

 법[Recht]과 마찬가지로 범죄도 즉 고립된 개인이 지배 관계에 대항하는 투쟁도 〈수, 71c〉순수한 자의에서 출현하지 않는다. 오히려 범죄는 지배와 〈GA2, 384〉같은 조건을 갖는다. 법[Recht]과 법률은 독자적으로 존재하는 일반의지가 지배하는 것이라고 보는 몽상가라면 아마 범죄는 법과 법률을 단순하게 위반하는 것으로 볼지 모른다. 그러므로 국가는 지배계급의 의지를 통해서 성립하는 것이 아니며, 개인의 물질적인 생활방식에서 출현하며, 이렇게 출현한 국가가 지배 의지라는 형태를 취한다. 지배 의지가 지배를 상실하면 의지뿐만 아니라 개인의 물질적인 현존과 삶 그리고 바로 그러므로 개인의 의지도 변화된다. 법과 법률이 "계승[유전]"될 수 있으나[614] 그때 그 법과 법률은 더는 지배적이지 않으며, 다만 명목적일 뿐이다. 로마와 영국의 법의 역사는 그런 예를 화려하게 전해준다. 앞에서 우리는 어떤 방식으로 철학자들이 사상을 그 사상의 기초가 되는 개인이나 개인의 경험적인 조건에서 분리하고 이를 통해서 사상이 스스로 발전하고 역사를 지니는 듯한 겉모습을 발생시킬 수 있었는지 알게 됐다. 마찬가지로 여기서 우리는 다시 법을 그 실질적인 기초에서 분리할 수 있다. 이를 통해 우리는 "지배자의 의지"를 추출하면서 이것을 다양한 시대에 다른 방식으로 변용해 그 의지가 창조해낸 법률이 고유한 자립적인 역사를 전개한다는 생각을 얻는다. 그리고 이를 통해 이데올로기가 출현해서 정치적인 시민의 역사를 법률의 지배가 어떻게 변화했는가를 차례로 보여주는 역사로 해소해 버린다. 이것이 법률가와 정치가가 지닌 특수한 환상이며, Jacques le bonhomme〈촌티 나는 바보〉는 sans façon〈사정을 가리지 않고〉 이를 써먹는다. 그는 〈W, 313〉프리드리히 빌헬름 4세와 같은 환상을 지니고 있다. 프리드리히 빌헬름 4세는 법률을 지배자의 의지가 마음먹기에 달린 것으로 간주한다. 그 때문에 프리드리히 빌헬름 4세는 그런 착

---

614   CW주) 괴테의 『파우스트』, 1부, 2막에 나오는 구절을 재서술한 것이다. 학생의 침실 장면, 거기서 메피스토는 이렇게 말한다: "법과 권리는 영원한 질병처럼 유전된다."

상이 세계의 "어떤 충격에" 부딪혀[615] 난파한다는 사실을 항상 다시 발견한다. 프리드리히 빌헬름 4세는 해로울 거야 전혀 없는 그의 변덕 중의 어떤 것도 내각 칙령의 수준보다 더 발전한 수준으로 실현한 적은 없다. 그가 한번 이천오백만을 차입하는 명령을 내리게 해보라. 이는 영국의 국가채무의 110분의 1인데 그러면 그는 그를 지배하는 의지가 〈수, 72〉누구의 의지인지를 곧 보게 될 것이다. 게다가 나중에 가면 우리는 Jacques le bonhomme〈촌티 나는 바보〉가 그의 군주나 그의 동료 베를린 시민이 지닌 환영이나 허깨비를 전거로 이용해서 여기에서 법과 법률, 범죄 등에 대한 이론적 광기를 자아내려 한다는 사실을 보게 될 것이다. 우리에게 이런 짓은 별로 놀랍지 않다. 왜냐하면 『포스Voss 주 신문』이라는 허깨비 자신이 그에게 반복적으로 어떤 것 즉 입헌 국가와 같은 것을 "제시하기" 때문이다. 입법에 관해 예를 들어 모든 나라에서 구빈법[救貧法]의 입법에 관해 겉으로 관찰해 보라. 그러면 지배자가 그의 단순한 "지배 의지"를 통해서 즉 다만 의욕하기만 하면, 자기가 원하는 어떤 것을 관철할 수 있다고 공상한다면 그것이 얼마나 성공할 수 있을지를 확인하게 될 것이다. 게다가 성 산초는 지배 의지에 관해 법률가와 정치가가 지닌 환상을 받아들일 수밖에 없다. 왜냐하면 그는 아래의 등식과 반대 명제를 통해서 자신의 개인적인 의지를 장엄하게 전개하기를 원하기 때문이며 또한 그가 머릿속에 집어넣어둔 어떤 사상을 다시 머리에서 끄집어내는 경지에 이르기를 원하기 때문이다. 그런 등식과 반대 명제를 보면 우리는 곧바로 웃음을 터뜨리게 된다.

---

615 CW주) 괴테 『파우스트』, 1부 2장 연구실 장면, 여기에 이런 말이 있다. "어떤 세계, 이런 충격을 가하는 세계"

⟨GA2, 385⟩ "나의 형제자매 여러분, 여러분이 여러 가지 시련에 빠질 때, 그것을 공허한 기쁨으로 생각하십시오"-Jacques le bonhomme⟨촌티 나는 바보⟩, 1장 2절.[616]

	법률	=국가의 지배 의지 =국가 의지
반대 명제:		
	국가 의지, 낯선 의지	≠나의 의지, 고유한 의지
	국가의 지배 의지	≠내가 드러내는 고유한 의지
		≠나의 고집
	국가의 법률을	≠ "그 법률을 자체에서 지
	지탱하는 국가의 소유주	탱하는 국가의 소유주 (유일자)"

⟨수, 72a⟩등식:
A)	국가 의지	=나의 의지가 아니다
B)	나의 의지	=국가 의지가 아니다
C)	의지	=소망
D)	나의 의지	=국가가 소망하는 것이 아님
		=국가에 반하는 의지
		=국가에 반하는 저항 의지

⟨W, 314⟩
E)	비-국가를 소망한다	=고집
	고집	=국가를 소망하지 않는다.
F)	국가 의지	=내 의지의 결여
		=내 의지 결여
G)	내 의지의 결여	=국가 의지의 존재

(이미 앞에서 제시된 것에서 우리는 국가 의지의 존재는 국가의 존재와 같다는 것을 안다. 이런 결론에서 우리는 다음과 같은 새로운 등식을 얻는다.)

H)	내 의지의 결여	=국가의 존재

---

616 CW주) 『야고보』, 1장 2절: 나의 형제자매 여러분, 여러분이 여러 가지 시험에 빠질 때, 그것을 더할 나위 없는 기쁨으로 생각하십시오.

I)	내 의지의 결여에 대한 부정	=국가의 비-존재
K)	개인적인 의지	=국가의 무
L)	나의 의지	=국가의 비-존재

노트 1: 이미 위에서 인용한 256쪽의 문장에 따라서 "국가는 *지배* 의지가 *개인적인* 의지와 같은 것[즉 단일 의지]으로 간주되는 한에서 지속한다."

노트 2:
"존속하기 위해"(국가의 양심에 대고 말하자면) "타인에게 [지배] 의지가 결여하는 것에 의존해야 하는 사람은 그 타인의 산물이다. 이는 주인이 시종의 산물인 것과 같다."(257쪽)(F, G, H, I 등식)

노트 3:
"나의 개인적인 의지는 국가를 손상하는 것이다. 그러므로 나의 의지는 후자를 통해 개인적인 의지로 낙인찍힌다. 개인적인 의지와 국가는 목숨을 건 적대적인 힘이며 그사이에는 어떤 영원한 평화도 가능하지 않다."(257쪽)-"따라서 국가는 실제로 모든 사람을 경계한다. 국가는 각 사람 속에서 이기주의자를"(개인적인 의지) "본다. 그리고 국가는 이기주의자 앞에서 두려워한다."(263쪽)⟨GA2, 386⟩ "국가 자체는 .... [사적인] 결투에 반대한다. 심지어 실랑이조차도 처벌된다."(경찰을 부르지 않을 때도)(245쪽)

노트 4:

"그것 즉 국가 앞에서 누구도 *개인적인* 의지를 지녀서는 안 된다는 점은 불가피하다. 누가 그런 의지를 갖는다면, 국가는 그를 배제해야 할 것이다."⟨수, 71b[72b]⟩(가두거나 추방해야 할 것이다.) "*모두가* 그런 의지를 갖는다면"(그대가 모두라고 부르는 자는 누구인가?) "그들은 국가를 폐지할 것이다."(257쪽)

이제 이 말은 비유적으로 다음과 같이 말할 수 있다:

"너의 법률을 아무도 따르지 않는다면 무슨 소용이 있는가, 너의 명령을 누구도 받들지 않는다면 무슨 소용이 있는가?"(256쪽)

{⟨W, 노트 64: 315-하단 주: 수고에 삭제⟩⟨수, 71b-하단 주⟩노트 5:

"우리는 법률을 자의적인 명령이나 훈령에서 구분하려고 노력한다. …. 그러나 인간의 행위에 관한 법률은 *의지의 선포*이며 따라서 명령(훈령)이다."(256쪽)

"누구나 자기의 마음에 드는 것을 선포할 수 있으며 따라서 그 반대되는 것을 법률을 통해 금지할 수 있다. 그렇지 못할 때 그는 위반자를 그의 적으로 다루려 할 것이다. 그가 나를 그의 적으로 다룬다는 것을 나는 시인해야만 하지만, 그가 나를 그의 부하처럼 거칠게 대하는 것이나 그가 이성이든 비이성이든 그것을 나의 방침으로 삼는 것은 결코 시인해서는 안 된다."(256쪽)

그러므로 여기서 우리의 산초는 법률이 위반자를 *적*으로 다루자마자, 법률에 대해 아무런 이의를 제기할 수 없다. 법률에 대한 적대성은 내용에 대한 것이 아니라 다만 형식에 대한 것이다.

억압적인 법률이 그를 교수대와 수레바퀴에 매다는 것으로 위협한다고 하더라도 그가 그 법률을 선전포고로 파악할 가능성이 있는 한, 그 법률은 그에게 전적으로 정당한 일이다. 성 산초는 사람들이 그에게 피조물이 아니라 *적*으로 간주되는 명예를 부여하면 좋아한다. 실제로 보면 그는 기껏해야 "*인간의 적*"이기는 하지만, 베를린의 상황이 만든 피조물일 뿐이다.}

〈W, 315〉노트 5:
단순한 반대 명제 즉 국가 의지는 나의 의지라는 명제를 주장하는 동기는 표면적으로 아래와 같다: "국민 속의 모든 개인이 같은 의지를 발표하고 이를 통해서 완전한 *집단 의지가*(!) "성립하는 때를 누구든 스스로 가정해 보라. 그런데도 사정은 여전히 동일할 것이다. 나는 오늘이나 앞으로 나의 지나간 의지에 속박되지 않을까? .... 나의 산물 즉 일정한 의지의 표현이 나에게 명령하는 자가 되지 않을까? 그러나 나는, ... 즉 창조자는 스스로를 전개하고 해소하는 과정에서 방해받을 수도 있다. .... 나는 어제 의욕하는 자였으므로 오늘은 의지가 없는 자가 되며, 어제는 자발적 존재[freiwillig]였으므로 오늘은 〈수, 72c〉비자발적 존재[unfreiwillig]가 된다."(258쪽)

혁명가이든 반동가이든 그런 사람에 대해 이미 옛날에 종종 발표된

적이 있는 명제가 있다. 즉 민주주의 아래서는 개인이 주권을 다만 한 순간 행사하고 나서는 곧 다시 지배에서 추방된다는 명제다. 성 산초는 여기서 "서투르기 짝이 없는" 방식으로 이 명제를 자기화하려고 시도한다. 이때 그는 창조자와 그 산물에 관한 그의 현상학적인 이론을 그런 명제에 적용한다. 그러나 창조자와 그 산물에 관한 그의 이론은 이 명제의 의미를 전적으로 박탈할 뿐이다. 성 산초의 이론에 따라서 본다면 어제 가지고 있던 의지가 변화됐더라도, 그가 다르게 규정된 의지를 갖추게 되더라도 그리고 어제 그가 자기의 의지가 표현된 것으로 간주하면서 법률로까지 고양했던 쓰레기[피조물]가 오늘은 오히려 구속이나 굴레가 되어서 좀 더 계몽된 그의 의지를 억압하게 됐더라도, 그 때문에 오늘에 이르러 그가 의지가 없는 자가 된 것은 아니다. 그의 이론에 따르면 오늘의 의지는 오히려 어제의 의지를 부정하는 것이 돼야 한다. 왜냐하면 그는 창조한 자인 한 어제의 의지를 해소할 의무를 지니고 있기 때문이다. 그는 "의지가 없는 자"인 때만 창조자이며 실제로 의욕하는 자일 때는 항상 그 피조물이다.(「현상학」절을 보라) 그러나 그는 어제 의욕하는 자였으므로 오늘 "의지가 없는 자"가 되는 것은 전혀 아니며, 오히려 그의 어제의 의지에 반항[Widerwill]하는 자가 되며 이때 그의 어제의 의지가 〈W, 316〉법률의 형식을 취하는가 아닌가는 상관이 없다. 그는 대체로 그의 의지를 해소하는 경향이 있으며 이 앞의 두 가지 때 어디에서도 의지를 해소할 수 있다. 그것이 그의 의사이기 때문이다. 그는 이를 통해서 자족적인 이기주의를 완전하게 충족하게 됐다.〈GA2, 387〉그러므로 그의 어제 의지가 법률이 되어 그의 두뇌 바깥에 실존의 형식을 취하거나 말거나 하는 것은 여기서 전적으로 무관하다. 우리가 이미 위에서 보았듯이 그에서 나온 말이 어떻게 해 그에 대해 반항하게 되는지를 숙고한다면 특히 그렇다. 한편 위에 언급한 명제에서 성 산초는 그의 개인적 의사가 아니라 그의 자유로운 의사를, 의지의 자유를, 자유를 보존하기를 원한다. 이런 것들은 자족적인 이기주의자의 도덕 규범을 심각하게 위반하는 것이다. 성 산초는 이런 위반에 얼마나 깊게 빠져들었던지 끝내 그는 위에서 그토록 비난한 적이 있는 내적인 자유 즉 반항의 자유를 그의 진정한 개인적 특성으로 선포하기에 이른다.

"이것이 어떻게 바뀔 수 있는가?" 하고 산초는 부르짖는다. "오직 한 가지 방법이 있다면 그것은 내가 어떤 의무도 인정하지 않는 것 즉 나를 구속하지 않거나 구속당하게 하지 않는 것이다.-그러나 나를 묶겠다니! *나의 의지를 누구도 묶을 수 없으며 나의 반항은 자유로운 것이다.*"(258쪽)

"드럼을 치고 팡파르를 울려라!
젊은 시절 그의 아름다움이여!"[617]

〈수, 73〉이때 성 산초는 그의 의지가 자신의 의지에 *반항하는* 한에서 [자신의 의지에] "구속된다"는 당연한 사실을 단순하게 반성하기를 잊어버린다.

게다가 법률로 표현되는 일반의지에 개별적 의지가 구속된다는 위에서 언급된 명제 속에는 국가에 관한 관념론적인 견해가 정점에 이른다. 그런 관념론적인 견해에서는 바로 의지가 중요하며 그런 견해 덕분에 프랑스나 독일의 문필가는 지독하게 Quästiunculis〈하찮은(학자연하

---

617   CW주) 하이네의 시 「목가적인 산Berg-Idylle」

는) 물음〉에 이르렀다. {〈W, 노트 65: 316-하단 주: 수고에서 삭제〉〈수, 73-하단 주〉개인의 고집이 어제 도와서 만든 법률이 내일 그의 개인적인 고집을 압박한다는 것을 그가 깨닫는가 아닌가는 새로운 사정이 등장하는가에 달려 있다. 또한 그것은 그의 이해가 아주 많이 변해서 어제 만들어진 법률이 더는 이 변화된 이해에 상응하지 않을 정도가 됐는가에 달려 있다. 이 새로운 상황이 전체 지배 계급의 이해에 영향을 미친다면 이 지배 계급은 법률을 변화시킬 것이다. 이 상황이 다만 개인에게만 영향을 미친다면 그 상황이 혐오를 일으키더라도 다수는 자연히 이를 무시하고 말 것이다. 산초는 혐오의 자유로 무장했기에 어떤 사람의 의지가 타인의 의지를 통해 제한된다는 사실로 되돌아간다. 이 사실이 위에서 말한 국가에 대한 관념론적 파악의 토대를 이룬다.

"모든 사람이 그가 원하는 것을 할 수 있다면 세상은 엉망진창이 될 것이 틀림없을 것이다. 그러니 모든 사람은 어떤 것이라도 할 수 있다고 누가 말하겠는가?"("그가 원하는 것"은 여기서 현명하게도 차단된다.) "우리 중의 누구라도 전능한 자아가 될 수 있다!"라고 자족적 이기주의자는 말하기에 이른다.

"무엇을 위해"라고 그는 계속 말한다. "그대가 모든 것이 그대의 마음에 들게 할 필요가 없다면 그런 그대는 대체 무엇을 위해 현존하는가? 그대를 지켜라, 그래야 누가 그대에게 조금이라도 해치지 못할 것이다."(259쪽) 그리고 존재하는 것처럼 보이는 차이를 철저하게 제거하라. 그런 일을 하는 사람 덕분에 몇백만이 그대가 누구든지 "그대"를 둘러싸고 보호하게 될 것이다. 그 결과 그의 전체 토론은 루소가 말한

의미에서 국가 이론의 "서투른" 출발점으로서 이런 국가 이론에 봉사할 수 있을 것이다.}

게다가 "가능성"이 아니라 오직 "의욕"이 있기만 하면 된다고 한다면, 〈W, 317〉최악의 경우 다만 "반항"하는 마음만이 있으면 된다고 한다면, 성 산초가 왜 〈수, 73a〉엄청난 "의욕"과 "반항"의 대상이 되어 온 것, 예를 들자면 국가의 법률과 같은 것을 바로 제거하려 그토록 애쓰는지 그 이유를 알 수 없다.

"법률 일반 등 - 오늘 너를 처치할 때가 됐다."(256쪽)

이 모든 것을 Jacques le bonhomme〈촌티 나는 바보〉는 믿는다.

*****

지금까지 검토한 등식은 국가나 법률을 순전하게 부정하는 것이었다. 진정한 이기주의자는 국가나 법률, 이 두 가지에 대해 순전하게 부정하는 태도를 *보여야 한다*. 우리는 국가와 법률을 쟁취하기[Aneignung]를 갈망한다. 그러나 우리가 본 것은 웃기는 것이지만, 성 산초가 자기 의지를 단순히 변화시킴으로써 국가를 부정하는 것과 같은 굉장한 요술을 부리는 것이다. 그런 의지를 바꾸는 것은 다시 그의 단순한 의지에 달려 있다고 한다. 그렇게 하더라도 쟁취되지 않는 것은 아니다. 다만 이때의 쟁취는 전적으로 부수적으로만 일어나며, 나중에 가서야 때때로 결실을 볼 수 있을 것이다. 위에서 제시된 두 개의 반대 명제는

국가 의지, 낯선 의지   ≠나의 의지, 고유한 의지
국가가 지닌 지배 의지   ≠내가 표현하는 고유한 의시

아마도 아래와 같이 요약될 수 있을 것이다.

⟨GA2, 388⟩
타인의 의지가 지배   ≠개인적인 의지가 지배

이 새로운 반대 명제는 한편으로 자기의 개인적 의지를 통해 국가를 부정하는 방식이니, 그가 벌이는 쟁취[Aneignung]의 지속적인 은밀한 토대가 되는 것이지만, 이런 새로운 반대 명제를 통해서 그가 쟁취하는 것은 자의나 이데올로기적인 의지가 지배한다는 정치적 환상이다. 그는 이것을 다음과 같은 방식으로도 표현할 수 있었을 것이다:

법률의 자의   ≠자의의 법률

그러나 성 산초는 이런 방식으로 표현을 단순화하는 데까지 이르지는 못했다.
⟨W, 318⟩세 번째 반대 명제 속에서 이미 우리는 "그에게 내재하는 법률"을 갖는다. 그러나 그는 다음과 같은 반대 명제 속에서는 법률이라는 것을 여전히 직접 자기화한다:

국가의 법률,   ≠내가[Meiner] 정한
국가의 의지 선포   법률이나 의지 선포, 나의 의지 선포

"누구나 자기의 마음에 드는 것을 선포할 수 있으며 따라서 법률을 통해서 그 반대를 금지할 수 있다." 등등(256쪽).[618]

이런 금지는 강제적 위협을 동반한다. 〈수, 73b〉이 최종적인 반대 명제는 「범죄」의 절에서는 중요하다.

256쪽의 삽화는 "법률"과 "자의적인 명령이나 훈령"이 모두 "의지의 선포"이며 따라서 "명령"이므로 서로 다르지 않다는 것을 우리에게 설명해준다.—254, 255, 260, 263쪽은 겉보기에는 국가 자체에 대해 말하는 것처럼 보이지만, 사실은 프로이센 국가로 바꿔치기가 일어나고 있으며 입헌 국가나 관료의 해임, 관료의 고권[高權: 존경받을 권리: Beamtenhochmut] 등과 같이 『포스Voss 주 신문』에는 중요한 물음이겠지만, 사실은 바보 같은 난센스에 불과한 물음이 다루어진다. 유일하게 중요한 게 있다면 고대 프랑크족의 의회는 왕의 칙령을 등록하는 권리 위에 성립한다는 발견이다. 그 이유는 의회가 "고유한 권리에 따라 왕의 칙령을 정돈하기를" 소망했기 때문이다. 프랑크족의 의회가 법률을 등록하게 된 일은 부르주아가 등장하고 그것과 함께 절대 왕이 등장하는 것과 같은 시기의 일이다. 왕은 이제 부르주아의 권리가 의존하는 낯선 의지를 봉건제나 타 국가에 대항해 보호하고 동시에 부르주아에게 보호를 제공할 필요를 담당하게 됐다. 성 막스는 그

---

618 GA2주 재인용) 슈티르너, 『유일자와 그의 소유』, 256쪽: "누구나 자기의 마음에 드는 것을 선포할 수 있으며 따라서 법률을 통해서 그 반대를 금지할 수 있다. 그렇게 금지하지 못할 때는 그는 범죄자를 그의 적으로 다룰 것이다. 그러나 나의 행위에 관해 누구도 명령해서는 안 된다. 누구도 나에게 나의 행위를 지정하고 나에게 그 행위에 관한 법을 제시해서는 안 된다."

가 사랑하는 프란츠Franz 1세의 역사에서 이에 관해 더 많은 것을 배울 수 있을 것이다. 게다가 그는 의회를 다시 언급하기 전에, 1788년 파리에서 발간된 『삼부회와 특별 국민의회에 대해Des Etats généraux et autres assemblées nationals』[619]의 제14권을 보았다면 프랑스 의회가 무엇을 원했으며 또는 무엇을 원하지 않았으며, 그 의회가 어떤 의미를 가졌는지에 관해서 약간의 충고를 얻을 수 있을 것이다. 우리의 정복욕에 불타는 성자의 박식함에 관해서 간단한 삽화를 여기서 소개하는 것이 아마도 대체로 적절하리라. 우리의 산초는 포이어바흐나 브루노 바우어의 저서와 같은 이론적 책들을 무시하면서, 그리고 자신의 지적인 중요 원천인 헤겔의 전통을 무시하면서, 이런 필수적인 이론적 전거를 무시하면서 다음과 같은 역사적 전거를 이용하고 인용한다: 프랑스 혁명에 관해서는 루텐베르그Rutenberg의 『정치 연설Politische Reden』과 바우어 형제의 『회상록Denkwürdigkeiten』을 인용하며, 공산주의에 관해서는 푸르동, 베커A. Becker의 『인민의 철학Volksphilosophie』이나 『21개의 화살Einundzwanzig Bogen』[620]과 『부룬즐리Bluntschli 보고서』를 인용하며, 자유주의에 관해서는 『포스 주 신문』과 『작센 주 조국 신문』과 『바덴 주의 내각 신문』, 다시 『21개의 화살』과 에두아르 바우어E. Bauer의 획기적인 저서를 인용하며, 그 밖에도 여전히 여기저기서 역사적인 증거를 인용한다.〈W, 319〉그 예를 들자면 성경, 슐로써Schlosser의 『8

---

619   CW주) 메이어Charles Joseph Mayer의 저서

620   역주) 여기서 '보겐[Bogen]'은 전지 크기의 용지를 말한다. 당시 작가는 이런 전지 위에 글을 썼다. 그런데 프로이센에서는 20보겐까지의 저서는 검열을 받았다. 21보겐은 검열을 받지 않았다. '보겐'은 동시에 화살이라는 의미를 가진다. 비판의 화살이라는 뜻으로 새길 수 있다.

세기』, 루이 블랑Louis Blanc의『10세기 역사Histoire de dix ans』, 힌리히 Hinrich의『정치 강의』, 베티나Bettina의『이 책은 왕에 속한다』, 헤스의『삼두 체제』와『독일 프랑스 연보』,『취리히 야담과 실화』, 모리츠 카리에르Moriz Carrière의 〈수, 73c〉『쾰른 대성당에 관해』,『1844년 4월 25일의 파리 귀족원의 회의』, 칼 나우베르크Karl Nauwerck,『에밀리아 갈로티Emilia Galotti』[621]와 성경 같은 책들이다-간단하게 요약하자면 베를린의 독서실 전체와 그 소유자인 빌리발트 알렉시스 카바니스 Willibald Alexis Cabanis다. 우리는 산초가 깊게 연구했던 것에 관한 이런 표본만 보더라도 이 세계에 무한히 많은 낯선 것 즉 성스러운 것이 그에게 현존했다는 사실을 이해하게 된다.

신약 편 5절 A)-(3) 범죄

노트 1:

"그대가 타인에게서 권리를 받게 된다면 그대는 마찬가지로 그

---

[621] W주 125) 에드가 바우어Edgar Bauer『독일에서 자유주의의 기도Die liberalen Bestrebungen in Deutschland』, 슐로써Friedrich Christoph Schlosser『프랑스 제국의 전복에 이르기까지 18세기와 19세기의 역사Geschichte des achtzehnten Jahrhunderts und des neunzehnten bis zum Sturz des französischen Kaiserreichs』, 헤스 Moses Hess『유럽 삼두 체제Die europäische Triarchie』, 카리에르Moriz Carrière『자유로운 독일 교회로서 쾰른 대성당Der Kölner Dom als freie deutsche Kirche』과 기조 François Guizot『1844년 4월 25일 귀족원 회의Discours dans la chambre des pairs le 25 april 1844』, 나우베르크Karl Nauwerck『국가에 참여하는 방법에 관해Ueber die Theilnahme am Staate』 또한 레싱Gotthold Ephraim Lessing의 드라마『에밀리아 갈로티Emilia Galotti』가 언급되고 있다.

에게서 불법을 당하게 허용해야 한다. 거기에서 그대가 변호와 보답을 받는다면 마찬가지로 그의 비난과 처벌도 기대해야 할 것이다. 권리에는 *불법*이, 합법성에는 *범죄*가 병행한다. 그대는-무엇-인가?-그대는-한 명의- *범죄자*다!"(262쪽)

 code civil〈민법〉과 code penal〈형법〉이 병행하며, 형법과 code de commerce〈상법〉이 병행한다. 그대는 무엇인가? 그대는 한 명의 Commerçant〈상인〉이다!
 성 산초는 우리가 놀라서 졸도하는 일을 피할 수 있게 할 수는 없었을까. 그는 이렇게 말한다. 즉 "그대가 타인에게서 권리를 받게 된다면 그대는 마찬가지로 그에게서 불법을 당하게 허용해야 한다." 이 말은 이를 통해 새로운 규정을 추가하려는 의도라면 어떤 의미도 없는 말이다. 왜냐하면 이미 이전에 제시한 등식에 따라 그는 이렇게 말하기 때문이다: 그대가 타인에게서 권리를 받게 된다면 그대는 타인의 권리 즉 *그대의 불법*을 당하게 된다.

신약 편 5절 A)-(3)-a) 범죄와 처벌의 단적인 말씀화
신약 편 5절 A)-(3)-a)-α) 범죄

 〈수, 74〉범죄란 우리가 이미 보았듯이 지족직인 이기주의자라는 일반 범주를, 〈GA2, 390〉성스러운 것의 부정을, *죄*를 지칭하는 이름이다. 위에서 인용한 것과 같이 성스러운 것 즉 국가, 법, 법률에 관한 반내 명제와 등식을 보자. 거기에서 자아가 성스러운 것에 대해 부정적으로 관계하는 것 또는 계사[Copula: '이다'라는 술어, 양자의 관계]가 범죄를 지칭할 수 있을 것이다. 마찬가지로 헤겔의 논리학도 성스러운 것의 한 가지 예라 할 수 있으니 성 산초 또한 다음과 같이 말할 수 있을 것이다: 나는 헤겔의 논리학이 아니다. 나는 헤겔의 논리학에 대한 죄인이다. 이제 그는 권리와 국가 등에 대해서 말했으므로 이어서 계속 이렇게 말했어야 한다: 죄와 〈W, 320〉범죄의 또 다른 예는 소위 *법률적*이거나 *정치적*인 범죄이다. 그는 그런 종류의 범죄를 서술하는 대신 이런 것이 범죄라는 사실을 우리에게 다시 상세하게 해명한다.

범죄는   성스러운 것에 대립하는 죄
범죄는   고정된 이념에 대립하는 죄
범죄는   유령에 대립하는 죄
범죄는   "*인간*"에 대립하는 죄

"범죄는 다만 *성스러운 것*에 대립해서 존립한다."(268쪽)
"*형법은 성스러운 것을 통해서만 성립한다.*"(318쪽)
"*고정된* 이념에서 범죄가 발생한다."(269쪽)
"우리는 여기서 *인간*이 다시 어떻게 범죄와 죄의 개념을 *그와 더불어* 법의 개념도 완성하는지를 알게 될 것이다."(이전에는 그 반대였다.) "내가 인간으로 인정하지 않는 인간이 죄인이다."(268쪽)

노트 1:
"어떤 사람이 나에게 범죄를 저지른다고 인정할 수 있으려면"(혁명의 와중에서 프랑스 인민이 그런 범죄를 저질렀다고 비난받는다) "내가 좋다고 판단하는 대로 그도 행위를 해야 한다는 것을 〈수, 74a〉전제해야 하지 않는가? 나는 내가 좋다고 판단하는 행위를 법이나 선이라 *부르며* .... 그것에서 빗나가는 것을 범죄라 부른다. 따라서 나는 타인이 나와 *같은* 목표를 지향해야 한다고 *생각할* 것이다. .... 그런 타인은 어떤 이성적인 법칙에(소명!, 사명!, 임무!, 성스러운 것!) 복종해야 하는 존재이기 때문이다. 나는 *인간*이 무엇인가 그리고 인간적으로 행위를 한다는 것이 진정으로 무엇인가에 관해 나의 *의견을 내놓을 것이며* 누구나 이런 이성적인 법칙을 규범과 이상으로 삼기를 요구할 것이다. 이에 반하는 때라면 그는 죄인이며 범죄자로 *드러날* 것이다. .... "(267, 268쪽)

그와 동시에 그는 [프랑스] 공포정치의 시대에 주권을 지닌 인민이 성스러운 것의 이름으로 처형했던 "사심을 지닌 인간"의 무덤 위에서 안타까운 눈물을 흘린다. 나아가서 이 성스러운 관점에서 볼 때 당시 실제로 일어난 범죄를 지칭하는 이름이 어떻게 확정될 수 있는지를 그는 하나의 예를 들어 보여준다.

"*유령이든 인간이든 그 본질이 혁명의 시기에서처럼 '선량한 시민'으로서 파악된다면, 인간에 관한 이런 개념*에서 익히 알려진 것과 같은 '정치적 부정과 범죄'가 *출현하게 된다.*"(이렇게 말해야 하지 않을까: 즉 이런 개념 등이 익히 알려진 것과 같은 범죄를 스스로 저지른다.)(268쪽)

범죄에 관한 절에서 우리의 산초가 얼마나 순진한지를 만천하에 보여주는 눈부신 예를 하나 들겠다. 그는 citoyen〈공민〉이라는 단어의 〈GA2, 391〉동의어를 잘못 다룸으로써 혁명 시기의 상퀼로트파[Sansculötte]를 베를린의 "선량한 시민"으로 바꿔치기한다. **"선량한 시민과 충직한 관료"**라는 말은 성 막스에 따르자면 분리할 수 없게 서로 속하는 말이다.[622] 〈W, 321〉그렇게 하면 "한 명의 로베스피에르, 생-쥐스트 부류"는 "충직한 관료"가 될 것이며, 반면 당통은 회계 부정을 저지르고 국가의 돈을 훔친 자가 될 것이다. 이런 방식으로 성 산초는 프로이센의 부르주아와 농부를 위한 혁명의 역사를 쓰기에 적절한 출발점을 마련한다.

노트 2:

성 산초는 정치적이며 법률적인 범죄를 범죄 일반을 보여주는 예로 즉 범죄나 죄, 부정[不定], 적대, 모욕, 성스러운 것의 모독, 성스러운 것에 대한 불경[不敬]이라는 그의 범주를 보여주는 예로 거론한 다음, 이제 의기양양해서 이렇게 선언할 수 있게 된다.

〈수, 74b〉"지금까지 범죄를 보면 이기주의가 자기를 내세웠으며 성스러운 것을 모독했다."(319쪽)

---

[622] GA2주 재인용) 슈티르너, 『유일자와 그의 소유』, 138쪽: "그러나 공적[Verdienst]이 가장 많은 자가 자유인으로 여겨진다면(그와 같은 선량한 시민과 충직한 관료에게 그의 심정이 요구하는 자유에 관한 한 결여된 것이 과연 무엇이 있는가?) 봉사자[Diener]는 자유인이다. 가장 복종적인 봉사자는 자유로운 인간이다. …. 우선 국가의 봉사자로서 선량한 시민이라 불리워지는 성실한 봉사자를 제외한다면 이성적인 사람 중 누구도 자유인은 아니다."

이 구절을 보면 지금까지 저질러진 모든 범죄는 자족적인 이기주의의 대변 난에 기록된다. 그러나 우리는 나중에 가면 그 가운데 몇 가지는 이기주의자의 차변 난으로 이월해야 한다. 산초는 지금까지 범죄는 다만 "성스러운 것"을 모독하기 위해 그리고 사물에 대한 것이 아니라 사물의 *한쪽*에 나타나는 성스러운 것에 대해 저질러졌을 것이라고 믿는다. 타인의 돈을 훔치는 가엾은 녀석의 도둑질은 법률에 반하는 범죄 범주에 귀속될 수 있다. 그렇게 놓으면 이 가엾은 녀석이 범한 도둑질은 순전히 법률을 어기는 즐거움 때문이었다고 된다. 이것은 위에서 보듯이 Jacques le bonhomme〈촌티 나는 바보〉의 공상 즉 일반적으로 볼 때 다만 성스러운 것 때문에 법률이 주어졌으며, 다만 성스러운 것 때문에 도둑이 감옥에 집어넣어졌을 것이라는 공상과 꼭 마찬가지다.

신약 편 5절 A)-(3)-a)-β) 처벌

법률적이고 정치적인 범죄를 다루려 하는 이제, 우리는 다음과 같은 사실을 발견하게 된다. 즉 그와 같은 범죄는 "통상적인 의미에서 본다면" *처벌*을 무릅쓰고 일어나는 경향이 있다는 사실과 성경에 기록된 바와 같이 "죄의 삯은 죽음이다"[623]라는 사실이다. 범죄에 관해서 산초에게서 우리가 미리 늘어왔던 바에 따르자면 사명한 일이지만, 처벌은 성스러운 것이 자기를 모독하는 것에 대해 스스로 방어하거나 저항하는 것이다.

---

623 CW주)『로마서』, 6장 23절:죄의 삯은 죽음이요, 하나님의 선물은 우리 주 예수 그리스도 안에서 누리는 영원한 생명입니다.

노트 1:

"처벌은 성스러운 것을 해친 일에 대한 속죄여야 할 때만 의미를 지닌다."(316쪽) 처벌을 통해 "우리는 어리석게도 법이나 허깨비를"(성스러운 것) "만족하고자 원한다." 성스러운 것은 여기서 "인간에 대해 자기를 방어해야 한다."(성 산초는 여기서 "어리석게도" "*인간*"을 "유일자"로, "개인적인 나"로 오인한다.) (318쪽)[624]

⟨GA2, 392⟩⟨W, 322⟩노트 2:

"형법은 다만 성스러운 것을 통해 성립하고 처벌을 포기할 때 저절로 쇠퇴한다."(318쪽)

성 산초는 원래 이렇게 말하려 한다: 처벌은 형법을 포기하면 저절로 소멸한다. 즉 처벌은 형법을 통해서만 성립한다. 그러나 형법이 처벌을 통해서만 현존한다고 하면 형법이란 "난센스가 아닐까?" 형법을 통해서만 현존하는 처벌은 "마찬가지로 난센스가 아닐까?"(『산초 대 헤

---

624 GA2주 재인용) 슈티르너, 『유일자와 그의 소유』, 318쪽: "그러나 바로 처벌이 만족에 자리를 마련해 줌이 틀림없다. 만족은 다시 법이나 정의를 만족하는 것이 목표가 아니라 우리에게 만족스러운 것을 부여하는 것이 목적이다. 누가 우리에게 우리가 시인하지 않고자 하는 것을 행한다면, 우리는 그의 폭력을 부술 것이며 우리의 폭력을 유효하게 만들 것이다. 우리는 그것에 만족할 것이며 법(허깨비)을 만족하고자 원하는 어리석음에 빠지지 않을 것이다. 성스러운 것이 인간에 대항해 자기를 방어해야 하는 것이 아니라 인간이 인간에 대항해 자기를 방어해야 한다."

스』, 『비간트』, 186쪽)[625] 산초는 여기서 형법을 신학 윤리를 위한 교과서로 오인한다.

노트 3:
예를 들어 고정 관념에서 범죄가 발생하듯이 다음과 같다:

"결혼의 신성함은 하나의 고정 관념이다. 이런 신성함에서 부정[不貞]은 범죄라는 사실이 도출되며, 따라서 일정한 혼인법은("도 …. 〈독일〉의 내각"이나 "모든 러 …. 러시아인의 짜르", 그에 못지않게 "일본의 국왕"이나 "중국의 황제", 특히 "술탄"이 그 혼인법에 아무리 화를 내더라도) 그런 부정에 대해 짧거나 길거나 간에 일정 기간 처벌을 가한다."(269쪽)

프리드리히 빌헬름 4세는 당시 성스러운 것의 척도에 따라서 법률을 제정할 수 있다고 믿어 그 때문에 지금도 세계만방에 멍텅구리 취급을 받아왔으나 적어도 우리의 산초와 같이 국가를 아주 쉽게 믿는 자를 발견했으니 그것을 통해 위안을 얻을 수 있을 것이다. 성 산초에게 프로이센의 혼인법과 실제로 통용되는 Code civil〈프랑스 민법〉조항을 한번 비교해 보라고 하자. 프로이센의 혼인법이란 다만 그것을 작성한 저지의 머릿속에만 현존하는 것이다. 반면 프랑스 민법 소항에서라면 그

---

[625] CW주) 슈디르니, 『스티르너에 대한 논평자들Recensenten Stirners』을 지칭한다. GA2주 재인용) 186쪽 : "그러나 삶에서 추상[분리]된 발전은 난센스가 아닐까, 삶에서 추상[분리]되지 않은 발전은 마찬가지로 난센스가 아닐까?"

는 성스러운 혼인법과 세속적인 혼인법[626]의 차이를 발견할 수 있을 것이다. 환영에 불과한 프로이센의 혼인법에서 결혼의 신성함은 가정하기로는 국가에서 남자뿐만 아니라 여자에 대해서도 효력을 인정받는다. 반면 프랑스의 실제 삶에서는 여자는 남자의 개인적인 소유물로 간주되므로 다만 여자만이 그것도 자기의 소유권을 인정받으려는 남자가 요구할 때만 결혼 파탄을 원인으로 처벌받을 것이다.

신약 편 5절 A)-(3)-b) 범죄와 처벌을 반대 명제를 통해 내면화하려는 시도

인간의 시각에서 본 범죄 ⟨W, 323⟩	=인간이 정한 법률에 대한 위반(국가의 의지표명에 대한, 국가 강제에 대한 위반) (259쪽 이하)
나의 시각에서 본 범죄	=내가 정한 법률에 대한 위반(나의 의지표명에 대한 위반과 나의 강제에 대한 위반)

이 두 가지 등식은 서로 상반적으로 대립하며, 바로 "인간"과 "나" 사이의 대립에서 출현한다. 이 두 가지 등식은 기왕에 존재했던 등식을 총괄한 것일 뿐이다.

⟨GA2, 395⟩성스러운 것은 "나"를 처벌한다.-"나는 '나'를 처벌한다."

---

626   CW주 94) 이 법은 1844년 제정된 법을 지시한다. 이 법은 이혼하기 힘들게 만들었다. 이 법은 프리드리히 빌헬름 4세의 지시에 따라서 사비니Savigny가 1842년 작성했다. 사비니는 역사법학파의 창건자이며, 1842년부터 1848년까지 법의 개정을 위해 임명된 프로이센의 장관이었다.

⟨수, 75⟩ 범죄=	인간이 정한 법률(성스러운 것)을 적대시함	≠	적대=	내가 정한 법률에 대해 저지르는 범죄
범죄=	성스러운 것에 대한 적 또는 적대자 (윤리적 인격으로서 성스러운 것)	≠	적 또는 적대자=	"나" 즉 육체적인 존재에 대립하는 범죄자
처벌=	성스러운 것이 "나"에 대해 방어하는 것	≠	나를 방어하는 것=	"나"에 대립해 내가 가하는 처벌.
처벌=	"나"에 대립한 인간이 갖는 만족(복수)	≠	만족 (복수)=	"나"에 대립해 내가 가하는 처벌

마지막에 나온 반대 명제 속에서 만족은 자기만족이라고도 말해도 될 것이다. 왜냐하면 *나의* 만족은 *인간의* 만족에 대립하기 때문이다.

위에서 제시된 대립적인 등식 속에는 항상 다만 첫 번째 항만을 고려한다면, 단순한 반대 명제의 다음과 같은 계열이 발생한다. 이때 명제 속에는 항상 성스러운 것, 일반적인 것, 타인의 것이라는 *이름이* 있고 반대 명제 속에는 항상 세속적인 것, 인격적인 것, 자기화한 것 [angeeignet]이라는 이름이 놓인다.

범죄	≠	적대
범죄자	≠	적 또는 적대자
처벌함	≠	나를 방어하다
벌	≠	만족, 복수, 자기만족

우리는 곧 이런 등식과 반대 명제 가운데서 사소한 말 몇 가지를 덧붙여 말해야 한다. 이런 등식과 반대 명제는 너무 단순해서 "타고난 바보"라도 이런 특이한 사유방식을 〈W, 324〉 5분 안에 배울 수 있을 것이다. 우선 기왕에 제시된 인용문과 다른 몇 가지 인용문을 보자.

노트 1:

"그대는 나에 대해 *범죄자*가 결코 될 수 없으며 오히려 다만 *반대자*가 될 뿐이다."(268쪽)-그리고 같은 의미에서 "적"이 될 뿐이다.(256쪽)-인간에 대한 적대로서 범죄-이에 대해서는 268쪽에서 〈수, 75a〉 "조국에 대한 적"이 예로 인용된다.[627]-"처벌을 대신하는 것은"(윤리적 요청) "*만족시켜 줌*이라 한다. 만족시켜 줌은 권리 또는 정의를 만족하는 것을 목표로 하지 않으며 오히려 *우리*에게 만족스러운 것을 제공하는 것을 목표로 한다."(318쪽)

노트 2:

산초는 성스러운 모습으로 나타나는 기존의 폭력(덜거덕거리는 맷돌이다)에 반대해 투쟁하면서도 한 번도 이 폭력을 이해하려고 한 적이 없으며 그 폭력 자체를 파악하는 일은 더더군다나 하지 못한다. 그는 다만 폭력에 대한 자아의 관계를 형식적으로 변화해야 한다고 윤리적으

---

[627] GA2주 재인용) 슈티르너, 『유일자와 그의 소유』, 268쪽: "그러나 성스러운 것을 해친 사를 미워하지 않는 것은 이미 범죄이니, 이는 생쥐스트가 당통에 대항해서 외쳤던 말과 같다. 즉 그대는 그대가 조국의 적을 미워하지 않았으니 범죄자이며 책임있는 자가 아니냐?"

로 요청할 뿐이다.〈GA2, 396〉(「논리학」 절을 보라)

"내가 시인하지 않을 수 없는 것은"(거드름이 묻어나는 단언이군) "그가"(silicet〈즉〉, 수백만 명이 따르는 나의 적이) "나를 자기의 적으로 다룬다는 것이다. 그러나 나는 그가 나를 자기의 피조물로 간주해 학대하는 것이나 자신의 이성이나 비이성을 나의 먹줄로 삼는 것을 결코 시인할 수 없다."(256쪽)(이 쪽에서 그는 상기[上記]한 산초에게 매우 제한된 자유를 허용한다. 그 자유란 곧 산초가 자신을 그의 피조물로 다루게 허용하거나 멀린Merlin이 산초의 posaderas〈엉덩이[질퍽한 볼기짝]〉에 가하는 3300번의 몽둥이찜을 견디는 것 중에 하나를 선택하는 자유이다. 모든 형법이 산초에게 이 자유를 허용할 것이다. 물론 형법은 그가 상기한 산초에게 어떤 방식으로 자기의 적대성을 표명해야 하는지에 대해서 산초에게 먼저 물어보지 않는다.)-"그러나 당신들이 하나의 권력으로서 그런 적에게 공포의 대상이 되더라도[imponieren]"(적이 공포를 느끼는[imposant] 권력이더라도) "그 때문에 당신들이 성스러운 권위[Autorität]가 되는 것은 아니다. 그렇게 되려면 그 적은 모리배가 돼야 할 것이다. 그런 적은 당신들과 당신들의 폭력 앞에서 조심[Acht]하더라도 당신들을 존경하고 존중[Achtung]해야 할 책임을 진 것은 아니다."(258쪽)

성 산초는 "공포의 대상이 되는 것"과 "존중받는 것", "조심하는 것[In Acht nehmen]"과 "존경하는 것[Achtung haben]"을 구별하면서 그 자신은 모리배[628]로 등장한다. 그런 구별이야 기껏해야 16분의 1프랑짜리 밖에 안 되는 데도 그는 그걸 가지고 엄청난 폭리를 취하려 든다. 그래서 성 산초가 누구를 "조심한다면", "그는 〈수, 75b〉*반성* 속에 살면서 그가 반성하는 대상을 그는 존중하고 그 앞에서 경외와 두려움을 느낀다."(115쪽) [629]-위에서 제시한 등식 속에서 처벌, 복수, 만족 등은 단순히 자아에서 나오는 것으로 묘사된다. 성 산초가 만족을 주는 대상이라면 앞의 반대 명제는 주어와 대상이 바뀔 수 있다. 따라서 자기만족은 어떤-타자가-나에게-만족을-얻는다는 것이거나 나의-만족을-중지시킨다는 것으로 바뀐다.

〈W, 325〉노트 3:
권리, 법률, 국가 등이 일반적인 개념에서 그러니까 궁극적으로 인간의 개념에서 나오고 인간 개념을 위해 실행되어 왔다는 방식으로 공상할 가능성이 있는 이데올로그라면 그는 동시에 범죄는 개념에 대립하는 무모함에서 저질러지며, 범죄는 일반적으로 개념을 멸시하는 것일 뿐이며, 처벌은 손상된 개념을 만족하기 위해 이루어질 뿐이라고 공상할 가능성이 있다. 이에 관해서라면 우리는 위에서 권리를 다룰 때 그리고 이미 그 전에 위계 체제를 다룰 때 이미 필요한 것을 말했으니, 이

---

[628] CW주) 'Schächer'라는 말로 만든 말장난, 이 말은 모리배 또는 도둑을 의미하며 'schachern'이란 말은 협상, 홍정을 의미한다.

[629] GA2주 재인용) 슈티르너, 『유일자와 그의 소유』, 115쪽: "그러나 그의 무도함과 특권 속에 머무른다면, 사람들은 여전히 복종하고 광란에 꽂혀 있을 것이며, 반성 속에 살면서 그가 반성하는 대상을 그는 존중하고 그 앞에서 경외와 두려움을 느낀다."

것을 다시 참조하라.-위에서 제시한 반대 명제 가운데 범죄, 처벌 등과 같은 말씀화된 규정에 다른 규정을 지칭하는 이름이 대립한다. 이 규정이란 성 산초가 최초의 규정에서 자기 마음대로 끄집어내고 자기 것으로 만든 규정이다. 이 새로운 규정이란 이미 말했듯이 여기서 단순한 이름으로 등장하지만, 세속적으로 본다면 직접적인 개별적 인간관계를 내포하며 〈GA2, 397〉사실적인 인간관계를 표현한다고 가정된다.(『논리학』을 참조하라) 지금 법의 역사를 보면 가장 초기의 가장 원시적인 시기에 이 개별적이고 사실적인 관계가 가장 조야한 형태 그대로 곧바로 법을 구성한다는 사실이 발견된다. 부르주아 사회가 발전함에 따라서 그러므로 개인적 이해가 계급 이해로 발전함에 따라서 법적 관계도 변화됐고 〈수, 75c〉그 표현도 문명화됐다. 법적 관계는 더는 개별적인 것으로 파악되지 않고 일반적인 것으로 파악됐다. 동시에 노동 분업 덕분에 개별적 개인들의 서로 충돌하는 이해를 보호하는 일은 몇몇 사람에게 일임됐다. 이를 통해서 야만적인 방식으로 법을 정당화해온 방식은 사라졌다. 성 산초가 위의 반대 명제를 통해서 법에 대해 가했던 모든 비판은 결국 법적 관계에 대한 문명화된 표현과 문명화된 노동 분업을 "고정 관념"이나 성스러운 것이 이룬 산물로 설명하며, 그에 반해서 야만적인 표현이나 갈등하는 이해를 조정하는 야만적인 방식은 자기 개인의 짓으로 돌리는 것이나 다름없다. 그에게 문제 되는 것은 다만 이름이며 반면 그는 시대 자체를 건드리지는 않는다. 왜냐하면 그는 법의 이런 다른 형식이 의존하는 실제 관계를 알지 못하기 때문이며 계급 이해에 관한 법률적인 표현 속에서 다만 저 원시적인 관계를 관념적으로 표현하는 이름만을 엿볼 뿐이기 때문이나. 그러므로 우리는 슈티르너식의 의지표명 속에서 부족간 다툼을 발견하며, 적대나 자기 방어

등 속에서 자구[自求]권의 재판이나 고대 봉건제의 실천을 발견하며, 만족과 복수 등에서 jus talionis〈복수권〉, 고대 게르만의 Gewere〈점유권〉, compensation〈보상권〉, satisfaction〈변제권〉, 간단히 말하자면 leges barbarorum〈야만법〉630과 consuetudines feudorum〈봉건 관습법〉의 핵심을 발견한다―이런 법 형식들을 산초는 사전에서가 아니라 〈W, 326〉 갈리아의 아마디스Amadis631에 나오는 옛날 영주들의 설명에서 배워 익힌 것이다. 그러므로 성 산초는 최종적으로 다시 무기력한 윤리적 요청으로 되돌아갈 뿐이다. 그런 요청에 따르자면 모든 사람은 스스로 만족해야 하며 자기 처벌을 수행해야 한다는 것이다. 그의 믿음에 따르면 돈키호테는 노동 분업 때문에 발생하는 실질적인 권력을 곧바로 단순한 윤리적 요청을 통해 개인적인 권력으로 전환할 수 있다. 법적인 관계가 노동 분업에서 발전하는 이런 실질적인 권력과 어떻게 연관되는

630　W주 126) 야만법Lege Barbarorum―5세기에서 9세기까지 존재했으며 그 핵심은 여러 다른 게르만 부족 사이 사이에 존재한 관습법의 잔재이다.
봉건 관습법consuetudines feudorum―12세기 마지막 사반세기 볼로냐에서 집성된 중세 봉건법
복수권jus talionis―동등한 것을 통해(눈에는 눈, 이에는 이) 보상하는 법, 범죄자를 그가 손상한 사지에 가하는 형벌이다. 예를 들어 위증자는 맹세했던 손을 절단한다.
점유권Gewere―고대 게르만의 물권법의 토대, 소유권 이전을 종결하는 행위이다.
보상권compensation―채권과 채무를 상호 조정
변제권satisfaction―범죄에 대해 만족을 주거나 벌금을 주는 것. 채무를 진 것과 다른 행위를 통해서 채무를 변상한다.

631　역주) 갈리아의 아마디스 Amadis de Gaula는 기사도 소설의 기념비적 작품으로 16세기 스페인에서 유행했으나 이미 14세기에 쓰였다.

가를 우리는 이미 사법 권력이 역사적으로 어떻게 발전하는가 그리고 봉건영주가 법의 발전을 얼마나 한탄하는가에서 알아차릴 수 있다.(예를 들어 몽테유Monteil의 상기 인용한 『14, 16세기XIVe, XVe siècle』를 참조하라.) 귀족의 지배와 부르주아의 지배 사이의 시대에서 두 계급의 이해가 서로 충돌했다. 바로 이때 무역 교류가 유럽의 민족국가 아래에서 대두하기 시작했고 따라서 국제 관계가 그 자체 부르주아적 성격을 취했을 때, 사법권도 중요하게 되기 〈GA2, 398〉시작한다. 그리고 부르주아 지배 아래서 노동 분업이 완성될 필요성이 불가피하게 되자, 사법권이 그 정점에 이르렀다. 이때 노동 분업의 노예에 불과한 법관이나 심지어 professores juris〈법학 교수〉가 어떤 공상을 가졌는지는 전적으로 무관한 것이다.

신약 편 5절 A)-(3)-c) 통상적인 의미에서의 범죄와 예외적인 의미에서의 범죄

〈수, 76〉조금 전 말한 것처럼 통상적 의미에서 범죄는 그 의미가 위조되면서 예외적 의미에서 이기주의자의 짓으로 돌려진다. 지금이 이 위조를 밝힐 때다. 이제 예외적인 이기주의자는 다만 예외적인 범죄만을 저지른다는 사실을 발견한다. 이 예외적인 범죄는 통상적인 범죄와 달리 정당한 범죄이다. 그러므로 우리는 P. P〈상기〉 이기주의자[즉 예외적 이기주의자]에게 통상적인 범죄를 pr. Contra〈자산〉[632]처럼 부담

---

632   역주) W판 편집자는 이를 이렇게 해석한다 : 말 그대로 하자면 '미리 마주보면서'라는 뜻인데 여기서는 '미리 자산 항에 기재해 놓은 것처럼'이라는 뜻이다.

지운다.

통상적인 범죄자가 타인의 소유에 대해 벌이는 투쟁은 이렇게도 표현될 수 있다(비록 이런 표현은 모든 경쟁자에게 적용되겠지만)

즉 범죄자가-"*타인*의 재산을 탐한다,"

성스러운 재산을 탐한다,

*성스러운 것*을 탐한다.

이를 통해 통상적인 범죄자는 "경건한 자로"(265쪽)[633] 변화된다.

⟨W, 327⟩그러나 예외적인 의미에서 이기주의자가 통상적인 의미에서 범죄자에게 가하는 비난은 다만 겉보기의 비난일 뿐이다.-이기주의자는 모름지기 전체 세계를 둘러 싸는 성스러운 후광을 추구한다. 그가 범죄자를 비난하는 본래 이유는 범죄자가 "성스러운 것"을 추구하지 않고 "*재산*"을 탐한다는 사실 때문이다.

성 산초가 근대세계에 살아가는 자신의 머리로 공상한 "자기만의 세계, 천국" 즉 이번에는 부족이 다투고 떠돌이 기사가 설치는 세계에 스스로 만족을 얻은 다음, 동시에 기사도적인 범죄자와 통상적 범죄자 사이에 자기만의 차이를 기록으로 남긴 다음, 다시 한번 그는 "용과 타조와 들판의 마귀",[634] "유령, 허깨비 그리고 고정 관념"에 대항하는 십

---

[633] GA2주 재인용) 슈티르너, 『유일자와 그의 소유』, 265쪽: "통상적인 의미에서 범죄자가 숙명적인 실수를 범한 자와 어떻게 다른가? 즉 자신의 것을 추구하는 것이 아니라 인민의 것을 추구하는 실수 말이다. 그는 추악한 타인의 재산을 탐했으니, 그 행위는 신의 것을 추구했던 신자가 했던 행위와 같다."

[634] CW주) 이사야 34장 13절~14절: 궁궐이 있던 곳마다 가시나무가 돋아나고, 그 요새에는 쐐기풀과 엉겅퀴만 무성할 것이다. 그곳은 승냥이 떼의 굴이 되고, 타조들의 집이 될 것이다. 거기에서는 들짐승들이 이리 떼와 만나고, 숫염소가 소리를 내어 서로를 찾을 것이다. 밤 짐승이 거기에서 머물러 쉴 곳을 찾을 것이다.

자군 전쟁을 시도한다. 그의 충실한 종 첼리가는 말을 타고 열심히 그를 따른다. 그러나 그들이 길을 따라 이동할 때, 이 불운한 자들에게 놀라운 모험이 닥쳐와 그들은 가고 싶지 않았던 곳으로 끌려갔다. 이는 세르반테스가 22번째 이야기에 서술했던 대로이다. 우리의 떠돌이 기사와 그의 종 돈키호테가 앞으로 나가는 동안 산초는 눈을 들어 그들을 향해 〈GA2, 399〉다가오는 12명의 사람을 보았다. 〈수, 76a〉그들은 수갑과 사슬로 묶였으며 한 명의 경감과 네 명의 경찰이 끌어 오고 있었다. 이렇게 해서 그들은 그때 성스러운 형제단[635]에, 성스러운 자의 형제 따라서 성스러운 것에 속하게 됐다. 그러나 그들이 다가왔을 때, 성 산초는 그들의 감시자들에게 매우 공손하게 이 사람들이 왜 한데 묶여 끌려가는가를 혹 원한다면 말해 주실 수 없는가 하고 공손하게 요청했다. 폐하께서 스판다우[636]로 가라고 명한 죄수 건설부요, 더는 알 필요 없소. 성 산초가 외치며 말한다. 어떻게 사람을 강제하는가? 왕이라고 해서 각기 하나의 주체인 사람에게 강제할 수 있다는 게 가능한 일인가? 그러므로 나는 이 강제를 조정하는 일을 나의 소명으로 삼기로 다짐하겠다. "국가의 행위는 강제이며 국가는 이 강제를 법이라 부른다. 그러나

---

[635] W주 127) 성스러운 형제의 동맹Hermandad스페인 도시 동맹, 이는 15세기 말, 왕립 경찰의 협력 아래 세워졌으며, 부르주아가 대지주와 투쟁하는 가운데 절대주의의 이익을 위해 부르주아를 이용하려 노력했다. 16세기 중엽부터 성스러운 헤르만다드의 무장력은 경찰 기능을 수행했다. 사람들은 나중 전승을 통해 그리고 아이러니를 위해 이 동맹을 경찰이라고 불렀다.

[636] W주 128) 스판다우Spandau지금은 대도시 베를린의 구성 부분이지만, 당시에는 자립적으로 공고하게 발전하던 도시다. 하벨Havel섬에 있던 요새 안에 수용된 죄수들은 노동을 위해 페스팅바우Festingbau로 옮겨졌다. CW주 97) 당시 베를린 서쪽의 요새로서, 정치범을 위한 감옥이 있었다.

국가는 각 개인의 강제는 범죄라 부른다." 이에 성 산초는 우선 처벌된 자들에게 훈계하기 시작해서 그들은 원통하게 생각해서는 안 된다면서 이렇게 말했다: 사실 당신들은 "자유롭지 않지만," 그래도 "자기만의 존재"이다. 당신들의 뼈는 아마도 몇 차례 휘둘러진 채찍 아래서 신음할 수밖에 없고 또한 아마도 당신들의 다리가 찢길지 모른다.-그는 계속 말했다. 그러나 당신들은 이런 모든 것에 대해 압도적으로 승리할 것이다.-왜냐하면 "당신들의 의지는 아무도 구속할 수 없기 때문이다.""그리고 나는 어떤 무골호인이 공상하는 것처럼 이 세계에 어떤 마법이 있어서 의지를 움직이고 강요할 수 있는 것은 아니라는 것을 확실하게 안다. 왜냐하면 의지는 우리의 자유로운 자의이며, 의지를 강요할 어떤 약초도 어떤 주문도 없기 때문이다." 그렇다. "당신들의 의지는 누구도 구속할 수 없으며 당신들의 반항 의지는 여전히 자유롭다!"

그러나 죄수 인부들은 이런 설교에 감복하고자 하지 않고 차례로 그들을 〈W, 328〉고소한 자가 얼마나 불의한 사람이었는지 설명했다. 그 때문에 산초는 이렇게 말했다: "사랑하는 형제들이여, 당신들이 나에게 설명했던 그 모든 것을 통해서 내가 분명히 알게 된 사실이 있다면 그것은 당신들이 당신들의 범죄 때문에 처벌받았다고 하더라도 당신들은 당신들이 당해야 마땅한 처벌에 거의 만족하지 않고 당신들은 그런 처벌에 저항하며 전혀 아무런 즐거움도 느끼지 않고 그 처벌을 맞이한다는 사실이다. 그리고 고문대 위에 선 사람의 소심함이나 타인들의 궁핍, 세 번째로 호의의 결여, 최종적으로 재판관의 편향된 재판 때문에 당신들 모두가 모욕당하게 된 것은 사실일 것이다. 또한 당신들에게 속했던 권리 즉 '당신들의 권리'가 당신들에게 도움이 되지 않게 된다는 것도 가능한 일이다. 이 모든 것 때문에 나는 어쩔 수 없이 당신들에게 천국이 왜 나를 이 세계에 보냈는지를 보여주려 한다. 그러나 자족적 이기주의자는 현명한 까닭에 〈수, 76b〉합의를 통해 요구할 수 있는 것은 어떤 것도 강제로 가하지 않기를 요구하므로, 이에 따라 나는 경감님과 경찰 분들께 당신들을 풀어주고 당신들의 길을 가게 하기를 청한다. 더욱이 존경하는 경감님, 이 불행한 자들은 당신들에게 아무 짓도 하지 않았다. 자기에게 아무 짓도 하지 않았던 다른 유일자를 효수하는 사람이 되는 것은 자족적인 이기주의자에게 적절하지 않다. 당신들은 '나는 도둑맞은 자요 하는 범주를 이마에 붙이는' 것처럼 보인다. 당신들은 왜 '범죄에 대해' 〈GA2, 400〉그렇게 '격앙'하는가? '아마도, 아마도, 나는 당신들에게 말하건대, 당신들은 도덕성이라는 영혼을 지니고 있으며 도덕성이라는 관념으로 가득하다' '당신들에게 적대적인 자를 당신들은 박해한다'−당신들은 '복무 선서' 때문에 이 가련한 죄수 인부들을 '감옥으로' 인도한다, 당신들은 성스러운 자다! 그러므로 이 사람들을 기꺼이 풀어 주라. 그렇지 않다면, 당신들은 나를 상대해야 할 것이다. 나는 '살아있는 나의 입김으로 국가도 넘어뜨리며' '무한한 신성 모독을 범하며' '달조차 두려워하지 않는' 존재이다." "어디 이런 버르장머리 없는 이쁜 놈 봐라!" 경감이 소리쳤다. "돌아가, 아구창을 돌려 버릴까 보다, 네 갈 길로 꺼져!"

그러나 성 산초는 이 프로이센적인 거친 태도에 대해 화가 나서 창을 꼬나들고 경감을 향해 그와 동격인 말이 다만 달리고자 원하는 만큼 빨리 달려가 경감을 곧바로 땅바닥에 내쳤다. 이제 마구잡이 전투가 벌어졌다. 그 가운데 죄수 인부들은 해방을 얻었으며, 첼리가−돈키호테는 경관을 통해 란트베어ᅟ그라벤[Landwehrgraben][637] 또는 샤프그라

---

637   CW주 98) 란트베어그라벤[Landwehrgraben: 국방 운하]−당시에는 베를린

벤[Schafgraben]에 내던져졌고 성 산초는 성스러운 것에 대항하는 가장 위대한 영웅적 행동을 거행했다. 몇 분도 지나지 않아서 경관들은 흩어졌고 첼리가는 무덤에서 기어 나왔고 성스러운 존재는 잠정적으로 사라졌다.

성 산초는 이제 해방된 죄수 인부들을 자기 둘레에 모아놓고 다음과 같이 그들에게 연설했다(『경전』, 265, 266쪽):

"통상적인 범죄자란"(통상적인 의미에서 범죄자라는 뜻) "숙명적으로 그 자신의 것을 추구하기보다는 대중의 것을 탐하는 실수를 범했던 자가"(시민과 시골 양반을 위한 운명을 지닌 〈W, 329〉문예가와 같은 자) "아니라면 무엇이란 말인가? 그는 타인의 천한"(이 말은 죄수 인부에게 흔한 윤리적 판단에 관한 불평이다) "재산을 탐하니 그가 수행했던 짓이나 신에 속하는 것을 탐구하는 경건한 자가 행하는 짓이나 결국 같은 것이다."(범죄자는 아름다운 영혼이라는 말이다) "범죄자를 타이르는 성직자가 하는 일은 무엇인가? 〈수, 76c〉국가가 신성시하는 것을, 국가의 재산을, 국가 관료의 생명도 포함되는 재산을 범죄자가 행위를 통해 모독했다는 엄청난 불법을 범죄자가 깨닫게 하는 자가 성

교외였던 샤로텐부르크 성까지 이어지는 운하. 마르크스 엥겔스는 샤로텐부르크에 있었던 엑베르트 바우Egbert Bauer의 출판사 건물을 암시할 가능성이 있다. 거기서 첼리가의 책이 출판됐다. 역주) 샤프그라벤[Schafgraben:양의 운하]-이 운하는 프로이센의 포츠담의 상수시 궁정으로 가는 운하이다. 프로이센 군주 프리드리히 2세는 부인은 샤로텐부르크 성에 두고 자기는 상수시 궁전에 따로 살았다. 또 독일어 'graben'은 파다라는 뜻이며 'Graben'은 운하나 무덤을 동시에 의미한다.

직자다. 성직자는 그 대신 차라리 범죄자가 자신을 비하했다고 비난하는 것이 좋았을 것이다."(죄수 인부라면 이런 방식으로 낡아빠진 성직자의 말투를 이기주의적으로 자기 것으로 만들려는 짓에 대해 킥킥거리며 웃을 것이다) "왜냐하면 성직자는 타인을 경멸하지 않고 오히려 훔칠 만한 존재로 간주하기 때문이다."(죄수 인부의 꿀꿀거리는 소리가 들리는 것 같다) "그가 성직자가"(죄수 인부: "통상적 의미에서!") "아니더라도 그는 그렇게 할 수 있었을 것이다." 그러나 나는 "이기주의자와 대화하는 것과 마찬가지로 범죄자와 대화한다. 그러면 범죄자는 스스로 부끄러워하게 될 것이다."(부끄러운 짓을 하게 소명을 받고 싶은 철면피한 자라니, 범죄자의 만세 소리가 귀에 들리는 것 같다) "범죄자가 부끄러워하는 대상은 범죄자가 당신들의 법률이나 재산에 반하는 범죄를 저지른다는 사실이 아니며, 오히려 범죄자가 법률을 회피할 만 것으로 간주하며,"(여기서는 "통상적인 의미"에서 ⟨GA2, 401⟩ "회피"에 대해 말해지는 것이 아니며 "내가 암석을 폭파할 수 있을 때까지는 암석을 회피해야 한다"라고 할 때의 의미이며, 예를 들어 "검열을 회피한다"고 할 때의 의미이다) "그리고 당신들의 재산을 자기가 마땅히 요구할 만한 것으로 간주한다는 사실이다."(재차 만세다.) "범죄자는 자신을 부끄러워하게 될 것이다."

파사몬테 출신 기네스Gines von Passamonte[638]는, 도둑의 두목인데,

---

638   역주) 기네스Ginés de Pasamonte는 세르반테스의 소설 『돈키호테』에 나오는 인물이다. 그는 22절에서 돈키호테를 통해 해방되는 범죄자로 등장한다.

인내심이 별로 크지 않아 이렇게 소리쳤다: "그렇다면 목사 나부랭이가 예외적인 의미에서 우리를 '타이를' 때 우리는 수치감에 허우적거리는 것밖에 또한 체념을 보여주는 것밖에 다른 일을 해서는 안 된다는 말인가?"

산초는 이어서 이렇게 말했다. "성직자는 당신들과 당신들의 모든 것을 경멸하지 않았다는 사실을, 그가 이기주의자치고는 너무 약하다는 사실을 부끄러워할 것이다."(여기서 산초는 범죄자의 이기주의에 대해 낯선 척도를 갖다 댄다. 따라서 죄수 인부들 사이에서 왁자지껄한 아우성이 발생한다. 산초는 약간 당황해서 방향을 바꾸어 수사적인 몸짓을 통해서 존재도 하지 않는 "선량한 시민"에 반대하기에 이른다.) "그러나 당신들은 그와 이기주의적으로 대화할 수 없다. 왜냐하면 당신들은 범죄자만큼 위대한 것은 아니기 때문이다. 당신들은—어떤 범죄도 저지른 적이 없다."

기네스의 머리에 다시 이런 생각이 떠오른다: "아이구 이 양반 참 순진하네! 감옥에서 우리의 교도관은 온갖 것을, 많은 회계 부정과 착복을 저질렀으며, 능욕도 범하는데[....]
⟨이 이하 12쪽이 수고에서 누락되었다⟩

[신약 편 5절 B) 나의 교류]
[신약 편 5절 B)-(1) 사회]

⁶³⁹⁶⁴⁰⟨수, 80⟩[….] 그는 다만 다시 그의 경솔함을 보여줄 뿐이다. 반동주의자는 이미 다음과 같은 사실을 알고 있었다. 즉 부르주아가 헌법을 통해 자연 발생적인 국가를 제거하고 자기만의 국가를 건설하고 구성한다는 사실이다. 또한 "le pouvoir constituant, qui était dans le temps passa dans la volonté humaine"⟨"구성하는 힘은 시간이 지나면서 (저절로) 인간의 의지에 놓이게 된다"⟩⁶⁴¹는 사실이다. 또한 "이렇게 구성된 국가

---

639 역주) 이 두 제목은 CW판에 들어 있는 제목이다. W, GA2에는 이 제목이 없다.

640 CW 주 99) 다음 절은 슈티르너의 책『유일자와 그의 소유』의 2부 2장 2절 '나의 교류'에 대한 비판적 분석이다. 마르크스, 엥겔스가 그들의 저서 가운데 이 부분을 소개하는 언급을 보면(이 책의 240쪽을 보라) 그들의 의도는 다음과 같은 것이라는 사실이 유추된다. 즉 그들은 '나의 교류'라는 제목을 B)절로 표시하려 한 것이다. 왜냐하면 전 절이 'A) 나의 권력'이라고 불리기 때문이다. 'B) 나의 교류'는 아마 세 절로 이루어질 것이다. '(1) 사회', '(2) 반항' 그리고 '(3) 통일'이다. '(1) 사회' 절의 앞에서 세 개의 세부 절 그리고 네 번째 세부 절의 첫 부분은 누락되었다. 파울 벨러Paul Weller가『독일 이데올로기』를『마르크스 엥겔스 총서GA』, 5-1권으로 출판하기 위해 준비할 때, 그는 '(1) 사회' 절이 다섯 개의 부분으로 이루어져 있다고 제안했다. 첫 부분의 제목은 알려지지 않았으나 아마도 'a)슈티르너적 사회' 또는 'a)인간 사회'일 것이다. 두 번째 부분의 제목은 아마 'b) 감옥 사회로서 사회'이며 세 번째 부분의 제목은 'c) 가족으로서 사회'이며, 네 번째 제목은 'd) 국가로서 사회'이다. 다섯 번째는 온전히 보존됐으며, 'e) 부르주아 사회로서 사회'이다.

641 CW주) 이 말은 르흐두유Lourdoueix의『의견의 분열에 반대해서 프랑스에 호소한다Appel à la France contre la division des opinions』에 나온다. 이 말은 란시촐레Karl Wilhelm Lancizolle의 책『7월 혁명의 원인, 성격, 결과Über Ursachen, Character und Folgen der Julitage』에서 재인용 됐다.

는 그려진 인조 나무와 마찬가지"라는 사실 등이다. 이에 관해서는 〈W, 330〉피에베Fiévée의 『정치와 행정에 관한 통신Correspondance politique et administrative』(Paris, 1815)과 『의견의 분열에 반대해서 프랑스에 호소한다Appel à la France contre la division des opinions』[642] 또한 사란 1세 Sarrans aîné가 지은 『흰 깃발 Le drapeau blanc』을 참조하라. 또한 왕정복고 시기에 발간된 『프랑스 가제트Gazette de France』, 보날Bonald[643]의 초기 저서들, 드 메스트르[644] 등을 참조하라. 자유 부르주아는 다시 고대의 공화주의자를 비난한다. 물론 자유 부르주아는 고대 공화주의자에 관해 거의 알지 못했다. 이는 성 막스가 부르주아 국가에 대해 알지 못하는 것과 같다. 그 비난이란 고대 공화주의자의 애국주의는 une passion, factice envers und être abstrait, une idée générale〈추상적인 존재, 일반적인 관념을 지향하는 인위적인 열정〉이라는 비난이다.(벤자민 콩스탕Benj. Constant, 『정복의 정신De l'esprit des conquêtes』(Paris, 1814), 93쪽) 반면 반동주의자는 부르주아의 정치적인 이데올로기가 "une mystification que la classe aisée fait subir à celles qui ne le sont pas"〈유산 계급이 무산계급을 속이는 기만"〉일 뿐이라고 비난한다(『프랑스 가제트Gazette de France』, 1831, Février)[645]-295쪽에서 성 산초는 국가를 "대중을 기독교인으로 교

---

642 W주 129) 이 책의 저자는 르흐두유Lourdoueix이다.

643 역주) 보날Louis Gabriel Ambroise, Vicomte de Bonald(1754~1840)-주교로서, 프랑스 대혁명 당시 왕당파의 이론가.

644 역주) 드 메스트르Joseph Marie de Maistre-그는 1753년 태어나 1821까지 살있던 프랑스 사상가다. 그는 절대주의를 옹호하면서 계몽주의에 반대했다. 영국의 에드먼드 버크와 더불어 보수주의의 쌍벽이다.

645 CW주) 란시촐레 Karl Wilhelm Lancizolle의 『7월 혁명의 원인, 성격, 결과

화하기 위한 제도"로 선언한다. 그는 국가의 토대에 관해서 심지어 이렇게 선언한다. 즉 국가는 "법률에 대한 존중"이라는 헛소리를 통해서 "결집되며", 성스러운 것은 "성스러운 것에 대한 존중"(성스러운 것이 연결 계사이다)을 통해서 "결집된다"는 것이다.(314쪽)

⟨GA2, 402⟩노트 4:
"국가가 성스럽다면 검열도 성스러움이 틀림없다."(316쪽)–"프랑스 정부는 출판의 자유가 인권인지 논쟁하지 않는다. 오히려 프랑스 정부는 개인에 대해 그가 *정말 인간임*을 입증하는 담보를 요구한다."(Quel bonhomme!⟨순진하기 이를 데 없군!⟩ Jacques le bonhomme⟨촌티 나는 바보⟩는 9월 법률[646]을 연구할 "소명"이 있다.)

⟨수, 80a⟩노트 5:
이 9월 법률에는 여러 가지 국가 형식에 관한 가장 심원한 해명이 들어 있다. 이런 여러 국가의 형식을 Jacques le bonhomme⟨촌티 나는 바보⟩는 자립적인 존재로 간주하고 그런 형식 속에서 진정한 국가를 실현하려는 여러 가지 시도를 볼 뿐이다.

『Ueber Ursachen, Character und Folgen der Julitage』에서 재인용

[646] W주 130, CW주 100) 9월 법률-반동적인 법, 이 법은 1835년 가을 프랑스 정부가 6월 28일 루이 필립 왕에 대한 암살 사건이 일어나자 이를 계기로 제정했던 법이다. 이 법은 배심세의 활동을 제한하고 언론에 엄격한 규제를 도입했다. 이 법은 언론에 대해 정기적으로 출판되는 인쇄물의 검열을 강화하며, 소유와 현존 국가질서를 해치는 출판에 대해 금고 또한 높은 벌금을 부과한다.

"공화국은 오직 절대군주제다. 왜냐하면 군주가 귀족 출신인지 대중 출신인지, 차별이 없기 때문이다. 그 이유는 둘 다 주권이기"(성스러운 것) "때문이다." .... "입헌주의는 공화국 이상의 것이다. 왜냐하면 입헌주의는 소멸하는 국가이기 때문이다." 이런 소멸은 다음과 같이 설명된다: "입헌 국가에서 정부는 절대적이기를 원하며 대중도 절대적이기를 원한다. 이 두 가지 절대자는 (즉 성스러운 것)은 서로 상쇄된다."(302쪽)-"나는 국가가 아니며 나는 국가를 창조적으로 부정한다. 이를 통해 모든 물음은(입헌에 관한) 진정 아무것도 아닌 무로 사라진다."

그가 국가의 형식에 관해 위에서 제시된 명제조차 이런 "무"를 바꿔 말한 것이 지나지 않는다고 덧붙여야 했다. 이 무의 유일한 창조물이 이런 명제 즉 나는 국가가 아니라는 명제다. 성 산초는 〈W, 331〉여기서 전적으로 독일 교사다운 방식으로 *공화국*에 대해서 말한다. 그런 *공화국*은 입헌군주제보다 예를 들어 그리스 공화국보다 훨씬 오래된 것임은 당연하다.

북아메리카와 같은 민주적인 대의제 국가에서 계급 대결은 이미 일정한 형식에 도달했으며 입헌 군주제는 이 형식에 다가가게끔 강요되고 있다는 사실에 관해 그는 물론 아무것도 알지 못한다. 입헌 군주제에 관한 그의 여러 구절을 보면 그가 1842년 이래로 베를린의 달력 [647]에서 아무것도 배우지 못했으며 아무것도 망각하지 않았다는 사실이

---

647 CW주 101) 이것은 명백히 프로이센 지방의회에 존재하는 신분 위원회를 지시한다. 이 위원회는 1842년 6월 프로이센에서 설립됐다. 이는 지방의회를 통

⁶⁴⁸ 입증된다.

노트 6:

"국가는 오직 내가 나 자신에 대해 가지는 무시 덕분에 실존하게 된다. 그리고 국가는 이런 자기 무시가 사라지는 것과 동시에 전적으로 소멸된다."(이에 따르자면 세계의 모든 국가가 얼마나 빨리 "소멸"할 것인가는 다만 산초에게 달려 있다. 이 말은 노트 3이 앞뒤가 바뀐 등식으로 반복된 것이다-『논리학』절을 보라) "국가는 나를 넘어서 존재하는 때만 존재하며 다만 권력으로서 강력한 대안으로서만 존재한다."(놀라운 대안, 이는 증명해야 하는 것의 반대를 증명하는 대안이다) "당신들은 그 '주민 모두가'("나"에서 "우리"로의 도약) "중요하게 여기지 않는 국가를 생각할 수 있을까?"(377쪽)⁶⁴⁹

해 신분의 원리에 따라서 그 대의원들 가운데 선출됐다. 이 신분 위원회는 통일 위원회로 알려진 단일한 자문 제도를 이룬다. 이 제도의 도움을 받아 프레데릭 윌리엄 4세는 새로운 세금과 차관을 강요하기를 희망했으니, 이는 대의 제도에 관한 희화화이다.

648 CW주) 이 구절은 프랑스 속담에서 나온 것이다. 그 속담은 이렇다: "그들은 아무것도 배우지 못했고 아무것도 망각하지 않았다." 이 구절이 처음 만들어졌을 때는 프랑스 혁명 식후인데, 왕당파를 지칭하기 위해 사용됐다.

649 GA2주 재인용) 슈티르너, 『유일자와 그의 소유』, 377쪽: "나의 소유는 나를 넘어선 어떤 것도 나에게 존재하지 않는 순간부터 압박이 된다. 왜냐하면 이 순간부터 국가, 교회, 인민, 사회 등등이 중단하기 때문이나. 왜냐하면 그런 것들은 내가 나에 대한 무시 때문에 존재하는 것이기 때문이다. 그리고 그런 것들은 이런 저평가가 소멸하는 순간 사라지는 것이기 때문이다. 그런 것들은 나를 넘어서 있는

"권력", "지배", "구성"이라는 동의어에 관해 더는 살펴볼 필요가 없을 것이다.

모든[실제] 국가 속에는 국가를 통해 자기의 이익을 얻는 사람들 즉 국가 속에서 국가를 통해서 스스로 무엇을 성취하는 사람들이 존재한다. 이 사실에서 산초가 끌어낸 결론은 [이상적] 국가는 이 사람들을 넘어선 권력이라는 사실이다. 그러면 〈GA2, 403〉국가라는 고정 관념을 다시 머리에서 지우는 것이 오직 중요한 것이 된다. Jacques le bonhomme〈촌티 나는 바보〉는 국가가 단순한 이념이 되기를 항상 거듭해서 꿈꾸며, 그러면서도 이 국가 이념의 자립적인 힘을 믿는다. 그는 정말 "국가를 믿고, 국가에 사로잡힌 정치가다."(309쪽) 헤겔은 국가에 관한 정치 이데올로기가 지닌 관념을 이상화했다. 하지만 그런 관념은 비록 단순히 개인의 *의지*에서라고 나온 것이라 할지라도 여전히 개인에서 나온 것이다. 헤겔은 개인의 공통 *의지*를 절대적 의지로 변화한다. 그런데 Jacques le bonhomme〈촌티 나는 바보〉는 이런 이상화된 이데올로기를 국가에 대한 올바른 견해로 bona fide〈굳게 믿으며〉, 이런 믿음 속에서 절대자를 절대자로 선언함으로써 이런 이상화된 이데올로기를 비판한다.

신약 편 5절 B)-(1)-e) 부르주아 사회로서 사회

때 권력이나 권력을 가진 것들로 나타난다. 또는 당신들은 그 주민이 전혀 자발적으로[즉 자기 무시를 통해] 만들어 내지 않는 국가를 생각할 수 있을 것이다. 그런 국가는 하나의 독일처럼 꿈이나 가상적인 존재임이 확실하다."

우리는 이 장에 좀 오래 머무르려 한다. 그 까닭은 고의적인 것이 아니고 할 수 없겠지만, "『경전』 속에"⟨W, 332⟩포함된 혼란스러운 장 가운데서도 이 장이 가장 혼란스러운 것이기 때문이며 또한 이 장은 사물의 세속적인 형태를 알아차리는 일이 우리의 성자에게 얼마나 이루기 힘든 일인지를 가장 찬란하게 입증해 주기 때문이다. 슈티르너는 사물을 세속화하기는커녕 다만 자신의 신성한 생각만 독자에게 "강요하는" 가운데 오히려 사물을 성화했다. 부르주아 사회를 본격적으로 다루기 전에 우리는 소유 일반에 관해서 그리고 국가에 대한 소유의 관계에 관해 그의 몇몇 새로운 해명을 더 들어보자. 이런 해명이 더 새롭게 보이는 까닭은 이런 해명 덕분에 성 산초는 법과 국가를 동격화하는 것과 같은, 그가 가장 애호하는 주장을 다시 제기하고 이를 통해 그의 "논의를 더 다양하게 변형하고 세분화하는" 기회를 얻기 때문이다. 당연히 우리한테는 기존의 등식의 마지막 항만 있으면 된다. 독자는 「나의 권력」이라는 절에서 그 마지막 항이 나오는 맥락을 여전히 기억하고 있을 것이기 때문이다.

사유재산 또는 부르주아의 소유 =나의 소유가 아님
=신성한 소유
=타인의 소유
=존중받는 소유 또는 타인의 소유에 대한 존중
=인간의 소유(327, 369쪽)

이런 등식에서 다음과 같은 반대 명제가 동시에 도출된다. ⟨GA2, 404⟩

부르주아적인 의미에서 소유 ≠이기주의적인 의미에서 소유 (327쪽)
인간의 소유 ≠"내가 지닌 소유"

	("인간이 가진 것[habe]"	≠내가 가진 것)(324쪽)
	등식: 인간	=법
		=국가 폭력
	사적 소유 또는 부르주아적 소유	=정당한 소유(324쪽)
		=법에 따라 나의 것(322쪽)
		=보장된 소유
		=타인의 것에 대한 소유
		=타인에게 속하는 소유
		=법에 속하는 소유
		=법적 소유(367, 332쪽)
		= 하나의 법 개념
		=어떤 정신적인 것
		=일반적인 것
〈W, 333〉		=허구
		=순수 사유
		=고정 관념
		=유령
		=유령의 소유
		(368, 324, 332, 367, 369쪽)
	사적 소유	=법의 소유
	법	=국가의 폭력
	사적 소유	=국가의 폭력 속에서의 소유
		=국가 소유 또는 동시[auch]
	소유	=국가 소유
	국가 소유	=나의 비-소유
	국가	=일반적 소유자(339쪽, 334쪽)

우리는 이제 다음과 같은 반대 명제에 이른다.

〈수, 81〉	사적 소유	≠이기주의적 소유
	법(국가, 인간)을 통해서 소유의	≠나에게서 소유의
	자격이 부여됨	권능을 부여받음
	법에 의한 나의 것	=나의 실력이나 폭력에 의한 나의 것(332쪽)
〈GA2, 405〉	타인에게서	≠나에게서 받은
	주어진 소유	소유(339쪽)

타인의 정당한 소유	≠타인의 정당한 소유는 나에게 법이다.(339쪽)

이런 반대 명제는 예를 들어 권력이 충만한 권력으로 대치된다면 또는 이미 있는 공식들을 응용한다면 수백 개의 다른 공식들로 반복될 수 있다.

사적 소유= 모든 타인들의 소유에서 소원함을 느낌	≠나의 소유=모든 타인의 소유에 대한 소유

또는 마찬가지로

몇몇 것에 대한 소유	=모든 것에 대한 소유(343쪽)

위의 등식에서 관계 또는 계사를 통해 소원화되는 것은 다음과 같은 반대 명제로 표현될 수도 있다.

⟨W, 334⟩

사적 소유	≠이기주의적 소유
"신성한 것, 유령으로서 소유에 관계하는 것", "그것을 존중함", "소유를 존중하는 것"(324쪽)	≠"소유에 대한 성스러운 관계를 포기", "소유를 더는 타인의 것으로 고찰하지 않음", "유령 앞에서 더는 두려워하지 않음", "소유를 전혀 존중하지 않음", "존중심이 없음을 소유함"

*650

위의 등식이나 반대 명제에 포함된 쟁취[Aneignung: 자기 것으로 만

---

650 GA2주 재인용) 슈티르너, 『유일자와 그의 소유』, 369쪽: "나는 자연 지체를 더는 존중하지 않으며, 자연에 대항하는 지격을 나에게 전적으로 부여한다. 저 정원에 있는 나무가 드러내는 소원함(사람들은 일면적으로 이를 소유라 한다) 나는 존중해야 하며, 나의 손을 그것에서 떼어놓아야 한다. 그러나 내가 처음부터 그 나무를 나에게 낯선 것으로 즉 성스러운 것으로 고찰하지 않았으며 저 나무를 마치 증권을 넘기듯이 타인에게 넘겨줄 수 있다면 즉 타인에게 양도할 수 있다면 그런 소원함은 끝장난다."

들기] 방식은 우리가 「연합」 절을 다루게 될 때 비로소 충분히 해명될 것이다. 우리는 그동안 "신성한 사회"에 머물러 왔으니[651] 여기서는 다만 말씀화만을 다루겠다.

다음을 유의하라. 이데올로그들은 다양한 시기에서 나타나는 인간 관계의 다양한 형식은 개인이 "인간"을 어떻게 생각하는가에 따라 규정된다고 하면서 소유 관계를 이와 같은 "인간" 관계로 파악한다. 이데올로그가 그렇게 할 수 있는 이유는 「위계 체제」를 다룰 때 이미 다루어졌다. 여기서는 다음과 같은 것을 상기하는 것으로 충분하다:

논제1: 토지의 분할, 부역(負役)의 해소, 소토지를 대토지로 흡수하는 것에 관해

이런 사항 모두는 신성한 소유에서 그리고 부르주아적 〈수, 81a〉소유를 신성한 것에 대한 존중과 동격으로 보는 것에서 도출된다.

1) "부르주아적인 의미에서 소유는 *신성한* 소유를 의미한다. 여기서 신성하다는 것은 내가 그대의 소유를 *존중해야* 한다는 것과 같다. '소유를 존중하라!' *따라서* 공화파[Politiker]는 각자가

---

[651] GA2주 재인용) 슈티르너, 『유일자와 그의 소유』, 418쪽: "사회는 그대 이상의 것이라면 그대에게 그대를 넘어서는 것이다. 연합은 다만 그대가 그대의 자연적인 힘을 강화하며 증대하는 작업 도구이거나 검이다. 연합은 그대를 위해 그대를 통해 현존한다. 거꾸로 사회는 그대를 자기를 위해 강요하며 그대 없이도 현존한다. 간단히 말해 사회는 성스럽지만, 연합은 그대 자신의 것이다. 사회는 그대를 이용하지만, 그대는 연합을 이용한다."

한 조각 자신의 소유를 지니기를 기대하며 부분적으로 본다면 이런 노력으로 대대적인 토지 분할이 일어났다."(327, 328쪽)-2) "자유주의 공화파는 가능하다면 모든 부역은 해소되고 모두가 자기 토지를 자유롭게 소유하는 자가 되게 배려했다. 그런 배려는 이 토지가 한 사람의 배설물로 충분하게 비옥하게 될 정도만큼의 지력[地力]을 갖는다는"(토지는 땅의 품질을 갖는다!) "조건 아래에서이다. 자신의 소유가 *존중받는* 소유라면 그 토지는 그렇게 작아도 괜찮을 것이다. 그런 소유자가 많으면 많을수록 국가는 자유로운 인민과 선량한 애국자를 얻는다."(328쪽)-3) "자유주의 공화파는 모든 종교인과 마찬가지로 *존중*과 인도주의와 사랑의 덕을 고려한다. 그러므로 자유주의 공화파는 끝없는 분노 속에 살아간다. 왜냐하면 *인민은 실천적인 삶 속에서 어떤 것도 존중하지 않기* 때문이며 매일 소 소유지는 다시 더 큰 소유자에게 판매되면서 자유로운 인민은 일용 노동자로 전락하기 때문이다. 그것에 반해서 '소 소유자'가 〈W, 335〉앞으로 대규모 소유가 그들의 소유가 될 거라는 사실을 의심했다면 대규모 소유에서 공손하게 스스로 배제되지 않았을 것이며 그리고 배제당하기를 원하지도 않았을 것이다."(328쪽)

1) 우선 여기서 토지 분할의 전체 운동은 "그런 자유주의 공화파의" "머릿속에 존재했던" 단순한 공상에서 설명된다. 성 산초는 그 토지분할이 신성한 것이라는 사실 정도밖에는 알지 못한다. "공화파는" "소유에 대한 존중"을 요구하므로 토지 분할을 원했다고 한다. 하지만 실제 이런 토지 분할은 오직 타인의 소유를 존중하지 않음으로써 관철됐다!

"공화파는 부분적으로 본다면 어마어마한 토지 분할을" 실제로 "일으켰다." 땅의 경작과 관련해 토지 분할이 프랑스에서는 이미 〈수, 81b〉 혁명 전에 그리고 오늘날 여전히 아일랜드에서 또한 부분적으로는 웨일즈Wales에서 오랫동안 지속해 왔다. 이런 토지 분할은 대규모 경작을 도입하기 위한 자본이나 다른 모든 조건이 결여됐기 때문이다. 그런데도 이것이 "공화파의 행위"로 됐다. 게다가 "공화파가" 오늘날 토지 분할을 관철하기를 정말 얼마나 강력하게 "원할지"를 성 산초는 다음의 사실들에서 알아차릴 수 있을 것이다. 즉 프랑스 부르주아 전체는 토지 분할에 만족하지 않는다는 사실이다. 프랑스 부르주아의 그런 불만은 정치적 이유 때문이기도 하지만, 그만큼이나 그런 토지 분할이 〈GA2, 407〉 노동자들의 경쟁을 축소하기 때문이다. 또한 성 산초는 그런 공화파의 소망을 다음과 같은 점에서도 알아차릴 수 있을 것이다. 즉 모든 반동분자가(산초가 이미 아른트Arndt 노인의 「회상록」[652]에서 통찰할 수 있었던 사실이지만) 토지 분할 속에서 간파한 것은 오직 토지 소유가 근대적이고 산업적이며 매매 가능한 탈-신성화된 소유로 전환됐다는 사실뿐이라는 점이다. 이런 근대적 소유로의 변화는 이윤을 초과하는 지대를 철폐하는 것을 통해서뿐만 아니라 토지의 분할을 통해서도 일어날 수 있다. 그런데 여기서 우리는 부르주아가 지배하자마자 이런 변화를 관철하는 이유가 어떤 경제적 이유인지를 성자에게 설명할 도리가 더는 없다. 마찬가지로 우리는 이런 변화 속에 생겨나는 근대적 소유의 형식이 어떤 나라의 산업과 교역, 해운 등이 발전하는 단계에 어떻게 의존하는가 역시 그에게 설명할 도리가 없다. 토지 분할에 관한 위

---

652 GA2주 재인용) 아른트 노인Ernst Moritz Arndt의 『외교 생활의 회상록』(라이프치히, 1840)에 나오는 토지재산의 분할에 대한 비판을 보라.

의 명제는 여러 장소에서 "여기저기에서" 대대적인 토지 분할이 일어난다는 사실을 우스꽝스럽게 만드는 서술에 불과하다. 이런 방식으로 말하는 것이 산초가 말하는 표준적인 방식이며, 어디에도 맞고 어디에도 맞지 않는 말하기 방식이다. 더욱이 산초가 제시한 위의 명제는 토지 분할에 관한 독일 소부르주아의 환상 즉 소부르주아에게 토지 분할은 낯선 것이며 "신성한 것"이라는 환상만을 함축한다. 「자유주의 공화파」절을 참조해 보라.

2) 부역의 폐지는 독일에서만 보자면 Misère〈참상〉이었다. 왜냐하면 독일 정부는 이웃 나라의 발전하는 상태 때문에 그리고 재정적인 곤경 때문에 어쩔 수 없이 그렇게 할 수밖에 없었기 때문이다. 그런데도 우리의 신성한 자는 이런 부역의 폐지를 〈W, 336〉"자유주의 공화파"가 본래 "자유로운 인민과 선량한 부르주아"를 산출하기 위해 원했던 것 때문이라고 간주한다. 또한 산초의 사유 지평은 폼머Pommer[653] 지방 의회와 작센Sachsen 대표자 회의의 수준을 넘어서지 못한다. 독일에서 일어난 이런 부역 폐지는 정치적 또는 경제적 결과에 이르지 못했으며 전혀 아무런 효과도 없는 중도반단[中途半斷]의 조처로 머무르고 말았다. 14세기 또는 15세기 일어난, *역사적으로 중요한* 의미를 지닌 부역의 폐지는 교역과 산업 그리고 토지 소유자의 화폐 필요에서 일어났다는 사실에 관해 산초는 물론 전혀 모르고 있다. 산초는 예를 들어 슈타인Stein과 빈케Vincke 같은 사람들은 독일에서 선량한 부르주아와 자유로운 인민을 만들기 위해 부역의 폐지를 원했다고 믿는다. 하지만 곧 그런 사람들은 나중에 베스트팔렌Westfalen에서 시도되는 것과 같이 부역이 다시 회복돼야 오히려〈수, 81c〉"선량한 부르주아와 자유로운 인민을 산

---

653 역주) 폼머 지방-프로이센이 장악한 폴란드 접경 지역

출"할 수 있다는 사실을 발견했다. 이런 사실에서 나오는 결론은 신에 대한 경외와 존중의 마음이 어디서나 써먹기에 편리하다는 사실이다.

3) 산초에 따르면 대토지 소유자가 소토지를 구매하는 것은 소유에 대한 존중을 실천하지 않기 때문이라 한다.―경쟁은 도대체 소유의 집중을 동반하지 않고서는 존재하지 않으므로, 경쟁에서 가장 일상적으로 일어나는 두 가지 결과는 〈GA2, 408〉집중, 독점이다. 그런데 우리의 산초가 보기에 이 두 가지는 경쟁을 통해 운동하게 되는 부르주아적인 소유를 오히려 손상하는 것이다. 부르주아적인 소유는 현존하는 순간 그 때문에 이미 손상당한다. 산초에 따르면 소유를 해치지 않고서는 어떤 것도 구매할 수 없다.{〈W, 노트 66: 336-하단 주:수고에서 삭제〉〈수, 81c-하단 주〉성 산초가 이런 부조리한 생각에 이른 이유는 그가 부르주아적 소유에 대한 법적이며 이데올로기적인 표현을 진정한 부르주아적인 소유로 간주하기 때문이다. 그 결과 그는 자기의 이런 환상이 실제에 대응하지 않는 이유를 설명할 수 없다.} 성 산초가 소유의 집중 속에서 그 가운데 가장 명백한 행위 즉 단순한 독점만을 본다는 사실에서 그가 토지 소유의 집중에 관해 얼마만큼 통찰하는지 그 깊이가 드러난다. 더욱이 얼마나 많은 소 소유자가 일용 노동자가 되면서 소유자이기를 중지하는지를 산초는 예상하지 못한다. 산초는 스스로 바로 다음 쪽(329쪽)에서 푸르동에 반대해서 그런 일용 노동자가 여전히 "경작지 이용에서 자기에게 남아있는 몫을 소유하는 자이며"[654] 즉 그 몫이 곧 임금이라

---

[654] GA2주 재인용) 슈티르너, 『유일자와 그의 소유』, 329쪽: "경작지를 이용하기만 하는 자는 물론 그 소유자가 아니다. 푸르동이 원히듯이 이런 이용에서 그가 필요로 하는 것에 필연적으로 요구되지 않는 만큼[즉 이윤]을 공제해야 하는 자도 역시 소유자가 아니다. 그는 다만 그에게 남아 있는 몫[즉 임금]의 소유자

는 견해를 매우 엄숙하게 주장했다. "역사를 보면 가끔 다음과 같은 사실이 발견될 것이다." 즉 대토지 소유가 소토지 소유를 흡수하면 그다음 번에는 소토지 소유가 대토지 소유를 흡수하는 일이 일어난다는 것이다. 성 산초는 이런 두 현상이 "⟨수, 82⟩실천적 삶에서 인민은 아무것도 존중하지 않는다"라는 사실을 만족할 만큼 충분한 근거를 가지고 반박한다고 본다. 같은 것이 토지 소유의 다양한 형태에서도 성립한다. 정말 그러면 ⟨W, 337⟩"소토지 소유자" 등이 지혜를 "얻을 텐데"! 「구약편」을 다룰 때 보았듯이 성 산초는 사변적인 방식으로 이전 세대가 이후 세대의 경험을 미리부터 고려한다는 방식으로 생각한다. 이제 우리는 이전 세대가 자신에 대한 이후 세대의 사유를 고려하지 않을 뿐만 아니라 심지어 그 자신의 부조리를 전혀 고려하지 않는다는 것에 관해서 그가 한탄하는 것을 보게 된다. 이런 걸 탁상공론[655]이라 한다. 꽁생원의 "Jescheither⟨분별⟩[656]"이 틀림없다! 공포정치가가 자신의 행위로 오히려 나폴레옹이 왕좌에 오르게 된다는 것을 고려해야 했을까?-영국의 러니메드Runnymede 공작과 대헌장[657]이 1849년 곡물법이 폐지되리라는

일 뿐이다."

655 역주) 탁상공론[Kannegießer-Manier]: 칸네기서Karl Ludwig Kannegießer가 제기한 철학적 물음을 지칭하는 속담.

656 CW주) 'Scheitheit'의 베를린 사투리

657 W주 131) 대헌장Magna Carta-반항하는 대지주가 기사와 도시의 지지를 받아 권력을 상실한 영국 왕 존에게 제출한 증서. 1215년 6월 15일, 템스강 강변의 러니메드 공작의 방목시에서 서명된 헌장은 무엇보다도 대 봉건 지주를 위해 왕의 법을 제한했으며, 기사와 도시에 일정한 권리에 대한 인정을 포함했다. 인구의 대부분인 예속농에 헌장은 아무런 권리도 주지 않았다.

것을 고려해야 했을까?-크뢰수스Krösus는 로트쉴드Rothschild가 그의 부를 능가하리라는 것을 고려했어야 할까?-알렉산더 대왕이 [역사가] 로텍Rotteck⁶⁵⁸이 그를 심판한다는 것이나 그의 왕국이 터키인의 손에 떨어진다는 사실을 고려해야 했을까?-데미스토클레스Themistokles가 페르시아를 공격한 것이 오토Otto 2세의 이익을 위하게 된다는 것을 고려해야 했을까?⁶⁵⁹-헤겔이 성 산초를 통해 공산주의적인 방식으로 이용될 것을 고려해야 했을까? 등등등의 가정을 생각해 보라! 성 산초는 자기가 어떤 종류의 "소 소유자"에 관해서 말한다고 공상하는 것일까? 그가 말한 소 소유자는 대토지 소유가 해체[Zerschlagen]되면서 비로소 소 소유자[부르주아 농민]로 된 무토지 농민인가? 아니면 오늘날 토지 집중을 통해서 몰락한 소 소유자[룸펜 프롤레타리아]인가? 성 산초는 달걀이 서로 같듯이 두 경우를 서로 유사한 것으로 본다. 첫 번째 경우 무소유 농민은 "대[토지] 소유"에서 전혀 배제되지 않았고 오히려 각자는 타자의 소유에서 배제되지 않고 또 배제되지 않을 능력을 갖췄던 한에서 대[토지] 소유를 소유하게 됐다. 〈GA2, 409〉그러나 배제당하지 않을 능력은 슈티르너와 같은 허풍선이 식의 능력은 아니며 오히려 전적으

CW주 102 참조) 곡물법은 1846년 폐지된 후, 곡물 수입에 대한 소액 일시적 관세는 1849년까지 유지됐다.

658   CW주) 로텍Karl Rotteck은 『모든 신분을 위한 일반적인 세계사』의 저자다.

659   CW주 103) 데미스토클레스의 영도 아래 기원전 480년 그리스인은 페르시아인을 살라미스 해전에서 패배시켰다. 그리스가 터키의 지배에 대항해 독립전쟁(1821~29)을 일으킨 이후 영국과 러시아 프랑스는 새로운 그리스 국가가 군주정을 채택하게 강요하며 나이 17세인 바바리아의 왕자 오토Otto를 그리스의 왕위에 올려놓았다.

로 경험적인 상황을 통해 제약된 능력이다. 이런 경험적인 상황에 속하는 것을 예로 들자면 그 자신의 발전과 부르주아 사회의 지금까지 전체 발전이나 지역성 그리고 한 지역이 이웃 지역과 가지는 다소간의 연계, 소유된 토지의 크기나 그런 토지를 이용하는 사람의 수, 산업과 교류의 관계, 통신수단이나 생산수단 등등을 들 수 있다. 그들이 대토지 소유를 적대하지 않았다는 사실은 그들 가운데 많은 사람이 대토지 소유자로 됐다는 사실에서 밝혀진다. 산초는 독일에서조차 웃음거리가 되고 만다. 왜냐하면 당시에는 토지분할이 현존하지 않았으며 〈수, 82a〉따라서 당시로써는 토지 분할이 농민에게 유일하게 혁명적이었음에도 이런 농민이 이런 분할의 과정을 뛰어넘어서 단번에 자족적인 이기주의로 달려가야 할 것이라고 기대하기 때문이다. 산초의 난센스를 즐길 생각은 전혀 없지만, 공산주의적으로 조직하는 것은 무토지 농민에게는 불가능했다. 왜냐하면 공산주의적인 결합의 첫 번째 조건을 즉 집단 경영을 관철하는 모든 수단이 그들에게는 부재하기 때문이며 또한 오히려 분할 과정이 하나의 조건이 되어서 나중에 〈W, 338〉그런 공산주의적인 결합을 위한 욕구가 생겨나기 때문이다. 일반적으로 공산주의 운동은 결코 농촌에서 나오지 않으며 항상 도시에서만 나온다.

두 번째 경우라면 즉 성 산초가 몰락한 소 소유자에 관해 말한다면-이 소 소유자는 전체 무소유 계급에 대항해 그리고 산업 부르주아에 대항해 .오 히려 여전히 대토지 소유자와 공 농 이해를 가시고 있다. 그리고 이 공동의 이해가 발생하지 않더라도 소 소유자에게는 대토지 소유를 장악할 힘이 결여된다. 왜냐하면 소 소유자는 분산해 거주하기에 자기의 활동이나 생존의 처지로 볼 때 그와 같은 내토지를 쟁취하기 위한 제일의 조건이라고 할 단결이 소 소유자에게는 불가능하기 때문이다. 또한 그런 운동은 다시 훨씬 더 일반적인 운동을 전제로 하지만, 그런 일반적인 운동은 소 소유자에게 의존하지 않는 것이기 때문이다.—결론적으로 산초의 장광설이 도달한 결과는 소 소유자가 타인의 재산에 대한 존중을 그저 머릿속에서 지워버려야 한다는 것이다. 이에 관해서 우리는 아래에서 그의 같잖은 말을 몇 마디 더 들어보려 한다.

결론적으로 다음과 같은 또 하나의 명제를 ad acta〈조서로〉 삼자: "*실천적 삶에서 사람들은 아무것도 존중하지 않으며*" 따라서 심지어 "존중"이 관심사조차 아닌 것처럼 보인다.

〈GA2, 410〉〈수, 83〉논제 2: 사적 소유, 국가와 법

성 산초가 "했더라면, 했더라면, 했더라면!"

즉 성 산초가 잠깐 법률가와 정치가가 사적 소유에 관해 현재 가진 사상이나 사적 소유에 반대하는 논쟁을 무시하고, 한 번이라도 사적 소유의 경험적인 현존을 개인이 지닌 생산력과 연관 속에서 파악했더라면, 지금 우리를 웃기는 솔로몬과 같은 그의 지혜 전체는 헛된 것으로 내던지고 말았을 것이다. 그랬더라면 사적 소유가 생산력의 일정한 발전단계에서 필연적으로 나타나는 교류의 형식이며 사적 소유라는 차꼬로 저지되는 생산력이 창조되기까지 그런 교류 형식은 결코 폐지되지 않으며 직접적인 물질적 삶을 생산하기 위해서 결여될 수 없다는 사실을 그가 회피하기 어려웠을 "텐데!"(비록 그가 하바쿡[660]처럼 de tout〈

---

660 역주) 성 하바쿡(또는 하바꾹) 예언자는 예루살렘의 함락과 유다의 패망이라는 비극적인 역사 시대에 살았으며 12 소예언서의 하나인 『하바쿡서』의 저자다. 그에 대해 우리가 아는 것은 거의 없다. 『다니엘서』, 14장 33절 이하에 이 예언자에 대한 약간의 설명이 있기는 하지만, 그 이야기는 '미드라시Midrash[성경

만능의 재사〉라 할지라도 말이다.) 그랬더라면 산초는 전체 세계를 신학적인 윤리의 체계 속으로 해소하고 이 신학적 윤리의 체계에 대립해 이기주의적으로 존재해야 한다는 새로운 윤리의 체계를 제시하는 대신 물질적인 관계에 따라야 했다고 독자가 결론을 내리는 일을 피할 수 없었을 "텐데!" 그러면 존중이나 무시와는 전혀 다른 것이 문제라는 사실을 그가 회피하지는 못했을 "텐데!" 그는 그렇게 "했을 텐데, 했을 텐데, 했을 텐데!"

더욱이 이런 "했을 텐데"라는 가정은 〈W, 339〉산초가 위에 제시한 명제의 여운일 뿐이다. 왜냐하면 산초가 이 모든 것을 수행 "했더라면" 그는 물론 그의 책을 서술할 수 없었을 테니까 말이다.

모든 경험적인 관계를 전도하는 정치가나 법률가 또한 그 밖의 이데올로그의 환상을 산초는 신의와 성실을 다해 받아들이면서 게다가 독일인이면 늘 그렇게 하듯이 자신의 것을 첨가한다. 이런 가운데 그에

주해]'로서 교훈적인 설화에 지나지 않는다. 그리고 『하바쿡서』 안에 있는 시편과 『하바쿡서』, 1장 2~4절의 신탁이 『시편』의 한 유형인 애원시와 비슷하다고 해, 『하바쿡서』의 저자와 시편을 저술한 성서 시인 사이에 존재하는 친분 관계를 논하는 학자도 있지만, 그것도 단편적인 추정에 불과하다. 그러므로 일단 하바쿡은 나훔과 마찬가지로 미지의 인물로 남겨 두는 수밖에 없다.

CW주 104) 마르크스와 엥겔스는 여기서 볼테르가 하박쿡에 관해 서술한 것을 가리킨다. 『경찰과 대중의 갈등』(『크림에서의 반항에 관해서』, 1855년, 6월 9일)이라는 논문에 이에 대한 언급이 들어 있다.

Capable de tout〈만능의 재사〉라는 표현은 여기서 아이러니칼하게 사용됐다. 즉 아무것도 할 수 없다는 뜻이다.

W주 132) 『하박쿡서』는 성경 예언서이다. 이 책에는 여러 계시가 뒤섞여 서술되어 있으며, 완전한 정신적 무기력과 주변 환경을 파악할 수 없는 무능을 표현한다.

게 *사적 소유는 국가적인 소유로 또는 법적인 소유로* 전환된다. 그 결과 이런 전환을 통해서 그는 위에 언급한 등식을 정당화하는 실험을 수행할 수 있게 된다. 이제 사적 소유가 국가적 소유로 전환되는 것을 살펴보자.

〈수, 83a〉"소유를 결정하는 것은 다만 폭력이다."(그동안 역사를 보면 폭력을 결정하는 것이 오히려 소유이다.) "그리고 부르주아의 국가이든 룸펜의 국가이든"(슈티르너식의 "연합") "*인간의 국가이든 국가는 바로 말해 유일하게 권력자이므로 국가가 유일한 소유자다.*"(333쪽)

여기서 다시 독일의 "부르주아 국가"에서 나타나는 실정과 함께 산초나 바우어의 것과 같은 두뇌 속의 공상물이 모습을 드러낸다. 반면 국가가 역사적인 의미에서 어떻게 형성됐는지에 관한 언급은 어디에도 발견될 수 〈GA2, 413〉없다. 그는 국가를 우선 하나의 인격 즉 "*지배자*"로 전환한다. 지배계급은 공동의 지배를 위해 공적인 폭력 즉 국가를 구성한다는 사실을 산초는 독일 소시민의 방식으로 이해하면서 이를 왜곡해 "국가"는 지배계급에 대항하는 제3의 권력을 구성하며 지배계급에 대립해 모든 폭력을 몰수한다고 말한다. 그는 일련의 예를 통해 그의 믿음을 입증하려 한다.

소유는 항상 그렇듯이 부르주아의 지배 아래서 일정한 특히 경제적인 조건 즉 생산력과 교환의 발전단계에 의존하는 조건과 결합한다. 이런 조건은 필연적으로 법률적이며 정치적인 표현을 얻는다. 반면 성 산초는 천진난만하게 다음과 같이 믿는다:

"국가는 [부르주아의] 소유의 취득에 조건을 건다.(car tel est son bon plaisir〈왜냐하면 그게 국가의 오락이기 때문이다.〉) 이는 국가가 모든 것에 예를 들어 심지어 결혼에도 조건을 거는 것과 같다."(335쪽)

부르주아는 국가가 사적 이해관계 속에 개입하기를 허용하지 않으므로 그리고 자신의 안전을 보장하고 상호 경쟁을 유지하기에 필요한 만큼만 국가에 권력을 부여하므로, 일반적으로 사적 [이해] 관계가 명하는 한에서만 공민으로서 등장한다. Jacques le bonhomme〈촌티 나는 바보〉는 바로 그러므로 부르주아가 국가 앞에서 "아무것도 아닌 존재라고" 믿는다.

〈W, 340〉"국가는 스스로 부유하게 되는 데만 관심을 가진다. 철수가 부유하고 영희가 가난하더라도 국가는 무관심하다. 그들은 모두 국가 앞에서 무와 다를 바 없다."(334쪽)

그는 345쪽에서 이런 지혜를 국가 속에서 경쟁이 용인된다는 사실에서 끌어낸다.
철도회사의 중역은 주주를 자본을 내고 배당을 받는 존재로 배려해야 하다 베를린의 교사는 순진무구하게 그렇다면 우리가 모두 신 앞의 죄인이듯이 주주도 중역 앞에서 "아무것도 아닌 존재"라는 결론을 끌어낸다. 산초는 사적 소유자의 이익 추구에 대립해 국가가 〈수, 83b〉 무기력하다는 사실에서 국가에 대립해 사적 소유자가 무능력하다는 사실을 입증한다. 이는 국가와 사적 소유자에 대립해 그 자신이 무기력하다는 것을 입증한다.

나아가서 부르주아는 자신의 소유를 국가를 통해 조직적으로 방어하므로 따라서 "자아"는 부르주아의 조건 즉 경쟁을 제외하고는 "이런저런 공장주"에서 그의 공장을 박탈할 길이 없으므로, Jacques le bonhomme〈촌티 나는 바보〉는 이렇게 믿는다.

"공장은 국가의 소유물이며 공장주는 공장을 세습 차용물[Lehen]로, 점유물로 가질 뿐이다."(347쪽)

마찬가지로 말한다면 내 집을 지키는 개는 집을 "소유물"로 "갖지"만, 나는 집을 개에서 받은 "세습 차용물로, 점유물"로 가질 뿐이 된다.

사적 소유 아래 감추어진 물질적인 조건은 사적 소유에 관한 법률적인 환상과 모순되는 것으로 나타날 수밖에 없다. 이런 모순은 예를 들어 착취와 같은 때 드러난다. 그러므로 Jacques le bonhomme〈촌티 나는 바보〉는 여기에서 이렇게 결론을 맺는다.

"여기서 국가만이 소유자이며 〈GA2, 414〉그것에 반해 개인은 세습 차용물을 지닌 자라는 사실은 그전에는 감추어져 있었지만, 이제 명백하게 눈에 들어온다."(335쪽)

세속적인 소유 관계가 "신성한 것"이라는 덮개에 덮여 우리의 성실한 시민의 눈에 감추어졌다는 사실 또한 문명국가 속에서는 교사 정도면 오르는 "문화의 단계"에 "기어오르기" 위해서 그는 심지어 중국에서 "하늘 사다리"조차 빌려와야 한다는 사실이 "이제야 비로소 그의 눈에 들어왔다." 여기서 산초가 *현존하는* 사적 소유에 속하는 모순을 통해 사적 소유를 *부정하는* 것과 마찬가지로 방식으로 부르주아 가족 내부의 모순을 다룬다. 이는 우리가 위에서 보았던 것과 같다.

부르주아가 그리고 부르주아 사회의 모든 성원이 일반적으로 불가피하게 자신을 우리로 그리고 윤리적인 인격으로 또 국가로 구성해야만 비로소 공동의 이해를 보장할 수 있고 이를 통해서 산출되는 집단 폭력을 노동 분업 차원에서 몇몇 사람에게 위임한다고 한다면, 마찬가지로 Jacques le bonhomme〈촌티 나는 바보〉는 이렇게 공상한다.

〈W, 341〉"각자는 국가가 부여하는 *자아*를 담지하거나 그 사회에 충성을 바치는 구성 요소인 한에서만 소유의 이용권을 가진다. .... 국가-자아 즉 선량한 시민 또는 신민이라면 누구든지 그는 고유한 인간으로서가 아니라 바로 *그러한* 자아로서 세습 차용물을 간섭 없이 지니게 된다."(334, 335쪽)

이런 방식으로 각자는 경영자가 부여하는 〈수, 83c〉자아를 "담지하는" 한에서만 철도 주식을 점유한다. 이런 원칙에 따르자면 인간은 다만 성자가 될 때만 철도 주식을 점유할 수 있다.

산초가 이런 방식으로 속아 넘어가 사적 소유와 국가 소유가 같다고 믿자 그는 한 걸음 더 앞으로 나갈 수 있게 된다. 그래서 이렇게 말한다:

"국가는 개인이 국가에서 받는 것을 개인에게서 자의적으로 빼

3장 성 막스 유일자 신약편 713

앗지 않는다. 이 사실은 국가가 자신을 약탈하지 않는다는 것과 같은 말일 뿐이다."(334, 335쪽)

성 산초가 자의적으로 타인의 소유를 빼앗지 않는다고 할 때 그 말은 그가 자기의 것을 자기에서 빼앗지 않는다는 말일 뿐이다. 왜냐하면 그는 모든 소유를 바로 그 자신의 것으로 "*간주하기*" 때문이다.

국가와 소유에 관한 성 산초의 다른 환상을 보자. 예를 들어 국가는 개인을 소유를 통해 "길들이고" "보상한다"는 환상이나 국가는 특별히 악의적으로 높은 재판비용을 고안해 충성스럽지 않은 시민을 파멸시킨다는 환상 등을 보자. 그런 환상이란 일반적으로 국가의 *전능*에 대한 *소시민적인 독일인*의 생각이며, 독일의 늙은 법률가가 이미 관철해 왔으며 여기서 성 산초가 목소리 높여 단정적으로 펼치는 생각이다. 그런데 그런 환상이나 생각에 대해 굳이 더는 개입하고 싶지는 않다.

국가적 소유와 사적인 소유가 같다는 사실에 대해 그는 이미 충분히 입증됐다고 보면서도 어원이 같음을 통해서 결론적으로 한 번 더 이 사실을 해명하려 시도한다. 이런 해명에서 그는 자기의 학식을 en ambas posaderas〈뽐낸다〉[661]

〈GA2, 415〉"나의 사적[privat] 소유는 국가가 *그의* 소유 가운데 나에게 위임해 다른 국가 성원이 그것을 사용하는 것을 *제한한* 것일 뿐이다(박탈된 것[privirt][662]). 그것은 국가의 소유이다."(339

---

661 역주) 'en ambas posaderas' – 원래 두 개의 궁둥이 사이에 박아 넣는다는 뜻이다.

662 역주) 'privirt'란 말은 어떤 언어에도 없다. 아마 다음 본문에 나오는 라틴어

쪽)

우연하게도 사정은 정반대로 나타난다. 산초의 어원학적인 재치가 참조하는 로마에서 사적 소유라는 말은 국가적 소유라는 말과 정반대의 의미를 가졌다. 물론 국가는 평민에게 사적 소유를 주었다. 국가는 그것에 반해서 타인의 사적 소유를 빼앗지 〈수, 84〉않았으며 대신 국가는 국가 소유(ager publicus〈공공적으로 점유되는 토지〉)에 대한 이런 평민이 지닌 권리를 또한 평민의 정치적 권리를 빼앗았다. 그러므로 평민이 *자신*을 privati〈사적인 것〉즉 박탈된 존재라 부른다. 성 산초가 꿈꾼 공상 속에 나오는 것처럼 "다른 국가 성원"이 그런 박탈된 존재로 불리는 것이 아니다. Jacques le bonhomme〈촌티 나는 바보〉가 실증적인 사실을 운운하자마자 〈W, 342〉나라와 언어, 시대를 불문하고 그는 웃음거리로 된다. 왜냐하면 그런 실증적 사실은 "신성한 존재"라도 선천적인 방식으로 인식할 길이 없는 것이기 때문이다.

국가가 모든 소유를 몰수한다는 사실에 절망해 그는 자신의 자기의식 가운데 가장 내적인 곳에서까지 "격분하게" 된다. 거기서 그는 그가 문필가라는 사실을 발견하고 놀란다. 그는 이런 놀라움을 다음과 같은 주목할만한 말로 표현한다:

"국가와 대럽해 나는 나에게 엄청난 강제력이 속 나 자신을 지배하는 강제력이 남아있음을 명백하게 느낀다."

이 말은 다음과 같이 발전한다:

'privati[박탈된]'를 독일어화해서 표현한 말이 아닐까 한다.

"나는 내 생각을 실제로 소유하는데 이런 소유물은 거래 가능한 것이다."(339쪽)

"빈털터리[Lump]가 된" 슈티르너, 이같이 "그저 관념만 가득한 사람"은 절망에 차서 굳고 신 우유[663] 같이 되어버린 그의 생각을 가지고 거래를 추진하려는 결단을 내린다. 국가가 그의 생각을 밀수품이라고 선고할지 모르니 그가 거래를 시작하려면 제법 약삭빨라야 할 것이다. 그의 말을 경청해 보자.

"나는 그런 생각을 포기하고"(정말 현명한 생각이다) "그것을 다른 생각으로 교환하려 한다."(단 누군가 악덕 상인이 있어 생각의 어음[664]을 받아주어야 하리라.) "그러면 이 다른 생각이 내가 새롭게 구매한 소유물이 된다."(339쪽)

이 성실한 시민은 글자로 적어서 이를 소유하기 전까지는 그의 소유를 말로 구매했다는 것만 가지고는 안심할 수 없다. 그럼 베를린 시민이 국가의 경고나 경찰의 조사에 직면했을 때면 언제나 어떻게 위안받

---

663 W주 133, CW주 105) 굳고 신 우유-이는 슈티르너가 1845년 여름 우유 가게를 열어서 생계를 도모하려 했던 것을 암시한다. 그가 이를 연 이유는 그의 작가로서 활동이 재정적인 관점에서 파국으로 입증됐기 때문이다. 당시 우유를 판매하는 상인은 없었고 배급하는 자만 있었다. 그래서 오래 저장된 신 우유는 하수구에 쏟았다.

664 CW주) 말장난, 독일어 'Wechsel'은 변화, 변경, 교환 또는 어음을 의미한다.

는가를 보라: "사상은 관세가 없다!"⁶⁶⁵

결국 사적 소유를 국가적 소유로 전환한다는 생각은 다음 생각으로 환원된다. 즉 부르주아는 부르주아 부류의 한 구성원으로서만 소유하며 이런 부르주아의 유를 총괄하면 그것이 국가라 불리고 이 국가가 개인에게 소유를 빌려준다는 생각이다. 이런 생각에는 사태가 다시 전도된다. 모든 다른 계급 속에서와 마찬가지로 부르주아 〈수, 84a〉계급 속에서도 다만 개인적인[persönlich] 조건만이 공동의 일반 조건으로 발전한다. 계급의 개별 성원은 그런 일반 조건 아래 자리 잡고 살아간다. 이전에 그와 유사한 철학적 환상이 〈GA2, 416〉독일에서 통용될 수 있었다고 하더라도 부르주아의 사업은 정치에서 전적으로 독립적이며 그것에 반해서 정치는 부르주아의 사업에 전적으로 의존한다는 사실을 세계무역이 충분히 입증해 왔으니만큼 그 이래로 이제 그런 철학적인 환상은 완전히 우스꽝스럽게 됐다. 이미 18세기에 정치는 무역에 의존했으며 따라서 예를 들어 프랑스 국가가 차용하고자 했을 때 네덜란드인은 국가를 대신해 사적인 인간이 보증을 서라고 요구했다.

〈W, 343〉내가 가진 "가치가 박탈되거나" 또는 내가 "빈민화되는 것"은 국가가 "가치를 실현하는 것"이며 또는 국가가 "존립하는 기반"(336쪽)이라는 등식은 슈티르너의 천일야화[千一夜話]를 닮은 등식 가운데 하나이다. 우리가 이 등식을 여기서 언급하는 이유는 이런 기회를 통해 빈민화에 관한 약간의 새로운 소식을 듣지나 않을까 해서이다.

"빈민화란 *나의 가치가 박탈되는 것*이며 즉 내가 나의 가치를 실현할 수 없는 현상을 말한다. 그러므로 국가와 빈민화는 같은 것

---

665 CW주) 마틴 루터, 『세속적인 정부』

이다. .... 국가는 항상 나에게서 *효용을 끌어내려* 하며 즉 나를 이용하고 착취하며 소모하려고 한다. 국가의 이런 착취 시도는 오직 내가 Proles〈자식[낳기]〉을 걱정하기(이 말에서 프롤레타리아[proletariat]라는 말이 유래됐다) 때문에 성립하게 된다. 국가는 내가 국가의 피조물이 되기를 원한다."(336쪽)

국가가 자기의 고유성을 어느 곳에서나 어느 때나 관철할 수 있다고 하더라도 국가가 자기의 가치를 실현하는 것은 국가 자신에 의존하지 않는다는 사실은 제쳐놓자. 또한 그 결과 여기서 본질과 현상은 이전의 주장과 달리 전적으로 서로 분리된다는 사실도 제쳐놓자. 그러나 우리의 *bonhomme*〈바보〉가 지닌 소시민적 견해가 여기서 다시 노골적으로 출현한다. 그 견해란 즉 "국가"가 우리의 바보를 착취하려 한다는 주장이다. 우리를 흥미롭게 만드는 주장이 하나 더 있다면 그것은 단지 고대 로마에서 프롤레타리아라는 말의 어원적인 유래이다. 이 유래가 여기서 소박한 방식으로 근대 국가 속에 〈수, 84b〉밀반입된다. 근대 국가가 발전한 곳이면 어느 곳이든지 "Proles〈자식〉을 걱정하는 것"은 프롤레타리아의 활동 가운데 국가에 즉 공적인[offiziell] 부르주아에게 가장 불쾌한 활동이라는 것을 성 산초는 실제로 알지 못한다는 말인가?

성 산초는 자기의 복지를 위해 맬더스Malthus[666]와 뒤샤텔Duchâtel[667] 장관의 주장을 독일어로 번역하지 않았다는 말인가? 조금 전만 해도 성 산초는 한 명의 독일 소시민으로서 그에게 "국가에 대립해 강력한 힘이 남아 있다는 것을" 즉 국가에 반항해 스스로 사유하는 힘이 남아있다는

---

666 CW주) 맬더스Thomas Rovert Malthus, 『인구의 원리에 관한 논문』

667 CW주) 뒤샤텔Charles Marie Duchâtel, 『자비에 관해De la Charite』

것을 "더 강력하게" "느꼈다." 그가 영국의 프롤레타리아라면 그는 차라리 국가에 아이를 만들어줄 힘이 그에게 남아 있다고 느꼈을 것이다.

국가에 대항하는 또 하나의 예언자 예레미야Jeremiade라니! 빈곤화의 또 하나의 이론이라니! 성 산초는 우선 "자아[Ich]"가 되어 밀가루와 아마포 또는 철과 석탄을 모두 "창조"하니[668] 이를 통해 노동 분업을 근본적으로 제거한다. 이어서 그는 노동한 대가를 제대로 받지 못했다고 "목이 빠지게" "비난"하기 시작하면서 먼저 채무자들과 갈등에 들어간다.[669]

> "그것이(즉 국가가) 상품과 노동에 대해 책정한 ⟨GA2, 417⟩가격에 대해 내가 만족하지 않게 되면서 차라리 나는 나라는 상품의 가격을 스스로 결정하려고 즉 지급받으려고 노력하는데, 이 가격 때문에 나는 먼저"(이는 위대한 "먼저"라 하겠으니, 국가와 갈등에 빠지는 것이 아니라 오히려) "상품의 수취자와 갈등에 들어간다."(337쪽)

⟨수, 417⟩⟨W, 344⟩ 그가 이제 이런 수취자와 직접 상대하면서 즉 "

---

[668] GA2주 재인용) 슈티르너, 『유일자와 그의 소유』, 336/337쪽: "내가 창조한 것 즉 밀가루와 아마포 또는 철과 석탄은 내가 땅에 땀 흘려 얻은 것이며 .... 그것은 나의 노동이고 내가 이용할 것이다."

[669] GA2주 재인용) 슈티르너, 『유일자와 그의 소유』, 336/337쪽: "그러나 나는 오랫동안 나의 노동이 나에게 그 가치에 따라 지급되지 않았다고 비난할 수 있다. 채무자는 나의 말을 들으려 하지 않는다. 국가는 마찬가지로 오랫동안 부감각한 태도를 보이니 나는 마침내 나의 가공할 폭력을 분출하지 않으려면 나를 억눌러야 한다고 믿는다."

수취자와 멱살잡이를 하려 하자", 국가가 "개입해" "두 사람을 서로 떼어놓는다."[670] (비록 문제 된 것이 인간이 아니라 노동자와 고용자이거나, 국가가 혼동하듯이 상품의 판매자와 구매자라 할지라도) 국가는 사실 이때 이런 일을 하는 것은 악의적인 의도 때문이다. 즉 그 의도란 곧 자기를 정신으로(항상 신성한 정신이지만) 간주해 "두 당사자 중간에 개입하는" 것이다. "노동자는 높은 임금을 요구하지만, 그런 임금을 *강요한다면* 곧 범죄자로 취급된다."(337쪽)

〈수, 84c〉여기 우리는 다시 한번 난센스 사화집[詞華集]을 만나게 된다. 세뇨르Senior씨[671]는 일찍이 슈티르너와 "직접 상대"했더라면 노동임금에 관해 그가 썼던 편지를 쓰지 않았어도 됐을 것이다. 특히 이때 국가는 "두 사람을 서로 떼어놓지" 않았을 것이기 때문이다. 산초는 여기서 국가를 세 번 등장시킨다. 국가는 처음에는 "달래는 자로서", 다음에는 가격을 결정하는 자로서, 마지막으로는 "정신", 신성한 존재로서 등장한다. 성 산초는 사적 소유와 국가적 소유를 동일시하는 주장을 현란하게 펼친 다음 국가가 노동임금을 결정하는 자로 삼으니 이런 주장은 이 세속적인 일에 대해 그가 얼마나 무지한가를 마찬가지로 엄청나게 일관적으로 입증한다. "높은 임금을 강요하는 노동자"는 영국, 미국 그리고 벨기에에서는 결코 곧장 범죄자로 취급되지 않고 오히려 정말 자주 이 높은 임금을 실제로 강요한다는 사실을 역시 우리의 신

---

670 GA2주 재인용) 슈티르너, 『유일자와 그의 소유』, 337쪽: "그의 손상과 그의 위험은 그들이 서로 사이좋게 지내지 않는 곳에서 시작되며, 어떤 조정도 일어나지 않고, 시로 멱살잡이를 함으로써 시작한다. 국가는 사람들이 서로 직접 관계하는 것을 참을 수 없다. 국가는 그사이에 중재자로 등장해서 개입해야 한다."

671 CW주) 세뇨르Nassau William Senior, 『임금에 대한 세 강의』

성한 자는 알지 못하는 모양이며 노동임금에 관해 그가 지어낸 이야기를 통해 이 사실 위에 줄을 빡빡 그은 모양이다. 노동자는 자기가 노동자이고 그의 적이 여전히 자본가인 한에서, 국가가 "개입하지 않을" 때조차 "고용자와 멱살잡이를 하는" 것을 통해서는 심지어 전혀 어떤 것도 얻지 못하고 조합이나 작업 중단을 통해서보다 훨씬 적은 것을 얻는다. 이런 사실은 베를린에서조차 쉽게 통찰될 수 있는 사실일 것이다. 경쟁에 기초하는 부르주아 사회와 부르주아 국가는 그 물질적인 토대에 따라서 부르주아 사이에 경쟁적인 투쟁밖에 다른 것을 허락할 수 없으며 또한 사람들이 "멱살잡이를 할" 때 정신으로서 개입하는 것이 아니라 오히려 총검을 가지고 개입함이 틀림없다는 사실은 분석할 필요조차 없는 사실이다.

게다가 개인은 부르주아적인 소유를 기초로 부유하게 된다. 그렇다면 단지 국가만이 부유하게 된다거나 지금까지 모든 사적 소유는 국가적 소유였다고 하는 슈티르너의 착상은 이와 같은 〈GA2, 418〉역사적으로 나타나는 연관을 다시 전도하는 것이다. 〈수, 85〉부르주아적 소유가 발전하고 축적하는 것과 더불어 다시 말해서 교역과 산업이 발전함에 따라서 개인은 더욱더 부유하게 됐으나 반면 국가는 더욱더 많은 빚을 지게 됐다. 이런 사실은 〈W, 345〉이미 이탈리아 최초의 교역 공화국들에서 등장했으며 나중에 지난 세기 이래로 네덜란드에서 정점에 이르렀으니 네덜란드에서 펀드 투자가 핀토[672]가 이미 1750년 그 사실에 주목했으며 이런 사실은 이제 다시 영국에서도 발견된다. 따라서 또한 분명해지는 것은 부르주아가 화폐를 끌어모으자마자 국가는 부르주아에게 구걸하러 가야 하며 마침내 부르주아가 국가를 몽땅 구매한다는 것

---

672   CW주) 핀토Isaac Pinto, 「상업의 애착」, 『화폐순환과 신용의 특성』

이다. 이런 일은 부르주아가 아직도 다른 계급과 대립했던 시기에 일어났으며 그런 시기에서 국가는 양자 사이에 마치 자립성을 지닌 듯한 겉모습을 간직할 수 있을 것이다. 국가는 이렇게 부르주아에게 매매된 뒤에조차 더 많은 화폐가 필요하며 그러므로 부르주아에 종속하기를 지속한다. 그런데도 부르주아의 이해가 요구한다면 국가는 덜 발전되고 따라서 더 적게 빚을 진 국가보다도 더 많은 수단을 동원할 능력을 갖춘다. 그러나 유럽에서 가장 덜 발전한 국가들 즉 신성동맹[673] 국가들조차 이런 운명을 향해 부단히 나아간다. 부르주아가 그런 국가를 정복할 것이다. 그렇게 되면 여기서 이런 국가는 슈티르너가 말했듯이 사적 소유와 국가적 소유가 같다는 주장에서 위안을 받을 수 있을 것이다. 즉 국가의 고유한 주권이란 "악덕 부르주아"에게 국가권력을 할인 판매하는 시간을 연기하려고 하는 헛된 노력 정도에 한정된다.

 이제 사적 소유와 법의 관계를 다룰 때가 됐다. 여기서 같은 상비품 [常備品: Siebensachen]을 형식을 달리해 다시 듣게 된다. 국가적 소유와 사적 소유가 같다는 주장은 겉보기에 새로운 방향을 취하는 것처럼 보인다. 사적 소유가 법을 통해 정치적으로 승인되는 것이 오히려 사적 소유의 기초로 언표된다.

---

673 W주 135) 신성동맹은 유럽에서 모든 진보 운동에 대항하는 반혁명 권력의 동맹이다. 이 동맹은 1815년 9월 26일 파리에서, 러시아의 알렉산더 1세의 주도로 러시아와 프로이센과 오스트리아로 형성됐다. 그들은 대부분 유럽국가를 결합했다. 영국은 공식적으로는 참가하지 않았다. 신성동맹의 장전 즉 근본 헌장은 종교적이고 신비적인 음조를 띠고 작성됐다. 모든 혁명적 대중운동을 단절해야 하는 곳이면 어디든지 신성동맹에 결합한 국가는 그것을 억압하는 데 상호지원하는 것을 의무로 삼았다. 그러나 신성동맹은 더 강력하게 되는 혁명운동을 통해 깨어졌다. 19세기 들어와 20년대 말, 30년대 초 신성동맹은 사실상 몰락했다.

"사적 소유는 법의 은총으로 살아간다. 다만 법을 통해서 사적 소유는 보증을 얻는다.-점유는 아직 소유가 아니며, 법의 동의를 통해서 비로소 나의 소유로 된다.-사적 소유는 사실이 아니며 하나의 허구, 하나의 사상이다. 사적 소유는 법적 소유이며 법에 따른 소유이며 보장된 소유이다. 그것은 나를 통해서 나의 소유가 되는 것이 아니며 법을 통해서 나의 소유로 된다."(332쪽)

이런 명제는 국가 소유에 관해 이미 출현했던 난센스를 다만 그 희극성의 면에서 더 높인 것에 불과하다. 〈수, 85a〉그러면 산초가 허구적인 권리 즉 jus utendi et abutendi〈자기의 것을 이용할 수 있고 소모할 수 있는(또한 오용할 수도 있는) 권리〉를 어떤 방식으로 우려먹는지를 보자.

332쪽에서 우리는 위와 같은 멋진 명제 밖에 다음과 같은 명제를 만나게 된다:

소유는 "어떤 것을 제한 없이 강제하는 힘이며 이런 강제력을 통해서 나는 멋대로 마음대로 처리할 수 있다." "그러나 강제력은 독자적으로 현존하는 것이 아니며 오히려 바로 지배하는 나 속에 즉 지배자로서 나 속에 〈GA2, 419〉현존한다."(336쪽) 따라서 소유는 "사물"이 아니며 "이 나무가 아니라 오히려 이 나무에 관한 나의 강제력이며 이 나무를 처분할 수 있는 능력이 〈W, 346〉나의 소유이다."(366쪽) 성 산초가 아는 것은 단지 "사물"이나 자아일 뿐이다. "자아에서 분리되며" 자아에 대립해 자립화된,

그래서 "유령"으로 변화된 "강제력이 곧 법이다." "이런 영구적인 강제력은"(유산권에 관한 논문에서) "나의 죽음과 더불어 끝나는 것이 아니며 오히려 유증되고 상속된다. 그러니 사물은 실제로 본다면 나에게 속하는 것이 아니라 법에 속한다. 다른 한편 이런 사실은 우리를 현혹하는 것에 지나지 않는다. 왜냐하면 오직 타인이 자기의 강제력을 그 자신의 소유에 결합하는 것과 대응하는 때만 개인의 자기 것에 대한 강제력은 영구화되며 권리가 되기 때문이다. 그들이 자기가 지배하는 강제력을 다시 철회할 수 없다고 믿는 것은 망상이다."(366, 367쪽) "개는 뼈다귀가 타자의 강제력 안에 있다는 것을 보고 자기가 너무 약하다고 느끼면 다만 멈출 뿐이다. 그러나 인간은 타자가 그 자신의 뼈다귀에 대해 지닌 *권리*를 존중한다. …. 여기에서와 마찬가지로 모든 것 속에 어떤 정신적인 것을 본다면 즉 모든 것을 유령으로 만들며 그것을 그런 유령으로 간주하면서 관계한다면 이런 행위가 '*인간적 행위*'라 불린다. 개체를 개체로서가 아니라 일반자로 간주하는 것이 인간적인 것이다."(368, 369쪽)

그러므로 개인이 머리에서 지워버려야 *마땅한* 권리의 개념을 오히려 믿게 되면 이것에서 모든 재앙이 흘러나온다. 성 산초는 다만 "사물"과 "자아"만을 알 뿐이며 이런 이름표 아래 들어가지 않는 모든 것 즉 두 가지 사이의 모든 관계에 대해서 그는 그저 추상적인 개념만을 알 뿐이다. 따라서 이 추상적 개념은 그에게 "유령"으로 변화된다. 다른 한편 그의 생각은 비록 때때로이기는 하지만, 다음 사실에 이르기도 한다. 즉 이 모든 것은 "현혹하는 것에 지나지 않으며" "개인의 자기 것에 대한 강제력"은 〈수, 85b〉타인이 자신의 소유를 그의 강제력과 결합하는지 아닌지에 의존한다는 생각이다. 그러나 궁극적으로 본다면 모든 것은 개인이 "자신의 강제력을 다시 철회할 수 없다고 *믿는*" "망상"으로 환원된다. 다시 한번 말하자면 철도는 "실제로" 주주에게 속하는 것이 아니라 회사의 정관에 속한다. 산초는 곧바로 결정적인 본보기를 상속법에서 들고 있다. 그는 축적의 필요성이나 법 이전에 현존하는 가족에서 이 상속법을 끌어내지 않고 오히려 강제력은 죽음을 넘어서까지 그 힘을 연장하려 한다는 법학적인 허구에서 상속법을 끌어낸다. {〈수, 85b-하단 주: CW, 363-하단 주:수고에서 삭제〉[674]그는 근대의 소유 관계를 적절하게 표현하는 좀 더 발전한 법체계 즉 민법을 보았더라면 다음과 같은 사실을 배울 수 있었을 것이다: "내가 죽은 다음에조차 사라지지 않는" "영구화된 강제력"이 민법에서는 최소한 축소되며 아이가 얻는 합법적인 몫은 법의 물질적인 토대를, 특히 부르주아 지배 아래서 법의 물질적 토대를 인정하는 것에 해당한다.} 이런 법학적인 허구 자체는 봉건 사회가 부르주아 사회로 이행하면 할수록 어느 나라이든 입법 활동을 통해 점점 더 청산된다.(예를 들어 나폴레옹의 민법을 참조하라.) 절대적 가부장권과 장자 상속권 즉 자연 발생적인 봉건적 장자 상속권이든 나중에 등장한 매우 특정한 물질적 관계에 의존하는 장자 상속권이든 여기서 굳이 상세하게 논할 필요는 없을 것이다. 같은 것이 고대 민족에게서 자치 단체[Gemeinwesen]가 해소되고 *사적인 삶*이 지배하는 시기에 발견된다.(로마 상속법의 역사가 더 좋은 증거일 것이다.) 〈GA2, 420〉상속법은 법이 생산 관계에 의존한다는 사실을 가장 명백하게 보여주는 것이니 도대체 이런 상속법을 보기로 택했던 것만큼 산

---

[674] 역주) { .... } 구절은 W에서는 빠졌으며, GA2에서는 부록에 실려있다.

초에게 불리한 일은 없을 것이다. 예를 들어 로마 상속법과 게르만 상속법을 비교해 보라. 개는 뼈다귀에서 〈W, 347〉형광 물질이나 사골국 또는 분필을 만든 적이 없으며 이것은 개가 뼈에 대한 그의 권리를 "기억하지" 않았던 것과 마찬가지다. 인간은 뼈에 대한 정당한 권리를 가지지만, 개는 그렇지 못하다는 사실은 인간은 이 뼈를 생산적으로 취급하지만, 개는 그렇지 못하다는 사실과 관련되어 있지 않을까? 이런 점에 관해서 숙고하는 일을 성 산초는 한 번도 "염두에 둔" 적이 없었다. 일반적으로 말해 우리는 여기서 하나의 예만 가지고서도 산초가 비판하는 방식 전체를 알게 되며 우리 앞에 떠도는 환상을 그가 굳건하게 믿는다는 사실을 알게 된다. 지금까지 개인 사이에 성립하는 생산 관계는 결국 정치적이고 법적인 관계로서 표현될 수밖에 없다.(위를 보라.) 노동 분업의 내부에서 이 생산 관계는 개인에 대립해 자립화할 수밖에 없다. 모든 관계는 〈수, 86c[85c]〉언어적으로 다만 개념을 통해 표현될 수 있다. 이런 일반적 관념과 개념을 신비한 권능을 가진 것으로서 간주한다면 이는 일반적 관념과 개념으로 표현된 실재[real: 물질적] 관계가 자립화한 필연적인 결과이다. 이런 일반적 관념은 통상적 의식 속에서 가진 의미 밖에도 정치가와 법률가를 통해 특별한 가치가 부여되거나 특별한 용례를 얻는다. 정치가와 법률가는 노동 분업을 통해서 이런 개념을 숭배하는 역할을 떠맡으며 모든 진정한 소유 관계의 토대를 생산 관계가 아니라 그런 개념 속에서 본다. 성 산초는 이 환상을 덥석 받아들여 법적인 소유를 사적 소유의 토대로 단언하며 법적 개념을 법적인 소유의 토대로 단언하기에 이르렀다. 그러니 이제 그의 전체 비판은 법적 개념을 개념으로 또는 유령으로 선언하는 것으로 집약할 수 있을 것이다. 그런 짓이 성 산초가 완성한 일이다. 그를 위로해 말하자면 그에게 이런 말을 할 수 있을 것이다. 즉 두 마리 개가 한 개의 뼈다귀를 발견할 때 이 개들의 행동은 인류 역사상 초기 법률 서적에서는 어디에서든지 법으로 인정되어 왔다. vim vi repellere licere〈폭력은 폭력으로 갚아진다고〉 유스티아누스 법전 Pandekte [675]조항에서 말해진다. 또 idque jus natura comparatur〈이 법은 자연적으로 정해진 법이다〉라는 말도 있다, 이 말의 의미는 jus quod natura omnia animalia docuit〈자연이 모든 생명체에게〉-인간이나 개를 막론하고-〈가르쳐 왔던 법이다〉라는 뜻이다. 그러나 산초를 위로해 그에게 또 이런 말도 할 수 있을 것이다. 나중에 이르면 폭력을 통해 폭력을 조직적으로 제거하는 것이 "곧바로" 법이 된다.

지금 정진[精進] 중인 산초가 법의 역사에 관해 얼마나 박학다식했는지는 그가 프루동과 더불어 뼈를 다투었다는 일화를 통해 기록된다. 그는 프루동에게 이렇게 말한다.

"프루동의 속임수 때문에 우리는 사회가 시효 없는 법의 원초적 지배자이며 유일한 소유자라고 믿는다. [프루동에 따르면] 사회에서는 소위 사적 소유자가 도둑으로 간주된다. 사회가 그때그때의 소유자에서 그의 소유를 빼앗는다고 하더라도〈GA2, 423〉〈W, 348〉아무것도 훔치는 것은 아니라는 것이다. 왜냐하면 사회는 다만 자기의 시효 없는 법을 실시하는 것이기 때문이다. 사회를 *도덕적 인격*을 지닌 허깨비라 본다면 사람들은 프루동과 같은 시경에 이른다."(330, 331쪽)

---

[675] CW주 106, W주 136) 유스티아누스 법전-로마 시민법의 편람의 일부. 이 법전은 비잔틴 제국의 황제 유스타이누스 1세가 6세기에 편찬했다. 이는 유명한 로마 법학자들의 저서에서 발췌한 것이다.

그것에 반해서 340, 367, 420쪽과 그리고 다른 여러 쪽에서 슈티르너는 우리를 "속여" 우리 즉 무소유자는 무지와 비겁함 그리고 또한 선량함 등 때문에 소유자에게 우리의 소유를 선사했을 것이라고 믿게 만들며 우리에게 우리의 선물을 돌려받으라고 요구한다. 〈수, 86〉두 가지 속임수에는 차이가 있으니 프루동은 역사적 사실에 기초하지만, 성 산초는 다만 어떤 사실을 "머릿속에서 전도시킴"으로써 "새롭게 표현"했을 뿐이다. 법의 역사에 관한 새로운 연구가 제시했던 것을 본다면 이미 로마에서뿐만 아니라 게르만족이나 켈트족 그리고 슬라브족에서 자치 단체 소유나 부족 소유에서 소유의 발전이 일어나 곳곳에서 강탈을 통해 원초적인 사적 소유가 발생했다. 물론 성 산초는 법의 개념이 하나의 개념이라는 그 자신의 심원한 통찰에서 이런 사실을 끄집어낼 수는 없었다. 산초와 같은 법 교의학자와 대립해 프루동은 전적으로 정당하게도 이런 역사적 사실을 주장했던 것이며 대체로 말해서 자기만의 전제를 통해서 그런 교의학자와 싸웠다. 법적인 개념을 하나의 개념과 같은 "허깨비라고 보면 그런 지경에 이른다." 프루동은 원초적인 자치 단체를 넘어서 발전했던 사적 소유에 대립해 그보다 이전의 더 소박한 형식을 변호했다고 말한다면 몰라도 그를 위에서 제시한 명제와 같이 공격할 수는 없을 것이다. 산초는 프루동에 대한 그의 비판을 다음과 같은 오만한 물음으로 요약한다:

"무엇 때문에 마치 모든 것을 빼앗긴 처량한 자처럼 그렇게 감상적으로 동성심에 호소하는가?"(420쪽)

그런 감상적 느낌은 사실 프루동의 어디에서도 발견될 수 없으니 산초의 못난 애인 마리토르네나 그런 감상적 동정을 받을만하다. 산초는 자기가 "진짜 사나이"이며 유령을 믿는 프루동과는 대립된다고 진심으로 공상한다. 산초는 프리드리히 빌헬름Friedrich Wilhelm 4세라면 수치스럽게 생각했을지도 모르는 부품한 관료적 스타일을 혁명적인 것으로 여긴다. "믿는 자는 복될 것이다!"[676]

〈수, 87a[86a]〉340쪽에서 우리는 다음 문장을 만나게 된다:

"소유에 관해 이성적 법칙을 제시하려는 모든 시도는 사랑의 젖가슴에서 분리되어 규정성이 일렁거리는 막막한 바다로 인도한다."

이 문장에 어울리는 것은 괴상망측한 다음 문장이다:

"지금까지의 교류는 사랑과 애정 가득한 행동, 서로서로 위하는 행위에 기초한다."(385쪽)

성 산초는 법과 교류 사이에 존재하는 현저한 역설 때문에 놀란다. 그러나 그가 "사랑"이라는 말로 "*인간*"을, 일반적으로 〈W, 349〉그 자체로서뿐만 아니라 현상적으로도[an sich und für sich] 스스로 존재하는 자를 즉 일반자에 대한 사랑을 의미하고, 개인이나 사물에 대한 관계를 마치 본질이나 신성한 자에 대한 관계로 이해한다는 사실을 상기해

---

[676] CW주)『누가복음』, 1장 45절: 주님께서 하신 말씀이 이루어질 줄을 믿은 여자는 행복합니다.

본다면 그의 외적으로 보기에 번쩍거리는 모습은 한꺼번에 빛이 꺼지고 만다. 그렇게 되면 〈GA2, 424〉위에서 언급한 신탁의 말씀은 『경전』 전체를 통해서 지루하게 반복되는 사소한, 오래된 명제로 해소되고 만다. 즉 성 산초가 무언지 전혀 모르는 두 가지 것 즉 지금까지 현존하는 법과 지금까지 현존하는 교류는 신성한 것이라는 명제이며 일반적으로 말해 지금까지 다만 "개념이 세계를 지배해왔다"라는 명제다.(「논리학」절을 보라)

성 산초가 어떻게 법의 제정을 사랑의 관계로 전환하고 교역을 사랑의 거래로 전환하는지에 관해 다만 하나의 예를 들어 보자.

"아일랜드의 행정법에서 정부는 5파운드의 조세를 구휼세로 지급하는 자는 유권자가 되게 하자고 제안했다. 그러므로 자선을 베푸는 자는 여기서는 정치적 권리를 얻을 것이나 다른 곳에서는 백조의 기사[677]가 된다."(344쪽)

여기서 첫 번째로 언급될 사실은 "정치적 권리"를 부여하는 이 "행정법"은 자치 시나 길드의 법이었다는 것이며, 산초를 변호하자면 "정치적 권리"를 부여한다고 말해지는 것이 아니라 주민권 즉 지방 관리를 선출하기 위한 권리를 부여한다고 말해지는 "시의 조례"였다는 것이다. 둘째로 산초는 매컬러치MacCulloch[678]를 번역했으니 "to be assessed

---

677 역주) 중세 전설의 기사 로엔그린

678 CW주) 매컬러지McCulloch, 『대영 제국에 대한 통계적 설명』, 인용문은 영어 그대로이다. GA2주 참조) 슈티르너는 맥컬러치가 편찬한 『프랑스와 영국의 국민 경제학』 가운데 우선 세예Jean Baptiste Says의 『실천적인 정치경제학 완

to the poor-rates at five pounds〈구휼세가 5파운드에 매긴다는 것〉"이 무엇을 의미하는지를 당연히 알아야 했을 것이다. 그것은 "5파운드 구휼세를 지급한다는 것"을 의미하지 않으며 1년 집세가 5파운드 되는 집의 거주자이기에 〈수, 87b[86b]〉구휼세 대장에 등록된다는 것을 의미한다. 이 순박한 베를린 사람은 영국과 아일랜드에서 구휼세가 지방세이며 이는 도시마다 매해 다르며 따라서 특정한 조세액에 어떤 권리를 연결하고자 하는 짓은 어이없는 일이라는 점을 알지 못한다. 최종적으로 산초는 영국과 아일랜드의 구휼세가 *자선*이라고 믿지만, 사실 이 구휼세란 지배자인 부르주아가 프롤레타리아에 대해 공공연하며 직접 공격 전쟁을 벌이기 위해 화폐적 기금을 마련하는 것일 뿐이다. 구휼세는 소위 빈곤에 대항하여, 맬더스라면 취할 억제책인 노동자 주거비에 합치한다. 그러면 산초가 어떻게 사랑의 젖가슴에서 규정성의 막막한 바다로 달려가는가를 보자.

한마디 덧붙이자면 독일 철학은 다만 의식에서 출발하므로 도덕철학을 종점으로 삼아야 했다. 이때 도덕철학에서 다른 영웅들이 진정한 도덕을 세우기 위해 논쟁한다. 포이어바흐는 인간을 인간이므로 사랑한다. 성 브루노는 "그럴 값어치가 있기에" 인간을 사랑한다.(『비간트』, 137쪽)[679] 그리고 성 산초는 이기주의적 의식을 가지고 사랑이 그의 마음에 들기에 "모든 사람"을 사랑한다.(『경전』, 387쪽)[680]

벽 강의』와 애덤 스미스의 『국부의 본성과 원인에 관한 연구』를 1845년 독일어로 번역했다.

679 CW주) 바우어, 『루트비히 포이어바흐의 특징』

680 GA2주 재인용) 바우어, 『루트비히 포이어바흐의 특징, 136쪽: "진정한 인간은 자기에게 만족한다. 그는 어떤 열정을 통해 사로잡히거나 변형되지 않는다.

〈W, 350〉이미 보았듯이 소토지 소유자가 타인의 소유를 존중하는 마음 때문에 대토지 소유에서 어떻게 배제됐는가 하는 문제는 첫 번째 논문에 들어 있다. 여기서 슈티르너는 존중심 때문에 타인의 소유에서 자신을 배제한다는 것은 일반적으로 부르주아 소유의 특징이라고 〈GA2, 425〉서술한다. 이런 특성 때문에 슈티르너는 다음과 같은 사실의 이유를 인정할 수 있게 된다:

"모두가 소유자라는 지각에도 불구하고 부르주아 체제 내부에서 대부분 사람은 아무것도 가지지 않은 것과 마찬가지인" 사실 말이다. 이런 사실의 원천은 곧 "대부분 사람은 몇 가지 천 조각을 소유하는 것에 불과하더라도 여하튼 소유자이기는 하다는 것에 느끼는 기쁨"이다.(349쪽)

첼리가는 "대부분 사람"은 다만 "몇몇 천 조각"을 소유한다는 사실을 인정하는 전적인 이유는 당연히 천 조각 앞에 느끼는 그의 쾌감 때문이다.

그는 규정당하지 않으며, 자신을 스스로 규정한다. .... 그는 모든 속박에서 자기를 해방하며, 해방된다. 그는 항상 스스로 가장 위대한 자이며 자신을 통해 자신 속에서 자신 때문에 가장 위대한 자일 수 있다. 그러므로 그는 어떤 그대에, 어떤 신이나 어떤 인간에 매달리지 않으며, 다만 자신에만 의존한다.–진정한 인간은 그가 무엇으로 될지가 아니라 무엇이 됐는가를 알 뿐이다. 그는 또한 그런 것을 갈망하지 않는다. 그는 어떤 목표도 세우지 않으며, 목표에 대해 어떤 동경도 일으키지 않는다. 왜냐하면 그는 모든 순간 완전하기 때문이다. 그것은 그는 그가 될 수 있었던 존재, 다만 될 수 있었던 존재이기 때문이다."

343쪽: "나는 단지 점유자에 불과할까? 아니다. 지금까지 사람들은 단순한 점유자였다. 그가 한 조각의 분할지를 점유하고 있다는 것은 타인도 마찬가지로 한 조각의 분할지를 점유한다는 것을 통해서 보장된다. 그러나 모든 것은 나에게 속한다. 나는 내가 필요로 하고 장악할 수 있는 모든 것의 소유자다."

산초에 따르면 이전에 〈수, 86c〉소토지 소유자는 타인의 소유에 대한 존중심을 가졌기에 대토지 소유에서 배제당했고 지금은 소토지 소유자가 서로를 배제한다. 그러면 까짓것 그는 더 상세하게 이렇게 말할 수도 있었을 것이다. 즉 상업적 소유가 토지 소유에서 배제되고, 공장 소유가 본래 상업적인 소유에서 배제되는 것 등도 모두 존중심 때문에 일어난다고 말이다. 그러면 그는 신성한 것의 토대 위에 전적으로 새로운 경제학을 성취했을 것이다. 곧이어서 그는 이런 존중심을 망각해 버려야 했다. 그렇게 해야만 노동 분업과 노동 분업에서 나오는 소유의 형태를 일거에 폐지할 수 있기 때문이다. 산초는 『경전』의 128쪽에서 이 새로운 경제학을 위한 전거를 제공한다. 그 전거에 따르면 그는 바늘을 shopkeeper〈소매상인〉에서 사는 것이 아니라 존중심에서 사며 shopkeeper〈소매상인〉에서 돈으로 사는 것이 아니라 바늘에 대한 존중심으로 산다. 게다가 *교의학에 나온다*는 사실 즉 각자가 타인의 소유에서 자신을 배제한다는 주장은 산초가 직내시하는 주장이지만, 법률가의 순전한 한상이라 하겠다. 오늘날의 생산방식과 교환방식에서 볼 때 각자는 이런 환상을 조소하면서 곧바로 모든 타인을 자신의 잠정적인 소유에서 배제하기 위해 노력한다. 산초기 "모든 것을 소유한다"고 주장하자 어떤 일이 일어나는지는 "내가 필요로 하고 장악할 수 있는 것이라는" 보완적인 후건[後件] 절에서 충분히 분명하게 된다. 성 산초는 353쪽에서 이를 스스로 해명한다. "나는 말하겠다. '온 세계가 나에게 속한다면'이라는 말은 본래 공허한 말이기도 하다. 왜냐하면 이 말은 내가 타인의 소유를 전혀 존중하지 않는 한에서만 의미가 있기 때문이다." 그러므로 타인의 소유를 존중하지 않는 것이 자신의 소유를 확립하는 것이다.

산초가 그토록 소중히 여기는 주장 즉 모든 것을 자기가 소유 ⟨W, 351⟩한다는 권리를 해치는 것은 바로 소유의 배타성이다. 이런 배타성이 없다면 그 자신과 다른 사적 소유자가 있다거나 타인의 소유는 신성하다는 사실도 무의미하게 될 수 있을 것이다. 우리는 그가 그의 「연합」을 다룰 때 이런 곤경을 어떻게 극복하는지를 보게 된다. 즉 우리는 그의 주장하는 이기주의적인 소유나 예외적인 의미에서의 소유가 사실은 통상적인 또는 부르주아적인 소유를 신성화하는 환상을 통해 미화한 것에 지나지 않는다는 것을 발견하게 될 것이다.

⟨GA2, 426⟩다음과 같은 솔로몬의 지혜로 결론을 내리자:

"소유에 대한 존중심을 잃어버리기에 이른다면 모두가 소유를 얻게 될 것이다. …. 그러면 {연합은 이런 일에 관련해서는 개인의 수단을 증식할 것이며 그의 위협받는 소유를 안전하게 만들 것이다."(342쪽)}⟨여기서 수고에서 4쪽[수고, 87]이 탈락한다.⟩

{논제 3: 통상적인 의미이거나 예외적인 의미에서의 경쟁에 관해[681]}

---

681   역주) 그러면 다음의 "{연합은 ….것이다.(342쪽)}, {논제3 …. 경쟁에 관해}"

〈수, 88〉어느 날 아침 이 글의 저자는 예의에 맞는 옷을 입고 아이히호른Eichhorn 장관님에게 갔다.

"공장주들의 사정이 좋지 않으니"(재정 장관님은 자기의 공장을 지으라고 빈터도 돈도 주지 않았고, 법무부 장관님도 그에게 공장주에서 공장을 뺏으라고 허락하지 않았다-위에서 말한 「시민적 소유」절을 보라) "나는 이 법학 교수와 경쟁하려 합니다. 그 사람은 돌대가리이고 나는 그보다 백배나 더 많은 것을 알고 있으니 그의 손님이 끊어지게 하려 합니다."-"이보게, 그대는 대학에 가서 박사 학위를 받았느냐?"-"아닙니다. 그러나 그게 무슨 소용입니까? 나는 가르치기에 필요한 것을 충분히 알고 있으니 말입니다."-"유감이지만, 여기서 경쟁은 자유가 아니다. 그대와 같은 인간에 대해서 개인적인 유감은 없다. 그러나 박사 학위라는 요건이 없지 않으냐? 나 곧 국가는 이것을 요구한다."-"이런 것이 경쟁의 자유라고 하다니요." 저자는 한숨을 쉬면서 이렇게 탄식했다. "나의 주인이신 국가만이 나에게 경쟁의 권능을 준다니요." 여기서 그는 절망해서 그의 집으로 돌아왔다.(347쪽)

발전한 나라에서라면 법학 교수와 경쟁해도 될지에 관한 허락을 나라에 구해야 하는 일은 그에게 일어나지 않을 것이다. 그러나 그가 고용자로서 국가에 지급 즉 *임금*을 요구하면서 소송에 들어간다면, 사적 소유나 privati〈약탈물〉, 공동-재산, 프롤레타리아, lettres patentes〈공인 증서〉, 법, 국가와 신분 등에 관해 그가 이미 썼던 논문들에 따라서 보

구절은 W, CW에 있으나, GA2에서는 생략됐다.

면 그가 "이겨 행복하게 될" 것이라고 기대할 수 없을 것이다. 국가는 지금까지 그가 해왔던 논문 작성능력을 보고 그를 기껏해야 힌터폼머 Hinterpommmern 지방에 있는 "성물 지기[cuotos]"로 고용할지 모른다.

〈W, 352〉분위기를 쇄신하기 위해 우리는 여기서 산초의 위대한 발견을 하나 삽화 삼아 소개해 보려 한다. 그는 "*가난한 자*"와 "*부자*" 사이에 "차이가 있다면 다만" "능력이 있는 자[Vermögend]와 능력이 없는 자[Unvermögend]의 차이"일 뿐이라는 것을[682] 발견했다.

경쟁에 관한 슈티르너식 "규정"의 "막막한 바다" 속으로 이제 다시 뛰어들어 보자.

"경쟁이라는 말"은 "사태를 최선으로 만들려는 의도를 가진 것으로 보기보다는"(정말로 "그렇기보다는"!) 〈수, 88a〉"다른 의도 즉 사태를 가능한 한 최고로 *이윤이 많고* 수입이 많게 만들려는 의도를 가진 것으로 여겨진다. 그런 까닭에 사람은 자리를 바라고 연구하며"(돈벌이 학문) "비굴함과 아첨을 연구하며, 사무나 사업적 지식을 연구한다. 사람은 눈에 보이는 것을 위해 일한다. 그러므로 표면적으로 본다면 선한 *행위*가 문제 되는 것처럼 보인다고 하더라도 실상은 다만 좋은 사업이나 돈벌이가 목표이다. 누군들 기꺼이 감시자가 되고자 하지 않을 것이지만, 그렇게 되게 강요된다. …. 누구나 전근 가거나 파면되는 것을 두려워할

---

[682] GA2주 재인용) 슈티르너, 『유일자와 그의 소유』, 354쪽: "부자는 가난한 자에게 책임이 있지만, 가난한 자는 부자에게 마찬가지로 책임이 있는 것은 아닌 깃처럼! 두 사람 사이에는 단지 능력과 무능력, 능력이 있는 자와 능력이 없는 자라는 차이밖에 없다."

것이다."(354, 355쪽)

〈GA2, 427〉우리의 le bonhomme〈바보〉는 다음과 같은 어떤 정치경제학 교과서를 발견하고 싶어 한다. 그 교과서에 이론가는 다음과 같이 주장해야 한다. 즉 경쟁에서는 "선한 행위"가 문제가 되며 따라서 "사태를 최선으로 만드는 것"이 문제이며 "사태가 가능한 한 수입이 많이 남게 하는 것"이 문제가 아니라는 것이다. 하기야 정치경제학에 관련된 책이라면 어느 책에서라도 그는 그런 주장을 즉 예를 들어 영국에서 벌어지는 것과 같은 가장 치열한 경쟁은 사적 소유의 내부에서는 "사태를 최선으로 만든다"라는 주장을 발견할 수 있을 것이다. 소규모 상업적 산업적 경영은 지역적으로 국한된 경쟁 관계 속에서만 성장했다. 이런 경영은 중국인, 독일인, 유대인 사이에서 있었으며 일반적으로 행상인이나 소상인 사이에서도 있었다. 그러나 우리의 신성한 자는 이런 행상을 심지어 언급조차 하지 않는다. 그는 다만 Supernumerar〈감독관〉과 Referendarien〈기록관〉의 경쟁만을 알 뿐이다. 그것을 보면 그가 전적으로 프로이센 왕국의 하층 관리임이 분명하다. 그는 어느 시대나 군주의 호의를 얻기 위해 각축하는 궁정인을 경쟁의 본보기로 소개할 수도 있었을 텐데. 그러나 그런 일은 그의 소시민적인 시야에는 너무 멀리 떨어져 있는 일이었던 모양이다.

성 산초는 어린 감독관, 봉급쟁이 경리, 능기소 직원과 더불어 엄청난 모험을 수행한 다음에 예언자 세르반테스가 이전에 「신약」 41절에서 언급한 적이 있었던 유명한 말 로스 클라빌레노Roß Clavileno와 더불어 엄청난 모험을 감행한다. 즉 산초는 경제학이라는 높은 말에 올라앉아서 노동임금의 최소한을 "신성한 것"에 따라서 결정한다. 물론 여기서 그는 다시 한번 그의 타고난 겁 많은 성격을 보여주며 〈수, 88b〉 이 말이 날아갈 듯 달리며 구름 저 너머 "우박과 눈, 천둥과 번개 그리고 뇌우가 발생하는" 지역으로 그를 데려갈 듯 보이자 즉시 말을 타기를 거부한다. 그러나 대공[大公] 전하 곧 국가는 그의 용기를 북돋아 준다. 더 대담하고 더 노련한 돈키호테 첼리가가 먼저 〈W, 353〉안장으로 돌진하자 곧 우리의 용감한 산초는 그를 따라 말 엉덩이 위로 기어오른다. 첼리가의 손이 말의 머리에 있는 고삐를 당기자 말은 공중 높이 뛰어올랐다. 모든 부인 특히 마리토르네는 첼리가와 말에 외친다. "자족적인 이기주의가 당신들, 용감한 기사와 더 용감한 시종을 인도할 거예요. 당신들은 말람브루노Malambruno[683] 즉 '신성한 자'의 허깨비에서 우리를 성공적으로 해방해 주기를 바랍니다. 용감한 산초여, 스스로 몸의 균형을 잡아 떨어지지 않게 하세요, 태양의 마차를 몰고자 했던 파에톤 Phaeton[684]과 같은 운명에 처하지 않게 하세요."

"이렇게 가정해 보자."(그는 이런 가정으로 이미 흔들리고 있다.) "질서가 국가의 본질에 속하듯이 복종도 역시 국가의 본성에"("본질"과 "본성" 사이에 음조의 변화가 흥미롭다-그 복종은 산초가 날아오를 때 관찰했던 "염소"에 속하는 복종이다) "기초

---

683 CW주) 세르반테스의 『돈키호테』에 나오는 인물

684 역주) 파에톤은 그리스 신화에 나오는 인물로, 태양신 헬리오스Helios의 아들이다. 친구들이 거짓이라 하자, 아버지에게 달려가 자신이 아들이라는 증거로 태양신의 마차를 하루만 몰아볼 수 있게 해 달라고 한다. 그는 마차를 잘 몰 수 없었다. 그 때문에 지구가 불에 탈 위험이 생기자 제우스가 벼락으로 그를 쳐서 죽였다고 한다.

하고 있다고 말이다. 그렇다면 우리는 열등한 자"(우월한 자라고 말해야 옳다) "또는 우대받는 자가 뒤떨어지는 자에게 유례없이 과대한 가치와 과도한 장점을 부여하는 것을 알게 된다."(357쪽)

⟨GA2, 428⟩ "가정한다면 .... 우리는 알게 된다." 이 말의 뜻은 이렇게 이해돼야 한다. 즉 그렇게 가정한다는 뜻이다. 국가에는 "우월한 자"와 "열등한 자"가 있다고 가정해 보자 그런 후 전자가 후자보다 많은 특권을 부여받았다는 사실도 "가정해 보자." 그러나 이런 명제가 문체상으로 아름다움을 지니게 되고 또한 그가 갑작스럽게 사물의 본질과 본성을 인정하게 된 책임은 모두 산초가 공중을 비행하는 동안 벌벌 떨면서 균형을 취하던 가운데 나타나는 겁먹고 혼란에 빠진 상태에 , 마찬가지로 그의 코 아래서 발사된 불화살에 있다. 성 산초가 경쟁의 이런 결과를 경쟁에서 설명하지 않고 관료주의에서 설명하고 국가가 여기서 다시 노동임금을 결정하게 해도 그리 놀랄 만한 일은 아니다. {⟨W, 노트 67, 353-하단 주: 수고에서 삭제⟩⟨수, 88b-하단 주⟩ 여기서 다시 그는 근대세계에서 노동자를 과도하게 바가지 씌우거나 속인다는 것이 노동자가 손에 쥔 것이 없기 때문이라는 사실을 고려하지 않는다. 점유 토지의 분할을 통해 각자에게 소유가 부여된다고 하는 진술을 보자. 산초는 이 진술을 자유 부르주아의 말로 여긴다. 그는 그런 진술과 노동자가 이렇게 가진 게 없다는 사실은 정면 모순되고 있다는 점을 고려하지 않는다.}

⟨수, 88c⟩ 그는 노동임금이 계속해서 동요하면 그의 아름다운 이론 전체가 폭로될 수 있다는 점을 고려하지 않는다. 또한 경쟁의 틀 내에서 법률적이며 윤리적인 표현들이 전적으로 의미를 상실하지 않으려면,

그는 산업의 상황을 더 세부적으로 분석해 공장주가 그의 노동자를 일반적인 경쟁 법칙에 의존하면서도 과도하게 "속이거나" "바가지 씌울" 가능성을 제시해야 했다. 그는 이런 것조차 고려하지 않는다.

〈W, 354〉전 세계에 걸쳐 출현하는 조건이 산초의 유일자적 골통 안에 얼마나 멍청하고 소시민적으로 반영되는지 그리고 학교 교사인 그가 이 모든 상황에서 윤리적으로 유용한 교훈을 추상해 내며 윤리적인 요청을 통해 이런 상황을 반박하는데 얼마나 매달리는지 보라. 이런 사실이 경쟁이 온통 쪼그라들어 난쟁이 몰골이 되어버렸다는 사실을 명백하게 보여준다. 이 소중한 구절들을 in extension〈상세하게〉전달해야만 "그 의미가 몽땅 사라지지 않을 것이다."

"다시 한번 경쟁을 다루자면 경쟁이란 다름 아니라 모든 사람이 *자기의 일을* 스스로 처리하지 못하면서도 그 일에 관해 서로 *타협하지도* 못하므로 발생했다. 예를 들어 빵은 모든 도시 주민들의 요구이며 그러므로 그들은 공공 빵집을 설치하는 것에 대해 쉽게 합의할 수도 있었을 텐데. 그 대신 도시 주민들은 빵의 공급을 서로 경쟁하는 제빵가들에게 맡긴다. 마찬가지로 고기는 푸줏간 주인들에게, 와인은 와인 상인들에게 맡긴다. 내가 *나의* 일을 처리하지 못한다면 나는 타인이 *기꺼이* 나에게 허용하는 것으로 만족해야만 한다. 빵을 마련하는 것은 나의 일, 나의 소망과 욕망이며 그러나 우리는 그것을 제빵사에게 넘기고 기껏 해서 그들 사이의 불화와 각축과 내기를 통해서 간단하게 말해서 경쟁을 통해서 이득을 보기를 기대한다. 그런데 길드가 *전적으로 그리고 유일하게* 빵 굽는 권리를 소유하게 되면 우리는 길드에서 그

런 경쟁의 이득을 기대할 수 없을 것이다."(365쪽)

사실 공공 빵집과 같은 설비가 길드 아래 여러 번 현존했으나 경쟁을 통해 생겨난 값싼 생산방식 때문에 그때마다 무너졌고 또한 지역의 설비라도 오직 제한된 경쟁 관계 아래에 있을 때는 유지될 수 있었으나 〈GA2, 429〉〈수, 89〉지역적인 국지성을 제거하는 경쟁이 도입되면 불가피하게 몰락했다. 그런데도 성 산초는 경쟁에 대항해 이런 설비를 동료 소시민에게 추천하니, 이게 우리의 소시민이 지닌 특성에 속한다. "생필품" 예를 들어 빵의 수요는 매일 달라지며 내일 빵 만드는 것이 여전히 "그의 일"이 될지 또는 그의 욕구를 채우는 일이 타인에게 여전히 자기의 일거리로 여겨질지는 결코 그에게 달려 있지 않다. 또한 경쟁의 내부에서 빵의 가격이 생산비로 결정되는 것이지 제빵사 임의 대로 결정되는 것이 아니다. 이런 사실을 우리의 소시민은 경쟁에서 한 번도 배우지 못했다. 그는 경쟁을 통해 비로소 만들어지는 관계를 전적으로 무시하고 마니, 지역적인 제한이 극복된다든지, 교류가 확보된다든지, 노동 분업이 형성된다든지, 세계 시장이나 프롤레타리아나 기계화가 이루어진다든지 등등을 무시하면서 중세 시대에나 존재했던 소시민적인 것에 애처로운 시선을 던지고 있다. 경쟁에 관해 그가 아는 것이라고는 다만 경쟁이 불화이며 각축이고 내기라는 것일 뿐이다. 노동 분업과 관련해 또는 수요 공급의 관계 등과 관련해 그 밖의 문제점에 관해서〈W, 355〉그는 전혀 고민하시 않는다. {〈W, 노트 68: 355-하단 주: 수고에서 삭제〉〈수, 89-하단 주〉그들은 처음부터 "타협"할 수는 없었으리라. 경쟁이 "타협"(윤리적인 언어를 사용하자면)을 비로소 가능하게 만든다는 사실, 또 산초가 말하는 모든 사람의 "타협"이란 서로 계급적인 이해가 다르니만큼 언급될 수 없다는 사실에 관해서 우리의 현자는 거의 고민하지 않는다. 도대체 이들 독일의 철학자들은 자기가 속한 자그마한 지역에 존재하는 비참을 마치 세계사의 비참으로 간주한다. 그는 가장 광범위한 결과를 일으키는 역사적인 상황에서도 문제는 "타협"을 통해 제거하고 모든 것을 투명하게 할 만한 지혜가 없기 때문이라고 공상한다. 그런 공상이 어떤 결과를 일으킬지 우리는 우리의 산초를 통해 보게 될 것이다.} 물론 부르주아는 자기의 이해가 필요로 했던 곳이라면 어디에서든(그리고 그에 관해서라면 그들은 성 산초보다 훨씬 더 잘 판단할 줄 아는데) 경쟁하고 또 사적 소유의 내부에서 할 수 있었던 한에서는 매번 서로 "타협했다"는 사실은 주식회사라는 것을 보면 잘 알 수 있다. 이런 주식회사는 무역과 제조업이 출현하면서 시작됐으며 접근할 수 있었던 모든 분야의 산업과 상업을 집어삼켰다. 그러한 "[사적 소유자의] 타협"이 무엇보다도 동인도 제국[685]을 정복하는 것으로 이끌었다 할지라도 포스 주의 신문에 언급될 만한 일에 불과한 공공 빵집이라는 선의의 환상보다 사소한 것이라 한다.-⟨수, 89a⟩프롤레타리아에 관한 한 적어도 그 근대적 형태는 경쟁에서 비로소 발생했다. 프롤레타리아는 이미 여러 번 공동의 설비를 설립했으나 그때마다 이 설비는 망하고 말았으니 그 이유는 그런 설비가 "각축하는" 사적인 제빵사나 도축업자 등과 경쟁할 수가 없었기 때문이며 또한 프롤레타리아로 볼 때 그 이해가 노동 분업 때문에 서로 복잡하게 대립하므로 현재 상황 전체에 대항하는 정치적인 "타협"을 제외하고 다른 타협에 이르는 것이 불가

---

685   CW주 107) 영국 또한 네덜란드 동인도 회사들을 지칭, 이 회사는 17세기 초 창립됐다. 이 회사들은 동인도와의 무역을 독점하고 영국 또한 네덜란드 부르주아 제국의 건설에서 중요한 역할을 수행했다.

능하기 때문이다. 경쟁이 발전해 그 때문에 프롤레타리아가 서로 타협할 수 있게 된 나라에서 프롤레타리아의 "타협"은 공공 빵집과는 전적으로 다른 문제에 관한 것이라 하겠다. {⟨W, 노트 69: 355-하단 주: 수고에서 삭제⟩⟨수, 89a-하단 주⟩그들은 공적인 빵집에 관해서 타협해야 한다. 여기서 그들이란 또 여기서 말하는 모든 사람이란 모든 시기에 다른 조건 아래에서 서로 다른 이해를 지닌, 서로 다른 개인이라는 사실에 대해 우리의 산초는 물론 전혀 관심을 두지 않는다. 도대체 지금까지 전 역사에서 개인이란 항상 오류를 범해 왔으니, 그 오류란 우리의 독일 철학자들이 사후적으로 빵집에 관해서 탁상공론을 일삼을 때 보여주는 그런 엄청난 영리함을 개인이 처음부터 바로 몸에 배도록 지니지 않았다는 것이다.} 산초가 여기서 경쟁하는 개인들 사이에서 일어난다고 언급하는 타협의 결여라는 사실과 상응하면서도 완전히 모순되는 사실이지만, 그는 경쟁에 관해 상세하게 설명하고 있으니, 우리는 『비간트』, 173쪽에 나오는 주석에서 이런 설명을 얻게 된다:

"사람들이 경쟁을 도입했던 이유는 그런 경쟁 속에서 모든 사람이 축복[Heil]을 얻는다고 보았기 때문이다. 사람들은 경쟁에 관해 합의했으며 공동으로 경쟁을 추구했다. 사람들은 경쟁하는 데 ⟨W, 356⟩서로 합의하니, 그것은 마치 전체 사냥꾼이 각기 사냥할 때 ⟨GA2, 430⟩각자 숲속에 흩어져 들어가서 '개별적으로' 사냥하는 깃이 그들의 목적에 유익하다는 것을 발견하게 되리라는 것과 마찬가지다. 그러나 경쟁에서 모두가 이득을 보는 것은 아니라는 점은 …. 이제 분명해질 것이다."

"그런 말을 들으니 분명해지지만," 산초가 사냥에 관해 아는 정도는 경쟁에 관해서 아는 정도에 불과하다. 그가 말하는 사냥이란 몰이 사냥도 아니고 사냥개 사냥도 아니고 예외적인 의미에서의 사냥이라 하겠다. 아직 그에게 남아있는 일이 있다면 그것은 다만 위에 인용된 원칙에 비추어 산업과 상업에 관한 새로운 역사를 서술하는 일과 앞에서 말한 것과 같은 예외적인 사냥을 위한 "연합"을 결성하는 일일 것이다.

⟨수, 89b⟩그는 동네 신문에 보이는 평온하고 느긋한 음조로 경쟁이 도덕의 상황에 따라 어떻게 위치하는지에 대해 말한다.

"인간이 그 자체로서 물질적 재화에서"(!) "자기 것으로 주장할 수 없는 것은, 그에게서 박탈해도 될 것이다. 이것이 경쟁, 사업의 자유가 지닌 의미이다. 정신적인 재화 가운데서도 본래 인간이 자기 것으로 주장할 수 없는 것은 마찬가지로 우리의 몫이 된다. 그러나 *신성한 재화*라면 누구도 건드릴 수 없다. 재화를 신성한 것으로 만들고 보증하는 것은 누구인가? 그것은 인간들 또는 개념, 사태[Sache]의 개념이다." *인간*에게 "생명"과 "인격의 자유"와 "종교", "결혼", "도덕감과 수치감" 등이 그런 신성한 재화이다. 등.(325쪽)

슈티르너가 보기에 발전한 나라에서는 비록 "*인간에서*" 이 모든 "*신성한 재화*"를 박탈할 권리가 허용되지 않지만, 실제로는 그런 나라에서 그런 것을 인간에서 박탈하는 것이 허용된다. 물론 이런 박탈은 경쟁을 통해서 그리고 경쟁을 조건으로 허용된다. 경쟁을 통해서 사회가 대대적으로 전복[Umwälzung]된다. 왜냐하면 경쟁은 부르주아 상호의 관계와 프롤레타리아에 대한 부르주아의 관계를 화폐 관계로 해소했으며 위에서 언급된 전체 신성한 재화를 상품의 한 품목으로 전환했으며, 프롤레타리아에게서 자연적으로 발생하고 전승되어 왔던 가족 관계나 정치적 관계 전부를 그 이데올로기적인 상부구조 전체와 더불어 파괴했기 때문이다. 이런 전반적인 변혁[Revolution]은 물론 독일에서는 아직 시작되지 않았다. 독일은 이런 전복에서 다만 당하는 역할만을 담당했으니, 독일의 신성한 재화는 박탈당했음에도 그것에 상응하는 현금은 받지 못했다. 그러므로 우리의 독일 소시민은 부르주아끼리의 경쟁이 보여주는 도덕적인 한계에 관련한 부르주아의 위선적 기만만을 알 뿐이다. 사실 그런 경쟁은 프롤레타리아의 "신성한 재화", 프롤레타리아의 "결혼", "수치감", "인격의 자유"를 매일 발로 짓밟고 심지어 프롤레타리아에게서 종교의 가르침조차도 박탈하고 있다. 이런 속임수에 불과한 "도덕적 한계"가 슈티르너에게는 경쟁의 진정한 "의미"로 여겨졌으니 그는 경쟁의 실제를 알지 못했다.

산초는 경쟁에 관한 연구한 결과를 다음과 같은 명제로 요약한다:

〈W, 357〉"부르주아 사회의 원리로 볼 때 지배자에 해당하는 국가가 〈GA2, 431〉수천 개의 장애로 가로막아놓은 경쟁이 자유롭게 된다면?"(347쪽)

산초의 "부르주아 사회의 원리"에 따르면 경쟁의 한계는 생산방식이나 교환방식에서 출현함에도 "지배자"로 된 "국가"가 경쟁을 "가로막아" 생긴 한계로 간주된다. 그러기에 그는 응당한 "분노"로써 다시 한번 목청을 높인다.

"최근"성 산초는 "프랑스에서" 건너오는(『비간트』, 190쪽 참조) 온갖 신기한 것들이 떠들썩하게 떠드는 소리를 들었다. 〈수, 89c〉그는 특히 경쟁 속에서 인격이 사물화한다거나 또한 경쟁[konkurrenz]과 내기[Wetteifer] 사이에 차이가 존재한다는 주장에 관해 들었다. 그러나 이 "가련한 베를린 사람"은 "바보같이 이런 멋진 것[Sache]을 똥칠하기로 했다."(『비간트』, 같은 곳, 거기서 이런 말을 하는 것은 그의 죄의식이다.) "그래서 그는"『경전』346쪽에서, "예를 들어 이렇게 말한다":

"자유롭다는 경쟁이 실제로 자유로운가? 경쟁의 권리는 그 이름에 기초하는 것이니, 경쟁은 사칭되는 것처럼 정말 인격체 사이의 경쟁인가?"

경쟁 여사는 자부심을 느낀다. 왜냐하면 그런 권리는 경쟁 여사의(즉 몇몇 법률가, 정치가, 공상적 소시민, 이런 자들의 행렬 가운데 최후의 종자) 이름에 기초하고 있기 때문이다. 산초는 이런 알레고리를 통해 "프랑스에서" 건너온 "멋진 말"을 베를린의 시각 표준(자오선)에 맞게 재단하기 시작한다. 즉 "국가가 나의 인격에 대해 어떤 이의를 제기해서는 안 되며" 나에게 경쟁할 권리는 허용하지만, 국가는 나에게 [경쟁의] 여건[Sache: 與件]"을 제공하지는 않는다는 것이다. 그의 몰상식한 터무니없는 생각이야 우리가 이미 끝장냈으니 이런 생각은 건너뛰기로 하고 경쟁이 인격 사이의 경쟁은 결코 아니라는 생각을 그가 어떻게 증명하는지로 바로 가기로 하자.

"그러나 실제 경쟁이 *인격* 사이에 일어나는가? 아니다. 다시 한

번 말하지만, 오직 *여건*[Sache]만이 경쟁한다. 즉 일차적으로 화폐 등이 경쟁한다. 내기에서는 항상 한 인격이 다른 인격에 패한다. 다만 결여된 [경쟁의] 수단이 *인격의 힘*을 통해 획득될 수 있는가 아니면 다만 은총을 통해서만 즉 다만 선물로서만 획득될 수 있는가는 서로 다른 것이다. 후자의 예를 들자면 더 가난한 자가 더 부자에게 부를 쌓게 허용하거나 즉 선물할 수밖에 없는 경우다."(348쪽)

선물[Schenkung] 이론에 관해서라면 "그에게 면제[schenken]해 주자."[686](『비간트』, 190쪽)[687] 그는 그가 "선물할 수밖에 없는" "선물[Geschenk]"이 정말 하나의 선물인가에 관해 일급 법률 교과서 「계약」 장을 찾아보면 될 것이다. 우리의 슈티르너는 이런 방식으로 자기 책에 대한 우리의 비판을 우리에게 선물한다. 왜냐하면 그는 이런 비판을 우리에게 "허용하거나 즉 선물할 수밖에 없기 때문이다."

두 경쟁자가 똑같은 "여건[Sache]" 아래 경쟁하는 때 두 경쟁자 가운데 하나가 다른 하나를 파멸시킨다는 사실은 산초에게는 성립하지 않는다. 노동자가 비록 어떤 "사물"(슈티르너적인 〈W, 358〉 의미에서)도 소유하는 것이 아니지만, 그래도 서로 〈수, 90〉 경쟁한다는 사실을 그

---

686   CW주) 독일어 schenken은 주나, 선사하다, 선물하다는 의미도 있지만, 어떤 맥락에서는 생략하다, 면제하다는 의미도 있어서 만들어진 말장난이다.

687   GA2주 재인용) 슈티르너, 『슈티르너에 대한 논평가들』, 190쪽: "헤스 자신은 사실 실제적인 인간이다. 그러나 헤스가 실제적 인간이라는 말로 이해하는 것을 우리는 그에게 선물하고자 한다. 왜냐하면 (우리의) 『라인 신문』에 그것에 대해 충분히 언급했기 때문이다."

는 알지 못한다. 슈티르너가 노동자 사이의 경쟁을 배제함에 따라 그는 〈GA2, 432〉우리의 진정 사회주의자가 가진 가장 경건한 소망 중의 하나를 충족하니, 진정 사회주의자는 그에게 감사하는 것을 피할 수 없을 것이다. "인격"이 아니라 다만 "여건"이 경쟁한다니, 그러면 무기를 들고 있고 또 들 줄 아는 사람이 아니라 무기만이 서로 싸운다는 것이다. 사람들은 거기에서 다만 살해될 뿐이다. 경쟁의 투쟁이 소시민적인 교사의 머릿속에 그런 방식으로 반영된다. 따라서 소시민적 교사는 근대적 증권 투자 남작이나 Cotton-Lords〈면화 재배 지주〉에 대항하면서 그들에 대항하는 그 자신의 "인격적인 힘"을 유효하게 만드는 "여건"이 결여된다는 사실을 의식함을 통해서 위안을 느낀다. 예를 들어 "화폐"와 같이(사실 화폐가 생각하는 것처럼 그렇게 흔한 것은 아니기는 하지만) 가장 일반적이고 가장 흔한 것에 제한하는 대신 좀 더 면밀하게 "여건"을 들여다본다면 이런 고루한 생각은 더 우스꽝스럽게 보일 것이다. 이런 "여건"에 속하는 것을 들자면 무엇보다도 우선 일정한 지방이나 일정한 도시 안에 사는 경쟁자는 그가 만나는 경쟁자가 가진 장점과 같은 장점을 갖고 있다는 사실 그런데 도시와 지방의 관계는 단계적으로 발전했다는 사실 또한 그는 그에게 유리한 지리학적, 지질학적, 수리역학적인 위치에서 경쟁한다는 사실을 들 수 있다. 또 예를 들자면, 경쟁자가 생사 제조업자라면 리용Lyon에 공장을 차리고 면직물 제조업자라면 만체스터Manchester에 공장을 차리며 또는 이전 시기에 선박업자라면 네덜란드에서 사업을 경영한다는 사실 그리고 그런 생산 분야에서와 마찬가지로 다른 생산 분야 즉 그것과 무관한 생산 분야에서도 노동 분업이 고도로 발전했는가 하는 사실, 교통은 그에게 그의 경쟁자가 누리는 것과 똑같은 값싼 운송을 보장하는가 하는 사실 그리고 그가 숙련된 노동자나 전문적인 감독자를 발견하는가 하는 사실을 들 수 있다. 경쟁을 위해 필요한 이 모든 "여건", 한마디로 말해서 *세계 시장*에서의 경쟁 능력을(비록 그는 이 세계시장을 알지 못하고 또한 그의 국가이론이나 공공의 빵집을 위해서는 알 필요도 없지만, 유감스럽게도 바로 이 세계시장이 경쟁과 경쟁능력을 결정하는 것인데도 불구하고) 그는 "인격적인 능력"을 통해서 획득할 수도 없으며 "국가의 은총"을 통해서도 "선사 받을" 수 없을 것이다.(348쪽 참조) 프로이센 국가는 해상무역[688]에 이 모든 여건을 선사하려고 시도했으니 그런 여건에 관해서라면 산초에게 최고의 가르침을 "선사"할 수 있을 것이다. 산초는 여기서 프로이센 국가가 자기의 전능함에 관해 품는 환상이라든지 해상무역이 자기의 경쟁능력에 관해 품는 환상에 관해 매우 상세한 주석을 달고 있으니, 왕립 프로이센 해상무역 철학자라 할 만하다. 더욱이 경쟁은 당연히 "인격적인 수단"을 가지고서 행해지는 "인격 사이의 경쟁"으로 시작했다. 경쟁의 제일 조건이라고 할 수 있으며 또한 처음으로 집적된 "여건"이라고 할 수 있는 예속농의 해방도 순수하게 "인격적인" 행위였다. 그러므로 산초가 여건의 경쟁을 〈W, 359〉인격적 힘의 경쟁으로 대체하고자 한다면 그 의미는 그가 경쟁이 일어난 최초 단계로 돌아가기를 바란다는 것이다. 그는 경쟁의 발전에 기여하고자 하는 그의 선의를 통해서 그리고 경쟁의 발전에 관해서 그가 지닌 예외적인 이기주의적인 의식을 통해 이런 여건을 변경할 수 있다고 공상한다.

〈GA2, 433〉〈수, 90a〉이 위대한 인간에게는 신성한 것은 아무것도

---

688 CW주 108, W주 137) 프로이센 해상무역 회사는 1772년 상업 또한 은행 회사로 창립됐으며 국가에서 수많은 중요한 특권을 부여받았다. 이 회사는 정부에게 엄청난 돈을 빌려주었으며 사실상 국가 은행이며 거간이었다.

없으며 "사태의 본성"이나 그리고 "관계의 개념"에 관해서라면 아무것도 알지 못하면서도 급기야 그는 인격의 경쟁과 여건의 경쟁, 두 경쟁을 구별하는 각 "본성"은 물론 두 경쟁의 성질 사이에 존재하는 "관계의 개념"조차도 신성한 것으로 선언할 수밖에 없다. 그 때문에 그는 "창조자"로서 그런 관계에 관여하려는 시도를 포기할 수밖에 없었다. 인용됐던 구절에서 그가 만든 구별이 비록 그에게는 신성한 구별이라 하더라도 우리가 이를 제거한다고 해서 "최고로 무도한 신성모독"을 범하지 않을 것이다. 우선 그 자신이 이 구별을 제거한다. 왜냐하면 그는 인격적인 힘을 통해 여건에 속하는 수단을 획득하게 하면서 이렇게 해 인격적인 힘을 여건을 지배하는 권력으로 전환하기 때문이다. 그렇다면 그는 다른 사람에게 인격적으로 대해 달라는 윤리적인 요구를 안심하고 제기할 수 있겠다. 마찬가지로 멕시코인은 스페인인에게 소총으로 쏘지 말고 차라리 주먹으로 죽을 때까지 때리거나 성 산초가 제안했던 것처럼 "머리칼을 부여잡고 싸우는 방식으로" 자기를 "인격적으로 대하기"를 요구할 수 있었을 것이다.-만일 한 사람은 좋은 음식과 세심한 교육과 육체적 훈련을 통해서 신체적인 힘을 육성하고 민첩성을 획득했고, 반면 다른 사람은 나쁘고 불건전한 식사와 그 때문에 약하게 된 소화력을 통해, 어린 시절 게으름을 통해 또한 과도한 긴장을 통해서 근육을 사용하는 실질적인 힘을 전혀 얻을 수 없었을 뿐만 아니라 근육을 통제할 힘조차 얻을 수 없었다면, 전자의 "인격적인 힘"은 타자에 대항하는 순수하게 물질적인 힘에 속한다. 그는 "인격적인 힘을 통해서 결여된 수단을 획득했던" 것이 아니다. 오히려 반대로 그의 "인격적인 힘"은 목전[目前]의 여건에 속하는 수단들 덕분이다. 더욱이 인격적인 힘을 여건에 속하는 수단으로 전환하거나 여건의 힘을 인격적인 힘으로 전환하는 것은 경쟁의 한 가지 측면에 불과하며 경쟁은 이런 상호 전환에서 분리될 수 없을 것이다. 여건에 속하는 수단이 아니라 인격적인 수단을 통해 경쟁해야 한다는 요구는 경쟁과 그 경쟁을 제약하는 조건이 그 자신의 불가피한 결과와 다른 결과를 *가져야만 한다*는 것을 윤리적으로 〈수, 90b〉요구하는 것과 같은 말이다.

경쟁의 철학을 다시 한번, 이번에는 정말 마지막으로 요약해 보자.

"모든 사람이 경쟁 수단을 얻게 규제되지 않는다는 것이 경쟁의 결점이다. 왜냐하면 그 수단은 *인격*에서 얻어지는 것이 아니라 *세상의 우연*에서 비로소 얻어지는 것이기 때문이다. 대부분 사람은 아무 수단도 없는 존재이며 그러므로"(오, "그러므로"라니!) " 박복[薄福]한 처지다."

〈W, 360〉경쟁 속에서 인격성 자체가 우연이며 우연이 곧 하나의 인격이라는 사실에 대해서 그는 이미 위에서 언급한 적이 있었다. 개인의 생산 조건이나 교류 조건은 인격과 무관한 경쟁 수단이며 경쟁의 내부에서 인격과 대립해 독립적인 힘으로 나타나며 인격에 대해 우연적인 수단으로 〈GA2, 434〉나타난다. 이런 권력에서 인간을 해방하는 일을 성취하려 한다면, 산초에 따르면 이런 권력에 대한 *관념*이나 철학적으로나 종교적으로 왜곡한 관념을 머리에서 지워버리면 된다. 이런 왜곡은 어원적인 동의어("재산[Vermögen]"과 "능력[Vermögen]")에 의존하거나 윤리적 요청(예를 들어 모든 사람은 가장 전능한 자아라는 명제)에 의존하거나 "신성한 것"에 대해 원숭이 얼굴 같이 찡그리는 것이나 웃기고 익살맞은 허풍을 떠는 것에 의존한다.

이미 이전에도 우리는 부르주아 사회에서는 국가 때문에 자아가 자기의 가치를 실현하거나 그의 능력을 실현할 수 없게 됐다는 비난을 들은 적이 있다. 이제 또한 우리는 자아의 "고유성"이라는 것이 그에게 경쟁의 수단을 주지 않으며, "그 자신의 권력"이 있다더라도 그것이 권력이 아니며, 모든 대상이 그 자신의 대상이니 그의 재산이라 하더라도 그가 "부유한 것은 아니라"는 사실을 알게 됐다. {〈W, 노트 70: 360-하단 주: 수고에 삭제〉〈수, 90b-하단 주〉본질과 현상의 구분은 여기서 산초의 반대에도 불구하고 관철된다.} 그러나 『경전』이 일반적 의식을 다루는 곳으로 넘어가게 되자마자 이 모든 경쟁의 결점은 사라지게 된다. 그곳에 이르기 전까지 산초는 악착같이 그의 사상을 팔아먹으려 하지만, "탁월한 성공"을 얻거나 "최선의 결과를 만들지"는 못한다.

신약 편 5절 B)-(2) 반항[Empörung]

〈수, 90c〉사회를 비판하는 것을 끝으로 해 고대 신성 세계에 대한 비판도 끝난다. 반항을 통해서 우리는 그 세계를 넘어 이기주의라는 새로운 세계로 뛰어든다.

반항이 도대체 무엇인가에 관해 우리는 이미 「논리학」을 다룰 때 보았다. 그것은 곧 신성한 것에 대한 존중을 철회하는 것이다. 그러나 여기서 반항이란 그 밖에도 또한 특수한 실천적인 성격을 취하고 있다.

혁명	=신성한 반항
반항	=이기주의적이나 세속적인 혁명
혁명	=상태의 전복
〈W, 361〉반항	=나의 전복

혁명	=정치적 또는 사회적 행위
반항	=나의 이기적 행위
혁명	=기존의 것에 대한 전복
반항	=전복을 유지하는 것

등등, 422쪽 이하. 당연한 일이겠지만, 인간이 현존하는 세계를 전복하는 지금까지 방식은 신성 시대에 속하는 것으로 주장돼야 했으며 ⟨GA2, 435⟩그것에 반해 현존하는 세계를 파괴하는 "그만의[eigen]" 방식이 정당화돼야 했다.

혁명이란 "현존하는 상태나 상황, 국가와 사회를 전복하는 데 있으며, 따라서 *정치적*이거나 *사회적*인 행위이다." "반항은 상태의 전복을 불가피하게 초래하지만, 이런 상태의 전복을 출발점으로 하는 것이 아니라 오히려 *인간의 자신에 대한 불만*을 출발점으로 한다." "반항은 개인의 고양이며 *분출*[Emporkommen. 噴出]이어서 그 결과 생겨나는 제도를 고려하지 않는다. 혁명은 새로운 *제도*를 목표로 한다. 반항이 지향하는 것은 더는 제도 속에 우리를 집어넣지 않는 것이며 오히려 우리 자신을 제도로 만드는 것이다. 반항은 현존하는 것에 대항하는 투쟁이 아니다. 왜냐하면 반항이 성공한다면, 현존하는 것은 그 내부에서 무너지기 때문이다. 반항은 현존하는 것에서 나를 끌어내는 것일 뿐이다. 내가 현존하는 것을 버린다면, 현존하는 것은 사멸하고 부패한다. 지금 현존하는 것을 전복하는 것이 나의 목적은 아니고 그것을 넘어 나를 고양하는 것이 목적이므로, 나의 의도나 행위는 정치적이거나 사회적인 행위가 아니며 오히려 나 자신과 나의 고유

성을 지향할 뿐이니, *이기주의적인* 행위라 하겠다."(421, 422쪽)

Les beaux esprits se rencontrent〈아름다운 영혼은 서로를 안다〉 황야에서 기도하는 자의 목소리가 알려준 그대로 이루어졌다.[689] 불경한 세례자 요한이라고 할 슈티르너는 "홀스타인의 *쿨만 박사*/Dr. Kuhlmann"에게서 그의 신성한 메시아를 발견했다. 들을지어다.

"당신들은 당신들의 길에 있는 것을 쓰러뜨리거나 파괴해서는 안 되면 오히려 그것을 피하고 내버려 두라. 그리고 당신들이 피하고 내버려 둔다면 그것은 스스로 중단될 것이니, 왜냐하면 그것은 더는 살아갈 양분을 발견하지 못하기 때문이다."(『정신의 왕국』 등, 제네바, 1845, 116쪽[690])

혁명과 슈티르너식의 반항은 슈티르너가 생각하듯이 전자가 정치적이거나 사회적인 행위이지만 후자는 이기주의적인 행위라서 구분되는 것이 아니며 오히려 전자는 하나의 행위이지만, 후자는 아무런 행위가 아니라는 것을 통해 구분된다. 그가 제시한 혁명과 반항의 대조 자체가 무의미하다는 것은 그가 "혁명"이란 곧 어떤 도덕적 인간이 기존의 *존재* 즉 도덕적으로 이등[二等] 인간과 투쟁해야 한다고 말한다는 사실에서 드러난다. 성 산초가 여러 번에 걸쳐 일어난 실제 혁명이나 혁명적인 시도를 훑어보았더라면 아마도 그는 그런 것들 자체 속에서 그가

---

689 역주) 『이사야서』, 40장 3절:외치는 자의 소리여 가로되 너희는 광야에서 여호와의 길을 예비하라 사막에서 우리 하나님의 대로를 평탄케 하라

690 CW주) 쿨만Georg Kuhlman, 『새로운 세계 또는 지상에 있는 정신의 왕국』

이데올로기적인 차원에서〈W, 362〉"반항"이라는 개념을 창조할 때 모호한 예감으로 머물렀던 형식을 미리 발견했을 것이다. 그는 예를 들어 코르시카의 예속농과 아일랜드 예속농, 러시아의 예속농에게서 그리고 일반적으로 문명화된 국민에게서 그런 반항의 형식을 발견했을 것이다. 그랬더라면 나아가서 그는 모든 혁명에 "현존하는" 실제 개인들과 그들의 관계에 대해 고민하면서 순수한 자아나 "현존하는 것 *자체*" 즉 실체라는 것에 만족하지 않고(이런 구절을 전복하기 위해서라면 혁명이 필요 없으며 다만 성 브루노와 같은〈GA2, 436〉시종 기사만 필요할 뿐인데) 아마도 다음과 같은 통찰을 얻게 됐을 것이다. 즉 모든 혁명과 그 결과는 개인들의 관계와 욕구를 통해 제약되어 있으며, "정치적이거나 사회적인 행위"는 결코 "이기주의적인 행위"와〈수, 91a〉대립하는 것이 아니라는 사실 말이다.

성 산초가 혁명에 관해 얼마나 깊은 통찰을 얻은 것인지는 다음과 같은 발언 속에 드러난다: "반항은 사실 상태를 변형하는 결과를 자아내지만, 그런 변형 때문에 생기는 것은 아니다." 이런 발언의 반대 명제에 해당하는 것은 혁명은 "상태의 변형 때문에" 생긴다는 것 즉 혁명은 혁명에서 나온다는 주장이다. 그것에 반해서 반항은 "인간의 자기에 대한 불만에서 나온다." 이런 "자기에 대한 불만"이란 자아의 고유성이라든가 "자족적 이기주의자"라는, 앞에서 살펴본 바 있는 구절과 아주 잘 어울린다. 왜냐하면 그런 이기주의사는 항상 자신의 고유한 길을 갈 수 있으며 항상 자신에게서 기쁨을 누리며 어느 때나 자기로 될 수 있는 존재이기 때문이다. 그러니 자기 불만이라면 우선 그의 인격성 전체를 제약하는 일정한 상태의 내부에서 자신에 만족하지 못하는 것이다. 예를 들자면 노동자가 겪는 자기 불만과 같은 것이다. 또는 그런 자기 불만이란 도덕적 불만일 수도 있다. 첫 번째 경우 불만은 동시에 주로 현존하는 상황에 대한 불만이기도 하다. 두 번째 경우 불만은 이런 상황을 이데올로기적으로 표현하는 것이며, 이런 표현은 결코 현존하는 상황을 넘어서지 못하며 오히려 전적으로 이 상황에 속하는 것이다. 산초가 믿는 바에 따르자면 첫 번째 경우 혁명이 일어난다. 두 번째 경우 즉 *도덕적인* 자기 불만만이 반항이 일어나는 경우다. "현존하는 것"은 알다시피 "신성한 것"에 속하는 것이다. "자기 불만"이란 신성한 존재로서 자신에 대한, 다시 말하자면 신성한 것이나 현존하는 것을 쉽게 믿어버리는 자신에 대한 도덕적 불만에 귀착한다. 혁명과 반항에 관한 그의 추론이 만족과 불만에 토대를 두고 있다는 사실은 다만 불만에 가득한 학교 교사의 착상이었을 뿐이다. 이것은 전적으로 소시민적인 사회에 속하는 목소리이며 우리가 앞으로도 계속 보게 될 것이지만, 성 산초가 자신의 영감을 끌어내는 원천은 이 소시민적 사회이다.

"현존하는 것에서 벗어난다는 것"이 어떤 의미가 있는지를 우리는 이미 알고 있다. 모든 성원이 국가에서 벗어나자마자 국가가 스스로 몰락하며 전체 〈수, 91b〉노동자가 화폐를 사용하기를 거부한다면 화폐는 그 가치를 상실한다는 주장은 낡은 공상이다. 방금 〈W, 363〉말한 명제가 가언적인 형식을 취한다는 사실 속에 그런 주장이 경건한 소망임에도 공상적이며 무기력하다는 사실이 표현된다. 현존하는 상황을 변화하는 것이 사람들의 선의에만 의존한다는 주장이나 현존하는 상황이 관념이라는 주장은 낡은 환상이다. 현존하는 상황과 무관하게 의식을 변형하는 일은 철학자들이 직업으로 즉 사업으로서 삼아왔던 것이지만, 〈GA2, 437〉그 자체가 현존하는 상황의 산물에 불과하며 그런 상황에 공속[共屬]하는 것이다. 세계를 이런 관념적인 차원에서 제거하는 일은 철학자들이 세계에 대해 무능력하다는 사실을 이데올로기적으로 표현한다. 실천적인 삶은 매일 그와 같은 이데올로기적인 허풍을 단죄하고 있다.

어쨌든 산초는 이 구절들을 작성하고 있을 때 자기가 빠진 혼란 상태에 대해서 반항하지는 않았다. 그에게 "상태의 변형"이 한 편에 있다면 "인간"은 다른 편에 있는데 두 편은 서로 전적으로 분리된다. 예전의 상태란 이런 인간의 상태였고 인간이 변형되지 않는 한 결코 변형될 수 없었으며 또한 만부득이 한때 그런 상태였다고 가정하더라도 그런 낡은 상태에 대해 그가 "자기 스스로 불만"을 가지게 됐다는 사실에 관해서 산초는 먼발치에서만이라도 짐작하지 못한다. 산초는 혁명은 새로운 제도를 목표로 하고, 반면 반항은 우리가 더는 개조하게 허용하지 않고 오히려 우리 자신을 개조하는 것으로 이끄는 것으로 간주한다. 이렇게 하면서 그는 마침내 혁명이라는 것을 척결했다고 믿는다. 그러나 이미 "우리"가 "스스로"를 개조하는 가운데 그리고 반항자가 바로 "우리"라는 주장 속에서 다음과 같은 사실들이 밝혀진다: 개인은 산초가 아무리 "혐오"하더라도 "우리"를 통해 강제로 개조되며 혁명과 반항을 구별하는 것은 단 한 가지 사실밖에 없다. 그 사실이란 사람들은 혁명 속에서는 이런 사실을 알지만, 반항 속에는 스스로 환상에 빠져 있다는 사실이다. 이어서 산초는 반항이 "성공"하느냐 아니냐는 가설적인 것으로 여긴다. 반항이 어떤 조건에서 "성공"하지 않느냐고 가정되는지는 예측될 수 없으며 어떤 조건에서 반항이 성공한다고 가정되는지는 더욱더 예측 불가능하다. 왜냐하면 모든 반항자는 다만 자기에게 고유한 길을 갈 뿐이기 때문이다. 여기에는 세속적인 상황이 개입함이 틀림없을 것이다. 이 세속적 상황이 반항자에게 공동 행위의 필요성을 제시할 것이다. 이 공동의 행위는 이기주의적인 동기에서 나오든 아니든 그런 것과 무관하게 "정치적이거나 사회적인" 행위가 될 것이다. 혼동에 기초하는 또 하나의 "거지 같은 구별"이 있다면 그것은 산초가 현존하는 것의 "전복"과 현존하는 것에 대한 "봉기[erheben: 蜂起]"를 구별하는 방식이다. 그는 여기서 마치 〈수, 91c〉전복 속에서는 봉기가 이루어지지 않으며 봉기 속에서는 전복이 일어나지 않는 것처럼 말한다. 즉 사물이란 자신에 머무르는 한에서만 존재한다는 말이다. 그는 전복에 대해 바로 말하지 않으며 자기 봉기[Sich-Erheben]에 대해도 바로 말하지 않는다. 자기 봉기는 어쨌든 혁명에서 출현한다. 산초라면 이런 사실을 프랑스 혁명의 구호가 "levons nous〈일어나자〉"[691]는 말이었다는 사실에서 도출할 수도 있었을 것이다.

〈W, 364〉"혁명은 *제도화하라고*[einrichten] 명한다."(!) "반항은 궐기[蹶起: sich aufrichten]하고 항거[抗拒: emporrichten]하라고 명한다."[692] 어떤 헌법이 선택될 수 있을까가 혁명가의 머리를 사로잡고 있다. 헌법 투쟁이나 헌법 심의를 통해 전적으로 정치가 지배하는 시대가 펼쳐진다. 이것은 동시에[auch] 사회적 재능

691　CW주 109, W주 138) 일어서자[levons nous]-혁명 주간지 『프랑스 혁명』의 구호, 이 주간지는 1789년 6월부터 1794년 파리에서 발간됐다.(1790년 9월까지 그 편집자는 엘리제 루스탈로Elisee Loustalot였다.) 전체 구호는 다음과 같다: "다만 우리가 무릎을 꿇으니 위대한 자가 위대한 것처럼 보인다. 그러니 일어나자!"
692　CW주) 슈티르너가 여기서 사용하는 세 말은 공통의 어간richten을 갖고 있다. 'Einrichten'-주선하다, 제도화하다. 'Sich auf richten'-궐기하다. 'Emporrichten'-항거하다.

을 가진 사람이 사회 제도(팔랑헤Phalansterien[693] 등과 같은 것)를 구성하는 데 비범하게 독창적이었던 것과 마찬가지다. 무정부적[verfassunglos]으로 되는 것, 그것이 반항자가 추구하는 것이다."(422쪽)

〈GA2, 438〉프랑스 혁명의 결과가 제도화됐다는 것은 사실이다. '반항[Empörung]'이 '위로[empor]'라는 말에서 나온다는 것도 사실이다. 혁명 중에서나 그 후에 헌법 투쟁이 벌어졌다는 것도 마찬가지다. 여러 가지 사회적인 체제가 기획됐다는 것도 사실이다. 푸르동이 무정부주의를 주장했다는 것도 결코 그것에 못지않은 사실이다. 이런 다섯 가지 사실을 혼합해 산초는 위의 명제를 만든다.

프랑스 혁명이 "제도화"를 향해 나갔다는 사실에서 산초는 혁명*이란* 본래 이런 제도화를 "명령할" 것이라고 추론한다. 정치적 혁명이 정치적 혁명이었던 이유는 본래 사회적인 전복은 그와 동시에 공적으로 헌법 투쟁으로 표현되기 때문이다. 이 사실에서 산초는 그에게 역사를 가르쳐준 중개인[694]을 충실하게 추종하면서 정치적 혁명 속에서는 최선의 헌법을 세우기 위한 투쟁이 일어날 것이라는 생각을 도출한다. "동시에[auch]"라는 표현을 통해 그는 이런 발견을 사회 체제에 대한 언급으로 연결한다. 부르주아 시대에 사람들은 헌법 심의에 몰두했다. 그것과 "동시에" 최근 여러 가지 사회적인 체제기 만들어졌다. 이상이 위의 명제 사이의 연관이다.

---

693 W주 139) 팔랑헤는 샤를르 푸리에Charle Fourier가 전 세계에 퍼트린 사회주의 정착지에 대한 이름이다.

694 CW주) 브루노 바우어를 암시한다.

노동 분업 내부에서 일어난 지금까지의 혁명은 새로운 정치 제도를 지향해야 했다는 사실은 위에서 포이어바흐에 대항해 말해진[695] 사실에서 도출된다. 즉 공산주의 혁명은 노동 분업을 폐지하면서 정치 제도를 최종적으로 제거한다는 것도 마찬가지로 위의 사실에서 나온다. 또한 공산주의 혁명은 독창적인 사회적 재능이 창조하는 사회 제도에 따라서 인도되지 않으며 오히려 생산력에 따라서 〈수, 92〉인도된다는 것 역시 그러한 사실에서 출현한다.

그러나 "무정부적으로 되는 것, 그것이 반항자가 추구하는 것이다!" "타고난 자유주의자"인 그는 처음부터 모든 것을 해체하며 마지막 날에는 헌법[Verfassung]을 해체하기를 추구한다. 산초적인 "반항"이 발생하는 데는 우리 Jacques le bonhomme〈촌티 나는 바보〉가 앞에서 말한 온갖 환상이 기여해야 할 것이라는 점은 다시 한번 언급될 필요가 있겠다.

특히 그의 신념이 언급돼야 하겠다. 그 신념이란 혁명을 만드는 개인이 관념의 끈을 통해 서로 결속된다는 신념이며 또한 반항에 "명분을 다는 일"은 새로운 개념, 고정 관념, 허깨비, 유령 즉 신성한 존재라는 명분을 다는 것에 지나지 않을 것이라는 신념이다. 산초는 개인이 이런 관념적인 끈을〈W, 365〉자기의 머리에서 지워버리기를 요구한다. 이를 통해 개인은 무질서한 폭도로 되며 따라서 이런 폭도에게 남아 있는 것이 있다면 다만 "반항"하는 것일 뿐이다. 게다가 산초는 경쟁은 만인의 만인에 대한 투쟁이라는[696] 소리를 들은 적이 있다. 이렇게 얻은 명

---

695 GA2주 참조) 이 구절은 바로 앞에서 포어바흐에 관해 논했다는 것을 시사한다.

696 CW주) 토마스 홉스, 『원리적 철학』, 「시민론」

제는 그의 탈신성화된 혁명과 혼합되어서 그의 "반항" 개념의 주된 구성요소를 형성한다.

"비교를 통해 더 분명하게 말하려 하니, 뜻밖에 기독교의 창립이 나의 마음에 떠오른다."(423쪽) 우리가 배운 바에 따르자면 "그리스도는 혁명가가 아니며 스스로 반항했던 〈GA2, 439〉반항자다. 그러므로 '뱀과 같이 슬기롭게'라는 *오직* 한 가지 교훈만이 그리스도에게 중요했다."

산초의 "기대"나 "오직"이란 말에 상응하자면, 위에서 인용됐던 성경 교훈(『마태복음』, 10장 16절)[697]의 나머지 반에 해당하는 것 즉 "비둘기와 같이 순진한"이라는 표현은 잊어버려야 한다. 여기서 그리스도는 두 번씩이나 역사적인 인물로 그려져야 했다. 그래야 그리스도는 위에서 말한 몽골인이나 흑인과 같은 역할을 수행할 수 있게 된다. 그리스도가 반항의 의미를 분명하게 한다고 가정되는지 아니면 반항이 그리스도의 의미를 분명하게 한다고 가정되는지는 여전히 알 수 없다. 우리의 성자가 지닌 성향이며 게르만 기독교인의 성향인 경솔한 성향은 다음과 같은 명제에 집중적으로 표현된다. 즉 그리스도는 "전체 이교 세계가 지닌 생명의 원천을 고갈하게 했다. 그런데 이교 세계가 생명을 유지하는 원천을 지니고 있었더라면 현존하는 국가는 *말할 것도 없이*[ohne hin]"("그리스도가 없더라도[ohne ihn]"라고 말해져야 했는데) "시들 것

---

[697] 『마태복음』, 10장 16절: 보아라, 내가 당신들을 내보내는 것이 마치 양을 이리 떼 가운데로 보내는 것과 같다. 그러므로 당신들은 뱀과 같이 슬기롭고, 비둘기와 같이 순진하게 되어라.

이 틀림없었을 것이다."(424쪽)-시들어 버린 설교단의 꽃이여! 위에서 말한 "고대인"을 보라. 더욱이 credo ut intelligam⟨믿으라 그러면 안다⟩.[698] 또는 이것이 나의 "분명하게 하기 위한 비교"이다.

우리는 수많은 보기를 통해서 우리의 성자가 다름 아닌 그 신성한 역사를 곳곳에서 어떻게 착상했는지를 보았으며 그것도 ⟨수, 92a⟩독자가 "예상도 하지 않은" 구절에서 그런 역사가 출현하는 것을 보았다. 그런데 그런 신성한 역사는 "뜻밖에도" 심지어 『[변호를 위한] 주석』에서조차 출현한다. 그 『주석』 154쪽을 보면 신은 사랑이라는 기독교의 정의[定義]에 대립해 고대 예루살렘에 살았던 "유대인 비평가들"이 다음과 같이 외친다: "그러니 보라, 그리스도가 알린 신은 이교도의 신이다. 왜냐하면 신이 사랑이라면, 그리스도는 아모르 신[Gott Amor] 곧 사랑의 신이기 때문이다."[699] 그러나 "뜻밖에도" 신약은 그리스어로 쓰였으니, 기독교적인 정의는 o deoz agaph estin⟨신은 사랑⟩(『요한 1서』 4장 16절)[700]이라고 말한다. 그러나 "아모르 신, 사랑의 신"은 eros⟨에로스⟩라 불린다. "유대인 비평가들"이 기독교적 사랑인 agaph⟨[기독교적]

698　CW주) 이 표현은 중세 스콜라 철학자 캔터베리의 안셀름Anselm of Canterbury의 주장이다.

699　GA2주 참조) 이 부분은 『슈티르너에 대한 논평가들』, 154쪽에서, 슈티르너가 자기의 비평가들이 '신이 사랑이라'는 기독교적 정의에 대항해 말했다고 하는 부분이다. '유대인 비평가들'이란 곧 '슈티르너에 대한 논평가들'을 의미한다. 슈티르너는 유대인 비평가들이 기독교의 사랑을 성적 사랑으로 오해했다고 비판하지만, 마르크스가 보기에는 그들이 그런 것이 아니라 슈티르너 자신이 그렇게 오해한다는 것이다.

700　역주) 『요한 1서』 4장 16절: 우리는, 하나님께서 우리에게 주시는 사랑을 알고, 믿었습니다.

사랑〉을 eros〈[성적인] 사랑〉으로 변질하는 데 어떻게 성공했는지 관해서 산초는 앞으로 해명해야 할 것이다. 이『주석』에 나오는 구절에서 그리스도가 산초와 비교되어 해명된다. 이 구절을 보면 이 두 존재가 놀랄 만큼 유사성을 서로 가지며 〈W, 366〉 모두 "육신화한 존재"[701]이며 적어도 각각의 상속자는 두 존재가 상호 의존적으로 현존하는 것을 조롱하면서 각각이 유일하다고 믿는다는 사실이 인정돼야 한다. 산초의 전체 역사구성이 지닌 목표는 산초가 근대의 그리스도라는 확고한 관념이다.

바로 위의 잘못된 반대 명제에서 그리고 시든 꽃 같은 웅변에서 우리에게 애써 말한 것과 같은 반항의 철학은 결국 벼락부자(Parvenu〈벼락부자〉, Emporkömmling〈벼락부자〉, Emporgekommene〈출세한 자〉, Empörer〈반항자〉)[702]의 경제를 위한 허풍에 지나지 않는다. 모든 반항자는 주변 상황을 고려하지 않고 이기적인 행위를 통해 특수한 현존에 대립하면서 그것을 넘어서기 위해 노력한다. 현존하는 것이 질곡인 한에서만 그는 현존하는 것을 벗어나려고 노력하며 나머지 경우는 이와 달리 오히려 자신을 현존하는 것에 동화하려고 시도한다. 〈GA2, 440〉 공장주로 "출세한" 방직공은 출세하면서 그의 베틀에서 해방되어 베틀

---

701 GA2주 재인용) 슈티르너,『유일자와 그의 소유』, 54쪽: "본질만을 인식하고 인정하며 본질 이외에는 아무것도 인식하고 인정하지 않는 것이 종교이다. 종교의 왕국은 본질, 허깨비, 유령의 왕국이다. 허깨비를 파악 가능하게 만드는 충동 또는 난센스를 실현하려는 충동은 생동적인 유령을 즉 실제 육체를 지닌 유령이나 정신, 육신화한 유령을 성취하는 것이다. 가장 강하고 가장 순전한 기독교적 인간은 얼마나 애써야 이런 유령의 현상을 파악할 수 있었을까?"

702 CW주) 동의어를 이용한 풍자

을 떠난다. 다만 그뿐이다. 그 나머지 세계는 〈수, 92b〉여전히 똑같이 움직이고 우리의 성공한 반항자는 타인에게 그도 자기처럼 벼락부자가 되어 보라고 하는 위선적인 도덕적 요구를 내세운다. {〈W, 노트 71: 366-하단 주: 수고에 삭제〉〈수, 92b-하단 주〉모든 사람이 스스로 가능한 한 성공을 추구하고 게다가 세상에 관해서는 걱정하지 않는다면, 그런 세상이 가장 잘 만들어진 세상이라는 주장이 소시민의 오래된 도덕이다.} 이처럼 슈티르너의 호탕한 허풍은 흩어져 겔러트Gellert[703]의 우화에서 출발한 도덕적인 추론 속으로 그리고 부르주아 사회의 비참에 대한 사변적 해석 속으로 사라진다.

지금까지 우리는 반항이 무엇이든 간에 행위만은 아니라는 것을 보았다. 게다가 342쪽에서 그는 "약탈은 경멸할 만한 것이 아니며 *자족적인 이기주의자의 순수한 행위를 표현한다*"라고 말한다. 그 말의 의미는 이렇다: 약탈은 자족적인 이기주의자의 순수한[*저절로 일어나는*: rein] 행위이다. 그 이유는 이렇다. 그렇지 않다면 약탈은 도둑의 비문명적인 행동에 해당하거나 아니면 부르주아의 문명화된 행동에 해당할 것이다. 첫 번째 경우라면 성공하지 못할 것이며 두 번째 경우라면 "반항[Empörung]"이라 볼 수 없다. 여기서 자족적 아무것도 행하지 않는 이기주의자에 상응하는 "*순수한[저절로 일어나는]*" 행위가 그처럼 행동하지 않는[tatlos] 개인에서 기대될 수 있는 유일한 행위라는 점을 주목하라.

아울러 우리는 무엇이 천민을 창조하는지를 배운다. 우리가 미리

703　역주) 갤러트Christian Fürchtegott Gellert (1715~1769)-독일 시인, 그는 우화와 설화를 산문시의 형태로 수집해『우화와 설화Fabeln und Erzählungen』(1746) 발간했다. 그는 도덕성을 고양하려는 목적을 가졌다.

알 수 있는 사실은 천민을 창조하는 것은 바로 "기본법[Satzung]"이며 즉 신성한 것에 대한 믿음이고 여기서 이 믿음과 죄의식이 번갈아 출현한다는 사실이다:

"약탈은 죄이며 범죄라는 것만이 즉 이런 기본법만이 천민을 창조한다. .... 낡은 죄의식이 그것에 *유일하게* 책임 있는 것이다."(342쪽) [704]

의식이 모든 것에 책임 있다는 믿음이 그의 기본법이며, 이것이 그를 반항자로 만들고 천민을 죄인으로 만든다.
⟨W, 367⟩이런 죄의식에 대립해 이기주의자는 자신을 즉 천민을 격려해 아래와 같이 약탈하게 조장한다.

"나는 다짐한다: 나의 힘이 미치는 것이 나의 소유이며 내가 도달할 충분한 힘이 있다고 느끼는 모든 것을 나는 나의 소유로 요구한다." 등. (340쪽)

그러므로 성 산초는 자기에게 다짐한다. 즉 그는 어떤 것을 다짐하겠다고 말이다. 그러면서 그는 그가 가진 것을 갖겠다고 요구하며 자신의 실제 권계를 폭력의 관계로 표현한다. 이런 구절이야말로 일반적으

---

704 GA2주 재인용) 슈티르너의 본문: "천민 그리고 천민이 그 본질을 지속한다는 사실에 한편으로 천민 자신이 책임이 있다. 왜냐하면 그는 기본법을 타당하게 여기기 때문이다. 다른 한편으로 이기적으로 존중받기를 요구하는 자 즉 저, 새로운 지혜에 관해 의식이 없는 자도 그런 천민에 책임이 있다."

로 말해서 그의 모든 허풍의 비밀인 셈이다.(『경전』의 「논리학」 부분을 보라.) 그는 ⟨수, 92c⟩매 순간 그에게 가능한 존재로 되며 그러므로 또한 그가 가질 가능성 있는 것을 가진다. 그래서 그는 그에게 실현된 실제의 소유를 그에게 가능한 소유 즉 그에게 실현되지 않았지만, "그럴 힘이 있다고 느낀 것"과 구분해, 전자는 자산 항에 적어놓고 누리며 후자는 이윤 항이나 손실 항에 적어놓는다. 이것이 그가 소유에 관한 부기법에 비상하게 기여한 점이라 하겠다.

이 경건한 "말씀"이 무엇을 의미하는지를 산초는 이미 인용됐던 구절에서 누설하고 있다:

"나는 다짐한다. .... 그러니 그것은 본래 공허한 수다이기도 하다."[705]

⟨GA2, 441⟩이어서 그는 이렇게 말한다:

"이기주의자"는 "무소유 천민을" "절멸하기 위해" 천민에게 이렇게 말한다. "그대가 필요한 것은 모두 약탈하고 빼앗아라!"(341쪽)

이 수다가 얼마나 공허한지는 다음과 같은 예에서 곧바로 알게 된

---

705 역주) "Sage Ich: Mir gehört die Welt, so ist das eigentlich auch leeres Gerede, das nur insofern Sinn hat, als Ich kein fremdes Eigentum respektiere." 본문은 위와 같다. "나는 다짐한다: 세계가 나에게 속한다. 그러므로 이것은 또한 공허한 수다이며, 내가 타인의 소유를 존경하지 않는 한에서만 의미를 지닌다."

다:

"마치 왕국이 나폴레옹에게 낯선 것이 아니었듯이 나에게는 은행가의 자산이 낯선 것으로 보이지 않는다." 우리는(여기서 "나"는 갑자기 "우리"로 바뀐다) "그 재산을 정복하기를 두려워하지 않으며 그러므로 그 정복의 수단을 찾는다. 우리는 은행가의 재산이 드러내는 *소원함* 앞에서 두려워했었으나 이제 그 소원함을 벗겨낸다."(369쪽)

산초가 은행가의 재산에서 "소원함"을 벗겨내지 못했다는 것은 그의 천민에 대한 호의적인 강연에서 입증된다. 그는 이 강연에서 은행가의 재산을 약탈을 통해 "정복하라"고 한다. "산초여, 약탈해 손에 쥔 것을 보라!" 은행가의 자산이 아니라 아무 소용이 없는 종이 즉 은행가의 자산이 남긴 "시체"에 불과한 게 아니냐. 이것이 자산이라면 "죽은 개도 개라" 하겠다. 은행가의 자산은 현존하는 생산력 관계와 교류 관계 내에 존재하는 자산이며 이런 관계를 조건으로 하는 때만 그리고 이런 상황에 타당한 수단을 통해서만 "정복"될 수 있다. 산초는 타인의 자산을 향해 손을 뻗더라도 그의 전망이 별로 밝지 못하다는 것을 발견하게 될 것이다. 따라서 자족적인 이기주의자의 "순수한 행위"란 결국 지극히 불순한 오해로 지날 수밖에 없다. 신성한 존재라는 "허깨비에 관한 것이라면 더 할 말은 없다."

〈W, 368〉산초는 그가 다짐하고 싶었던 말을 다짐한 다음 반항하는 천민에게 그가 천민에게 귀띔했던 말을 다시 말해 보라고 시킨다. 즉 그는 반항이 발생하는 때를 위해 선언문과 〈수, 93〉지침을 작성했으며 이

것들을 모든 동네 술집에 붙여놓고 온 나라에 배포하라고 명령했다. 그는 그 선언문을 『절름발이 전령』이라는 연감이나 나소nassau 공작령의 지역 연감706에 집어넣게 요청한다. 산초의 tendances incendiaires〈선동〉은 한동안 평야 지방이나 농노나 낙농 하녀 사이에 한정되고 도시를 제외하니 이런 사실이야말로 그가 대규모 산업에서 "소원함의 정신을 벗겨내려고" 노력한 수준을 새로이 입증해 준다고 하겠다. 잠시 우리는 우리 앞에 있는, 가치 있고 따라서 잃어버려서는 안 되는 문서를 가능한 한 상세하게 전달하면서 "능력껏 그것에 매우 합당한 명성이 유포되게 기여하고자 한다."(『비간트』, 191쪽)

선언문은 358쪽 이하를 보면 다음과 같이 시작한다:

> "당신들 특권을 가진 자여, 어떻게 하면 당신들의 소유가 보장되겠는가? .... 우리가 침해를 삼가는 것을 통해서 따라서 우리가 보호하는 것을 통해서이다. 당신들이 우리에게 폭력을 행사함을 통해서이다."

---

706 CW주 110)『절름발이 전령』-지난해 사건들과 관련된 지나간 소식들을 담고 있는 대중적인 연감의 일종을 지시하는 이름. 역주) 신의 전령 헤르메스가 발을 전다는 전설에서 나온 말인 듯하다.
W주 140)『나소 연감』-이 연감은 대략 1590년경 신문을 보완하는 것으로서 출현했다. 신문은 거꾸로 된, 따라서 자주 잘못된 정보를 전달했다. 그에 반해서 절름발이 전령은 매년 일어난 사건을 회고적으로 종합했으며 정보의 현장성보다 진실성에 더 가치를 두었다. 이 연감은 느리기 때문에 조롱받았고 우체부가 불난 듯이 말 위에 앉아 달려서 지나가는데 덜커덩거리는 여윈 말에 돌아앉아 있는 난쟁이로 희화화된다.

우선 우리가 침해를 삼가는 것을 통해서 즉 우리가 자기에게 폭력을 행사하는 것을 통해서, 그런 다음 당신들이 우리에게 폭력을 행사함을 통해서이다. Cela va à merveille⟨으쌰!⟩ 또한,

⟨GA2, 442⟩"당신들은 우리의 존경을 원하는가? 그러면 존경을 우리에게 맞는 가격으로 사라. .... 우리는 다만 좋은 가격을 원한다."

"반항자"는 처음에는 자기의 존경을 "자기에게 맞는 가격"으로 판매하고자 하지만, 나중에는 "좋은 가격"을 가격의 기준으로 삼는다. 처음에는 자의적인 가격이지만, 나중에는 상업의 법칙을 통해 즉 생산비용과 수요 공급의 관계를 통해서 결정되는 가격이며 따라서 자의와는 무관한 가격이다.

"우리가 당신들의 소유를 당신들에게 맡기고자 한다면 그 조건은 당신들도 이런 것에 필적하는 일을 하는 것이다. 우리가 손을 뻗치면 당신들은 폭력에 대해 비명을 지른다. 폭력이 없다면 우리는 그것을"(즉 특권을 가진 자가 즐겨 먹는 굴 요리를) "얻지 못한다." .... "우리는 당신들에게서 아무것도, 전혀 아무것도 빼앗지 않기를 비란다."

우선 우리는 그것을 당신들에게 "맡긴다." 그다음 우리는 그것을 당신들에게서 뺏으며 "폭력"을 행사해야 한다. 마지막으로 우리는 결국 기꺼이 당신들에게서 아무것도 빼앗지 않으려 한다. 우리는 당신들이

스스로 그것을 포기하는 때만 그것을 당신들에게 맡긴다. 우리가 가진 깨달음의 순간, 유일한 순간에 우리는 〈수, 93a〉이렇게 누구에게 맡기는 것이 "마음대로 하는 것"이며 "폭력을 행사하는 일"이라는 것을 깨닫는다. 그러나 그런데도 〈W, 369〉결국에는 우리가 당신들에게서 어떤 것을 "뺏는다고 해서" 우리를 비난할 수는 없다. 산초는 다음과 같이 끝을 맺는다:

"우리는 12시간 동안 얼굴에 땀을 흘리면서 수고한다. 당신들은 그것에 대해 우리에게 십 페니히 동전 두 개를 준다. 따라서 당신들도 당신들의 노동에 대해서 같은 만큼을 얻을지어다. …. 평등한 것은 아무것도 없다!"

농노가 "반항한다"는 주장은 슈티르너의 진짜 날조임이 분명하다.

"당신들은 그런 것을 원치 않는가? 당신들은 말하기를 우리의 노동은 그 임금을 통해 충분히 지급된다고 하며, 그에 반해서 당신들의 노동은 수천 명의 임금에 해당하는 가치가 있다고 한다. 그러나 만일 당신들이 당신들의 노동을 높은 가치로 매기지 않으며 우리가 우리 노동의 가치를 더 높게 평가하게 했더라면, 당신들이 수천 탈러[Taler:화폐 단위]를 받고 이룬 것보다 더 중요한 것을 우리는 필요하다면 달성했을 것이다. 당신들이 우리와 같은 수준의 임금만을 얻었다면 당신들은 곧 더 많은 임금을 얻기 위해 지금보다 더 열심히 일하게 될 것이다.""우리 자신의 노동보다 열 배 또는 백배 더 가치 있는 것처럼 우리에게 보이는 것을 당신들이 수행했다면, 아"(아, 그대 경건하고 충직한 노예여!) "당신들은 그런 노동에 대해 수백 배 더 많은 임금을 얻어야 마땅하다. 반면 우리의 생각으로 우리는 당신들이 우리에게 지급하는 통상적인 일급보다 더 가치 있는 일을 당신들에게 해준다."

처음에 반항자들은 그들의 노동이 너무 낮게 지급된다고 비난한다. 그러나 끝에 가서는 그들은 더 높은 일급을 받는 한에서만 통상적인 일급 이상으로 가치 있는 노동을 제공하겠다고 서약한다. 이어서 반항자들은 더 높은 임금을 얻을 때만 비로소 특별한 일을 수행할 것이라고 믿는다. 반면 그들은 동시에 자본가의 "임금"이 그들의 임금 수준으로 격하될 때만 자본가가 특별한 행위를 수행할 것이라고 기대한다. 반항자들은 이윤이 자본에 필수적인 형식이며 그것이 없다면 그들이나 자본가나 동시에 몰락하게 될 수도 있다고 생각한다. 반항자들은 마지막으로 그런 이윤을 노동 임금으로 전환하는 경제학적 ⟨GA2, 442⟩⟨수, 93b⟩요술을 완성한다. 그 결과 그들은 "그들 자신의 노동보다" "수백 배 더 많이" 지급하는 기적을, 다시 말해서 그들이 받아 마땅한 것보다 수배 배 더 많이 지급하는 기적을 달성한다. "이것이" 위의 명제의 "의미이며", 이것이 슈티르너가 "말한 것의 의도"이다. 그러나 슈티르너가 [위의 문장에서] 다만 수사학적인 오류를 범했던 것이라면 그리고 산초가 반항자들이 히기를 원한 것이 반항자들 전체가 *자기들 각자가* 빋을 만한 것보다 수백 배로 많은 임금을 신청하는 것이었다면, 그가 하게 한 것은 반항자들이 모든 자본가가 오늘날 이미 가진 것을 자본가에게 제의한 것이었다. 자신의 자본과 결합해 이루어지는 자본가의 노동은 개별 단순 노동자의 노동보다 열 배 또는 백 배 더 많은 가치를 지급받고 있다는 사실은 명백하다. 산초는 항상 그렇듯이 이런 때도 구태의연하다.

"아무도 타인에게 더는 무엇인가를 *선사할* 필요가 없다는 주장에 관해서 합의하자. 우리가 적어도 그런 주장에 합의할 때 비로소 우리는 기꺼이 서로 잘 지내고자 할 것이다. 이어서 우리는 심지어 다음과 같은 데 이르는 것도 가능하다. 즉 장애인과 노인 그리고 병자에게 적절한 가격을 지급해 그들이 가난이나 궁핍 때문에 죽지 〈W, 370〉않게 하는 것이다. 왜냐하면 우리의 소망이 그들이 살아가는 것이라면, 우리는 우리의 소망을 충족하기 위해 *돈을 내야* 한다는 주장은 내가 보기에도 마땅한 생각이다. 나는 돈을 *내야 한*다고 말하는데, 그렇다고 그것이 비참한 *자선*이라는 뜻은 결코 아니다."

이런 장애인 등에 대한 감상적인 이야기가 입증한다고 말해지는 바를 보자. 즉 산초가 언급한 반항하는 농노는 이미 부르주아의 의식 수준에 이르기까지 "성숙했으며", 그런 수준에서 농노는 어떤 것도 선사하지 않고 또 어떤 선사도 받지 않기를 원했으며 그런 수준에서 두 당사자의 관계가 거래 관계로 전환되자마자 두 당사자의 존엄과 이익이 보장됐다 한다.

산초의 공상 속에서 반항하는 대중은 천둥이 울리는 듯한 선언문을 발표하고 이어서 〈수, 93c〉토지 소유자와 그의 농노 사이의 대화라는 형식으로 행동 지침이 출현한다. 그런데 이런 대화를 보면 주인은 첼리가와 같이 행동하고 반면 노예는 슈티르너와 같이 행동한다. 이런 지침을 보면 영국의 파업이나 프랑스의 노동자 동맹[Coalitionen]이 베를린에서 늘 그렇듯이 선천적인 방식으로 해석된다.

농노의 대변자: "그대는 무엇을 갖고 있느냐?"

토지 소유자: "나는 천 모르겐[707]의 토지를 갖고 있다."

대변자: "그러면 나는 그대의 농노이고 앞으로 다만 하루 일 탈러 일급을 받고 그대의 경작자가 될 것을 제안한다."

토지 소유자: "그러면 나는 타인을 택하겠다."

대변자: "그대는 아무도 발견하지 못할 것이다. 왜냐하면 그 정도가 아니라면 우리 농노는 더는 경작하지 않을 것이기 때문이다. 누가 더 적은 일급을 받는다는 것이 알려지면 우리는 그를 막을 것이다. 저기 보이는 하녀조차도 지금 그만큼 요구하고 있다. 그대는 이런 가격 아래로는 더는 아무도 발견하지 못한다."

⟨GA2, 444⟩토지 소유자: "아, 그러면 나는 틀림없이 파산할 것이다!"

농노들의 합창: "그렇게 서두르지 말라! 그대는 우리가 받는 만큼 더 벌게 될 것이다. 그렇지 않다면 그대도 우리만큼 살아야 하니 우리는 그만큼 덜 받겠다. 그렇다고 똑같게 하자는 것은 아니다."

토지 소유자: "그러나 나는 더 잘 살아왔다!"

농노들: "우리는 그걸 반대하지 않는다. 그러나 그것은 우리의 걱정거리는 아니다. 그대는 좀 더 저축할 수 있을 것이다. 그러

---

707 CW주) 독일의 옛 토지 척도, 이는 지방마다 크기가 다르다. 프로이센의 모르겐은 0.63에이커이다.

면 마찬가지다. 그대가 잘살려고 우리를 가격 이하로 부려먹으려 하느냐?"

토지 소유자: "그러나 당신들 같은 무식한 인민은 그만큼 많이 필요로 하는 것은 아니다!"

농노들: "우리는 우리가 필요로 하는 교양을 갖출 수 있으려면 그 이상을 받아야 한다."

토지 소유자: "그러나 당신들이 부자를 몰락시킨다면 앞으로 기술과 학문을 지탱할 사람이 누가 있겠느냐?"

농노들: "음, 다수 대중이 기술과 학문을 이룰 수밖에 없다. 우리는 함께 기여하겠다. 그러면 작으나마 예쁘장한 합산이 나올 것이다. 당신들 부자는 〈수, 94〉이제 곧 가장 지겨운 책이나 눈물 흘리는 마돈나 그림이나 날렵한 무용수의 두 다리밖에 사지 못할 것이다."

토지 소유자: "오 불행한 평등이여!"

〈W, 371〉농노들: "아니다. 존경해 마지않는 늙은 주인이여, 결코 평등은 아니다. 우리는 다만 우리의 값어치만큼 돈을 받기를 원한다. 당신들이 그 이상이라면 당신들도 항상 그 이상 돈을 받아야 한다. 우리는 다만 *좋은* 가격을 원하며 당신들이 지급하게 되는 가격은 우리의 가치에 합당한 것이어야 한다고 생각한다."

이런 걸작 드라마의 결론에서 산초는 당연하게도 농노의 합심[合心: Einmütigkeit]이 필요하다는 것을 인정한다.[708] 이런 합심이 어떻게 성립

---

708 GA2주 재인용) 슈티르너, 『유일자와 그의 소유』, 361쪽: "농노의 합심이 요구되므로 단지 이런 합심만이 그것을 성취할 수 있으며, 경쟁과 은밀함을 통해 국

하는지는 그는 말한 적이 없다. 우리가 들은 것에 따르면 농노의 의도는 현존하는 생산 관계 또한 교환관계를 어떻게 해서든 변화하려는 주장이 아니다. 오히려 그 의도는 더 많이 토지 소유자에서 뺏어내서 농노보다 토지 소유자가 더 많이 지급하게 하라는 주장이다. 프롤레타리아 대중에게 분배되는 이와 같은 Dépense〈지급〉에 차이가 나더라도 그런 차이는 각 개인에게 다만 푼돈을 던져 주는 것에 불과하며 그의 처지를 조금도 개선하지 않는다는 점에 대해서는 우리의 선량한 Jacques le bonhomme〈촌티 나는 바보〉는 무관심하다. 이런 영웅적인 농노가 농업의 어느 단계에 속하는지는 드라마의 끝에서 바로 드러난다. 그 끝에서 농노는 "가노[家奴]"[709]로 전환된다고 한다. 농노는 이제 어떤 가부장에 종속해서 산다. 그런 가부장 아래서 노동 분업은 거의 발전하지 않는다. 게다가 그런 가부장 아래 노예의 반란이 도달하는 "최종적인 결과"는 곧 지주가 농노의 대변자를 헛간으로 끌고 가서 약간의 구타를 그에게 가하는 것이다. 그에 반해서 문명 국가 속에서 자본가가 그런 사태를 벗어나는 방식은 노동을 약간의 시간 동안 중지하고 노동자들이 〈GA2, 445〉"놀러 가게" 하는 것이다. 산초가 그의 예술 작품을 하나의 작품으로 완전히 구상하는 데 얼마나 노련한가는 그리고 그가 그럴듯함을 해치지 않으려고 얼마나 자제하는가는 그의 기발한 착상에서 분명하게 드러난다. 그 착상이란 곧 농노의 turn out〈파업〉을 특히 "하녀"와 동맹해 성취하려는 소망이다. 세계 시상에서 곡물 가격이 〈수, 94a〉수요와 공급의 관계에 따라 조정되는 대신 힌터폼머Hinterpommer

---

법을 수천 배 [안전하게] 회피할 수 있다."

709   GA2주 재인용) 슈티르너, 『유일자와 그의 소유』, 361쪽: "국가는 가노[家奴]의 확고한 용기와 강력한 자존심을 일깨울 수 있을까?"

지방에서나 보이는 농노의 임금 인상 요구에 따라 조정된다고 믿는 것은 얼마나 속 편한 생각인가! 정말로 엽기적인 것은 농노가 문학과 최근의 그림 전시회 그리고 당시의 유명한 여자 무용수에 관해 말한다는 놀라운 여담[餘談]이다. 이는 예술과 과학 때문에 지주가 던지는 예기치 않은 물음에 대한 답변으로 나오기에 정말로 더 놀랍다. 문학이라는 주제가 등장하고 시달린 지주가 잠시 닥쳐온 그의 파멸을 망각하고 예술과 과학에 대한 그의 Devoument〈헌신〉을 밝히자마자 분위기는 전적으로 우호적으로 된다. 최종적으로 반항자들은 지주의 성실성을 확신하며 자기들은 지주를 불쾌하게 만드는 데 관심을 가진 것이 아니고 전복적인 성향을 지닌 것도 아니며 오히려 순수한 도덕적 동기가 있다고〈W, 372〉설명하면서 지주를 안심시킨다. 반항자들은 다만 좋은 가격만을 원하며 영예와 양심을 걸고 자신을 더 높은 가격을 받을 만한 사람으로 만들겠다고 약속한다. 이 모든 일이 가지는 유일한 목적은 각자에게 자신의 것을, 각자에 대한 정직하고 공평한 대우를, 성실하게 일해서 얻는 쾌락을 보장하는 데 있다. 이런 가격은 노동 시장의 처지에 의존하는 것이지 몇몇 문학적인 교양을 갖춘 농노가 도덕적으로 반항하는 것에 의존하지 않는다는 사실을 인식하라고 우리의 정직한 사람에게 요구해 보았자 소용없다.

힌터폼머 지방의 반항자들은 합심한다면 사물을 지배하는 전적으로 다른 권력을 얻을 수 있음에도 전과 마찬가지로 노예로 머무르려고 하며 "1탈러의 일급"이 그들이 가슴 속에 품은 최상의 소망이라 하니 정말 비루하기 짝이 없다. 이런 비루함에 논리적으로 부합되지만, 그들은 그들의 강제에 갇힌 지주를 훈계하는 것이 아니라 오히려 지주에게서 훈계받는다.

"가노[家奴]"의 용기가 얼마나 "확고한지" "그의 자부심"이 얼마나 "강한지"는 가노와 그 동료가 내뱉는 다음과 같은 "확고하고" "강력한" 언어 속에 표현될 것이다: "아마도-음-군중은 그것을 성취할 수 있음이 *틀림없다*-적당한 액수를-내가 존경해 마지않는 늙은 주인-결국" 이미 앞에서 본 선언문에서도 〈수, 94b〉다음과 같이 말해진다: "필요하다면 정말 아-우리는 *창조하려고* 생각한다-정말-아마도, 아마 등" 농노는 결국 유명한 말 클라빌레노Claviléno를 능가할 수 있을 것으로 보인다. {〈W, 노트 72: 372-하단 주: 수고에 삭제〉〈수, 94b-하단 주〉힌터폼머 지방보다 프랑스에서 생산량이 조금 더 많다. 미셸 쉐발리에Michel Chevalier에 따르면 프랑스에서는 매년 전체 생산을 총인구로 평균적으로 나누면 한 사람당 97프랑이며 가족당 …. 이다.}

우리의 산초가 벌인 시끌벅적한 반항 전체는 결국 하나의 Turnout〈파업〉, 그러나 예외적인 〈GA2, 446〉의미에서의 Turnout〈파업〉으로 즉 베를린화된 Turnout〈파업〉으로 환원된다. 실제의 Turnout〈파업〉은 문명화된 나라에서 노동운동의 더욱더 하위에 속하는 부분을 이룬다. 왜냐하면 노동자 사이의 더 일반화된 연합은 그와 다른 노동운동 형식으로 나아가기 때문이다. 반면 산초는 소부르주아 방식으로 만화화된 Turnout〈파업〉을 최종적이고 궁극적인 형식으로 나타난 세계사적인 투쟁으로 묘사하려고 시도한다.

반항의 물결을 타고 이제 우리는 우유와 꿀이 흐르는 약속된 나라의 기슭에 밀어닥친다. 여기서 모든 진성으로 선택된 이스라엘인은 무화과나무 아래 앉아 있으며 "협의"의 Millennium〈밀레니엄 시대〉에 먼동이 튼다.

신약 편 5절 B)-(3) 연합

〈W, 373〉〈수, 94c〉우리는 반항을 다루면서 먼저 산초의 허풍을 요약했고 이어서 "자족적인 이기주의자의 순수 행위"가 실천적으로 어떻게 결과에 이르는지를 살펴보았다. 우리는 "연합"을 다루면서 길을 거꾸로 걸어 들어가려 한다. 그래서 우리는 우선 정착한 제도를 검토해 보며 이어서 우리의 신성한 자가 이런 제도에 대해 품은 환상을 그것과 비교하려 한다.

신약 편 5절 B)-(3)-a 토지 소유

"우리가 토지를 토지 소유자에게 그대로 내버려 두지 않고 쟁취하려하며 이런 목적을 위해 단결해 연합을 즉 sociéte〈집단〉을 만든다." "우리가 성공해 기존의 토지 소유자는 토지 소유자이기를 중지하고 이제 단체가 소유자로 된다." 그러면 "토지와 대지"는 "정복자의 소유자 된다. 개인으로 이루어진 집단은 개별 개인 또는 소위 propietaire〈소유주〉못지않게 토지와 대지를 마음대로 다룬다. 따라서 이때도 마찬가지로 소유는 지속하며 더구나 '*배타적*'인 것으로 지속한다. 왜냐하면 인간 집단은 즉 이 대규모 단체는 개인을 소유에서 배제하며 개인에게는 다만 그 소유의 한 조각만을 빌려주면서 이를 임금으로 삼기 때문이다. .... 소유는 그와 같이 지속하고 생성한다. 모든 사람이 자기 몫을 가지는 이 소유는 이를 〈수, 95〉독점적으로 간직하려는 개인을 회피하려 하며 공동의 재산으로 된다. 모든 사람은 공동 재산인 그것에 자기의 몫을 가지며 이 몫은 그의 소유이다. 따라서 우리의 낡은 사회관계에서와 마찬가지로 5명이 유산으로 받은 집은 그들의 공동 재산이다.〈GA2, 447〉그러나 소득의 5분의 1은 각자의 소유이다."(329, 330쪽)

우리의 용감한 반항자들이 연합 즉 단체를 형성해 이런 형태 속에서 한 조각의 토지를 정복하자 오히려 이 "sociéte〈집단〉" 즉 도덕적 인격체가 "*소유자*"로 된다. 이런 사정이 오해되지 않게 "이 연합은 개인을 소유에서 *배제하며* 그에게 다만 그 소유권의 한 조각을 빌려주면서 이를 임금으로 삼는다고" 언급되고 있다. 이런 방식으로 성 산초는 공산주의에 관해 그가 이해한 관념을 자기화하며 그가 제시한 연합에 갖다 붙인다. 독자는 산초가 무지 때문에 공산주의자를 이렇게 비난했다는 것을 기억할 것이라. 즉 공산주의자는 사회를 궁극적인 소유자로 만들려 하며 이 사회는 개인에게 개인이 "점유하는 것"을 세습 차용물 [Lehen]로 부여한다고 말이다.

나아가서 독자는 산초가 그의 동지에게 공동 재산에 대한 몫이라는 전망을 열어주었다는 것도 기억하라. 이렇게 말했던 산초가 나중에는 공산주의자에 반대하면서 심지어 이렇게까지 말한다.

"나에게 그중 일부가 흘러들어오게 만들어진〈W, 374〉재산이 전체에 속하든지 또는 개인적인 소유자에게 속하든지, 어느 것이든 마찬가지로 나에게는 강요가 된다. 왜냐하면 나는 둘 중의 어느 것에 관해서도 결정할 수 없기 때문이다."(그러므로 "전체 대중"은 그가 그에게 독점적으로 속하기를 원하지 않는 것을 그에서 "박탈해" 전체 의지의 힘을 느끼게 만든다.)

세 번째로 우리는 여기서 다시 산초가 부르주아의 소유에 속한다고 해 그렇게 자주 비난했던 "배타성"을 발견한다. 그 결과 "그가 다가가고자 안타까이 맴도는 지점에 그는 한 번도 도달하지 못한다."[710] 오히려 그가 가진 권리와 힘이란 가련하고 억압된 예속농처럼 그런 개념을 밑에 깔고 눌러앉아 있는 것일 뿐이다.

네 번째로 여기서 산초가 자기의 주장으로 삼는 것은 지금까지 현존해 왔거나 기획됐던 모든 사회 형식 속에서 발견됐기에 그가 너무나도 혐오했던 봉건제다. 위와 같은 정복자 즉 "집단"이 행동하는 양상은 반 야만적인 게르만인의 "연합"과 거의 같았다. 게르만인은 로마의 변경을 정복해 거기서 고대 부족 체제를 거의 그대로 이식해, 초기 봉건제를 구축했다. 단체는 개인에게 한 조각의 땅을 "세습 차용물"로 준다. 산초와 6세기 게르만인이 서 있는 단계에서 봉건제는 "품삯[Lohn]"-체제와 거의 일치한다.

더욱이 산초가 여기서 새롭게 숭배하게 된 부족 소유는 머지않아 다시 현재의 사회관계로 해소될 수밖에 없을 것이라는 점은 자명하다. 산초는 이것을 이미 스스로 예감하고 있기에 이렇게 외친다: "그렇게 그것은 지속*한다* 그리고*'*('그리고' 라니, 얼마나 아름다운 말인가!) 그

---

[710] GA2주 재인용) 슈티르너, 『유일자와 그의 소유』, 328/329쪽: "부르주아 자유주의자가 이해하는 소유는 공산주의자와 푸르동의 공격을 받을 만하다. 그런 소유는 유지할 수 없다. 왜냐하면 부르주아 소유자는 진짜로는 무소유자, 곳곳에서 배제된 자일 뿐이기 때문이다. 세계는 그런 부르주아 소유자에게 속하지 않으며 그가 안타까이 다가가고자 맴도는 지점은 한 번도 그에게 속하지 않는다."

래서 그는 결국 5명에게 속하는 집이라는 엄청난 예를 통해 그가 우리의 낡은 관계를 넘어서려는 의도를 전혀 갖지 않는다는 사실을 입증한다. 토지 소유를 조직하려는 그의 전체 계획이 지닌 목적은 오직 역사의 우회로를 통해 소부르주아적인 세습 소작제로 그리고 독일의 제국 도시의 가족 소유로 복귀하려는 것이다.

〈GA2, 448〉지금 현존하는 우리의 낡은 관계에 대해서 산초가 자기 것으로 삼는 주장은 법률가의 난센스라고 할 것만이다. 즉 개인이나 propriétaire〈소유자〉가 토지 소유를 "자의적으로" 처리한다는 난센스다. "연합"을 다루면서 그는 이런 공상에 불과한 "자의성"을 "집단"이 계승해야 한다고 말한다. 과연 "집단"이 대지를 어떻게 처리할지 즉 "아마도" 개인에게 한 부분을 임대할지 아니면 않을지는 "연합"과 무관하다. 이런 문제는 도대체 무차별한 문제다. 농경이 일정하게 조직되면서 이 일정한 형태의 활동이 주어지며 일정한 단계의 노동 분업이 일어난다는 것을 산초는 당연히 알지 못한다. 그러나 산초가 여기서 제안한 것과 같은 소규모 예속농 각각이 "전능한 자아가 될" 수 있기에는 얼마나 무기력한가 그리고 그 거지 같은 분할지에 대한 그들의 소유가 그가 엄청나게 찬미했던바 "무슨 일이든 할 수 있는 소유[Eigentum an Allem]"가 되기에는 〈W, 375〉얼마나 열악한 것인가는 모든 다른 사람들은 알고 있다. 실제 세계에서 개인 사이의 교환은 생산방식에 의존한다. 따라서 산초의 "아마도"는 아마도 그의 연합 전제를 쓰레기더미에 내던질 것이다. 그러나 교환에 관한 산초의 진정한 견해가 여기서 "아마도", 아니 차라리 의심할 바 없이 이미 등장한다. 그의 견해란 곧 이기적인 교환이 신성한 것을 토대로 삼고 있다는 견해를 말한다.

〈수, 95b〉산초는 여기서 그가 제시한 연합이라는 미래의 "제도"에 대한 최초의 구상을 밝힌다. 반항자는 무정부를 추구하는 가운데 스스로 질서를 부여하면서 토지 소유 "체제[Verfassung]"를 "선택한다." 산초가 새로운 제도에 대해 찬란한 희망을 전혀 가지지 않는 게 옳았다는 것을 우리는 안다. 그러나 또한 우리는 그가 사회에 관한 재능을 가진 자 가운데 높은 등급이며 사회 제도에 관한 한 비범하게 독창적이라는 사실도 알고 있다.

신약 편 5절 B)-(3)-b) 노동의 조직화

"노동의 조직화는 타인이 우리를 위해 할 수 있는 노동 예를 들어 도축, 농경과 같은 노동에만 관계한다. 나머지 노동은 개인적인 것으로 남는다. 왜냐하면 예를 들어 아무도 그대를 대신해 *그대*의 음악 작곡을 완료할 수 있거나 그대의 스케치를 완성할 수 있거나 등등은 아니기 때문이다. 라파엘Raphael의 노동은 아무도 대신할 수 없다. 막 언급했던 이런 노동은 다만 유일자만이 수행할 수 있는 유일자의 노동이다. 반면 앞에서 언급했던 노동은 인간으로서의 노동이라"(356쪽에서 일반적으로 유용한 노동과 동일시된다) "불릴 만하다. 왜냐하면 그런 노동에 *고유성*이 별로 영향을 미치지 못하며 따라서 아마도 그런 노동은 모든 사람이 할 수 있게 훈련될 수 있기 때문이다."(355쪽)

"우리는 인간으로서의 노동에 관해서 합의를 보는 것이 훨씬 유익하다. 왜냐하면 그래야만 서로 경쟁할 때처럼 그런 노동이 우리의 모든 시간과 모든 노력을 뺏어가지 않기 때문이다. .... 그러나 누구를 위해 시간을 마련해야 하는가? 그가 소모한 노동력을 쇄신하기 위해서 필요한 것 이상으로 노동하는 시간이 필요하다면 그것은 무엇을 위한 것이어야 하는가? 이에 관해서 공산주의는 침묵한다. 왜? 그가 인간으로서 자신이 해야 할 노동을 수행한 다음에 유일자로서 자신의 노동을 즐기기 위해서이다."(356, 357쪽)

"나는 노동을 통해서 대통령, 장관 등의 직무를 수행할 수 있다. 이런 직책은 다만 일반적인 교양만을 요구한다. 즉 일반적으로 도달될 수 있는 교양 말이다. …… 그러나 모든 사람이 이런 직책을 차지할 수 있다고 하더라도 다만 그에게만 존재하는 고유한 유일한 힘이 비로소 그런 직책에 소위 생명과 의미를 부여한다. 그가 그의 직책을 보통 사람처럼 수행하지 않고 〈수, 95a[96c]〉그의 유일성에서 나오는 능력을 투입한다면 비록 그가 다만 관리나 장관으로서는 그 대가를 지급받는다고 하더라도 그런 능력에 대해서는 지급받지 못한다. 그가 그런 직책을 당신들이 감사함을 느끼게 수행했는데 이 감사할 만한 가치가 있는 유일한 힘이 그에게 유지되기를 당신들이 원한다면, 당신들은 그에게 단순한 인간으로서 다만 인간적인 것을 수행한 데 대해 지급하고자 하지 말라. 오히려 당신들은 그에게 다만 유일자로서 유일한 것을 수행한 데 대해 지급하라."(362, 363쪽)

〈W, 376〉"그대가 수천의 사람들에게 즐거움을 줄 수 있다면 수천 사람이 그대에게 그것에 대해 사례할 것이며, 그것을 중단할 것인지 아닌지는 전적으로 그대의 강제력 속에 있을 것이니 그들은 그대의 행위를 구매하지 않을 수 없을 것이다."(351쪽)

"나의 유일성에 관해서는 일반적으로 정해지는 공정가격이 붙을 수 없다. 그것은 내가 인간으로서 행하는 노동에 대해서와는 다른 것이다. 후자에 대해서만 공정가격이 결정될 수 있다. 그러므로 일반적인 공정가격은 인간으로서의 노동에 대해서만 정하라. 그러나 당신들의 유일성이 기여하는 것을 제거하지 말라."(363쪽)

「연합」의 절에서 노동 분업의 예로서는 365쪽에서 이미 언급됐던 공공의 빵집이 소개된다. 이 공공 설비는 위에서 전제한 반달Vandal 족의 분할지 아래서만 진정한 기적이 됨이 틀림없다.

우선 인간으로서의 노동은 조직되면서 이를 통해 그 노동 시간이 줄어들어야 한다. 그렇게 해야만 슈트라빙거Straubinger[711] 형제는 나중에 노동을 일찍 끝내고 축제의 밤을 보냈을 때 "유일자로서 자신을 즐길 수 있다."(357쪽)[712] 반면 363쪽을 보면 유일자가 자신의 삶을 즐기는 것

---

[711] CW주 111) 스트라빙거Straubinger-여행을 즐기는 독일 장인의 이름. 마르크스 엥겔스는 작품이나 편지에서 자주 이 이름을 아이러니하게도 장인에게 적용했다. 이런 장인은 후진적인 중세 길드의 개념의 영향에 머물러 있으면서 사회는 대규모 자본주의적인 산업을 포기할 수 있으며 소규모 수공업적인 생산 단계로 되돌아가야 한다고 믿기 때문이다.

[712] GA2주 재인용) 슈티르너, 『유일자와 그의 소유』, 357쪽: "그가 인간으로서 자신의 일을 다한 다음 유일자로서 자신을 즐기기 위해서는"

은 그가 잉여로 획득하는 가치로 환원된다. 363쪽을 보면 유일자가 자기의 삶을 표현하는 노동은 인간으로서의 노동보다 덜 중요한 것으로 되며 오히려 인간으로서의 노동이 유일한 행위로 될 수 있고 이때 그는 임금의 추가를 요구할 수 있다. 유일자는 그에게 유일성이 문제가 아니라 더 높은 임금이 문제이므로 그런 높은 임금이 아니라면 그의 유일성을 장롱 속에 집어넣어 버릴 것이며 이로써 사회야 어떻게 되든 간에 보통의 인간으로서의 역할을 수행하며 따라서 이를 통해 〈GA2, 450〉자기의 인격이 깎이더라도 만족할 것이다.

356쪽에 따르자면 〈수, 96〉인간으로서의 노동은 일반적으로 유용한 노동과 일치하지만, 351쪽과 363쪽을 따르자면 어떤 것이 유일성을 지닌 노동인지 아닌지는 일반적으로 유용하거나 적어도 많은 사람에게 유용하므로 초과로 사례를 받는다는 바로 그 사실을 통해서 입증된다.

그러므로 연합 속에서 노동의 조직화란 인간으로서의 노동과 유일성을 지닌 노동을 구별하는 데 그리고 인간으로서의 노동에 대해서 공정가격을 확정하고 유일성을 지닌 노동에 대해서는 흥정을 통해 임금을 추가하는 데 있다. 이런 임금의 추가는 다시 이중화되니, 하나는 인간으로서의 노동을 유일하게 수행하는 것에 대한 임금 추가이며 다른 하나는 유일성을 지닌 노동의 유일한 수행에 대한 임금 추가다. 이렇게 이중화되면 대차대조표가 더 엉망진창으로 된다. 왜냐하면 어제는 유일성을 지닌 노동이었던 것이 (200번 먼사를 직조하는 것과 같은) 오늘은 인간으로서의 노동으로 되어 버리기 때문이며 또한 인간으로서의 노동을 유일하게 수행하기 위해서는 자기 이익의 관점에서는 지속적인 Selbstmouchardrie〈자기 감시〉가 요구되고 공적인 이익의 관점에서는 일반적인 moucharderie〈감시〉가 요구되기 때문이다. 따라서 전적으로 중요한 것은 노동을 조직화하는 계획이다. 이 계획이란 곧 수요공급 법칙을 전적으로 소시민적으로 이용하는 것에 해당한다. 다시 말해 오늘날 현존하고 〈W, 377〉모든 경제학자를 통해 발전되어 왔던 수요공급 법칙 말이다. 산초가 유일성을 지닌 노동이라고 주장하는 노동 즉 예를 들어 여자 무용수의 노동이나 탁월한 의사 노동 또는 변호사 노동의 가격이 얼마인지를 결정하는 법칙에 관해서라면 산초는 애덤 스미스[713]를 보면 됐을 것이다. 그는 이미 그 법칙이 거기에 설명되어 있으며 또 미국인 쿠퍼Cooper[714]를 보면 이미 그것에 공정가격이 매겨져 있다는 것을 발견할 수 있을 것이다. 새로운 경제학자들은 travail improductif〈비생산적인 노동〉이라고 부르는 것이[715] 높은 봉급을 받지만, 정작 일용 임금 노동자가 낮은 봉급을 받는다는 사실을 즉 일반적으로 동등하지 않은 노동 임금을 이런 수요공급 법칙에서 설명했다. 우리는 신의 덕분으로 다시 경쟁에 이르렀으나 우리가 이른 경쟁은 전적으로 쇠퇴한 상태이다. 그러니 산초가 공정 가격을 즉 14, 15세기와 같은 옛날에서나 일어났던 것 같이 법을 통해 노동임금을 고정하는 일을 제안하는 것도 가능했다.

여기서 산초가 밝힌 생각을 홀스타인에서 온 구세주 조지 쿨만 박

---

713   CW주) 애덤 스미스, 『국부의 본성과 원인에 관한 탐구』

714   CW주) 토마스 쿠퍼, 『정치 경제학의 원리에 관한 강의』

715   GA2주 참조) 마이트랜드James Maitland, 『공중이 지닌 부의 본성과 기원에 관한 탐구』(에든버러, 1804) 이 책에서 그는 종교와 법을 유지하기 위해, 국가를 방어하거나 국민의 건강과 교양을 위해 노동하는 자들은 비생산적인 노동자에 집어넣었다. 그런 사람들의 봉사는 인류를 통해 귀중하게 평가되고 그에 따라 높은 가치가 지급될 것이라고 한다.

사[716]는 심지어 전적으로 새로운 것으로 발견한다는 사실도 또한 언급될 만하다.

여기서 산초가 인간으로서의 노동이라고 부른 것은 그 개념에서 관료적 환상을 제쳐 놓는다면 이전에 기계적 노동이라고 하는 것 그리고 산업의 발전에 따라서 점차 기계에 맡기는 노동과 같은 것이다. 물론 "연합"을 다룰 때 본 것처럼 위에서 묘사된 토지 소유의 조직화에서 기계화는 불가능한 것이며 따라서 자족적인 〈수, 96a〉예속농은 이런 노동에 대해 서로 협의하는 것을 더 선호한다. "대통령"과 "장관" 직무에 관해 산초 즉 poor localized being〈가련한 우물 안 개구리〉는 오언Owen이 말하듯이 자기의 주변에서 본 것에 따라서만 판단한다.

〈GA2, 451〉항상 그렇듯이 산초가 여기 제시한 실천적인 예는 또 하나의 불운한 예이다. 그의 생각에 따르면 아무도 "너 대신 너의 작곡을 완료하거나 너의 스케치를 완성할 수 없다. 라파엘의 노동은 아무도 대신할 수 없다." 산초는 모차르트 자신이 아니라 타인이 모차르트의 레퀴엠Requiem을 대부분 완료했으며 마무리 지었다는 사실[717]을 또한 라파엘이 자신의 프레스코 중의 아주 작은 부분만을 스스로 "완성했다"는 사실을 알 수도 있을 텐데.

---

716 CW수) 게오르그 쿨만, 『신세계 또는 지상에 세워진 정신의 왕국』. 여기서 쿨만은 노동의 가치는 그 업적에 따라 평가되며 모든 노동 분야는 가장 숙련된 자를 통해 인도돼야 한다고 주장했다. 따라서 정부는 가장 현명한 자, 가장 덕 있는 자, 가장 축복받은 자에게 속해야 한다는 것이다.

717 CW주 112, W주 141) 모짜르트의 레퀴엠은 그의 수고 노트에 기초해서 프라트 자베르 쉬스마이어가 완성했다.

그는 소위 노동 조직 전문가[718]가 개인의 전체 활동을 조직하고자 한다고 공상한다. 그러나 바로 그런 노동 조직 전문가는 직접 생산적인 노동과 직접 비생산적인 노동을 구별한다. 그 가운데 전자는 조직된 것이어야 한다. 비생산적인 노동 가운데 산초가 공상하듯이 누구나 라파엘을 대신해 노동하는 것은 아니지만, 라파엘과 같은 재능이 감추어져 있는 모든 사람은 자기의 능력을 방해받지 않고 육성할 수 있다고 가정된다. 산초는 라파엘이 그의 시대 로마에 현존하던 노동 분업에서 무관하게 〈W, 378〉그림을 제작했을 것이라고 공상한다. 그가 라파엘을 레오나르도 다빈치와 티치안Tizian과 비교한다면, 라파엘의 예술 작품이 피렌체의 영향 아래서 형성된 당대 로마의 번영을 통해 얼마나 심각하게 제약되어 있으며 레오나르도 다빈치의 예술작품은 피렌체의 상태를 통해 얼마나 심각하게 제약되어 있었으며 후일 등장한 티치안의 예술 작품은 이 도시들과 전적으로 다른 베네치아의 발전에서 얼마나 심각하게 제약받고 있었던가를 알 수 있을 것이다. 라파엘은 다른 예술가들과 마찬가지로 그에 앞서서 발생했던 예술의 기술적인 발전에 제약되어 있었다. 또한 그는 사회의 유기적인 조직화와 자신의 지역 안에서 일어난 노동 분업을 통해, 〈수, 96b〉마지막으로 그 지역이 교류하고 있었던 모든 나라에서의 노동 분업을 통해서 제약되어 있었다. 라파엘과 같

---

[718] W주 142, CW주 113) 노동의 조직가-유토피아 사회주의자들에 대한 암시(특히 푸리에와 그 추종자들), 그들은 연합을 통해 사회를 평화적으로 변형하려는 계획을 제시했다. 그 연합이 곧 노동의 조직인데, 그들은 자본주의 아래에서 생산의 무정부성에 대립하는 것이다.
이런 생각 중의 어떤 것은 프랑스 소부르주아 사회주의자인 루이 블랑Louis Blanc의 책『노동의 조직』(파리, 1839)에서도 사용됐다. 이 책에서 블랑은 부르주아 국가가 당대의 사회를 사회주의적인 사회로 변형해야 한다고 제안했다.

은 개인이 그의 재능을 계발하는지 아닌지는 전적으로 수요가 그만큼 발전하는가에 의존하고 있다. 그런 수요는 다시 노동의 분업과 이런 분업에서 출현한 문화의 조건에 의존한다.

슈티르너의 수준은 부르주아보다 한참 떨어진다. 그러니 그는 과학적이며 기술적인 노동이 유일성을 지닌다고 단언한다. 이런 "유일성"을 지닌 노동도 조직화할 필요가 있다는 사실을 사람들은 지금 이미 깨닫고 있다. 호레이스 베르네Horace Vernet가 회화를 "유일자만이 수행할 수 있는" 노동이라고 간주했더라면 10분의 1에 해당하는 그의 그림들을 그는 그릴 만한 시간이 없었을 것이다. 파리에서 보드빌[Vaudevilles: 경가극, 희극][719]과 소설에 대한 수요가 증대하자, 이런 품목을 생산하기 위한 노동의 조직화가 출현해서 독일에서 "유일자적인" 경쟁자보다 훨씬 나은 노동을 수행했다. 천문학에서 아라고Arago, 허셸Herschel, 엔케Encke 와 베셀Bessel과 같은 사람들은 공동 관찰을 조직하는 것이 필요하다는 것을 깨달았다. 그 이래로 비로소 몇 가지 중요한 관찰 결과가 등장했다. 적어도 역사 서술에서는 "유일자"가 어떤 일을 수행한다는 것은 절대적으로 불가능하다. 프랑스인은 〈GA2, 452〉여기에서도 오래 전부터 이런 노동을 조직화해 모든 다른 나라의 수준을 추월했다. 더욱이 이 모든 근대적인 노동 분업에 기초한 조직화는 여전히 지극히 제한된 성과를 얻지만, 다만 지금까지 지역적인 고립과 비교해 볼 때만은 한 걸음 앞선 것이라는 사실은 자명하다.

또한 더 강조돼야 하는 것은 다음과 같은 사실이다: 즉 산초는 노동의 조직화를 공산주의와 혼동해 그가 보기에 "공산주의"가 조직화에 관

---

719 W주 143) 보드빌-잘 알려진 멜로디를 통해 일상사를 풍자적으로 그리는 대중 가요

한 그의 숙고에 대해 대답하지 않는다는 사실 때문에 심지어 의아해한다. 마찬가지로 가스코뉴Gascogne의 젊은 농부는 어느 별 위에 그가 사랑하는 신이 궁전을 세웠을 것인지를 천문학자 아라고가 그에게 말하지 못한다고 해서 의아해한다.

개인에게 예술적인 재능이 배타적으로 집중되어 있으며⟨W, 379⟩ 이와 연관된 사실이지만, 대중 속에서는 그런 재능이 억압되어⟨수, 96c⟩있다는 사실은 노동 분업의 결과이다. 일정한 사회관계 속에서 모든 사람이 탁월한 화가라고 가정하더라도 이 가정은 모든 사람이 독창적인 화가가 될 수 있다는 주장을 전혀 배제하지 않는다. 따라서 여기에서조차 인간으로서의 노동과 유일한 노동을 구별하는 것은 전적으로 난센스로 전락한다. 사회를 공산주의적으로 조직하는 데서 어느 때든 예술가는 순전히 노동 분업에서 출현하는 지역적이거나 국가적인 제한에 종속하거나 또한 개인은 일정한 기술 아래 종속해 개인은 전문적인 화가이거나 조각가 등이 되는 일이 중단된다. 이런 명칭이 사용된다는 것은 그의 사회가 발전하는 데 한계가 있다는 것이나 그가 노동 분업에 의존한다는 사실을 충분히 표현한다. 공산주의 사회에서는 화가가 없으며 기껏해야 다른 일을 하면서도 그림도 그리는 인간만이 있다.

산초가 말한 노동의 조직화는 철학에서 등장한 모든 실체의 기사가 단순한 상투어를 붙잡고 늘어지는 짓이 얼마나 심한지를 명백하게 보여준다. "실체"를 "주체"에 복종시킨다는 주장에 대해 사람들은 "주체"를 지배해야 하는 "실체"를 주체의 단순한 "부속물"로 전락시킨다고 울분을 토하는데, 이것은 단순한 "공허한 잡담"에 지나지 않는 것으로 보인다. {⟨W, 노트 73: 379-하단 주: 수고에 삭제⟩⟨수, 96c-하단 주⟩산초가 그런 상투어를 진지하게 고민했다면 그는 노동 분업을 문제 삼아야 했을 할 것이다. 그는 이런 관계를 문제 삼는 일은 현명하게도 중지하고 현존하는 노동 분업을 아무 고려 없이 받아들여서 이 노동 분업을 그의 "연합"을 위해 이용했다. 이 실체라는 대상을 좀 더 면밀하게 살펴보았다면 그는 이것이 "머릿속에서 추방된다"고 해서 폐지되는 것은 아니라는 사실을 깨달았을 것이다. 철학자는 실체에 반대해 투쟁하면서도 실체라는 환상을 산출하는 노동 분업이나 물질적 토대를 소홀히 한다. 이런 사실이 무엇인가를 입증한다면 그것은 다만 이런 영웅에게는 상투어를 부정하는 것만이 주요하며 이 상투어를 발생하게 했음이 틀림없는 조건을 변화하는 것은 전혀 중요하지 않다는 사실이다.} 따라서 그런 실체의 기사들은 현명하게도 노동 분업이나 물질적 생산이나 물질적인 교환을 문제 삼기를 중단한다. 그런데 이런 것이야말로 개인을 일정한 관계나 활동방식에 복종하는 것이다. 그들에게는 도대체 현존의 세계를 해석하기 위해 새로운 상투어를 고안하는 것만이 중요하다. 하지만 그런 상투어가 스스로 세계를 넘어서 고양했다고 믿으며 세계에 대립하면 할수록 우스꽝스러운 허풍에 해당한다는 사실은 더 확실하게 된다. 산초야말로 그런 우스꽝스러운 허풍의 예 가운데서도 특히 비난받을 만한 예이다.

신약 편 5절 B)-(3)-c) 화폐

⟨GA2, 453⟩⟨수, 97⟩⟨W, 380⟩ "화폐는 상품이며 그것도 본질적인 수단이거나 능력[Vermögen]이다. 왜냐하면 화폐는 재산[Vermögen]이 굳어버리는 것을 방지하며 재산을 유동화하며, 재산의 전환을 일으키기 때문이다. 그대가 더 나은 교환 수단을 안

다고 할지라도 여하튼 그것 역시 다시 화폐일 것이다."(364쪽)

353쪽에서 화폐는 "유통되거나 통용되는 소유"라고 규정된다.

"연합" 속에서도 화폐는 유지된다. 이것은 순수하게 사회의 재산이며 모든 개인은 이 재산을 박탈당했다. 산초가 부르주아의 견해에 얼마나 사로잡혀 있는가는 더 나은 교환 수단이 없을까 하고 묻는 데서 나타난다. 그는 우선 일반적으로 어떤 교환수단이 필요하다는 것을 전제로 한다. 그리고 나서 그는 화폐와 다른 교환 수단을 알지 못한다. 그는 상품을 수송하는 배나 철도가 마찬가지로 교환수단이라는 사실에 관심이 없다. 단순히 교환수단에 대해서 말하는 것이 아니라 특별히 화폐에 대해 말하기 위해서 그는 화폐가 가진 나머지 규정을 받아들일 수밖에 없으니 즉 그는 화폐는 일반적으로 유통되고 통용되는 교환수단이며 모든 소유를 유동화하는 것이라는 등을 주장한다. 이를 통해 산초는 알지 못한 채 화폐를 직접 규정하는 경제학적인 규정이 도입된다. 그런 규정과 더불어 현재의 상태 전체, 계급 경제나 부르주아의 지배 등이 함께 도입된다.

그러나 우선 연합 속에서 일어나는 화폐 공황이라는-매우 기이한-경과에 관해 약간의 해명을 들어보자.

그는 다음과 같이 묻는다:

"화폐는 어디에서 얻는가? .... 사람들은 화폐로 지급할 수 없다. 왜냐하면 화폐 부족이 등장할 수 있기 때문이다. 오히려 그의 능력[Vermögen]으로 지급하는데, 오직 이것을 통해서만 우리는 능력 있는 자[Vermögend]이다. 화폐가 그대를 해치지 않으며 화폐를 얻지 못하는 그대의 무능력[Unvermögen][720]이 그대를 해친다."

그리고 그는 이제 다음과 같이 도덕적으로 권고한다:

"그대의 능력[Vermögen]을 행사하게 하라, 그대의 정신을 가다듬어라, 그러면 화폐, 그대의 화폐, 그대가 새겨져 있는 화폐에서 부족이 일어나지 않는다. 그대는 그대의 능력[Vermögen]을 갖추는 만큼 많은 화폐를 가질 것이라는 점을 꼭 알기 바란다. 왜냐하면 그대는 자신을 유효[Geltung]하게 하는 만큼 가치 있을[gilt] 것이기 때문이다.[721]"(353, 364쪽)

화폐가 위력[Macht]을 발휘함을 통해, 일반적인 교환 수단이 사회뿐만 아니라 개인에 대해서도 대립해 자립적으로 되는 가운데 생산 관계와 교환관계가 일반적으로 가장 명백하게 자립화한다. 그러므로 산초는 〈수, 97a〉항상 그렇듯이 화폐 관계가 일반적인 생산과 교환에 관련된다는 사실에 대해 전혀 아무것도 알지 못한다. 그는 선량한 시민답게 화폐를 아무 생각 없이 집어넣고 다닌다. 그가 제시한 노동 분업과 토지 소유의 조직화에 따르자면 〈W, 381〉그가 달리 생각할 가능성이 없다. 화폐의 실질적인 위력은 화폐 공황에서 화려하게 등장하며 이 위력은 "구매욕에 사로잡힌"〈GA2, 454〉소부르주아의 영원한 화폐 결핍의 형태로 압박하므로 자족적인 이기주의자에게는 항상 최고로 불유쾌

---

[720] CW주) 'Vermögen'은 독일어로 능력, 기능, 힘, 부, 수단, 재산을 의미한다
[721] CW주) 'Geld-화폐, 'sich Geltung verschaffen'-자신을 유효하게 하다, 'gelten'-가치 있다.

한 사실이다. 산초가 자기 이론의 난점을 회피하는 수단은 소부르주아의 통상적인 생각을 거꾸로 표현하는 것이며 또한 이를 통해 화폐의 위력에 대해 개인이 어떤 태도를 보이는가는 개인적인 의지와 노력[722]에 전적으로 의존한다는 가상[假像]을 끌어들이는 것이다. 이렇게 표현법을 운 좋게도 바꿈으로써 그는 화폐의 결핍 때문에 말할 것도 없이 낙담한, 경악에 빠진 소부르주아에게 도덕적 설교를 베푼다. 이런 설교란 동의어나 어원학, 모음 동화[Umlaut]로 지탱되는 것이며 이를 통해 화폐 결핍이 발생하게 되는 원인에 관한 모든 곤란한 물음을 제거해 버리는 기회를 얻는다.

우선 화폐의 공황은 모든 "능력[Vermögen]"이 갑자기 교환수단보다 평가절하되며 화폐를 지배하는 "능력[Vermögen]"을 상실하게 되는 데서 발생한다. 더는 "능력[Vermögen]"으로 지급 할 수 없으며 화폐로 지급 *해야 하는* 바로 그 순간 공황이 발생한다. 화폐공황이 일어나는 이유는 공황을 자신의 개인적인 결핍에 따라 판단하는 소부르주아가 생각하는 것처럼 화폐의 결핍이 등장하기 때문이 아니다. 오히려 화폐공황의 이유는 화폐가 *일반적* 상품 즉 "유통되고 통용되는 소유물"인 반면 모든 다른 특수한 상품은 갑자기 유통하는 소유물이기를 중단할 수 있으니, 화폐와 상품의 이런 특수한 차이가 고정되기 때문이다. 산초의 마음에 흡족하겠지만, 안타깝게도 여기서 이런 현상의 원인을 분석할 사정이 되지 못한다. 이제 산초는 화폐가 없어 어찌할 줄 모르는 소상인에게 다음과 같이 위안을 준다. 즉 그 위안이란 화폐가 화폐결핍이나 전체 공황의 원인이 아니며 오히려 화폐를 구하는 소상인의 무능력[Unvermögen]

---

[722] CW주 114) 『로마서』, 9장 16절: 하느님의 선택을 받고 안 받는 것은 인간의 의지나 노력에 달린 것이 아니라, 오직 하느님의 자비에 달린 것입니다.

이 원인이라는 주장이다. 〈수, 97b〉비소를 먹은 사람이 죽는다는 것에 대해 비소가 책임이 있는 것은 아니다. 오히려 비소를 소화하지 못하는 그의 체질상 무능력이 거기에 책임이 있다는 것이다.

산초는 우선 화폐를 본질적인 그러나 사실 특수한 능력[Vermögen] 즉 일반적인 교환수단이며, 일상적인 의미에서 화폐로서 규정한 다음 그는 그렇게 하면 어떤 난점에 빠질 것인지를 알아차리고서는 갑자기 이야기를 뒤집어서 모든 능력[Vermögen]을 화폐로 선언하면서 개인적인 힘이 화폐를 지배한다는 것과 같은 가상을 발생시킨다. 공황 시기 동안 어려움은 "모든 능력[Vermögen]"이 "화폐"로 교환되기를 중지했다는 사실에 있다. 더욱이 이것은 부르주아의 관행에 해당한다. 왜냐하면 부르주아는 모든 능력[Vermögen]이 화폐로 교환되는 한에서만 그런 능력[Vermögen]을 지급수단 대신 받아들이며 또한 이런 능력[Vermögen]이 화폐로 전환되는 것이 어렵게 되는 바로 그때 그것을 받아들이기 어려워하기 때문이다. 그때 부르주아는 그것을 더는 능력[Vermögen]으로 간주하지 않는다. 나아가서 공황에서의 어려움은 〈W, 382〉바로 다음과 같은 사실에 있다. 즉 산초가 여기서 호소하는 당신들 소부르주아가 당신들이 각인된 화폐와 당신들의 어음을 더는 순환하지 못한다는 사실이며, 오히려 사람들은 〈GA2, 455〉거기에 당신들이 어떤 것도 더는 각인해서는 안 됐던 화폐를 그리고 어떤 사람도 당신들의 손을 거쳐나갔다는 흔적을 알아보지 못하는 화폐를 당신들에게서 요구한다는 사실이다.

결국 슈티르너는 부르주아의 구호 즉 '그대는 돈이 있는 만큼 가치 있다'라는 구호를 '그대는 가치 있는 만큼 돈을 가진다'라는 구호로 왜곡한다. 이렇게 왜곡함으로써 사실 바뀐 것은 아무것도 없으며 다만 개인적인 힘이 화폐를 지배한다는 가상만 도입됐으며 이를 통해 모든 사람은 돈이 없다면 그것에 대해 스스로 책임져야 한다는 낡아빠진 부르주아의 환상이 표현된다. 이런 방식으로 산초는 부르주아의 고전적인 격언 즉 L'argent n'a pas de maître〈돈은 주인이 없다〉라는 격언을 폐지하며 이제 설교단에 올라서 이렇게 외칠 수 있게 된다: "능력[Vermögen]이 효과가 있으니, 당신들은 정신을 차려서, 화폐가 부족하지 않게 하라!" Je ne connais pas de lieu à la bourse où se fasse le transfert des bonnes intentions〈증권거래소에서 선의가 통하는 자리는 없다.〉그는 몇 마디 더 추가하기만 하면 됐다: 당신들은 신용을 마련하라, knowledge is power〈지식은 힘이다〉, 맨 처음 버는 일 탈러는 나중에 버는 백만 탈러보다 귀중하다. 신중하게 행동하고 그대의 돈을 아끼며 그러나 특히 과도하게 투기하지 말라 등, 그래야 당나귀의 두 귀를 통해[균형 잡힌 시각으로] 내다 보게 될 것이다. 슈티르너에게서 각자는 그의 가능성대로 존재해야 하며 그에게 가능한 것을 해야 하니, 이 슈티르너라는 사람이 지은 모든 장[章]은 일반적으로 도덕적 요청으로 끝맺는다.

〈수, 97c〉그러므로 슈티르너적인 연합에서 화폐의 본성은 현존하는 화폐의 본성과 다를 바 없지만, 그것은 독일 소부르주아의 미화되고 멋진 공상의 방식으로 표현되어 있을 뿐이다.

산초가 이런 방식으로 그의 당나귀 귀를 들고 한 바퀴 돈 다음 첼리가 돈키호테는 온몸을 활짝 펴면서 근대에 유행하는 기사도에 관해 장엄한 연설을 한다. 이때 화폐는 토보소의 둘시네아Dulcinea von Toboso로 변형되면서 돈키호테는 이런 연설로써 공장주와 Commerçants en masse〈상인 대중〉을 기사로 즉 산업의 기사로 봉한다. 이런 연설은 또한 부수적인 효과를 가지니 그것은 화폐가 "본질적인 수단" 또한 "첫째

[으뜸: wesentlich] 딸[723]"이라는 것을 입증한다는 것이다. 그리고 그는 자기의 오른팔을 펼치면서 이렇게 말했다.

"행복과 불행은 화폐에 달려 있다. 그러므로 부르주아의 시대에 화폐가 권력이다. 왜냐하면 화폐는 다만 마치 하녀처럼(소 기르는 하녀, 둘시네아Dulcinea와 동격) 구애받아도 그 누구와도 파기할 수 없는 결혼은 하지 않기 때문이다. 값비싼 상대를 두고 경쟁적으로 구하는 것을 소재로 하는 모든 연애 이야기와 기사 이야기가 〈W, 383〉되살아난다. 화폐가 동경의 대상이 되면서 산업의 기사는 대담하게도 화폐를 납치한다."(364쪽)

지금 산초는 화폐가 부르주아 시대에 왜 권력인지에 관해서 심원한 해명을 얻었다. 그 이유란 첫 번째로 행복과 불행이 화폐에 의존하기 때문이며 두 번째로는 화폐가 *하녀와 같기* 때문이다. 나아가 산초는 그가 어떤 이유로 그의 화폐를 잃어버리게 될지를 알았다. 즉 그것은 하녀는 누구와도 파기할 수 없는 결혼을 하지 않기 때문이다. 이제 이 가난뱅이는 그가 어찌할 바를 안다.
〈GA2, 456〉첼리가는 부르주아를 기사로 만들었으나 이제 아래와 같이 공산주의자를 부르주아로, 그것도 부르주아 남편으로 만든다.

"행운을 얻은 자는 마땅히 신부를 고향으로 데리고 와야 한다. 룸펜이 행운을 얻는다. 그는 신부를 그의 집안으로 즉 *사회*로 데리고 오며 그래서 처녀성을 파괴한다. 그의 집에서 신부는 더는

---

723 CW주)『신성 가족』, 266쪽 참조

신부가 아니며 이제 부인이며, 처녀성과 더불어 처녀 때의 성씨도 상실한다. 노동이라는 이름의 화폐 처녀는 주부로 불린다. 왜냐하면 노동은 남편의 이름이기 때문이다. 그녀는 그 남편의 점유물이다.-이런 그림을 완성하자면 노동과 화폐의 아이가 다시 "하녀로 되며"(즉 "첫째 딸")〈수, 98〉"그러므로 결혼하지 않은 하녀가"(첼리가에게 하녀는 자궁에서 결혼한 상태로 출생한다는 생각이 떠오른 모양인가?) "화폐가 된다."(모든 화폐는 "결혼하지 않은 하녀"라는 것을 위에서처럼 입증하자, "모든 결혼하지 않는 하녀"는 화폐라는 것은 자명해진다.) "그러므로 그녀는 화폐이더라도 노동의 일정한 계보에 즉 그의 아버지에 속한다."(toute recherche de la paternité est interdite.〈아버지가 누구인지를 조사하는 것은 금지된다.(나폴레옹 법전)〉) "그녀의 용모나 상은 타인의 각인을 담고 있다."(364, 365쪽)

이 결혼식과 장례식, 세례식에 대한 이야기는 그 처녀가 첼리가의 "첫째 딸"이며 그것도 "족보에 있는 딸"이라는 주장이 얼마나 정확한지를 정말 스스로 충분하게 입증한다. 그러나 그런 이야기는 예전에 마구간지기인 산초의 무지[無知]에 최종적인 근거를 두고 있다. 이런 무지는 결론에서 명백하게 드러난다. 왜냐하면 결론에 이르러 설교자는 다시 화폐의 "각인"에 관해 불안한 마음으로 걱정하면서 이를 통해서 그가 여전히 금속 화폐를 가장 중요한 통용수단으로 간주한다는 사실을 누설하기 때문이다. 그가 한 아름다운 푸릇푸릇한 순결한 처녀를 꾀려고 하는 대신 화폐의 경제 관계를 좀 더 면밀하게 연구하는 데 수고했더라면 그는 국가채권이나 증권 등은 제쳐 놓더라도 어음이 유통하는 수단 대부분을 이루고 반면 종이 화폐는 비교적 아주 적은 부분이며 금속화폐는 그중에서 더욱더 적은 부분이라는 사실을 알았을 것이다. 예를 들어 영국에서 금속 화폐보다 15배 많은 화폐가 어음이나 은행권으로 돌아다닌다. 그리고 금속 화폐에 관해서조차 그것은 생산비용을 통해 즉 노동을 통해 결정된다. 슈티르너가 묘사한 〈W, 384〉출산의 상세한 과정은 여기서 불필요한 것이었다.―노동에 기인하면서도 현재의 화폐와는 구별되는 교환수단에 관한 첼리가의 장엄한 반성은 다만 그의 천진난만함을 입증할 뿐이다. 그런데도 그는 그런 교환수단을 몇몇 공산주의자에게서 발견하기를 바란다. 우리의 고귀한 한 쌍[산초와 첼리가]은 그와 같은 천진난만함으로 그들이 읽은 모든 것을 보지도 않고 믿는다.

시종과 기사, 두 사람은 기사도적이고 "낭만적인" "구애"의 전쟁을 마친 다음 집으로 돌아가면서 어떤 "행운"도 또한 어떤 "신부"도 〈수, 98a〉데리고 오지 못하며 더구나 "화폐"는 조금도 가지고 오지 못하고 오히려 기껏해야 한 "룸펜"이 다른 룸펜을 데리고 올 뿐이다.

신약 편 5절 B)-(3)-d) 국가

〈GA2, 457〉우리는 산초가 연합 속에서 토지 소유의 현존 형식이나 노동 분업 그리고 회폐를 어떻게 유지하는지를 보았다. 이는 소부르주아의 생각이 이런 관계들에 대해 공상하는 그대로이다. 이 전제들[소유, 분업, 화폐]에 따르면 산초에게 국가는 필수 불가결일 수밖에 없다는 점은 단번에 밝혀진다.

우선 국가가 새로 획득한 소유는 법적으로 보장된 소유라는 형식을

취해야만 한다. 우리는 이미 다음과 같은 말을 들어 보았다:

"모든 사람이 거기에 자기의 몫이 있다고 보는 소유[연합의 소유]는 개인에서 분리되어 존재하는 것이다. 반면 개인은 그 소유를 독점하고자 한다."(330쪽)

여기서 전체의 의지가 개별화된 개인의 의지에 대립해 유효하게 된다. 자족적인 이기주의자 각각은 타인과 불합치하게 되며 따라서 상호 모순으로 들어갈 수 있으므로, 전체의 의지는 개체화된 개인들에 대립해 표현돼야만 한다.

"이 의지가 *국가 의지*라 불린다."(357쪽) [724]

그렇다면 국가의 규정은 *법적인* 규정이다. 이런 전체 의지를 실행하기 위해서는 다시 억압적인 규제와 공적인 강제가 필요하다.

"그러면 연합은 이런 문제에 대해서"(소유) "개인의 수단을 증폭해 줄 것이며 이의가 제기된 개인의 소유를 *확실하게 만들 것이다.*"(그러므로 인정된 소유, 법적인 소유가 된다. 따라서 산초는 이를 "무제약적으로" 소유하는 것이 아니라 "연합"에서 빌린 세습 차용물[Lehen]의 형태로 간직한다.)(342쪽)

---

[724] GA2주 재인용) 슈티르너, 『유일자와 그의 소유』, 357쪽: "국가는 주인과 노예(신하) 없이는 생각할 수 없다. 왜냐하면 국가는 국가 안에 있는 모든 사람의 주인이 돼야 하기 때문이다. 이 의지가 국가 의지라 불린다."

소유 관계를 통해 전체 민법[Zivil Recht]이 부활할 것이라는 사실이 자명하게 된다. 그리고 산초 스스로 예를 들어 계약설을 전적으로 법률가가 생각하는 의미로 진술하니 그것은 다음과 같다:

"또한 예를 들어 계약을 통해서 내가 나에게서 이런저런 자유를 뺏는다면 그것은 전혀 문제 될 것이 없다."(409쪽) [725]

⟨W, 385⟩ "이의가 제기된" 계약을 "보장하기" 위해서라면, ⟨수, 98b⟩ 그가 재판에 복종하고 민사 소송의 지금까지 모든 결과에 복종해야 하는 것도 "전혀 문제없다."

우리는 "점차로 천둥 치는 밤에서 벗어나서" 현존 관계에, 다만 독일 소시민의 뒤틀어진 생각 속에서만 존재하는 현존 관계에 점차 다가간다.

산초는 다음과 같이 고백한다:

"자유와 관련해 국가와 연합은 본질적인 차이를 보여주지 않는다. 후자 즉 연합은 자유가 전면적으로 제약되어 있지 않은 한 발생하거나 존립할 수 없으니 이는 국가가 무한정한 자유와 양립할 수 없는 것과 같다. 자유의 제한은 곳곳에서 피힐 수 없으니 왜냐하면 모든 것을 *잃을*

---

725 GA2주 재인용) 슈티르너, 『유일자와 그의 소유』, 409쪽: "사실 내가 관계하는 사회는 나의 자유를 나에게서 빼앗지만, 그 대신 나에 다른 자유를 보장한다. 또한 예를 들어 계약을 통해서 내가 나에게서 이런저런 자유를 뺏는다면 그것은 전혀 문제 될 것이 없다."

수는 없기 때문이다. 사람이 〈GA2, 458〉새처럼 날고 싶다고 해서 새와 같이 날 수는 없다. 등. …. 연합은 부자유나 의지의 비자발성을 충분할 정도로 품고 있다. 왜냐하면 연합의 목적은 자유가 아니고 반대로 고유성을 위해 자유를 희생하며 따라서 그 목적은 다만 *고유성*이기 때문이다."(410, 411쪽)

자유와 고유성 사이의 우스꽝스러운 구분에 대해서는 잠시 제쳐놓자. 산초는 그런 의도가 없었음에도 연합 속에서 *경제적인* 제도 때문에 자신의 고유성을 이미 희생했다. 그는 진정한 의미에서 "국가를 신뢰하는 자"답게 정치적 제도가 시작되는 바로 그곳에서 일정한 한계를 경험한다. 그는 낡은 사회를 지속하고 이와 더불어 계속해서 개인을 노동 분업에 복종시킨다. 이때 그는 노동 분업이나 이를 통해 그에게 주어지는 직업이나 생활 처지를 통해 특별한 "고유성"을 지정받는 운명을 피할 수 없다. 예를 들어 그에게 빌렌홀Willenhall[726]에서 철물공으로 노동하는 운명이 지정됐다고 하자. 그러면 그가 강제당한 고유성은 척추 왜곡증에 있게 될 것이다. 이렇게 척추가 왜곡되면 그는 절름발이가 된다. "그의 책의 제목에 들어 있는 유령"[727]이 Throstlespinnerin〈회전 방적기 여공〉이라면 그의 고유성은 무릎 경직증에 있을 것이다. 우리의 산초

---

726 CW주 115) 영국의 스타포드셔에 있는 도시, 강철 산업 중심지.

727 CW주 116) 슈티르너가 그의 책을 그의 부인인 댄하르트Marie Dänhart에게 바쳤다는 사실을 암시한다. "그의 책 제목에 들어 있는 유령"이란 슈티르너의 문구는 "그녀의 책 제목에 들어 있는 유령"에서 나왔다. 『유일자와 그의 소유』라는 슈티르너의 책에서 그는 베티나 폰 아르님Bettina von Arnim의 책 『이 책은 왕에게 속한다』와 관련해 그런 문구를 사용했다.

가 예속농이라는 그의 예전 직업에 머물러 있다고 하자. 이 직업은 세르반테스가 이미 자기에게 할당했으나 이제 산초가 그것을 자기의 직업이라고 주장하며 그는 이 직업을 위해 소명 받았다고 한다. 그러면 〈수, 98c〉노동 분업이나 도시와 농촌의 분리 때문에 그에게 고유성이 속하게 될 것이며 그는 전 세계의 교환에서 배제되어 따라서 모든 교양에서 배제되어 단순한 풍토 동물이 될 것이다.

그러므로 우리가 일단 예외적으로 고유성을 개성이라는 의미에서 받아들인다면, 산초는 연합 속에서 malgré lui〈그의 의지에 반해서〉 사회적 조직 때문에 자신의 고유성을 상실한다. 산초가 이제 또한 정치적 〈W, 386〉조직 때문에 자신의 자유를 포기했다면 이는 전적으로 자기 주장에 부합하는 일이며 그 사실은 그가 연합 속에서 현재의 상태에 순응하려고 얼마나 노력하는지를 더 명백히 입증할 뿐이다.

자유와 고유성의 본질적인 차이가 현재의 상태와 "연합" 사이를 구별한다. 이 구별이 얼마나 본질적인가는 이미 우리는 알고 있다. 산초가 제시한 연합의 대다수 구성원은 이런 차이에 부딪히더라도 아마 당혹하지 않으며 그런 차이는 "없다[Lossein]"고 선포할 것이다. 산초가 그런 차이 때문에 불편해한다면 연합의 구성원은 산초의 『경전』을 보여주면서 그에게 다음과 같은 사실을 입증해 줄 것이다. 즉 첫째는 본질이란 것은 없으며 본질이나 본질적인 차이라는 것이 있다면 그것은 "신성한 것"이라는 사실이다. 둘째는 연합은 "시대의 본성"에 관해서나 그리고 "관계의 개념"에 관해서는 조금도 개의치 않아야 한다는 사실이며 셋째는 연합의 구성원은 그의 고유성을 결코 침해하지 않고 다만 그의 고유성을 표현하는 자유를 침해할 뿐이라는 사실이다. 아마도 그가 〈GA2, 459〉"무정부를 추구한다면" 그의 고유성은 다만 그의 자유를 제한할 것임을 자기에게 입증할 것이다. 또한 연합의 구성원이 그를 감금하고 구타하게 명령하고 그의 정강이뼈를 부러뜨린다면, 그가 적어도 해파리나 굴 또는 신경 전류를 흘러놓은 개구리 시체 정도로라도 살아 있음을 표현할 수 있는 한에서 연합의 구성원은 그가 partout et toujours〈항상 어느 곳에서나〉"고유하다"는 것을 그에게 입증할 것이다. 연합의 구성원은 그의 노동에 대해 "가격을 결정할" 것이며 그가 우리에게 이미 말했던 대로 "그의 소유를 실제로 자유롭게 활용하는 것을 허용하지는 않을" 것이다.[728] 왜냐하면 연합의 구성원은 그의 고유성이 아니라 그의 자유를 제한하기 때문이다. 산초는 338쪽에서 위의 사실 때문에 국가를 비난한다. 그러면 [연합의] 예속농으로서 산초는 어떤 일을 착수한다고 하는가? 그는 근신하면서 연합에 대해서는 "개의치 않는다."(같은 곳) 결론적으로 예속농 산초가 그에게 가해진 제한에 대해 투덜댈 때마다 연합의 구성원은 그에게 이렇게 넌지시 말할 것이니 즉 그가 자유를 고유성으로 주장할 고유성을 갖는 한에서 연합의 구성원은 그의 고유성을 자유라고 간주하는 자유를 얻는다는 것이다.

위에서 인간으로서의 노동과 유일한 노동 사이의 구별이 수요와 공급의 법칙을 가련하게 자기화한 것일 뿐이었듯이 이제 자유와 고유성의 구별도 국가와 시민 사회의 관계를, 달리 말하자면 귀조Guizot 씨가 말하듯이 liberté individuelle〈개인적 자유〉와 pouvoir public〈공적인 권

---

[728] GA2주 재인용) 슈티르너, 『유일자와 그의 소유』, 337/338쪽: "연합의 구성원은 강제 없이는 그것[국가]을 획득히지 않는다. 국가는 자조(自助)하는 것, 자아가 가격을 설정하는 것, 그의 소유를 실제적이고 자유롭게 활용하는 것을 강제된 것으로 간주한다. 국가는 이런 것들을 허용할 수 없다."

력〉의 관계를 가련하게 자기화한 것이다. 그가 아래에서 보듯 루소[729]를 거의 말 그대로 베낄 수 있다면 이것도 〈수, 99〉마찬가지라 하겠다.

"각자가 자신의 자유의 일부를 양도해야 한다는 것에 대한 합의"는 "전적으로 또 절대로 일반적인 목표를 위해서 일어나는 것이 아니며 또는 다만 타인을 위해서만" 일어나는 것도 아니다. 오히려 "나는 개인적 이해 때문에 그런 합의에 관계한다. 그러나 희생에 관한 한 결국 나는 나의 힘 안에 있지 않은 것만을 희생할 뿐이니 즉 전혀 아무것도 희생하지 않는다고 하겠다."(418쪽)

〈W, 387〉자족적인 예속농은 다른 모든 예속농과 함께 그리고 일반적으로 이 세상에 산 적이 있는 모든 개인과 함께 이런 성질을 공유한다. 고드윈Godwin[730]의 『정치적 정의』를 참조하라. 덧붙여 말한다면, 개인은 일반자를 위해 계약을 맺는다고 루소가 말했다고 믿는 고유성을 산초가 가졌던 것처럼 보인다. 그러나 루소는 그런 착상을 한 적이 없다.

그러나 그에게 하나의 위안거리가 남아 있다.

"국가는 *신성한* 것이다. .... 그러나 연합은 신성한 것이 .... 아니다." 그런데 "국가와 연합 사이의 커다란 차이는" 기기에 있

729　CW주) 루소, 『사회 계약론 또는 정의로운 국가의 원리』
730　역주) 고드윈William Godwin-영국의 18세기 무정부주의자. 거론된 저서의 본래 이름은 『정치적 정의와 도덕과 행복에 대한 정의의 영향에 대한 물음』이다. 그는 『정치적 정의에 관한 탐구』(런던, 1793)를 지었다.

다.(411쪽)[731]

양자의 차이 전체는 그가 말하는 연합이 실제로는 근대적인 국가이며 그가 말하는 국가는 프로이센 국가에 대한 슈티르너적인 환상이며 그는 프로이센적인 국가를 국가 일반으로 오해하고 있다는 것으로 귀결된다.

신약 편 5절 B)-(3)-e) 반항

〈GA2. 460〉국가와 연합, 신성한 것과 신성하지 않은 것, 인간으로서의 노동과 유일자의 노동, 고유성과 자유 등의 사이에서 산초가 그려놓은 미묘한 차이를 산초 자신은 거의 믿지 않는다. 그게 결론적으로 보면 정당한 일이지만, 그 결과 그는 자족적인 이기주의자가 갖춘 ultima ratio〈최종 수단〉으로 도피하고 만다. 그것이 곧 반항이다. 그러나 이번에 그는 그가 앞에서 제시했듯이 자신에 대해서 반항하는 것이 아니라

---

[731] GA2주 재인용) 슈티르너, 『유일자와 그의 소유』, 411쪽: "이것과 관련해서 국가와 연합의 차이는 매우 크다. 국가는 고유성의 적이며 살해자이지만, 연합은 고유성의 아들이며 협력자다. 국가는 정신과 진리 속에서 숭배되는 정신이며, 연합은 나의 산물이며, 나의 창조물이다. 국가는 내 정신의 주인이며, 나에게 신앙을 요구하며 나에게 신앙 조항을 처방한다. 이 신앙 조항은 곧 율법이다. 국가는 도덕적 영향력을 행사하며 나의 정신을 지배하고 나의 자아를 추방하고 그 자리에 나의 진정한 자아를 정립하니, 간단히 말해 국가는 성스러운 존재이며 나의 자아, 개별 인간에 대립한다. 그러나 연합[Verein]은 나의 고유한 창조이며, 나의 피조물이고 신성하지 않으며 나의 정신에 정신적인 권력을 행사하지 않으니, 그 점에서 어떤 종류이든 간에 협의회[Association]와 같다."

오히려 연합에 대해 반항한다. 그는 일찍이 연합을 다루면서 모든 점에 관해 명백하게 하려고 시도했듯이 여기서도 반항에 관해서 명백하게 하려고 시도한다.

"지역 공동체[Gemeinde]가 나를 충족할 수 없다면, 나는 지역 공동체에 대해 반항하며 나의 소유를 방어한다."(343쪽)

반항이 "성공하지" 못한다면 연합은 "반항자의 의지[ihn]를 배제할 것이다(차단하거나 추방한다, 등.)"(256, 257쪽)[732]

산초는 여기서 1793년 선언된 droits de l'homme〈인권〉을 이용하려고 시도한다. 왜냐하면 〈수, 99a〉그 인권 속에는 반항의 권리[저항권]도 포함되어 있기 때문인데, 하지만, 인권은 이를 "사적인" 의미에 따라서 사용하는 자에게 당연하게도 쓰라린 결실을 준다.[733]

*****

---

732 GA2주 재인용) 슈티르너, 『유일자와 그의 소유』, 256, 257쪽: "국가에서 아무도 고유한 의지를 갖지 않는 것이 불가피한 필연적 요구이다. 만일 누가 그런 의지를 갖는다면 국가는 이를 배제해야 할 것이다.(차단하거나 추방해야 한다 등.) 모든 사람이 그런 의지를 갖는다면 그들은 국가를 폐지할 것이다."

733 CW주 117) 이것은 『인간과 시민의 권리에 대한 선언』의 주요 원리 중의 하나와 관련된다. 이 인권선언은 1793년 프랑스 대표자 회의에서 채택된 헌법의 전문이다. 선언의 최종 항 즉 35번째 항은 이렇게 말한다. "정부가 인민의 권리를 침해할 때 반항[저항]은 명문화되지 않은 권리이며 전체로서 인민과 각 집단의 내버려 둘 수 없는 의무이다."

산초가 제시한 연합은 다음과 같은 것에 어김없이 해당한다: 그가 앞에서는 현존하는 관계를 비판하면서 다만 환상의 측면을 고찰했다고 한다면 그는 연합을 다루면서 이런 관계의 실제적인 내용을 알아내려고 시도하며 이전에 제시한 환상과 대립해 이 실제적 내용을 〈W, 388〉 정당화하려 시도한다. 우리의 무식하기 짝이 없는 교사께서는 이렇게 시도하는 가운데 수치스럽게도 난파할 수밖에 없었던 것은 당연하다. 그는 한때 예외적으로 "사태의 본성"과 "관계의 개념"을 자기화하려 노력했으나 그는 어떤 사태나 하나의 관계에서 "낯선 것이라는 성격"을 벗겨내는 데 성공하지 못한다.

우리는 지금까지 연합에 관해 그가 제시한 실제 형태를 알았으니 아직 남아 있는 것은 산초가 연합에 관해 생각한 공상을 즉 연합에 관한 종교와 철학을 고찰하는 것이다.

신약 편 5절 B)-(3)-f) 연합의 종교와 철학

여기서 우리는 위에서 연합에 관한 서술이 시작됐던 지점에서 다시 시작한다. 산초는 두 가지 범주 즉 소유와 능력[Vermögen]을 이용한다. 소유에 관한 환상은 주로 토지 소유에 관해 주어진 실증적인 자료에 상응한다. 반면 능력[Vermögen]에 관한 환상은 연합을 다룰 때 등장하는 노동의 조직이나 화폐체제에 관한 자료에 상응한다.

신약 편 5절 B)-(3)-f)-a) 소유

⟨GA2, 461⟩ 331쪽: "세계는 내게 속한다."

이는 유산으로 받은 분할지 영구임차계약에 대한 해석이다.

343쪽: "나는 내가 필요로 하는 것이라면 어느 것이든 나의 소유이다."

이 말은 그의 욕망은 그가 가진 것이며 예속농으로서 그가 필요로 하는 것은 그의 상황을 통해 이미 제약된다는 주장을 미화한 것이다. 같은 방식으로 정치경제학자는 노동자는 그가 노동자로서 필요로 하는 것이라면 그 모든 것의 소유자라고 주장한다. 리카르도Ricardo[734]가 봉급의 최소치[最小値]에 관해 전개한 이론을 보라.

343쪽: "그러나 지금 모든 것은 ⟨수, 99b⟩ 나에게 속한다."

이 문장은 그의 공정 임금이나 그의 분할 소유지, 그의 영구적인 화폐 갈망을 고취하지만, 결과적으로 그가 혼자 소유하는 것을 "사회"가 원하지 않는 모든 것에서 그의 배제를 고취하는 나팔소리가 된다. 같은 명제가 327쪽에서 다음과 같이 표현된다:

"그의"(즉 타인의) "재화는 나의 것이며, 나는 소유자로서 나 자신이 지닌 힘의 척도에 따라 그것을 처리한다."

---

734   CW주) 리카르도David Ricardo 『정치경제학과 세금의 원리에 관해』(런던, 1817)

고조된 allgro marciale〈빠른 행진곡풍〉의 노래가 〈W, 389〉부드러운 카덴츠[Kadenz: 화려한 종지부]로 다음과 같이 넘어간다: 이 카덴츠가 울리는 가운데 행진곡풍은 점차 배경으로 물러나며 마침내 전적으로 사라지고 만다.-이는 산초의 일상화된 운명일 것이다.

331쪽: "나에게 세계가 속한다. 당신들(공산주의자들)은 이 명제를 뒤바꾸어 세계는 모든 사람에게 속한다고 한다면서 어떤 다른 것을 말하고자 하는가? 모든 사람은 각자 나[Ich, 자아]이며 다시 말하자면 모든 사람은 나 등이다."(예를 들어 "또 한 명의 로베스피에르", "생 쥐시트 부류")

415쪽: "나는 자아이며 너도 자아이다. 그러나 .... 우리는 모두 각각 자아라는 점에서 같은데 이런 자아는 나의 사상일 뿐이니 .... 즉 일반적 관념이다."(신성한 것) [735]

이 주제를 실천적으로 변주한 명제는 330쪽에서 나타난다.

330쪽, 거기 나오는 명제에서 "전체 대중을"(즉 모든 사람) "한 개

---

[735] GA2주 재인용) 슈티르너, 『유일자와 그의 소유』, 415쪽: "나는 나이고 너는 너이다. 그러나 [여기서] 나[너]는 사유로 생겨난 자아는 아니다. 오히려 우리가 모두 자아라는 점에서 같은데, 이 자아는 단지 나[너]의 사상일 뿐이다. 나는 인간이며 너도 인간이다. 그러나 인간은 다만 하나의 사상, 하나의 일반적 관념일 뿐이다. 나도 그리고 너도 표현될 수 있는 존재는 아니다. 우리는 언표 불가능한 존재이다. 왜냐하면 단지 사상만이 표현될 수 있으며 말 속에 존재하는 것이기 때문이다."

체"로 보면, 그런 개체는 "개별화된 개인"(즉 타인과 구별되는 나)에 맞서 규제하는 힘으로 등장한다. 그러므로 전체 대중이 이루는 개체와 개별 개인 사이의 갈등은 최종적으로 마음을 달래는 종결 합창으로 끝난다. 그 결과 내가 소유하지 않은 것은 결국 다른 "나"의 소유가 된다. 이에 따라 "모든 것을 소유한다"라는 말은 각자가 배타적인 소유를 소유한다는 말을 풀이한 것일 뿐이다.

> 336쪽: "그러나 소유는 내가 그것을 무제약적으로 지배하는 때만 나의 소유일 뿐이다. 나는 무제약적인 자아로서 소유를 가지며 자유롭게 거래[Handel]한다."

연합 속에서 교역의 자유와 무제약성이 존중되지 않는다면 다만 자유가 침해될 뿐이지 고유성이 침해되는 것이 아니라는 점을 우리는 이미 알고 있다. "무제약적인 소유"란 연합 속에서 "확실하게 된 것", 보장된 소유에 어울리는 보완물이다.

> 342쪽: "공산주의의 견해에 따르면 자치 단체가 소유자여야 한다. 그러나 반대로 내가 소유자이며 나의 소유에 대해 타인과 나는 서로 의견이 일치할 뿐이다."

329쪽 다음에 우리는 어떻게 〈GA2, 462〉société〈단체〉가 소유자가 되는지를 보았다. 330쪽 뒤에서는 단체가 "개별자를 *개별자* 자신의 소유에서 어떻게 〈수, 99c〉배제하는지"를 보았다. 우리는 일반적으로 혈연적 봉건제, 가장 원시적인 원초적 봉건제가 도입되는 것을 보았다.

416쪽 다음에 "봉건제= 소유의 결여"라는 주장이 등장한다. 그런 주장 때문에 같은 쪽에서 소유는 연합 속에서 그리고 단지 연합 속에서만 인정된다고 하는데, 이 주장에도 충분한 근거가 있다. 왜냐하면 사람들은 더는 다른 어떤 존재에서 자기의 것을 세습 차용물[Lehen]로 받지 않기 때문이다. 즉 지금까지 봉건제에서 봉건 영주가 "본질"이지만, 연합에서는 société〈단체〉가 본질이다. 적어도 이런 사실에서 분명해지는 것은 산초가 "배타적"이지만, 결코 "보장"되지 않는 소유를 지금까지의 역사의 "본질"로 삼는다는 사실이다.

330쪽에서 개인이 독점적으로 소유하는 것을 사회는 올바르지 않다고 보면서 개인은 소유에서 〈W, 390〉배제돼야 한다고 말한 것과 관련해 그리고 그가 연합이 국가적 체제와 법적 체제를 갖는다고 말한 것과 관련해 369쪽에서 다음과 같은 사실이 나타난다:

369쪽: "타인의 법적이며 합법적인 소유가 되는 것은 그것이 그의 소유라는 것에 관해 그대가 정당하다고 보는 것에만 한정된다. 그대가 정당하다고 보는 것을 중지한다면 그것은 그대에게는 그 합법성을 상실했으며 그대는 그것에 대한 그의 절대적 권리를 비웃게 될 것이다."

따라서 그는 다음과 같은 놀라운 사실을 증언한다. 즉 연합에서 합법적인 것은 그에게 정당할 필요가 없다는 것이다. 이런 사실은 의심할 수 없는 인권의 표현이다. 연합에는 구시대 프랑스 의회에 있었던 제도가 존재한다. 이 구시대의 제도를 산초는 너무나도 사랑한 나머지 심지어 그의 혐오를 공문화해 재판소 서기를 시켜 공증할 수도 있을 것이며 이때 "사람은 모든 것을 잃어버릴 수는 없다"라는 생각을 위안으로 삼을 것이다.

지금까지의 명제들은 개인 서로와 즉 서로서로 사이에 그리고 연합의 실상과 모순되는 것처럼 보인다. 그러나 수수께끼를 해명하는 열쇠는 이미 인용된 다음과 같은 법률적인 허구에 있다. 즉 그가 타인의 재산에서 배제될 때, 그는 단순히 이 타인과 합의에 이른 것이라는 허구이다. 이 허구는 다음과 같은 명제에 더 상세하게 진술된다:

⟨수, 100⟩369쪽: "내가 저 나무를 사실 타인에게 양도할 수 있고 이것은 마치 나의 지팡이 등을 타인에게 양도하는 것과 다를 바 없으나, 처음부터 내가 그 나무를 타인의 것으로 즉 신성한 것으로 고찰하지 않는다면 이런 일은"(타인의 소유에 대한 존중) "가능하지 않다. 오히려 .... 내가 언젠가 그 나무를 타인에게 넘겨준다고 하더라도 그 나무는 나의 재산으로 머무르며, 그 나무는 나의 것이며 여전히 나의 것으로 머무른다. 은행가의 재산에서 타인의 것이라는 성격을 나는 보지 못한다."

328쪽: "그대의 소유 그리고 당신들의 소유 앞에서 나는 두려워 물러나지 않으며 오히려 그것을 항상 나의 소유로 *간주하며*, 나는 그것을 전혀 존중할 필요가 없을 것이다. 그대가 나의 재산이라고 부르는 것에 대해서 그대도 같은 것을 행하라. 우리는 이런 *견해*에 대해 가장 쉽게 서로 합의하게 될 것이다."

⟨GA2, 463⟩산초가 타인의 소유를 침해하자마자, 그는 연합의 규

정에 따라 몽둥이로 "두들겨 맞는다." 그때 그는 도둑질은 그의 "고유성"이라 주장하자, 연합은 판결하기를 산초는 다만 하나의 "자유"를 골라잡아야 한다고 한다. 산초는 도둑질하는 "자유"를 선택하자, 연합은 그 대가로 그를 구타하기를 명하는 "고유성"을 지닌다. 문제의 본질은 이것이다. 우리가 이미 보았듯이 부르주아적이며 그것도 특히 소시민적이며 소농민적인 소유는 연합에서 계속 유지된다. 다만 *해석* 즉 "견해[Ansicht]"가 서로 다를 뿐이다. 그러므로 산초 역시 "외관[Ansehen]"에 항상 강조점을 둔다. "합의"는 〈W, 391〉바라봄[ansehen: 주시]에 관한 새로운 철학이 전 연합에 걸쳐서 출현[zum Ansehen kommen]하는 것을 통해 도달한다. 이런 바라봄의 철학이 주장하는 것은 첫째 모든 관계는 경제적 조건을 통해서 초래된 것이든 직접적인 강제를 통해 초래된 것이든 "합의"에 의한 관계로 간주해야 한다는 것이다. 둘째로 그 주장은 사람들이 다음과 같이 공상한다는 주장이다. 즉 타인의 모든 재산은 우리가 타인에게 양도한 것이며 우리가 그것을 타인에서 *빼앗는* 힘을 얻기 전까지만, 타인에게 남아 있는 것이고, 만일 우리가 그런 힘을 획득하지 못한다면 tant mieux〈더 쉽게〉 타인에게 남아 있는 것이라는 공상이다. 셋째로 그 주장은 산초와 그의 연합은 이론적인 측면에서는 상호 멋대로 행동해도 된다는 것을 보장하지만, 반면 실천적으로는 연합은 몽둥이의 힘으로 산초와 "합의"한다는 것이다. 마지막으로 그 주장은 이 "합의"가 단순한 미사여구에 지나지 않는다는 주장이다. 왜냐하면 타인은 〈수, 100a〉그 합의에 암암리에 유보조항을 덧붙이는 때만 동의하며, 다음 기회에는 그 합의를 다시 번복한다는 것을 모두가 알기 때문이다. 나는 그대의 소유 속에 그대의 것이 아니라 나의 것을 본다. 각자가 이런 일을 행하니 모든 자아는 타인의 것 속에서 *일반적인 것을*

본다. 여기서 우리는 일상적이며 특수하고 배타적인 사적 소유에 대한 근대 독일 철학적인 해석에 이른다.

소유에 대해 연합에서 논한 철학에 제일 먼저 속하는 생각은 산초의 체계에서 출현한 다음과 같은 공상이다:

342쪽. 즉 연합에서 사람들은 [소유에 대한] 존중심을 상실함을 통해 소유를 획득할 수 있다고 공상한다.[736](351쪽) 사람들은 "우리는 모두 풍요 속에 거주하며" 각자는 "각 자아가 할 수 있는 한에서만 손을 내밀어야 한다"[737]라고 공상한다.-그래 보았자 연합 전체는 파라오Pharan의 일곱 말라빠진 암소[738]에 불과하다-마지막으로 산초는 "그의 『경전』에 있는 사상을 그가 품은 것"이라고 공상한다. 이렇게 그가 품은 사상은 374쪽에서 보듯 슐레겔에 대한 하이네의 송가를[739] 본받아 만들어졌

---

736 GA2주 재인용) 슈티르너, 『유일자와 그의 소유』, 342쪽: "사람들이 소유에 대한 존중을 상실하기에 이르면 모든 사람이 소유를 얻을 것이다. 그것은 마치 노예가 주인을 더는 주인으로서 간주하지 않게 되자마자 자유로운 인간이 되는 것과 같다."

737 GA2주 재인용) 슈티르너, 『유일자와 그의 소유』, 351쪽: "우리는 모두 풍요 속에 거주한다. 내가 할 수 있는 한 나는 누구에게 손을 내밀지 않아야 하며 균등한 분배에서 나에게 얼마나 많은 몫이 남아 있을지를 기다려야 한다." 역주) 마르크스의 인용이 슈티르너의 본문과 반대이다.

738 CW주 118) 『창세기』, 4장 18~20절에 따르면 이집트 파라오가 꿈을 꾸었는데, 일곱 살진 암소를 일곱 말라빠진 암소가 먹었으나, 이 말라빠진 암소는 전과 그대로 말라빠졌다고 한다. 요셉이 파라오에게 준 해석에 따르자면, 이 꿈이 의미하는 바는 이집트가 일곱 해 동안 풍년이 들었다가 그 뒤에 한발과 기아가 일곱 해 동안 계속된다는 것이다.

739 CW주) 하이네의 「A.W. Schlegel에 바치는 소네트 화환」(그의 『송가집』

지만, 자기가 자기에게 바친 유례없는 송가로 찬양된다. "그대의 책에 들어 있는 것과 같은 사상을 그대가 품어 부화한 것이라니-바보 같기는!"[740] 이것이 산초가 잠정적으로 자기에게 선포한 찬가이며, 이 사상에 관해서 나중에 연합은 그와 "합의하게" 될 것이다.

결론적으로 말하자면, 이미 「현상학」 절에서 예외적인 의미에서 소유가 언급됐지만,[741] 이런 소유는 연합 속에서 ⟨GA2, 464⟩ "거래될 수 있고" 지금금 대신 "통용되는" 소유로 간주된다는 사실은 합의가 없더라도 자명하다. 예를 들어서 나는 동정심을 품고 있다거나, 타인과 대화한다거나, 나의 정강이뼈가 부러져졌다(탈골했다)는 것과 같은 단순한 사실들에 관해서 연합은 스스로 이렇게 이해할 것이다. 즉 "느낌이 있는 존재의 감정은 자아의 것 즉 하나의 소유"라는(387쪽) 뜻이며 타인의 귀와 혀도 나의 소유라는 뜻이다. 또한 역학적 관계도 나의 소유라는 뜻이다. 그러므로 연합에서 착취가 있다면 그것은 주로 모든 관계가 가벼운 뜻풀이를 통해 소유 관계로 변화될 수 있다는 데 있다. 이미 지금 창궐하는 "악의 상태"에 대한 이런 새로운 ⟨W, 392⟩ 표현들은 연합에 내재하는 "본질적인 수단이며 능력[Vermögen]"이어서 이 때문에 산

에서)

740　GA2주 재인용) 슈티르너, 『유일자와 그의 소유』, 374쪽: "바보 같기는! 그대의 책에 있는 것과 같은 사상은 그대가 품어 부화한 것이지만. 정말 유감스럽게도 그대는 그런 사상을 단지 행운을 통해서 또는 불법적인 방법으로만 공표할 수 있을 것이다. 그런데도 그대는 거부된 출판 허가를 받기까지 사람들이 오랫동안 국가에 강요하고 압박해야 하는 현실을 비난하는가?"

741　GA2주 참조) '예외적인 의미에서 소유'는 이 절에서 발견되지 않는다. 아마도 전지 45~46 사이의 텍스트의 한 부분이거나 쥐가 쏠아서 사라진 텍스트의 한 부분일 것이다.

초는 그의 "사회적 재능"에서 피치 못할 결과인 생존수단의 결핍을 성공적으로 보완한다.

신약 편 5절 B)-(3)-f)-β) 능력

⟨수, 100b⟩216쪽: "당신들 모두는 *전능한* 자아가 돼라!"
353쪽: "당신들의 능력을 확대하는 것을 생각해 보라!"
420쪽: "당신들에게 부여된 선물의 가치를 유지하라."
"선물의 가격을 유지하라"
"당신들은 가격 아래로 판매하게 강요받지 말라."
"당신들은 당신들의 상품이 가치가 없다고 인정하지 말라."
"터무니없는 싼값으로 당신들을 조롱하게 하지 말라."
"용기 있는 자를 닮아라." 등등!
420쪽: "당신들의 소유를 활용하라!"
"그대 자신을 활용하라!"

이런 도덕적 훈화는 산초가 안달루시아의 유대인 악덕 상인에서 배웠다. 그 유대인 악덕 상인은 그의 아들에게 생존하고 행동하는 규칙을 가르쳤다. 그가 이제 자신의 배낭에서 이런 도덕적 훈화를 끄집어내자, 이는 연합의 주요 사산을 이룬다. 이 모든 명제의 근본적 토대는 351쪽에 있는 위대한 명제다.

"그대가 지닌 능력[vermögen]의 모든 것이 그대의 재산[Vermögen]이다."

이 명제는 단순한 동어반복이라서 아무런 의미를 지니지 않은 것이 아니거나 아니면 난센스다. 이 명제가 동어반복이라 할 때는 즉 그것이 그대가 할 수 있는 것은 그대의 능력이라는 의미일 때다. 그 명제가 난센스라고 할 때는 두 번째 'Vermögen[재산]'이 즉 "일상적인 의미에서" 재산, 거래 가능한 재산을 표현해야 하거나 그 명제가 이와 같은 어원학적인 유사성에 기초할 때다. 나의 능력[vermögen]에 이 능력이 수행할 수 있는 것과 다른 것이 기대된다면 예를 들어 시를 만드는 나의 능력에 시로 화폐를 만들어보라고 요구된다면 바로 그 속에 충돌이 발생한다. 심지어 나의 능력에서 이 특수한 능력을 통해 본래 생산되는 것과는 전적으로 다른 것 〈GA2, 465〉즉 나의 능력에 종속하지 않고 낯선 상황에 의존해 생산되는 것이 요구되기도 한다. 연합 속에서 이런 어려운 요구는 어원학적인 동의어를 통해 해결된다고 가정된다. 우리의 이기적 교사가 연합 속에서 상당한 자리를 차지하기를 얼마나 바라는지를 보라. 더욱이 이런 어려운 요구는 다만 겉으로 보기에 그럴 뿐이다. 부르주아에게 일상화된 핵심적인 도덕적 교훈 즉 Anything is good to make money of〈돈만 된다면 뭐든 되지〉라는 교훈은 여기서 산초 식의 장엄한 장광설이 된다.

신약 편 5절 B)-(3)-f)-γ) 도덕, 교환, 착취 이론

〈W, 393〉352쪽: "당신들이 서로를 가진 자[Inhaber]로 여기지도 않고, 룸펜이나 노동자로 여기지도 않고 오히려 당신들의 재산[Vermögen]의 한 부분 즉 *유용한 주체[하인]*로 여긴다면 당신들은 이기주의적으로 행동하는 것이다. 그러면 당신들은 가진 자 또는 소유자에게 〈수, 100c〉그가 가진 것에 대한 대가를 주지 않을 것이며, 노동하는 자에게도 대가를 주지 않을 것이며 오히려 당신들이 필요로 하는 자에게만 대가를 줄 것이다. 우리는 왕이 필요한가? 북아메리카인들은 이렇게 물으면서 이렇게 대답한다: 즉 왕과 왕의 노동이란 우리에게 한 헬러[Heller][742]의 가치도 없다."

그에 반해서 산초는 229쪽에서 부르주아 시대에 대해 다음과 같이 비난한다:

"내가 존재하는 대로 나를 받아들이는 대신 한갓 나의 재산과 나의 신분이 주목된다. 나와 결혼[ehelich]〈슈티르너에게서는: 진정한[ehrlich]〉 동맹이 맺어지는 때 그것은 다만 나의 소유 때문일 뿐이다. 결혼하는 것은 나의 존재가 아니라 나의 소유인 것처럼 보인다."

다시 말해 보자. 따라서 사람들은 내가 타인에게 어떤 효용을 지니는지 즉 나의 유용성에 대해서만 고려한다. 나는 유용한 주체로서 다루어진다. 산초는 "부르주아 시대"라는 국물에 침을 뱉는데 이는 연합 속에서 혼자서 그 국물을 다 먹어치우기 위한 것이다.

오늘 사회에서 개인들이 서로를 가진 자로서, 노동자로서 그리고 산초가 원한다면 룸펜으로서 간주한다민 이것이 의미하는 바는 다만

---

742   CW주) 1/4 페니의 동전

그들이 서로를 유용한 주체로서 대한다는 것일 뿐이다. 산초와 같은 그렇게 쓸모없는 인간이게서나 이 사실은 의심스러울 수 있다. 노동자를 "노동자로서 간주하는" 자본가가 노동자를 고려하는 이유는 노동자를 필요로 하기 때문이다. 노동자 역시 자본가에 관해 마찬가지다. 이런 관계는 산초의 견해에 따르면(그가 이런 역사적 사실을 어디에서 찾아냈는지를 우리에게 제시했더라면 좋았을 텐데) 미국인은 왕이라는 노동자를 필요로 하지 않으므로 왕이 *필요하지* 않다는 주장과 마찬가지다. 산초는 그의 예를 다시 그가 늘 그렇게 하는 대로 서투르게 선택했다. 왜냐하면 이 예는 그가 실제 증명하고자 하는 것의 반대를 증명하게 되기 때문이다.

〈GA2, 466〉395쪽: "그대는 나에게 다만 한 끼의 식사일 뿐이다. 그것은 나 역시 그대가 이용하고 사용하는 존재인 것과 꼭 마찬가지다. 우리는 서로 유용성이나 효용성, 사용의 관계만을 가질 뿐이다."

416쪽: "누구도 나에게는 존경받는 인물이 아니며 심지어 나의 동료조차 아니다. 오히려 누구나 한갓 다른 *물체와*"(!) "마찬가지로 내가 동정하거나 동정하지 않는 대상이며, 흥미롭게 느끼거나 흥미를 느끼지 못하는 대상이며, 유용하거나 유용하지 않은 주체이다."

〈수, 101〉연합 속에서 개인 사이의 유일한 관계라고 말해지는 "유용성"의 관계가 지닌 뜻은 곧바로 다시 서로 이용하는 관계로 풀이된다.

연합에 출현하는 "완전한 기독교인"은 물론 만찬을 들지만, 함께 먹는 것이 아니라 ⟨W, 394⟩ 서로를 먹어 치운다.

벤담이 구역질이 나게 진술했던 상호 이용에 관한 이론은 이미 현 세기[19세기]가 시작되는 즈음에 이르러서는 심지어 이전 세기에 속했던 국면으로 파악될 수 있었다. 그런 방식으로 이해하는 것은 헤겔이 『정신현상학』에서 입증한다. 『정신현상학』에서 『계몽주의와 미신의 투쟁』이라는 장을 보라.[743] 거기서 유용성 이론은 계몽의 궁극적인 결과로 서술되고 있다. 인간 사이의 다양한 관계가 모두 유용성이라는 하나의 관계로 해소된다는 것이 보여주는 고지식함은 겉보기에 지나지 않는다. 그러나 이런 겉보기에 형이상학적인 것으로 보이기조차 하는 추상화가 일어나는 원인은 다음 사실이다. 즉 근대 부르주아 사회 내부에서 모든 관계가 실제로 하나의 추상적인 화폐 관계와 악덕 사재기 관계 아래 포괄된다는 사실이다. 이런 이론은 홉스와 로크와 더불어 첫 번째 영국혁명과 두 번째 영국 혁명과 동시대에 출현했다. 이 두 혁명이 부르주아가 정치적 권력을 장악했던 최초의 소요[Schläge]였다. 정치경제학의 작가에게 이 이론은 물론 이미 일찍부터 암암리에 전제되고 있다. 유용성 이론을 다루는 본래 학문이 정치경제학이다. 중농주의자 속에서 유용성 이론은 그 진정한 내용을 얻는다. 왜냐하면 중농주의자는 처음으로 정치경제학을 체계화했기 때문이다. 이미 엘티우스Helvétius와 돌바흐d'Holbach는 이런 유용성 학설을 이상화했다. 이런 이상화는 진적으로 혁명을 반대하는 프랑스 부르주아의 입장에 상용한다. ⟨수, 101a⟩

---

743 GA2주 재인용) 헤겔은 이 장에서 410쪽에서 이렇게 말한다: "모든 것은 유용하다. 모든 사람은 자기를 타인에게 양도하며 타인을 통해 이용되게 하며 이 타인을 위해 존재한다."

돌바흐에 나온 예를 들자면 말을 하거나 사랑하는 것과 같이 개인이 서로 교류하는 모든 활동은 유용성의 관계로 그리고 이용의 관계로 묘사된다. 그러므로 여기에 전제된 실제 관계는 대화이거나 사랑이고 개인이 지닌 일정한 특성을 일정하게 드러내는 것이다. 이 관계는 이제 개인에게 본래 가지던 의미를 가져서는 안 되며 그들 사이에 개입된 제3의 관계 즉 유용성이나 이용의 관계를 표현하고 나타내는 것이어야 한다. 사랑과 우정과 같은 개인의 관계는 개인 자신 때문에 출현하거나 자발적 활동을 통해 출현하는 것이 아니라 오히려 하나의 가장으로 출현한다. 그 가장은 〈GA2, 467〉사용[Benutzung]의 범주를 은폐하는 것은 결코 아니고 오히려 제3의 실제 목적이나 유용성의 관계라고 불리는 관계를 은폐하는 것이다. 이런 가장의 관계가 출현하자마자, 비로소 이 순간부터 이런 방식으로 말을 바꾸는 것이 의미가 없거나 자의적이기를 중단한다.

  언어에서 일어나는 이런 가장은 실제의 가장을 의식적이거나 〈수, 101b〉무의식적으로 표현하는 때만 의미를 지닌다. 이런 때 유용성의 관계는 전적으로 특정한 의미를 가진다. 즉 그것은 나는 내가 타인에게 피해를 끼치는(exploitation de l'homme par l'homme〈인간에 의한 인간의 착취〉)[744] 것을 통해서 내게 유용한 것을 도모한다는 의미가 있다. 이때 나아가서 내가 〈W, 395〉어떤 관계에서 끌어낼 유용성은 이런 관계와 전혀 무관하다는 점은 우리가 이미 위에서 능력[Vermögen]의 경우 보았던 것과 마찬가지다. 거기서도 각자의 능력에 대해 그 능력과 무관한 산물이 요구됐다. 이 관계는 사회적 관계로 규정되는 관계이지만, 동시에 바로 유용성의 관계이다. 이 모든 것은 실제로 부르주아에게는 사실이

---

744 CW주) 인간에 의한 인간의 착취-『생시몽 주의의 원리, 설명, 첫해』 참조

다. 부르주아에게는 하나의 관계만이 그 자신의 힘으로 성립한다. 즉 착취[이용: Exploitation] 관계이다. 부르주아에게는 모든 다른 관계는 이 하나의 관계 속에 집어넣어질 수 있는 한에서만 성립한다. 만일 착취 관계에 직접 종속하지 않게 된 관계가 부르주아에게 출현한다면 그때 부르주아는 적어도 환상 속에서는 그 관계를 착취 관계에서 파생되는 부차적인 것으로 만든다. 이런 유용[Nutzen]을 물질적으로 표현하는 것이 화폐 즉 모든 사물 즉 인간적인 관계나 사회적인 관계의 가치를 대변하는 것이다. 더욱이 한눈에 알아차릴 수 있는 것처럼 내가 타인과 관계하는 실제의 교류 관계에서 처음에는 "이용"이라는 범주가 배제된다고 하더라도 반성이나 단순한 의지에서는 결코 배제되지 않다가 그 후 거꾸로 그러한 교류 관계가 처음에 그런 관계 자체에서 배제됐던 범주[즉 이용 범주]를 현실화하는 관계로 간주된다. 이런 과정은 정말 사변적인 방법을 수행하는 것이라 하겠다. 헤겔은 전적으로 이런 방식으로 그리고 똑같은 정당성을 지닌 채 이 모든 관계를 객관적인 정신의 관계로 서술했다. 그러므로 돌바흐의 이론은 프랑스에서 막 출현한 부르주아에 관한 철학적 환상이지만, 이는 역사적으로 정당화된다. 왜냐하면 당시 부르주아의 착취욕은 또한 낡은 봉건적인 구속에서 해방된 교류 속에서 개인이 자기의 완전한 발전을 추구하는 욕구로 해석될 수 있었기 때문이다. 부르주아의 관점에서 해방 즉 경쟁이란 물론 18세기 동안에는 개인이 자유로운 발전을 향한 새로운 경로를 열어놓은, 유일하게 가능한 방식이었다. 이런 부르주아의 실천에 상응하는 의식 다시 말해 상호 착취를 개인 사이의 일반적인 관계로 보는 의식을 이론적으로 선포하는 일은 어쨌든 〈수, 101c〉대담한 전진을 열어놓은 것이었으며, 봉건제 아래에서 일어나는 착취를 정치적으로나 가부장적으로 그리고 종교적으로 달래는 사기를 폭로하는 세속적인 계몽이었다. 이런 사기는 착취가 일어나는 당시의 형식에 〈GA2, 468〉상응했으며 소위 절대군주제의 작가를 통해 체계화됐다.

산초가 그의 『경전』에서 엘베시우스[745]와 돌바흐[746]가 전 세기 동안 수행했던 것과 같은 것을 수행했다고 하더라도 그 시대착오적인 성격은 여전히 조소 받을 것이다. 그러나 산초는 부르주아 행동상의 이기주의를 자족적인 허풍선이의 이기주의로 대신했다는 것을 우리는 보았다. 그는 자신의 의지에 반해서 알지도 못한 채 그의 유일한 공적을 쌓았으니, 그 공적이란 곧 〈W, 396〉부르주아가 되기를 추구했던 오늘날의 독일 소부르주아의 마음을 표현한 것이라 하겠다. 부르주아가 실천적으로는 너무나도 왜소하고, 소심하며 편견에 사로잡힌 채 등장하는 것과 마찬가지로 부르주아를 철학적으로 대변하는 사 가운데 하나인 "유일자"도 장사치처럼 외치면서 호언장담으로 아는 체하면서 세상으로 들어가 허풍 떨었다는 것은 전적으로 사필귀정[事必歸正]이라 하겠다. 이런 부르주아의 관계에 대해 전적으로 어울리는 것이 있다면 그것은 곧 부르주아가 자기를 이론적으로 대변하는 허풍선이에 대해 아무것도 알고 싶어 하지 않으며 그 허풍선이 역시 부르주아에 대해 아무것도 알지 못한다는 것이며 또한 부르주아와 그 대변자는 서로 불합치하며 그래서 그 허풍선이는 자족적인 이기주의가 되기를 기원할 수밖에 없다

---

[745] 역주) 엘베시우스Claude Adrien Helvétius(1715~1771)-프랑스 계몽사상가. 절대왕정에 반대하고 저서에는 『정신에 관해』가 있다.

[746] 역주) 돌바흐Paul Henri Dietrich d'Holbach 남작(1723~1789)-프랑스 계몽사상사. 독일인으로서 프랑스에 귀화했다. 저서로 『자연의 체계』, 『사회의 체계』, 『종교의 관용에 관해서』, 『폭로된 기독교』가 있다.

는 것이다. 산초는 그의 연합이 어떤 탯줄을 통해 관세동맹과 연결된 것인지를 이제 아마도 알았으리라.[747]

유용성 이론이나 착취 이론이 진행하는 다른 국면은 부르주아의 다른 발전 시기와 정확히 연관되고 있다. 엘베시우스나 돌바흐에서 그런 이론들은 실제의 내용을 보면 절대군주제 시대의 작가가 표현방식을 바꾸어 말하는 정도를 결코 넘어가지 못했다. 그런 이론들은 모든 관계를 착취 관계에 환원하고, 교류를 물질적인 필요나 그 필요를 만족하려는 방식에서 설명하려는 또 다른 표현방식이었다. 그런 이론들은 그런 행위 자체를 표현하기보다는 차라리 그런 소망을 표현한 것이었다. 과제는 제시됐다. 홉스와 로크는 네덜란드 부르주아(홉스와 로크는 모두 상당 기간 네덜란드에서 살았다)의 초기 단계에서의 발전이나 영국 부르주아를 지역적이거나 지방적인 제한에서 벗어나게 한 〈수, 102〉정치적 행위를 목격했으며 또한 이미 상대적으로 발전한 단계에 있던 매뉴팩처와 해상무역 그리고 식민화를 목격했다. 특히 로크는 영국의 정치경제학의 첫 번째 시기나, 주식회사, 영국은행, 영국의 해상제패가 출현했던 시대와 동시대의 작가다. 홉스나 로크에게서 특히 로크에게서 착취 이론은 경제학적인 내용과 직접 연결된다.

엘베시우스나 돌바흐는 영국의 이론이나 네덜란드와 영국의 부르주아가 그때까지 이루었던 발전 밖에도 프랑스 부르주아가 자신의 자

---

[747] CW주 119, W주 152) 독일 주(처음에는 18개) 사이의 관세동맹은 공동의 관세 국경을 설치했는데, 1834년 확정됐고, 프로이센이 지도했다. 1840년대에 동맹은 대부분 독일 주를 포괄하지만, 오스트리아, 한자동맹 도시(브레멘, 함부르크, 뤼벡)와 몇 개 작은 주는 제외됐다. 전 독일 시장을 건설하려는 필요성을 통해 산출됐으므로 관세동맹은 독일의 정치적 동맹을 유도하는 요인이 됐다.

유로운 발전을 위해 여전히 전개하던 투쟁에 직면했다. 18세기 상업의 일반정신은 특히 프랑스에서는 〈GA2. 469〉투기의 형식으로 모든 계급을 사로잡았다. 정부의 재정적인 곤경이나 여기에서 발생하는 증세 논쟁은 당시 전 프랑스인이 몰두했던 문제였다. 덧붙인다면, 18세기 파리는 유일한 세계 도시였다. 파리는 모든 나라에서 온 개인 사이에서 개인적인 교류가 일어나는 유일한 도시였다. 이런 전제에 더해 프랑스인의 특성인 일반성은 엘베시우스와 돌바흐의 이론에 독특한 일반적인 색채를 부여했으며 동시에 〈W, 397〉영국인에게서 여전히 발견되는 실증적인 경제학적 내용을 영국인의 이론에서 제거했다. 착취 이론이란 영국인에게서는 여전히 하나의 사실을 단순히 확인하는 것이었으나, 프랑스인에게서는 철학적인 체계가 된다. 실증적 내용에는 결여된 일반성이 엘베시우스나 돌바흐에서 출현하지만, 내용이 충만한 총체적 이론이 되기에는 본질에서 거리가 먼 것이었다. 그런 총체적 이론은 벤담Bentham이나 밀Mill에 이르러 비로소 출현한다. 첫 번째 이론은 투쟁하고 있지만, 아직 발전되지 못한 부르주아에 상응하며 두 번째 이론은 지배자로 발전한 부르주아에게 상응한다.

 착취이론 가운데 엘베시우스와 돌바흐가 게을리했던 내용은 그들과 동시대에 존재했던 중농주의자를 통해 발전되고 체계화됐다. 그러나 중농주의자의 토대에는 프랑스 경제적 관계가 미발전 상태에 있었다는 〈수, 102a〉사실이 놓여 있었으므로 이런 토대에서는 토지 소유를 주요 문제로 삼는 봉건제가 여전히 파괴되지 않았으니 그런 한에서 그들은 봉건적인 세계관에 사로잡혀 있었다. 따라서 그들은 토지 소유와 농업노동을 사회의 전체적인 형태를 제약하는 것(생산력)으로 설명했다.

 착취이론이 그 이상으로 발전하게 되는 것은 고드윈Godwin, 특히 벤담Bentham을 통해서 영국에서 일어난다. 벤담은 프랑스인이 게을리 했던 경제학적인 내용을 점차 다시 수집했다. 이런 수집은 영국에서나 프랑스에서 부르주아가 더 넓은 영역에서 자기를 관철함에 따라서 가능해졌다. 고드윈의 『정치적 정의』는 공포정치의 시기 동안에 그리고 벤담의 주요 저서는 프랑스 혁명과 영국에서 대규모 산업이 발전하는 동안, 또 그 이래로 작성됐다. 유용성 이론과 정치경제학의 완전한 통합은 마침내 밀에게서 발견된다.

    정치경제학은 이전에는 재정가, 은행가 그리고 상인을 통해 그러므로 경제적인 상황을 직접 다루었던 사람들을 통해 다루어지거나 홉스, 로크, 흄과 같이 일반적인 교양을 갖춘 사람들을 통해 다루어졌으며 그들 교양인들에게서 정치경제학은 백과사전적인 지식의 한 분야로서 의미를 가지게 됐다. 그런데 중농주의자는 처음으로 정치경제학을 특수한 학문으로 고양했으며 경제학은 중농주의자 이래로 그런 학문으로 다루어진다. 정치경제학은 특수한 전문 학문이며 이는 정치적이거나 법률적이거나 등등의 비경제적인 관계를 포함하는데 다만 이런 관계가 경제적인 관계로 환원되는 한에서이다. 그러나 정치경제학은 〈GA2, 470〉모든 관계가 경제적 관계에 포섭되는 것을 각각의 관계가 지닌 한 측면에서만 일어나는 것으로 간주하며, 각각의 관계에서 나머지 측면은 정치경제학 바깥에 자립적인 의미를 지니는 것으로 간주했다. 현존하는 관계를 〈W, 398〉유용성의 관계 아래 완전하게 포섭하면서 이런 유용성의 관계를 모든 다른 관계의 유일한 내용으로 제한 없이 고양하는 일은 비로소 벤담에게서 발견된다. 벤담의 시대 즉 〈수, 102b〉프랑스 혁명이나 대규모 산업의 발전 이후에 부르주아는 더는 특수한 계급으로서가 아니라 사기의 조건이 사회 전체의 조건이 되는 계급이 된다.

감상적이며 도덕적인 뜻풀이가 프랑스인에게서 유용성 이론의 전체 내용을 형성했는데 이 뜻풀이가 다 끝나도 이 이론을 더 세련하기 위해서는 여전히 다음과 같은 물음이 남아 있었다. 그 물음이란 곧 개인이나 관계가 어떻게 이용되고 활용돼야만 하는가 하는 물음이다. 그런 물음에 대한 대답은 그동안 정치경제학에서 이미 주어졌다. 유일하게 전진[前進]할 수 있었다면 그것은 경제학적인 내용을 받아들이는 데 있었다. 벤담이 이런 전진을 수행했다. 유용성 이론과 달리 착취의 주요 관계가 개인의 의지와 무관하게 생산의 전체나 대부분을 규정하며, 개별 개인은 이를 현존하는 것으로서 발견한다는 사실이 이미 정치 경제학에서 언급됐다. 그러므로 유용성 이론에서는 이런 대부분 관계에 대해 개인이 어떤 지위를 가졌는지, 개별 개인을 통해서 현존하는 세계가 사적으로 어떻게 활용되는지 하는 문제밖에는 달리 사변을 전개할 영역이 남아 있지 않다. 이런 문제에 관해 벤담과 그의 학파는 장황한 도덕적 반성에 몰두했다. 이런 과정 중에서 유용성의 이론을 통해 현존하는 세계를 전체적으로 비판하는 일은 어쨌든 제한된 시야 안에 머물렀다. 유용성 이론은 부르주아의 조건에 사로잡혀 있었으므로, 이전의 시기에서 전승됐고 부르주아의 발전에 방해가 됐던 관계만을 비판하게 됐다. 따라서 유용성 이론은 물론 전체 현존하는 관계가 경제적인 관계에 어떻게 관련되는지에 관련된 이론을 발전했으나 그런 발전은 다만 매우 제한된 방식에 머물렀을 뿐이다.

유용성 이론은 처음부터 공적인 유용성을 다루는 이론이라는 성격을 가졌으나 이런 성격은 경제적인 관계 특히 노동 분업과 교환을 받아들임으로써 비로소 충분한 내용을 갖추게 됐다. 노동 분업 속에서 〈수, 102c〉개인의 사적인 활동은 공적으로 유용하게 된다. 벤담의 공적 유용성은 일반적으로 경쟁 속에서 성립하게 되는 공적 유용성으로 환원된다. 지배, 이윤, 임금이라는 경제적 관계를 도입함을 통해서 개별 계급 사이에 일정한 착취 관계가 도입됐다. 왜냐하면 착취의 방식은 착취자가 생존하는 처지에 의존하기 때문이다. 지금까지 〈W, 399〉유용성 이론은 특정한 사회적인 사실을 따를 수 있었다. 유용성 이론에서 착취 방식에 대한 더 세부적인 분석은 교리문답 구절로 전개된다.

경제적인 내용은 유용성 이론을 점차 기존의 것에 대한 단순한 변명으로 전환했다. 왜냐하면 그런 이론은 인간의 현재 관계는 기존의 조건 아래서 가장 유익한 것이며 공적으로 가장 유용한 것이라고 증명하려 하기 때문이다. 유용성 이론은 더 최근에 출현한 모든 정치경제학에서 이런 변명의 성격을 지니고 있다.

유용성 이론은 적어도 모든 기존의 관계가 사회의 경제적인 토대에 어떻게 연관되는가를 가리킨다는 장점이 있었다. 반면, 산초의 유용성 이론은 모든 긍정적인 내용을 잃어버리고, 모든 실제 관계를 제거해 버리고 "영리함"에 관해서 그가 품은 단순한 환상에 제한되고 말았다. 그는 개별 부르주아가 세계를 이용하는 수단이 곧 영리함이라고 믿는다. 게다가 산초는 다만 몇 안 되는 구절에서 그 빈약해진 유용성 이론을 이렇게 언급할 뿐이다. 자족적 이기주의 즉 소부르주아의 환상에 관한 환상이 『경전』의 거의 전체를 채우고 있다는 사실은 이미 보았다. 그런데 산초는 그 몇 안 되는 구절조차도 결국 푸른 연기로 사라지게 만든다는 사실을 곧 보게 될 것이다.

신약 편 5절 B)-(3)-f)-δ) 종교

"이 공동체[Gemeinschaft] 속에서"(즉 타인과 더불어 있을 때) "나는 나의 힘이 증폭되는 것밖에 다른 어떤 것도 전혀 보지 못한다. 공동체가 나의 ⟨수, 103⟩배가[倍加]된 힘인 한에서만 나는 공동체를 유지한다."(416쪽)

"나는 어떤 힘 앞에서도 더는 *굴욕을 느끼지* 않는다. 어떤 힘이든 나에 대립하는 힘이나 나를 지배하는 힘이 될 위험이 있다면, 그 힘은 사실 내가 곧바로 복종해야 하는 나의 힘이라는 것을 나는 인식한다. 그런 모든 힘이 나를 관철하는 *나의 수단에 불과할지 모른다.*"

나는 "본다", 나는 "인식한다", 나는 "복종해야 한다", 힘이란 "나의 수단에 불과할지 모른다." 이런 도덕적 요청이 무엇을 의미할지 그리고 이런 도덕적 요청이 얼마나 실제에 상응할지는 다름 아닌 「연합」 절을 다룰 때 드러났다. 자기의 힘에 대한 이런 환상과 밀접하게 관련되어 또 다른 환상이 등장한다. 즉 연합에서 "실체"가(「인도적 자유주의」 절을 보라) 부정되며 연합의 성원 사이의 관계가 개별 개인에 대립해 고정된 형태를 획득한 적이 없다는 환상이다.

"연합, 합일, 모든 성원의 항상 유동적인 합일. …. 물론 연합을 통해서도 하나의 사회가 발생하지만, ⟨GA2, 472⟩이는 다만 사상을 통해 고정 관념이 발생하는 것과 마찬가지일 뿐이다. 연합이 사회라는 결정체가 되면 연합은 합일이기를 중지한다. 왜냐하면 합일은 ⟨W, 400⟩상호 합일하는 부단한 행위이기 때문이다. 연합이 합일을 통해 존재자가 됐다면 그것은 연합 또는 합일의 시체에 불과하다. 이 시체가 곧 사회이다. …. 자연적인 연대도 연합을 유지하지 못하며 정신적인 유대도 연합을 유지하지 못한다."(294, 408, 416쪽)

"자연적인 연대"에 관해 말하자면, 산초가 비록 예속농의 경제나 노동의 조직화 등에 대해 "혐오"했음에도 그런 자연적 연대는 연합 속에서 현존한다. 마찬가지로 "정신적인 유대"[748]도 산초의 철학 속에 현존한다. 나머지 세세한 것에 관해서는 〈수, 103a〉노동 분업에 기초해 사회관계가 개인에 대립해 자립화됐다고 우리가 여러 번 말했고 연합을 다루면서 또다시 말했던 것을 지시하는 것만으로 충분하다.

"간단히 말하자면 사회는 신성하며, 연합은 그대에게 고유한 것이며. 사회는 그대를 소모하지만, 그대는 연합을 소모한다." 등. (418쪽)

신약 편 5절 B)-(3)-f)-ε) 연합에 대한 보충 절

지금까지 우리는 반항을 통하는 것을 제외한 다른 방법으로는 "연합"에 이르는 가능성을 보지 못했으나 이제 우리는 『주석』을 통해서 다음과 같은 사실을 배우게 된다. 즉 "이기주의자 연합"은 이미 수만 개의 예를 통해 보듯이 현존하는 부르주아 사회를 이루는 한 측면으로 현존하며, 온갖 형태의 반항이나 모든 "슈티르너 같은 사람"이 없더라도

---

748   W주 153) 괴테, 『파우스트』, 1부 2장 「연구실 장면」

우리가 접근 가능하다는 것이다. 산초는 우리에게 이어서 다음과 같은 것을 지적한다:

"생활 속에 존재하는 연합.[749] 파우스트는 그런 연합의 한 가운데서 마침내 이렇게 외친다: 여기서 나는 인간이다."(!) "여기서 나는 감히 인간이고자 한다.[750] 괴테는 여기에 그 주장을 흑백의 차이처럼 주장했다."("그러나 신성한 자는 후마누스Humanus[751]라 불린다." 괴테를 보라.『경전』참조) .... "헤스가 실제의 삶을 보았다면 그는 수만 개의 그런 이기주의자의 연합이 때로는 재빨리 사라지지만, 때로는 지속해서 존재한다는 것을 목격할 것이다."

이렇게 말하면서 산초는 헤스의 집 창문 앞에서 "아이들"이 유희하며 뛰놀게 하며, "몇몇 가까운 친구들"이 헤스를 여관으로 데리고 가서 그를 그의 "연인"과 합일하게 할 것이다.

"물론 헤스는 연합의 이런 사소한 예들이 얼마나 의미심장한지를 그리고 이 연합이 신성한 사회에서, 특히 신성한 사회주의자의 형제적이며 인간적인 사회에서 하늘과 땅 사이만큼이나 다르다는 사실을 주시하게 될 것이다."(『산초 대 헤스』,『비간트』,

---

749 GA2주 재인용) 슈티르너,『슈티르너에 대한 논평가들』, 193쪽: "헤스가 이기주의자의 연합을 종이 위에서가 아니라 생활 속에서 보고자 원했다면 사정은 물론 달랐으리라."

750 CW주) 괴테,『파우스트』, 1부,「부활절의 산책」

751 CW주) 괴테의 미완성 시「비밀」, 후마누스는 이 시의 주인공이다.

193, 194쪽)

마찬가지로『경전』의 305쪽을 보면 "물질적인 목적과 이해를 위한 합일[Vereinigung]"을 이기주의자의 자발적인 연합[Verein]으로 받아들이는 은총이 베풀어졌다.

여기서 연합은 한편으로는 부르주아 협의회[Association]나 증권회사로 전락하며 다른 한편으로는 부르주아의 인맥[ressource]이나 〈W, 401〉〈GA2, 473〉야유회 등으로 전락한다. 전자 〈수, 103b〉즉 부르주아 협회나 증권회사가 *현재*의 시기에 속한다는 것은 잘 알려져 있으며 후자 즉 부르주아 인맥이나 야유회도 그에 못지않다는 것도 어쨌든 알려져 있다. 우리는 산초가 이전 시기, 예를 들어 봉건시대에 속하는 "길드"나 다른 나라 예를 들어 이탈리아나 영국 등의 나라에서 존재하는 조합[Verein]을 그리고 심지어 소년 연합[Verein]에 이르기까지 주시하면서 그 차이를 알아내기를 바란다. 그는 연합에 대한 자기 나름의 새로운 해석을 통해서 오히려 그의 낡은 보수주의만을 입증한다. 산초는 전적으로 부르주아적인 사회를 그의 마음에 드는 한 소위 새로운 제도로 받아들이면서, 사후적으로 이에 덧붙여 다음과 같은 점만은 보완한다. 즉 연합에서 사람들은 자신을 즐길 것이며 그것도 전적으로 전통적인 방식으로 즐길 것이라는 점이다. 사람들이 "몇몇 가까운 친구를 술집으로 동반할" 수 있게 허용하느냐 못하느냐를 결정하는 것은 사람늘과 무관하게 현존하는 어떤 관계라는 사실을 물론 우리의 바보는 생각하지 않는다.

여기서 베를린에 떠도는 소문에 따라 본다면 전체 사회를 자발적인 집단으로 해소하려는 슈티르너적인 관념은 원래 푸리에[752]에게 속한 것이다. 그러나 푸리에게서 이 견해는 사회를 완전히 변형하는 것을 전제로 하며 슈티르너가 그렇게 경탄하는 현존하는 연합에 나타나는 전적으로 단조로운 성격을 비판하는 것에 기초한다. 푸리에는 현존하는 생산 관계 또한 교류 관계와 연관해 오늘날 일어나는 뜨거운 시도들을 묘사하며 그런 시도에 반대한다. 산초는 그런 시도를 비판하는 것과는 거리가 멀며 그런 관계를 그대로 "합의"라는 새로운 제도 속으로 이식하면 행복을 증진할 수 있다고 생각한다. 이런 생각은 다만 다시 한번, 그가 현존하는 부르주아 사회에 얼마나 심하게 사로잡혀 있는가를 입증한다.

최종적으로 또한 산초는 다음과 같이 oratio pro domo〈처자식을 위한 연설로: 자기 이익을 위한 연설로〉 연합을 위한 연설을 수행한다:

"연합 속에서 대부분 사람이 자기의 가장 자연적이며 가장 명백한 이해를 기만당한다면 그런 연합이 어찌 이기주의자의 연합이라 하겠는가? 타인의 노예거나 예속민이라면 누가 그것이 이기주의자의 합의였다고〈수, 103c〉하겠는가? …. 한 사람의 욕구가 타인을 희생해 충족되는 사회라면, 예를 들어 쉬고 싶다는 한 사람의 욕구를 충족하기 위해 타인은 지치도록 노동해야 하는 사회라면, 그것을 이기주의자의 연합이라 하겠는가? 헤스는 자신의 '이기주의적 연합'을 슈티르너의 이기주의자 연합과 …. 동일

---

[752] W주 155) 푸리에『일반적 통일』에 관한 이론을 보라. 이런 노동의 개념은 전집 2~5권에서 나타났다. 이 개념은『가정 경제적이며 농촌 경제적인 합일에 관한 논고』라는 글에서 새롭게 재구성됐다.

시한다."(『비간트』, 192, 193쪽)

그러므로 산초는 다음과 같이 자기의 경건한 소망을 말한다. 즉 상호 착취를 따르는 연합에서 모든 성원은 똑같이 힘이 있고 싶어 하며 똑같이 교활해지고 싶어 한다. 이런 등등이 이루어져야 비로소 각자는 타인을 그가 타인을 통해 이용되는 그만큼 이용할 수 있으며, 아무도 그의 가장 자연적이며 〈W, 402〉가장 명백한 이해에 관해서 기만되지 않으며 또는 타인의 욕구를 희생해 그의 욕구를 충족할 수 없을 것이다. 여기서 이 점을 유의해 보라. 즉 산초는 모든 사람의 "자연적이고 명백한 이해"와 "욕구"를 인정하고, 그러므로 〈GA2, 474〉동등한 이해와 욕구를 인정한다. 나아가서 동시에 우리는 『경전』의 456쪽에 나오는 말을 기억하는데 그 말에 따르면 사취[詐取]는 "길드의 정신이 새기는 도덕 사상"이며 "현명한 교육"을 받았던 인간이라면 그에게 사취는 "고정 관념"이 되어 "어떤 사상의 자유도 고정관념을 막지 못한다"라고 한다.[753] 산초는 "그의 사상을 위에서 얻어 거기에 머무른다."(같은 책) 모든 사람이 똑같은 힘을 가지고 있다는 사상에 전적으로 부합하는 요구는 모든 사람이 "전능해야" 하며 다시 말해서 모든 사람은 서로에 대해서 무기력해야 한다고 요구이다. 또 이런 사상은 악덕상이 판치지만, 그래도

---

[753] GA2주 재인용) 슈티르너, 『유일자와 그의 소유』, 456쪽: "또한 다른 방식으로 실드의 정신이 걱정하는 것은 자유로운 사상이 결코 출현하지 않는 것 특히 현명한 교육을 통해 출현하지 않는 것이다. 도덕의 근본원칙이 충분히 새겨진 사람이라면 그는 도덕적 사상에서 결코 자유로욹 수가 없다. 도둑질, 위증, 시취 능은 그에게 고정관념으로 남으며 어떤 사상적 자유도 그런 고정관념에 대항해 그를 보호하지 않는다. 그는 '위에서 나와, 거기에 머무른다'라는 사상을 갖는다."

모든 사람이 자신의 장점을 발휘하는 세계에 대한 소부르주아의 마음에 드는 요구와 일치한다. 또는 다른 한편 우리의 성자는 갑자기 하나의 사회를 전제하니, 그것은 곧 모든 사람이 자신의 욕구를 방해받지 않고 충족할 수 있되 이를 "타인의 욕구를 희생하지" 않고서도 수행할 수 있는 사회이다. 이때 착취이론은 다시 개인 사이의 실제적인 관계를 무의미한 방식으로 뜻풀이한 것으로 되고 만다.

산초는 "연합"을 통해 타인을 "소모하고" 이용하며, 이를 통해서 세계와의 교류를 자기와의 교류로 전환했다. 그 이후 그는 이렇게 자신을 이용해 간접적인 자기만족에서 직접적인 자기만족으로 넘어간다.

신약 편 5절 C) 나의 자기만족

〈수, 104〉쾌락을 설교하는 *철학은* 유럽에서는 키레네cyrene 학파[754]만큼 오래됐다. 고대 그리스인처럼, 근대 프랑스인은 쾌락의 철학에서 최고의 투우사다. 더구나 그 이유도 같았는데, 프랑스인의 기질이나 사회 덕분에 프랑스인 대부분은 쾌락을 즐길 수 있었기 때문이다. 쾌락의 철학은 향락하는 특권을 받은 사회 세력이 마음껏 주장하는 언어밖에 다른 것은 아니었다. 이 쾌락의 철학과 그런 세력이 향락하는 방식이나 내용은 항상 나머지 사회의 전체 형태를 통해서 제약됐으며 그 사회의 모든 모순에 부딪힌다는 사실은 제쳐 놓자. 쾌락의 철학이 일반화

754　W주 156, CW주 120) 키레네 학파-B.C. 4세기 소크라테스의 제자였던 키레네의 아리스토푸스Aristopus가 창건한 고대 그리스 철학 학파. 키레네 학파는 불가지론자이며, 종교에 대해 비판적인 입장을 채택하고, 쾌락을 인생의 목표로 간주했다.

되기를 요구하고 전체 사회의 인생관이라고 주장되자마자 쾌락의 철학은 순전한 *상투어*가 되고 말았다. 여기서 쾌락의 철학은 경건한 도덕적 설교로, 바로 눈앞에 있는 사회에 대한 소피스트적인 미화로 전락했으며 또는 쾌락의 철학은 정반대로 전도되어서 비자발적인 금욕을 쾌락으로 주장했다.

〈GA2, 475〉쾌락의 철학은 근대에 이르러 봉건제가 몰락하고 봉건적 토지 귀족이 절대 군주제 아래에서 〈W, 403〉삶을 즐기는 사치한 궁정 귀족으로 변형됨에 따라서 출현했다. 이런 궁정 귀족에게서 쾌락의 철학은 더군다나 직접적인 소박한 인생관이라는 형태를 취한다. 이런 인생관은 궁정 귀족의 회상록, 시집, 소설 등에서 표현됐다. 쾌락의 철학은 혁명적 부르주아에 속하는 몇몇 작가의 손 아래서 비로소 본래 철학으로 된다. 이들 작가는 한편으로는 궁정귀족의 교양이나 생활방식에 참가했고 다른 한편으로는 부르주아의 더 일반적인 조건에 기초하는, 더 일반화된 부르주아 계급의 세계관을 공유했다. 그러므로 쾌락의 철학은 두 가지 계급에서 〈수, 104a〉비록 전적으로 다른 관점이기는 하지만, 동시에 받아들여졌다. 귀족에게서 그 언어는 여전히 귀족 신분의 상태와 생활 조건에 전적으로 제한됐으나, 부르주아를 통해 그 언어는 더 일반화되어 각 개인을 구별 없이 겨냥했으며 따라서 이 개인의 생활 조건이 제거되자 쾌락의 이론은 김빠진 위선적인 도덕적 교의로 전환됐다. 사회가 더 발전해 귀족이 전복되고 부르주아가 지신이 내입물인 프롤레타리아와 갈등하게 됐다. 그러지 귀족은 신앙심이 깊어졌고 부르주아는 엄숙하고 도덕적으로 됐으며 엄밀하게 그 이론을 따르던가 아니면 위에서 시사했던 대로 위선에 빠졌다. 물론 귀족은 실천적으로는 결코 쾌락을 포기하지 않았으나 부르주아에게서 쾌락은 마침내 공식적인 경제적인 형태 즉 *여가*라는 형태를 취했다.

{⟨W, 노트 74: 403-하단 주: 수고에 삭제⟩⟨수, 104a-하단 주⟩중세에 쾌락은 전적으로 신분별로 구분됐다. 모든 신분은 그에게 특수한 쾌락과 그에게 특수한 만족 방식을 가졌다. 귀족은 오직 쾌락만을 즐기게 특권을 부여받은 신분이지만, 반면 부르주아에게는 이미 노동과 쾌락의 분열이 현존했으며 쾌락은 노동에 종속했다. 오직 노동하게 규정된 계급인 예속농은 다만 지극히 제한된 몇 가지 쾌락만을 가졌으니, 이 쾌락은 예속농에게 차라리 우연히 다가왔으며, 주인의 변덕이나 다른 우연적인 상황에 의존했으니 거의 살펴볼 만한 것이 될 수 없었다.

부르주아의 지배 아래서 쾌락은 사회 계급적 형식을 취했다. 부르주아의 쾌락은 이 계급이 다른 발전 단계에서 생산했던 물질을 통해 이루어졌으며 쾌락은 개인에 종속하거나 또한 화폐 획득에 지속해서 종속했으므로 지루하다는 성격을 획득했고 이런 성격을 지금도 여전히 갖고 있다. 프롤레타리아의 쾌락은 현재와 같은 야만적인 형식을 취했는데 그 이유는 한편으로는 쾌락의 욕구를 최대한 증대하는 지루한 노동시간 때문이며 다른 한편으로는 프롤레타리아가 접근 가능한 쾌락이 질적으로나 양적으로 제한되기 때문이다.

지금까지 모든 신분과 계급의 쾌락은 일반적으로 유아적이거나, 짜증 나는 것이거나 야만적임이 틀림없었다. 왜냐하면 쾌락은 항상 전체 생존 활동에서 즉 개인적 삶의 본래 내용에서 분리됐기 때문이며, 생존 활동이 내용 없고 피상적인 내용이 주어진 활동으로 그쳤다는 것에 다소 기인한다. 지금까지의 쾌락에 대한 비판은 부르주아와 프롤레타리아 사이의 대립이 더 발전되어 지금까지의 생산방식이나 교류방식이 비판될 수 있게 됐을 때 비로소 발생할 수 있었다.}

〈수, 104b〉사실 어느 시대나 개인의 쾌락은 계급 관계에 관련된다. 쾌락은 개인이 그 속에 살아가고, 계급 관계를 생산하는 생산조건이나 교류조건과 관련된다. 또한 지금까지의 쾌락은 개인의 실제 삶의 내용[Lebensinhalt] 바깥에 있으면서 그런 삶의 내용에 대립하기에 지루하게 느껴진다. 그리고 쾌락에 관한 모든 철학은 철학 앞에 놓여 있는 실제 쾌락과 관련된다. 그러므로 그런 철학이 모든 개인을 구별 없이 겨냥한다고 주장한다면 이는 위선이다. 당연하지만, 위와 같은 모든 사실은 지금까지의 세계가 가지는 생산 조건과 교류 조건이 비판될 수 있었을 때 비로소 해명될 수 있었으며 〈W, 404〉부르주아와 프롤레타리아의 대립이 공산주의적이고 사회주의적인 견해를 생산했을 때 비판될 수 있었다. 이런 비판과 더불어 금욕의 도덕이든 쾌락의 도덕이든 모든 도덕의 잣대가 부서지고 만다.

〈수, 104c〉물론 우리의 김빠진 도덕가 산초는 전체『경전』에서 보이는 것처럼 다음과 같이 믿고 있다. 즉 그는 중요한 것은 다만 전과 다른 도덕이며, 그에게 새롭게 보이는 인생관이며, 몇 가지 "고정 관념"을 "머리에서 지우는" 것이며, 그렇게 함을 통해서 모든 사람은 자기의 삶을 기뻐하며, 인생을 즐길 수 있을 것으로 믿는다. 그러므로「자기만족」이라는 절에서 기껏해야 새로운 상표 아래 재생할 수 있었던 문구나 문장은 〈GA2, 476〉사실 그가 우리에게 설교하는 데 이미 너무나도 자주 "자기만족"을 얻었던 것들이다. 산초의 생각 속에 유일하게 독징적인 것이 있다면 그것은 그가 모든 쾌락을 숭배해 이를 철학적으로 독일화하면서 그것에 "자기만족"이라는 이름을 부여한다는 데 한정된다. 18세기 프랑스의 쾌락 철학은 적어도 눈앞에 있는 뜨겁고 모험적인 삶을 재치 있는 형식으로 묘사했다. 반면 산초의 전적으로 경박한 삶은 "

소모", "탕진"과 같은 표현을 쓰거나, 빛(양초를 말하는 것이겠지)과 같은 이미지를 즐기는 데 한정된다. 또한 그 경박한 삶은 자연과학적 사실을 상기하는 데 한정되는데, 그런 기억이란 식물은 "에테르를 마신다"라거나 "우는 새는 딱정벌레를 먹는다"라는 것과 같은 통속소설적인 난센스에 해당하거나 예를 들어 양초는 자기를 불태운다와 같은 기만에 해당하는 것이다. 반면 그가 "신성한 것"에 대해 전적으로 엄숙하고 진지하게 반대하는 것을 보면 웃음이 나온다. 우리가 듣기로 그런 신성한 것은 "소명-사명-임무"라는 또는 "이상"이라는 그 형태를 통해[755] 지금까지 인간이 자기만족을 얻는 것을 방해했기 때문이다. 우리는 그 밖에 다소간 지저분한 쾌락의 형식에는 관여하지 않으려 한다. 왜냐하면 이런 형식에서 "자기만족"이란 말 속에 들어 있는 자기라는 말은 단순한 상투어 이상일 수 있기 때문이다. 그 대신 우리는 ⟨수, 105⟩독자에게 신성한 것에 반대하는 산초의 책략을 이 장에서 약간 변조하기는 하지만, 가능한 한 짧게나마 다시 한번 상연할 수밖에 없다.

⟨W, 405⟩ "소명, 사명, 임무, 이상"이란 간단하게 다시 반복하자면 다음과 같다:

1) 억압된 계급에 물질적인 조건을 통해 제시된 혁명적인 과제에 관한 생각 또는

2) 노동 분업을 통해서 다른 직업에 대해 독립적인 개인의 행동방식에 관한 단순한 관념적인 뜻풀이 또는 적절한 의식적인 표현 또는

3) 개인이나 계급, 국가가 매 순간 직면하는 바와 같이, 전적으로

---

755 GA2주 재인용) 슈티르너, 『유일자와 그의 소유』, 443쪽: "인간은 자기가 세운 목적이며, 당위이며, 사명이고 소명이고 임무, 이상이다. 그는 자기에게 미래적인 존재이고 피안적인 존재이다."

규정된 활동을 통해 자신의 지위를 주장해야 하는 필연성에 관한 의식적인 표현 또는

4) 법칙이나 도덕 등에서 관념적으로 표현된 지배계급의 현존 조건, (지금까지의 생산의 발전을 통해 제약된) 이런 현존 조건은 지배계급의 이데올로그를 통해 다소간 의식적으로 이론상 독립된 존재를 얻게 된다. 이렇게 해 현존조건은 지배계급에 속하는 개별 개인의 의식 속에서는 소명 등으로 표현될 수 있으며 반면 피지배 계급의 개인에게는 생존 규범이 되면서 부분적으로는 지배에 대한 미화나 지배에 관한 의식으로, 부분적으로는 지배를 위한 도덕적인 수단으로서 강요된다. 여기서 이데올로그에 일반적으로 그렇듯이 이데올로그는 사태를 필연적으로 전도하며 그 이데올로기를 모든 사회관계를 생산하는 힘이나 목적으로 간주한다는 점이 주목돼야 한다. 그러나 사실 이 이데올로기란 사회관계의 표현이거나 그 증상에 불과하다.

〈GA2, 477〉우리의 산초에 대해 우리는 그가 이런 이데올로기적 환상을 짓밟을 수 없는 믿음으로 간직하고 있다는 것을 안다. 인간은 다른 생존 관계에 따라서 자기에 관한 즉 인간에 관한 다른 생각을 만들어 내므로, 산초는 믿기에 다른 생각은 다른 생존 관계를 만들어 왔으며 이 생각의 도매 제조업자 즉 이데올로그가 세계를 지배해왔다고 믿는다.(433쪽 참조)

"사유하는 자가 세계를 지배한다."[756] "사상이 세계를 지배한

---

756 GA2주 재인용) 슈티르너, 『유일자와 그의 소유』, 442쪽: "그리브로 교부의 시대, 교시의 시대가 시속하는 한 사유하는 자가 세계를 지배한다. 사유하는 자가 스스로 생각한 것은 가능한 것이지만, 가능한 것은 실현됨이 틀림없다. 사유하는

다."⁷⁵⁷ "승려나 교사가 모든 종류의 쓰레기를 머릿속에 집어넣는 다." "승려나 교사가 인류의 이상을 만들고"

타인은 그것에 따라서 행동해야 한다.(442쪽) 산초는 심지어 그 결론도 〈수, 105a〉전적으로 정확하게 알고 있으니, 그것에 따르자면 인류는 교사의 공상에 복종했으며 어리석은 나머지 스스로 복종했다고 한다.

"그것[인간이 이성적으로 될 수 있다는 사실 등등]은 내가"(교사가) "생각할 수 있는 것이니, 인간에게 *가능한* 것이다. 그것에게 가능하므로 그것은 *돼야 했다*. 그러므로 그것은 그의 소명이었다. 마지막으로 사람들은 인간을 다만 이런 소명에 따라서, 다만 이렇게 소명을 받은 존재로 대해야 한다. 거기에서 나오는 〈W, 406〉또 하나의 결론은? 개인이 *인간*이 아니라 *사상, 이상*이 인간-유적 존재-인류이다."⁷⁵⁸(441쪽)

자는 스스로 인간의 이상을 사유한다."

757 GA2주 재인용) 슈티르너, 『유일자와 그의 소유』, 441쪽: "이미 지적됐듯이 사상이 신이 들린 세상을 지배한다."

758 GA2주 재인용) 슈티르너, 『유일자와 그의 소유』, 441쪽:[위의 원문에 이어지는 말은 이렇다.] "인간에 대한 개인의 관계는 어른과 아이의 관계가 아니며 사유 속의 점에 대한 칠판에 분필로 찍은 점의 관계나 영원한 창조자에 대한 유한한 존재의 관계와 같다. 또는 더 새로운 관점에서 말하자면 유에 대한 예의 관계와 같다. 여기서 인류가 특별한 존재임이 드러난다."

인간이 실제 생존 관계에 따라서 자신이나 타인과 부딪히는 충돌을 우리의 교사 산초는 인간이 자신의 생존에 대해 가지는 관념과 충돌하는 것으로 생각한다. 하지만 사실 이 관념은 스스로 머릿속에 집어넣거나 아니면 학교 교사가 머릿속에 집어넣은 것에 지나지 않는다. 인간이 이런 생각을 머리에서 지워버린다면 이 가련한 존재가 "정말 행복하게" 살 수 있을 텐데! 그리고 이 가련한 존재가 정말로 "신나게 돌아다녀도" 될 텐데! 그러나 지금 인간은 "교사나 곰 조련사의 피리에 따라 춤추고" 있음이 틀림없다.(435쪽)(산초는 가장 비열한 곰 조련사 중의 하나이다. 왜냐하면 그는 자기의 코를 잡고 끌고 다니기 때문이다.) 예를 들어 거의 어느 때나 거의 어느 곳에서나 즉 중국에서도 프랑스에서도 인구과잉이 발생한다는 사실을 인간이 기억하기를 잊어버리기만 한다면, 이 "가련한 존재"는 갑자기 생존수단이 넘쳐흐르는 것을 발견하게 될 텐데.

산초는 여기서 가능성과 현실성에 관해 논한다는 핑계 아래에서 신성한 것의 세계 지배라는 그의 낡은 이야기를 다시 한번 제시하려고 시도한다. 즉 그는 어떤 교사가 자아의 머리에 심어 놓은 모든 관념이 가능한 것이라고 말한다. 이때 그 가능성을 산초는 쉽게 입증할 수 있다. 왜냐하면 이 가능성은⟨수, 105b⟩바로 그의 머릿속에 들어 있다는 의미에서 이미 실제적인 것이기 때문이다. 그가 엄숙하게 "'*가능한*'이라는 말 뒤에는 수천 년 묵은 오해, 가장 다양한 결과를 자아낸 오해가 감추어져 있다고"(441쪽) 주상한다면,[759] 이런 주장은 그가 그의 수많은 수

---

759 GA2주 재인용) 슈티르너, 『유일자와 그의 소유』, 441쪽: "수천 년 묵은 오해, 가장 다양한 결과를 지아내는 오해가 그 뒤에 감추어져 있지 않다면, 신들린 인간의 온갖 허깨비가 가능성이라는 간단한 말이 지닌 이런 유일한 개념 속에서

천 년 묵은 오해의 결과를 그 말 뒤에 도저히 감출 수 없다는 사실을 충분히 입증한다.

〈GA2, 478〉가능성과 현실성의 합치(439쪽)를 다루는 논의는 인간이 그런 능력을 갖춘 것인가에 대한 논의이며 현재 인간이 어떤 존재인지에 대한 논의이다. 이 논의는 그가 지금까지 집요하게 훈계해 왔던 주장 즉 인간은 그의 능력을 발휘하게 해야 한다는 주장과 잘 어울린다. 하지만 그런 논의 때문에 그는 유물론적인 *환경 이론*에서 상당히 일탈하게 된다. 이 환경 이론에 관해서는 우리가 곧 면밀하게 평가할 것이다. 이에 앞서 이데올로기적인 왜곡에 관한 또 한 가지 예를 보자. 428쪽에서 그는 "어떻게 살아갈 수 있을까?"라는 물음을 "자기 내에서 진정한 〈수, 105c〉자아를"(또는 마찬가지로 "삶"을) "어떻게 창조해야 하는가?"라는 물음과 동일시한다. 같은 428쪽을 보면 삶에 대한 공포가 그의 새로운 도덕철학을 통해 끝장나며, "탕아"의 삶이 시작된다. 그의 소위 새로운 도덕철학이 얼마나 놀라운 힘을 가졌는지, 우리의 솔로몬 왕은 아래와 같은 훈계에서 "더 실감 나게" 말한다.

〈W, 407〉"그대는 사람들이 그대가 그렇다고 여기는 것보다 더 힘이 있는 것으로 여긴다면 그대는 더 많은 힘을 가질 것이다. 그대를 그 이상으로 본다면 그대는 그 이상을 가질 것이다."(483쪽)

위에서 연합을 다룰 때 산초가 말했던 소유를 획득하는 방식을 살펴보라.

허깨비를 만들지 않는다면, 우리는 그런 고찰을 여기시 기의 걱정하지 않아도 됐을 것이다."

그러면 그의 *환경 이론*을 보자.

"인간은 직업을 갖는 것이 아니라 힘[Kraft]을 갖는다. 이 힘은 존재하는 곳이면 어디서든 *자기를 표현한다*. 왜냐하면 그의 존재는 유일하게 이런 힘의 표현 속에 있기 때문이며 생명이 그렇듯이 인간은 결코 비활동적으로 머무를 수는 없기 때문이다. .... 각자는 매 순간 소유를 지킬 만큼의 힘이 필요하다."("그대를 활용하라, 용감한 자를 모방하라, 당신들 모두는 전능한 자아가 돼라" 등은 위에서 산초의 말했던 말이다.) "물론 힘이란 특히 적대적인 저항이나 우호적인 지지를 통해 강화되며 배가된다. 그러나 힘을 사용하지 않는 곳에서는 힘은 결여될 것이 확실하다. 돌을 부딪쳐 불을 만들 수 있으나, 부딪히지 않는다면 불은 나오지 않는다. 마찬가지 방식으로 인간은 충돌할 필요가 있다. 힘은 항상 활동을 통해서 입증돼야 하므로 힘을 사용하라고 굳이 명령하는 것은 불필요하고 의미 없을 것이다. 힘은 [스스로] 힘을 표출한다는 것을 줄인 말에 불과하다."(436, 437쪽)

"자족적인 이기주의"가 자신의 힘 또는 능력을 행사하거나 행사하지 않는 것은 전적으로 자의에 따르며, 힘에 적용하는 것이 jus utendi et abutendi〈사용의 권리이든 소비의 권리이든(또한 오용의 권리)〉, 이는 자의에 따른다. 그런 자족적 이기주의는 이 지점에서 〈수, 106〉갑자기 예기치 않게 왕창 무너진다. 힘은 여기서 갑자기 자립적으로 작용해 산초가 말하는 "자의"를 고려하지 않는다. 현전하는 힘은 화학적이거나 기계적인 힘처럼 작용하며 그것을 소유한 개인에 의존하지 않는다.

나아가 힘을 표출하지 못하면 현존하는 것이 아니라고 그가 말하는 것을 우리는 이미 들었다. 이제 말을 바꾸어 그는 힘은 자기를 표현하려면 충돌이 필요하다고 말한다. 그러나 산초가 힘의 표출이 결여한다고 말할 때 충돌이 결여하는 것인지 아니면 *힘*이 결여하는 것인지를 어떻게 결정할지에 대해 〈GA2, 479〉우리는 아무 말도 듣지 못한다. 그것이 어느 것인지에 대해 말하는 대신 우리의 유일자적인 자연 연구가는 "돌을 부딪쳐 불을 일으킬 수 있다"는 것을 우리에게 가르친다. 하지만 산초가 드는 예가 항상 그렇듯이 그런 예를 선택하는 것보다 더 불운한 선택은 있을 수 없었다. 산초는 소박한 동네 교사답게 그가 불을 [돌을] 쳐서 만든다면, 이것은 불이 그때까지 돌 속에 감추어져 있다가 돌에서 나온다고 믿는 모양이다. 중등학교 4학년 정도의 학생이라면 누구라도 그에게 이렇게 말할 수 있을 것이다. 모든 문명국가에서는 이미 오래전에 잊혔지만, 불을 제조하는 방식은 곧 쇠와 돌을 마찰하는 것이다. 이런 방식에서 돌의 입자가 아니라 철의 입자가 떨어져 나와서 이 철의 입자가 마찰을 통해서 뜨거워진다. 그런데 산초는 불을 열이 일정한 정도에 이르게 되면 일정한 물체와 일정한 다른 물체, 특히 산소가 결합하는 관계로 생각하는 것이 아니라 지속해서 존재하는 사물이며 "원소"이고, 고정 관념이며 "신성한 것"이라고 믿는 모양이다. 즉 불은 돌에서 나오는 것도 아니고 〈W, 408〉쇠에서 나오는 것도 아니라고 말이다. 산초라면 차라리 이렇게 말할 수 있었을 텐데: 아마포는 〈수, 106a〉염소로 표백될 수 있다. 그러나 "충돌"이 결여된다면 즉 아마포가 표백되지 않는다면, "아무것도 나오지 않는다." 우리는 이번 기회에 "유일자적인" 자연과학이 이전에 밝혀낸 사실을 하나 여기에 기록해 산초가 "자기만족"을 느끼게 만들려 한다. 범죄에 관한 송가에서 그는 이렇게 말한다:

> "멀리 *천둥* 치듯 으르릉거린다.
> 그대는 *보지* 못하느냐, 하늘이
> 침묵하고 있지만, 먹구름 끼어 있으니, 예감으로
> 가득 차 있다는 것을?"(『경전』, 319쪽) [760]

    천둥이 치지만, 하늘은 침묵한다. 따라서 산초는 하늘이 아닌 다른 곳에서 천둥이 치고 있다는 것으로 본다. 산초는 나아가서 그의 시각을 통해, 아무도 모방할 수 없는 재주를 통해 하늘의 침묵을 깨닫는다. 또는 아마도 산초는 천둥과 침묵이 동시에 일어날 수 있는 곳에서 천둥소리를 *듣고* 침묵을 *본다*. 우리는 산초가 "허깨비"를 다룰 때 산을 "고상함의 정신"을 대변하는 것으로 만드는 것을 보았다. 여기서는 침묵하는 하늘이 예감의 정신을 대변한다.
    더욱이 산초가 여기서 왜 심지어 "자기의 힘을 사용하라는 명령"에 대해 격분했는지가 알려지지 않는다. 이 명령은 아마도 여기서 결여된다는 "충돌"이 될 수도 있을 텐데 말이다. 이 충돌이 돌에는 영향을 미치지 못한다는 것은 사실이지만, 산초는 모든 현존하는 군대의 대대 훈련에서라면 어디서든지 그런 명령이 영향을 끼친 충돌을 관찰할 수 있을 것이다. "명령" 자체가 아직 여린 힘을 촉발하는 "충돌"이라는 사실은 말할 것도 없이 명령은 그에게 "걸림돌"이라는 사실에서 노출

---

[760] GA2주 재인용) 슈티르너,『유일자와 그의 소유』, 319쪽: [본문의 문장 앞에 다음 문장이 들어 있다] "혁명은 돌아오지 않는다. 그러나 압도적이고, 가차 없는, 철면피한, 양심도 없는, 거만한 범죄, 그것이 멀리 천둥 치듯 으르릉거린다."

된다.[761]

　의식도 또한 하나의 힘이어서, 우리가 들어보았던 교리에 따르자면 이 힘은 "항상 자발적으로 활동하는 것임은 자명하다." 그러므로 이에 따라서 산초는 의식을 변화하는 것보다는 오히려 기껏해서 의식에 작용하는 충돌을 변화하는 것을 목표로 삼는 것이 〈GA2, 480〉좋았을 것이다. 그러나 그게 사실이라면 그는 당연히 그가 도덕적으로 설교했던 "명령"을 충분한 "충돌"로 간주했어야 할 것이다.

　"누가 무엇이 될 수 있는 것이라면 그게 무엇이든 그는 또한 그것이 된다. 타고난 시인이라도 상황이 여의치 못하면 당대의 정점에 서는 데 방해받을 수 있으며 그리고 엄청난 연구를 수행하지 않고서는 다가갈 수 없는 위대한 예술작품을 창조하는 데 방해받을 수 있다. 그러나 그가 농노이든 행복하게도 바이마르 궁정에 살든 상관없이 시인이 되는 것은 가능하다. 타고난 음악가라면 그는 온갖 악기를 통해서든"("온갖 악기"에 대한 이런 환상은 프루동 Proudhon이 그에게 전한 것이다. 『공산주의』를 보라.) "아니면 다만 보리피리를 통해서든" 음악가가 되는 것은 가능하다."(산초와 같은 교사에게는 물론 버질Virgil의 목가가 떠오를 것이다.) "철학적 머리를 타고난다면, 그는 대학의 철학 교수이든 개똥철학자이든 자신의 가능성을 입증할 것이다. 마지막으로 말하자면, 순진한 여자로 타고난다면 그는 항상 머리에 못이 박힌 대로 살아갈 것이다. 정말 머리가 날 때부터 굳어 있는 사람

761　CW주) 'Anstoß'=충격, 쇼트, 스캔들, 공격을 의미하며, 'Stein des Anstoßes'는 걸림돌을 의미한다.

의 수가 대다수라는 점은 의심할 여지가 없다. 이런 구별은 모든 동물의 종에서 ⟨W, 409⟩여지없이 출현하는데 하물며 어떻게 인간의 종에게서는 출현할 수 없다는 말이냐?"(434쪽)

  산초는 그에게 늘 그렇듯이 여기서 다시 예를 선택하는데 서투르다. 타고난 시인, 음악가, 철학자에 대한 그의 난센스를 사실로 전제한다면 이런 예는 한편으로는 다만 타고난 시인 등은 이미 태어났을 때부터 그런 존재로 *계속 존재한다*는 것을 즉 시인 등이라는 것을 입증하며 다른 한편으로는 타고난 시인 등은 자신을 그런 존재가 *되게* 발전하는 한에서 "상황이 여의치 않으면" 그가 *될 수 있었던* 존재가 되지 못하게 될 수도 있다는 것을 입증한다. 그러므로 그가 제시한 예는 한편으로는 아무것도 입증하지 못하며 다른 한편으로는 자기가 입증한다고 가정되는 것의 반대를 입증한다. 이 두 측면을 종합한다면, 산초는 태어나면서부터 그렇든지 아니면 상황을 통해서 그렇든지 간에 상관없이 "대다수 인간이라는 부류"에 속한다는 것이다. 그가 그나마 그는 유일자적으로 "머리에 못이 박힌 자"라는 위안을 전하니 그런 부류와 그의 "못"과 함께 그런 위안을 공유하기 바란다.

  산초는 여기서 돈키호테가 로즈메리, 포도주, 기름과 소금에서 증류해냈던 마법의 음료를 먹는 모험을 겪는다. 이 마법의 음료에 관해서 세르반테스는 17장에서 산초가 그것을 먹은 후 두 시간 동안이나 땀을 흘리며 항올한 상내에서 그의 육체의 두 줄기 수로를 통해 토해냈다고 전한다. 우리의 용감한 방패 시종이 자기만족을 위해 유물론자의 음료를 먹자, 그는 자기의 이기주의 전체를 비상한 방식으로 게워내었다. 위에서 우리는 산초가 "충돌"에 부딪히자 갑자기 모든 장엄함을 상실하고, 그의 "능력"을 포기했다는 것을 보았다. 그것은 옛날 옛적에 이집트의 마술가들이 모세가 키운 이[762]를 마주해 겪었던 것과 같다. 여기서 이제 두 가지 새로운 공격이 출현해 그의 소심함을 보여준다. 그런 공격을 받자 그는 "여의치 못한 *상황*"에 굴복한다. 최종적으로는 그는 심지어 자신의 본래 신체적인 조직을 불구로 〈GA2, 481〉간주한다. 이런 불구는 그가 기여한 바가 없이 일어난 것이다. 그러면 우리의 파산한 이기주의자에게 아직도 남아 있는 것이 무엇인가? 그는 자기의 본래 신체적 조직을 장악하지 못한다. 신체적 조직이 그 아래 성장하는 "상황"이나 "충격"을 그는 통제할 수 없다. "그가 매 순간 어떻게 존재하든 간에 그는 그 자신의 산물"이 아니며, 선천적인 소질과 그것에 영향을 미치는 상황이 상호작용해 나온 산물이다. 이 모든 것을 산초는 인정한다. 불행한 "창조자"여! 불행하기 짝이 없는 "피조물"이여!

그러나 가장 가련한 것은 마지막에 출현한다. 산초는 tres mil azotes y trecientos en ambas sus valientes posaderas〈그의 펑퍼짐한 궁둥이에 대한 삼 천 삼 백 번의 채찍질〉이 드디어 한대도 빠짐없이 달성됐다는 것에 만족하지 못하고, 마침내 또 한 대의 센 채찍질을 자기에게 요구하지 않을 수 없으니, 그 때문에 〈W, 410〉그는 자기는 *유적 존재를 믿는 자*[Gattungsgläubigen]라고 선언한 것이다. 유적 존재를 믿는 자라니! 첫

---

762   CW주)『출애급기』, 8장 16~18절: 주께서 모세에게 말씀하셨다. 너는 아론에게 일러, 지팡이를 내밀어 땅의 먼지를 치라고 해라. 그러면 이집트 온 땅에서 먼지가 이로 변할 것이다. 그들이 그대로 했다. 아론이 지팡이를 잡고서, 팔을 내밀어 땅의 먼지를 치니, 먼지가 이로 변해, 사람과 짐승에게 이가 생겼다. 온 이집트 땅의 먼지가 모두 이로 변했다. 마술사들도 이와 같이 해, 자기들의 술법으로 이가 생기게 하려고 했으나, 그렇게 할 수가 없었다. 이가 사람과 짐승에게 계속해 번져 나갔다.

번째로 그는 노동 분업이 유적 존재에서 비롯된다고 생각한다. 왜냐하면 그는 어떤 사람은 시인이고 타인은 음악가이고 또 타인은 교사라는 사실에 대해 책임 있는 것은 바로 유적 존재라고 생각하기 때문이다. 두 번째로 그는 대다수 부류에 현존하는 신체적이며 지적인 결함을 유적 존재 탓으로 돌리며, 부르주아의 지배 아래서 대다수 개인이 〈수, 107〉 그와 닮은 불구[seines Gleichen]라는 사실도 유적 존재 때문이라고 한다. 태어날 때부터 머리가 굳은 것에 관해 그가 가진 견해를 따라 말하자면 이하선염이 오늘날 만연하는 이유도 유적 존재[Gattung] 때문이어야 했다. 왜냐하면 이하선염을 앓고 있는 조직이 최대 다수의 인간 부류에 형성되는 것에 유적 존재가 특별한 즐거움을 얻기 때문이다. 가장 평범한 유물론자나 의사조차도 이미 그와 같은 조잡한 설명 수준을 넘어섰다. 자족적인 이기주의자가 "유적 존재"나 "여의치 못한 환경"과 "충돌"을 독일 청중에 소개하는 것을 소명으로 삼기 오래전에 그들은 그런 수준을 넘어섰다. 지금까지 산초는 개인의 온갖 불구화와 개인적인 상황을 학교 교사가 지닌 고정 관념에서 설명하면서도 이런 관념의 발생에 관해서는 전혀 고민하지 않았다. 그것과 마찬가지로 이제 산초는 이런 불구화를 생식의 단순한 자연적 과정에서 설명한다. 아이의 발전 가능성은 부모의 발전 수준을 따라가며 온갖 불구화는 지금까지의 사회 관계에서 역사적으로 발생했으며 그와 마찬가지로 역사적으로 다시 폐지될 수 있다는 사실에 대해서는 산초는 조금도 생각하지 않는다. 자연적으로 발생한 유적 존재의 차이 예를 들어 인종 차이 등과 같은 것은 역사적으로 제거될 수 있고 제거돼야만 한다는 사실을 산초는 한 번도 언급한 적이 없다. 이번 기회에 동물원을 슬쩍 곁눈질이라도 한다면 산초는 "태어날 때부터 머리가 굳는 것"은 양과 암소에서뿐만 아니라 머리를 갖지 않은 다세포생물이나 적충류〈GA2, 482〉대다수에서도 발생함을 발견할 것이다.-동물의 품종도 순화되어서〈수, 107a〉교잡되면 전적으로 새로운 품종이 생산되어서 인간의 쾌락을 위해서뿐만 아니라 동물 품종 자신의 자기만족을 위해서도 더 완전한 종류가 출현한다는 것에 대해서 아마도 산초는 들어 보았을 것이다. 이런 사실에서 끌어낸 결론을 인간에게 적용할 수는 없다고 산초가 가정하는 이유가 무엇인가?

이번 기회에 우리는 유적 존재를 산초가 어떤 방식으로 변형했는지를 "소개"하고자 한다. 우리는 또 그가 유적 존재를 신성한 것과 마찬가지로 대한다는 것을 보게 될 것이다. 그가 유적 존재에 대해 시끄럽게 떠들수록 그는 더욱더 유적 존재를 믿는다.

〈W, 411〉1번. 우리는 유적 존재를 통해 노동 분업이 어떻게 발생하는지 그리고 지금까지 사회적인 상황에서 불구가 어떻게 발생하는지를 이미 보았다. 게다가 우리는 유적 존재나 그 생산물 모두가 어떤 상황에서도 불변적인 것이며, 인간의 통제 바깥에 있는 것으로 파악되고 있다는 것을 보았다.

2번. "유적 존재는 소질을 통해 이미 실현되어 있다. 이렇게 실현된 것에 대립해 그대가 소질에서 만들어 내는 것은"(위에서 언급된 것에 따르자면 상황이 그런 소질에서 만들어내는 것을 말함이 틀림없는데) "그대 자신이 실현한 것이다. 그대의 손은 유적 존재라는 의미에서 완전하게 실현되어 있으며, 그렇게 실현되지 않았다고 한다면 그것은 손이라 할 수 없고 오히려 아마도 앞발에 불과할 것이다. ..... 그대가 만들고자 하고 만들 수 있는 것이 무엇이든 그대로 그대는 유적 존재에서 만들어 낸다."[763] (『비간트』, 184, 185쪽)

---

763 GA2주 재인용) 슈티르너, 『슈티르너에 대한 논평가들』, 184/185쪽: "그러

여기서 산초는 1번에서 말했던 것을 다른 형식으로 되풀이한다.

그러므로 지금까지 말한 것을 통해 우리가 알게 된 것은 곧 유적 존재에 속하는 방식이다. 그 방식이란 곧 유적 존재는 개인의 통제나 개인의 역사적 발전단계와 무관하게 전체 육체적 소질과 정신적인 소질을 또한 개인의 직접적인 현존을 그리고 비록 맹아 상태이기는 하지만, 노동 분업을 세계에 출현하게 하는 방식을 말한다.

3번. 유적 존재는 본성상 지속해서 "충돌"한다. 이 충돌이란 근원적인 개인이 유적 존재에서 생산되어서 발전해 나가는 것을 제약하는 〈수, 107b〉"사정"을 일반적으로 표현하는 것일 뿐이다. 유적 존재는 산초에게는 신비한 힘이다. 이는 나머지 부르주아가 사물의 본성이라고 부르는 힘과 같은 힘이다. 나머지 부르주아는 부르주아인 그 자신에서 독립적이며, 자신이 그 연관을 이해하지 못하는 모든 상황을 이 힘[사정]의 탓으로 돌린다.

4번. 유적 존재는 "인간적 가능성"이며 "인간의 욕구"이므로,[764] "슈티르너의 연합"에서 노동을 조직하는 토대를 이룬다. 그러므로 연합에

나 그대가 그대의 손을 빚어낸다면 그대는 그 손을 유적 존재의 차원에서 완성하지는 못하며, 유적 존재를 실현하지는 못한다. 유적 존재가 실현되고 완성되는 것은 그대의 손이 완전한 손 즉 유적 존재나 유적 개념이 말하는 손이 되는 것을 통해서이다." "그대의 의지와 그대의 힘이 그런 손 속에 들어가서 할 수 있고 만들 수 있다면 유적 손은 유일하고 고유한 독특한 손ㅇ로 된다."

764 GA2주 재인용) 슈티르너, 『유일자와 그의 소유』, 232쪽: "그러나 이 비인간이 인간이며, 비인간적인 것이 어떤 인간적인 것이다. 동물에게 가능한 것이 아니라 인간에게 가능한 것은 어떤 인간적 가능성이다." 363쪽: "인간의 또는 일반적인 요구는 사회를 통해 만족될 수 있다. 그대는 다만 유일한 욕구를 위해 만족을 추구해야 한다."

서는 모두에게 가능한 것과 모두에게 속하는 공동의 욕구도 마찬가지로 유적 존재에서 산출된 것으로 파악된다.

5번. 연합에서 합의가 어떤 역할을 수행하는지에 관해 그는 다음과 같이 말했다(462쪽):

"서로 합의하고 소통하는 것이 중요하다. 물론 나는 다만 인간적인 수단만을 사용할 수 있다. 이 수단은 내가 동시에 인간이므로"(즉 유적 존재가 실현된 하나의 예이므로) "내가 〈GA2, 483〉 명령할 수 있는 수단을 말한다."

그러므로 여기서 *언어*는 유적 존재에서 나온 산물로 간주된다. 그러나 산초가 독일어를 하되 프랑스어는 하지 못하는 것은 결코 유적 존재 덕분이라 할 수 없고 환경의 덕분이다. 더욱이 근대에 형성된 모든 언어를 살펴볼 때, 자연적으로 성장한 언어가 민족 언어로 고양되는 과정은 다음과 같다: 부분적으로는 로마어[Romantisch Sprachen]나 게르만어에서 보듯이 이미 질료가 된 언어가 존재했으며 이 언어 질료가 역사적으로 발전함을 통해서 민족 언어가 출현한다. 부분적으로는 영어에서 보듯이 민족의 교차와 혼합을 통해서 민족 언어가 출현하며 또 부분적으로는 한 민족 안에서 경제적이고 정치적인 집중에 근거해 방언이 집중되면서 〈W, 412〉민족어가 출현한다. 개인은 나름대로 유적 존재의 산물이라 할 것[민족어]을 완전하게 통제하게 된다는 것은 자명하다. 연합에서 말해지는 언어는 언어 자체 즉 신성한 언어, 〈수, 107c〉신성한 자의 언어라 하지만, 실상 "신의 현신"이라고 할 그리스도가 말했던 언어 즉 히브리어 그것도 아르메니아 지역의 히브리어 방언[765]이다. 이런 사실은 산초의 "기대에 상반되는" 우리의 "착상"이다. 그 착상의 이유는 오직 나머지 언어를 해명하는 데 이 사실이 기여하지 않을까 우리가 생각하기 때문일 뿐이다.

6 번. 277, 278쪽에서 우리는 이런 말을 보게 된다. 즉 "유적 존재는 국민, 도시, 신분, 모든 종류의 모임, 마지막으로는 가족 속에서 실현되며" 또한 오늘날까지 한결같이 "역사를 만들어 왔다." 그러므로 여기서 지금까지 전체 역사는 유일자의 불행한 역사에 이르기까지 "유적 존재"의 산물이 된다. 그렇게 생각하는 데 충분한 이유라면 때때로 역사는 총괄적으로 *인류*의 역사 즉 유적 존재가 실현한 역사라는 이름으로 불린다는 사실이다.

7 번. 지금까지를 통해 보듯이 산초는 그의 앞에 존재했던 어떤 가사적[可死的]인 존재보다도 오히려 유적 존재에 더 많은 책임을 부여했다. 그의 이런 생각은 다음 문장에서 요약된다.

"유적 존재는 *존재하는 것*이 아니며 …. 다만 *사유로 생겨난 것*(정신, 유령 등)이다."(239쪽)[766]

---

[765] W주 157) 아르메니아 방언-아르메니아 인은 셈족에 속하는 한 부족이다. 그 부족은 기원전 12세기 시리아 북쪽에 거주했다. 그 부족의 방언은 역사 시대로 들어오면서 처음에 팔레스티인 지역에 일반석으로 사용됐다 7세기 이래로 아르메니아 방언은 아랍어에 쫓겨났다.

[766] GA2주 재인용) 슈티르너, 『유일자와 그의 소유』, 239쪽: "그러나 유적 존재는 존재하는 것이 아니다. 개인이 자기의 개성의 한계를 넘어서 자기를 고양하다면, 이것은 개인으로서 그가 하는 일이다. 개인은 자기를 고양하는 가운데서만 존재하며, 현재 그대로 머무르지 않는 가운데서만 존재한다. 그렇지 않다면 그는 죽

결론적으로 "사유로 생겨난 것"과 같은 것인 산초의 "허무[Nichts]"는 허망한 것[nichts auf sich haben]이다. 왜냐하면 산초 자신이 "창조적인 허무"이기 때문이다. 또한 우리가 보았듯이 유적 존재는 무척이나 많은 것을 창조하는데, 이때 유적 존재는 차라리 "허무"라 해도 되기 때문이다. 산초는 이에 대해 456쪽에서 우리에게 설명한다.

"*존재한다고 무조건 정당한 것은 아니다. 사유로 생겨난 것 [Gedachten]은 사유로 생기지 않은 것만큼[Nichtgedachten]이나 좋은 것이다.*"

448쪽부터 산초는 30쪽에 걸쳐서 망상을 누에고치처럼 자아냈으니 그 덕분에 자족적인 이기주의자의 사유나 비판이 "불"을 뿜는다. 우리는 이미 그의 사유나 비판을 표현한 많은 글을 읽어보았으니 이를 통해 독자는 산초가 끓인 구빈원 〈수, 108〉보리 죽과 "충돌"할 기회를 얻을 수 있다. 이 보리죽 한 그릇 가득하면 충분할 것이다.

"사상이란 새처럼 자유롭게 날아다니니, 누구든지 그 가운데 어떤 것을 포획하기만 한다면, 그것은 내가 건드릴 수 없는 그의 소유로서 정당화된다고 당신들은 믿느냐? 돌아다니는 모든 것은 차라리-나의 것이다."(457쪽)

은 것이고 끝난 것일 것이다. 인간은 단지 이상일 뿐이며, 유적 존재는 단지 사유로 생겨난 것일 뿐이다."

〈GA2, 484〉산초는 여기서 사유의 도요새에 대한 불법 사냥을 범한다. 우리는 떠돌아다니는 사상 가운데 그가 얼마나 많은 것을 잡았는지를 보았다. 그는 이 사상에 신성이라는 소금을 모이로 뿌려놓으면 곧바로 이 사상을 잡아챌 수 있다는 공상에 빠졌다. 그가 소유하는 실제 사상과 그런 소유에 관한 그의 환상 사이에 존재하는 이 엄청난 모순은 산초가 예외적인 의미에서 소유하는 것 전체를 보여주는 전형적이고 〈W, 413〉의미심장한 예로 간주될 수도 있다. 그는 바로 이렇게 이 양자를 대조하면서 *자기만족*에 빠진다.

신약 편 6절 솔로몬의 시편과 유일자

Cessem do sabio Grego, e do Troiano,

As navegacoes grandes que fizeram,

Calle-se de Alexandro, e de Trajano

A fama das victorias que tiveram

〈그러면 침묵하라, 현명한 그리스인이 예감하는 것을, 즉 트로이의 아들이 먼바다에서 할 수 있었던 것을, 알렉산더 대왕의 팔은 말할 것도 없고, 트라야누스 대제의 팔이 쟁취했던 승리의 외침을 …. 〉

Cesee tudo o que a Musa antigua canta,

Que outro valor mais alto se alevanta.

E vós, Spreïdes minhas ….

Dai-me huma furia grande, e sonorosa,

E naõ de agreste avena, on frauta ruda,

Mas de tuba canora, e bellicosa

Qus o peito accende, e o côr ao gesto mudai,

〈침묵하라, 잿빛의 시대 시인이 노래했던 것, 무엇보다도 도도한 경건함을! 그리고 당신들, 스프레 강의 처녀들이여[767] ….

---

[767] CW주) 마르크스와 엥겔스는 원문의 '타구스Tagus강'을 베를린의 '슈프레 강'으로 대체했다.

힘있게 울리는 영감을 나에게 달라
거친 피리와 조야한 갈대와 같은 영감이 아니다,
아니다, 나팔을 자랑하는 전쟁 소리의 영감을 달라.
그것은 뺨을 붉게 만들고, 영령을 솟아나게 한다.〉

슈프레 강의 님프들이여 나에게 노래해다오, 당신들의 기슭에서 또 다시 실체와 인간과 맞서 싸우는 영웅에 합당한 노래를, 온 세계에 퍼지고 모든 나라에서 불리는 노래를 해 다오, 왜냐하면 중요한 것은 그가

Mais do que promettia a força humana,
〈인간의 힘으로 결코 수행할 수 없었던 것을〉

단순한 "인간의 힘"으로 할 수 있는 것 이상을 수행할 수 있었던 사람이기 때문이다. 그가 바로

〈수, 108a〉edificára
Novo reino que tanto sublimára,
〈머나먼 땅에서 새로운 왕국을 건설했고〉,

〈W, 414〉멀리 흩어진 민족을 모아 새로운 나라를 건설했던 사람이며 다시 말해서 "연합"을 건설했다는 사람이다 중요한 것은

―tenro, e novo ramo florescente
De huma arvore de Christo, mais amada

〈나무에 새로이 돋아나고,

특히 그리스도를 향해 자라는 연한 새싹이다.〉

즉 그리스도가 특히 사랑했던 나무에 연하고 새롭고 빛나는 싹이 자란다는 것이다. 이 나무는 여느 것 못지않게

certissima esperança

Do augmento da pequena Christiandade

〈확실한 희망의 별을 위해 선택되어,

거기서 항상 어린 기독교인이 성장할 나무다〉

〈GA2. 485〉소심한 기독교인에게는 이는 가장 확실한 성장의 희망이니, 한마디로 말해 중요한 것은 "아직 한 번도 존재해 본 적이 없는 자", "유일자"이다. {〈W, 노트 75: 414-하단 주〉 카모Camoes, 『Lusiadas』, 1장 1절~7절}

이와 같은 유일자에 관해 지어진, 아직 한 번도 존재해 보지 않은, 시편에 발견되는 모든 것은 이미 일찍부터 『경전』에 있었다. 다만 순서상 이제 이 장을 언급한다. 이 장에 예의를 갖추고자 우리는 지금까지 몇 가지 점을 생략했고 다른 점은 앞으로 간략하게 반복할 것이다.

산초의 "자아"는 영혼의 변천 과정 전체를 편력한다. 우리가 이미 발견하는 것에 따르면 산초의 자아는 자족적인 이기주의에서, 예속농을 거쳐, 사상의 소매상을 거쳐, 불운한 경쟁자를 거쳐, 고유한 자를 거쳐, 정강이뼈가 부러진 노예를 거쳐, 천성과 환경 사이의 상호작용을 통해서 비약한 산초를 거쳐 그리고 수백 가지 다른 형상으로 변화된다. 이제

산초의 자아는 "*비인간*[Unmensch]"[768]이 되면서 이별을 고한다. 이때 그가 그 아래 서 있는 표어는 그가 「신약」으로 들어갈 때 그 아래 서 있었던 표어와 같은 것이다. 그때의 표어가 곧 다음과 같은 것이다:

"*진정한* 인간은 오직 *비인간*일 뿐이다." (232쪽)

이것이 신성한 것에 대한 산초의 이야기를 담는 1001개의 등식 중의 하나이다.

〈수, 108b〉인간의 개념이 실제 인간은 아니다.

인간의 개념	=인간
인간	=진정하지 않은 인간
진정한 인간	=인간이 아닌 존재
	=비인간

"진정한 인간은 비인간일 뿐이다."

〈W, 415〉산초는 이 명제가 하나 마나 한 말이라는 사실을 다음과 같이 변형을 통해 명백히 밝힌다:

"비인간이 무엇인지를 단순 명백하게 말하는 것은 정말 어렵지 않다. 비인간이란 인간의 개념에 적합하지 않은 인간이다. 논리

---

768 역주) 'Unmensch'는 일상어에서는 '비정한', '극악무도한' 인간을 의미한다. 하지만 여기시는 인산의 개념에 대립하는 인간을 의미한다. 번역은 '비인간'으로 했다.

적으로 말하자면 이것은 부조리한 판단이다. 인간의 개념이 그 현존에서, 인간의 본질이 그 현상에서 분리될 수 있다는 가설이 인정될 수 없다면 인간이 인간이 아니면서도 현존할 수 있을 것이라는 판단이 정말 허용될 수 있을까? 사람들은 인간처럼 보이지만, 사실 인간은 아니라고 말한다. 인간은 이런 부조리한 판단을 수백 년이라는 기나긴 세월 동안 시인해 왔다. 더욱이 그 이상으로 부조리한 것은 이 오랜 시간 동안 다만 비인간이 존재했다는 것이다. 그의 개념에 상응하는 개체가 있었다면 어떤 개체였을까?"(232쪽)

여기에 근본적으로 전제된 공상이 우리의 교사가 지닌 공상이었다. 우리의 교사는 자기가 "인간"이라는 이상을 만들었고 그 이상을 타인의 머릿속에 집어넣었다고 공상한다. 이 공상을 적어 놓은 책이 바로 그의 『경전』이라는 근본 텍스트이다.

〈GA2, 486〉산초는 "인간에 관한" 개념과 현존, 본질과 현상이 분리될 수 있다는 것을 하나의 가설이라 말한다. 여기서 그는 마치 분리의 가능성을 언표한 적이 〈수, 108c〉전에는 없었던 것처럼 말한다. 그가 개념을 말한다면 그는 그것이 현존과 구별된 것으로 말한다. 그가 본질을 말한다면 그는 그것을 현상에서 분리된 것으로 말한다. 그는 이런 주장[Aussage]이 자기모순[Gegensatz]에 빠진다고 보지 않는다. 그에게 그런 명제는 어떤 대립하는 것[Gegensatz]을 표현하는 주장이다. 그러면 그에게 제기될 유일한 의문은 이런 관점으로 파악하려는 대상이 무엇인가가 될 것이다. 이런 의문에 답하려 한다면 산초는 형이상학적인 관계에서는 다른 이름이 부여됐던 실제 인간관계를 고찰해야 했다. 게다가 산초는 『자족적인 이기주의자』와 「반항」 절을 다루는 논문에서는 이런 관점이 어떻게 분리되는지를 보여 주며 「자기만족」 절에서 고유성, 가능성, 현실성을 다루는 논문에서 이런 관점이 어떻게 합치되고 동시에 어떻게 분리되는지를 보여준다.

진정한 인간이 비인간이라는 철학자의 부조리한 판단[Urteil]은 추상적인 차원에서 본다면 인간이 지닌 실제 여러 관계와 욕구 사이에 사실로 현존하는〈수, 109〉일반적인 모순을 가장 일반적으로, 가장 포괄적으로 표현하는 것에 불과하다. 그와 같은 추상적인 명제[Satz]가 가진 부조리[widersinnig]한 형식은 부르주아 사회에서 정점에 이른 여러 부조리한 상황에 전적으로 상응한다. 그것은 마치 자신의 주변에 대한 산초의 부조리한 판단과 똑같다. 그 판단이란 곧 부르주아가 이기주의자이며 동시에 이기주의자가 아니라는 판단인데, 이런 사실 그대로 대립적인 판단은 독일 소시민의 현존과 소시민의 임무 사이의 모순[Widerspruch]에 상응한다. 소시민의 임무라면 당연히 사회적인 상황을 통해 소시민에게 강요되는 것이며 소시민 내부에 경건한 소망이나 욕망으로 도사리는 임무이다. 더욱이 철학자들이 인간을 〈W, 416〉비인간적이라고 주장해 왔던 이유는 인간이 인간의 개념에 상응하지 않기 때문이 아니며 오히려 인간이 가진 인간 개념이 인간에 관한 진정한 개념에 상응하지 않거나, 인간이 인간에 관한 진정한 의식을 갖지 않기 때문이다. Tout comme chez nous〈그와 똑같이〉[769]『경전』에서, 산초는 인

---

769 CW주) 파투비예Nolant de Fatouville의 희극 『아를르껭, 달 속에 사는 황제 Arlequin, empereur dans la lune』에 나오는 표현 "tout comme ici"를 변형한 표현이다. 그 말은 달 위에서의 삶에 관한 아를르껭Harlequin의 허구적 이야기에 대한 사람들의 상투적인 반응이다.

간을 비-이기주의자라고 주장하는데 그 이유는 다만 인간이 이기주의에 관해 제대로 알지 못하기 때문이라 한다.

 인간에 관한 *관념*이 *실제*의 인간이 아니라거나, 사물에 관한 관념이 사물 자체가 아니라는 것은 별 의미가 없는 명제다. 이런 식의 명제는 돌과 돌에 관한 관념에 관해서도 성립하는 것이기에 그에 따라서 산초는 실제의 돌은 다만 돌이 아닐 뿐이라고 말할 수도 있었을 것이다. 하지만 이런 명제는 너무나도 사소하고 더구나 의심할 수 없이 확실한 까닭에 더는 언급할 필요도 없을 것이다. 그러나 인간이 지금까지 온갖 종류의 불행 속으로 전락한 이유는 다만 관념이나 개념이 지배했기 때문이라는 산초의 유명한 공상 덕분에 위와 같은 명제에서 〈GA2, 487〉〈수, 109a〉그의 오래된 결론을 다시 도출하는 것이 그에게 가능하게 된다. 산초의 오랜 견해는 곧 인간은 다만 몇몇 관념을 *머리에서 지우기만 하면*, 이런 관념을 발생하는 연원인 상황을 *세계*에서 제거할 수 있다는 견해이다. 이런 견해가 여기에서 새로운 형태로 반복되고 있으니, 인간은 인간이라는 관념을 머리에서 지우면, 오늘날 *비인간적*이라고 불리는 실제 상황을 무화할[vernichten] 수 있다고 한다. 이때 "비인간적"이라는 술어가 그의 실제 상황과 대립 속에 있는 인간이 내리는 판단이든 아니면 비정상적인 피지배 계급에 관한 정상적인 지배 사회가 내리는 판단이든 상관이 없다. 이것은 바닷물에서 쿠퍼그라벤 [Kupfergraben][770]으로 옮겨진 고래가 의식을 갖는다면 환경이 여의치 못해 발생한 처지가 고래답지 못하다[unwallfishschmäßig]고 주장할 것이라는 말과 똑같다. 그러나 이런 처지가 그것의 즉 고래의 처지이므로 이미 고래답다는

---

770 CW주 121) CW주 59 참조-쿠퍼그라벤은 베를린의 운하의 이름이다. 헤겔이 쿠퍼그라벤 둑에서 살았다.

사실을 산초는 고래에게 입증할 수도 있을 것이다. 인간은 일정한 환경 아래서 그와 똑같이 판단한다.

185쪽에서 산초는 다음과 같은 엄청난 물음을 던진다:

"그러나 개별자 속에 숨어 있다는 비인간은 어떻게 깨닫게 될까? 인간의 본성에서 즉각 비인간이 나오는 것은 아니라고 어떻게 가정할 수 있는가? 자유주의 전체는 마치 신이 악마를 갖듯이 하나의 불구대천의 원수, 극복할 수 없는 대립물을 갖는다. 인간의 옆에는 항상 비인간, 이기주의자, 〈수, 109b〉개별자가 있다. 국가, 사회, 인류는 이 악마를 압도하지 못한다."

"수천 년이 지나면, 사탄은 감옥에서 풀려나오며 천지 사방과 곡[Gog]과 마곡[Magog]에 사는 이단을 유혹해 서로 〈W, 417〉싸우게 할 것이다. 그 이단이 전 지구에 퍼져서 성도의 진지와 하나님이 사랑하는 도시를 포위했다."(『요한계시록』, 20장 7~9절[771])

이 물음은 산초가 이해한 대로 본다면 다시 순전한 난센스에 해당한다. 산초의 공상에 따르자면 인간은 지금까지 항상 인간에 관한 어떤 개념을 만들었고 이런 개념을 자기 안에 실현하는데 필요한 만큼의 자유를 얻었을 것이다. 또한 인간이 획득한 자유에 관한 그때그때의 척도

---

771 CW주) 곡, 마곡-성경에 나오는 고대 국가.
『요한계시록』, 20장 7~9절:천 년이 끝나면, 사탄은 옥에서 풀려 나서,땅의 사방에 있는 민족들 곧 곡과 마곡을 미혹하려고 나아갈 것입니다. 그리고 전쟁을 하려고 그들을 모을 것인데, 그들의 수는 바다의 모래와 같을 것입니다. 그들은 지면으로 올라와서, 성도들의 진과 하나님께서 사랑하시는 도시를 둘러쌌습니다.

는 인간의 이상에 관한 그때그때의 관념을 통해 규정됐을 것이다. 이때 모든 개인 속에 이런 이상에 상응하지 않는 잔여가 남아 있으며 따라서 이 잔여는 비인간적인 것이므로, 해방되지 않거나 다만 malgré eux〈그 의지에 반해서〉만 해방된다는 생각이 없을 수 없었을 것이다.

실제로 본다면 사정[Sache]은 당연히 이렇다. 즉 인간은 항상 인간에 관한 인간의 이상을 통해서가 아니라 현존하는 생산력이 인간에게 명하고 허용하는 만큼 해방된다는 것이다. 그러나 지금까지 모든 해방에는 제한된 생산력이 바탕에 있었다. 따라서 그런 제한된 생산력이 생산하는 것은 전체 사회를 위해서는 충분하지 못할 뿐이다. 그 결과 이런 사회에서 발전이 일어날 가능성은 다만 다음과 같은 때일 뿐이다: 〈GA2, 488〉즉 어떤 사람들이 타인들을 대신해 자기 욕구를 충족했던 때다. 이를 통해 어떤 사람들은-물론 소수이겠지만-발전의 가능성을 독점하지만, 다른 사람들은-이들이 대다수인데-필수적인 욕구의 〈수, 109c〉충족을 위해서 계속해서 [자연과] 투쟁할 수밖에 없어서 당분간 (즉 새로운 혁명적인 생산력이 발생하기까지) 발전의 모든 가능성을 박탈당했다. 따라서 사회는 지금까지 항상 일정한 대립 속에서만 발전해왔다. 이 대립은 고대에서는 자유인과 노예의 대립이고 중세에는 영주와 예속농의 대립이며 근대에는 부르주아와 프롤레타리아의 대립이다. 이것을 통해서 한편으로는 지배 계급이 자신의 욕구를 충족하는 비정상적인 "비인간적인 방식"도 설명되며 다른 한편으로는 교류의 발전이 어떤 제한 속에 있는지 그리고 지배계급의 발전이 어느 정도 제한되는지도 설명된다. 따라서 이렇게 발전이 제한된 결과 일정한 계급이 배제될 뿐만 아니라 또한 독점하는 계급이 협소해지며, 지배계급 속에 항상 "비인간적인 것"이 출현한다. 소위 "비인간적인 것"이란 "인간적인 것"

과 마찬가지로 현재 사회 상황의 산물이다. 이렇게 생산력이 제한된 결과 나타나는 부정적인 측면을 본다면 폭동[Rebellion]이 일어난다. 이 폭동은 현존하는 생산력에 토대를 둔 지배 관계나 이런 관계에 상응해 나타나는 욕구 충족의 방식에 대항하는 것이지만, 새로운 혁명적 생산력에 기초하는 것은 아니다. "인간적"이라는 긍정적인 표현은 일정한 생산단계에 상응해 나타나는 일정한 *지배* 관계와 〈W, 418〉이런 관계를 통해서 제약된 욕구충족의 방식에 상응한다. 이는 "비인간적"이라는 부정적인 표현이 이런 생산단계에서 매일 새롭게 출현하는 파괴의 시도에 상응하는 것과 마찬가지다. 이런 파괴의 시도는 곧 현존하는 생산방식 내에서 지배적인 계급 관계와 그 관계 속에 지배적인 욕구충족 방식을 파괴하려는 시도이다.

그와 같은 세계사적인 투쟁은 우리의 성자가 〈수, 110〉보기에는 성 브루노와 대중의 단순한 충돌에 이를 뿐이다. 이에 관해서는 인도적 자유주의에 대한 비판 전체 즉 192쪽 이하를 참조하라.

그러므로 우리의 순진한 산초는 비인간적인 것에 관한 그의 순진한 교훈을 늘어놓으며 인간의 관념을 머리에서 지우면 비인간이 사라지고 개인을 위한 어떤 규제도 더는 현존하지 않을 것이라고 하면서 결국 다음과 같은 결론에 이른다: 산초는 현존하는 관계를 통해 육체적으로나 지적으로 그리고 사회적으로 한 개인이 겪게 되는 불구화와 노예화를 개성이나 개인의 고유성이라고 인정한다. 그는 이런 관계에 대한 철학자의 관념을 머리에서 지움으로써 모든 걱정에서 해방됐다고 생각하면서, 결국 이 상황을 편안한 마음으로 받아들이니 그 점에서 통상적인 보수주의자와 똑같다. 그가 여기서 〈GA2, 491〉개인에게 강요되는 우연성을 개성으로 선언하는데 아마도 그런 식으로 그는 앞에서(「논리학」

참조) 그의 자아에서 모든 우연성을 제거했을 뿐만 아니라 일반적으로도 모든 개성을 제거한 것이리라.

산초는 그가 얻은 이런 "비인간적 것"이란 결과를 다음과 같은 Kyrie eleison〈기도:주여, 자비를 베푸소서〉노래로 만들어 "비인간적인 *자*"의 입으로 부르 짖게 한다:

> 나는 경멸적이었나이다. 왜냐하면 나는 나의 *더 나은 자아*를 내 바깥에서 찾았기 때문이외다.
> 나는 비인간적이었나이다. 왜냐하면 나는 *인간적인 것*을 꿈꾸었기 때문이외다.
> 나는 그 자신의 *진정한 자아*를 갈망하고 항상 가난한 죄인으로 머무르는 경건한 자와 같았나이다.
> 나는 타인과 비교해서만 나를 생각했나이다.
> 나는 전체 중의 모든 것이 아니었고 *유일하지도* 않았나이다.
> 그러나 이제 나는 비인간적인 존재로 내 앞에 나타나기를 중지하나이다.
> 나를 인간의 척도로 판정하며 타인이 나를 판정하게 허용하기를 중지하나이다.
> 나에 관해 어떤 것을 인정하기를 중지하나이다.
> 나는 비인간적인〈수, 110a〉존재였기는 하나, 더는 그렇지 않으며 이제 *유일자*외다.

할렐루야!

그는 지나가면서 이렇게 언급했다. 즉 "비인간적 존재"는 "*자신과 비판자*" 성 브루노에게 "*등을 돌리자*" 억지 유머로 전락했다는 것이다.⁷⁷² 그런데 그런 비인간적인 존재가 여기에서 스스로 "출현하든지" "출현하지" 않든지 간에 그것에 우리는 더는 관여하지 않는다. 오히려 우리는 그가 구백 번이나 신성한 것을 머리에서 지움으로써 "유일한" 존재 또는 "유일자"라는 자격을 여기서 부여받았다는 사실에 주목한다. 우리가 마찬가지로 〈W, 419〉구백 번 반복해 말해야 하는 것처럼 이렇게 머리에서 지웠다고 하더라도 그런 유일자가 다만 경건한 소망이라는 점을 제외한다면 모든 것은 옛날 그대로 남아 있다.

우리는 여기서 유일자를 처음으로 획득한다. 위에서 제시한 연도[連疇]를 보면 산초는 기사로 서임을 받았으며 이제 그는 새로운 귀족 작위를 소유하게 된다. 산초는 "*인간*"을 머리에서 지우면서 그의 유일성에 이른다. 이를 통해 산초는 "자기를 타인과 비교해 생각하거나" "자기를 넘어서 있는 어떤 것을 인정하기를" 중지한다. 그는 누구와도 비교될 수 없는 자가 된다. 우리는 산초의 오랜 습관인 변덕을 여기서 다시 겪게 된다. 그 변덕에 따르면 개인의 욕구가 아니라 관념이나 이념 그리고 여기서 *인간*의 형태로 나타나는 신성한 것이 유일한 tertium comparationis〈준거점: 비교를 위한 매개자〉이며 개인 사이에 존재하는 유일한 연대가 된다. {〈수, 110a-하단 주:수고에 삭제〉⁷⁷³산초는 다

---

772 GA2주 재인용) 슈티르너, 『유일자와 그의 소유』, 193쪽: "그러니 비인간적인 존재가 용기 있게 자신에게 등을 돌리고 또한 불안하게 만드는 비판가를 등지고, 그의 이의를 무시하고 내버려 둔다면, 어떻게 존재하게 될까?"

773 역주) 이 삭제된 구절은 CW(433쪽 하난)에 표시되어 있으나, W에는 없다. GA2는 부록에 수록했다.

만 신성한 것만을 주시하므로 개인 사이의 연대는 욕구를 통해서 일어난다는 사실에 대해서 괘념치 않는다. 그는 오늘날까지 생산력의 발전 때문에 한 계급이 다른 계급을 종속시킨다는 사실에 대해서도 괘념치 않는다.}〈수, 110b〉그는 *관념*을 머리에서 제거하면서 이를 통해 유일하게 된다.

그가 말하는 의미에서 "유일"하게 되기 위해서 그는 무엇보다도 그의 무전제성을 입증해야 한다.

470쪽: "*그대의* 사유는 *사유*를 전제로 하지 않고 *그대*를 전제로 한다. 그러나 정말 그렇게 그대는 전제되는가? 그렇다. 그러나 나는 나에게 전제되는 것이 아니라 나의 사유에 전제된다. 나의 사유 앞에 나는 존재한다. 여기에서 나오는 결론이 곧 나의 사유는 어떤 사상을 전제로 하지 않으며 전제 없이 존재한다는 사실이다. 왜냐하면 내가 나의 사유에 대해 내세우는 전제는〈GA2, 492〉*사유를 통해 만들어진* 전제가 아니며, 사유로 발견된 전제도 아니고 오히려 사유의 소유자라는 전제이기 때문이며 또한 그런 전제는 단지 사유는 소유[물]일 뿐이라는 것을 입증하기 때문이다."

산초는 사유하기 전에는 사유하지 않는다는 주장은 사실이며 그와 동시에 다른 사람도 이런 점에서 무전제적으로 사유하는 자라는 주장 역시 사실이다. 따라서 그가 자신의 현존을 위한 전제로 어떤 사상도 갖지 않는다는 주장 즉 그는 사상을 통해 만들어지지 않았다는 주장도 우리는 마찬가지로 동의해야 할 것이다. 산초에게 다른 것이 아무리 부족하더라도 시시껄렁한 사상에 관해서라면 부족한 법이 없다. 그런데 어느 순간 그가 그의 시시껄렁한 사상 전체를 제거해 버린다 해도, 그의 실제 자아는 남아 있다. 그의 실제 자아는 자기 앞에 현존하는 실제 세계의 상황 안에 남아 있다. 이로써 순식간에 그의 독단적인 전제가 무너지지만, 그 대신 비로소 그에게 진정한 전제가 시작한다. 이런 진정한 전제[그의 현존]는 그의 *독단적인* 전제[그의 사상]가 전제하는 것이다. 이 *독단적인* 전제는 그가 원하든 원하지 않든 진정한 전제와 더불어 그에게 다시 출현한다. 그 이유는 그가 다른 진정한 전제를 획득하고 그것과 함께 다른 독단적인 전제를 획득하지 않기 때문이거나 또는 그가 유물론적으로 진정한 전제를 그의 사유의 전제로 인정해 독단적인 전제를 곧바로 차단하는 일을 하지 않기 때문이다. 지금까지 〈W, 420〉일어난 그의 생애와 베를린에서 그의 환경을 통해 그가 현재 자족적인 이기주의의 독단적인 전제를 얻었듯이 그가 아무리 자기는 무전제적이라고 공상한다고 하더라도 그의 독단적 전제는 그대로 남는다. 왜냐하면 그는 그런 독단적 전제가 진정으로 전제하는 것을 극복하지 못하기 때문이다.

 산초는 진지한 학교 교사답게 헤겔의 말 가운데 아주 유명하게 된 "무전제적 사유"[774]를 항상 추구해 왔다. 이는 독단적 전제가 없는 사유이며, 헤겔이 경건하게 소망했던 것이다. 그는 슬쩍 몸을 피하는 동작으로 그런 무전제적 사유를 낚아챌 수 있고 심지어 무전제적인 자아를 사냥함으로써 그런 무전세석 사유를 능가할 수 있다고 믿었다. 그러니 무

---

774 GA2주 재인용) 헤겔, 『논리학』, 3권, 59쪽: "논리학의 단초는 어떤 것도 전제해서는 안 되며, 무를 통해서만 매개돼야 하며, 어떤 근거도 가져서는 안 된다. 그 단초는 오히려 그 스스로 전체 학문의 전제가 된다."

전제적 사유든 무전제적 자아이든 그의 손에서 빠져 달아났다.

산초는 이제 다른 방식으로 자신의 행운을 시도해 본다.

214, 215쪽: 자유에 대한 요구에 "진력하라"! "누가 해방돼야 하는가? 그대, 나, 우리는 어디에서 해방되는가? 그대도 아니고, 나도 아니고, 〈수, 111〉우리도 아닌 모든 것에서. 그러므로 나라는 것이 핵심이다. .... 내가 아닌 모든 것에서 내가 해방됐다면 무엇이 남는가? 다만 나라는 것이 남으며 나밖에 다른 어떤 것도 남지 않는다."
"그러므로 머슴[애완견: Pudel]이란 게 옛날에 다 그랬어! 여행하는 학자? 배꼽 빠지겠네."[775]

"그대가 아니고, 나도 아니고, 우리도 아닌 모든 것"은 여기서 물론 국가, 민족, 노동 분업 등과 마찬가지로 또 하나의 독단적인 관념이다. 산초는 비판을 통해 즉 비판가로서의 비판을 통해 이런 관념에 대한 비판이 이미 수행됐다고 믿고 있으므로, 그런 비판을 수행한 다음에는 〈GA2, 493〉다시 실제의 국가나 실제의 민족 그리고 실제의 노동 분업에서도 해방된다고 공상한다. 여기서 "핵심"을 이루는 자아라는 존재가 "자아가 아닌 모든 것에서 해방됐다면" 자아는 다시 위에서 언급한 무전제적 자아가 된다. 이 자아는 자아가 벗어나지 못했던 모든 것의 전제다.

그런데 산초가 "해방된다"는 것을 다루면서 한 번이라도 단순히 범주에서가 아니라 실제의 사슬에서 해방되기를 원했던 적이 있었다면,

---

775 W주 158) 괴테, 『파우스트』, 1부, 1막, 연구실 장면

이런 해방은 그와 동시에 다른 대중에게 공통적인 변화가 일어난다는 것을 전제하며 다시 이런 변화된 세계 상태[Zustand]가 그와 타인들에게 공통으로 성취된다는 것을 알게 될 텐데. 이에 따라서 해방이 일어난 이후에는 물론 그의 "자아"가 그것도 전적으로 변화된 자아가 "남아 있으면서", 타인과 공동으로 세계 정세[Lage]를 변화했을 것이다. 따라서 이렇게 변화된 세계 정세는 그와 그 자신의 자유를 위해 그와 타인에게 공동의 전제가 된다. 따라서 이를 통해 그의 "자아"가 지닌 유일성, 비교 불가능성 그리고 독립성은 다시 난파된다.

산초는 다시 한번 세 번째 방식으로 그런 행운을 추구한다.

237쪽: "그들이"(유대인과 기독교인) "서로를 배제한다는 점이 그들의 치욕이 아니라 이런 배제가 다만 중도에 그친다는 점이 치욕이다. 그들이 완전한 이기주의자일 수 있으려면 그들은 서로를 배제해야 할 것이다."

⟨W, 421⟩273쪽: "대립을 *해소하는* 정도만을 원한다면 대립의 의미를 아주 형식적으로, 약하게 파악해도 된다. 대립은 오히려 첨예화할 가치가 있다."

274쪽: "당신들이 당신들의 ⟨수, 111a⟩대립을 전적으로 인정하고 보는 사람이 머리 꼭대기에서 발끝까지 자기가 *유일하다*고 주장한다면 그때 비로소 당신은 당신의 대립을 더는 감추지 않을 것이다. .... 최후의 가장 결정적인 대립은 유일자가 유일자에 대한 대립이니, 이는 근본적으로 대립이라고 말해지는 범위를 넘어선다. 당신은 유일자로서 타인과 더는 공동의 것을 갖지 않으며 그러므로 분리되거나 적대적인 존재가 아니다. .... 대립은 완전한 .... 분리와 유일성 속에서 사라지고 만다."

183쪽: "나는 다른 사람들 앞에서 특별한 것을 하든가 특별한 자이고자 *원하지* 않는다. 나는 나를 다른 사람에 견주고자 하지도 않는다. .... 나는 내가 될 수 있는 모든 것이기를 원하며 내가 가질 수 있는 모든 것을 가지기를 원한다. 다른 사람이 *유사*하고 *유사*한 것을 갖고 있더라도 무엇이 문제겠는가? 이것과 같은 것, 그들은 이것과 같은 것일 수도 없고 이것과 같은 것을 가질 수도 없다. 나는 그들을 파괴하지 않는다. 그것은 내가 운동에서 바위보다 앞선다고 하더라도 바위를 파괴하지 않는 것과 같다. 다른 사람이 그것을 가질 수 있다면 그들은 그것을 가질 것이다. 특권을 소유하지 않아야 한다는 요구는 다른 사람을 파괴하지 않는 것을 목표로 한다. 사람은 자기를 예를 들어 유대인이나 기독교인처럼 '*어떤 특수한 존재*'로 간주하지 말아야 한다. 이제 나는 나를 어떤 *특수한 존재*로 *간주하지* 않고 오히려 *유일한* 존재로 간주한다. 나는 사실 다른 사람들과 유사성을 가지고 있다. 그러나 그런 유사성은 비교하거나 반성할 때나 성립하는 것이다. 나는 사실 자체를 놓고 보면 비교불가능하며, 유일하다. 〈GA2, 494〉나의 육체는 다른 사람들의 육체가 아니다. 나의 정신은 다른 사람의 정신이 아니다. 그대가 육체나 정신을 *일반적인 것*으로서 육체나 정신으로 이해한다면, 그대의 사상은 나의 육체나 나의 정신과 무관한 사상에 해당한다."

〈수, 111b〉234쪽: "이기주의자에 부딪히면서 인간 사회가 몰락한다. 왜냐하면 인간은 더는 인간으로서 서로 관계하지 않으며 오히려 각각의 인간은 하나의 자아가 되어 나와 전적으로 다른 적대적인 너에게 이기적으로 대립하는 가운데 출현한다."

180쪽: "한 사람이 다른 사람을 항상 찾아다니는 것은 아니지 않을까? 한 사람이 다른 사람이 필요하더라도 그 사람에 거기 끼어 맞추어져야 하는 것은 아니지 않을까? 그러나 이제 유일자가 서로 관계하는 경우 한 사람은 다른 사람과 실제로 통합되지만, [유일자가 되기] 이전의 경우 사람은 다른 사람과 그저 연대했다는 것이 차이다."

178쪽: "당신들이 유일한 존재일 때만 당신들은 당신들의 실제적인 존재대로 서로 교류할 수 있을 것이다."

유일자의 교류가 "유일자의 진정한 모습에 따라 일어난다"는 산초의 환상 곧 "유일자가 유일자와 서로 합일한다"는 환상, 간단하게 말해서 "연합"에 관한 환상에 관해서라면 이미 충분히 다룬 바 있다. 여기서 다만 다음과 같은 것만 언급하겠다: 연합 속에서 각자가 다른 사람을 다민 자신의 대상으로서 즉 그의 소유로서 간주하고 취급한다.(167쪽과 소유 또한 착취 이론을 참조) 반면 『주석』 속에서(『비간트』, 157쪽) 바라타리아Barataria 섬의 총독이 통찰하면서 인정한 사실에 따르면 다른 사람은 그 사람 자신에게 속하며, 그 사람 자신에게 고유한 존재, 유일한 존재이며, 이러한 유일자의 자격으로 그 사람은 산초의 대상이 되지만, 더는 산초의 소유는 아니다. ⟨W, 422⟩ 산초는 절망에 빠졌지만, 그를 구원한 것은 하나의 예기치 않은 착상이었다. 그것은 곧 그가 달콤한 자기 망각 가운데서 이 절망을 망각한다는 것이다. 이런 즐거움이야 그가 "매시간 수천 번 누리는" 것이며, 그는 자기의 존재가 자기를 망각할 때조차도 "완전히 사라지지" 않았다는 것을 달콤하게 의식하기에 이런 즐거움은 더욱더 달콤하게 된다. 그 결과는 낡은 속담에서 말하듯 각자는 자기를 위해 그리고 타자를 ⟨수, 111c⟩위해 존재한다는 것이다.

그러면 이제 산초가 자랑하지만, 실로 보잘것없는 내용을 지닌 명제는 그만 다루기로 하자.

"대립"이 첨예화되고 정점에 올라야 한다고 떠벌리는 것이나 산초가 "특수한 것"을 먼저 갖기를 원하는 것은 아니라고 떠벌리는 것도 마찬가지로 그만 다루기로 하자. 산초가 바라거나 *믿기*를 바라는 사실은 차라리 개인이 서로 인격적으로 교류해야 하며, 개인 사이의 교류는 제삼자 즉 어떤 것을 통해 매개되어서는 안 된다(「경쟁」절을 참조)는 사실이다. 여기서 제삼자는 "특수한 존재"이거나 특수하지만, 절대적이지는 않은 [개인들의] 대립[관계]이다. 그것은 다시 말해서 현재의 사회관계를 통해 제약된, 개인이 서로에 대해 취하는 자세[Stellung]이다. ⟨GA2, 495⟩ 예를 들어 산초는 두 개인은 부르주아와 프롤레타리아의 자격으로 서로 "대립"하기를 원하지 않으며 또한 산초는 부르주아가 "특수한 것"을 프롤레타리아보다 우월하게 갖고 있다는 것에 대해 항의한다. 산초는 그들이 순수한 인격적인 관계 속에 등장해 단순한 개인으로서 서로 교류하게 만들고 싶어 한다. 그는 노동 분업 내부에서 인격적인 관계가 필연적으로 그리고 불가피하게 계급적인 관계로 발전하고 고정된다는 생각에 이르지 못한다. 또한 그러므로 그는 자신이 했던 말 전체가 단순히 경건한 소망에 해당할 뿐이라는 생각에 이르지 못한다. 그런데도 그는 이런 계급에 속하는 개인을 타일러 "대립"이라는 관념이나 "특수한" "특권"이라는 관념을 머리에서 지우면 이런 소망을 실현할 수 있다고 생각한다. 산초가 위에 말한 명제를 보면 도대체 중요한 것은 다만 사람들이 *자기*를 무엇으로 *간주하는가*이며 또 *그가* 사람들을 무엇으로 간주하는가이고 다시 말해 *사람들이 무엇을 원하는가* 그리고 *그가* 무엇을 원하는가다. 〈수, 112〉 "*간주한다*"든지 "*원한다*"든지, 이런 생각을 변화시킴으로써 "대립"과 "특수한 것"이 제거된다는 것이다.

한 개인을 다른 사람보다 우선하는 특권 자체도 또한 오늘날 사회의 산물이다. 이 특권은 다시 개인이 자기를 실현하는 과정에서 필연적으로 특권으로서 효력을 발휘한다. 이런 사실을 우리는 산초의 「경쟁」절을 다루는 기회에 이미 제시했다. 나아가 개인 그 자체가 고립된 차원에서 [für sich selbst] 고찰된다고 하더라도 노동 분업에 복종하며 노동 분업을 통해 일면화되고 불구화되고 한정된 존재다.

산초가 대립을 첨예화하고 특수자를 제거한다고 주장할 때 그런 주장을 최선으로 해석한다면 어떤 말에 해당하는 것인가? 그것은 바로 개인의 상호 관계는 그 개인의 *태도*가 만든 결과이며 개인의 상호 구별은 개인이 *자기를 스스로 구별한 것*이라는 주장이다.(이는 마치 하나의 경험적인 자아가 다른 자아에서 구별되는 〈W, 423〉것과 같다.) 양자[상호 관계와 상호 구별]는 다음 둘 중의 하나이다. 우선 그 하나는 산초에게서 나타나는 것과 같이 *현존하는 것*에 대한 이데올로기적인 서술이다. 이런 이데올로기에 따르면 개인의 관계는 어떤 환경 아래서도 개인 사이의 태도 이상이 될 수는 없으며, 개인 사이의 구별은 자기가 구별한 것이 아닐 수 *없기* 때문이다. 다른 하나는 경건한 소망이라는 것이다. 그 소망에 따르면 개인은 서로 관계하며 서로 구별하기를 *바라되* 개인의 상호 관계가 개인에서 독립된 사회적인 관계로 자립성을 획득하지 못하기를 바란다. 또한 그 소망은 개인의 상호 구별이 사물적인 성격(인격에서 독립된 성격)을 가지기를 *바라지* 않는다. 하지만 개인의 상호 구별은 이런 사물적인 성격을 이미 취했거나 여전히 매일 그런 성격을 취하고 있을 뿐이다.

개인은 항상 그리고 어떤 환경 아래에서도 "*자기에서 나온다*[그리고 자기로 돌아간다]."[776] 그러나 개인은 *유일자*처럼 서로 어떤 관계도 필요로 하지 않는 존재는 아니므로 또 개인의 욕구와 그 본성 그리고 그 충족방식은 개인을 서로 연관지어 왔으므로(〈수, 112a〉성 관계, 교환, 노동 분업) 개인은 관계를 맺지 않을 수 없었다. 나아가서 개인은 순수한 자아로서가 아니라 개인으로서 생산력이나 〈GA2, 496〉욕구의 일정한 발전 단계에 기초해 교류하고, 이렇게 규정되는 교류가 다시 생산이나 욕구를 규정했다. 그러므로 개인의 개인적인 인격 관계나 개인의 상호 태도란 현존하는 관계가 창조했으며 매일 새로이 창조하는 것이었다. 개인은 예전의 상호 교류 속으로 들어갔으며 예전대로 "자기 중심적으로" 나갔다. 이는 개인이 어떤 "인생관"을 가졌느냐 하는 것

---

[776] GA2주 재인용) 슈티르너, 『유일자와 그의 소유』, 216쪽: "모든 고유한 자는 근원적으로 자유롭다. 왜냐하면 그는 스스로 인정된 존재일 뿐이기 때문이다. 그는 자기를 해방할 필요가 없다. 왜냐하면 그는 처음부터 자기 밖에 있는 모든 것을 내버리기 때문이며 자기 밖에 있는 다른 어떤 것도 평가하지 않고 어떤 것도 더 높은 것으로 평가하지 않기 때문이다. 간단히 말해 그는 자기에서 나와서 자기로 돌아온다."

과는 무관하다. 이런 "인생관"이야, 철학자가 자기의 바람에 따라 이리저리 구부려 놓기는 하더라도 원래 개인의 실제 삶을 통해서만 결정될 수 있었다. 물론 여기서 밝혀지는 사실이 있다. 즉 개인의 발전은 한 개인이 직, 간접으로 관계하는 다른 개인의 발전을 통해서 제약된다는 사실이며 또한 서로 관계하는 다른 세대의 개인도 서로 연관을 맺고 있다는 사실이며, 후대의 개인은 그 육체적 현존에서 그 선대를 통해 제약되며, 이 선대를 통해 축적되어 온 생산력과 교류 형식을 넘겨받으며 따라서 그 선대에 고유한 상호 관계를 통해 규정된다는 사실이다. 간단히 말하자면 발전이 일어날 때 개별 개인의 역사는 이전의 그리고 동시대에 사는 개인의 역사에서 분리될 수 없고 그 역사를 통해 규정된다는 것은 분명하다.

개인 사이의 관계가 그 반대 즉 단순한 사물적인 관계로 전환하고 개인 자체를 통해 개성과 우연성이 구별된다는 사실은 이미 우리가 입증했던 것처럼[777] 역사적으로 일어났던 과정이며 그런 사실은 ⟨W, 424⟩ 다른 발전단계 위에서 다르지만, 더 첨예화되고 더 일반화되는 ⟨수, 112b⟩ 형식을 취한다. 물질적인 상황이 개인을 지배하고, 우연성이 개성을 압박하는 사실이 현시대에서 가장 첨예하고 일반적인 형식을 획득했으며 이 때문에 현존하는 개인에게 전적으로 특정한 임무가 제기됐다. 그 때문에 개인에게 제시된 임무란 곧 물질적인 상황과 우연성이 개인을 지배하는 대신 개인이 우연성과 물질적인 상황을 지배하게 되는 것이다. 그러나 산초가 공상하듯이 그런 임무가 **"내가 나를 육성하**

---

[777] GA2주 참조) 여기서 입증이라고 말한 부분은 1장 포이어바흐에게서 발견될 것이다.

3장 성 막스 유일자 신약편 879

라는"⁷⁷⁸ 요구를 제기한 것은 아니었다. 그런 요구라면 모든 개인이 지금까지 산초의 좋은 충고 없어도 이미 수행해 왔다. 오히려 그 임무는 자기 육성의 전적으로 강요된 방식에서 개인을 해방하라는 요구를 제시했다. 현재의 물질적인 상황이 제시하는 임무는 사회를 공산주의적으로 조직하라는 임무와 합치한다.

우리가 이미 제시한 것에 따르자면 ⁷⁷⁹물질적인 상황이 개인에 대립해 자립화되는 것을 제거하며, 개인을 우연성 아래 종속하는 것을 제거하며, 개인의 인격 관계를 일반적인 계급 관계 아래 포섭하지 못하게 하는 것 등은 〈GA2, 497〉결국 노동 분업을 제거하는 것을 조건으로 한다. 우리는 어쨌든 노동 분업의 제거는 교류와 생산력의 발전을 조건으로 한다고 제시했다. 왜냐하면 그와 같은 발전이 일반화되면 사적 소유와 노동 분업은 생산력과 교류에 대해 질곡이 되기 때문이다. 나아가 이미 보았듯이 〈수, 112c〉사적 소유는 개인의 전면적인 발전이라는 조건 아래서만 폐지될 수 있다. 왜냐하면 그런 조건 아래서만 현존하는 교류와 현존하는 생산력이 전면화되어 전면적으로 발전한 개인이 이를 쟁취할 수 있기에 즉 개인적인 삶이 자유로이 표출될 수 있기 때문이다. 이미 보았듯이 현재의 개인은 사적 소유를 폐지할 수밖에 없다. 그 까닭은 생산력과 교류의 형식이 이미 발전되어서 교류의 형식이 사적 소유의 지배 아래 있을 때 그런 생산력을 차라리 파괴적인 힘으로 전락할 지경에 이르기 때문이며 또한 계급 대립이 최고 정점에 이르렀기 때문이다. 결론적으로 이미 제시했듯이 현재의 생산력과 세계 교류를 통해

---

778 GA2주 재인용) 슈티르너, 『유일자와 그의 소유』, 484쪽: "나는 인간으로서 인간을 육성하지 않으며 나로서 나를 육성한다. 이것이 유일자의 의미이다."

779 GA2주 참조) 이하 GA 497쪽은 1장 포이어바흐에서의 설명과 이어진다.

주어진 토대 위에서 사적 소유를 폐지하고 노동 분업을 제거하게 되면 개인은 서로 합일에 이른다.

공산주의 사회에서 즉 개인이 독창적이고 자유롭게 발전하는 일이 결코 상투어가 아닌 유일한 사회에서 개인의 발전이 조건으로 삼는 것은 개인의 연관이다. 여기서 개인의 연관은 부분적으로는 경제적인 전제 속에 성립하며 부분적으로 모든 사람의 자유로운 발전이 필연적으로 초래하는 연대 속에 성립하며 마지막으로는 눈앞에 있는 생산력을 토대로 한 개인의 일반적인 〈W, 425〉활동방식 속에 성립한다. 그러므로 여기서 일정한 역사적 발전 단계에 있는 〈수, 113〉개인이 문제 되는 것이지 결코 임의로 선택된 우연적인 개인이 문제 되는 것은 아니다. 물론 여기서 공산주의 혁명의 경우는 제외된다. 왜냐하면 이 공산주의 혁명을 공동의 조건으로 삼아서 자유로운 개인이 발전하기 때문이다. 물론 개인이 그 상호 관계에 대해 어떻게 의식하는가도 마찬가지로 사회에 따라 전적으로 달라지며 따라서 그런 의식은 이기주의가 아니며 동시에 "사랑의 원리"나 Dévoûment〈헌신〉도 아니다.

"유일성"을 위에서 전개됐던 것과 같이 독창적인 발전이나 개인적인 태도라는 의미에서 이해한다면 이는 선의나 올바른 의식과 전적으로 다른 것을 전제할 뿐만 아니라 산초가 환상 속에서 생각했던 것과 전적으로 반대되는 것을 전제하기도 한다. 산초에게서 유일성이란 현존하는 관계를 미화하는 것 즉 가난하고 무기력하며 비참 속에서 가련하게 된 영혼을 위안하는 한 방울의 발삼 향기에 지나지 않는다.

산초가 말한 "*비교 불가능한 존재*"라는 말에 대해서도 사정은 그가 말한 "유일성"이라는 말에 대해서와 마찬가지다. 산초가 "달콤한 자기 망각 속에" 전적으로 "사라진 것"이 아니라면[780] 〈GA2, 498〉그는 스스로 다음과 같은 사실을 기억할 것이다. 즉 "슈티르너식의 이기주의자가 구성하는 연합"이라는 의미에서 노동 조직은 사람들의 욕구가 비교될 수 있을 뿐만 아니라 서로 동등하다는 사실에 기초하고 있다는 사실이다. 또한 그는 욕구의 동등성을 강조할 뿐만 아니라 동등한 활동 또한 강조한다. 그러므로 한 사람은 다른 사람을 "인간으로서의 노동"에서 대신할 수 있었다. 또한 자신의 성과를 뽐내는 유일자의 초과 보수에 관해, 그의 행위가 다른 사람의 행위와 비교되고 그 장점 때문에 더 많은 보수를 줬던 것이 아니라면 그 보수는 어디에 기초하는 것일까? 그리고 산초는 실천적으로 자립화된 비교 행위라고 말할 수 있는 *화폐*를 유지하고 스스로 화폐에 복종하면서 다른 사람과 비교하기 위해 〈수, 113a〉이 일반적인 척도에 따라 측정한다. 그러면 그는 대체 어떻게 비교 불가능성을 언급할 수 있다는 말인가? 그러므로 그의 비교 불가능성이란 스스로 거짓말임을 명백히 자백한다. 동등성과 비동등성, 유사성과 비유사성을 반성 규정이라고 부르는 것보다 쉬운 일은 없다. 심지어 비교 불가능성도 반성 규정이니, 비교의 활동을 전제로 요청한다. 비교가 순수한 자의적인 반성규정이 전혀 아니라는 것에 대해서 우리는 다만 하나의 예를 제시하는 것으로 충분하다. 즉 모든 인간과 사물의 척도가 되는 tertium comparationis〈세워져 있는 이정표〉라 할 화폐가 그 예이다.

더욱이 비교 불가능성은 다른 의미를 가질 수 있다. 여기서 고찰되

---

[780] GA2주 재인용) 슈티르너, 『슈티르너에 대한 논평가들』, 157쪽: "이것에 관해 그대가 달콤한 자기 망각 속에 자기를 망각했다면 그대는 전적으로 사라진 것이다. 그대가 그대를 생각하지 않는다면 그대는 도내체 존재하기를 중지해야 한다."

는 유일성 즉 〈W, 426〉독창성이라는 의미에서 "유일성"은 비교불가능한 개인이 일정한 국면에서 자신을 그와 동등한 개인의 활동에서 구분하는 것을 전제로 한다. 페르시아니Persiani는 비교 불가능한 여가수이다. 그 이유는 바로 그녀가 여가수이며, 다른 여가수들과 비교되기 때문이며 그것도 들을 귀가 있어서 정상적인 구성이나 음악적인 교양에 기초하는 비교를 통해서 그녀가 비교 불가능하다는 인식에 다다를 능력을 지닌 사람들을 통해 비교되기 때문이다. 페르시아니의 노래는 개구리의 꿱꿱거리는 소리와 비교 불가능하다. 물론 여기에서조차 비교가 일어날 수 있으나 그런 비교는 인간과 개구리의 비교이지, 페르시아니와 유일한 개구리 사이의 비교는 아닐 것이다. 다만 첫 번째 경우만 개인 사이의 비교라고 말할 수 있으며 두 번째 경우 비교는 유나 종의 성질에 관련된다. 비교 불가능성의 세 번째 방식 즉 페르시아니의 노래와 혜성의 꼬리와의 비교 불가능성이라면 우리는 산초의 "자기만족"을 위해 그에게 남겨주겠다. 왜냐하면 그는 말할 것도 없이 부조리한 판단에 그처럼 기쁨을 느끼기 때문이다. 그러나 이런 부조리한 비교조차도 오늘날의 관계에서 나타나는 부조리성에서 실존하는[real] 예를 찾을 수 있다. 화폐는 모든 것에게 적용되는 심지어 이질적인 사물에게도 적용되는 공동의 척도이다.

더욱이 산초의 비교 불가능성이란 다시 유일성과 마찬가지로 같은 〈수, 113b〉상투어로 전락한다. 개인은 더는 자신에서 독립한 준거점에 따라 측정되어서는 안 된다고 가정될 뿐만 아니라 〈GA2, 499〉모든 비교는 자기 구별로 전도돼야 한다고 가정된다. id est〈즉〉 이런 전도는 개인의 자유로운 발전을 위해 그리고 개인이 "고정 관념"을 머리에서 지우는 것을 통해서 이루어져야 한다고 가정된다.

더욱이 산초는 다만 문필가나 책상물림이 사용하는 비교만을 알고 있다. 그런데 이런 비교는 산초가 브루노가 아니며 브루노가 산초가 아니라는 거창한 결과에 이른다. 그것에 반해서 그는 물론 과학이 비교를 통해서 그리고 비교의 영역 내에서 차이를 확립함을 통해서 비로소 중요한 진보에 이르렀다는 사실을 알지 못한다. 또한 그는 물론 그와 같은 과학에서 사용되는 비교 속에서 비교의 행위는 일반적으로 중요한 성격을 획득해 이렇게 해 비교 해부학, 비교 식물학, 비교 언어 연구 등이 성립한다는 사실을 알지 못한다.

대규모 민족에 속하는 프랑스인, 북미인, 영국인은 실천적으로나 이론적으로 경쟁이나 학문에서 지속해서 서로 비교된다. 독일인과 같은 소상인이나 속물은 비교나 경쟁을 두려워해야 하므로, 독일의 철학 상표 제조업자가 독일인에게 전달해주는 비교 불가능성이라는 방패 뒤에 숨어든다. 산초는 그들 철학자를 위해서뿐만 아니라 자신의 이해를 위해서도 모든 비교를 거절했다.

⟨W, 427⟩415쪽에서 산초는 이렇게 말한다:

"아무도 나와 동등한 *자*가 아니다."

40쪽에서 "나와 동등한 자"와의 교제는 사회를 교류 속에 해소해 버리는 것으로서 서술된다.

"아이는 사회보다 자신과 동등한 자와 맺는 *교류*를 선호한다."

그러나 산초는 때때로 "나와 동등한 자"를 ⟨수, 113c⟩즉 일반적으로

"똑같은 자"라는 의미에서 "동등한 자"를 필요로 한다. 예를 들어 위에서 인용된 구절 183쪽을 보라.

"그들은 결코 동등한 자, 똑같은 자가 될 수도 없고, 그런 자를 얻을 수도 없다."

이로써 그는 최종적으로 "새로운 표현"을 얻는다. 그것이 바로 『주석』에서 사용된 표현이다.

산초에 따르면 예를 들어 인간으로서의 노동에서는 그것이 어떤 것이든 개인의 유일성, 독창성, "고유한" 발전은 일어나지 않는다. 그러나 어떤 난로 설치공이 난로를 다른 설치공과 같은 방식으로 설치하지 않는다는 사실을 아무도 부정할 수는 없을 것이다. 같은 산초에 따르면 개인적인 "유일성"의 발전은 종교적이거나 정치적인 영역에서는 일어나지 않는다.(「현상학」 절을 보라.) 그러나 이슬람을 믿는 모든 사람 중에 누구도 "같은" 방식으로 이슬람을 믿지 않으며 그런 한에서 "유일한" 태도를 보인다. 이는 마치 모든 국민 가운데 아무도 "같은 방식"으로 국가에 관계하지 않는 것과 마찬가지다. 아무도 이런 사실을 부정하지 않을 것이다. 그 이유는 관계를 맺는 자는 그이지 다른 자가 아니기 때문이다. 저 유명한 "유일성"을 보자. 유일성은 인격의 닮음[Dieselbigkeit], 동일성[Identitat]과 구별된다. 이런 구별 때문에 산초는 지금까지 존재했던 모든 개인 속에서 종의 "본보기"와 다른 것은 거의 볼 수 없었다. 그런 유일성이라는 주장이 〈GA2, 500〉여기서는 경찰을 통해 식별된 인격의 자기 동일성으로 즉 한 개인은 타인이 아니라는 주장으로 귀결된다. 그와 같이 해 산초 즉 세계를 전복하려는 자가 여권 사무실의 서기로 쪼그라든다.

『주석』의 184쪽에서 나오는 주장은 그가 여러 번에 걸쳐 기름 부음을 받고 엄청난 자기만족 속에서 분석했던 주장이다. 이 주장은 일본의 왕이 밥을 먹으면 그 때문에 그가 배부른 것은 아니라는 주장이다. 그 이유는 그의 내장과 일본 황제의 내장이 각기 "유일한" 내장이며 "비교 불가능한 내장"이고 다시 말하자면 같은 내장이 아니기 때문이라 한다. 산초가 이런 주장을 통해서 지금까지의 사회관계를 제거했거나 적어도 〈수, 114〉자연 법칙만은 제거했다고 믿는다면 그 유치함이야 정말 이루 말할 수가 없거나 아니면 그 유래는 다만 다음과 같은 사실 때문일 것이다: 즉 [베를린의] 철학자들이 사회관계를 자족적인 개인의 상호 관계로 그리고 자연법칙을 특정한 물체의 상호 관계로 서술하지 않았기 때문이다.

〈W, 428〉라이프니츠가 이 오래된 명제(이 명제는 모든 물리학 교과서의 첫쪽에 물체의 불가침투성에 대한 학설로서 발견된다)에 부여했던 고전적인 표현은 널리 알려져 있다.

"Opus tamen est .... ut quaelibet monas differat ab alia quacunque, neque enim unquam dantur in natura duo entia, quorum unum exasse conveniat cum altero."〈"그러나 모든 임의적인 모나드는 필연적으로 다른 모든 모나드와 구별된다. 왜냐하면 자연 속에는 서로 전적으로 합치되는 두 존재가 결코 성립하지 않기 때문이다."〉(『철학의 원리 또는 원칙Principia Philosphiae seu Theses』 등)

산초의 유일성은 여기서 모든 이[Laus]와 모래알이 공유하는 자질로 격하되고 말았다.

산초가 브루노가 아니라는 사실은 농투성이든 경찰 나리든 누구나 얻는 통찰이다. 산초의 철학을 끝장낼 수도 있는 최대의 자가당착은 그의 철학이 이런 통찰을 최대의 발견 중의 하나라고 간주하며 두 사람이 서로 다르다는 사실을 진짜 기적이라고 생각한다는 사실이다.

이렇게 해 우리의 "사상의 대가"가 부르는 "비판적인 만세"가 맹목적 추종의 비참함으로 바뀌고 말았다.

*****

이런 모든 모험의 끝에 우리의 "유일한" 방패 시종은 다시 자기 고향에 있는 예속농의 오두막집이 보이는 포구로 배를 타고 들어갔다. "그의 『경전』의 표제에 들어 있는 유령은"[781] 그를 환호하며 맞이했다. 그녀가 최초로 물은 것은 〈수, 114a〉당나귀는 어떻게 됐느냐는 말이다.

> 산초는 "당나귀가 주인보다는 더 대접받는군" 하고 대답한다. 하나님 맙소사, 그 당나귀가 내게 얼마나 소중한 존재인지! 그러면 자기는 애인이라면서, 말해 보세요. 자기는 방패를 들고 다니면서 무엇을 얻었는지, 자기는 내게 새 옷 한 벌이라도 가져왔는지 말해 보세요.
> 산초는 대답하기를: 나는 그런 종류로는 아무것도 가져오지 않았지만, "창조적인 무"는 가지고 왔어, "내가 창조자로서 스스로 창조한 모든 것의 재료가 되는 무" 말이야. 다시 말하자면 당신은 나를 어떤 섬의 교부나 대주교로 보아야 하며, 그것도 발견될

---

[781] CW주) 슈티르너의 아내 댄하르트Marie Daehnhardt를 암시. GA2주 재인용) 슈티르너는 이 책 표지에 자기 아내에게 바치는 헌사를 써놓았다.

수 있는 최고의 교부로 보아야 한다는 뜻이지.

〈GA2, 501〉당신은 나의 보배예요, 하늘이 그것을 줄 거로 봐요. 우리가 그것이 필요하니까 곧 주겠지요. 그러나 섬이라니 그게 어디에 쓸 건지, 난 모르겠어요.

당나귀 아가리에 꿀이라니. 산초는 항의한다. 마누라, 당신은 그것을 나중에 보게 될 거야. 그러나 나는 이제 당신에게 말할 수 있어 즉 자족적인 이기주의로서 그리고 가련한 얼굴을 한 방패 시종으로서 모험을 하는 영예보다 더 좋은 것은 이 세상에 없다는 거지. 지금까지 발견되는 대부분 사람에게 "예측했던 최종 목적지에 도달해 인간적인 요구를 만족한다"라는 일이 일어나지 않는다는 것이 물론 사실이지."(tan como el *hombre* querria〈인간의 소망이란〈W, 429〉원래 그런 거야〉) 왜냐하면 사람이 만나는 백에 구십구는 삐뚜로 가며 헝클어지기 때문이야. 나는 경험을 통해서 그걸 알지. 왜냐하면 나는 몇몇 모험에서는 스스로 기만당했으며, 다른 모험들에서는 가루가 되고 얻어터져서 되돌아갔기 때문이야. 그러나 그 모든 것에도 불구하고 모험은 아름다운 일이지. 전 역사를 방랑하면서 베를린에 있는 도서관의 모든 책을 다 인용하며, 모든 언어에서 어원을 찾아 밤을 지새우고, 모든 나라에서 정치적인 사실을 변조하고 온갖 용과 타자, 산의 요정과 들의 악마와 유령에 대항해 팡파르를 울리며 도전장을 던지며, 모든 교부와 철학자와 맞붙어 싸우며 결국 자기의 신체를 통해서만 대가를 치른다면 (세르반테스 1부 52장 참조) 항상 "유일자의" 요구는 충족되니까 말이야.

3-2장 『변호를 위한 주석』

⁷⁸²⁷⁸³〈GA2, 501〉〈수, 115〉〈W, 430〉산초가 세르반테스 26, 29절에

782 역주) GA2는 이 절을 신약 편 7절로 분류했으나, W와 CW는 3장 성 막스 장을 1장과 2장으로 구분해, 3-1장에 구약 편과 신약 편을 다루고, 3-2장에 '변호를 위한 주석' 편을 집어넣었다. 『변호를 위한 주석』이라는 책이 1장에서 다룬 『유일자와 그의 소유』라는 책과 구분되므로, 그렇게 보는 것이 적절할 것이나 여기 번역에서는 W, CW에 충실하게 3-2장으로 편제했다.

783 CW주 122, CW주 45) 참조, 마르크스, 엥겔스는 이 장을 슈티르너의 글 『슈티르너에 대한 논평가들』(『비간트 계간지』, 3호 게재)을 다루는 것으로 시작한다. 슈티르너의 『변호를 위한 주석』이라 비꼰 글이다. 『슈티르너에 대한 논평가들』은 첼리가(Szeliga), 포이어바흐, 헤스기 슈티르너의 『유일자와 그의 소유』에 대해 비판한 글에 대해 슈티르너가 답한 글이다. 그런데 마르크스, 엥겔스는 『슈티르너에 대한 논평가들』을 다루다가, 슈티르너가 그러듯이 돌연 긴 "삽화"를 끼워 넣는데, 이 삽화가 장의 거의 전부를 차지한다. 이 삽화는 슈티르너의 『유일자와 그의 소유』에 대한 비판적 분석이다. 마르크스, 엥겔스가 장을 시작하며 잠시 언급한 글(『슈티르너에 대한 논평가들』)로 다시 돌아오는 것은 장의 끝 부분

서 보듯 이전에 복종하는 처지에서도 온갖 종류의 의심을 품어 교회 감독관을 즐겁게 했었지만, 그는 상황이 변화된 것을 고려하고 그가 그전에는 자랑스러운 형제단의 실습 조교 후보자였다는 처지를 고려하면서 이런 의심을 "머리에서 지우기로" 결단을 내렸다. 그는 바라타리아 Barataria 섬의 대주교 그리고 추기경이 됐고 그런 추기경으로서 경건한 표정을 지으면서 최고 성직자다운 태도로 우리의 공의회의 맨 앞자리에 앉았다.『경전』에 관한 긴 삽화적 이야기를 이제 끝내고 우리는 이 공의회로 되돌아가려 한다.

우리는 물론 산초 형제님이 얻은 새로운 생활 형편이 엄청나게 변화했다는 것을 본다. 그는 ecclesia triumphans〈영광의 교회〉를 그가 이전에 속했던 ecclesia militans〈투쟁하는 교회〉에〈GA2, 502〉대립시킨다.『경전』이 울리는 승리의 팡파르 대신 경건한 엄숙함이 등장하며, "자아" 대신 "슈티르너"가 등장한다. 이 사실은 다음과 같은 프랑스 격언이 얼마나 사실인지 보여준다: qu'il n'y a qu'un pas du sublime au ridicule〈지체 높은 분에서 웃기는 놈까지 한 걸음 차이밖에 없다〉. 산초는 교부가 되고 주교의 교서를 반포한 이래로 자기를 오직 "슈티르너"라고만 부른다. 그는 포이어바흐에게서 자기만족이라는 유일자적인 방식을 배웠으나 유감스럽게도 그 방식이 그에게 별로 어울리지 않으니 그것은 마치 그의 당나귀에 딸랑이를 흔드는 것이 어울리지 않는 것과 마찬가지다. 누구나 알듯이 프로이센의 하급장교가 하듯이 창조자인 산초가 그의 피조물인 슈티르너를 "그[삼인칭]"라고 부르더라도 그는 결코 시저로 혼동될 수 있는 것은[784] 아니다. 인상이 더 희극적인 까닭은 산초

인 3-2장에 가서다.

784   CW주) 시저가『갈리아 전투의 설명 Commentarii de bello Callico』에서 자신

가 단순히 포이어바흐와 경쟁하기 위해서 이런 모순을 〈수, 115a〉범하기 때문이다. 산초는 위대한 사람으로 행세하면서 "자기만족"을 얻으나 여기서 이런 자기만족은 malgré lui〈그의 뜻과는 달리〉다른 사람에게 즐거움을 주는 것으로 된다.

〈W, 431〉산초가 그의 『변호를 위한 주석』에서 "특별한 일"을 했다고 하니 우리가 산초를 그의 삽화 속에서 이미 논파하지 않고 남겨 놓은 것이 또 있는 것처럼 보인다. 사실 그가 한 일이란 기껏해야 이미 알려진 주제를 새로운 계열로 변주하는 것이다. 이런 주제는 『경전』에 이미 곳곳에서 온통 단조롭게 낭송됐다. 인도의 비쉬누Wischnu 사제는 다만 하나의 음만을 안다고 하듯이 산초의 음악은 여기서 몇 단계 음조를 높인 것이기는 하지만, 당연히 그 아편과 같은 효과는 여전히 같은 것이다. 그래서 예를 들어 여기서 음식점 가운데 "이기주의적인" 것과 "신성한" 것 사이의 대립은 "흥미로운" 것과 "흥미롭지 않은" 것 또 "흥미로운" 것과 "절대적으로 흥미로운" 것으로 구별해 묘사되면서 다시 엉망진창으로 뒤엉킨다. 이런 방식으로 혁신하는 것은 누룩이 들지 않은 빵, Vulgo〈시쳇말로〉 유대인의 구운 빵을 애호하는 사람에게서나 흥미로운 대상이 되는 것일 뿐이다. 주관적으로 흥미를 느끼는 것을 흥미로운 객체[Gegenstand]로 왜곡하는 문예가다운 태도 때문에 베를린의 "교양을 갖춘"[785] 소부르주아를 비난할 수 없다.—그런 모든 환상은 산초의 애완물[Lieblingsmarotte]을 모방해 "교사들"이 창조했던 것이지만, 전적으로 환상에 불과한 것이 여기서 "대민 정신이 만들이낸" "난점-의혹"

을 삼인칭으로 불렀던 것을 암시한다.

785 CW주) 여기서 사용한 'jebildeten'은 '교양인[gebildeten]'의 베를린 사투리이다.

으로 나타난다. 가련한 영혼은 그런 의혹을 "경솔함"(악명 높은 행위인 머리에서 지우기) 때문에 덥석 구매했더라도 이런 의혹을 "이겨내야 한다."(162쪽)[786] 이어서 이런 "의혹"을 머리에서 지울 때 "사유"를 통해서 해야 하는지 "멍청함[사유의 결여: Gedankenlosigkeit]"으로 해야 하는지를 다루는 논의가[787] 등장한다. 그다음에 비판적 도덕적 Adagio〈아다지오: 느린 곡조〉가 등장한다. 그 속에서 그는 단음계로 이렇게 중얼거렸다: "사유를 만세 소리로 억압해서는 안 된다."(162쪽)

유럽의 안정 즉 곤경에 처한 Old merry and young sorry England〈늙고 쾌활하고 동시에 젊고 슬픈 영국〉의 안정을 위해 산초는 주교의 chaise percée〈경이의 의자: 요강〉위에 〈수, 115b〉앉아 식사를 마치자마자 다음과 같은 은총을 내리는 주교 교서를 반포한다:

"*부르주아 사회는 슈티르너의 마음에 들지 않는다. 슈티르너는 부르주아 사회를 확장해* 〈GA2, 503〉*국가와 가족도 부르주아화하려 생각한 적이 없다.*"(189쪽)

---

786 GA2주 재인용) 슈티르너, 『슈티르너에 대한 논평가들』, 162쪽: "그들은 잠시 건강한 집에서 만든[위험하지 않은] 경솔함의 도움을 받는다. 왜냐하면 이런 의혹은 그의 욕구를 위해서 좋은 것이기 때문이다. 이것은 순수한 비판을 위해 자유로운 사유가 좋다는 것과 같다. 비판가는 사유의 장인이기에 사유를 통해 의혹을 극복하는 피할 수 없는 충동을 느끼기 때문이다."

787 GA2주 재인용) 슈티르너, 『슈티르너에 대한 논평가들』, 163쪽: "의혹을 지닌 정신은 어려움을 제거했다. 여기에서 나오는 사실은 숙고는 단지 정신적으로나 사유를 통해 다시 제거될 수 있다는 사실이다. …. 그런 의혹을 가지고 수다를 떠는 가난한 영혼은 그런 의혹을 지배하는 주인이 될 수 있는 사유의 힘을 소유하지 않으니 그런 의혹 때문에 얼마나 고통을 받을까?"

콥덴Cobden [788]씨와 뒤노예Dunoyer 씨는 이를 명심해야 할 것이다.

산초는 대주교이며 동시에 정신의 경찰을 손에 넣고 193쪽에서 보듯 헤스를 비난한다. 왜냐하면 헤스가 혼동해서 "경찰을 방해하기" 때문이다. 이런 혼동은 우리의 교부가 정체성을 확인하는데 점차 더 많이 애를 쓰면 쓸수록 더 용서받을 수 없는 것이 된다. 같은 헤스에게 "슈티르너"는 자기가 거짓말을 할 기백을 소유하고 있다는 사실을 입증하려 한다.[789] 왜냐하면 이 기백이 자족적인 이기주의자의 정체를 확립하는 특성이기 때문이다. 그것을 위해 그는 188쪽에서 이렇게 노래한다: "헤스는 슈티르너가 이런 말을 한 것으로 해 놓았다. 즉 〈W, 432〉지금까지의 이기주의자가 전적으로 결여하는 점이 있다면 그것은 다만 이런 이기주의자는 그 자신의 이기주의에 대해 전혀 의식하지 못할 것이라는 점이다. 그러나 슈티르너는 그런 사실에 대해 전혀 언급하지 않는다."(「현상학」절과 전체 『경전』을 참조하라.) 자족적 이기주의가 지닌 다른 특성 즉 경솔함의 성질은 182쪽에서 입증된다. 그곳을 보면 그는 "개인은 공산주의자"라는 포이어바흐의 주장을 "논박하지 않는다."[790] 그

---

788 역주) 콥덴(Richard Cobden: 1804~1865)은 영국의 제조업자이면서 자유무역을 주창하는 정치가였다. 뒤노예(Charles Dunoyer: 1786~1862)는 프랑스의 자유주의 경제학자다.

789 GA2주 재인용) 슈티르너, 『유일자와 그의 소유』, 402쪽: "진리를 우상으로 삼고, 신스러운 것으로 삼는 자는 진리 앞에서 겸손해야 하며, 진리의 요구에 항거해서 안 되며 무모하게 반항해서는 안 된다. 간단히 말해 그는 거짓말을 할 기백을 거부해야 한다."

790 GA2주 재인용) 슈티르너, 『슈티르너에 대한 논평가들』, 182쪽: "슈티르너에 대해 반박하는 위의 말은 아무것도 말하지 않는다. 왜냐하면 슈티르너는 성

가 경찰력을 행사하는 또 다른 데가 있다면 그곳은 154쪽에서 보인다. 거기서 그는 모든 논평자를 비난하면서, 그런 논평자가 슈티르너가 제시했던 것과 같은 이기주의에 동의하지 않았다고 한다.[791] 물론 모든 논평자는 사실 이기주의에 관한 슈티르너의 견해가 문제인데도 실제 이기주의가 문제라고 믿는 잘못을 범했다.

『변호를 위한 주석』을 보면 산초가 위선에서 시작하니, 이를 통해 그가 교부가 될 수 있는 능력이 있음이 입증된다.

〈수, 115c〉 "아마 간단하게 반박하는 것이 소위 논평자에게 그런 것은 아니더라도 이 책의 많은 다른 독자에게 도움이 될 것이다."(47쪽)

산초는 여기서 추종자의 역을 맡아서 그의 소중한 시간을 청중을 돕기 위해 희생한다고 주장한다. 하지만 우리 모두 확신하건대 그는 항상 자신의 이익만을 본다. 그는 여기서 오직 교부라는 겉가죽만을 구원하고자 노력한다.

이 정도면 『변호를 위한 주석』에서 그가 했다는 특별한 일은 다 설

스럽고, 훼손할 수 없는 개인에 대해 말한 것이 없기 때문이며, 예외적인 비교할 수 없는 개인에 대해서도 말한 것이 없기 때문이다. 그런 개인은 신이거나 신이 될 수 있을 것이다. 그런 개인이 공산주의자라고 논박하는 일은 그의 머리에 떠오르지 않았다."

791 GA2주 재인용) 슈티르너, 『슈티르너에 대한 논평가들』, 154쪽: "슈티르너가 제시한 것과 같은 이기주의에 대해 좀 더 상세하게 들어가는 대신 그들은 아이 때의 뼈가 자라날 무렵부터 새겨진 이기주의 관념을 지지하며 그의 모든 대중에게 잘 알려진 죄의 기록부를 열어 보인다."

명한 셈이다. 그러나 그가 제시하는 유일한 것은 『경전』 491쪽에서 이미 본 적이 있었다. 그것은 많은 다른 독자에게 "도움"이 되기보다는 오히려 "슈티르너" 자신에게 도움이 되는 것이기에 우리는 그것을 여기에서까지 언급하기를 유보해 왔다. 누이 좋고 매부 좋은 일이니 개인이 공산주의자라는 주장은 여기에서 논쟁할 여지 없이 도출된다. 철학자에게 가장 어려운 과제는 사상의 세계에서 현실 세계로 내려앉는 일이다. 사상을 표현하는 직접적 매체는 언어이다. 철학자는 사유를 자립화했던 것처럼 언어를 고유한 왕국으로 자립화해야 했다. 이것이 철학적 언어의 비밀이다. 이런 철학적 언어에서 사상은 말로 이루어진 것이므로 고유한 내용을 갖는다. 사상의 세계에서 현실의 세계로 내려앉는 문제는 언어에서 삶으로 내려앉는 문제로 전환된다.

〈GA2, 504〉사상이나 관념이 자립화하는 것은 개인의 인격적인 관계와 연관이 자립화한 결과라는 사실을 우리는 이미 제시했다.[792] 이데올로그나 철학자가 오로지 사상에 몰두하면서 체계적으로 파악하려 하면 그리고 이를 통해 이런 사상을 체계화한다면 이런 일은 노동 분업의 〈수, 116〉결과로 생기는 것이며 특히 독일 철학은 독일의 소부르주아의 상황에서 생겨난 결과라는 점을 우리는 이미 제시했다. 철학자는 〈W, 433〉일상언어에서 그의 언어를 추상했으니, 이를 다시 오직 일상언어로 해소해야 했다. 그렇게 해야 철학자는 그의 언어가 실제 세계를 왜곡해 표현한 언어라는 사실을 인식하며 또한 사상이나 언어나 간에 그것들이 독자적으로 자기만의 왕국을 이루지 않는다는 사실을 그리고 또한 그 언어가 실제의 삶을 표현한 것에 불과하다는 사실을 통찰할 수 있을 것이다.

---

792 GA2주 참조) 이 구절 역시 1장 포이어바흐의 장과 이어진다.

산초는 철학자의 뒤꽁무니를 바짝 붙어 쫓아가니, 불가피하게 현자의 돌이나 원의 사각형화나, 생명의 묘약을 찾아 헤맬 수밖에 없다. 즉 그는 말이면서도 언어와 사유의 영역에서 실제의 삶을 끌어내는 기적을 소유한 "말"을 추구해야 했다. 산초는 돈키호테와 오랜 세월 동안 교제했던 것에 중독되어 있으므로, 이런 자신의 "임무"와 이런 자신의 "소명"이 어디서 나온 결과인지를 식별하지 못한다. 그런 임무와 소명은 두껍기는 하지만, 결국 철학적인 모험담을 믿은 결과로 나온 것이다.

이를 통해 산초는 성스러운 존재와 관념이 이 세계를 지배한다는 주장을 다시 한번 그리고 그것도 언어나 상투어가 지배한다는 새로운 형식을 통해 우리에게 보여주기 시작한다. 당연한 일이지만, 이 언어는 자립화되자마자 상투어가 되고 만다.

151쪽에서 산초는 현재의 세계를 "문구 [Phrase]의 세계 즉 최초에 말[Wort]이었던 세계"로 부른다.[793] 그는 마법의 말을 사냥하는 동기를 상세하게 다음과 같이 기술한다:

"사변의 목표는 술어를 즉 너무나도 *일반적이어서* 모든 사람을 자체 내 포함[begreifen]하는 술어를 발견하는 것이었다. .... 그 술어가 모든 사람을 자체 내에 포함해야 한다면, 각각의 사람은 그 속에서 *주어*로 나타나야 하며 즉 그의 *본질*에 따라서가 아니라 그의 *현존*에 따라 나타나야 한다."(152쪽)

---

793 GA2주 재인용) 슈티르너, 『슈티르너에 대한 논평가들』, 150/151쪽: "유일자는 올곧은, 부인할 수 없는, 명백한 문구이다. 유일자는 우리의 문구의 세계, 말의 시초가 존재하는 이 세계의 쐐기돌이다."

사변은 그런 술어를 추구한다. 이런 추구가 앞에서 산초가 소명, 사명, 임무, 유적 존재 등으로 표현했던 것이다. 그러므로 실제 인간은 지금까지 "말 속에, 로고스 속에, 술어 속에서 자기를 찾았다."(153쪽)〈수, 116a〉지금까지 사람들은 언어[Sprache]를 통해 어떤 개인을 그와 인격적으로는 같지만, 서로 다른 개인에서 구별하고자 원했다. 그런 한에서 사람들은 이름[Name]이 필요했다. 산초는 일상적인 이름을 가지고 만족하지 못한다. 그는 철학적이고 추상적인 이름을 추구한다. 왜냐하면 사변이 그에게 제기했던 임무는 모든 사람을 자기 속에 주어로서 포함하는 아주 일반적인 술어를 발견하는 것이기 때문이다. 이런 이름은 모든 이름 너머 있으며, 모든 이름의 이름이며, 범주로서 이름이다. 이 이름은 예를 들어 산초를 브루노와 구분하고〈GA2, 505〉이 두 사람을 포이어바흐와 구분하는 이름이면서 그들의 고유한 이름만큼이나 정확하게 구분하는 이름이지만, 이 세 사람 모두에게뿐만 아니라 다른 모든 인간에게 즉 육체를 지닌 모든 존재에도 잘 어울리는 이름이다. 이런 혁신은 모든 환어음과 결혼 계약 등에서 최고로 혼란을 일으키고 모든 공증인 사무소와 호적 사무소를 일격에 파괴하게 될 것이다. 이 놀라운 이름, 마법의 말은 언어 속에 있는 언어의 죽음이며, 생명을 위한〈W, 434〉당나귀 다리이며, 중국인이 말하는 하늘 사다리의 최고단계이다. 그것이 *유일자*다. 이 말이 지닌 기적을 행하는 특성은 다음과 같은 연도[連禱]로 찬양된다:

"유일자는 다만 그대와 내가 말하는 최후의 명제, 치명적인 명제가 돼야 하며, 다만 생각으로 전환되는 명제여야 하며. 더는 명제가 아닌 명제여야 하며, 침묵하게 만드는 침묵의 명제여야 하

노라."(153쪽)

"그에게서"(유일자에서) "언표[Aussage]할 수 없는 것이 중요한 것이다."(149쪽)[794]

유일자는 "규정이 없다."(같은 곳)[795]

"유일자는 개념 바깥에 있는 또는 개념 저편에 있는 그 내용을 지시한다."(같은 곳)

⟨수, 116b⟩유일자는 "무규정적인 개념이며 어떤 다른 개념을 통해 더 상세하게 규정될 수 없다."(150쪽)[796]

유일자는 세속적인 이름에 부여되는 철학적 "*세례*"이다.(150쪽)

"유일자는 사상이 없는[멍청한: gedankenlos] 말이다.

"유일자는 어떤 사상적 내용을 가지지 않는다."

"유일자는 일자[一者][797]를 표현한다." "이 일자는 두 번 현존하지

---

[794] GA2주 재인용) 슈티르너, 『슈티르너에 대한 논평가들』, 149쪽: "이것을 표현하고자 한다면 술어로 도피하는 대신 기호 즉 이름으로 도피해야 하지 않을까? 왜냐하면 이때 생각 즉 언표될 수 없는 것이 주요한 핵심으로 되기 때문이다."

[795] GA2주 재인용) 슈티르너, 『슈티르너에 대한 논평가들』, 149쪽: "유일한 존재란 말 속에서 비로소 무규정성이 도달되는 것처럼 보인다. 왜냐하면 유일한 존재는 단지 생각 속에서 유일한 존재로 제시되기 때문이며, 사람들이 이 유일한 존재를 개념으로 즉 표현된 것으로 파악하려 한다면 그것은 전적으로 텅 빈 이름, 규정되지 않은 이름으로 보이며 따라서 그 내용은 개념의 피안에 거주하는 것이기 때문이다."

[796] GA2주 재인용) 슈티르너, 『유일자와 그의 소유』, 150쪽: "유일자라는 말을 통해서 그대가 무엇인지 말해서는 안 된다. 그것은 사람들이 칠판에 그대의 이름 루트비히를 쓴다고 해서 그대가 누군지 말하지 않게 되는 것과 같다."

[797] GA2주 재인용) 슈티르너, 『유일자와 그의 소유』, 151쪽: "그렇다면 사상이

않으며 따라서 이 일자는 *표현될* 수도 없다."

"왜냐하면 유일자가 실제로 그리고 전적으로 표현될 수 있다면 이차적 현존을 가지고 즉 표현 속에서 현존하게 될 것이기 때문이다."(151쪽)

이런 방식으로 그는 이 말의 특성을 찬양한 다음 그가 기적의 힘을 발견한 것을 통해 얻어냈던 결과를 다음과 같은 대구[對句]로 찬양한다:

"유일자를 통해 절대적 사상의 왕국은 종결됐다."(150쪽)[798]
"유일자는 우리의 문구 세계의 초석이다."(151쪽)
"유일자는 문구로 결판난 논리이다."(153쪽)[799]
"유일자에서 학문은 삶으로 열린다. 왜냐하면 유일자에 그것은 [das] 더는 말 속에, 로고스 속에, 술어 속에서 발견되지 않는 여차여차한[der und der] 것으로 되기 때문이다."

그 내용이 아니라면 그 내용이란 무엇인가?"

[798] GA2주 재인용) 슈티르너, 『슈티르너에 대한 논평가들』, 150쪽: "유일자를 통해 절대적 사상의 왕국은 종결됐다. 즉 고유한 사상적 내용을 가진 사상은 종결됐다. 그것은 마치 내용이 없는 이름을 통해 개념과 개념의 세계가 쇠퇴하는 것과 같다. 이름은 내용이 없는 말이며, 내용은 단지 사념[Meinen: 주관적인 생각]을 통해 그 이름에 주어진다."

[799] GA2주 재인용) 슈티르너, 『슈티르너에 대한 논평가들』, 153쪽: "논리학자가 경멸적으로 다루는 것은 물론 비논리적인 것이거나 단지 형식 논리적인 것이다. 그러나 또한 논리적으로 다루어졌지만, 단지 여전히 하나의 문구에 불과한 것 역시 그렇다. 그것은 문구로 결판난 논리이다."

물론 산초는 『슈티르너에 대한 논평자들』에서 유일자조차도 개념으로 확정될 수 있다는 불쾌한 경험을 겪었다. 산초의 적인 유일자의 적이 "그런 짓을 한 것이었다."(149쪽)[800] 그러기에 그의 적은 마법의 말에서 기대됐던 마술적인 결과를 전혀 수용하지 못하고, 오히려 오페라에서처럼 이렇게 노래 불렀다. Ce n'est pas ça, n'est pas ça!〈그건 이게 아니야, 이게 아니야.〉 산초는 엄청난 분노를 느끼면서도 엄숙하고 진지한 태도를 통해 특히 그의 돈키호테-첼리가에 반대했다. 왜냐하면 이 돈키호테-첼리가가 오해하는 것은 산초에 대해 공개적으로 반항한다는 것을 전제하며 산초의 창조자라는 지위를 전적으로 무시하는 것을 전제하기 때문이다:

"첼리가가 유일자는 전적으로 내용이 없는 상투어이거나 범주이므로 더는 범주가 아니라는 사실을 이해했다면 그는 유일자를 그가 보기에 여전히 이름이 없는 것을 부르는 이름으로 인정했을 텐데."(179쪽)

〈W, 435〉그러므로 산초는 여기서 명백하게 그와 그의 돈키호테가 같은 목표를 추구하고 있다는 사실을 인정한다. 다만 차이가 있다면 산

---

[800] GA2주 재인용) 슈티르너, 『슈티르너에 대한 논평자들』, 149쪽: "사람들이 그것을 개념으로 고정하려 한다면-그런 짓을 적들이 한다-그 개념이 지닌 정의를 제공하기를 추구해야 하며 이를 통해 필연적으로 공통적인 것과 다른 어떤 것에 이르러야 한다. 사람들은 그 개념을 다른 개념과 구분해 예를 들어서 오직 완전한 개체로서 파악해야 한다. 이렇게 돼야 그 난센스가 해명하기 쉽게 될 것이다."

초는 올바른 새벽 별을 발견했다고 믿고 있으나 돈키호테는 아직도 암흑 속에 있다는 것이다.

  ûf dem wildin lebermer[801]
  der grunt-lôsen werlde swebt
  〈깊이를 모를 세계의
  거친 격정의 바다에 떠돌면서〉

{〈W, 노트 76: 435-하단 주〉,(GA2, 506-하단 주)(CW, 449-하단 주) 장인 쿠온라트 폰 부르쩨부르크 Meister Kuonrat von Wurzeburc의 『Diu guldin Smitte』, 5권. 143쪽}

포이어바흐는 『미래 철학』[802] 49쪽에서 이렇게 말했다:

"존재는 바로 언표할 수 없는 것에 기초하고 있으므로 그 자체 언표할 수 없는 것이다. 정말, 언표할 수 없는 것이다. 말이 중단되는 곳에 비로소 삶이 시작된다. 존재의 비밀이 비로소 열린다."

산초는 언표할 수 있는 것에서 언표할 수 없는 것으로 이행한다. 그는 말이면서도 동시에 말 이상이고 또한 말 이하인 말을 발견했다.

우리가 보았듯이 사유에서 현실로 따라서 언어에서 삶으로 가는 데 걸린 문제 전제는 단지 철학적 환상에서 등장하는 문제다. 즉 그런 문제는 사유가 겉보기에 삶에서 분리된다는 성격이나 그 분리의 이유를

---

801 W주 159) lebermer-배가 침몰하는 신화에 나오는 소용돌이치는 바다

802 CW주) 포이어바흐, 『미래 철학의 근본 원리』

철학적 의식이 분명하게 인식할 수 없는 때만 정당화되는 문제다. 이 엄청난 문제는 우리의 이데올로그들의 머릿속에서 유령이 되어 떠돌게 됐다. 바로 그때 그 결과로 필연적으로 일어났던 과정은 당연하게도 이 유령을 향해 달려가는 기사 중의 하나가 마침내 말을 찾아 나섰다는 사실이다. 그 말이란 곧 말이지만, 의문에 찬 이행을 달성할 수 있고 또한 말이지만, 단순한 말이기를 중지하는 말이었다. 그 말은 또한 신비롭고 말로 할 수 없는 방식으로 언어에서 벗어나서 실제의 객체로 즉 그 말이 묘사하는 객체로 지향하는 말이다. 간단히 말하자면 이 말은 말 가운데 머물러 있으면서도 기독교 환상 가운데 인간 사이에 존재한다는 구원자 즉 신의 아들[Gottmensch]과 같은 역할을 수행하는 말이다.〈수, 117〉철학자 가운데서 골통이 가장 공허하고 가장 빈약하기에 그는 철학을 종말에 이르게 만드는 데서도 아래 방법을 사용하지 않을 수 없었다. 그 방법이란 곧 그의 무분별함을 철학의 종말로 선포하고 이를 통해 "생동적인" 삶 속으로 팡파르를 울리며 들어선다고 선언하는 방법이다. 그의 철학이 무분별하기에 그는 철학이 종말에 이르렀다고 선포했다. 그것은 그가 언표하지 못하는 언어를 모든 언어의 종말이라고 선포하는 것과 같다. 산초의 승리를 위한 또 하나의 조건은 그가 모든 철학자 가운데서도 〈GA2, 507〉실제의 관계를 가장 빈약하게 알고 있었다는 것이다. 또한 그 조건은 그 때문에 그에게서 철학적 범주는 현실과 관련을 맺는 최후의 잔재까지 상실했으며 그것을 통해 *의미의* 마지막 잔여조차 상실했다는 것이다.

〈W, 436〉자, 이제 들어가라. 그대 경건하고 충실한 노예 산초여, 걸어서 아니면 그대의 당나귀를 타고 그대의 유일한 자기만족으로 가라, 그대의 유일자를 최후의 음절에 이르기까지 소진하라. 그대의 유일자, 그 놀랄 만한 이름, 힘 그리고 용감성에 관해서라면 이미 칼데론 Calderon이 아래와 같이 찬양했다.

유일자

El valiente Campeon,
El generoso Adalid,
El gallardo Caballero,
El ilustre Paladin,
El siempre fiel Cristiano,
El Almirante feliz
De Africa, el Rey soberano
Dc Alexandria, el Cadé
De Berberia, de Egipto el Cid,
Morabito, y Gran Señor
De Jerusalem.

〈용감한 용사,
고귀한 지도자
국가가 뽑은 기사,
이름 높은 용사 필라딘Paladin
항상 믿음이 깊은 기독교인
아프리카에서 온 행운의 장군
알렉산드리아에서 온 고상한 왕

바바리아 지방의 법관
　　　이집트에서 온 영웅 엘 시드el Cid
　　　도사[道士: Marabout], 예루살렘의 위대한 군주〉[803]

　산초 즉 예루살렘에서 온 위대한 군주가 세르반테스의 책에 나오는 산초의 비판가 돈키호테를 회상하는 것은 (『돈키호테』, 브뤼셀 판, 1617, 20장 171쪽 참조) "결론적으로 부적절한 것은 아닐 것이다."(『주석』, 194쪽)

803　W주 160) 칼데론Calderon, 『만티블의 다리La puenta de Mantible』, 1막, "항상 믿음이 깊은 기독교인"

라이프치히 공의회의 결말

[804]⟨GA2, 508⟩⟨수, 117a⟩⟨W, 437⟩성 브루노와 막스라고도 불리는 성 산초는 공의회에 출석한 모든 반대자를 추방한 다음 영원한 동맹을 맺었다. 그러면서 그들은 다음과 같은 감동적인 이중창을 부르며 이때 마치 두 개의 귤과도 같이 우호적으로 서로 머리를 꾸벅거린다:

성 산초

"비판가는 대중의 진정한 대변자다. …… 그는 이기주의에 반대하는 해방전쟁에서 대중의 군주[805]이며 야전 사령관이다."(『경전』, 187쪽)

---

804 역주) 마르크스, 엥겔스는 시론 격인 1장을 제쳐두고, 2장과 3장을 묶어서 '라이프치히 공의회'라고 앞뒤에 서론과 결론을 집화로 집어넣었다. 이 부분은 '라이프치히 공의회' 서론처럼 장, 절로 분류하기 어렵다.

805 GA2주 재인용) 슈티르너, 『유일자와 그의 소유』, 187쪽: "대중의 대변자, 그는 대중에게 이기주의에 속하는 단순한 개념과 말투를 제공한다. 반면 승리를 차담당한 대변자들은 단지 서투른 사람이었을 뿐이다."

성 브루노

"막스 슈티르너는"(비판에 대항하는) "십자군의 지도자이며 사령관이다." "동시에 모든 전사 가운데서 가장 덕이 많고 가장 용감한 자다."(『비간트』, 124쪽)

성 산초

"이제 우리는 정치적 사회적 자유주의를 인도적 또는 비판적 자유주의의"(즉 비판가의 비판) "심판대에 세우는 데로 넘어가자."(『경전』, 163쪽)

성 브루노

"『유일자와 그의 소유』 앞에서 굴복해 정치적 자유주의자는 자의를 중단하고자 하며, 사회적 자유주의자는 소유를 파괴하고자 한다. 그들은 유일자의 비판적"(즉 비판에서 훔쳐 온) "단도 앞에 굴복한다."(『비간트』, 124쪽)

성 산초

"비판 앞에 어떤 사상도 확고하지 않다. 왜냐하면 비판은 사유하는 정신 자체이기 때문이다. 비판이냐 아니면 그냐"(성 브루노) (『경전』, 195, 199쪽)[806]

성 브루노

⟨W, 438⟩(인사를 하느라고 그를 중단시킨 채) "오직 비판적 자

---

[806] GA2주 재인용) 슈티르너, 『유일자와 그의 소유』, 199쪽: "결론적으로 다음과 같은 사실이 밝혀질 것이다: 비판가는 새로운 표현을 통해 자신을 전환하는 것이 아니라 다만 오인을 교정하며, 대상의 순수성에 이르며 또한 비판가가 자신을 비판한다고 말할 때 아주 많은 것을 말하려 한다는 사실이다. 비판가 또는 그가 그런 오인을 비판하며 그 부조리성을 폭로한다."

유주의자[807] .... 그만이 비판 앞에 굴복하지 않는다. 왜냐하면 그 자신이 비판가이기 때문이다."『비간트』, 124쪽

성 산초

⟨GA2, 511⟩⟨수, 117b⟩"비판, 오직 비판만이 시대의 정점에 선다. .... 사회이론 가운데 비판이 가장 완전한 이론[808]이라는 것은 논박할 수 없다. .... 비판을 통해 기독교의 사랑의 원칙, 진정한 사회원리가 가장 순수하게 완성된다. 배타성과 반발을 인간에게서 박탈하는 가능한 최종적인 실험이 이루어졌다. 즉 이기주의에 대항하는 가장 단순하며 가장 *강고한 투쟁 형식*[809]이다."(『경전』, 177쪽)

성 브루노

"이 자아는 .... 지난 역사 시기를 완성하는 것이며, 그 정점에 있는 것이다. 유일자는 고대 세계에 존재하는 최종적인 도피처이며, 최종적인 은신처이니, 이 지점에서 고대 세계는 비판가의 비판에 대해[810] 공격을 감행할 수 있다. .... 이 자아는 고대 세계에

---

807 GA2주 재인용) 바우어,『루트비히 포이어바흐의 특징』, 124쪽: "자유주의자 즉 유일자의 견해에 따르면 인간에서 그 이기주의를, 그의 고유성을 박탈하고자 원하는 자는."

808 GA2주 재인용) 슈티르너,『유일자와 그의 소유』, 177쪽: " .... 가장 완전한 이론 즉 인간을 인간에서 분리하는 모든 것, 믿음의 특권에 이르기까지 모든 특권을 벌리하고 그 가치를 박탈하는 이론이다."

809 GA2주 재인용) 슈티르너,『유일자와 그의 소유』, 177쪽: "투쟁 형식 즉 유일성과 배타성이라는 형식의 측면에서 그런 투쟁 형식이다."

810 GA2주 재인용) 바우어,『루트비히 포이어바흐의 특징』, 124쪽: "유일자는 고대 세계의 최종적인 도피처이며 최종적인 은신처이니, 이 지점에서 고대 세계

존재했던(즉 기독교의) 가장 고양된, 가장 힘 있는 가장 강력한 이기주의다. 이 자아는 가장 견고한 실체이다."(『비간트』, 124쪽)

이런 비극적인 분열 끝에 두 위대한 교부는 공의회를 폐지한다. 이어서 그들은 침묵하면서 악수한다. 유일자는 "달콤한 자기 망각 속에서 자신을 망각하지만," 그런데도 자신을 "완전히 망각한 것은" 아니다. 비판가는 세 번 "냉소를 터뜨린" 다음 "부단한" "승리를 확신하면서" "승리감에 취해서" 자기의 길을 간다.

는 자기와 전적으로 다른, 그러므로 고대 세계가 알지 못하는 형태에 대한 공격을 감행할 수 있다."

옮긴이 후기

『독일 이데올로기』는 1840년대 중반 독일에서 벌어진 치열한 논쟁의 산물이다. 그 논쟁의 전말은 이렇다.

마르크스, 엥겔스가 『신성가족』이란 책에서 바우어를 공격하자, 바우어가 슈티르너와 합세하여 마르크스, 엥겔스를 포이어바흐의 아류로 반격했다. 마르크스, 엥겔스는 이들에게 재반격을 가했다. 이 재반격이 이 책 1권 2장, 3장의 중심 내용을 이룬다. 그 공격 표적은 바우어보다는 오히려 슈티르너에 있었다. 마르크스, 엥겔스는 이들을 모두 헤겔의 관념론을 수용한 아류로 보았다.

이런 재반격 가운데서 마르크스, 엥겔스는 포이어바흐와 자기를 구분할 필요가 생겼다. 마르크스 엥겔스는 포이어바흐의 유물론을 넘어서 주체적, 실천적 유물론을 확립하면서 역사적 유물론이 드러나게 된다. 이렇게 해서 그 유명한 1권 1장 포이어바흐 장이 탄생했다. 1장은 2, 3장 보다 나중에 쓰였다.

마르크스, 엥겔스가 포이어바흐를 넘어서자, 그동안 치열한 철학적 전투에서 마르크스, 엥겔스의 우군이었던 독일 진정 사회주의자도 비판적으로 보게 되었다. 모제스 헤스를 비롯한 독일 진정 사회주의자는 포이어바흐의 유물론 위에 생시몽의 사회주의를 결합하려 했기 때문이다. 이런 비판이 이 책의 2권의 주요 내용을 이룬다.

『독일 이데올로기』는 이렇게 해서 탄생했지만, 이 탄생의 과정은 이 책의 운명을 결정했다. 이 책을 통해 마르크스, 엥겔스는 자신의 철학을 확고하게 했지만 이 책 자체는 출판할 수 없었다. 당시 독일에서 언론 출판계는 진정사회주의자가 장악하고 있었기 때문이다. 이 책은 미완성인 채로 최종적으로 "쥐가 쏠아먹는 비판"에 넘어 가고 말았다. 그 미완성 때문에 이 책의 편집도 완벽할 수가 없었다. 이 책의 편집이 MEW판, 바가투리아판(MECW), MEGA2판이란 세 가지 판본으로 갈라진 것도 그 때문이다.

    이 책을 번역하는 데 꼭 십년이 걸렸다. 무엇보다도 번역하기 너무 힘들었기 때문이다. 책의 양도 양이지만 그 내용도 복잡했다. 이 책이 앞에서 말한 논쟁의 산물이기 때문이다. 문장 가운데 뒤엉켜 있는 그런 논쟁을 갈래갈래 분석해서 저자의 본래 뜻을 찾아내기가 거의 불가능할 정도였다.

    게다가 기존 MEW판과 바가투리아판(MECW), 새로 편찬된 MEGA2판이 각각 장단점을 지녀, 반역의 기준에 대한 혼란이 생겨났다. 결국 이 책은 MEW판을 기준으로 하고, 바가투리아판과 MEGA2편의 장점을 부분적으로 수용하는 식으로 정리했다. 그 때문에 우왕좌왕한 것이 번역을 더욱 어렵게 했다.

    세계적으로도 이 책의 번역은 난제에 속한다. 우리나라에서 마르크스주의가 도입된 이래 근 100년만에 겨우 이 책이 번역된 것도 그런 사정 때문일 것이다. 이제 초벌구이나마 번역이 완료되었다. 옮긴이 자신의 눈으로도 무척이나 부족한 번역이다. 후학이 새로 번역할 때 그 기초가 된 그림을 그렸다는 정도로만 이해해주기 바란다.

    이 책의 번역에 참여했던 사람들에게 이 자리에서 감사를 표한다. 지난 30년간 함께 철학을 공부했던 동학 서유석, 김우철, 이정은 선생이다. 이 책의 2장과 3장 초반까지 약 160쪽에 걸친 부분을 세 분이 나누어 번역했다. 그 가운데서도 서유석 선생이 약 90쪽을 담당했으니 공역자라 할 만하다. 다만 옮긴이가 그 번역을 최종적으로 수정했기에 공역자를 굳이 밝히지 않고 최종 책임을 옮긴이에 두었다.

옮긴이 소개

이병창

서울대학교 철학과 수학, 서울대학교 철학박사, 동아대학교 철학과 교수, 2011년 2월 명예퇴직, 현대 사상사 연구소 소장

박사학위 논문
헤겔의 정신현상학에서 정신 개념에 대한 연구
(서울대, 2000)

주요저서
영혼의 길을 모순에게 묻다(헤겔 정신현상학 서문 주해)(먼빛으로, 2010)
반가워요 베리만 감독님(먼빛으로, 2011)
불행한 의식을 넘어(헤겔 정신현상학 자기의식 장 주해)(먼빛으로, 2012)
지젝 라캉 영화(먼빛으로, 2013)
청년이 묻고 철학자가 답하다(말, 2015)
현대철학 아는 척하기(팬덤북스, 2016)
자주성의 공동체(먼빛으로, 2017)
우리가 몰랐던 마르크스(먼빛으로, 2018)

번역
프리드리히 슐레겔, 그리스 문학 연구(먼빛으로, 2014)

헤겔철학과 정신분석학 및 마르크스주의를 연구하면서 문화철학 및 영화철학을 연구한다

독일 이데올로기 1권

2판 1쇄 인쇄 2024년 5월 11일
2판 1쇄 발행 2024년 5월 24일
옮긴이 이병창
펴낸곳 먼빛으로
주소   서울시 서대문구 서소문로45 SK리첸블 1305호
전화   070-8742-5830
팩스   070-7614-3814
이메일 fromafar@gmail.com
출판등록 617-91-76607
ISBN   979-11-967323-3-2(93130)

ⓒ이병창, 2024
잘못된 책은 구입하신 서점에서 바꿔드립니다
저자와의 협의에 의해 인지는 붙이지 않습니다.